漢語同源詞大典

上册

殷寄明 著

復旦大學出版社

國家出版基金項目
上海高校服務國家重大戰略出版工程項目
復旦大學中文學科高峰學科建設項目
資助出版

"十三五"國家重點出版物出版規劃項目
教育部哲學社會科學研究後期資助項目（11JHQ060）

作者介紹

殷寄明　男，1956年生。漢語史專業博士研究生畢業。復旦大學中文系教授，博士生導師。主要研究領域爲文字學和語源學。已出版著作：《曲盡物情 存古垂後——中國文字》、《現代漢語文字學》（與汪如東合作）、《〈説文〉研究》、《〈説文解字〉精讀》、《漢語語源義初探》、《中國語源學史》、《語源學概論》、《漢語同源字詞叢考》。

內容提要

這是一部據源繫聯單音節同源詞的大型詞典，是特殊類型的辭書。辭書史上，據形繫聯的字典、據義繫聯的詞典、據音繫聯的音書皆已有之，獨闕據源繫聯的詞典，因此，本詞典是一部填補空白之作。

詞與詞之間的同源關係有遠有近，猶人倫之親有遠親，有近親，本詞典繫聯同源詞的原則是據"近親"關係繫聯。絕大多數單音詞的書面形式都表現爲形聲格局的文字，聲符是標音示源構件。本詞典從各種典籍中考得漢字系統聲符1260個，凡無同源"夥伴"者去之，剩餘879個。根據這些聲符繫聯成聲系形聲字子族，加以詞義的對比分析，凡義同或相通的繫爲一個同源詞詞組。在推源過程中，則衝破字形束縛，據音義綫索繫聯其他同源詞來互證。研究方法上，綜合汲取了傳統語源學"聲訓""語轉說""右文說"諸流派的精髓，而將同源詞的考釋納入了現代科學語源學的軌道。

全典考釋同源詞共2225組，收單字凡7217個。其中聲符字879個，根據879個聲符字形體綫索繫聯的形聲字6885個，根據聲符字的音義綫索繫聯的文字332個。

本詞典分爲三冊十卷，前九卷爲2225組同源詞的考釋，第十卷爲索引。

本詞典爲語言文字工作者案頭必備工具書。

總　目

自序 …………………………………………………………………… 1
凡例 …………………………………………………………………… 1
總條文目録 …………………………………………………………… 1

上　册

一、條文目録 ………………………………………………………… 1
　　第一卷條文目録 ………………………………………………… 1
　　第二卷條文目録 ………………………………………………… 13
　　第三卷條文目録 ………………………………………………… 25
二、正文 …………………………………………………………… 1—630

中　册

一、條文目録 ………………………………………………………… 1
　　第四卷條文目録 ………………………………………………… 1
　　第五卷條文目録 ………………………………………………… 13
　　第六卷條文目録 ………………………………………………… 23
二、正文 ………………………………………………………… 631—1240

下　册

一、條文目録 ………………………………………………………… 1

第七卷條文目録	1
第八卷條文目録	11
第九卷條文目録	22

二、正文 …………………………………………………… 1241—1790

附録

一、新舊字形對照表	1793
二、聲部筆畫檢字表	1794
三、單字筆畫檢字表	1894
四、本典參考文獻	1951

自　序

　　歐洲的語源學,發軔於公元前四世紀。十七、十八世紀時,伴隨着歷史比較語言學的興起,歐洲的語源學走上了科學化道路。新成就之一端,即產生了一大批語源詞典。如《意大利語詞源》(*Origin della lingua italiana*)於1669年即已問世。嗣後,《典哥特詞彙》(*Glossarium Suio—Gothicam*)、《法語詞源詞典》(*Dictionnaire étymologique de la langue francaise*)、《羅曼語族詞源詞典》(*Etymologisches Wörterbuch der romanischen Sprachen*)等同類辭書相繼行世。

　　據考,漢語語源學的起源比歐洲要早四五個世紀。先秦時代的"聲訓"是後世諸語源學流派共同的搖籃,而聲訓最早導源於西周初年的《周易》。公元前七世紀,管子就有關於名實關係問題的論述。春秋戰國時代,老子、孔子、墨子、莊子、荀子、公孫子、列子等人圍繞名與實的關係問題展開了一場大論戰。在這場論戰中,荀子提出了著名的"約定俗成"說,揭示了語言中原生性名詞音義結合的一般規律。荀子還有一大貢獻,就是對事類名類對應律的揭示。這場論戰頗類古希臘哲學家蘇格拉底、克拉底魯、赫爾摩根關於詞的"真實意義"的論爭。歐洲語源學的誕生正是以此爲標志的。但中國人的這場論戰以及發生論戰前透露出樸素語源學思想的論述,比歐洲人的論戰要早兩三百年。此外,一般認爲成書於戰國時代的《爾雅》,首三篇《釋詁》《釋言》《釋訓》是以往故訓的彙編。斯三篇中,存在大量同源詞聚合現象——被釋詞與被釋詞之間、被釋詞與解釋詞之間具有同源關係。這說明在早期的訓詁中,人們已能自覺不自覺地運用"同源詞相訓"方法。

　　漢語語源學在歷代遞衍不衰的傳承過程中,學術流派、研究動機、研究方法等各方面都有多樣性、多元化特點。自古而今,不斷地朝着應用領域擴大化、研究方法科學化、學科獨立化方向發展。無論是宏觀的理論探討,還是微觀的個案研究,都堪稱碩果累累。同時,我們也應該承認,我國古代的語言文字之學一直被當作通經致用的"小學",而語源學又隸屬於訓詁學和文字學,漢語語源學走向科學化的時間比歐洲晚一個世紀。迄今爲止，漢語語源學的通論著作和探討語源學學術淵源流變的著作寥寥無幾，同源詞個案研究也只限於局部，尚無一部包含漢語詞彙全部或常用詞的語源詞典。筆者有感於斯，十多年來一直想爲漢語語源學盡己綿薄之力。自1998年起，先後撰寫、出版了《漢語語源義初探》《語源學概論》《中國語源學史》《漢語同源字詞叢考》等著作。上述末一種著作原爲博士后研究報告，是編寫《漢語語源大典》或《漢語同源詞大典》的嘗試。衆所周知，一個詞的語源，只有將這個詞置於同源關係中相參、互證，纔能揭示。孤立地論證一個詞的語源，往往是不能奏效的。基於這樣的思考，我決計先編寫《漢語同源詞大典》。這種辭書在一定程度上也具有語源辭典的功用。寫成之後，也可從中選取使用頻度較高的詞編成《漢語常用詞語源辭典》。如果將《漢語同源詞大典》的全部内容改寫成《漢語語源大典》，只需改變前者的著作體例。

漢語詞彙系統浩如烟海，《漢語同源詞大典》的收錄範圍只限於單音詞。雙音節及多音節詞，它們的構成理據——詞根與詞根或詞根與詞綴的組合規律，已爲人們所熟識。再者，這些詞也不存在語源學意義上的"源"的問題。上面所説的雙音詞不包括聯綿詞，因爲聯綿詞的確有語源的問題。聯綿詞的研究是漢語語源學研究中的一個組成部分。我們主張，聯綿詞另作專題研究。當然，聯綿詞有可分訓和不可分訓兩大類。在本典中，凡逢可分訓之聯綿詞，依據一定標準，也收錄一些聯綿詞的上字或下字。因爲可分訓的聯綿詞的上下字實際上是兩個單音詞的記錄符號。

運用什麼樣的同源詞繫聯方法和語源推尋方法，直接關係到《漢語同源詞大典》寫作的成敗。

中國語源學史上有聲訓、語轉説、右文説三大流派，相應地有三種不同的繫源方法。聲訓流派的繫源方法主要表現爲根據被釋詞的語音綫索繫聯同音的解釋詞，被釋詞與解釋詞如果兼有語義上的親緣關係即爲同源詞（筆者曾將同源詞的語義親緣關係劃分爲相同、相反或相對、相通三大類型；將同源詞的語音親緣關係劃分爲兩點及多點重合型、兩點成一綫型、三角型、鏈條型。詳殷寄明《語源學概論》，上海教育出版社，2000年）。語轉説流派的繫源方法主要表現爲根據被釋詞的音義綫索，繫聯同義的、語音上有相似性特徵的解釋詞，被釋詞與解釋詞在語音上若確有某種親緣關係即相互通轉，則爲同源詞。右文説流派的繫源方法主要表現爲根據形聲字的聲符綫索,繫聯聲符相同的形聲字,兩個或更多個形聲字所記錄的語詞如果語義上確有親緣關係,則爲同源詞。站在今天科學語源學的角度上看,前兩種流派的繫源方法是有一定可取之處的,尤其是在訓詁實踐中易於奏效。但在專書編寫中,用這兩種繫源方法將漢語詞彙系統中的單音詞串聯起來,却是根本行不通的。因爲取材上無所憑依,到底哪些詞該收、哪些詞不收,無法確定一個可行的標準。操作起來也難免挂一漏萬,顧此而失彼。假如收錄所有的單音詞,著作體例無論是以音爲綱還是以義爲綱都無法安排。反言之,漢字系統中90%以上的個體俱爲形聲格局文字,以聲符字爲綱,則可完成最大程度的繫源。再者,同源關係有遠有近,猶人倫之中親屬,有遠親,有近親。一般説來,聲符相同的形聲字所記錄的同源詞,其同源關係應屬"近親"。以故,本典的編寫,採取了以聲符爲綱的繫源方法。首先根據聲符綫索窮盡地歸納出形聲字字族,然後參之以義,凡語義上有親緣關係的歸納爲一個同源詞詞組。在推源過程中,也汲取了聲訓、語轉説流派的精髓,即根據詞的音義綫索繫聯非形聲結構文字所記錄的語詞,即在文字層面上以形聲字帶動非形聲字,而在詞彙層面上最大程度地繫聯單音詞。因此,本典的繫源方法是綜合性的繫源方法。

　　繫源和推源是語源學個案研究中密不可分的兩個方面。一組在文字上表現爲聲符相同的形聲字的同源詞被歸納出來以後,這些同源詞含有一個公共義,它們本身已可互證。爲了進一步推尋這些詞的受義之由,我們也綜合地運用各種推源方法,進行推源分析。首先是抽取這一組形聲字的共同聲符作形體結構分析。如果這組同源詞的公共義與聲符字的形體結構相合,聲符作爲單音詞單獨使用時也往往有相同的意義,這説明這組同源詞的公共義是隱性語義,因爲它直觀地見之於聲符字的形體結構。至此,該組同源詞的語源已被揭示出來——在人們的語言中,聲符字的讀音被約定用來表達聲符字單用時的語義,後來纔構製了聲符字形體作書面記錄。語源分化纔孳乳出一組同源詞,在文字層面上表現爲一組分別文即聲符相同的形聲字。研究實踐表明,在絶大多數情况下,依據形聲字的聲符形體綫索進行推源是不能得源的,因爲聲符所承載的語義絶大多數是不見於形體結構的隱性語義。本典的推源方法,除上述一種外,還有以下四種方法。其一,利用假借字推源。本典正文中各個同源詞詞組書面上表現爲聲符相同的形聲字。每一個形聲字都以本字形式記錄了某個詞。推源時,我們繫聯了假借字形式的聲符與之相同的形聲字。這些假借字也能在書面語言中表達該組同源詞的公共義,這充分説明這個聲符所記録的音節與這一公共義的確有關聯。這一方法雖不能當作主要的推源方法,但不失爲一種輔助性推源方法。其二,根據聲訓、語轉説原理推源。本典正文中的各個同源詞詞組在書面都有一個共同的聲符,根據這個聲符讀音的綫索和該組同源詞公共義的綫索,横向繫聯其他非形聲結構文字或聲符不同的形聲字所記録的同源詞,作音韻、語義上的對比、互證。其三,根據轉注字原理推源。關於轉注字的原理,請參本典《凡例》第十條。根據轉注字原理推源,即根據聲符的音義綫索繫聯形符相同、聲符字形不同但音和義都有親緣關係的形聲字來互證,作語源推尋。其四,以方言詞彙推源。原始漢語中有一些語義,經約定與某些音節結合在一起,形成特定的詞和語源。文字産生後,這些語義未能獲得象形、指事、會意形式的本字載體轉化爲書面語的詞之本義,而被形聲字的聲符記録下來,轉化爲義素形式的隱性語義。另一方面,那些原始漢語中的語詞在一些方言中演變成了三字格派生詞的詞綴,與上述形聲字聲符記録的義素形成一種對應關係。如在書面語中"根""䘟""閬"等俱有高義,爲聲符"良"所承載的公共義。依據"良"字的形體結構進行推源,發現"良"的本義、引申義系列即顯性語義系列中並無"高"義,但徽歙方言中有"高良良"一詞,詞根與詞綴爲同義關係。此可證"良"聲可載高義。再如"犯""䶊"指猪肉乾、羊肉乾,與"脯"略同。"巴"本無乾義,但"乾巴巴"可證"巴"聲可載乾義。必須指出的是,派生詞的某些詞綴如"老虎"的"老"、"杯子"的"子"的確没有詞彙意義,但AA式重疊的三字格派生詞的詞綴即"巴巴"類却是有詞彙意義的,它們與其詞根呈同義關係。只不過這些詞綴承載的是隱性語義罷了。至於"暖烘烘"這一類詞,詞綴承載的是顯性語義,它們與詞根的同義關係也很明顯。

  以上所述,約爲本典的寫作緣起、指導思想、若干學術主張、研究方法四端,訴諸讀者朋友與學界同仁,姑以爲自序。

2015 年 10 月 12 日
記於静一齋

凡　例

一、本典繫聯同源詞,以形聲字的聲符爲主要綫索。憑借聲符的形體綫索,窮盡性地歸納出特定聲符字的"聲系字族",然後進行語義比較分析,義相同者繫聯爲一個同源詞詞組。同時,不爲聲符字的形體所拘,即根據聲符的音義綫索繫聯該字族範圍以外的同源詞。從而在繫聯過程中,在文字層面上,體現以形聲字帶動非形聲字或聲符不同的形聲字之基本原則。

二、本典共蒐集漢字系統聲符1260個,凡無同源"夥伴"者去之,剩餘879個。第一至第八卷,每卷收録聲符100個。第九卷收録聲符79個,每卷中聲符字的排列順序,以聲符字的筆畫數爲依據,筆畫少者在前而多者在後。聲符,有獨體文,也有合體字,前者産生早,"繁殖(語源分化)"能力強,後者相反。所以各聲符所率的形聲字個體數有很大的差異。

三、在每一組同源詞的目録中,標出該組同源詞的公共義並加上括號,如第一卷第(134)條:"扱汲孖(舉義)。"

四、每一組同源詞至少包含兩個語詞個體。在一般情況下,這兩個詞的記録文字是聲符相同的形聲字,如第一卷第(24)條"飢凩(空義)";但有時兩個同源詞的記録文字前者是某個聲符所屬的形聲字,後者則是該形聲字字族以外的文字,凡屬這種情況,在兩個文字之間都加上了符號"/",如第一卷第(39)條"忉/悄(憂義)",第(10)條"攺/敲(敲擊義)。"

五、每一組同源詞的條文由"繫源"和"推源"兩部分組成。繫源部分列舉所收録語詞在古代文獻中的實用例,以展示該組同源詞的公共義。推源部分則運用各種方法推尋、揭示該組同源詞的語源。

六、羅列在條文目録中的文字俱爲本字,它們所記録的是各自相對獨立而彼此有公共義的語詞。各條文"推源"部分所繫聯的,有本字,也有假借字。如第一卷第(41)條"阞朸芀肋勈勄△理(紋理義)","理"是在推源欄中繫聯的,是個本字,這七個文字所記録的是嚴格意義上的同源詞,所以我們將這些本字也羅列在各卷的條文目録中,並加上符號"△",在正文的條目中則省去。至於在推源欄繫聯假借字,有兩種情況。其一,所繫聯的是聲符相同的假借字。如第一卷第(158)條"陁袘(邊義)",推源欄繫聯了"池"字。"陁"謂山崖之邊際,"袘"指下衣邊緣,二詞俱有邊義。"池"字在文獻中可指衣物、字畫之邊,雖爲假借字,但用來論證"也聲"可載邊義,却是有效的。其二,所繫聯的是非形聲字或聲符不同的形聲字。如第一卷第(57)條"宇芋玗旴衧杅竽(大義)",在推源欄繫聯了"巨"字。"大"義是"巨"的基本義,詞彙系統有"巨大"之同義聯合式合成詞。但"巨"是"矩"的初文,大義是巨聲所載之義,即傳統文字學所說的假借義。凡推源欄所繫聯的假借字,均不羅列在條文目錄中。因爲它們不是作爲被釋字、詞收錄,只供推尋語源之用。

七、凡"套用本字"不以假借字論。"套用本字"是筆者提出的新概念。在語言機制運行過程中,一個新詞產生了,人們或構製一個新字來記錄它,或根據該詞的語音綫索借一個現成的同音字來記錄,前者稱爲"本字",後者稱爲"假借字",這已成爲學界共識。研究實踐表明,套用本字亦爲一大通例。所謂套用本字,即兩個同音的、同義類的詞,用同一個形聲字來記錄。兩個詞的產生有先後,後出者採用前一詞的記錄文字,故稱之爲套用。雖表現爲一字記二詞現象,但與一般的假借迥然不同,應當是個"另類"。套用本字是文字應用經濟性原則的反映,也是形符義單一性、明確性和聲符義多元性、隱蔽性的反映。如第一卷第(260)條"衸尬庎界魀骱岕疥齘(二義)",其"骱"謂骨節銜接處,"骱"即介於二骨間之骨。第(264)條"砎骱犗(堅義)",其"骱"謂骨堅。第(261)條"疥蚧(殼義)",凡物有殼則堅,故有硬殼之果稱"堅果",殼義、堅義相通。"骱"字一指骨節銜接處,一指骨堅,義類同;介聲可載介於二者之間義,又可載堅義,出自兩個語源。應該說,"骱"表上述兩義,都是本字形式。事實證明,套用本字現象普遍存在,若將此類文字混同於一般的假借字,是不合理的。

八、判定兩個或更多個語詞具有同源關係,必須有語義和語音兩方面的依據。筆者曾將同源詞的語義親緣關係劃分爲相同、相反或相對、相通三大類型;將同源詞的語音親緣關係劃分爲兩點成一綫型、兩點及多點重合型、三角型、鏈條型,凡四類(詳參殷寄明《語源學概論》第四章,上海教育出版社,2000年)。本典中相關問題的論述,與之相一致。

九、凡言某字屬某聲紐、某韻部,均指其上古音。關於上古音聲紐、韻部的劃分,學界還有不同見解,但屬大同小異。所以我們採取了擇從一家之説爲主要依據、個別問題個別解決的做法。王力先生在《同源字典》(商務印書館,1982年)中,將上古音的韻部分爲三大類、八小類、二十九部;將上古音的聲紐分爲五大類、七小類、三十三紐,本典所採用的即王力說。今將其《韻表》《紐表》附列於下。

韻　表

	之 ə	支 e	魚 a	侯 o	宵 ô	幽 u
甲類	職 ək	錫 ek	鐸 ak	屋 ok	沃 ôk	覺 uk
	蒸 əng	耕 eng	陽 ang	東 ong		

續　表

乙類	微 əi	脂 ei	歌 ai			
	物 ət	質 et	月 at			
	文 ən	真 en	元 an			
丙類	緝 əp		盍 ap			
	侵 əm		談 am			

紐　表

喉		影 ○					
牙		見 k	溪 kh	群 g	疑 ng	曉 x	匣 h
舌	舌頭	端 t	透 th	定 d	泥 n	來 l	
	舌面	照 tj	穿 thj	神 dj	日 nj	喻 j	審 sj	禪 zj
齒	正齒	莊 tzh	初 tsh	牀 dzh		山 sh	俟 zh
	齒頭	精 tz	清 ts	從 dz		心 s	邪 z
脣		幫 p	滂 ph	並 b	明 m		

　　關於喻紐四等字,王力先生統歸舌面音一類,似較粗疏。高本漢氏曾將喻四字分爲舌頭音和齒音兩類。舌、齒諸紐本相鄰、相通轉,這個分類對於同源詞的判定來説,没有實質性意義。唯董同龢先生分喻四字爲舌尖音、舌根音兩類。研究實踐表明,喻四字確有舌根音一類。筆者曾撰《上古喻紐字淺議》一文(載《杭州大學學報》1995年第3期)闡述此説,本典中凡涉喻四字分析,觀點同上。

　　十、凡言"轉注",均指兩個形聲字形符相同,兩聲符形體不同但音相同或相通轉,兩形聲字所記録語詞之義亦相同。如第一卷第(32)條中"疘"和第三卷第(744)條"痏"均指腹絞痛,"疘"字《廣韻》記其音爲"古巧切""居虬切",可推知其上古音爲見紐幽部。"痏"字《集韻》記其音爲"吉巧切",其上古音亦爲見紐幽部。轉注是再生性、重複性的造字過程,所造之字爲形聲字。包括兩種情況。其一,在原生性造字過程中,人們已爲語言中某個詞構製了一個"前三書"文字(象形字或指事字、會意字),由於種種原因,又有人造了一個形聲字來記録這個詞。如"自"爲象形字,轉注而作"堆";"吅"爲同體會意字,轉注而作"喧"。其二,原生性、再生性造字結果均爲形聲字,"疛"和"疚"即屬此類。關於上述轉注觀,詳見殷寄明《漢語語源義初探》(學林出版社,1998年)第三章、《〈説文〉研究》(香港文匯出版社,2005年)第三章。

十一、本典推源欄常提到語源義問題。語源義是漢語詞彙系統中普遍存在着的一種隱性語義。殷寄明《漢語語源義初探》對此作過全面探討,今轉述其"語源義"定義於下並作簡要説明。"語源義是漢民族在文字産生前的原始語言和後世口頭語言中的語詞,通過已有文字記録,曲折地顯現在書面語言詞彙實詞系統中的一種隱性語義。"語源義有義項、義素、"意"三種表現形態。《詩·邶風·靜女》:"愛而不見,搔首踟躕。""愛"指隱蔽,與其本義"仁愛"不相涉。説明在上古語言中"仁愛""隱蔽"義皆稱"愛",是兩個具有同音關係的各自獨立的詞。"愛"的隱蔽義爲語源義,爲義項形式。傳統小學重形興,稱此類語義爲假借義。我們所説的"語源義"與假借義有交叉。表示人隱蔽、躲起來的"愛"後起字作"僾",是在假借字基礎上添加形符構件組成的形聲格局後起本字,"僾"的聲符"愛"承載的隱蔽義表現爲義素形式。"僾""曖""靉"在文字上爲分别文,在詞彙上則爲同源詞,含有"隱蔽不明"之公共義。一般的假借義如"權"(黄華木)的權衡義我們仍稱爲假借義。雙音節的聯綿詞的語義均爲義項形式的語源義。義素形式是語源義最主要的表現形式。至於"意",實際上是詞所指稱事物的屬性、特徵,在一定條件下可轉化爲語源義之義項或義素形式。如"甬"指青銅器鐘,中空而可發音,是其特徵。但"中空"並不表現爲"甬"這個詞的義項、義素,只是一種"寓意"。"甬"作聲符構件使用,組成"桶""蛹""筩"等形聲字,從這些字所記録的詞中則可分析出"中空"這個公共義素。從發生學角度看,"甬"這個音節可指中空之物"鐘",也可載"中空"之義。

十二、本典引漢許慎《説文解字》,簡稱《説文》;凡先引《説文》,接引清段玉裁《説文解字注》,徑稱"清段玉裁注",不加書名號;接引清朱駿聲《説文通訓定聲》,簡稱"清朱駿聲《通訓定聲》"。餘類此。他書如先引《尚書》《詩經》《論語》《史記》等,再接引各家注釋,體例亦類此。

另"漢毛亨傳""漢鄭玄注""漢鄭玄箋""僞孔傳""晉郭璞注""唐顔師古注""唐孔穎達疏""宋邢昺疏"等統一不加書名號。餘類此。

二十四史、字書、韻書、類書、常見古籍等書作者一概省略。作者不明或作者有争議的,亦不標注作者。

本典所引圖書作者時代爲清末民初及其後者,不再標注時代。

避諱字一律改回原字。如"太元"改回"太玄"、"邱"改回"丘",餘類此。

總條文目錄

上　　册

第一卷條文目錄

1. 乙聲 3
   (1) 軋圠　△壓　（碾壓義） 3
2. 十聲 3
   (2) 什汁(雜義) 3
3. 丁聲 4
   (3) 釘虰叮打釕盯𤤬(釘、如釘義) 4
   (4) 訂亭成矴　△定　（定義） 5
   (5) 汀罒宁鳭町　△小　（小義） 6
   (6) 玎庁奵汀(平義) 7
   (7) 頂/底(端義) 8
4. 丂聲 8
   (8) 考朽(老義) 8
   (9) 巧/好(靈巧美好義) 9
   (10) 攷/敲(敲擊義) 9
5. 卜聲 10
   (11) 赴訃(前往義) 10
   (12) 圤卦釙(塊義) 10
   (13) 仆/踣(倒下義) 11
   (14) 卟/哺(喂食義) 11

· 1 ·

6. 八聲 ·· 12
    (15) 馴八(八義) ·· 12
    (16) 八僰扒　△別分　(分義) ··· 12
    (17) 朳扒(爬梳義) ··· 13
    (18) 釟╱辦(治理義) ··· 13
7. 乂聲 ·· 13
    (19) 嬖怂虩(治安義) ··· 13
8. 勹聲 ·· 14
    (20) 包勹匋(包裹義) ··· 14
9. 匕聲 ·· 15
    (21) 牝麀牝(雌性義) ··· 15
    (22) 仳╱破(破碎義) ··· 16
    (23) 疕╱痞(鬱結成病義) ·· 16
10. 几聲 ··· 17
    (24) 飢凯(空義) ·· 17
11. 九聲 ··· 17
    (25) 艽紎　△糾　(糾絞義) ·· 17
    (26) 紎虓叴馗　△急　(急、猛、緊逼義) ······································· 18
    (27) 軌厹　△瑕　(痕迹義) ·· 19
    (28) 勼╱具(聚集義) ··· 19
    (29) 馗╱衢(通達義) ··· 20
12. 乃聲 ··· 21
    (30) 仍扔芿訒(因義) ··· 21
    (31) 迺扔(牽引前往義) ·· 21
13. 丩聲 ··· 22
    (32) 糾疝苃朻茜觓(糾絞義) ··· 22
    (33) 糾疝觓　△馗　(急、緊義) ·· 23
    (34) 叫斛朻訆　△喬　(高、長、大義) ······································· 23
14. 刀聲 ··· 24
    (35) 刀魛(刀義) ·· 24
    (36) 魛芀　△小　(小義) ·· 24
    (37) 召叨剅虭(發出聲響義) ··· 25
    (38) 炋剅　△灼焦　(熱義) ··· 26

(39) 忉／悄(憂義) ··· 26
15. 力聲 ··· 27
　　　(40) 仂劦扐(力量義) ··· 27
　　　(41) 防枋笏肋魝魝　△理　(紋理義) ··· 27
　　　(42) 扐／零(零星義) ·· 28
　　　(43) 剺笏朸(荊刺義) ·· 29
16. 又聲 ··· 30
　　　(44) 友右(親善義) ··· 30
17. 弓聲 ··· 30
　　　(45) 氾敄弓　△浩　(盛義) ··· 30
　　　(46) 弓／圅(包含義) ·· 31
18. 三聲 ··· 31
　　　(47) 仨／参(三義) ··· 31
19. 干聲 ··· 32
　　　(48) 扞奸(干犯義) ··· 32
　　　(49) 竿岸軒罕骭仠杆　△格　(長、高義) ··· 33
　　　(50) 扞軒釬閈　△衛　(護衛義) ··· 34
　　　(51) 旱骬靬飦(乾燥義) ·· 35
　　　(52) 扞駻赶骭(猛、急義) ··· 36
　　　(53) 盰齻訐　△揭　(暴露義) ·· 37
　　　(54) 忎魪罕虷　△嫌　(小義) ·· 37
　　　(55) 矸頑　△潔　(乾淨義) ·· 38
　　　(56) 扞衦矸　△碾　(碾壓義) ·· 39
20. 于聲 ··· 39
　　　(57) 宇芋弙盱衧杅竽(大義) ·· 39
　　　(58) 夸訏　△詡諼　(誇誕義) ·· 41
　　　(59) 杅軒迂紆釪盂㐪　△曲環　(圓、曲義) ··· 41
　　　(60) 孟汙　△淤蓄　(積義) ·· 43
　　　(61) 忬疛(憂病義) ··· 43
　　　(62) 圩汙　△坳　(凹下義) ·· 44
　　　(63) 迂盱　△緩　(緩義) ·· 44
21. 工聲 ··· 45
　　　(64) 江虹𡉏仁玒舡扛杠矼豇肛軒舡舡虹瓨翃缸項谼空　△高　(長、高、大義) ······ 45

· 3 ·

  (65) 粀紅　△絳（紅色義） …………………………………… 48
  (66) 釭肛(圓義) ……………………………………………… 49

22. 土聲 …………………………………………………………… 49
  (67) 吐土　△瀉泄（吐出義） ……………………………… 49
  (68) 肚靯(容納義) …………………………………………… 50

23. 士聲 …………………………………………………………… 50
  (69) 仕/事(任事義) ………………………………………… 50

24. 才聲 …………………………………………………………… 51
  (70) 𣂁/柴(小義) …………………………………………… 51
  (71) 材紂(材料義) …………………………………………… 52
  (72) 𤝵/災(災害義) ………………………………………… 52
  (73) 在存(存在義) …………………………………………… 52

25. 寸聲 …………………………………………………………… 53
  (74) 寸刌(寸義) ……………………………………………… 53
  (75) 忖/思(思義) …………………………………………… 54

26. 大聲 …………………………………………………………… 54
  (76) 杕奃(高、大義) ………………………………………… 54

27. 丈聲 …………………………………………………………… 55
  (77) 杖仗(依仗義) …………………………………………… 55

28. 兀聲 …………………………………………………………… 55
  (78) 扤𦨶𩽾𩾌　△危　（動搖不安義） ………………… 55
  (79) 屼芄䯰杌䶇　△峨　（高義） ………………………… 56
  (80) 劓髡　△決（斷義） …………………………………… 57
  (81) 杌屼髡(禿義) …………………………………………… 58
  (82) 疣疨　△瘥（病義） …………………………………… 59

29. 弋聲 …………………………………………………………… 59
  (83) 黓𪓰衣(黑色義) ……………………………………… 59
  (84) 㠯杙(繫連義) …………………………………………… 60
  (85) 忒代(更替義) …………………………………………… 60
  (86) 貳/飴(甘甜義) ………………………………………… 60

30. 小聲 …………………………………………………………… 61
  (87) 魦苃朳(小義) …………………………………………… 61
  (88) 𩵥/俏(美義) …………………………………………… 62

(89) 肖/像(相似義) ··· 62

31. 口聲
(90) 釦訆(口、問義) ··· 63

(91) 扣/拷(打擊義) ··· 63

32. 山聲
(92) 仚疝(山義) ··· 64

(93) 汕/涮(洗滌義) ··· 64

(94) 訕/哂(譏笑義) ··· 65

(95) 籼/先(早先義) ··· 65

33. 千聲
(96) 千仟(千義) ··· 66

(97) 千芉(衆多、興盛義) ·· 66

(98) 裇芉　△青　(青色義) ··· 66

34. 毛聲
(99) 托託宅杔任　△承　(托義) ··· 67

(100) 砣𥑋　△拓　(張、開義) ··· 68

(101) 肚𥑋　△大　(大義) ··· 69

(102) 託任　△耀　(誇義) ··· 69

(103) 耗/䋲(聚積義) ··· 70

(104) 頉𩜁粍　△蘸　(圓義) ··· 70

35. 乞聲
(105) 訖迄颌忔釳吃汔飢　△竭　(止、盡義) ································ 71

(106) 仡圪屹疙扢　△嵲　(高義) ··· 73

(107) 仡虼　△健　(壯勇義) ··· 74

(108) 矻乾秔起　△堅緊　(堅、緊義) ··· 74

(109) 刏䰴齕　△割　(切割義) ··· 75

36. 川聲
(110) 順訓馴巡　△循　(順從、順沿義) ······································· 76

(111) 釧靭紃　△轉　(環繞義) ··· 77

37. 彡聲
(112) 杉杉雺衫鈘彤𡵾(紛繁義) ··· 78

38. 夕聲
(113) 汐岁　△夜　(黑暗義) ··· 80

39. 久聲 ········· 80
- (114) 疚玖朹 △舊 （長久義） ········· 80
- (115) 疚灸 △咎 （病義） ········· 81

40. 勺聲 ········· 82
- (116) 的礿駒玓汋旳 △昭 （白色、明顯義） ········· 82
- (117) 杓妁礿 △續 （連義） ········· 83
- (118) 扚礿豹 △打 （打擊義） ········· 84
- (119) 釣酌(思量、謀取義) ········· 84
- (120) 妁黔 △俏 （美好義） ········· 85
- (121) 颮帟 △小 （小義） ········· 86
- (122) 約豹杓颮(圓義) ········· 86
- (123) 杓釣 △了 （垂挂義） ········· 87

41. 凡聲 ········· 87
- (124) 汎帆仉梵風颿 △泛 （浮泛義） ········· 87
- (125) 芃／蓬(衆多散亂義) ········· 88

42. 丸聲 ········· 89
- (126) 紈芄 △皖 （白色義） ········· 89
- (127) 骫／彎(彎曲義) ········· 90

43. 及聲 ········· 90
- (128) 祇芨疲馺級庋 △霂 （連及義） ········· 90
- (129) 汲扱吸靸 △挹 （引、取義） ········· 92
- (130) 㤺彶岌馺(急義) ········· 92
- (131) 岌砐(高義) ········· 93
- (132) 鴀鈒 △蟻 （小義） ········· 94
- (133) 呭靸(乾義) ········· 94
- (134) 扱汲疲(舉義) ········· 95
- (135) 秘鞈趿岋(藉墊義) ········· 95
- (136) 舣岋(動義) ········· 96

44. 亡聲 ········· 96
- (137) 忘盲氓㡃喪妄(亡失義) ········· 96
- (138) 㡃宨汇 △滂龐 （大義） ········· 98
- (139) 汇盲盲 △冥 （模糊不清義） ········· 99
- (140) 罔帯 △覆 （覆蓋義） ········· 100

(141) 妄宰 △誣 （虛妄誣枉義） ········· 100

45. 丫聲 ········· 101
(142) 杈髽(丫叉義) ········· 101

46. 卂聲 ········· 101
(143) 迅汛 △猝 （迅速義） ········· 101
(144) 汛/信(按時義) ········· 102
(145) 狐/鮏(腥膻義) ········· 102
(146) 籶/殘(殘餘義) ········· 103

47. 己聲 ········· 103
(147) 記紀(記載、識別義) ········· 103
(148) 妃配(匹配義) ········· 104
(149) 屺圯 △毀 （斷絕破敗義） ········· 104
(150) 忋/靠(依靠義) ········· 105
(151) 改/更(更改義) ········· 106
(152) 配/陪(搭配陪襯義) ········· 106

48. 巳聲 ········· 107
(153) 起/興(興起義) ········· 107

49. 子聲 ········· 107
(154) 仔籽魸杍(子義) ········· 107
(155) 字孖 △滋 （滋生義） ········· 108

50. 也聲 ········· 109
(156) 拖紽貤馳𪓏施 △引徙 （轉移義） ········· 109
(157) 弛訑跅怹(放縱義) ········· 110
(158) 陁袘 △緣 （邊義） ········· 111
(159) 迆訑秅陁 △衺斜 （不正義） ········· 111
(160) 貤陁施弛迆 △延 （延續、延緩義） ········· 113
(161) 貤髢 △叠 （增益義） ········· 114
(162) 蚔鉇(長義) ········· 114
(163) 弛陁 △頹 （敗壞義） ········· 115

51. 女聲 ········· 115
(164) 毻籹如 △柔 （柔弱順從義） ········· 115

52. 刃聲 ········· 116
(165) 肕靭紉(堅韌義) ········· 116

　　　　(166) 忍靭訒(克制義) ·················· 117
　　　　(167) 韌汈紉 △聯連 (相連義) ·················· 118
53. 叉聲 ·················· 118
　　　　(168) 釵杈衩汊扠趵詨 △岔 (交叉義) ·················· 118
54. 幺聲 ·················· 120
　　　　(169) 幼囡幺 △溪 (小義) ·················· 120
55. 丰聲 ·················· 121
　　　　(170) 芊邦胖 △豐 (盛大義) ·················· 121
56. 井聲 ·················· 121
　　　　(171) 穽阱(井義) ·················· 121
　　　　(172) 妌/婧(貞潔義) ·················· 122
57. 夫聲 ·················· 122
　　　　(173) 麩胈秋 △莩 (外表、外層義) ·················· 122
　　　　(174) 扶/輔(助義) ·················· 123
58. 元聲 ·················· 123
　　　　(175) 杬頑完 △固 (頑皮、頑強義) ·················· 123
　　　　(176) 蚖笎(毒義) ·················· 124
　　　　(177) 羱朊刓 △圜 (圓義) ·················· 124
　　　　(178) 忨貦(貪義) ·················· 125
　　　　(179) 刓髡抏(損義) ·················· 126
　　　　(180) 魭黿 △隙 (小義) ·················· 126
　　　　(181) 頑刓黿 △圓 (混沌義) ·················· 126
59. 云聲 ·················· 127
　　　　(182) 囩沄雲 △淵 (回旋義) ·················· 127
　　　　(183) 貟雲紜耺忶伝(繁多紛亂義) ·················· 128
　　　　(184) 眃/暈 △混 (模糊不清義) ·················· 129
60. 帀聲 ·················· 129
　　　　(185) 迊/匝(環繞、周遍義) ·················· 129
61. 支聲 ·················· 130
　　　　(186) 芰跂敮翄枝岐郂肢歧(分支義) ·················· 130
　　　　(187) 庋馶技这忮頍(不平不正義) ·················· 131
　　　　(188) 鬾妓蚑蚚頯 △柴 (小義) ·················· 132
　　　　(189) 忮榖馶 △實 (強義) ·················· 133

(190) 夞鶩汝　△眾　（多義） ··· 133

62. 丏聲 ·· 134

(191) 眄宀(合義) ··· 134

63. 丕聲 ·· 134

(192) 芣丕秠怌　△龐　（盛大義） ································· 134

(193) 否肧否坏魾　△非　（非、未義） ··························· 135

(194) 抔/捧(掬義) ·· 136

64. 仄聲 ·· 137

(195) 昃/側(偏義) ·· 137

65. 太聲 ·· 137

(196) 汰忕(過多義) ·· 137

66. 厷聲 ·· 138

(197) 雄宏浤吰硡峵汯宏　△洪　（強、大義） ················ 138

67. 尤聲 ·· 139

(198) 肬蚘(贅義) ·· 139

(199) 煩忧　△游　（動義） ·· 140

68. 巨聲 ·· 140

(200) 齟鉅　△杆　（大義） ·· 140

(201) 距拒　△角格　（橫生旁出義） ······························ 141

(202) 柜拒　△捍　（拒止義） ··· 142

69. 牙聲 ·· 142

(203) 芽孖　△幺　（小義） ·· 142

(204) 訝忾呀　△愕驚　（驚義） ····································· 143

(205) 枒庌齖疨(不平正、不相合義) ································· 144

(206) 谺岈呀　△康　（大而空義） ·································· 144

(207) 迓/迎(迎接義) ··· 145

(208) 砑/壓(壓義) ·· 146

70. 屯聲 ·· 146

(209) 窀黗鈍飩沌忳吨旽盹伅(混沌不明義) ······················· 146

(210) 魨飩囤　△橢　（圓圍義） ····································· 148

(211) 笍肫邨庉軘坉囤煪炖馼　△集　（積聚義） ············· 148

(212) 扽頓　△振　（動義） ·· 150

(213) 純酏　△粹　（純粹義） ··· 150

(214) 純炖弇(厚重盛大義) ……………………………………………… 151

(215) 迍芚忳頓(困頓義) ………………………………………………… 151

71. 比聲 …………………………………………………………………… 152

(216) 朼肶毘坒玭　△并　(比次、細密義) ………………………… 152

(217) 紕帔跛　△破　(破綻義) ……………………………………… 153

(218) 秕／瘯(乾瘯義) ………………………………………………… 153

72. 切聲 …………………………………………………………………… 154

(219) 抐紉　△磋　(摩義) …………………………………………… 154

73. 止聲 …………………………………………………………………… 155

(220) 趾址杫砋沚(基址義) …………………………………………… 155

(221) 阯／集(聚集義) ………………………………………………… 155

(222) 祉／禔(福義) …………………………………………………… 156

74. 少聲 …………………………………………………………………… 156

(223) 眇杪秒玅蚴吵魦紗秒仯舢魦(細小義) ……………………… 156

(224) 訬舢　△騷　(不安義) ………………………………………… 158

(225) 秒妙(微妙、精妙義) …………………………………………… 159

(226) 趫／長(長義) …………………………………………………… 159

75. 曰聲 …………………………………………………………………… 160

(227) 吹颭汨(發聲義) ………………………………………………… 160

76. 日聲 …………………………………………………………………… 160

(228) 貃衵涅　△泥　(沾、黏義) …………………………………… 160

77. 丹聲 …………………………………………………………………… 161

(229) 訷冊舟荓扫　△多　(多義) …………………………………… 161

(230) 朧衻　△緣　(邊義) …………………………………………… 162

(231) 呻荓疳(逐漸義) ………………………………………………… 163

(232) 髥姌荓翢笴　△若　(柔義) …………………………………… 163

(233) 蚦甜(吐舌義) …………………………………………………… 164

78. 中聲 …………………………………………………………………… 164

(234) 衷坤　△裏　(內義) …………………………………………… 164

(235) 仲忠舯(居中義) ………………………………………………… 165

(236) 翀鴴沖忡　△動　(動義) ……………………………………… 166

(237) 蛊／終(終盡義) ………………………………………………… 166

79. 內聲 167
(238) 納汭抐妠枘　△入　（納入義） 167
(239) 芮靹貀𦙄　△輭　（柔軟義） 168

80. 午聲 169
(240) 忤迕仵趶　△悟　（相逆義） 169
(241) 汻迕(相交義) 169
(242) 許/可(應允義) 170

81. 毛聲 170
(243) 旄髦氂毷芼秏毪(多毛義) 170
(244) 眊髦毣酕　△瞀　（亂義） 171
(245) 秏垊(毛糙粗疏義) 172

82. 壬聲 173
(246) 廷呈　△正直　（公平義） 173
(247) 任妊(擔負義) 174

83. 升聲 174
(248) 抍昇陞　△烝　（上升義） 174

84. 夭聲 175
(249) 枖沃飫　△浩　（盛、多義） 175
(250) 麇枖　△幺幼　（幼小義） 176
(251) 伕/曲(彎曲義) 176

85. 片聲 177
(252) 泮胖辦　△半　（半義） 177

86. 化聲 178
(253) 訛𩈎鈋(變化義) 178

87. 斤聲 179
(254) 听訢忻　△喜　（欣喜義） 179
(255) 近靳靳炘屻圻　△及　（臨近義） 179
(256) 頎𪗇听劤坅　△訶　（長、大義） 180
(257) 㹶斷(相爭義) 181

88. 爪聲 182
(258) 笊抓(抓取義) 182

89. 介聲 182
(259) 玠奔(大義) 182

(260) 衿妗开界衿骱岍疥齘 △閒 （二義） …… 183
(261) 疥蚧(殼義) …… 185
(262) 髻駉忾 △結 （結義） …… 185
(263) 芥吤 △梗 （梗塞義） …… 186
(264) 硜骱魝 △堅 （堅義） …… 186
(265) 芥价砎骱(小義) …… 187
(266) 圿疥 △污 （污義） …… 188
(267) 乑/個(獨義) …… 188

90. 爻聲 …… 189
(268) 肴駁爻絞破鮫(交錯、駁雜義) …… 189
(269) 孝/效(仿效義) …… 190

91. 今聲 …… 190
(270) 含欿黔龕芩肣念 △嗛 （銜含義） …… 190
(271) 衾岑矜裣鈙 △嵚 （高、大義） …… 191
(272) 靲紟鈐衿玲禽霒 △禁 （禁制義） …… 192
(273) 黔鳹 △黑 （黑義） …… 193
(274) 矜攽 △擒 （持義） …… 194
(275) 貪/婪 △惏 （貪婪義） …… 194

92. 分聲 …… 195
(276) 攽盼貧粉坋 △分（分義） …… 195
(277) 氛芬忿酚(氣義) …… 196
(278) 鶯翂份魵紛玢酚氛訜 △霏 （紛繁義） …… 196
(279) 粉玢粉(白義) …… 198
(280) 鳻弅頒坋砏衯 △磐 （大義） …… 198
(281) 坌秎扮鶯(聚義) …… 199
(282) 弅岎 △墳 （高起義） …… 200

93. 反聲 …… 200
(283) 返販販返軵疲忛扳 △翻 （逆反義） …… 200
(284) 版粄鈑畈 △面 （平面義） …… 202
(285) 阪/陂(不平義) …… 202

94. 公聲 …… 203
(286) 忩忪忪 △恐悾 （驚惶急遽義） …… 203
(287) 鈆軪髼 △糠 （鬆軟鬆疏義） …… 204

95. 乏聲 · 204

 （288）芝泛柉　△筏 （浮義） · 204

 （289）窆貶砭　△翻 （下降義） · 205

96. 月聲 · 206

 （290）䏍刖　△玦 （斷義） · 206

97. 氏聲 · 206

 （291）泜跅　△止 （止義） · 206

 （292）祇軝䊷　△赤 （紅色義） · 207

98. 勿聲 · 208

 （293）吻肳　△聯 （合義） · 208

 （294）刎歾　△刺 （斷義） · 208

 （295）肳忽沕　△昧 （不明義） · 209

 （296）㘉迡　△緜 （高、遠義） · 209

 （297）物／繁（繁雜義） · 210

99. 欠聲 · 211

 （298）坎／坑（坎陷義） · 211

100. 勻聲 · 211

 （299）均䞈鈞酌昀姁构韵（均平周遍義） · 211

第二卷條文目錄

101. 卬聲 · 215

 （300）仰昂聊迎岇　△高 （高義） · 215

102. 文聲 · 216

 （301）彣駮鳶鮫紋雯斖（紋理義） · 216

 （302）紊忞旼　△紛 （亂義） · 217

103. 亢聲 · 218

 （303）沆魧盷阮坑閌頏魧肮吭瓨忼抗　△高 （高大義） · 218

 （304）伉犺㤇忼秔劥　△剛健 （剛健義） · 220

 （305）伉抗抗　△偶 （匹偶義） · 221

 （306）坑岕䂮　△坎 （低下義） · 222

 （307）筶迒　△行 （行列義） · 223

 （308）炕魧（乾燥義） · 223

104. 方聲 ··· 224

(309) 枋鈁祊舫雝　△匚　（方形義）·· 224

(310) 肪雱旁　△繁　（盛、多義）·· 224

(311) 防妨　△搒　（礙義）·· 225

(312) 仿昉(仿效、相似義)·· 226

(313) 房旁舫祊　△頗　（偏義）·· 226

(314) 跻防　△茆畐　（曲義）·· 227

105. 斗聲 ··· 228

(315) 枓斝蚪斜枓(斗義)·· 228

(316) 鈄抖　△驟　（急義）·· 228

106. 冘聲 ··· 229

(317) 耽枕眈煩沈酖酖疣跛　△延　（耽擱義）·· 229

(318) 髡紞抌敐沈妵鈂　△深　（下垂、深入義）·· 230

(319) 訦忱　△真　（誠信義）·· 232

107. 心聲 ··· 232

(320) 軝芯(中心義)·· 232

(321) 沁吣　△滲　（出義）·· 232

108. 夬聲 ··· 233

(322) 玦胅缺陕欮突疾袂決觖関(缺義)·· 233

(323) 訣殀(絕義)·· 234

(324) 赽鈌契　△擊　（擊義）·· 235

(325) 快趹駃狭　△輕　（迅速義）·· 235

(326) 奌呏翍颭(小義)·· 236

109. 引聲 ··· 237

(327) 靷紖蚓矧(前引義)·· 237

110. 弔聲 ··· 238

(328) 迗／到(抵達義)·· 238

(329) 弔／釣⌒(懸挂義)·· 238

111. 丑聲 ··· 239

(330) 羞扭杻鈕(手義)·· 239

112. 爿聲 ··· 239

(331) 壯牂牀牂戕　△長　（長、大義）·· 239

113. 巴聲 ······ 240

(332) 鈀爬杷跁耙(爬行、爬梳義) ······ 240

(333) 芭蚆把杷玐靶钯舥髲笆(圓而長義) ······ 241

(334) 妑舥笆朳 △布 (分張、分布義) ······ 242

(335) 疤羓靶 △脯 (乾義) ······ 243

114. 刅聲 ······ 244

(336) 刱/戕傷(傷害義) ······ 244

115. 允聲 ······ 244

(337) 阭鈗 △遠 (高、長義) ······ 244

(338) 夋吮 △緩 (緩義) ······ 245

116. 予聲 ······ 246

(339) 豫忬紓 △大 (長、大義) ······ 246

(340) 紓序抒 △舒 (舒展義) ······ 246

(341) 紓忬(舒緩、遲疑義) ······ 247

(342) 序/緒(端緒義) ······ 248

(343) 忬/愉(安樂、愉悅義) ······ 248

117. 未聲 ······ 249

(344) 昧眛寐魅(不明義) ······ 249

118. 末聲 ······ 250

(345) 籹抺(碎末義) ······ 250

(346) 秣/哺 (喂養義) ······ 250

(347) 抹袜帓絑 △摩 (貼近、延伸義) ······ 251

119. 示聲 ······ 251

(348) 眎祋 △呈 (顯示義) ······ 251

120. 正聲 ······ 252

(349) 証整政竀頲 △中 (正義) ······ 252

(350) 定腚 △成 (熟義) ······ 253

(351) 怔定眰 △佇 (停止、專一義) ······ 254

121. 去聲 ······ 255

(352) 祛袪坎 △驅 (除去義) ······ 255

(353) 阹笶屃弆 △隔蓄 (遮攔、閉藏義) ······ 256

(354) 疰怯 △虛 (弱義) ······ 257

122. 甘聲 ·············· 257
    (355) 苷柑笚蚶肝(甘甜義) ·············· 257
    (356) 黚拑紺鉗蚶甜咁泔 △含夾 (含、夾義) ·············· 258
    (357) 泔酣猒魽(濃重、盛多義) ·············· 260

123. 世聲 ·············· 261
    (358) 泄𦂟詍痸 △瀉 (抒出義) ·············· 261
    (359) 跇迣 △度 (超越義) ·············· 262
    (360) 抴緤枻枻靾 △曳 (牽引、拖曳義) ·············· 262

124. 古聲 ·············· 263
    (361) 詀故痼眓胡 △久 (時久義) ·············· 263
    (362) 祜苦盬鈷瓳胡(大、深義) ·············· 264
    (363) 殆枯觚骷 △涸 (乾枯義) ·············· 266
    (364) 苦枯鹽 △惡 (粗劣義) ·············· 266
    (365) 鮕咕黏估(模糊義) ·············· 267
    (366) 居跍 △跪 (蹲義) ·············· 268
    (367) 沽酤估 △賈 (買賣義) ·············· 269

125. 本聲 ·············· 269
    (368) 体／䲝(粗義) ·············· 269

126. 朮聲 ·············· 270
    (369) 述術䢦 △倫引 (條理、引導義) ·············· 270
    (370) 秫／稬(軟義) ·············· 271

127. 可聲 ·············· 271
    (371) 駉閜阿岢蓟吹舸訶(大義) ·············· 271
    (372) 柯牁笴柯 △格 (長而直義) ·············· 273
    (373) 舸蓟跒 △夾 (夾、卡義) ·············· 274
    (374) 苛舸鈳訶 △涓楬 (小義) ·············· 274

128. 朿聲 ·············· 275
    (375) 棶肺榇 △碎 (零碎義) ·············· 275
    (376) 秾／積(聚積義) ·············· 276
    (377) 疻／玼(瑕疵義) ·············· 276

129. 丙聲 ·············· 277
    (378) 病病 △變 (病變義) ·············· 277
    (379) 怲病 △怔 (憂義) ·············· 277

(380) 病恼炳鈵　△豐（重義）⋯⋯⋯⋯⋯⋯⋯⋯⋯⋯⋯⋯⋯⋯⋯⋯⋯⋯⋯⋯ 278

130. 左聲 ⋯⋯⋯⋯⋯⋯⋯⋯⋯⋯⋯⋯⋯⋯⋯⋯⋯⋯⋯⋯⋯⋯⋯⋯⋯⋯⋯⋯⋯⋯⋯⋯⋯⋯ 278

(381) 尯袏(左義) ⋯⋯⋯⋯⋯⋯⋯⋯⋯⋯⋯⋯⋯⋯⋯⋯⋯⋯⋯⋯⋯⋯⋯⋯⋯⋯⋯⋯⋯ 278

(382) 佐／助(輔助義) ⋯⋯⋯⋯⋯⋯⋯⋯⋯⋯⋯⋯⋯⋯⋯⋯⋯⋯⋯⋯⋯⋯⋯⋯⋯ 279

131. 丕聲 ⋯⋯⋯⋯⋯⋯⋯⋯⋯⋯⋯⋯⋯⋯⋯⋯⋯⋯⋯⋯⋯⋯⋯⋯⋯⋯⋯⋯⋯⋯⋯⋯⋯⋯ 279

(383) 胚坯酥(混沌義) ⋯⋯⋯⋯⋯⋯⋯⋯⋯⋯⋯⋯⋯⋯⋯⋯⋯⋯⋯⋯⋯⋯⋯⋯⋯ 279

(384) 伾莍頿岯　△龐（盛、大義）⋯⋯⋯⋯⋯⋯⋯⋯⋯⋯⋯⋯⋯⋯⋯⋯⋯ 280

(385) 岯秠鈈　△並（重疊義）⋯⋯⋯⋯⋯⋯⋯⋯⋯⋯⋯⋯⋯⋯⋯⋯⋯⋯⋯ 281

132. 石聲 ⋯⋯⋯⋯⋯⋯⋯⋯⋯⋯⋯⋯⋯⋯⋯⋯⋯⋯⋯⋯⋯⋯⋯⋯⋯⋯⋯⋯⋯⋯⋯⋯⋯⋯ 282

(386) 磔袥拓　△張（張開、擴大義）⋯⋯⋯⋯⋯⋯⋯⋯⋯⋯⋯⋯⋯⋯⋯ 282

(387) 碩斫妐肑拓魠　△大（大義）⋯⋯⋯⋯⋯⋯⋯⋯⋯⋯⋯⋯⋯⋯⋯⋯⋯ 282

(388) 跖沰　△地（底下義）⋯⋯⋯⋯⋯⋯⋯⋯⋯⋯⋯⋯⋯⋯⋯⋯⋯⋯⋯⋯ 284

(389) 袥橐　△匿（藏義）⋯⋯⋯⋯⋯⋯⋯⋯⋯⋯⋯⋯⋯⋯⋯⋯⋯⋯⋯⋯⋯ 284

133. 右聲 ⋯⋯⋯⋯⋯⋯⋯⋯⋯⋯⋯⋯⋯⋯⋯⋯⋯⋯⋯⋯⋯⋯⋯⋯⋯⋯⋯⋯⋯⋯⋯⋯⋯⋯ 285

(390) 佑祐　△侑（助義）⋯⋯⋯⋯⋯⋯⋯⋯⋯⋯⋯⋯⋯⋯⋯⋯⋯⋯⋯⋯⋯ 285

134. 布聲 ⋯⋯⋯⋯⋯⋯⋯⋯⋯⋯⋯⋯⋯⋯⋯⋯⋯⋯⋯⋯⋯⋯⋯⋯⋯⋯⋯⋯⋯⋯⋯⋯⋯⋯ 285

(391) 怖佈　△普（分布、周遍義）⋯⋯⋯⋯⋯⋯⋯⋯⋯⋯⋯⋯⋯⋯⋯⋯ 285

135. 犮聲 ⋯⋯⋯⋯⋯⋯⋯⋯⋯⋯⋯⋯⋯⋯⋯⋯⋯⋯⋯⋯⋯⋯⋯⋯⋯⋯⋯⋯⋯⋯⋯⋯⋯⋯ 286

(392) 祓芨拔軷　△拂（去除義）⋯⋯⋯⋯⋯⋯⋯⋯⋯⋯⋯⋯⋯⋯⋯⋯⋯⋯ 286

(393) 柭髮炦拔茇　△發（抽引義）⋯⋯⋯⋯⋯⋯⋯⋯⋯⋯⋯⋯⋯⋯⋯⋯ 287

(394) 跋魃拔軷　△撥（回轉義）⋯⋯⋯⋯⋯⋯⋯⋯⋯⋯⋯⋯⋯⋯⋯⋯⋯ 288

(395) 炦坺欻酦馚颰(散發義) ⋯⋯⋯⋯⋯⋯⋯⋯⋯⋯⋯⋯⋯⋯⋯⋯⋯⋯⋯⋯ 289

(396) 鈸蚍盋骳　△盤（圓義）⋯⋯⋯⋯⋯⋯⋯⋯⋯⋯⋯⋯⋯⋯⋯⋯⋯⋯⋯ 290

136. 平聲 ⋯⋯⋯⋯⋯⋯⋯⋯⋯⋯⋯⋯⋯⋯⋯⋯⋯⋯⋯⋯⋯⋯⋯⋯⋯⋯⋯⋯⋯⋯⋯⋯⋯⋯ 291

(397) 坪苹枰評閛秤(平義) ⋯⋯⋯⋯⋯⋯⋯⋯⋯⋯⋯⋯⋯⋯⋯⋯⋯⋯⋯⋯⋯ 291

(398) 怦抨鬻　△駁（色彩斑駁義）⋯⋯⋯⋯⋯⋯⋯⋯⋯⋯⋯⋯⋯⋯⋯⋯ 292

(399) 抨伻𬀩　△聘（使令義）⋯⋯⋯⋯⋯⋯⋯⋯⋯⋯⋯⋯⋯⋯⋯⋯⋯⋯⋯ 292

137. 戉聲 ⋯⋯⋯⋯⋯⋯⋯⋯⋯⋯⋯⋯⋯⋯⋯⋯⋯⋯⋯⋯⋯⋯⋯⋯⋯⋯⋯⋯⋯⋯⋯⋯⋯⋯ 293

(400) 越娍跋鬸(輕義) ⋯⋯⋯⋯⋯⋯⋯⋯⋯⋯⋯⋯⋯⋯⋯⋯⋯⋯⋯⋯⋯⋯⋯⋯ 293

(401) 跋／刖(斷足義) ⋯⋯⋯⋯⋯⋯⋯⋯⋯⋯⋯⋯⋯⋯⋯⋯⋯⋯⋯⋯⋯⋯⋯ 294

138. 北聲 ⋯⋯⋯⋯⋯⋯⋯⋯⋯⋯⋯⋯⋯⋯⋯⋯⋯⋯⋯⋯⋯⋯⋯⋯⋯⋯⋯⋯⋯⋯⋯⋯⋯⋯ 294

(402) 背／悖(相違義) ⋯⋯⋯⋯⋯⋯⋯⋯⋯⋯⋯⋯⋯⋯⋯⋯⋯⋯⋯⋯⋯⋯⋯ 294

139. 占聲 ... 295

- (403) 苫䉠毡　△遮　（遮擋、覆蓋義） ... 295
- (404) 刮鉆點耂(斑點義) ... 296
- (405) 黏痁帖沾鮎阽跕貼岾秥(相連、臨近義) ... 296
- (406) 覘覢　△䁖　（窺視義） ... 298
- (407) 點耵黵髻詀呫酟鵮(小、稀、淡義) ... 299
- (408) 拈鉆(夾取義) ... 300
- (409) 敁拈點覘(掂量、考察義) ... 300
- (410) 站砧坫店(占據、固定義) ... 301

140. 旦聲 ... 302

- (411) 笪亶　△大　（大義） ... 302
- (412) 袒襢炟組坦(顯露、明顯義) ... 302
- (413) 魟疸　△點　（小義） ... 303
- (414) 笪呾笪　△多　（多義） ... 304
- (415) 怛蛆(痛義) ... 304

141. 目聲 ... 305

- (416) 䀠/秒(小義) ... 305

142. 且聲 ... 305

- (417) 珇祖姐組酲蛆(美義) ... 305
- (418) 趄柤岨阻詛　△擋　（阻攔義） ... 307
- (419) 粗駔怚查　△大　（粗大義） ... 308
- (420) 苴粗跛伹　△劣　（粗劣義） ... 309
- (421) 趄笡齟　△斜　（斜義） ... 309
- (422) 苴俎　△藉　（墊義） ... 310

143. 甲聲 ... 311

- (423) 柙閘匣　△關　（關閉義） ... 311
- (424) 岬胛　△夾　（夾合義） ... 312
- (425) 狎押䩞鞊魻(接連、重疊義) ... 312

144. 申聲 ... 313

- (426) 伸胂電坤紳䡢陳眒諶抻神　△展　（伸張義） ... 313

145. 田聲 ... 315

- (427) 畋佃甸(田義) ... 315

146. 由聲 ········· 316
- (428) 岫宙袖笛軸(圓義) ········· 316
- (429) 迪胄紬軸釉甹抽(引義) ········· 317
- (430) 釉油　△游　(浮於外表義) ········· 318

147. 只聲 ········· 319
- (431) 迟秖　△橈　(曲義) ········· 319
- (432) 齟抾　△張　(張、開義) ········· 319

148. 央聲 ········· 320
- (433) 詇怏　(求告義) ········· 320
- (434) 秧胦　(中央義) ········· 320
- (435) 泱怏㿜眏(大義) ········· 321
- (436) 映笶㛂映酟　△影　(暗義) ········· 322
- (437) 坱怏泱　△仰揚　(揚起義) ········· 323

149. 兄聲 ········· 323
- (438) 況怳　△彊　(强義) ········· 323

150. 冋聲 ········· 324
- (439) 迥坰　△遐　(遠義) ········· 324
- (440) 烱泂駉　△彊　(强義) ········· 325

151. 四聲 ········· 326
- (441) 牭駟(四義) ········· 326

152. 冎聲 ········· 326
- (442) 咼/歪(歪斜義) ········· 326

153. 生聲 ········· 327
- (443) 性姓甥鉎酲(生義) ········· 327
- (444) 胜狌鮏　△臭　(腥臭義) ········· 327
- (445) 星塵　△細　(小義) ········· 328

154. 矢聲 ········· 329
- (446) 医昳詄疾　(矢義) ········· 329

155. 失聲 ········· 330
- (447) 佚訣怢跌眣　△遺　(失去義) ········· 330
- (448) 迭秩瓞帙絑　△積　(重叠聚積義) ········· 331
- (449) 昳肤泆軼突　△出　(出義) ········· 332
- (450) 秩迭帙袟　△次　(次第義) ········· 333

(451) 抶䄼　△撻打（擊義） ……………………………………… 334

(452) 魅䄼　△厲（厲害義） ………………………………………… 335

(453) 佚泆　△逸（放縱義） ………………………………………… 335

156. 乍聲 …………………………………………………………… 336

(454) 迮昨怍㨘窄蚱炸笮(猝然、緊迫、緊窄義) …………………… 336

(455) 厏齚詐岝痄　△差（不齊、不合義） ……………………… 338

(456) 阼酢胙餏　△酬（相酬義） ………………………………… 338

157. 禾聲 …………………………………………………………… 339

(457) 和盉鉌委　△諧（調和、和諧義） ………………………… 339

158. 丘聲 …………………………………………………………… 340

(458) 垢鮔　△高（高義） ………………………………………… 340

159. 付聲 …………………………………………………………… 341

(459) 袝符柎髯駙附柎苻鈅射蚹胕　△膚（相附、相合義） …… 341

(460) 尃/復(反義) ………………………………………………… 343

160. 代聲 …………………………………………………………… 344

(461) 黛黱玳　△黸（黑義） ……………………………………… 344

161. 白聲 …………………………………………………………… 344

(462) 鮊泊(白色義) ………………………………………………… 344

(463) 怕皅粨(淡義) ………………………………………………… 345

(464) 迫泊趙(逼近義) ……………………………………………… 345

162. 斥聲 …………………………………………………………… 346

(465) 坼破　△裂（裂義） ………………………………………… 346

(466) 泝訴(追溯義) ………………………………………………… 347

163. 瓜聲 …………………………………………………………… 347

(467) 柧觚宎　△窪（凹凸義） …………………………………… 347

(468) 罛夻胍軱瓠(大義) …………………………………………… 348

164. 㕣聲 …………………………………………………………… 349

(469) 沿/緣(遵循義) ……………………………………………… 349

165. 㐱聲 …………………………………………………………… 349

(470) 趁駗㐱砄　△止（受阻義） ………………………………… 349

(471) 拶紾軫　△轉（轉義） ……………………………………… 350

(472) 珍袗　△真（美義） ………………………………………… 351

(473) 參畛軫　△齊（整齊義） …………………………………… 352

166. 乎聲 · · · · · · 353
    （474）評/叫(呼叫義) · · · · · · 353

167. 令聲 · · · · · · 353
    （475）玲竛泠軨舲拎呤砱　△婁　（空明義）· · · · · · 353
    （476）伶零跉竛冷泠　△獨　（孤獨義）· · · · · · 354
    （477）玲聆剠怜伶　△靈　（聰明、靈巧義）· · · · · · 355
    （478）酃玲泠　△妙　（美妙義）· · · · · · 356
    （479）鈴軨舲鴒瓴閝吟岭羚䨥虢　△小　（小義）· · · · · · 357
    （480）伶詅　△使　（使令義）· · · · · · 358

168. 氐聲 · · · · · · 359
    （481）柢胝軝低底骶紙　△地　（底義）· · · · · · 359
    （482）抵詆砥牴舐　△敵　（抵觸義）· · · · · · 360

169. 句聲 · · · · · · 361
    （483）跼笱鉤翑雊朐剈痀鞠　△曲　（曲義）· · · · · · 361
    （484）朐袧　△容　（凹義）· · · · · · 363
    （485）駒狗豿犳朐鴝　△羔　（小義）· · · · · · 364
    （486）拘鉤　△約　（制約義）· · · · · · 365
    （487）昫欨　△烘　（溫暖義）· · · · · · 365
    （488）詢劬趵　△颶　（強力義）· · · · · · 366
    （489）夠飹劬　△具　（多義）· · · · · · 367

170. 冊聲 · · · · · · 367
    （490）㗊栅(冊義)· · · · · · 367

171. 卯聲 · · · · · · 368
    （491）峁聊峁　△龐　（大、高義）· · · · · · 368

172. 冬聲 · · · · · · 369
    （492）烔䶱　△赤　（赤色義）· · · · · · 369

173. 夗聲 · · · · · · 369
    （493）盌宛蜿婉豌　△圈　（圓、曲義）· · · · · · 369
    （494）苑怨　△蘊　（積聚、鬱結義）· · · · · · 371

174. 包聲 · · · · · · 371
    （495）苞胞麭笣袍褒炮泡鮑匏(包義)· · · · · · 371
    （496）泡皰窇　△栝　（圓義）· · · · · · 373
    （497）齙酺皰　△暴　（外露義）· · · · · · 374

(498) 飽枹麭菢苞　△豐　（多義） …………………………………… 374

(499) 鉋跑鞄　△耙　（刨義） ………………………………………… 375

(500) 雹炮跑咆颮　△爆　（猛烈義） ……………………………… 376

(501) 胞姲孢(孕育義) …………………………………………………… 377

175. 主聲

(502) 駐住跓軴註迬砫紸　△止　（留止義） ……………………… 377

(503) 柱拄砫　△撐　（支撐義） …………………………………… 378

(504) 黸狟黕　△默　（黑義） ……………………………………… 379

(505) 注症　△輸　（注入義） ……………………………………… 380

176. 市聲

(506) 柿鉎　△柔　（柔軟義） ……………………………………… 380

177. 立聲

(507) 鳹粒泣　△稚　（小義） ……………………………………… 381

178. 玄聲

(508) 袨眩駮　△熏　（黑義） ……………………………………… 382

(509) 炫衒　△顯　（炫耀義） ……………………………………… 383

(510) 眩昡詃衒　△渾　（惑亂義） ………………………………… 383

179. 半聲

(511) 泮料胖伴拌胖　△邊　（半義） ……………………………… 384

(512) 判叛跘拌胖　△分　（分義） ………………………………… 385

(513) 畔胖(邊義) ………………………………………………………… 386

180. 氾聲

(514) 范/模(規範義) …………………………………………………… 387

181. 宁聲

(515) 貯㝉貯竚佇䇢汒坾　△儲　（聚積義） ……………………… 387

182. 穴聲

(516) 泬狘坑祆窅芎(洞穴、深長義) ………………………………… 388

183. 它聲

(517) 佗扡駝跎　△擔　（負荷義） ………………………………… 389

(518) 鞃沱鉈陀駝酡紽跎甌坨砣舵　△橢　（曲、圓義） ………… 390

(519) 牠牠(禿義) ………………………………………………………… 392

184. 宂聲

(520) 宂/慵(閑散義) …………………………………………………… 392

總條文目錄

185. 亢聲 · 393

 (521) 挖軮陒 △控 （扼制義） · 393

186. 必聲 · 394

 (522) 祕慮宓悘瞡閟图 △閉 （秘密、掩藏義） · · · · · · · · · · 394

 (523) 苾馝 △芬 （香義） · 395

 (524) 胉駜呹崥 △繁 （多義） · 396

 (525) 拡跘柲 △捭批 （擊義） · 396

 (526) 泌颮欥 △拂 （流動、飄動義） · · · · · · · · · · · · · · · · · · · 397

 (527) 閟酦 △畢 （止、盡義） · 398

 (528) 馝/庇(護義) · 398

187. 永聲 · 399

 (529) 泳詠 △遠 （深、長義） · 399

188. 司聲 · 400

 (530) 詞嗣 △詩 （言詞義） · 400

 (531) 伺/侍(伺候、等候義) · 400

 (532) 飼/賜(給予義) · 401

189. 艮聲 · 401

 (533) 恨/弱(弱義) · 401

190. 尼聲 · 402

 (534) 泥黏昵柅㹫迡抳 △糯停邇 （黏、止、近義） · 402

 (535) 怩跜旎(多姿義) · 404

191. 民聲 · 404

 (536) 敃頣 △勉 （强義） · 404

 (537) 怋泯昏 △紛 （亂義） · 405

 (538) 筂䩉 △面 （外表義） · 405

192. 弗聲 · 406

 (539) 茀䇚䘏䥏怫 △蔽 （遮蔽義） · 406

 (540) 曹佛(不明義) · 407

 (541) 髴紼 △紛 （亂義） · 408

 (542) 拂柫颴垘烸昲 △抆 （拂過義） · · · · · · · · · · · · · · · · · · · 408

 (543) 咈拂怫 △悖 （違逆義） · 409

193. 弘聲 · 410

 (544) 泓宖 △孔 （深義） · 410

194. 疋聲 ... 411
 (545) 疏䟽 △梳 (稀疏義) ... 411

195. 出聲 ... 411
 (546) 祟苗朏窋疕頔黜泏秫盉(出義) ... 411
 (547) 屈䫋詘拙袦 △短 (短、不足義) ... 413
 (548) 詘柮欪拙鉏聉 △差 (拙劣義) ... 414
 (549) 趚怵訹 △猝 (猝然義) ... 415
 (550) 屈𧏚(曲義) ... 416

196. 支聲 ... 417
 (551) 𢓊/徐(緩慢義) ... 417

197. 奴聲 ... 417
 (552) 笯帑(禁制義) ... 417
 (553) 督努吺 △露 (凸出義) ... 418
 (554) 弩怒努吺鬢 △壯大 (強、大義) ... 418

198. 召聲 ... 419
 (555) 輖佋貂沼輻餂矧鮉帉鉊 △珧 (小義) ... 419
 (556) 超劭䪨迢邵紹 △跳挑 (高、遠義) ... 421
 (557) 韶劭珆 △俏 (美好義) ... 422
 (558) 柖弨(舒緩義) ... 422
 (559) 詔卲招昭(發言義) ... 423

199. 加聲 ... 423
 (560) 架駕 △肩 (支承義) ... 423
 (561) 賀駕架 △兼 (加義) ... 424
 (562) 嘉哿 △可 (贊許義) ... 425
 (563) 枷架 △岡亢 (高義) ... 426
 (564) 枷/夾(夾合義) ... 426
 (565) 痂/疥(殼義) ... 427

200. 皮聲 ... 427
 (566) 疲㫊 △靡 (萎靡義) ... 427
 (567) 詖簸柀破鲏披鈹耚皱帔陂 △批 (分析、分解義) ... 428
 (568) 彼貱綍皱髲被 △補 (加義) ... 430
 (569) 波披陂駊彼跛頗 △偏 (不平、不正義) ... 431

第三卷條文目錄

201. 弁聲 435
    （570）拚開　△並　（合義）............................. 435
202. 台聲 436
    （571）怠佁　△徐　（慢義）............................. 436
    （572）蛤焰　△黗　（黑色義）......................... 436
    （573）怡咍　△懌　（喜悅義）......................... 437
    （574）詒譇　△詐　（假義）............................. 437
    （575）給怠痁殆　△頽　（破敗義）................. 438
203. 矛聲 439
    （576）孜楙髳　△濃　（強、盛義）................. 439
    （577）鉾髳袤　△邈　（長義）......................... 440
    （578）雺霚　△冒　（蒙覆義）......................... 440
    （579）柔/弱(柔弱義) 441
204. 母聲 441
    （580）姆姆姆(母義) 441
    （581）拇莓　△龐　（大義）............................. 442
    （582）每/茂(茂盛義) 443
    （583）坶/坯(塵末義) 443
205. 幼聲 444
    （584）窈芴　△幽　（深、長義）................. 444
    （585）坳呦眑　△容　（凹義）......................... 444
    （586）魊蚴勠黝　△溪　（小、弱義）............. 445
    （587）蚴抝衯　△曲　（曲義）......................... 446
206. 韧聲 446
    （588）齧契栔挈(鍥入義) 446
    （589）齧鬩　△闕　（缺義）............................. 447
207. 开聲 448
    （590）跹枅枅汧妍　△徦　（平正義）............. 448
    （591）葉蚈軒　△涓　（小義）......................... 449
    （592）豜麉豣豜　△彊　（強、大義）............. 450

208. 荆聲 451
 (593) 型侀 △影 （成形義） 451

209. 戎聲 452
 (594) 絨氃毧狨筡鮘 △茸 （細、小義） 452
 (595) 狨茙絨(繁密義) 452

210. 圭聲 453
 (596) 珪窐閨袿(圭形義) 453
 (597) 奊咼 △傾 （不正義） 454
 (598) 絓罫 △糾 （絆義） 455
 (599) 洼窐眭 △坑 （深凹義） 455
 (600) 挂畦 △劃 （劃分義） 456

211. 寺聲 457
 (601) 庤持渚 △儲 （儲備義） 457
 (602) 待侍時等 △竢 （等待義） 458
 (603) 時畤 △止 （界限義） 459
 (604) 峙峙 △崇 （高義） 459
 (605) 恃待持侍 △仗 （依仗義） 460

212. 吉聲 461
 (606) 硈黠佶鮚結 △堅健 （堅、健義） 461
 (607) 頡桔赽 △建 （直義） 462
 (608) 袺翓拮 △企 （上舉義） 463
 (609) 拮劼 △勤 （勤勉義） 464

213. 考聲 464
 (610) 拷/攷(打擊義) 464
 (611) 銬/扣(拘捕義) 465

214. 巩聲 465
 (612) 鞏碧 △固 （堅固義） 465
 (613) 銎/孔(孔洞義) 466
 (614) 㧬/拱(抱義) 466

215. 耳聲 467
 (615) 珥聏咡瑨栭䎶眲(耳義) 467
 (616) 餌誀咡鉺 △誘 （引義） 468
 (617) 佴弭酣 △雙 （二義） 469

         (618) 茸髶耴　△濃　（濃密義）…………………………………… 469
216. 共聲 ……………………………………………………………………… 470
         (619) 鬨拱奉巷哄　△公　（共同義）…………………………… 470
         (620) 鬨拱洪　△交　（相交義）……………………………………… 471
         (621) 洪栱葒珙魟谾颽谻哄鬨　△宏　（大義）……………………… 472
         (622) 恭拱　△敬　（恭敬義）………………………………………… 474
217. 芒聲 ……………………………………………………………………… 474
         (623) 汒/漫(模糊義) ………………………………………………… 474
         (624) 銛/末(尖端義) ………………………………………………… 475
218. 亘聲 ……………………………………………………………………… 475
         (625) 宣烜查　△珙　（大義）………………………………………… 475
219. 氶聲 ……………………………………………………………………… 476
         (626) 抵/拯(救助義) ………………………………………………… 476
220. 朿聲 ……………………………………………………………………… 477
         (627) 莿刺諫榮揀(刺義) …………………………………………… 477
         (628) 涑趚瘷　△䂶　（小、少義）…………………………………… 477
221. 西聲 ……………………………………………………………………… 478
         (629) 粞/碎(碎義) …………………………………………………… 478
222. 戌聲 ……………………………………………………………………… 479
         (630) 威/没(消失義) ………………………………………………… 479
223. 百聲 ……………………………………………………………………… 479
         (631) 洦陌　△卑　（小義）…………………………………………… 479
         (632) 帕袹　△幔　（覆蓋義）………………………………………… 480
224. 有聲 ……………………………………………………………………… 481
         (633) 囿盒　△杅　（圓圍義）………………………………………… 481
         (634) 侑/佑(助義) …………………………………………………… 481
225. 而聲 ……………………………………………………………………… 482
         (635) 栭胹洏鮞髵奭需聏　△柔　（柔義）…………………………… 482
226. 夸聲 ……………………………………………………………………… 483
         (636) 誇胯剖瓠洿挎綒　△空　（空義）……………………………… 483
         (637) 跨誇侉恗(大義) ……………………………………………… 485
227. 灰聲 ……………………………………………………………………… 485
         (638) 恢/宏(大義) …………………………………………………… 485

總條文目錄

· 27 ·

(639) 詠/謔(戲謔義) ……………………………………… 486

228. 列聲

(640) 裂䬅䲜咧(分開義) ……………………………… 486

(641) 栵挘䲜列筣(行列義) …………………………… 487

(642) 烈洌冽颲痢　△厲　(猛烈義) ………………… 488

229. 成聲

(643) 盛宬城　△容　(容納義) ……………………… 489

230. 夷聲

(644) 荑稊桋胰　△嫩　(柔嫩義) …………………… 489

(645) 鮧洟荑　△脂　(黏滑義) ……………………… 490

(646) 徎𦍋𩚛　△坦　(平義) ………………………… 491

231. 至聲

(647) 桎庢室閉駤痓　△滯　(礙義) ………………… 492

(648) 致垤　△積　(積義) …………………………… 493

(649) 挃荎咥齓蛭　△刺䥫　(刺、齧義) …………… 494

232. 尗聲

(650) 叔/收(取義) …………………………………… 495

(651) 宋/静(静義) …………………………………… 495

233. 此聲

(652) 茈紫　△赭　(紫色義) ………………………… 496

(653) 玼柴髭鉴𪖲枇觜呰訾疵魮　△子　(小義) …… 497

(654) 呰訾疵　△詆　(詆毁義) ……………………… 498

(655) 雌婐　△柔　(柔弱義) ………………………… 499

234. 光聲

(656) 洸晃硄(閃光義) ………………………………… 500

(657) 侊駫挄晃　△煌宏　(盛、大義) ……………… 500

235. 㔽聲

(658) 窅/窅(幽深義) ………………………………… 502

236. 吕聲

(659) 閭紹侣躳　△連　(相連義) …………………… 502

237. 同聲

(660) 衕迵筒洞峒瓺𥯤祠桐　△㐱　(空義) ………… 503

(661) 銅鮦䅣䙚瓺筒　△桶　(圓而長義) …………… 505

(662) 詷峒侗哃　△朧　（大義）⋯⋯⋯⋯⋯⋯⋯⋯⋯⋯⋯⋯⋯⋯⋯⋯⋯⋯⋯⋯ 505

(663) 駧洞　△速　（急義）⋯⋯⋯⋯⋯⋯⋯⋯⋯⋯⋯⋯⋯⋯⋯⋯⋯⋯⋯⋯⋯ 506

238. 因聲 ⋯⋯⋯⋯⋯⋯⋯⋯⋯⋯⋯⋯⋯⋯⋯⋯⋯⋯⋯⋯⋯⋯⋯⋯⋯⋯⋯⋯⋯⋯⋯⋯ 507

(664) 捆茵姻　△依　（憑依義）⋯⋯⋯⋯⋯⋯⋯⋯⋯⋯⋯⋯⋯⋯⋯⋯⋯⋯⋯ 507

(665) 咽歅垔　△隔　（阻義）⋯⋯⋯⋯⋯⋯⋯⋯⋯⋯⋯⋯⋯⋯⋯⋯⋯⋯⋯⋯ 508

239. 回聲 ⋯⋯⋯⋯⋯⋯⋯⋯⋯⋯⋯⋯⋯⋯⋯⋯⋯⋯⋯⋯⋯⋯⋯⋯⋯⋯⋯⋯⋯⋯⋯⋯ 508

(666) 洄迴徊　△圍違　（回旋、逆反義）⋯⋯⋯⋯⋯⋯⋯⋯⋯⋯⋯⋯⋯⋯ 508

(667) 佪恛　△晦　（不明義）⋯⋯⋯⋯⋯⋯⋯⋯⋯⋯⋯⋯⋯⋯⋯⋯⋯⋯⋯ 509

240. 朱聲 ⋯⋯⋯⋯⋯⋯⋯⋯⋯⋯⋯⋯⋯⋯⋯⋯⋯⋯⋯⋯⋯⋯⋯⋯⋯⋯⋯⋯⋯⋯⋯⋯ 510

(668) 袾絑鮢硃　△赤　（紅色義）⋯⋯⋯⋯⋯⋯⋯⋯⋯⋯⋯⋯⋯⋯⋯⋯⋯ 510

(669) 銖侏珠瓨咮　△玭　（小義）⋯⋯⋯⋯⋯⋯⋯⋯⋯⋯⋯⋯⋯⋯⋯⋯⋯ 511

(670) 誅殊　△戮　（殺戮義）⋯⋯⋯⋯⋯⋯⋯⋯⋯⋯⋯⋯⋯⋯⋯⋯⋯⋯⋯ 512

241. 先聲 ⋯⋯⋯⋯⋯⋯⋯⋯⋯⋯⋯⋯⋯⋯⋯⋯⋯⋯⋯⋯⋯⋯⋯⋯⋯⋯⋯⋯⋯⋯⋯⋯ 513

(671) 詵侁駪毨　△莘　（衆多義）⋯⋯⋯⋯⋯⋯⋯⋯⋯⋯⋯⋯⋯⋯⋯⋯⋯ 513

(672) 跣洗銑硔　△鮮　（光潔義）⋯⋯⋯⋯⋯⋯⋯⋯⋯⋯⋯⋯⋯⋯⋯⋯⋯ 514

242. 廷聲 ⋯⋯⋯⋯⋯⋯⋯⋯⋯⋯⋯⋯⋯⋯⋯⋯⋯⋯⋯⋯⋯⋯⋯⋯⋯⋯⋯⋯⋯⋯⋯⋯ 515

(673) 莛綎娗挺梃涏珽侹頲脡　△長直　（長、直義）⋯⋯⋯⋯⋯⋯⋯⋯ 515

243. 竹聲 ⋯⋯⋯⋯⋯⋯⋯⋯⋯⋯⋯⋯⋯⋯⋯⋯⋯⋯⋯⋯⋯⋯⋯⋯⋯⋯⋯⋯⋯⋯⋯⋯ 517

(674) 竺篤　△重　（厚、重義）⋯⋯⋯⋯⋯⋯⋯⋯⋯⋯⋯⋯⋯⋯⋯⋯⋯⋯ 517

244. 休聲 ⋯⋯⋯⋯⋯⋯⋯⋯⋯⋯⋯⋯⋯⋯⋯⋯⋯⋯⋯⋯⋯⋯⋯⋯⋯⋯⋯⋯⋯⋯⋯⋯ 517

(675) 痳庥茠(休止義)⋯⋯⋯⋯⋯⋯⋯⋯⋯⋯⋯⋯⋯⋯⋯⋯⋯⋯⋯⋯⋯⋯⋯ 517

(676) 貅鵂咻　△劇　（猛義）⋯⋯⋯⋯⋯⋯⋯⋯⋯⋯⋯⋯⋯⋯⋯⋯⋯⋯⋯ 518

245. 伏聲 ⋯⋯⋯⋯⋯⋯⋯⋯⋯⋯⋯⋯⋯⋯⋯⋯⋯⋯⋯⋯⋯⋯⋯⋯⋯⋯⋯⋯⋯⋯⋯⋯ 519

(677) 靸栿(卧、伏義)⋯⋯⋯⋯⋯⋯⋯⋯⋯⋯⋯⋯⋯⋯⋯⋯⋯⋯⋯⋯⋯⋯⋯ 519

(678) 紱袱　△覆　（覆蓋義）⋯⋯⋯⋯⋯⋯⋯⋯⋯⋯⋯⋯⋯⋯⋯⋯⋯⋯⋯ 519

(679) 洑茯(潛伏義)⋯⋯⋯⋯⋯⋯⋯⋯⋯⋯⋯⋯⋯⋯⋯⋯⋯⋯⋯⋯⋯⋯⋯⋯ 520

(680) 靿／縛(束縛義)⋯⋯⋯⋯⋯⋯⋯⋯⋯⋯⋯⋯⋯⋯⋯⋯⋯⋯⋯⋯⋯⋯⋯ 520

246. 臼聲 ⋯⋯⋯⋯⋯⋯⋯⋯⋯⋯⋯⋯⋯⋯⋯⋯⋯⋯⋯⋯⋯⋯⋯⋯⋯⋯⋯⋯⋯⋯⋯⋯ 521

(681) 舶梟(臼義)⋯⋯⋯⋯⋯⋯⋯⋯⋯⋯⋯⋯⋯⋯⋯⋯⋯⋯⋯⋯⋯⋯⋯⋯⋯ 521

(682) 柏鵂　△黝　（黑義）⋯⋯⋯⋯⋯⋯⋯⋯⋯⋯⋯⋯⋯⋯⋯⋯⋯⋯⋯⋯ 521

247. 伐聲 ⋯⋯⋯⋯⋯⋯⋯⋯⋯⋯⋯⋯⋯⋯⋯⋯⋯⋯⋯⋯⋯⋯⋯⋯⋯⋯⋯⋯⋯⋯⋯⋯ 522

(683) 筏栰　△泛　（浮泛義）⋯⋯⋯⋯⋯⋯⋯⋯⋯⋯⋯⋯⋯⋯⋯⋯⋯⋯⋯ 522

(684) 茷／紛(繁多義)⋯⋯⋯⋯⋯⋯⋯⋯⋯⋯⋯⋯⋯⋯⋯⋯⋯⋯⋯⋯⋯⋯⋯ 523

(685) 䎻/翻(翻義) …… 523

248. 延聲 …… 524
(686) 筵䖕挻綖蜒莚涎埏侹䂮　△演　（延伸義）…… 524
(687) 誕梴延征　△㫐　（長、大義）…… 525

249. 任聲 …… 526
(688) 荏絍栠恁飪䋕　△臭　（柔軟、柔弱義）…… 526
(689) 凭恁誑(憑義) …… 527

250. 自聲 …… 528
(690) 㘿/堅(堅義) …… 528

251. 血聲 …… 528
(691) 殈/壞(敗壞義) …… 528

252. 囟聲 …… 529
(692) 伈細　△鈴　（小義）…… 529

253. 后聲 …… 530
(693) 詬垕骺(大義) …… 530
(694) 垢詬　△污　（污義）…… 530
(695) 逅/遘(相遇義) …… 531

254. 行聲 …… 531
(696) 胻珩　△亢　（上部義）…… 531
(697) 珩衡桁　△橫　（橫義）…… 532
(698) 笴絎　△鹽　（粗糙義）…… 533
(699) 洐荇　△航　（動義）…… 533

255. 辰聲 …… 534
(700) 派覛衇𥁠　△偏　（斜義）…… 534

256. 全聲 …… 535
(701) 牷詮痊　△齊　（完全義）…… 535
(702) 詮荃絟　△細　（細義）…… 536

257. 合聲 …… 536
(703) 袷迨詥敆龕佮祫領匌洽閤拾弇餄盒恰帢答姶匼辂　△閤　（合義）…… 536
(704) 帢弇晗毟(蔽義) …… 539

258. 兆聲 …… 540
(705) 玬朓旐(徵兆義) …… 540
(706) 越眺祧桃窕挑絩銚䠷朓覜跳髟　△長　（高、遠、深、長義）…… 541

(707) 珧挑魽銚馳𩷒　△小　（小義） …………………………………… 543

(708) 誂佻恌　△偷　（輕佻義） ………………………………………… 544

(709) 窕庩窡　△窶　（空虛不滿義） …………………………………… 545

(710) 咷銚狣䶨　△𡾋　（大義） ……………………………………… 545

259. 㐬聲 ……………………………………………………………………… 546

(711) 肮屑(動義) ……………………………………………………………… 546

260. 危聲 ……………………………………………………………………… 547

(712) 峗峞桅垝　△峨　（高義） ……………………………………… 547

(713) 祪垝庪詭　△毀　（毀壞義） …………………………………… 548

(714) 恑佹詭　△奇　（奇異義） ……………………………………… 549

(715) 佹詭　△乖　（違背義） ………………………………………… 549

261. 旬聲 ……………………………………………………………………… 550

(716) 徇徇　△迅　（迅速義） ………………………………………… 550

(717) 恂詢　△信　（信義） …………………………………………… 550

(718) 姁枸詢　△勻　（均義） ………………………………………… 551

(719) 殉徇　△循　（從義） …………………………………………… 552

(720) 詢徇殉　△營　（求義） ………………………………………… 553

(721) 絢眴　△旋　（眩義） …………………………………………… 553

(722) 袨/垂(下垂義) ………………………………………………………… 554

262. 旨聲 ……………………………………………………………………… 554

(723) 鮨鶺　△柴　（細小義） ………………………………………… 554

(724) 脂稽　△停　（黏膩留止義） …………………………………… 555

263. 匈聲 ……………………………………………………………………… 556

(725) 詾洶恟(凶猛、可怖義) ……………………………………………… 556

264. 名聲 ……………………………………………………………………… 556

(726) 詺銘(名稱義) ………………………………………………………… 556

(727) 眳/瞑(目暗義) ………………………………………………………… 557

265. 各聲 ……………………………………………………………………… 557

(728) 路略格額閣客硌　△高　（長、高、大義） ………………… 557

(729) 骼答絡輅袼略洛　△兼　（相連義） ………………………… 559

(730) 觡垎硌　△硬　（堅義） ………………………………………… 560

(731) 挌䩧詻　△扣　（爭鬥義） ……………………………………… 561

(732) 客銘殏　△降　（落下義） ……………………………………… 562

266. 多聲 ········· 562
(733) 侈夛垑胮夛蛥餙 △忕 （多義） ········· 562
(734) 袳奓烤侈夛庨 △大 （大義） ········· 564
(735) 移趍迻跢挗 △遷 （移動義） ········· 565
(736) 疼眵侈 △痍 （病義） ········· 566

267. 争聲 ········· 567
(737) 諍睜挣(相争義) ········· 567
(738) 静凈靖(安静、清净義) ········· 567
(739) 茟鬇 △錯 （亂義） ········· 568
(740) 頎挣静 △倩 （美好義） ········· 569
(741) 狰鬇(凶惡義) ········· 570

268. 亦聲 ········· 570
(742) 夜/黙(黑義) ········· 570
(743) 奕/杕(大義) ········· 571

269. 交聲 ········· 571
(744) 茭迖齩骹筊校郊烄絞鮫鉸胶酵疲佼駮 △椏 （相交義） ········· 571
(745) 皎茭 △皓 （白義） ········· 573
(746) 窔/幽(幽深、隱暗義) ········· 574
(747) 狡皎校骹筊 △溪 （小義） ········· 574
(748) 狡恔佼(狡點義) ········· 575
(749) 效/學(仿效義) ········· 576

270. 衣聲 ········· 576
(750) 衰扆庡 △翳 （藏義） ········· 576
(751) 依/倚(靠義) ········· 577

271. 次聲 ········· 578
(752) 佽茨垐 △櫛 （次比義） ········· 578
(753) 資茨紎 △積 （聚積義） ········· 579
(754) 佽資 △贊 （相助義） ········· 580
(755) 軟/紫(紫色義) ········· 580

272. 巟聲 ········· 581
(756) 荒詤 △譀 （荒誕義） ········· 581

273. 亥聲 ········· 582
(757) 荄骸刻核 △骨 （内義） ········· 582

(758) 咳孩欬駭　△評　（發聲義） …… 582

(759) 該晐垓賅　△具　（兼備義） …… 583

(760) 閡餩輆硋　△隔　（阻義） …… 584

(761) 毅奚絯絃炫胲(大義) …… 585

(762) 侅/怪(奇異義) …… 586

274. 充聲 …… 586

(763) 珫銃　△塞　（填充義） …… 586

(764) 恍/慟(心動義) …… 587

275. 州聲 …… 587

(765) 酬詶　△讎　（酬答義） …… 587

(766) 洲/渚(水中之地義) …… 588

276. 并聲 …… 589

(767) 骿餅栟併駢姘餅絣拼齽　△編　（並義） …… 589

(768) 艵骿鮩　△白　（白色義） …… 591

(769) 屏屛軿帡　△庇　（蔽義） …… 591

277. 米聲 …… 592

(770) 眯絍眯(細小義) …… 592

(771) 迷寐眯　△悖　（迷惑義） …… 593

(772) 籿/撫(安撫義) …… 594

278. 屰聲 …… 594

(773) 逆朔菈㖕蓆　△迎　（逆反義） …… 594

(774) 鴶蟒　△惡　（凶猛義） …… 595

279. 宅聲 …… 596

(775) 蛇/拓(開義) …… 596

(776) 詫/拓(大義) …… 596

280. 孚聲 …… 597

(777) 㜸㜸荸　△孳　（孳乳義） …… 597

281. 安聲 …… 598

(778) 𡺥晏(安義) …… 598

282. 聿聲 …… 598

(779) 筆律綷銉狉肂峍　△崔銳　（長、高義） …… 598

(780) 肆狉律　△敶列　（陳列義） …… 599

283. 艮聲 600

    (781) 佷誾狠恨 △颭（狠戾義）.................................... 600

    (782) 珢齦痕頣銀 △崛（隆起義）.................................. 601

    (783) 根跟頣 △基（根基義）...................................... 602

    (784) 垠痕（痕迹義）.. 602

    (785) 限垠 △界（界限義）.. 603

284. 如聲 604

    (786) 絮筎恕㧱伽 △柔（柔義）.................................... 604

    (787) 挐衵（破敗義）.. 605

285. 劦聲 606

    (788) 恊勰協（同義）.. 606

286. 牟聲 606

    (789) 恈/溺（貪愛義）.. 606

287. 厽聲 607

    (790) 絫垒 △增（累增義）.. 607

288. 幺聲 607

    (791) 幽/杳（幽暗義）.. 607

289. 弋聲 608

    (792) 載戴 △承（負荷義）.. 608

290. 戒聲 609

    (793) 誡恗械 △警（警戒、限制義）................................ 609

291. 赤聲 610

    (794) 赦捇 △捨（捨棄義）.. 610

292. 折聲 610

    (795) 晢晣 △亮（明義）.. 610

    (796) 逝/失（消失義）.. 611

    (797) 浙/轉（轉折義）.. 612

    (798) 蜇/螫（叮咬義）.. 612

293. 孝聲 613

    (799) 哮㹱骹 △叫（鳴叫義）...................................... 613

    (800) 㝹峥磽窙 △高（高義）...................................... 614

294. 志聲 614

    (801) 誌痣葴（記義）.. 614

295. 劫聲 ······ 615
　　(802) 鈁蚗　△剛（硬義）······ 615

296. 耴聲 ······ 616
　　(803) 挕䪻䡅䩄　△叠（夾義）······ 616

297. 求聲 ······ 617
　　(804) 梂捄裘(包裹義) ······ 617
　　(805) 球毬觓　△糾（圓、曲義）······ 617

298. 孛聲 ······ 618
　　(806) 勃䰚侼　△蕃（盛義）······ 618
　　(807) 悖哱　△昧（昏義）······ 619
　　(808) 鵓埻烰挬脖踤浡　△波（上引義）······ 619
　　(809) 勃浡(興起義) ······ 620
　　(810) 麴埻　△末（細碎義）······ 621
　　(811) 勃悖浡　△怫（猝然義）······ 621
　　(812) 悖勃　△背（違背義）······ 622

299. 甫聲 ······ 623
　　(813) 哺舖俌補輔　△副（輔助義）······ 623
　　(814) 尃鋪誧酺　△布（鋪陳散布義）······ 624
　　(815) 脯痛匍浦晡　△莫（盡義）······ 625
　　(816) 輔酺賻　△符（相稱義）······ 626

300. 更聲 ······ 626
　　(817) 哽骾梗鯁峺　△隔（阻義）······ 626
　　(818) 梗粳硬　△剛（堅義）······ 628
　　(819) 迒/痂(痕迹義) ······ 629
　　(820) 峺埂　△高（高義）······ 629

中　册

第四卷條文目録

301. 束聲 ······ 633
　　(821) 婡敕　△肅（謹慎義）······ 633

(822) 悚竦㨃　△怔　（恐懼義）……………………………… 634
(823) 楝疎　△秝　（稀疏義）……………………………… 634
(824) 諌駚　△促　（督促義）……………………………… 635

302. 吾聲

(825) 語捂牾啎啎(相交義) ……………………………… 635
(826) 梧牾悟語捂(違逆義) ……………………………… 636
(827) 齬峿　△齫　（參差不齊義） ………………………… 637
(828) 敔圄衙　△捍　（止義） ……………………………… 638
(829) 齬㹳　△舉　（飛行義） ……………………………… 639
(830) 晤寤悟　△覺　（知覺義） …………………………… 640

303. 豆聲

(831) 梪錥　△盛　（容納義） ……………………………… 640
(832) 逗詎眃欥　△止　（止義） …………………………… 641
(833) 豎脰侸竖　△陡　（直立義）………………………… 642
(834) 短𢛳痘㾎剅　△柴　（小義）………………………… 643

304. 酉聲

(835) 酋廇䤖　△聚　（積義） ……………………………… 644

305. 夾聲

(836) 莢唊脥梜頰挾㦿鋏陿筴裌浹浹餄峽䀹(合義) … 645
(837) 㚒𩗋趚　△驕　（迅速義）…………………………… 647
(838) 挾匧唊　△賺　（藏匿義） ………………………… 648

306. 夾聲

(839) 䀹/閃(閃動義) ……………………………………… 649

307. 尨聲

(840) 牻尨駹狵哤　△奉　（雜亂義）…………………… 649
(841) 蛖痝鸏胧厖　△龐　（大義） ……………………… 650

308. 坒聲

(842) 陛/比(比次義) ……………………………………… 651
(843) 椑/避(防止義) ……………………………………… 652
(844) 㡀/敝(破敗義) ……………………………………… 652

309. 巠聲

(845) 脛桱頸涇婞經蛵鋞徑牼脛莖甄勁　△杠　（長、直義） …… 653
(846) 痙硜勁　△硁糾　（堅、急義） …………………… 655

(847) 刟陘　△隔　（斷義） ………………………………………… 656

310. 步聲 …………………………………………………………………… 657

　　　(848) 跁跋(行走義) ……………………………………………………… 657

311. 戔聲 …………………………………………………………………… 657

　　　(849) 姕粲　△善　（美好義） ………………………………………… 657

312. 肖聲 …………………………………………………………………… 658

　　　(850) 梢槊稍霄娋睄艄魈(小義) ……………………………………… 658

　　　(851) 艄弰稍梢髾　△題　（末梢義） ………………………………… 660

　　　(852) 削消捎銷睄　△熄　（除、滅義） ……………………………… 660

　　　(853) 梢陗鞘鮹稍　△直　（直義） …………………………………… 661

313. 旱聲 …………………………………………………………………… 662

　　　(854) 嶀焊(乾旱義) …………………………………………………… 662

　　　(855) 捍戰埠銲　△護　（護衛義） …………………………………… 663

　　　(856) 騂悍捍誯婞趕　△彊　（強悍義） ……………………………… 664

　　　(857) 稈桿(長而直義) ………………………………………………… 665

314. 吳聲 …………………………………………………………………… 665

　　　(858) 誤/忤(違逆義) …………………………………………………… 665

　　　(859) 俁/俉(大義) ……………………………………………………… 666

　　　(860) 娛/歡(歡樂義) …………………………………………………… 666

315. 見聲 …………………………………………………………………… 667

　　　(861) 晛睍晛靦現　△顯　（出義） …………………………………… 667

　　　(862) 睨蜆涀峴粯霓鋧覾　△蜎　（小義） …………………………… 668

　　　(863) 硯垷挸　△滑　（滑動義） ……………………………………… 669

　　　(864) 梘絸　△穅　（中空義） ………………………………………… 670

316. 助聲 …………………………………………………………………… 670

　　　(865) 耡/佐(相助義) …………………………………………………… 670

　　　(866) 鋤/誅(去除義) …………………………………………………… 671

317. 里聲 …………………………………………………………………… 672

　　　(867) 裏埋梩瘇　△內　（內義） ……………………………………… 672

318. 粤聲 …………………………………………………………………… 673

　　　(868) 俜騁　△放　（放任義） ………………………………………… 673

　　　(869) 聘娉　△訪　（問義） …………………………………………… 673

　　　(870) 聘徖　△派　（派遣義） ………………………………………… 674

(871) 娉俜　△美　（美好義） …………………………………………… 675

319. 足聲 ……………………………………………………………………… 675
(872) 促趗踧蹴　△小　（小義） …………………………………… 675
(873) 娖蹴珿　△整　（整齊義） …………………………………… 676
(874) 捉促趗　△蹙　（迫促義） …………………………………… 677
(875) 浞╱濡(沾濕義) ………………………………………………… 677

320. 困聲 ……………………………………………………………………… 678
(876) 稇捆綑梱　△混合　（混合義） ……………………………… 678
(877) 頤齳　△隕　（脫落義） ……………………………………… 679

321. 肙聲 ……………………………………………………………………… 679
(878) 蜎涓銷　△褊　（小義） ……………………………………… 679
(879) 鞙罥琄　△挂　（懸挂義） …………………………………… 680
(880) 圓削蜎銷梋　△圜卷　（圓、曲義） ………………………… 681
(881) 餢捐　△棄　（厭膩、捨棄義） ……………………………… 682
(882) 狷悁　△忄　（急躁義） ……………………………………… 682
(883) 睊悁　△恨　（忿怒義） ……………………………………… 683

322. 邑聲 ……………………………………………………………………… 683
(884) 悒唈莒　△鬱　（抑鬱義） …………………………………… 683
(885) 浥挹鯎　△沾　（沾濕義） …………………………………… 684

323. 別聲 ……………………………………………………………………… 685
(886) 莂╱分(分別義) ………………………………………………… 685

324. 呈聲 ……………………………………………………………………… 686
(887) 枉尪軭(曲、圓義) ……………………………………………… 686
(888) 雞旺　△疆　（興旺義） ……………………………………… 687
(889) 狂枉誑　△慌　（狂亂義） …………………………………… 687
(890) 匡軭　△巨　（方形義） ……………………………………… 688

325. 告聲 ……………………………………………………………………… 689
(891) 祰誥　△教　（告訴義） ……………………………………… 689
(892) 牿梏　△械　（限制義） ……………………………………… 690
(893) 鵠浩頡告陪　△高宏　（高、大義） ………………………… 691
(894) 晧齸鵠　△皎　（白義） ……………………………………… 692

326. 我聲 ……………………………………………………………………… 692
(895) 峨硪鬖餓騀莪䖳俄　△屼渾　（高大義） …………………… 692

327. 利聲 ··· 694

 (896) 颲痢浰俐　△颮（迅速義）··· 694

 (897) 鴛鷔𪆵　△紫（雜色義）·· 695

328. 禿聲 ··· 696

 (898) 鵚/䎸(空義) ··· 696

329. 秀聲 ··· 696

 (899) 誘㧻(引義) ·· 696

 (900) 莠銹　△醜（壞義）··· 697

 (901) 透/跳(跳躍義) ··· 698

 (902) 琇/良(美好義) ··· 698

330. 每聲 ··· 699

 (903) 畮繂霉莓　△茂（繁多義）··· 699

 (904) 晦海黣　△昧（不明義）·· 700

 (905) 誨姆(教誨義) ··· 700

 (906) 毑莓　△孬（外義）··· 701

 (907) 梅莓(酸義) ··· 702

331. 攸聲 ··· 702

 (908) 跾倏儵　△速（迅速義）··· 702

 (909) 條修儵倏跾　△長（長義）··· 703

 (910) 修鋚　△飾（修飾義）·· 704

 (911) 悠浟㫍(悠然義) ·· 705

 (912) 翛/蕭(凋敝義) ·· 706

332. 余聲 ··· 706

 (913) 徐賖悇畬　△緩（緩義）··· 706

 (914) 捈斜　△舀（抒出義）·· 707

 (915) 餘瘉　△盈（殘餘義）·· 708

333. 希聲 ··· 708

 (916) 悕睎　△祈（希望義）·· 708

 (917) 唏欷䶴誒　△音（發出聲音義）··· 709

 (918) 絺/細(細義) ·· 710

 (919) 晞/曦(日光義) ··· 711

334. 坐聲 ··· 711

 (920) 莝睉𠛬痤銼矬桖脞硰　△碎（碎、小義）·· 711

(921) 剡挫䤸　△傷　（挫傷義） ………………………………………… 713

335. 谷聲 ……………………………………………………………………… 713

(922) 容裕　△宥　（寬容義） ………………………………………… 713

336. 夆聲 ……………………………………………………………………… 714

(923) 敎／效(仿效義) …………………………………………………… 714

337. 孚聲 ……………………………………………………………………… 715

(924) 㓝𣪊　△鴇　（斑駁義） ………………………………………… 715

(925) 垺畤　△際　（界限義） ………………………………………… 715

338. 孚聲 ……………………………………………………………………… 716

(926) 莩䒘桴郛稃浮殍琈蜉䅈醰　△膚　（外表、外層義） ……… 716

(927) 孵罦桴　△覆　（覆蓋、遮擋義） ……………………………… 718

(928) 稃脬　△包　（圓義） …………………………………………… 718

(929) 桴鴀䉀垺　△秒　（小義） ……………………………………… 719

339. 妥聲 ……………………………………………………………………… 720

(930) 峼骽　△長　（長義） …………………………………………… 720

(931) 脺餒瓠(腐敗義) …………………………………………………… 720

(932) 錖綏(平、安義) …………………………………………………… 721

340. 含聲 ……………………………………………………………………… 721

(933) 琀答鋡䤴莟浛唅欿岭　△嗛　（銜含、容納義） …………… 721

341. 昏聲 ……………………………………………………………………… 723

(934) 怙䯻𢬵　△會　（會合義） ……………………………………… 723

(935) 刮括　△干　（搜求義） ………………………………………… 724

342. 奐聲 ……………………………………………………………………… 724

(936) 渙煥映　△彊　（盛義） ………………………………………… 724

(937) 渙瘓　△潰　（散義） …………………………………………… 725

(938) 寏／環(環繞義) …………………………………………………… 726

(939) 唤／嘑(呼喚義) …………………………………………………… 727

(940) 换／化(變易義) …………………………………………………… 727

343. 免聲 ……………………………………………………………………… 728

(941) 鞔綩挽　△繇　（牽引義） ……………………………………… 728

(942) 娩菟　△蕃　（蕃殖義） ………………………………………… 728

344. 角聲 ……………………………………………………………………… 729

(943) 桷确捔斛(角義) …………………………………………………… 729

345. 夆聲 ... 730
(944) 峯鋒桻烽犖　△杪　（高而尖義） ... 730
(945) 髼荓　△駁　（散亂義） ... 731
(946) 逢縫　△符　（相合義） ... 732
(947) 箻／棚(棚義) ... 732

346. 言聲 ... 733
(948) 唁閆狺䇂　△語　（聲、言義） ... 733

347. 㐭聲 ... 734
(949) 㐭／薔(㐭薔義) ... 734

348. 辛聲 ... 735
(950) 莘亲㧕㗭　△星　（衆多義） ... 735
(951) 亲𣎆　△細　（細小義） ... 736
(952) 騂莘帠　△紫　（赤色義） ... 736
(953) 莘鮮　△虵　（長義） ... 737
(954) 㘴㞋　△㒳　（堅硬義） ... 737

349. 兌聲 ... 738
(955) 挩蛻脫𣎆侻𠨪(脫離義) ... 738
(956) 銳頒繠鮵稅　△稚　（小義） ... 739
(957) 挩帨　△擦　（拭義） ... 740
(958) 䪝帨　△遮　（蒙覆義） ... 741
(959) 悅／懌(愉悅義) ... 741

350. 尚聲 ... 742
(960) 敝／敗(破敗義) ... 742

351. 沙聲 ... 742
(961) 魦痧(沙義) ... 742
(962) 挲伜　△㨃　（動義） ... 743
(963) 魦鈔紗　△細　（小義） ... 743

352. 完聲 ... 744
(964) 梡俒㝅　△皆　（完全義） ... 744
(965) 睆筦鯇綄捖睆　△宛　（圓義） ... 745

353. 弟聲 ... 746
(966) 第梯娣悌　△次　（次第義） ... 746
(967) 苐梯睇梯娣蛶　△䡇　（小義） ... 748

41

(968) 髡剃揥　△剔　（除去義） ·· 749

354. 良聲
(969) 琅朗硍俍娘糧　△精　（良好義） ·· 749

(970) 閬根朗浪稂踉躴俍埌艎罠銀　△長　（長、高、大義） ··················· 750

(971) 㝗閬峎　△洞　（空義） ·· 752

(972) 浪誏　△蕩　（放浪義） ·· 753

355. 君聲
(973) 群㟒帬輑峮　△隊　（相連義） ·· 753

(974) 莙頵　△鯤　（大義） ·· 754

356. 即聲
(975) 節螂椰　△次　（多而次比義） ·· 755

(976) 腳唧　△脂　（光澤、滑溜義） ·· 756

357. 尾聲
(977) 㮃㽳　△微　（碎小義） ·· 756

358. 局聲
(978) 椈跼　△跔　（曲義） ·· 757

(979) 挶鋦　△拘　（執、持義） ·· 758

359. 壯聲
(980) 莊奘獎洀　△張　（盛、大義） ·· 758

(981) 裝洀　△盛　（包裝義） ·· 759

(982) 裝粧輂莊　△飾　（裝飾義） ·· 760

360. 忍聲
(983) 荵㣄　△任　（承受義） ·· 761

(984) 認／識（認識義） ··· 761

361. 甬聲
(985) 筩桶甋捅衛鋪通　△峒　（中空義） ·· 762

(986) 踊涌　△溢　（上義） ·· 763

362. 矣聲
(987) 埃／灰（灰塵義） ··· 764

(988) 竢／待（等待義） ··· 765

363. 夋聲
(989) 逡竣踆朘　△退　（退却、收縮義） ·· 765

(990) 俊駿畯　△出　（傑出義） ·· 766

· 42 ·

(991) 俊駿陵　△大　（高大義） ……………………………………………… 767

(992) 酸痠(酸義) ……………………………………………………………… 768

(993) 趒畯駿逡　△迅　（迅速義） ……………………………………… 768

(994) 逡梭　△轉　（往復義） …………………………………………… 769

(995) 悛竣　△止　（停止義） …………………………………………… 770

364. 奉聲 …………………………………………………………………… 770

(996) 捧唪埲棒犎　△烽　（高揚義） ……………………………… 770

365. 青聲 …………………………………………………………………… 771

(997) 菁精倩靚婧睛晴腈　△良　（精良義） …………………… 771

(998) 靚彭靖精　△朗靜　（净、静義） …………………………… 772

366. 表聲 …………………………………………………………………… 773

(999) 裱婊錶　△膚　（外義） ……………………………………… 773

(1000) 俵／叐(散發義) ………………………………………………… 774

367. 長聲 …………………………………………………………………… 775

(1001) 張脹　△增　（擴大義） ……………………………………… 775

(1002) 悵伥　△怊　（失意義） ……………………………………… 775

(1003) 鞰／藏(藏義) …………………………………………………… 776

368. 者聲 …………………………………………………………………… 776

(1004) 書箸　△從　（附著義） ……………………………………… 776

(1005) 鯺都奢　△大　（大義） ……………………………………… 777

(1006) 都褚渚䐗　△積　（貯藏義） ……………………………… 778

(1007) 褚赭　△朱　（赤色義） ……………………………………… 779

(1008) 㥩堵　△遮　（遮擋義） ……………………………………… 779

369. 坴聲 …………………………………………………………………… 780

(1009) 陸鵱騼(高大義) ………………………………………………… 780

370. 夌聲 …………………………………………………………………… 781

(1010) 棱菱　△隆　（棱角義） ……………………………………… 781

(1011) 陵崚(高大義) …………………………………………………… 782

371. 亞聲 …………………………………………………………………… 782

(1012) 椏婭迓崕俹　△貫　（相連義） …………………………… 782

(1013) 惡蠱誣　△蠍　（惡毒義） ………………………………… 783

(1014) 窫啞　△掩　（閉義） ………………………………………… 784

(1015) 稏掗　△晃　（搖動義） ……………………………………… 785

372. 其聲 785
   (1016) 菉綦　△忌　（忌義） 785

373. 取聲 786
   (1017) 諏掫娵(取義) 786
   (1018) 聚掫冣菆諏掫　△積　（聚集義） 786
   (1019) 毣狐　△小　（小義） 788
   (1020) 趣／趨(趨向義) 788

374. 昔聲 789
   (1021) 造齰錯磋鯺緕　△攙　（交錯、錯雜義） 789
   (1022) 錯皵　△粗　（粗義） 790
   (1023) 厝錯踖　△磋　（磨義） 790
   (1024) 醋褚譜　△酬　（相酬義） 791
   (1025) 潽／遮(遮攔義) 792
   (1026) 斮／斫(斬義) 792

375. 若聲 793
   (1027) 惹萲　△觸　（觸犯義） 793
   (1028) 惹閣搚　△延　（引義） 794
   (1029) 偌／如(如義) 794

376. 苗聲 795
   (1030) 緢貓　△杪　（細義） 795
   (1031) 描／摹(描摹義) 796

377. 英聲 796
   (1032) 韺瑛媖　△華　（精英義） 796

378. 直聲 797
   (1033) 植稙置　△豎　（豎直義） 797
   (1034) 埴胴　△糯　（黏義） 798
   (1035) 值悳　△當　（恰當義） 799
   (1036) 揁值　△持　（持義） 800

379. 林聲 800
   (1037) 棽惏　△貪　（貪婪義） 800
   (1038) 淋霖(連續義) 801
   (1039) 崊／崚(高峻義) 801
   (1040) 睸／惏(欲知義) 802

總條文目錄

380. 析聲 ······ 802
    (1041) 晢晰 △皪 （白義） ······ 802
    (1042) 淅/濯(洗義) ······ 803

381. 來聲 ······ 803
    (1043) 倈徠 △到 （到來義） ······ 803
    (1044) 徠/勞(慰勞義) ······ 804

382. 東聲 ······ 804
    (1045) 凍重 △篤 （厚義） ······ 804
    (1046) 棟倲 △長 （長義） ······ 805
    (1047) 棟崬 △頂 （極端義） ······ 806

383. 或聲 ······ 807
    (1048) 國域(地域義) ······ 807
    (1049) 閾緎域 △限 （界限義） ······ 807
    (1050) 棫蓻緎 △匯 （叢聚義） ······ 808
    (1051) 淢鹹 △霍 （迅速義） ······ 809
    (1052) 蜮魊颮緎欥窢 △氣 （風氣義） ······ 809
    (1053) 馘/獲(獲取義) ······ 810

384. 臤聲 ······ 811
    (1054) 緊堅掔鋻賢鑒(堅勁、優良義) ······ 811

385. 兩聲 ······ 813
    (1055) 緉輛脼倆裲 △雙 （雙義） ······ 813

386. 厓聲 ······ 814
    (1056) 涯捱(邊義) ······ 814

387. 奄聲 ······ 814
    (1057) 腌淹醃 △洽 （浸漬義） ······ 814
    (1058) 晻罨閹掩霜庵 △蓋 （遮蔽義） ······ 815

388. 豖聲 ······ 817
    (1059) 琢啄梀逐諑 △斫 （擊義） ······ 817

389. 妻聲 ······ 818
    (1060) 淒悽 △清 （涼義） ······ 818
    (1061) 棲霋 △停 （止義） ······ 819

390. 戔聲 ······ 819
    (1062) 虦棧賤俴淺綫琖 △點 （小義） ······ 819

(1063) 殘賤俴　△餘　（殘餘義） …… 821

391. 非聲 …… 821

(1064) 叢斐斐輩酾緋誹霏　△繁　（繁多義） …… 821

(1065) 翡緋(紅色義) …… 823

(1066) 韠扉厞　△蔽　（蔽義） …… 823

(1067) 徘悱(猶豫義) …… 824

(1068) 輩騑(對偶義) …… 824

(1069) 棑輩排　△比　（排比義） …… 824

392. 叔聲 …… 825

(1070) 寂俶踧　△静　（平、静義） …… 825

(1071) 諔俶　△異　（異義） …… 826

393. 卓聲 …… 827

(1072) 趠踔穛　△超　（高超義） …… 827

(1073) 焯晫　△昭　（明義） …… 827

394. 尚聲 …… 828

(1074) 定掌㨿當　△司　（支撐、執掌義） …… 828

(1075) 堂敞　△綽　（寬義） …… 829

(1076) 當/等(相等義) …… 830

(1077) 嘗/試(嘗試義) …… 830

395. 果聲 …… 831

(1078) 踝稞窠裹顆菓輠蜾粿堁瘰碌瓢　△鐶　（圓義） …… 831

(1079) 稞窠裸瘰　△康　（空義） …… 833

(1080) 棵悹　△敢　（斷義） …… 834

(1081) 祼/灌(澆灌義) …… 834

396. 昆聲 …… 835

(1082) 混鯤　△宏　（大義） …… 835

(1083) 混餛碅　△渾　（混沌義） …… 835

(1084) 輥棍碅　△圓　（圓義） …… 836

397. 昌聲 …… 836

(1085) 唱倡　△導　（倡導義） …… 836

(1086) 焻猖　△盛　（盛義） …… 837

(1087) 裮/敞(敞開義) …… 838

398. 易聲 ··· 838

 (1088) 敭睗傷埸　△徙　（改變義）················· 838

 (1089) 鬄剔　△除　（除去義）························· 839

 (1090) 緆/細(細義)··· 840

 (1091) 煬/燥(乾燥義)···································· 840

 (1092) 裼/露(顯露義)···································· 841

399. 典聲 ··· 841

 (1093) 腆錪筻蕇(厚、重、大義)····················· 841

 (1094) 悇覥　△赧　（慚愧義）······················· 842

400. 固聲 ··· 843

 (1095) 錮痼涸堌崓姻　△鞏　（固義）·············· 843

第五卷條文目錄

401. 囷聲 ··· 847

 (1096) 菌麕稇胭稛(多而相聚義)······················ 847

 (1097) 輑/顐(大義)······································· 848

402. 岡聲 ··· 849

 (1098) 崗掆棡　△高　（高義）······················· 849

 (1099) 剛鋼　△彊　（堅義）··························· 849

403. 罔聲 ··· 850

 (1100) 惘誷　△亡　（失義）··························· 850

404. 沓聲 ··· 851

 (1101) 䶔篧帢㭓碴諮　△疊　（重疊、重複義）···· 851

 (1102) 搨錔　△袋　（套義）··························· 852

 (1103) 踏鞜　△踩　（踐踏義）······················· 853

405. 咼聲 ··· 853

 (1104) 楇堝蝸髁膼渦鍋痐䈑碢䯻緺窩　△果　（圓義）··· 853

 (1105) 喎/歪(歪斜義)···································· 855

406. 制聲 ··· 856

 (1106) 製𧜟　△作　（製作義）······················· 856

 (1107) 悡瘛　△恈　（驚義）··························· 856

 (1108) 猘瘛　△瘨　（狂義）··························· 857

407. 知聲 ... 858
 (1109) 智/識(知曉義) ... 858

408. 垂聲 ... 859
 (1110) 唾睡陲種硾(下垂義) ... 859
 (1111) 厜埵 △尖 (尖義) ... 859

409. 委聲 ... 860
 (1112) 萎瘘 △瘑 (萎縮義) ... 860
 (1113) 矮餧緌(低義) ... 861
 (1114) 諉羹捼 △挀 (推義) ... 861

410. 隹聲 ... 862
 (1115) 萑雛魋稚 △鶺 (細、小義) ... 862
 (1116) 進睢奞脽頠崔陮淮維雖堆 △峻大 (高、長、大義) ... 863
 (1117) 堆錐雕 △銳 (尖義) ... 865
 (1118) 推碓椎 △捶 (擊義) ... 866
 (1119) 娷/娸(醜陋義) ... 867

411. 臾聲 ... 867
 (1120) 腴庾 △餘 (豐饒義) ... 867

412. 兒聲 ... 868
 (1121) 齯倪麑鯢婗蜺埍 △子 (小義) ... 868
 (1122) 說睨覞睨況 △戾 (不正義) ... 870
 (1123) 說睨 △伺 (窺探義) ... 870
 (1124) 鯢霓 △雌 (雌義) ... 871
 (1125) 唲羪觬(曲義) ... 871

413. 欣聲 ... 872
 (1126) 掀焮脪俽鍁 △興 (高義) ... 872

414. 舍聲 ... 873
 (1127) 捨/置(捨棄義) ... 873
 (1128) 騇/雌(雌性義) ... 874

415. 金聲 ... 874
 (1129) 唫捦 △急 (急義) ... 874
 (1130) 黅䤯(黃色義) ... 875

416. 侖聲 ... 875
 (1131) 論倫淪綸 △理 (條理義) ... 875

(1132) 輪䡄　△旋　（圓義） …… 877

(1133) 淪輪掄(依次義) …… 877

(1134) 淪䧟　△鑽　（陷義） …… 878

417. 肴聲

(1135) 觳淆(混雜義) …… 878

418. 采聲

(1136) 菜埰採　△摘　（採取義） …… 879

(1137) 綵彩(彩色義) …… 880

(1138) 睬踩　△觸　（相觸義） …… 880

419. 㸒聲

(1139) 婬淫(過多義) …… 881

420. 受聲

(1140) 授䐺　△售　（授予義） …… 882

(1141) 綬/索(繩索義) …… 882

421. 朋聲

(1142) 棚輣掤綳　△覆　（蔽義） …… 883

(1143) 崩泵　△迸　（迸發義） …… 884

(1144) 繃弸掤　△縛　（緊繃義） …… 885

422. 周聲

(1145) 稠彫髩蜩貀啁碉　△衆　（多義） …… 885

(1146) 雕貂鯛　△驟　（猛義） …… 887

423. 昏聲

(1147) 惛殙偣(昏惑義) …… 888

424. 匋聲

(1148) 醄/樂(歡樂義) …… 888

425. 臽聲

(1149) 唅鵮窞悓㴿閻陷銘埳搯帢莟餡　△銜　（陷入、包含義） …… 889

(1150) 䭡欿啗　△忨　（貪婪義） …… 891

426. 夌聲

(1151) 虇虆(大義) …… 892

(1152) 㖃/規(規範義) …… 893

427. 匊聲

(1153) 趜鞠騆麴(曲、圓義) …… 893

428. 京聲 …… 894
(1154) 景麖鯨　△宏　(大義) …… 894
(1155) 㹁 醇鶁　△殽　(雜義) …… 895
(1156) 涼飆　△寒　(寒涼義) …… 896
(1157) 勍/彊(强義) …… 897
(1158) 掠/奪(奪義) …… 897
429. 卒聲 …… 898
(1159) 窣猝焠　△突　(猝然義) …… 898
(1160) 辭稡萃　△集　(聚集義) …… 898
(1161) 粹睟　△純　(純粹義) …… 899
(1162) 悴瘁顇(憔悴義) …… 899
430. 庚聲 …… 900
(1163) 康唐　△空　(空義) …… 900
(1164) 賡/更(補償義) …… 901
431. 咅聲 …… 901
(1165) 剖部掊脴倍　△分　(分義) …… 901
(1166) 棓錇毰培陪錇倍　△龐膨　(大、增大義) …… 902
(1167) 培陪倍　△旁　(邊側義) …… 904
(1168) 醅/胚(未成形義) …… 904
432. 妾聲 …… 905
(1169) 椄接緁踥　△連　(接續義) …… 905
433. 於聲 …… 906
(1170) 瘀淤閼飫　△汙　(鬱積、阻滯義) …… 906
434. 卷聲 …… 907
(1171) 圈捲菤埢踡瘄蜷棬綣腃淃錈餣　△拳　(圓、曲義) …… 907
(1172) 睠綣惓(眷念、懇切義) …… 909
(1173) 鬈婘　△娟　(美好義) …… 910
435. 炎聲 …… 910
(1174) 琰剡惔莢痰　△援　(上引義) …… 910
(1175) 覢睒觨錟踧晱　△晃　(迅速、閃動義) …… 912
(1176) 談啖淡畩醈　△歇　(清淡義) …… 913
(1177) 倓惔淡　△安　(安義) …… 914
(1178) 錟頰　△延　(長義) …… 915

436. 宗聲 ··· 916
 (1179) 賨崇綜椶騌 △總 （總義）··· 916
 (1180) 崇崈鬃 △尚 （高義）··· 917

437. 定聲 ··· 918
 (1181) 錠碇椗(定義) ··· 918
 (1182) 頣腚淀 △頂底 （頂、底義）··· 919

438. 官聲 ··· 919
 (1183) 逭管涫綰輨琯裭館 △圜 （圓義）··· 919
 (1184) 倌管綰輨(統轄義) ··· 921
 (1185) 痯悹 △患 （憂義）··· 922
 (1186) 婠琯 △婉 （美好義）··· 922
 (1187) 掊/挖(挖義) ··· 923

439. 空聲 ··· 923
 (1188) 椌崆悾埪倥莖銎蛩鞚腔䡜 △孔 （空義）··· 923
 (1189) 控鞚 △拘 （控制義）··· 925

440. 宛聲 ··· 926
 (1190) 琬婉蜿踠䘾豌碗浣腕䯘 △脘 （圓、曲義）··· 926

441. 宓聲 ··· 927
 (1191) 密寶 △比 （細義）··· 927
 (1192) 蜜泌蜜 △泌 （溢出義）··· 928

442. 戾聲 ··· 929
 (1193) 莀繗(雜色義) ··· 929
 (1194) 唳俶浰 △厲 （勁疾義）··· 929
 (1195) 捩棙 △擰 （扭轉義）··· 930
 (1196) 涙悷颲唳 △冷 （涼義）··· 931
 (1197) 踠捩(彎曲、迴旋義) ··· 932

443. 建聲 ··· 932
 (1198) 鞬楗鍵 △關 （藏、閉義）··· 932
 (1199) 健騝 △剛 （強義）··· 933

444. 門聲 ··· 933
 (1200) 悶/懣(煩悶義) ··· 933
 (1201) 閽/温(温和義) ··· 934

445. 彔聲 ………………………………………………………………… 934

(1202) 逯睩　△僂　（謹慎義）………………………………………… 934

(1203) 娽碌盝　△簍　（小義）……………………………………… 935

(1204) 淥盝　△濾瀝　（過濾義）……………………………………… 936

(1205) 綠録　△青　（綠色義）……………………………………… 936

(1206) 祿醁(美好義) ……………………………………………………… 937

446. 隶聲 ………………………………………………………………… 938

(1207) 逮隸霖　△即　（相及義）…………………………………… 938

447. 居聲 ………………………………………………………………… 939

(1208) 踞㞒　△據　（占據義）……………………………………… 939

(1209) 鋸鮔(鋸義) ………………………………………………………… 940

(1210) 𧷎㞒　△蓄　（儲存義）……………………………………… 940

(1211) 倨/傲(傲慢義) …………………………………………………… 941

448. 刷聲 ………………………………………………………………… 941

(1212) 唰涮(清理義) …………………………………………………… 941

449. 屈聲 ………………………………………………………………… 942

(1213) 鷗崛裾　△褐　（短義）……………………………………… 942

(1214) 窟刷蝠　△圓　（圓、曲義）………………………………… 943

(1215) 倔/堅(強義) ……………………………………………………… 944

450. 孟聲 ………………………………………………………………… 944

(1216) 猛蜢　△炮　（猝然義）……………………………………… 944

451. 亟聲 ………………………………………………………………… 945

(1217) 鞭悈　△急　（急義）………………………………………… 945

(1218) 極殛(極端義) …………………………………………………… 946

452. 叕聲 ………………………………………………………………… 946

(1219) 綴醊叕畷(連義) ………………………………………………… 946

(1220) 剟掇　△奪　（取義）………………………………………… 947

453. 奏聲 ………………………………………………………………… 948

(1221) 湊輳　△積　（聚集義）……………………………………… 948

454. 春聲 ………………………………………………………………… 949

(1222) 賰椿膞　△醇　（厚義）……………………………………… 949

(1223) 鬈惷驡　△雜　（亂義）……………………………………… 949

(1224) 倅惷蠢驡　△鈍　（愚義）…………………………………… 950

455. 封聲 ········· 951
 (1225) 犎/峰（高義）········· 951

456. 甚聲 ········· 952
 (1226) 湛黮媅覟戡醓 △深 （深義）········· 952
 (1227) 碪椹 △墊 （墊義）········· 953

457. 茸聲 ········· 954
 (1228) 髶輯 △叢 （多義）········· 954
 (1229) 撪輯 △揉 （推義）········· 955

458. 枼聲 ········· 955
 (1230) 葉牒箕屟鰈牒蝶堞碟 △楔 （片狀義）········· 955
 (1231) 渫媟 △點 （污義）········· 957
 (1232) 慄僷 △惴 （恐懼義）········· 957
 (1233) 揲葉 △集 （積聚義）········· 958

459. 荅聲 ········· 959
 (1234) 踏褡搭 △黏 （連義）········· 959

460. 荒聲 ········· 959
 (1235) 穔謊 △虛 （空無義）········· 959
 (1236) 㡛朚慌睰 △怳 （不明義）········· 960
 (1237) 慌/惶（驚懼義）········· 961

461. 胡聲 ········· 961
 (1238) 湖葫 △宏 （大義）········· 961

462. 南聲 ········· 962
 (1239) 㘑/攔（遮攔義）········· 962

463. 相聲 ········· 963
 (1240) 廂箱 △鑲 （旁邊義）········· 963

464. 疌聲 ········· 964
 (1241) 捷倢徣淁 △疾 （迅速、敏捷義）········· 964
 (1242) 萐箑䔕 △扇散 （散開義）········· 965
 (1243) 褋睫椄接 △緣接 （邊緣、連接義）········· 966

465. 匽聲 ········· 967
 (1244) 偃堰 △安 （止義）········· 967
 (1245) 揠褗 △援 （上引義）········· 968

466. 剌聲 ………………………………………………………………………… 969
(1246) 瘌秣　△烈　(辛辣義) ……………………………………… 969

467. 畐聲 ………………………………………………………………………… 970
(1247) 富幅堛輻(聚積義) …………………………………………… 970
(1248) 菖副逼楅煏　△附迫　(依附、迫近義) …………………… 971

468. 垔聲 ………………………………………………………………………… 972
(1249) 煙禋　△靄　(煙義) ………………………………………… 972
(1250) 煙甄黰　△黳　(黑色義) …………………………………… 973
(1251) 湮堙　△隱　(泯滅義) ……………………………………… 974

469. 要聲 ………………………………………………………………………… 974
(1252) 腰褑褑　△約　(約義) ……………………………………… 974
(1253) 腰鷕　△高　(長、遠義) …………………………………… 975
(1254) 闄/隔(遮蔽義) ……………………………………………… 975

470. 柬聲 ………………………………………………………………………… 976
(1255) 煉練揀　△華　(精義) ……………………………………… 976

471. 咸聲 ………………………………………………………………………… 977
(1256) 感撼　△撼　(動義) ………………………………………… 977
(1257) 械緘　△箴　(封閉義) ……………………………………… 978
(1258) 鍼鹹(針義) …………………………………………………… 978
(1259) 羬虡喊鹹(強、大義) ………………………………………… 979

472. 面聲 ………………………………………………………………………… 979
(1260) 偭婂腼　△臉　(臉面義) …………………………………… 979
(1261) 鞭楩麪　△緜　(柔軟義) …………………………………… 980
(1262) 緬/緜(遠義) ………………………………………………… 981
(1263) 湎/迷(沉迷義) ……………………………………………… 981
(1264) 勔/勉(勤勉義) ……………………………………………… 982

473. 㸚聲 ………………………………………………………………………… 982
(1265) 葇腬稬偄㪔煣渘㛄㛥㛟頓楔雞胹　△若　(柔義) ………… 982

474. 皆聲 ………………………………………………………………………… 985
(1266) 諧鰭偕騧　△龢　(和諧義) ………………………………… 985
(1267) 楷鍇稭偕　△堅　(堅義) …………………………………… 986
(1268) 甐鶛(雄性義) ………………………………………………… 987

475. 韭聲 ·· 987
(1269) 韮/久(長久義) ································· 987

476. 貞聲 ·· 988
(1270) 禎/徵(徵兆義) ································· 988
(1271) 赬/橙(淺紅義) ································· 988

477. 省聲 ·· 989
(1272) 惺/醒(醒悟義) ································· 989
(1273) 瘖渻　△縮　(減少義) ······················ 990

478. 臾聲 ·· 990
(1274) 瞁/瞿(驚視義) ································· 990
(1275) 闃/虛(空虛義) ································· 991

479. 是聲 ·· 991
(1276) 諟睼褆(正義) ··································· 991
(1277) 禔堤媞隄(安義) ······························· 992
(1278) 題湜(明顯義) ··································· 993

480. 眇聲 ·· 994
(1279) 篎緲莏(細小義) ······························· 994

481. 則聲 ·· 994
(1280) 側/仄(偏義) ····································· 994
(1281) 廁/雜(雜義) ····································· 995
(1282) 堲/障(障礙義) ································· 995

482. 易聲 ·· 996
(1283) 踼陽煬湯暢簜楊揚颺喝傷颺禓崵　△長　(強、大、高、長義) ········ 996
(1284) 鍚瘍　△傷　(傷害義) ······················ 999
(1285) 腸暢　△通　(通義) ························ 999
(1286) 惖鯣(赤色義) ··································· 1000

483. 咠聲 ·· 1000
(1287) 戢揖葺緝輯戢稭緝　△集　(聚集義) ··· 1000

484. 冒聲 ·· 1002
(1288) 瑁帽　△冡　(冒蒙義) ···················· 1002

485. 禺聲 ·· 1003
(1289) 偶耦遇喁髃　△抗　(相對義) ··········· 1003
(1290) 隅/區(曲義) ····································· 1004

486. 昷聲 1005

(1291) 煾温㬎　△晏　（温暖義）.. 1005

(1292) 醖愠搵韞褞膃　△蘊　（藏義）.. 1006

487. 星聲 1007

(1293) 腥鯹　△臊　（腥義）.. 1007

(1294) 醒惺（醒悟義）.. 1008

(1295) 睲瑆煋暒　△晳　（光明義）.. 1008

(1296) 胜/瘤(增生義).. 1009

488. 曷聲 1009

(1297) 遏羯鶡歇竭愒渴堨鬍　△竟　（止、盡義）................................. 1009

(1298) 餲䭃暍緆竭　△㶣　（敗壞義）.. 1011

(1299) 楬褐獦屬蠍鰔(短小義)... 1012

(1300) 揭穐嵑鶡硈(高、長義).. 1014

(1301) 遏堨　△界　（相及義）.. 1014

(1302) 餲遏　△奄　（遮義）.. 1015

(1303) 偈騔趞　△快　（迅速義）.. 1016

489. 昱聲 1016

(1304) 喐煜　△焞　（盛義）.. 1016

490. 畏聲 1017

(1305) 䲷椳渨隈嵔　△彎　（曲義）.. 1017

(1306) 煨偎　△隱　（隱義）.. 1018

491. 胃聲 1019

(1307) 喟䰟煟菁　△偉　（大、盛義）... 1019

492. 思聲 1020

(1308) 諰禗㥊(恐懼不安義)... 1020

(1309) 顋鰓　△雙　（雙義）.. 1020

(1310) 緦崽　△絲小　（細小義）... 1021

(1311) 偲㥊　△眾　（多義）.. 1022

(1312) 摀/塞(塞入義).. 1022

493. 㖾聲 1023

(1313) 愕遻　△訝　（驚義）.. 1023

(1314) 䚮鰐　△惡　（凶猛義）.. 1023

· 56 ·

494. 耑聲 ········· 1024
- (1315) 稨剬𦜔端　△顛底（端部義）········· 1024
- (1316) 喘遄湍　△疾（急義）········· 1025
- (1317) 㟙鍴偳賑(小義) ········· 1026
- (1318) 端瑞　△示（徵兆義）········· 1027
- (1319) 揣圌(聚積義) ········· 1027

495. 骨聲 ········· 1028
- (1320) 滑猾鰛磆　△巜（滑義）········· 1028
- (1321) 揯縎榾㾒愲　△昏（亂義）········· 1029
- (1322) 鶻螖(小義) ········· 1030
- (1323) 勖搰(努力義) ········· 1031

496. 臿聲 ········· 1031
- (1324) 插鍤　△扎（插入義）········· 1031

497. 秋聲 ········· 1032
- (1325) 愁愀　△悄（憂義）········· 1032
- (1326) 湫㩙揪　△湊（聚集義）········· 1032
- (1327) 䯽瘶㩙　△小（小義）········· 1033
- (1328) 萩甃䐺鰍　△褒（圓義）········· 1034

498. 重聲 ········· 1035
- (1329) 緟褈𧝎腫踵　△增（緟益、重複義）········· 1035
- (1330) 種㣔偅(遲緩義) ········· 1036

499. 复聲 ········· 1036
- (1331) 複榎鰒𤷍　△秠（重複義）········· 1036
- (1332) 復愎　△背（反義）········· 1037
- (1333) 鞤/縛(縛義) ········· 1038

500. 段聲 ········· 1039
- (1334) 鍛碫鍛腶　△椎（壓義）········· 1039
- (1335) 椴鰦　△散（解散義）········· 1039

第六卷條文目錄

501. 便聲 ········· 1043
- (1336) 緶/編(編織義) ········· 1043

(1337) 箯/翩(輕便、輕巧義) …………………………………… 1043

502. 保聲 ………………………………………………………… 1044
(1338) 緥堡(保護義) ……………………………………………… 1044

503. 皇聲 ………………………………………………………… 1045
(1339) 艎煌鰉　△彊洪　(強、大義) …………………………… 1045
(1340) 惶/恐(恐懼義) …………………………………………… 1046

504. 舁聲 ………………………………………………………… 1046
(1341) 舉/擧(舉義) ……………………………………………… 1046

505. 泉聲 ………………………………………………………… 1047
(1342) 線/細(細義) ……………………………………………… 1047

506. 鬼聲 ………………………………………………………… 1047
(1343) 傀瘣膭頯嵬隗䳿磈(高、大義) ………………………… 1047
(1344) 磈塊瘣膭　△癌　(塊義) ……………………………… 1048
(1345) 傀塊　△鰥　(孤獨義) ………………………………… 1049
(1346) 瑰傀　△詭　(奇怪義) ………………………………… 1050

507. 禹聲 ………………………………………………………… 1050
(1347) 瑀瑀　△驚愕　(驚義) ………………………………… 1050
(1348) 蝺嫗　△曲　(曲義) …………………………………… 1051
(1349) 瑀/玉(美義) ……………………………………………… 1052
(1350) 踽/孤(孤獨義) …………………………………………… 1052

508. 追聲 ………………………………………………………… 1053
(1351) 縋磓搥　△墜　(下墜義) ……………………………… 1053
(1352) 槌鎚鎚　△囷　(圓義) ………………………………… 1054

509. 盾聲 ………………………………………………………… 1055
(1353) 循揗陷　△遵　(遵循義) ……………………………… 1055

510. 俞聲 ………………………………………………………… 1055
(1354) 逾窬窬剜腧輸　△洞　(空義) ………………………… 1055
(1355) 瑜褕愉綸　△俏　(美好義) …………………………… 1056
(1356) 黝輸　△焦　(黑色義) ………………………………… 1057

511. 弇聲 ………………………………………………………… 1058
(1357) 黭渰挷　△曖　(遮掩義) ……………………………… 1058

512. 爰聲 ………………………………………………………… 1059
(1358) 援媛緩緩湲　△牽　(引義) …………………………… 1059

(1359) 瑗暖親鶔　△元　（大義） …… 1060

(1360) 鋑鰀　△圓　（圓義） …… 1061

(1361) 煖緛　△咊　（温和、緩和義） …… 1062

513. 㕣聲

(1362) 椶稯崝㺅駿緵　△總　（聚義） …… 1062

(1363) 葰鰀(小義) …… 1064

514. 矦聲

(1364) 俟堠鯸(守候義) …… 1064

515. 風聲

(1365) 葻嵐䗶颰颷(風義) …… 1065

516. 怱聲

(1366) 蔥憁聰鏓惚窻　△洞　（中空通達義） …… 1066

(1367) 廤熜總鬤䮗　△叢　（聚集義） …… 1067

(1368) 蔥樬稯　△釘　（尖義） …… 1068

(1369) 謥偬悤(匆忙義) …… 1069

(1370) 蔥驄蟌　△青　（青色義） …… 1069

517. 胤聲

(1371) 亂酳　△引　（繼義） …… 1070

518. 亭聲

(1372) 停渟　△止　（止義） …… 1071

519. 度聲

(1373) 㪷埲　△堵　（堵塞義） …… 1072

(1374) 踱䩹　△掉　（往復義） …… 1073

(1375) 鍍/涂(涂抹義) …… 1073

520. 音聲

(1376) 暗窨黯闇　△陰　（黑暗、幽深義） …… 1074

(1377) 暗瘖罯闇醅揞窨　△掩　（閉義） …… 1075

521. 彥聲

(1378) 巘嵃　△岸　（長、高義） …… 1076

(1379) 傿/偽(假義) …… 1077

522. 帝聲

(1380) 蔕蹄　△底　（底部義） …… 1077

(1381) 諦/細(仔細義) …… 1078

(1382) 渧/瀝(滴下義) …… 1078

523. 斿聲 …… 1079
(1383) 游遊蝣　△流　（動義）…… 1079

524. 施聲 …… 1080
(1384) 葹旄訑　△長　（長義）…… 1080
(1385) 肔/徐(緩義) …… 1081

525. 差聲 …… 1081
(1386) 縒嵯齹箽瞇　△亂　（紛亂不齊義）…… 1081
(1387) 瑳醝　△皠　（白義）…… 1083
(1388) 甧搓磋髊鎈　△擦　（磨義）…… 1083
(1389) 槎瘥刹胔莝　△點　（小義）…… 1084

526. 前聲 …… 1085
(1390) 翦剪揃　△殲　（滅義）…… 1085
(1391) 箭/尖(尖義) …… 1086

527. 酋聲 …… 1086
(1392) 艏鞧　△繹　（相連義）…… 1086

528. 夊聲 …… 1087
(1393) 隊緣　△墮垂　（落、垂義）…… 1087

529. 兹聲 …… 1088
(1394) 滋孳秄　△字　（滋生義）…… 1088
(1395) 慈黱螆磁糍鼒　△嗣　（相連義）…… 1089

530. 染聲 …… 1090
(1396) 楪/霑(沾染義) …… 1090

531. 恒聲 …… 1091
(1397) 砠堩　△群　（相連義）…… 1091
(1398) 搄緪　△急　（引急義）…… 1091

532. 宣聲 …… 1092
(1399) 瑄喧煊渲　△大　（大義）…… 1092
(1400) 愃暄　△暵　（溫和義）…… 1093
(1401) 䳣渲蝖　△稱　（小義）…… 1094
(1402) 愃峘揎楦館　△盧填　（空、填空義）…… 1094

533. 客聲 …… 1096
(1403) 額/垎(界限義) …… 1096

(1404) 喀/欬(嘔吐義) ······ 1096

(1405) 搯/掐(掐義) ······ 1097

534. 叜聲
(1406) 搜獀廀　△索　（搜索義） ······ 1097

(1407) 廀廋　△匿　（隱義） ······ 1098

(1408) 瘦溲　△小　（小義） ······ 1099

(1409) 搜蔲　△積　（聚集義） ······ 1100

(1410) 謏/誘(誘義) ······ 1100

535. 軍聲
(1411) 運翚餫揮旊(動義) ······ 1101

(1412) 暉暉䩯鶤渾　△元　（大義） ······ 1102

(1413) 餫暈渾緷䡮瘒顐　△混　（混沌義） ······ 1103

(1414) 暈揮翬　△渙　（散義） ······ 1104

(1415) 楎輥　△卷　（曲義） ······ 1105

(1416) 齳顐幃　△穴　（空義） ······ 1106

536. 扁聲
(1417) 徧篇(周遍義) ······ 1106

(1418) 蹁痯偏碥牑　△頗　（偏義） ······ 1107

(1419) 翩媥騗　△便　（輕巧義） ······ 1108

(1420) 萹楄牑匾鯿稨　△瘪　（扁義） ······ 1109

(1421) 褊甂匾惼輪　(狹小義) ······ 1110

(1422) 艑猵　△磐　（大義） ······ 1111

(1423) 鯿編　△辮　（交織義） ······ 1112

(1424) 瑼䩹　△斑　（斑駁義） ······ 1113

537. 既聲
(1425) 慨嘅　△感　（感慨義） ······ 1113

(1426) 概蔇　△夥　（多義） ······ 1114

(1427) 溉摡　△盥　（洗滌義） ······ 1115

538. 叚聲
(1428) 瑕騢鰕霞(雜色義) ······ 1115

(1429) 徦䛟䑛煆遐蝦鰕　△高　（遠、長、大義） ······ 1116

(1430) 瑕暇假　△隙　（空隙義） ······ 1118

(1431) 豭麚　△雄　（雄性義） ······ 1119

· 61 ·

(1432) 瘕/痂(鬱結義) ······ 1119
(1433) 鞎/鞌(鞋義) ······ 1120

539. 屋聲 ······ 1120
(1434) 楃幄 △宮 （屋義） ······ 1120
(1435) 渥腛 △厚 （厚義） ······ 1121

540. 屏聲 ······ 1122
(1436) 偋拼 △僻 （偏義） ······ 1122

541. 韋聲 ······ 1122
(1437) 圍樟幃湋緯 △回 （包圍義） ······ 1122
(1438) 違諱韍 △暌 （違反義） ······ 1123
(1439) 韡偉煒暐颹 △恢興 （盛、大義） ······ 1124
(1440) 圍衛闈 △捔 （護衛義） ······ 1125
(1441) 韙褘嫿瑋韡偉煒 △瑰 （美義） ······ 1126

542. 眉聲 ······ 1127
(1442) 湄楣 △邊 （邊義） ······ 1127

543. 胥聲 ······ 1128
(1443) 醑/濾(過濾義) ······ 1128
(1444) 諝/智(才智義) ······ 1128

544. 盈聲 ······ 1129
(1445) 楹/柱(支柱義) ······ 1129

545. 癸聲 ······ 1129
(1446) 暌睽 △乖 （相違義） ······ 1129
(1447) 骙猤(壯勇義) ······ 1130

546. 蚤聲 ······ 1131
(1448) 騷慅瘙 △動 （動義） ······ 1131
(1449) 瑤搔瘙 △抓 （抓撓義） ······ 1132

547. 柔聲 ······ 1133
(1450) 鞣煣瞹鍒 △臑 （柔軟義） ······ 1133
(1451) 揉蹂 △拭 （搓磨義） ······ 1134

548. 象聲 ······ 1134
(1452) 豫飈遂 △迅 （迅速義） ······ 1134
(1453) 篆瑑剶 △珇剃 （雕刻、削減義） ······ 1135
(1454) 緣椽 △檐 （邊緣義） ······ 1136

(1455) 蠔錄隊螓　△短　（小義）……………………………………………… 1136

549. 甾聲 ……………………………………………………………………… 1137

(1456) 緇緇鯔(黑色義) ………………………………………………………… 1137

550. 秦聲 ……………………………………………………………………… 1138

(1457) 蓁榛臻搸籘　△萃　（衆多、聚集義）…………………………… 1138

(1458) 螓轃篸　△碎　（小義）……………………………………………… 1139

(1459) 轃/襯(襯墊義) ………………………………………………………… 1140

551. 敖聲 ……………………………………………………………………… 1141

(1460) 嗷傲贅熬驁獒勢鰲鰵謷磝　△高　（高、大、強義）………… 1141

(1461) 傲聲驁　△拗　（不順義）………………………………………… 1143

552. 素聲 ……………………………………………………………………… 1144

(1462) 槊/鑄(定型製造義) …………………………………………………… 1144

(1463) 愫/誠(真誠義) ………………………………………………………… 1144

553. 冓聲 ……………………………………………………………………… 1145

(1464) 構遘講篝購覯溝媾斠搆　△交　（相交義）……………………… 1145

(1465) 購鞲韝　△句　（彎曲義）………………………………………… 1147

(1466) 講構　△畫　（謀劃義）…………………………………………… 1148

554. 馬聲 ……………………………………………………………………… 1148

(1467) 禡獁鴈(馬義) ………………………………………………………… 1148

555. 袁聲 ……………………………………………………………………… 1149

(1468) 遠褑猿　△遐　（長義）…………………………………………… 1149

(1469) 園/淵(匯聚義) ………………………………………………………… 1150

556. 殸聲 ……………………………………………………………………… 1150

(1470) 穀骰瞉殼　△廓　（外皮義）……………………………………… 1150

(1471) 殼穀　△確　（堅義）……………………………………………… 1151

(1472) 穀殼穀(小義) ………………………………………………………… 1152

(1473) 穀慤　△厚　（純樸義）…………………………………………… 1153

(1474) 穀穀穀殼　△育　（養育義）……………………………………… 1153

557. 耆聲 ……………………………………………………………………… 1154

(1475) 鬐鰭蓍　△頎　（長、久義）……………………………………… 1154

(1476) 榰搘　△捍　（支撐義）…………………………………………… 1155

(1477) 嗜/噬(貪求義) ………………………………………………………… 1156

558. 盍聲 1156

(1478) 蓋闔嗑溘盧搕瞌　△合 （掩蔽義）... 1156

(1479) 豔匌　△霞 （艷麗義）... 1158

(1480) 磕嗑廲搕(碰撞義) 1158

559. 華聲 1159

(1481) 鞾驊　△姣 （華麗義）... 1159

(1482) 嘩諻　△元 （大義）... 1160

560. 甫聲 1160

(1483) 備犕糒　△份 （備義）... 1160

561. 莽聲 1161

(1484) 蟒漭　△龐 （大義）... 1161

(1485) 漭懞　△茫 （茫然義）... 1162

562. 莫聲 1163

(1486) 嘆蔂墓膜暮　△亡 （無義）... 1163

(1487) 謨募摸蓦　△謀 （求義）... 1164

(1488) 膜幕　△幔 （遮擋義）... 1165

(1489) 模慕摹　△仿 （仿傚義）... 1166

(1490) 募漠　△漫 （廣義）... 1167

563. 真聲 1167

(1491) 顛顚槙鎮磌　△頂底 （頂、底義）....................................... 1167

(1492) 禛齻　△誠 （真義）... 1169

(1493) 填瑱(填入義) 1169

(1494) 嗔謓瞋膩滇闐(盛、大義) 1170

(1495) 趁蹎槙瘨顛　△頓 （顛倒義）... 1171

(1496) 稹慎縝鬒槙　△芊 （密義）... 1173

564. 倝聲 1174

(1497) 翰雗韓韸　△椴 （赤色義）... 1174

(1498) 翰幹鶾(長毛義) 1174

(1499) 韓幹　△丸 （圓義）... 1175

565. 索聲 1176

(1500) 索揉　△搜 （求取義）... 1176

566. 連聲 1177

(1501) 謰槤慩漣鏈璉縺健褳輦婡璉　△聯 （相連義）.................... 1177

567. 尃聲 ········· 1179
    (1502) 博敷榑溥鎛尊 △普 （廣、大義）········· 1179
    (1503) 博蒪簙 △繁 （多義）········· 1180
    (1504) 膊烳 △脯 （乾燥義）········· 1181
    (1505) 傅賻 △輔 （輔助義）········· 1181
    (1506) 縛縛轉轉 △綁 （束縛義）········· 1182
    (1507) 溥/邊(邊義)········· 1183

568. 哥聲 ········· 1183
    (1508) 歌猣鴚菏(長、大義)········· 1183

569. 鬲聲 ········· 1184
    (1509) 隔礔融膈槅諞嗝 △阻 （阻隔義）········· 1184

570. 栗聲 ········· 1185
    (1510) 繰鶆 △韲 （黄色義）········· 1185
    (1511) 㻗/列(序列義)········· 1186

571. 辱聲 ········· 1187
    (1512) 蓐溽縟 △濃 （繁密義）········· 1187
    (1513) 蓐褥 △藉 （墊義）········· 1187
    (1514) 鄏/濁(污義)········· 1188

572. 威聲 ········· 1189
    (1515) 滅搣 △没 （消除義）········· 1189

573. 夏聲 ········· 1189
    (1516) 廈/岈(大義)········· 1189

574. 原聲 ········· 1190
    (1517) 源嫄 △淵 （源頭義）········· 1190
    (1518) 傆諔 △圓 （隨和義）········· 1191
    (1519) 縓騵 △玄 （赤色義）········· 1192
    (1520) 願願 △寬 （大義）········· 1192

575. 致聲 ········· 1193
    (1521) 緻倿緻 △萃 （密集義）········· 1193

576. 晉聲 ········· 1194
    (1522) 搢/進(進義)········· 1194
    (1523) 戩/剪(滅義)········· 1194

577. 虍聲 1195
 (1524) 越/蹇(行動遲緩義) 1195
 (1525) 攄/援(相援義) 1195

578. 肖聲 1196
 (1526) 鎖瑣碩　△碎　（碎、小義） 1196

579. 時聲 1196
 (1527) 蒔榯　△豎　（豎直義） 1196

580. 朋聲 1197
 (1528) 愳瞿怮　△恐　（驚懼義） 1197

581. 㬎聲 1198
 (1529) 搨蹋闒偒搨塌　△搭　（低、下義） 1198
 (1530) 蓎譶遢　△諮　（不精潔義） 1199
 (1531) 鰢鰨　△大　（大義） 1200

582. 員聲 1200
 (1532) 圓瘨顚溳賱韻塤　△圜　（圓義） 1200
 (1533) 隕磒實殞　△刊　（墜落義） 1202
 (1534) 損隕殞　△毀壞　（毀壞義） 1203
 (1535) 顚煩　△金　（黄色義） 1204

583. 圂聲 1204
 (1536) 棞橐溷惃　△混　（混沌、混濁義） 1204

584. 豈聲 1205
 (1537) 愷顗闓飆　△孩　（安樂和順義） 1205
 (1538) 荳顗噆脍(美義) 1207
 (1539) 豔剴磑　△揩　（摩義） 1207
 (1540) 皚磑　△皔　（潔白光亮義） 1208
 (1541) 塏剴隑鎧磑(高、大、長義) 1208
 (1542) 覬豔　△希　（企望義） 1209

585. 散聲 1210
 (1543) 溦/米(小義) 1210

586. 巠聲 1211
 (1544) 埡挴　△高　（高義） 1211
 (1545) 剄鏗　△勁　（堅義） 1212

總條文目錄

587. 罙聲 1213

    (1546) 還䚮翻　△集（多而聚集義）.. 1213

588. 氣聲 1213

    (1547) 慇䭝䬤䫽(氣息義) 1213

589. 造聲 1214

    (1548) 遭／湊(聚集義) 1214

    (1549) 糙／粗(粗糙義) 1215

    (1550) 慥／躁(急躁義) 1215

590. 乘聲 1216

    (1551) 剩賸　△餘（殘餘義）.. 1216

591. 條聲 1217

    (1552) 篠鰷(深、長義) 1217

    (1553) 樤篠(小義) 1217

    (1554) 滌篠　△蕩（除去義）.. 1218

592. 臭聲 1219

    (1555) 殠齅糗㗒齃　△呼（氣息義）.. 1219

593. 息聲 1220

    (1556) 瘜媳餳　△生（滋生義）.. 1220

    (1557) 熄／消(滅義) 1221

594. 烏聲 1222

    (1558) 鎢／黑(黑義) 1222

    (1559) 鎢隖螐蔦　△涓（小義）.. 1223

    (1560) 隖／窪(凹義) 1223

    (1561) 鵭鳿搗　△蓄（藏義）.. 1224

    (1562) 歍／惡(惡心義) 1224

595. 皋聲 1225

    (1563) 膍榌媲篦(相比、相連義) 1225

    (1564) 貔磇勊　△羆（猛義）.. 1226

    (1565) 幎／閟(遮蔽義) 1226

596. 虒聲 1227

    (1566) 鱺褫顱傂(不正、不齊義) 1227

    (1567) 螔歋匼　△紙（薄義）.. 1228

    (1568) 驪榹　△絲（小義）.. 1229

· 67 ·

(1569) 遞/替(更替義) …………………………………… 1229

(1570) 襫/卸(卸下義) …………………………………… 1230

597. 般聲 …………………………………………………… 1230

(1571) 鏧瞽槃鬠篸磐縏(圓義) ………………………… 1230

(1572) 鏧幋磐媻 △伴 （大義） ………………………… 1232

(1573) 瘢螌 △斑 （斑駁義） ………………………… 1233

(1574) 瞽鬠 △白 （白色義） ………………………… 1234

(1575) 搬/販(遷移義) …………………………………… 1234

598. 殺聲 …………………………………………………… 1234

(1576) 㩺撒 △洒 （拋撒義） ………………………… 1234

599. 㞦聲 …………………………………………………… 1235

(1577) 齤㨖䒼耤棬卷㕣拳㩮益夸(圓、曲義) ………… 1235

600. 䍃聲 …………………………………………………… 1238

(1578) 窑謠遥(空義) …………………………………… 1238

(1579) 摇榣飄遥 △躍 （動義） ……………………… 1238

(1580) 颻揺鰩歋踰(上升義) …………………………… 1239

(1581) 瑶嬈暚 △瑜 （美義） ………………………… 1240

下　　冊

第七卷條文目録

601. 舀聲 …………………………………………………… 1243

(1582) 搯/掏(抒出義) …………………………………… 1243

(1583) 韜圅瑫篍鞱幍綯 △匿 （藏義） ……………… 1243

(1584) 慆/猜(懷疑義) …………………………………… 1245

602. 奚聲 …………………………………………………… 1245

(1585) 徯㜁䍘蹊溪騱 △倪 （小義） ………………… 1245

603. 倉聲 …………………………………………………… 1247

(1586) 鎗艙匠 △藏 （藏義） ………………………… 1247

(1587) 蒼簹 △青 （青色義） ………………………… 1247

(1588) 凔愴　△涼　（寒義）……………………………………… 1248

(1589) 戧搶嗆　△倒　（逆反義）………………………………… 1249

(1590) 搶搶　△撞　（撞義）…………………………………… 1250

(1591) 蹌搶　△速　（急義）…………………………………… 1250

604. 翁聲 …………………………………………………………… 1251

(1592) 翁滃蓊勷滃　△洪　（盛義）………………………… 1251

(1593) 腣翰　△臃　（肥義）…………………………………… 1252

605. 朕聲 …………………………………………………………… 1253

(1594) 謄騰　△贈　（轉移義）………………………………… 1253

(1595) 賸賸(送義) ……………………………………………… 1253

(1596) 滕騰　△烝　（向上義）………………………………… 1254

606. 逢聲 …………………………………………………………… 1254

(1597) 蓬滽縫　△封　（高義）………………………………… 1254

(1598) 蓬/龙(亂義) …………………………………………… 1255

607. 桀聲 …………………………………………………………… 1256

(1599) 傑榤嵥溓(出義) ………………………………………… 1256

608. 留聲 …………………………………………………………… 1257

(1600) 徟遛瘤罶　△停　（留止義）………………………… 1257

(1601) 榴瑠瘤鎦鶹餾蹓(圓義) ………………………………… 1258

(1602) 溜雷　△流　（流義）…………………………………… 1259

(1603) 溜瞛鎦貓(迅速、滑溜義) …………………………… 1260

609. 衰聲 …………………………………………………………… 1260

(1604) 蓑榱　△垂　（下垂義）………………………………… 1260

610. 高聲 …………………………………………………………… 1261

(1605) 蒿歊豪熇鰝塙篙顥嗃毫獋鶮(高、長、大義) ……… 1261

(1606) 䕽膏　△沃　（肥義）…………………………………… 1263

(1607) 鷊縞暠皜(白色義) ……………………………………… 1264

611. 郭聲 …………………………………………………………… 1265

(1608) 槨鞹廓　△殼　（外層義）…………………………… 1265

(1609) 霩廓　△空　（空義）…………………………………… 1266

612. 疾聲 …………………………………………………………… 1266

(1610) 嫉蒺蝨　△損　（害義）………………………………… 1266

(1611) 榰/支(支撐義) ………………………………………… 1268

613. 脊聲 · 1268
   (1612) 堉瘠鯖踖鵲 △綃（薄、小義）· 1268

614. 离聲 · 1269
   (1613) 離螭 △鮎（黃色義）· 1269
   (1614) 穲鶒儷 △對（雙、偶義）· 1270
   (1615) 黐樆黐縭 △和（黏、連義）· 1271
   (1616) 漓籬 △濾（濾義）· 1272
   (1617) 醨漓 △濂（薄義）· 1272
   (1618) 摛璃 △舒（舒展義）· 1273

615. 唐聲 · 1273
   (1619) 塘磄闛嶂(高、大義) · 1273
   (1620) 鏜赯 △赤（赤色義）· 1274
   (1621) 糖溏 △稴（黏義）· 1275
   (1622) 搪倖 △觸（衝突義）· 1276

616. 咅聲 · 1276
   (1623) 箁/剖(剖分義) · 1276
   (1624) 菩/覆(覆蓋義) · 1277

617. 旁聲 · 1277
   (1625) 嗙膀騯滂蒡䚌雱 △龐（大義）· 1277
   (1626) 徬膀傍斜縍搒髈 △邊（旁邊義）· 1279
   (1627) 鎊榜 △判（削義）· 1280
   (1628) 輢篣 △棚（棚義）· 1280

618. 旅聲 · 1281
   (1629) 膂脊 △連（相連義）· 1281

619. 畜聲 · 1282
   (1630) 蓄滀褚 △貯（積聚義）· 1282

620. 羔聲 · 1283
   (1631) 翱夅溔 △高（長、大義）· 1283

621. 益聲 · 1283
   (1632) 膉溢 △洙肤（肥、滿義）· 1283
   (1633) 隘嗌 △陀（狹隘義）· 1284
   (1634) 膉縊 △頸（頸部義）· 1285

總條文目錄

622. 兼聲 …………………………………………………………………… 1285

    (1635) 廉獵燫溓霊鎌縑隒鶼傔槏　△界　(連義) ……………………… 1285

    (1636) 蒹謙餷稴歉廉慊溓槏螊鎌鬑(小、少義) ………………………… 1287

    (1637) 嗛顑鬑蠊(長義) ……………………………………………………… 1289

    (1638) 嗛鼸嗛餷　△含銜　(含義) ……………………………………… 1290

623. 朔聲 …………………………………………………………………… 1291

    (1639) 遡謝(追溯義) ……………………………………………………… 1291

624. 害聲 …………………………………………………………………… 1292

    (1640) 犗轄　△鍵　(禁制義) …………………………………………… 1292

    (1641) 愒/嚇(驚嚇義) ……………………………………………………… 1292

    (1642) 豁/開(開通義) ……………………………………………………… 1293

625. 家聲 …………………………………………………………………… 1293

    (1643) 嫁稼　△安　(安置義) …………………………………………… 1293

626. 突聲 …………………………………………………………………… 1294

    (1644) 湥/沈(深義) ……………………………………………………… 1294

    (1645) 琛/珍(珍貴義) …………………………………………………… 1295

    (1646) 湥挨　△試　(試探義) …………………………………………… 1295

627. 窄聲 …………………………………………………………………… 1296

    (1647) 榨醡(擠壓義) ……………………………………………………… 1296

628. 容聲 …………………………………………………………………… 1297

    (1648) 溶俗搈鎔(動義) …………………………………………………… 1297

    (1649) 鎔瓽　△融　(容納義) …………………………………………… 1297

    (1650) 鼮俗　△頌　(容顏義) …………………………………………… 1298

    (1651) 溶裕(大義) ………………………………………………………… 1299

629. 宰聲 …………………………………………………………………… 1299

    (1652) 莘滓脺　△渣　(渣義) ………………………………………… 1299

    (1653) 縡/載(事義) ……………………………………………………… 1300

    (1654) 崒/鈍(不敏義) …………………………………………………… 1301

630. 扇聲 …………………………………………………………………… 1301

    (1655) 搧煽蝙　△閃　(扇動義) ……………………………………… 1301

631. 冥聲 …………………………………………………………………… 1302

    (1656) 瞑瞑貏溟覭　△㥰　(暗義) …………………………………… 1302

    (1657) 幎幦瞑　△覆　(覆蓋義) ……………………………………… 1303

漢語同源詞大典

(1658) 溟嫇螟猽糗　△米（小義）……………………………………… 1304

632. 隺聲 ……………………………………………………………… 1305

(1659) 鶴㩯寉鵻　△皓（白色義）………………………………… 1305

633. 冤聲 ……………………………………………………………… 1306

(1660) 鞙䩺婘䥬　△圓（圓、曲義）……………………………… 1306

634. 㝉聲 ……………………………………………………………… 1307

(1661) 謐/僻(靜義) ……………………………………………………… 1307

635. 展聲 ……………………………………………………………… 1308

(1662) 騛輾㨖碾㠭　△轉（轉義）…………………………………… 1308

636. 屖聲 ……………………………………………………………… 1309

(1663) 諰稺遲　△滯（遲義）……………………………………… 1309

637. 弱聲 ……………………………………………………………… 1310

(1664) 蒻㴱嫋鰯篛　△柔（柔義）………………………………… 1310

638. 孫聲 ……………………………………………………………… 1312

(1665) 遜愻　△順（順義）………………………………………… 1312

639. 蚩聲 ……………………………………………………………… 1313

(1666) 媸嗤　△醜（醜義）………………………………………… 1313

(1667) 瞪/滯(凝聚義) ………………………………………………… 1313

640. 陰聲 ……………………………………………………………… 1314

(1668) 蔭噾　△薆（遮義）………………………………………… 1314

641. 脅聲 ……………………………………………………………… 1315

(1669) 愶嗋熁　△挾（脅迫義）…………………………………… 1315

(1670) 歙嗋　△吸（吸氣義）……………………………………… 1316

642. 圅聲 ……………………………………………………………… 1316

(1671) 菡顄涵梇箌錎蜬　△含（包含義）………………………… 1316

(1672) 幠/蓋(覆蓋義) ………………………………………………… 1318

643. 邕聲 ……………………………………………………………… 1318

(1673) 滃䨿顒　△涌（擁擠阻塞義）……………………………… 1318

644. 彗聲 ……………………………………………………………… 1320

(1674) 篲蔧撒(掃帚義) ……………………………………………… 1320

(1675) 嘒槥慧繐鐬暳　△稚（小義）……………………………… 1320

(1676) 轊/輪(圓義) …………………………………………………… 1322

· 72 ·

645. 春聲 ·· 1322

 (1677) 賮惷　△癡　(不明義) ·············· 1322

646. 責聲 ·· 1323

 (1678) 積積賫磧漬績襀　△聚　(聚集義) ·············· 1323

 (1679) 齍嬪蹟　△整　(整齊義) ·············· 1324

 (1680) 賾蹟　△討　(探究義) ·············· 1325

 (1681) 蟦膱　△子　(小義) ·············· 1326

647. 氂聲 ·· 1326

 (1682) 氂/理(治理義) ·············· 1326

 (1683) 嫠/獨(孤獨義) ·············· 1327

648. 規聲 ·· 1327

 (1684) 窺嫢睨(小義) ·············· 1327

649. 焉聲 ·· 1328

 (1685) 傿嫣鄢(高義) ·············· 1328

 (1686) 蔫/菸(枯萎義) ·············· 1329

 (1687) 篶/烏(黑色義) ·············· 1329

650. 執聲 ·· 1330

 (1688) 摯鷙　△持　(執持義) ·············· 1330

651. 殸聲 ·· 1330

 (1689) 磬聲聲(發出聲音義) ·············· 1330

652. 堇聲 ·· 1331

 (1690) 謹饉僅廑攗　△幾　(少義) ·············· 1331

 (1691) 謹覲　△謙　(敬義) ·············· 1333

 (1692) 殣廑　△衾　(覆蓋義) ·············· 1333

 (1693) 瘽勤　△劼　(勤勞義) ·············· 1334

653. 黃聲 ·· 1335

 (1694) 璜癀騜　△權　(黃色義) ·············· 1335

 (1695) 廣潢鐄飆趪(大義) ·············· 1335

654. 㒼聲 ·· 1336

 (1696) 滿樠鬗蔥　△漫　(盈義) ·············· 1336

 (1697) 璊樠　△赧　(赤色義) ·············· 1337

 (1698) 瞞懣謾　△蔽　(蒙蔽義) ·············· 1338

655. 斬聲 ··· 1339
    (1699) 掔塹槧　△斫　（斬義）································· 1339
    (1700) 漸蔪趣　△冉　（逐漸義）······························· 1340
    (1701) 嶄嶜塹　△長　（高、長、深義）······················· 1341
    (1702) 醶/淡(淡義)·· 1341

656. 專聲 ··· 1342
    (1703) 尃膞篿團膞鱄摶縛轉磚溥塼(圓義)··············· 1342
    (1704) 團摶鏄磚蓴　△萃　（聚義）·························· 1344
    (1705) 嫥剸摶　△擅　（專一義）······························ 1345
    (1706) 傳轉　△遷　（移義）···································· 1346

657. 曹聲 ··· 1347
    (1707) 遭槽儕褿　△周　（周義）······························ 1347
    (1708) 槽漕　△道　（溝渠義）·································· 1348
    (1709) 糟熷憒嘈聹膪糟　△鬧　（雜亂義）·················· 1349
    (1710) 蠱艚(小義)·· 1350

658. 欶聲 ··· 1351
    (1711) 漱籔　△抖　（動義）··································· 1351
    (1712) 遬擻瘶(急疾義)··· 1352

659. 區聲 ··· 1352
    (1713) 漚彄醧膒軀　△曲　（隱義）·························· 1352
    (1714) 傴嶇嘔(不平、不直義)································· 1353
    (1715) 摳刨　△刳　（挖義）···································· 1354
    (1716) 蓲甌鷗蝸　△熒　（小義）······························ 1354

660. 票聲 ··· 1355
    (1717) 熛葉瞟旚漂飄影瞟摽　△浮　（飄動義）·········· 1355
    (1718) 熛嘌趮剽僄嫖瞟標翲飄　△飆　（輕、迅疾義）··· 1357
    (1719) 標鏢葉嶖摽　△杪　（巔末義）·························· 1359
    (1720) 標摽　△封　（舉義）···································· 1360
    (1721) 標幖　△表　（標志義）································ 1361

661. 殹聲 ··· 1361
    (1722) 翳瞖瑿繄(遮蔽義)······································· 1361
    (1723) 繄磬鷖瞖瞖鷖　△昏　（黑色義）······················ 1362

662. 戚聲 ·· 1363

    (1724) 蹙嘁縬顣(縮義) ·· 1363

    (1725) 魖𤿇　△姝　(美好義) ·· 1364

663. 帶聲 ·· 1365

    (1726) 蹛滯𣂁𡎺　△儲　(停滯、積聚義) ·· 1365

    (1727) 𢤒𣂁懘　△頓　(困義) ·· 1366

664. 頃聲 ·· 1366

    (1728) 傾陳廎　△枒　(不正義) ·· 1366

    (1729) 傾/罄(盡義) ·· 1367

665. 虛聲 ·· 1368

    (1730) 墟𧆇魖　△空　(空虛義) ·· 1368

666. 盧聲 ·· 1369

    (1731) 攎攎　△奪　(取義) ·· 1369

    (1732) 儱䑛(雜義) ·· 1369

667. 𡨄聲 ·· 1370

    (1733) 隙/閒(空隙義) ·· 1370

668. 堂聲 ·· 1370

    (1734) 瑭/正(方正義) ·· 1370

    (1735) 瞠樘　△直　(直義) ·· 1371

    (1736) 樘撑　△觸　(支撐義) ·· 1372

669. 婁聲 ·· 1372

    (1737) 髏屢廔樓簍塿鏤窶　△洞　(空義) ·· 1372

    (1738) 邅譳數樓褸淒摟屢　△繹　(相連義) ······································ 1374

    (1739) 婁樓婁髏髏　△崇　(高義) ·· 1376

    (1740) 瘻僂(彎曲義) ·· 1377

670. 曼聲 ·· 1378

    (1741) 蔓蟃槾鰻穀漫𧛹　△絲　(延伸、長義) ································ 1378

    (1742) 慢嫚　△蔑　(輕慢義) ·· 1379

    (1743) 嫚蔓熳　△美　(美義) ·· 1380

    (1744) 謾暪　△論　(欺騙義) ·· 1381

    (1745) 趨慢(緩慢義) ·· 1381

    (1746) 縵鏝漫數　△茫　(模糊義) ·· 1382

    (1747) 幔幨　△幕　(遮蓋義) ·· 1383

· 75 ·

671. 國聲 ··· 1384

  (1748) 椢鯝 △空 （空義）·· 1384

  (1749) 膕／句(彎曲義) ·· 1384

672. 崔聲 ··· 1385

  (1750) 嶊漼 △峻深 （高、深義）·· 1385

  (1751) 摧陮 △隤 （毀壞義）·· 1386

  (1752) 催嗺趡 △敦 （催促、疾急義）·· 1386

673. 過聲 ··· 1387

  (1753) 過緺薖檛 △果 （圓義）·· 1387

  (1754) 薖檛撾 △欮 （打擊義）·· 1388

674. 移聲 ··· 1389

  (1755) 欍迻 △連 （相連義）·· 1389

675. 動聲 ··· 1389

  (1756) 慟／痛(悲痛義) ·· 1389

676. 鳥聲 ··· 1390

  (1757) 島蔦寫 △遙 （高、深義）·· 1390

677. 兜聲 ··· 1391

  (1758) 篼掗菟鞻 △豆 （圓圍義）··· 1391

678. 悤聲 ··· 1392

  (1759) 謥偬 △速 （急義）·· 1392

  (1760) 蔥窗聰摠緫(空義) ·· 1393

  (1761) 總摠廖熜驄摠 △統 （會合義）·· 1394

  (1762) 蔥驄 △青 （青色義）·· 1395

  (1763) 蔥樬熜稯 △梢 （直而尖義）·· 1396

679. 從聲 ··· 1397

  (1764) 蹤鬃 △迹 （痕迹義）·· 1397

  (1765) 樅嵷堫(高義) ··· 1398

  (1766) 豵蜙鏦(小義) ··· 1399

  (1767) 氉磰 △絲 （細義）·· 1399

  (1768) 慫瘲 △悚 （驚義）·· 1400

680. 悉聲 ··· 1400

  (1769) 潨穓 △汭 （流義）·· 1400

681. 祭聲 ······ 1401

    (1770) 瞟察嚓嚌　△細 （細、小義） ······ 1401

    (1771) 際／接(連接義) ······ 1402

682. 庶聲 ······ 1403

    (1772) 遮嗻蔗　△當 （遮擋義） ······ 1403

    (1773) 蹠蟅　△跳 （跳躍義） ······ 1404

    (1774) 墌／址(基址義) ······ 1404

683. 麻聲 ······ 1405

    (1775) 麻麻　△痹 （麻木義） ······ 1405

    (1776) 糜麼瘗　△微 （小義） ······ 1406

    (1777) 靡魔瘗糜　△紛 （亂義） ······ 1406

    (1778) 靡摩磨　△滅 （滅義） ······ 1407

    (1779) 摩磨　△摸 （研磨義） ······ 1408

684. 康聲 ······ 1409

    (1780) 康歘漮穅康糠　△空 （空義） ······ 1409

685. 庸聲 ······ 1410

    (1781) 鯒鳙鱅(黑色義) ······ 1410

    (1782) 墉镛鏞樠(高、大義) ······ 1411

686. 章聲 ······ 1412

    (1783) 彰暲　△照 （明義） ······ 1412

    (1784) 障鄣嶂幛　△遮 （遮義） ······ 1413

    (1785) 慞偉(驚懼義) ······ 1414

687. 竟聲 ······ 1414

    (1786) 澋境　△罄 （盡義） ······ 1414

    (1787) 鏡／監(照義) ······ 1415

688. 豙聲 ······ 1416

    (1788) 毅㱆額　△堅 （堅義） ······ 1416

689. 族聲 ······ 1417

    (1789) 簇蔟揍　△儲 （聚集義） ······ 1417

    (1790) 鏃簇　△小 （小義） ······ 1418

690. 旋聲 ······ 1418

    (1791) 縼鏇淀蜓颮　△轉 （圓轉義） ······ 1418

    (1792) 嫙䀂琁　△鮮 （美義） ······ 1419

(1793) 蠞蜓腃襫　△短　（短小義）…… 1420

691. 率聲 …… 1421

(1794) 達衔　△帥　（率領義）…… 1421

(1795) 粹裶　△礪　（粗義）…… 1422

692. 羕聲 …… 1422

(1796) 樣／像(相似義) …… 1422

(1797) 漾／蕩(動蕩義) …… 1423

693. 敝聲 …… 1424

(1798) 蔽鼈　△庇　（遮蔽義）…… 1424

(1799) 蹩彆　△別　（不正、不順義）…… 1424

(1800) 暼撆襒　△拂　（掠過義）…… 1425

(1801) 鷩嫳　△忙　（性急義）…… 1426

694. 渠聲 …… 1427

(1802) 磲蕖璖　△好　（美義）…… 1427

695. 寅聲 …… 1427

(1803) 夤演戭螾鎮縯　△引　（長義）…… 1427

696. 宿聲 …… 1429

(1804) 縮蹜　△束　（收縮義）…… 1429

697. 啓聲 …… 1429

(1805) 啓晵棨　△開　（開義）…… 1429

698. 敢聲 …… 1430

(1806) 譀嚴闞瞰𣅥㪔(高、深、大義) …… 1430

699. 隋聲 …… 1432

(1807) 嶞嶞憜髽墮　△隤　（毀、敗義）…… 1432

(1808) 隋鰖隨猪　△碎　（小義）…… 1433

(1809) 嫷鬌　△瑞　（美義）…… 1434

(1810) 橢鰖(圓義) …… 1435

(1811) 墮鬌　△墜　（落義）…… 1435

700. 將聲 …… 1436

(1812) 蔣筲鱂　△的　（白色義）…… 1436

(1813) 漿䖢(小義) …… 1437

(1814) 漿醬　△粥　（糊義）…… 1437

第八卷條文目錄

701. 習聲 ··· 1441
  （1815）摺褶　△折　（折義） ·· 1441
  （1816）熠飁霅(盛、大義) ·· 1441
  （1817）熠謵瘤(小義) ·· 1442
  （1818）謵慴　△慄　（恐懼義） ·· 1442

702. 翏聲 ··· 1443
  （1819）嘐漻飂憀顟鷚鷯　△崇　（高、大義） ······································ 1443
  （1820）膠嫪(膠着義) ·· 1444
  （1821）嫪寥髎漻(空義) ·· 1445
  （1822）鏐璆　△妙　（美義） ·· 1446
  （1823）勠醪　△攏　（合義） ·· 1446
  （1824）繆摎　△繞　（糾結義） ·· 1447
  （1825）蟉鰻樛(彎曲義) ·· 1448
  （1826）摎戮　△劉　（殺戮義） ·· 1448
  （1827）謬／誤(謬誤義) ·· 1449
  （1828）憀／聊(依賴義) ·· 1449

703. 貫聲 ··· 1450
  （1829）鑵遺　△摜　（貫穿義） ·· 1450

704. 鄉聲 ··· 1451
  （1830）響鏗　△轟　（聲響義） ·· 1451
  （1831）曏嚮　△靠　（近義） ·· 1452

705. 巢聲 ··· 1452
  （1832）轈樔礨　△峒　（巢義） ·· 1452
  （1833）操繰勦　△取　（取義） ·· 1453
  （1834）操勦勦　△止　（絶義） ·· 1454
  （1835）巢僳鶨槼轈(長、高、大義) ·· 1455
  （1836）礨罺(小義) ·· 1456

706. 堯聲 ··· 1456
  （1837）趬翹翹嶢蹺巏　△高　（高義） ·· 1456
  （1838）橈澆繞遶(圓、曲義) ·· 1457

(1839) 嘵饒僥　△沃　（多義）……………………………………………… 1458

(1840) 趬魑驍磽獟境　△輕勁　（捷健、堅勁義）……………………… 1459

(1841) 膮僥嬈蟯鐃　△康　（碎、小義）…………………………………… 1460

707. 賁聲 …………………………………………………………………… 1461

(1842) 濆墳韇鱝　△岎磐　（高、大義）………………………………… 1461

(1843) 賁憤黂濆膹　△紊　（亂義）………………………………………… 1463

(1844) 幩橨　△邊　（邊義）………………………………………………… 1464

(1845) 蕡馩　△芬　（香義）………………………………………………… 1464

(1846) 憤癀　△悶　（悶義）………………………………………………… 1465

(1847) 噴濆　△崩　（噴涌義）……………………………………………… 1465

708. 尌聲 …………………………………………………………………… 1466

(1848) 樹/竪(直立義)………………………………………………………… 1466

(1849) 澍/注(灌注義)………………………………………………………… 1467

709. 喜聲 …………………………………………………………………… 1467

(1850) 僖禧嬉　△熙　（喜樂義）………………………………………… 1467

(1851) 瞦熹(光明義)………………………………………………………… 1468

710. 彭聲 …………………………………………………………………… 1469

(1852) 澎膨　△蓬　（膨脹義）…………………………………………… 1469

711. 埶聲 …………………………………………………………………… 1470

(1853) 爇蓺　△然　（燃燒義）…………………………………………… 1470

712. 壹聲 …………………………………………………………………… 1471

(1854) 噎饐瞖壼壹(蔽義)…………………………………………………… 1471

713. 斯聲 …………………………………………………………………… 1472

(1855) 澌撕癡　△析　（散義）…………………………………………… 1472

(1856) 澌㹴　△盡　（竭盡義）…………………………………………… 1473

714. 散聲 …………………………………………………………………… 1474

(1857) 饊霰潵澌撒　△沙　（散義）……………………………………… 1474

(1858) 廠繖　△闌　（遮護義）…………………………………………… 1475

715. 萬聲 …………………………………………………………………… 1476

(1859) 厲糲　△紼　（粗義）……………………………………………… 1476

(1860) 厲勱邁(高、遠義)…………………………………………………… 1476

(1861) 厲勱　△勉　（勉勵義）…………………………………………… 1477

總條文目錄

716. 敬聲 ··· 1478
　　（1862）警儆　△戒（戒備義）··· 1478
　　（1863）驚儆　△恐（懼義）·· 1479
　　（1864）擎/舉(上舉義)·· 1479
　　（1865）檄/糾(矯正義)·· 1480

717. 惠聲 ··· 1480
　　（1866）繐憓鏸穗橞　△圭（尖、細義）··· 1480

718. 罨聲 ··· 1482
　　（1867）遷僊　△進（遷移義）·· 1482

719. 覃聲 ··· 1482
　　（1868）噕瞫橝驔鱏潭嬋蟫醰燂　△深（深、長義）··· 1482
　　（1869）噕嬋憛　△貪（貪義）·· 1484
　　（1870）簟磹賟　△墊（墊義）·· 1485

720. 厥聲 ··· 1486
　　（1871）撅劂鱖鐝　△捐（發掘義）·· 1486
　　（1872）蹶蹙僪獗　△僵（顛踣義）·· 1487
　　（1873）撅嶡瘚　△越（趨高義）··· 1488
　　（1874）劂/倔(堅強義)·· 1489

721. 尞聲 ··· 1489
　　（1875）燎憭嫽瞭嘹　△明（明、亮義）··· 1489
　　（1876）遼鬟橑燎簝顤瞭　△長（高、長、大義）··· 1491
　　（1877）飂寮豂　△小（小義）·· 1492
　　（1878）僚嫽鐐　△俏（美好義）··· 1492
　　（1879）繚墱鐐　△繞（圍繞義）··· 1493

722. 朁聲 ··· 1494
　　（1880）鐕嵾簪頿　△鍼（尖銳義）·· 1494
　　（1881）嗜潛撍簪(深入義)··· 1495
　　（1882）憯朁　△慘（憂義）·· 1496

723. 菐聲 ··· 1496
　　（1883）樸璞鏷　△坯（樸素義）··· 1496
　　（1884）僕樸　△附（依附義）·· 1497
　　（1885）撲襆幞醭　△覆（覆義）··· 1498

· 81 ·

724. 敞聲 ··· 1499
  （1886）僘厰　△綽　（寬敞義）·· 1499

725. 最聲 ··· 1500
  （1887）撮緅蕞　△萃　（聚合義）·· 1500
  （1888）撮蕞　△稯　（小義）·· 1501

726. 閒聲 ··· 1501
  （1889）癇襉澗鐗　△峽　（間隔義）·· 1501
  （1890）鷳鐗挸　△健　（猛義）·· 1502
  （1891）憪嫺　△暇　（閒靜義）·· 1503

727. 景聲 ··· 1504
  （1892）憬影　△映　（明義）·· 1504
  （1893）影幜　△掩　（遮蔽義）·· 1505

728. 貴聲 ··· 1505
  （1894）遺讀續（止、盡義）·· 1505
  （1895）憒潰聵瞶　△混　（亂義）·· 1506
  （1896）殨穨隤燌癀　△隕　（敗壞、墜落義）·· 1507
  （1897）匱櫃簣蕢（藏義）·· 1509
  （1898）襀闠　△關　（封鎖義）·· 1509

729. 單聲 ··· 1510
  （1899）簞膻　△大　（大義）·· 1510
  （1900）殫癉　△盡　（竭盡義）·· 1510
  （1901）撣彈　△担　（彈擊義）·· 1511
  （1902）韇憚燀僤　△多　（厚、盛義）·· 1512
  （1903）貒鼉　△烈　（猛義）·· 1513
  （1904）嶦禪　△斷　（孤單義）·· 1514

730. 黑聲 ··· 1514
  （1905）默纆墨穖驖　△烏　（黑義）·· 1514

731. 無聲 ··· 1516
  （1906）蕪膴廡(盛、大義)·· 1516
  （1907）膴瞴舞嫵　△妙　（美好義）·· 1517
  （1908）譕撫　△謀　（謀劃義）·· 1518
  （1909）瑦蕪　△劣　（惡義）·· 1518
  （1910）幠／蓋(覆蓋義)·· 1519

總條文目錄

732. 毳聲 1520
    (1911) 臑/輭(軟義) 1520
    (1912) 竄/穿(穿義) 1520

733. 喬聲 1521
    (1913) 蹻趫驕撟鐈憍穚鷮簥鱎鱎崤馨盍 △高 （高、長、大義）............ 1521
    (1914) 敽橋鐈繑 △膠 （連接義）.................................... 1523
    (1915) 矯撟 △糾 （糾正義）...................................... 1524

734. 集聲 1524
    (1916) 襍襍 △萃 （混合義）...................................... 1524
    (1917) 礏/岑(高義) 1525

735. 雋聲 1526
    (1918) 鐫/鑽(鑽入義) 1526
    (1919) 儁/峻(高義) 1526

736. 焦聲 1527
    (1920) 樵燋礁 △燒 （焚燒義）.................................... 1527
    (1921) 顦憔燋癄瀮醮 △燥 （乾枯義）............................ 1528
    (1922) 鷦糕醮僬瘄 △小 （小義）.................................. 1529

737. 奧聲 1530
    (1923) 燠澳墺隩腴 △坳 （內中義）............................ 1530
    (1924) 奠鰛 △幼 （小義）...................................... 1531
    (1925) 燠襖 △煦 （溫暖義）.................................... 1532

738. 御聲 1533
    (1926) 禦篽 △圉 （禁止義）.................................... 1533

739. 復聲 1534
    (1927) 寙覆(覆蓋義) 1534

740. 須聲 1534
    (1928) 鬚穎 △束 （束縛義）.................................... 1534

741. 翕聲 1535
    (1929) 歙噏 △合 （收斂義）.................................... 1535

742. 番聲 1536
    (1930) 蕃播 △繁 （眾多義）.................................... 1536
    (1931) 皤皤 △白 （白色義）.................................... 1537
    (1932) 譒播 △布 （傳播義）.................................... 1538

(1933) 翻繙　△反　（反復義）·· 1538

(1934) 磻/綁(綁縛義) ··· 1539

(1935) 旛籓(長、大義) ··· 1539

743. 爲聲 ·· 1540

(1936) 僞譌　△假　（虛假義） ··· 1540

744. 然聲 ·· 1541

(1937) 橪獡　△黳　（黑色義） ··· 1541

(1938) 偄撋嫐瞁　△輭　（柔義） ·· 1542

745. 敦聲 ·· 1543

(1939) 鐓墩墪蹾　△底　（底部義） ······································· 1543

(1940) 憞/懟(怨恨義) ··· 1544

(1941) 焞撴(盛、重義) ··· 1544

746. 戠聲 ·· 1545

(1942) 識樴幟　△誌　（標記義） ·· 1545

(1943) 識職　△知　（知義） ··· 1546

747. 啻聲 ·· 1546

(1944) 蹢謫滴摘　△氐　（下義） ·· 1546

(1945) 鏑薖滴(小義) ·· 1547

748. 善聲 ·· 1548

(1946) 膳繕　△全　（完善義） ··· 1548

(1947) 擅檀蟮鱔鐥　△長　（長義） ······································· 1549

749. 尊聲 ·· 1550

(1948) 蓴噂僔　△萃　（聚集義） ·· 1550

(1949) 蹲鐏樽　△坐　（座落義） ·· 1551

(1950) 遵/循(遵循義) ··· 1551

750. 遂聲 ·· 1552

(1951) 邃䆟隧襚繸　△深延　（深、長義） ······························ 1552

(1952) 穟旞璲㒸　△垂　（下垂義） ······································· 1554

751. 曾聲 ·· 1555

(1953) 層增甑磳罾竲　△崇　（高義） ···································· 1555

(1954) 譄增　△滋　（加義） ··· 1556

(1955) 矰䅫醟　△侏　（短義） ·· 1557

(1956) 騬噌　△暂　（白義） ··· 1558

(1957) 蹭/阻(阻礙義) ……………………………………………… 1558

752. 勞聲 ………………………………………………………… 1559

　　(1958) 嘮滂癆譊　△饒　（多義）……………………………… 1559

　　(1959) 癆筶　△毒　（毒義）………………………………… 1560

　　(1960) 澇蠟䗲䗲(粗、大義) ……………………………………… 1561

753. 寒聲 ………………………………………………………… 1561

　　(1961) 攐騫褰騫謇　△炎　（趨上、高義）………………… 1561

　　(1962) 蹇謇　△乖　（不順義）………………………………… 1563

754. 尋聲 ………………………………………………………… 1563

　　(1963) 襑樳蟳簹鱏(長、大義) …………………………………… 1563

755. 畫聲 ………………………………………………………… 1565

　　(1964) 劃撶懂　△隔　（分義）……………………………… 1565

　　(1965) 嘯/吼(大聲義) …………………………………………… 1566

756. 孱聲 ………………………………………………………… 1566

　　(1966) 潺僝鑔(緩、弱、小義) …………………………………… 1566

　　(1967) 剗/鏟(除去義) …………………………………………… 1567

757. 巽聲 ………………………………………………………… 1567

　　(1968) 譔僎撰饌選　△全　（具備義）……………………… 1567

　　(1969) 巽纘蟤　△纏　（纏繞義）…………………………… 1569

758. 登聲 ………………………………………………………… 1569

　　(1970) 隥嶝鐙凳蹬墱(登升義) …………………………………… 1569

　　(1971) 鐙瞪　△張　（擴大義）……………………………… 1570

　　(1972) 澄澄　△静　（清静義）……………………………… 1571

　　(1973) 蹬殯僜　△頓　（困頓義）…………………………… 1572

　　(1974) 橙蕢　△靾　（黃色義）……………………………… 1573

759. 發聲 ………………………………………………………… 1573

　　(1975) 癹廢撥鏺蹳　△擯　（棄義）………………………… 1573

　　(1976) 廢橃潑(大義) …………………………………………… 1575

　　(1977) 廢撥　△刺　（斷絶義）……………………………… 1576

　　(1978) 潑撥　△敷　（灑潑義）……………………………… 1576

760. 矞聲 ………………………………………………………… 1577

　　(1979) 遹譎憰　△詭　（邪僻義）…………………………… 1577

　　(1980) 鷸潏颭　△快　（急義）……………………………… 1578

(1981) 趫獢僑　△狷　（狂義） …………………………………………… 1578

(1982) 鱎氎橘（小義） …………………………………………………… 1579

761. 絶聲 …………………………………………………………………… 1580

(1983) 劳陒　△斷　（斷絶義） ………………………………………… 1580

762. 幾聲 …………………………………………………………………… 1581

(1984) 璣嘰饑蟣（小、少義） …………………………………………… 1581

763. 夢聲 …………………………………………………………………… 1582

(1985) 懜矇　△蒙　（不明義） ………………………………………… 1582

764. 蒦聲 …………………………………………………………………… 1583

(1986) 嚄鑊戄頀嚯（大義） ……………………………………………… 1583

(1987) 韄簄鑊蠖（圓、曲義） …………………………………………… 1584

(1988) 穫獲攉　△馘　（收穫義） ……………………………………… 1584

765. 蒙聲 …………………………………………………………………… 1585

(1989) 幪幪雺　△冒　（覆蓋義） ……………………………………… 1585

(1990) 矇濛矇懞儚朦　△冥　（不明義） ……………………………… 1586

(1991) 艨朦濛（長、大義） ……………………………………………… 1587

(1992) 霗蠓驡　△杪　（小義） ………………………………………… 1588

766. 嗇聲 …………………………………………………………………… 1589

(1993) 穡濇　△收　（收義） …………………………………………… 1589

767. 畺聲 …………………………………………………………………… 1590

(1994) 彊橿僵殭蠠　△硬　（堅義） …………………………………… 1590

(1995) 麠鱷　△京　（大義） …………………………………………… 1591

768. 感聲 …………………………………………………………………… 1592

(1996) 轗憾憾　△舀　（虧缺義） ……………………………………… 1592

769. 歲聲 …………………………………………………………………… 1593

(1997) 薉穢　△黨　（污義） …………………………………………… 1593

(1998) 薉濊　△多　（多義） …………………………………………… 1593

770. 粲聲 …………………………………………………………………… 1594

(1999) 燦璨　△亮　（明亮義） ………………………………………… 1594

771. 康聲 …………………………………………………………………… 1595

(2000) 遽勴懪　△糾　（急義） ………………………………………… 1595

(2001) 簾璭　△圜　（圓義） …………………………………………… 1596

772. 業聲 ⋯⋯ 1596

    (2002) 嶪驜(高大義) ⋯⋯⋯⋯⋯⋯⋯⋯⋯⋯⋯⋯⋯⋯⋯⋯⋯⋯⋯⋯⋯⋯⋯⋯⋯⋯⋯⋯ 1596

773. 當聲 ⋯⋯ 1597

    (2003) 簹襠擋瑺艡墑 △敵 （擋義）⋯⋯⋯⋯⋯⋯⋯⋯⋯⋯⋯⋯⋯⋯⋯⋯ 1597

774. 遣聲 ⋯⋯ 1598

    (2004) 轘繾 △卷 （纏義）⋯⋯⋯⋯⋯⋯⋯⋯⋯⋯⋯⋯⋯⋯⋯⋯⋯⋯⋯⋯⋯⋯⋯ 1598

775. 農聲 ⋯⋯ 1599

    (2005) 襛獳濃醲膿噥䢕齈穠 △叢 （厚、多義）⋯⋯⋯⋯⋯⋯⋯⋯⋯⋯⋯ 1599

776. 喿聲 ⋯⋯ 1601

    (2006) 趮燥懆 △速 （急義）⋯⋯⋯⋯⋯⋯⋯⋯⋯⋯⋯⋯⋯⋯⋯⋯⋯⋯⋯⋯ 1601

    (2007) 臊鱢 △鮏 （腥臊義）⋯⋯⋯⋯⋯⋯⋯⋯⋯⋯⋯⋯⋯⋯⋯⋯⋯⋯⋯ 1602

777. 睪聲 ⋯⋯ 1603

    (2008) 釋譯斁繹 △析 （解義）⋯⋯⋯⋯⋯⋯⋯⋯⋯⋯⋯⋯⋯⋯⋯⋯⋯⋯ 1603

    (2009) 嶧驛繹澤 △連 （相連義）⋯⋯⋯⋯⋯⋯⋯⋯⋯⋯⋯⋯⋯⋯⋯⋯ 1604

    (2010) 譯驛 △傳 （傳義）⋯⋯⋯⋯⋯⋯⋯⋯⋯⋯⋯⋯⋯⋯⋯⋯⋯⋯⋯⋯ 1605

    (2011) 釋擇 △置 （舍棄義）⋯⋯⋯⋯⋯⋯⋯⋯⋯⋯⋯⋯⋯⋯⋯⋯⋯⋯ 1606

778. 睘聲 ⋯⋯ 1607

    (2012) 園環還闤繯蠉檈鬟寰鐶翾䍐轘 △穹 （圓、繞義）⋯⋯⋯⋯⋯⋯ 1607

    (2013) 趮翾儇獧懁 △緊 （急義）⋯⋯⋯⋯⋯⋯⋯⋯⋯⋯⋯⋯⋯⋯⋯⋯ 1609

    (2014) 儇嬛翾 △輕 （輕義）⋯⋯⋯⋯⋯⋯⋯⋯⋯⋯⋯⋯⋯⋯⋯⋯⋯⋯ 1610

779. 蜀聲 ⋯⋯ 1611

    (2015) 髑韣鐲(圓義)⋯⋯⋯⋯⋯⋯⋯⋯⋯⋯⋯⋯⋯⋯⋯⋯⋯⋯⋯⋯⋯⋯⋯⋯⋯ 1611

    (2016) 韣皺觸 △舂 （擊義）⋯⋯⋯⋯⋯⋯⋯⋯⋯⋯⋯⋯⋯⋯⋯⋯⋯⋯ 1612

    (2017) 襡屬 △續 （長、相連義）⋯⋯⋯⋯⋯⋯⋯⋯⋯⋯⋯⋯⋯⋯⋯⋯ 1613

    (2018) 斸濁 △齷 （不清義）⋯⋯⋯⋯⋯⋯⋯⋯⋯⋯⋯⋯⋯⋯⋯⋯⋯⋯ 1614

780. 與聲 ⋯⋯ 1614

    (2019) 旟舉梟舉 △擡 （上舉、上揚義）⋯⋯⋯⋯⋯⋯⋯⋯⋯⋯⋯⋯ 1614

    (2020) 璵譽䠡稴醹 △瑜 （美義）⋯⋯⋯⋯⋯⋯⋯⋯⋯⋯⋯⋯⋯⋯⋯⋯ 1615

    (2021) 礜/毒(毒義)⋯⋯⋯⋯⋯⋯⋯⋯⋯⋯⋯⋯⋯⋯⋯⋯⋯⋯⋯⋯⋯⋯⋯⋯⋯ 1616

781. 毀聲 ⋯⋯ 1617

    (2022) 撆譭 △壞 （毀壞義）⋯⋯⋯⋯⋯⋯⋯⋯⋯⋯⋯⋯⋯⋯⋯⋯⋯⋯ 1617

782. 敫聲 ⋯⋯ 1618

    (2023) 皦曒激 △皎 （清義）⋯⋯⋯⋯⋯⋯⋯⋯⋯⋯⋯⋯⋯⋯⋯⋯⋯⋯ 1618

(2024) 憿欥激 △狂 （急義） …… 1619

(2025) 激邀 △隔 （阻義） …… 1619

(2026) 鷩檄嶯 △翹 （上、揚義） …… 1620

(2027) 擎/敲(擊義) …… 1621

783. 微聲 …… 1621

(2028) 溦薇職 △緜 （小義） …… 1621

784. 僉聲 …… 1622

(2029) 斂檢儉撿 △制 （約束義） …… 1622

(2030) 檢撿 △選 （挑選義） …… 1623

(2031) 憸險 △阻 （險義） …… 1624

(2032) 嶮獫 △長 （高、長義） …… 1625

(2033) 斂殮撿 △集 （收義） …… 1625

785. 會聲 …… 1626

(2034) 襘薈體僧襘廥澮繪擶饎鬠譮嶒 △匯 （聚義） …… 1626

786. 愛聲 …… 1629

(2035) 薆僾曖靉暧 △暗 （不明義） …… 1629

(2036) 皚/皚(白色義) …… 1631

787. 詹聲 …… 1631

(2037) 檐襜韂幨墡 △遮 （遮蔽義） …… 1631

(2038) 儋韂 △馱 （負荷義） …… 1632

(2039) 憺澹 △醨 （清淡義） …… 1633

788. 解聲 …… 1634

(2040) 懈邂獬 △劃 （分義） …… 1634

789. 亶聲 …… 1635

(2041) 擅鱣渲 △長大 （長、大義） …… 1635

(2042) 嬗驙邅儃趲 △徐 （緩義） …… 1636

(2043) 蟺澶纏亶(曲、圓義) …… 1637

(2044) 嬗亶壇 △轉 （變義） …… 1638

(2045) 壇襢磹氈 △坦 （平義） …… 1639

(2046) 襢襢 △裸 （袒露義） …… 1640

790. 稟聲 …… 1640

(2047) 凜瘭懍 △冰 （寒義） …… 1640

791. 資聲 ··· 1641
   （2048）資積濟 △積 （聚積義） ································· 1641

792. 意聲 ··· 1642
   （2049）憶臆癔 △悃 （意志義） ································· 1642

793. 羸聲 ··· 1643
   （2050）羸蠃 △蔫 （萎縮義） ································· 1643
   （2051）蠃蠃蠃(圓義) ·· 1644
   （2052）蠃蠃 （積累、盈餘義） ································· 1645
   （2053）蠃/露(外露義) ·· 1645

794. 雍聲 ··· 1646
   （2054）雍擁 △拱 （湊攏義） ································· 1646

795. 義聲 ··· 1647
   （2055）儀檥 △郭 （表義） ···································· 1647
   （2056）厬齀轙(高、長、大義) ································· 1648
   （2057）議/語(談論義) ·· 1649

796. 肅聲 ··· 1649
   （2058）蕭嘯鷫櫹蠨潚 △碩長 （高、長、深、大義） ········ 1649

797. 殿聲 ··· 1651
   （2059）壂臀澱 △墊 （底義） ································· 1651

798. 辟聲 ··· 1652
   （2060）壁避臂僻壁廦嬖癖襞瞥 △偏 （邊側、偏、不正義） ···· 1652
   （2061）劈襞闢擘鐴 △剖 （分義） ···························· 1654
   （2062）幦壁縠鞛 △庇 （遮蔽義） ···························· 1655

799. 耤聲 ··· 1656
   （2063）蹢藉 △地 （地底義） ································· 1656

800. 蔑聲 ··· 1657
   （2064）蔑韈幭篾 △蔽 （遮蔽義） ···························· 1657
   （2065）糕懱蠛鱴醶 △微 （小義） ···························· 1658

第九卷條文目錄

801. 彀聲 ··· 1663
   （2066）擊聲 △敲 （擊義） ···································· 1663

(2067) 繫繋　△結（係縛義）…… 1663

802. 監聲 …… 1664
(2068) 覽鑑　△見（視義）…… 1664
(2069) 籃鬣鬣艦氊(長、大義) …… 1665
(2070) 濫醯　△汙（浮泛義）…… 1666
(2071) 礛壏(堅義) …… 1667

803. 厭聲 …… 1667
(2072) 壓壓　△安（安義）…… 1667
(2073) 厭壓　△按（壓義）…… 1668

804. 戠聲 …… 1669
(2074) 鐵驖(黑色義) …… 1669

805. 爾聲 …… 1669
(2075) 薾濔(多義) …… 1669

806. 臧聲 …… 1670
(2076) 贓藏　△倉（收藏義）…… 1670

807. 對聲 …… 1671
(2077) 黗黈(黑義) …… 1671
(2078) 懟薱　△多（盛義）…… 1671

808. 賏聲 …… 1672
(2079) 嬰譻(小義) …… 1672

809. 熏聲 …… 1672
(2080) 曛纁　△黑（昏黑義）…… 1672

810. 算聲 …… 1673
(2081) 纂纘篹　△萃（聚集義）…… 1673

811. 鼻聲 …… 1674
(2082) 濞膞　△勃（盛義）…… 1674

812. 㦻聲 …… 1674
(2083) 檼巘　△岸（高義）…… 1674
(2084) 隱癮(隱藏義) …… 1675

813. 疑聲 …… 1676
(2085) 癡儗嶷擬　△惑（不明義）…… 1676
(2086) 嶷巍嶷(盛、大、高義) …… 1677
(2087) 礙凝(止義) …… 1677

814. 廣聲 ······ 1678
　　(2088) 曠廫壙曠瀇擴懭(空、廣義) ······ 1678

815. 辡聲 ······ 1679
　　(2089) 辨辧瓣辯　△判　(分義) ······ 1679
　　(2090) 辮/編(編織義) ······ 1680

816. 啇聲 ······ 1681
　　(2091) 摘嫡謫　△露　(出義) ······ 1681

817. 齊聲 ······ 1682
　　(2092) 劑齋齌儕　△整　(齊義) ······ 1682
　　(2093) 嚌齌瘠(小義) ······ 1683
　　(2094) 濟霽　△歷　(過義) ······ 1683

818. 粦(㷠)聲 ······ 1684
　　(2095) 鄰鱗嶙璘驎　△連　(相連義) ······ 1684
　　(2096) 嶙麟矙(高、大義) ······ 1685
　　(2097) 躙瞵　△碾　(碾壓義) ······ 1686
　　(2098) 橉甐驎　△硬　(堅、健義) ······ 1686

819. 熒聲 ······ 1687
　　(2099) 營熒婪縈螢　△嬰　(小義) ······ 1687
　　(2100) 禜營榮塋犖縈營(圓義) ······ 1688
　　(2101) 瑩榮　△光　(明亮義) ······ 1690

820. 賓聲 ······ 1690
　　(2102) 殯儐嬪(賓客義) ······ 1690
　　(2103) 濱/瀕(邊義) ······ 1691

821. 寧聲 ······ 1691
　　(2104) 嚀聹噡　△衆　(多義) ······ 1691

822. 翟聲 ······ 1692
　　(2105) 趯擢燿蠗籊鸐　△條　(高、長義) ······ 1692

823. 賣聲 ······ 1693
　　(2106) 儥贖　△易　(買賣義) ······ 1693
　　(2107) 韇櫝竇瀆　△俞　(中空義) ······ 1694
　　(2108) 𧬓黷嬻　△辱　(褻瀆義) ······ 1695

824. 瞢聲 ······ 1696
　　(2109) 夢懜霿　△蒙　(不明義) ······ 1696

825. 賢聲 ··· 1697
  (2110) 礥臤(堅、緊義) ··· 1697
  (2111) 贒/閒(多餘義) ··· 1697

826. 憂聲 ··· 1698
  (2112) 漫優(多義) ·· 1698
  (2113) 懮/怮(憂愁義) ··· 1699

827. 慮聲 ··· 1699
  (2114) 鑢/礪(磨義) ·· 1699
  (2115) 濾/瀝(過濾義) ··· 1700

828. 暴聲 ··· 1700
  (2116) 襮曝 △表 (外露義) ··· 1700
  (2117) 爆瀑暑 △猛 (急義) ··· 1701
  (2118) 暴儚 △盟 (相連義) ··· 1702
  (2119) 犦曝皾 △封 (高起義) ··· 1702

829. 畾聲 ··· 1703
  (2120) 靁蘲纍礧(回轉、纏繞義) ··· 1703
  (2121) 蘲譶纍壘輺櫐崜 △連 (相連、積累義) ··· 1704
  (2122) 儡/羸(瘦義) ·· 1706

830. 罷聲 ··· 1706
  (2123) 擺儢 △廢 (排除、休止義) ··· 1706
  (2124) 襬㒩㒲 △匍 (低下義) ··· 1707

831. 黎聲 ··· 1708
  (2125) 犂雞鑗驪 △黧 (黑色義) ··· 1708

832. 喬聲 ··· 1709
  (2126) 邊檹 △旁 (邊側義) ··· 1709

833. 質聲 ··· 1710
  (2127) 礩櫍鑕躓(基礎、止住義) ··· 1710

834. 臺聲 ··· 1711
  (2128) 諄敦焞竴惇淳醇稕(厚、盛義) ··· 1711
  (2129) 犉雛驐 △橙 (黃色義) ··· 1713
  (2130) 啍眪(遲鈍義) ··· 1713

835. 廛聲 ··· 1714
  (2131) 纏躔(繞義) ·· 1714

836. 麃聲
(2132) 僄/飆(迅速義) ………………………………………… 1715

(2133) 瀌臕　△豐　（盛、多義） …………………………… 1715

837. 樂聲
(2134) 皪皪爍爍(明亮、美好義) ……………………………… 1716

(2135) 藥癑　△醫　（治療義） ……………………………… 1717

838. 巤聲
(2136) 獵臘　△斬　（獵取義） ……………………………… 1718

(2137) 鬣儠櫛　△延　（長義） ……………………………… 1718

(2138) 鑞蠟　△塑　（軟而可塑義） ………………………… 1719

839. 燕聲
(2139) 嬿嬿醼　△妍　（美好、安樂義） …………………… 1720

(2140) 䜩驠　△晰　（白義） ………………………………… 1721

840. 薄聲
(2141) 鎛鏄(薄義) ……………………………………………… 1721

(2142) 鎛磚　△龐　（大義） ………………………………… 1722

841. 賴聲
(2143) 瀨癩　△仗　（依賴義） ……………………………… 1723

(2144) 嬾/散(散漫義) ………………………………………… 1724

(2145) 癩癲　△爛　（敗壞、低劣義） ……………………… 1724

842. 歷聲
(2146) 瀝𨑩　△走　（經過義） ……………………………… 1725

(2147) 櫪轣(中空義) …………………………………………… 1726

843. 盧聲
(2148) 蘆顱爐轤壚瓠(圓義) …………………………………… 1727

(2149) 鸕簾鬚纑(高、長義) …………………………………… 1728

(2150) 黸壚獹矑(黑色義) ……………………………………… 1728

844. 𣊭聲
(2151) 濕隰曝塓　△淤　（潮濕義） ………………………… 1729

845. 學聲
(2152) 覺覺　△曉　（知覺義） ……………………………… 1730

846. 謁聲
(2153) 藹靄　△翳　（遮蔽義） ……………………………… 1731

847. 褢聲 1732
 (2154) 懷/匯(聚集義) 1732

848. 親聲 1733
 (2155) 櫬襯　△内楔　（内層、襯墊義） 1733

849. 龍聲 1734
 (2156) 瓏槞籠襱(空義) 1734
 (2157) 龓嚨寵瀧聾壟龍　△隆　（高、大、長義） 1735
 (2158) 籠艨寵聾　△遮　（遮、藏義） 1736
 (2159) 瀧聾朧曨儱矓(朦朧義) 1737

850. 辥聲 1738
 (2160) 孼櫱糱　△伸　（增生義） 1738

851. 雚聲 1739
 (2161) 瓘瞶鑵顴爟　△圜　（圓、曲義） 1739
 (2162) 讙鸛勸歡(大義) 1741

852. 霝聲 1742
 (2163) 靈鑢櫺轠(空義) 1742
 (2164) 蘦廬(大義) 1743
 (2165) 靈醽糯(美好義) 1744

853. 嬰聲 1744
 (2166) 纓瓔蘡　△引　（長而相連義） 1744
 (2167) 瓔映(映義) 1745

854. 闌聲 1746
 (2168) 讕攔欄　△當　（阻攔義） 1746
 (2169) 瀾/浪(上涌義) 1747
 (2170) 斕爛　△朗　（燦爛義） 1747

855. 龠聲 1748
 (2171) 籥瀹　△融　（和義） 1748
 (2172) 鑰闟　△扃　（關閉義） 1749
 (2173) 蠁燁　△燿　（閃光義） 1749

856. 韱聲 1750
 (2174) 孅纖殲櫼攕鑯襪(小義) 1750
 (2175) 讖籤　△查　（驗義） 1751

857. 爵聲 ······ 1752
　　(2176) 皭/清(盡義) ······ 1752
　　(2177) 皭/净(潔净義) ······ 1753

858. 毚聲 ······ 1753
　　(2178) 劖鑱巉攙毚 △尖 （尖銳義） ······ 1753

859. 鮮聲 ······ 1754
　　(2179) 癬蘚(覆蓋義) ······ 1754

860. 襄聲 ······ 1755
　　(2180) 膿穰瀼(多義) ······ 1755
　　(2181) 懷讓 △憚赦 （畏懼、退讓義） ······ 1756
　　(2182) 孃釀壤鑲 △生 （滋生義） ······ 1757
　　(2183) 鑲瓖 △助 （外加義） ······ 1758
　　(2184) 簔囊欀瓤 △藏 （内藏義） ······ 1758
　　(2185) 攘鬤 △亂 （亂義） ······ 1759
　　(2186) 驤纕 △上 （上引義） ······ 1760
　　(2187) 曩儴 △昔 （舊義） ······ 1761

861. 聶聲 ······ 1761
　　(2188) 躡櫱囁躡臑 △顇 （輕動義） ······ 1761
　　(2189) 攝鑷 △獵 （取義） ······ 1762
　　(2190) 攝褶 △疊 （摺叠義） ······ 1763

862. 豐聲 ······ 1763
　　(2191) 豐/龐(大義) ······ 1763

863. 瞿聲 ······ 1764
　　(2192) 懼瞿 △驚 （驚恐義） ······ 1764
　　(2193) 衢欋 △矩 （四義） ······ 1765

864. 蟲聲 ······ 1765
　　(2194) 融燼爞 △烝 （上升義） ······ 1765

865. 雟聲 ······ 1766
　　(2195) 講繻蠵鐫 △廣 （大義） ······ 1766
　　(2196) 觿瓗懏 △瞟 （分義） ······ 1767
　　(2197) 㩦攜 △孕 （提携義） ······ 1768

866. 離聲 ······ 1768
　　(2198) 攡籬䍡 △張 （張義） ······ 1768

漢語同源詞大典

867. 夒聲 ·· 1769
  （2199）㙃㖻 △撓（驚擾義）·· 1769

868. 難聲 ·· 1770
  （2200）曘儺 △嬾（溫和、緩慢義）·· 1770
  （2201）灘攤 △展（攤開義）··· 1771

869. 麗聲 ·· 1771
  （2202）麓儷 △隸（附著義）··· 1771
  （2203）釃籭 △濾（過濾義）··· 1772
  （2204）矖灑 △析（散開義）··· 1773
  （2205）驪鸝 △黧（黑色義）··· 1773

870. 嚴聲 ·· 1774
  （2206）巖儼 △岸（高義）··· 1774
  （2207）簸／掩（遮蔽義）··· 1775

871. 羅聲 ·· 1775
  （2208）鑼籮邏儸 △贏（圓義）··· 1775

872. 贊聲 ·· 1776
  （2209）儧攅簪欑鄼鬢 △萃（聚集義）·· 1776
  （2210）鑽巑穳 △銳（尖銳義）··· 1777
  （2211）讚孈（美好義）·· 1778
  （2212）灒趱 △散（散義）··· 1779

873. 邊聲 ·· 1780
  （2213）邊穮 △偏（邊緣、不正義）··· 1780

874. 靡聲 ·· 1780
  （2214）糜礦䴤 △粉（碎義）·· 1780

875. 䜌聲 ·· 1781
  （2215）蠻臠玃 △迷（不明義）··· 1781
  （2216）孌鸞鑾孿 △美（美好義）·· 1782
  （2217）圝彎攣（圓、曲義）··· 1783
  （2218）孿戀（相連義）·· 1784

876. 黨聲 ·· 1784
  （2219）曭矘 △淡（不明義）·· 1784
  （2220）讜欓矘 △直（直義）·· 1785

總條文目錄

877. 矍聲 ··· 1786

 (2221) 躩彏　△快　（急義） ·· 1786

 (2222) 玃钁曤　△高　（大義） ·· 1786

 (2223) 攫㩴　△鉗　（攫取義） ·· 1787

878. 纍聲 ··· 1788

 (2224) 虆縲礧(相連義) ·· 1788

879. 屬聲 ··· 1789

 (2225) 襡欘囑矚　△續　（相連義） ·· 1789

· 97 ·

上　册

條　文　目　錄

第一卷條文目錄

1. 乙聲 3
　　(1) 軋圠　△壓　（碾壓義） 3
2. 十聲 3
　　(2) 什汁(雜義) 3
3. 丁聲 4
　　(3) 釘虰叮打趴盯帄(釘、如釘義) 4
　　(4) 訂亭成矴　△定　（定義） 5
　　(5) 汀甼窂鳭町　△小　（小義） 6
　　(6) 圢庁奵汀(平義) 7
　　(7) 頂/底(端義) 8
4. 丂聲 8
　　(8) 考朽(老義) 8
　　(9) 巧/好(靈巧美好義) 9
　　(10) 攷/敲(敲擊義) 9
5. 卜聲 10
　　(11) 赴訃(前往義) 10
　　(12) 圤卦鈛(塊義) 10
　　(13) 仆/踣(倒下義) 11
　　(14) 卟/哺(喂食義) 11

· 1 ·

6. 八聲 ………………………………………………………………… 12
    (15) 馴八(八義) ……………………………………………………… 12
    (16) 穴龺扒　△別分　(分義) ……………………………………… 12
    (17) 杁扒(爬梳義) …………………………………………………… 13
    (18) 釟/辦(治理義) …………………………………………………… 13

7. 乂聲 ………………………………………………………………… 13
    (19) 嬖忩虤(治安義) ………………………………………………… 13

8. 勹聲 ………………………………………………………………… 14
    (20) 包勹匋(包裹義) ………………………………………………… 14

9. 匕聲 ………………………………………………………………… 15
    (21) 牝麀牝(雌性義) ………………………………………………… 15
    (22) 忙/破(破碎義) …………………………………………………… 16
    (23) 疕/痞(鬱結成病義) …………………………………………… 16

10. 几聲 ………………………………………………………………… 17
    (24) 飢朷(空義) ……………………………………………………… 17

11. 九聲 ………………………………………………………………… 17
    (25) 艽紈　△糾　(糾絞義) ……………………………………… 17
    (26) 紈虓旮扢　△急　(急、猛、緊逼義) ……………………… 18
    (27) 軌尐　△瑕　(痕迹義) ………………………………………… 19
    (28) 勼/具(聚集義) …………………………………………………… 19
    (29) 馗/衢(通達義) …………………………………………………… 20

12. 乃聲 ………………………………………………………………… 21
    (30) 仍扔芿訒(因義) ………………………………………………… 21
    (31) 迺扔(牽引前往義) ……………………………………………… 21

13. 丩聲 ………………………………………………………………… 22
    (32) 糾疛艽朻茆觓(糾絞義) ………………………………………… 22
    (33) 糾疛觓　△訄　(急、緊義) …………………………………… 23
    (34) 劼軜朻訆　△喬　(高、長、大義) ………………………… 23

14. 刀聲 ………………………………………………………………… 24
    (35) 刀魛(刀義) ……………………………………………………… 24
    (36) 舠芀　△小　(小義) ………………………………………… 24
    (37) 召叨颮虭(發出聲響義) ………………………………………… 25
    (38) 炍颮　△灼焦　(熱義) ………………………………………… 26

(39) 忉/悄(憂義) ………………………………………………… 26
15. 力聲 ……………………………………………………………… 27
　　(40) 仂忇扐(力量義) ………………………………………… 27
　　(41) 防朸笏肋魸魪　△理　(紋理義) ……………………… 27
　　(42) 扐/零(零星義) …………………………………………… 28
　　(43) 劈笏朷(荊刺義) ………………………………………… 29
16. 又聲 ……………………………………………………………… 30
　　(44) 友右(親善義) …………………………………………… 30
17. 弖聲 ……………………………………………………………… 30
　　(45) 氾夷弖　△浩　(盛義) ………………………………… 30
　　(46) 弖/函(包含義) ………………………………………… 31
18. 三聲 ……………………………………………………………… 31
　　(47) 仨/參(三義) …………………………………………… 31
19. 干聲 ……………………………………………………………… 32
　　(48) 扜奸(干犯義) …………………………………………… 32
　　(49) 竿岸軒罕骭仟杆　△格　(長、高義) ………………… 33
　　(50) 扞釬釺閈　△衛　(護衛義) …………………………… 34
　　(51) 旱趶靬骭(乾燥義) ……………………………………… 35
　　(52) 扞馯趕鼾(猛、急義) …………………………………… 36
　　(53) 肝齖訐　△揭　(暴露義) ……………………………… 37
　　(54) 夭鼾罕䮭　△嫌　(小義) ……………………………… 37
　　(55) 矸頇　△潔　(乾淨義) ………………………………… 38
　　(56) 扞衦矸　△碾　(碾壓義) ……………………………… 39
20. 于聲 ……………………………………………………………… 39
　　(57) 宇芋玗盱衧杆竽(大義) ………………………………… 39
　　(58) 夸訏　△詡謏　(誇誕義) ……………………………… 41
　　(59) 杅軒迂紆釪盂冔　△曲環　(圓、曲義) ……………… 41
　　(60) 堊汙　△淤蓄　(積義) ………………………………… 43
　　(61) 忤疼(憂病義) …………………………………………… 43
　　(62) 圩汙　△坳　(凹下義) ………………………………… 44
　　(63) 迂盱　△緩　(緩義) …………………………………… 44
21. 工聲 ……………………………………………………………… 45
　　(64) 江虹堆仜玒魟扛杠矼豇肛軭瓨舡玒訌颪缸項虹空　△高　(長、高、大義) …… 45

(65) 粎紅　△絳　（紅色義） …… 48

(66) 釭肛(圓義) …… 49

22. 土聲 …… 49

(67) 吐土　△瀉泄　（吐出義） …… 49

(68) 肚靯(容納義) …… 50

23. 士聲 …… 50

(69) 仕／事(任事義) …… 50

24. 才聲 …… 51

(70) 𣂪／柴(小義) …… 51

(71) 材剆(材料義) …… 52

(72) 烖／災(災害義) …… 52

(73) 在存(存在義) …… 52

25. 寸聲 …… 53

(74) 寸刌(寸義) …… 53

(75) 忖／思(思義) …… 54

26. 大聲 …… 54

(76) 杕妷(高、大義) …… 54

27. 丈聲 …… 55

(77) 杖仗(依仗義) …… 55

28. 兀聲 …… 55

(78) 扤𩨺𩨺𩨺　△危　（動搖不安義） …… 55

(79) 屼芛𩨺机阢　△峨　（高義） …… 56

(80) 跀髡　△決　（斷義） …… 57

(81) 杌屼髡(禿義) …… 58

(82) 疘疺　△瘣　（病義） …… 59

29. 弋聲 …… 59

(83) 黓酟衪(黑色義) …… 59

(84) 饻杙(繫連義) …… 60

(85) 忒代(更替義) …… 60

(86) 貳／飴(甘甜義) …… 60

30. 小聲 …… 61

(87) 魸芥朴(小義) …… 61

(88) 鈔／俏(美義) …… 62

(89) 肖/像(相似義) ·· 62

31. 口聲
(90) 釦訵(口、問義) ··· 63
(91) 扣/拷(打擊義) ··· 63

32. 山聲
(92) 仙疝(山義) ··· 64
(93) 汕/涮(洗滌義) ··· 64
(94) 訕/哂(譏笑義) ··· 65
(95) 籼/先(早先義) ··· 65

33. 千聲
(96) 千仟(千義) ··· 66
(97) 千芊(衆多、興盛義) ··· 66
(98) 秴芊　△青　(青色義) ··· 66

34. 乇聲
(99) 托託宅杔侂　△承　(托義) ··· 67
(100) 砣魠　△拓　(張、開義) ··· 68
(101) 肞魠　△大　(大義) ·· 69
(102) 託侂　△耀　(誇義) ·· 69
(103) 秅/紽(聚積義) ··· 70
(104) 頊飥粍　△蔗　(圓義) ·· 70

35. 乞聲
(105) 訖迄頡忔釳吃汔飢　△竭　(止、盡義) ································· 71
(106) 仡圪屹疙扢　△嶷　(高義) ··· 73
(107) 仡虩　△健　(壯勇義) ··· 74
(108) 矻乾秅起　△堅緊　(堅、緊義) ·· 74
(109) 刉魝劜　△割　(切割義) ·· 75

36. 川聲
(110) 順訓馴巡　△循　(順從、順沿義) ·· 76
(111) 釧釧紃　△轉　(環繞義) ·· 77

37. 彡聲
(112) 杉杉雪衫釤彤㝛(紛繁義) ··· 78

38. 夕聲
(113) 汐夥　△夜　(黑暗義) ·· 80

39. 久聲 ··· 80
 (114) 疚㱈玖 △舊 （長久義）··· 80
 (115) 疚灸 △咎 （病義）·· 81

40. 勺聲 ··· 82
 (116) 的䄷駒玓汋旳 △昭 （白色、明顯義）··· 82
 (117) 杓妁礿 △續 （連義）·· 83
 (118) 扚𥏫𧿶 △打 （打擊義）·· 84
 (119) 釣酌(思量、謀取義) ··· 84
 (120) 妁䵨 △俏 （美好義） ··· 85
 (121) 䶂帉 △小 （小義） ··· 86
 (122) 約豹杓䶂(圓義) ·· 86
 (123) 杓釣 △𠁾 （垂挂義） ·· 87

41. 凡聲 ··· 87
 (124) 汎帆仉梵風颿 △泛 （浮泛義） ·· 87
 (125) 芃／蓬(衆多散亂義) ·· 88

42. 丸聲 ··· 89
 (126) 紈芄 △皖 （白色義）·· 89
 (127) 骫／彎(彎曲義) ·· 90

43. 及聲 ··· 90
 (128) 祂芨疲馺級扅 △曁 （連及義）·· 90
 (129) 汲扱吸馺 △把 （引、取義）·· 92
 (130) 伋彶岌馺(急義) ·· 92
 (131) 岌破(高義) ·· 93
 (132) 鵖鈒 △蒹 （小義） ··· 94
 (133) 吸馺(乾義) ·· 94
 (134) 扱汲犮(舉義) ·· 95
 (135) 毯靸跂馺(藉墊義) ·· 95
 (136) 般岋(動義) ·· 96

44. 亡聲 ··· 96
 (137) 忘盲䀄盯喪安(亡失義) ·· 96
 (138) 朚㐬汇 △滂龐 （大義）·· 98
 (139) 汇盲盲 △冥 （模糊不清義）·· 99
 (140) 罔帗 △覆 （覆蓋義）·· 100

(141) 妄乇 △誣 （虛妄誣枉義） …………………………………………… 100

45. 丫聲
(142) 枒髽(丫叉義) …………………………………………………………… 101

46. 卂聲
(143) 迅汛 △猝 （迅速義） …………………………………………………… 101
(144) 汛/信(按時義) ………………………………………………………… 102
(145) 狐/鮮(腥膻義) ………………………………………………………… 102
(146) 籵/殘(殘餘義) ………………………………………………………… 103

47. 己聲
(147) 記紀(記載、識別義) …………………………………………………… 103
(148) 妃配(匹配義) …………………………………………………………… 104
(149) 圮圯 △毀 （斷絕破敗義） …………………………………………… 104
(150) 忌/靠(依靠義) ………………………………………………………… 105
(151) 改/更(更改義) ………………………………………………………… 106
(152) 配/陪(搭配陪襯義) …………………………………………………… 106

48. 巳聲
(153) 起/興(興起義) ………………………………………………………… 107

49. 子聲
(154) 仔籽鮃杍(子義) ………………………………………………………… 107
(155) 字孖 △滋 （滋生義） ………………………………………………… 108

50. 也聲
(156) 拖紽䭾馳秅施 △引徙 （轉移義） …………………………………… 109
(157) 弛訑跎忚(放縱義) ……………………………………………………… 110
(158) 阤袘 △緣 （邊義） …………………………………………………… 111
(159) 迆訑秖阤 △衺斜 （不正義） ………………………………………… 111
(160) 馳阤施弛迆 △延 （延續、延緩義） ………………………………… 113
(161) 馳髢 △叠 （增益義） ………………………………………………… 114
(162) 𧍓鉈(長義) ……………………………………………………………… 114
(163) 弛阤 △頹 （敗壞義） ………………………………………………… 115

51. 女聲
(164) 孥籹如 △柔 （柔弱順從義） ………………………………………… 115

52. 刃聲
(165) 朑韌紉(堅韌義) ………………………………………………………… 116

(166) 忍軔訒(克制義) …… 117
(167) 栚汈紉 △聯連 （相連義） …… 118

53. 叉聲 …… 118
(168) 釵杈衩汊扠跤訍 △岔 （交叉義） …… 118

54. 幺聲 …… 120
(169) 幼囡糸 △溪 （小義） …… 120

55. 丰聲 …… 121
(170) 芊邦胖 △豐 （盛大義） …… 121

56. 井聲 …… 121
(171) 穽宑(井義) …… 121
(172) 妌/婧(貞潔義) …… 122

57. 夫聲 …… 122
(173) 麩肤秩 △莩 （外表、外層義） …… 122
(174) 扶/輔(助義) …… 123

58. 元聲 …… 123
(175) 杬頑完 △固 （頑皮、頑强義） …… 123
(176) 蚖笎(毒義) …… 124
(177) 魭朊刓 △圜 （圓義） …… 124
(178) 忨翫(貪義) …… 125
(179) 刓髡抏(損義) …… 126
(180) 魂頙 △隙 （小義） …… 126
(181) 頑刓魭 △圓 （混沌義） …… 126

59. 云聲 …… 127
(182) 囩沄雲 △淵 （回旋義） …… 127
(183) 貾雲紜耘忶伝(繁多紛亂義) …… 128
(184) 眃/暈 △混 （模糊不清義） …… 129

60. 帀聲 …… 129
(185) 迊/匝(環繞、周遍義) …… 129

61. 支聲 …… 130
(186) 芰跂敮翅枝岐郂肢歧(分支義) …… 130
(187) 忮欹技这忯頍(不平不正義) …… 131
(188) 馶妓蚑氍頯 △柴 （小義） …… 132
(189) 忮穀駇 △實 （强義） …… 133

	(190) 姦鳩汥 △衆（多義）	133
62. 丏聲		134
	(191) 眄宀(合義)	134
63. 不聲		134
	(192) 芣丕頎虾怀 △龐（盛大義）	134
	(193) 否肧否坏魾 △非（非、未義）	135
	(194) 抔/捧(掬義)	136
64. 仄聲		137
	(195) 庂/側(偏義)	137
65. 太聲		137
	(196) 汏忲(過多義)	137
66. 厷聲		138
	(197) 雄宏浤吰硡屸汯宖 △洪（强、大義）	138
67. 尤聲		139
	(198) 肬蚘(贅義)	139
	(199) 頛忧 △游（動義）	140
68. 巨聲		140
	(200) 齟鉅 △杆（大義）	140
	(201) 距拒 △角格（横生旁出義）	141
	(202) 柜拒 △捍（拒止義）	142
69. 牙聲		142
	(203) 芽犽 △幺（小義）	142
	(204) 訝呀呀 △愕驚（驚義）	143
	(205) 枒犀齖疨(不平正、不相合義)	144
	(206) 谺岈呀 △康（大而空義）	144
	(207) 迓/迎(迎接義)	145
	(208) 砑/壓(壓義)	146
70. 屯聲		146
	(209) 窀黗鈍飩忳吨盹旽伅(混沌不明義)	146
	(210) 魨飩囤 △橢（圓圍義）	148
	(211) 笔肫邨庉軘坉囤熏炖駗 △集（積聚義）	148
	(212) 扽頓 △振（動義）	150
	(213) 純酏 △粹（純粹義）	150

(214) 純炖弇(厚重盛大義) ……………………………………………… 151
　　　(215) 迍䶄忳頓(困頓義) …………………………………………………… 151

71. 比聲 ………………………………………………………………………… 152
　　　(216) 枈肶毖垘妣　△并　(比次、細密義) ………………………… 152
　　　(217) 玭仳妣　△破　(破綻義) ……………………………………… 153
　　　(218) 秕／癟(乾癟義) …………………………………………………… 153

72. 切聲 ………………………………………………………………………… 154
　　　(219) 扔緆　△磋　(摩義) …………………………………………… 154

73. 止聲 ………………………………………………………………………… 155
　　　(220) 趾址扯砒沚(基址義) ……………………………………………… 155
　　　(221) 沚／集(聚集義) …………………………………………………… 155
　　　(222) 祉／褆(福義) …………………………………………………… 156

74. 少聲 ………………………………………………………………………… 156
　　　(223) 眇杪秒鈔妙吵敠紗秒伈魦魦(細小義) ………………… 156
　　　(224) 訬舢　△騷　(不安義) ………………………………………… 158
　　　(225) 秒妙(微妙、精妙義) …………………………………………… 159
　　　(226) 玅／長(長義) …………………………………………………… 159

75. 曰聲 ………………………………………………………………………… 160
　　　(227) 欥颭汩(發聲義) ………………………………………………… 160

76. 日聲 ………………………………………………………………………… 160
　　　(228) 馜衵涅　△泥　(沾、黏義) …………………………………… 160

77. 冉聲 ………………………………………………………………………… 161
　　　(229) 詽䎳袡苒冄　△多　(多義) ………………………………… 161
　　　(230) 䎳袡　△緣　(邊義) …………………………………………… 162
　　　(231) 呥苒瘠(逐漸義) ………………………………………………… 163
　　　(232) 髥姌苒翢笘　△若　(柔義) ………………………………… 163
　　　(233) 蚦舚(吐舌義) …………………………………………………… 164

78. 中聲 ………………………………………………………………………… 164
　　　(234) 衷坤　△裏　(内義) …………………………………………… 164
　　　(235) 仲忠舯(居中義) ………………………………………………… 165
　　　(236) 翀䳙沖忡　△動　(動義) …………………………………… 166
　　　(237) 盅／終(終盡義) ………………………………………………… 166

79. 內聲 ·········· 167
(238) 納汭抐妠枘 △入 （納入義） ·········· 167
(239) 芮輮貀朒 △輭 （柔軟義） ·········· 168

80. 午聲 ·········· 169
(240) 忤迕仵赶 △悟 （相逆義） ·········· 169
(241) 許迕(相交義) ·········· 169
(242) 許╱可(應允義) ·········· 170

81. 毛聲 ·········· 170
(243) 旄髦氂毣芼牦髳(多毛義) ·········· 170
(244) 眊髦耄酕 △瞀 （亂義） ·········· 171
(245) 耗垗(毛糙粗疏義) ·········· 172

82. 壬聲 ·········· 173
(246) 廷呈 △正直 （公平義） ·········· 173
(247) 任妊(擔負義) ·········· 174

83. 升聲 ·········· 174
(248) 扑昇陞 △烝 （上升義） ·········· 174

84. 夭聲 ·········· 175
(249) 枖沃飫 △浩 （盛、多義） ·········· 175
(250) 麇枖 △幺幼 （幼小義） ·········· 176
(251) 妖╱曲(彎曲義) ·········· 176

85. 片聲 ·········· 177
(252) 汖胩辨 △半 （半義） ·········· 177

86. 化聲 ·········· 178
(253) 訛𠍺鈋(變化義) ·········· 178

87. 斤聲 ·········· 179
(254) 听訢忻 △喜 （欣喜義） ·········· 179
(255) 近靳薪炘岓圻 △及 （臨近義） ·········· 179
(256) 頎齗听劤圻 △訶 （長、大義） ·········· 180
(257) 㹜斷(相爭義) ·········· 181

88. 爪聲 ·········· 182
(258) 笊抓(抓取義) ·········· 182

89. 介聲 ·········· 182
(259) 玠奒(大義) ·········· 182

(260) 衸尬閞界魪骱岕疥齘　△閞　（二義）…………………………… 183

(261) 疥蚧(殼義) ……………………………………………………… 185

(262) 髻騔忊　△結　（結義）………………………………………… 185

(263) 芥吤　△梗　（梗塞義）………………………………………… 186

(264) 砎骱骱　△堅　（堅義）………………………………………… 186

(265) 芥價砎骱(小義) ………………………………………………… 187

(266) 圿疥　△污　（污義）…………………………………………… 188

(267) 尒/個(獨義) …………………………………………………… 188

90. 爻聲 ……………………………………………………………… 189

(268) 肴駮䅅絞䂴鮫(交錯、駁雜義) ………………………………… 189

(269) 孝/效(仿效義) ………………………………………………… 190

91. 今聲 ……………………………………………………………… 190

(270) 含欦黔龕笒唫念　△嗛　（銜含義）…………………………… 190

(271) 衾岑矜谽鈙　△欽　（高、大義）……………………………… 191

(272) 靲紟鈐衿昑貪霖　△禁　（禁制義）…………………………… 192

(273) 黔鵸　△黑　（黑義）…………………………………………… 193

(274) 矜扲　△擒　（持義）…………………………………………… 194

(275) 貪/婪　△惏　（貪婪義）……………………………………… 194

92. 分聲 ……………………………………………………………… 195

(276) 攽盼貧粉坋(分義) ……………………………………………… 195

(277) 氛芬忿酚(氣義) ………………………………………………… 196

(278) 鳻䬃份魵紛玢酚毤魵　△霏　（紛繁義）……………………… 196

(279) 枌羒粉(白義) …………………………………………………… 198

(280) 鳻翁頒坋砏衯　△磐　（大義）………………………………… 198

(281) 坌秎扮鳻(聚義) ………………………………………………… 199

(282) 弅岎　△墳　（高起義）………………………………………… 200

93. 反聲 ……………………………………………………………… 200

(283) 返販販㕄䩆疲忶扳　△翻　（逆反義）………………………… 200

(284) 版粄鈑畈　△面　（平面義）…………………………………… 202

(285) 阪/陂(不平義) ………………………………………………… 202

94. 公聲 ……………………………………………………………… 203

(286) 忩忪忩　△恐悾　（驚惶急遽義）……………………………… 203

(287) 鈆鬆髼　△糠　（鬆軟鬆疏義）………………………………… 204

95. 乏聲 ·········· 204

 (288) 芝泛柉 △筏 （浮義） ·········· 204

 (289) 窆貶砭 △翻 （下降義） ·········· 205

96. 月聲 ·········· 206

 (290) 蚏刖 △玦 （斷義） ·········· 206

97. 氏聲 ·········· 206

 (291) 泜趆 △止 （止義） ·········· 206

 (292) 衹軝秖 △赤 （紅色義） ·········· 207

98. 勿聲 ·········· 208

 (293) 吻昒 △聯 （合義） ·········· 208

 (294) 刎歾 △刺 （斷義） ·········· 208

 (295) 吻忽㫚 △昧 （不明義） ·········· 209

 (296) 岉迡 △絿 （高、遠義） ·········· 209

 (297) 物/繁(繁雜義) ·········· 210

99. 欠聲 ·········· 211

 (298) 坎/坑(坎陷義) ·········· 211

100. 匀聲 ·········· 211

 (299) 均昀鈞酌昀袀构韵(均平周遍義) ·········· 211

第二卷條文目錄

101. 卬聲 ·········· 215

 (300) 仰昂聊迎峁 △高 （高義） ·········· 215

102. 文聲 ·········· 216

 (301) 彣駁鳶魰紋雯馼(紋理義) ·········· 216

 (302) 紊忞盿 △紛 （亂義） ·········· 217

103. 亢聲 ·········· 218

 (303) 沆魧䶋阮坈閌頏航肮吭瓨忼抗 △高 （高大義） ·········· 218

 (304) 伉犺浚坑秔劥 △剛健 （剛健義） ·········· 220

 (305) 伉肮抗 △偶 （匹偶義） ·········· 221

 (306) 坑岕𦙂 △坎 （低下義） ·········· 222

 (307) 笐迒 △行 （行列義） ·········· 223

 (308) 炕魧(乾燥義) ·········· 223

104. 方聲 224
    (309) 枋鈁祊舫䧹　△匚　（方形義）............................. 224
    (310) 肪雱旁　△繁　（盛、多義）................................. 224
    (311) 防妨　△搒　（礙義）... 225
    (312) 仿昉(仿效、相似義)... 226
    (313) 房旁魴祊　△頗　（偏義）................................... 226
    (314) 趽防　△茚畐　（曲義）....................................... 227

105. 斗聲 228
    (315) 枓斝蚪斜䣂(斗義)... 228
    (316) 阧抖　△驟　（急義）... 228

106. 冘聲 229
    (317) 耽枕眈煩沈酖酖疣趻　△延　（耽擱義）........... 229
    (318) 髧紞扰紞沈魫鈂　△深　（下垂、深入義）....... 230
    (319) 訦忱　△真　（誠信義）....................................... 232

107. 心聲 232
    (320) 軐芯(中心義)... 232
    (321) 沁吣　△滲　（出義）... 232

108. 夬聲 233
    (322) 玦胅缺抉獻突疾袂決觖闋(缺義)........................... 233
    (323) 訣殀(絕義)... 234
    (324) 赽鈌契　△擊　（擊義）....................................... 235
    (325) 快駚駃狭　△輕　（迅速義）............................... 235
    (326) 叏呏翄魝(小義)... 236

109. 引聲 237
    (327) 靷紖蚓矧(前引義)... 237

110. 弔聲 238
    (328) 迅／到(抵達義)... 238
    (329) 弔／釣亅(懸挂義)... 238

111. 丑聲 239
    (330) 羞杻杻鈕(手義)... 239

112. 爿聲 239
    (331) 壯牆牀牂戕　△長　（長、大義）....................... 239

113. 巴聲 — 240
- (332) 钯爬杷䎱耙（爬行、爬梳義） — 240
- (333) 芭虷把杷䎱靶㧊舥髽笆（圓而長義） — 241
- (334) 妑䑞笆帊　△布　（分張、分布義） — 242
- (335) 疤粑粑　△脯　（乾義） — 243

114. 刅聲 — 244
- (336) 刅/戕傷（傷害義） — 244

115. 允聲 — 244
- (337) 阭鈗　△遠　（高、長義） — 244
- (338) 夋吮　△緩　（緩義） — 245

116. 予聲 — 246
- (339) 豫忬鮽　△大　（長、大義） — 246
- (340) 紓序抒　△舒　（舒展義） — 246
- (341) 紓忬（舒緩、遲疑義） — 247
- (342) 序/緒（端緒義） — 248
- (343) 忬/愉（安樂、愉悅義） — 248

117. 未聲 — 249
- (344) 昧眛寐魅（不明義） — 249

118. 末聲 — 250
- (345) 麩㛃（碎末義） — 250
- (346) 秣/哺　（喂養義） — 250
- (347) 抹袜帓䘑　△摩　（貼近、延伸義） — 251

119. 示聲 — 251
- (348) 眎衱　△呈　（顯示義） — 251

120. 正聲 — 252
- (349) 証整政竀頲　△中　（正義） — 252
- (350) 定胜　△成　（熟義） — 253
- (351) 怔定眐　△佇　（停止、專一義） — 254

121. 去聲 — 255
- (352) 抾祛欨　△驅　（除去義） — 255
- (353) 阹笘庌弆　△隔蓄　（遮攔、閉藏義） — 256
- (354) 痜怯　△虛　（弱義） — 257

122. 甘聲 ... 257

(355) 苷柑笸詌玕(甘甜義) ... 257

(356) 黚拑紺鉗蚶酣咁泔 △含夾 (含、夾義) ... 258

(357) 泔酣猒鮖(濃重、盛多義) ... 260

123. 世聲 ... 261

(358) 泄渫諜痸 △瀉 (抒出義) ... 261

(359) 跇迣 △度 (超越義) ... 262

(360) 抴緤枻袣靾 △曳 (牽引、拖曳義) ... 262

124. 古聲 ... 263

(361) 詁故痼眗胡 △久 (時久義) ... 263

(362) 祜苦盬鈷瓠胡(大、深義) ... 264

(363) 殆枯砧骷 △涸 (乾枯義) ... 266

(364) 苦枯鹽 △惡 (粗劣義) ... 266

(365) 鈷咕黏估(模糊義) ... 267

(366) 居跍 △跪 (蹲義) ... 268

(367) 沽酤估 △賈 (買賣義) ... 269

125. 本聲 ... 269

(368) 体/蠻(粗義) ... 269

126. 术聲 ... 270

(369) 述術䢦 △倫引 (條理、引導義) ... 270

(370) 秫/穄(軟義) ... 271

127. 可聲 ... 271

(371) 駒問阿岢齣吹舸訶(大義) ... 271

(372) 柯痾笴柯 △格 (長而直義) ... 273

(373) 舸齣跒 △夾 (夾、卡義) ... 274

(374) 苛舸鈳柯 △涓楬 (小義) ... 274

128. 朿聲 ... 275

(375) 柿㭋櫅 △碎 (零碎義) ... 275

(376) 秾/積(聚積義) ... 276

(377) 疻/玭(瑕疵義) ... 276

129. 丙聲 ... 277

(378) 病病 △變 (病變義) ... 277

(379) 怲病 △忙 (憂義) ... 277

(380) 病怲炳鉼　△豐　(重義) ……………………………………………… 278

130. 左聲 …………………………………………………………………… 278

(381) 𡿨袏(左義) ………………………………………………………… 278

(382) 佐/助(輔助義) …………………………………………………… 279

131. 丕聲 …………………………………………………………………… 279

(383) 胚坏䣀(混沌義) ………………………………………………… 279

(384) 伾荅頯岯　△龐　(盛、大義) ………………………………… 280

(385) 岯秠鉟　△並　(重叠義) ……………………………………… 281

132. 石聲 …………………………………………………………………… 282

(386) 磔袥拓　△張　(張開、擴大義) ……………………………… 282

(387) 碩斫妬胉拓魠　△大　(大義) ………………………………… 282

(388) 跖沰　△地　(底下義) ………………………………………… 284

(389) 袥橐　△匿　(藏義) …………………………………………… 284

133. 右聲 …………………………………………………………………… 285

(390) 佑祐　△侑　(助義) …………………………………………… 285

134. 布聲 …………………………………………………………………… 285

(391) 怖佈　△普　(分布、周遍義) ………………………………… 285

135. 犮聲 …………………………………………………………………… 286

(392) 祓茇拔軷　△拂　(去除義) …………………………………… 286

(393) 柭髮炦拔茇　△發　(抽引義) ………………………………… 287

(394) 跋魃拔軷　△撥　(回轉義) …………………………………… 288

(395) 炦坺馞馛馝颰(散發義) ………………………………………… 289

(396) 鈸蚾盋骹　△盤　(圓義) ……………………………………… 290

136. 平聲 …………………………………………………………………… 291

(397) 坪苹枰評鉶秤(平義) …………………………………………… 291

(398) 玶玣軯　△駁　(色彩斑駁義) ………………………………… 292

(399) 抨伻秤　△聘　(使令義) ……………………………………… 292

137. 戉聲 …………………………………………………………………… 293

(400) 越妣跋颴(輕義) ………………………………………………… 293

(401) 跋/趹(斷足義) …………………………………………………… 294

138. 北聲 …………………………………………………………………… 294

(402) 背/悖(相違義) …………………………………………………… 294

139. 占聲 ··· 295

    (403) 苫飐毡　△遮　（遮擋、覆蓋義）·· 295

    (404) 刮鉆點者(斑點義) ·· 296

    (405) 黏痁帖沾鮎阽跕貼㞦秥(相連、臨近義) ·· 296

    (406) 覘閚　△睒　（窺視義）·· 298

    (407) 點玷痻髻詀咕酟鮕(小、稀、淡義) ·· 299

    (408) 拈鈷(夾取義) ·· 300

    (409) 战拈點覘(掂量、考察義) ·· 300

    (410) 站砧坫店(占據、固定義) ·· 301

140. 旦聲 ··· 302

    (411) 笪亶　△大　（大義）·· 302

    (412) 袒靼炟組坦(顯露、明顯義) ·· 302

    (413) 魠亶　△點　（小義）·· 303

    (414) 笪呾苴　△多　（多義）·· 304

    (415) 怛蛆(痛義) ·· 304

141. 目聲 ··· 305

    (416) 舶／秒(小義) ·· 305

142. 且聲 ··· 305

    (417) 珇祖姐組酨蛆(美義) ·· 305

    (418) 趄柤岨阻跙　△擋　（阻攔義）·· 307

    (419) 粗駔怚奓　△大　（粗大義）·· 308

    (420) 苴粗皻伹　△劣　（粗劣義）·· 309

    (421) 趄笡齟　△斜　（斜義）·· 309

    (422) 苴俎　△藉　（墊義）·· 310

143. 甲聲 ··· 311

    (423) 柙闸匣　△關　（關閉義）·· 311

    (424) 岬胛　△夾　（夾合義）·· 312

    (425) 狎押翈鞢岬(接連、重叠義) ·· 312

144. 申聲 ··· 313

    (426) 伸肿電坤紳鞘陳眒訷抻神　△展　（伸張義）······································ 313

145. 田聲 ··· 315

    (427) 畋佃甸(田義) ·· 315

146. 由聲 · 316
    (428) 岫宙袖笛軸(圓義) · 316
    (429) 迪冑紬軸釉曳抽(引義) · 317
    (430) 釉油　△游　(浮於外表義) · 318

147. 只聲 · 319
    (431) 迟稓　△橈　(曲義) · 319
    (432) 齦扷　△張　(張、開義) · 319

148. 央聲 · 320
    (433) 訣怏　(求告義) · 320
    (434) 柍胦　(中央義) · 320
    (435) 泱怏盎胦(大義) · 321
    (436) 映笶蛂映醠　△影　(暗義) · 322
    (437) 块怏泱　△仰揚　(揚起義) · 323

149. 兄聲 · 323
    (438) 況怳　△彊　(強義) · 323

150. 回聲 · 324
    (439) 迴坰　△遐　(遠義) · 324
    (440) 炯洞駉　△彊　(強義) · 325

151. 四聲 · 326
    (441) 牭駟(四義) · 326

152. 冎聲 · 326
    (442) 咼／歪(歪斜義) · 326

153. 生聲 · 327
    (443) 性姓眚鉎酲(生義) · 327
    (444) 胜狌鮏　△臭　(腥臭義) · 327
    (445) 星塵　△細　(小義) · 328

154. 矢聲 · 329
    (446) 医眹訣疾　(矢義) · 329

155. 失聲 · 330
    (447) 佚詇佚跌眣　△遺　(失去義) · 330
    (448) 迭秩瓞帙絬　△積　(重叠聚積義) · 331
    (449) 眣胅泆軼突　△出　(出義) · 332
    (450) 秩迭帙袟　△次　(次第義) · 333

（451）抶跌　△撻打（擊義） …………………………… 334

（452）魃跌　△厲（厲害義） ………………………… 335

（453）佚泆　△逸（放縱義） ………………………… 335

156. 乍聲 …………………………………………………… 336

（454）迮昨作拃窄蚱炸笮(猝然、緊迫、緊窄義) …… 336

（455）厏齹詐岾痄　△差（不齊、不合義） ………… 338

（456）阼酢胙飵　△酬（相酬義） …………………… 338

157. 禾聲 …………………………………………………… 339

（457）和盉鉌委　△諧（調和、和諧義） …………… 339

158. 丘聲 …………………………………………………… 340

（458）坵岴　△高（高義） …………………………… 340

159. 付聲 …………………………………………………… 341

（459）袝符柎駙鮒附柎苻鉘射蚹胕　△膚（相附、相合義） …… 341

（460）柎/復(反義) …………………………………… 343

160. 代聲 …………………………………………………… 344

（461）黛黵玳　△壚（黑義） ………………………… 344

161. 白聲 …………………………………………………… 344

（462）鮊泊(白色義) ………………………………… 344

（463）怕皅粕(淡義) ………………………………… 345

（464）迫泊趋(逼近義) ……………………………… 345

162. 斥聲 …………………………………………………… 346

（465）坼破　△裂（裂義） …………………………… 346

（466）泝訴(追溯義) ………………………………… 347

163. 瓜聲 …………………………………………………… 347

（467）柧觚窊　△窪（凹凸義） ……………………… 347

（468）罛夰胍軱祇(大義) …………………………… 348

164. 㕣聲 …………………………………………………… 349

（469）沿/緣(遵循義) ………………………………… 349

165. 㐱聲 …………………………………………………… 349

（470）趁駗疹砂　△止（受阻義） …………………… 349

（471）拎紾軫　△轉（轉義） ………………………… 350

（472）珍裖　△真（美義） …………………………… 351

（473）參畛軫　△齊（整齊義） ……………………… 352

166. 乎聲 · 353
  - (474) 評/叫(呼叫義) · 353

167. 令聲 · 353
  - (475) 玲笭泠輘舲拎吟砱　△婁　（空明義） · 353
  - (476) 伶零跉竛冷泠　△獨　（孤獨義） · 354
  - (477) 玲聆刢怜伶　△靈　（聰明、靈巧義） · 355
  - (478) 酃玲泠　△妙　（美妙義） · 356
  - (479) 鈴軨舲鴒瓴閝呤岺羚翎虦　△小　（小義） · 357
  - (480) 伶詅　△使　（使令義） · 358

168. 氐聲 · 359
  - (481) 柢胝軝低底觝坻　△地　（底義） · 359
  - (482) 抵詆砥牴紙　△敵　（抵觸義） · 360

169. 句聲 · 361
  - (483) 跔笱鉤翑雊朐劬痀軥　△曲　（曲義） · 361
  - (484) 昫袧　△容　（凹義） · 363
  - (485) 駒狗豞竘昫貐　△羔　（小義） · 364
  - (486) 拘鉤　△約　（制約義） · 365
  - (487) 昫欨　△烘　（温暖義） · 365
  - (488) 劬劬赹　△颶　（强力義） · 366
  - (489) 夠夠劬　△具　（多義） · 367

170. 冊聲 · 367
  - (490) 㗊柵(册義) · 367

171. 卯聲 · 368
  - (491) 夘聊峁　△龐　（大、高義） · 368

172. 冬聲 · 369
  - (492) 烔柊　△赤　（赤色義） · 369

173. 夗聲 · 369
  - (493) 盌宛蜿婜妴　△圜　（圓、曲義） · 369
  - (494) 苑怨　△蘊　（積聚、鬱結義） · 371

174. 包聲 · 371
  - (495) 苞胞麭匏袍裒炰泡鮑軳(包義) · 371
  - (496) 泡皰奅　△栝　（圓義） · 373
  - (497) 鮑酕皰　△暴　（外露義） · 374

(498) 飽枹匏匏苞　△豐　（多義） ·· 374

(499) 鉋跑鞄　△耙　（刨義） ·· 375

(500) 雹炮跑咆颮　△爆　（猛烈義） ·· 376

(501) 胞炮孢(孕育義) ·· 377

175. 主聲 ··· 377

(502) 駐住跓軴註迬砫紸　△止　（留止義） ·································· 377

(503) 柱拄砫　△撐　（支撐義） ··· 378

(504) 瑃狜黈　△黱　（黑義） ·· 379

(505) 注疰　△輸　（注入義） ·· 380

176. 市聲 ··· 380

(506) 柿鈰　△柔　（柔軟義） ·· 380

177. 立聲 ··· 381

(507) 鴗粒泣　△稚　（小義） ·· 381

178. 玄聲 ··· 382

(508) 袨眩駇　△熏　（黑義） ·· 382

(509) 炫衒　△顯　（炫耀義） ·· 383

(510) 眩眩詃衒　△渾　（惑亂義） ··· 383

179. 半聲 ··· 384

(511) 泮料胖伴拌牉　△邊　（半義） ·· 384

(512) 判叛跘拌牉　△分　（分義） ··· 385

(513) 畔胖(邊義) ··· 386

180. 氾聲 ··· 387

(514) 笵/模(規範義) ·· 387

181. 宁聲 ··· 387

(515) 貯㝉眝羜佇䇫汢坾　△儲　（聚積義） ·································· 387

182. 穴聲 ··· 388

(516) 泬豽坎祑宎芡(洞穴、深長義) ·· 388

183. 它聲 ··· 389

(517) 佗扡駝跎　△擔　（負荷義） ··· 389

(518) 鞑沱鉈陀駝貤秅紽跎瓵坨砤舵　△橢　（曲、圓義） ··············· 390

(519) 牠羫(禿義) ··· 392

184. 冗聲 ··· 392

(520) 冗/慵(閑散義) ·· 392

185. 㔿聲 ··· 393
  (521) 拃軥阤　△控（扼制義）··· 393

186. 必聲 ··· 394
  (522) 祕慮宓毖覕閟閭　△閉（秘密、掩藏義）······································· 394
  (523) 苾馝　△芬（香義）·· 395
  (524) 胇駜咇宓　△繁（多義）··· 396
  (525) 扺跇秘　△捭批（擊義）··· 396
  (526) 泌颸欯　△拂（流動、飄動義）·· 397
  (527) 閟酚　△畢（止、盡義）··· 398
  (528) 鉍／庇（護義）·· 398

187. 永聲 ··· 399
  (529) 泳詠　△遠（深、長義）··· 399

188. 司聲 ··· 400
  (530) 詞嗣　△詩（言詞義）··· 400
  (531) 伺／侍（伺候、等候義）··· 400
  (532) 飼／賜（給予義）·· 401

189. 辰聲 ··· 401
  (533) 㥮／弱（弱義）·· 401

190. 尼聲 ··· 402
  (534) 泥黏昵柅詬迡柅　△糯停邇（黏、止、近義）································ 402
  (535) 怩跜旎（多姿義）·· 404

191. 民聲 ··· 404
  (536) 敃頣　△勉（強義）·· 404
  (537) 㥯泯昬　△紛（亂義）··· 405
  (538) 笢䩉　△面（外表義）··· 405

192. 弗聲 ··· 406
  (539) 茀第祓䃟怫　△蔽（遮蔽義）·· 406
  (540) 瞢佛（不明義）·· 407
  (541) 髴紼　△紛（亂義）·· 408
  (542) 拂柫颰垏烋𦖨　△扻（拂過義）·· 408
  (543) 咈拂怫　△悖（違逆義）·· 409

193. 弘聲 ··· 410
  (544) 泓宏　△孔（深義）·· 410

194. 疋聲 ········· 411
 (545) 疏疋 △梳 （稀疏義） ········· 411

195. 出聲 ········· 411
 (546) 祟茁朏窋疧頧黜泏秫朮(出義) ········· 411
 (547) 屈𥐥詘拙絀 △短 （短、不足義） ········· 413
 (548) 詘柮欪拙䊆䎪 △差 （拙劣義） ········· 414
 (549) 㞚怵訹 △猝 （猝然義） ········· 415
 (550) 屈䖤(曲義) ········· 416

196. 支聲 ········· 417
 (551) 攱/徐(緩慢義) ········· 417

197. 奴聲 ········· 417
 (552) 笯絮(禁制義) ········· 417
 (553) 督努吽 △露 （凸出義） ········· 418
 (554) 弩怒努吽䚅 △壯大 （強、大義） ········· 418

198. 召聲 ········· 419
 (555) 鞀佋貂沼軺餂矻鮿帉鉊 △䪾 （小義） ········· 419
 (556) 超劭覜迢卲紹 △跳挑 （高、遠義） ········· 421
 (557) 韶劭玿 △俏 （美好義） ········· 422
 (558) 柖弨(舒緩義) ········· 422
 (559) 詔卟招昭(發言義) ········· 423

199. 加聲 ········· 423
 (560) 架駕 △肩 （支承義） ········· 423
 (561) 賀駕架 △兼 （加義） ········· 424
 (562) 嘉智 △可 （贊許義） ········· 425
 (563) 枷架 △岡亢 （高義） ········· 426
 (564) 枷/夾(夾合義) ········· 426
 (565) 痂㾴(殼義) ········· 427

200. 皮聲 ········· 427
 (566) 疲旇 △靡 （萎靡義） ········· 427
 (567) 詖簸柀破鮍披鈹耚皷破跛 △批 （分析、分解義） ········· 428
 (568) 彼貱綍玻髲被 △補 （加義） ········· 430
 (569) 波披陂駊佊跛頗 △偏 （不平、不正義） ········· 431

第三卷條文目錄

201. 弁聲 435
    (570) 抃開　△並　（合義） 435

202. 台聲 436
    (571) 怠佁　△徐　（慢義） 436
    (572) 蛤炲　△黱　（黑色義） 436
    (573) 怡哈　△懌　（喜悦義） 437
    (574) 詒髻　△詐　（假義） 437
    (575) 紿怠痁殆　△頺　（破敗義） 438

203. 矛聲 439
    (576) 敄楙髳　△濃　（強、盛義） 439
    (577) 舒髳袤　△邈　（長義） 440
    (578) 霧䍦　△冒　（蒙覆義） 440
    (579) 柔/弱(柔弱義) 441

204. 母聲 441
    (580) 姆拇㧅(母義) 441
    (581) 拇莓　△龐　（大義） 442
    (582) 每/茂(茂盛義) 443
    (583) 坶/坺(塵末義) 443

205. 幼聲 444
    (584) 窈芴　△幽　（深、長義） 444
    (585) 坳呦眑　△容　（凹義） 444
    (586) 魦蚴勋黝　△溪　（小、弱義） 445
    (587) 蚴拗衵　△曲　（曲義） 446

206. 韧聲 446
    (588) 齧栔契挈(鍥入義) 446
    (589) 齧䦯　△闕　（缺義） 447

207. 开聲 448
    (590) 趼朾枅汧岍　△徥　（平正義） 448
    (591) 葉蚈軒　△涓　（小義） 449
    (592) 豜麢㹬訮　△彊　（強、大義） 450

208. 荆聲 ... 451
 (593) 型侀　△影　（成形義） ... 451

209. 戎聲 ... 452
 (594) 絨毧毰䴽筎䍽　△茸　（細、小義） ... 452
 (595) 狨茙絨(繁密義) ... 452

210. 圭聲 ... 453
 (596) 珪窐閨袿(圭形義) ... 453
 (597) 奊咼　△傾　（不正義） ... 454
 (598) 絓罣　△糾　（絆義） ... 455
 (599) 洼窐眭　△坑　（深凹義） ... 455
 (600) 挂畦　△劃　（劃分義） ... 456

211. 寺聲 ... 457
 (601) 庤持偫　△儲　（儲備義） ... 457
 (602) 待偫時等　△竢　（等待義） ... 458
 (603) 時塒　△止　（界限義） ... 459
 (604) 庤峙　△崇　（高義） ... 459
 (605) 恃待持侍　△仗　（依仗義） ... 460

212. 吉聲 ... 461
 (606) 硈黠佶鮚結　△堅健　（堅、健義） ... 461
 (607) 頡桔趌　△建　（直義） ... 462
 (608) 袺䀔拮　△企　（上舉義） ... 463
 (609) 拮劼　△勤　（勤勉義） ... 464

213. 考聲 ... 464
 (610) 拷/攷(打擊義) ... 464
 (611) 銬/扣(拘捕義) ... 465

214. 巩聲 ... 465
 (612) 鞏硄　△固　（堅固義） ... 465
 (613) 銎/孔(孔洞義) ... 466
 (614) 摯/拱(抱義) ... 466

215. 耳聲 ... 467
 (615) 珥聁咡䎳栮䎶眲(耳義) ... 467
 (616) 餌誀咡鉺　△誘　（引義） ... 468
 (617) 佴弭酟　△雙　（二義） ... 469

(618) 茸髶耴　△濃　（濃密義）……………………………………………… 469

216. 共聲
(619) 鬨拱莽巷哄　△公　（共同義）……………………………………… 470

(620) 鬨拱洪　△交　（相交義）…………………………………………… 471

(621) 洪茶葷瑊鮌觥颽狱哄鬨　△宏　（大義）…………………………… 472

(622) 恭拱　△敬　（恭敬義）……………………………………………… 474

217. 芒聲
(623) 汒／漫(模糊義) ……………………………………………………… 474

(624) 銛／末(尖端義) ……………………………………………………… 475

218. 亘聲
(625) 宣烜查　△珙　（大義）……………………………………………… 475

219. 臣聲
(626) 㧬／拯(救助義) ……………………………………………………… 476

220. 朿聲
(627) 萊刺諫策捒(刺義) …………………………………………………… 477

(628) 涑趚瘷　△珬　（小、少義）………………………………………… 477

221. 西聲
(629) 粞／碎(碎義) ………………………………………………………… 478

222. 戌聲
(630) 威／没(消失義) ……………………………………………………… 479

223. 百聲
(631) 洦陌　△卑　（小義）………………………………………………… 479

(632) 帞袹　△幔　（覆蓋義）……………………………………………… 480

224. 有聲
(633) 囿盍　△杆　（圓圍義）……………………………………………… 481

(634) 侑／佑(助義) ………………………………………………………… 481

225. 而聲
(635) 楠腝洏鮞髵耎需聏　△柔　（柔義）………………………………… 482

226. 夸聲
(636) 誇胯刳瓠洿挎綺　△空　（空義）…………………………………… 483

(637) 跨誇侉恗(大義) ……………………………………………………… 485

227. 灰聲
(638) 恢／宏(大義) ………………………………………………………… 485

(639) 詑／謔(戲謔義) …… 486

228. 列聲 …… 486

(640) 裂劙䥯刐(分開義) …… 486
(641) 栵梨䥯列茢(行列義) …… 487
(642) 烈冽洌颲痢　△厲　(猛烈義) …… 488

229. 成聲 …… 489

(643) 盛宬城　△容　(容納義) …… 489

230. 夷聲 …… 489

(644) 荑稊桋胰　△嫩　(柔嫩義) …… 489
(645) 鮧洟荑　△脂　(黏滑義) …… 490
(646) 恞羠夷　△坦　(平義) …… 491

231. 至聲 …… 492

(647) 桎座室閏駤痓　△滯　(礙義) …… 492
(648) 致垤　△積　(積義) …… 493
(649) 挃莝咥齕蛭　△刺齝　(刺、齧義) …… 494

232. 尗聲 …… 495

(650) 叔／收(取義) …… 495
(651) 宋／静(静義) …… 495

233. 此聲 …… 496

(652) 茈紫　△赭　(紫色義) …… 496
(653) 玼柴髭鮆觜枇齜佌貲疵魮　△子　(小義) …… 497
(654) 呰訾疵　△訛　(訛毀義) …… 498
(655) 雌斐　△柔　(柔弱義) …… 499

234. 光聲 …… 500

(656) 洸晃硄(閃光義) …… 500
(657) 侊駫㧬晃　△煌宏　(盛、大義) …… 500

235. 㐆聲 …… 502

(658) 窨／窅(幽深義) …… 502

236. 呂聲 …… 502

(659) 閭紹侶艅　△連　(相連義) …… 502

237. 同聲 …… 503

(660) 衕迵筒洞峒瓰䂖祠桐　△禿　(空義) …… 503
(661) 銅鮦䅯祠瓰筒　△桶　(圓而長義) …… 505

(662) 詗㖟伺哃　△朧　（大義） …………………………………………… 505

(663) 駧洞　△速　（急義） ………………………………………………… 506

238. 因聲 ………………………………………………………………………… 507

(664) 捆茵姻　△依　（憑依義） …………………………………………… 507

(665) 咽欭垔　△隔　（阻義） …………………………………………… 508

239. 回聲 ………………………………………………………………………… 508

(666) 洄迴徊　△圍違　（回旋、逆反義） ………………………………… 508

(667) 佪恛　△晦　（不明義） …………………………………………… 509

240. 朱聲 ………………………………………………………………………… 510

(668) 袾絑䱋硃　△赤　（紅色義） ………………………………………… 510

(669) 銖侏珠瓴咪　△玼　（小義） ………………………………………… 511

(670) 誅殊　△戮　（殺戮義） …………………………………………… 512

241. 先聲 ………………………………………………………………………… 513

(671) 詵侁駪毨　△莘　（衆多義） ………………………………………… 513

(672) 跣洗銑硒　△鮮　（光潔義） ………………………………………… 514

242. 廷聲 ………………………………………………………………………… 515

(673) 莛綎娗挺梃涏珽侹頲脡　△長直　（長、直義） …………………… 515

243. 竹聲 ………………………………………………………………………… 517

(674) 竺篤　△重　（厚、重義） …………………………………………… 517

244. 休聲 ………………………………………………………………………… 517

(675) 㾐庥茠(休止義) ………………………………………………………… 517

(676) 貅倄咻　△劇　（猛義） …………………………………………… 518

245. 伏聲 ………………………………………………………………………… 519

(677) 靸㮆(卧、伏義) ……………………………………………………… 519

(678) 絥袱　△覆　（覆蓋義） …………………………………………… 519

(679) 洑茯(潜伏義) ………………………………………………………… 520

(680) 𩏂/縛(束縛義) ……………………………………………………… 520

246. 臼聲 ………………………………………………………………………… 521

(681) 舀舁(臼義) …………………………………………………………… 521

(682) 柏䳰　△黝　（黑義） ……………………………………………… 521

247. 伐聲 ………………………………………………………………………… 522

(683) 筏栰　△泛　（浮泛義） …………………………………………… 522

(684) 茷/紛(繁多義) ………………………………………………………… 523

(685) 垈/翻(翻義) …… 523
248. 延聲 …… 524
(686) 筵裓挻綖蜒莚涎埏侹碇 △演 (延伸義) …… 524
(687) 誕梴娫侹 △躴 (長、大義) …… 525
249. 任聲 …… 526
(688) 荏紝栠恁飪銋 △耎 (柔軟、柔弱義) …… 526
(689) 凭恁訨(憑義) …… 527
250. 自聲 …… 528
(690) 垍/堅(堅義) …… 528
251. 血聲 …… 528
(691) 殈/壞(敗壞義) …… 528
252. 囟聲 …… 529
(692) 佡絤 △鈴 (小義) …… 529
253. 后聲 …… 530
(693) 哊垕郈(大義) …… 530
(694) 垢詬 △污 (污義) …… 530
(695) 逅/遘(相遇義) …… 531
254. 行聲 …… 531
(696) 胻珩 △亢 (上部義) …… 531
(697) 珩衡桁 △横 (横義) …… 532
(698) 筕絎 △鹽 (粗糙義) …… 533
(699) 洐荇 △航 (動義) …… 533
255. 𠂢聲 …… 534
(700) 派覛脈衇 △偏 (斜義) …… 534
256. 全聲 …… 535
(701) 牷詮痊 △齊 (完全義) …… 535
(702) 詮荃絟 △細 (細義) …… 536
257. 合聲 …… 536
(703) 祫迨詥敆翕佮袷頜匌洽閤拾龕餄盒恰帢答谽匼硆 △闔 (合義) …… 536
(704) 帢弇眙秴(蔽義) …… 539
258. 兆聲 …… 540
(705) 兆朓旐(徵兆義) …… 540
(706) 趒眺祧桃窕挑絩銚䠷跳覜跳髫 △長 (高、遠、深、長義) …… 541

(707) 珧挑魷銚駣䵅　△小　（小義） ……………………………………… 543

(708) 誂佻恌　△偷　（輕佻義） …………………………………… 544

(709) 窕庣霌　△寠　（空虛不滿義） ……………………………… 545

(710) 咷銚狣䵃　△巄　（大義） …………………………………… 545

259. 肙聲 …………………………………………………………………… 546

(711) 肸屑(動義) …………………………………………………… 546

260. 危聲 …………………………………………………………………… 547

(712) 峗峞桅垝　△峨　（高義） …………………………………… 547

(713) 祪垝庪詭　△毀　（毀壞義） ………………………………… 548

(714) 恑佹詭　△奇　（奇異義） …………………………………… 549

(715) 佹詭　△乖　（違背義） ……………………………………… 549

261. 旬聲 …………………………………………………………………… 550

(716) 徇徇　△迅　（迅速義） ……………………………………… 550

(717) 恂詢　△信　（信義） ………………………………………… 550

(718) 姰枸詢　△勻　（均義） ……………………………………… 551

(719) 殉徇　△循　（從義） ………………………………………… 552

(720) 詢徇殉　△營　（求義） ……………………………………… 553

(721) 絢昫　△旋　（眩義） ………………………………………… 553

(722) 袨/垂(下垂義) ………………………………………………… 554

262. 旨聲 …………………………………………………………………… 554

(723) 鮨鵙　△柴　（細小義） ……………………………………… 554

(724) 脂稽　△停　（黏膩留止義） ………………………………… 555

263. 匈聲 …………………………………………………………………… 556

(725) 訩洶恟(凶猛、可怖義) ……………………………………… 556

264. 名聲 …………………………………………………………………… 556

(726) 詺銘(名稱義) ………………………………………………… 556

(727) 眳/瞑(目暗義) ………………………………………………… 557

265. 各聲 …………………………………………………………………… 557

(728) 路略格額閣客硌　△高　（長、高、大義） ………………… 557

(729) 骼荅絡輅袼絡洛　△兼　（相連義） ………………………… 559

(730) 骼垎硌　△硬　（堅義） ……………………………………… 560

(731) 挌戟詻　△扣　（爭鬥義） …………………………………… 561

(732) 客銘殈　△降　（落下義） …………………………………… 562

266. 多聲 …… 562
(733) 侈爹垑胗奓蛥餖　△忕　(多義) …… 562
(734) 袳刴烗侈奓庈　△大　(大義) …… 564
(735) 移趍迻跢拸　△遷　(移動義) …… 565
(736) 瘮眵侈　△痍　(病義) …… 566
267. 争聲 …… 567
(737) 諍睜掙(相争義) …… 567
(738) 静净竫(安静、清净義) …… 567
(739) 箏鬇　△錯　(亂義) …… 568
(740) 䞓掙静　△倩　(美好義) …… 569
(741) 狰鬇(凶惡義) …… 570
268. 亦聲 …… 570
(742) 夜/黓(黑義) …… 570
(743) 奕/杙(大義) …… 571
269. 交聲 …… 571
(744) 茭这齩駮笅校郊烄絞鮫鉸胶酸疫佼駁　△桱　(相交義) …… 571
(745) 皎茭　△皓　(白義) …… 573
(746) 窔/幽(幽深、隱暗義) …… 574
(747) 狡㰫校骹笅　△溪　(小義) …… 574
(748) 狡恔佼(狡黠義) …… 575
(749) 效/學(仿效義) …… 576
270. 衣聲 …… 576
(750) 衺扆扆　△翳　(藏義) …… 576
(751) 依/倚(靠義) …… 577
271. 次聲 …… 578
(752) 佽茨垐　△櫛　(次比義) …… 578
(753) 資茨紋　△積　(聚積義) …… 579
(754) 佽資　△贊　(相助義) …… 580
(755) 軟/紫(紫色義) …… 580
272. 㐬聲 …… 581
(756) 荒巟　△譀　(荒誕義) …… 581
273. 亥聲 …… 582
(757) 荄骸刻核　△骨　(内義) …… 582

(758) 咳孩欬駭　△評　（發聲義）⋯⋯⋯⋯⋯⋯⋯⋯⋯⋯⋯⋯⋯⋯⋯⋯⋯⋯ 582

(759) 該晐垓賅　△具　（兼備義）⋯⋯⋯⋯⋯⋯⋯⋯⋯⋯⋯⋯⋯⋯⋯⋯⋯⋯ 583

(760) 閡餩䪷硋　△隔　（阻義）⋯⋯⋯⋯⋯⋯⋯⋯⋯⋯⋯⋯⋯⋯⋯⋯⋯⋯⋯ 584

(761) 毅奅絯敱炫胲(大義)⋯⋯⋯⋯⋯⋯⋯⋯⋯⋯⋯⋯⋯⋯⋯⋯⋯⋯⋯⋯⋯⋯ 585

(762) 佽/怪(奇異義)⋯⋯⋯⋯⋯⋯⋯⋯⋯⋯⋯⋯⋯⋯⋯⋯⋯⋯⋯⋯⋯⋯⋯⋯ 586

274. 充聲⋯⋯⋯⋯⋯⋯⋯⋯⋯⋯⋯⋯⋯⋯⋯⋯⋯⋯⋯⋯⋯⋯⋯⋯⋯⋯⋯⋯⋯⋯⋯⋯ 586

(763) 琉銃　△塞　（填充義）⋯⋯⋯⋯⋯⋯⋯⋯⋯⋯⋯⋯⋯⋯⋯⋯⋯⋯⋯⋯ 586

(764) 忳/慟(心動義)⋯⋯⋯⋯⋯⋯⋯⋯⋯⋯⋯⋯⋯⋯⋯⋯⋯⋯⋯⋯⋯⋯⋯⋯ 587

275. 州聲⋯⋯⋯⋯⋯⋯⋯⋯⋯⋯⋯⋯⋯⋯⋯⋯⋯⋯⋯⋯⋯⋯⋯⋯⋯⋯⋯⋯⋯⋯⋯⋯ 587

(765) 酬詶　△讎　（酬答義）⋯⋯⋯⋯⋯⋯⋯⋯⋯⋯⋯⋯⋯⋯⋯⋯⋯⋯⋯⋯ 587

(766) 洲/渚(水中之地義)⋯⋯⋯⋯⋯⋯⋯⋯⋯⋯⋯⋯⋯⋯⋯⋯⋯⋯⋯⋯⋯⋯ 588

276. 并聲⋯⋯⋯⋯⋯⋯⋯⋯⋯⋯⋯⋯⋯⋯⋯⋯⋯⋯⋯⋯⋯⋯⋯⋯⋯⋯⋯⋯⋯⋯⋯⋯ 589

(767) 骿餅栟併駢姘餅絣拼軿　△編　（並義）⋯⋯⋯⋯⋯⋯⋯⋯⋯⋯⋯⋯ 589

(768) 皏姘鮩　△白　（白色義）⋯⋯⋯⋯⋯⋯⋯⋯⋯⋯⋯⋯⋯⋯⋯⋯⋯⋯ 591

(769) 屏庰軿帡　△庇　（蔽義）⋯⋯⋯⋯⋯⋯⋯⋯⋯⋯⋯⋯⋯⋯⋯⋯⋯⋯ 591

277. 米聲⋯⋯⋯⋯⋯⋯⋯⋯⋯⋯⋯⋯⋯⋯⋯⋯⋯⋯⋯⋯⋯⋯⋯⋯⋯⋯⋯⋯⋯⋯⋯⋯ 592

(770) 鮴緣眯(細小義)⋯⋯⋯⋯⋯⋯⋯⋯⋯⋯⋯⋯⋯⋯⋯⋯⋯⋯⋯⋯⋯⋯⋯ 592

(771) 迷寐眯　△悖　（迷惑義）⋯⋯⋯⋯⋯⋯⋯⋯⋯⋯⋯⋯⋯⋯⋯⋯⋯⋯ 593

(772) 粊/撫(安撫義)⋯⋯⋯⋯⋯⋯⋯⋯⋯⋯⋯⋯⋯⋯⋯⋯⋯⋯⋯⋯⋯⋯⋯⋯ 594

278. 屰聲⋯⋯⋯⋯⋯⋯⋯⋯⋯⋯⋯⋯⋯⋯⋯⋯⋯⋯⋯⋯⋯⋯⋯⋯⋯⋯⋯⋯⋯⋯⋯⋯ 594

(773) 逆朔箳哣㲿　△迎　（逆反義）⋯⋯⋯⋯⋯⋯⋯⋯⋯⋯⋯⋯⋯⋯⋯⋯ 594

(774) 鴬蟒　△惡　（凶猛義）⋯⋯⋯⋯⋯⋯⋯⋯⋯⋯⋯⋯⋯⋯⋯⋯⋯⋯⋯⋯ 595

279. 宅聲⋯⋯⋯⋯⋯⋯⋯⋯⋯⋯⋯⋯⋯⋯⋯⋯⋯⋯⋯⋯⋯⋯⋯⋯⋯⋯⋯⋯⋯⋯⋯⋯ 596

(775) 虴/拓(開義)⋯⋯⋯⋯⋯⋯⋯⋯⋯⋯⋯⋯⋯⋯⋯⋯⋯⋯⋯⋯⋯⋯⋯⋯⋯ 596

(776) 詫/拓(大義)⋯⋯⋯⋯⋯⋯⋯⋯⋯⋯⋯⋯⋯⋯⋯⋯⋯⋯⋯⋯⋯⋯⋯⋯⋯ 596

280. 字聲⋯⋯⋯⋯⋯⋯⋯⋯⋯⋯⋯⋯⋯⋯⋯⋯⋯⋯⋯⋯⋯⋯⋯⋯⋯⋯⋯⋯⋯⋯⋯⋯ 597

(777) 牸䗪荢　△孳　（孳乳義）⋯⋯⋯⋯⋯⋯⋯⋯⋯⋯⋯⋯⋯⋯⋯⋯⋯⋯ 597

281. 安聲⋯⋯⋯⋯⋯⋯⋯⋯⋯⋯⋯⋯⋯⋯⋯⋯⋯⋯⋯⋯⋯⋯⋯⋯⋯⋯⋯⋯⋯⋯⋯⋯ 598

(778) 㜝晏(安義)⋯⋯⋯⋯⋯⋯⋯⋯⋯⋯⋯⋯⋯⋯⋯⋯⋯⋯⋯⋯⋯⋯⋯⋯⋯ 598

282. 聿聲⋯⋯⋯⋯⋯⋯⋯⋯⋯⋯⋯⋯⋯⋯⋯⋯⋯⋯⋯⋯⋯⋯⋯⋯⋯⋯⋯⋯⋯⋯⋯⋯ 598

(779) 筆律緯鉍狌肂峟　△崔銳　（長、高義）⋯⋯⋯⋯⋯⋯⋯⋯⋯⋯⋯⋯ 598

(780) 肄肂律　△臚列　（陳列義）⋯⋯⋯⋯⋯⋯⋯⋯⋯⋯⋯⋯⋯⋯⋯⋯⋯ 599

283. 艮聲 ·· 600
    （781）佷詪狠恨　△颽　（狠戾義）·· 600
    （782）珢齦痕頎銀　△峎　（隆起義）·· 601
    （783）根跟頋　△基　（根基義）··· 602
    （784）垠痕(痕迹義) ··· 602
    （785）限垠　△界　（界限義）·· 603

284. 如聲 ·· 604
    （786）絮筎恕挐伽　△柔　（柔義）·· 604
    （787）帤袽(破敗義) ··· 605

285. 劦聲 ·· 606
    （788）恊勰協(同義) ··· 606

286. 牟聲 ·· 606
    （789）恈/溺(貪愛義) ··· 606

287. 厽聲 ·· 607
    （790）絫垒　△增　（累增義）·· 607

288. 丝聲 ·· 607
    （791）幽/杳(幽暗義) ··· 607

289. 𢦏聲 ·· 608
    （792）載戴　△承　（負荷義）·· 608

290. 戒聲 ·· 609
    （793）誡械械　△警　（警戒、限制義）······································· 609

291. 赤聲 ·· 610
    （794）赦捇　△捨　（捨棄義）·· 610

292. 折聲 ·· 610
    （795）哲晳　△亮　（明義）··· 610
    （796）逝/失(消失義) ··· 611
    （797）浙/轉(轉折義) ··· 612
    （798）蜇/螫(叮咬義) ··· 612

293. 孝聲 ·· 613
    （799）哮㺒骹　△叫　（鳴叫義）·· 613
    （800）庨崤磽窙　△高　（高義）·· 614

294. 志聲 ·· 614
    （801）誌痣莣(記義) ··· 614

295. 劫聲 ... 615
 （802）鉣蚡　△剛　（硬義） ... 615

296. 耴聲 ... 616
 （803）抧鈱輒跩　△叠　（夾義） ... 616

297. 求聲 ... 617
 （804）萊梂裘(包裹義) ... 617
 （805）球毬觩　△糾　（圓、曲義） ... 617

298. 孛聲 ... 618
 （806）勃誖侼　△蕃　（盛義） ... 618
 （807）悖哱　△昧　（昏義） ... 619
 （808）鷽埻烰挬脖跦浡　△波　（上引義） ... 619
 （809）勃浡(興起義) ... 620
 （810）蔣埻　△末　（細碎義） ... 621
 （811）勃悖浡　△怫　（猝然義） ... 621
 （812）悖勃　△背　（違背義） ... 622

299. 甫聲 ... 623
 （813）哺舖俌補輔　△副　（輔助義） ... 623
 （814）專鋪踊醂　△布　（鋪陳散布義） ... 624
 （815）脯痡匍浦晡　△莫　（盡義） ... 625
 （816）輔酺賻　△符　（相稱義） ... 626

300. 更聲 ... 626
 （817）哽骾梗鯁峺　△隔　（阻義） ... 626
 （818）梗粳硬　△剛　（堅義） ... 628
 （819）逕/痂(痕迹義) ... 629
 （820）峺埂　△高　（高義） ... 629

第 一 卷

第一卷相關數據

　　本卷共考釋同源詞 299 組。

　　本卷收錄聲符字 100 個,據聲符字形體綫索繫聯的形聲字共 895 個。根據聲符的音義綫索繫聯的其他文字即帶"／"符號者 55 個。推源欄所繫聯的即《條文目錄》中帶"△"符號的文字 166 個(俱爲本字形式,假借字未計在内)。《條文目錄》所列即此三數之和,凡 1116 個單字。

1　乙聲

(1) 軋圠(碾壓義)

軋　用車輪或圓軸壓路。《説文·車部》:"軋,報也。从車,乙聲。""報,轢也。"清朱駿聲《通訓定聲》:"報亦作碾、作輾。"《廣韻·黠韻》:"軋,車輾。"唐李賀《夢天》詩:"玉輪軋露濕團光,鸞佩相逢桂香陌。"清王琦《李長吉歌詩彙解》:"軋音壓,輾也。""軋"亦指壓碎人的骨節之酷刑。《漢書·匈奴傳》:"有罪,小者軋,大者死。"唐顔師古注引漢服虔:"軋謂輾轢其骨節,若今之厭踝者也。"

圠　指板結的土地。元戴侗《六書故·地理一》:"圠,土密凝也。"

〔推源〕　"軋"以乙聲表壓、碾義。"圠"有緊結、細密之義,壓之則緊,故二詞之義相通。相通爲漢語同源詞語義親緣關係之一大類型。"壓"字可證乙聲的碾壓義。《廣韻·狎韻》:"壓,笮也。"《國語·魯語下》:"夫棟析而榱崩,吾懼壓焉。"《晉書·孫惠傳》:"況履順討逆,執正伐邪,是烏獲摧冰,賁育拉朽,猛獸吞狐,泰山壓卵,因風燎原,未足方也。"考其音韻,"軋""圠"同音,《廣韻》"烏黠切",其上古音爲影紐月部。"壓"字《廣韻》"烏甲切",上古音爲影紐葉(盍)部,則與前二字雙聲,月盍通轉。故三詞乃由同一語源所衍生。

2　十聲

(2) 什汁(雜義)

什　古時十户人家相連爲"什"。《説文·人部》:"什,相什保也。从人、十。"清朱駿聲《通訓定聲》:"十亦聲。"清段玉裁注亦謂"形聲包會意",得之。《廣韻》"十""什"俱作"是執切","什"當从十得聲者。"什"有混雜之引申義。《玉篇·人部》:"什,什物也。"唐慧琳《一切經音義》卷四十七:"什,聚也,雜也,謂資生之物也。今人言家產器物猶云什物,即器也。"《説文》"什"字清朱駿聲《通訓定聲》:"《三蒼》:'什,聚也,雜也。'吴楚之間,謂資生雜具爲什物。《史記·五帝紀》:'作什器於壽丘。'《索隱》:'人家常用之器非一,故以十爲數,猶今云什物也。'《後漢·宣秉傳》注:'軍法五人爲伍,二五爲什,則共其器物,故通謂生生之具爲什物。'"按今語有"什錦菜"一詞,謂多種菜相混雜而成者,古時各種生產用具、日常生活用具稱"什具""什器"。

汁 含有某種物質的液體。《説文·水部》:"汁,液也。从水,十聲。"凡西瓜汁、乳汁、豆汁、墨汁等詞之"汁"皆此義。今按,"汁"之名本寓混雜義,汁者,含有某物之液,非純浄之水。以故雨夾雪亦稱"汁"。《説文》"汁"字清朱駿聲《通訓定聲》:"《禮記·月令》:'則天時雨汁。'注:'雨汁者,水雪雜下也。'""汁"又有協調、和諧之義,以理推之,凡物相混,則和爲一體,故有此義。漢揚雄《方言》卷三:"協,汁也。自關而東曰協,關西曰汁。"晉左思《吴都賦》:"若此者,與夫唱和之隆響……皆與謡俗汁協,律吕相應。"

〔推源〕 此二詞俱有混雜義,據其字之聲符形體推源,受義之由即可明。"十"本爲數詞,指九加一之和,此其常義。古有十進位之制,故"十"又有具備、極點等義,所謂"十全十美","十"即此義。《説文·十部》:"十,數之具也。"清朱駿聲《通訓定聲》:"《易·屯》'十年'疏:'十者數之極。'"今按,至極點則皆具備,具備義與混雜義相通。又,"十"可逕表"雜"義。元白珽《西湖賦》:"亭連棟爲十錦,碑蝕苔以千言。"其"十錦"即雜取諸物成各種式樣意。

3　丁聲

(3) 釘虹叮打釘盯町(釘、如釘義)

釘 釘子。《篇海類編·珍寶類·金部》:"釘,鐵釘。"《正字通·金部》:"釘,釘物具也……凡製器,用金、木、竹爲釘,鋭其首,椎之附著之。"《三國志·魏志·牽招傳》:"賊欲斫棺取釘,招垂泪請赦。"唐杜牧《阿房宫賦》:"釘頭磷磷,多於在庾之粟粒。"

虹 蜻蛉。《爾雅·釋蟲》:"虹蛵,負勞。"晉郭璞注:"或曰即蜻蛉也。"宋邢昺疏:"即蜻蛉,六足四翼蟲也。一名虹蛵,一名負勞,江東呼狐黎。"明李時珍《本草綱目·蟲二·蜻蛉》:"釋名:蜻虹,蜻蜓,虹蛵,負勞。"自注:"蜓,亦作蛵。"按,"蜻蜓"爲後世通稱。"蜓"字从廷得聲,寓挺直意。蜻蜓之爲物,直挺而長,如釘狀。"蛵"字从巠得聲,巠聲字"經""輕""莖""涇"等所記録的語詞俱有細、直、長義。"虹"字从丁得聲,即蟲如釘意。

叮 蚊、蜂等昆蟲以針形口器螫刺人畜。唐寒山《詩三百三首》之六十三:"蚊子叮鐵牛,無渠下嘴處。"明方以智《物理小識》卷十一:"蠅叮蠶則生肚蟲。"又,"叮囑""叮嚀"指反覆申説。《玉篇·口部》:"叮,叮嚀,囑付也。"今按,昆蟲螫刺人畜,如釘釘物,故稱"叮"。叮囑,反覆申説,如昆蟲叮住人畜不放。"叮嚀"或爲聯綿詞,然聯綿詞多有可分訓者。

打 打擊。《説文·手部》:"打,擊也。从手,丁聲。"漢王延壽《夢賦》:"捎魍魎,拂諸渠,撞縱目,打三顱。"《樂府詩集·清商曲辭三·讀曲歌》:"打殺長鳴雞,彈去烏桕鳥。"唐杜甫《十二月一日》詩:"負鹽出井此溪女,打鼓發船何郡郎?"按,打擊如以釘釘物,故"打"字从丁得聲。"打"有扎入之引申義,如"打針",正可爲證。又"打井""打洞"亦謂扎入而開鑿。

趽　趹趽,脚細長貌。《廣韻·耕韻》:"趽,趹趽,脚細長貌。"宋趙叔向《肯綮録·俚俗字義》:"脚細曰趹趽。"《龍龕手鑑·足部》:"趽,趹趽,細長貌。"清俞樾《茶香室三鈔·正月晦送窮故事》:"其畫窮女,形露涗涹,作趹趽態。"今按,脚細而長,則形如釘,故稱"趽"。

盯　瞠盯(亦作"盯瞠"),直視,盯着看。《集韻·梗韻》:"盯,瞠盯,直視。"宋趙叔向《肯綮録·俚俗字義》:"怒目視人曰瞠盯。"唐元稹《有酒》詩:"胡不日車杲杲晝夜行?胡爲月輪滅缺星瞠盯?"唐韓愈、孟郊《城南聯句》:"鼻偷困淑郁,眼剽强盯瞠。"今按,"瞠盯"即極力盯視之謂。目光直射如釘,故稱"盯"。又,"盯"字亦可單用。《集韻·庚韻》:"瞠,直視也。或作盯。"今言"盯梢""盯視""盯着"等詞亦可訓直視。"盯"當爲"釘"的引申義專製的本字(見本條推源)。

帄　補丁。《字彙補·巾部》:"帄,補衣裳曰補帄。見《字義總略》。"清李斗《揚州畫舫録·城北録》:"釘打鐵,鐵打釘,燒破綾羅没補帄。"按,今補丁字省作"丁","帄"字从巾,當爲補丁義之本字。又,補丁即布塊,以布塊加於衣物,正如以釘釘於他物,故補丁稱"帄"。

〔推源〕　"釘"當爲源詞,而其他六詞爲同源派生詞。"釘"本有釘入、釘狀物、盯視、叮咬以及縫綴諸義,堪稱力證。《增修禮部韻略·徑韻》:"釘,以釘釘物也。"《晉書·文苑傳·顧愷之》:"嘗悦一鄰女,挑之弗從,乃圖其形於壁,以棘針釘其心,女遂患心痛。"《水滸傳》第二十七回:"把這婆子换一面重囚枷釘了。"此可證"打"之打擊、扎入義。元袁桷《上京雜咏十首》之五:"芍藥園紅斗,摩姑綴玉釘。"此"釘"指釘狀物,可證"虰""趽"之音義。明沈榜《宛署雜記·民風二》:"追隨曰釘着他。"然則盯梢字本作"釘",盯梢爲"釘"之引申義而爲"盯"之本義。元楊顯之《酷寒亭》第二折:"恰便似螞蝗釘了鷺鷥飛,寸步不教離。"然則"叮"的受義之由可知。清梁章鉅《歸田瑣記·縫人》:"一鈕扣尚且釘錯,似此本領,何喧呶爲!"此"釘"義爲縫綴,"帄"指補丁,打補丁即縫綴。

本條諸詞的記録文字的聲符"丁",單用時本可表"釘""叮咬"義。《晉書·陶侃傳》:"及桓温伐蜀,又以侃所貯竹頭作丁裝船。"《西遊記》第八十二回:"還變着蒼蠅兒,丁在門樓上聽之。""丁"字的形體結構及所記詞的本義,學界迄無定論。清徐灝《説文解字注箋》、清朱駿聲《説文通訓定聲》及李孝定《甲骨文字集釋》、吴其昌《金文名象疏證》均以爲"丁"象釘形,乃"釘"之初文,其説可參。

(4) 訂亭成矴(定義)

訂　評定。《説文·言部》:"訂,平議也。从言,丁聲。"宋真德秀《咏古詩·序》:"唯杜牧之、王介甫高才遠韻,超邁絶出。其賦息嬀、留侯等作,足以訂千古是非。""訂"又有約定義。明孟稱舜《桃花人面》第四出:"是不曾携素手同來月下盟,又不曾偎雙鬢向風前訂。"凡"訂親""訂婚""訂情"之"訂"皆約定義。"訂"又有改定義。《晉書·荀崧傳》:"其書文清義約,諸所發明,或是《左氏》《公羊》所不載,亦足有所訂正。"

亭　邊境崗亭。《韓非子·内儲説上》:"秦有小亭臨境,吴起欲攻之。"亦指道路邊供行人歇息的亭子,今徽歙猶有之,鄉人稱"路亭"。《説文·高部》:"亭,民所安定也。亭有樓。从高省,丁聲。"《漢書·高帝紀》上:"及壯,試吏,爲泗上亭長。"唐顔師古注:"亭謂停留行旅宿食之館。"唐李白《菩薩蠻》:"何處是歸程?長亭連短亭。"按,停止字作"停",从亭得聲,其物名"亭",本寓止、定義,亭即旅行者行定之所。

成 完成。《説文·戊部》:"成,就也。从戊,丁聲。"《詩·大雅·靈臺》:"庶民攻之,不日成之。"漢許慎以"就"訓"成",後世有"成就"之複音詞,完成其事乃可謂有成就。又,事成即定局,今言有"搞定"之新語詞,謂事成。以故"成"有確定、必定之引申義。《禮記·王制》:"疑獄,氾與衆共之,衆疑,赦之,必察小大之比以成之。"清孫希旦《集解》:"成,猶定也。"《國語·吳語》:"夫一人善射,百夫決拾,勝未可成也。"三國吳韋昭注:"成,猶必也。"

矴 石礅,船停泊時用以繫船,沉入水以穩船身之石塊亦同名。宋梅堯臣《送寧鄉令張沆》詩:"長沙過洞庭,水泊風摇矴。"宋蘇軾《峻靈王廟碑》:"夜半大風,浪駕其舟空中,碎之石峯下,夷皆溺死,儋之父老,猶有及見敗舟山上者,今獨有矴石存焉耳。"今按,"矴"爲鎮定舟身之物,其名寓定義,故其異體作"碇",其義益顯。《集韻·徑韻》:"矴,錘舟石也。或从定。"考諸文獻,"或从定"說不謬,茲不具述。"矴"亦稱"墩",亦寓定義,"墩""篤"聲相近,吳語有"篤定"一詞,可相證。

〔推源〕 上述諸詞均有定義而其字均从丁聲,前條丁聲有"釘子"義,以釘釘物則定之,故二義相通。又,"丁"聲、"定"聲本近而相通,故丁聲字所記録的語詞可表評定、改定、行定、確定、必定、鎮定等義。

丁:端紐耕部;
定:定紐耕部。

叠韻,端定旁紐。定,安定。《説文·宀部》:"定,安也。"《易·家人》:"正家而天下定矣。"清石玉昆《三俠五義》第四回:"等我家相公定性養神,二鼓上壇便了。"引而申之,則有確定、改定、約定、鎮定等義。

(5) 汀罾窵鴠町(小義)

汀 水中的小平地、小洲。《説文·水部》:"汀,平也。从水,丁聲。"清朱駿聲《通訓定聲》:"《楚辭·湘夫人》:'搴汀洲兮杜若。'"又,"汀瀅""汀濘"皆指小水。《集韻·徑韻》:"汀,汀瀅,小水。"晉葛洪《抱朴子·內篇·極言》:"不測之水,起於汀瀅;陶朱之資,必積百千。"《文選·張協〈七命〉》:"愁洽百年,苦溢千歲,何異促麟之游汀濘,短羽之棲翳薈?"唐李周翰注:"汀濘,淺水也。"

罾 罾罳,小網。其"罾罳"亦作"罳罾"。《集韻·迥韻》:"罾,罾罳,小網。"《篇海類編·器用類·網部》:"罾,罾罳,小網兒。"清袁枚《隨園詩話》卷九引清何焕《春望》詩:"漁童小結罾罳網,溪畔沖風一笠斜。"

穸 《玉篇·穴部》云:"小突也。"疑"突"爲"埃"之借,"穸"或即小煙囱。

鴲 鵜鴲,小鳥,一名鷉鷉。明李時珍《本草綱目·禽部一·鷉鷉》:"(又名)水鶖、鵜鴲、刁鴨、油鴨。時珍曰:鶖、刁、零丁,皆狀其小也。油,言其肥也。""鷉鷉,南方湖溪多有之。似野鴨而小。"《後漢書·馬融傳》:"鷺、鴈、鷉鷉。"唐李賢注引漢揚雄《方言》:"野鳧也,甚小,好没水中。"

町 田間小路。《説文·田部》:"町,田踐處曰町。从田,丁聲。"清段玉裁注:"《左傳》:'町原防。'杜曰:'原防不得方正如井田,别爲小頃町。'"《莊子·人間世》:"彼且爲無町畦,亦與之爲無町畦。"唐成玄英疏:"町,畔也。"唐杜甫《到村》詩:"蓄積思江漢,疎頑惑町畦。"清仇兆鰲注:"町畦,田畔之界。"按,亦人所行走處。

〔推源〕 丁聲可表小義,以上諸詞即可互證。"汀瀅""汀濘""丁零"爲複音詞,其小義當與丁聲相關聯。揆"丁"有"釘子"義,釘爲微小之物,此或即丁聲表小義之緣由。又"丁"聲與"小"聲本相近而通,故"丁"聲可載小義。

丁:端紐耕部;
小:心紐宵部。

端心鄰紐,耕宵旁對轉。

(6) 圢庁奵汀(平義)

圢 平地。《玉篇·土部》:"圢,平也。"《廣韻·銑韻》:"圢,坦也。"按,"圢"或以"町"爲之。清朱駿聲《説文通訓定聲·鼎部》:"町,字亦作圢。……或曰平地爲町。"漢史游《急就篇》第三章:"頃町界畝畦埒封。"唐顔師古注:"平地爲町。"今按,平地義當以"圢"爲本字,"町""圢"俱从丁聲,故可通用。又,"町"字疊用可形容平坦貌,古人所謂重言譬況字。漢劉熙《釋名·釋州國》:"鄭,町也,其地多平,町町然也。"

庁 有平訓。《玉篇·广部》:"庁,平也。"《廣韻·青韻》:"庁,平庁。"按,今徽歙方言猶稱平頭爲"平庁頭"。"庁"字《廣韻》"他丁切",則爲丁聲字。

奵 姌奵,面平貌。《集韻·迥韻》:"姌,姌奵,面平貌。"按,文獻中未見實用例。《集韻》一書所收多俗字,亦多方言、俗語。"姌奵"爲複音詞,然其平義與"丁"聲不能無涉。

汀 《説文》本訓平,其重文作"平",則"平"義顯諸形體結構。清段玉裁以爲"汀"的水中小平地義乃由水平義所衍生,注云:"汀,謂水之平也。水平謂之汀,因之洲渚之平謂之汀。"《玉篇·水部》:"汀,水際平沙也。"所訓即水邊平坦沙灘義。唐張若虚《春江花月夜》詩:"空裏流霜不覺飛,汀上白沙看不見。"

〔推源〕 諸詞俱有平義,當爲其共同聲符"丁"所載,此義與聲符字"丁"的形體結構不相符,乃語源義,語言中約定以丁聲表平義。

(7) 頂/底(端義)

頂 頭頂,人體之最上端。《説文·頁部》:"頂,顛也。从頁,丁聲。"清朱駿聲《通訓定聲》:"《易·大過》:'過涉滅頂。'《莊子·大宗師》:'肩高於頂。'"唐杜甫《飲中八仙歌》:"脱帽露頂王公前,揮毫落紙如雲煙。"按"頂"亦虚化引申爲上端義。漢揚雄《方言》卷六:"頂,上也。"唐林寬《送僧遊太白峯》:"頂上多靈迹,塵中少客知。"

底 下端。《説文·广部》:"底,一曰下也。"清朱駿聲《通訓定聲》:"《列子》:'無底之谷名曰歸墟。'"《廣韻·薺韻》:"底,下也。"《文選·宋玉〈高唐賦〉》:"俯視崝嶸,窒寥窈冥;不見其底,虚聞松聲。"唐劉長卿《送杜越江佐覲省往新安江》:"清流數千丈,底下看白石。"

〔推源〕 此二詞俱有端義,其音亦相近而相通,語源當同。

頂:端紐耕部;
底:端紐脂部。

雙聲,耕脂通轉。"頂"字从丁得聲,乃以丁聲表端義。聲符字"丁"或云象人頭頂形。張秉權《甲骨文中所見的"數"》:"我以爲如果從甲骨文中的那些象人形的字來看,丁象人頭,亦即顛頂,應該是最早的意義。"按,"端"字之上古音爲端紐元部,"頂""底""端"三字皆雙聲,元部與"底"之脂部旁對轉。"端",頂端。《禮記·檀弓下》:"柏椁以端,長六尺。"唐孔穎達疏:"端猶頭也。積柏材作椁,並茸材頭,故云以端。"按,"端"之初文作"耑"。《説文·耑部》:"耑,物初生之題也,上象生形,下象其根也。"《周禮·考工記·磬氏》:"已下則摩其耑。"

4 丂聲

(8) 考朽(老義)

考 老,高壽。《説文·老部》:"考,老也。从老省,丂聲。"按,甲骨文"考""老"同字,象老者拄杖形。古者七十曰"老","老"字漢許慎訓"考"。《詩·大雅·棫樸》:"周王壽考,遐不作人。"漢鄭玄箋:"文王是時九十餘矣,故云壽考。"晉葛洪《抱朴子·詰鮑》:"疫癘不流,民獲考終。"

朽 腐爛,本形作"丂",後世以"朽"爲正字。《説文·歺部》:"丂,腐也。从歺,丂聲。朽,丂或从木。"《書·五子之歌》:"予臨兆民,懍乎若朽索之馭六馬。"偽孔傳:"朽,腐也。"按,凡物老化則腐,人亦得老化,故"朽"又有衰老之衍義。《三國志·魏志·曹爽傳》:"臣雖朽邁,敢忘往言?"《晉書·孔瑜傳》:"臣以朽闇,忝厠朝右,而以惛劣,無益毗佐。"唐李賀《贈陳商》:"長安有男兒,二十心已朽。"

〔推源〕 "考""朽"音有微別。"考"字《廣韻》"苦浩切",其上古音溪紐幽部;"朽"字《廣韻》"許久切",其上古音曉紐幽部。二字叠韻,溪曉旁紐。又,"考"與"丂"同音,故知"考""朽"均從丂得聲。聲符字"丂"象拐杖形。杖,老者所倚,故古人稱年滿花甲者爲"入杖鄉"。從語源學的角度講,語言中的"丂"可被約定表"老"義,故從丂得聲的"考""朽"俱有老義。

(9) 巧/好(靈巧美好義)

巧 字從工,本指技巧。《説文·工部》:"巧,技也。從工,丂聲。"《周禮·考工記·序》:"天有時,地有氣,材有美,工有巧。合此四者,然後可以爲良。""巧"又有靈巧、美妙、美好之直接引申義。《玉篇·工部》:"巧,好也。"《詩·衛風·碩人》:"巧笑倩兮,美目盼兮。"按,"巧""美"對文同義。南朝梁劉勰《文心雕龍·詮賦》:"情以物興,故義必明雅;物以情觀,故詞必巧麗。"

好 女子貌美。漢揚雄《方言》卷二:"自關而西,秦晉之間,凡美色或謂之好。"《説文·女部》:"好,美也。"《戰國策·趙策三》:"鬼侯有子而好,故入於紂。"《楚辭·招魂》:"容態好比,順彌代些。"漢王逸注:"言美女衆多,其貌齊同,姿態好美。"詞義引申,則"好"泛指美好。《説文》"好"清段玉裁注:"好,本謂女子,引伸爲凡美之偁。"按,"美好"爲"好"之常義,無煩贅述。

〔推源〕 "巧"字從工,丂聲,以通例觀之,美義當爲丂聲所載。"丂"爲杖,與美義無涉,則丂聲所載之美義爲語源義。"巧"與"好"義既同,音亦相通,乃由同一語源所衍生。

巧:溪紐幽部;

好:曉紐幽部。

叠韻,溪曉旁紐。

(10) 攷/敲(敲擊義)

攷 敲擊。《説文·攴部》:"攷,敂也。從攴,丂聲。"清朱駿聲《通訓定聲》:"俗字又作拷。"按《玉篇·手部》"拷"字訓"打"。解釋字"敂"漢許慎訓"擊",《廣韻·厚韻》云"扣打"。《廣雅·釋詁三》:"攷,擊也。"漢劉珍等輯《東觀漢記·和熹鄧皇后》:"宮中亡大珠一篋……念欲攷問,必有不辜。"清畢沅《續資治通鑑·宋神宗元豐三年》:"今雅樂古器非不存……攷擊奏作,委之賤工,如之何不使雅、鄭之雜也。"

敲 敲擊。《説文·攴部》:"敲,橫擿也。"《廣韻·效韻》:"敲,擊也。"《左傳·定公二年》:"邾莊公與夷射姑飲酒,私出。閽乞肉焉,奪之杖以敲之。"宋蘇軾《浣溪紗》:"日高人渴漫思茶,敲門試問野人家。"

〔推源〕 二詞義相同,音亦相近而通。

攷:溪紐幽部;

敲:溪紐宵部。

雙聲,幽宵旁轉。"攷"的敲擊義既顯諸形符"攴"(小擊),亦復以"丂"聲表之,故經傳多借其丂聲字"考"爲之,後起本字"拷"乃就借字加注形符"手"而成。

5　卜聲

(11) 赴訃(前往義)

赴　前往。《説文·走部》:"赴,趨也。从走,仆省聲。"清段玉裁注本作"从走,卜聲。"清朱駿聲《通訓定聲》亦云"卜聲。"清孔廣居《疑疑》:"仆諧卜聲,赴亦卜聲可也。"《孟子·梁惠王上》:"天下之欲疾其君者,皆欲赴愬於王。"《樂府詩集·雜曲歌辭十三·焦仲卿妻》:"且暫還家去,吾今且赴府。"

訃　報喪。字从言,謂前往而有所告。《玉篇·言部》:"訃,告喪也。"《廣韻·遇韻》:"訃,告喪也。"《禮記·雜記》:"凡訃於其君,曰君之臣某死。"漢鄭玄注:"臣死,其子使人至君所告之。"唐杜牧《祭周相公文》:"牧守吳興,繼奉手示,但思休退,不言疾恙,訃問忽至,慟哭問天。"

〔推源〕　二詞俱有前往義,其字則均从卜聲,同源無疑。"訃"字本爲"赴"的引申義專製的後起本字。"赴"訓"趨"即疾行而前往,報喪宜速,今徽歙猶有詈言"報死",謂事不當急而急行之。《玉篇·走部》:"赴,告也。或作訃。"《説文》"赴"字清段玉裁注:"赴,古文訃告字只作赴者,取急疾之意。今文从言,急疾意轉隱矣。故《言部》不收訃字者,从古文不从今文也。"《左傳·隱公三年》:"平王崩。赴以庚戌,故書之。"楊伯峻注:"赴,今作訃,告喪也。""報喪"本爲"赴"的引申義,膨脹而成新詞,此爲漢語詞彙新詞增生一大通例。

考聲符字"卜"象龜甲裂坼形,指占卜,與"往"義無涉。"赴""訃"的"往"義爲卜聲所載的隱性語義即語源義。

(12) 圤玐鈬(塊義)

圤　土塊。或體作"墣"。《説文·土部》:"墣,塊也。从土,菐聲。圤,墣或从卜。"清段玉裁注:"《吳語》曰:'渉人疇枕王以墣。'《淮南》書曰:'土人之勝水也,非以一墣寒江。'"按,清朱駿聲《通訓定聲》説亦略同。段氏所稱引《國語·吳語》文三國吳韋昭注云:"墣,塊也。"

玐　含玉的石塊,異體作"璞"。《玉篇·玉部》:"玐,玉未成器也。"宋洪适《隸釋·漢梁相孔耽神祠碑》:"君之德兮性自然,蹈仁義兮履玐純。"清董桂敷《朝議大夫素園俞君墓誌銘》:"流金爍石之相磨也,予方刓玐玉以爲珂。"《集韻·覺韻》:"璞,或作玐。"《玉篇·玉部》:"璞,玉未治者。"《戰國策·秦策三》:"鄭人謂玉未理者璞。"

鈬　金屬礦石塊。《集韻·覺韻》:"鈬,金鈬。"按"鈬"即"礦"字,見唐顏元孫《干禄字書》。《隋書·食貨志》:"晉王廣又聽於鄂州白紵山有銅鈬處,錮銅作錢。"按,"鈬"亦當爲"鏷"之或體。《古今韻會舉要·覺韻》:"鏷,金鈬。"《文選·張協〈七命〉》:"銷踰羊頭,鏷越鍜成。"

〔推源〕 上述三詞分別指土塊、含玉的石塊、金屬礦石塊,而其字則俱從卜聲,同源關係可以判定。其"塊"義當爲"卜"聲所載的語源義。

(13) 仆／踣(倒下義)

仆 往前倒下。《説文·人部》:"仆,頓也。从人,卜聲。"清段玉裁注:"頓者,下首也。以首叩地謂之頓首。引伸爲前覆之辭。《左氏音義》引孫炎曰:'前覆曰仆。'玄應三引《説文》:'仆,頓也。謂前覆也。'"清朱駿聲《通訓定聲》:"前覆曰仆,後仰曰偃。《素問·經脈别論》:'度水跌仆。'……《釋名》:'仆,踣也,頓踣而前也。'"《左傳·定公八年》"偃且射子鉏",唐孔穎達疏:"迎風則偃,背風則仆。"

踣 往前倒下。《説文·足部》:"踣,僵也。从足,咅聲。《春秋傳》曰:'晉人踣之。'"清朱駿聲《通訓定聲》:"《爾雅·釋言》:'斃,踣也。'孫注:'前覆曰踣。'"按,漢許慎所訓"僵"實亦往前倒下義。《左傳·襄公十四年》:"譬如捕鹿,晉人角之,諸戎掎之,與晉踣之。"晉杜預注:"踣,僵也。"唐孔穎達疏:"前覆謂之踣,言與晉共倒之。"

〔推源〕 此二詞義同,音亦相近而通,當爲同一語源之分化。

仆:滂紐屋部;

踣:並紐職部。

滂並旁紐,屋職旁轉。《集韻》及段玉裁、朱駿聲皆云"仆"同"踣"。此"同"若指文字使用中所表達的效果相同,則可從。"仆"本音芳遇切,"踣"本音蒲北切,二者非異體字關係。又,"卜"聲被約定用來表前覆、倒下義,非啻見諸"仆"一字,"赴""趴"亦可表此義。《管子·輕重》:"牧貧病,視獨老,窮而無子者,靡得相鬻而養之,勿使赴於溝澮之中。"《集韻·德韻》:"踣,亦作趴。"《篇海類編·身體類·足部》:"趴,亦作踣。斃也,倒也。"

(14) 飰／哺(喂食義)

飰 喂食。《玉篇零卷·食部》:"《聲類》:'飰,哺也。'"唐玄奘《大唐西域記·憍薩羅國》:"十方善逝、三世如來,在昔發心,逮乎證果,勤求佛道,修習戒忍,或投身飰獸,或割脂救鴿。"

哺 喂食。字亦作"餔"。《爾雅·釋鳥》:"生哺鷇。"晉郭璞注:"鳥子須母食之。"《説文·口部》"哺"訓"哺咀",喂食義由此衍生。清段玉裁注云:"凡含物以飼曰哺。"漢王符《潛夫論·忠貴》:"哺乳太多,則必製縱而生癕。"唐慧琳《一切經音義》卷十四:"餔,亦作哺,口中嚼食與小兒也。"清朱駿聲《説文通訓定聲·豫部》:"餔,(假借)又爲哺。《漢書·高帝紀》:'吕后因餔之。'注:'餔,餔食之餔,以食食人亦曰餔。'"按,"餔"的本義爲夕食,聲符"甫"載"盡"義,以其从甫得聲借作"哺"。

〔推源〕 二詞義同,音近且同。"飰"字當从卜聲,"卜"爲幫紐屋部字,"哺"爲並紐魚部字,幫並旁紐,屋魚旁對轉。喂食稱"哺",其構詞理據即輔助其食,甫聲字"輔""俌""補"等所記錄的語詞均有輔助義(見本典第三卷"299. 甫聲"第 813 條),"哺"亦同源者。"飰"从卜聲,與"甫"聲近且通,故得載喂食義。

6　八聲

(15) 䣛八(八義)

䣛　八歲的馬。《説文·馬部》:"䣛,馬八歲也。"清段玉裁注:"《初學記》引何承天《纂文》同。"元楊維楨《些馬賦》:"在度爲騋,在歲爲䣛。"

八　一加七之和。《玉篇·八部》:"八,數也。"《易·繫辭上》:"天七,地八。"《左傳·隱公五年》:"公問羽數於衆仲。對曰:'天子用八,諸侯用六'。"

〔推源〕　漢許慎以爲"䣛"爲會意字,故謂"䣛"字之結構云"从馬,从八。"南唐徐鍇《繫傳》:"从馬,八聲。"清朱駿聲《通訓定聲》:"从馬,从八,會意,八亦聲。"朱説得之。"八"的本義衆説紛紜,未有定論,然其基本義爲數之八,可以無疑。本典宗旨,凡在條文目録中出現的記録同源詞的文字均爲本字,以免引起同源詞與同源字之間的混淆[二者有本質區別,兹不具述,詳殷寄明《語源學概論》(上海教育出版社,2000 年)]。"八"當屬假借字,在本條中作爲特例處理。

(16) 㕣㪍扒(分義)

㕣　"別"的古字,分別,分開。《説文·八部》:"㕣,分也。从重八。八,別也,亦聲。《孝經説》曰:'故上下有㕣。'"清朱駿聲《通訓定聲》:"經傳皆以'別'爲之。"《玉篇·八部》:"㕣,古文別。"

㪍　分配工作。《説文·羑部》:"㪍,賦事也。从羑,从八。八,分之也,八亦聲。讀若頒。"清朱駿聲《通訓定聲》:"經傳皆以'頒'、以'班'爲之。"清段玉裁注:"賦者,布也。……以煩辱之事分責之人也。"清錢坫《斠詮》:"讀若頒,即班布字。"

扒　分開。《廣雅·釋言》:"扒,擘也。"清王念孫《疏證》:"擘,分也。扒之言別也。"按,今語以兩手撥開亦稱"扒"。《花城》1981 年第三期:"我回頭一看,見一個並不十分高大,但很結實、精靈、腰背橫寬的知青把衆人向左右扒開,唰地一下跳上了水泥櫃臺。"

〔推源〕　上述三詞俱有分義,此當爲"八"聲所承載的語義。觀其聲符字形體,象分別相背之形。《説文·八部》:"八,別也。象分別相背之形。"高鴻縉《中國字例》:"八之本意爲分,取假象分背之形,指事字……後世借用爲數目八九之八,久而不返,乃加刀爲意符作分。"所論可備一説,唯惜未見古今文獻實用例。"八"表示分開、分別,只是形體造意。"八"聲可表義,則可以無疑。

八:幫紐質部;

別:幫紐月部;

分:並紐文部。

幫並旁紐,質月旁轉,文部與質、月二部旁對轉。"別""分"俱指以刀剖而使分開。

(17) 朳扒(爬梳義)

朳 無齒耙。漢揚雄《方言》卷五"杷"晉郭璞注:"有齒曰杷,無齒為朳。"元王禎《農書》卷十四:"朳,無齒耙也。所以平土壤,聚穀實。"北魏賈思勰《齊民要術‧種棗》:"(曬棗法)以朳聚而復散之,一日中二十度乃佳。"明徐光啟《農政全書‧種植》:"以木朳打轉,澄清去水,是謂頭靛。"按,其字或體作"𣏾",从枼,亦从八聲,見諸明陳衍《元詩紀事‧王禎》。

扒 以手或耙類工具聚攏其物。《西遊記》第十四回:"你小時不曾在我面前扒柴?""扒"又可表攀援、爬行義。《王通和尚》:"又像俺們寶塔上的階梯,從一、二層扒將八、九,不知有幾多般的跌撞蹭蹬。"明徐渭《漁陽三弄》:"不想道屈身軀,扒出他們胯。"

〔推源〕 朳可以來回地聚攏、分散、爬梳其物,名為"朳",本寓爬梳、聚攏之義。"扒"則為動詞,表爬梳、聚攏義。又,爬行義、攀援義當與爬梳義相通。諸義皆源自"八"聲,"八"聲與"巴"聲相近,故"朳"又稱"耙",今爬行字、爬梳字皆作"爬",从爪,巴聲,本指以手指抓爬,即爬梳,引申為爬行。此正可證"八"聲所載諸義。

(18) 釟/辦(治理義)

釟 治金。《玉篇‧金部》:"釟,治金也。"《廣韻‧黠韻》:"釟,治金。"《集韻‧黠韻》:"釟,治金謂之釟。"按,《廣韻》注此字之音為"博拔切",从八得聲者,乃以八聲表治理義。又,"鈉"為治鐵,"鈉""釟"音相近。《集韻‧合韻》:"鈉,治鐵也。"所謂治金,蓋即熔化、提煉金屬之義,"鈦"有熔化義,而與"釟"音亦相近,可相證。

辦 辦理,治理。《說文新附‧力部》:"辦,致力也。"《管子‧中匡》:"民辦軍事矣,則可乎?"《三國志‧魏志‧鍾會傳》:"會得書,驚呼所親語之曰:'但取鄧艾,相國知我能獨辦之。'"按,唯"辦"有治理義,故有"辦理"之雙音詞。明張居正《請簡用閣臣疏》:"誠恐聞見有限,辦理不前,或致誤事。"

〔推源〕 此二詞俱有治理義。《廣韻》注"釟"字之音為"博拔切","辦"字"蒲莧切",可推二字之上古音分別為:

釟:幫紐質部;

辦:並紐元部。

幫並旁紐,質元旁對轉。然則二詞之語源當同。

7　乂聲

(19) 嬖㣧㸤(治安義)

嬖 治理。《說文‧辟部》:"嬖,治也。从辟,乂聲。《虞書》曰:'有能俾嬖。'"馬宗霍

《引群書攷》指出該詞的構詞理據："嬖,從辟,辟,法也。治之必以法。"清段玉裁注:"《詩》作艾。《小雅·小旻》傳曰:'艾,治也。'"清朱駿聲《通訓定聲》:"經傳皆以乂、以艾爲之。"按,"乂"本爲"嬖"之聲符字,"艾"亦爲從乂得聲者。這説明在口頭語言中,"嬖"所記錄的語詞是存在的,且"嬖"爲本字;在書面文獻中人們却採用同音的、筆畫少的借字。《玉篇·辛部》:"嬖,理也。亦作乂。"按"理"即治理。"嬖"又有安義,當由治理義所衍生,蓋治之則安。《洪武正韻·寘韻》:"嬖,安也。"

忢 懲治。觀其形音,此義當由乂聲的治理義所衍生。《説文·心部》:"忢,懲也。從心,乂聲。"《楚辭·九歌》"首身離兮心不懲"漢王逸注:"懲,忢也。言己雖死,頭足分離,而心終不懲忢。"《晉書·地理志》上:"始皇初並天下,懲忢戰國,削罷列侯,分天下爲三十六郡。"按,"懲忢"當爲同義聯合式複音詞。"懲忢"又作"懲刈"。清曾國藩《廣東嘉應州知州劉君事狀》:"是時兩廣總督百公齡,治尚威猛,懲刈奸宄。"亦作"懲乂""懲艾",無定字,大抵皆乂聲字。

虓 有安義。《龍龕手鑑·虎部》:"虓,虎息也。"按,即安息、安定之意。

〔推源〕 上述三字均從乂聲,聲符字單用本有治理、懲治、安定之義,且諸義同條共貫,則以上三詞之同源關係可以認定。

《爾雅·釋詁下》:"乂,治也。"《漢書·武五子傳》:"保國乂民,不可敬與!"唐顏師古注:"乂,治也。"宋王禹偁《省試三傑佐漢孰優論》:"粵自有天地,建國家,歷代已來,固非賢而不乂也。"《集韻·夳韻》:"乂,懲也。"《新唐書·裴矩傳》:"太宗即位,疾貪吏,欲痛懲乂之。"《史記·孝武本紀》:"漢興已六十餘歲矣,天下乂安。"隋楊昭《答蔣州事書》:"江東混一,海內乂寧。"

8　勹聲

(20) 包勹匋(包裹義)

包 "胞"的初文,胎衣,即包裹胎兒之物,引申之,則有包裹義。《説文·勹部》:"包,象人裹妊,巳在中,象子未成形也。"清段玉裁注:"象裹其中,巳字象未成之子也。勹亦聲。"清朱駿聲《通訓定聲》:"從勹、從巳,會意,勹亦聲。《莊子·外物》:'胞有重閬。'《釋文》:'腹中胎。'……皆以胞爲之。假借爲勹。《詩》:'野有死麇,白茅包之。'傳:'裹也。'《書·禹貢》:'草木漸包。'馬注:'相包裹也。'"按,朱氏所云假借,實爲引申。《廣雅·釋詁四》:"包,裹也。"此爲"包"之基本義。

勹 同"抱"。《説文·勹部》:"勹,覆也。從勹覆人。"清段玉裁注:"此當爲抱子抱孫之正字。今俗作抱。"清朱駿聲《通訓定聲》:"會意。按,勹亦聲。"今按,《廣韻》"勹"字"薄報切",朱氏"勹亦聲"説可從。林義光《文源》:"勹,今以抱爲之。""勹"又指鳥鵰卵,則同"菢"。

"匏"的聲符"抱"亦从包得聲者。《集韻·號韻》:"匏,鳥伏卵。或作勹。"此可視爲"勹"的引申義。

匋 被包在窑中燒製成的瓦器。《説文·缶部》:"匋,瓦器也。从缶,包省聲。古者昆吾作匋。"清朱駿聲《通訓定聲》本作:"瓦器,竈也。"並云:"从勹會意,勹亦聲。……古者夏臣昆吾作匋。《通俗文》:'陶竈曰窯。'以陶爲之。"清段玉裁注本徑改解釋文爲"作瓦器也"。並注云:"作字各本無,今依《玉篇》補。《大雅》:'陶復陶穴。'箋云:'復穴皆如陶然。'《正義》引《説文》:'匋,瓦器竈也。'按,《穴部》云:'窯,燒瓦竈也。'《瓦部》云:'甄,匋也。'然則依《玉篇》爲長。作瓦器者,彀之燒之,皆是其事。故匋之字次於彀。今字作陶,陶行而匋廢矣。""疑作勹聲亦是。皆形聲包會意也。"按,"陶"字从阜,爲借字。"匋"一指瓦器,一指燒瓦器之窑,二義相通,且均寓包裹義。

〔推源〕 此三詞俱有包裹義,其聲符"勹"本爲象形字,包裹義顯諸文字形體結構。《説文·勹部》:"勹,裹也。象人曲形,有所包裹。"按,"象人曲形"説未得,其字乃象包物之物形。文獻中"勹"字大抵以"包"爲之。故《説文》"勹"字清王筠《句讀》云:"今借包爲勹。"清朱駿聲《通訓定聲》:"經傳皆以包爲之。"至《正字通·勹部》"勹,包本字"説,則恐未得,"包"乃胎胞字初文。又,"勹"作形符或會意字構件用,亦表包裹、包圍義。"匌"謂周匝,"匔"指裝弓箭的器具,"軍"爲軍事單位,四千人一軍,止則以車自圍。其"勹"皆包裹、包圍義。

9 匕聲

(21) 牝麀枇(雌性義)

牝 雌性獸,引申而泛指雌性。《説文·牛部》:"牝,畜母也。从牛,匕聲。《易》曰:'畜牝牛,吉。'"《史記·龜策列傳》:"禽獸有牝牡,置之山原;鳥有雌雄,佈之林澤。"《淮南子·時則訓》:"遊牝別其群。"漢高誘注:"是月牝馬懷胎已定,故別其群,不欲騰駒踢傷其胎育。"北齊顔之推《顔氏家訓·治家》:"如有聰明才智,識達古今,正當輔佐君子,助其不足,必無牝雞晨鳴,以致禍也。"

麀 雌性鹿。《爾雅·釋獸》:"鹿,牡麚,牝麀。"《説文·鹿部》:"麀,牝鹿也。从鹿,从牝省。"《詩·大雅·靈臺》:"王在靈囿,麀鹿攸伏。"又《詩·小雅·吉日》:"獸之所同,麀鹿麌麌。"漢毛亨傳:"鹿牝曰麀。"引申之,則泛指雌性禽獸。《左傳·襄公四年》:"在帝夷羿,冒於原獸。忘其國恤,而思其麀牡。"

枇 祭祀時用來載牲體的大木匙。《廣韻·旨韻》:"枇,同朼。"《儀禮·士喪禮》:"乃朼載,載兩髀於兩端。"漢鄭玄注:"乃朼,以朼次出牲體昇人也。載,受而載於俎左人也。"按,"朼"字《廣韻》"卑履切",推其上古音爲幫紐脂部,正與"匕"同,則"朼"爲从匕得聲者。《禮記·雜記上》:"枇以桑,長三尺,或曰五尺。"漢鄭玄注:"枇,所以載牲體者,此謂喪祭也,吉祭枇用棘。"按,"枇(柀)"的構詞理據當與"牝""麀"同,詳本條推源文。

〔推源〕 聲符字"匕"爲象形文,取食器具。《説文·匕部》:"匕,亦所以用比取飯。一名柶。"《儀禮·公食大夫禮》:"雍人以俎入陳於鼎南,旅人南面加匕於鼎,退。"《詩·小雅·大東》:"有饛簋飧,有捄棘匕。"宋朱熹《集注》:"棘匕,以棘爲匕,所以載鼎肉而升之於俎也。"凹下是此物的顯著特徵,故"匕"聲可指女性、雌性禽獸及性器。《集韻·準韻》:"牝,《説文》:'畜母也。'古作匕。"郭沫若《甲骨文字研究·釋祖妣》云牡、牝二字"均从⊥、匕象形。⊥、匕爲何?⊥、匕即祖妣之省也。古文祖不从示,妣不从女。"又云"牡"字"且實牡器之象形,故可省爲⊥;匕乃匕柶字之引伸,蓋以牝器似匕,故以匕爲妣若牝也。"按,"匕"爲匕柶,引申而指性器,證據甚夥:古代溪谷、鎖具容受鍵的凹下部分皆稱"牝"。"牝"又指陰性,北方之土稱"牝土"。又,大木匙亦凹下之物,故稱"柶"。

"麀"字漢許慎云"从牝省",似未得肯綮,當云"匕聲"。許氏又以"麜"字爲重文,云"麜,或从幽聲。"《廣韻》亦以"麀""麜"爲同音字,"於求切",恐亦未當。清段玉裁氏已言之:"牝本从匕聲,讀扶死反,麀音蓋本同。後人以鹿聲呦呦改其音,並改其字作麜耳。"

(22) 帗/破(破碎義)

帗 殘帛綻裂。《説文·巾部》:"帗,幭裂也。从巾,匕聲。"清段玉裁注:"謂殘帛裂也。"清朱駿聲《通訓定聲》:"殘帛裂曰帗,正幅裂曰幡。《急就篇》:'帗敝囊橐不直錢。'"按,唐顏師古注云:"帗者幭殘之帛也。"按"幭"字漢許慎訓"殘帛"。

破 破碎,碎裂。《説文·石部》:"破,石碎也。从石,皮聲。"《廣雅·釋詁一》:"破,壞也。"《玉篇·石部》:"破,解離也,碎也。"《荀子·勸學》:"風至苕折,卵破子死。"《關尹子·二柱》:"兆龜、數蓍、破瓦、文石,皆能告吉凶。"元方回《登屋東山作》詩:"壞屋如敝衣,隨意補破綻。"

〔推源〕 "帗"的綻裂義當爲"匕"聲所載的語源義。"匕"聲與"皮"聲相近而通,"帗""破"均有破裂義,故爲同源詞。

帗:幫紐脂部;
破:滂紐歌部。

幫滂旁紐,脂歌旁轉。"破"字从皮得聲,"皮"本指剥取獸皮,故合體字"破"所記録的語詞之本義爲破碎,破碎即被分解、破裂。"破"字的結構當云:从石、从皮,皮亦聲。

(23) 疕/痞(鬱結成病義)

疕 頭瘡。《説文·疒部》:"疕,頭瘍也。从疒,匕聲。"《周禮·天官·醫師》:"凡邦有疾病者、疕瘍者造焉,則使醫分而治之。"漢鄭玄注:"疕,頭瘍。"明郎瑛《七修類稿·義理二·混堂》:"瘍者、疕者,納一錢於主人,皆得入澡焉。"

痞 痞塊。《説文·疒部》:"痞,痛也。"南唐徐鍇《繫傳》:"腹内結病。"清朱駿聲《通訓定聲》："腹内結滯而痛。"《玉篇·疒部》："痞，腹内結病。"漢張仲景《傷寒論·太陽病中》："傷寒大下後，復發汗，心下痞，惡寒者，表未解也，不可攻痞，當先解表，表解乃可攻痞。"明李時珍《本草綱目·菜二·水蕨》："主治腹中痞積，淡煮食，一二日即下惡物。"

〔推源〕 上述二詞義極相近，換言之，二詞所指稱的事物具有相似特徵。其音亦近，《廣韻》"疕"字"匹鄙切"，《集韻》"痞"字"部鄙切"。又，"疕"亦指痂，即瘡上薄殼。漢史游《急就篇》第四章："痂疕疥癘癡聾盲。"唐顏師古注："痂，瘡上甲也，疕謂薄者也。"《廣雅·釋言》："疕，痂也。"按，今皖省徽州歙縣方言稱痂爲"痞"，此可爲"疕""痞"同源之一證。

10　几聲

(24) 飢屼 (空義)

飢　飢餓，食物空乏。唐慧琳《一切經音義》卷二十九引《蒼頡篇》："飢，餒也，腹中空也。"《説文·食部》："飢，餓也。从食，几聲。"清朱駿聲《通訓定聲》："與'饑'别，字亦作'飢'。《詩·衡門》：'可以樂飢。'箋：'飢者，不足於食也。'"《管子·八觀》："草田多而辟田少，雖不水旱，飢國之野也。"《史記·吳王濞列傳》："吳大敗，士卒多飢死。"

屼　山名。《説文·山部》："屼，山也。或曰：弱水之所出。从山，几聲。"清朱駿聲《通訓定聲》作"溺水之所出"，並云："溺水出今甘肅甘州府山丹縣西南窮石山。……屼山即窮石之異名也。"清桂馥《義證》："弱當作溺。本典：溺水自張掖刪丹西至酒泉，合黎餘波入於流沙。此屼山即《楚辭》之窮石，《十六國春秋》謂之蘭門山，漢張掖刪丹西南山也。《廣韻》：'屼，女屼，山名，弱水所出。'馥案此誤也。《九域志》：'女屼山在河南壽安縣。'……馥謂别是一山，非弱水所出。"今按，"窮石山"即有窮氏后羿所居之石山。《左傳·襄公四年》："昔有夏之方衰也，后羿自鉏遷於窮石。"《楚辭·離騷》："夕歸次於窮石兮"即指此山。石山，即草木空乏之山，故稱"屼山"。

〔推源〕 食物空乏稱"飢"，草木空乏之山稱"屼"，可互證。聲符"几"爲見紐脂部字，與"幾"音相近，後者見紐微部，雙聲，脂微旁轉。幾聲字所記録的語詞多有少、不足義（見本典"幾聲"），即如"飢"字文獻中常以"饑"替用。"几"爲象形字，謂踞几，與空乏義不相涉。其空乏義爲"几"聲所載之語源義。

11　九聲

(25) 艽紤 (糾絞義)

艽　字亦作"苀"，龍膽科植物，俗稱"大葉龍膽"，根可作中藥，去風濕，俄羅斯、蒙古產之，我國境内以秦地（今甘肅、陝西）所產者爲最佳，故稱"秦艽"。以其根作羅紋糾絞狀得名。《玉篇·艸部》:"艽,秦艽,藥。"《篇海類編·花木類·艸部》:"艽,藥名。與艽同。"清龔自珍《說文段注劄記》:"艽,今以爲秦艽字。"清朱駿聲《說文通訓定聲·孚部》:"艽,《廣韻》有秦艽,藥名,字亦作芁,又誤作芁,《本草》作糺。李時珍曰:'出秦中,根作羅紋交糾者佳,故名。'"按,《本草綱目·草部·秦艽》云亦名"秦糺","糺"爲"糾"之或體,其糾絞義益顯。"艽"與"芁"蓋爲轉注字。"艽"的聲符"丩"本爲"糾"之初文。

紈 有"糾"訓,字亦作"絿"。《集韻·尤韻》:"絿,或从九。"《正字通·糸部》:"紈,糾也。"清朱駿聲《說文通訓定聲·孚部》:"絿,字亦作紈。"按,"紈""絿"多訓急(見本典第26條),即絞緊之義,緊義急義相通,"紈"的急義乃由糾絞義所衍生。

〔推源〕 "艽""紈"俱有糾絞義,而其字均从九聲。"九"爲數詞之記錄文字,謂八加一之和。或云"九"爲肘之象形。然則均與糾絞義不相涉。"九"字以其聲韻另載"糾絞"之語源義。"九"本與"糾"同音,見紐雙聲,幽部疊韻,故九聲可載糾絞義。至"糾"本爲糾絞字,參本典第32條。

(26) 紈虓吜訅(急、猛、緊逼義)

紈 急,引急。《玉篇·糸部》:"紈,引急也。"《廣韻·尤韻》:"紈,急引也。"《集韻·尤韻》:"絿,或从九。"《說文·糸部》:"絿,急也。从糸,求聲。《詩》曰:'不競不絿。'"清段玉裁注:"《毛詩》傳曰:'絿,急也。'《左傳》杜注从之。"清朱駿聲《通訓定聲》:"字亦作紈。"《逸周書·王會》"紈牛者"晉孔晁注:"紈與絿同。"《鶡冠子·王鈇》:"柱國不政,使下情不上聞,上情不下究,謂之絿政。"宋陸佃注:"絿,急也。"

虓 字从虎,有猛義、急義,猛義相通。《後漢書·龐參傳》:"非惟兩主有明叡之姿,抑亦捍城有虓虎之助。"《新唐書·薛仁貴傳》:"師還,帝謂曰:'朕舊將皆老,欲擢驍勇付閫外事,莫如卿者。朕不喜得遼東,喜得虓將。'"今按,人勇猛曰"雄赳赳",勇猛者稱"赳赳武夫",其"赳"字从丩得聲,"丩""九"作聲符用常可互換,如"芁"與"艽"、"紈"與"糾",然則"虓"的勇義爲九聲所載。

吜 傲人逼人。《說文·口部》:"吜,高氣也。从口,九聲。"明劉侗、于奕正《帝京景物略·慈壽寺》:"四壁金剛,振臂拳膺,瞽睒據踏,如有氣吜吜,如叱叱有聲。"按,急義、緊逼義相通。

訅 逼迫。《說文·言部》:"訅,迫也。从言,九聲。讀若求。"清朱駿聲《通訓定聲》:"《爾雅·釋訓》:'惟述鞠也。'以述爲之。"清桂馥《義證》:"'迫也'者,《廣雅》同。……本典'述''匓'義同,'匓'亦九聲。"清段玉裁注:"今俗謂逼迫人有所爲曰訅,音正同丘。"清承培元《廣說文答問疏證》:"訅,以言相迫也。"按,"訅"字結構亦作左形右聲。《集韻·尤韻》:"訅,或書作訆。"漢班婕妤《擣素賦》:"訆泬路之逶夐,恐芳菲之易泄。"

〔推源〕 上述諸詞或有急義,或有猛義、逼迫義。急義、猛義相近,急義、逼迫義相通,諸詞出諸同一語源。諸義與"九"的文字形體不相涉,當爲"九"聲所載之語源義。"亟""急"

可以證之。

九：見紐幽部；
亟：見紐職部；
急：見紐緝部。

雙聲，幽職旁對轉，職緝通轉。亟，急。《爾雅·釋詁下》："亟，疾也。"宋邢昺疏："皆謂急疾也。"《説文·二部》："亟，敏疾也。"清朱駿聲《通訓定聲》："《廣雅·釋詁一》：'亟，急也。'《詩·七月》：'亟其乘屋。'箋：'急也'"《左傳·襄公二十四年》："曰：'公孫之亟也。'"晉杜預注："亟，急也。"按，"亟"又有緊迫義，與逼迫義極相近。《左傳·定公五年》："歸粟於蔡，以周亟，矜無資。"清馮桂芬《黄漱莊大令夢滇南事蹟序》："近世州縣以理財爲亟務。"急，字从心，謂性急、急躁，引申之，則凡危急、着急、緊皆稱"急"。"急"又有逼迫義。《戰國策·楚策一》："齊楚構難，宋請中立；齊急宋，宋許之。"漢高誘注："急謂迫之使不得不從。"《史記·廉頗藺相如列傳》："大王必欲急臣，臣頭今與璧俱碎於柱矣！"

(27) 軌厹（痕迹義）

軌 本訓車迹，即車輪碾壓的痕迹。《説文·車部》："軌，車轍也。从車，九聲。"《廣韻·旨韻》所訓同。《廣雅·釋詁三》："軌，迹也。"《孟子·盡心下》："城門之軌，兩馬之力與？"漢趙岐注："譬若城門之軌轍其限切深者，用之多耳，豈兩馬之力使之然乎？"宋朱熹《集注》："軌，車轍迹也。"漢焦贛《易林·明夷之漸》："轉之軌軌，行近不遠。"按，"軌軌"即沿其舊車迹。《漢書·司馬相如傳》下："結軌還轅，東鄉將報，至於蜀都。"唐顏師古注："軌，車迹也。"

厹 獸迹。其字亦作"爪""内"，爲"蹂"之初文。《説文·厹部》："内，獸足蹂地也。象形，九聲。《尔疋》曰：'狐貍貛貉醜，其足蹯，其迹厹。'凡厹之屬皆从厹。蹂，篆文从足，柔聲。"按，漢許慎所引《爾雅·釋獸》文宋邢昺疏："其指頭著地處名爪。"《集韻·有韻》："厹、蹂，獸跡。或作蹂。"

〔推源〕 二詞俱有痕迹義，爲九聲所載之語源義。痕迹字"痕"爲匣紐字，與九聲相近。又"瑕"字可證九聲之痕迹義。

九：見紐幽部；
瑕：匣紐魚部。

見匣旁紐，幽魚旁轉。瑕，玉的斑痕。《廣韻·麻韻》："瑕，玉病也。"《管子·水地》："夫玉，温潤以澤，仁也……瑕適皆見，精也。"唐尹知章注："瑕適，玉病也。"唐張鷟《左丞批士有百行可以功過相掩》："海浮小芥，詎玷洪波；玉隱微瑕，何妨美寶？"

(28) 勼/具（聚集義）

勼 聚集。《説文·勹部》："勼，聚也。从勹，九聲。讀若鳩。"唐蘇源明《元包經傳·少陰》:"悦以勾人,人亡不集。"徐珂《清稗類鈔·鑒賞類》:"武人俗吏,目不識丁,勾工選材,艱於伐石。"

具 具備,齊備,此與聚集義相通。清朱駿聲《説文通訓定聲·需部》:"具,《廣雅·釋詁二》:'備也。'《東京賦》:'禮舉儀具。'假借爲'俱'。《詩·節南山》:'民具爾瞻。'"《管子·明法》:"百官雖具,非以任國也。"宋程大昌《演繁露·七牢百牢》:"牛、羊、豕具爲太牢,但有羊、豕而無牛,則爲少牢。"按,範圍副詞"俱"表示都、全等義,其字本作"具",朱氏"具"假借爲"俱"説未當。

〔推源〕 "勾"字从九得聲,九聲可載聚集義,"鳩"可證之。《説文》"勾"字清朱駿聲《通訓定聲》:"經傳皆以鳩爲之。"《爾雅·釋詁下》:"鳩,聚也。"《書·堯典》:"共工方鳩僝功。"僞孔傳:"鳩,聚也。"《三國志·吴志·朱桓傳》:"鳩合遺散,期年之間,得萬餘人。"又,聚集義亦可用聲符字"九"表之。《莊子·天下》:"禹親自操橐耜,而九雜天下之川。"唐陸德明《經典釋文》:"九,本亦作鳩,聚也。""九""勾"音同,與"具"字之音相近而通,故可表聚集義。

勾:見紐幽部;
具:群紐侯部。

見群旁紐,幽侯旁轉。二詞之音、義俱有親緣關係。

(29) 馗/衢(通達義)

馗 四通八達的道路。《説文·九部》:"馗,九達道也。似龜背,故謂之馗。馗,高也。从九、从首。逵,馗或从辵、从坴。"清朱駿聲《通訓定聲》:"《韓詩·兔罝》:'施於中馗。'毛本作'逵'。《爾雅·釋宫》:'九達謂之逵。'《釋文》:'本作馗。'《釋名·釋道》:'九達曰逵,齊魯謂道多爲逵。'"南朝宋鮑照《蕪城賦》:"崩榛塞路,崢嶸古馗。"宋劉球《龍駒賦》:"朝發步於九馗,夕周遊乎八極。"

衢 四通八達的道路。《爾雅·釋宫》:"四達謂之衢。"《説文·行部》:"衢,四達謂之衢。"清朱駿聲《通訓定聲》:"本《爾雅》。《淮南·繆稱》:'猶中衢而致尊邪。'注:'道六通謂之衢。'按,《爾雅》曰莊。《大戴·子張問入官》:'必於四面之衢。'《易·大畜》:'何天之衢。'《周禮·保氏》注:'舞交衢。'《管子·國蓄》:'壞正方,四面受敵謂之衢國。'"按,《楚辭·天問》"靡蓱九衢"漢王逸注:"九交道曰衢。"《孫子·九地》"有衢地"宋張預注:"衢者,四通之地。"

〔推源〕 二詞同義,其音亦相近而相通,同源者。

馗:群紐幽部;
衢:群紐魚部。

雙聲,幽魚旁轉。《説文》"馗"字清段玉裁注云"九亦聲",然則此字乃以九聲表通達義。

12 乃聲

(30) 仍扔芿訒(因義)

仍 因,沿襲、依照。《說文·人部》:"仍,因也。从人,乃聲。"清朱駿聲《通訓定聲》:"《爾雅·釋詁》:'仍,因也。'"清段玉裁注:"《釋詁》曰:'攘、仍,因也。'《大雅·常武》傳曰:'仍,就也。'就與因義一也。"按,段氏所引《詩》文唐孔穎達疏:"仍,因也。因是就之義也。"《漢書·藝文志》:"故與左丘明觀其《史記》,據行事,仍人道。"唐顔師古注:"仍亦因也。"

扔 牽引,因勢往前拉。《說文·手部》:"扔,因也。从手,乃聲。"清段玉裁注本改解釋字"因"作"捆",按漢許慎《說文》同部"捆"字訓"就",《集韻·諄韻》云:"因,仍也。或作捆。"清朱駿聲《通訓定聲》亦改解釋字爲"捆",並云:"以手攖之也。……《廣雅·釋詁一》:'扔,引也。'《老子》:'則攘臂而扔之。'《釋文》:'扔,引也,因也。'"清和邦額《夜譚隨録·邱生》:"生大懼,投地求釋。衆置若罔聞,或揪耳輪,或扔髮辮,後推而前挽之。"按,牽引必憑借可牽之物,憑借、依據即"因"。

芿 舊草未割新草又生,寓相因義。《說文·艸部》:"芿,草也。从艸,乃聲。"清段玉裁注:"《廣韻》云:'陳根艸不苂,新艸又生,相因仍。'所謂燒火芿,此别一義,其字亦作苂。《列子》'趙襄子狩於中山,藉芿燔林'是也。"按《玉篇·艸部》:"芿,《說文》曰:'舊草不苂新草又生曰芿。'""芿"或作"苂",不誤。《集韻·證韻》:"芿,草芟故生新曰芿。亦省。"清朱駿聲《説文通訓定聲·升部》:"芿,字亦作苂。"《集韻》所訓即"割後再生之新草"義,當爲引申義。《逸周書·商誓》:"爾百姓獻民,其有綴芿。"晉孔晁注:"綴芿,謂若絲之絶而更續,草之刈而更生也。"清盧文弨注同。

訒 加厚,亦寓因仍義。《說文·言部》:"訒,厚也。从言,乃聲。"清桂馥《義證》:"'厚也'者,《釋詁》文,彼作'仍',郭注:'頻仍,重厚。'"清段玉裁注:"因仍則加厚,訒與仍音義略同。"按《玉篇·言部》"訒"字訓"重"。

〔**推源**〕 諸詞俱有"因"義,而其字均从乃聲,則"因"義當爲乃聲所載。"乃"字見諸甲骨文,構形不明,漢許慎云:"曳詞之難也。象氣之出難。"則"乃"或爲指事字。乃聲可表"因"義,可以無疑,知者,"乃"借作"仍"表"因"義。《國語·吳語》:"邊遽乃至。"清汪遠孫《發正》:"乃讀爲仍。《爾雅·釋詁》:'仍,乃也。'《說文》:'仍从乃聲。'二字古同聲通用。"《周禮·春官·司几筵》"凡吉事變几,凶事仍几。"漢鄭玄注:"故書'仍'爲'乃',鄭司農云:'……乃讀爲仍。仍,因也。'"

(31) 迺扔(牽引前往義)

迺 字从辵,指前往。《廣韻·蒸韻》:"迺,往也。"《牟平縣志·方言》:"走曰迺。"按,二義實同。疑《廣韻》所載亦古方言。《集韻·蒸韻》"迺"字訓"及",其義亦相通,行走之,由此及彼。

扔 由牽引義引申爲抛、擲義。《紅樓夢》第九十三回:"(賈璉)便從靴掖兒裏頭拿出那個揭帖來,扔與他瞧。"按,扔其物,則物往彼處。

〔**推源**〕 "迺"指前往,文獻中未見實用例,蓋其詞出諸方言,而其語源古已有之。"迺""扔"同源,可爲一證。又聲符字"乃"單用本有"往"義,則又一證。清朱駿聲《說文通訓定聲·升部》:"《廣雅·釋詁一》:'乃,往也。'……《漢書·曹參傳》:'乃者我使諫君也。'注:'乃者,猶言曩者。'"今按,"乃者"即"以往的時候"。古籍中又有"乃昔"一詞,"乃昔"即"往昔"。三國魏阮籍《爲鄭沖勸晉王箋》:"故聖上覽乃昔以來禮典舊章,開國光宅,顯茲太原。"

13　丩聲

(32) 糾疝艽朻茻觓 (糾絞義)

糾 糾纏,糾絞。《說文·丩部》:"糾,繩三合也。从糸、丩。"按,此字《廣韻》"居黝切",其"丩"爲聲符,"糾"當入《糸部》,初文本作"丩"。《玉篇·丩部》:"糾,絞也,繚也。"《詩·魏風·葛屨》:"糾糾葛屨,可以履霜。"漢毛亨傳:"糾糾猶繚繚也。"《後漢書·張衡傳》:"玄武縮於殼中兮,騰蛇蜿而自糾。"唐李賢注:"糾,纏結也。"

疝 腹中絞痛。《說文·疒部》:"疝,腹中急也。从疒,丩聲。"南唐徐鍇《繫傳》:"今人多言腹中絞結痛也。"清朱駿聲《通訓定聲》:"今俗所謂絞腸痧也。"

艽 草名,一名"芁",以其根交糾而得名。《玉篇·艸部》:"艽,秦艽,藥。"《篇海類編·花木類·艸部》:"艽,藥名。與'芁'同。"清龔自珍《說文段注札記》:"芁,今以爲秦艽字。"明李時珍《本草綱目·草部·秦艽》:"秦艽出秦中,以根作羅紋交糾者佳,故名秦艽、秦糾。"按"糾"本"糾"之別體,名"秦糾"亦取交糾意。

朻 樹木高而下垂,糾結、盤曲。《說文·木部》:"朻,高木也。从木,丩聲。"清段玉裁注:"丩者,相糾繚也。凡高木下句,垂枝必相糾繚。"《爾雅·釋木》:"下句曰朻,上句曰喬。"《文選·宋玉〈高唐賦〉》:"雙椅垂房,朻枝還會。"《集韻·尤韻》:"朻,曲木。或作樛。"按《說文》"樛"字訓"下句"。《詩·周南·樛木》"南有樛木",唐陸德明《經典釋文》:"木下句樛。馬融、《韓詩》本並作'朻',音同。"

茻 草糾纏貌。《廣韻·幽韻》:"茻,草之相糾繚也。"按《廣韻》此字"居虯切",反切下字"虯"从丩得聲,"丩"字"居求切",藉此可知"茻"亦从"丩"得聲,其糾纏義爲丩聲所載。聲符"丩"三叠,起强化作用。

觓 獸角盤曲貌。《說文·角部》:"觓,角貌。从角,丩聲。《詩》曰:'兕觵其觓。'"按,今本《詩·小雅·桑扈》:"兕觥其觩。"宋朱熹《集傳》云:"觩,角上曲貌。"《集韻·幽韻》:"觓,角曲貌。"《穀梁傳·成公七年》:"郊牛日,展觓角而知傷。"晉范寧注:"觓,觩觩然角貌。"明劉基《題〈群龍圖〉》詩:"何物一角額準隆,觓然出洞若蛇蟲。"

〔推源〕 上述諸詞的記録文字之聲符"丩",本爲"糾"之初文。《説文·丩部》:"丩,相糾繚也。"故丩聲字所記録的語詞"疛""艽""茮"均有糾繚義。"朻""觓"分别有下曲、上曲義,雖有微别,然亦同源之語詞,蓋糾絞、盤曲義相通,凡性柔可糾絞者糾絞之則曲。

(33) 糾疛觓(急、緊義)

糾 有急戾之義。《玉篇·丩部》:"糾,戾也,急也。"《説文》"糾"字清朱駿聲《通訓定聲》:"《一切經音義》廿三引《廣雅》:'糾,急也。'"《荀子·議兵》:"旁辟曲私之屬爲之化而公,矜糾收繚之屬爲之化而調。"清王先謙《集解》:"《楚辭·九章》注曰:'糾,急也。'繚,謂繚戾也。……矜糾收繚,皆急戾之意,故與調和相反。"

疛 絞腸痧,急性病,故漢許慎訓"腹中急"。"疛"亦稱"痰",聲符字形體相殊異,然音近義同,爲轉注而産生的異體字。《玉篇·疒部》:"痰,痰痛也。"《集韻·巧韻》"疛,或作痰。"清桂馥《札樸·鄉里舊聞·疾病》:"腹急曰痰。"

觓 或體作"觓"。可表弦急弓緊之義。《玉篇·角部》:"觓,同觓。"《詩·魯頌·泮水》:"角弓其觓,束矢其搜。"漢鄭玄箋:"角弓觓然,言持弦急也。"宋朱熹《集傳》:"觓,弓健貌。"

〔推源〕 上述三詞均有急義,源自丩聲。凡物糾絞之則緊則急,故丩聲所載之急義與本典第32條丩聲之糾絞義亦相通。又,"㐬"字可證丩聲之急義。"丩"字上古音爲見紐幽部,"㐬"字群紐幽部,則爲疊韻,見群旁紐。"㐬"有逼迫義。《説文·言部》:"㐬,迫也。"清段玉裁注:"今俗謂逼迫人有所爲曰㐬。"清承培元《廣説文答問疏證》:"㐬,以言相迫也。"今按,"㐬"即緊逼之謂。逼迫義與緊義、急義通。

(34) 勼軌朻訆(高、長、大義)

勼 大力。《廣韻·尤韻》:"勼,大力。"《集韻·尤韻》:"勼,絶力也。"

軌 車箱底部的四面橫木長。《廣韻·尤韻》:"軌,車軫長也。"《集韻·尤韻》:"軌,車軫長也。"

朻 樹高而向下彎曲(見本典第32條),本寓高義,故漢許慎訓"高木"。"朻"的異體作"樛"。《玉篇·木部》:"朻,同樛。""樛嶱"一詞有廣大、高峻之義。唐杜甫《自京赴奉先縣詠懷五百字》詩:"君臣留歡娱,樂動殷樛嶱。"其"樛嶱"或作"膠葛"。清仇兆鰲注:"膠葛,廣大貌。"清王士禎《五丁峽》詩:"始過金牛驛,樛嶱已凌亂。"

訆 或作"吅""嗷",今作"叫",大聲呼叫。《説文·言部》:"訆,大呼也。从言,丩聲。"清段玉裁注:"與《吅部》'吅'、《口部》'叫'音義皆同。"《正字通·言部》:"訆,與叫、嗷同。"按《説文·口部》"嗷"訓"吼",亦即大聲呼叫。《禮記·曲禮上》:"毋嗷應。"漢鄭玄注:"嗷,號呼之聲也。"

〔推源〕 上述諸詞有高、長、大義。高義、長義相通，縱向之長即高。高義、大義亦相通，漢語詞彙中有"高大"之聯合式複音詞，可以爲證。上述三義同爲丩聲所載，出於同一語源。又，丩聲的高、長、大義，"巨""喬"二字可以相證。

丩：見紐幽部；

巨：群紐魚部；

喬：群紐宵部。

見群旁紐，幽、魚、宵三部旁轉。"巨"是"矩"的初文，指木工的方尺。它以假借字的方式記録了"巨"聲所載的"巨大"義，"大"義且成爲"巨"的基本義。漢揚雄《方言》卷一："巨，大也。"《孟子·梁惠王下》："爲巨室，則必使工師求大木。"漢趙岐注："巨室，大宫也。"《吕氏春秋·慎小》："巨防容螻，而漂邑殺人。"漢高誘注："巨，大；防，隄也。"喬，《説文·夭部》云："高而曲也。"《書·禹貢》："厥草惟夭，厥木惟喬。"僞孔傳："喬，高也。"《詩·周頌·時邁》："懷柔百神，及河喬嶽。"漢毛亨傳："喬，高也。"

14　刀聲

(35) 刀魛（刀義）

刀 刀具的總稱。《説文·刀部》："刀，兵也。象形。"按，以甲骨文觀之，漢許慎云象形不誤；然以"兵"（兵器）訓之，似有"定義過窄"之嫌，《漢語大詞典·刀部》"刀"字條亦以"兵器名"爲第一義項，且所收九個義項中無"刀具"義，殊爲失當。"刀"即刀具之稱。《史記·項羽本紀》："如今人方爲刀俎，我爲魚肉，何辭爲！"《舊唐書·嚴震傳》："梁、漢之間，刀耕火耨，民以採稆爲事。"

魛 刀狀魚。《説文·魚部》："鮆，飲而不食，刀魚也。"清段玉裁注："刀魚，今人語尚如此，以其形像刀也。俗字作魛。"清李元《蠕範·物體》："鱭，魛也，鮆也，鱴也，鮤也，薆刀也，望魚也，側薄似刀。"清李調元《然犀志》："魛魚，一名鱭名，又名鱴魚，即鮆也。其狀長而薄，形如尖刀，故名魛魚。"又，中國北方亦稱帶魚爲"魛"，帶魚薄而長，似刀。

〔推源〕 從文化學、語源學角度看，"刀"是原生詞，也是"魛"的源詞；"魛"則爲同源派生詞。體薄而長如刀，即"魛"的得名之由。

(36) 魛芀（小義）

魛 小船。《玉篇·舟部》："魛，小船。"《詩·衛風·河廣》："誰謂河廣？曾不容刀。"漢鄭玄箋："小船曰刀。"唐陸德明《經典釋文》："刀，字書作魛。"南朝梁劉勰《文心雕龍·夸飾》："言峻則嵩高極天，論狹則河不容魛。"明徐弘祖《徐霞客遊記·江右遊日記》："時已下午，無長舟可附，得小魛至府。"

芀　蘆葦的小花穗。《爾雅·釋草》:"葦醜,芀。"晉郭璞注:"其類皆有芀秀。"《說文·艸部》:"芀,葦華也。从艸,刀聲。"清朱駿聲《通訓定聲》:"即《漢書》所云蒹錐者也。"按"錐"即尖小之意。

〔推源〕　"舠""芀"俱以刀聲表小義。刀聲與小聲極相近,故可表小義。

刀:端紐宵部;

小:心紐宵部。

二字宵部叠韻,端紐爲舌音,心紐爲齒音,二者爲鄰紐。

(37) 召叨颵虭(發出聲響義)

召　人發出聲音召喚。《說文·口部》:"召,評也。从口,刀聲。"《詩·齊風·東方未明》:"顛之倒之,自公召之。"《後漢書·烏桓傳》:"大人有所召呼,則刻木爲信,雖無文字,而部衆不敢違犯。"

叨　嘮嗦,話多,不斷地説話、發出聲音。宋周密《癸辛雜識別集·銀花》:"察余衷素,且憫余叨叨於垂盡之時。"宋鄭思肖《答吳山人問遠遊觀地理書》:"古人胸中高明……未若後人嘮嘮叨叨,支支離離,棄本逐末,侈爲乖謬。"元楊景賢《劉行首》第二折:"走將來唱叫麓豪,口不住絮絮叨叨。"

颵　風吹而發出聲音。《玉篇·風部》:"颵,颵颲,吹皃。"清黃景仁《塗山禹廟》詩:"靈旗肅肅風颵颵,送迎曲短神無聲。"

虭　虭蟧,蟬的一種。其字亦作"蛁蟧""虭蟟"。漢揚雄《方言》卷十一:"蛥蚗,自關而東謂之虭蟧。"《玉篇·虫部》:"蛁,蟪蛄也,即蛁蟧蟲也。虭,同蛁。"漢揚雄《太玄·飾》:"蛁鳴喁喁,血出其口。"晉范望注:"蛁,蟬也。"又,人嘮嗦亦稱"虭蟧"。明湯顯祖《南柯記·就徵》:"聽他唧喑虭蟧,絮的我無聊賴。"綜觀之,"虭""虭蟧"得名於此物鳴叫不已,如人之嘮叨。

〔推源〕　以上諸詞皆有"發出聲音"之公共義。其記錄文字均从刀聲,"發出聲音"義爲刀聲所載。此義與"刀"的顯性語義(本義、引申義)系列不相涉,可以推斷,在口頭語言中,"刀"字的聲韻被約定表達"發出聲音"義,"到""道"二字庶可爲證。"到"字从至,本義是抵達、到達。《說文·至部》:"到,至也。从至,刀聲。"唯其从刀得聲,故可以刀聲表"説"義。張相《詩詞曲語詞彙釋》卷四:"到,猶道也。"晉裴頠《崇有論》:"舊國應無業,他鄉到是歸。"唐羅虬《比紅兒》詩:"從到世人都不識,也應知有杜蘭香。"元王實甫《西廂記》第三本第一折:"俺小姐至今胭粉未曾施,念到有一千番張殿試。"常言"能說會道","說"與"道"同義。從字、詞對應關係上看,"道"字从辵,本指人所行走的道路,與"說"義不相涉。但"道"的上古音爲定紐幽部,與"刀"的聲韻極相近,"刀"爲端紐宵部字,端定旁紐,宵幽旁轉。以故"道"以借字形式得表"説"義,爲"刀"聲承載"説"義之力證。《詩·鄘風·牆有茨》:"中冓之言,不可道也。"又"道白""道喜""道叙""道謝"之"道"皆"説"義。

(38) 炰颮(熱義)

炰 有熱義、乾枯義。《玉篇·火部》:"炰,熱也。"《廣雅·釋詁二》:"炰,乾也。"清王念孫《疏證》:"炰之言槁也。"《廣韻·肴韻》:"炰,乾也。"《中國歌謠資料·農民十二月》:"蒸灑蓑衣糯,曬炰加光礱。"又"穀種仔細曬,唔炰會生蟲"。

颮 熱風。《廣韻·肴韻》:"颮,熱風。"《集韻·爻韻》:"颮,炎風謂之颮。"

〔推源〕 刀聲可載熱義,又可載乾枯義,二義相通,出自同一語源。"颮"字《廣韻》《集韻》俱訓熱風,雖無文獻證(此正所謂"文獻不足徵"),然所訓非無據。"灼""焦"二字可證"刀"聲的熱義、乾枯義。

刀:端紐宵部;

灼:章紐藥部;

焦:精紐宵部。

端、章(照)、精準雙聲,宵、藥(沃)對轉。"灼"本指炙。《説文·火部》:"灼,炙也。"此義有文獻用例可證。"灼"又有燒義。《廣雅·釋詁二》:"灼,爇也。"《字彙·火部》:"灼,燒也。"《書·洛誥》:"無若火始燄燄,厥攸灼叙,弗其絶。"按,炙之、燒之則熱,與熱義相通,故有"灼熱"之複音詞。"焦"本指燒傷。《玉篇·火部》:"焦,燒黑也。"燒之則乾枯,故"焦"有"乾枯"之衍義。《墨子·非攻下》:"日月不時,寒暑雜至,五穀焦死。"元無名氏《百花亭》第三折:"這柿餅滋喉潤肺,解鬱除焦,嚼一個,百病都安。"

(39) 忉/悄(憂義)

忉 憂愁貌。《爾雅·釋訓》:"忉忉,憂也。"《玉篇·心部》:"忉,憂心貌。"《詩·齊風·甫田》:"無思遠人,勞心忉忉。"漢毛亨傳:"忉忉,憂勞也。"漢趙曄《吳越春秋·王僚使公子光傳》:"父繫三年,中心忉怛,食不甘味,嘗苦飢渴,晝夜感思,憂父不活。"按,"忉怛"爲同義聯合式合成詞,《廣雅·釋詁一》:"怛,憂也。"

悄 本義即憂。《説文·心部》:"悄,憂也。"《詩·陳風·月出》:"舒窈糾兮,勞心悄兮。"漢毛亨傳:"悄,憂也。"又《詩·邶風·柏舟》:"憂心悄悄,愠於群小。"唐白居易《長恨歌》:"夕殿螢飛思悄然,孤燈挑盡未成眠。"

〔推源〕 "忉"義爲憂愁貌,其字從心,刀聲,則憂愁義爲刀聲所載。"忉""悄",其音近而相通,則"悄"可證刀聲所載之憂義。

忉:端紐宵部;

悄:清紐宵部。

二字叠韻,端清鄰紐。"忉"與"悄"的聲韻由同一音節有規律地分化而來。

15　力聲

(40) 仂劦扐(力量義)

仂　盡力,不懈。《廣雅·釋詁四》:"仂,勤也。"《廣韻·職韻》:"仂,不懈。"宋羅泌《路史·路史餘論》:"鯀從治水無成而仂作九載,亦勤於民事者矣。"清龔自珍《五經大義終始論》:"乃率其醜,取其仂,以報於天,蓋仰而欲天之降之也。"

劦　材力十倍於人。《說文·十部》:"劦,材十人也。从十,力聲。"清朱駿聲《通訓定聲》:"百人爲英,千人爲俊,萬人爲杰。"清段玉裁注:"十倍於人也。十人爲劦,千人爲俊。《王制》'祭用數之仂'注:'仂,什一也。'按:一當十爲劦。故十取一亦爲仂。蓋仂本作劦也。"

扐　本指古代筮法,筮者數蓍草的奇零者夾在左手指間。"扐"又有捆綁之義。《集韻·職韻》:"扐,縛也。關中語。"宋汪藻《醉落魄》:"結兒梢朵香紅,鈿蟬隱隱搖金碧。"揆其語源,"扐"即以手力縛之。又,上述二字俱以"扐"字記之,然二義相去甚遠,語源非一,"扐"表捆綁義亦非假借字,此所謂套用本字。

〔推源〕　以上三詞俱有力量義,此與聲符字所記錄的語詞"力"的本義同,聲符所承載的語義爲顯性語義。按照傳統文字學的觀點,"仂""劦""扐"均爲亦聲字。甲骨文、金文"力"字象耒形,耕之以力,故可表力量義。古者男耕女織,"男"字从田、从力,會意,亦寓此意。"力"的本義即人力。《字彙·力部》:"凡精神所及處皆力,心力、耳力、目力是也。凡物所勝處皆力,風力、火力、酒力、弓力是也。"按,人力而外其他力量稱"力",爲直接引申義。《詩·邶風·簡兮》:"有力如虎,執轡如組。"《楚辭·卜居》:"寧誅鋤草茅,以力耕乎?"

(41) 阞朸竻肋勚勣(紋理義)

阞　地的脈理。《說文·阜部》:"阞,地理也。从阜,力聲。"南唐徐鍇《繫傳》:"地之脈理也。"《周禮·考工記·匠人》:"凡溝,逆地阞,謂之不行。"漢鄭玄注:"阞謂脈理。"清李斗《揚州畫舫録·草河録》:"閑田數頃,農具齊發,水車四起,地阞不行。"清戴震《水經酈道元注序》:"高高下下,不失地阞。"

朸　木的紋理。《說文·木部》:"朸,木之理也。从木,力聲。"清桂馥《義證》:"《考工記》'以其圍之阞,捎其藪'。(阮)元案:阞當依《說文》作朸,木理也。物皆有理,木亦宜然。《輪人》曰:'積理而堅,疏理而柔。'此車工之木必須順理之明證。"

竻　竹根。《廣韻·德韻》:"竻,竹根。"按,竹根縱横交錯,如人體之筋,"竻"寓紋理義。"竻"又爲"筋"之古字。《集韻·欣韻》:"筋,古作竻。"《說文·筋部》:"筋,肉之力也。从力,从肉,从竹。竹,物之多筋者。"

肋　肋骨。《說文·肉部》:"肋,脅骨也。从肉,力聲。"清吳謙等編《醫宗金鑑·正骨心法要旨・胸背部》:“(胸骨)其兩側自腋而下,至肋骨之盡處,統名曰脇。”又《醫宗金鑑・刺灸心法要訣・周身名位骨度》:“曰肋者,脇之單條骨之謂也。”今按,此骨並列有紋理,故名“肋”。

觔 同“筋”。《正字通・角部》:“觔,與筋同。”漢王充《論衡・書虛》:“舉鼎用力,力由觔脈;觔脈不堪,絶傷而死,道理宜也。”元石德玉《曲江池》第二折:“笑裏刀剮皮割肉,綿裏針剔髓挑觔。”

鰳 魚名,亦稱“肋魚”。宋吴自牧《夢粱録・蟲魚之品》:“鯊、鰳,白魚。”宋陳耆卿《嘉定赤城志・土産》:“魚之屬:鯽、梅、鰳(骨多而肉白)、馬鮫。”雍正《浙江通志・物産》:“肋魚,《至正四明續志》:‘似箭而小,身薄,細骨滿肋。’”按,“細骨滿肋”爲此魚之顯著特徵,“鰳”“肋魚”構詞理據同。細骨多,則有紋理。

〔推源〕 “阞”“朸”“艻”“肋”“觔”“鰳”六字俱从力聲而有紋理之義,於其理據,前人已有探討。《説文・力部》:“力,筋也。象人筋之形。”清段玉裁注:“象其條理也。人之理曰力,故木之理曰朸,水之理曰泐。”按篆文“力”字非本形,“力”本象耒形,段氏“木之理曰朸”説可從,然此義與“力”的本義(人力)不通。“紋理”是比較抽象的語義,難以構製象形、指事、會意格局的文字來記録,故根據詞的語音綫索借用現成文字“力”來摹擬其音並添加表示意義範圍的構件(形符),從而構成形聲字。力聲的紋理義爲隱性的語源義。力聲的紋理義,“理”字可相證。理,字从玉,本指治玉。《説文・玉部》:“理,治玉也。”按,治玉即從璞中沿着紋理將玉取出,故“理”有紋理之直接引申義。《廣韻・止韻》:“理,文也。”《易・繫辭上》:“仰以觀於天文,俯以察於地理。”唐孔穎達疏:“地有山川原隰,各有條理,故稱理也。”《文選・王褒〈洞簫賦〉》:“膠緻理比。”唐李周翰注:“膠緻理比,謂竹細密相次貌。”唐段成式《酉陽雜俎・物異》:“建城縣出燃石,色黄理疎,以水灌之則熱,安鼎其上,可以炊也。”按,“理”的聲符“里”上古音爲來紐之部,“力”字來紐職部,雙聲,之職對轉。故“里”聲亦可表紋理義。“里”字从田、从土,會意,本指里居,“里”聲的紋理義亦爲語源義。

(42) 扐/零(零星義)

扐 卜筮,卜者將零星的蓍草夾在左手指間。《説文・手部》:“扐,《易》筮,再扐而後卦。从手,力聲。”《廣韻・德韻》:“扐,筮者著蓍指間。”《易・繫辭上》:“歸奇於扐以象閏,五歲再閏,故再扐而後卦。”宋朱熹《本義》:“扐,勒於左手中三指之兩間也。”以故,“扐”引申爲零星餘數。《玉篇・手部》:“凡數之餘謂之扐。”《説文・手部》“扐”字清段玉裁注:“凡數之餘曰扐。《王制》:‘祭用數之扐。’”唐羅浪《閏月定四時》詩:“氣薰灰琯驗,數扐卦辭推。”

零 零零星星地下下來的雨。《説文・雨部》:“零,餘雨也。从雨,令聲。”清段玉裁注本作“徐雨也”,並注:“今依《玉篇》《廣韻》及《太平御覽》所引《纂要》訂。”今按,“徐雨”即慢慢地零零星星落下的雨。故“零”又引申爲零星餘數義。宋包拯《再舉范祥》:“勘會范祥新法,自皇祐元年正月至二年十二月終,其收到見錢二百八十九萬一千貫有零。”清蔡上翔《張氏重刻王荆公詩注序》："又載季章所著書目共七種，爲卷三百六十有零。"

〔推源〕 "扐""零"二詞義既相同，音復相通，故爲同源詞。

扐：來紐職部；

零：來紐耕部。

雙聲，職耕旁對轉。又，"扐"的餘數義是"力"聲所承載的語源義。"仂""艻""阞"亦可用借字的形式以"力"聲表達此義。《集韻·職韻》："仂，税什一也。"《正字通·人部》："仂，數之餘也。"《禮記·王制》："祭用數之仂。"漢鄭玄注："筭今年一歲經用之數，用其什一。"唐孔穎達疏："知仂爲什一者，以仂是分散之名。"《尉繚子·原官》："知國有無之數，用其仂也。"按，"仂"爲"扐"之借。"扐"又以"艻"爲之。漢揚雄《太玄·數》："並餘於艻，一艻之後而數其餘。"晉范望注："其所餘者並之於左手兩指間，故謂之艻，蓋識出著之數也。"按，"扐"或以"阞"爲之。《周禮·考工記·輪人》："以其長爲之圍，以其圍之阞捎其藪。"漢鄭玄注："阞，三分之一也。"唐賈公彥疏："凡言阞者分散之言，數亦不定，是以《王制》云：'祭用數之仂。'注以爲'當年之什一'。"

（43）棘艻朸（荆刺義）

棘 荆棘。《廣韻·職韻》："棘，趙魏間呼棘。出《方言》。"按，方言稱棘爲"棘"，構件"力"顯然是標音符號。此字从棘力聲，《漢語大字典》乃歸《力部》，失之。考其聲韻，《廣韻》"棘""力"二字俱爲"林直切"，則"棘"字从力得聲可以無疑。至"棘"字"紀力切"，與"力"字聲韻相異，屬同一語詞的雅言、方言音殊。

艻 長有長刺的竹。宋胡寅《新州竹城記》："且方言刺竹曰艻竹，蓋嶺南謂刺竹云。"宋周去非《嶺外代答·竹》："艻竹，其上生刺，南人謂刺爲艻。"

朸 荆棘。馬王堆漢墓帛書甲本《老子·道經》："（其事好還，師之）所居，楚朸生之。""朸"又指箭鏃尖鋭的棱角，此與荆棘義通。《詩·小雅·斯干》"如矢斯棘"唐陸德明《經典釋文》："棘，《韓詩》作朸。朸，隅也。"

〔推源〕 "棘""艻"二詞都具有方言色彩。研究表明，雅言與方言在語源上具有統一性。以上三詞的荆棘義爲"力"聲所承載的語源義。荆棘字作"棘"，由"朿"字重叠而成。"朿"本指木芒即樹上的刺，後起字作"刺"。《説文·朿部》："朿，木芒也。象形。"南唐徐鍇《繫傳》："从木形，左右象刺生之形也。"清桂馥《義證》："《陳留耆舊傳》：'夫棘中心赤，外有朿。'"清朱駿聲《通訓定聲》："朿，从木，象形。讀若刺。"清段玉裁注："朿，今字作'刺'，'刺'行而'朿'廢矣。"荆棘、木芒二義極相近，"棘"字由"朿"字重叠而成，其義本亦相涉。至"力"聲可表荆棘義，蓋"力"聲與"朿"聲相通。

力：來紐職部；

朿：清紐錫部。

來清鄰紐,職錫旁轉。

16　又聲

(44) 友右(親善義)

友　志趣相同的人。《説文·又部》:"友,同志爲友。从二又,相交友也。"清朱駿聲《通訓定聲》:"又亦聲。"得之。《廣韻》"又"字"於救切","友"字"云久切",其上古音同,匣紐雙聲,之部叠韻。引申之,"友"又有親善、親密之義。《廣雅·釋詁三》:"友,親也。"《詩·周南·關雎》:"窈窕淑女,琴瑟友之。"《隋書·房彦謙傳》:"重彦謙爲人,深加友敬。"《宋書·謝弘微傳》:"兄弟友穆之至,舉世莫及也。"

右　幫助,引申之,則有親近義。《説文·又部》:"右,手口相助也。从又,从口。"清段玉裁注:"又者,手也,手不足以口助之,故曰助也。今人以左右爲ナ又字,則又製佐佑爲左右字。"清朱駿聲《通訓定聲》:"會意。按,又亦聲。此字《説文·又部》《口部》重出,字亦作佑。《易·繫辭》傳:'右者,助也。'……〔假借〕又爲姷。《魏策》:'必右秦而左魏。'注:'親也。''衍將右韓而左魏。'注:'近也。'《廣雅·釋詁三》:'右,比也。'"按,"右"表親近義,無煩假借,乃由相助義所衍生。清顧炎武《書吴潘二子事》:"之榮告諸大吏,大吏右莊氏,不直之榮。"

〔**推源**〕　此二詞本義有别,引申之則有親善、親密及親近義。考其音,"友"爲同體會意字,然从又得聲,"右"本與"又"同音,《廣韻》於救切。從語源學角度看,又聲可表親義。

17　丏聲

(45) 氾朿丏(盛義)

氾　水勢盛大而泛濫。《説文·水部》:"氾,濫也。从水,丏聲。"《孟子·滕文公下》:"當堯之時,水逆行,氾濫於中國。"又《滕文公上》:"洪水横流,氾濫於天下。"晉常璩《華陽國志·李特雄期壽勢志》:"淫雨氾潰,垂向百日,禾稼損傷。"

朿　樹上的花和果實衆多豐盛而下垂。《説文·朿部》:"朿,木垂華實。从木、丏,丏亦聲。"清王筠《釋例》:"盛則華實垂也。"

丏　草木之花茂盛。《説文·丏部》:"丏,草木丏盛也。从二丏。"南唐徐鍇《繫傳》:"華盛重累也。"清朱駿聲《通訓定聲》:"丏亦聲。"清王筠《釋例》:"蓋丏爲未發,丏从二丏,則盛矣。"按,此所謂同體會意字,强顯其獨體之意。《玉篇·丏部》:"丏,草木盛。"

〔**推源**〕　諸詞皆有盛義,當爲"丏"聲所載。水勢盛大而泛濫稱"氾",亦稱"浩",此可證"丏"聲之盛義。《説文·水部》:"浩,澆也。从水,告聲。《虞書》曰:'洪水浩浩。'"《正字通·水部》:"浩,大水盛貌。"《書·堯典》:"湯湯洪水方割,蕩蕩懷山襄陵,浩浩滔天。"《淮南子·覽冥訓》:"往古之時,水爁炎而不滅,水浩洋而不息。""浩"又有衆多、富足之義,則正可與"萊""丂"二詞之義相印證。《禮記·王制》:"喪祭,用不足曰暴,有餘曰浩。"漢鄭玄注:"浩猶饒也。"又古稱學識豐富爲"浩學"。"丂"聲、"浩"聲亦相近而通。

丂:匣紐魚部;
浩:匣紐幽部。

雙聲,魚幽旁轉。可證以上四詞皆同源。

(46) 丂/圅(包含義)

丂 含而未發的花苞。《說文·丂部》:"丂,嘾也。草木之華未發函然,象形。"按,解釋字"嘾"漢許慎《說文·口部》訓"含深也",故南唐徐鍇《繫傳》云:"嘾者,含也,草木花未吐,若人之含物也。"清朱駿聲《通訓定聲》:"讀若含,象莖尚蓓蕾之形也。《廣韻》有'石'字,引《莊子》'石嘾乳汁狀。'疑即此字之誤體。"清桂馥《義證》:"本典:菡萏,芙蓉花未發爲菡萏。"清徐灝《注箋》:"丂即菡萏之合聲,其小者謂之蓓蕾。"

圅 後作"函",甲骨文象以器盛矢形,表包含義。《說文·丂部》:"圅,舌也。象形。舌體丂丂。从丂,丂亦聲。"按,漢許慎所見篆體非本形,故本義訓釋、形體結構分析都不確。清邵瑛《群經正字》:"圅,今經典作函。"《正字通·口部》:"圅,函本字。"其本義即包含、包容。《詩·周頌·載芟》:"播厥百穀,實函斯活。"漢鄭玄箋:"函,含也。"唐孔穎達疏:"函者,容藏之義。"晉葛洪《抱朴子·喻蔽》:"兩儀所以稱大者,以其函括八方,緬邈無表也。"

〔推源〕"丂""函"義同,音亦相通。

丂:匣紐魚部;
函:匣紐談部。

雙聲,魚談通轉。又,"甘"字可證上述二詞之同源關係。"甘"爲見紐談部字,匣見旁紐。"甘"的本義爲甘美,其字爲指事字,从口含一,形體結構已寓"含"意。从甘得聲之字"鉗""紺""詌""拑"等所記錄的語詞俱有"含"義,見本典"甘聲"。

18 三聲

(47) 仨/參(三義)

仨 三個。其語法功能與"三"相異,在語用中往往置於名詞、代詞之後而省略其量詞。如梁斌《播火記》:"伶俐倒是伶俐,就是太任性!要仨不能給倆,要紅的不能給白的。"又《紅旗譜》:"一傳倆,倆傳仨,把養猪户和窮人們都串連起來。""仨"似爲近古北方方言詞,其字或作"叁"。清蒲松齡《蓬萊宴》第一回:"賓客密如麻,東叄叄,西叄叄,八百席一霎安排下。"

参 或作"曑",指商星,亦有三義。《廣雅·釋詁》:"参,三也。"《易·説卦傳》:"参天兩地而倚數。"《左傳·隱公元年》:"先王之制,大都不過参國之一,中五之一,小九之一。"漢王充《論衡·寒温》:"夫天道自然,自然無爲;二令参偶,遭適逢會。"

〔推源〕 "仨"作爲語詞,其構成與"倆"同理。兩個人稱"倆",三個人則稱"仨",亦皆有數量詞組的語法功能。"仨"字無反切,今音 sā,顯然是"三"的分化音。"仨"字的結構當爲亦聲字(从人,从三,三亦聲)。"参"的"三"義亦爲顯性語義,即文字形體直觀反映的語義。朱芳圃《殷周文字釋叢》:"曑象曑宿三星在人頭上,光芒下射之形。或省人,義同。"考諸聲韵,則知"三""参"爲同源詞。"三"字《廣韵》注"蘇甘切",其上古音爲心紐侵部;"参"字《廣韵》注"倉含切",其上古音爲清紐侵部。二字叠韵,心清旁紐。

19　干聲

(48) 扞奸(干犯義)

扞 捍衛,引申爲抵制、觸犯。清朱駿聲《説文通訓定聲·乾部》:"扞,《荀子·彊國》:'白刃扞乎胸。'《史記·遊俠傳》:'時扞當世之文網。'按,皆犯也。"今按,朱氏所引《荀子》文清王先謙《集解》引清王念孫《讀書雜志》:"扞之言干也。干,犯也,謂白刃犯胸,則不暇顧流矢也。"又,朱氏所引《史記》文唐司馬貞《索隱》:"扞,即捍也。違扞當代之法網,謂犯於法禁也。"明沈德符《野獲編補遺·吏部·二胡暴貴不終》:"蓋二胡功罪稍不同,其以淫肆扞網則一也。"

奸 本義即干犯。《説文·女部》:"奸,犯婬也。从女,从干,干亦聲。"清王筠《句讀》:"《集韻》引無'婬'字,是也。婬義自屬姦字。"清朱駿聲《通訓定聲》:"《小爾雅·廣言》:'奸,犯也。'《左襄十四傳》:'臣敢奸之。'《昭廿傳》:'是再奸也。'"按,朱氏所云《左傳·襄公十四年》文晉杜預注:"奸,猶犯也。"《廣雅·釋詁四》:"奸,犯也。"《史記·匈奴列傳》:"漢使馬邑下人聶翁壹奸蘭出物與匈奴交,詳爲賣馬邑城以誘單于。"南朝宋裴駰《集解》:"奸音干,干蘭,犯禁私出物也。"

〔推源〕 此二詞俱有干犯義,爲干聲所載。"扞""奸"皆干聲字,亦可以假借字形式、以其干聲表干犯之義。忓,本訓"極",許慎説,即疲勞義。《玉篇·心部》:"忓,擾也。"按即干擾、干犯。《國語·魯語下》:"文伯曰:'以歜之家,而主猶績,懼忓季孫之怒也。'"《新唐書·后妃傳·序》:"盛德之君,帷薄嚴奧,裹謁不忓於朝,外言不内諸閫。"虷,其字从虫,本指孑孓,然可以干聲表干犯義。《集韻·寒韻》:"虷,犯也。"《漢書·鮑宣傳》:"白虹虷日,連陰不雨。"揆聲符字"干"本有干犯義。《説文·干部》:"干,犯也。"按,甲、金文"干"字象有椏木棒形,指武器。漢許慎所訓爲直接引申義。《國語·晉語四》:"若干二命,以求殺余。"三國吴韋昭注：“干，犯也。”又《晉語五》：“河曲之役，趙孟使人以其乘車干行。”三國吳韋昭注：“干，犯也；行，軍列。”清朱駿聲《說文通訓定聲·乾部》：“干，《左文四傳》：'其敢干大典，以自取戾。'《襄廿三傳》：'干國之紀。'《楚辭·謬諫》：'恐犯忌而干諱。'注：'觸也。'”

(49) 竿岸軒罕骭仠杆（長、高義）

竿 竹子的主幹，直而長之物。《說文·竹部》：“竿，竹梃也。从竹，干聲。”清段玉裁注：“《木部》曰：'梃，一枚也。'按梃之言挺也，謂直也。《衛風》曰：'籊籊竹竿。'”按，“竿”的構詞理據爲“長長的竹子”，以干聲表其長義。“籊籊”爲修飾語，漢毛亨傳云：“長而殺也。”漢賈誼《新書·過秦論》：“斬木爲兵，揭竿爲旗。”《文選·張衡〈西京賦〉》：“但觀罝羅之所罥結，竿殳之所揘畢。”三國吳薛綜注：“竿，竹也。”

岸 水邊高地。其字亦作“屵”“厈”而俱从干聲，乃以干聲表高義。《說文·屵部》：“岸，水厓而高者。从屵，干聲。”清朱駿聲《通訓定聲》：“《爾雅·釋丘》：'望厓灑而高岸。'……《詩·谷風》：'淇則有岸。'……《荀子·宥坐》：'三尺之岸，而虛車不能登也。'”按，朱氏所引《荀子》文唐楊倞注：“岸，匡也。”《字彙·厂部》：“厈，水厓高也。俗作岸。”又《山部》：“屵，音岸，義同。”引申之，則“岸”又有高義。《小爾雅·廣詁》：“岸，高也。”《詩·大雅·皇矣》：“帝謂文王，無然畔援，無然歆羨，誕先登於岸。”漢毛亨傳：“岸，高位也。”《新唐書·宦者傳·魚朝恩》：“朝恩資小人，恃功岸忽無所憚。”其“岸”即高傲之謂。

軒 古代大夫以上官員乘坐的高大的車。《說文·車部》：“軒，曲輈藩車。从車，干聲。”南唐徐鍇《繫傳》：“大夫以上車也。”《左傳·閔公二年》：“衛懿公好鶴，鶴有乘軒者。”晉杜預注：“軒，大夫車。”按，“軒”即“高大車”之意，故引申爲高。《文選·何晏〈景福殿賦〉》：“飛櫩翼以軒翥，反宇轍以高驤。”唐張銑注：“軒，猶高也。”按，“軒”“高”對文同義。唐韓愈《南山》詩：“崎嶇上軒昂，始得觀覽富。”按，“軒昂”即高昂。

罕 或作“䍐”，長柄小網。其名寓長義。《說文·网部》：“罕，网也。从网，干聲。”清段玉裁注：“罕之制蓋似畢，小網長柄。”清朱駿聲《通訓定聲》：“小網，似畢，長柄。《廣雅·釋器》：'罕，率也。'”按，朱氏所引《廣雅》文清王念孫《疏證》：“《說文》：'率，捕鳥畢也。象絲網。上下其竿柄也。'”《文選·司馬相如〈上林賦〉》：“載雲罕，掩群雅。”唐李善注：“罕，罼也。”按，“畢”爲“罼”之初文。“罕”“畢”“率”皆有長柄特徵。

骭 脛骨，細長之物。《說文·骨部》：“骭，骸也。从骨，干聲。”清朱駿聲《通訓定聲》：“《爾雅·釋訓》：'骭瘍爲微。'《史記·鄒陽傳》索隱引《埤蒼》：'骭，脛也。'《淮南·俶真》：'易骭之一毛。'注：'自膝以下，脛以上也。'”按，“骭”字《廣韻·諫韻》亦訓“脛骨”。稱“脛”，亦寓細、直、長義，至聲字所記錄的語詞“莖”“徑”“經”等均有此義。漢許慎以“骸”訓“骭”，其書同部：“骸，脛也。”然則“骭”之語源可明。“骭”又指小腿、肋骨，其引申即小腿、肋骨形亦細長。

仠 有長訓。《廣韻·旱韻》：“仠，仠長。”《集韻·旱韻》：“仠，長也。”按，觀其形體結構,"仟"或即指人長,即高。

杆 細長的木頭。《集韻·寒韻》:"杆,僵木也。"按,《説文·人部》"僵"字訓"僨";《廣韻·陽韻》"僵"訓"仆",皆仆倒義,所謂"僵木"即從樹上截取的竿狀物。漢王充《論衡·變動》:"旌旗垂旒,旒綴於杆,杆東則旒隨而西。"此"杆"謂木頭旗杆。引申之,"杆"亦泛指棒狀物,如電綫杆、秤杆、筆杆等。

〔推源〕 上述諸詞或有長義,或有高義,二義本相通,蓋縱向之長即高。又,以上諸詞的長義、高義當與聲符字"干"所記錄的詞語義相通,"干"爲有椏木棒,本爲細長之物。以語源學眼光觀之,"干"聲可指細長的有椏木棒,亦可指其他細長、高之物。干聲可表長、高義,"各"可相證。

干:見紐元部;

各:見紐鐸部。

雙聲,元鐸通轉。各聲字所記錄的語詞"格""路""客""駱"等均有長、高義(見本典"各聲"),庶可互證。又,"高"爲見紐宵部,與"干""各"之音皆相近而相通,三字見紐雙聲,鐸宵旁對轉。

(50) 扞靬釬閈(護衛義)

扞 捍衛。《廣韻·翰韻》:"扞,以手扞。又衛也。"清朱駿聲《説文通訓定聲·乾部》:"扞,字亦作捍。……《左文六傳》:'親帥扞之。'注:'衛也。'"《書·文侯之命》:"汝多修,扞我於艱。"僞孔傳:"扞我於艱難,謂救周誅大戎。"宋蔡沈《集傳》:"扞衛我於艱難。"按,唯"扞"義爲衛,故有"扞衛"之同義聯合式雙音詞。《國語·晉語八》:"是行也,以藩爲軍,攀輦即利而舍,候遮扞衛不行。"

靬 本指乾皮革,引申之,亦指盛矢器、弓衣、臂鎧,蓋皆皮製者。《玉篇·革部》:"靬,盛矢器。"宋沈括《謝賜戎服表》:"豹皮褊裏鞿靬一副。"《玉篇·革部》:"靬,著弓衣。"《廣韻·寒韻》:"靬,弓衣。"漢賈誼《新書·春秋》:"婦女抉珠瑱,丈夫釋玦靬。"清盧文弨《校注》:"靬,弓衣也。"《太平御覽》卷八百三十二引《管子·戒》:"桓公弋在廩,管仲朝公,弛弓脱靬。"按,盛矢器、弓衣、臂鎧皆護衛物。

釬 臂鎧,字或作"銲"。上述《管子》文"靬"異文作"釬","靬""釬"當爲分別文,"靬"謂革製者,"釬"指金製者。《説文·金部》:"釬,臂鎧也。从金,干聲。"清朱駿聲《通訓定聲》:"平時之臂衣曰鞴,射時著左臂之拾曰遂,戰陣所著者曰釬。"《玉篇·金部》:"銲,同釬。"《太平御覽》卷三五〇引《魯連子》:"弦銲相第而矰矢得高焉。"

閈 里巷之門。《説文·門部》:"閈,門也。从門,干聲。汝南平輿里門曰閈。"《左傳·襄公三十一年》:"高其閈閎,厚其牆垣。"引申之,"閈"亦指牆。《文選·張衡〈西京賦〉》:"閈庭詭異,門千户萬。"唐李善注:"閈,垣也。"按,門、牆皆護衛物。"閈"又有防禦義,與護衛義極相近而通。唐韓愈《汴州東西水門記》："乃作水門爲邦之郛，以固風氣，以閉寇偷。"

〔推源〕 諸詞皆有護衛義，爲干聲所載。"仠"亦干聲字，《玉篇·人部》《集韻·翰韻》皆訓"衛"，足可相證。又，"干""衛"聲本相近而通，故干聲字可載護衛義。

干：見紐元部；

衛：匣紐月部。

見匣旁紐，元月對轉。衛，本指護衛者。《説文·行部》："衛，宿衛也。"《文選·司馬遷〈報任少卿書〉》："主人幸以先人之故，使得奏薄伎，出入周衛之中。"唐李善注："周衛，言宿衛周密也。"引申爲保護、防衛。《玉篇·行部》："衛，護也。"《易·大畜》："利艱貞，曰：閑輿衛，利有攸往。"三國魏王弼注："衛，護也。"《莊子·庚桑楚》："老子曰：衛生之經，能抱一乎？"晉郭象注："防衛其生，令合道也。"

(51) 旱皯靬飦（乾燥義）

旱 乾旱，久晴不雨。《説文·日部》："旱，不雨也。从日，干聲。"清朱駿聲《通訓定聲》："《穀梁·僖十一傳》：'不得雨曰旱。'《墨子·七患》：'二穀不收謂之旱。'《洪範五行傳》：'旱所謂常陽。'《論衡·明雩》：'久暘爲旱。'"《孟子·盡心下》："犧牲既成，粢盛既絜，祭祀以時，然而旱乾水溢，則變置社稷。"

皯 皮膚乾燥而發黑。其字亦作"黫""酐"，皆从干聲。《説文·皮部》："皯，面黑氣也。从皮，干聲。"清朱駿聲《通訓定聲》："《廣雅·釋詁一》：'皯，病也。'《通俗文》：'面黎黑曰皯黫。'《列子·黃帝》：'燋然肌色皯黫。'"按，皮膚乾枯則無色澤而黑，所謂"燋然肌色"正此意。《玉篇·黑部》："黫，黑色。"《廣韻·旱韻》："皯，面黑。黫，同皯。"《集韻·旱韻》："皯，或作酐。"唐段成式《酉陽雜俎·廣知》："孝子袊灰傅面酐。"清王連瑛《隋堤行》："堤上老人向客言，手足皯黳皮肉死。"

靬 乾皮革。《説文·革部》："靬，乾革也。从革，干聲。"按，"流馬"部件以乾革製成，故亦稱"靬"，可證許訓。三國蜀諸葛亮《作木牛流馬法》："形制如象，靬長四寸。"又，以乾革製成的大帶子亦稱"靬"。清桂馥《説文解字義證·革部》："靬，《廣雅》：'靬謂之鞶。'"《説文·革部》："鞶，大帶也。《易》曰：'或錫之鞶帶。'男子帶鞶，婦人帶絲。"

飦 乾飯。《集韻·寒韻》："飦，燥飯。"《晏子春秋·諫上》："公出舍，損肉撒酒，馬不食府粟，狗不食飦肉。""飦"亦稱稠粥，稠粥湯少，則"飦"亦乾飯意。其字亦作"鬻"。《説文·鬲部》："鬻，鬻也。飦，或从干聲。"清桂馥《義證》："《廣韻》：'鬻，厚粥也。'"《孟子·滕文公上》："三年之喪，齊疏之服，飦粥之食，自天子達於庶人，三代共之。"《集韻·仙韻》："饘，或作飦。"《説文·食部》："饘，糜也。从食，亶聲。周謂之饘，宋謂之餬。"《廣韻·仙韻》："饘，厚粥也。"

〔推源〕 漢語詞彙系統中有"乾燥""乾枯"等詞，"干"爲根詞，"干"作聲符用亦可載乾燥、乾枯之義。考此義與"干"的文字形體結構不相符,上述諸詞的乾燥義爲干聲所載的語源義。人們在語言中約定以干聲表乾燥義,"乾"可證之。

干:見紐元部;

乾:群紐元部。

叠韻,見群旁紐。"乾"字《説文》訓"上出",即冒出義,此與乾燥義不相涉。然亦以聲韻另載乾燥、乾枯之義。《集韻·寒韻》:"乾,燥也。"《玉篇·乙部》:"乾,竭也。"《詩·王風·中谷有蓷》:"中谷有蓷,暵其乾矣。"唐孔穎達疏:"暵然其乾燥矣。"《吕氏春秋·愛類》:"禹於是疏河決江,爲彭蠡之障,乾東土,所活者千八百國。"漢高誘注:"乾,燥也。"《山海經·北山經》:"是水冬乾而夏流。"

(52) 扞馯趕骬(猛、急義)

扞 有勇猛、驃悍之義。清朱駿聲《説文通訓定聲·乾部》:"扞,〔假借〕又爲馯。《漢書·董仲舒傳》集注:'扞,突也。'《家語·致思》:'懍懍焉若持腐索之扞馬。'注:'突馬。'"今按,"扞"表勇猛、驃悍義無煩假借,"扞"本謂捍衛,此當與勇氣、勇猛義相通。《後漢書·南匈奴傳·論》:"及關東稍定,隴蜀已清,其猛夫扞將,莫不頓足攘手,爭言衛、霍之事。"

馯 馬凶悍。《玉篇·馬部》:"馯,同馯。"《集韻·翰韻》:"馯,或省。"《説文·馬部》:"馯,馬突也。从馬,旱聲。"清朱駿聲《通訓定聲》:"字亦作馯。《淮南·氾論》:'而御馯馬也。'"按,朱氏所引《淮南子》文"馯"或作"馯",漢高誘注:"馯馬,突馬也。"《韓非子·五蠹》:"如欲以寬緩之政,治急世之民,猶無轡策而御馯馬。"《漢書·刑法志》:"是猶以鞿而御馯突。"唐顔師古注:"馯,音捍。突,惡馬也。"

趕 獸畜翹着尾巴奔跑,急行。《説文·走部》:"趕,舉尾走也。从走,干聲。"清朱駿聲《通訓定聲》:"謂獸畜急走。字亦作趕。〔轉注〕《管子·君臣》:'心道進退而刑道滔趕。'注:'走也。'"按,朱氏所云轉注即引申。清桂馥《義證》:"《通俗文》:'舉尾走曰趕。'《類篇》:'趕,馬走。'《廣韻》:'趕,獸舉尾走。'"

骬 熟睡時發出的粗重的呼吸聲,氣急。《説文·鼻部》:"骬,卧息也。从鼻,干聲。讀若汗。"清段玉裁注:"《廣韻》曰:'卧氣激聲。'"漢張仲景《傷寒論·辯温病脈證》:"風温爲病,脈陰陽俱浮,自汗出,身重多眠睡,鼻息必骬,語言難出。"

〔推源〕 諸詞或有勇猛義,或有急義,二義相通,且均爲干聲所載。"頇""旰""旱""釬"亦干聲字,可證上述諸詞之義。頇,字从頁,指頭無髮,然方言有以"頇"表粗義之例,正猶"顢"謂呼吸粗重、氣急。"旰",天晚,叠用之,可表盛義。《文選·何晏〈景福殿賦〉》:"皓皓旰旰,丹彩煌煌。"唐李善注:"旰旰、煌煌,皆盛貌。"按,其盛義亦爲干聲所載之義,與勇猛義、急義相通。"旱",乾旱,然可以干聲表猛疾義。《漢書·賈誼傳》:"水激則旱,矢激則遠。"清王先謙《補注》:"旱讀爲悍,猛疾也。"清朱駿聲《説文通訓定聲·乾部》:"旱,假借爲悍。《鵬鳥賦》：'水激則旱兮。'""釬"，金屬臂鎧，然亦以干聲表急義。《莊子·列御寇》："人者，厚貌深情，故有貌願而益，有長而不肖，有順懁而達，有堅而縵，有緩而釬。"唐成玄英疏："釬，急也。自有形如堅固而實散縵，亦有外形寬緩心内躁急也。"又，勇猛即驃悍，驃悍字作"悍"，从心旱聲，而聲符字"旱"从干得聲，此爲干聲可表勇猛義、急義之力證。

(53) 盰齦訐（暴露義）

盰 眼露白貌。《説文·目部》："盰，目多白也。一曰張目也。从目，干聲。"《玉篇·目部》："盰，目白貌。"按，凡人目白多則直露。至"張目"義，文獻中亦見其例，目張則露，張目義、露義相通。漢班固《白虎通·聖人》："盰目陳兵，天下富昌。""盰"又有裂開義，此亦與露義通。宋梅堯臣《晚泊觀鬥鷄》詩："勇頸毛逆張，怒目皆裂盰。"

齦 牙齒外露。《説文·齒部》："齦，齒見兒。从齒，干聲。"清桂馥《義證》："《集韻》《類篇》引作'一齒見貌'。"按，今本《集韻·阮韻》："齦，齒露兒。"

訐 揭露他人陰私、短處，"訐"即揭發暴露之謂。《説文·言部》："訐，面相斥罪，相告訐也。从言，干聲。"清朱駿聲《通訓定聲》："《論語》：'惡訐以爲直者。'皇疏：'謂面發人之陰私也。'《漢書·賈誼傳》：'所上者，告訐也。'《趙廣漢傳》：'吏民相告訐。'《王商傳》：'父子相訐。'《三都賦序》：'莫不祇訐其研精。'""訐"爲揭發、暴露，故又衍生出"訐發""訐露"等雙音詞。《明史·舒化傳》："帝慮群下欺罔，間有訐發，輒遣官逮捕。"清戴名世《徐詒孫遺稿序》："詒孫性狷隘，不能容物，而文亦似之，故多訐露之言。"

〔**推源**〕 諸詞皆有暴露義，此義與"干"的形體結構及顯性語義系列（本義、引申義）不相涉。其暴露義爲干聲所載的語源義，"揭"可證之。

干：見紐元部；

揭：溪紐月部。

見溪旁紐，元月對轉。揭，字从手，本指高舉。《説文·手部》："揭，高舉也。"《詩·小雅·大東》："維北有斗，西柄之揭。"高亨注："揭，高舉。"按，高舉則顯露，故"揭"又引申爲顯示、顯露義。《詩·大雅·蕩》："人亦有言，顛沛之揭。"漢毛亨傳："揭，見根貌。"按，"見"爲"現"之初文，所謂"見根"即顯露其根。漢語有"揭露"之雙音詞，實爲同義聯合式結構。"揭"本有露義，故雙音詞稱"揭露"，單音詞但稱"揭"。清蒲松齡《聊齋志異·放蝶》："太守痛恨，將揭劾之。"

(54) 烎齗罕虷（小義）

烎 小熱。《説文·火部》："烎，小熱也。从火，干聲。《詩》曰：'憂心烎烎。'"清段玉裁注本改爲"小爇也"。《廣雅·釋詁》："烎，爇也。"《廣韻·談韻》："烎，小熱。"又《鹽韻》："烎，《字林》云：'小熱也。'"按，"爇"謂焚燒。漢許慎所引《詩·小雅·節南山》"憂心烎烎"之"烎"亦作"惔"，爲心理動詞，謂憂。心憂如焚，如隱隱小熱。

鼾 小鼎。明楊慎《禹碑歌》："永叔明誠兩好事，《集古》《金石》窮該兼。昭列箴銘暨款識，横陳鼾鱛和釜鬵。"按，"鼾""鱛"連文同義。"鱛"亦小鼎之稱。《淮南子·説林訓》："鱛在其間。"漢高誘注："鱛，小鼎。"彗聲字記錄的語詞"槥""嘒""慧""憓"等俱有小義（見本典"彗聲"）。"鼾""鱛"均爲小鼎，故古人常雙提並論。明焦竑《和韓愈石鼓歌》："辟雍横陳雜鼾鱛，廟堂旷列参尊罍。"

罕 長柄小網（見本典第49條），其名本寓小義。今正形作"罕"，本爲俗體。《玉篇·网部》："罕，稀疎也。俗作罕。"按，《玉篇》所訓即少義，少即數值之小。《正字通·网部》"罕"字徑訓"少也"。清朱駿聲《説文通訓定聲·乾部》："罕，假借爲尟。《爾雅·釋詁》：'希，罕也。'《詩·大叔于田》：'叔發罕忌。'傳：'罕，希也。'《禮記·少儀》：'罕見曰聞。'"按，朱氏所引文獻之"罕"皆稀少義不誤，然"罕"表稀少義無煩假借，乃本義之引申。

虷 孑孓，蚊子的幼蟲，亦指井中赤蟲，皆極小物，"虷"之名寓小義。《類篇·蟲部》："虷，井中赤蟲。"清朱駿聲《説文通訓定聲·乾部·〈説文〉不録之字》："虷，《莊子·秋水》：'還虷蟹與科斗。'釋文：'井中赤蟲。一名蜎。'"《爾雅·釋魚》："蜎，蠉。"晉郭璞注："井中小蛣蟩，赤蟲，一名孑孓。"按，"蛣蟩"之名寓卷曲義，卷曲爲此類小蟲之特徵。其名爲"蜎"亦"卷曲小蟲"意。聲符字"肙"本訓小蟲。

〔推源〕 諸詞俱有小義，爲干聲所載之語源義。"兼"可相證。

> 干：見紐元部；
> 兼：見紐談部。

雙聲，元談通轉。兼聲字所記録的語詞"嫌""嗛""謙""蠊""慊"等俱有小、少之語源義，參本典"兼聲"。

(55) 矸頑（乾浄義）

矸 山石白浄。《廣韻·翰韻》："矸，石浄。"《史記·魯仲連鄒陽列傳》"寧戚飯牛車下，而桓公任之以國"南朝宋裴駰《集解》引漢應劭："齊桓公夜出迎客，而寧戚疾擊其牛角商歌曰：'南山矸，白石爛。'"唐司馬貞《索隱》："矸者，白浄貌也。"元庚天錫《雁兒落過得勝令》曲："回頭紅日晚，滿目青山矸。"

頑 頭無髮。《玉篇·頁部》："頑，頭無髮，頑顉也。"《廣韻·翰部》："頑，頭無髮也。"按，所謂"頑顉"即額部無髮而乾浄。

〔推源〕 此二詞俱有乾浄義，爲干聲所載之義。乾浄字作"干"，作聲符用所表之義同。干聲可載乾浄義，"潔"可證之。

> 干：見紐元部；
> 潔：見紐月部。

雙聲,元月對轉。潔,清潔,乾净。《説文新附·水部》:"潔,瀞也。"《廣韻·屑韻》:"潔,清也。"《左傳·定公三年》:"莊公卞急而好潔,故及是。"《晏子春秋·問上》:"人有酤酒者,爲器甚清潔。"

(56) 扞衦矸(碾壓義)

扞 碾壓。《説文·石部》:"硟,以石扞繒也。"《集韻·旱韻》:"擀,以手伸物。或省。"宋陸游《齋居紀事》:"用白面扞作薄餅,銚中焯熱,頻翻,勿令焦糲。"

衦 碾壓衣物的縐紋使之平展,或體作"紆"。《説文·衣部》:"衦,摩展衣。从衣,干聲。"《玉篇·糸部》:"紆,亦作衦,摩展之也。"《集韻·旱韻》:"衦,摩展衣也。或作紆。"黄侃《論學雜著·蘄春語》:"今吾鄉有衦衣、衦面之語。"

矸 用來碾磨繒帛的石頭,亦指碾壓繒帛。《集韻·翰韻》:"矸,碾石。"又《旱韻》:"矸,碾繒也。"按,所謂"硟石",上文已引許慎説。漢史游《急就篇》卷八:"縹綟綠紈皁紫硟。"唐顔師古注:"硟,以石輾繒。"

〔推源〕 此三詞俱有碾磨義,當爲干聲所載之語源義。"硟"字足證干聲可載碾磨義。"硟"从延聲,"延"爲余紐元部字。余紐即喻紐,四等,本有舌根音(牙音)一類,與"干"的見紐互爲旁紐。二字元部叠韻。

20　于聲

(57) 宇芋弙盱衧杅竽(大義)

宇 字从宀,本指屋檐,引申而指廣大的宇宙。《説文·宀部》:"宇,屋邊也。从宀,于聲。《易》曰:'上棟下宇。'"清朱駿聲《通訓定聲》:"〔轉注〕《三蒼》:'四方上下曰宇,古往今來曰宙。'《吕覽·下賢》:'神覆宇宙。'注:'四方上下曰宇,以屋喻天地也。'"按,朱氏所云"轉注"實爲引申。"宇"又引申爲大、擴大。《爾雅·釋詁上》:"宇,大也。"《荀子·非十二子》:"喬宇嵬瑣。"唐楊倞注:"宇,大也,放蕩恢大也。"

芋 芋艿,以其葉大根實而得名。《説文·艸部》:"芋,大葉實根,駭人,故謂之芋。从艸,于聲。"清朱駿聲《通訓定聲》:"蹲鴟也。亦曰芋渠。《馬融廣成頌》:'藨荷芋渠。'《史記·項羽本紀》:'士卒食芋菽。'又《廣雅·釋草》:'水芋,烏芋也。'"清段玉裁注:"凡于聲字多訓大,芋之爲物,葉大根實,二者皆堪駭人,故謂之芋。其字从艸,于聲也。"按,"芋"又有大訓。《廣雅·釋詁一》:"芋,大也。"清王念孫《疏證》:"《爾雅》'……芋,大也。'郭璞注云:'芋猶訏耳。'《大雅·生民》篇:'寔覃寔訏。'《小雅·斯干》篇:'君子攸芋。'毛傳並云:'大也。'"

弙 拉滿弓瞄準目標,即張大其弓弦。《説文·弓部》:"弙,滿弓有所向也。从弓,于聲。"清朱駿聲《通訓定聲》:"《廣雅·釋詁一》:'弙,張也。'"清段玉裁注:"《大荒南經》:'有人方扜弓箭射黄蛇。'郭曰:'扜,挽也。音紆。'此假扜爲玗也。"清桂馥《義證》:"《廣韻》《類篇》同《廣雅》:'玗,張也。'通作扜。"《玉篇·弓部》:"玗,弓滿也,引也,張也。"

盱 張大眼睛看。《説文·目部》:"盱,張目也。从目,于聲。"清朱駿聲《通訓定聲》:"《易》:'盱豫,悔'注:'謂睢盱。'……《魏都賦》'乃盱衡而誥曰'注:'舉目大視也。'"按,朱氏所引《易》文三國吴虞翻注:"盱,張目也。"《列子·黄帝》:"而睢睢,而盱盱。"晉張湛注引《蒼頡篇》:"盱,張目貌。"漢班固《白虎通·考黜》:"武王望羊,是謂攝揚,盱目陳兵,天下富昌。"清陳立《疏證》:"盱,張目也。""盱"又有大訓,謂擴大,則爲引申義。《漢書·谷永傳》:"又廣盱營表,發人冢墓。"唐顔師古注:"盱,大也。"

衧 諸衧(亦作"諸于","衧"亦作"袌"),婦女穿的大袖外衣。《説文·衣部》:"衧,諸衧也。从衣,于聲。"清朱駿聲《通訓定聲》:"大掖衣,如婦人袿衣也。《後漢書》:'諸于繡鑷。'以'于'爲之。"《正字通·衣部》:"諸衧,即諸于,今俗呼披風敞袖是也。"

杅 浴盆,其物較作他用之盆大,故稱"杅"。《正字通·木部》:"杅,浴器,大而深。"《禮記·玉藻》:"浴用二巾,上絺下綌。出杅,履蒯席,連用湯。"唐孔穎達疏:"杅,浴之盆也。""杅"字疊用則爲重言譬況字,形容廣大之貌,此正可證"杅"的大義受諸"于"聲。《荀子·儒效》:"是杅杅亦富人已,豈不貧而富矣哉!"清王先謙《集解》引王引之:"《方言》:'于,廣大也。'《文王世子》:'于其身以善其君。'鄭注曰:'于讀爲迂,迂猶廣也,大也。'《檀弓》:'易則易,于則于。'《正義》亦曰:'于謂廣大。'重言之,則曰于于。"按,表廣大義,"杅杅"與"于于"同,蓋以"于"聲表其義。

竽 樂器,似笙而大。其名寓大義。《説文·竹部》:"竽,管三十六簧也。从竹,于聲。"清朱駿聲《通訓定聲》:"《吕覽·仲夏》:'調竽笙壎箎。'注:'竽,笙之大者,以匏爲之。'《荀子·正名》:'調竽奇聲以耳異。'注:'竽,八音之首,笙類所以導衆樂者。'"《韓非子·解老》:"竽也者,五聲之長者也,故竽先則鐘瑟皆隨,竽唱則諸樂皆和。"

〔推源〕 諸詞俱有大義,其記録文字的聲符"于"構形不明,"于"聲可表大義,則無疑。"于"聲單用,本可表大義,上述《禮記·文王世子》"于其身以善其君"之"于"即是。《集韻·虞韻》:"于,大也。"又,于聲字"迂"亦可表大義。《玉篇·辵部》:"迂,廣大也。"《明史·陸粲傳》:"璁狠愎自用,執拗多私。萼外若寬迂,中實深刻。"又,于聲可表大義,"巨"字可相證。

于:匣紐魚部;

巨:群紐魚部。

疊韻,匣群旁紐。"巨"字象方尺形,本爲規矩字初文,後乃作"矩"。然"巨"可以借字形式表大義,且爲基本義,故有"巨大"之同義聯合式複音詞。漢揚雄《方言》卷一:"巨,大也。"《孟子·梁惠王下》:"爲巨室,則必使工師求大木。"漢趙岐注:"巨室,大宮也。"《公羊傳·哀公六年》:"于是使力士舉巨囊,而至于中霤。"漢何休注:"巨囊,大囊。"

(58) 夸訏(誇誕義)

夸 奢侈,引申之,則有自大、浮誇、炫耀等義。《説文·大部》:"夸,奢也。从大,于聲。"清朱駿聲《通訓定聲》:"《廣雅·釋詁一》:'大也。'……《吕覽·下賢》:'富有天下,而不騁夸。'注:'詫而自大也。'"《逸周書·謚法》:"華言無實曰夸。"晉孔晁注:"夸,恢誕。"《新唐書·后妃傳上·楊貴妃》:"見它第有勝者,輒壞復造,務以瓌侈相夸詡。"

訏 詭訛,誇誕。《説文·言部》:"訏,詭訛也。从言,于聲。"清朱駿聲《通訓定聲》:"《玉篇》引《説文》:'齊楚謂大言曰訏,是也。'"漢賈誼《新書·禮容語下》:"今郊伯之語犯,郊叔訏,郊季伐。犯則凌人,訏則誣人,伐則掩人。"今按,"訏"字从言,于聲,即大言之謂,聲符"于"表"大"義。以故"訏"有"大"之引申義。《爾雅·釋詁上》、漢揚雄《方言》卷一"訏"皆訓"大","訏謀""訏謨""訏策"指遠大的謀劃、策略,"訏"亦大義。又,"訏"字疊用,爲重言譬況字,形容廣大之貌。

〔推源〕 此二詞俱有誇誕之義,其義當爲于聲所載。于聲有大義(見本典第57條),又有誇大、誇誕義,二義本相通。于聲有誇誕義,故于聲字"汙""迂"得以借字形式表此義。《孟子·公孫丑上》:"宰我、子貢、有若,智足以知聖人,汙不至阿其所好。"清焦循《正義》:"汙本作洿。《孟子》蓋用'夸'字之假借。夸者,大也。謂言雖大而不至於阿曲。"《漢書·五行志中》:"今郊伯之語犯,叔迂,季伐。"唐顏師古注:"迂,夸誕也。"又,複音詞"迂妄""迂大"之"迂"亦皆誇誕義。

"夸""訏""詡""諼"四者爲同源詞,于聲的誇大、誇誕義可以得到進一步的證實。

> 夸:溪紐魚部;
>
> 訏:曉紐魚部;
>
> 詡:曉紐魚部;
>
> 諼:曉紐元部。

溪曉旁紐,魚元通轉。詡,説大話,誇耀。《説文·言部》:"詡,大言也。"《漢書·揚雄傳》上:"然至羽獵、田車、戎馬、器械儲偫禁禦所營,尚泰奢麗誇詡,非堯、舜、成湯、文王三驅之意也。"魯迅《且介亭雜文·拿來主義》:"尼采就自詡過他是太陽,光熱無窮,只是給與,不想取得。"諼,欺詐。《説文·言部》:"諼,詐也。"今按,欺詐則往往誇大其詞。章太炎《新方言·釋言》:"今保定、真定、河間、天津皆謂大言無實爲諼。"

(59) 杅軒迂紆盱盂盰(圓、曲義)

杅 盛食物或湯漿的器皿,圓形物,"杅"之名寓"圓"義。漢史游《急就篇》第十二章:"橢杅盤案桮閜盌。"唐顏師古注:"杅,盛飯之器也。一曰齊人謂盤爲杅。"清朱駿聲《説文通訓定聲·豫部》:"杅,假借爲盂。《儀禮·既夕》:'兩敦,兩杅。'注:'杅,盛湯漿。'"今按,"杅"指盛湯漿之器,無煩假借。字从木作"杅",謂木製者;從皿作"盂"則泛指盤盂。《後漢書・崔駰傳》:"遠察近覽,俯仰有則,銘諸几杖,刻諸盤杅。"唐李賢注:"杅,盂也。"

靬 古代車軸上繫靷的皮環,圓形物。《說文・革部》:"靬,鞁内環靼也。從革,于聲。"清朱駿聲《通訓定聲》:"鞁者,車駕具,其内有柔革以環之,曰靬。"清王筠《釋例》:"今之大車,輹旁作皮環,靷皆繫其上,蓋即所謂靬也。"

迂 迂迴,曲折。曲義、圓義相通。《說文・辵部》:"迂,避也。從辵,于聲。"清朱駿聲《通訓定聲》:"《後漢・蔡邕傳》注:'迂,曲也。'"清段玉裁注:"迂曲、回避,其義一也。"《孫子・軍争》:"軍争之難者,以迂爲直,以患爲利。"《南齊書・蠻》:"汶陽本臨沮西界,二百里中,水陸迂狹,魚貫而行,有數處不通騎。"

紆 字從糸,有"縈"訓,即纏繞義,纏繞即繞圓圈,引申之,則有曲義。《說文・糸部》:"紆,詘也。從糸,于聲。一曰縈也。"按"縈"當爲本義。晉葛洪《抱朴子・逸民》:"何必紆朱曳紫,服冕乘軺。"所謂"詘"即曲,爲引申義。《說文》"紆"字清朱駿聲《通訓定聲》:"《考工・矢人》:'中弱則紆。'注:'曲也。'……《淮南・本經》:'盤紆刻儼。'"按,朱氏所引《淮南子》文漢高誘注:"紆,曲屈。"《後漢書・文苑傳・邊讓》:"振弱支而紆繞兮,若綠繁之垂幹。"

釫 錞釫,樂器。《廣韻・虞韻》:"釫,錞釫,形如鐘,以和鼓。"《周禮・地官・鼓人》"以金錞和鼓"漢鄭玄注:"錞,錞于也。圓如碓頭,大上小下,樂作鳴之,與鼓相和。"其"錞于"即"錞釫"。"釫"又指僧人飯器,即鉢釫。《字彙補・金部》:"釫,鉢釫,僧家飯器。"《百喻經・乘船失釫喻》:"昔有人乘船渡海,失一銀釫,墮於水中。"按,"釫"所指二物,其形皆圓。

盂 盛飯、酒、湯漿的器皿,亦圓形物。《說文・皿部》:"盂,飯器也。從皿,于聲。"清朱駿聲《通訓定聲》:"《方言》五:'盌謂之盂。'《漢書・東方朔傳》:'置守宮盂下。'注:'若盆而大。'《答客難》:'安於覆盂。'"清段玉裁注:"《史記・滑稽傳》:'操一豚蹄、酒一盂而祝。'《後漢書・孝明紀》:'盂水脯糒而已。'"

尪 大腿彎曲,亦指軀體彎曲。《說文・尢部》:"尪,股尪也。從尢,于聲。"南唐徐鍇《繫傳》:"股曲也。"清朱駿聲《通訓定聲》:"謂紆詘。"清桂馥《義證》:"《集韻》引李陽冰曰:'尪,體屈曲。'"清段玉裁注:"尪之言紆也。紆者,詘也。"按《廣韻・虞韻》"尪"訓"盤旋",曲義、盤旋義亦相通。

〔推源〕 上述諸詞或有曲義,或有圓義。曲義、圓義相通,首尾相接之曲綫即圓。曲義、圓義均以"于"聲載之,則出諸同一語源。"曲""環"二詞可以證"于"聲之曲義、圓義。

于:匣紐魚部;

曲:溪紐屋部;

環:匣紐元部。

匣溪旁紐,魚屋旁對轉,魚元通轉。"曲",《說文・曲部》云"象器曲受物之形",其基本義即彎曲、不直。《玉篇・曲部》:"曲,不直也。"《詩・小雅・采緑》:"予髮曲局,薄言歸沐。"

《荀子·勸學》:"木直中繩,輮以爲輪,其曲中規,雖有槁暴,不復挺者,輮使之然也。"環,玉環,圓圈形。《説文·玉部》:"環,璧也。肉、好若一謂之環。"清朱駿聲《通訓定聲》:"《荀子·大略》:'問士以璧,召人以瑗,反絶以環。'《禮記·經解》:'行步則有環珮之聲。'"引申之,"環"亦指其他圓圈形物,如:金環、銀環、門環、耳環。

(60) 䍉汙(積義)

䍉 求雨祭祀時所執樂神之具,用鳥羽編製而成。《集韻·遇韻》:"䍉,緝羽也。雩祭所執。"其字"王遇切",則从于得聲。聲符"于"載鬱積、聚集之義,故"䍉"訓"緝羽"。漢許慎以"䍉"爲"雩"之重文,恐非。《説文·雨部》:"雩,夏祭樂於赤帝以祈甘雨也。䍉,或从羽。"今按,文獻中"雩""䍉"通用不誤,然二詞各有本義,語源非一。"雩"指求雨,疑聲符"于"表呼吁義。

汙 積水而成之坑。《説文·水部》:"汙,小池爲汙。从水,于聲。"《集韻·模韻》:"洿,《説文》:'濁水不流也。'或从于。"《詩·小雅·十月之交》:"徹我牆屋,田卒汙萊。"唐孔穎達疏:"汙者,池停水之名。"《荀子·王制》:"汙池淵沼川澤,謹其時禁。"唐楊倞注:"汙,淳水之處。"

〔推源〕 此二詞俱有鬱積、聚集之義,爲其聲符所載,"淤""蓄"二詞可以相證。

于:匣紐魚部;
淤:影紐魚部;
蓄:曉紐覺部。

影與曉、匣鄰紐,曉匣旁紐,魚覺旁對轉。淤,水中鬱積的泥沙,亦引申而指由泥沙沖積而成的小洲。《説文·水部》:"淤,澱滓濁泥。"清桂馥《義證》:"《後漢書·杜篤傳》:'畎瀆潤淤。'注引作'澱滓也'。《廣韻》:'淤,濁水中泥也。'《玉篇》:'淤,水中泥草。'"清朱駿聲《通訓定聲》:"《方言》十二:'水中可居爲洲,三輔謂之淤。'《上林賦》:'行乎洲淤之浦。'"蓄,本義即積蓄。《説文·艸部》:"蓄,積也。"《書·周官》:"蓄疑敗謀,怠忽荒政。"僞孔傳:"積疑不决,必敗其謀。"《文選·張衡〈東京賦〉》:"洪恩素蓄,民心固結。"三國吳薛綜注:"蓄,積。"

(61) 忬疛(憂病義)

忬 憂傷,病痛。《玉篇·心部》:"忬,痛也,憂也。"按,"憂"訓大抵採用漢許慎説。《説文·心部》:"忬,憂也。从心,于聲。讀若吁。"清朱駿聲《通訓定聲》:"《詩》以吁、盱字爲之。"清段玉裁注:"《卷耳》云:'何吁矣。'傳曰:'吁,憂也。'此謂吁即忬之假借也。……《何人斯》曰:'何其盱。'《都人士》曰:'云何盱矣。'盱亦忬之假借。"按,憂傷義當以"忬"爲本字,"吁""盱"皆借字。語言中存在用"于"聲表達的、義爲憂傷的詞。《廣韻·虞韻》"忬"亦訓憂。憂爲病態。中國醫學認爲喜怒憂思悲恐驚皆爲病之内因,亦爲一證。

疛 病。《玉篇·疒部》:"疛,病也。"《廣韻·虞韻》:"疛,病也。"其音況于切,則从于得聲。

〔推源〕 在口頭語言中,"于"聲曾被約定用來表達"病"義。于聲字"纡"《廣韻·虞韻》訓"勞也",即疲病之意。"汙"可指勞苦之事,又可表衰微義,人衰微則病。足證于聲、病義相關聯。

(62) 圩汙(凹下義)

圩 四周高而中央凹下。《史記·孔子世家》:"生而首圩頂,故因名丘云。"唐司馬貞《索隱》:"圩,音烏。圩頂言頂上窊也,故孔子頂如反宇。反宇者,若屋宇之反,中低而四傍高也。"按,"圩"字從土,本指防水護田的堤岸,亦有四邊高中央凹下之特徵。《字彙·土部》:"圩,圩岸。"《正字通·土部》:"圩,今江淮間,水高于田,築隄扞水而甸之,曰圩田。"宋沈括《萬春圩圖記》:"江南大都皆山也,可耕之地,皆下濕厭水瀕江,規其地以堤而藝其中,謂之圩。"

汙 古者積水成池稱"汙池",鑿地爲坑稱"汙",池與坑皆有四周高中央低凹之特徵。"汙"又可徑表低凹之義。《六韜·犬韜·戰騎》:"汙下沮澤,進退漸洳,此騎之患地也。"唐陸龜蒙《記稻鼠》:"自三月不雨,至於七月,當時汙坳沮洳者埃塩塵勃。"

〔推源〕 二詞俱有低凹義,爲于聲所載。"坳"可證于聲之低凹義。

于:匣紐魚部;
坳:影紐幽部。

匣影鄰紐,魚幽旁轉。坳,低凹處。《說文·土部》:"坳,地不平也。"按,有所凹,故不平,故《集韻·爻韻》云:"坳,地窊下也。"《莊子·逍遥遊》:"覆杯水於坳堂之上,則芥爲之舟。"清王先謙《集解》:"謂堂有坳垤形也。"唐韓愈《咏雪贈張籍》詩:"坳中初蓋底,垤處遂成堆。"

(63) 迂旴(緩義)

迂 繞行,迂回,故有緩慢之衍義。三國魏王粲《儒吏論》:"竹帛之儒,豈生而迂緩也?"清俞萬春《蕩寇志》第一百二十三回:"原來賀太平作事,凡樣迂徐,唯有涉到舉賢、除奸兩椿事上,便刻不停留。"

旴 日始出貌。《廣韻·虞韻》:"旴,日始出兒。"《詩·邶風·匏有苦葉》"雝雝鳴雁,旭日始旦"一作"旴日始旦。"《易·豫》"六三:旴豫,悔"唐陸德明《經典釋文》:"姚(信)作'旴',云:'日始出。'引《詩》:'旴日始旦。'"今按,日始出稱"旴",即冉冉上昇之意,亦以"于"聲表緩慢義。

〔推源〕 于聲可載緩慢義,"緩"可證之。

于:匣紐魚部;
緩:匣紐元部。

雙聲,魚元通轉。緩,或體作"繶",本訓"繛",即寬綽舒緩之義。《說文·素部》:"繶,繛也。从素,爰聲。緩,繶或省。"引申之,則有遲緩、緩慢之義。《玉篇·糸部》:"緩,遲緩也。"《管子·五行》:"昔者黃帝以其緩急作立五聲,以政五鐘。"唐韓愈《韶州留別張端公使君》詩:"鳴笛急吹爭落日,清歌緩送款行人。"

21　工聲

(64) 江虹雒仜玒魟扛杠矼豇肛軡谼舡旴舡訌甌缸項虹空(長、高、大義)

江 長江。《說文·水部》:"江,水。出蜀湔氐徼外岷山,入海。从水,工聲。"《書·禹貢》:"江、漢朝宗於海。"北魏酈道元《水經注·江水》:"漢元延中,岷山崩壅,江水三日不流。"按,"江"的構詞理據,前人多有探討。清朱駿聲《說文通訓定聲·丰部》:"江,〔聲訓〕《釋名》:'江,公也,諸水流入其中,所公共也。'《水經·江水注》:'江,共也。'《風俗通·山澤》:'江者,貢也,所出珍物可貢獻也。'"然惜皆未得其肯綮。張舜徽《說文解字約注·水部》:"江,全長萬里,故又稱長江。"今按,"江"與"長江"同意,單音詞"江"以工聲表長義。"江"爲我國第一長河,又引申而泛指大河,如金沙江、湘江、黑龍江等。

虹 彩虹,形長之物,以其形長而得名。《爾雅·釋天》:"螮蝀,虹也。"《說文·虫部》:"虹,螮蝀也。狀似虫。从虫,工聲。"其字亦作"蚣""玒"。《禮記·月令》:"(季春之月)虹始見,萍始生。"《漢書·天文志》:"暈適背穴,抱珥蚦蜺。"按,虹形長,故又稱"長虹",漢語詞彙中有"氣貫長虹"之成語。

雒 大雁。字或作"鸿""鴻"。《說文·隹部》:"雒,鳥肥大雒雒也。从隹,工聲。鸿,雒或从鳥。"清段玉裁注:"謂雁之肥大者也。"《集韻·東韻》:"鴻,大曰鴻,小曰雁。古省。"《漢書·司馬相如傳》上:"鸿鷫鵠鴇。"唐顏師古注:"鸿,古鴻字。"清朱駿聲《說文通訓定聲·丰部》:"鴻本訓是大雁,鵠本訓是黃鵠。"《易·漸》:"鴻漸于干。"三國吳虞翻注:"鴻,大雁也。"

仜 人的身體肥大。《說文·人部》:"仜,大腹也。从人,工聲。"南唐徐鍇《繫傳》:"言人身體仜大也。"清段玉裁注:"與'雒'音義略同。《廣韻》曰:'身肥大也。'《廣雅》曰:'仜,有也。'"今按,《廣雅》所訓,疑指懷孕。方言多稱懷孕爲"有喜""有了",古稱"有身"。人懷孕則腹大,身體亦顯肥大。

玒 玉名。《說文·玉部》:"玒,玉也。从玉,工聲。"清朱駿聲《通訓定聲》:"字亦作珙。"徐珂《清稗類鈔·鑒賞·韓程愈藏赤珂夔龍鎮紙》:"其最美者,曰官玒,曰高玒,曰老楓門,曰新楓門,皆燈光凍也。"今按,"珙"爲大璧。古今未有言"珙""玒"二字爲異體者,然朱氏說亟可參。徐氏"高玒"說與"大璧"義近,可爲一證。

魟 大魚。《玉篇·魚部》:"魟,魚名。"唐段成式《酉陽雜俎續集·支動》:"黃魟魚,色黃無鱗,頭尖,身似大檞葉,口在頷下。"元戴侗《六書故·動物四》:"魟,海魚,無鱗,狀如蝙蝠,大者如車輪。"

扛 以兩手舉物。"扛"即舉高之謂。《說文·手部》:"扛,橫關對舉也。从手,工聲。"清朱駿聲《通訓定聲》:"《廣雅·釋詁一》:'扛,舉也。'《史記·項羽紀》:'力能扛鼎。'《西京賦》:'烏獲扛鼎。'"按,朱氏所引《史記·項羽本紀》文南朝宋裴駰《集解》:"扛,舉也。"清吳敬梓《儒林外史》第五十一回:"拔山扛鼎之義士,再顯神通。"引而申之,擡起、擡高其物亦稱"扛"。《後漢書·方術傳·費長房》:"長房使人取之,不能勝;又令十人扛之,猶不舉。"

杠 床前橫木,形長之物,引申之,亦指橋。《說文·木部》:"杠,床前橫木也。从木,工聲。"清朱駿聲《通訓定聲》:"《方言》:'牀,其杠謂之樹,或謂之趙,或謂之桙。'〔轉注〕《孟子》:'十一月徒杠成。'張音方,橋也。按,橫木以渡,後世或以石為之。"《正字通·木部》:"杠,小橋謂之徒杠,謂衡木以度也。"按,朱氏所云"轉注"即引申,其所引《孟子·離婁下》文清焦循《正義》:"凡獨木曰杠,駢木者曰橋。"明徐弘祖《徐霞客遊記·粵西遊日記》:"東望一峯,尖迥而起,中空如合掌,懸架於衆峯之間,空明下透,其上合處僅徒杠之湊。"引申之,"杠"亦指粗棍、竹竿、木竿,所指皆形長之物。

矼 石橋,形長之物。《玉篇·石部》:"矼,石橋也。"《廣韻·江韻》:"矼,石矼,石橋也。《爾雅》曰:'石杠謂之徛。'字俗从石。"按清朱駿聲《說文通訓定聲·丰部》亦云在指稱橋時"杠,字又作矼"。唐陸龜蒙《憶襲美洞庭觀步奉和次韻》:"竹傘遮雲徑,藤鞋踏蘚矼。"明袁宏道《賦得野竹上青霄拈三江韻》:"曲路通斜閣,交枝覆斷矼。"按,"矼"亦指石崗,則有高義。明徐弘祖《徐霞客遊記·遊黃山日記》:"由此更上一峯,至平天矼,矼之兀突獨聳者,爲光明頂。"

豇 豇豆,形長之物。《廣韻·江韻》:"豇,豇豆,蔓生,白色。"《龍龕手鑑·豆部》:"豇,豇豆也。"明李時珍《本草綱目·穀三·豇豆》:"豇豆處處三四月種之。一種蔓長丈餘,一種蔓短。"按,李氏書"釋名"欄常有推源之論。"豇豆"條云:"此豆紅色居多,莢必雙生,故有豇、䜶䜶之名。"按,以色紅、莢雙生而稱"䜶䜶",其說可參;然稱"豇",當另有理據,以其形長,而稱"豇",今吳方言猶稱"長豇豆",庶可為證。

肛 腫大。《玉篇·肉部》:"肛,腫也,胮肛也。"《廣韻·江韻》:"肛,胮肛,脹大。"按,今徽歙方言猶稱腫為"肛",稱腫起來為"肛起來"。又,單音詞"肛"與雙音詞"胮肛"同義。《廣雅·釋詁二》:"胮肛,腫也。"宋趙叔向《肯綮錄·俚俗字義》:"胮肛,肥大也。"唐韓愈《病中贈張十八》:"連日挾所有,形軀頓胮肛。"

舡 車軸,形長之物。《玉篇·車部》:"舡,車軸。"

谾 大山谷,深溝。字亦作"谼"。《洪武正韻·東韻》:"谾,大壑也。"元貢師泰《黄河行》:"雙谾鑿斷海門開,兩鄂巉巉尚中峙。"《字彙·谷部》:"谾,與谼同。"《玉篇·谷部》:"谼,大谷名。"按"谾"亦爲大谷名。《廣韻·江韻》:"谾,谾谷,在南郡。""谾""谼"亦皆泛指大山谷。清王士禛《題洪谷一督學廬墓册》:"壠上孤兒泪,谼中萬木秋。"

舡　船，形長之物。《玉篇·舟部》："舡，船也。"清朱駿聲《説文通訓定聲·丰部·〈説文〉不録之字》："舡，《廣雅·釋水》：'舡，舟也。'"《商君書·弱民》："背法而治此，任重道遠而無馬牛，濟大川而無舡楫也。"宋蘇軾《再乞發運司應副浙西米狀》："官吏欲差舡載米下鄉散糶，即所須數目浩瀚，恐不能足用。"按，船隻稱"舟"稱"船"稱"舡"，理據不一，"舡"當以船形長而得名。

　　叿　大聲喝斥。《玉篇·口部》："叿，呵也。"按同部"呵"字訓"責也"，《廣韻·歌韻》云："呵，責也，怒也。"怒則大聲喝斥。"叿"又指語聲嘈雜、高聲。其字亦作"哄""舡"。《廣韻·東韻》："舡，大聲。"《集韻·東韻》："舡，大聲。或作叿。"又："叿，噇語。或作哄。"《新唐書·藩鎮傳·李正己》："正己批其頰，回紇矢液流離，衆軍哄然笑。"《水滸傳》第三回："衆人見是魯提轄，一哄都走了。"

　　舡　字从角，謂舉角，即舉高其角，引申爲舉高。其字亦作"舩"。《玉篇·角部》："舡，舉角也。"《廣韻·江韻》："舡，舉角。"《集韻·江韻》："舩，《説文》：'舉角也。'或从工。"按，此字《説文》作"舩"。《角部》："舩，舉角也。从角，公聲。"清朱駿聲《通訓定聲》："字亦作舡。假借爲扛。《魏大饗碑》：'舩鼎緣橦。'《匡謬正俗》六：'扛字或作舡。'"按，"舡""舩"表扛舉義非假借，乃引申。《文選·張衡〈西京賦〉》"烏獲扛鼎，都盧尋橦"唐李善注："扛與舩同。"按，"舡"與"舩"爲轉注字。

　　訌　大聲爭吵。《説文·言部》："訌，讀也。从言，工聲。"《詩·大雅·召旻》："天降罪罟，蟊賊内訌。"漢鄭玄箋："訌，爭訟相陷入之言也。"唐孔穎達疏："以訌字从言，故知訌者是爭訟相陷入之言，由爭訟相陷，故至潰敗，故《爾雅》以訌爲潰。""訌"亦指哄鬧，實亦大聲義。宋徐鉉《稽神録·蜂餘》："及就寢，惟聞訌訌之聲。"

　　颪　大風。字亦作"颺"。《廣韻·東韻》："颪，大風。"又《冬韻》："颺，大風。"《正字通·風部》："颪，俗字。舊注音洪，風聲。不知颺俗作颪，誤分爲二。"

　　缸　長頸瓶，當以形長而得名。其字亦作"瓨"。《説文·缶部》："缸，瓨也。从缶，工聲。"清朱駿聲《通訓定聲》："即瓨之或體。"清段玉裁注："缸與瓨音義皆同也。"《説文·瓦部》："瓨，似罌，長頸，受十升。讀若洪。从瓦，工聲。"清朱駿聲《通訓定聲》："《史記·貨殖傳》：'醯醬千瓨。'《急就篇》：'甀甊甂甌瓨罌盧。'"按，朱氏所引《史記》文南朝宋裴駰《集解》："瓨，長頸罌。"又，所引漢史游《急就篇》文唐顏師古注："瓨，短頭長身之罃也。"

　　項　脖子的後部，形長。《説文·頁部》："項，頭後也。从頁，工聲。"《廣韻·講韻》："項，頸項。"《左傳·成公十六年》："王召養由基，與之兩矢，使射吕錡，中項。"《史記·魏其武安侯列傳》："籍福起爲謝，案灌夫項令謝。"今按，"項"當以形長而得名，其字以工聲表長義。"項"又有"大"訓，長義、大義相通，二義同爲工聲所載。《詩·小雅·節南山》："駕彼四牡，四牡項領。"漢毛亨傳："項，大也。"漢鄭玄箋："四牡者，人君所乘駕，今但養大其領，不肯爲用。"

𪨶　《廣韻·東韻》訓"山形",按即山高而超出地平面之形。

空　本謂空虛,引申之,則有廓大之衍義。《玉篇·穴部》:"空,大也。"清朱駿聲《説文通訓定聲·丰部》:"空,《詩·白駒》:'在彼空谷。'傳:'大也。'"《文選·左思〈咏史〉》:"寥寥空宇中,所講在玄虛。"唐李善注:"空,廓也。"

〔推源〕　上述諸詞或有長義,或有高義,或有大義,亦或兼有二義(如"矼"指石橋,有長義;又指石崗,則有高義)。諸義本皆相通。縱向之長即高,凡物大則長、則高。諸詞的記錄文字均从工聲,則諸義出自同一語源。考聲符字"工"本謂曲尺,亦無"長""高""大"之衍義,故知上述諸詞之義爲工聲所載之語源義。工聲可載長、高、大義,"高""巨"可證之。

工:見紐東部;

高:見紐宵部;

巨:群紐魚部。

見群旁紐,東宵旁對轉,東魚旁對轉,宵魚旁轉。高,物或空間的上下距離大。此亦足證大義、高義之相通。《説文·高部》:"高,崇也。象臺觀高之形。"《書·太甲》:"若升高必自下。"《楚辭·離騷》:"高余冠之岌岌兮。"高義、大義相通,故"高"又引申爲大。《戰國策·齊策一》:"家敦而富,志高而揚。"漢高誘注:"高,大也。"《吕氏春秋·誠廉》:"不以人之庳自高也。"按,"自高"即自大。巨,規矩字,後起本字作"矩",指方尺,然其聲韻可表大義,且爲基本義。漢揚雄《方言》卷一:"巨,大也。"《孟子·滕文公下》:"於齊國之士,吾必以仲子爲巨擘焉。"漢趙岐注:"巨擘,大指也。"唐李白《古風》五十九首之三十三:"北溟有巨魚,身長數千里。"

(65) 粀紅(紅色義)

粀　米變質發紅。《説文·米部》:"粀,陳臭米。从米,工聲。"漢桂馥《義證》:"米久則紅也。"清朱駿聲《通訓定聲》:"《漢書·賈捐之傳》:'太倉之粟,紅腐而不可食。'以'紅'爲之。"按,"粀"爲本字。《廣韻·東韻》:"粀,陳赤米也。""粀"亦指紅米。《集韻·東韻》:"粀,赤米。"

紅　本指淺紅色。《説文·糸部》:"紅,帛赤白色。从糸,工聲。"清朱駿聲《通訓定聲》:"《廣雅·釋器》:'纁謂之紅。'按素入於茜即爲紅,其色在赤白黄之間,即《玉藻》之'緼'也。"《楚辭·招魂》:"紅壁沙版,玄玉梁些。"漢王逸注:"紅,赤白色。"引申之,則泛指紅色。《廣韻·東韻》:"紅,色也。"漢司馬相如《上林賦》:"揚翠葉,扤紫莖,發紅華,垂朱榮。"唐杜牧《山行》:"停車坐愛楓林晚,霜葉紅於二月花。"

〔推源〕　二詞俱有紅色義,爲工聲所載,"絳"可相證。

工:見紐東部;

絳:見紐冬部。

雙聲，上古音東、冬二部可歸一，則亦叠韻。絳，大紅色。《説文·糸部》："絳，大赤也。"《墨子·公孟》："昔者楚莊王，鮮冠組纓，絳衣博袍，以治其國。"《史記·司馬相如列傳》："垂絳幡之素蜺兮，載雲氣而上浮。"

(66) 釭肛（圓義）

釭 車轂内外的鐵圈，圓形物。《説文·金部》："釭，車轂中鐵也。从金，工聲。"清朱駿聲《通訓定聲》："以鐵鍱裹轂壺中，所以固轂，亦與軸輨相摩不損也。《方言》九：'車釭謂之鍋，或謂之錕。'《急就篇》：'釭鐗鍵鑽冶銅鐈。'《新序·雜事》：'方内而員釭。'"按，稱"釭"爲"鍋"，鍋亦圓形物；所謂"員釭"即"圓釭"。《管子·輕重》："一車必有一斤、一鋸、一釭、一鑽、一鑿、一鉥、一軻，然後成爲車。"按"釭"亦指宮室壁帶上的環狀金屬飾物。《漢書·外戚傳》："壁帶往往爲黃金釭。"唐顏師古注："於壁帶之中往往以金爲釭，若車釭之形也。"

肛 直腸末端的肛門，形圓。《集韻·東韻》："肛，肛門，腸耑。"清吳謙等編《醫宗金鑑·刺灸心法要訣·周身名位骨度》"肛"注："肛者，大腸下口也。"

〔推源〕 二詞俱有圓義，爲工聲所載。"工"謂方尺，與圓義不相涉，然則工聲所載之圓義爲語源義。工聲可載圓義，"弓"可證之。

工：見紐東部；

弓：見紐蒸部。

雙聲，東蒸旁轉。弓，射具。《説文·弓部》："弓，窮也。以近窮遠者。象形。"《詩·小雅·吉日》："既張我弓，既挾我矢。"今按，"弓"之名本寓彎曲義，弓形彎曲，故彎曲字作"彎"，从弓；又"弓"亦指"彎弓"。曲義、圓義本相通，凡曲綫首尾相接即圓。

22　土聲

(67) 吐土（吐出義）

吐 從口中吐出。《説文·口部》："吐，寫也。从口，土聲。"清朱駿聲《通訓定聲》："《廣雅·釋言》：'瀉也。'《釋名》：'揚、豫以東謂瀉爲吐。'《蒼頡篇》：'吐，棄也，亦寫也。'"按，"吐""瀉"對待字，上曰"吐"，下曰"瀉"，皆外泄之謂。《玉篇·口部》："吐，口吐。"《廣韻·姥韻》："吐，口吐。"又《暮韻》："吐，歐也。"《詩·大雅·烝民》："柔則茹之，剛則吐之。"南朝劉義慶《世説新語·德行》："公於是獨往食，輒含飯著兩頰邊。還，吐與二兒。"

土 泥土，大地，吐生萬物之物。《説文·土部》："土，地之吐生物者也。"清朱駿聲《通訓定聲》："〔聲訓〕《春秋元命苞》：'土之爲言吐也。'《廣雅·釋言》：'土，瀉也。'"《廣韻·姥韻》："土，《釋名》曰：'土，吐也，吐萬物也。'"《書·禹貢》："厥貢惟土五色。"《周禮·地官·小司徒》："乃經土地，而井牧其田野。"《國語·周語上》："農祥晨正，日月底於天廟，土乃脈發。"

〔推源〕 "吐"字从土得聲,二詞俱有吐出義,則"土"爲源詞,而"吐"爲同源派生詞。土聲可載吐出義,"瀉""泄"亦可相證。

土、吐:透紐魚部;

瀉:心紐魚部;

泄:心紐月部。

透心鄰紐,魚月通轉。瀉,字从水,本訓傾,即水傾瀉;引申之,則有排泄義,此與吐出義極相近而通。《史記·扁鵲倉公列傳》:"所謂氣者,當調飲食,擇晏日,車步廣志,以適筋骨肉血脈,以瀉氣。"漢王充《論衡·道虛》:"口齒以噛食,孔竅以注瀉。"泄,排泄,發泄,亦與吐出義近且相通。《篇海類編·地理類·水部》:"泄,出也,發也。"清朱駿聲《說文通訓定聲·泰部》:"泄,《詩·民勞》:'俾民憂泄。'箋:'猶出也,發也。'……《莊子·山木》:'運物之泄也。'司馬注:'發也。'《魏都賦》:'窮岫泄雲。'注:'猶出也。'《素問·平人氣象論》:'宗氣泄也。'注:'謂發泄。'"

(68) 肚靯(容納義)

肚 人及動物的腹腔,容納腸、胃等物之物。《玉篇·肉部》:"肚,腹肚。"《廣韻·姥韻》:"肚,腹肚。"《初學記》卷十九引漢劉向《列女傳·齊鐘離春》:"凹頭深目,長肚大節,卬鼻結喉。"《西遊記》第七十三回:"只見那七個敞開懷,腆着雪白肚子。""肚"亦指胃腑。《廣雅·釋親》:"胃謂之肚。"胃爲受納食物器官,此爲直接引申義。

靯 字从革,謂革製盛矢器,正如人之腹肚,可容物之物。《廣韻·姥韻》:"靯,鞴靫別名。"《集韻·屋韻》:"箙,《說文》:弩矢箙也。《周禮》:仲秋獻矢箙。或作韇。"《玉篇·革部》:"靫,箭室。"唐元稹《痁臥聞幕中諸公徵樂會飲》詩:"蛇蠱迷弓影,雕翎落箭靫。""靯"亦指車中座墊,座墊則爲容納人之物,此正爲引申理據。漢劉熙《釋名·釋車》:"靯,靯𩍿,車中重薦也。"《廣韻·姥韻》:"靯,靯𩍿。"今按,亦單稱"靯"。清蒲松齡《日用俗字·器皿》:"樑鞍槎綫縫糠屈,緈靯穿繩勒被囊。"

〔推源〕 此二詞俱有容納義,爲土聲所載者。考容納義與"土"字形體結構不相涉,則此義爲土聲所載之語源義。

23 士聲

(69) 仕/事(任事義)

仕 任職。《說文·人部》:"仕,學也。从人,从士。"南唐徐鍇《繫傳》:"从人,士聲。"清朱駿聲《通訓定聲》:"从人、从士,會意,士亦聲。按猶今言試用也。《論語》:'學而優則仕。'

'子使漆雕開仕。'孔注:'仕,仕於朝也。'"按,仕於朝即任職、做官,此爲"仕"之基本義。《廣韵·止韵》:"仕,仕官。"《正字通·人部》:"仕,宦也。"《禮記·曲禮上》:"四十曰强,而仕。"元陳澔注:"仕者,爲士以事人,治官府之小事也。"《史記·魯仲連鄒陽列傳》:"魯仲連者,齊人也。好奇偉俶儻之畫策,而不肯仕宦任職,好持高節。"

事 官職,即任事之職務。《説文·史部》:"事,職也。从史,之省聲。"清朱駿聲《通訓定聲》:"《左昭廿五傳》:'爲政事庸力行務。'注:'在君爲政,在臣爲事。'"《書·立政》:"任人、準夫、牧,作三事。"清王引之《經義述聞》:"三事,三職也。"《禮記·曲禮上》:"大夫七十而致事。"唐孔穎達疏:"致事,致職於君。"

〔**推源**〕 二詞義相通,其音則同,崇紐雙聲,之部疊韵。"仕"的任事義爲士聲所載之義,"士"本有"事"訓。《説文·士部》:"士,事也。"清朱駿聲《通訓定聲》:"《白虎通·爵》:'通古今,辯然不,謂之士。'《漢書·食貨志》:'學以居位曰士。'《後漢·仲長統傳》:'以才智用者謂之士。'"然則"士"即有才能可任事之人。

24 才聲

(70) 鼒/柴(小義)

鼒 小口的鼎,亦指小鼎。《説文·鼎部》:"鼒,鼎之圜掩上者。从鼎,才聲。……鎡,俗鼒,从金,从兹。"清段玉裁注:"从金,兹聲。"清朱駿聲《通訓定聲》:"从金,兹聲。《爾雅·釋器》:'鼎絕大謂之鼒,圜弇上謂之鼒。'注:'斂上而小口。'《詩·絲衣》:'鼐鼎及鼒。'傳:'小鼎謂之鼒。'……〔聲訓〕《爾雅·釋器》舊注:'鼒,子鼎。'按,子之言小也。"《廣韻·代韻》:"鼒,小鼎。"南朝梁沈約《梁三朝雅樂歌·需雅一》:"或鼎或鼒宣九沸,楚桂胡鹽芼芳卉。"

柴 小木散材。《説文·木部》:"柴,小木散材。从木,此聲。"南唐徐鍇《繫傳》:"散材,謂不入屋及器用也。"清朱駿聲《通訓定聲》:"大曰薪。《禮記·月令》:'收秩薪柴。'注:'小者合束謂之柴,柴以給燎。'"《左傳·僖公二十八年》:"欒枝使輿曳柴而僞遁。"唐杜甫《晨雨》詩:"暫起柴荆色,輕霑鳥獸群。"清仇兆鰲注:"柴荆,小木。"

〔**推源**〕 二詞俱有小義,其音亦相近而通。

鼒:精紐之部;

柴:崇紐之部。

叠韻,精崇準雙聲。"鼒"謂小口鼎、小鼎,乃以才聲表小義,其小義當爲聲符字"才"的顯性語義。甲骨文、金文"才"象草木初生形。《説文·才部》:"才,草木之初也。從丨上貫一,將生枝葉,一,地也。"按,草木初生則其形小。"柴"指小木散材,其字從木此聲,乃以此聲表小義,此聲字所記録的語詞"妣""佌""玭""疵""斐""貲""髭""齜""呰""鮆"等俱有小義

(見本典第三卷"233. 此聲"),正可相證。又,"鼒"字或作"鎡",从金兹聲,兹聲、才聲、此聲均相近,"鎡"亦以兹聲表小義。今徽歙方言稱一點點爲"一兹兹",稱人、物之小爲"兹兹大",亦爲一證。

(71) 材麩(材料義)

材 木材,木料。《説文·木部》:"材,木梃也。从木,才聲。"南唐徐鍇《繫傳》:"木之勁直堪入於用者。"清朱駿聲《通訓定聲》:"《楚辭·懷沙》:'材樸委積兮。'注:'條直爲材。'"《廣韻·咍韻》:"材,木梃也。"《孟子·梁惠王上》:"斧斤以時入山林,材木不可勝用也。"《漢書·貨殖傳·序》:"於是辨其土地、川澤、丘陵、衍沃、原隰之宜,教民樹種,畜養五穀、六畜,及至魚鱉、鳥獸、藿蒲、材幹器械之資,所以養生送終之具,靡不皆育。"

麩 酒曲,酒母,發酵材料。漢揚雄《方言》卷十三:"麩,麴也。晉之舊都曰麩,齊右河濟或曰䴷,或曰䴬,北鄙曰䴯,麴其通語也。"《説文·麥部》:"麩,餅䴇也。从麥,才聲。"《玉篇·麥部》:"麩,麴別名。"《廣韻·咍韻》:"麩,麴也。"《集韻·屋韻》:"䴇,《説文》:'酒母也。'或作麴、䴴。"

〔推源〕 二詞俱有材料義,爲才聲所載者。"才"有起始義,材料爲製器、製物之始,二者或相通。

(72) 𢦏/災(災害義)

𢦏 傷害。其字楷書作"𢦏"。《説文·戈部》:"𢦏,傷也。从戈,才聲。"清段玉裁注:"謂受刃也。"張舜徽《約注》:"錢坫曰:'灾傷字應作此。灾,天火也。義異。'舜徽按:𢦏之訓傷,猶巛之訓害。特川部之巛,從一雝川,謂水之爲害,此篆从戈,謂人相刃傷,斯稍異耳。故灾、巛、𢦏三字音同而各有取義。"元周伯琦《六書正訛·灰咍韻》:"𢦏,傷也。从戈,才聲。戈有傷害之義。"

災 水火之災,引申之亦泛指災害。其字亦作"灾""烖"。商承祚《福考》:"災,甲骨文从水,从戈,从火。以其義言之,水災曰巛,兵災曰𢦏,火災曰炎。後孳乳爲烖、灾、災、𤆎、𤆎、𤇮、𤆄。"《説文·火部》:"烖,天火曰烖。从火,𢦏聲。灾,或从宀、火。𤆄,古文从才。災,籀文从巛。"《左傳·宣公十六年》:"凡火,人火曰火,天火曰災。"《國語·周語下》:"古者,天災降戾,於是乎量資幣,權輕重,以振救民。"《後漢書·寇榮傳》:"願陛下思帝堯五教在寬之德,企成湯避遠讒夫之誡,以寧風旱,以弭災兵。"

〔推源〕 "𢦏""巛""災""灾"本爲分別文,謂兵災、水災、水火之災、火災,其音同,出自同一語源。"𢦏"以才聲表災害義,"災"或作"烖",从火𢦏聲,而其聲符从才得聲,此皆可證才聲可表災害義。災害義與"才"的文字形體不相涉,爲才聲所載之語源義。

(73) 在存(存在義)

在 存在。《説文·土部》:"在,存也。从土,才聲。"《廣韻·海韻》:"在,存也。"《左傳·哀公二年》:"君夫人在堂,三揖在下。君命祇辱。"《淮南子·原道訓》:"無所不充,則無所不在。"漢高誘注:"在,存也。"明凌濛初《二刻拍案驚奇》卷十:"所有老爹在日給你的飯米衣服,我們照賬按月送過來與你,與在日一般。"

存 存在。《説文·子部》:"存,恤問也。从子,才聲。"清段玉裁注:"在,亦存也。从子,在省。"清朱駿聲《通訓定聲》:"本訓當與在同,與亡爲對文。《爾雅·釋訓》:'存存,在也。'注:'存即在。'《易·繫辭》:'成性存存。'疏:'謂保其終也。'《公羊隱三傳》:'有天子存。'注:'在也。'《孟子》'以其存心也。'注:'在也。'《史記·五帝紀》:'存亡之難。'"今按,"存"的本義正如朱氏所云爲存在,故《玉篇·子部》"存"字訓"在也",《廣韻·魂韻》"存"字先訓"在也",而後列"察也,恤問也"二義。

〔推源〕 二詞義同。其音稍異而相通。"在"字从紐之部,"存"字从紐文部,雙聲,之文通轉。此二字漢許慎俱云"才聲",可從。甲骨卜辭、青銅器銘文多借"才"爲"在",後加構件"子"爲"存",清段玉裁氏"从子,在省"説未得。其字从子,謂子生而存在,故漢語詞彙中有"生存"一詞。至"在"字,當爲亦聲字,从土,从才,才亦聲。草木初生於土則即存在。

25　寸聲

(74) 寸刌(寸義)

寸 "寸、關、尺"之寸,即寸口,掌後高骨相去一寸處。其字爲指事字,在象形字"又"(手)字上加注指點符號而成。《説文·寸部》:"寸,十分也。人手卻一寸動脈,謂之寸口。"清朱駿聲《通訓定聲》:"指事。"宋趙彥衛《雲麓漫鈔》卷十:"醫書論人脈有寸、關、尺三部,手掌後高骨下爲寸,寸下爲關,關下爲尺。"按,漢許慎所訓"十分"爲"寸"的直接引申義,十分爲寸,即尺的十分之一。《淮南子·主術訓》:"夫寸生於粟。"漢高誘注:"粟,禾穗。……十粟爲一分,十分爲一寸。"漢賈誼《新書·六術》:"十分爲寸,十寸爲尺。"

刌 細切。《説文·刀部》:"刌,切也。从刀,寸聲。"清朱駿聲《通訓定聲》:"《廣雅·釋詁一》:'刌,斷也。'二:'刌,割也。'《儀禮·特牲饋食禮》:'刌肺三。'"按,"刌"乃謂細切。《廣韻·混韻》:"刌,細切。"唐韓愈《元和聖德詩》:"揮刀紛紜,爭刌膾脯。"按,"膾"正爲細切之肉。

〔推源〕 "寸""刌"的關係當爲原生詞與同源派生詞關係,"刌"从寸聲,其聲符"寸"載微小義。"寸"單用本有微小之引申義。《史記·蘇秦列傳》:"無有分寸之功,而王親拜之於廟而禮之於廷。"《漢語大詞典·寸部》所收録的"寸土""寸山""寸介""寸心""寸功""寸田尺宅""寸旬""寸名""寸志""寸步""寸兵尺鐵""寸草""寸柄""寸衷""寸效""寸陰""寸進""寸産""寸情""寸善""寸補""寸禄""寸隙""寸蓮""寸義""寸縷""寸願""寸鐵""寸颸"等詞俱有微小義或短、薄義。"刌"爲細切,細義、小義相通。

(75) 忖／思（思義）

忖 思量，揣度。《説文新附·心部》："忖，度也。从心，寸聲。"《玉篇·心部》："忖，思也。"《廣韻·混韻》："忖，思也。"《詩·小雅·巧言》："他人有心，予忖度之。"清鄭玄箋："言各有所能也，因已能忖度讒人之心。"漢禰衡《鸚鵡賦》："忖陋體之腥臊，亦何勞於鼎俎。"《晉書·蔡謨傳》："是以叩心自忖，三省愚身。"

思 思考。《説文·心部》："思，容也。从心，从囟。"清朱駿聲《通訓定聲》："《書·洪範》：'思曰容。'言心之所慮，無所不包也。"《書·皋陶謨》："慎厥身，修永思。"僞孔傳："慎修其身，思爲長久之道。"《論語·爲政》："學而不思則罔，思而不學則殆。"《漢書·五行志》下之上："思心之不睿，是謂不聖。思心者，心思慮也。"

〔推源〕 "忖""思"皆爲《心部》字，古人以爲心爲思之官。其爲詞，俱有思考義，其音則相近而通。

忖：清紐文部；
思：心紐之部。

清心旁紐，文之通轉。二詞同源無疑。

26 大聲

(76) 杕妖（高、大義）

杕 樹木孤高特立貌。《説文·木部》："杕，樹皃。从木，大聲。"清段玉裁注："樹當作特，字之誤也。"按，清朱駿聲《通訓定聲》作"杕，樹特生皃"。清桂馥《義證》："《唐風·杕杜》文傳云：'杕，特貌。'又《有杕之杜》篇箋云：'今人不休息者，以其特生陰寡也。'《顔氏家訓·書證篇》：《詩》云：有杕之杜，江南本並木旁施。大傳曰：杕，獨皃也。"《字彙·木部》："杕，木獨生也。又孤高貌。"按，清桂馥所引《詩·唐風·杕杜》文高亨注云："杕，樹木孤立貌。"晉孫楚《杕杜賦》："惟有杕之爲杜，齊萬物而並生。""杕"亦謂木盛。《玉篇·木部》："杕，木盛皃。"《廣韻·霽韻》所訓同。按，高義、大義、盛義皆相通。

妖 姐姐，同胞中之大者，"妖"即"大女"之謂。《字彙補·女部》："妖，秭稱也。"宋范成大《桂海虞衡志·雜志》："邊遠俗陋，牒訴券約專用土俗字，桂林諸邑皆然。今姑記臨桂數字，雖甚鄙野而偏傍亦有依附。……妖，音大，女大及姊也。"宋趙與時《賓退録》卷五："妖，大女，即姊也。"

〔推源〕 二詞分別有高義、大義，二義相通，且俱从"大"聲，然則出諸同一語源。大聲字"忕"《玉篇》訓"奢"，即大肆揮霍意。大義、高義本爲聲符字"大"的顯性語義。《説文·大部》："大，天大，地大，人亦大，故大象人形。"按，象人展臂形以示大意。《廣韻·泰韻》："大，小大也。"《禮記·月令》："審棺椁之薄厚，塋丘壠之大小。"唐王維《使至塞上》詩："大漠孤煙直，長河落日圓。"按，凡物上下距離大即高，又舊稱在高位者爲"大人"，皆可證大義、高義相通。

27　丈聲

(77) 杖仗（依仗義）

杖　拐杖，老年人所依仗者。《説文·木部》："杖，持也。从木，丈聲。"按，所持者。《廣韻·養韻》："杖，《吕氏春秋》曰：'孔子見弟子，抱杖而問其父母，柱杖而問其兄弟，曳杖而問其妻子，尊卑之差也。'"《集韻·漾韻》："杖，所以扶行也。"故"杖"有"依仗"之衍義。《左傳·襄公八年》："完守以老楚，杖信以待晉，不亦可乎？"《南史·循吏傳序》："永明繼運，垂心政術，杖威善斷，猶多漏網。"《資治通鑑·梁武帝大同元年》："歡使將兵十萬，專制河南，杖任若己之半體。"元胡三省注："杖，憑也。"

仗　刀、劍、戟等兵器的總稱。唐玄應《一切經音義》卷十七："仗，兵器也。五刃總名。"按《玉篇》《廣韻》皆訓"器仗"。《宋書·孝武帝紀》："遠近販鬻米粟者……其以仗自防，悉勿禁。"按，兵器，持者所依仗，故有"依仗"義，"仗"即今依仗字。《集韻·養韻》："仗，憑也。"《史記·春申君列傳》："王若負人徒之衆，仗兵革之强……臣恐其有後患也。"唐劉知幾《史通·直書》："若南、董之仗氣直書，不避强禦。"唐杜甫《諸將》詩："西蜀地形天下險，安危須仗出群材。"

〔推源〕　二詞俱有依仗義，爲丈聲所載之義。聲符字"丈"《説文·十部》云"十尺也。从又持十。"按，"十尺"爲"丈"之基本義，然非本義。奚世榦《説文解字校案》："丈，當是杖之本字。从又，象持杖形，非九、十之十字也。"得之。文獻中"杖"本或作"丈"。《戰國策·齊策六》："坐而織蕢，立則丈插。"清朱駿聲《説文通訓定聲·壯部》："丈，假借爲杖。《禮記·曲禮》：'席間函丈。'注：'丈或爲杖。'王肅本作杖。"按，"假借"説失之。"丈"本爲"杖"之初文。元周伯琦《六書正譌·養韻》："丈，借爲扶行之丈。老人持丈，故謂之丈人。"其"借爲扶行之丈"説亦未得。然則"杖""仗"的依仗義之由來可明。

28　兀聲

(78) 扤阢卼杌（動摇不安義）

扤　字从手，謂摇動，摇動則不安，故又有不安義。《説文·手部》："扤，動也。从手，兀聲。"清朱駿聲《通訓定聲》："《方言》九：'儓謂之扤，扤，不安也。'《詩·正月》：'天之扤我。'《考工·輪人》：'則是以大扤。'《上林賦》：'扤紫莖。'《吴都賦》：'扤白蔕。'注：'摇也。'"按，朱氏所引《周禮·考工記·輪人》文漢鄭玄注："扤,搖動貌。"所謂搖動貌即動搖不安定狀。

舫 船行不安穩。《廣韻·沒韻》："舠,舫,俗。"《説文·舟部》："舠,船行不安也。從舟,從刖省。讀若兀。"清朱駿聲《通訓定聲》："字亦作舫。又按,今俗有舠字,小舟也。……與此迥别。"宋趙叔向《肯綮録·俚俗字義》："舟不穩曰舫。"

卼 危險不安,其字或作左聲右形,又作"仉"。《廣韻·沒韻》："卼,臲卼,不安也。"又《屑韻》："臲,臲卼,不安。"《易·困》："困于葛藟,于臲卼。"唐元稹《諭寶》詩："豫章無厚地,危柢真卼臲。"按,"卼"字亦可單用。明劉基《秋夜感懷束石末公申之》："誰云螻螘壤,能使泰山卼。"《集韻·沒韻》："卼,或作仉。"《字彙·人部》："仉,臲仉,不安。"

阢 危險不安。唐柳宗元《寄許京兆孟容書》："末路孤危,阨塞臲阢,凡事壅隔,很忤貴近,狂疎繆戾,蹈不測之辜。"宋黎靖德編《朱子語類》卷十："思而不讀,縱使曉得,終是阢陧不安。"

〔**推源**〕 諸詞俱有動搖不安義,其記録文字的聲符"兀"單用本可表此義。《後漢書·劉表傳》："未有棄親即異,兀其根本而能全於長世者也。"唐皮日休《孤園寺》詩："艇子小且兀,緣湖蕩白芷。"《正字通·儿部》："凡不安謂之兀。"漢傅毅《舞賦》："兀動赴度,指顧應聲。""兀"又有危險義,危則不安,義亦相通。《文選·馬融〈長笛賦〉》："兀嵼狋㹞。"唐李善注："崚峻之貌。"今按,危險字"危"正可證兀聲所載的不安義。

兀：疑紐物部；

危：疑紐歌部。

雙聲,物歌旁對轉。危,本指恐懼,實即心中不安義。《説文·危部》："危,在高而懼也。"《戰國策·西周策》："夫本末更盛,虛實有時,竊爲君危之。"《荀子·解蔽》："處一危之,其榮滿側。"唐楊倞注："危,謂不自安,戒懼之謂也。"按,漢語有"安危"一詞,爲反義聯合式合成詞,"危"即不安,故瀕臨危急、不安定的國家稱"危國",不安定的時局稱"危時"。《後漢書·獨行傳·李業》："危國不入,亂國不居。"唐韓偓《贈易卜崔江處士》詩："白首窮經通秘義,青山養老度危時。"

(79) 屼芫魀朻阢(高義)

屼 高聳、直立貌。其字亦作"屼"。唐元結《招太靈》："招太靈兮山之顛,山屼屼兮水淪漣。"明李夢陽《望湖亭》詩："屼嵂百萬閣,日落展光耀。"明徐弘祖《徐霞客遊記·滇遊日記三》："其峽西墜處,有石峯屼立。"

芫 艾類植物,當以形高而得名。《廣韻·沒韻》："芫,艾芫。"《集韻·沒韻》："芫,草名。艾屬。"按,"艾"亦稱"艾蒿","蒿"字從艸、從高,高亦聲,可爲一證。

魀 指鼻子,又訓"鼻仰"。《廣韻·沒韻》："魀,鼻也。"《集韻·沒韻》："魀,鼻仰也。"今按,鼻本稱"自",其字爲象形文;又稱"鼻",漢許慎以爲"引氣自畀"之謂。至稱"魀",取其高出顏面之意。所謂"鼻仰"亦高出、突兀義。

杌 樹椿,高出地面之物。《集韻·迄韻》:"杌,刊餘木。"又指凳子,然則亦寓高出地面義。北魏賈思勰《齊民要術·種桑柘》:"春採者,必須長梯高杌,數人一樹,還條復枝,務令浄盡。"《水滸傳》第一百零四回:"有個彪形大漢,兩手靠着桌子,在杌子上坐地。"

阢 戴土的石山,有"高"訓。《説文·阜部》:"阢,石山戴土也。从阜,从兀,兀亦聲。"清朱駿聲《通訓定聲》:"阢即崔嵬之合音也。"清段玉裁注:"《釋山》曰:'石戴土謂之崔嵬。'然則崔嵬一名阢也。"《廣雅·釋詁四》:"阢,高也。"《玉篇·阜部》:"阢,崔也。"按《説文》"崔"字訓"大高"即高大義,《廣雅·釋詁四》云:"嵬,高也。"雙音詞"崔嵬"亦有高大義。《楚辭·九章·涉江》:"帶長鋏之陸離兮,冠切雲之崔嵬。"漢王逸注:"崔嵬,高貌。"

〔推源〕 諸詞俱有高義,爲兀聲所載之義。聲符字"兀"本有高義。《説文·儿部》:"兀,高而上平也。"唐盧照鄰《南陽公集·序》:"逶迤綽約,如玉女之千嬌;突兀崢嶸,似靈龜之孤樸。"明徐弘祖《徐霞客遊記·遊雁宕山日記》:"過章家樓,始見老僧岩真面目:袈衣秃頂,宛然兀立,高可百尺。"又,兀聲可載高義,"我"聲可相證。

兀:疑紐物部;
我:疑紐歌部。

雙聲,物歌旁對轉。我聲字"峨""莪""騀""硪"等所記録的語詞均有高義,見本典第四卷"326. 我聲"。

(80) 跀髡(斷義)

跀 斷足之刑。其字亦作"刖"。《説文·足部》:"刖,斷足也。从足,月聲。跀,或从兀。"《玉篇·足部》:"跀,同刖。"《廣韻·月韻》:"跀,同刖。"按,"刖"亦"跀"之或體,謂斷足。《玉篇·刀部》:"刖,斷足也。"《韓非子·外儲説》:"孔子相衛,弟子子皋爲獄吏,刖人足,所跀者守門。"《莊子·養生主》"惡乎介也"唐陸德明《經典釋文》:"介,崔(譔)本作兀,又作跀,云:斷足也。"唐韓愈、孟郊《征蜀聯句》:"迫脅聞雜驅,咿呦叫冤跀。"

髡 斷髮之刑。唐慧琳《一切經音義》卷六十二引《考聲》:"髡,刑名。髡去其髮也。"《廣韻·魂韻》:"髡,去髮。"《集韻·没韻》:"髡,去髮刑。"清朱駿聲《説文通訓定聲·乾部》:"髡,《周禮·掌戮》:'髡者,使守積。'"按朱氏所引《周禮·秋官·掌戮》文漢鄭玄注云:"玄謂此出五刑之中,而髡者必王之同族不宫者。宫之爲翦其類,髡頭而已。"晉葛洪《抱朴子·用刑》:"且髡其更生之髮,撾其方愈之劑,殊不足以懲次死之罪。"引申之,"髡"又有截斷之義。唐玄應《一切經音義》卷二引《廣雅》:"髡,截也。"三國魏杜恕《體論·君》:"是猶髡其枝而欲根之蔭,掩其目而欲視之明,襲獨立之跡而願其扶疎也。"

〔推源〕 二詞俱有斷義,當爲兀聲所載之義。"疣"亦从兀得聲,《正字通》云此爲"疕"之俗體,《玉篇·疒部》"疕"字訓"斷也"。聲符字"兀"單用本可表斷義。清朱駿聲《説文通訓定聲·履部》:"兀,假借爲跀。《莊子·德充符》:'魯有兀者。'李注:'刖足曰兀。'"按,本字作"跀",亦从兀得聲,乃以兀聲表斷義,故"髡"亦可省作"兀"。王重民等編《敦煌變文集》之《捉季布傳文》:"兀髮剪頭披短褐,假作家生一賤人。"考"兀"的文字形體與斷義不相涉,兀聲所載的斷義爲語源義。"跀"一作"䠶",从月得聲,斷足義與"月"的月亮義亦不相涉。兀聲、月聲相近而通,故可載同一語源義。"兀"爲疑紐物部字,"月"爲疑紐月部字,雙聲,物月旁轉。又,兀聲可載斷義,"決"可證之。

兀:疑紐物部;

決:曉紐月部。

疑曉旁紐,物月旁轉。決,水沖破堤壩,即堤斷裂。清朱駿聲《說文通訓定聲·泰部》:"水不循道而自行亦曰決。"《淮南子·天文訓》:"賁星墜而勃海決。"《漢書·溝洫志》:"孝武元光中,河決於瓠子。""決"爲斷開而有缺口,故引申爲斷。《禮記·曲禮上》:"濡肉齒決,乾肉不齒決。"《莊子·駢拇》:"且夫駢於拇者,決之則泣。"又,斷案亦稱"決","判決",果斷亦稱"決",斷絕亦稱"決",足證"決"之斷義。

〔81〕杌屼髡(禿義)

杌 樹木無枝,樹幹光禿禿。《廣韻·沒韻》:"杌,樹無枝也。"《集韻·沒韻》:"杌,樹無枝也。"《三國志·魏志·高堂隆傳》:"(秦二世顛覆)由枝幹既杌杌,本實先拔也。"南朝梁江淹《遊黄檗山》:"殘杌千代木,廧崒萬古煙。"

屼 山禿,其字亦作"岉""阢"。晉李彤《字指》:"岉,禿山也。"《玉篇·山部》:"屼,嵧屼,禿山也。"《廣韻·沒韻》:"嵧,嵧屼,禿山皃。"清朱駿聲《說文通訓定聲·履部》:"阢,字亦作屼。"《文選·左思〈吳都賦〉》:"爾其山澤,則嵬嶷嶢屼。"唐李善注引《字指》:"屼,禿山也。"

髡 剃去頭髮,使禿。《說文·髟部》:"髡,鬀髮也。从髟,兀聲。"清朱駿聲《通訓定聲》:"《楚辭·涉江》:'接輿髡首兮。'注:'剔也。'《列女傳》:'辯通鑿顛者髡。'《後漢書·東夷傳·三韓》:"其人短小,髡頭,衣韋衣,有上無下。"清劉獻廷《廣陽雜記》卷二:"林以女子髡其頂,詐爲男子裝,置帳中。""髡"又引申而指僧尼,僧尼即禿頭者。

〔推源〕 此三詞俱有禿義,爲兀聲所載者。"兀"字單用本可表此義。唐杜牧《阿房宫賦》:"蜀山兀,阿房出。"清周亮工《祭靖公弟文》:"士人窮年兀首,求一語足流傳,弗可得。"按,禿即無,以上三詞分別指無樹枝、無草木、無髮;"兀"又有無知義,當與此相通。清朱駿聲《說文通訓定聲·履部》:"兀,又單辭形況字。《遊天台山賦》:'兀同體於自然。'注:'無知之皃也。'"按,"兀"亦爲重言形況字。宋洪邁《夷堅丙志·徐世英兄弟》:"忽得惡疾,兀兀如白癡。"

(82) 疕疶(病義)

疕　病。"疕"的俗體。《廣韻·沒韻》:"疕,俗(疕)。"《集韻·沒韻》:"疕,或从兀。"《正字通·疒部》:"疕,俗疕字。"《説文·疒部》:"疕,病也。"清錢坫《斠詮》:"女出病,或即此字。"按《正字通》云"疕"爲婦女帶下有出病。

疶　多指馬病。漢蔡琰《胡笳十八拍》:"風霜凛凛兮春夏寒,人馬飢疶兮筋力單。"宋蘇軾《上清辭》:"歷玉階兮帝迎勞,君良苦兮馬疶頹。"

〔推源〕　二詞俱有病義,爲兀聲所載,"虺"亦兀聲字,故亦可表此義。《爾雅·釋詁》:"虺頽,病也。"《詩·周南·卷耳》:"陟彼崔嵬,我馬虺隤。"漢毛亨傳:"虺隤,病也。"《楚辭·九思·逢尤》:"車軏折兮馬虺頹。"按,"虺"从蟲,指蜥蜴類動物,其病義爲兀聲所載之語源義。又,兀聲可載病義,"痿"可相證。

兀:疑紐物部;
痿:影紐微部。

疑影鄰紐,物微對轉。痿,字从疒,謂痺症,身體部分萎縮或失去機能。《説文·疒部》:"痿,痺也。"《素問·痿論》:"黄帝問曰:五臟使人痿,何也?"唐王冰注:"痿謂痿弱無力以運動。"《漢書·昌邑哀王髆傳》:"身體長大,疾痿,行步不便。"唐顔師古注:"痿,風痺疾也。"

29　弋聲

(83) 黓酨袘(黑色義)

黓　黑色。《廣雅·釋器》:"黓,黑也。"《廣韵·職韵》:"黓,皁也。"又《晧韵》:"皁,黑繒。"按《玉篇·白部》:"皁,色黑也。"明楊慎《丹鉛續録·間色名》:"黑别爲玄,近黑曰弋,今作黓。"

酨　酒黑色。《説文·酉部》:"酨,酒色也。从酉,弋聲。"清朱駿聲《通訓定聲》:"酒黑色也。"張舜徽《約注》:"此篆訓爲酒色,乃指物言,謂酒之色也。與上文訓酒色者異矣。《漢書·文帝紀·贊》:'身衣弋綈。'注引如淳曰:'弋,皁也。'師古曰:'弋,黑色也。'乃借弋爲黓耳。酨从弋聲,義與之近。"

袘　黑衣。《廣韻·職韻》:"袘,衣袘。"《集韻·職韻》:"袘,黑衣。"今按,黑衣稱"袘",蓋亦古語。《集韻》一書,多收録俗字,爲方言、俗語之記録文字。詞有雅俗之别,語源則一。方言則爲古語之"活化石"。"袘"訓黑衣非無據,亦以弋聲表黑義。

〔推源〕　諸詞俱有黑色義,爲弋聲所載之義。揆聲符字"弋"象木樁形,謂木樁,與黑色義不相涉,其黑色義爲弋聲所載之語源義。又,黳黑字作"黳",爲來紐字,"弋"爲余(喻四)紐字,準雙聲,聲近義同。

(84) 隿杙(繫連義)

隿 用帶繩子的箭射獵。其名本寓繫連義，其字或以"弋"爲之。《説文·隹部》："隿，繳射飛鳥也。从隹，弋聲。"《玉篇·隹部》："隿，繳射飛鳥也。"《廣韵·職韵》："隿，繳射也。或作弋。"清桂馥《説文解字義證·隹部·隿》："趙宧光曰'繳射縛取也。'《一切經音義》七：'隿，繳射也。'通作弋。《汲冢竹書》有《繳書》二篇論弋射法。《易·小過》：'公弋取彼在穴。'虞云：'弋，矰繳射也。'……《楚詞·哀時》：'命外迫脅於機臂兮，上牽連聯於矰隿。'"按，"隿"字屢訓"繳射飛鳥"，"繳"即繫在箭上的生絲繩。《正字通·糸部》："繳，謂生絲繫箭以射飛鳥也。"

杙 木樁。引申之，則謂繫於木樁上。《爾雅·釋宫》："樴謂之杙。"晉郭璞注："橜也。"按，"樴""杙"當爲轉注字，"杙"爲職部字，"職"字从戠得聲，正與"樴"同。唐劉禹錫《救沈志》："相與乘堅舟，挾善器。維以修絼，杙於崇丘。"宋姜夔《昔游》詩："杙船遂登岸，急買野家酒。"

〔推源〕 二詞俱有繫連義，爲弋聲所載之義。聲符字"弋"本爲"杙"之初文，指木樁。《説文·厂部》："弋，橜也。象折木衺鋭著形。从厂，象物挂之也。"清段玉裁注改"著"爲"者"字。清朱駿聲《通訓定聲》亦同，並云："凡用橜，有所表識者，如酒旗之類；有所維繫者，如杙呎之類。《爾雅·釋宫》：'鷄棲於弋爲榤。'注：'橜也。'"《玉篇·弋部》："弋，橛也，所以挂物也。今作杙。"然則繫連之義亦見諸"弋"的文字形體結構。

(85) 忒代(更替義)

忒 變更，更替。《爾雅·釋言》："爽，忒也。"宋邢昺疏："忒，變雜不一。"《説文·心部》："忒，更也。从心，弋聲。"清段玉裁注："按《人部》：'代，更也。'弋聲。忒與音義同。《尸鳩》傳曰：'忒，疑也。'《瞻卬》傳曰：'忒，差也。'皆一義之區别也。《左部》曰：'差者，忒也，參差不相值也。'不相值即更改之意。"《詩·魯頌·閟宫》："春秋匪解，享祀不忒。"漢鄭玄箋："忒，變也。"三國魏何晏《景福殿賦》："然而聖上猶孜孜靡忒，求天下之所以自悟。"

代 代替，更替。《説文·人部》："代，更也。从人，弋聲。"清朱駿聲《通訓定聲》："凡以此易彼、以後續前，皆曰代。《周禮·挈壺氏》：'縣壺以代哭者。'注：'亦更也。'《左昭十二傳》：'與君代興。'注：'更也。'《晉語》：'使子父代處。'注：'更也。'"《廣韵·代韵》："代，更代。"《楚辭·離騷》："日月忽其不淹兮，春與秋其代序。"漢王逸注："代，更也。言春秋往來，以次相代。"清顧炎武《登岱》詩："七十二君代，乃有封禪壇。"

〔推源〕 二詞俱有更替義，爲弋聲所載之語源義。"弋"與"替""迭"聲紐本相近而通。

(86) 甙/飴(甘甜義)

甙 有甘訓。《玉篇·甘部》："甙，甘也。"其字或作"酨""酏"。《玉篇·酉部》："酏，甘也。"《集韵·代韵》："甙，《博雅》：'䛐、甙，甘也。'一曰酢也。或从酉。"

飴 糖漿。漢揚雄《方言》卷十三："凡飴謂之餳。"《集韵·唐韵》："餹，《方言》：'餳謂之餹。'或作餳。"《說文·食部》："飴，米糵煎也。从食，臺聲。"《吕氏春秋·異用》："仁人之得飴，以養疾侍老也。"漢高誘注："飴，餳。"唐韓愈《芍藥歌》："一尊春酒甘若飴，丈人此樂無人知。"

〔推源〕 "弍""弐""弌"，其字皆从弋聲，然則甘甜義爲弋聲所載之語源義。"弋""飴"聲本亦近而通，故弋聲可表甘甜義。

弋：余紐職部；

飴：余紐之部。

雙聲，職之對轉。

30　小聲

(87) 魦茋标(小義)

魦 小魚。《玉篇·魚部》："魦，魚名。"《廣韻·小韻》訓同。《篇海類編·鱗介類·魚部》："魦，細小魚也。"清李元《蠕範·物名》："曰魦，白小也，白飯也，面條也，似膾殘而稍大，黃白色。"

茋 草名，一稱"遠志"。《玉篇·艸部》："茋，茋草，遠志也。"《廣韻·小韻》："茋，茋草，遠志也。"按，此草可入藥，稱"遠志"，以益智强志之功而得名。李時珍說，稱"茋"，則當以形小而得名。南朝宋劉義慶《世說新語·排調》："於時人有餉桓公藥草，中有遠志，公取以問謝：此藥又名小草，何一物而有二稱？"馮德培、談家楨等《簡明生物學詞典·遠志》："多年生草本。葉綫形，長 1—3 厘米，寬 1.5—3 毫米。"

标 樹杪細小而高。《說文·木部》："标，相高也。从木，小聲。"清桂馥《義證》："'相'當爲'榴'，《玉篇》《廣韻》作'忽'。'忽'又'智'之訛。"清段玉裁注本作"榴高也"，並云："标者，言其標末之高。"清朱駿聲《通訓定聲》："榴高也，與'杪'略同。"按"标"即樹杪，樹木之細小部分。

〔推源〕 諸詞俱有小義，爲小聲所載之義。"肖"亦小聲字，故亦可表小義。漢揚雄《方言》卷十二："肖，小也。"《莊子·列御寇》："達生之情者傀，達於知者肖。"清王先謙《集解》："肖，當訓小。"清王念孫《讀書雜志》："'肖'與'傀'正相反，言任天則大，任智則小也。"又《莊子·胠篋》："惴耎之蟲，肖翹之物，莫不失其性。"唐成玄英疏："附地之徒曰惴耎，飛空之類曰肖翹，皆輕小之物也。"按"肖翹"即細小而飛行之物。

小義本爲聲符字"小"之顯性語義。甲骨文"小"字象沙形，其本義即小。《說文·小部》："小，物之微也。"《莊子·秋水》："吾在天地之間，猶小石、小木之在大山也。"《書·康誥》:"怨不在大,亦不在小。"

(88) 鈙/俏(美義)

鈙 金之美者。《廣雅·釋詁一》:"鈙,好也。"清王念孫《疏證》:"《玉篇》:'鈙,美金也。'《爾雅》:'白金謂之銀,其美者謂之鐐。'是金之美者謂之鈙,亦謂之鐐,義與鈙、嫽同也。"《廣韻·小韻》:"鈙,好也。"按,"鈙"字从金,《玉篇》所訓爲本義,《廣雅》《廣韻》所訓爲引申義。"鈙"在上古時期亦指人之美。漢揚雄《方言》卷二:"鈙,好也。青、徐、海岱之間曰鈙,或謂之嫽。"

俏 俊俏,美麗。《廣韻·笑韻》:"俏,俏醋,好貌。"《集韻·笑韻》:"俏,好貌。"唐白行簡《三夢記》:"鬢梳嫽俏學宫妝,獨立閑庭納夜涼。"宋柳永《小鎮西》:"芳顔二八,天然俏,自來奸黠。"明無心子《金雀記·擲果》:"自家生得美容姿,俏麗。"

〔推源〕 二詞俱有美義。"鈙"字从金,小聲,乃以小聲表美義。"俏"字从人,肖聲,聲符字"肖"从肉小聲,然則"俏"之美義亦爲小聲所載。二詞之義既同,其上古音亦同,清紐雙聲,宵部叠韻,則同源關係可明。

(89) 肖/像(相似義)

肖 長相相似。《説文·肉部》:"肖,骨肉相似也。从肉,小聲。不似其先故曰不肖也。"按漢許慎所云"不肖"謂性不相似,爲引申義,太平天國洪仁玕《資政新篇》"非基督之弟徒、天父之肖子乎"之"肖"即此義。"肖"的基本義即相似。漢揚雄《方言》卷七:"肖、類,法也。"晉郭璞注:"肖者,似也。"《廣韻·笑韻》:"肖,似也。"《書·説命上》:"乃審厥象,俾以形旁求於天下,説築傅巖之野,惟肖。"僞孔傳:"肖,似。"按漢語有"維妙維肖"之成語。《淮南子·氾論訓》:"夫物之相類者,世主之所亂惑也;嫌疑肖象者,眾人之所眩耀。"漢高誘注:"肖象,似也。"今按,"肖象"爲同義連文,唯"象"爲"像"字之借。

像 相似。文獻中或借"象"字爲之。《説文·人部》:"像,象也。"清段玉裁注本作"似也",並注:"各本作'象也',今依《韻會》所據本正。象者,南越大獸之名,於義無取。……凡形像、圖像、想像字皆當从人,而學者多作'象'。"《廣韻·養韻》:"像,似也。"《淮南子·主術訓》:"天下從之,如響之應聲、景之像形。"南朝宋謝靈運《初去郡》詩:"無庸妨周任,有疾像長卿。畢娶類尚子,薄游似邴生。"清叶廷琯《吹網録·龍塑造像銘》:"此像銘爲前人金石書所希見,故記之。"

〔推源〕 二詞義既相同,音亦相近而通,故爲同一語源所衍生。"肖"的相似義爲小聲所載之語源義。

肖:心紐宵部;
像:邪紐陽部。

心邪旁紐,宵陽旁對轉。

31 口聲

(90) 釦訂(口、問義)

釦 以金飾其器口。《説文·金部》:"釦,金飾器口。从金,从口,口亦聲。"清朱駿聲《通訓定聲》:"《西都賦》:'元墀釦砌。'按,謂以金涂門限,蘇俗所謂鍍金也。"《廣韻·厚韻》:"釦,金飾。"《後漢書·皇后紀上·和熹鄧皇后》:"其蜀漢釦器九帶佩刀,並不復調。"唐李賢注:"釦,以金銀緣器也。"宋洪邁《夷堅丁志·瑠璃瓶》:"見錫工釦陶器精甚。"

訂 詢問,盤問。《説文·言部》:"訂,扣也,如求婦先訂叕之。从言,从口,口亦聲。"清朱駿聲《通訓定聲》:"問也。……今字以叩爲之,又誤作叩。"清段玉裁注:"此蓋古語。《論語》:'我叩其兩端而竭焉。'"按,卷子本《玉篇》引《論語》,"叩"作"訂"。《廣韻·厚韻》:"訂,先相訂可。"《洪武正韻·韻》:"叩,問也。亦作訂。"今按,"訂"當爲本字。清王闓運《愁霖賦》:"於是絶才翳慧,收視反聽,深悟默存,訂寂睎窒。"按,《廣雅·釋詁一》"訂"字訓笑,笑則開口,猶問亦以口。

〔推源〕 問以口,故口義、問義相通。此爲聲符字"口"之顯性語義。《説文·口部》:"口,人所以言、食也。象形。"《書·秦誓》:"人之彥聖,其心好之,不啻若自其口出,是能容之。"《春秋元命苞》:"口者,脾之門户。"又,"口"本可表問義。清朱駿聲《説文通訓定聲·需部》:"《公羊隱四傳》:'吾爲子口隱矣。'注:'口,猶口語相發動也。'"又,"叩""扣"二字俱从口聲,故亦可表問義。"叩"與"口"同音,《廣韻》俱注苦後切。上文"訂"字清段玉裁注引《論語·子罕》文"我叩其兩端而竭焉",即一例。《新唐書·蔡廷玉傳》:"廷玉有沈略,善與人交,内外愛附。(朱)泚多所叩咨,數遣至京師。"清留雲居士輯《明季稗史初編·僚事雜志》卷十四:"待之極恭,叩以邊事。""扣"字亦得以假借字形式、以其口聲表問義。漢王充《論衡·書解》:"説章句者終不求解扣明。"唐元稹《授杜元穎户部侍郎依前翰林學士制》:"授之以詔而益辦,扣之以疑而益明。"

(91) 扣/拷(打擊義)

扣 打擊,敲擊。《玉篇·手部》:"扣,擊也。"《廣韻·候韻》:"扣,扣擊也。"《列子·湯問》:"扣石墾壤,箕畚運於渤海之尾。"《墨子·公孟》:"譬若鐘然,扣則鳴,不扣則不鳴也。"《荀子·法行》:"扣之,其聲清揚而遠聞。"

拷 打擊。《玉篇·手部》:"拷,打也。"《集韻·晧韻》:"拷,掠也。"《類篇·手部》:"掠,搒也。"晉干寶《搜神記》卷十一:"其女告官云:'婦殺我母。'官收繫之,拷掠毒治。"元石君寶《秋胡戲妻》第三折:"你湯我一湯,拷了你那腰截骨。"《水滸傳》第三十二回:"那廝把我酒肉都吃了,却大醉倒在門前溪裏,因此捉拿在這裏,細細的拷打。"

〔推源〕 二詞義同,音亦相近而通。

扣：溪紐侯部；

拷：見紐幽部。

溪見旁紐，侯幽旁轉。然則同源關係可明。"扣"字乃以口聲表"打擊"之語源義，口聲字"釦""叩"亦可表打擊義，爲一證。元戴侗《六書故・地理一》："譁釦之釦，猶叩也，攷也，謂擊金聲。"明單本《蕉帕記・鬧婚》："進畫檻，釦朱扉。"《玉篇・口部》："叩，叩擊也。"《禮記・學記》："善待問者如撞鐘，叩之以小者則小鳴，叩之以大者則大鳴。"漢劉向《說苑・尊賢》："寧戚，故將車人也，叩轅行歌於康之衢，桓公任以國。"

32　山聲

(92) 仙疝（山義）

仙　神仙，修煉得道而不死者，"仙"即"山人"之意。漢劉熙《釋名・釋長幼》："老而不死曰仙。"《廣韻・仙韻》："仙，神仙。"《列子・黃帝》："仙聖爲之臣。"《史記・秦始皇本紀》："貪於權勢至如此，未可爲求仙藥。"漢王充《論衡・道虛》："物無不死，人安能仙？"今按，其字本亦作"僊"，聲符字替換則作"仙"，或作上形下聲。《說文・人部》："仚，人在山上。从人，从山。"清朱駿聲《通訓定聲》："會意。按，當爲'僊'之或體。"清段玉裁注："山亦聲。"

疝　字从疒，謂病。"疝""瘕"對待字。中國醫學以爲，血聚結爲"瘕"，氣聚結爲"疝"；現代醫學以爲，臟器周圍組織隆起即"疝"，然則"疝"之名取"山"之比喻義。漢史游《急就篇》第四章："疝瘕顛疾狂失響。"唐顏師古注："疝，腹中氣疾上下引也。"《說文・疒部》："疝，腹痛也。从疒，山聲。"清朱駿聲《通訓定聲》："《素問・長刺節論》：'腹痛不得大小便，病名曰疝。'《大奇論》：'腎脈大急沈、肝脈大急沈，皆爲疝。'注：'疝者，寒氣結聚之所爲也。'《漢書・藝文志》：'《五藏六府疝十六病》四十卷，注：'心腹氣病。'"按，《素問・大奇論》又云："三陽急爲瘕，三陰急爲疝。"唐王冰注："太陽受寒，血凝爲瘕；太陰受寒，氣聚爲疝。"按，凡血、氣結聚則如土之堆聚而隆起。

〔推源〕此二詞俱有山義，爲"山"聲所載之義，本爲聲符字"山"的顯性語義。甲骨文"山"字象山峰形。《說文・山部》："山，宣也。宣氣散，生萬物，有石而高。象形。"《書・禹貢》："禹敷土，隨山刊木。"《莊子・大宗師》："夫藏舟於壑，藏山於澤，謂之固矣。"

(93) 汕/涮（洗滌義）

汕　沖刷，沖洗。元徐舸《蟾宮曲・錢子雲赴都》："寬洗汕胸中四海，便蜚騰天上三台。"清魏源《聖武記》卷七："龍尾、華林二山，暴潦衝成溝塹，水悍沙汕難城。"清林則徐《親勘海塘各工片》："據該縣稟報，外塘樁石多被沖損、內塘腳土間被汕刷等情，經臣彙入風潮案內，附片奏蒙聖鑒在案。"

涮 洗滌,沖刷。《廣韻·諫韻》:"涮,涮洗也。"周立波《磚窰和新屋》:"原來是一條長蟲。他老婆正在涮碗,嚇得把碗也掉在地上摔碎了。"按,北方方言多稱洗碗爲"涮碗"。浩然《金光大道》第一部:"咱窮得叮噹響,小命貼在缸沿上,説不定哪天讓瓢子蹲掉,讓水涮走。"又,"涮羊肉"謂將羊肉置於鍋中略煮,其"涮"實亦洗義。

〔推源〕 二詞義既同,音亦無異,山紐雙聲,元部叠韻,同源關係可明。"汕"字乃以"山"聲載"洗滌"之語源義。

(94) 訕/哂(譏笑義)

訕 本訓"謗",即誹謗、譏刺之謂,故有"譏笑"之衍義。《説文·言部》:"訕,謗也。從言,山聲。"其文獻用例甚夥,不述。其爲譏笑義者則如《新唐書·韓愈傳·贊》:"愈獨喟然引聖,争四海之惑,雖蒙訕笑,跲而復奮,始若未之信,卒大顯於時。"又宋沈括《夢溪筆談·譏謔》:"有一故相遠派在姑蘇,有嬉遊,書其壁曰:'大丞相再從姪某嘗遊。'有一士人李瑋,素好訕謔,題其傍曰:'混元皇帝三十七代孫李瑋繼至。'"按,唯"訕"有譏笑義,故有"訕笑"之同義聯合式複音詞。

哂 《三蒼》《洪武正韻》訓"小笑""微笑",文獻實用例亦可證。按,凡譏笑皆非大笑,故"哂"有譏笑之衍義。晉孫綽《遊天台山賦》:"哂夏蟲之疑冰,整輕翮而思矯。"《晉書·蔡謨傳》:"我若爲司徒,將爲後代所哂,義不敢拜也。"宋辛棄疾《洞仙歌·趙晉臣和李能伯韻屬余同和》詞:"看匆匆哂笑,争出山來。憑誰問、小草何如遠志?"

〔推源〕 二詞俱有譏笑義,其音亦相近而通。

訕:山紐元部;

哂:書紐文部。

山書(審三)準雙聲,元文旁轉。"訕"以山聲載"譏笑"之語源義,山聲字"赸"亦可表此義,可爲一證。元柯丹丘《荊釵記·參相》:"忒無狀,把花言巧語一赸胡謊。""赸"又有傻笑、勉强笑等義,皆相通,亦皆爲山聲所載。

(95) 籼/先(早先義)

籼 早熟而不黏的粳米,其字或作"秈"。《玉篇·禾部》:"籼,秔稻也。"《説文·禾部·秔》清段玉裁注引唐陸德明《經典釋文》:"稉與粳皆俗秔字。"《集韻·仙韻》:"籼,《方言》:'江南呼粳爲籼。'或作'秈'。"宋羅願《爾雅翼·釋草一·稻》:"一種曰籼,比於粳小,而尤不黏,其種甚早。"明李時珍《本草綱目·穀一·籼》:"籼亦粳屬之先熟而鮮明者,故謂之籼。……其熟最早,六七月可收。"宋范成大《勞畬耕》:"早籼與晚稉,濫吹甑甗間。"然則"籼(秈)"當以早熟而得名。

先 甲骨文形體從兒(人)、從止,《説文》訓"前進",其基本義即早先。《詩·商頌·那》:"自古在昔,先民有作。"《易·蠱》:"先甲三日,後甲三日。"唐韓愈《師説》:"生乎吾前,其聞道也固先乎吾。"

〔推源〕 上述二詞俱有早先義,其音亦近且相通,乃由同一語源所衍生。

秈:心紐元部;

先:心紐文部。

雙聲,元文旁轉。

33 千聲

(96) 千仟(千義)

千 十百,數詞。《説文·十部》:"千,十百也。"《廣韻·先韻》:"千,十百也。"《書·泰誓上》:"予有臣三千,惟一心。"《漢書·律曆志》上:"數者,一、十、百、千、萬也。"

仟 軍中千人之首領。《玉篇·人部》:"仟,《文字音義》云:千人之長曰仟。"《廣韻·先韻》:"仟,千人長也。"《史記·陳涉世家》:"躡足行伍之間,俯仰仟佰之中。"唐司馬貞《索隱》:"仟佰,謂千人、百人之長也。"按,《集韻·陌韻》云:"佰,百人之長。"此可證司馬氏説之確。"仟"在文獻中亦用如"千"字,後世"千"字大寫作"仟",即本於此。

〔推源〕 "千"與"仟",所謂母子相生,乃源詞與同源派生詞關係。十百稱"千",約定俗成,千人長稱"仟",則爲"千"音義的分化。

(97) 千芊(衆多、興盛義)

千 謂十百,故有"多"之衍義。《後漢書·班彪傳附班固》:"周廬千列,徼道綺錯。"唐李賢注:"千列,言多也。"漢語中凡"千山萬水""千刀萬剮""千方百計""千千萬萬""千生萬劫"等諸詞之"千"皆非實指十百,而泛指多。又"千"字叠用亦表多義。宋張先《千秋歲》詞:"天不老,情難絶,心似雙絲網,中有千千結。"

芊 茂盛。按,此與衆多義相通。《廣雅·釋訓》:"芊芊,茂也。"《廣韻·先韻》:"芊,草盛。"《説文新附·艸部》:"芊,草盛也。从艸,千聲。"《列子·力命》:"美哉國乎!鬱鬱芊芊。"南朝齊謝朓《高松賦》:"既芊眠於廣隰,亦迢遞於孤嶺。"宋高似松《剡録》卷一:"佳山清湍,芊林古渡。"

〔推源〕 "千"的衆多義爲其本義"十百"之直接引申。多則盛,故"芊"字的千聲所表的盛爲"千"的引申義分化。又,"芊眠"一詞謂叢生、茂盛,其字或以"仟"爲之。《楚辭·九思·悼亂》:"菅蒯兮野莽,雚葦兮仟眠。"

(98) 谸芊(青色義)

谸 山谷青葱。《説文·谷部》:"谸,望山谷谸谸青也。从谷,千聲。"《廣韻·先韻》引作"望山谷之谸青也"。明徐孚遠《蹇修賦》:"澤邪木之甘瓢兮,駆青丘之谸芊。"清惲敬《遊通天岩記》:"山瀆無所通曰谿,泉出通川曰谷,望之益谽谽青也。"按,今徽歙方言猶稱青葱爲"谽青",蓋古語。

芉 本謂草盛(見本典第一卷第 97 條),《廣韻·霰韻》云"芉,芉薐,草木相雜貌",亦衆多、興盛義,草盛則顯青葱,故有青葱義。清朱駿聲《説文通訓定聲·坤部》:"《高唐賦》:'仰視山巔,肅何芉芉。'"按,唐李周翰注:"芉芉,山色也。"明劉績《早春寄白虛室》詩:"帝城佳氣接煙霞,草色芉芉紫陌斜。"

〔推源〕 此二詞俱有青色義,爲千聲所載之語源義。"千""青"聲本相近而相通,故千聲可表青色義。

千:清紐真部;

青:清紐耕部。

雙聲,真耕通轉。青,青色。《爾雅·釋器》:"青謂之葱。"《説文·青部》:"青,東方色也。"按,道家以爲,五行、五方、五色相對應,東方甲乙木,木色青,故訓"青"爲"東方色"。《荀子·勸學》:"青,取之於藍而青於藍。"此"青"謂靛青,青色物。《古詩十九首》之二:"青青河畔草,鬱鬱園中柳。"唐戴叔倫《屯田詞》:"新禾未熟飛蝗至,青苗食盡餘枯莖。"

34　　乇聲

(99) 托託宅杔任(托義)

托 字從手,本指以手承托。佛家稱多聞天王毗沙門爲"托塔天王",以其手托塔而得名。宋吳自牧《夢粱録·宰執親王上壽賜宴》:"内侍進前供上食,雙雙奉托直過頭。"引而申之,則有寄托、委托、假托、襯托等義。物之底稱"托",衣領内層稱"托領",爲襯托義。唐元稹《鶯鶯傳》:"旅寓惸駭,不知所托。"其"托"即依托、寄托之謂。

託 寄託。漢揚雄《方言》卷二:"凡寄爲託。"《説文·言部》:"託,寄也。從言,乇聲。"清朱駿聲《通訓定聲》:"《禮記·檀弓》:'久矣予之不託於音也。'《莊子·達生》:'踵門而託於扁慶子。'李注:'屬也。'假借爲侂。《論語》:'可以託六尺之孤。'《齊策》:'託於東海之上。'《孟子》:'士之不託諸侯。'"按,"託"表託付、委託義,無煩假借,乃寄託義之引申。《古今韻會舉要·藥韻》:"託,委也。"《吕氏春秋·貴生》:"惟不以天下害其生者,可以託天下。"其"託"亦謂託付、委託。"託"亦有假託義。《晏子春秋·內篇問》:"爲君,厚藉斂而託之爲民,近讒諛而託之用賢,遠公正而託之不順,君行此三者則危。"宋蘇軾《與孫知損運使書》:"必先使北賊小小盜邊,託爲不知。"

宅 字從宀,本指居宅。《玉篇·宀部》:"宅,人之居舍曰宅。"《孟子·梁惠王上》:"五畝之宅,樹之以桑,五十者可以衣帛矣。"按,宅爲人寄身之所,故有寄託之衍義。《説文·宀部》："宅，所託也。从宀，乇聲。"清段玉裁注："託者，寄也。"南朝梁劉勰《文心雕龍·章句》："夫設情有宅，置言有位，宅情曰章，位言曰句。"南朝梁江淹《蕭驃騎讓封第二表》："仰緣大道方行，蒼祇宅氣。"

杔 杔櫨，屋柱上的橫方木。《集韻·陌韻》："杔，杔櫨，柱上枅。"《説文·木部》："枅，屋櫨也。"清徐灝《注箋》："櫨之承欒，屋叠而上，與枅之名義有合，故通謂之枅。"然則"杔"之名寓承托、襯托之義。

侂 依託，寄託。《廣雅·釋詁四》："侂，依也。"《集韻·鐸韻》："侂，或作任。"《説文·人部》："侂，寄也。"清朱駿聲《通訓定聲》："《廣雅·釋詁三》：'侂，寄也。'"清段玉裁注："此與託音義皆同。"今按，"托""託""侂"爲同源詞，其文字則爲分別文。"托"，以手托物，引申爲託付、假託、委託等義，今爲諸義之正字；"託"，字从言，顯囑託、託付之意；"侂"字从人，則謂人相託之事。

〔推源〕 上述諸詞俱有托義。其記録文字的共同聲符"乇"，《説文·乇部》訓"艸葉"，觀甲骨文"乇"字形體與"屮"相近，許説可從。清二石生《十洲春語》："元始之色，乇甲之香，圭稜句孑，笵以大方。""乇"與"屮"音亦相近。《集韻》"乇"字"陟格切"，則其上古音爲端紐鐸部；元周伯琦《六書正訛》"乇"字"闥各切"，其上古音爲透紐鐸部，叠韻，端透旁紐。此二音本爲同一音節之分化。"乇"本與托義不相涉，乃以音載托義。元周伯琦《六書正訛·藥韻》："乇，借爲寄乇、委乇字。""乇"聲可表托義，"承"可相證。

乇：透紐鐸部；

承：禪紐蒸部。

透禪準旁紐，鐸蒸旁對轉。李孝定《甲骨文字集釋》："承，契文象兩手捧一人之形，奉之義也。"按，下對上曰奉，有敬意，"奉"即"捧"之初文，捧、托二義僅有微別。故"承"有捧着、承托之義。《説文·手部》："承，奉也。"清朱駿聲《通訓定聲》："《易·歸妹》：'女承筐，無實。'虞注：'自下受上稱承。'《詩·鹿鳴》：'承筐是將。'箋：'猶奉也。'《左成十六傳》：'執榼承飲。'注：'奉也。'"

(100) 矺魠（張、開義）

矺 刑名，使肢體裂開。《集韻·陌韻》："磔，《説文》：'辜也。'通作矺。"《史記·李斯列傳》："公子十二人僇死咸陽市，十公主矺死於杜，財物入於縣官，相連坐者不可勝數。"唐司馬貞《索隱》："矺音宅，與磔同，古今字耳。磔，謂裂其支體而殺之。"《廣雅·釋詁一》："磔，張也。"《釋詁三》："磔，開也。"清段玉裁《説文解字注·桀部》："凡言磔者，開也，張也。"按，其字亦作"厇"，从石、从厂意同。《玉篇·厂部》："厇，亦作磔。開也。"《廣韻·麥韻》："厇，張厇。"《集韻·陌韻》："厇，張也。"

魠 魚張口貌。《説文·魚部》："魠，哆口魚也。从魚，乇聲。"清段玉裁注："哆者，張口也。……《廣雅》曰：'魠、鱐，魠也。'以魠爲名，取開祏之意。"按，"哆"字《說文·口部》訓"張口也"，《集韻·禡韻》云"張口皃"，又《馬韻》："哆，魚口張兒。"《史記·司馬相如列傳》："鯛鱅鰒魠。"南朝宋裴駰《集解》："魠，哆口魚。"按，所謂"哆口魚"即口常張開之魚。

〔推源〕 此二詞的張、開義當爲乇聲所載，"托"亦乇聲字，《玉篇·手部》訓"推"，推即推開，又，此義與"托"的推託義相通，推託即推開。乇聲可載張、開義，"拓"可證之。

　　　　乇：端紐鐸部；
　　　　拓：透紐鐸部。

端透旁紐，鐸部叠韻。拓，開拓。《小爾雅·廣詁》："拓，開也。"《後漢書·傅燮傳》："世宗拓境，列置四郡，議者以爲斷匈奴右臂。"清楊秀清《果然堅耐》詩："沐雨櫛風匡駿業，開疆拓土闢江山。""拓"亦有張開義。明徐弘祖《徐霞客遊記·滇遊日記》："更南則庵盡而崖不盡，穿壁覆雲，重崖拓而更合。"清吳廣成《西夏書事》："至是浦見士皆拓兩石弓有餘力，大駭。"

(101) 肨魠(大義)

肨 大腹，亦指大椎。《玉篇·肉部》："肨，肨胍，大腹也。"《類篇·肉部》："胍，胍肨，大腹兒。"《集韻·模韻》："肨，胍肨，椎之大者，故俗謂仗頭大爲胍肨。"宋宋祁《宋景文公筆記上·釋俗》："國朝有骨朵子，值衛士之親近者。余嘗修日曆，曾究其義。關中人以腹大者爲胍肨，上孤下都。俗因謂頭大者亦爲胍肨，後誤爲骨朵。"

魠 漢許慎訓"哆口魚"，即張口魚，張之則大，故"魠"爲大口魚之通稱，凡鯛、魠、鱐等口常張大之魚皆得稱"魠"。又，解釋字"哆"指張口，亦指大口，足證張義、大義相通，"魠"之名本寓張、大二義。《廣韻·禡韻》："哆，哆吳，大口。"

〔推源〕 此二詞俱有大義，爲乇聲所載。"乇""大"聲相近而通，故乇聲可表大義。

　　　　乇：端紐鐸部；
　　　　大：定紐月部。

端定旁紐，鐸月通轉。"大"即大，與"小"相反。《說文·大部》："大，天大，地大，人亦大，故大象人形。"《廣韻·泰韻》："大，小大也。"《莊子·天下》："至大無外，謂之大一；至小無內，謂之小一。"三國蜀諸葛亮《前出師表》："愚以爲宮中之事，事無大小，悉以咨之。"

(102) 託仛(誇義)

託 有"誇"訓，即自誇義。《類篇·言部》："託，誇也。"元無名氏《漁樵記》第三折："他可不託大，不嫌貧。"

仛 本指依託，又有驕逸、自誇之義。此二義當相通，所謂有恃無恐，即此意。《玉篇·人部》："仛，嬌逸。"《史記·韓長儒列傳》："即欲以仛鄙縣，驅馳國中，以誇諸侯。"唐司馬貞

《索隱》:"佗,字如奼。佗者,誇也。"《文選·司馬相如〈子虛賦〉》:"敗罷,子虛過奼烏有先生、亡是公存焉。"唐李善注:"奼,誇也。"按,《漢書·司馬相如傳》作"姹","奼""佗"同從乇聲,"姹"從宅聲,而"宅"亦乇聲字。字有異,而皆以乇聲表自誇義。

〔推源〕 二詞俱有自誇義,蓋亦受諸乇聲,"燿"可相證。

乇:端紐鐸部;
燿:余紐藥部。

端余(喻四)準旁紐,鐸藥(沃)旁轉。"燿",字從光,謂光芒,引申之則有顯示、炫耀之義。《廣韻·笑韻》:"燿,光耀。"唐韓愈《獨孤府君墓誌銘》:"於古風,襮順而裏方,不燿其章,其剛不傷。"清蒲松齡《聊齋志異·素秋》:"甲至,裘馬驪從,炫燿閭里。"按,"燿"本為"燿"之俗體,古籍多作"燿"。《說文·火部》:"燿,照也。"清徐灝《注箋》:"俗作燿。"《淮南子·修務訓》:"察於辭者,不可燿以名。"漢高誘注:"燿,炫也。"漢桓寬《鹽鐵論·崇禮》:"炫燿奇怪,所以陳四夷,非為民也。"按,自誇、炫耀,實即一義。

(103) 秅/紽(聚積義)

秅 禾稼相聚積,四百束為一秅。《說文·禾部》:"秅,二秭為秅。从禾,乇聲。《周禮》曰:'二百四十斤為秉,四秉曰筥,十筥曰稯,十稯曰秅,四百秉為一秅。'"清朱駿聲《通訓定聲》:"《儀禮·聘禮》'車三秅'記:'四秉曰筥,十筥曰稯,十稯曰秅,四百秉為一秅。'而《說文》又引上文二百四十斤為秉,誤以禾束之秉為量名之秉,又誤'斗'為'斤',字當刪。《周禮·掌客》:'車三秅。'注:'讀秅秭麻荅之秅。'"

紽 絲相聚積,五絲為一紽。《玉篇·糸部》:"紽,絲數也。"清朱駿聲《說文通訓定聲·隨部·附〈說文〉不錄之字》:"紽,《詩·羔羊》:'素絲五紽。'《廣雅·釋詁四》:'紽,數也。'"按,朱氏所引《廣雅》文清王念孫《疏證》:"紽、緎、總,皆數也。五絲為紽,四紽為緎,四緎為總。五紽二十五絲,五緎一百絲,五總四百絲。"

〔推源〕 此二詞俱有聚積義,音亦相近而相通。"秅",定紐魚部;"紽",定紐歌部。雙聲,魚歌通轉。語源當同。

(104) 頢飥秅(圓義)

頢 頭骨,不規則圓形物。《說文·頁部》:"頢,顱也。从頁,乇聲。"清朱駿聲《通訓定聲》:"頢、顱者,疊韻連語,猶髑髏也,短言之即頭。"《廣雅·釋親》:"頭顱謂之髑髏。"清王念孫《疏證》:"此疊韻之轉也。急言之則曰頭,徐言之則曰髑髏,轉之則曰頢顱。《說文》:'頢顱,首骨也。'"

飥 餅,圓形物。漢揚雄《方言》卷十三:"餅謂之飥。"宋朱翌《猗覺寮雜記》:"《齊民要術》:'青穄麥麪堪作飯及餅飥,甚美,磨盡無麩。'則飥之名已見於漢魏。《五代史·李茂貞傳》:'朕與宮人一日食粥,一日食不托。''不托'俗語,當以《方言》為正作'餺飥'字。"宋歐陽修《歸田録》卷二:“湯餅,唐人謂之不托,今俗謂之餺飥矣。”《集韻・鐸韻》:“餺,餺飥,餅也。”

秅 用黏性米飯做成的餅,亦圓形物。《集韻・陌韻》:“秅,秅屑米爲飯。”按,“秅屑米”之“秅”即相黏義。《玉篇・米部》:“秅,黏也。”《齊民要術・煮糗》:“《食次》曰:‘宿客足,作糗秅。’”按,“糗”爲米屑。《玉篇・米部》:“糗,屑米。”《集韻・霰韻》:“糗,米屑。”所謂“作糗秅”,即黏米屑爲餅。

〔**推源**〕 上述諸詞俱有圓義,爲乇聲所載,“蓏”可相證。

乇:端紐鐸部;

蓏:來紐歌部。

端來旁紐,鐸歌通轉。蓏,草本植物的果實,亦當爲圓形物。《説文・艸部》:“蓏,在木曰果,在地曰蓏。从艸,从㼌。”《周禮・天官・甸師》:“共野果蓏之薦。”漢鄭玄注:“果,桃李之屬;蓏,瓜瓞之屬。”《易・説卦》:“艮……爲果蓏。”唐孔穎達疏:“木實曰果,草實曰蓏。”《漢書・食貨志》上:“還廬樹桑,菜茹有畦,瓜瓠果蓏,殖於疆易。”唐顔師古注引漢應劭:“木實曰果,草實曰蓏。”

35 乞聲

(105) 訖迄頎忔釳吃汔餼(止、盡義)

訖 本訓止。《説文・言部》:“訖,止也。从言,乞聲。”清朱駿聲《通訓定聲》:“《爾雅・釋詁》:‘訖,止也。’《書・禹貢》:‘聲教訖於四海。’《禮記・祭統》:‘訖其嗜欲。’”按,朱氏所引《禮記》文漢鄭玄注:“訖,猶止也。”《漢書・谷永傳》:“災異訖息。”唐顔師古注:“訖,止也。”朱氏所引《書》文之“訖”爲盡義,故僞孔傳云:“禹功盡加於四海。”止義、盡義本相通,故“訖”又有盡訓。《字彙・言部》:“訖,盡也。”《三國志・吴志・諸葛恪傳》:“是則天地之威,不可經日浹辰;帝王之怒,不宜訖情盡意。”晉葛洪《抱朴子・知止》:“狡兔訖則知獵犬之不用,高鳥盡則覺良弓之將棄。”

迄 字从辵,本指到達,引申之,則有止、盡義。《説文新附・辵部》:“迄,至也。从辵,乞聲。”清朱駿聲《説文通訓定聲・履部》:“《爾雅・釋詁》:‘迄,至也。’……《漢書・王莽傳》:‘迄於四表。’注:‘竟也。’”《後漢書・孔融傳》:“融負其高氣,志在靖難,而才疏意廣,迄無成功。”唐李賢注:“迄,竟也。”按“竟”即最終、終止之意。

頎 字亦作“頢”,謂頭髮脱盡。《説文・頁部》:“頎,秃也。从頁,乞聲。”清朱駿聲《通訓定聲》:“《考工》‘作其鱗之而’注:‘頰頎也。’”唐慧琳《一切經音義》卷二十七引《三蒼》:“頎,頭秃無毛。”《廣韻・没韻》:“頎,秃皃。”《字彙・頁部》:“頢,同頎。”章太炎《新方言》附録《嶺外三州語》："《説文》：'髡，鬀髮也。'三州謂剃髮爲髡，沙門爲髡子。轉入聲作苦骨切，髡之言頜也。"又《釋形體》："杭州謂頭上生癬蝕髮爲頜髮癬。"

忔 心中厭煩。此與止義通，厭煩則止之。《集韻·迄韻》："忔，心不欲也。"清朱駿聲《説文通訓定聲·履部》："忔，字亦作㤰，下形上聲。《史記·扁倉傳》：'數忔食飲。'"清謝階樹《養生論》："食孩嬰以丁壯之食，則忔矣。"《廣雅·釋詁二》："忔，息也。"清王念孫《疏證》："爲休息之息。"按，止息、休息、休止，皆同義。

釳 裝在馬頭上用以割除網羅之物。《説文·金部》："釳，乘輿馬頭上防釳，插以翟尾鐵翮，象角，所以防網羅釳去之。从金，乞聲。"清朱駿聲《通訓定聲》："蔡邕《獨斷》：'方釳者，鐵也，廣數寸，在鍐後，有三孔，插雉其中。'《東京賦》：'方釳左纛。'薛注：'方釳，謂轅傍以五寸鐵鏤錫，中央低，兩頭高如山形，而貫中以翟尾結著之轅兩邊，恐馬相突也。'"《集韻·迄韻》："釳，乘輿馬首刀，所以割網羅。"今按，馬頭上割網羅之具稱"釳"，其名寓"防止"之義。又，《東京賦》所云"方釳"當別爲一物，結著於轅兩邊，防馬衝突，其名亦寓"防止"義。《篇海類編·珍寶類·金部》："釳，結著轅兩邊，防馬相突。"又，蔡邕所云，不爲無據。《後漢書·輿服志》："乘輿、金根、安車……駕六車，象鑣鏤錫，金鍐方釳，插翟尾。"

吃 口吃，説話結巴，時言時止，寓中止義。《説文·口部》："吃，言謇難也。从言，乞聲。"清朱駿聲《通訓定聲》："與喫字別。……《方言》十：'謇，極吃也。楚語也。'《漢書·周昌傳》：'昌爲人吃。'注：'言之難也。'"《玉篇·口部》："吃，語難也。"《周書·鄭偉傳》："偉性吃，少時嘗逐鹿於野，失之，遇牧豎而問焉。牧豎答之，其言亦吃。偉怒，謂其效己，遂射殺之。"

汔 水盡。其字亦作"汽"。《説文·水部》："汽，水涸也。从水，氣聲。《詩》曰：'汽可小康。'"按，今本《詩·大雅·民勞》作"汔可小康"。清朱駿聲《通訓定聲》本"汽"字徑作"汔"。《易·井》："汔至亦未繘井，羸其瓶，凶。"又《未濟》："小狐汔濟，濡其尾，無攸利。"唐孔穎達疏："汔者，將盡之名。"按，"汔"謂乾涸，即水盡，虛化引申爲"盡"。《廣雅·釋詁一》："汔，盡也。"《呂氏春秋·聽言》："老弱凍餒夭脽，壯狡汔盡窮屈。"楊樹達《積微居讀書記》："汔盡連言，汔，亦盡也。"

飢 喫飽，胃容量盡，飽則止之，故"飢"寓盡、止之義。《玉篇零卷·食部》引《埤蒼》："飢，飽也。"《正字通·食部》："飢即饐之省。"漢揚雄《方言》卷十二："饐，飽也。"清錢繹《箋疏》："食飽謂之饐。"

〔推源〕 上述諸詞或有止義，或有盡義，此二義本相通，以同一聲符承載之，然則出諸同一語源無疑。"竭"字有盡義，又有止義，其音亦相近而通，正可相證。

乞：溪紐物部；

竭：群紐月部。

溪群旁紐，物月旁轉。竭，竭盡。《廣韻·薛韻》："竭，盡也。"清朱駿聲《說文通訓定聲·泰部》："竭，《禮記·大傳》：'人道竭矣。'注：'盡也。'《周語》：'伊、洛竭而夏亡。'注：'涸也。'《荀子·修身》：'齊明而不竭。'注：'不窮也。'"按，"竭"訓"涸"，則其義與"汔"同，謂水盡。"竭"又有"止"義。《淮南子·原道訓》："所謂後者，非謂其底滯而不發，凝竭而不流。"清王念孫《讀書雜志》："竭之言遏也。《爾雅》曰：'遏，止也。'"按，"竭""遏"同從曷聲。漢桓寬《鹽鐵論·疾貪》："貨賂下流猶水之赴下，不竭不止。"

(106) 仡圪屹疙扢（高義）

仡 本指勇武壯健，引申之，則有高義。《詩·大雅·皇矣》："臨沖茀茀，崇墉仡仡。"高亨注："仡仡，同屹屹，高聳貌。""仡"又有舉首之義，舉首即擡高其頭。《史記·司馬相如列傳》："沛艾赳螑仡以佁儗兮。"唐司馬貞《索隱》引三國魏張揖語："仡，舉頭也。"

圪 高。字亦作"圪"。《正字通·土部》："圪，圪本字。"《說文·土部》："圪，牆高也。從土，气聲。"清朱駿聲《通訓定聲》："字亦作圪。……《廣雅·釋訓》：'圪圪，高也。'亦重言形況字。"按，《玉篇·土部》引《說文》，字亦作"圪"。今北方方言稱土岡、土臺爲"圪臺"，或稱"圪垛"，或稱"圪塔"，皆有高義。

屹 山高，引申爲高聳。或體作"阣"。《玉篇·山部》："屹，山皃。"《篇海類編·地理類·阜部》："阣與屹同。山貌。"清朱駿聲《說文通訓定聲·履部》："《魯靈光殿賦》：'屹山峙以紆鬱。'張載注：'猶孼也，高大皃。'……《江賦》：'虎牙嵥豎以屹崒。'注：'高峻皃。'"按，漢王延壽《魯靈光殿賦》又有"屹然特立，的爾殊形"句，唐吕向注云："屹然，高貌。"宋陸游《入瞿唐登白帝廟》詩："灩澦屹中流，百尺呈孤根。"

疙 頭上突起的瘡癬，"疙"之名寓高義。《正字通·疒部》："疙，頭上瘡突起也，俗呼疙秃。《淮南子》：'……親母爲其子治疙秃。'"王西彥《古屋》："不是頭部生疙秃，便是眼睛患紅腫。""疙"亦指高出皮膚表面的腫塊。《水滸傳》第五十三回："你不是要，若跌下來，好個大疙瘩。"按，"疙瘩"或作"乾靶"，"疙""乾"同從气聲。《古今小說·臨安里錢婆留發跡》："大樹本子上，有幾個乾靶。"樹瘤稱"乾靶"，爲比喻義。

扢 拔引，即上提，提高。《韓詩外傳》卷七："今燭滅，有牽妾衣者，妾扢其纓而絕之，願趣火視絕纓者。"《集韻·薛韻》："扢，拔引也。"清趙翼《廿二史劄記·元季風雅相尚》："此皆林下之人，揚《風》扢《雅》，而聲氣所届，希風附響者如恐不及。"按，此"扢"爲抽象的提高義。

〔推源〕 上述諸詞均有高義，爲"乞"聲所載。考"乞"爲"氣"之俗字。于省吾《甲骨文字釋林》："氣字，俗作乞。"故從乞得聲之字，亦常從氣聲而成或體。然則乞聲所載之高義，爲語源義。乞聲可表高義，"嶷"可證之。

乞：溪紐物部；

嶷：疑紐職部。

溪疑旁紐,物職通轉。嶷,有高峻義。《楚辭·九懷·陶壅》:"越炎火兮萬里,邁萬首兮巍巍。"清朱駿聲《説文通訓定聲·頤部》:"嶷,峛,山峯貌。又重言形況字。《史記·五帝紀》:'其德嶷嶷。'《索隱》:'德高也。'"按,所謂山峯貌,即高貌。"其德嶷嶷"之"嶷"乃抽象的高義即高尚義。古者物高稱"屹然",亦稱"嶷然"。宋歐陽修《歸田録》卷二:"江南有大、小孤山,在江水中嶷然獨立。"

(107) 仡虩(壯勇義)

仡 壯勇貌。《説文·人部》:"仡,勇壯也。从人,乞聲。"清朱駿聲《通訓定聲》:"《廣雅·釋詁二》:'仡,勇也。'《釋訓》:'仡仡,武也。'《書·秦誓》:'仡仡勇夫。'《漢書·李尋傳》:'任仡仡之勇。'《揚雄傳》:'金人仡仡,其承鐘虡兮。'……《公羊·宣六傳》:'仡然從乎趙盾而入。'注:'壯勇貌。'"按,《廣韻·迄韻》"仡"亦訓"壯勇兒"。朱氏所引《漢書·李尋傳》文唐顏師古注:"仡仡,壯健也。"

虩 老虎威武壯勇貌。其字或作"虎"。《集韻·迄韻》:"虩,《説文》:'虎兒。'或書作虎。"《説文·虎部》:"虩,虎兒。从虎,乞聲。"清段玉裁注:"《篇》《韻》作虎。"清朱駿聲《通訓定聲》:"即《書》'仡仡勇夫'字。"按,"仡""虎"當爲分别文,"仡"謂人威武壯勇,"虩"訓虎貌,即威武壯勇之義。《廣韻·迄韻》:"虎,虎兒。"

〔**推源**〕 此二詞俱有壯勇義,當爲乞聲所載。"悶"亦乞聲字,《集韻·没韻》訓"婞佷",即倔强義,此與壯勇義相通,可爲一證。又,"仡""虩"與"健"音義皆相近且相通。

乞:溪紐物部;

健:群紐元部。

溪群旁紐,物元旁對轉。健,强壯有力。《説文·人部》:"健,伉也。""伉"即强悍。《易·乾》:"天行健,君子以自强不息。"唐孔穎達疏:"健者,强壯之名。"古時稱威武英勇的將領、士卒爲"健將""健兒",則"健"的壯勇義益顯。《後漢書·吕布傳》:"(吕布)與其健將成廉、魏越等數十騎,馳突燕陣,一日或至三四,皆斬首而出。"《周書·楊忠傳》:"達奚武自是天下健兒,今日服矣。"又,"仡仡"一詞多訓壯勇貌,《漢書·李尋傳》唐顏師古注訓壯健,亦足見義之相近。

(108) 硈乾秸赿(堅、緊義)

硈 石頭堅硬。或體作"砧"。《玉篇·石部》:"砧,堅也。硈,同上。"《集韻·黠韻》:"砧,或从乞。"《説文·石部》:"硈,石堅也。"清朱駿聲《通訓定聲》:"《爾雅·釋言》:'硈,鞏也。'今俗結實字以結爲之。"按,"硈"字可叠用,形容辛勤不懈,所謂重言譬况。其辛勤不懈義當與石堅義相通。不懈即緊,緊義、堅義相通。《廣韻·没韻》:"硈,用心硈硈。"《漢書·王褒傳》:"故工人之用鈍器也,勞筋苦骨,終日硈硈。"唐顏師古注:"應劭曰:勞極貌。如淳曰:健作貌。如説是也。""硈"又有堅執之義,此亦當爲石堅義之引申。宋蘇軾《御試制科策》:"徒見諫官御史之言矻矻乎難入,以爲必有間之者也。"

乾 緊捆。《廣韻·没韻》:"乾,急擷也。"《説文·衣部》:"襧,以衣衽扱物謂之襧。擷,襧或从手。"《集韻·没韻》:"乾,急縶縛也。"

秔 堅米。《説文·禾部》:"秔,稴也。从禾,乞聲。"清朱駿聲《通訓定聲》:"謂舂米不潰散。散曰粊,稴曰秔。"清桂馥《義證》:"《一切經音義》二十二:'秔,堅米也,謂米之堅鞕舂擣不破者也。'今關中謂麥屑堅者爲籸頭,亦此也。字或作籸。《列子》釋文引《聲類》:'籸,米不碎。'《史記》曰:'陳平食糠秔。'孟康云:'麥糠中不破者也。'"《廣韻·没韻》:"秔,稴也,舂粟不潰也。"按,解釋字"稴(稴)"亦指堅米。《説文·禾部》:"稴,舂粟不潰也。"

赸 直行。字亦作"赸"。《説文·走部》:"赸,直行也。从走,乞聲。"南唐徐鍇《繫傳》:"去無回慮也。"《集韻·迄韻》:"赸,直行貌。"《增補五方元音·地韻》:"赸,同赸,直行也。"今按,徐説甚得肯綮,所謂"赸"即意志堅定、直行不迴首之謂,其字亦以乞聲表堅義。

〔推源〕 上述四詞或有堅義,或有緊義,堅義、緊義本相通,以同一聲符承載,然則出自同一語源無疑。"紇"亦乞聲字,从糸,謂大絲,《集韻·薛韻》訓"急",其義亦爲乞聲所載,緊義、急義相通,故漢語詞彙中有"緊急"之複音詞。乞聲可表堅義、緊義,"堅""緊""急"三詞均可相證。

乞:溪紐物部;

堅:見紐真部;

緊:見紐真部;

急:見紐緝部。

溪見旁紐,物真旁對轉,物緝通轉。堅,牢固,堅硬。《爾雅·釋詁》:"堅,固也。"《説文·臤部》:"堅,剛也。"《吕氏春秋·誠廉》:"石可破也,而不可奪堅。"北魏賈思勰《齊民要術·種藍》:"栽時既淫,白背不急鋤,則堅確也。"緊,纏絲急,引申之,則有堅實、堅强之義。《説文·臤部》:"緊,纏絲急也。"清朱駿聲《通訓定聲》:"南州桓公《九井》詩:'風物自淒緊。'注:'猶實也。'……《管子·問》:'戈戟之緊。'注:'謂其堅强者。'"宋曾鞏《一鶚》詩:"嘗聞一鶚今始見,眼駛骨緊精神豪。"急,字从心,本謂急躁、緊張,引申之,則有緊義,故《字彙·心部》"急"字訓"緊"。"緊""急"義相近,故漢語詞彙中有"緊急"之聯合式複音詞。又,凡物緊亦稱"急",緊則堅,故"急"又有"堅"之引申義。清朱駿聲《説文通訓定聲·臨部》:"急,《禮記·曲禮》:'急繕其怒。'注:'猶堅也。'……〔轉注〕《吕覽·任地》:'急者欲緩。'注:'謂强剛土也。'"按,朱氏多以引申爲轉注。朱氏所引《禮記·曲禮上》文唐孔穎達疏:"軍旅士卒起居舉動堅勁奮勇,如天帝之威怒也。"又所引《吕氏春秋》文陳奇猷《校釋》:"土急蓋即土堅實也。"

(109) 刉舭觝(切割義)

刉 割斷,劃破。字亦作"刉"。《集韻·微韻》:"刉,斷也。刲也。"《龍龕手鑑·刀部》:

"刉,俗。划,正。"按,"刲"字《廣韻·齊韻》訓"割"。"刉",《説文·刀部》作"刏",漢許慎云:"劃傷也。从刀,气聲。一曰斷也。"清朱駿聲《通訓定聲》:"《周禮·士師》:'凡刉珥則奉犬牲。'注:'刉珥,釁禮之事,用牲,毛者曰刉,羽者曰珥。'……《中山經》:'刉一牝羊。'注:'猶刲也。''毛用一雄鷄一牝豚刉。'注:'亦刺割之名。'"按,所謂"刉珥"即祭祀時割取禽獸之血。

魝 切魚。《玉篇·魚部》:"魝,斷魚。"按,《廣韻》此字注"居乞切";則其結構爲形聲,亦以气聲表切割義。又,"劊"字可證"魝"之音義。《説文·刀部》:"劊,楚人謂治魚也。从刀,从魚。讀若鍥。"按,治魚不免切割之。故《廣雅·釋詁二》云:"劊,割也。"《廣韻》"劊"字作"古屑切",其上古音爲見紐質部,"魝"字見紐物部,雙聲,質物旁轉。

氣 切割、磨礪。字亦作氣。《篇海類編·通用類·幺部》:"氣,又作氣。"《玉篇·气部》:"氣,切磨也。"其音"巨迄切",《廣韻》此字在《迄韻》,則可證从气得聲,亦以气聲表切割義。

〔推源〕 此三詞俱有切割義,當爲气聲所載之語源義。气聲可載切割之義,"割"可相證。

气:溪紐物部;

割:見紐月部。

溪見旁紐,物月旁轉。割,字从刀,謂以刀切割。《爾雅·釋言》:"割,裂也。"按,割而斷之即分裂。《玉篇·刀部》:"割,截也。"《禮記·雜記》:"其輤皆於屋下,割鷄,門,當門。"《周禮·天官·外饔》:"掌外祭祀之割亨。"唐李賀《楊生青花紫石硯歌》:"端州石工巧如神,踏天磨刀割紫雲。"

36 川聲

(110) 順訓馴巡(順從、順沿義)

順 順應,順從。《説文·頁部》:"順,理也。从頁,从川。"南唐徐鍇《繫傳》:"川聲。"清朱駿聲《通訓定聲》:"川亦聲。按,本訓謂人面文理之順。"清段玉裁注:"理者,治玉也。玉得其治之方謂之理。……順者,理也,順之所以理之。"漢劉熙《釋名·釋言語》:"順,循也,循其理也。"《易·蒙》:"象曰:勿用取女,行不順也。"《史記·禮書》:"本末相順,始終相從。"《廣韻·稕韻》:"順,從也。"唐韓愈《故江南西道觀察使贈左散騎常侍太原王公墓誌銘》:"與其友處,順若婦女。"

訓 字从言,謂教誨。"訓"即順沿事理而教之。《説文·言部》:"訓,説教也。从言,川聲。"清段玉裁注:"説教者,説釋而教之,必順其理。"《書·無逸》:"古之人猶胥訓告,胥保惠,肯教誨。"《晉書·謝石傳》:"石上疏請興復國學,以訓冑子。"按,《廣雅·釋詁》"訓"字訓"順",文獻中亦見以"訓"表順從義之例,清朱駿聲云"訓"假借爲"順",實則"訓"的教誨、順從二義相成相因。

馴 馬順從,順服。《説文·馬部》:"馴,馬順也。从馬,川聲。"清朱駿聲《通訓定聲》:"《一切經音義》引《説文》:'養野鳥獸使服謂之馴。'……《淮南·説林》:'馬先馴而後求良。'"按,飼養訓練義與馴服義相通。漢桓寬《鹽鐵論·疾貪》:"馴馬不馴,御者之過也。"《三國演義》第六十三回:"吾所騎白馬性極馴熟,軍師可騎,萬無一失。"引申之,"馴"亦泛指順從、順服。《廣韻·諄韻》:"馴,從也。"故"馴"今爲馴服字。

巡 巡視,即順沿既定路綫行走觀察。《説文·辵部》:"巡,延行皃。从辵,川聲。"清段玉裁注本作"視行也"。並注:"視行者,有所省視之行也。"清朱駿聲《通訓定聲》亦作"視行也"。並云:"《虞書》:'五載一巡守。'鄭注:'行視所守也。'"《左傳·襄公三十一年》:"諸侯兵至,甸設庭燎,僕人巡宮。"按,"巡"指沿着既定路綫行走觀察,故有"順沿"之衍義。金王若虛《鄜州龍興寺明極軒記》:"由三門巡廊而西,其隅爲雄師院。"

〔推源〕 諸詞皆有順義,而其字俱从川聲。聲符字"川"象河川之形。根據先有義、次有音、最後有形的原理可推知象形、指事、會意三書文字所記錄的語詞,音形義三位一體,三者相比附。河水沿河道流行,有順沿義。此亦與順從義相通。今語"從"加地理名詞構成介詞結構加謂語"到"某處,實亦順沿義。又,川聲可表順沿、順從、順應等義,"循"可相證。

川:昌紐文部;

循:邪紐文部。

叠韻,昌(穿)邪鄰紐。循,字从彳,指順着一定的路綫、方向行走。《説文·彳部》:"循,行順也。"清桂馥《義證》:"當爲順行。"清朱駿聲《通訓定聲》亦作"順行也"。並云:"《爾雅·釋詁》:'循,自也。'《文選》注引《廣雅》:'循,從也。'"《左傳·昭公七年》:"循牆而走。"《漢書·李陵傳》:"引兵東南,循故龍城行。"至《廣雅》"循"訓"從",即遵從義,此與順從義通。《書·顧命》:"臨君周邦,率循大卞。"僞孔傳:"率群臣,遵大法。"《墨子·經上》:"循所聞而得其意。"清孫詒讓《閒詁》:"循,猶云從。"

(111) 釧靽紃(環繞義)

釧 腕環,即鐲子。《説文新附·金部》:"釧,臂環也。从金,川聲。"唐慧琳《一切經音義》卷十五:"釧者,以金銀爲環,莊飾其手足。"《廣韻·綫韻》:"釧,鐶釧。"南朝宋何偃《與謝尚書書》:"珍名玉釧,因物託請。"《水滸傳》第四十六回:"娘子許我一副釧鐲,一套衣裳,我只得隨順了。"按,戴於足者亦有之,皖省歙縣人稱之爲"脚鐲",而稱腕環爲"手鐲"。

軘 古代車廂格欄上的纏束物。《說文·車部》："軘,車約也。从車,川聲。《周禮》曰:孤乘夏軘。"清朱駿聲《通訓定聲》："本作篆。先、後鄭皆謂轂約。按,實緣字之轉注。"按,"篆"亦字體名,"篆"之名蓋寓圓轉、圓潤之意。清段玉裁注:"依許意蓋謂軹、輢、軨等皆有物纏束之,謂之約軘。"《玉篇·車部》:"軘,……輇,同上。"按"輇"指輇,即無輻的車輪,圓形物。環繞義、圓義相通。《集韻》《篇海類編》"輇"字皆訓"車轉兒",按車輪轉動即作圓周運動,亦即環繞圓心而轉動。

紃 飾履的圓形縧帶,徽歙人稱之為"滾條"。漢史游《急就篇》第二章:"履舄鞜裒緘緞紃。"唐顏師古注:"紃,緣履之圓條也。"《說文·糸部》:"紃,圜采也。从糸,川聲。"清朱駿聲《通訓定聲》:"《禮記·內則》:'織紝組紃。'注:'條也。'疏:'薄闊為組,似繩者為紃。'按,以采綫辮之,其體圓,絨縱條之屬也。……《字林》:'紃,圜緣縧也。'《淮南·說林》:'條可以為纕,不必以紃。'注:'紃亦纕,婉轉意也。'"按,"紃"即環繞他物之物。

〔推源〕諸詞皆有環繞義,當為川聲所載之義,"轉"可證之。

川:昌紐文部;

轉:端紐元部。

昌(穿)準旁紐,文元旁轉。轉,車輪轉動,即繞圈子。《說文·車部》:"轉,運也。"清朱駿聲《通訓定聲》:"錯本:'還也。'……《廣雅·釋詁一》:'轉,行也。'《史記·平準書》:'漕轉山東粟。'《索隱》:'車運曰轉。'"清段玉裁注本亦作:"轉,還也。"並注:"還者,復也。"按,輪車,車得以運行,故"轉"又有環繞、纏繞之引申義。宋俞琰《席上腐談》:"韓退之《元和聖德詩》云:'以紅帕首。'蓋以紅綃轉其頭,即今之抹額也。"又,今語"轉一圈"又稱"繞一圈",則"轉"的環繞義益顯。

37　彡聲

(112) 衫杉霎衫釤彯潯(紛繁義)

衫 衣破貌。《玉篇·巾部》:"衫,衫破兒。"《廣韻·談韻》:"衫,衣破襤衫。"《集韻·談韻》:"衫,衣破。"宋趙叔向《肯綮錄·俚俗字義》:"衣敝曰襤衫,又曰襤褸。"按,此字《廣韻》注"蘇甘切",則其結構為从巾,彡聲。形符字"巾"可指衣物。其構詞理據為"衣物敝破條縷紛繁",乃以彡聲表紛繁義。

杉 木名。其字亦作"樧"。《說文·木部》:"樧,木也。"南唐徐鍇《繫傳》:"即今書杉字。"《廣韻·咸韻》:"杉,同樧。"《水滸傳》第七十四回:"却是黑旋風李逵看見了,睜圓怪眼,倒竪虎鬚,面前別無器械,便把杉刺子擰蔥般拔斷,拿兩條杉木在手,直打將來。"按,"杉刺子"即杉木的長披針形葉,此木當以針形葉紛繁而得名。

零 細雨。《玉篇·雨部》:"零,小雨也。"《廣韻·咸韻》:"零,微雨。"《集韻·咸韻》:"籤,細雨謂之籤。或作零。"今按,細小之雨稱"籤",取其纖細之義,纖細字作"纖",亦從韱聲,可互證;稱"零",則以彡聲表雨絲細密紛繁之義。

衫 字從衣,本謂衣物,引申之則指旗旒的正幅。清鄭珍《〈説文新附〉考》:"衫,《爾雅》釋'旌旂'曰:'纁帛,縿。'《釋文》:'縿,本或作襂,又作襂、襝、衫,字同。'"按,《爾雅·釋天》"素錦綢杠,纁帛縿,素陞龍於縿"宋邢昺疏:"縿,即衆旒所著者陞上。"其名爲"衫",謂其下衆旒紛繁。

鈠 大鐮。《玉篇·金部》:"鈠,大鐮也。"《廣韻·監韻》:"鈠,大鐮。"元王禎《農書》卷十九引《集韻》:"鈠,長鐮也。"晉葛洪《抱朴子·外篇·逸民》:"推黄鉞以適鈠鐮之持,撓華旗以入林杞之下乎!"今按,鐮刀稱"鐮",取其體積廉薄之意(詳見本典第七卷"622. 兼聲");鐮刀割物以齒,鐮大則齒多,故大鐮稱"鈠",蓋取鐮齒紛繁之意。

肜 船行相續不絶。《説文·舟部》:"肜,船行也。从舟,彡聲。"清朱駿聲《通訓定聲》:"與从肉之肜、从丹之肜迥别。"《廣韻·侵韻》:"肜,船行。"《集韻·沁韻》:"肜,吴、楚謂船行曰肜。"《正字通·舟部》:"肜,舟行相續也。"按,此即紛繁義。

尋 尋求,其字後省作"尋"。《説文·寸部》:"尋,繹理也。从工,从口,从又,从寸。工、口,亂也。又、寸,分理之。彡聲。"按,所謂"分理之"即於亂中尋找頭緒,頭緒紛繁則亂,故"尋"本寓紛繁義。《廣韻·侵韻》:"尋,同尋。"《墨子·修身》:"思利尋焉。"高亨《新箋》:"尋,求也。"《淮南子·俶真訓》:"下揆三泉,上尋九天。"

〔推源〕 諸詞俱有紛繁義,爲彡聲所載者。此義本即見諸"彡"的文字形體。《説文·彡部》:"彡,毛飾畫文也。象形。"清饒炯《部首訂》:"指事。本謂毛飾爲文曰彡,畫飾爲文亦曰彡,故从彡之字,或从毛取義或从畫取義不一。三之者,毛畫文飾之數無窮,因舉三以見其意。"清朱駿聲《通訓定聲》:"數至三而衆,故彡象之。《漢書·高帝紀》:'耐以上請之。'注:'耐本从彡。彡,毛髮也。'"按,"須"字亦从彡。在語言中,"彡"可指紋理、文采紛繁,亦可指物紛繁、茂盛。北周衛元嵩《元包經·大陽》:"肅宁宁,彡纛纛。"蘇源明傳:"彡纛纛,文之明也。"清曹寅《泊舟錫山晚游泉上》詩:"向晚泉聲偏聒耳,亂雲層石草彡彡。"

又,"肜"爲祭祀名,謂祭之又祭,有相連不絶之義,其字疑爲从肉、彡聲。考"彡"爲山紐侵部字,"肜"爲余紐冬部字,山、余(喻四)鄰紐。侵〔əm〕冬(東)〔ong〕二部無直接通轉關係,然元音相近,韻尾皆鼻音。同源詞之語音親緣關係本有三角型者(詳殷寄明《語源學概論》,上海教育出版社,2000年)。《爾雅·釋天》:"繹,又祭也。周曰繹,商曰肜。"宋邢昺疏引三國魏孫炎:"肜日,相尋不絶之意也。""肜"亦借作"肜"字。《洪武正韻·侵韻》:"肜,船行貌。""肜""肜"俱从彡聲,故可相通假,亦俱以彡聲表相連不絶義,相連不絶義則即紛繁義。

38　夕聲

(113) 汐窆(黑暗義)

汐　晚潮,即天黑時的潮水。早晨的潮水則稱"潮",故"潮""汐"爲對待字。《廣韻·昔韻》:"汐,朝汐。"《字彙·水部》:"潮者,地之喘息也,隨月消長,早曰潮,晚曰汐。"《管子·度地》:"山川百泉踴,降雨下,山出水,海距,雨露屬,天地湊汐。"宋梅堯臣《依韻和劉六淮潮》詩:"汐潮如有信,時向舊痕生。"按,"汐"字之結構當爲从水、从夕,夕亦聲。晚潮稱"汐",本寓黑暗義。

窆　埋葬,即入於黑暗處。《説文·穴部》:"窆,葬下棺也。从穴,夕聲。"《文選·謝惠連〈祭古冢文〉》:"輪移北陸,窆窆東麓。"唐李善注:"《説文》曰:'窆,葬下棺也。'"《晉書·后妃傳上·武元楊皇后》:"於是有司卜吉,窆窆有期。""窆"亦指墳墓即幽暗處所。《字彙·穴部》:"窆,墓穴幽堂。"《漢故益州太守北海相景君銘》:"孝積幽窆。"《後漢書·劉陶傳》:"死者悲於窆窆,生者戚於朝野。"清和邦額《夜譚隨録·棘闈志異八則》:"魂冉冉其欲離乎窆窆兮,猶逡巡以鼠思。"

〔**推源**〕　二詞俱有黑暗義,爲夕聲所載之義。其黑暗義本爲聲符字"夕"的顯性語義。《説文·夕部》:"夕,莫也。从月半見。"按,"莫"即"暮"之初文,《説文》"莫"訓"日且冥",然則"夕"即傍晚,天黑時分。《周禮·天官·宮正》:"宮正掌王宮之戒令糾禁……夕擊柝而比之。"漢鄭玄注:"夕,莫也。"《詩·小雅·北山》:"偕偕士子,朝夕从事。"引申之,"夕"亦指黑夜。《後漢書·第五倫傳》:"吾子有疾,雖不省視而竟夕不眠。"晉葛洪《抱朴子·吳失》:"吳主不此之思,不加夕惕,佞諂凡庸,委以重任,危機急於彍弩,亡征著於日月。"又,夕聲可表黑暗義,"夜"可相證。

夕:邪紐鐸部;

夜:余紐鐸部。

叠韻,邪余(喻四)鄰紐。"夜",黑夜。《説文·夕部》:"夜,舍也,天下休舍也。从夕,亦省聲。"《左傳·莊公七年》:"夏,四月辛卯,夜,恒星不見。"唐孔穎達疏:"夜者,自昏至旦之總名。""夜"謂黑夜,故有"黑暗"之衍義。漢王符《潛夫論·讚學》:"是故索物於夜室者,莫良於火。"南朝梁沈約《傷美人賦》:"曾未申其巧笑,忽淪軀於夜臺。"

39　久聲

(114) 疚敎攻(長久義)

疚　久病。《集韻·宥韻》:"疚,久病也。"清朱駿聲《説文通訓定聲·頤部》:"敎,字亦作疚。〔聲訓〕《釋名·釋疾病》：'疚，久也，久在體中也。'"晉左思《悼離贈妹》："憂思成疚，結在精爽。"宋司馬光《交趾獻奇獸賦》："興民之利，若癆夫飢渴；除民之害，若瘳夫疾疚。"

宊 字从宀，謂久居。《說文·宀部》："宊，从宀，久聲。"《正字通·宀部》："宊，久居也。"

妀 寡婦守節長久。《正字通·女部》："妀，嫠婦守貞不移也。"其字从久得聲，亦以久聲表長久義。《說文·女部》："妀，从女，久聲。"

〔推源〕 諸詞俱有長久義，爲久聲所載之義。聲符字"久"單用時基本義即長久。《廣韻·有韻》："久，長久也。"《墨子·經上》："久，彌異時也。"《論語·述而》："久矣吾不復夢見周公。"按，考諸文字形體，"久"爲"灸"之初文，謂灸灼。灸灼，以火久灼之，則"久"的長久義與灸灼義或相通。又，久聲可載長久義，"舊"可證之。

久：見紐之部；
舊：群紐之部。

叠韻，見群旁紐。"舊""新"對待字，凡物陳舊者歷時久，故"舊"有長久義。《小爾雅·廣詁》："舊，久也。"《書·畢命》："茲殷庶士，席寵惟舊。"僞孔傳："此殷衆士，居寵日久。"《漢書·雋不疑傳》："竊伏海瀕，聞暴公子威名舊矣。"唐顔師古注："舊，久也。"

(115) 疚灸(病義)

疚 病。《爾雅·釋詁上》："疚，病也。"《廣韻·有韻》："疚，病也。"《詩·小雅·采薇》："憂心孔疚，我行不來。"漢毛亨傳："疚，病。"唐釋道世編《法苑珠林》卷一百一十四："忽嬰疚病，或有捨俗出家孤游獨宿，或有貪病老弱無人侍衛，苦不互看，命將安寄？"

灸 治病之一法，以燃燒的艾條、艾炷熏灼人體穴位之表。《說文·火部》："灸，灼也。从火，久聲。"清朱駿聲《通訓定聲》："《廣雅·釋詁二》：'灸，蓺也。'《素問·異法方宜論》：'其治宜灸焫。'注：'火艾燒灼謂之灸焫。'"《廣韻·有韻》："灸，灸灼也。"《正字通·火部》："灸，灼體療病。"《史記·扁鵲倉公列傳》："齊太醫先診山跗病，灸其足少陽脈口。"《三國志·魏志·華佗傳》："若當灸，不過一兩處，每處不過七八壯，病亦應除。"

〔推源〕 二詞俱有病義，爲久聲所載之義。聲符字"久"本爲"灸"之初文。久聲可載病義，"咎"可證之。

久：見紐之部；
咎：群紐幽部。

見群旁紐，之幽旁轉。咎，字从口，有責備過失義。漢揚雄《方言》卷十三："咎，謗也。"所訓即此義。引申之，則有過失、罪過義。《廣韻·有韻》："咎，愆也。"《詩·小雅·伐木》："寧適不來，微我有咎。"漢毛亨傳："咎，過也。"唐韓愈《寄崔立之》詩："歡華不滿眼，咎責塞兩儀。"今按,病義當與過失、罪過義相通,人之過失、罪過即言行之病。"疚"謂病,又引申而指缺點、過失,正可相證。南朝梁劉勰《文心雕龍·指瑕》:"令章靡疚,亦善之亞。"清王夫之《尚書引義·說命中》:"君子之學,仰事天,俯治物,臣以事君,子以事父,內以定好惡而貞淫,外以感民物之應違,而敢恃愉悅之冏光若有覿焉,奉次周旋而無疚惡乎!"又,"負疚"一詞亦謂有過失而慚愧。

40　勺聲

(116) 的䄖駒玓汋旳(白色、明顯義)

的　白色。《廣雅·釋器》:"的,白也。"《易·說卦》:"其於馬也爲善鳴,爲馵足,爲作足,爲的顙。"唐孔穎達疏:"白額爲的顙。"古稱白頸鳥爲"的胚鳥"。《南史·賊臣傳·侯景》:"於時景修飾臺城及朱雀、宣陽等門,童謠曰:'的胚鳥,拂朱雀,還興吳。'"按,白色顯眼,故"的"又有鮮明、明顯之衍義。《廣韻·藥韻》:"的,明也。"《禮記·中庸》:"故君子之道,闇然而日章;小人之道,的然而日亡。"漢王延壽《魯靈光殿賦》:"屹然特立,的爾殊形。"

䄖　白色的絹。《說文·素部》:"䄖,白約,縞也。从素,勺聲。"按,許書"縞"字訓"鮮色","縞"指白色絲織品,色白顯眼,故云鮮色。《文子·上德》:"䄖之爲縞也,或爲冠,或爲袜,冠則戴枝之,袜則足履之。"色白顯眼正是"䄖"的構詞理據。清朱駿聲《說文通訓定聲·小部》:"䄖,《急就篇》:'郁金半見緗白䄖。'顏師古注:'白素之精者,其光旳旳然也。'"《說文》"䄖"字清段玉裁注:"縞者,鮮支也。"

駒　白額馬。《爾雅·釋畜》:"駒顙、白顛。"晉郭璞注:"戴星馬也。"《說文·馬部》:"駒,馬白額也。从馬,的省聲。……《易》曰'爲的顙'。"清朱駿聲《通訓定聲》:"从馬,勺聲。……《詩》:'有馬白顛。'疏引《舍人》曰:'額有白毛。'今之戴星馬也。此後出字。《易》'旳顙'即《詩》'白顛'也。又《爾雅》'顙'字宜衍。"《玉篇·馬部》:"駒,駒顙,白額。"《廣韻·藥韻》:"駒,駒顱,馬白額。"

玓　玓瓅,明珠鮮明的色澤。《說文·玉部》:"玓,玓瓅,明珠色。从玉,勺聲。"清朱駿聲《通訓定聲》:"《上林賦》:'明月珠子,玓瓅江靡。'按,珠圓光也,疊韻連語,或以'的皪'爲之,亦同。"清沈濤《古本考》:"《舞賦》注引:'的皪,珠光也。'"唐楊炯《少室山少姨廟碑》:"佩珠璣而玓瓅,襲羅縠而飄颻。"

汋　人的體液,滋潤而有色澤。漢劉熙《釋名·釋形體》:"汋,澤也,有潤澤也。"清王先謙《疏證補》:"畢沅曰:'人身無所謂汋者,汋字蓋誤也。疑當爲液。'王啓原曰,本篇後文:'自臍以下曰水腹,水汋所聚也。'又云:'脬,鞄也,主以虛承水汋也。'凡二見。是成國專以汋爲脬中之水。《釋宮室》篇:'井,一有水,一無水,曰濁汋。'脬水時有時無,引申取義,實非誤字。"

昐　明顯。《説文·日部》：" 昐，明也。从日，勺聲。"《淮南子·説林訓》："昐昐者獲，提提者射。"漢高誘注："昐昐，明也。爲衆所見，故獲。"按，《廣韻》《集韻》皆以爲"昐"爲"的"之異體，清朱駿聲則云"的"爲"昐"之俗字，古文獻中有"昐""的"二字構成異文之例。然則"昐"字从日，本義爲明顯；"的"字从白，本義爲白色，此義爲"昐"字所無，故爲另一詞之書面符號。

〔推源〕　上述諸詞或有白色義，或有明顯義，或兼有二義。色白則明顯，二義本相通，又以同一聲符載之，故知出自同一語源。考聲符字"勺"象勺形，指勺子，與白色、明顯義不相涉，其白色、明顯義爲勺聲所載之語源義，"昭"可證之。

勺：禪紐藥部；

昭：章紐宵部。

禪章(照)旁紐，藥(沃)宵對轉。昭，字从日，謂日光。《爾雅·釋詁下》："昭，光也。"《詩·大雅·既醉》："君子萬年，介爾昭明。"漢鄭玄箋："昭，光也。"《文選·王延壽〈魯靈光殿賦〉》："承明堂於少陽，昭列顯於奎之分野。"日光明亮、明顯，故引申爲明顯。《説文·日部》："昭，日明也。"清段玉裁注："引申爲凡明之稱。"《莊子·達生》："今汝飾知以驚愚，修身以明汙，昭昭乎若揭日月而行也。"漢揚雄《太玄·文》："尚文昭如，車服庸如。"晉范望注："禮文昭然明下也。"按成語"昭然若揭"之"昭"亦明顯義。

(117) 杓妁彴(連義)

杓　勺子。其字爲"勺"的後起本字。《禮記·禮器》："犧尊，疏布鼏，樿杓，此以素爲貴也。"勺有柄而長，故亦引申而指勺柄。《説文·木部》："杓，枓柄也。从木，从勺。"南唐徐鍇《繫傳》："从木，勺聲。"清朱駿聲《通訓定聲》："从木，从勺，會意，勺亦聲。"又引申而指横木橋。《篇海類編·花木類·木部》："杓，横木橋。"宋韓拙《論人物、橋彴、關城、寺觀、山居、舟車四時之景》："言橋彴者，通船曰橋；彴者，以横木渡於溪澗之上，但人迹可通也。"今按，"杓"之名當寓連義，"杓"即連接兩岸之物。

妁　婚姻介紹人。《説文·女部》："妁，酌也。斟酌二姓也。从女，勺聲。"清桂馥《義證》："丁雲著云：謂媒氏酌二姓之可否，故之媒妁。"清朱駿聲《通訓定聲》："媒也。《孟子》：'媒妁之人。'"《廣韻·藥韻》：'妁，媒妁。'漢班固《白虎通·嫁娶》："男不自專娶，女不自專嫁，必由父母須媒妁何？遠耻防淫泆也。"今按，所謂"二姓"，"姓"本家族之稱，古人已有"同姓不蕃"的認識，故同姓者不得爲婚。至"妁"的構詞理據，恐非"斟酌"之意，乃謂連合二姓。

彴　石步、石橋。字从彳，謂人所行者。《爾雅·釋宮》"石杠謂之徛"晉郭璞注："聚石水中，以爲步渡彴也。或曰：今之石橋。"《新唐書·諸帝公主傳》："司農卿趙履温爲繕治，累石肖華山，陟彴横邪，四淵九折，以石潢水。""彴"亦指獨木橋。《廣雅·釋宮》："彴，獨梁也。"《初學記》卷七："獨木之橋曰榷，亦曰彴。"《廣韻·藥韻》："彴，横木渡水也。"唐韋莊《和薛先輩見寄初秋寓懷即事之作三用韻》:"澗柳横孤礿,岩藤架密陰。"清阮元《水木明瑟軒即事》:"橋礿低栽葦,亭門窄縛柴。"按,石步、石橋、獨木橋稱"礿",皆寓連義,連接水之兩側供人行。

〔推源〕 諸詞俱有連義,爲勺聲所載之義,"續"可證之。

勺:禪紐藥部;

續:邪紐屋部。

禪邪準雙聲,藥(沃)屋旁轉。續,本訓連。《説文·糸部》:"續,連也。"《莊子·駢拇》:"鳧脛雖短,續之則憂;鶴脛雖長,斷之則悲。"《後漢書·崔寔傳》:"呼吸吐納,雖度紀之道,非續骨之膏。"按,"續"義爲連,故詞彙中有"連續"之同義聯合式複音詞。

(118) 扚矺趵(打擊義)

扚 速擊。《説文·手部》:"扚,疾擊也。从手,勺聲。"清桂馥《義證》:"《廣韻》:'扚,扚擊。'《廣雅》:'扚,擊也。'"清朱駿聲《通訓定聲》:"《史記·天官書》:'扚雲如繩。'以杓爲之。"清段玉裁注:"疾速之擊也。……扚雲从手,今本訛从木。"

矺 舂擊。字亦作"磩"。《廣韻·錫韻》:"矺,同磩。"按,"磩"爲舂米之器,其名本寓舂擊義。《集韻·錫韻》:"磩,水磩,番車。"明徐光啓《農政全書》卷二十一《農器》:"碓,舂器,用石,杵臼之一變也。《廣雅》云:'磩,碓也。'"按,《集韻》所云"水磩",徽歙方言稱之爲"水碓"。"磩"又有"伐"訓,實即擊義。《廣雅·釋詁四》:"磩,伐也。"清王念孫《疏證》:"磩之言摘也。《説文》:'摘,投也。'"按,"摘"即擲而擊之。《史記·刺客列傳》:"荆軻廢,乃引其匕首以摘秦王。"其字从適得聲,"適"从啇聲,與"磩"同。"矺""磩"記錄的音義同。又水下滴稱"滴",滴即點擊,可爲一證。

趵 以足擊。《廣韻·覺韻》:"趵,足擊。"《類篇·足部》:"趵,以足擊也。"按,蓋即踢義。元戴侗《六書故·人九》:"跑,又作趵。"《廣雅·釋言》:"跑,趵也。"《玉篇·足部》:"跑,蹴也。"

〔推源〕 諸詞俱有打擊義,爲勺聲所載之語源義,"打"可證之。

勺:禪紐藥部;

打:端紐耕部。

禪端準旁紐,藥(沃)耕旁對轉。打,打擊字。《説文新附·手部》:"打,擊也。"漢王延壽《夢賦》:"捎魍魎,拂諸渠,撞縱目,打三顱。"晉陶淵明《搜神後記》:"有此者,便當以竹竿攪擾打拍之。"《魏書·張彝傳》:"以瓦石擊打公門。"又,"杓"亦勺聲字,可表打擊義。清朱駿聲《説文通訓定聲·小部》:"杓,《淮南·兵略》:'爲人杓者死。'注:'所擊也。'"

(119) 釣酌(思量、謀取義)

釣 釣取魚蝦等物,引申爲謀取。《説文·金部》:"釣,鉤魚也。从金,勺聲。"清朱駿聲

《通訓定聲》:"《論語》:'子釣而不網。'〔轉注〕《淮南·主術》:'而晉獻以璧、馬釣之。'注:'取也。'按,猶餌也。《漢書·公孫宏(弘)傳》:'以三公爲布被,誠飾詐欲以釣名。'注:'取也。'按,猶弋、獵也。"今按,朱氏素以引申爲"轉注"。《正字通·金部》:"釣,盜虛名曰釣譽。"《管子·法法》:"釣名之人,無賢士焉。"按,漢語有"沽名釣譽"之成語,"釣"即謀取,爲比喻引申義。

酌 字从酉,謂飲酒。引申之,則有舀取義。《玉篇·酉部》:"酌,挹也。"《廣韻》《集韻》訓同。《詩·大雅·行葦》:"酒醴維醹,酌以大斗。"《公羊傳·僖公八年》:"其處其所而請與奈何?蓋酌之也。"漢何休注:"酌,挹也。"又引申爲思量、擇善而取。《左傳·成公六年》:"子爲大政,將酌於民者也。"晉杜預注:"酌,取民心以爲政。"《禮記·坊記》:"上酌民言,則下天上施。"漢鄭玄注:"酌,猶取也,取衆民之言以爲政教則得民心。"又,雙音詞"酌情""酌量""酌定""酌理"之"酌"皆思量義。

〔推源〕思量、謀取義本相通,此爲勺聲所載之語源義。"汋"亦勺聲字,故亦可表謀取義。清朱駿聲《說文通訓定聲·小部》:"《周禮·士師》:'一曰邦汋。'司農注:'讀如酌酒尊中之酌。'"按,朱氏所引《周禮》文漢鄭玄注亦引漢鄭司農語,云:"邦汋者,斟汋盜取國家密事,若今時刺探尚書事。"《新唐書·崔湜傳》:"時桓彥范等當國,思武三思甚構,引湜使陰汋其奸。"

(120) 妁黓(美好義)

妁 婥妁,姿態柔美。宋佚名《萬年歡慢》:"婥妁要肢輕婀娜。"按,文獻中字亦作"婥約"。"婥妁""婥約"記錄的是同一語詞,"妁"爲本字而"約"爲借字。"妁"字从女,謂女性柔。《廣雅·釋詁一》:"婥約,好也。"《玉篇·女部》:"婥約,好皃。"《廣韻·藥韻》:"婥,婥約,美皃。"宋梅堯臣《和永叔內翰戲答》:"拘之以籠縻以索,必不似纖腰夸婥約。"按唐慧琳《一切經音義》卷七十九引《考聲》:"婥約,婦人耎弱兒。"清朱駿聲《說文通訓定聲·小部》:"《荀子·宥坐》:'淖約微達以察。'注:'弱也。'"按,"婥妁(婥約、淖約)"即柔弱而美,故又訓弱。"妁""約"同从勺聲,故可借"約"作"妁"。

黓 婦人以點飾臉,亦指婦人面飾,則"黓"本寓美好義。《集韻·藥韻》:"黓,婦人以點飾。"又《錫韻》:"黓,婦人面飾。"按,文獻中多借"的"字爲之。漢劉熙《釋名·釋首飾》:"以丹注面曰的。"漢王粲《神女賦》:"稅衣裳兮免簪笄,施華的兮結羽釵。"明徐渭《畫紅梅》詩:"無由飄一的,嬌殺壽陽眉。"

〔推源〕二詞俱有美好義,當爲勺聲所載之語源義。"汋"亦勺聲字,故亦可表柔美之義。清朱駿聲《說文通訓定聲·小部》:"汋,《楚語·哀郢》:'外承歡之汋約兮。'注:'好兒。'"按,"語"字當作"詞",清儒屢有稱《楚辭》爲《楚詞》者。又《楚辭·遠游》:"質銷鑠以汋約兮,神要眇以淫放。"勺聲可表美好義,"俏"可證之。

勺：禪紐藥部；

俏：清紐宵部。

禪清鄰紐，藥(沃)宵對轉。俏，俊俏字。《廣韻·笑韻》："俏，俏醋，好貌。"《集韻·笑韻》："俏，好貌。"唐白行簡《三夢記》："鬢梳嫽俏學宫妝，獨立閑庭納夜涼。"宋柳永《小鎮西》："芳顏二八，天然俏，自來奸黠。"《紅樓夢》第二十七回："鳳姐打量了一回，見他生的乾净俏麗，説話知趣。"

(121) 㼐帩(小義)

㼐 小瓜。《爾雅·釋草》："瓝㼐，其紹瓝。"晉郭璞注："俗呼㼐瓜爲瓝。"《詩·大雅·緜》："緜緜瓜瓞"漢毛亨傳："瓞，㼐也。"唐陸德明《經典釋文》："㼐，小瓜也。"按，"㼐""瓞"同義，"瓞"亦小瓜之稱。《説文·瓜部》："瓞，㿺也。""㿺，小瓜也。"《玉篇·瓜部》："瓞，小瓜也。"上引《詩經》文唐孔穎達疏："大者曰瓜，小者曰瓞。"

帩 絹布頭。然則"帩"即零星而小之絹。《玉篇·巾部》："帩，帩須，繒頭也。"《廣韻·篠韻》："帩，絹布頭也。"

〔推源〕 此二詞俱有小義，爲勺聲所載。"勺""小"聲本相近而相通，故勺聲可表小義。

勺：禪紐藥部；

小：心紐宵部。

禪心鄰紐，藥(沃)宵對轉。小，微小，不大。《説文·小部》："小，物之微也。"《詩·小雅·吉日》："發彼小豝，殪此大兕。"按，"大"與"小"對文反義。《莊子·秋水》："吾在天地之間，猶小石小木之在大山也。"

(122) 約豹杓㼐(圓義)

約 纏繞，作圓周運動。《説文·糸部》："約，纏束也。从糸，勺聲。"《廣韻·藥韻》："約，約束。"《詩·小雅·斯干》："約之閣閣，椓之橐橐。"漢毛亨傳："約，束也。"唐孔穎達疏："謂以繩纏束之。"《莊子·駢拇》："約束不以纆索。"引申之，又有環繞義，環繞、圓圍實爲一義。漢繁欽《定情詩》："何以致殷勤，約指一雙銀。"

豹 圓紋之獸。《説文·豸部》："豹，似虎，圜文。从豸，勺聲。"徐珂《清稗類鈔·動物·豹》："似虎而小，毛黄褐色，背有黑色圓斑，俗稱金錢豹。"按，有圓紋，故稱"豹"。《詩·大雅·韓奕》："獻其貔皮，赤豹黄羆。"

杓 勺子柄，圓而長可把握者。《説文·木部》："杓，枓柄也。从木，从勺。"清段玉裁注："勺謂之枓，勺柄謂之杓。"清朱駿聲《通訓定聲》："勺亦聲。"按"杓"可指北斗柄部三星，爲其比喻引申義。

㼐 小瓜(見本典第121條)。瓜本不規則圓形，小瓜則更圓。

〔推源〕 諸詞俱有圓義,爲勺聲所載之公共義。聲符字"勺"所記録語詞謂飲器,形圓者,然則諸詞之圓義爲其顯性語義。《說文·勺部》:"勺,挹取也。象形。"清朱駿聲《通訓定聲》:"《一切經音義》四引《說文》:'勺,枓也。'按,所以挹者……《玉人》:'黄金勺。'杜注:'酒尊中勺也。'"

(123) 秒釣(垂挂義)

秒 禾穗下垂,亦引申而指懸挂。《說文·禾部》:"秒,禾危穗也。从禾,勺聲。"清徐灝《注箋》:"禾熟則穎屈而下垂,其狀欲墮落,故曰危穗。"清段玉裁注:"危穗穎欲斷落也。……《玉篇》云:'秒亦懸物也。'則秒同方言之'丁'。《方言》曰:'丁,懸也,趙魏之間曰丁。'"按,"丁"與"秒"當爲源詞與同源派生詞關係。"秒"字《廣韻》訓"禾穗垂皃",實與《説文》同,爲其本義,懸物義則爲引申義。清王筠《説文句讀·禾部》:"秒,吾鄉亦謂懸物爲秒。"

釣 以金屬鈎釣取魚蝦,"釣"即垂鈎於水之謂,故雙音詞稱"垂釣"。其字亦作"魡"。《説文·金部》:"釣,鈎魚也。从金,勺聲。"《詩·衛風·竹竿》:"籊籊竹竿,以釣于淇。"《莊子·刻意》:"就藪澤,處閒曠,釣魚閒處,無爲而已矣。"《玉篇·魚部》:"魡,亦作釣,餌取魚也。"《墨子·魯問》:"魡者之恭,非爲魚賜也。餌鼠以蟲,非愛之也。"按,釣魚即懸其綫、鈎於水,故"釣"又有懸挂之引申義。唐慧琳《一切經音義》卷三十一引《考聲》:"釣,懸也。"宋陳規、湯璹《守城録·守城機要》:"城門外壕上,舊制多設釣橋。"明沈德符《野獲編·妓女·釣闌》:"今兩京教坊,諸妓家門,多設半扉,其上截釣起。"

〔推源〕 此二詞俱有垂挂義,爲勺聲所載之語源義,《説文》"秒"字清段玉裁注所云之"丁"及"弔"可證之。

勺:禪紐藥部;
丁:端紐宵部;
弔:端紐宵部。

禪端準雙聲,藥(沃)宵對轉。"丁"象鈎懸挂形,爲懸挂義之本字。"弔"同"吊",謂問終、弔喪,以其音同在文獻中借作"丁"。元關漢卿《竇娥冤》第四折:"受盡三推六問、弔拷綳扒。"清黄六鴻《福惠全書·刑名·監禁》:"將犯人足弔起,頭向下臥。"文獻中"弔"又常以"吊"爲之,後世遂以"吊"爲懸吊字。

41 凡聲

(124) 汎帆汎梵風颿(浮泛義)

汎 浮泛。《説文·水部》:"汎,浮皃。从水,凡聲。"清朱駿聲《通訓定聲》:"與'泛'略同。……《詩·柏舟》：'汎波柏舟。'傳：'流皃。'《晉語》：'汎舟於河。'注：'浮也。'……《詩·菁菁者莪》：'汎汎楊舟。'疏：'言汎汎然沈物浮物，俱浮水上。'……《廣雅·釋訓》：'汎汎，浮也。'""汎"亦有抽象的浮泛義即不切實義。南朝梁劉勰《文心雕龍·總術》："昔陸氏《文賦》，號爲曲盡，然汎論纖悉而實體未該。"

帆　船帆，在風中浮泛之物。《類篇·巾部》："帆，船上幔，所以汎風。"《文選·木華〈海賦〉》："維長綃，挂帆席。"唐李善注引漢劉熙《釋名》："隨風張幔曰帆。"唐王灣《次北固山下》："潮平兩岸闊，風正一帆懸。"引申之，物受風吹拂亦稱"帆"，實即浮泛義。清王士禛《萬安縣》詩："沙嶼宵霑雨，江船午帆風。"

仸　字从人，謂人輕浮。漢揚雄《方言》卷十："仸，僄，輕也。楚凡相輕薄謂之相仸，或謂之僄也。"清戴震《疏證》："《廣雅》：'僄，仸，輕也'……左思《魏都賦》：'過以汎剽之單慧。'"按，《魏都賦》之"汎"異文作"仸"。《廣韻·梵韻》"仸"字亦訓"輕"。

梵　風浮泛於樹上。《廣韻·東韻》："梵，木得風皃。"《集韻·梵韻》："虌，風行木上曰虌。或作梵。"

風　流動的空氣，浮泛於空中之物。《説文·風部》："風，八風也。東方曰明庶風，南方曰景風，西南曰涼風，西方曰閶闔風，西北曰不周風，北方曰廣莫風，東北曰融風。風動蟲生，故蟲八日而化。从蟲，凡聲。"《書·金滕》："秋，大熟。未獲，天大雷電以風，禾盡偃。……王出郊，天乃雨，反風，禾則盡起。"漢劉向《説苑·敬慎》："樹欲静乎風不定，子欲養乎親不待。"引申之，"風"又有吹拂義，吹拂實即浮泛之謂。《廣雅·釋言》："風，吹也。"《左傳·僖公二十八年》："晉中軍風於澤，亡大旆之左旃。"《孟子·公孫丑下》："有寒疾不可以風。"

颭　風吹拂貌。《廣韻·東韻》："颭，風皃。"今按，即風浮泛貌。

〔推源〕　諸詞皆有浮泛義，爲凡聲所載之公共義。考聲符字"凡"象盤形，爲"槃"之初文，故"凡"有總括義，今語猶有"通盤"一詞。然則上述諸詞的浮泛義爲凡聲所載之語源義。凡聲可載浮泛義，"泛"可證之。

凡：並紐侵部；

泛：滂紐談部。

並滂旁紐，侵談旁轉。泛，浮泛，或以爲與"汎"同。《説文·水部》："泛，浮也。"《周禮·天官·酒正》："辨五齊之名：一曰泛齊。"漢鄭玄注："泛者，成而滓浮，泛泛然。"北魏酈道元《水經注·潁水》："水中有立石，高十餘丈，廣二十許步，上甚平整，緇素之士，多泛舟升陟，取暢幽情。"唐杜甫《奉贈太常張卿垍二十韻》詩："萍泛無休日，桃陰想舊蹊。"

(125) 芃/蓬（衆多散亂義）

芃　草衆多茂盛。《説文·艸部》："芃，草盛也。从艸，凡聲。《詩》曰：'芃芃黍苗。'"

《廣韻·東韻》：“芃，草盛也。”又“芃，芃芃，草盛兒。”《詩·鄘風·載馳》：“我行其野，芃芃其麥。”漢毛亨傳：“芃芃然方盛長。”又《大雅·棫樸》：“芃芃棫樸。”漢毛亨傳：“木盛貌。”按，此爲比喻引申義。《北史·薛辯傳》：“朝賢既濟濟，野苗又芃芃。”“芃”又有散亂義。《詩·小雅·何草不黄》：“有芃者狐，率彼幽草。”清馬瑞辰《毛詩傳箋通釋》：“芃本衆草叢蔟之貌，狐毛之叢雜似之。……芃猶蓬也，蓋狐尾蓬叢之貌。”

  蓬 蓬勃字，草木衆多茂盛。《集韻·送韻》：“韸，草木盛兒。或作蓬。”《詩·小雅·采菽》：“維柞之枝，其葉蓬蓬。”漢毛亨傳：“蓬蓬，盛貌。”清朱駿聲《說文通訓定聲·丰部·蓬》：“《笙賦》：‘鬱蓬勃以氣出。’”按，此爲比喻引申義。郭沫若《芍藥及其他·銀杏》：“你的枝條是多麽的蓬勃。”“蓬”又有散亂義。上引朱氏書：“《詩·伯兮》：‘首如飛蓬。’《莊子·說劍》：‘蓬頭突鬢。’《西山經·玉山》：‘西王母蓬髮。’”

  〔推源〕 二詞同義。“芃”爲並紐冬部字，“蓬”爲並紐東部字。雙聲；上古音冬、東二韻可歸一，則爲叠韻。“芃”的衆多散亂義爲凡聲所載之語源義。

42 丸聲

（126）紈芄（白色義）

  紈 白色細絹。《說文·糸部》：“紈，素也。从糸，丸聲。”清段玉裁注：“素者，白緻繒也。”清朱駿聲《通訓定聲》：“《御覽》引《范子·計然》云：‘白素出三輔，白紈素出齊魯。’按，素者粗細絹之大名，紈則其細者。《齊策》：‘下宮糅羅紈，曳綺縠。’《漢書·地理志》：‘織作冰紈綺繡純麗之物。’”按，朱氏所引《戰國策》文鮑彪注：“紈，素也。”《廣韵·桓韵》：“紈，紈素。”所謂“紈素”，即潔白細致之絹。漢班婕妤《怨歌行》：“新裂齊紈素，鮮潔如霜雪。”

  芄 芄蘭，一名“蘿藦”，俗稱“羊婆奶”，夏天開白花，種子上端有白色絲狀毛，有汁，其色亦如乳而白。此物當以色白而得名。《說文·艸部》：“芄，芄蘭，莞也。从艸，丸聲。《詩》曰：‘芄蘭之枝。’”清朱駿聲《通訓定聲》：“《爾雅》‘藋，芄蘭’注：‘蔓生，斷之有白汁，可啖。’”按，三國吴陸璣《毛詩草木鳥獸蟲魚疏》：“芄蘭，一名蘿藦，幽州人謂之雀瓢。”

  〔推源〕 二詞俱有白色義，爲丸聲所載之公共義。考聲符字“丸”本謂小而圓之物體，與白色義不相涉，丸聲所載之白色義爲語源義。丸聲以其聲韵載白色義，“睆”可相證。《廣韵》“睆”字户板切，則其上古音正與“丸”同，匣紐雙聲，元部叠韵。“皖”字从白，本有白色義，復以完聲表白晳、明亮、白净之義。《廣韵·潸韵》：“睆，明星。”《詩·小雅·大東》：“睆彼牽牛，不以服箱。”漢毛亨傳：“睆，明星貌。”清阮元《校勘記》：“小字本作皖。”《玉篇·白部》：“皖，白净也。”《集韵·潸韵》：“睆，明貌。”宋沈遼《奉酬楊聖咨》詩：“當時睆睆同朝露，不計星星向暮齡。”

(127) 骫／彎（彎曲義）

骫 骨頭彎曲。《説文·骨部》："骫,骨耑骫奊也。从骨,丸聲。"清朱駿聲《通訓定聲》："《列子·黄帝》釋文引《説文》：'骨曲直也。'"清王筠《句讀》："當作骨曲骫奊也。"《玉篇·骨部》："骫,骨曲也。"《廣韵·紙韵》："骫,骨曲。"清毛奇齡《都轉運鹽司運史李公賜御書記》："以牢盆煮海。積骫難治,且亦以徵其廉也。""骫"亦虚化引申爲枉曲義。《廣雅·釋詁一》："骫,曲也。"《吕氏春秋·必己》："尊則虧,直則骫。"漢高誘注："骫,曲也。直不可久,故曰直則骫。"漢劉向《説苑·至公》："奉國法而不黨,施刑戮而不骫,可謂公平。"

彎 字从弓,本謂開弓。《説文·弓部》："彎,持弓關矢也。从弓,䜌聲。"按,開弓則使弓彎,故開弓亦稱"彎弓"。漢賈誼《過秦論》上："胡人不敢南下而牧馬,士不敢彎弓而報怨。"以故"彎"引申爲彎曲,爲其基本義。《字彙·弓部》："彎,曲也。"唐鄭棨《開天傳信記》："林甫於正堂後别創一堂,製度彎曲,有却月之形,名曰'月堂'。"宋王安石《初夏即事》詩："石梁茅屋有彎碕,流水濺濺度兩陂。"

〔推源〕 此二詞俱有彎曲義,其音亦復相近而通,則由同一語源所衍生。

骫：影紐歌部；

彎：影紐元部。

雙聲,歌元對轉。又,"骫"謂骨頭彎曲,其字从骨,丸聲,乃以丸聲表彎曲義,彎曲義本爲"丸"的顯性語義。《説文·丸部》："丸,圜,傾側而轉者。"按,即小而圜之物體。《逸周書·器服》："二丸弇。"清朱右曾《校釋》："凡物圜轉者皆曰丸。"晉葛洪《西京雜記》卷四："韓嫣好彈,常以金爲丸。"今按,圜義、曲義本相通,凡曲綫,周而復始首尾相接即爲圜。

43　及聲

(128) 衱芨疲馺級庋（連及義）

衱 交叉式的衣領。二領相連及,故稱"衱",一稱"袷",則即相交合之謂。漢揚雄《方言》卷四："衱謂之褗。"晉郭璞注："即衣領也。"《廣雅·釋器》："襺衱謂之褗。"清王念孫《疏證》："《曲禮》：'天子親不上於袷。'鄭注云：'袷,交領也。'《玉藻》：'袷二寸。'注云：'袷,曲領也。'袷與衱同。"《廣韵·緝韵》："衱,衣領。"《集韵·葉韵》："交領謂之衱。"按,"衱"亦指裙帶,則即此物與裙相連及之意。唐杜甫《麗人行》："背後何所見,珠壓腰衱穩稱身。"

芨 白芨,以其色白,故稱"白芨",其字本亦作"白及"。單音詞稱"芨",以其根莖相連及而得名,一名"連及草"。《集韵·緝韵》："芨,白芨,仇䔲也。或从及。"《廣韵·釋草》："白芨,茿䔲也。"清王念孫《疏證》："白芨,即白及也。"明方以智《物理小識》卷七："《墨娥小録》云：'若玉、瑪瑙、珊瑚等物損折,研石膏、明礬,磨芨調塗損處。'"明李時珍《本草綱目·草部·白及》:"其根白色,連及而生,故名白及。"按,山丹根似百合而花紅,故稱"紅百合",又稱"連珠",可爲一證。

疲 人體虛弱將及病。《説文·疒部》:"疲,病劣也。从疒,及聲。"南唐徐鍇《繫傳》:"《本草》云:'苟杞療虛疲病,謂疲疲無氣力也。'"清段玉裁注:"劣,猶危也。"按,謂將病之危。張舜徽《約注》:"本典《力部》:'劣,弱也。从力、少。'許以病劣訓疲,謂體弱無氣力耳。"《正字通·疒部》:"疲,或曰病且至,故从及。"

馺 馬衆多而相連及。《説文·馬部》:"馺,馬行相及也。从馬,从及。"南唐徐鍇《繫傳》:"从馬,及聲。"清朱駿聲《通訓定聲》:"从馬,从及,會意,及亦聲。……《廣雅·釋詁一》:'馺,及也。'……《文賦》:'紛葳蕤以馺遝。'注:'多皃。'"按,"馺遝"即多而相連及,與馬衆多行而相及義相通,爲雙音詞,亦與"馺"相關。"馺遝"亦作"馺沓""馺莎""馺踏""馺娑",皆謂物多而相連及。宋劉昌詩《蘆浦筆記·白玉樓賦》:"玉童華女,衆馺踏而雲颺。"按,此詞轉寫形式雖多,其義則一,"沓、踏、遝"及"莎、娑"謂雜沓,而"馺"謂連及。

級 絲的優劣次第、等級,即有等差而相連及之義,語言中泛指等級、石階。《説文·糸部》:"級,絲次弟也。从糸,及聲。"清朱駿聲《通訓定聲》:"《廣雅·釋言》:'級,等也。'《禮記·曲禮》:'拾級聚足。'注:'等也。'《聲類》:'級,階次也。'又《月令》:'以別貴賤等級之度。'"《廣韻·緝韻》:"級,等級。亦階級。"《左傳·僖公十九年》:"以伯舅耋老,加勞,賜一級,無下拜。"晉杜預注:"級,等也。"按,"級"的本義、基本義即等級,字从糸,以絲優劣有等差;"及"聲則表連及義。石階亦有等差而依次相連及。《玉篇·糸部》:"級,階級也。"《舊唐書·禮儀志》:"基每面三階,周迴十二階,每階爲二十五級。"

扱 門閂。連接單扇門與門旁木之物。《廣雅·釋宫》:"扱,户牡也。"《廣韻·緝韻》:"扱,户鍵。"明王秀楚《揚州十日記》:"予迫甚,但力取扱,扱不能出而門樞忽折。"

〔推源〕上述諸詞俱有連及之義,而其文字皆从及聲,連及義本爲"及"的顯性語義。"及"本指趕上、追上。《説文·又部》:"及,逮也。从又,从人。"《後漢書·虞詡傳》:"虞衆多,吾兵少,徐行則易爲所及,速進則彼所不測。"《宋史·李顯忠傳》:"永奇即挈家出城,至馬趐谷口,爲金人所及。"按,追趕上則二者相連及,故"及"又有"連"訓。《廣雅·釋詁四》:"及,連也。"《廣韻·緝韻》:"及,連也。"《漢書·蘇武傳》:"事如此,此必及我。"《宋史·李綱傳》:"夫用兵之與士風,似不相及,而實相爲表裏。"又,及聲可表連及義,"兼"可相證。

及:群紐緝部;

兼:見紐談部。

群見旁紐,緝談旁對轉。《説文·秝部》:"兼,並也。从又持秝。兼,持二禾;秉,持一禾。"按,"並"即相連及,持二禾,則二禾相併、相連及。故兼聲字所記錄的語詞"蒹""縑""鶼""顉"等俱有連及、連續之義,參本典"兼聲"。

(129) 汲扱吸䢉（引、取義）

汲 取水，引申之，則有牽引、引導等義。《説文·水部》："汲，引水於井也。从水，从及，及亦聲。"清朱駿聲《通訓定聲》："《廣雅·釋詁一》：'汲，取也。'《易·井》：'可用汲。'〔轉注〕《考工·匠人》：'大汲其版。'注：'引也。'《穀梁襄十傳》：'汲鄭伯。'注：'猶引也。'"按，朱氏所云"轉注"實即引申，《廣韻·緝韻》"汲"字訓"汲引"，亦引導、牽引之義。

扱 字从手，本謂收斂，引申之，則有取、引義。《廣雅·釋詁一》："扱，取也。"又"扱，引也。"《廣韻·洽韻》："扱，取也，獲也，舉也，引也。"《儀禮·聘禮》："祭醴再扱，始扱一祭，卒再祭。"又《士昏禮》："祭醴，始扱壹祭，又扱再祭。"漢劉向《説苑·政理》："夫扱綸錯耳，迎而吸之者，陽橋也。"

吸 吸氣。《説文·口部》："吸，内息也。从口，及聲。"清段玉裁注："内息，納其息也。"清朱駿聲《通訓定聲》："《素問·離合真邪論》：'吸則内鍼。'注：'謂氣入。'"按，"吸"即引氣入體内，故"吸"有引之衍義。《玉篇·口部》："吸，引也。"清康有爲《大同書·甲部序》："有覺知則有吸攝，磁石猶然，何況於人？"按，磁石俗稱"吸鐵石"，"吸"即引義。"吸"又有"取"之引申義。漢揚雄《太玄·圖》："邪謨高吸，乃馴神靈。"晉范望注："吸，取也。"

䢉 汲引、汲取井水。《古文苑·黃香〈九宮賦〉》："東井䢉轆而播灑，彗勃佛仿以梢擊。"宋章樵注："䢉轆，讀如汲渫，鹿盧以引汲也。"

〔推源〕 上述諸詞俱有引、取義，爲及聲所載之義，"挹"可相證。

及：群紐緝部；
挹：影紐緝部。

疊韻，群影鄰紐。挹，舀取。《説文·手部》："挹，抒也。"清朱駿聲《通訓定聲》："《珠叢》：'凡以器斟酌於水謂之挹。'《詩·泂酌》：'挹彼注兹。'《大東》：'不可以挹酒漿。'"按，舀取即引而及此之義，故"挹"又有"引"之衍義。晉郭璞《游仙詩》七首之三："左挹浮丘袖，右拍洪崖肩。"又，"挹"多有稱引之義。明馮夢龍編《警世通言》之《蔣淑真刎頸鴛鴦會》："挹傾城之貌，挹希世之人。"

(130) 伋彶岌馺（急義）

伋 急速，又有危急、急迫、急需等義，其字亦作"忣""急"。漢賈誼《新書·匈奴》："一國聞之者、見之者，希盱相告，人人伋伋唯恐其後來至也。"清朱駿聲《説文通訓定聲·臨部》："急，字亦作伋，左形右聲。……《淮南·繆稱》：'伋於不知己者。'"按，朱氏所引《淮南子》文漢高誘注："伋，急也。"《正字通·心部》："伋，同忣。"按《説文》"急"字正作"忣"。清邵瑛《群經正字》："忣，今經典作急，隸變。"《廣韻·緝韻》："急，急疾。《説文》作忣。"《詩·小雅·六月》："玁狁孔熾，我是用急。"《史記·秦始皇本紀》："項羽急擊秦軍，虜王離，邯等遂以兵降諸侯。"

伋　字从彳,謂急行,亦引申爲急。《説文·彳部》:"伋,急行也。从彳,及聲。"清段玉裁注:"急、伋叠韻,凡用汲汲字,乃伋伋之假借也。"清桂馥《義證》:"'急行也'者,《一切經音義》引作'伋伋,急行也。'又引《廣雅》:'伋伋,遽遽也。'又云'今皆从水作汲。'案《文子·上德篇》:'君子日汲汲以成輝。'《漢書·揚雄傳》:'不汲汲於富貴。'"以是觀之,語言中"伋"所指稱的語詞是存在的,其文字,"伋"爲本字而借"汲"爲之。

岌　字从山,本謂山高,故有危險、危急之衍義,其字亦作"圾"。《集韻·緝韻》:"圾,危也。通作岌。"《字彙·山部》:"岌,危也。"清朱駿聲《説文通訓定聲·臨部》:《孟子》:'天下殆哉,岌岌乎!'注:'不安皃。'……《莊子·列御寇》:'殆哉,圾乎仲尼。'注:'危也。'"《漢書·韋賢傳》:"彌彌其失,岌岌其國。"唐顏師古注:"岌岌,危動貌。"

馺　馬奔馳疾行,亦泛指急。《廣韻·緝韻》:"馺,馬行疾。"清朱駿聲《説文通訓定聲·臨部》:"馺,《方言》十三:'馺,馬馳也。'……《漢書·揚雄傳》:'輕先疾雷而馺遺風。'注:'疾意也。'"《楚辭·九嘆·遠游》:"潺湲轇輵,雷動電發,馺高舉兮。"宋洪興祖《補注》:"馺……注:雲疾貌。"三國魏曹丕《艷歌何嘗行》:"小弟雖無官爵,鞍馬馺馺,往來王侯長者遊。"

〔推源〕　諸詞皆有急義,爲及聲所載之義。"伋"亦及聲字,故亦可表此義。《字彙·人部》:"伋,與急同。"《尚書大傳》卷二:"諸侯在廟中,伋然淵其志,和其情。"漢鄭玄注:"伋讀曰播,播然變動貌。"王重民等編《敦煌變文集》之《大目乾連冥間救母變文》:"目連那邊伋來喚。"考急義與"及"的文字形體結構不相涉,其急義爲及聲所載之語源義,"亟"可相證。

及:群紐緝部;
亟:見紐職部。

群見旁紐,緝職通轉。《爾雅·釋詁下》:"亟,疾也。"《説文·二部》:"亟,敏疾也。"《詩·豳風·七月》:"亟其乘屋,其始播百穀。"漢鄭玄箋:"亟,急。"《左傳·襄公二十四年》:"公孫之亟也。"晉杜預注:"亟,急也。言其性急不能受屈。"

(131) 岌破(高義)

岌　山高。《爾雅·釋山》:"小山岌大山。"晉郭璞注:"岌,謂高過。"《玉篇·山部》:"岌,山高皃。"《説文新附·山部》:"岌,山高皃。从山,及聲。"唐張九齡《奉和聖製途經華山》:"攢峯勢岌岌,翊蹕氣雄雄。"捨棄其具體性義素"山"而虛化引申爲高義。《廣韻·緝韻》:"岌,高皃。"《楚辭·離騷》:"高余冠之岌岌兮,長余佩之陸離。"漢王逸注:"岌岌,高貌。"按,"岌岌"爲"高"之修飾語,乃重言譬況字。

破　山高貌。《玉篇·石部》:"破,破破,山高皃。"按,《説文·石部》"破"訓"石崖",石崖即高聳之石;巍峨字作"峨",从我得聲,與"破"同。然則"破破"爲同義聯合式合成詞。《廣韻·合韻》:"破,峇破。"按《集韻·合韻》"峇"訓"山形",或作"岭",訓"山皃",皆山高聳義。潘飛聲《牛房洞至大冬嶺》:"牛房更破破,積鐵自太古。"按,"破破"亦泛指高,則爲引申義。《文選·郭璞〈江賦〉》:"陽侯砐硪以岸起,洪瀾涴演而雲迴。"唐張銑注:"砐硪,高大皃,言波高大如岸起也。"

〔推源〕 此二詞俱有高義,爲及聲所載之公共義。聲符字"及"所記錄語詞謂趕上,趕上則相連及,故"衱""芨""疲""馺""級""庪"俱有連及義(見本典第128條)。凡物相連及,橫向則長,縱向則高。趕上、連及、高,諸義相通。及聲可載高義,則"屹"可相證。

及:群紐緝部;

屹:疑紐物部。

群疑旁紐,緝物通轉。"屹"字《玉篇》訓"山皃"即山高聳義。"屹"及"圪""陀"等俱有高義,參"乞聲"。

(132) 鵖鈒(小義)

鵖 鵖鳩,小黑鳥。又名"鶝鳩""烏鵖"。《廣韻·緝韻》:"鵖,鵖鳩,鳥。"《集韻·緝韻》:"鶝,鶝鳩,小黑鳥。或从及。"《爾雅·釋鳥》:"鶝鳩,鵧鶝。"晉郭璞注:"小黑鳥,鳴自呼,江東名爲烏鵖。"清桂馥《札樸·滇游續筆·鐵連甲》:"烏鵖小於烏而能逐烏,俗言烏之舅也。"

鈒 小矛。漢史游《急就篇》第十八章:"鈒戟鈹鎔劍鐔鍭。"唐顏師古注:"鈒,短矛也。"《説文·金部》:"鈒,鋌也。从金,及聲。"漢朱駿聲《通訓定聲》:"小矛,用以戰,與酋矛之建於車者異。《藉田賦》:'瓊鈒入藥。'"按,漢許慎以"鋌"訓"鈒",而"鋌"字正訓"小矛"。

〔推源〕 二詞俱有小義。"鵖鳩"爲雙音詞,然與及聲不能無涉。"鵖鳩"的得名之由,晉郭璞"鳴自呼"説可商。及聲可表小義,"兼"可證之。

及:群紐緝部;

兼:見紐談部。

群見旁紐,緝談旁對轉。兼聲字所記錄的語詞"嫌""謙""蒹""鬑"等俱有小、少義,參本典"兼聲"。

(133) 吸魱(乾義)

吸 曬乾。《廣韻·業韻》:"吸,曝吸。"按,"曝吸"連文同義,《廣雅·釋詁二》"曝"字"曝",即曬而去其濕使乾。《集韻·葉韻》:"吸,乾也。"又《業韻》:"吸,日乾也。"

魱 風乾的魚。《廣韻·業韻》:"魱,以竹貫魚爲乾。"清李斗《揚州畫舫錄·草河錄上》:"大者鯊,皮有珠文;肥甘可食;小者以竹貫,爲乾成魱。"

〔推源〕 二詞俱有乾義,當爲及聲所載之語源義。及聲可表乾義,"乾"可證之。《廣韻》"乾""吸""魱"三字之音分別爲古寒切、巨業切、去劫切,比較其上古音,知相近而通。

乾：見紐元部；

昅：群紐葉部；

皈：溪紐葉部。

見群溪旁紐，元葉(盍)通轉。"乾"，乾燥。《集韻·寒韻》："乾，燥也。"《詩·王風·中谷有蓷》："中谷有蓷，暵其乾矣。"《墨子·備城門》："爲卒乾飯，人二斗，以備陰雨。"

(134) 扱汲翍(舉義)

扱 有"舉"訓。《廣韻·洽韻》："扱，舉也。"清翟灝《通俗編·雜字》："俗以手舁物他徙，有八擡八扱之諺。"

汲 本指從井中提水，引申之，則有提拔義，提拔即抽象的上舉義。《漢書·劉向傳》："禹稷與皋陶傳相汲引，不爲比周。"唐劉肅《大唐新語·舉賢》："顧問主人，方知足下，即未有含蓄意，祈以相汲，今日方申。"明張居正《祭秦白崔先生文》："假令先生上無汲援，下無推轂，謝安之治不下於東山，蒙叟之舟得藏於深壑，則先生必且終老林泉。"

翍 飛舉。字亦作"翋"。《玉篇·羽部》："翋，飛兒。"按，即羽張飛舉之謂。明何景明《七述》："乃有沉鱣浮鷯，黿穴鼀藏，上下蛟蛇，往來鴛鴦，鴻鵠鸛鵝，蹯翍羅行，此山川之盛也。"按，"蹯蹯"當與"蹯翍"同義，"鴟鳩"一作"鵙鳩"（見本典第132條）可互證。《古文苑·枚乘〈菟園賦〉》："交頸接翼，闔而未至，徐飛蹯蹯，往來霞水。"

〔推源〕 二詞俱有舉義，爲及聲所載之義，考"舉"爲見紐字，"及"爲群紐字，聲本相近。又"皈""皈"皆及聲字，均可以借字形式、以其及聲表舉義。《字彙·韋部》："皈，輕舉兒。"《洪武正韻·合韻》："皈，輕舉貌。"清朱駿聲《説文通訓定聲·臨部》："皈，《漢書·司馬相如傳》：'泪減皈以永逝兮。'注：'輕舉意也。'"唐薛能《舞者》："慢皈輕裙行欲近，待調諸曲起來遲。"

(135) 毤皈跂皈(藉墊義)

毤 氅毤，用鳥毛襯墊的鞋底。唐韓嶼《贈進士李守微》詩："烏曳鶴毛乾氅毤，杖攜笻節瘦槎牙。"

皈 亦作"皈"，指小兒鞋，前幫深覆腳，無後幫。今按，从革、从韋意同，謂材料，其得名之由則謂墊於足下。《説文·革部》："皈，小兒履也。从革，及聲。"清朱駿聲《通訓定聲》："《急就篇》：'皈鞮印角褐韤巾。'顏注：'皈，謂韋履頭深而兑平底者也，今俗謂之跣子。'"引申之，亦指形製相似的拖鞋。唐杜荀鶴《山寺老僧》詩："草皈無塵心地閒，静隨猿鳥過寒暄。"宋宋敏求《春明退朝錄》："尚書省舊制：尚書侍郎郎官，不得著皈鞮過都堂門。"《廣韻·緝韻》："皈，小兒履也。"《集韻·緝韻》："皈，嬰兒履謂之皈，或从韋。"

跂 將鞋後幫踩在腳後底下，拖着鞋走。則"皈"即腳不入鞋、墊於腳下之謂。元吳西逸《梧葉兒·京城訪友》："塵土東華夢，簪纓上苑春，跂履謁侯門。"茅盾《三人行》："老李跂着拖鞋走來。"

紟 墊在糧食下的蒲席。《説文·巾部》:"紟,蒲席齳也。从巾,及聲。"清朱駿聲《通訓定聲》:"所以屯米。亦名䉷。"清段玉裁注:"《甾部》曰:䉷者,紟也。揚雄以爲蒲器。然則䉷與紟一物也。"《玉篇·巾部》:"紟,以席載穀。"《廣韻·合韻》:"紟,以席載穀。""紟"亦指車上的草墊。《集韻·合韻》:"紟,車籍。"

〔推源〕 上述諸詞俱有墊義,爲及聲所載之義。墊義與"及"字形體不相涉,則爲及聲所載之語源義。

(136)舣岌(動義)

舣 船動貌。《集韻·合韻》:"舣,舟動兒。或从及。"《玉篇·舟部》:"舣,船動兒。"

岌 動貌。與上形下聲之"岌"相異。《集韻·合韻》:"岌,動兒。"清朱駿聲《説文通訓定聲·臨部》:"岌,《羽獵賦》:'天動地岌。'注:'動兒。'"按,"天""地"對待字,"動""岌"對文同義,"岌"亦動義。字从山,謂地動則見諸山,所謂地動山搖。《漢書·揚雄傳》亦有"天動地岌"句,唐顏師古注云:"岌音岌岌動摇之岌。"《南史·謝莊傳》:"岌岌愡愡,常如行尸。"

〔推源〕 此二詞俱有動義,爲及聲所載之語源義。按"吸""岌""碳"諸字皆从及聲,故亦可表動義。清朱駿聲《説文通訓定聲·臨部》:"吸,又重言形況字。《楚辭·思古》:'雲吸吸以湫戾。'注:'雲動兒。'"《水滸傳》第四十二回:"吹的飛砂走石,滾將下來。摇的那殿宇吸吸的動。"《漢書·韋賢傳》:"彌彌其失,岌岌其國。"唐顏師古注:"岌岌,危動貌。"漢語有"岌岌可危"之成語,"岌岌"亦動摇義。清朱駿聲《説文通訓定聲·臨部》:"《江賦》:'陽侯砐硪以岸起。'注:'摇動兒。'"

44 亡聲

(137)忘盲䘛盯喪妄(亡失義)

忘 字从心,謂忘記,失去記憶。《玉篇·心部》:"忘,不憶也。"《説文·心部》:"忘,不識也。从心,从亡,亡亦聲。"清朱駿聲《通訓定聲》:"《詩·假樂》:'不愆不忘。'《説苑》作'亡'。《左隱七傳》:'敵如忘。'《嘆逝賦》:'樂隤心其如忘。'注:'失也。'《漢書·戾太子傳》注:'忘,亡也。'《列子·周穆王》:'中年病忘。'釋文:'不記事也。'"按,朱氏所引《詩·大雅·假樂》之"忘"爲遺失,乃"忘"的直接引申義。漢鄭玄箋云:"不過誤,不遺失。"《增韻·陽韻》:"忘,遺也。"《書·大誥》:"敷前人受命,茲不忘大功。"清王引之《經義述聞》:"言不失前人之大功也。"

盲 眼睛失明。《説文·目部》:"盲,目無牟子。从目,亡聲。"清朱駿聲《通訓定聲》:"《韓非子·解老》:'目不能決黑白之色則謂之盲。'《論衡·別通》:'目不見青黄曰盲。'《莊子·大宗師》:'盲者無以與於眉目顏色之好。'"按,盲人如無目,"盲"字之結構當云:从目、从亡,亡亦聲。漢劉熙《釋名·釋疾病》:"盲,茫也,茫茫無所見也。"《漢書·杜欽傳》:"欽字子夏,少好經書,家富而目偏盲。"唐顏師古注:"盲,目無所見也。"

氓 舊訓野民。《戰國策·秦策一》:"彼固亡國之形也,而不憂其民氓。"漢高誘注:"野民曰氓。"今按,"氓"本奴隸之稱,"民"亦指奴隸,奴隸常逃亡、流動,故"氓"從亡聲。《尚書·費誓》有"臣妾逋逃"的記載,"臣妾"分別指男、女奴隸。"民",眼中被刺入刃物的戰俘、奴隸。郭沫若《甲骨文字研究·釋臣宰》:"民,作一左目形而有刃物以刺之。""周人初以敵囚爲民時,乃盲其左目以爲奴徵。"清朱駿聲《說文通訓定聲·壯部》:"氓,自彼來此之民曰氓。從民、從亡,會意,亡亦聲。與甿義別。"按,"亡亦聲"說甚得肯綮。外來之民稱"氓",爲"氓"之引申義。後世"流氓"一詞本指無業遊民,亦源於此。

甿 農業奴隸。字從田,謂田間耕作者,聲符"亡"亦表逃亡義。《說文·田部》:"甿,田民也。從田,亡聲。"清朱駿聲《通訓定聲》:"與氓義別。《周禮·遂人》:'下劑致甿。'注:'變民言甿,異外内也……。'《遂大夫》:'帥其吏而興甿。'《史記·陳涉世家》:'甿隸之人。'《集解》:'田民曰甿。'"今按,田民爲"甿"之引申義,"甿"本指農業奴隸。朱紹侯主編《中國古代史》:"甿和庶人都是耕作奴隸。"又,文獻中"氓""甿"常相通用,學者或以爲同字,朱駿聲氏乃云義有別,得之。

喪 本義爲逃亡。《說文·哭部》:"喪,亡也。從哭、從亡,會意,亡亦聲。"清段玉裁注:"公子重耳自稱身喪,魯昭公自稱喪人,此喪字之本義也。"逃亡則失去,故"喪"又有失義,漢語詞彙中有"喪失"之同義聯合式複音詞。《說文》"喪"字清朱駿聲《通訓定聲》:"《易·坤》:'東北喪朋。'注:'失也。'《詩·皇矣》:'受祿無喪。'"《孟子·梁惠王上》:"西喪地於秦七百里,南辱於楚。"又,人死亦稱"喪",即失去生命之謂。漢班固《白虎通·崩薨》:"人死謂之喪。"《書·金滕》:"武王既喪,管叔及其群弟乃流言於國。"僞孔傳:"武王死。"

妄 虛妄,失實。《廣韻·漾韻》:"妄,虛妄。"清朱駿聲《說文通訓定聲·壯部》:"妄,《管子·山至數》:'不通於輕重謂之妄言。'《賈子·道術》:'以人自觀謂之度,反度爲妄。'……《易》'無妄'注:'虛妄也。'"漢揚雄《法言·問神》:"無驗而言之謂之妄。"晉郭璞《〈山海經〉序》:"驗之史考,以著其妄。"

〔推源〕"忘""盲""喪""妄"俱有失義,"氓""甿"則有逃亡義,逃亡則失去,故二義相通。二義俱以亡聲載之,藉知出於同一語源。"芒""莔"亦爲從亡得聲之字,乃可以借字形式、以其亡聲載亡失之義。芒,有"滅"訓。漢揚雄《方言》卷十三:"芒,滅也。"按,滅則消失、失去。"芒"又有迷茫、模糊義,與滅、失義近。漢武帝劉徹《悼李夫人賦》:"驩接狎以離别兮,宵寤夢之芒芒。""莔",《廣韻·陽韻》訓"忘",則謂失去記憶;又《映韻》:"莔,莔倀,失道貌。"《集韻》乃以"莔"爲"盲"之或體,謂目失明。綜言之,此字以亡表失義。亡聲可載失義,"無"可相證。

亡：明紐陽部；

無：明紐魚部。

　　雙聲，陽魚對轉。"無"，基本義即无，没有，與"有"義相反。此當與失義通，失之則無。《説文·亡部》："無，亡也。"《玉篇·亡部》："無，不有也。"《詩·小雅·車攻》："之子於徵，有聞無聲。"漢毛亨傳："有善聞而無喧嘩之聲。"《史記·萬石張叔列傳》："上以爲廉，忠實無他腸。"古者亦稱死爲"無"，此"無"即失去生命之義。《南史·齊豫章文獻王嶷傳》："（蕭嶷）臨終，召子子廉、子恪曰：'吾無後，當共相勉勵，篤睦爲先。'"

　　（138）宋巟汒（大義）

　　宋　大樑。《爾雅·釋宫》："宋廇謂之樑。"《説文·木部》："宋，棟也。从木，亡聲。"清朱駿聲《通訓定聲》："大木東西者曰棟，南北者曰樑。《爾雅》蓋謂所以宋廇之中庭者謂之樑。"清段玉裁注："棟與樑不同物。棟言東西者，樑言南北者。……宋廇者，宋之言網也；廇者，中庭也。架兩大樑，而後可定中庭也。"按，"宋"爲大樑不誤，"樑"爲東西、南北二大樑之統稱。"宋之言網"説不可從。唐韓愈《進學解》："夫大木爲宋，小木爲桷。"按，宋爲大樑，故需大木爲之，"桷"即椽，小木即可製。宋傅幼安《麗譙賦》："巨宋細桷，巍峩穿隆。"

　　巟　字从水，本指水大，引申爲大。《説文·巛部》："巟，水廣也。从川，亡聲。"清朱駿聲《通訓定聲》："《廣雅·釋詁一》：'巟，大也。'《易·泰》：'包巟用馮河。'虞注：'大川也。'"清段玉裁注："引申爲凡廣大之稱。《周頌》：'天作高山，大王荒之。'傳曰：'荒，大也。'凡此等皆假荒爲巟也。"

　　汒　水浩大。字亦作"溿"。《集韻·宕韻》："溿，水大皃。或从亡。"魯迅《致許壽裳》："有如業騎之人，操楫而涉汒洋，縱出全力，亦當不達彼岸也。"唐玄應《一切經音義》卷七引《通俗文》："水廣大謂之溿沆也。"按，"溿"字亦可單用。清朱駿聲《説文通訓定聲·壯部》："《高唐賦》：'涉漭漭。'注：'水廣遠皃。'亦重言形況字。《西京賦》：'滄池漭沆。'注：'猶洸潒寬大也。'《家語·致思》：'漭瀁之野。'注：'廣大皃。'"

　　〔推源〕以上三詞俱有大義。"巟""汒"均指水大，"滂"亦指水盛大，其音與之相近而通，庶可相證。又，此三詞之大義爲亡聲所載，"龐"亦可證之。

亡：明紐陽部；

滂：滂紐陽部；

龐：並紐東部。

　　明滂並旁紐，陽東旁轉。滂，水勢盛大。《説文·水部》："滂，沛也。"清朱駿聲《通訓定聲》："《三蒼》：'滂，注也，水多流皃也。'《廣雅·釋訓》：'滂滂，流也。'《詩·漸漸之石》：'俾滂沱矣。'……《楚辭·大招》：'姱修滂浩。'注：'廣大也。'……《漢書·禮樂志》：'福滂洋。'注：'饒廣也。'"按，朱氏所引《詩·小雅·漸漸之石》之"滂沱"指雨大，《字彙·水部》"滂"字亦訓"滂沱,大雨也",此爲其引申義;"滂洋"謂衆多而廣大,亦爲引申義。漢許慎訓"滂"爲"沛","滂""沛"本可聯合成複音詞。《文選·左思〈吴都賦〉》:"經扶桑之中林,包湯谷之滂沛。"唐李周翰注:"滂沛,水多皃。"龐,高大。《説文·广部》:"龐,高屋也。"清段玉裁注:"引申之爲凡高大之偁。"按,文獻中"龐"表高屋義之例未之見,許慎説義常拘於文字形體,段氏則往往以形體造意爲本義,而以本義爲引申義。"龐"字借助於"廣""龍"表高大、龐大義。《國語·周語上》:"敦龐純固,於是乎成。"三國吴韋昭注:"龐,大也。"《詩·小雅·車攻》:"四牡龐龐,駕言徂東。""龐龐"爲重言譬況字,形容其壯實高大。晉皇甫謐《帝王世紀》:"太素始萌,萌而未兆,謂之龐鴻。"

(139) 汒盲㳘(模糊不清義)

汒 本指水浩大,引申之則有模糊不清之義。元戴侗《六書故·地理三》:"汒,淼茫無際也。……亦作汒。"清朱駿聲《説文通訓定聲·壯部》:"《莊子·天地》:'汒若於夫子之所言矣。'"按,唐成玄英疏云:"汒,無所見也。"清王先謙《集解》:"汒若,猶茫然。"又,朱氏所引同篇:"神全者,聖人之道也。託生與民並行而不知其所之,汒乎淳備哉。"其"汒"亦迷茫、模糊不清義。又《秋水》:"今吾聞莊子之言,汒焉異之。"

盲 目失明,引申爲昏暗、模糊不清。清朱駿聲《説文通訓定聲·壯部》:"盲,〔轉注〕《論衡·謝短》:'知今不知古謂之盲瞽。'又《吕覽·音初》:'天大風晦盲。'注:'瞑也。'《明理》:'有晝盲。'注:'冥也。'"按,朱氏所云"轉注"實即引申,所引《論衡》文之"盲瞽"謂不明事理,爲抽象的昏暗、模糊不清義。唐韓愈《代張籍與李浙東書》:"當今盲於心者皆是。"其"盲"亦此義。"盲"字亦可疊用,表迷茫義,迷茫義與昏暗、模糊不清義相通。《易緯是類謀》:"望之莫莫,視之盲盲。"漢鄭玄注:"天地之間,無復可以别識也。"按,"莫莫"與"盲盲"對文同義,"莫"爲"暮"之初文,謂日且冥,本有昏暗、模糊不清義。

㳘 老人耄昏不知。《廣韻·宕韻》:"㳘,老人不知。"《集韻·宕韻》:"㳘,耄昏不知皃。"今按,"㳘"字從口,本指表示不肯的應答聲,揚雄説,見《方言》卷十;指老人耄昏不知,則謂反應不靈敏,遲於應答。耄昏即抽象的昏暗、模糊不清義。

〔推源〕 此三詞俱有模糊不清義,當爲亡聲所載,"冥"可證。

亡:明紐陽部;
冥:明紐耕部。

雙聲,陽耕旁轉。冥,字從日,本指昏暗,引申之,則有模糊不清義。《説文·冥部》:"冥,幽也。"清朱駿聲《通訓定聲》:"《廣雅·釋訓》:'冥冥,暗也。'……《太玄·玄文》:'冥者明之藏也。'《易·豫》'冥豫'馬注:'昧也。'"《列子·天瑞》"列子曰:虛者無貴也"晉張湛注:"今有無兩忘,萬異冥一,故謂之虛。"按,"冥一"即模糊不清、渾然一體之謂。五代胡嶠《陷北記》:"四顧冥然,黄雲白草,不可窮極。"

(140) 罔帞(覆蓋義)

罔 网,漁獵用具。初文作"网",象形字,添加標音構件則作"罔",或作"罕""罓""冈""𦉢"等形。《說文·网部》:"网,庖犧所結繩以漁。从冂,下象网交文。罔,网或从亡;𦉢,网或从糸;𠔿,古文网;𠔿,籀文网。"按,"冈"即"罔"之變體。《易·繫辭下》:"作結繩而爲罔罟,以佃以漁。"《呂氏春秋·士節》:"齊有北郭騷者,結罘罔,捆蒲葦,織萉屨,以養其母。"

帞 頭巾。《廣雅·釋器》:"帞,幞也。"《玉篇·巾部》:"帞,巾也。"《廣韻·燭韻》:"幞,幞頭,周武帝所製,裁幅巾出四脚以幞頭,乃名焉。亦曰頭巾。"其音"呼光切",則其字形結構爲从巾,亡聲。"帞"亦泛指覆蓋物體的織物,則爲引申義。《廣韻·唐韻》:"帞,幠也。"《說文·巾部》:"幠,蓋幠也。"清朱駿聲《通訓定聲》:"幠者,覆物之巾。覆車、覆衣、覆體之具皆得稱幠。"

〔推源〕 "罔"爲網羅、套取魚獸之具,其名本寓覆蓋義。"帞"爲頭巾,覆蓋人首之物。此二詞之記錄文字俱从亡聲,可推知亡聲可載覆蓋義,覆蓋字"覆"正可相證。

亡:明紐陽部;

覆:滂紐覺部。

明滂旁紐,陽覺旁對轉。覆,覆蓋。《說文·襾部》:"覆,蓋也。"《詩·大雅·生民》:"誕寘之寒冰,鳥覆翼之。"宋朱熹《集傳》:"覆,蓋。"《禮記·中庸》:"天之所覆,地之所載,日月所照,霜露所隊,凡有血氣者,莫不尊親。"

(141) 妄罔(虛妄誣枉義)

妄 虛妄,失實,本典第137條已述。古人稱無意義的死爲"妄死",猶今語"白白犧牲""死得冤枉",此即誣枉義,本與虛妄義相通。《晏子春秋·問上十九》:"若言不見用,有難而死之,是妄死也。"又,古稱不當殺而殺之爲"妄誅",則"妄"的誣枉義益顯。晉干寶《搜神記》卷六:"君有妄誅之暴,臣有劫弑之逆。"

罔 誣枉。《玉篇·壬部》:"罔,誣也。今作罔。"清朱駿聲《說文通訓定聲·壯部》:"《論語》:'不可罔也。'皇疏:'謂面相誣也。'……《漢書·王嘉傳》:'臣驕侵罔。'注:'謂誣蔽也。'"今按,《玉篇》"罔"字無防切,从亡得聲,以亡聲表誣枉義,"罔"亦亡聲字,故亦可表此義。後在借字基礎上累增構件"言"字而成形聲格局的後起本字。《玉篇·言部》本有"誷"字,亦訓"誣"。唐慧琳《一切經音義》卷八十六引《考聲》:"誷,以言欺人也。"《隋書·李德林傳》:"公言孝由天性,何須設教。然則孔子不當說《孝經》也。又誷冒取店,妄加父官。"綜言之,字有或體,而"罔"所記錄的表示誣枉義的語詞,在漢語中是客觀存在的。

〔推源〕 二詞俱有誣枉義,爲亡聲所載,"誣"可證之。

亡:明紐陽部;

誣:明紐魚部。

雙聲,陽魚通轉。誣,字从言,指説話虛妄不實。"誣"與"無"同音,明紐雙聲,魚部疊韻。然則"誣"即無中生有之謂。又,"亡"指逃亡,逃之則無。皆可互證。《說文·言部》:"誣,加也。从言,巫聲。"清朱駿聲《通訓定聲》:"《一切經音義》引《説文》:'加言也。'謂憑虛構架以謗人。《漢書·孫寶傳》注:'誣,謗也。'"清段玉裁注:"加與誣皆兼毀譽言之,毀譽不以實,皆曰誣也。"按,誹謗即誣枉他人。故"誣"又有誣枉義。《漢書·宣帝紀》:"自今以來,諸年八十以上,非誣告、殺傷人,佗皆勿坐。"晉袁宏《後漢紀·桓帝紀下》:"若趣諾詔書,誣陷良善,平原之人皆爲黨乎!"

45　丫聲

(142) 桠髽(丫叉義)

桠　樹桠杈,即樹枝分叉處。清劉鶚《老殘遊記》第九回:"若'異端'當邪教講,豈不'兩端'要當桠杈講?'執其兩端'便是抓住了他個桠杈教呢,成何話説呀?"按,"桠"字晚出,古本作"丫"(見下推源部分),樹枝分叉處稱"桠",亦稱"椏"。《玉篇·木部》:"椏,木椏杈。"

髽　字从髟,本指丫形髪式,亦指丫形髪式之人。清華廣生輯《白雪遺音·馬頭調·望江樓兒之三》:"他説奴是一個紅顏薄命,奴説奴是一個苦命的髽頭。"按,凡"丫頭""丫鬟"等詞,當以"髽"爲本字。

〔推源〕　此二詞的丫叉義當爲聲符字"丫"所承載的顯性語義。"丫"爲象形字,本指物體上端分叉部分。《集韻·麻韻》:"丫,物之岐頭者。""桠杈"本亦作"丫叉"。明馮夢龍《東周列國志》第六十四回:"俗語云:怪樹怪丫叉。"又,"髽頭"亦作"丫頭"。唐劉禹錫《樂天寄憶舊游因作報白君以答》詩:"丫頭小兒蕩畫槳,長袂女郎簪翠翹。"

46　卂聲

(143) 迅汛(迅速義)

迅　迅速。《爾雅·釋詁》:"迅,疾也。"《説文·辵部》:"迅,疾也。从辵,卂聲。"《廣韻·真韻》:"迅,疾也。"《論語·鄉黨》:"迅雷風烈必變。"《漢書·溝洫志》:"河湯湯兮激潺湲,北渡回兮迅流難。"

汛　灑,即急速潑水之意。《説文·水部》:"汛,灑也。从水,卂聲。"清段玉裁注:"卂,疾飛也,水之散如飛,此以形聲包會意也。"《廣韻·震韻》:"汛,灑汛。"《文選·揚雄〈劇秦美新〉》:"況盡汛掃前聖數千載功業,專用己之私,而能享祐者哉!"《新唐書·后妃傳·章敬吳太后》:"(肅宗)后入謁,玄宗見不悦,因幸其宫,顧廷宇不汛掃,樂器塵蠹,左右無嬪侍。"

〔推源〕　二詞俱有迅速義,爲卂聲所載。"訊"亦卂聲字,亦得以假借字形式實即以其卂聲表迅速義。《漢書·揚雄傳》："猋駭云訊,奮以方攘。"唐顏師古注："訊亦奮迅也。"按,聲符字"卂"本爲"迅"之初文。《説文·卂部》："卂,疾飛也。從飛而羽不見。"《玉篇·卂部》："卂,亦作迅。"卂聲表迅速義,"猝"可相證。

卂：心紐真部；

猝：清紐物部。

心清旁紐,真物旁對轉。猝,倉猝,突然。《説文·犬部》："猝,犬从草暴出逐人也。"按,此爲造意。清畢沅《續資治通鑑·宋仁宗景祐二年》："若南方有變,屯戍遼邈,猝難赴援。"宋王安石《上仁宗皇帝萬言書》："及其任之以事,然後猝然責之以爲天下國家之用,宜其才之足以有爲者少矣。"今按,倉猝、突然義與迅速義相通。

(144) 汛/信(按時義)

汛 江河按時漲水,即季節性潮汛。清朱駿聲《説文通訓定聲·坤部》："汛,今所用潮汛字。"《宋史·河渠志六》："錢塘江自元豐六年泛溢之後,潮汛往來,率無寧歲。"清沈復《浮生六記·浪遊記快》："余亦從之馳逐,倦則卧。引至園田成熟處,每一字號圈築高堤,以防潮汛。"清魏源《吴農備荒議上》："水潦必在秋汛。"

信 誠實,守信用,引申之則有按時、準時之義。《管子·任法》："故聖君設度量,置儀法,如天地之堅,如列星之固,如日月之明,如四時之信。"唐尹知章注："寒暑之氣,來必以時。"馬王堆漢墓帛書《經法·論》："日信出信入……信者,天之期也。"按,"日信出信入"即太陽按時出没。又,按時而至之潮水稱"信潮"。唐崔道融《江夕》詩："江心秋月白,起柂信潮行。"又,女性之月經按時而至,故稱"信水"。

〔推源〕 二詞俱有按時義,其音亦同,同源關係可認定。"汛""信"二字心紐雙聲,真部叠韻。

(145) 狐/鮏(腥羶義)

狐 有腥氣的狸類動物。《廣韻·震韻》："狐,小獸。有臭,居澤,色黄,食鼠。"《正字通·犬部》："狐,狸屬。似猫狸而小,有臭氣,黄班色,居澤中,食蟲鼠及草根。"今按,黄鼬多臭腥氣,皖人稱之爲"黄狐",可爲一證。又,有腥臭氣的草蒿稱"狐蒿"。明李時珍《本草綱目·草部·青蒿》："(釋名)草蒿,江東人呼爲狐蒿,爲其氣臭似狐也。"今按,"狐"當因有腥臭氣而得名。腥臭氣爲此物特徵,古人命物多以其特徵爲依據。

鮏 魚的腥氣,其字亦作"鯹"。《説文·魚部》："鮏,魚臭也。"清朱駿聲《通訓定聲》："字亦作鯹。《廣雅·釋器》：'鯹,臭也。'"清屈大均《廣東新語·鱗語·魚生》："鯇又以白鯇爲上,以初出水潑刺者,去其皮劍,洗其血鮏,細劊之爲片。"《集韻·青韻》："鮏,或从星。"唐孟郊《寒溪》詩："朔凍哀徹底,獠饞咏潛鯹。"《物類相感志·飲食》："煮魚羹臨煮熟入川椒,多則去鯹。"

〔推源〕　二詞俱有腥膻義,其音亦同,心紐雙聲,耕部叠韻,故爲同一語源所衍生。又,今以"腥"爲腥膻字,實爲借字。"腥"本謂病豬肉中米粒般的息肉,其字从肉,星聲,乃取"星"的星點、零星義。以"鯹""腥"同音,故借"腥"作"鯹"。"鯹"當爲腥膻義之本字。"鯹(鮏)"指魚腥氣,引申之則可泛指腥氣。漢語詞彙的語詞,在文獻中常有不用本字而用其假借字之例。

(146) 粃/殘(殘餘義)

粃　油料、糧食經加工後剩下的殘渣。《玉篇·米部》:"粃,粉滓也。"元戴侗《六書故·植物二》:"麻子之滓亦曰粃。"清朱駿聲《説文通訓定聲·坤部·〈説文〉不録之字》:"粃,《通俗文》:'物滓曰粃。'"明李時珍《本草綱目·穀一·麻》:"此乃榨去油麻滓也,亦名麻粃。荒歲人亦食之,可以養魚肥田。"明徐光啓《農政全書·農本·諸家雜論》:"以物力者,泥糞灰粃稿卉也。"

殘　有傷害、摧毀等義,引申之,則有殘餘義。《廣韻·寒韻》:"殘,餘也。"清朱駿聲《説文通訓定聲·乾部》:"殘,《吕覽·權勛》:'達子又帥其殘卒。'注:'餘也。'"《列子·湯問》:"以殘年餘力,曾不能毁山之一毛,其如土石何?"宋范成大《萬景樓》詩:"殘山剩水不知數,一一當樓供勝絶。"按,多音詞殘艷、殘黨、殘霞、殘雲、殘紅、殘生等之"殘"皆殘餘義。

〔推源〕　二詞俱有殘餘義,其音亦相近而通。

　　　　粃:山紐真部;

　　　　殘:從紐元部。

山從準旁紐,真元旁轉。然則二者爲同源詞。

47　己聲

(147) 記紀(記載、識别義)

記　記載,使可識别。《説文·言部》:"記,疏也。从言,己聲。"清段玉裁注本作"疋也",並注云:"各本作'疏',今正。《疋部》曰:'一曰疋,記也。'此疋、記二字轉注也。疋今字作疏,謂分疏而識之也。"清朱駿聲《通訓定聲》:"《廣雅·釋詁二》:'記,識也。'《禮記·内則》:'記有成。'注:'猶識也。'"《廣韻·志韻》:"記,記志也。"《正字通·言部》:"記,誌也,紀事之辭。"《書·益稷》:"撻以記之。"僞孔傳:"笞撻不是者,使記識其過。"《史記·晉世家》:"以記吾過,且旌善人。""記"又有書寫義,今語"書記"一詞蓋本於此;書寫即記録、記載,以使識别。

紀　字从糸,本訓"絲别",即絲縷端緒義,絲縷之端緒爲可識别者。《説文·糸部》:"紀,絲别也。从糸,己聲。"清王筠《句讀》:"紀者,端緒之謂也。"清朱駿聲《通訓定聲》:"《方言》十:'紀,緒也。'"《墨子·尚同上》:"古者聖王爲五刑,請以治其民,譬若絲縷之有紀,網罟之有綱。"引申之,"紀"又有記載義,論者常以爲此爲"記"字之借,實非。漢劉熙《釋名·釋言語》:"紀,記也,記識之也。"《廣韻·止韻》:"紀,識也。"《左傳·桓公二年》:"文物以紀之,聲明以發之。"漢王充《論衡·須頌》:"古之帝王建鴻德者,須鴻筆之臣褒頌紀載。"又"紀事""紀年"之"紀"皆記載義。

〔推源〕 二詞俱有記載、識別義。聲符"己"的文字形體結構與此不相涉,則此義爲己聲所載之語源義。"己"字單用亦可表此義。清朱駿聲《説文通訓定聲·頤部》:"己,《釋名·釋天》:'己,紀也,皆有定形可紀識也。'"又引《廣雅·釋言》:"己,紀也。"《穀梁傳·桓公二年》:"己即是事而朝之。"晉范寧注:"己,紀也。"

(148) 妃配(匹配義)

妃 男性的配偶。《説文·女部》:"妃,匹也。从女,己聲。"清段玉裁注:"人之配耦亦曰匹。妃本上下通稱,後人以爲貴稱耳。"清朱駿聲《通訓定聲》:"《爾雅·釋詁》:'妃,媲也。……'《左桓二傳》:'嘉耦曰妃。'《哀元傳》:'宿有妃嬙嬪御焉。'《隱元傳》:'惠公元妃孟子。'疏:'妃者,名通適妾。'《禮記·曲禮》:'天子之妃曰后。'疏:'配也。'《儀禮·少牢禮》:'以某妃配某氏。'注:'某妃,某妻也。'……〔聲訓〕《白虎通》:'妃者,匹也。妃匹者何?謂相與爲偶也。'"按,《廣韻·隊韻》:"妃,妃偶也。"《集韻·隊韻》:"妃,匹也。"

配 字从酉,謂以不同的酒配成的顏色。《説文·酉部》:"配,酒色也。从酉,己聲。"宋徐鉉等及清段玉裁皆以爲从妃省,實則"妃"亦从己聲。清江藩《"配""酏"二字解》:"是當時酒有青色者,有黑色者,合二酒之色謂之配。"以故"配"有匹配之衍義。《玉篇·酉部》:"配,匹也,媲也。"《廣韻·隊韻》:"配,匹也。"《易·繫辭上》:"廣大配天地,變通配四時。"《管子·形勢》:"能予而無取者,天地之配也。"又,男女匹配亦稱"配"。《穀梁傳·莊公二十二年》:"小君,非君也。其曰君何也?以其爲公配。可以言小君也。"《詩·大雅·皇矣》:"天立厥配,受命既固。"宋朱熹《集注》:"配,賢妃也。"

〔推源〕 此二詞俱有匹配義,爲己聲所載之語源義。唯聲符"己"爲見紐字,舌根(牙)音,而"妃""配"俱有唇音字,舌根音與唇音無直接通轉關係,"己"由舌根音演變爲唇音的軌迹,尚待研究。

(149) 屺圮(斷絶破敗義)

屺 山無草木,即草木斷絶。《説文·山部》:"屺,山無草木也。从山,己聲。"清朱駿聲《通訓定聲》:"字亦作'峐'。《爾雅·釋山》:'多草木岵,無草木峐。'《詩·陟岵》:'陟彼屺兮。'傳:'山無草木曰岵,山有草木曰屺。'轉寫誤也。〔聲訓〕《釋名·釋山》:'山無草木曰屺。屺,圮也,無所出生也。'"清段玉裁注:"《三蒼》《字林》《聲類》並云:峐即屺字,音起。"《廣韻·止韻》:"屺,山無草木。"金元好問《謝鄧州帥免從事之辟》詩:"首丘自擬終殘喘,陟圮誰當辨苦音。"

圮 破敗，斷絶。《説文·土部》："圮，毁也。《虞書》曰：'方命圮族。'从土，己聲。"清朱駿聲《通訓定聲》："《爾雅·釋詁》：'圮，毁也。'注：'岸毁也。'《釋言》：'圮，覆也。'《書·序》：'祖乙圮於耿。'傳：'河水所毁曰圮。'……《東京賦》：'故宗緒中圮。'注：'絶也。'"《廣韻·止韻》："圮，岸毁。又覆也。"按，《爾雅·釋言》及《廣韻》所訓"覆"即傾覆破敗義，漢張衡《思玄賦》"睹有黎之圮墳"，其"圮"亦此義。漢班固《幽通賦》："咨孤蒙之眇眇兮，將圮絶而罔階。"三國魏曹植《魏德論》："况天綱弗禁，皇綱圮紐，侯民非復漢萌，尺土非復漢有。"其"圮"則爲斷絶義。

〔推源〕 "屺"有斷絶義，"圮"兼有斷絶、破敗義，二義本相通，均爲己聲所載之語源義。己聲可載斷絶、破敗之義，"毁"可證之。

己：見紐之部；

毁：曉紐微部。

見曉旁紐，之微通轉。毁，毁壞，即毁害而使破敗。《小爾雅·廣言》："毁，壞也。"《廣韻·紙韻》："毁，壞也。"《易·説卦》："兑爲澤，……爲毁折，爲附决。"《左傳·文公十八年》："毁則爲賊，掩賊爲藏。"晉杜預注："毁則，壞法也。"以故"毁"有殘缺、破敗之衍義。《説文·土部》："毁，缺也。"《廣雅·釋言》："毁，虧也。"《廣韻·紙韻》："毁，破也，缺也，虧也。"《管子·侈靡》："地重人載，毁敝而養不足，事末作而民興之。"晉荀勖《上〈穆天子傳〉序》："汲郡收書不謹，多毁落殘缺。"

（150）忋／靠（依靠義）

忋 依靠。《廣雅·釋詁三》："賴、仰、忋、依，恃也。"按，被釋詞四者同義。解釋詞"恃"《説文》訓"賴"，《廣韻》訓"依"、訓"賴"。《玉篇·心部》："忋，恃也，仰也。"今按，此字未見文獻實用例，而所記録之語詞仍存於方言。《集韻》此字己亥切，今音 gǎi，杭州方言稱依靠爲 gǎi，當即此詞。《集韻》一書所載，本多方言、俗語。

靠 基本義即依靠。《正字通·非部》："靠，今俗依附曰依靠。"清朱駿聲《説文通訓定聲·孚部》："靠，今謂相依曰靠。"宋史彌寧《丁丑歲中秋劭農於城南得五絶句》詩："人事當先莫靠天，蚤修陂堰貯清泉。"宋黎靖德編《朱子語類》卷一百三十九："作文字，須是靠實，説得有條理乃好，不可架空細巧。""靠"又有倚靠義，謂人或物倚着他人或他物，今語猶有此用法，此爲具體意義的依靠義。《篇海類編·通用類·非部》："靠，倚靠也。"所訓即此義。

〔推源〕 二詞義同，音亦相近且通，爲同源詞無疑。

忋：見紐之部；

靠：溪紐覺部。

見溪旁紐,之覺旁對轉。然則"忋"以己聲表依靠義。

(151) 改/更（更改義）

改 更改,改變。《説文·攴部》:"改,更也。从攴、己。"南唐徐鍇《繫傳》:"从攴,己聲。"清朱駿聲《通訓定聲》:"从攴,己聲。……《詩·緇衣》:'敝予又改爲兮。'傳:'更也。'《儀禮·鄉射禮》:'改取一個挾之。'注:'更也。'《士相見禮》:'改居則請退可也。'注:'謂自變動也。'《魯語》:'執政未改。'注:'易也。'"按,"改"當爲己聲字。"改"與"己"上古音同,見紐雙聲,之部疊韻。

更 更改。《説文·攴部》:"更,改也。"《小爾雅·廣詁》:"更,易也。"《論語·子張》:"君子之過也,如日月之食焉。過也,人皆見之;更也,人皆仰之。"《漢書·天文志》:"太白經天,天下革,民更王,是爲亂紀。"清洪昇《長生殿·製譜》:"妾憑臆見,草草創成,其中錯誤,還望陛下更定。"

〔推源〕 二詞義同,其音亦極相近而通。

改：見紐之部；

更：見紐陽部。

雙聲,之陽旁對轉。然則"改"字以其己聲表更改之義。

(152) 配/陪（搭配陪襯義）

配 字从酉,本謂以不同的酒配製成的顔色(見本典第 148 條),故有搭配、陪襯之衍義。古者稱祭祀的次要對象爲"配享",其次要對象即與主要對象相搭配、作陪襯者。《篇海類編·食貨類·酉部》:"配,侑也。"《字彙·人部》:"侑,配也。"《禮記·雜記上》:"男子附於王父則配,女子附於王母則不配。"漢鄭玄注:"配,謂並祭王母;不配,則不祭王父也。"《公羊傳·宣公三年》:"王者必以其祖配。王者則曷爲必以其祖配？自内出者,無匹不行。自外至者,無主不止。"漢何休注:"配,配食也。"引申之,"配"又有陪襯義。漢王壽延《魯靈光殿賦》:"乃立靈光之秘殿,配紫微而爲輔。"又,中國醫學謂配藥方爲"配伍",蓋亦搭配、陪襯義,湯頭皆有君臣佐使。

陪 字从阜,《説文》訓"重土"即土堆重疊意,故有相搭配、陪襯義。《玉篇·阜部》:"陪,隨也。"《廣韻·灰韻》:"陪,陪廁也。"《周禮·夏官·齊右》:"齊右,掌祭祀會同賓客。前齊車,王乘則持馬,行則陪乘。"漢鄭玄注:"陪乘,參乘,謂車右也。"漢司馬遷《報任安書》:"向者僕常廁下大夫之列,陪外廷末議。"《新唐書·百官志二》:"陪陵而葬者,將作給匠户,衛士營冢。"

〔推源〕 此二詞義既相同,音亦相通。

配：滂紐物部；

陪：並紐之部。

滂並旁紐,物之通轉。

48 巳聲

(153) 起/興(興起義)

起 字从走,謂起立。《説文·走部》:"起,能立也。从走,巳聲。𧺝,古文起,从辵。"《禮記·曲禮上》:"燭至,起;食至,起;上客,起。"《左傳·宣公十四年》:"楚子聞之,投袂而起。"引申之,則有興起義。《玉篇·走部》:"起,興也。"《廣韻·止韻》:"起,興也,作也。"《書·益稷》:"股肱喜哉,元首起哉,百工熙哉。"僞孔傳:"股肱之臣喜樂盡忠,君之治功乃起,百官之業乃廣。"清朱駿聲《説文通訓定聲·頤部》:"起,《吕覽·直諫》:'百邪悉起。'注:'興也。'"

興 本義即興起。《説文·舁部》:"興,起也。"《詩·大雅·緜》:"百堵皆興,鼛鼓弗勝。"漢鄭玄箋:"興,起也。"漢王充《論衡·正説》:"堯以唐侯嗣位,舜從虞地得達,禹由夏而起,湯因殷而興,武王階周而伐。皆本所興昌之地。"宋蘇舜欽《符瑞》:"聖人之興,必有非常之物。"

〔**推源**〕 二詞義同,其音亦相近而通。

起:溪紐之部;
興:曉紐蒸部。

溪曉旁紐,之蒸對轉,然則二詞爲同源者。"起"的興起義爲巳聲所載之義。"巳"字漢許慎云象蛇形,可參。其興起義爲巳聲所載之語源義。《玉篇·巳部》:"巳,起也。"《説文》"起"字清桂馥《義證》:"晉《樂志》:'巳,起也。'《白虎通·五行》:'太陽見於巳,巳者物必起。'"

49 子聲

(154) 仔籽魣杍(子義)

仔 字从人,謂幼子。《説文·人部》:"仔,从人,子聲。"黄谷柳《虾球傳》:"艇上除了船家佬、船家婆和船家女三人外,還有一個用繩索套住了的船家仔,兩三歲模樣,很有趣。"又,男性幼子稱"男仔",幼女則稱"女仔",又幼小動物亦稱"仔",如"仔鷄""仔猪"等,則爲比喻引申義。

籽 糧食的顆粒,亦指植物的種子。明劉若愚《酌中志·内臣職掌紀略》:"徵收仔粒,每年進茶扇、葛布、香茶、手巾。"《中國諺語資料·農諺》:"籽丢匀,步走緩,等距全苗能增産。"指種子,其字或以"籽"爲之。《清史稿·劉于義傳》:"請酌借籽糧農器,於瓜州諸地開墾屯種。"按,"籽"字从耒,《玉篇·耒部》所訓"擁苗本"即培土爲其本義,以其从子得聲,故得以子聲表種子義,乃借字。

鮓 一名鯔,當以腹中多子而得名。《廣韻·之韻》:"鯔,魚名。"明屠本畯《閩中海錯疏》:"鮓……一名鯔,味與鱸相似,冬深脂膏滿腹,至春漸瘦無味。"明故世安《異魚圖贊補·鯔魚》:"李時珍云:'生東海。狀如青魚,長者尺餘。其子滿腹,有黃脂,味美,獺喜食之。'"又《鮓魚》:"閩莆有鮓,鮮食朵頤,剖腹子滿,玄冬佳時。"

杍 木名,其字亦作"梓",以其多子而得名。《書·梓材》"梓材"唐陸德明《經典釋文》:"梓,木亦作杍。"按,《説文·木部》"梓"字訓"楸"。楊樹達《積微居小學述林·釋梓》:"梓子古人聲訓皆以子字爲釋,子與梓古音同也。""梓之受名以生子也。"並引《尚書·大傳》:"伯禽與康叔見商子,商子曰:南山之陰有木焉,名梓。二三子復往觀之,見梓實晉晉然而俯,反以告商子。商子曰:梓者,子道也。"張舜徽《説文解字約注·木部·梓》:"梓之言子也,蓋以結實繁多而得名。桂馥謂梓之古文爲杍,今誤在李篆下,其説是也。"

〔推源〕 諸詞俱有子義,此本爲聲符字"子"之顯性語義。甲骨文"子"字象幼子之形。《説文·子部》:"子,十一月陽氣動,萬物滋,人以爲稱。"《玉篇·子部》:"子,兒也。"《儀禮·喪服》:"故子生三月則父名之。"漢鄭玄注:"凡言子者,可以兼男女。"北齊顏之推《顏氏家訓·教子》:"古者聖王有胎教之法,懷子三月,出居別宮。"引申之,植物的果實、種子亦稱"子"。南朝宋劉義慶《世説新語·雅量》:"樹在道邊而多子。"唐李紳《憫農》詩:"春種一粒粟,秋成萬顆子。"

(155) 字孖(滋生義)

字 生育。《説文·子部》:"字,乳也。从子在宀下,子亦聲。"清段玉裁注:"人及鳥生子曰乳。"清朱駿聲《通訓定聲》:"《廣雅·釋詁一》:'字,生也。'《易·屯》:'女子貞不字。'虞注:'妊娠也。'《中山經》:'服之不字。'注:'生也。'"《墨子·節用上》:"後聖王之法十年,若純三年而字,子生可以二三年矣。"《漢書·嚴安傳》:"六畜遂字。"唐顏師古注:"字,生也。"又,文字學上合體字稱"字",亦取孳乳、滋生之意,合體字乃由獨體文所滋生。

孖 雙生子。然則"孖"即多産、滋生之盛。《廣韻·之韻》:"孖,雙生子也。"《集韻·之韻》:"孖,一産二子。"明謝肇淛《五雜俎·人部一》:"余聞之相人者,婦人上唇有黑子者多孖生。"《中國諺語資料·一般諺語》:"先生孖,害一家。"原注:"孖,雙生兒子。"按,"孖"謂滋生之盛,故有"滋生"之衍義。《玉篇·子部》:"孖,蕃長也。"《集韻·志韻》所訓同。按,《廣韻》"孖"字"子之切",上古音爲精紐之部,正與"子"同。然則"孖"字从子得聲,形聲兼會意者。

〔推源〕 二詞俱有滋生義,爲子聲所載之義。此義本與聲符字"子"所記録的語詞之本義相通。子,所滋生者,故有"滋生"之衍義。清朱駿聲《説文通訓定聲·頤部》:"子,〔聲訓〕《大戴·本命》:'子,孳也。'……《釋名·釋親屬》:'子者,孳也,相生蕃孳也。'又《白虎通·

爵》：'子者，孳也，孳孳無已也。'……又《史記·律書》：'子者，滋也。'"《晉書·樂志》上："子者，孳也，謂陽氣至此更孳生也。"北魏賈思勰《齊民要術·序》："告之曰：'欲速富，畜五牸。'乃畜牛羊，子息萬計。"又，子聲可表滋生義，"滋"可證之，"子""滋"同音，精紐雙聲，之部疊韻。"滋"，滋生，增長。《説文·水部》："滋，益也。"《玉篇·水部》："滋，長也。"《書·泰誓下》："樹德務滋，除惡務本。"偽孔傳："立德務滋長，去惡務除本。"唐柳宗元《晉文公問守原議》："雖或衰之賢足以守，國之政不爲敗，而賊賢失政之端由是滋矣。"

50　也聲

(156) 扡紲貤馳秜施（轉移義）

扡　字亦作"拖""拕"，牽引。《集韻·寘韻》："扡，牽也。"又《戈韻》："拕，《説文》：'曳也。'或作拖，亦省。"《禮記·少儀》："僕者右帶劍，負良綏，申之面，拖諸幦。"唐孔穎達疏："拖猶擲也，亦引也。"《廣韻·歌韻》："拕，曳也。俗作拖。"又《紙韻》："扡，或作拕。"《正字通·手部》："拕，拽也。"

紲　或作"紖""縼"，牛鼻繩，牽引之物，引申之則泛指牽引牲畜的繩索。《玉篇·糸部》："紲，同紖。"《説文·糸部》："紖，牛系也。"清朱駿聲《通訓定聲》："《廣雅·釋詁二》：'紖，係也。'《釋器》：'紖，索也。'《禮記·少儀》：'牛則執紖。'《祭統》：'君執紖。'注：'所以牽牲也。'《周禮》作'絼'。按《封人》：'置其絼。'司農注：'著牛鼻繩。'字亦作'縼'。《後漢·齊武王縯傳》注：'縼，引也。'"按，朱氏所引《禮記·祭統》文唐孔穎達疏："紖，牛鼻繩。"

貤　有轉移義，此與引義通。《集韻·支韻》："貤，移也。"《玉篇·貝部》："貤，賖也。"按，"賖"指以物輾轉予人。《説文·貝部》："賖，迻予也。"清段玉裁注："迻，遷徙也。展轉鳥之曰迻書，展轉予人曰迻予。"按"移""迻"聲義同。《漢書·武帝紀》："受爵賞而欲移賣者，無所流貤。"唐顔師古注："貤，音移。言軍吏士斬首虜，爵級多無所移與，今爲置武功賞官，爵多者分與父兄子弟及賣與他人也。"

馳　馬奔馳疾行，疾行則前移，故有轉移之衍義。《説文·馬部》："馳，大驅也。从馬，也聲。"文獻中實用例甚夥，無煩贅述。《戰國策·韓策一》："秦攻陘，韓使人馳南陽之地。秦已馳，又攻陘，韓因割南陽之地。"清王念孫《讀書雜志》："馳，讀爲移。移，易也，謂以南陽之地易秦地也。下文謂兩國之地形不便，故相交易也。《竹書紀年·梁惠成王十一年》：'及鄭馳地，我取枳道與鄭鹿。'馳地，謂易地也。"按，此"馳"即抽象的轉移義，地易其主，則所有權轉移。

秜　"移"的別體。《集韻·支韻》："移，或作秜。"《説文·禾部》："移，禾相倚移也。"按，此即禾柔弱常相斜倚之義，斜倚則原位置移動，故有轉移、移動之引申義。《説文》"移"字清朱駿聲《通訓定聲》："移，假借爲迻。《廣雅·釋詁三》：'移，避也。'又'敊也，回轉也。'《齊語》：'則民不移。'注：'徙也。'《孟子》：'貧賤不能移。'"按，"移"表轉移、遷徙之義，無煩假借，乃引申。《廣韻·支韻》："移，徙也。"《戰國策·趙策一》："秦與韓爲上交，秦禍安移於梁矣。"

施 旗幟飄動貌，引申爲轉移。《説文·㫃部》："施，旗皃。从㫃，也聲。"清朱駿聲《通訓定聲》："旖施，柔順搖曳之皃。"按，搖曳則轉移。《詩·周南·葛覃》："葛之覃兮，施於中谷。"清馬瑞辰《毛詩傳箋通釋》："《傳》：施，移也。中谷，谷中也。瑞辰按……葛出於山，不水生，殆移易谷旁多石之地，非谷中出水地也。"《莊子·胠篋》："上悖日月之明，下爍山川之精，中墮四時之施。"

〔推源〕 也聲有引義，"迆"亦以借字形式表此義。清孔尚任《桃花扇·眠香》："陳隋花柳，日日芳情迆逗。"其"迆"即引誘。

本條諸詞或有引義，或有移義，二義本相通；二義同爲"也"聲所載，則出諸同一語源。考聲符字"也"爲女陰之象形(漢許慎説)，則與引、移義無涉。此二義爲"也"聲所承載之語源義，"引""徙"二詞可以證之。

也：余紐歌部；
引：余紐真部；
徙：心紐支部。

余紐字即喻紐四等字，舌音，心紐齒音，二者爲鄰紐；歌真旁對轉，真支通轉。引，字从弓，本指牽弦開弓。《説文·弓部》："引，開弓也。从弓、丨。"引申爲牽引。《隋書·王辯傳》："(王辯)遂涉水，至中流，爲溺人所引墜馬。"唐韓愈《贈侯喜》詩："舉竿引線忽有得，一寸終分鱗與鬐。"徙，遷移。其字亦作"迻"。《説文·辵部》："迻，遷也。从辵，止聲。徙，迻或从彳。"清朱駿聲《通訓定聲》："《廣雅·釋言》：'徙，移也。'《釋詁三》：'徙，避也。'《周禮·比長》：'若徙於他。'注：'謂出居異鄉也。'……《荀子·成相》：'百里徙。'注：'遷也。'"

(157) 弛訑跢㐌(放縱義)

弛 放鬆弓弦，引申之，則有放縱之義。《説文·弓部》："弛，弓解也。从弓，从也。"清段玉裁注："从弓，也聲。"清朱駿聲《通訓定聲》："也聲。……《漢書·武帝紀》：'跅弛之士。'注：'放廢不遵禮度也。'《素問·刺要論》：'病熱而筋弛。'注：'猶縱緩也。'又《爾雅》：'矢，弛。'注：'放也。'"《管子·輕重》："弛牝虎充市，以觀其驚駭。"

訑 説假話欺騙人，引申爲放縱。《集韻·戈韻》："訑欺也。或从也。"又《換韻》："訑，慢訑，弛縱意。"《洪武正韻·諫韻》："訑，與誕同。"《莊子·知北遊》："天知予僻陋慢訑，故棄予而死已矣。"唐陸德明《經典釋文》："訑，徒旦反。徐徒見反。郭音但。"按，音與"誕"近，舌頭音；"也"，舌面音。"訑"音"但"，本爲"也"之變音。"誕"本有"放"訓，即放縱義。《正字通·言部》："誕，放也。"

跑 跑跶,放縱己志,放蕩不羈。清葉燮《原詩·外篇上》:"故百年之間,守其高曾,不敢改物,熟調膚辭,陳陳相因,而求一軼群之步,跑跶之材,蓋未易遇也。"按,"跑跶"亦作"跶跑"。清朱克敬《瞑庵雜識》卷一:"(張虬)稍長,跶跑不羈,鄉曲無賴多從之遊。"

忚 憛忚,欺騙,輕慢。漢揚雄《方言》卷十:"譠謾。憛忚,皆欺謾之語也。楚郢以南東楊之郊通語也。"《廣雅·釋訓》:"憛忚,欺謾也。"清王念孫《疏證》:"忚,與恀同;謾,與慢同。"今按,"憛忚",其欺慢義亦與"忚"相關聯。又,欺慢義當與放縱義相通。"訑"謂放縱,《集韻》訓"慢訑",其或體作"詑",《説文》訓"欺",《玉篇·言部》則云"謾而不疑"。

〔推源〕 "弛""訑""跑"俱有放縱義,其字則均從"也"聲,出諸同一語源,可互證之。"忚"謂欺慢,義有微別,然亦相通,且其義亦爲也聲所載。放縱義、欺慢義非聲符字"也"的顯性語義,爲語源義。

(158) 阤袘(邊義)

阤 山崖的邊際。《集韻·紙韻》:"阤,崖際。"清朱駿聲《説文通訓定聲·隨部》:"阤,字亦作陁。……《史記·司馬相如傳》:'巖阤甗錡。'注:'阤,崖際也。'"按,"阤"字異文作"陁"。清方苞《轅馬説》:"其下阤也,股感蹄攢而後能抗其轅之伏也。"

袘 一作"袉",下衣的邊緣。《玉篇·衣部》:"袘,緣也。"《集韻·紙韻》:"袘,衣緣也。"《儀禮·士昏禮》:"主人爵弁,纁裳緇袘。"漢鄭玄注:"袘,謂緣。"《漢書·司馬相如傳》:"揚袘戌削。"元戴侗《六書故·工事七》:"袘之言施。以緇緣裳。"清段玉裁《説文解字注·衣部》:"袉、袘謂緣。緣之言施,以緇緣裳,象陽氣下施。按袘即袉之隸變。"

〔推源〕 二詞俱有邊義,當爲"也"聲所載。"池"亦也聲字,亦可以借字形式表邊飾義,則正可相證。古者衣物及字畫之邊飾稱"池"。晉左思《嬌女詩》:"衣被皆重池,難與沉水碧。"清孔尚任《桃花扇·辭院》:"香沾翠被池,重重束緊。"唐顔師古《匡謬正俗》卷七:"池者,緣飾之名。"宋趙令畤《侯鯖録》説略同。又,"緣"可證也聲所載的邊義。

也:余紐歌部;

緣:余紐元部。

雙聲,歌元對轉。緣,裝飾衣邊,引申爲邊緣。《説文·糸部》:"緣,衣純也。"清段玉裁注:"沿其邊而飾之也。"清朱駿聲《通訓定聲》:"《爾雅·釋器》:'緣謂之純。'注:'衣緣飾也。'《禮記·玉藻》:'緣廣寸半。'注:'飾邊也。'"《玉篇·糸部》:"緣,邊緣也。"《後漢書·皇后紀上·明德馬皇后》:"常衣大練,裙不加緣。"

(159) 迤訑袘阤(不正義)

迤 字亦作"迤",從辵,本指斜行,引申之則有斜倚義。《説文·辵部》:"迤,衺行也。從辵,也聲。"清朱駿聲《通訓定聲》:"字亦作迆。《書·禹貢》:'東迤北會於匯。'傳:'溢也。'馬注:'迤靡也。'《考工記》:'既建而迤。'司農注:'讀爲倚移從風之移,謂著戈於車邪倚也。'

《弓人》：'茁栗不迆。'司農注：'謂邪行絶理者，弓發之所從起。'……《東京賦》：'立戈迤戛。'注：'邪也。'《海賦》：'泅伯柏而迆颺。'注：'邪起也。'《廣雅·釋詁二》：'迆，衺也。'"清陶煒《課業餘談·武》："迆戛，斜挂長矛也。"

訑　言不正。《集韻·哿韻》："訑，言不正也。"按，"訑"有欺騙、輕慢、誇誕義（見本典第157條），言不正義與之相通。言不正即邪，乃抽象的斜義。

䄬　《廣韻·支韻》《集韻·支韻》俱云或體作"移"。"移"本指禾柔弱傾斜相倚，其基本義移動、轉移義即由此衍生。《説文·禾部》："移，禾相倚䄬也。"清段玉裁注："《吕氏春秋》曰：'苗其弱也欲孤，其長也欲相與俱，其熟也欲相扶。'"《禮記·大傳》："絶族無移服，親者屬也。"唐孔穎達疏："在旁而及曰移，言不延移及之。"按，在旁即不正，即偏斜。漢王符《潛夫論·釋難》："故大屋移傾，則下之人不待告令，各争其柱之。"清汪繼培《箋》："《説文》云：陊，落也；陊，仄也。移傾，即陊陊假借字。"其説大誤。"移傾"爲同義連文，"移"絶非落義，而謂偏離原位而傾斜。"傾"字《説文》本訓仄，《廣雅》訓衺，無煩假借。

阤　山坡。《周禮·考工記》："及其登阤，不伏其轅。"漢鄭玄注："阤，阪也。"按，山坡即地不平、高出地面處，此與斜義通，斜即不正，縱向之不正即不平。故"阤"屢有"衺"訓。清朱駿聲《説文通訓定聲·隨部》："阤，字亦作陁、作陀。……《釋詁二》：'陀，衺也。'又叠韻連語。《子虛賦》：'登降陁靡。'注：'邪靡也。'《漢書》作阤，注：'旁衺也。'"

〔推源〕　諸詞皆有斜及不平義，爲其聲符"也"所載。从"也"得聲之字"杝""施"亦可表此義。《墨子·經下》："景之大小，説在杝正遠近。"《老子》第五十三章："行於大道，唯施是畏。"清王念孫《讀書雜志》："施，讀爲迤，迤，邪也。"《史記·屈原賈生列傳》："單閼之歲兮，四月孟夏，庚子日施兮，服集予舍。"唐司馬貞《索隱》："施，音移。施，猶西斜也。"

又，"也"聲可表斜義，"衺""斜""邪"皆可相證。

也：余紐歌部；
衺：邪紐魚部；
斜：邪紐魚部；
邪：邪紐魚部。

余（喻四）邪鄰紐，歌魚通轉。衺，邪惡，行爲偏斜不正。《周禮·天官·宮正》："去其淫怠與其奇衺之民。"唐賈公彦疏："衺，猶惡也。奇衺、衺惡，義亦相近。"唐柳宗元《時令論下》："是故聖人爲大經，以存其直道，將以遺後世之君臣，必言其中正，而去其奇衺。"宋孫汝聽注："奇衺，不正也。"斜，斜而不正。《玉篇·斗部》："斜，不正也。"漢王延壽《魯靈光殿賦》："芝栭欑羅以戢舂，枝掌杈枒而斜據。"南朝梁簡文帝蕭綱《納涼》詩："斜日晚駸駸，池塘生半陰。"邪，不正。《廣韻·麻韻》："邪，不正也。"《穀梁傳·隱公元年》："雖然既勝其邪心以與隱矣。"漢賈誼《新書·道術》:"方直不曲謂之正,反正爲邪。"

(160) 貤陁施弛迆(延續、延緩義)

貤 漢許慎以爲其本義爲重叠物之次第,引申之,則有重複、延續之義。清朱駿聲《説文通訓定聲·解部》:"貤,字俗作貤。《廣雅·釋詁一》:'貤,益也。'……《上林賦》:'貤丘陵。'注:'延也。'"按,"益"即增益、重複,所引《上林賦》文"貤"字一作"迆"。宋文同《書邛州天慶觀希夷先生詩後》:"顧謂其幕中文同曰:'子可作系疏其繇,俾來者知所以然,因而護持,貤於亡窮,亦我曹謀也。'"宋岳珂《桯史·歲星之祥》:"湯徵無敵,余慶貤衍,猶及微子。"其"貤"皆延續義。

陁 或作"陀",地勢傾斜而延伸。《漢書·司馬相如傳》:"其南則有平原廣澤,登降陁靡,案衍壇曼,緣以大江,限以巫山。"《集韻·紙韻》:"陁,或作陀。"明歸有光《李惟善墓誌銘》:"土岡陁靡聚千室,樹成吉貝雜黍稷。"《清史稿·殷化行傳》:"山崖峻削,其南漸陁。"

施 延續,延伸。《集韻·寘韻》:"施,及也。"清朱駿聲《説文通訓定聲·隨部》:"施,《詩·皇矣》:'施於孫子。'箋:'猶易也,延也。'《淮南·修務》:'名施後世。'注:'延也。'《俶真》:'施及周室之衰。'"《後漢書·竇融傳》:"昔魏其一言,繼統以正,長君、少君尊奉師傅,修成淑德,施及子孫。"唐李賢注:"施,延也。"

弛 本指放鬆弓弦,引申之,則有延緩之義,此當與延伸義通,凡事延緩,則措事之時間延伸。《爾雅·釋詁下》:"弛,易也。"晉郭璞注:"相延易。"《戰國策·魏策二》:"群臣多諫太子者,曰:'雪甚如此而喪行,民必甚病之,官費又恐不給,請弛期更日。'""弛"又有延伸、延續之義。清朱駿聲《説文通訓定聲·解部》:"弛,《禮記·孔子閒居》:'弛其文德。'注:'施也。'按:延也,猶流也。"

迆 字从辵,指斜行,引申爲地勢傾斜延伸,或亦作"迤"。《書·禹貢》:"東至於澧,過九江,至於東陵,東迆北會於匯。"唐孔穎達疏:"迆,靡迆邪出之言。""迆"亦泛指延伸、延續。清朱駿聲《説文通訓定聲·隨部》:"迆,《甘泉賦》:'巒石關迆靡乎延屬。'注:'相連皃也。'……《爾雅·釋丘》:'邐迆沙丘。'《詩秦譜》:'其封域東至迆山。'疏:'迆謂靡迆,境界廣被之意。'又雙聲連語。《海賦》:'迆涎八裔。'注:'迆涎,邐迆相連也。'"按,"逶迆"一詞,使用頻度甚高,多指地勢連綿、延伸。

〔推源〕 以上諸詞皆有延義,爲"也"聲所載之語源,"延"可相證。

也:余紐歌部;

延:余紐元部。

雙聲,歌元對轉。延,字从廴,本訓長行,引申之,則有延長、延續、延伸義。《爾雅·釋詁上》:"延,長也。"《書·吕刑》:"蚩尤惟始作亂,延及於平民,罔不寇賊。"《漢書·王莽傳》:"思索廣求所以輔劉延期之術,靡所不用。"

(161) 貤髢（增益義）

貤 重複，增益。《説文·貝部》："貤，重次弟物也。从貝，也聲。"清段玉裁注："重次弟者，既次弟之，又因而重之也。"清朱駿聲《通訓定聲》："字俗作眙。《廣雅·釋詁一》：'貤，益也。'《漢書·武帝紀》：'受爵賞而欲移賣者，無所流貤。'注：'今俗猶謂凡物一重爲一貤也。'"《文選·左思〈魏都賦〉》："兼重性以貤繆，偭辰光而罔定。"唐李善注："言既重其性而又累其繆也。"

髢 假髮，以犯人或賤者之髮重疊在自己的頭髮上，增益之。《説文·髟部》："鬄，髮也。从髟，易聲。髢，鬄或从也聲。"漢劉熙《釋名·釋首飾》："髲，被也。髮少者得以被助其髮也。鬄，鬀也，剔刑人之髮爲之也。"《儀禮·少年饋食禮》"主婦被錫"漢鄭玄注："被錫讀爲髲鬄，古者或剔賤者刑者之髮，以被婦人之紒爲飾，因名髲鬄焉。"《詩·鄘風·君子偕老》："鬒髮如雲，不屑髢也。"唐孔穎達疏："髢一名髲，故云髢髲也。《説文》云：'髲，益髮也。'言己髮少，聚他人髮益之。"

〔推源〕 二詞俱有重複、重疊、增益之義，爲"也"者所載，"叠"可證此聲義。

也：余紐歌部；

叠：定紐葉部。

余（喻四）定準旁紐，歌葉（盍）通轉。叠，重疊，積累，即增益之。《玉篇·畕部》："叠，重也，累也。"清朱駿聲《説文通訓定聲·臨部》："叠，《蒼頡篇》：'叠，重也，積也。'……《太玄·樂》：'陽始出奧舒，叠。'注：'積也。'"《漢書·王莽傳》："是以三年之間，化行如神，嘉瑞叠累，豈非陛下知人之效，得賢之致哉！"唐杜牧《阿房宮賦》："燕趙之收藏，韓魏之經營，齊楚之精英，幾世幾年，剽掠其人，倚叠如山。"

(162) 虵鉈（長義）

虵 蛇，其物形長。《玉篇·虫部》："虵，正作蛇。"《周禮·考工記·輈人》："龜虵四存，以象營室也。"漢劉向《説苑·君道》："齊景公出獵，上山見虎，下澤見虵。"元揭傒斯《春日雜言》詩："雄狐亹其西，修虵出其東。"

鉈 矛，形長之物。《説文·金部》"鉈"字清徐灝《注箋》："它與也篆體相似，故鉈誤爲鉈。……再誤而爲鉇，因又作鏃矣。"清朱駿聲《通訓定聲》："鉈，一名鋋，字亦作鏃、鉇。《晉書》：'丈八鉈左右盤。'《吳都賦》：'藏鏃於人。'《方言》九：'矛謂之鏃。'字亦作鉈。《荀子·議兵》：'宛鉅鐵鉈。'"按，朱氏所引《荀子》文清王先謙《集解》："鉈與鏃同，矛也。"徐灝説可商。"鉈"又作"鉈"，非形訛，古時代詞的記錄文字"佗"亦作"他"，即可證。又，鉈（鉈）一名"鋋"，則其長義益顯。

〔推源〕 此二詞俱寓長義。其長義雖不表現爲詞的義項、義素，但詞所指稱的客觀事物具有長的特徵。從語源學角度看，"也"聲可表長義，也可指稱具有長之特徵的事物。研究表明,此爲一大通例。也聲字所記録的語詞"弛""陁""施""池""迤"俱有延義,延之則長,故二義相通。"也"聲與"延"聲僅微别而通(見本典第 160 條),故"也"聲可表長義。

(163) 弛陁(敗壞義)

弛 由放鬆弓弦、減弱義引申爲毁壞、敗壞。清朱駿聲《說文通訓定聲·解部》:"弛,《榖梁·襄廿四傳》'弛侯'注:'廢也。'《魯語》:'文公欲弛孟文子之宅。'注:'毁也。'"晉干寶《晉紀總論》:"故觀阮籍之行,而覺禮教崩弛之所由。""弛"又有落義,與毁壞、敗壞義相通。《集韻·紙韻》:"弛,落也。"《淮南子·說林》:"枝格之屬,有時而弛。"漢高誘注:"弛,落也。"

陁 崩落,敗壞。漢揚雄《方言》卷六:"陁,壞也。"晉郭璞注:"謂壞落也。"《說文·阜部》:"陁,小崩也。从阜,也聲。"清朱駿聲《通訓定聲》:"字亦作陊、作陀。……《漢書·劉向傳》:'山陵崩陁。'注:'下頽也。'《周語》:'聚不陁崩。'注:'大曰崩,小曰陁。'《西京賦》:'吴岳爲之陁堵。'注:'落也。'《吴都賦》:'崩巒陁岑。'《太玄·鋭》:'陵崚崢岸峭陁。'《淮南·繆稱》:'岸崝者必陀。'《廣雅·釋詁一》:'陁,壞也。'"

〔推源〕 此二詞之崩落、敗壞義,爲"也"聲所載,"頽"可相證之。

也:余紐歌部;

頽:定紐微部。

余(喻四)定準旁紐,歌微旁轉。"頽"字从頁,本指頭禿,然其聲韻可載崩落、敗壞之義。《集韻·灰韻》:"隤,《說文》:'下墜也。'或作頽。"《禮記·檀弓上》:"泰山其頽乎?"《文選·王褒〈洞簫賦〉》:"攬搜潧捎,逍遥踴躍,若壞頽兮。"唐李善注:"壞頽,言如物崩壞頽毁也。"

51　女聲

(164) 黏粰如(柔弱順從義)

黏 黏。字从黍,謂穀物,凡穀物性柔則黏。漢揚雄《方言》卷二:"韌、黏,黏也。齊魯青徐自關而東或曰韌,或曰黏。"清戴震《疏證》:"《爾雅·釋言》:'韌,膠也。'《疏》引《方言》此條文並同。'韌'亦作'豹',《說文》云:'黏也。'《廣雅》:'黏、豹,黏也。'義本此。"清錢繹《箋疏》:"《玉篇》同《釋名》:'糝,黏也,相黏黏也。'是黏爲黏也。"按,戴震氏所引《廣雅·釋詁四》文清王念孫《疏證》:"豹、黏、黏,一聲之轉。"今按,"黏""黏"本爲同源詞。《廣韻》"黏"字人渚切,其上古音爲日紐魚部;"黏"字女廉切,其上古音爲泥紐談部。娘日可歸泥,則爲雙聲,魚談通轉。《說文》"黏"字訓"相著"即黏着義,後世字乃作"粘"。

粰 粔粰,一種可揉合的柔性食品,其字亦作"籹",《玉篇》以爲"籹"爲"粰"之俗體。"粰"字从女得聲,"籹"字从如得聲,而其聲符字从女得聲(詳見本條下文"如"字分析)。《說文新附·米部》:"粔,粔粰,膏環也。""粰,粔粰也。从米,女聲。"清朱駿聲《說文通訓定聲·

豫部·〈説文〉不録之字》:"粔,《蒼頡》:'粔籹,餅餌也。江南呼爲膏糫。'"唐玄應《一切經音義》卷五亦引《蒼頡篇》,説同。北魏賈思勰《齊民要術·餅法》:"膏環,一名粔籹,用秫稻米屑、水、蜜溲之,強澤如湯餅面。手搦團,可長八寸許,屈令兩頭相就,膏油煮之。"按,秫稻本爲性黏者。《説文·禾部》:"秫,稷之黏者。"

如 順從。《説文·女部》:"如,从隨也。从女,从口。"清朱駿聲《通訓定聲》:"或曰:女亦聲。"得之。《廣韻》"如"字人諸切,其上古音爲日紐魚部;"女"字尼呂切,泥紐魚部。日泥二紐本可歸一,兼之叠韻,則二字之音僅微別,"如"字之音爲"女"的分化音。《左傳·宣公十二年》:"有律以如己也。"晉杜預注:"如,從也。"《公羊傳·桓公元年》:"繼弑君不言即位,此其言即位何,如其意也。"《三國演義》第一百一十四回:"髦乃應曰:'敢不如命?'"

〔推源〕 此三詞或有性柔而黏義,或有順從義,而其字均从女聲,則諸詞由同一語源所衍生。性柔而黏義與順從義雖有微別,然相通。在物,凡性柔則黏,此與附著、依附、順從義本相近;在人,性柔弱則順從他人。又,聲符字"女"所記録的語詞當爲上述三詞之源詞。"女"指女性。《説文·女部》:"女,婦人也。象形。"《易·家人》:"女正位乎内,男正位乎外。"《詩·鄭風·出其東門》:"出其東門,有女如雲。"人之天性,男者陽剛,女者陰柔,兼之男尊女卑,視女性之陰柔爲美德,以故"女"有柔婉、柔弱之衍義。《荀子·賦》:"此夫身女好而頭馬首者與?"唐楊倞注:"女好,柔婉也。"《詩·豳風·七月》:"猗彼女桑。"漢毛亨傳:"女桑,荑桑也。"《爾雅·釋木》:"女桑,桋桑。"晉郭璞注:"今俗呼桑樹小而條長者爲女桑樹。"按,大抵柔弱之謂。又,女聲可載柔弱順從義,"柔"能證之。

女:泥紐魚部;

柔:日紐幽部。

泥日二紐本可歸一,魚幽旁轉。"柔",柔弱。《説文·木部》:"柔,木曲直也。"清段玉裁注:"凡木曲者可直、直者可曲曰柔。"《廣雅·釋詁一》:"柔,弱也。"《詩·大雅·抑》:"荏染柔木,君子樹之。"《易·説卦》:"立地之道,曰柔與剛。""柔"又有"順"訓,足證柔弱義、順從義之相通。《改併四聲篇海·木部》:"柔,順也。"《左傳·昭公三十年》:"若好吳邊疆,使柔服焉,猶懼其至。"《公羊傳·昭公二十五年》:"且夫牛馬維婁,委己者也而柔焉。"漢何休注:"柔,順。"

52 刃聲

(165) 肕靭紉(堅韌義)

肕 字从肉,謂筋肉堅韌。《玉篇·肉部》:"肕,堅肉也。"《集韻·震韻》:"肕,堅柔也。"《管子·心術下》:"人能正静者,筋肕而骨強。能戴大圓者體乎大方。"北魏賈思勰《齊民要術・灸法》:"(牛肫炙)若挽令舒申,微火遥炙,則薄而且肕。"按,《集韵》云"肕"或从韋,以"肕"爲"韌"之或體,上引《管子》文郭沫若等《集校》亦云"肕,與韌同。"實則"韌"泛指堅韌,"肕"字後出,本特指筋肉堅韌。

韌 堅韌。《説文新附・韋部》:"韌,柔而固也。从韋,刃聲。"《篇海類編・人事類・韋部》:"韌,堅韌難斷也。"《詩・鄭風・將仲子》"無折我樹檀"漢毛亨傳:"檀,彊韌之木。"《宋史・隱逸傳下・蘇雲卿》:"夜織屨,堅韌過革舄。"按,"韌"字从韋,"韋"爲熟皮,有堅韌之性,"革"亦指皮,"韋""革"可表同一義類,故"韌"字一作"靭"。清龔自珍《明良論(四)》:"靭伯牙之絃曰:汝今日必志於山,而勿水之思也。"

紉 本指搓繩,引申之,則有繩索、縫紉、連綴等義,又有柔軟而結實即堅韌義。戰國楚宋玉《釣賦》:"南面而掌天下,歷載數百,到今不廢,其綸可謂紉矣。"宋陳亮《丙午秋書》:"七八月之交,子約處遞到所惠書,備紉存念不忘之意。"按,辭書或云"紉"爲"韌"之借,實非。"紉"可指繩索,繩索性韌,故"紉"的堅韌義爲衍義,其字非假借。

〔**推源**〕 上述諸詞的記録文字皆从刃聲,其堅韌義當爲刃聲所載。刃聲字"仞""牣"俱可以假借字形式即以其刃聲表堅韌義。"仞",字从人,本指長度,即伸臂一尋,然有"堅韌"之别義。《易・革》"鞏用黄牛之革"晉王弼注:"牛之革堅仞不可變也。""牣",謂牛肥,充滿,亦有"堅韌"之假借義。《吕氏春秋・别類》:"相劍者曰:白所以爲堅也,黄所以爲牣也。黄白雜,則堅且牣,良劍也。"漢高誘注:"牣與韌古通用。"按,聲符字"刃"本指"刀堅",即刀具的鋒利、堅韌部分,爲後起指事字,在象形字"刀"上加注指點符號而成。然則刃聲字所記録語詞的堅韌義當爲顯性語義。

(166) 忍軔訒(克制義)

忍 忍耐。《説文・心部》:"忍,能也。从心,刃聲。"清王筠《句讀》:"能讀爲耐。"清朱駿聲《通訓定聲》:"謂堅中。《廣雅・釋言》:'忍,耐也。'《論語》'是可忍也。'皇疏:'猶容耐也。'"按,凡人意志堅强則能忍,此當與刃聲所表之堅韌義通。引申之,"忍"有克制義。《荀子・儒效》:"志忍私,然後能公;行忍情性,然後能修。"唐楊倞注:"忍,謂矯其性。"《楚辭・離騷》:"澆身被服强圉兮,縱欲而不忍。"

軔 本指阻止車輪滚動的木頭。《説文・車部》:"軔,礙車也。从車,刃聲。"《楚辭・離騷》:"朝發軔於蒼梧兮,夕余至乎縣圃。"虚化引申爲阻止、克制之義。《戰國策・秦策五》:"陛下嘗軔車於趙矣。"晉葛洪《抱朴子・任命》:"然車迹不軔權右之國,尺牘不經貴勢之庭。"

訒 講話時克制自己,出言緩慢謹慎。《説文・言部》:"訒,頓也。从言,刃聲。"《荀子・正名》:"故名足以指實,辭足以見極,則舍之矣。外是者謂之訒,是君子之所棄,而愚者拾以爲己寶。"唐楊倞注:"訒,難也。過於志義相通之外,則是務爲難説耳,君子不用也。"《論語・顔淵》:"司馬牛問仁,子曰:'仁者其言也訒。'"

〔推源〕 諸詞之克制義爲刃聲所載。聲符字"刃"指刀刃,刀爲制物之物,"刃"之名當寓克制義。刃爲"刀堅",堅固則可制他物,故堅韌、克制二義本相通。"忍"有能忍、克制二義,正可爲證。又,克制字作"制",亦从刀,謂裁、割,實亦以刀制他物之義。古者另有"製"爲製衣、製造字,與"制"字相殊異,後世文字簡化則合流。

(167) 黏汈紉(相連義)

黏 黏連,字亦作"䊟"。《爾雅·釋言》:"黏,膠也。"晉郭璞注:"膠,黏黏。"漢揚雄《方言》卷二:"黏,黏也。"《戰國策·趙策三》:"君安能憎趙人,而令趙人愛君乎？夫膠漆,至黏也,而不能合遠;鴻毛,至輕也,而不能自舉。"明潘桂《瑞石賦》:"釋之叟叟,黏之靡靡。"《說文·黍部》:"䊟,黏也。从黍,日聲。《春秋傳》曰:'不義不䊟。'黏,䊟或从刃。"按,漢許慎所引《左傳》之"䊟"爲親近、團結義,與黏連義通,《廣雅·釋詁四》:"䊟"字亦訓"黏"。

汈 水名,漢許慎說。其音宋徐鉉等注"乃見切",《廣韻》注"奴甸切"。另一音《集韻》注"爾軫切",表垢濁、濕物相黏連義。其《軫韻》云:"汈,沴汈,濕相著。"清朱駿聲《說文通訓定聲·屯部》:"汈,按,(沴汈)猶涶浧。《廣雅·釋訓》:'涶浧,垢濁也。'"清段玉裁《說文解字注·水部》:"汈,沴汈,與涶浧同。沴汈,濕相著也,亦垢濁也。"

紉 搓繩,故有連綴、縫紉之引申義。《楚辭·離騷》:"扈江離與辟芷兮,紉秋蘭以爲佩。"《新唐書·孫孝哲傳》:"祿山對側門俟召,衣帶絕,不知所爲,孝哲箴縷素具,徐爲紉綻,祿山大悅。"唐白居易《議文章》:"且古之爲文者,上以紉王教,繫國風;下以存炯戒,通諷諭。"

〔推源〕 此三詞之相連義爲刃聲所載。相連義、刀堅義不相涉,然則相連義爲刃聲所載之語源義。刃聲與"連""聯"聲本相近而相通,故可表相連之義。"刃"字《廣韻》注"而振切",其上古音爲日紐文部。"連""聯"二字《廣韻》注力延切,其上古音爲來紐元部。日來準旁紐,文元旁轉。

53　叉聲

(168) 釵杈衩汊扠跤訍(交叉義)

釵 婦人首飾,由兩股簪子交叉組成,"釵"之名寓交叉義。《玉篇·金部》:"釵,婦人歧笄也。"《廣韻·佳韻》訓同。《說文新附·金部》:"釵,笄屬。从金,叉聲。"漢司馬相如《美人賦》:"玉釵挂臣冠,羅袖拂臣衣。"晉王嘉《拾遺記·魏》:"宮人爭以鳥吐之金用飾釵珮,謂之辟寒金。"漢劉熙《釋名·釋首飾》曾推"釵"之語源云"釵,叉也,象叉之形,因名之也",得之。

杈 樹杈,即樹幹或樹枝分岔而相交叉。《說文·木部》:"杈,枝也。从木,叉聲。"清朱駿聲《通訓定聲》:"'叉'亦意。《方言》:'江東謂樹枝爲椏杈。'《魯靈光殿賦》:'枝掌杈枒而斜據。"唐杜甫《鵰賦》:"雖趾蹻千變,林嶺萬穴,擊叢薄之不開,突杈枒而皆折,又有觸邪之氣也。"宋陸游《梨花》詩:"常思南鄭清明路,醉袖迎風雪一杈。"

衩 衣衩,衣裙下側開口處,"衩"即分岔而交叉之謂。《玉篇·衣部》:"衩,衣衩。"《廣韻·卦韻》:"衩,衣衩。"唐李商隱《無題》詩:"十歲去踏青,芙蓉作裙衩。"宋史達祖《三姝媚》:"諱道相思,偷理綃裙,自驚腰衩。"引申之,"衩"亦指長衣兩側開口處。

汊 水流的分支,即分岔、交叉處。《廣韻·卦韻》:"汊,浦湴。"按"湴"即"汊"之俗體,"浦湴"爲同義連文,"浦"指水邊,亦可指水流分岔處。《玉篇·水部》:"浦,水源枝注江海邊曰浦。"《正字通·水部》:"湴,俗汊字。"《集韻·禡韻》:"汊,水歧流也。"金元好問《善應寺》詩:"平岡回合盡桑麻,百汊清泉兩岸花。"陳毅《東征初抵高淳》:"波光蕩漾水紋平,河汊溝渠縱復橫。"

扠 《集韻·麻韻》訓"打也",按打鬥則二人手相交叉。"扠"亦指交叉兩手作揖。宋王君玉《續雜纂·凡惡》:"上馬扠手祇揖。"又,《字彙·手部》"扠"字訓"挾取",挾取亦手相交叉之意。

跁 岔路。《集韻·禡韻》:"跁,歧道也。"明焦竑《俗書刊誤·俗用雜字》:"路之歧道亦曰跁。金陵地名跁路口。"清高士奇《天祿識餘·跁路》:"《韻會小補》引唐詩:'枯木岩前差路多。'謂歧道也。差,丑亞切,異也,《集韻》或作'跁'。"

訍 異言。《集韻·禡韻》:"諕,異言。或作訍。"《玉篇·言部》:"諕,異言也。"今按,"訍"爲異言,乃以叉聲表"異"義,"異"義與分岔、交叉義相通,均以叉聲載之,然則出自同一語源。"訍"又訓"疑""疑心"。《廣韻·卦韻》:"訍,疑心名也。"《集韻·卦韻》:"訍,疑也。"按,"訍"當指心有疑而有所言。此亦與分岔、交叉義相通。今俗語有"想歪了"一詞,亦指疑心,可相證。"訍"又有揭其短處義。《廣韻·卦韻》:"訍,持短。"《集韻·卦韻》:"訍,持人短。"按,揭人短處稱"訍",正與今語"找岔"同義。

〔推源〕 諸詞皆有分岔、交叉之義,此本爲聲符字"叉"的顯性語義,然則"叉"爲源詞,上述諸詞爲同源派生詞。《說文·又部》:"叉,手指相錯也。从又,象叉之形。"按,漢許慎所訓爲形體造意,其基本義即交叉、分岔。《孔叢子·論勢》:"游說之士挾強秦以爲資,賣其國以收利,叉手服從,曾不能制。"宋惠洪《夏日》詩:"三叉路口炊煙起,白瓦青旗一兩家。""叉"又作"釵""杈"之初文,爲比喻引申。《洪武正韻·皆韻》:"釵,婦人歧笄。《說文》本作'叉'。"《廣雅·釋木》:"叉,股枝也。"清王念孫《疏證》:"與'杈'同。""叉"之音義,"岔"可相證。

叉:初紐歌部;

岔:透紐鐸部。

初透準雙聲,歌鐸通轉。岔,从山、从分,會意,謂山之分岔處。明方以智《通雅》卷四十九《諺原》:"山歧曰岔,水歧曰汊。"《水滸傳》第六回:"又行不過五七里,到了一個三岔路口。"清吳敬梓《儒林外史》第三十九回:"直送郭孝子到二十里路外岔路口。"

54　幺聲

(169) 幼囮丝(小義)

幼　年紀小。《爾雅·釋言》:"幼,稚也。"宋邢昺疏:"《方言》云:稚,年小也。"《説文·幺部》:"幼,少也。从幺,从力。"清朱駿聲《通訓定聲》:"《釋名·釋長幼》:'幼,少也,言生日少也。'《禮記·曲禮》:'人生十年曰幼。'《儀禮·喪服傳》:'子幼。'注:'謂年十五以下。'"按,小義、少義本相通。《禮記·明堂位》:"武王崩,成王幼弱,周公踐天子之位以治天下。"《宋史·程迥傳》:"吾兒幼。"今按,"幼"字的形體結構,當依清段玉裁所云"幺亦聲"。"幺""幼"音僅微別而相通,"幼"从幺得聲。"幺"爲影紐宵部字,"幼"爲影紐幽部字,雙聲,宵幽旁轉。

囮　竈囮,影神,以其小而得名。《正字通·口部》:"囮,神名,人影九重,皆有名,第七重曰竈囮。……从幺者,以其小而幻也。"唐段成式《酉陽雜俎·廣知》:"九影各有名。影神:一名右皇,二名魍魎,三名洩節樞,四名尺魄,五名索關,六名魄奴,七名竈囮,八名玄靈胎,九□□□。"按,《正字通》"囮"字之音注伊宵切,推其上古音爲影紐宵部,正與"幺"同,籍知"囮"字从幺得聲,且以幺聲載小義。

丝　微小,細微。《説文·幺部》:"丝,微也。从二幺。"清朱駿聲《通訓定聲》:"會意。按,散也。"清段玉裁注:"微當作散。《人部》曰:'散,眇也。'小之又小則曰散。二幺者,幺之甚也。"《廣韻·尤韻》:"丝,微小。"北周衛元嵩《元包經傳·仲陽》:"雲霏霏,朔丝丝。"唐蘇源明傳:"朔丝丝,月生於朔也。"按,即所謂"月芽兒",謂月微小。

〔**推源**〕　諸詞俱有小義,而其字皆从幺聲。"幺"本訓小。《説文·幺部》:"幺,小也。象子初生之形。"《後漢書·叙傳》上:"又況么麽,尚不及數子。而欲闇奸天位者虖!"唐顔師古注:"么、麽,皆微小之稱也。"《文選·陸機〈文賦〉》:"猶絃幺而微急,故雖和而不悲。"唐李善注:"幺,小也。"唯漢許慎"象子初生之形"説可商。李孝定《甲骨文字集釋》:"許書之幺乃由糸之古文所孳衍,形體不異而音義已殊,惟幺訓'小也'猶爲糸之本義'細絲也'一義所引申。"幺聲可載小義,"奚"聲可相證。

　　　幺:影紐宵部;
　　　奚:匣紐支部。

影匣鄰紐,宵支旁轉。奚聲字所記録的語詞"蒵""騱""溪""騱""徯""蹊"等俱有小義,見本典第七卷"奚聲"第1585條。

55　丰聲

(170) 芃邦胖(盛大義)

芃　草木茂盛。爲"丰"之後起字。《集韵·東韵》:"丰,丰茸,草盛皃。"又《鐘韵》:"丰,或作芃。"南朝宋謝惠連《豫章行》:"緇髮迫多素,憔悴謝華芃。"按《集韵》所云"丰茸"亦作"芃茸"。南朝梁武帝蕭衍《雍臺》詩:"芃茸臨紫桂,蔓延交青苔。"

邦　大的諸侯國,亦指整個封國的大範圍。《説文·邑部》:"邦,國也。从邑,丰聲。"清段玉裁注:"《周禮》注曰:'大曰邦,小曰國。'析言之也。許云:'邦,國也';'國,邦也',統言之也。《周禮》注又云:'邦之所居亦曰國。'此謂統言則封竟之内曰國、曰邑;析言則國、野對稱,《周禮》'體國經野'是也。古者城郭所在曰國、曰邑,而不曰邦。邦之言封也,古邦、封通用。"元戴侗《六書故·工事二》:"邦,國也。别而言之,則城郭之内曰國,四境之内曰邦。"

胖　脹大。《玉篇·肉部》:"胖,胖脹也。"按"胖脹"猶"膨脹"。宋宋慈《洗冤録·溺水死》:"水浸多日,尸首胖脹。"亦引申爲肥大義。宋范成大《愛雪歌》:"氊衫胖肛束渾脱,絮帽匼匝蒙兜鍪。"

〔推源〕　諸詞俱有盛大義,爲丰聲所載之公共義。聲符字"丰"本爲"芃"之初文,謂草木茂盛。《説文·生部》:"丰,草盛丰丰也。"唐李德裕《憶藥苗》詩:"溪上藥苗齊,丰茸正堪掇。"按,"丰"又有豐滿義,豐滿則大,與大義通,亦與"胖"之脹大義相近。《詩·鄭風·丰》:"子之丰兮,俟我乎巷兮。"漢毛亨傳:"丰,豐滿也。"按"丰"字象植樹爲界加土堆形,段玉裁氏"丰""封"二字通用説可從。然則盛大義爲丰聲所載之語源義。丰聲可載盛大義,"豐"可相證。

丰:滂紐東部;

豐:滂紐冬部。

雙聲,上古音東、冬二部同,實爲叠韵。"豐",器中豐滿。《説文·豆部》:"豐,豆之豐滿者也。从豆,象形。"《尚書·高宗肜日》:"典祀無豐於昵。"引申之,有盛義,亦有大義。《詩·小雅·湛露》:"湛湛露斯,在彼豐草。"《易·豐》:"彖曰:豐,大也。"《國語·周語中》:"奉義順則謂之禮;畜義豐功謂之仁。"

56　井聲

(171) 穽阱(井義)

穽　捕野獸的陷阱,其字或作"阱"。唐玄應《一切經音義》卷一引《蒼頡篇》:"穽謂掘地爲坑,張禽獸也。"《廣雅·釋言》:"穽,坑也。"《説文·井部》:"阱,陷也。穽,阱或从穴。"《書·費誓》:"杜乃擭,斂乃穽。"僞孔傳:"穽,穿地陷獸,當以土窒斂之。"《淮南子·原道訓》:"終身運枯形於連嶁列埒之門,而蹪蹈於污壑穽陷之中。"《周禮·秋官·雍氏》:"春令爲阱擭溝瀆之利於民者,秋令塞阱杜擭。"漢鄭玄注:"阱,穿地爲壍,所以御禽獸。"

寍 家中的井。《玉篇·宀部》:"寍,舍寍也。"其音積省切,則其上古音爲精紐耕部,與"井"同,可推知"寍"的形體結構爲从宀、从井,井亦聲。又,舊時江南大户人家常於家内掘井以汲水。

〔推源〕 聲符字"井"所記録的詞的本義,一般認爲是水井,陷阱形如水井,故稱"穽""阱"。《説文·井部》:"井,八家一井。象構韓形。•,罋之象也。"筆者疑"井"的本義爲陷阱,其字爲"穽""阱"之初文,比喻引申而指水井。蓋先民先有游牧生活時期而後有定居、農耕生活時期。至"穽""寍"同源,則可無疑。

(172) 妌/婧(貞潔義)

妌 女人貞潔。《説文·女部》:"妌,静也。从女,井聲。"清朱駿聲《通訓定聲》:"《廣雅·釋詁三》:'妌,潔也。'"清桂馥《義證》:"《詩·静女》傳云:貞,静也。女德貞静而有法度。"《廣韻·静韻》:"妌,女人貞潔也。"

婧 女人貞潔。《集韻·勁韻》:"婧,女貞也。"《字彙·女部》:"婧,女貞潔。"《列女傳·辯通》載,春秋時齊人衍之女名"婧",凡名字皆其美好義,推此"婧"即貞潔義。又,漢劉向《列女傳·齊管妾婧》載,齊管仲有妾亦名"婧",取義當同。

"妌"與"婧"之音,從紐雙聲,耕部叠韻。然則音義皆同。

〔推源〕 "妌"的聲符字"井"謂水井、陷阱,與貞潔義不相涉,乃以井聲載貞潔之語源義。

57　夫聲

(173) 麩肤䬾(外表、外層義)

麩 麥皮。字或作"䴸""䴿"。《説文·麥部》:"麩,小麥屑皮也。从麥,夫聲。䴸,麩或从甫。"《玉篇·麥部》:"䴿,俗麩字。"《廣韻·虞韻》:"麩,麥皮也。䴸,上同。"《太平御覽》卷八五三引漢崔寔《四民月令》:"五月五日至後可糴麩至冬以養馬。"漢焦贛《易林·横·泰》:"夏麥䴿麳,霜擊其芒,病君敗國,使年大傷。"

肤 皮肤。字亦作"膚"。其結構當爲从肉,夫聲。《廣韻·虞韻》:"膚,同臚。""肤,同膚。"《説文·肉部》:"臚,皮也。从肉,盧聲。膚,籀文臚。"清朱駿聲《通訓定聲》:"《禮記·禮運》:'膚革充盈。'疏:'革外之薄皮。'《論語》:'膚受之愬。'皇疏:'人肉皮上之薄緆者。'《易》:'臀無膚。'《荀子·性惡》:'骨體膚理好愉佚。'"

秩　米的外殼。《正字通·禾部》："秩,俗稃字。"《說文·禾部》："稃,䅭也。"南唐徐鍇《繫傳》："即米殼也。"清朱駿聲《通訓定聲》："《爾雅·釋草》：'秠一稃二米。'按稃者米外皮,今蘇俗謂之礱穅者是。"宋范成大《上元紀吴中節物》詩："撚粉團欒意,熬稃膈膊聲。"

〔推源〕諸詞俱有外表、外層義,爲夫聲所載之公共義。聲符字"夫"本指成年男子。《說文·夫部》："夫,丈夫也。从大,一以象簪也。周制以八寸爲尺,十尺爲丈,人長八尺,故曰丈夫。"然則"夫"的本義、引申義與外表、外層義不相涉,其外表、外層義爲夫聲所載之語源義。按"麩"指麥皮,其字亦作"䴿",夫聲、孚聲本相近而通。

夫：幫紐魚部；

孚：滂紐幽部。

幫滂旁紐,魚幽旁轉。孚聲字所記錄的語詞"琈"指玉外表的色彩,"桴"即筏謂漂浮於水面的工具,"莩"即種子外皮,"郭(垺)"爲外城(參本典"孚聲"),正可相證。

(174) 扶／輔(助義)

扶　以手扶持、幫助。《玉篇·手部》："扶,扶持也。"《荀子·勸學》："蓬生麻中,不扶而直。"虛化引申爲佐助義。《說文·手部》："扶,左(佐)也。从手,夫聲。"清朱駿聲《通訓定聲》："《晉語》：'侏儒扶盧。'注：'援也。'……《宋策》：'若扶梁伐趙。'注：'助也。'"《漢書·武帝紀》："古之立教,鄉里以齒,朝廷以爵,扶世導民,莫善於德。"

輔　爲增强輪輻的承重力綁在車輪外夾轂的兩條直木,"輔"之名本寓助義。《詩·小雅·正月》："其車既載,乃棄爾輔。"引申爲輔助義。《廣雅·釋詁二》："輔,助也。"《廣韻·麌韻》："輔,助也,弼也。"《書·蔡仲之命》："皇天無親,惟德是輔。"僞孔傳："天之於人無有親疏,惟有德者則輔佑之。"《漢書·藝文志》："法家者流,蓋出於理官。信賞必罰,以輔禮制。"

〔推源〕此二詞義既同,音亦同,並紐雙聲,魚部疊韻。"輔"字從甫得聲,甫聲字記錄的語詞"俌"謂人相輔助,"補"指加布以助衣,"哺""餔"指助其進食,"誧"謂謀劃而相助,皆同源者(參本典"甫聲")。至"扶",則以夫聲載"助"之語源義。

58　元聲

(175) 杬頑完(頑皮、頑强義)

杬　厚皮之木。《廣韻·元韻》："杬,木名。出豫章,煎汁藏果及卵不壞。"《集韻·元韻》："杬,木名。生南方,皮厚,汁赤,中藏卵果。"《文選·左思〈吳都賦〉》："木則……緜杬杶櫨。"唐李善注引唐劉逵："杬,大樹也。其皮厚,味近苦澀。"今按,其名爲"杬",當因皮厚、皮頑强而得名。

頑 本指難劈開的囫圇木柴,本寓頑强、頑固之義。其字从頁,取其比喻義。《説文·頁部》:"頑,梡頭也。从頁,元聲。"引申之,則有頑强義,其字即爲後世頑强字。《正字通·頁部》:"頑,梗强也。"唐韓愈《平淮西碑》:"蔡帥之不廷授,于今五十年,傳三姓四將,其樹木堅,兵利卒頑,不與他等。"宋陸游《示二子》:"耄期尚有江湖興,頑健人言見未曾。"今按,凡孩童臉皮厚、淘氣稱"頑皮","頑"字單用亦有厚義,"杬""頑"同源,昭然若揭。明凌濛初《二刻拍案驚奇》卷八:"李三頑着臉皮道:'便等我在裏頭與賢妹們幫興一幫興也好。'"

完 本謂完全、完善,引申爲堅强、頑强。《説文·宀部》:"完,全也。从宀,元聲。"清朱駿聲《通訓定聲》:"《莊子》:'不以物挫志之謂完。'……《荀子·王制》:'尚完利。'注:'堅也。'"《孟子·離婁上》:"城郭不完,兵甲不多,非國之災也。"明謝肇淛《五雜俎·人部二》:"山形完固,不犯水蟻,不近田疇,土膏明潤,梧楸森鬱。"

〔推源〕 諸詞皆有頑强義,而其字皆从无聲。聲符字"元"指頭,與頑强義不相涉,乃以元聲載"頑强"之語源義,"固"可相證。

元:疑紐元部;
固:見紐魚部。

疑見旁紐,元魚通轉。固,堅固。《玉篇·口部》:"固,堅固也。"《荀子·王霸》:"如是,則兵勁城固,敵國畏之。"《詩·小雅·天保》:"天保定爾,亦孔之堅。"漢毛亨傳:"固,堅也。"今按,堅固、頑固、頑强諸義僅微別而相通。

(176) 蚖芫(毒義)

蚖 毒蛇。《廣韵·桓韵》:"蚖,毒蛇。"明李時珍《本草綱目·鱗二·蚖》:"蚖與蝮同類,即虺也。長尺餘,蝮大而虺小,其毒則一。"漢賈誼《新書·耳痺》:"燕雀剖而蚖虵生。"宋歐陽修《憎蚊》:"蠅蛀蚤虱蠛,蜂蝎蚖蛇蝮。"

芫 魚毒。漢史游《急就篇》第二十五章:"烏喙附子椒芫華。"唐顔師古注:"芫華,一名魚毒。漁者煮之,以投水中,魚則死而浮出,故以爲名。其根曰蜀桑,其華可以爲藥。"《説文·艸部》:"芫,魚毒也。从艸,元聲。"《廣韵·元韵》:"芫,草名,有毒,可爲藥也。"《山海經·中山經》:"首山,其陰多穀柞,其草多𦬊芫。"晉郭璞注:"芫華,中藥。"

〔推源〕 此二詞俱有毒義,其聲符字"元"與毒義不相涉,乃以元聲載"毒"之語源義。"元"爲疑紐元部字,"毒"爲定紐覺部字。疑定二紐不相通,"蚖""芫"與"毒"出自兩個語源。然元覺旁對轉,可證"蚖""芫"與"毒"爲聲近義同。

(177) 飦朊䬧(圓義)

飦 圓形糕點。漢揚雄《方言》卷十三:"餌謂之糕,或謂之飦。"清錢繹《箋疏》:"洪興祖《招魂》補注云:'粔籹,蜜餌也,吳謂之膏環。'其即飦之謂歟?"《廣雅·釋器》:"飦,餌也。"清王念孫《疏證》:"飦之言圜也,今人通呼餌之圜者爲飦。"

肮 胃脘,形圓。字亦作"脘"。《集韵·緩韵》:"脘,《説文》:'胃府也。'或省。"《廣韵·緩韵》:"脘,胃府。"《正字通·肉部》:"胃之受水穀者曰脘。"今按,元聲、完聲本相近,故"肮""脘"之聲符字可相更替。又,完聲字所記録的語詞"莞""脘"等多有圓義,參本典"完聲"。

刓 圓鈍無棱角貌。其字亦作"園"。从刀元聲作"刓",謂以刀削其棱角而使圓,以元聲表圓義;从囗元聲作"園",則謂削方爲圓,實亦削其棱角之意,亦以元聲表圓義。《説文·刀部》:"刓,剸也。从刀,元聲。"清桂馥《義證》:"剸也者,《廣韵》:'刓,圓削。'《廣雅》:'釫,刓也。'本典:'釫,吮圓也。'"《玉篇·口部》:"園,削也。亦作刓。"《史記·酈生陸賈列傳》:"爲人刻印,刓而不能授。"南朝宋裴駰《集解》:"刓斷,無復廉鍔也。"《莊子·齊物論》:"五者園而幾向方矣,故知止其所不知,至矣。"唐成玄英疏:"園,圓也。"唐陸德明《經典釋文》:"園,崔音刓。司馬云:圓也。"

〔推源〕 諸詞俱有圓義,爲元聲所載之語源義,"圓"可證之。

元:疑紐元部;

圜:匣紐元部。

疑匣旁紐,元部叠韵。"圜"即古之方圓,與"方"相對待。《説文·口部》:"圜,天體也。"按,古人以爲天圓而地方,所謂"天體"即圓形物,《易·説卦》"乾爲天,爲圜"可證。引申爲圓義。《廣雅·釋詁三》:"圜,圓也。"《楚辭·離騷》:"何方圜之能周兮,夫孰異道而相安?"《周禮·考工記·輿人》:"圜者中規,方者中矩。"

(178) 忨 翫(貪義)

忨 貪愛,偷安。《説文·心部》:"忨,貪也。从心,元聲。"《玉篇·心部》:"忨,貪也,愛也。"《廣韵·桓韵》:"忨,貪也。"《國語·晉語八》:"今忨日而激歲,怠偷甚矣,非死逮之,必有大咎。"三國吴韋昭注:"忨,偷也。"按,《禮記·表記》"安肆曰偷"漢鄭玄注:"偷,苟且也。"

翫 本謂成習而滿足。《説文·習部》:"翫,習厭也。从習,元聲。"引申爲貪圖。《左傳·昭公元年》:"翫歲而愒日,其與幾何。"晉杜預注:"翫、愒,皆貪也。"宋葉適《司農卿湖廣總領詹公墓誌銘》:"凡八年,徙屋苔雪,翫愒水石,誦讀悠然。"清朱之瑜《與奥村德輝書》:"若徒翫日愒月,轉瞬之間已成耄耋,可懼也。"

〔推源〕 此二詞俱有貪義,而其字皆从元聲,當爲元聲所載之共同義。聲符字"元"本謂人首,與貪義不相涉,"忨""翫"乃以元聲表"貪"之語源義。元聲字"玩""頑"亦以借字形式,以其元聲表"貪"義,可相證。清朱駿聲《説文通訓定聲·乾部》:"玩,假借爲忨。《左昭廿六傳》:'玩求無度。'注:'貪也。'"《漢書·杜欽傳》:"臣聞玩色無厭,必生好憎之心。好憎之心生,則愛寵偏於一人。"按,"玩色無厭"即貪色而不滿足。上述朱氏書同部:"頑,假借爲忨。《孟子》:'頑夫廉。'注:'貪也。'"《吕氏春秋·慎大》:"桀爲無道,暴戾頑貪,天下顫恐而患之。"

(179) 刓髡抏(損義)

刓 字从刀，《玉篇·刀部》訓"削"。《廣韵·桓韵》："刓，圓削。"按即削去棱角之意。故"刓"有"損"之衍義。唐元稹《箭鏃》詩："帥言發硎罪，不使刃稍刓。"唐韓愈《請上尊號表》："堯誅九嬰以定下土，血兵刓刃，謹就厥功。"明蔣一葵《長安客話·卧佛寺》："門西有石盤，方廣數丈，高亦稱是，無纖毫刓缺。"

髡 剃去頭髮，即損減義。其字亦作"髨"。《説文·髟部》："髡，鬀髮也。从髟，兀聲。髨，或从元。"清朱駿聲《通訓定聲》："从髟，元省聲，或不省。"《楚辭·九章·涉江》："接輿髡首兮，桑扈臝行。"《左傳·哀公十七年》："公自城上見己氏之妻髮美，使髡之以爲吕姜髢。"

抏 消耗，損減。《廣韵·桓韵》："抏，挫也。"按，"挫"有"損"義，《荀子·解蔽》"耳目之欲接則敗其思，蚊虻之聲聞則挫其精"唐楊倞注"挫，損也"可證。《史記·平準書》："中外騷擾而相奉，百姓抏獘以巧法，財賂衰耗而不贍。"唐司馬貞《索隱》："抏者，耗也，消耗之名。言百姓貧獘，故行巧抵之法也。"《文選·司馬相如〈上林賦〉》："若夫終日馳騁，勞神苦形，罷車馬之用，抏士卒之精。"唐李善注引晉郭璞："抏，損也。"

〔推源〕 諸詞皆有損義，此當爲元聲所載之語源義。"元"爲疑紐元部字，損減之"減"爲見紐字，消耗之"耗"爲曉紐字，疑見曉旁紐，聲相近而義同。

(180) 㲯尣(小義)

㲯 小兔。《中華字海·九部》："㲯，小兔。見《玉篇》。"並云"音完"。按，注音字"完"从宀，元聲，可推"㲯"以元聲表小義。今按，《廣韵·桓韵》"㲯"訓"㲯𪓰"，"㲯"與"𪓰"當可分訓，皆指小兔。《玉篇·兔部》："𪓰，娩也。"《説文·兔部》："娩，兔子也。"按，需聲可表弱小義，"孺"指小兒，"麛"指小鹿，皆其證。

尣 小貌。《廣韵·阮韵》："尣，小兒。"按，此亦以元聲表小義。

〔推源〕 元聲可載"小"之語源義，"隙"可相證。

元：疑紐元部；
隙：溪紐鐸部。

疑溪旁紐，元鐸通轉。"隙"指小縫隙，本寓小義。《説文·阜部》："隙，壁際孔也。从阜，从𡭴，𡭴亦聲。"按，"𡭴"當爲"隙"之初文，其小義爲見諸文字形體的顯性語義。《正字通·小部》："𡭴，别作隙。"《説文·白部》："𡭴，際見之白也。从白，上下小見。"清段玉裁注："見，讀如現。壁隙之光，一綫而已，故从二小。"

(181) 頑刓䯝(混沌義)

頑 可指難劈開的囫圇木柴，囫圇、混沌義相近。《説文·頁部》："頑，梡頭也。从頁，元聲。"清段玉裁注："《木部》曰：'梡，梡木未析也。''梡，梡木薪也。'凡物渾淪未破者皆得曰梡，凡物之頭渾全者皆曰梡頭。"唐元稹《畫松》詩："纖枝無蕭灑，頑幹空突兀。""頑"又有愚妄無知義,此即糊涂、混沌義。《廣雅·釋詁一》:"頑,愚也。"《書·多士》:"成周既成,遷殷頑民。"唐孔穎達疏:"頑民謂殷之大夫士從武庚叛者,以其無知,謂之頑民。"《左傳·昭公二十三年》:"胡沈之君幼而狂,陳大夫齧壯而頑。"

刓 字從刀,本指刓方成圓,引申爲圓鈍無棱角義,此與混沌義相近而通。《說文·刀部》:"刓,剸也。從刀,元聲。"《史記·酈生陸賈列傳》:"爲人刻印,刓而不能授。"南朝宋裴駰《集解》:"刓斷,無復廉鍔也。"按,"刓斷"亦作"䰰斷"。《莊子·天下》:"常反人,不見觀,而不免於䰰斷。"唐成玄英疏:"䰰斷,無圭角貌也。"《後漢書·孔融傳》"豈有員圜委曲,可以每其生哉"唐李賢注:"圜即刓字。《前書音義》曰:'刓,謂刓團,無棱角也。'"

飩 圓形糕點,見本典第177條。按,糕點形圓則囫圇渾一,或稱"餛飩",皆混沌義。

〔推源〕 諸詞皆有混沌義,爲元聲所載之語源義,"圓"可相證。

元:疑紐元部;
圓:匣紐文部。

疑匣旁紐,元文旁轉。"圓"指完滿。《說文·囗部》:"圓,圜。全也。"亦指形之圓。按,道家以爲混沌未開、天地未成時,宇宙囫圇渾一,"陰陽魚"共居於中,此足證圓義、混沌義相通。

59 云聲

(182) 囩沄雲(回旋義)

囩 回旋。《說文·囗部》:"囩,回也。從囗,云聲。"清段玉裁注:"凡從云之字皆有回轉之義。"清朱駿聲《通訓定聲》:"與圓略同。《秦策》'云翔'字、《管子·戒》'云下'字,以云爲之。"又"雲","假借爲囩。《詩·正月》'昏姻孔云。'傳:'旋也。'……《秦策》:'云翔不敢校。'注:'猶解散。'按,即回翔也。"《正字通·囗部》:"囩,回旋貌。"

沄 水回旋。《說文·水部》:"沄,轉流也。從水,云聲。"清段玉裁注:"回轉之流沄沄然也。"清朱駿聲《通訓定聲》:"《楚辭·哀歲》:'流水兮沄沄。'注:'沸流也。'"《後漢書·張衡傳》:"揚芒熛而絳天兮,水沄沄而涌濤。"唐李賢注:"沄音胡犬反,沄音户昆反,並水流皃也。"按,"沄沄"當云水涌起、回旋貌。凡水疾流逢阻則涌起,而必回旋之。朱氏所引漢王逸《哀歲》之自注"沸流"亦涌起回旋之意。

雲 山川氣,回旋狀物。《說文·雨部》:"雲,山川氣也。從雨,云象雲回轉形。"《詩·小雅·白華》:"英英白雲,露彼菅茅。"晉張協《七命》:"車騎競騖,駢武齊轍,翕忽揮霍,雲迴風烈。"按,凡風吹則雲涌動而回旋。北魏酈道元《水經注·涑水》:"方嶺雲回,奇峰霞舉。"

〔推源〕 諸詞俱有回旋義,爲云聲所載之公共義。聲符字"云"本爲"雲"之初文,爲象形字，構件"雨"乃後加形符。然則回旋義爲"云"的顯性語義。《説文·雨部》："云，古文省雨。"清段玉裁注："古文上無雨。"按，甲骨文亦作"云"而無"雨"之構件。又，云聲可載回旋義，"淵"亦可證。

云：匣紐文部；

淵：影紐真部。

匣影鄰紐，文真旁轉。"淵"，漩渦，即回旋之水。《説文·水部》："淵，回水也。从水，象形，左右岸也，中象水皃。"清朱駿聲《通訓定聲》："字亦作㶜。《吴都賦》：'泓澄㶜瀁。'注：'迴復之貌。'"《篇海類編·地理類·水部》："淵，水盤旋處爲淵。"宋梅堯臣《依韻李密學合流河口見懷》："二水交流抱閭井，清潭幾曲自淵回。"按，孔子有弟子名顏回，字子淵，亦爲一證。

(183) 貦雲紜耺忶伝（繁多紛亂義）

貦 字从員，謂物數多而亂。《説文·員部》："貦，物數紛貦亂也。从員，云聲。"《廣韵·問韵》："貦，物數亂也。"《老子》第十六章："凡物貦貦，各歸其根。"按，《説文》"貦"字條清段玉裁注云："貦，今字作紜，'紜'行而'貦'廢矣。"清朱駿聲氏亦云"貦，字亦作紜"。然二字似非或體，"紜"字从糸，謂絲易亂。

雲 山川氣，爲聚合體，故有多義。《詩·齊風·敝笱》："齊子歸止，其從如雲。"漢毛亨傳："如雲，言盛也。"漢賈誼《過秦論》："天下雲集而響應，贏糧而景從。"《文選·班固〈西都賦〉》："列卒周匝，星羅雲布。"唐呂延濟注："星羅雲布，言衆也。"

紜 繁多而紛亂。《玉篇·糸部》："紜，數亂也。"《廣韵·文韵》："紜，紛紜。"漢班固《東都賦》："千乘雷起，萬騎紛紜。"唐白居易《朱陳村》詩："機梭聲札札，牛驢走紜紜。"

耺 耳所聞連綿不絕的鐘鼓聲。《玉篇·耳部》："耺，耳中聲。"《廣韵·文韵》："耺，耳中聲。"漢揚雄《法言·先知》："籩豆不陳，玉帛不分，琴瑟不鏗，鐘鼓不耺，吾則無以見聖人矣。"宋宋咸注："耺，音雲，謂鐘鼓之聲也。"按，鐘鼓之聲不絕於耳，謂多而亂。

忶 心亂。唐玄應《一切經音義》引《通俗文》："忶，心亂曰忶。"《廣韵·魂韵》："忶，《埤蒼》云：心悶也。"按，心亂、心悶，實爲一義。心事多，則煩悶而亂。

伝 行不休。漢班固《白虎通·情性》："魂魄者何謂？魂，猶伝伝也，行不休於外也，主於情；魄者，迫然著人，主於性也。"

〔推源〕 上述諸詞俱有繁多紛亂之義，爲云聲所載之公共義。云聲字"沄""芸"亦可以假借字形式、以其云聲表此義。宋文天祥《賀何尉書》："别後不圖事變沄沄，天下大事幾去。"晉葛洪《抱朴子·逸民》："萬物芸芸，化爲埃塵矣。"按，聲符字"云"疊用亦可表此義。清朱駿聲《説文通訓定聲·屯部》："云，又重言形況字。《漢書·金安上傳》：'教當云云。'注：'多言也。'"唐薛逢《題獨孤處士村居》詩："何如一被風塵染，到老云云相是非。"按，"云"

本指山川氣,多而相聚者,風吹之則涌動,故繁多紛亂義爲"云"之顯性語義。

(184) 眃/暈(模糊不明義)

眃 視覺模糊不明。《集韵·文韵》:"眃,眃眃,視不明皃。"《文選·張衡〈思玄賦〉》:"繽連翩兮紛暗曖,儵眃眃兮反常閭。"唐李善注:"《蒼頡篇》曰:'眃眃,目視不明貌。'善曰:眃,音懸;眃,音雲。"清阮元《疇人傳·顧廣圻》:"臨初商而回沴,值幾數而眃眃。"

暈 日暈,亦指月暈,日月有旁氣而模糊不清。《説文新附·日部》:"暈,日月氣也。"《史記·天官書》:"兩軍相當,日暈。"又"日月暈適,雲風,此天之客氣,其發見亦有大運。"南朝宋裴駰《集解》:"暈,孟康曰:日旁氣也。"《金史·方伎傳·馬貴中》:"日有暈珥戴背。"按,凡人頭昏神志模糊不清亦稱"暈",爲比喻引申義。

〔推源〕 此二詞俱有模糊不清之義,其音相同,匣紐雙聲,文部叠韵,然則同源無疑。"眃"字從云得聲,乃以云聲表模糊不清義,聲符字"云"謂雲氣,雲氣本爲模糊不清之物,然則此義爲顯性語氣。又,"混"可證云聲與模糊不清義之音義關聯。"混"亦爲匣紐文部字,本指混濁不清之水,又爲混沌字,其義極相近而通。

60 帀聲

(185) 迊/匝(環繞、周遍義)

迊 環繞,周遍。《廣韻·合韻》:"帀,遍也,周也。迊,同帀。"唐牛僧孺《玄怪録·杜子春》:"將大鑊湯而置子春前,長槍刃叉四面迊迊。"唐裴漼《少林寺碑》:"地迊貝花,門連石柱。"

匝 環繞。《六韜·犬韜·戰步》:"望敵車騎將來,均置蒺藜,掘地匝後,廣深五尺,名曰命籠。"南朝梁劉勰《文心雕龍·物色》:"山沓水繞,樹匝雲合。"環繞則周遍,故"匝"又有周遍義。南朝梁沈約《三月三日率爾成篇》詩:"花開已匝樹,流嚶復滿枝。"唐沈佺期《寒食》詩:"普天皆滅焰,匝地盡藏煙。"

〔推源〕 二詞義既同,音亦無殊,精紐雙聲,葉部叠韻,然則同源關係可知。"迊"字從辵,帀聲,其環繞、周遍義爲帀聲所載之義。聲符字"帀"本爲"迊"之初文,"帀"本有環繞義。《説文·帀部》:"帀,周也。从反之而帀也。"清朱駿聲《通訓定聲》:"匍也。謂從到之,指事。字亦作'迊'。"清段玉裁注本亦作"帀,匍也",並注:"匍,各本作'周',誤,今正。《勹部》:'匍,帀徧也。'……反之,謂倒之也。凡物順屰往復則周徧矣。"《後漢書·仲長統傳》:"溝池環帀,竹木周布。"明焦竑《焦氏筆乘·金陵舊事》:"一日坐廳事,雷雨猝至,電光如金蛇帀案,吏卒震僕。""帀"又有周遍義。《廣雅·釋詁二》:"帀,徧也。"《廣韻》所訓同,上文已述。《文選·顔延之〈車駕幸京口侍游蒜山作〉》:"睿思纏故里,巡駕帀舊坰。"唐吕延濟注:"帀,猶徧也。"又,時滿一月稱"帀月",實亦周遍義。

61 支聲

(186)芰跂䰙翅枝岐郊肢歧(分支義)

芰 菱,以其角多有分支而得名。《説文·艸部》:"芰,蔆也。从艸,支聲。"清朱駿聲《通訓定聲》:"《廣雅·釋草》:'蔆芰,薢茩也。'言其葉之岐起曰芰,言其實有棱角曰蔆。楚謂之芰,秦謂之薢茩。"今按,朱氏"言其葉之岐起曰芰"説可商。唐杜甫《佐還山後寄》詩:"隔沼連香芰,通林帶女蘿。"清仇兆鰲注:"《武陵記》:'兩角曰菱,三角四角曰芰。'"

跂 多出的脚趾。脚五趾爲一體,"跂"即歧出者,其名寓分歧、分支之義。《説文·足部》:"跂,足多指也。从足,支聲。"清朱駿聲《通訓定聲》:"《莊子·駢拇》:'而枝者不爲跂。'字亦作歧。……《爾雅·釋宫》:'二達謂之歧旁。'《釋名》:'物兩爲歧,在邊曰旁。'"按,"跂"亦虚化引申爲分叉、分支義。《詩·小雅·大東》:"跂彼織女,終日七襄。"唐孔穎達疏:"孫毓云:'織女三星,跂然如隅。'然則三星鼎足而成三角,望之跂然,故云隅貌。"

䰙 大口的三足釜,以其三足歧立而得名。《説文·鬲部》:"䰙,三足鍑也。一曰滫米器也。从鬲,支聲。"《廣韻·紙韻》:"䰙,釜也。亦作鈘。《説文》曰:三足鍑也。"《玉篇·金部》:"鈘,釜也。與䰙同。"

翅,翅膀,雙翼歧出,故稱"翅",其字亦作"翄"。《説文·羽部》:"翄,翼也。从羽,支聲。"《廣韻·寘韻》:"翄,同翅。"《玉篇·羽部》:"翅,翼也。"《漢書·禮樂志》:"幡比翄回集,貳雙飛常羊。"清王先謙《補注》:"翄,本或作翅。"晉趙至《與嵇茂齊書》:"時不我與,垂翼遠逝。鋒鉅靡加,翅翮摧屈。"

枝,樹枝,樹幹之歧出者。《説文·木部》:"枝,木别生條也。从木,支聲。"清段玉裁注:"幹與莖爲草木之主,而别生條謂之枝。"《莊子·逍遥遊》:"鷦鷯巢於深林,不過一枝。"唐李白《古風五十九首》之四十四:"緑蘿紛葳蕤,繚繞松柏枝。"按,"枝"亦虚化引申爲分支義。清朱駿聲《説文通訓定聲·解部》:"枝,〔轉注〕《管子·度地》:'水别於他水入於大水及海者,命曰枝水。'又《易·繫辭》傳:'其辭枝。'又《荀子·解蔽》:'心枝則無知。'"按,朱氏所云"轉注"即引申。

岐 山名,以山有兩枝而得名。《廣韻·支韻》:"岐,山名。"清朱駿聲《説文通訓定聲·解部》:"岐,按山有兩枝,故名。从山,从枝省,支亦聲。古文不省。在今陝西鳳翔府岐山縣。《易·升》:'王用享於岐山。'"《文選·張衡〈西京賦〉》:"岐、梁、汧、雍。"三國吴薛綜注:"岐山在長安西美陽縣界,山有兩岐,因以名焉。"按,"岐"亦虚化引申爲分支義。《集韻·支韻》:"岐,分也。"《吕氏春秋·疑似》:"墨子見岐道而哭之。"唐李白《南陽送客》詩:"揮手再三别,臨岐空斷腸。"

郊 地名。因岐山而得名。《説文·邑部》:"郊,周文王所封,在右扶風美陽中水鄉。

从邑,支聲。岐,郂或从山,支聲,因岐山以名之也。𡵊,古文郂。从枝,从山。"清段玉裁注:"郂邑可作岐,岐山不可作郂。"清朱駿聲《通訓定聲》:"周太王所徙國,在岐山之下,今陝西鳳翔府岐山、扶風二縣地。《漢書·地理志》:'賜受郂鄷之地。'……邑以山名,先有岐,後有郂,𡵊者正字,岐者省字,郂者後出字也。"

肢 四肢。其字亦作"胑""躽"。《説文·肉部》:"胑,體四胑也。从肉,只聲。肢,胑或从支。"清朱駿聲《通訓定聲》:"按,體四枝也。《孟子》:'四肢之於安佚也。'《荀子》:'如四胑之从心。'《管子·君臣》:'四肢六道。'注:'謂手足也。'……〔聲訓〕《釋名》:'胑,枝也,似木之枝格也。'"《玉篇·身部》:"躽,四躰。亦作肢。"

歧 字从止,謂人所行之岔道,然則"歧"之名寓分支義。《玉篇·止部》:"歧,歧路也。"《廣韻·支韻》:"歧,歧路。"《列子·説符》:"歧路之中,又有歧焉,吾不知所之,所以反也。"《文選·鮑照〈舞鶴賦〉》:"指會規翔,臨歧矩步。"唐李善注:"歧,歧路也。"引申爲分支義,後世遂以"歧"爲分歧字。

〔推源〕 諸詞俱有分支義,爲支聲所載之公共義。聲符字"支"本爲"枝"之初文,故支聲所載之分支義爲顯性語義。《詩·衛風·芄蘭》:"芄蘭之支,童子佩觿。"宋朱熹《集傳》:"支,枝同。"按,《説文·支部》"支"字訓"去竹之枝",清朱駿聲《通訓定聲》云"支"假借爲"枝",皆未得肯綮。"支"亦爲"肢"之初文。《易·坤》:"正位居體,美在其中,而暢於四支。"唐孔穎達疏:"四支,猶人手足,比於四方物務也。"按,"肢"字乃爲"支"的比喻引申義所造之專字。以"枝"代"支",則爲其本義重造本字。

(187) 庋馶技迟忮頍(不平不正義)

庋 傾斜不正。《説文·匕部》:"庋,頃也。从匕,支聲。匕,頭頃也。《詩》曰:'庋彼織女。'"清朱駿聲《通訓定聲》:"匕者,偏也,與頃、卬同意。欹側字當作此。《荀子·宥坐》:'有欹器焉。'注:'傾欹易覆之器。'以欹爲之。庋、欹雙聲。"按,《玉篇·匕部》:"庋,顉皃。"《廣韻·鐘韻》:"顉,仰也。"仰則不平,然則"庋"亦有不平義。

馶 傾斜不正。《説文·危部》:"馶,馶𢉉也。从危,支聲。"清朱駿聲《通訓定聲》:"《一切經音義》引《説文》:'馶𢉉,傾側不安也。'字又作崎嶇。"清段玉裁注:"俗用崎嶇字。"按,今語則以"崎嶇"指道路不平。北周庾信《小園賦》:"馶𢉉兮狹室,穿漏兮茅茨。"按,"馶𢉉"當可分訓,"馶"字可單用。唐陸龜蒙《秋日遣懷十六韻寄道侶》:"冠馶玄髮少,書健紫毫尖。"

技 字从手,本指技巧,引申爲伎倆義,伎倆即不正當手段,爲抽象的不正義。伎倆字本作"技倆""技掆"。《説文·手部》:"技,巧也。从手,支聲。"清朱駿聲《通訓定聲》:"《大學》:'無他技。'《公羊·文十二》傳注:'他技,奇巧異端也。'"《集韻·支韻》:"技,不端也。"按,"不端"即不正,即異端。《莊子·在宥》:"説禮邪?是相於技也。説樂邪?有相於淫也。"唐陸德明《經典釋文》:"技,崔云:不端也。"《隋書·劉昉傳》:"及宣帝嗣位,以技佞見姵,出入宫掖,寵冠一時。"

迆 《廣雅·釋詁三》訓"避也"。按,即所謂迴避、避開,勿正面相對,此爲抽象的不正義。偏僻謂非正中處,亦寓不正義,其字作"僻",與"避"字同从辟聲,可爲一證。

忮 違逆、不順從,亦爲抽象的不正義。《説文·心部》:"忮,很也。从心,支聲。"清段玉裁注:"很者,不聽從也。"清朱駿聲《通訓定聲》:"《莊子·天下》:'不忮於衆。'注:'逆也。'"《尹文子·大道上》:"苟違於人,俗所不與;苟忮於衆,俗所共去。"

頍 舉頭。頭舉則不平。《説文·頁部》:"頍,舉頭也。从頁,支聲。"清段玉裁注:"此頍之本義也。故其字从頁。《士冠禮》:'緇布冠缺項。'注:'缺讀爲頍。頍圍髮際,結項中,隅爲四綴以固冠。今未冠笄者箸冠卷,頍象之所生也。滕、薛名簂爲頍。'如鄭説則頍所以支冠,舉頭之義之引伸也。《小雅》:'有頍者弁。'傳曰:'頍,弁兒。'弁,皮弁也。惟舉頭曰頍,故戴弁亦曰頍,義之相因而引伸者也。"《廣韵·紙韵》:"頍,弁兒。又舉頭兒。"唐司空圖《山居記·中條》:"中條蹴蒲津,東顧距虞鄉終百里。亦猶人之秀髮,必見眉宇之間,故五峰頍然爲其冠珥。"

〔推源〕 上述諸詞或有不正義,或有不平義,或兼有二義。不正、不平二義本相通。聲符字"支"本指樹枝,樹枝非樹幹,乃旁出者,本與不正義相通。

(188) 魖妓蚑氉頴(小義)

魖 小兒鬼。按,即小鬼。《説文·鬼部》:"魖,鬼服也。一曰小兒鬼。从鬼,支聲。《韓詩》傳曰:'鄭交甫逢二女,魖服。'"清朱駿聲《通訓定聲》:"《東京賦》:'況魖蜮與畢方。'注:'魖,小兒鬼;畢方,老父神。'按,顓頊有三子,生而亡一,居人室隅,善驚人,爲小兒鬼。"《廣韵·支韵》:"魖,小兒鬼。"明李時珍《本草綱目·菜部》:"小兒魖病,寒熱如瘧。"又《禽部》:"繼病亦作魖病。魖乃小鬼之名,謂兒羸瘦如魖鬼也。"按,"魖"另一義爲鬼服,鬼服形如人衣而小,其名亦寓小義。

妓 《説文·女部》訓"婦人小物也。从女,支聲。讀若跂行。"清朱駿聲《通訓定聲》:"與'婐'篆同訓,其誼未詳。疑'物'爲'巧'字之誤,或曰'弱'之誤。"許書同部:"婐,婦人小物也。从女,此聲。《詩》曰:'屢舞婐婐。'"嚴可均《校議》:"'物'當作'弱',形近而誤。"今按,以"妓""婐"指婦人小物,文獻中未見其例,朱、嚴説可從,"妓"即婦人小弱貌。《廣韵·支韵》:"妓,妓婐,態貌。"

蚑 小蟲。《文選·枚乘〈七發〉》:"蚑蟜螻蟻聞之,拄喙而不能前。"唐吕延濟注:"蚑、蟜、螻、蟻,皆小蟲名也。"又,傳説中的怪獸亦稱"蚑",其名亦寓小義,蓋其物形如人而小。南朝宋劉敬叔《異苑》卷三:"吴孫皓時,臨海得毛人。《山海經》云:'山精如人而有毛。'此蔣山精也。故《抱朴子》曰:'山之精,形如小兒而獨足,足向後,喜來犯人,其名曰蚑。知而呼之,即當自却耳。'"

氉 毹氉,細毡,"氉"即細小之毛。《廣雅·釋器》:"毹氉,罽也。"清王念孫《疏證》:"毹氉,猶氍毹也。按氍毹,罽之細者也。……《太平御覽》引《通俗文》云:'細葛謂之毹氉。'義並相近也。"《廣韵·仙韵》:"毸,毸毨,罽也。"又《支韵》:"毨,毸毨者,輕毛皃。"按,毛細小則輕。

頍 字从頁,謂頭小。其字亦作"䪼""頽"。《説文·頁部》:"䪼,小頭䪼䪼也。从頁,枝聲。"《廣韵·支韵》:"頽,同䪼。""䪼,《説文》曰:小頭䪼䪼也。"《集韵·至韵》:"頍,頭小皃。"按,"頍"爲枝聲字,"枝"从支聲。以枝聲字極少,"頍"字姑附於此條。

〔推源〕 諸詞俱有小義,爲支聲所載之語源義。支聲可表小義,此聲可相證。

支:章紐支部;
此:清紐支部。

章(照)清鄰紐,支部疊韵。此聲字所記録的語詞"柴""枈""佌""玼""疵""貲""髭""啙""呰""觜"等俱有小義,參本典"此聲"。

(189) 忮毅駥(强義)

忮 《説文》訓"很",即狠戾、違逆義,本與强悍義通。《集韵·寘韵》:"忮,很戾。"《後漢書·桓榮傳附桓曄》:"其貞忮若此。"唐李賢注:"忮,堅也。"明胡應麟《少室山房筆叢·丹鉛新録四》:"《夷堅志》又有治妒龍事,以龍王夫人殺其妾,因置獄正其罪誅之。嗚呼! 安得天帝盡獄此輩,以爲忮悍之戒哉!"

毅 弓强硬。《廣韵·支韵》:"毅,弓硬皃。"沈兼士《聲系》:"案毅,《切韵》、内府本《王韵》作䩢。"《集韵·支韵》:"毅,弓强皃。或作䩢。"《改併四聲篇海·支部》:"䩢,弓硬也。"

駥 馬强悍,强健。《説文·馬部》:"駥,馬强也。从馬,支聲。"清朱駿聲《通訓定聲》:"《廣雅·釋詁一》:'駥,强也。'《通俗文》:'强健曰駥。'"《廣韵·寘韵》:"駥,馬强。"又"駥,强也。"

〔推源〕 此三詞俱有强義,爲支聲所載之語源義。支聲可載强義,"寔"可相證。

支:章紐支部;
寔:船紐質部。

章(照)船(床三)鄰紐,支質通轉。"寔"的本義爲富裕、充實。《説文·宀部》:"寔,富也。从宀,从貫。貫,貨貝也。"引申之,則有堅實、堅强之義。《孫子·虚實》:"兵之形,避實而擊虚。"又,雙音詞"堅實""結實"等,"實"皆堅强義。

(190) 夥鴖汥(多義)

夥 多。《廣雅·釋詁三》:"夥,多也。"《廣韵·支韵》:"夥,多也。"清朱駿聲《説文通訓定聲·解部·〈説文〉不録之字》:"夥,《西京賦》:'清酤夥。'注:'多也。'"唐顔真卿《郭公廟碑銘》:"乃立高碑,盛美奚夥。"

鴖 鴖鵲,即松鵲。以其多色,故稱"鴖"。松鵲翼有黑、白、藍三色,斑紋明麗。晉王嘉

《拾遺記·後漢》："章帝永寧元年，條支國來貢異端，有鳥名鳹鵲，形高七尺，解人語。"

汥 水多而積聚。《説文·水部》："汥，水都也。从水，支聲。"清朱駿聲《通訓定聲》："謂水之所聚。"清桂馥《義證》："《風俗通》：'水澤所聚謂之都。'"清段玉裁注："水都者，水所聚也。民所聚曰都。"

〔推源〕 此三詞俱有多義，爲支聲所載之公共義。聲符字"支"本指樹枝，樹幹所增生者，此或與多義相通。又，支聲可載多義，"衆"可證之。

支：章紐支部；
衆：章紐冬部。

雙聲，支冬（東）旁對轉。"衆"本指日下耕作的農業奴隸，引申爲多義，爲其基本義。《説文·伥部》："衆，多也。"《廣韵·送韵》："衆，多也。"《左傳·哀公十一年》："魯之群室衆於齊之兵車。"《商君書·弱民》："今夫人衆兵强，此帝王之大資也。"

62　丏聲

(191) 眄宀(合義)

眄 目偏合。《説文·目部》："眄，目偏合也。从目，丏聲。"清桂馥《義證》："目偏合也者，一目病也。"清朱駿聲《通訓定聲》："目一閉一開審諦而視也。"按"眄"有斜視義，當與目偏合義通。又，雙音詞"眄眩"有目昏暈義，此亦當與目合義相通。南朝梁江淹《橫吹賦》："視眄眩而或近，聽嘹嘈而遠震。"

宀 冥合。《説文·宀部》："宀，冥合也。从宀，丏聲。"清段玉裁注："冥合者，合之泯然無迹。今俗云吻合者，當用此字。"

〔推源〕 "眄""宀"俱从丏聲而皆有合義，聲符字"丏"《説文·丏部》訓"不見也。象壅蔽之形"。此或與合義通，蓋凡目合則不見人與物，門合則不見門外物，雲合則不見天。

63　不聲

(192) 芣丕碩虾怀(盛大義)

芣 花盛。《説文·艸部》："芣，華盛。从艸，不聲。一曰芣苢。"按，轉注字作"苤"，聲符字"不""丕"常相更换。《玉篇·艸部》："苤，花盛。"《集韵·脂韵》："苤，草木花盛兒。""芣"亦指芣苢，即車前。《詩·周南·芣苢》："采采芣苢，薄言采之。"唐孔穎達疏："一名車前，一名當道，喜在牛迹中生，故曰車前、當道也。"今按，芣苢多子，古人常歌而慶賀生子。胡熊鍔《生女慰内》詩："霜林未合歌《芣苢》，秋實徒增慨《黍離》。"然則"芣"以不聲載多義，盛義、多義相通。"芣"謂花盛又指芣苢皆非借字,乃套用本字。

丕 大。《説文·一部》:"丕,大也。从一,不聲。"清朱駿聲《通訓定聲》:"《爾雅·釋詁》:'丕,大也。'《書·禹貢》:'三苗丕敘。'《左昭三傳》:'昧旦丕顯。'《爾雅·釋訓》:'丕丕,大也。'"《廣韻·脂韻》:"丕,大也。"《逸周書·寶典》:"四曰敬,敬位丕哉!"晉孔晁注:"丕,大也。"《史記·司馬相如列傳》:"天下之壯觀,王者之丕業。"按,今徽歙方言有"大丕丕"之三字格派生詞,其結構與"暖烘烘"同,詞根、詞綴同義,蓋即《爾雅·釋訓》所訓之義。

頩 字从頁,謂臉大。字亦作"䪹"。《玉篇·頁部》:"䪹,大面。"《集韻·皆韻》:"䪹,大面兒。或作頩。"清胡文英《吳下方言考·灰韻》:"吳中謂大面而肥者曰䪹圍。"

蚍 蚍蜉,大螞蟻。其字亦作"蜰"。《爾雅·釋蟲》:"蚍蜉,大螘。"唐陸德明《經典釋文》:"螘,俗作蟻字。"唐孟郊《吊盧殷》詩:"可憐無子翁,蚍蜉緣病肌。"宋陸游《小茸村居》詩:"庳濕生蚍蜉,得暖森翅羽。"

伓 力大,亦有衆多盛大義,二義本相通。字亦作"伾"。《集韻·脂韻》:"伾,衆也,一曰大力。或作伓。"《説文·人部》:"伾,有力也。从人,丕聲。"《詩·魯頌·駉》:"有駓有駽,有騂有騏,以車伾伾。"漢毛亨傳:"伾伾,有力也。"《廣雅·釋訓》:"伾伾,衆也。"

〔推源〕 諸詞俱有盛大義,爲不聲所載之公共義。聲符字"不"單用,本可表大義。《詩·周頌·清廟》:"不顯不承,無射於人斯。"高亨注:"不通丕,大也。"考諸文字形體,"不"象花萼形,然則不聲所載之盛大義爲語源義。不聲可載盛大義,"龐"可證之。

不:幫紐之部;
龐:並紐東部。

幫並旁紐,之東旁對轉。"龐",龐大。《國語·周語上》:"敦龐純固,於是乎成。"三國吳韋昭注:"龐,大也。"晉皇甫謐《帝王世紀》:"太素始萌,萌而未兆,謂之龐洪。"

(193) 否肧否坯鮩(非、未義)

否 不,非。《説文·口部》:"否,不也。从口,从不,不亦聲。"清朱駿聲《通訓定聲》:"《禮記·表記》:'否則孰慮而從之。'注:'非已志也。'《左昭廿傳》:'君所謂可而有否焉。'注:'不可也。'"按,"否"字从口,即否定、非之。《孟子·滕文公上》:"許子必織布而後衣乎?曰:否,許子衣褐。"

肧 胚胎,胎兒未成形。《説文·肉部》:"肧,婦孕一月也。从肉,不聲。"清桂馥《義證》:"《集韻》引作胚。"清朱駿聲《通訓定聲》:"字亦作胚。《爾雅·釋詁》注:'胚,胎未成。'《釋文》引《淮南》書、《文子》皆曰:'婦孕三月而肧。'"《文選·郭璞〈江賦〉》:"類肧渾之未凝,象太極之構天。"明李時珍《本草綱目·人一·人胞》:"天地之先,陰陽之祖,乾坤之橐籥,鉛汞之匡廓,胚胎將兆,九九數足,我則乘而載之,故謂之河車。"

否　不見。《説文·日部》:"否,不見也。从日,否省聲。"清朱駿聲《通訓定聲》:"按,不聲。字亦誤作昏、作昏。"《廣韵·質韵》:"昏,不見皃。"沈兼士《聲系》:"案昏,《説文》作否。《集韵》:'否,或作昏。'"

坏　瓦未燒,未成器。其字亦作"坯"。《説文·土部》:"坏,丘再成者也。一曰瓦未燒。从土,不聲。"清朱駿聲《通訓定聲》:"《水經·河水注》引《説文》字作坯。……〔別義〕……《史記·張釋之馮唐傳》:'盜長陵一坏土。'《索隱》:'塼未燒之名也。'《太玄·干》:'或錫之坏。'注:'未成瓦也。'……按此義實當爲本訓,再成丘借爲陪字。"《後漢書·崔駰傳》:"參差同量,坏冶一陶。"唐李賢注:"坏,土器之未燒者。"

鮃　未加工的魚塊。《集韵·灰韵》:"鮃,魚臠未成鮺。"《馬韵》:"鮺,《説文》:'藏魚也。'南方謂之魿,北方謂之鮺。"

〔推源〕　諸詞俱有非、未義,此爲聲符字"不"單用時之基本義。《墨子·非命上》:"上之所賞,命固且賞,非賢故賞也。上之所罰,命固且罰,不暴故罰也。"清孫詒讓《閒詁》:"不,與非同義。"《金瓶梅詞話》第三十五回:"恨小非君子,無毒不丈夫。"其"不",皆"非"義。《孟子·梁惠王上》:"以五十步笑百步……直不百步耳,是亦走也。"宋孫奭疏:"雖止於五十步,不至於百步,然皆是走也。"按"不至於百步"即未至百步。今語"不一定"實即"未一定"意。"不"表非、未義,亦以字之聲韵載語源義,非見於文字形體結構之顯性語義。"不"與"非""未"音本相近而相通,故可表非義、未義。

不:幫紐之部;
非:幫紐微部;
未:明紐物部。

幫明旁紐,之微通轉,之物通轉,微物對轉。

(194) 抔/捧(掬義)

抔　用手捧,掬。《廣韵·侯韵》:"抔,手掬物也。"《禮記·禮運》:"汙尊而抔飲,蕢桴而土鼓。"唐孔穎達疏:"以手掬之而飲,故云抔飲。"《新唐書·袁恕己傳》:"抔土以食,爪甲盡,不能絶。"按,"抔"亦爲量詞,"一抔"即"一捧"。唐駱賓王《爲徐敬業討武曌檄》:"一抔之土未乾,六尺之孤何託!"

捧　用手捧,即掬。《集韵·腫韵》:"捧,掬也。"《莊子·達生》:"惡聞雷車之聲,則捧其首而立。"《後漢書·朱浮傳》:"此猶河濱之人捧土以塞孟津,多見其不知量也。"

〔推源〕　此二詞義既同,音以相近而通。

抔:並紐之部;
捧:滂紐東部。

並滂旁紐,之東旁對轉。《廣韵》"抔"字"薄侯切",然則从不得聲,乃以不聲載"掬"之語源義。

64　仄聲

(195) 昃/側(偏義)

昃　日偏西。《説文·日部》:"厢,日在西方時,側也。从日,仄聲。《易》曰:'日厢之離。'"清朱駿聲《通訓定聲》:"《書·無逸》:'自朝至於日中昃。'疏:'亦名昳,言日蹉跌而下,謂未時也。'《周禮·司市》:'大市日昃而市。'注:'昳中也。'《公羊定十五年》:'日下昃。'注:'日西也,下昃蓋晡時。'"按,《廣韻·職韻》"昃"亦訓"日在西方"。

側　偏於左右兩旁。《説文·人部》:"側,旁也。"清朱駿聲《通訓定聲》:"按,不正曰仄,不中曰側。《書·顧命》:'立於側階。'傍階也。"按《玉篇·人部》"側"正訓"傍"。《孟子·公孫丑上》:"爾爲爾,我爲我,雖袒裼裸裎於我側,爾焉能浼我哉!"宋王安石《遊褒禪山記》:"其下平曠,有泉側出。"

〔**推源**〕　二詞義同,音亦同,莊紐雙聲,職部叠韻。其"昃"乃以仄聲表偏義。聲符字"仄"本指偏斜。《説文·厂部》:"仄,側傾也。从人在厂下。矢,籀文从矢,矢亦聲。"《逸周書·周祝》:"故日之中也仄,月之望也食。"宋楊萬里《雨作抵暮復晴》詩:"行人仄傘避斜絲。"今按,"仄"的籀文形體作"厌",其構件"矢"本爲"側"之初形。《説文·矢部》:"矢,傾頭也。从大,象形。"清朱駿聲《通訓定聲》:"經傳多以'側'爲之。"《玉篇·矢部》:"矢,傾頭也。今並作'側'。"

65　太聲

(196) 汰忲(過多義)

汰　"汏"的訛字。从水,謂洗滌,今語"淘汰"義猶相關。"汰"亦以套用本字形式表過多義。《廣韻·泰韻》:"汰,太過也。"《左傳·昭公二十年》:"汰侈無禮已甚,亂所在也。"《荀子·仲尼》:"閨門之内,般樂奢汰。"唐楊倞注:"汰,侈也。"按,"汰"表驕縱奢侈即過多義,字从水,猶"淫"亦爲過多之謂,其字亦从水。

忲　奢侈,亦過多義。其字本亦作"忕"。《廣韻·泰韻》:"忲,奢忲。"《集韻·夳韻》:"忲,奢也。"按,大、小徐本《説文》無此字。清朱駿聲《説文通訓定聲·泰部》:"忕,狃習也。从心,大聲。據《詩·蕩》釋文、《四月》疏、《左桓十三》疏、《爾雅·釋言》疏引《説文》有此字,補附於此。……《左桓十三傳》注:'狃,忕也。'《爾雅·釋詁》注:'貫,貫忕也。'釋文:'忕,狃忕過度。'"《文選·張衡〈西京賦〉》:"心奓體忲,雅好博古。"唐李善注引三國吴薛綜:"奓忕,言公子生於貴戚,心志夸溢,體安驕泰也。"

〔推源〕 此二詞俱有過多義,爲太聲(實爲大聲)所載之公共義。聲符字"太"本與"大"相近,故訛爲"太"。"大""太"義亦本相近。《説文》稱"日"爲"太陽之精"而稱"月"爲"大陰之精",其"大陰"古籍多作"太陰"。又,凡有物,形大則稱"大",物數多則即數值大。大義、多義本相通。故其過多義爲聲符所載之顯性語義。

66 厷聲

(197) 雄宏谾吰硁吰浤宖(强、大義)

雄 字从隹,本指公鳥,引申之則指雄性動物及人之男性。雄性陽剛,故又引申爲傑出、雄壯、英雄等義,實即强大義。《説文·隹部》:"雄,鳥父也。从隹,厷聲。"清朱駿聲《通訓定聲》:"《爾雅·釋鳥》:'以翼右掩左,雄;左掩右,雌。'……〔轉注〕《左襄二十一傳》:'是寡人之雄也。'《漢書·東方朔傳》:'其滑稽之雄乎?'注:'謂爲之長帥也。'《老子》:'知其雄。'注:'雄先之屬。'《周書·周祝》:'維彼大心,是生雄。'注:'謂雄傑於人也。'"按朱氏所稱"轉注"即引申。

宏 宏大。《爾雅·釋詁上》:"宏,大也。"《廣韻·耕韻》:"宏,大也。"清朱駿聲《説文通訓定聲·升部·宏》:"《書·盤庚》:'用宏兹賁。'傳:'宏、賁皆大也。'《酒誥》:'若保宏父。'傳:'大也,司空也。'《易·坤》:'含宏光大。'崔注:'含有萬物爲宏。'"

谾 字亦作"谹",谷中巨響。《説文·谷部》:"谾,谷中響也。从谷,厷聲。"清黄景仁《平定兩金川大功告成恭紀》詩:"地雷慢砲豁谷谾,火雅火雉而火狉。"按《玉篇》此字亦作"谹",在《谷部》,知爲或體;訓"谷空",所謂空谷傳聲,谷空則聲大。"谹"亦爲重言形況字,形容聲音宏大。唐温庭筠《相和歌辭·公無渡河》:"黃浪怒浪連天來,大響谹谹如殷雷。"

吰 大聲。《玉篇·口部》:"噌,噌吰,市人聲。"漢司馬相如《長門賦》:"擠玉户以撼金鋪兮,聲噌吰而似鐘音。"清潘介《中泠泉記》:"聽濤聲噌吰,激石哮吼。"

硁 石頭發出的大聲,其字亦作"硡"。《廣雅·釋詁四》:"硁,聲也。"《廣韻·耕韻》:"硁,《玉篇》云:'石聲也。'"清袁枚《隨園詩話》卷二:"胡書巢《大散關》:'泉流亂石中,砰硁肆擊磕。'"《集韻·耕韻》:"硁,或从宏。"按,亦引申而泛指大聲。《文選·潘岳〈藉田賦〉》:"鼓鞞硁隱以砰磕。"清褚人獲《堅瓠六集·幔亭仙》:"投杯向地,聲硁然。"

浤 水勢浩大,字亦作"浗"。《集韻·耕韻》:"浤,浤浤,迅流也。或从宏。"南朝梁陶弘景《水仙賦》:"淼漫八海,浤汩九河。"《玉篇·水部》:"浤,浤浤汩汩,海水騰涌貌。"《廣韻·耕韻》:"浤,浤浤汩汩,水波之勢。"明謝肇淛《五雜俎·地部二》:"適反風解纜,自辰至申,浤浤穨波,極目無際。"

宖 大屋。《玉篇·穴部》:"宖,宖窞,大屋也。"《正字通·穴部》:"窞,窞宖,高深貌。"

"宖,宖窨,屋深大貌。"按,"宖""宏"當同,"宖窨"與"窨宖"則爲同素逆序詞。清黄景仁《平定兩金川大功告成恭紀》:"青氣上屬宫闕宖,吉日刻瑞檢紫瑯。"按,"宖"字从穴,以指屋,或即穴居文化之遺迹。

〔推源〕 上述諸詞分别有强、大義,此二義本相通,詞彙系統有"强大"之雙音詞,足可爲證。其强、大義爲厷聲所載之公共義,聲符字"厷"本爲"肱"之初文,指手臂,與强、大義不相涉。强、大義乃厷聲所載之語源義。厷聲可載强、大義,"洪"可相證。

厷:見紐蒸部;

洪:匣紐東部。

見匣旁紐,蒸東旁轉。"洪",大水。《説文·水部》:"洪,洚水也。"《尚書·堯典》:"湯湯洪水方割。"按,大水中泥沙俱下其色近赤,故漢許慎訓"洚水",西漢周勃封絳侯,異文作"紅侯",可爲證。"洪"亦虚化引申爲大。《爾雅·釋詁上》:"洪,大也。"《文選·班固〈典引〉》:"鋪觀二代洪纖之度,其賾可探也。"按"洪纖"連文反義。漢劉楨《魯都賦》:"洪幹百圍,高徑穹皇。"

67　尤聲

(198) 肬蚘（贅義）

肬　肉贅,肉瘤。字亦作"疣""黓"。《説文·肉部》:"肬,贅也。从肉,尤聲。黓,籀文肬从黑。"清朱駿聲《通訓定聲》:"與'瘤'同誼。《廣雅·釋詁二》:'肬,腫也。'《荀子·宥坐》:'今學曾未如肬贅。'注:'結肉。'《文選·〈爲袁紹檄〉》:'豫州贅閹。'注:'肬贅,假肉也。'"《玉篇·疒部》:"疣,結病也,今疣贅之腫也。"《廣韻·尤韻》:"疣,結病也。""肬,上同。"《舊唐書·忠義傳·俞天俊》:"臣聞天氣不和而寒暑並,人氣不和而疣贅生。"

蚘　人腹中蟲。字亦作"蛔""蛕"。蚘爲寄生蟲,冗贅之物。《廣韻·灰韻》:"蚘,人腹中長蟲。""蛕,上同。"《説文·虫部》:"蛕,腹中長蟲也。"《集韻·灰韻》:"蛕,或作蛔。"漢張仲景《金匱要略》卷中:"蚘厥者,烏梅丸主之。"宋周密《齊東野語》卷十三:"試投逐蟲之劑,凡去蚘蛔二。"清褚人獲《堅瓠廣集·甘蔗宜兒食》:"李君實《檢方書》則曰:蔗能節腹中蚘蛔。"

〔推源〕 此二詞俱有贅義,爲尤聲所載之公共義。聲符字"尤"之甲骨文、金文象人手而有肬贅形,本爲"肬"之初文。朱芳圃《殷周文字釋叢》:"蓋尤爲初文,从又、一。又,手也;一,指贅肬。"《説文·乙部》:"尤,異也。"《玉篇·乙部》:"尤,多也。"《廣韻·尤韻》:"尤,多也。"按,怪異、多餘二義相通。"尤其"一詞亦由此衍生,猶言"特别",與怪異、特異義亦相近。然則"肬""蚘"之贅義爲顯性語義。

(199) 頨忧(動義)

頨 字从頁，謂頭顫，蓋即俗謂"摇頭風"。《説文·頁部》："頨，顫也。从頁，尤聲。"清段玉裁注："玄應引《説文》云：'頨，謂掉動不定也。'"清朱駿聲《通訓定聲》："頨者顫容。"按，解釋詞"顫"，其字亦从頁，朱氏謂"頭摇動不定也"。又"頨"亦作"頨"。唐玄應《一切經音義》卷十一："《通俗文》：'四肢寒動謂之顫頨。'"余巖《古代疾病名候疏義》卷五："頨，頭摇動不定。"

忧 心動。《説文·心部》："忧，不動也。从心，尤聲。讀若祐。"清段玉裁注本作"心動也"。清桂馥《義證》："'不動也'者，'不'字誤。《玉篇（心部）》：'忧，心動也。'《廣韻（宥韻）》：'忧，動也。'或通作'尤'。《昭二十一年左傳》：'司馬乃與公謀逐華貙，公飲之酒，厚酬之，賜及從者，司馬亦如之。'張匄尤之曰：'必有故。'杜云：'尤，怪賜之厚。'馥謂怪其厚而心動也。"今按，後世忧愁字作"忧"，乃與忧愁義本字"憂"合流。

〔推源〕 此二詞俱有動義，爲尤聲所載之語源義。尤聲可載動義，"游"可證之。

尤：匣紐之部；
游：余紐幽部。

余即喻四，本有舌根音一類。匣余旁紐，之幽旁轉。"游"字之本形，甲骨文、金文、石鼓文皆作"斿"，从㫃从子會意，指旗游，飄動之物。後世乃作"遊""游"。《説文·㫃部》："游，旌旗之旒也。从㫃，汓聲。遊，古文游。"清朱駿聲《通訓定聲》："字亦作斿、作旒、作統。凡旗之正幅曰縿，亦曰旞，亦曰旓。連綴兩旁者曰游。太常十二游，旂九游，旟七游，旗六游，旐四游。《左桓二傳》：'鞶厲游纓。'"引申之，則指游動、流動，爲"游"之常義。

68 巨聲

(200) 齟鉅(大義)

齟 牙齦腫大。《説文·齒部》："齟，齗腫也。从齒，巨聲。"《廣韻·語韻》："齟，齗腫。"今按，《説文》同部有"齲"字，訓"齒蠧"，即蛀牙，牙蛀則或發炎而齦腫。《廣韻》注"齟"字之音爲"其吕切"，"齲"字"驅雨切"，其上古音分别爲群紐魚部、溪紐魚部，叠韻，群溪旁紐，音僅微别。

鉅 大剛，極堅硬的鐵，後世稱"鋼"。《説文·金部》："鉅，大剛也。从金，巨聲。"清朱駿聲《通訓定聲》："《荀子·議兵》：'宛鉅鐵釶，慘如蜂蠆'《史記·禮書》：'宛之鉅鐵。'"清桂馥《義證》："《洪武正韻》：'刀加鉅爲刃。'馥謂加剛也。"按，朱氏所引《荀子》文唐楊倞注："大剛曰鉅"；所引《史記》文唐張守節《正義》："鉅，剛鐵也。"

〔推源〕 此二詞俱有大義，爲巨聲所載之公共義。聲符字"巨"本爲規矩字"矩"之初文,與大義不相涉,其大義爲巨聲所載之語源義。聲符字"巨"單用本可表大義。漢揚雄《方言》卷一:"巨,大也。"《小爾雅·廣詁》:"巨,大也。"《廣韻·語韻》:"巨,大也。"《孟子·梁惠王下》:"爲巨室,則必使工師求大木。"漢趙岐注:"巨室,大宫也。"唐李白《古風五十九首》之三十三:"北溟有巨魚,身長數千里。"按,唯"巨"有"大"之語源義,故有"巨大"之同義聯合式雙音詞。又,巨聲可載大義,于聲可相證。

巨:群紐魚部;
于:匣紐魚部。

叠韻,群匣旁紐,音僅微別而已。于聲字所記録語詞"宇""芋""玗""盱""衧""杅""竽"等俱有大義(參本典第57條),正可相證。

(201) 距拒(橫生旁出義)

距 雞、雉等物腿後突出部分,橫生旁出者。其字亦作"駏"。《説文·足部》:"距,雞距也。从足,巨聲。"清朱駿聲《通訓定聲》:"字亦作駏、作鵳。《左傳(昭公二十五年)》:'郈氏爲之金距。'《漢書·五行志》:'不鳴不將無距。'注:'距,雞附足骨,鬭時所用刺之。'《淮南·原道》:'雖有鉤箴芒距。'注:'距,爪也。'〔轉注〕《儀禮·少牢禮》:'長皆及俎距。'注:'脛中當橫節也。'"按所云"轉注"即引申。《廣韻·語韻》:"距,雞距。"又"駏,同距。"《吕氏春秋·本味》"雋觾之翠"陳奇猷《校釋》:"雞距本非角,以其有似角穿物之功,故易足爲角作'駏'以爲'距'字。"按,陳説難從,蓋動物之角亦橫生旁出者,故"距"一作"駏"。

拒 抗拒。《廣韻·語韻》:"拒,捍也。"《史記·白起王翦列傳》:"荆聞王翦益軍而來,乃悉國中兵以拒秦。"按,抗拒則相違,故引申爲相違義,亦引申爲樹枝橫生與樹幹方向相違義。《廣韻·語韻》:"拒,格也,違也。"《韓非子·揚權》:"數披其木,無使木枝外拒。"舊注:"拒,謂枝之旁生者也。"按樹枝橫生即"枝格"。《史記·律書》:"角者,言萬物皆有枝格如角也。"

〔推源〕 此二詞俱有橫生旁出義,爲巨聲所載之公共義。聲符字"巨"本爲"矩"之初文,謂曲尺,兩股相分歧而夾一直角,然則"距""拒"之橫生旁出義爲"巨"之顯性語義。巨聲可載橫生旁出義,則"角""格"可相證。

巨:群紐魚部;
角:見紐屋部;
格:見紐鐸部。

群見旁紐,魚屋旁對轉;魚鐸對轉;屋鐸旁轉。"角",動物頭部之角,凡角皆橫生旁出;又動物之角多爲左右對生,正與"巨(矩)"之兩股相似。《説文·角部》:"角,獸角也。象形。"漢王充《論衡·物勢》:"鹿之角,足以觸犬。"宋黄庭堅《題竹石牧牛》:"石吾甚愛之,勿遣牛礪角。""格",木長枝,凡長枝皆斜出,"格"之名實亦寓横生旁出之義。《説文·木部》:"格,木長皃。"清朱駿聲《通訓定聲》:"《上林賦》:'夭蟜枝格。'庾信《小園賦》:'草樹混淆,枝格相交。'"

(202) 柜拒（拒止義）

柜 木名,亦指官府門前用木頭交叉製成的阻擋通行的障礙物,則爲套用字。其物亦稱"椐"。《説文·木部》:"柜,行馬也。"清朱駿聲《通訓定聲》:"《周禮·掌舍》:'設梐柜再重。'後世謂之擋衆。"按,朱氏所引《周禮》文漢鄭玄注:"故書柜爲拒。"又,朱氏書《豫部》:"柜,今文作椐,行馬也。"《文選·潘岳〈藉田賦〉》:"於是乃使甸帥清畿,野廬掃路,封人墐宫,掌舍設椐。"唐李善注:"椐,梐椐,行馬也。"按,所謂"行馬"明清時俗稱"拒馬叉子"。

拒 抗拒,字本作"歫"。《説文·止部》:"歫,止也。从止,巨聲。"清朱駿聲《通訓定聲》:"今字作'拒'。……《論語》:'其不可者拒之。'《荀子·仲尼》注:'拒,敵也。'"按,朱氏所引《論語·子張》文之"拒",爲拒絶義,亦與抗拒義相通,詞彙系統本有"拒絶"之雙音詞。《廣韻·語韻》:"拒,捍也。"又《翰韻》:"捍,抵捍。"《孫子·九地》:"是故始如處女,敵人開户;後如脱兔,敵不及拒。"

〔推源〕 此二詞俱有拒止義,爲巨聲所載之公共義。巨聲字"距"亦可以假借字形式、以其巨聲表此義。宋婁機《班馬字類·語韻》:"距,與拒通。"清朱駿聲《説文通訓定聲·豫部》:"距,〔假借〕爲歫。《管子·小問》:'來者鷙距。'注:'止也。'……《荀子·仲尼》注:'距與拒同,敵也。'……《書·益稷》'距川'疏:'距者,相抵之名。'《詩·皇矣》:'敢距大邦。'《桑柔》箋:'女雖觝距已。'"按,聲符字"巨"謂曲尺,與拒止義不相涉,其拒止義爲巨聲所載之語源義。巨聲可載拒止義,"捍"可相證。

巨：群紐魚部；
捍：匣紐元部。

群匣旁紐,魚元通轉。《廣韻》以"捍"訓"拒",實以同源詞相訓。"捍"即抗拒、阻止。《禮記·祭法》:"能禦大災則祀之,能捍大患則祀之。"《後漢書·逸民傳·逢萌》:"行至勞山,人果相率以兵弩捍禦。"

69　牙聲

(203) 芽犽（小義）

芽 萌芽,形小。《説文·艸部》:"芽,萌芽也。从艸,牙聲。"清朱駿聲《通訓定聲》:"《廣雅·釋草》:'芽,蘖也。'"《廣韻·麻韻》:"芽,萌芽。"漢魏伯陽《周易參同契》卷下:"齊麥芽蘖,因冒以生。"按《廣雅》訓"芽"之"蘖"當即"櫱"。唐白居易《種桃歌》:"食桃種桃核,一年核生芽。"

犽 小兒。字亦作"伢"。《集韻·麻韻》:"犽,吳人謂赤子曰硜犽。"明焦竑《俗書刊誤·俗用雜字》:"赤子曰犽兒。"按,今杭州方言猶稱小孩爲"小犽兒"。元楊維楨《海鄉竹枝詞》:"硜犽三歲未識父,郎在東海何日歸。"清張岱《陶庵夢憶·西湖香市》:"以至經典木魚,犽兒嬉具之類,無不集。"《中國近代反帝反封建歷史歌謠選·三迎太平軍》:"九歲伢子放爆竹,白髮公公忙敬酒。"今按,《漢語大字典》《漢語大詞典》皆以"犽"字歸《牙部》。《集韻》載其音爲牛加切,平麻疑,然則从牙得聲無疑,當入《子部》。

〔推源〕 此二詞俱有小義,爲牙聲所載之公共義。聲符字"牙"本指人之牙,萌芽稱"芽",小兒稱"犽",皆取比喻義。至牙聲可載小義,則"幺"可相證。

牙:疑紐魚部;
幺:影紐宵部。

疑影鄰紐,魚宵旁轉。幺聲字所記錄語詞"幼""囡""糸"俱有小義,參本典第一卷第169條。

(204) 訝怔呀(驚義)

訝 驚訝。《廣韻·禡韻》:"訝,嗟訝。"《集韻·禡韻》:"訝,疑也。"清朱駿聲《説文通訓定聲·豫部》:"訝,今用訝爲相驚之辭。"今按,《説文》"訝"字訓"相迎",蓋相迎時必以言;凡人驚訝亦常發其聲,故以"訝"爲驚訝字,乃套用本字。《新唐書·李勣傳》:"使至,高祖訝無表,使者以意聞。"宋張齊賢《洛陽搢紳舊聞記·石中獲小龜》:"其截處,中心空虛,有物在其内,微動。崔與李驚訝之。"

怔 驚懼。其字亦作"忎"。《玉篇·心部》:"怔,恐懼也。"《廣韻·麻韻》:"怔,忎怔,伏態之皃。"按"忎怔"當即受驚而悄然感情不外露之謂。明王錂《尋親記·相逢》:"不肯睡只管驚怪,有何事將人忎懟。"

呀 受驚而張口貌。《説文新附·口部》:"呀,張口皃。从口,牙聲。"宋范成大《婆羅坪》詩:"仙聖飛行此是家,路逢真境但驚呀。"按,人受驚時多發"呀"之音節。

〔推源〕 諸詞俱有驚義,爲牙聲所載之公共義。聲符字"牙"所記錄語詞的顯性語義(本義、引申義)系列中無驚義,然則其驚義爲牙聲所載之語源義。牙聲可載驚義,"愕""驚"皆可相證。

牙:疑紐魚部;
愕:疑紐鐸部;
驚:見紐耕部。

疑見旁紐,魚鐸對轉,魚鐸與耕旁對轉。"愕",驚訝。《廣雅·釋詁一》:"愕,驚也。"《漢書・張良傳》："良愕然，欲歐之。"唐顏師古注："愕，驚貌也。"《宋史・寇準傳》："契丹相視驚愕，不能成列。""驚"，本謂馬受驚。《説文・馬部》："驚，馬駭也。"《左傳・襄公二十八年》："慶氏之馬善驚。"引申爲人驚訝、驚奇義。《列子・楊朱》："其所行也，其所爲也，衆意所驚，而誠理所取。"宋曾鞏《蘇明允哀詞》："於是三人之文章盛傳於世，得而讀之者，皆爲之驚。"按，唯"驚""愕"俱有驚義，故有"驚愕"之同義聯合式合成詞。

(205) 枒厊齖痄（不平正、不相合義）

枒 杈枒，字亦作"杈椏"，謂樹枝斜出不正。《廣韻・麻韻》："枒，杈枒。"清朱駿聲《説文通訓定聲・豫部》："《魯靈光殿賦》：'枝牚杈枒而斜據。'字亦作'椏'。"清王士禎《池北偶談・談異四・松頂生蘭》："有蘭寄生長松杈椏，可徑丈。"

厊 厏厊，不相合。《廣韻・麻韻》："厊，厏厊，不合。"又"厏，厏厊"。明楊循吉《都下將歸述懷》詩："況今一病已到骨，兼與世事多厏厊。"今按，此"厏厊"之不相合義當與不平正義相通。上述《魯靈光殿賦》之"杈枒"《文選》本異文作"扠抐"，唐李善注云："參差之貌。"《集韻・麻韻》："抐，扠抐，不正。"庶可爲證。

齖 齒不平正，兩排牙齒不相合。《玉篇・齒部》："齖，齒不平。"《類篇・齒部》："齖，齖齲，齒不正。"按"齖齲"當爲同義聯合式雙音詞，《説文》"齲"訓"齒不正"。明徐渭《書草玄堂稿後》："齲齒而笑，蓬首而搔。"《廣韻・麻韻》："齖，齺齖，齒不平正。"又《禡韻》："齖，齚齖，不相得也。"《集韻・語韻》："齟，齟齬，齒不相值。或從虐。"按《説文》"齬"訓"齚齒"。不平正義與不相值即兩排牙齒不相合義相通。

痄 字從疒，謂傷口不愈合。《集韻・馬韻》："痄，痄痄，創不合。"《字彙》所訓略同。

〔推源〕 諸詞俱有不平正、不相合義，爲牙聲所載之公共義。偏邪字作"邪"，亦作"衺"，乃以牙聲表偏而不正之義。"邪"，字從邑，本爲郡名，以其從牙得聲，可表不正、傾斜、邪僻等義。《廣韻・麻韻》："邪，不正也。《論語》曰：'思無邪。'"清朱駿聲《説文通訓定聲・豫部》："邪，假借爲'衺'。賈子《新書・道術》：'方直不曲謂之正，反正爲邪。'《春秋繁露・竹林》：'前正而後枉者謂之邪道。'《禮記・樂記》：'回邪曲直。'《祭義》：'雖有奇邪而不治者。'《周書・王佩》：'亡正處邪。'注：'姦術也。'"今按，"衺"字從衣，其本義《説文》訓"䙜衣"，非不正義之本字，實亦以其牙聲表不正義，略同"邪"。《廣韻・麻韻》："衺，不正也。"《周禮・天官・宮正》："去其淫怠與其奇衺之民。"唐陸德明《經典釋文》："衺，亦作邪。"唐柳宗元《時令論》："是故聖人爲大經，以存其直道，將以遺後世之君臣，必言其中正，而去其奇衺。"宋孫汝聽注："奇衺，不正也。"今按，古者"牙""齒"爲對待字，"牙"謂犬牙，不平正之物，以故有"犬牙交錯"語。凡物成雙而不平正，則不相合。以是觀之，牙聲字所記錄語詞之不平正、不相合義，抑或爲顯性語義。

(206) 谺岈呀（大而空義）

谺 山谷空大貌。《廣韻・麻韻》："谺，《字統》云：'谽谺，谷中大空兒。'"《漢書・司馬相如傳》:"巖巖深山之谽谺兮,通谷豁乎谽谺。"按"谽谺"即"谽谺"。"谽"從含聲,而"含"從今聲。《集韻·咸韻》:"谽,谽谺,谷空皃。或作谽。"所謂"谽谽"即山谷空大。《廣韻·東韻》:"谽,谷空皃。"按,"谺"字亦可單用,然則"谽谺"本可分訓。明郎瑛《七修類稿·辯證類·釣齊澤耕富春訛》:"命吏登山巔求之,深谷谺然。"

岈 山深谷空貌。《玉篇·山部》:"岈,峌岈,山深之狀。"《廣韻·麻韻》:"岈,峌岈,山深之狀。"按,山深則其山谷空大。"峌"與"岈"可分訓。《集韻·覃韻》:"峌,大谷也。"南朝梁蕭繹《玄覽賦》:"峪岈谺閬,背原面野,墳飛流於天末。"按"岈"亦可單用。唐柳宗元《始得西山宴遊記》:"其高下之勢,岈然窪然,若垤若穴。"

呀 字從口,本謂受驚而張口(見本典第 204 條),口張則大而中空,故有大而空之衍義。《玉篇·口部》:"呀,大空貌。"《文選·班固〈西都賦〉》:"建金城而萬雉,呀周池而成淵。"唐李善注:"呀,《字林》曰:'大空貌。'"唐高適《東征賦》:"眺淮源之呀豁,倚楚關之雄壯。"

〔推源〕 諸詞俱有大而空義,爲牙聲所載之公共義。此義與"牙"的本義、引申義不相涉,爲牙聲所載之語源義。牙聲可載大而空義,"康"可相證。

牙:疑紐魚部;
康:溪紐陽部。

疑溪旁紐,魚陽對轉。"康",字從宀,謂屋大而空。漢揚雄《方言》卷十三:"康,空也。"《説文·宀部》:"康,屋康良也。"南唐徐鍇《繫傳》:"屋虛大也。"並引漢司馬相如《長門賦》"委參差以康良"以證之。《玉篇·宀部》:"良,屋康良也。"按,今徽歙方言猶稱物大內虛占地方爲"康良",亦或稱"良康"。

(207) 迓/迎(迎接義)

迓 迎接。其字本亦作"訝"。《爾雅·釋詁下》:"迓,迎也。"《説文·言部》:"訝,相迎也。从言,牙聲。《周禮》曰:'諸侯有卿訝發。'迓,訝或从辵。"清朱駿聲《通訓定聲》:"乍接必以言,故從言。俗字作迓。"《廣韻·禡韻》:"迓,迎也。"《書·盤庚中》:"予迓續乃命於天。"僞孔傳:"迓,迎也。"《左傳·成公十三年》:"迓晉侯於新楚。"晉杜預注:"迓,迎也。"

迎 迎接。漢揚雄《方言》卷一:"逢、逆,迎也。自關而東曰逆,自關而西或曰迎,或曰逢。"按《説文·辵部》"迎"亦訓"逢",凡迎則相逢、相接,二義相成相因。《詩·大雅·大明》:"文定厥祥,親迎於渭。"《儀禮·士昏禮》:"主人如賓服迎於門外。"

〔推源〕 此二詞義既同,音亦相近而通,出諸同一語源。

迓:疑紐魚部;
迎:疑紐陽部。

雙聲,魚陽對轉。其"迓"字乃以牙聲表迎接義。"迓"與"迎",字俱从辵,聲符字形體雖相殊異,然其音相通而義同,爲轉注字。

(208) 砑/壓(壓義)

砑 本指碾磨物體使有光澤,字从石,蓋指光石,可碾物者。《玉篇·石部》:"砑,光石也。"前蜀薛昭蘊《醉公子》:"慢綰青絲髮,光砑吳綾襪。"按,碾磨即施壓,故引申爲碾壓義。《廣韻·禡韻》:"砑,碾砑。"《集韻·禡韻》:"砑,碾也。"明方以智《物理小識·飲食類·菠稜》:"種時須砑開其子,浸脹過月朔乃生。"《西遊記》第七十四回:"把棍子往小妖頭上砑了一砑,可憐,就砑得像一個肉陀。"

壓 本指崩壞。《説文·土部》:"壓,壞也。"崩壞則下壓,故有下壓義。《廣韻·狎韻》:"壓,笮也。"《國語·魯語下》:"夫棟折而榱崩,吾懼壓焉。"漢王充《論衡·氣壽》:"凡人稟命有二品:一曰所當觸值之命,二曰強弱壽夭之命。所當觸值謂兵、燒、壓、溺也。"

〔推源〕 此二詞俱有壓義,其音亦相近而相通。

砑:疑紐歌部;

壓:影紐葉部。

疑影鄰紐,歌葉(盍)通轉。其"砑"乃以牙聲載"壓"之語源義。牙聲字"蚜"亦可以假借字形式、以其牙聲表碾壓義,庶可爲證。"蚜"字从虫,本爲蟲名。《字彙補》訓"碾",文獻中有其實用例。宋黃庭堅《跛奚移文》:"染衣增色,栀鬱爲黃;紅螺蚜光,挼藍杵草。"

70　屯聲

(209) 窀黗鈍飩沌忳吨盹庉佗(混沌不明義)

窀 埋葬,埋則幽暗不明。《説文·穴部》:"窀,葬之厚夕。从穴,屯聲。《春秋傳》曰:'窀穸從先君於地下。'"引申之則指墓穴,墓穴即幽暗不明處。宋洪适《隸釋·漢泰山都尉孔廟碑》:"窀夕不華,明器不設。"《後漢書·劉陶傳》:"死者悲於窀穸,生者戚於朝野。"

黗 黃黑色,即混濁不明之色;亦指黑色,色黑則暗而不明。《説文·黑部》:"黗,黃濁黑。从黑,屯聲。"清朱駿聲《通訓定聲》:"字亦作䵎,作黗。《廣雅·釋器》:'黗,黑也。'"《玉篇·黑部》:"黗,黃濁色。"《廣韻·魂韻》:"黗,黃黑色也。"按,黃黑色亦稱"黗",音相近。《説文·黃部》:"黗,黃黑色也。"《廣雅·釋器》"黗,黃也"清王念孫《疏證》:"《説文》:'黗,黃濁䵎也。'黗與黗同,黗亦黗也,方俗語有輕重耳。"清阮葵生《茶餘客話》卷九:"俄羅斯産者五:毬黑而毫白,曰元狐;其次身黗而臉黑,曰猾刀。"

鈍 刀劍不鋒利,即不快;引申而指人反應不快,遲鈍、愚鈍,實即不明事理義。《説文·金部》:"鈍,錭也。从金,屯聲。"清朱駿聲《通訓定聲》:"《文選·檄吳將校部曲》:'兵不鈍鋒。'〔轉注〕《史記·周勃世家》注:'俗謂愚爲鈍椎。'《廣雅·釋詁四》:'鈍,遲也。'"《淮南子·修務訓》:"精神曉泠,鈍聞條達。"漢高誘注:"鈍聞猶鈍惛也。"《宋書·范曄傳》:"棗膏昏鈍,比羊玄保。"

飩 或稱"餛飩",餅類食物。稱"餅",謂物合並爲一體;稱"餛飩",則即囫圇渾一義,亦即混沌義。《太平御覽》卷八〇六引漢揚雄《方言》:"餅謂之飩。"唐慧琳《一切經音義》卷五十八引《爾雅》:"餛飩,餅也。"《廣韵·魂韵》:"飩,餛飩。"後世亦以"餛飩"指薄麵片包餡的食物。《正字通·食部》:"餛,今餛飩即餃餌別名,俗屑米麵爲末,空中裹餡,類彈丸形,大小不一,籠烝啖之。"清富蔡敦崇《燕京歲時記·冬至》:"夫餛飩之形有如鷄卵,頗似天地渾沌之象,故於冬至日食之。"

沌 混沌,天地未分、不明。《玉篇·水部》:"沌,混沌也。"《廣韵·混韵》:"沌,混沌。"《集韵·混韵》:"沌,混沌,元氣未判。"漢王充《論衡·談天》:"説《易》者曰:'元氣未分,渾沌爲一。'"宋張君房《雲笈七籤》卷二:"《太始經》云:'昔二儀未分之時,號曰洪源。溟涬濛鴻,如鷄子狀,名曰混沌。'"按,道家太極圖、陰陽魚所示亦此意。

忳 人愚鈍,不明事理。《集韵·混韵》:"忳,愚也。"漢賈誼《新書·先醒》:"彼世主不學道理,則嘿然惛於得失,不知治亂存亡之所由,忳忳猶醉也。"按,"忳"字从心,爲表愚鈍義之正字,用"鈍"字,取其比喻引申義。文獻中時以"沌"爲之。《集韵·慁韵》:"忳,愚兒。或作沌。"《老子》第二十章:"我愚人之心也哉!沌沌兮。俗人昭昭,我獨昏昏。"

吨 言不明。《玉篇·口部》:"吨,《字書》云:吨吨,不了。"《集韵·魂韵》:"吨,吨吨,言不明也。"按,《廣韵·諄韵》:"訰,亂言之兒。"其"訰"當爲或體,凡言語亂則條理不明,義相通。《爾雅·釋訓》:"訰訰,亂也。"

盹 目視物不明。字亦作"瞱"。《説文·目部》:"瞱,謹鈍目也。"清桂馥《義證》:"俗作盹。"清錢坫《斠詮》:"今人謂目睹物遲鈍爲瞱,聲如鈍。"《集韵·魂韵》:"瞱,視不明。"又《稕韵》:"瞱,或从盹。"

旽 日始出,尚不明。字亦作"暾"。《玉篇·日部》:"旽,同暾。""暾,日欲出。"宋楊萬里《明發陳公逕》:"東暾澹未熹,北吹寒更寂。"明劉基《題山水圖爲寶林衍上人作》詩:"雨過秋山日欲暾,白雲如雪擁山根。"

倱 倱伅,不明事理之人。"倱伅"即糊塗。《玉篇·人部》:"帝鴻氏有不才子,天下之民謂之倱伅。"亦泛指人糊塗、不明事理。唐慧琳《一切經音義》卷三十九:"杜注《左傳》云:'倱伅,無知暗昧不通之類也。'古今正字从人,昆、屯皆聲。"《集韵·混韵》:"倱,倱伅,不慧也。"

〔推源〕 諸詞俱有混沌不明義,爲屯聲所載之公共義。其混沌不明義當爲聲符字"屯"之顯性語義。《説文·屮部》:"屯,難也。象草木之初生,屯然而難。从屮貫一。一,地也。尾曲。《易》曰:'屯,剛柔始交而難生。'"今按,草木初生則未成形,處混沌狀態,而成熟之形尚不明。

(210) 鮀飩囤（圓圍義）

鮀 河豚。體圓筒形，故又稱"鯢魚"；似豚，故稱"河豚"，一名"鯸鮐"。明陶宗儀《輟耕録·食品有名》："《類篇·魚部》引《博雅》云：'鯸鮐，鮀也。'……正今人名爲河豚者也。"《正字通·魚部》："鮀，河鮀……一名鯸鮐，一名鰗鮐，一名鯢魚。"宋羅願《爾雅翼·釋魚》："鯢，今之河豚，狀如科斗，腹下白，背上青黑有黄文。"

飩 指餅類食物，亦指餃類食物（見本典第一卷第 209 條），其物皆圓形。

囤 盛糧器具，以荆條、竹篾、蓆茄等編織包圍而成。《玉篇·口部》："囤，小廩也。"《廣韻·混韻》："囤，小廩也。"按，"廩"即糧倉，"廩"爲或體。《篇海類編·宮室類·廣部》："廩，通作廩。"《説文·亩部》："亩，穀所振入……廩，亩或从广，从禾。"《魏書·高祖紀》上："三月壬午，詔諸倉囤穀麥充積者，出賜貧民。"

〔推源〕 此三詞俱有圓圍義，爲屯聲所載之公共義。屯聲字所記録語詞"沌""忳""庉"等俱有混沌義，此與圓圍義或即相通。凡物形圓，則渾然一體，囫圇渾一即寓混沌義。又，屯聲可載圓圍義，"橢"可證之。

屯：端紐文部；

橢：透紐歌部。

端透旁紐，文歌旁對轉。"橢"，字亦作"隋"，指長圓形，故後世幾何學稱長圓爲"橢圓"。《爾雅·釋魚》"蠃，小而橢"晉郭璞注："橢，謂狹而長。"按，當云圓而長。《楚辭·天問》："南北順隋，其衍幾何？"清王夫之《通釋》："隋，一作橢。圓而長也。"《淮南子·修務訓》："今夫救火者汲水而趨之，或以甕瓴，或以盆盂，其方圓鋭橢不同，盛水各異，其於滅火鈞也。"

(211) 笛朊邨庉軘坉囤煓炖馳（積聚義）

笛 以竹篾編成形如籮筐用以積糧之器。《説文·竹部》："笛，篅也。从竹，屯聲。"清朱駿聲《通訓定聲》："所以盛穀，高大之器也。字亦作囤。"按，漢史游《急就篇》"笛、篅"唐顏師古注亦云："笛、篅皆所以盛米穀也。以竹木簟席，若泥涂之則爲笛。笛之言屯也，物所屯聚也。"古籍中"笛""囤"多通用，然則本義有别。"笛"，竹製者，形如籮筐而大；"囤"字从口，謂以簟席圍而聚糧。《淮南子·精神訓》："有之不加飽，無之不爲之飢，與守其篅笛，有其井，一實也。"漢高誘注："篅、笛，受穀器。"

朊 禽類的胃，積聚食物之器官。《玉篇·肉部》："朊，鳥藏也。"《廣韻·諄韻》："朊，鳥藏。"《資治通鑑·齊東昏侯永元元年》："妃索煮朊，帳下諸暄，暄曰：'旦已煮鵝，不煩復此。'"元胡三省："鳥藏曰朊。"《物類相感志·禽魚》："鷹無朊而有肚子，吃肉故也。飛禽吃穀者有朊。"按，雞之胃稱"雞朊"，作中藥，一名"雞内金"，最利助消化。

邨 村落，人所聚集之地。《集韻·魂韻》："村，聚也。通作邨。"《説文·邑部·邨》清朱駿聲《通訓定聲》："《廣雅·釋詁四》：'邨，國也。'"清段玉裁注："邨，本音豚，屯聚之意也。俗讀此尊切，又變字爲村。"唐白居易《病中得樊大書》詩："荒邨破屋經年卧，寂絶無人問病身。"金元好問《跋酒門限邵和卿醉歸圖》詩："太平邨落自由身，童稚扶携意更真。"

庉 樓牆，可聚人守衛處。《説文·广部》："庉，樓牆也。从广，屯聲。"清江沅《釋例》："於高牆之上建埤堄，遇兵亂時人守之。"清王筠《釋例》："《玉篇》又有'屯聚之處'四字。……案：'𪲺'下云：'北地高樓無屋者'，庉蓋同此制，於其人爲埤堄，遇兵燹則聚人守之，故曰屯聚也。"

軘 屯兵守衛之車，亦即兵士聚集守衛之車。《説文·車部》："軘，兵車也。从車，屯聲。"清朱駿聲《通訓定聲》："《釋名》：'軘車，戎者所乘也。'《左宣十二傳》：'使軘車逆之。'注：'兵車名。'服注：'屯守之車。'"《左傳·襄公十一年》："鄭人賂晉侯以師悝、師觸、師蠲，廣車、軘車、淳十五乘，甲兵備。"

坉 截流積水。《玉篇·土部》："坉，坉水不通，不可别流。"亦指用土築城以積水。《廣韵·魂韵》："坉，以草裹土築城及填水也。"

囤 本指積糧之器（見本典第一卷第 210 條），虚化引申爲屯積、積聚之義。漢劉熙《釋名·釋宫室》："囤，屯也，屯聚之也。"明范濂《雲間據目鈔·記賦役》："於是以官户之糧並之書册，以巨室之糧歸之囤户。"清魏源《道光洋艘征撫記》："英吉利國中聞廣東罷市之信，各埠茶葉皆囤積不肯出售，市價踴貴。"

炖 燉肉。《廣韵·混韵》："炖，炖肉。"其音他衮切，則其字之結構爲从火、火肉，屯聲。《集韵·混韵》："炖，烹肉也。"今按，此字亦以屯聲表積義，凡燉肉，火温低而時間長，"炖"即積文火以熟肉。其字《類篇》作"朜"，其音吐衮切，訓同《集韵》。此字乃古人爲燉肉義所製之專字、本字，後世凡言以火燉物則統用"燉"字。

燉 烹調方法，食物加水後長時間地用文火煮。如：燉雞湯。

駗 積聚、儲養騾馬。唐陳子昂《上蜀川軍事》："請爲九等税錢以市騾馬，差州縣富户各爲駗主税錢者，以充脚價。"

〔推源〕 諸詞俱有積聚義，當爲屯聲所載之語源義。屯聲可載積聚義，"集"可證之。

屯：端紐文部；

集：從紐緝部。

端從鄰紐，文緝通轉。"集"，字本作"雧"，謂群鳥聚集於木。《説文·雥部》："雧，群鳥在木上也。从雥，从木。集，雧或省。"《詩·唐風·鴇羽》："肅肅鴇羽，集於苞栩。"唐李白《古風五十九首》之五十九："衆鳥集榮柯，窮魚守枯池。"虚化引申爲聚集、積聚義。《廣雅·釋詁三》："集，聚也。"《孟子·公孫丑上》："其爲氣也……是集義所生者，非義襲而取之也。"宋朱熹《集注》："集義猶言積善，蓋欲事事皆合於義也。"晉王羲之《蘭亭集序》："群賢畢至，少長咸集。"

(212) 扽頓（動義）

扽 拉動,搖動。《廣雅·釋詁一》:"扽,引也。"清王念孫《疏證》:"《玉篇》:'扽,引也;撼也。'"《廣韻·恩韻》:"扽,撼扽。"三國魏曹丕《校獵賦》:"扽沖天之素旄兮,靡格澤之修旈。"

頓 字從頁,謂以頭叩地。《說文·頁部》:"頓,下首也。從頁,屯聲。"《周禮·春官·大祝》:"一曰稽首,二曰頓首。"漢鄭玄注:"頓首拜,頭叩地也。""頓"又有上下抖動義,當爲比喻引申義。《荀子·勸學》:"若挈裘領,詘五指而頓之,順者不可勝數也。"清王先謙《集解》引清盧文弨語:"頓猶頓挫提舉高下之狀,若頓首然。"晉陸機《應嘉賦》:"仰群軌以遙企,頓駿羽以婆娑。"

〔推源〕 此二詞俱有動義,當爲屯聲所載之語源義。屯聲可載動義,"振"可證之。

屯:端紐文部;
振:章紐文部。

端章(照)準雙聲,文部疊韻。"振",抖動,搖動。《廣雅·釋詁一》:"振,動也。"《荀子·不苟》:"新浴者振其衣,新沐者彈其冠,人之情也。"《楚辭·九懷·尊嘉》:"秋風兮蕭蕭,舒芳兮振條。"漢王逸注:"動搖百草使芳熟也。"

(213) 純醇（純粹義）

純 絲織品顏色純一。《正字通·糸部》:"純,帛之粹者。"《漢書·梅福傳》:"一色成體謂之醇,白黑雜合謂之駁。"清王先謙《補注》:"官本醇作純,是。"引申爲純粹不雜義。《詩·周頌·維天之命》:"文王之德之純。"宋朱熹《集傳》:"純,不雜也。"《國語·鄭語》:"建九紀以立純德。"三國吳韋昭注:"純,純一不駁也。"

醇 酒質濃厚,純美。爲"醇"之轉注字。《廣韻·諄韻》:"醇,純美酒也。"《集韻·諄韻》:"醇,《說文》:'不澆酒也。'或作醕。醕,酒厚也。"《漢書·曹參傳》:"至者,參輒飲以醇酒。"唐顏師古注:"醇酒不澆,謂厚酒也。"按,亦虛化引申爲純粹不雜義。《尚書·說命中》:"惟厥攸居,政治惟醇。"僞孔傳:"其所居行皆如所言,則王之政事醇粹。"

〔推源〕 此二詞俱有純粹義,當爲屯聲所載之語源義。其"純"即純粹字。表純粹義之雙音詞爲"純粹",實爲同源、同義聯合式合成詞。

屯:端紐文部;
粹:心紐物部。

端心鄰紐,文物對轉。"粹",精米,純淨無雜質。《說文·米部》:"粹,不雜也。"清朱駿聲《通訓定聲》:"精米不雜也。米不襍曰粹,酒不澆曰醇。"明宋應星《天工開物·粹精》:"播精而擇粹。"引申爲抽象的純粹義。《廣雅·釋言》:"粹,純也。"《文子·原道》:"不與物雜,粹之至也。"《文選·左思〈魏都賦〉》:"非醇粹之方壯,謀踳駁於王義。"

(214) 純炖奄(厚重盛大義)

純 由絲織品顏色純一義(見本典第一卷第213條)引申爲篤厚義。《左傳·隱公元年》:"潁考叔,純孝也。"唐孔穎達疏:"言孝之篤厚也。"按,厚、重、大義皆相通,故"純"又有"大"義。《爾雅·釋詁上》:"純,大也。"《漢書·禮樂志》:"惟慕純德。"唐顏師古注:"純,大也。"漢王充《論衡·累害》:"衆好純譽之人,非真賢也。"按,清朱駿聲氏以爲"純"表大義,爲"奄"字之借,實非,"大"義爲"純"之引申義。

炖 火勢盛大。漢揚雄《方言》卷十三:"炖,赫貌也。"晉郭璞注:"皆火盛熾之貌。"唐柳宗元《解祟賦》:"炖堪輿爲甗鍬兮,爇雲漢而成霞。"按,"炖"當爲"燉""焞"之轉注字,聲符字形體異而音相近,義則同。《玉篇·火部》:"燉,火盛兒。""焞,焞焞,盛兒。"

奄 大。《説文·大部》:"奄,大也。从大,屯聲。"《廣韵·諄韵》:"奄,大也。"按,"奄"字形符、聲符皆表大義,"屯"以其聲韵載"大"之語源義。文獻中多用"純"字,古代訓詁學家多以爲"純"借爲"奄",實非。表大義,"奄"爲正字,"純"表大義則爲引申義。

〔推源〕 諸詞俱有厚重盛大義,當爲屯聲所載之語源義。屯聲可載厚重盛大義,"敦"可證之。"屯"與"敦"同音,端紐雙聲,文部疊韵。"敦",字从攴,有捶擊、督促、勸勉等義,又有"大""厚"之語源義。漢揚雄《方言》卷一:"敦,大也。"《逸周書·小明武》:"上困下騰,戎遷其野,敦行,濟用金鼓。"朱右曾校釋:"敦,大也。"《楚辭·招魂》:"敦脄血拇,逐人駓駓些。"漢王逸注:"敦,厚也。"按,"敦"有厚義,後世遂爲敦厚字。

(215) 迍邅忳頓(困頓義)

迍 字从辵,本謂行路難。《玉篇·辵部》:"迍,迍邅也。"《廣韵·韵》:"迍,迍邅。"漢蔡邕《述行賦》:"塗迍邅其蹇連,潦汙滯而爲災。"虛化引申爲困頓義。《舊唐書·長孫無忌傳》:"時迍共資其力,世安專享其利。"明無名氏《鳴鳳記·夫婦死節》:"當日封章未上曾頻勸,何期此地遭迍難。"

邅 艱難,困頓。初文作"屯"。《集韵·魂韵》:"邅,木始生兒。"漢揚雄《法言·寡見》:"春木之邅兮,援我手之鶉兮。"劉師培《補釋》:"古邅字均作屯。屯者,象草木初生之形,後人加艸爲邅。"《説文·屮部》:"屯,難也。象草木之初生,屯然而難。从屮貫一。一,地也。尾曲。《易》曰:'屯,剛柔始交而難生。'"《易·屯》:"六二,屯如邅如,乘馬班如。"唐孔穎達疏:"屯是屯難。"

忳 心中苦悶,困惑,實亦困頓義。《玉篇·心部》:"忳,悶也,憂也。"《廣韵·魂韵》:"忳,悶也。"《楚辭·九章·惜誦》:"申佗傺之煩惑兮,中悶瞀之忳忳。"又《離騷》:"忳鬱邑余佗傺兮,吾獨窮困乎此時也。"

頓 字从頁,本謂頓首,即叩地至地,亦即首止於地,以故有停頓、停止之義。止而不能前即困頓,故又有困頓之衍義。後世遂以其字爲困頓字。《荀子·仲尼》:"頓窮則從之,疾力以申重之。"唐楊倞注:"頓,謂困躓也。"宋文天祥《指南録·自序》:"天時不齊,人事好乖,一夫頓困不足道,而國事不競,哀哉!"

〔推源〕 諸詞俱有困頓義,爲屯聲所載之公共義。聲符字"屯"本爲"芚"之初文,謂草木初生屯然而難,然則困頓義爲聲符字"屯"所記語詞之顯性語義。

71　比聲

(216) 枇朏䇭坒毗(比次、細密義)

枇　篦。以其齒密比而得名,齒疏者稱"梳",正可互證。《廣雅·釋器》:"枇,櫛也。"《說文·木部》:"櫛,梳比之總名也。"清段玉裁注:"疏者爲梳,密者爲比。"按,"比"即"枇",前者爲借字,後者爲套用本字,"枇"亦爲木名。《廣韻·至韻》:"枇,細櫛。"清朱駿聲《說文通訓定聲·履部》:"《蒼頡篇》:'靡者爲比,麤者爲梳。'《釋名》:'梳數言比,比於梳,其齒差數也,比言細,相比也。'今字作篦。"《鳳凰山167號漢墓遣册》第十簡:"女子二人持粃枇綉大婢。"

朏　牛的重瓣胃,即俗所稱"牛百葉"。當因胃瓣密比得名。其字亦作"膍"。《說文·肉部》:"膍,牛百葉也。从肉,毘聲。……朏,膍或从比。"《廣韻·脂韻》:"朏,同膍。"《莊子·庚桑楚》:"臘者之有膍胲,可散而不可散也。"唐陸德明《經典釋文》:"膍,牛百葉也。"

䇭　捕蝦竹器。其字亦作"笓"。从竹,謂其器爲竹製者;从網,則謂其物有眼如網狀。二字俱从比聲,乃以之表細密義。蓋蝦小於魚,故其網眼小而密比。《廣雅·釋器》:"篝笭謂之笓。"《廣韻·脂韻》:"䇭,篝笭。"又《齊韻》:"笓,取蝦竹器。"《集韻·脂韻》:"笓,取蝦具。《博雅》:'篝笭謂之笓。'或作䇭。"按,捕小魚之細眼網稱"罜",《詩·豳風·九罭》"九罭之魚"漢毛亨傳:"九罭,緵罟,小魚之網也。"上述《廣雅》文清王念孫《疏證》:"罜,取蝦笓也。"按"罜""笓"二物皆眼小而多故以"笓"訓"罜"。

坒　字亦作"批",土地相連、相比次,引申爲抽象的並列、比次義。《說文·土部》:"坒,地相次比也。……从土,比聲。"清朱駿聲《通訓定聲》:"从土、比,會意,比亦聲。《廣雅·釋詁三》:'坒,次也。'字亦作左形右聲。《太玄·玄首》:'都序陰陽比參。'注:'比也。'"晉左思《吳都賦》:"士女佇眙,商賈駢坒。"章炳麟《新方言·釋言》:"今人謂土相次比,物相次比,皆曰一坒一坒。或言事有先後第次,則曰一批一批。范寅說:本坒字也。"

毗　比附、輔佐,實即比次義。《詩·大雅·板》:"天之方懠,無爲夸毗。"宋朱熹《集注》:"毗,附也。"宋洪适《隸釋·漢綏民校尉熊君碑》:"爲國毗輔,懿懿其操,穆穆其姿,光光其行,桓桓其威。"

〔推源〕 諸詞俱有比次、細密義,爲比聲所載之公共義。聲符字"比"單用本可表排列、比次、細密義。《廣韵·質韵》:"比,比次。"清朱駿聲《説文通訓定聲·履部》:"比,《書·費誓》:'比爾干。'兩兩相並,故爲合並叙次之誼。……《周禮·世婦》:'比其具。'注:'次也。'"《吕氏春秋·達鬱》:"肌膚欲其比也,血脉欲其通也。"漢高誘注:"比,猶致也。"清畢沅《新校正》:"謂緻密。"按"比"字本訓"密"。《説文·比部》:"比,密也。二人爲从,反从爲比。"然則上述諸詞之比次、細密義爲其顯性語義。比聲可載比次、細密義,則"併"可相證。

比:幫紐脂部;
併:幫紐耕部。

雙聲,脂耕通轉。"併",相比併,其字甲骨文形體从人、从二。《説文·从部》:"並,相從也。"按"併"有併列、合併、相連義,並聲字所記録語詞"骈""餅""骿""姘""騈"等亦多有此義(見本典第三卷"276.并聲"),其義皆與比次、細密義相通。

(217) 紕帗䟽(破綻義)

紕 絲縷、布帛等物破壞離散。《廣韵·脂韵》:"紕,繒欲壞也。"元楊朝英選輯《朝野新聲太平樂府·商政權〈月照庭〉》:"如今羅紕錦故人何似,闌珊了春事,惜花人誰肯折殘枝?"清唐甄《潜書·匪更》:"衿傾袪錯,四垂紕離,非復緇衣矣。"按"紕"今爲紕漏字,"紕漏"即破綻而有漏洞。

帗 殘帛綻裂。字亦作"帗"。《説文·巾部》:"帗,幋裂也。"清朱駿聲《通訓定聲》:"殘帛裂曰帗,正幅裂曰輪。《急就篇》:'帗敝囊橐不直錢。'"清段玉裁注:"帗,亦作帗。"《廣韵·旨韵》:"帗,幋裂。"沈兼士《聲系》:"案帗,内府本《王韵》作帗,敦煌本《王韵》及《集韵》作帗,與《説文》合。"

䟽 器具破。字亦作"破"。漢揚雄《方言》卷六:"器破而未離謂之璺,南楚之間謂之䟽。"《玉篇·支部》:"䟽,器破也。"《集韵·支韵》:"䟽,或从皮。"《廣韵·支韵》:"破,器破也。"又"破,器破而未離。"

〔**推源**〕 諸詞俱有破綻義,爲比聲所載之公共義。此義與"比"字形體結構不相涉,乃比聲所載之語源義。比聲可載破綻義,"破"可相證。

比:幫紐脂部;
破:滂紐歌部。

幫滂旁紐,脂歌旁轉。"破",破碎。《説文·石部》:"破,石碎也。"《廣雅·釋詁一》:"破,壞也。"《玉篇·石部》:"破,解離也,碎也。"《詩·小雅·車攻》:"不失其馳,舍矢如破。"漢鄭玄箋:"射者之工,矢發則中,如椎擊物也。"唐李賀《李憑箜篌引》:"女媧煉石補天處,石破天驚逗秋雨。"

(218) 秕/瘪(乾瘪義)

秕 穀粒不滿,乾瘪。《説文·禾部》:"秕,不成粟也。从禾,比聲。"清朱駿聲《通訓定聲》："《左定十傳》：'用秕稗也。'注：'穀不成者。'今蘇俗呼穀不充者曰癟穀。"《廣韵·旨韵》："秕，糠秕。"《尚書·仲虺之誥》："若苗之有莠，若粟之有秕。"北魏賈思勰《齊民要術·小蟲》："豆角三青兩黄，拔而倒竪籠叢之，生者均熟，不畏嚴霜，從本至末，全無秕減，乃勝刈者。"按，"秕"亦移以言他物乾癟，此爲引申義。

癟 字從疒，謂乾癟呈病態。《玉篇·疒部》："癟，枯病。"按，乾枯、乾癟二義相通。《廣韵·屑韵》："癟，戾癟不正。"按，凡物癟則其形不正，如豆粒癟則不成圓形。《格物粗談·韵笈》："香橼蒂上安上芋片，則不癟。"曹禺《日出》第三幕："她們都在飢餓綫上奮鬥着，與其他癟着肚子的人們不同的地方是别的人可以愁眉苦臉地空着肚子，她們却必須笑着的。"

〔推源〕 二詞義同，音亦相近而通。"秕"爲幫紐脂部字，"癟"字《廣韵》有蒲結、芳滅二切，推其上古音爲並紐質部、滂紐月部。幫並滂旁紐，脂質對轉，脂月旁對轉，質月旁轉。"秕"乃以比聲載乾癟義。

72　切聲

(219) 扨紣(摩義)

扨 摩。《玉篇·手部》："扨，摩也。"《廣韻·没韻》："扨，摩也。"《集韻·屑韻》："扨，《博雅》：'磨也。'"清朱駿聲《説文通訓定聲·履部》："切，字亦作扨。……《廣雅·釋詁三》：'扨，磨也。'《字林》：'扨，摩也。'"按，此字典籍多以"切"爲之。

紣 字從糸，謂索，即搓摩而成之物。《廣雅·釋詁三》："紣，索也。"清王念孫《疏證》："紣之言切也，謂切撚之使緊也。亦通作'切'。《淮南子·氾論訓》：'緂麻索縷。'高誘注云：'索，切也。'"按，所謂"切撚"即搓揉、搓摩。《説文·手部》："撚，蹂也。"清朱駿聲《通訓定聲》："蹂當作煣也，煣即今揉字。"《廣韻·没韻》："紣，索也。"

〔推源〕 二詞俱有摩義，爲切聲所載之公共義。聲符字"切"從刀，本謂割切。《説文·刀部》："切，刌也。"《禮記·少儀》："牛與羊魚之腥，聶而切之爲膾。"引申爲相摩義。清朱駿聲《説文通訓定聲·履部》："切，《淮南·原道》：'可切循把握。'注：'摩也。'《海賦》：'激勢相沏。'注：'摩也。'字變作'沏'。"又引申爲切磋義，切磋即抽象的研摩義。《漢書·賈誼傳》："習與智長，故切而不媿。"切聲可載摩義，"磋"可相證。

切：清紐質部；

磋：清紐歌部。

雙聲，質歌旁對轉。"磋"，本指以象牙磨製成器。《爾雅·釋器》："象謂之磋。"《詩·衛風·淇奥》："如切如磋，如琢如磨。"漢毛亨傳："治骨曰切，象曰磋，玉曰琢，石曰磨。"宋葉適《送黄玆》詩："焦桐邂逅爨下薪，良玉瑳磨廟中器。"今按，唯"切""磋"俱有摩義，故有"切磋"

之同義聯合式雙音詞,"切磋"即研討,即抽象的研摩義。《荀子·天論》:"若夫君臣之義,父子之親,夫婦之別,則日切磋而不舍也。"

73　止聲

(220) 趾址杫砋沚(基址義)

趾　本義爲脚。《爾雅·釋言》:"趾,足也。"《廣韵·止韵》:"趾,足也。"《易·噬嗑》:"履校滅趾,不行也。"唐陸德明《經典釋文》:"趾,足也。"《詩·豳風·七月》:"三之日於耜,四之日舉趾。"按,人之足如屋之基址,故有基址之比喻引申義。《左傳·宣公十一年》:"議遠邇,略基趾。"晉杜預注:"趾,城足。"按,"城足"猶今言"城脚",謂城墻之基址。明吳寬《爲史明古題沈啓南畫》詩:"崒崒終南山,黃河抱其趾。"按,山之趾即山脚。

址　基址,其字亦作"阯"。《説文·阜部》:"阯,基也。从阜,止聲。址,阯或从土。"漢揚雄《太玄·大》:"豐墻峭阯,三歲不築,崩。"晉范望注:"阯,足也。"《漢書·郊祀志》:"禪泰山下阯。"唐顏師古注:"阯者,山之基足。"宋蘇軾《獎喻敕記》:"自城中附城爲長堤,壯其址。"宋王安石《游褒禪山記》:"褒禪山亦謂之華山,唐浮圖慧褒始舍於其址。"

杫　指俎幾、砧板,亦指墊板,實皆基址義。漢揚雄《方言》卷五:"俎,幾也。西南蜀漢之郊曰杫。"《玉篇·木部》:"杫,肉幾也。"《廣韵·寘韵》:"杫,肉機也。"《集韵·止韵》:"杫,板施於礎上柱下者。"《後漢書·鐘離意傳》:"(藥崧)家貧爲郎,常獨直臺上,無被,枕杫,食糟糠。"唐李賢注:"杫謂俎幾也。"

砋　擣繒的石砧,實亦基址義。《集韵·止韵》:"砋,擣繒石。"漢揚雄《太玄·止》:"上九,折於株木,輆於砡(砋)石,止。"宋司馬光注:"王本作砋,音止,云擣繒石也。"

沚　水中小洲,實亦基址義。《爾雅·釋水》:"水中可居者曰洲,小洲曰渚,小渚曰沚。"《説文·水部》:"沚,小渚曰沚。从水,止聲。"《詩·秦風·蒹葭》:"溯游從之,宛在水中沚。"漢毛亨傳:"小渚曰沚。"清薛福成《出使四國日記·光緒十七年正月十六日》:"凡山之坡、水之滸暨海中沙田、江中洲沚,均已墾闢無餘。"

〔**推源**〕　諸詞俱有基址義,當皆受諸止聲。聲符字"止"象人足形,本爲"趾"之初文。人足猶身之基址,故有基址之衍義。明徐弘祖《徐霞客遊記·滇游日記八》:"呦間有頹垣遺構,爲玉峰寺廢止。"記錄基址義的正字"阯"和"址"均屬後起本字。

(221) 紕/集(聚集義)

紕　績苧相聚成一紕。《廣韵·止韵》:"紕,績苧一紕,出《新字林》。"沈兼士《聲系》:"案紕,《集韵》《類篇》均作紕。"《集韵·止韵》:"紕,績苧一紕謂之紕。"

集　衆多的鳥聚集在樹上。《説文·雥部》:"雧,群鳥在木上也。从雥,从木。集,雧或省。"《詩·周南·葛覃》:"黃鳥於飛,集於灌木。"虛化引申爲聚集,遂成基本義。《爾雅·釋言》:"集,會也。"《廣雅·釋詁三》:"集,聚也。"《詩·小雅·頍弁》:"如彼雨雪,先集維霰。"唐孔穎達疏:"言王政教暴虐,如彼天之雨下大雪,其雪必先聚集而搏維爲小霰,而後成爲大雪。"《漢書·石奮傳》:"景帝曰:'石君及四子皆二千石,人臣尊寵乃舉集其門。'"唐顔師古注:"集,合也。"

上述二詞義既相同,音亦相近而通。

紕:昌紐之部;
集:從紐緝部。

昌(穿)從鄰紐,之緝通轉。

〔推源〕 "紕""紕"同爲量詞,然則語源不一。"一紕"猶"一批","紕""批"同从比聲。至"紕",則以其止聲表聚集義。聲符字"止"單用本有聚集義。《莊子·人間世》:"虚室生白,吉祥止止。"晉郭象注:"夫吉祥之所集者,至虚至静也。"今按,"止"的聚集義當由其留止義所衍生,衆物留止於一處即聚集。《説文·雥部》:"雧"字條清桂馥《義證》:"《禽經》:'獨鳥曰止,衆鳥曰集。'"此庶可爲留止、聚集二義相通之力證。

(222) 祉/禔(福義)

祉 福。《爾雅·釋詁下》:"祉,福也。"《説文·示部》:"祉,福也。从示,止聲。"《易·泰》:"帝乙歸妹,以祉元吉。"《詩·小雅·六月》:"吉甫燕喜,既多受祉。"漢毛亨傳:"祉,福也。"《史記·魯周公世家》:"天降祉福。"其"祉福"連文同義。

禔 福。漢揚雄《方言》卷十三:"禔,福也,喜也。"晉郭璞注:"謂福祚也。有福即喜。"《説文·示部》:"禔,安福也。"《漢書·司馬相如傳》下:"遐邇一體,中外禔福,不亦康乎?"宋王安石《答吕吉甫書》:"諸令弟各想禔福。"

二詞義同,音有微別而相通,爲同一語源之分化。

祉:透紐之部;
禔:定紐支部。

透定旁紐,之支旁轉。

〔推源〕 "祉"的福義受諸止聲,"禔"可相證。其聲符字"止"本指人足,與福義不相涉,故止聲所載之福義爲語源義。

74 少聲

(223) 眇杪秒玅妙㛋㵗紗耖伙魦魦(細小義)

眇 目小。《説文·目部》:"眇,一目小也。从目,从少,少亦聲。"清朱駿聲《通訓定聲》:"《釋名·釋疾病》:'目眶陷急眇。眇,小也。'《易·履》:'眇能視。'"按,朱氏所引《易》文漢虞翻注:"離目不正,兑爲小,故眇而視。"《資治通鑑·唐僖宗中和三年》:"克用一目微眇,時人謂之獨眼龍。"元胡三省注:"眇,一目小也。"按,"眇"亦虛化引申爲細小義。漢揚雄《方言》卷十三:"眇,小也。"《莊子·德充符》:"眇乎小哉!所以屬於人也。"《史記·孟嘗君列傳》:"始以薛公爲魁然也,今視之,乃眇小丈夫耳。"

杪 樹梢,即樹的細小部分。《説文·木部》:"杪,木標末也。从木,少聲。"清朱駿聲《通訓定聲》:"《通俗文》:'樹鋒曰杪。'《方言》二:'木細枝謂之杪。'《漢書·司馬相如傳》:'偃蹇杪顛。'注:'枝上顛也。'"按,"杪"亦虛化引申爲細小義。漢揚雄《方言》卷二:"杪,小也。"漢馮衍《自論》:"闊略杪小之禮,蕩佚人間之事。"晉孫楚《和氏外孫小同哀文》:"杪末嬰孩,安足稱誅?"又,時間單位、角度單位之"杪",皆小者。

秒 禾芒,禾的細小部分。"秒""杪"當爲分別文。《説文·禾部》:"秒,禾芒也。从禾,少聲。"清朱駿聲《通訓定聲》:"粟之孚甲無芒,芒生於粟穗之莖,如草之葉也。字亦作穮。〔轉注〕《漢書·叙傳》:'造計秒忽。'"按,朱氏所引《漢書》文唐顔師古注:"秒,禾芒也;忽,蜘蛛網細者。"引申爲細小、細微義。唐白居易《試進士策問》:"日月代明而晝夜分,刻漏者準之,無秒忽之失焉。"宋葉適《祭趙幾道文》:"事物之碎,多於髮絲;性命之眇,猶隔秒忽。"

玅 小。《類篇·玄部》:"玅,小意。"清鈕樹玉《説文解字校録》:"玅,玅尪,小兒也。"清孫枝蔚《客金陵一月將歸維揚留別周雪客》詩:"公子况玅年,所期富述撰。"按,"玅年"即年紀小。

蚂 初生的蠶,極小之物。《玉篇·虫部》:"蚂,蠶初生。"《廣韵·宵韵》:"蚂,蠶初生也。"明李時珍《本草綱目·蟲一·蠶》:"自卵出而爲蚂,自蚂蜕而爲蠶。"明宋應星《天工開物·抱養》:"凡清明逝三日,蠶蚂即不偎衣衾暖氣,自然生出。"

䋞 細密、網孔小的網。《廣韵·宵韵》:"䋞,《玉篇》云:'細網也。'"《集韵·宵韵》:"䋞,網細者䋞。"

麨 米、麥等物炒熟後磨粉製成的乾糧,字亦作"麷"、作"䴺","䴺"即細小食物之意。《玉篇·麥部》:"麷,糗也。麨,同麷。"《廣雅·釋器》:"籹黎謂之麷。"清王念孫《疏證》:"《唐本草》注云:'米麥麨,蒸米麥熬磨作之。一名糗。'"宋范成大《刈麥行》詩:"犂田待雨插晚稻,朝出移秧夜食麨。"《新五代史·四夷附録二·契丹》:"契丹嘗選百里馬二十匹,遣十人齎千麨北行,窮其所見。"

紗 輕細的絹。《玉篇·糸部》:"紗,紗縠也。"《廣韵·麻韵》:"紗,絹屬。"《漢書·江充傳》:"充衣紗縠禪衣,曲裾後垂交輸。"唐顔師古注:"輕者爲紗,縐者爲縠。"宋吴曾《能改齋漫録·方物》:"巴西紗一疋重二兩,婦人製夏服,甚輕妙。"引申之,則有細小義。《廣雅·釋詁四》:"紗,微也。"清王念孫《疏證》:"紗,絲之微也。紗之言眇小也。"漢揚雄《太玄·堅》:"戴蠕紗紗,縣於九州。"晉范望注:"戴德者德輕如毛,民鮮能舉之,故言紗紗也。"

耖　耕具,形似耙而齒密長,碎土更細。當以齒細密間距小而得名。元王禎《農書》卷十二:"耖,疏通田泥器也。高可三尺許,廣可四尺,上有橫柄,下有列齒。其齒比耙齒倍長且密。人以兩手按之,前用畜力輓行。"

仯　小。《玉篇·人部》:"仯,小兒。"《集韵·巧韵》:"仯,小也。"

觘　動物角的上部,細小部分。《玉篇·角部》:"觘,角上也。"《廣韵·效韵》:"觘,角匕也。"沈兼士《聲系》:"北宋本、宋小字本作'角上浪也。'《集韵》作'角上兒。'"今按,角上稱"觘",猶禾芒稱"秒"、木梢稱"杪",三者皆分別文。

魦　吹沙小魚。字亦作"鯊"。《爾雅·釋魚》:"鯊,鮀。"晉郭璞注:"今吹沙小魚。"唐陸德明《經典釋文》:"鯊本又作魦。"《詩·小雅·魚麗》:"魚麗於罶,鱨鯊。"高亨注:"鯊,小魚名,圓而有點文,常張口吹沙。"《後漢書·馬融傳》:"鱣鯉鱨魦,樂我純德,騰踴相隨。"唐李賢注:"魦或作鯊。郭義恭《廣志》曰:吹沙魚,大如指,沙中行。"

〔推源〕　上述諸詞俱有細小之義,爲少聲所載之公共義。其細義、小義有微別而相通,"細"即不粗大,故小亦可稱"細",今安徽歙縣、湖南株洲方言猶稱小爲"細"。諸詞之細小義當爲聲符字"少"之顯性語義。甲骨文"少"與"小"同爲一字,象沙點形。沙則爲小物,故"少"字單用本可表"小"義。《文選·左思〈蜀都賦〉》:"亞以少城,接乎其西。"唐劉逵注:"少城,小城也。"《素問·六元正紀大論》:"病生皮腠,内舍於脅,下連少腹。"按,"少腹"即小腹。又,"少"之基本義一如《説文·小部》所訓,云"不多",不多即數量小,然則小義、少義亦相通。

(224) 誚魦(不安義)

誚　吵鬧,不安静。字亦作"吵"。《説文·言部》:"誚,誚擾也。从言,少聲。"清朱駿聲《通訓定聲》:"今蘇俗謂謹啟曰吵鬧,即此誚擾字。"《廣韵·巧韵》:"吵,聲也。"王重民等編《敦煌變文集》之《董永變文》:"人生在世審思量,暫時吵鬧有何妨。"明馮惟敏《傍妝臺·效中麓體》曲:"鬧誚誚,甜言美語枉徒勞,再休提空口説空話,虚套弄虚嚻。"按,形符構件"言""口"以及"欠"所表義類同,故常相更换。

魦　船不安穩。《廣韵·效韵》:"魦,船不安也。"宋趙叔向《肯綮録·俚俗字義》:"船不穩曰魦。"今按,船不安穩稱"魦",即船只隨波晃動之意,今徽歙方言猶稱晃動、抖動爲"魦",蓋亦中古語之遺迹。

〔推源〕　此二詞俱有不安義,當爲少聲所載之語源義。少聲可載不安義,"騷"可相證。

少:書紐宵部;

騷:心紐幽部。

書(審三)心鄰紐,宵幽旁轉。"騷",騷動不安。《爾雅·釋詁下》:"騷,動也。"《説文·馬部》:"騷,擾也。"《詩·大雅·常武》:"徐方繹騷,震驚徐方。"漢毛亨傳:"騷,動也。"三國魏曹植《王仲宣誄》:"嗟彼東夷,憑江阻湖。騷擾邊境,勞我師徒。"今按,"訬"即聲動而不安,"艄"爲舟動而不安,動義、不安義相通。"訬""騷"二詞,《説文》訓"訬擾""擾",俱有擾義,擾之則亂,亂則不安,其義亦相通。

(225) 秒妙(微妙、精妙義)

秒 字从禾,本指禾芒,禾芒爲微小之物,故有細微、微小之衍義;微小而能區別客觀事物即成爲事物與事物的界限,即微妙義。《説文·禾部·秒》南唐徐鍇《繫傳》:"秒之言妙也,微妙也。"《隋書·律曆志》:"凡日不全爲餘,積以成餘者曰秒。"《清史稿·時憲志一》:"吳江人王錫闡自創新法,用以推日月食,不爽秒忽。"

妙 美妙。《廣雅·釋詁一》:"妙,好也。"《説文·女部》:"好,美也。"《漢書·孝武李夫人傳》:"平陽主因言延年有女弟,上乃召見之,實妙麗善舞。"引申爲精妙義。《正字通·女部》:"妙,精妙也。"《莊子·寓言》:"九年而大妙。"唐成玄英疏:"妙,精微也。"北齊顏之推《顏氏家訓·勉學》:"不知明乎天道,辨乎地利,比量逆順,鑒達興亡之妙也。"

〔推源〕 此二詞分別有微妙、精妙,其義雖微別而實相通,語源當同。凡物細微而精巧即微妙,亦即精妙。《老子》第一章:"故常無欲,以觀其妙。"三國魏王弼注:"妙者,微之極也。"按,王説可爲微小、微妙、精妙義相通之一證。又,"妙"字或作"玅",其形體結構漢許慎云"从弦省,少聲",疑爲从玄、少聲,形符構件"玄"亦表玄妙義。玄妙、微妙,實爲一義。"秒""妙"的微妙、精妙義爲少聲所載之義,少聲字"鈔""眇"亦可以假借字形式、以其少聲表此義。《管子·幼官》:"器成於僚,教行於鈔。"《史記·貨殖列傳》:"俗之漸民久矣,雖户説以眇論,終不能化。"按,"秒""妙"的聲符字"少"本與"小"同爲一字,有小義,故細小、微妙、精妙諸義皆相通,微妙義、精妙義爲顯性語義。

(226) 䫂/長(長義)

䫂 身材修長。《集韵·巧韵》:"䫂,䫂䫂,體長貌。"《字彙·身部》:"䫂,體長大貌。"清和邦額《夜譚隨録·雙髻道人》:"酆都市上有道人,貌黑而髯,身䫂而瘦。"

長 不短。《詩·齊風·猗嗟》:"猗嗟昌兮,頎而長兮。"《楚辭·九歌·國殤》:"帶長劍兮挾秦弓,首身離兮心不懲。"

〔推源〕 此二詞俱有長義,其音亦相近而通。

䫂:山紐幽部;
長:定紐陽部。

山定鄰紐,幽陽旁對轉。其"䫂",乃以少聲表長義,少聲字"訬""眇""鈔""妙"亦可以假借字形式、以其少聲表長、高、遠義。《文選·張衡〈西京賦〉》:"通天訬以竦峙,徑百常而莖擢。"唐李善注:"訬,高也。"按,《集韵》"訬"字亦有"高"訓。"眇",可表高義,亦可表遠義。《荀子·王制》:"彼王者不然,仁眇天下,義眇天下,威眇天下。"清王先謙《集解》:"眇者高遠之稱,言仁高天下,義高天下,威高天下耳。"《莊子·庚桑楚》:"夫全其形生之人,藏其身也,不厭深眇而已矣。"唐成玄英疏:"眇,遠也。""鈔",可表遠義。《管子·幼官》:"聽於鈔,故能聞未極;視於新,故能見未形。"唐尹知章注:"鈔,深遠也。""妙",可表遠義。《韓非子·難言》:"閎大廣博,妙遠不測。"晉陸雲《逸民賦》:"欽妙古之達言兮,信懷莊而悦賈。"今按,長義、高義、遠義當相通。縱向之長即高,"眇"訓體長即身材高。時間、空間距離長皆可稱"遠"。少聲載長、高、遠義,爲語源義。

75　曰聲

(227) 欥颶汩(發聲義)

欥　發語詞。按"欥"即語未出而已發其音之謂。《説文·欠部》:"欥,詮詞也。从欠,从曰,曰亦聲。《詩》曰:'欥求厥寧。'"清朱駿聲《通訓定聲》:"經傳多以聿爲之。……《漢書·叙傳》:'欥中龢爲庶幾兮。'"按朱氏所引《漢書》文唐顔師古注:"欥,古聿字。聿,曰也。"按段玉裁氏以爲"聿"爲借字。《廣韻·術韻》:"欥,詞也。"清王闓運《愁霖賦》:"欥無象之不移,亦何情之靡遷。"

颶　大風。風大則有聲,此即構詞理據。《説文·風部》:"颶,大風也。从風,日聲。"清段玉裁注本作"从風,曰聲",並注:"曰,各本作日月之日,非聲也。今並篆體正。於筆切。"按《廣韻》亦注其音爲"於筆切",訓"大風",段説可從。晉庾闡《海賦》:"迴颶泱溔,聳散穹隆。"

汩　水流聲。《玉篇·水部》:"汩,水流也。"《文選·木華〈海賦〉》:"崩雲屑雨,浤浤汩汩。"唐李善注:"浤浤汩汩,波浪之聲也。"又漢司馬相如《上林賦》:"馳波跳沫,汩㵦漂疾。"晉郭璞注:"汩㵦,水聲也。"按,《説文》"汩"訓"治水",表水流聲之義,爲套用本字。

〔推源〕　諸詞俱有發聲義,爲曰聲所載之公共義。聲符字"曰"爲指事字,在象形字"口"上加注指點符號而構成,指説話,即發出語音。《説文·曰部》:"曰,詞也。"《廣雅·釋詁四》:"曰,言也。"《尚書·舜典》:"帝曰:'格汝舜,詢事考言,乃言底可績,三載,汝陟帝位。'"《左傳·隱公元年》:"祭仲曰:'都城過百雉,國之害也。'"然則上述三詞之發聲義爲"曰"之顯性語義。

76　日聲

(228) 䵒衵昵(沾、黏義)

䵒　黏,引申爲親暱、親近義。字亦作"䵑"。《説文·黍部》:"䵒,黏也。从黍,日聲。《春秋傳》曰:'不義不䵒。'䵑,䵒或从刃。"清朱駿聲《通訓定聲》:"《爾雅·釋言》:'䵑,膠也。'〔轉注〕《説文》引《左隱元傳》'不義不暱。'《考工·弓人》：'凡昵之類。'杜子春注引作'不義不昵'。云：'昵或爲䵑。'按，䵑爲膠合之義，昵爲親近之義，皆可通。"按，朱氏素以引申爲"轉注"。《戰國策·趙策三》："夫膠漆，至䵑也，而不能合遠；鴻毛，至輕也，而不能自舉。"清顧沅編選《乾坤正氣集》："季壯歿，未幾，而叔開隨之，此皆余之少而相䵑甚歡者，而奄忽殂謝，可不慟哉?!"

袒 貼身內衣。"袒"之名本寓貼近、沾粘義。《説文·衣部》："袒，日日所常衣。从衣，从日，日亦聲。"按，此爲聲訓、推源，然不確。清朱駿聲《通訓定聲》："近身衣也。从衣，日聲。《左宣九傳》：'皆衷其袒服以戲於朝。'"《廣韵·質韵》："袒，近身服。"按，朱氏所引《左傳》文晉杜預注："袒服，近身衣。"《後漢書·文苑傳下·禰衡》："於是先解袒衣，次釋餘服，裸身而立。"蘇曼殊《嶺海幽光録》："兵出市棺衾，妃陰置小刀數十袒衣中，整刃外向，喪服哭泣視含殮，與兵出葬北山。"

涅 石墨，沾黏之即呈黑色，故可作染料。《説文·水部》："涅，黑土在水中也。从水，从土，日聲。"清朱駿聲《通訓定聲》："《論語》：'涅而不緇。'孔注：'涅可以染皂。'《淮南·俶真》：'今以涅染紫則黑於涅。'注：'礬石也。'《西山經》：'女牀之山，其陰多石涅。'注：'即礬石也。'"《廣雅·釋詁三》："涅，泥也。"《廣韵·屑韵》："涅，水中黑土。"所訓之義皆同。引申之，則有染、黑色等義。

〔推源〕 諸詞俱有沾黏之義，爲日聲所載之公共義。聲符字"日"本指太陽，與沾黏義不相涉。然則沾黏義爲日聲所載之隱性語義即語源義。日聲表沾黏義，"泥"可相證。

日：日紐質部；

泥：泥紐脂部。

日可歸泥，質脂對轉。"泥"，水土相合者，沾黏之物。《廣韵·齊韵》："泥，水和土也。"《易·需》："需於泥，致寇至。"又《震》："震遂泥。"唐李鼎祚《集解》："坤土得雨爲泥。"唐杜甫《秋雨嘆》詩："秋來未曾見白日，泥污后土何時乾？"

77 冄聲

(229) 詵姌䋣苒抴（多義）

詵 多語。字亦作"諵""喃""諵""呥"。《説文·言部》："詵，詵詵多語也。从言，冄聲。"清朱駿聲《通訓定聲》："字亦作諵、作喃、作呥。"《廣韵·鹽韵》："諵，多語。"北周衛元嵩《元包經·少陽》："婦际瞪瞪，妾言詵詵。"唐李江注："詵音髯，多言也。"按，"詵""諵"當爲轉注字，《類篇·言部》"諵"訓"聑語"，即語多而嘈雜義。又，今語猶有"喃喃私語"一詞，"喃"亦謂多語。

  翢 鳥的細毛。其名爲"翢"即毛細而多之謂。其字亦作"翮""翂"。《玉篇·羽部》："翢,翮下弱羽。"《廣韵·琰韵》："翢,弱羽也。"《類篇·羽部》："翢,鳥翼下細毛。"《篇海類編·鳥獸類·羽部》："翢,或作翂。"清王闓運《吊舊賦》："晨雞兮時鳴,乳燕兮翢翢。"

  夥 多。字亦作"𡖣"。《玉篇·多部》："𡖣,𡖣夥,多也。"《廣韵·歌韵》："夥,多也。"

  苒 草茂盛,即草多。其字亦作"苒"。明章黼《直音篇·艸部》："苒,同苒。"《廣韵·琰韵》："苒,草盛貌。"唐孫魴《芳草》詩："萋萋綠遠水,苒苒在空林。"唐彦謙《移莎》詩："苒苒齊芳草,飄飄笑斷蓬。"

  拑 一手並持兩物,即多攬之義。《説文·手部》："拑,並持也。从手,冄聲。"清朱駿聲《通訓定聲》："《廣雅·釋詁三》:'拑,持也。'與'兼'略同。"按,"兼"謂一手持二禾。又,朱氏所引《廣雅》文清王念孫《疏證》："拑,並持也。"《廣韵·覃韵》："抻,並持也。"然則或體作"抻"。

  〔推源〕 上述諸詞俱有多義。聲符字"冄"象植物柔弱下垂形,與多義不相涉,則其多義爲冄聲所載之語源義。冄聲可載多義,"多"可相證。

      冄：日紐談部；
      多：端紐歌部。

  日端準雙聲,談歌通轉。"多",衆多。《爾雅·釋詁上》："多,衆也。"《易·謙》："君子以裒多益寡,稱物平施。"《詩·周頌·訪落》："維予小子,未堪家多難。"漢鄭玄箋："多,衆也。"

  （230）䚦袡（邊義）

  䚦 龜甲的邊。其字亦訛作"䚦"。《説文·龜部》："䚦,龜甲邊也。从龜,冄聲。天子巨䚦尺有二寸,諸侯尺,大夫八寸,士六寸。"清段玉裁注："《公羊傳》曰:'龜青純。'何注:'純,緣也。緣謂甲䚦也。千歲之龜青䚦也。'"《集韵·談韵》："䚦,龜甲邊。"唐王勃《採蓮賦》："棲碧羽之神雀,負青䚦之寶龜。"

  袡 衣邊。《廣韵·鹽韵》："袡,衣緣。"《禮記·雜記》："子羔之襲也,繭衣裳與稅衣,纁袡爲一。"唐孔穎達疏："袡,裳下緣襈也。以絳爲緣,故云稅衣纁袡也。"元陳澔《集説》："袡,裳下緣也。"今按,古柩車之裙緣稱"裧",當與"袡"出諸同一語源。"裧"從炎聲,日紐談部。"袡"字昌紐談部。二字叠韵,日昌(穿)旁紐。《禮記·雜記》："其輤有裧。"唐孔穎達疏："輤謂載柩之車。有裧者,謂輤之四旁有物裧垂,象龜甲邊緣。"

  〔推源〕 此二詞俱有邊義,爲冄聲所載之語源義。指稱龜甲之邊的"䚦"本爲在假借字基礎上添加構件而製成的後起本字,龜甲之邊,本或稱"冄",是證冄聲可載邊義。《漢書·食貨志》下："元龜岠冄長尺二寸。"唐顔師古注："孟康曰:冄,龜甲緣也。岠,至也。度背兩邊緣尺二寸也。"

  又,冄聲可載邊義,邊緣字"緣"亦可相證。

冄：日紐談部；
緣：余紐元部。

日余(喻四)旁紐，談元通轉。"緣"，衣邊。《説文·糸部》："緣，衣純也。"清段玉裁注："緣者，沿其邊而飾之也。"清朱駿聲《通訓定聲》："字亦作褖。《爾雅·釋器》：'緣謂之純。'注：'衣緣飾也。'《禮記·玉藻》：'緣廣寸半。'注：'飾邊也。'《方言》四：'懸裺謂之緣。'注：'衣縫緣也。'"

(231) 呥苒疒冄（逐漸義）

呥 咀嚼貌。《廣韵·鹽韵》："呥，噍皃。"按"噍"之或體。所謂"噍皃"即緩緩咀嚼貌，即逐漸義。《荀子·榮辱》："今是人之口腹，安知禮義？安知辭讓？安知廉恥隅積？亦呥呥而噍，鄉鄉而飽已矣。"唐楊倞注："呥呥，噍皃。"按，《集韵·鹽韵》訓"呥呥"爲"自安兒"，即悠然、舒緩義，亦與逐漸義通。

苒 逐漸。《廣韵·琰韵》："苒，荏苒，猶展轉也。"按，"展轉"謂反復、逐漸變化。漢丁廙妻《寡婦賦》："時荏苒而不留，將遷靈以大行。"晉陸雲《與楊彥明書》："時去荏苒，歲行復半。"按，"苒"字亦可單用。唐王昌齡《同從弟銷南齋玩月憶山陰崔少府》："苒苒幾盈虛，澄澄變古今。"

疒 皮膚脫屑。稱"疒"，寓逐漸義。《説文·疒部》："疒，皮剥也。从疒，冄聲。"清桂馥《義證》："'皮剥也'者，皮癢搔之則蜕，俗謂皮蚛，蓋皮中有小蟲也。"《廣韵·鹽韵》："疒，皮剥也。"按"剥"即剥落之意。

〔**推源**〕此三詞俱有逐漸義。聲符字"冄"單用本有此義。揣"冄"本訓"毛冄冄"，即柔弱、柔軟義，緩義漸義與之相通。清朱駿聲《説文通訓定聲·謙部》："冄，重言形況字。《離騷》：'老冄冄其將至兮。'注：'行皃。'《廣雅·釋訓》：'冄冄，行也。'又'冄冄，進也。'"按，所謂"進"即漸進之意。朱氏所引《離騷》文宋朱熹注："冄冄，漸也。"所引《廣雅》文清王念孫《疏證》："冄冄，漸進之意。"

(232) 髥姌苒㮍筄（柔義）

髥 頰須。其字亦作"頿""髥""髯""顃""𩑺"等形。《説文·須部》："顃，頰須也。从須，从冄，冄亦聲。"清朱駿聲《通訓定聲》："从須，从冄，會意，冄亦聲。字亦作髥。《漢書·高帝紀》：'美須髥。'注：'在頰曰髥。'《朱博傳》：'奮髥抵幾。'注：'頰毛也。'"《正字通·彡部》："髥、顃、𩑺同。"按，"冄"本指植物柔軟下垂，頰須如之，故"顃"爲亦聲字説可從，"顃"之名寓柔軟義。

姌 女性體態柔弱苗條。《説文·女部》："姌，弱長兒。从女，冄聲。"清朱駿聲《通訓定聲》："《史記·司馬相如傳》：'嫵媚姌弱。'《索隱》：'細弱也。'《舞賦》：'蜲蛇姌弱。'注：'長兒。'"《廣韵·琰韵》："姌，長好皃也。"北魏高允《羅敷行》："姌姌善趨步，襜襜曳長裾。"

茸 字从草,謂草木枝葉柔弱。晉王嘉《拾遺記·晉時事》:"花條茸弱,狀似金鐙。"唐陳詡《龍池春草》:"因風初茸茸,覆岸欲離離。"

毦 鳥的細毛,既有繁多義(見本典第一卷第229條),亦有柔弱義。

筎 字从竹,《玉篇·竹部》云"竹弱也",《廣韻》所訓略同。

〔推源〕 諸詞俱有柔弱義,爲聲符字"冄"所載之顯性語義。《説文·冄部》:"冄,毛冄冄也。象形。"清段玉裁注:"冄冄者,柔弱下垂之皃。"《詩》:'荏染柔木。'傳曰:'荏染,柔意也。'染即冄之假借。凡言冄、言姌,皆謂弱。"按,段氏所言《詩》之"染"爲"荏"之假借。三國魏曹植《美女篇》:"柔條紛冄冄,落葉何翩翩。"晉成公綏《嘯賦》:"或冄弱而柔擾,或澎濞而奔壯。"

又,冄聲可載柔義,"若"可證之。

冄:日紐談部;

若:日紐鐸部。

然則雙聲,談鐸通轉。"若",柔和,順從。商承祚《殷虛文字類編》:"卜辭諸若字象人舉手而跽足,乃象諾時異順之狀,古諾與若爲一字,故若字訓爲順。"《爾雅·釋言》:"若,順也。"《穀梁傳·莊公元年》:"不若於道者,天絶之也。"晉范寧注:"若,順。"

(233) 蚺䑙(吐舌義)

蚺 吐舌貌。《類篇·虫部》:"蚺,蚺蛦,獸吐舌皃。"《集韻·闞韻》:"蛦,蚺蛦,獸吐舌皃。"《文選·王延壽〈魯靈光殿賦〉》:"玄熊蚺蛦以齗齗,却負載而蹲跠。"唐李善注:"蚺蛦,吐舌貌。"

䑙 吐舌貌。《玉篇·舌部》:"䑖,䑖䑙,吐舌皃。"《廣韻·談韻》:"䑙,吐舌也。"明劉基《大熱遣懷》:"渡水翅帖帖,守口口䑙䑙。"清遯廬《童子軍·雪餞》:"恨只恨長蛇䑙舕,不住把腥風煽。"

〔推源〕 二詞俱有吐舌義,爲冄聲所載之語源義。"蚺"本指大蛇,蛇時或吐舌,獸類亦同,故其吐舌義爲引申義。"䑙"字从舌,爲表吐舌義專製者。今按,徽歙方言謂火焰倏忽之間燃及其物爲"冄",知"蚺""䑙"之語源爲舌速伸而縮。

78 中聲

(234) 衷坤(內義)

衷 內衣。《説文·衣部》:"衷,裏褻衣也。从衣,中聲。《春秋傳》曰:'皆衷其衵服。'"清朱駿聲《通訓定聲》:"《穀梁傳》:'或衷其襦。'《左襄二十七傳》:'楚人衷甲。'"按朱氏所引文中之"衷"指貼身穿於內,爲引申義;"衷"又引申爲內心義。《左傳·僖公二十八年》:"今天祐其衷,使皆降心以相從也。"又"衷心感謝""無動於衷""言不由衷"之"衷",皆內心義。

坤 山內的平地。其字亦以"冲"爲之。田漢《獲虎之夜》:"你那樣要看老虎,好容易到坤裏來,老虎又擡走了。"張天翼《萬仞約》:"那些高高低低的山——圍成一個馬蹄鐵的樣子:像一個大妖怪用兩個膀子圍着,只在兩手尖端留下一個口子讓別人走冲裏來。"今按,先民擇山內平地而居,故地名多含"冲"(簡作"冲")字,如湖南湘潭有韶山冲,安徽太湖縣有殷家冲。"冲"字从水,本謂"涌搖",指山內平地,爲借字,"坤"則爲正字。"冲"亦中聲字,《廣韵》訓"深",爲聲符所載之義,故可借作"坤"。

〔推源〕 此二詞俱有內義,爲中聲所載之公共義。其內義爲聲符字"中"之顯性語義。《説文·丨部》:"中,內也。从口、丨,上下通。"《易·坤》:"象曰:黄裳元吉,文在中也。"高亨注:"中,猶內也。"《周禮·考工記·匠人》:"國中九經九緯。"漢鄭玄注:"國中,城内也。"又,中聲可載內義,"裏"可相證。

中:端紐冬部;
裏:來紐之部。

端來旁紐,冬(東)之旁對轉。"裏",衣之內層,所謂夾裏,引申爲裏外之裏義,其字亦作"裡",左形右聲。《説文·衣部》:"裏,衣內也。从衣,里聲。"《正字通·衣部》:"裏,或作裡。"《詩·邶風·緑衣》:"緑兮衣兮,緑衣黄裏。"宋曾慥編撰《類説》卷十五:"鸛鵲樓頭日暖,蓬萊殿裡花香。"按,後世以"里"爲"裏外"字,乃"里"與"裏""裡"之合流,"里"字从田、从土,本爲故里字。

(235) 仲忠舯(居中義)

仲 居中。《説文·人部》:"仲,中也。从人,从中,中亦聲。"清朱駿聲《通訓定聲》:"《釋名·釋親屬》:'仲,中也,言位在中也。'《儀禮·士冠禮》曰:'伯某甫,仲、叔、季惟其所當。'《禮記·檀弓》:'五十以伯仲,周道也。'按,古者幼名冠字,冠字謂之且字。且,薦也,表之以字,所以爲伯仲叔季之藉也。"今按,"仲"字从人,謂人倫之居中者,亦引申而指時序。《逸周書·周月》:"凡四時成歲,有春夏秋冬,各有孟仲季,以名十有二月。"

忠 事上忠誠。《説文·心部》:"忠,敬也。从心,中聲。"清朱駿聲《通訓定聲》:"《孝經》疏引《字詁》:'忠,直也。'……《左文元傳》:'忠,德之正也。'"《尚書·伊訓》:"居上克明,爲下克忠。"僞孔傳:"事上竭誠也。"《新唐書·蘇安恒傳》:"竊見元忠廉直有名,位宰相,履忠正,邪佞之徒嫉之如讎。"今按,"忠"謂事上竭誠,即抽象的居中不偏倚義,故"忠"多訓正、訓直,《玉篇·心部》"忠"字亦訓"直"。"直"即上下相值之意。

舯 船體長度的中點。軍用船常指載重水綫長之中點;民用船常指垂綫間長之中點。

〔推源〕 諸詞俱有居中義,爲中聲所載之公共義。其居中義當爲聲符字"中"所記録詞語之顯性語義。"中"字从口,以"丨"居中貫通之,故有"半"義,半即居中。《廣韵·東韵》:

"中,半也。"清朱駿聲《説文通訓定聲·丰部》:"中,〔轉注〕《洪範·五行傳》:'歲之中''月之中''日之中'。《上林賦》:'酒中樂酣。'注:'半也。'《列子·立命》:'得亦中,亡亦中。'注:'半也。'"

(236) 翀鴲沖忡(動義)

翀 鳥飛舉,沖動。《玉篇·羽部》:"翀,飛上天。"《廣韵·東韵》:"翀,直上飛也。"三國魏杜摯《贈田丘荆州》:"鵠飛舉萬里,一飛翀昊蒼。"亦引申而指人成仙飛舉。《明史·楊最傳》:"神仙乃山棲澡鍊者所爲,豈有高居黄屋紫闥,袞衣玉食,而能白日翀舉者。"按,"翀"亦借聲符相同之字"沖"爲之,知"翀"字本以中聲表動義。《韓非子·喻老》:"三年不翅,將以長羽翼……雖無飛,飛必沖天。"按"沖"字簡作"冲",今言猶有飛機"俯沖"之語。

鴲 字从鳥,《廣韵·送韵》訓"鳥名",然古今文獻以"鴲"指鳥之例未之見。雙音詞"鸓鴲"指鼯鼠,此物善飛,故亦名"飛鸓",一名"飛生",藉知鼯鼠能飛如鳥,故"鴲"字从鳥,而以中聲表飛動義。《廣雅·釋鳥》:"鸓鴲,飛鸓也。"清王念孫《疏證》:"郭以飛鸓爲鼯鼠……《説文》:'鸓,鼠形,飛走,且乳之鳥也。'《本草》鸓作鼺。陶注云:'鼯是鼯鼠,一名飛生,狀如蝙蝠,大如鴟鳶,毛紫色,闇夜行飛。'"《文選·左思〈吳都賦〉》:"狖鼯猓然,騰趠飛超。"唐李善注:"鼯,肉翅若蝙蝠,其飛善從高集下,聲如人號,一名飛生。"

沖 動摇。《説文·水部》:"沖,涌摇也。从水、中。讀若動。"清朱駿聲《通訓定聲》:"从水,中聲。……〔轉注〕《素問·解精微論》:'愴則沖陰。'按,猶動也。"清段玉裁注:"《小雅》曰:'攸革沖沖。'毛云:'沖沖,垂飾兒。'此涌摇之義。"唐杜甫《溾陂行》詩:"半陂已南純浸山,動影裊窕沖融間。"

忡 憂愁,心有所動。《説文·心部》:"忡,憂也。从心,中聲。"南唐徐鍇《繫傳》:"憂而心動也。"清朱駿聲《通訓定聲》:"字亦作恾。……《埤蒼》:'恾,心動也。'"按,《玉篇·心部》"恾"字亦訓"心動"。《詩·邶風·擊鼓》:"不我以歸,憂心有忡。"南朝梁沈約《內典序》:"雖秋禽年至,春鮪時登,而耿介長蔬,忡怛在念。"

〔推源〕 諸詞俱有動義,當爲中聲所載之語源義。中聲可載動義,"動"可相證。

中:端紐冬部;

動:定紐東部。

端定旁紐,上古冬東無別。"動",動作,行動。《爾雅·釋詁》:"動,作也。"《説文》所訓亦同。《詩·豳風·七月》:"五月斯螽動股,六月莎雞振羽。"《孟子·滕文公上》:"爲民父母,使民盻盻然,將終歲勤動,不得以養其父母。"漢趙岐注:"動,作也。"

(237) 盅/終(終盡義)

盅 字从皿,謂器中之物終盡而空虛。《説文·皿部》:"盅,器虛也。从皿,中聲。《老子》曰:'道盅而用之。'"《廣韵·東韵》:"盅,器虛也。"清魏源《章教諭强恕齋書序》:"以受萬石之舟爲芥葦之用,量沛乎有餘,力盅乎若無。"然則"盅"亦引申而泛指終盡。

終 窮盡,終盡。漢劉熙《釋名·釋喪制》:"終,盡也。"《廣雅·釋詁四》:"終,窮也。"《禮記·儒行》:"孔子對曰:'遽數之,不能終其物也。'"唐孔穎達疏:"終,盡也。"《莊子·大宗師》:"相忘以生,無所終窮。"

〔推源〕 此二詞義既同,音以相近而通。"盅"字《廣韻》載有二音,一爲敕中切,其上古音爲透紐冬部;一爲直弓切,其上古音爲定紐冬部。"終"字之上古音爲章紐冬部。透定旁紐,透定與章(照三)準旁紐,冬(東)部疊韻。其"盅"字乃以中聲表終盡義,故"盅"亦可借聲符相同之字"沖"爲之。漢許慎所引《老子》文中之"盅"今本異文作"沖",清俞樾《平議》:"盅訓虛,與盈正相對。作沖者,叚字也。"清朱駿聲《說文通訓定聲·丰部》:"盅,亦以沖爲之。"又"沖,假借爲盅。……《淮南·原道》:'沖而徐盈。'注:'虛也。'"晉陸機《演連珠》:"山盈川沖,后土所以播氣。"

79　內聲

(238) 納汭抐妠枘(納入義)

納 納入。《廣雅·釋詁三》:"納,入也。"《廣韻·合韻》:"納,內也。"《尚書·金縢》:"公歸,乃納冊於金縢之匱中。"《莊子·刻意》:"吹呴呼吸,吐故納新。"

汭 兩河合流,即一河納入另一河中。《說文·水部》:"汭,水相入也。从水,从內,內亦聲。"清王筠《句讀》:"小水歸大水曰入,比長絜大而相入者,則別其名曰汭也。"清朱駿聲《通訓定聲》:"《書·堯典》:'釐降二女於嬀汭。'馬注:'水所入曰汭。'《方言》一:'荊吳淮汭之間。'注:'水口也。'"《尚書·禹貢》:"東過洛汭。"僞孔傳:"洛汭,洛入河處。"北魏酈道元《水經注·渠水》:"沙水東流,注於淮,謂之沙汭。"

抐 按物納入水中。《廣雅·釋詁四》:"抐,擩也。"清王念孫《疏證》:"《集韻》引《字林》云:'搵抐,沒也。'《廣韻》云:'搵抐,按物水中也。'《說文》:'搵,沒也。'《廣韻》音烏困、烏沒二切。今俗語謂內物水中爲搵,正與烏沒之音相合。"《廣韻·沒韻》:"抐,內物水中。"清胡元暉《子貫附言·原道篇》:"水哉,水哉!往者過,來者續,其中持於往來之交者,殆抐之而有物耶?"

妠 娶妻,納妻。《廣雅·釋詁三》:"妠,入也。"清王念孫《疏證》:"妠亦納也,方俗語轉耳。"《廣韻·勘韻》:"妠,取也。"《集韻·合韻》:"妠,娶也。"清朱駿聲《說文通訓定聲·履部·〈說文〉不錄之字》:"妠,《後漢·順烈梁皇后紀》注:'妠,妠娶也。'"

枘 榫頭,納入卯眼之物。《廣韻·祭韻》:"枘,柄枘。"清朱駿聲《說文通訓定聲·履部》:"內,〔轉注〕《考工·輪人》注:'鑿枘而合之。'《莊子·在宥》:'仁義之不爲桎梏鑿枘也。'"《史記·孟子荀卿列傳》:"持方枘欲內圓鑿,其能入乎?"唐司馬貞《索隱》:"方枘是筍也,圓鑿是孔也。"

〔推源〕 諸詞俱有納入義,爲内聲所載之公共義。聲符字"内"从入、从宀,會意,本有進入、納入義,然則上述諸詞之納入義爲其顯性語義。《説文·入部》:"内,入也。"清朱駿聲《通訓定聲》:"《禮記·月令》:'無不務内。'注:'謂收斂入之也。'《周禮·職内》注:'主入也。'《史記·范蔡傳》:'惡内諸侯客。'經傳多以納爲之。"按"内"本爲"納"之初文。《孟子·萬章》:"思天下之民匹夫匹婦有不被堯舜之澤者,若己推而内之溝中。"按,漢許慎以"入"訓"内",爲聲訓,二者本爲同源詞,"入"正可證内聲可載納入義。

内:泥紐物部;

入:日紐緝部。

泥日準雙聲,章炳麟氏以爲娘日可歸泥;物緝通轉。《説文·入部》:"入,内也。"《玉篇·入部》:"入,納也。"《戰國策·秦策四》:"王資臣萬金而遊,聽之韓、魏,入其社稷之臣於秦。"漢高誘注:"入,納也。"《史記·魏世家》:"秦孝公卒,商君亡秦歸魏,魏怒,不入。"

(239) 芮靹貀靹(柔軟義)

芮 草初生細小、柔軟貌。《説文·艸部》:"芮,芮芮,草生兒。从艸,内聲。"清桂馥《義證》:"謂草初生芮芮然小也。"清段玉裁注:"芮芮與茙茙雙聲,柔細之狀。"引申爲柔軟義。《吕氏春秋·必己》:"不食穀食,不衣芮温。"

靹 文獻中用指柔軟的土壤。其字从革,"革"爲獸皮,柔軟之物;其字復以内聲表柔軟義。《吕氏春秋·辯土》:"凡耕之道,必始於壚,爲其寡澤而後枯;必厚其靹,爲其唯厚而及。"

貀 猴類動物,以其皮柔軟而得名。《後漢書·鮮卑傳》:"又有貂、貀、鼲子,皮毛柔蝡,故天下以爲名裘。"明羅日褧《咸賓録·北虜志》:"貀(猴屬)、鼲(二物皮毛柔,俱宜爲裘)"。

靹 軟。《廣韻·合韻》:"靹,腝兒。"按《恩韻》"腝"字訓"肉腝",即肉柔軟義。《集韻·合韻》:"靹,《博雅》:'軟也。'"按,此字从韋,皮韋爲柔軟之物,聲符則以其聲韵表柔軟義。《廣雅·釋詁一》"靹"字訓"弱",即柔弱義,此與柔軟義本相通。

〔推源〕 諸詞俱有柔軟義,爲内聲所載之語源義。内聲可載柔軟義,"輭"可證之。

内:泥紐物部;

輭:日紐元部。

泥日準雙聲,物元旁對轉。"輭",柔軟字,今通行之"軟"本爲"輭"之俗體。《玉篇·車部》:"輭,柔也。軟,俗。"《廣韻·狝韻》:"輭,柔也。"《三國志·吴志·魯肅傳》:"更以安車輭輪徵肅,始當顯耳。"宋梅堯臣《矮石榴樹子賦》:"當革蔓衍之多枝,無若輭柔之不舉。"

80　午聲

(240) 忤迕仵啎(相逆義)

忤　逆。字亦作"啎"。《廣韵·暮韵》："忤,逆也。啎,上同。"《説文·午部》："啎,屰也。"清朱駿聲《通訓定聲》："字亦作忤。《呂覽·明理》：'長短頡啎百疾。'注：'逆也。'……《史記·刺客列傳》：'不敢忤視。'"《莊子·刻意》："無所於忤,虚之至也。"唐成玄英疏："忤,逆也。"漢荀悦《鄭崇論》："犯言致罪,下之所難言也；怫旨忤情,上之所難聞也。"

迕　相遇。《玉篇·辵部》："迕,遇也。"《廣韵·暮韵》："迕,遇也。"《後漢書·陳蕃傳》："王甫時出,與蕃相迕。"唐李賢注："迕,猶遇也。"按,凡二人相遇所行來方向必相逆反,以故引申爲逆反義。《字彙·辵部》："迕,違也,逆也。"《管子·君臣》："國家有悖逆反迕之行,有土主民者失其紀也。"《莊子·天道》："倒道而言,迕道而説者,人之所治也。"唐成玄英疏："迕,逆也。"

仵　匹敵。《玉篇·人部》："仵,偶敵也。"《廣韵·姥韵》："仵,偶敵。"宋李瑩《大宋新修唐太宗廟碑銘》："信陵有護冢之恩,止憐列國；比干有封墓之賜,但念忠臣。將求其倫,曷足稱仵而已哉！"引申爲相逆。《管子·心數》："自用則不虚,不虚則仵於物矣。"

啎　相逆。《管子·心術》："天之道,虚其無形,虚則不屈,無形則無所位啎；無所位啎,故徧流萬物而不變。"唐尹知章注："啎,逆也。"

〔**推源**〕　諸詞俱有相逆義,爲午聲所載之公共義。聲符字"午"單用本可表相逆義。《禮記·哀公問》："午其衆以伐有道,求得當欲,不以其所。"漢鄭玄注："午其衆,逆其族類也。"按"午"字郭沫若以爲象索形,或以爲即"杵"之初文,皆與相逆義不相涉,其相逆義爲午聲所載之語源義。至《説文》所訓"午,啎也。五月陰氣午逆陽,冒地而出"則爲文化意義,非語義。午聲可載相逆義,"啎"可相證。"午""啎"同音,疑紐雙聲,魚部疊韵。"啎",字從牛,牛常以其角相抵啎,故以表抵觸相逆之義。漢焦贛《易林·訟之巽》："行觸大忌,與司命啎。"《漢書·王莽傳》："財饒勢足,亡所啎意。"唐顏師古注："啎,逆也。"

(241) 汻迕(相交義)

汻　水邊,即水域與陸地相交處。其字亦作"滸"。《説文·水部》："汻,水厓也。从水,午聲。"清朱駿聲《通訓定聲》："字亦作滸。《詩·葛藟》：'在河之滸。'《緜》：'率西水滸。'《江漢》：'江漢之滸。'"按,"滸"字《爾雅·釋水》所訓與《説文》同。《廣韵·姥韵》："滸,水岸。"沈兼士《聲系》："滸,《説文》作汻。"三國魏曹植《應詔》詩："遵彼江滸,黄坂是階。"唐李白《丁督護歌》詩："萬人鑿盤石,無由達江滸。"

迕　字從辵,謂二人行而相遇(見本典第一卷第240條),按相遇即相交,故引申爲相交義。《文選·宋玉〈風賦〉》："眈眈雷聲,迴穴錯迕。"唐李善注："錯迕,雜錯交迕也。"

〔推源〕 此二詞俱有相交義,爲午聲所載之公共義。午聲字"忤"亦可表此義。《春秋元命苞》:"陰陽散忤。"漢宋均注:"忤,錯也。"按即交錯義。聲符字"午"單用亦可表相交義。《玉篇·午部》:"午,交也。"《廣韵·姥韵》:"午,交也。"清朱駿聲《說文通訓定聲·豫部·午》:"《儀禮·大射儀》:'度尺而午。'注:'一縱一橫曰午。'《特牲饋食禮記》:'午割之。'《史記·律書》:'午者陰陽交,故曰午。'《項羽紀》'楚蜂起之將'《索隱》:'凡物交橫爲午。'"按,參之字形,相交義當爲午聲所載之語源義。午聲可載相交義,"五"可爲證。二字同音,疑紐雙聲,魚部叠韵。甲骨文"五"字象二劃交錯形,其本義即交錯。《周禮·秋官·壺涿氏》"若欲殺其神,則以牡橭午貫象齒而沈之"漢鄭玄注:"故書橭爲梓、午爲五。"按"五"作數詞之記録文字,實爲假借字。干支逢五數稱"午",如"端午""重午","午"即"五"。中國珠算法,九爲最高數,率二四;五則率二二,即二二相交之數。君王稱九五之尊,其說亦本於此。

(242) 許/可(應允義)

許 許可,應允。《說文·言部》:"許,聽也。从言,午聲。"清朱駿聲《通訓定聲》:"聽從其言也。"《尚書·金縢》:"爾之許我,我其以璧與珪歸,俟爾命;爾不許我,我乃屏璧與珪。"《左傳·閔公二年》:"及密,使公子魚請,不許。"

可 肯,許可。《說文·可部》:"可,肯也。"《廣韵·哿韵》:"可,許可也。"《左傳·桓公十六年》:"宣姜與公子朔構急子,公使諸齊,使盜待諸莘,將殺之。壽子告之,使行,不可。"《史記·李斯列傳》:"始皇可其議,收去《詩》、《書》、百家之語以愚百姓。"

〔推源〕 此二詞義同,《廣韵·語韵》:"許,許可也。""許可"爲同義聯合式合成詞。此二詞音亦相近而通。

　　許:曉紐魚部;
　　可:溪紐歌部。

曉溪旁紐,魚歌通轉。其"許"字乃以午聲表應允之語源義。

81　毛聲

(243) 旄髦氂毟芼牦毦(多毛義)

旄 竿頭用牦牛尾作裝飾的旗。以其有毛,故稱"旄"。《說文·㫃部》:"旄,幢也。从㫃,从毛,毛亦聲。"清朱駿聲《通訓定聲》:"旄蘇竿飾也。本用犛牛尾,注於旗之竿首,故曰旄。……《書·牧誓》:'右秉白旄。'《詩·出車》:'建彼旄矣。'《干旄》:'孑孑干旄。'"唐岑參《輪臺歌》:"上將擁旄西出征,平明吹笛大軍行。"

髦 毛髮。《說文·髟部》:"髦,髮也。从髟,从毛。"南唐徐鍇《繫傳》及清朱駿聲《通訓定聲》皆云"从髟,毛聲。"《廣韵》注其音爲莫袍切,徐、朱說可從。《廣雅·釋器》:"髦,毛也。"清俞正燮《癸巳類稿·持素證篇》："掌中熱痛,手少陰絶氣,則脉不通,血不流,髦色不澤。"清俞蛟《夢廠雜著·潮嘉風月·程江雛女》："程江蛋船中,有雛女年終十一歲,髦髮鬖鬖垂肩際若松塵。"

氂 犛牛尾,多毛者。《説文·犛部》："氂,犛牛尾。从犛省,从毛。"清朱駿聲《通訓定聲》："毛亦聲。……《淮南·説山》：'馬氂截玉。'注：'馬尾也。'"清徐侃《遊李氏松園記》："有長松數百株,皆偃蹇屹立,枝樛曲上向,葉如氂,團簇滿林中。"按"氂"指馬尾爲引申義。

耄 七八十歲的老人。老人髮長,長則多,故稱"耄"。"長"爲長髮之年長者,可爲一證。《廣韻·號韻》："耄,老耄。"《詩·大雅·板》："匪我言耄,爾用憂謔。"漢毛亨傳："八十曰耄。"《尚書·大禹謨》："耄期倦於勤。"僞孔傳："八十、九十曰耄。"

芼 草,如地之毛。《説文·艸部》："芼,草覆蔓。从艸,毛聲。"清段玉裁注："覆地蔓延。"《廣韻·號韻》："芼,亦覆蔓。"漢王充《論衡·卜筮》："猪肩羊膊可以得兆,藋葦藁芼可以得數,何必以蓍龜?"按"芼"亦指菜,菜亦草類,如地之毛。《説文》"芼"字條清朱駿聲《通訓定聲》："《儀禮·特牲禮》：'鉶芼設於豆南。'注：'菜也。'《少牢禮》疏：'芼,菜者,菜是地之毛。'"

犛 犛牛,亦稱"氂"。通體多毛,故稱"犛"。《集韻·豪韻》："犛,牛名。"《本草綱目·獸二·犛牛》："犛牛……髀膝尾背胡下皆有黑毛,長尺許。其尾最大,大如斗。亦自愛護,草木鈎之則止而不動。古人取爲旌旄,今人以爲纓帽。"《説文·犛部》："犛,西南夷長髦牛也。"清朱駿聲《通訓定聲》："今四川雅州府清谿大相嶺外産此,背郄胡尾皆有長毛。《中山經》：'荆山,其中多犛牛。'注：'犛牛,旄牛屬也。'"按《山海經》之"犛牛"異文作"氂牛"。

髳 馬鬃毛,長而多。唐慧琳《一切經音義》卷七十五引《考聲》："髳,馬騣長也。"清高翔麟《説文字通》："騣,馬鬣也。"按,古籍中有以"髳"指車翣之例。《周禮·春官·巾車》："輦車,組輓,有翣,羽蓋。"漢鄭玄注："有翣,所以禦風塵。以羽作小蓋,爲翳日也。故書翣爲髳。"按,毛、羽皆可爲旗、車飾物,故"翣""髳"渾言不別。

〔推源〕 諸詞俱有多毛義,爲毛聲所載之公共義。聲符字"毛"本爲動物、植物皮表絲狀物總稱。《説文·毛部》："毛,眉髮之屬及獸毛也。象形。"《逸周書·程典》："如毛在躬,拔之痛,無不省。"《孔子家語·問禮》："玄酒以祭,薦其毛血。"按"毛"亦指地面生長之植物。《廣雅·釋草》："毛,草也。"《後漢書·馬融傳》："其土毛則摧牧薦草,芳茹甘荼。"然則本條諸詞之多毛義爲"毛"之顯性語義。

(244) 眊髦毣酕(亂義)

眊 視覺不清,昏亂。《説文·目部》："眊,目少精也。从目,毛聲。"清朱駿聲《通訓定聲》："《孟子》：'則眸子眊焉。'《漢書·息夫躬傳》：'憒眊不知所爲。'"按朱氏所引《孟子》文趙岐注："眊者,蒙蒙目不明之皃。"《玉篇·目部》："眊,不明皃。"漢王充《論衡·本性》："心清而眸子瞭,心濁而眸子眊。"按"眊"亦引申爲抽象的昏亂義。《續漢書·五行志》："厥咎眊。"南朝梁劉昭注："眊,亂也。"

髳 散亂。《字彙補·彡部》："髳,四散貌。"《古文苑·揚雄〈蜀都賦〉》："龍蛇蜿蜷錯其中,禽獸奇偉髳山林。"宋章樵注："髳,去聲,猶芼也,謂四散山林之間。"按,"髳"謂毛髮,多而易散亂,"髳"固有頭毛散亂義,虛化引申爲散亂義。宋沈遼《和張寶臣即元韵》詩："才渡揚子已聞哇,吴女蓬鬢多髳髟。"其"髳髟"即頭髮散亂。

耄 七十歲以上老人,引申之則有年老昏亂義。《尚書·微子》："吾家耄遜於荒。"唐孔穎達疏引漢鄭玄："耄,昏亂也。"漢應劭《風俗通·過譽·司空潁川韓稜》："扶輔耄亂,政自己出,雖幸無闕,罪已不容於誅矣。"

酕 大醉,神志昏亂。《廣韵·豪韵》："酕,酕醄,醉也。"唐姚合《閑居遣懷十首》之六："遇酒酕醄飲,逢花爛漫看。"《西湖佳話·西泠韵迹》："直吃得酕醄大醉,然後差人明燈執火送小小回家。"今按,揆其音義,"酕醄"當爲"酩酊"之轉語。《龍龕手鑑·酉部》："酩酊,酒過多也。"明李實《蜀語》："大醉曰酕醄,一曰酩酊。"按,"酕醄"當可分訓,今杭州方言有"昏醄醄"之三字格派生詞,詞根、詞綴爲同義關係,猶"暖烘烘""乾巴巴",唯詞綴義有顯性、隱性之殊而已。

〔推源〕 諸詞俱有亂義,爲毛聲所載之公共義。聲符字"毛"指毛狀物,毛之爲物易亂,義本相通。毛聲可載亂義,則"瞀"可相證。

毛:明紐宵部;
瞀:明紐幽部。

雙聲,宵幽旁轉。"瞀",字從目,謂視物昏眩、昏亂。《玉篇·目部》："瞀,目不明皃。"《莊子·徐無鬼》："予少而自遊於六合之内,予適有瞀病。"唐成玄英疏："瞀病,謂風眩冒亂也。"引申爲亂義。《楚辭·九章·惜誦》："申侘傺之煩惑兮,中悶瞀之忳忳。"漢王逸注:"瞀,亂也。"

(245) 紻圿(毛糙粗疏義)

紻 繒帛表面有刺,毛糙。漢史游《急就篇》第二章："錦繡縵紻離雲爵。"唐顔師古注："紻謂刺也。"宋王應麟《補注》引《廣韵》："紻,刺也,絹帛紻起如刺也。"

圿 土地粗疏、粗糙。《字彙補·土部》："圿,《家語》:'圿土之人醜。'注云:'圿與耗同。鹹瀉曰圿。一曰土之麤疏也。'"按,當以後一説爲是。泥土顆粒粗,不利稼,徽歙人稱之爲"泥地",顆粒細者則稱爲"沙地"。清和寧《西藏賦注》："布帛粟米,力役撲地齊征;圿土雁户,凶年彌天追比。"

〔推源〕 此二詞俱有毛糙粗疏義,爲毛聲所載之公共義。凡物表不光潔則如有毛,即毛糙、粗糙。"圿""紻"皆取"毛"之比喻義。

82 壬聲

(246) 廷呈（公平義）

廷 朝廷。引申之，則有公平、公正之義。《説文·廴部》："廷，朝中也。从廴，壬聲。"清朱駿聲《通訓定聲》："古外朝、治朝、燕朝皆不屋，君立於門中，臣立於廷中……〔轉注〕《廣雅·釋室》：'廷，宮也。'《春秋元命苞》：'廷者，官之平下之信也，士垂一人詰屈折著爲廷。'《漢（書）·張釋之傳》：'廷尉，天下之平也。'《後漢·光武紀》注：'廷尉，秦官也。聽獄必聽質朝廷，與衆共之，尉，平也，故稱廷尉。'……〔聲訓〕《廣雅·釋詁三》：'廷，平也。'……《風俗通》：'廷，正也。'言縣廷、郡廷、朝廷，皆取平均正直也。"按《廣韻·青韻》"廷"訓"直"。《蒼頡篇》"廷"訓"直"，亦朱氏所訓。朱氏所稱"轉注"即引申。《漢書·百官公卿表》："廷尉。"唐顔師古注："廷，平也。治獄貴平，故以爲號。"

呈 本訓"平"。《説文·口部》："呈，平也。从口，壬聲。""呈"有法式、標準義，此與公平、公正義通。《尹文子·大道》："名有三科，法有四呈。"宋洪适《隸續·冀州從事郭君碑》："自古皆死，先民有呈。"清朱駿聲《説文通訓定聲·鼎部》："《樊安碑》：'作呈作式。'"

〔推源〕 二詞俱有公平義，其字則从壬得聲。"壬"字單用無此義，文獻中"壬"爲天干字，又訓大、訓妊。考"壬"字甲骨文作Ⅰ，似象物挺直之形。又，金文作𡈼，則以指點符號標於挺直處。挺直字作"挺"，正从廷聲，廷从壬聲。"廷"有公平、公正、正直義，正可爲證。至壬聲可表公平義，則可無疑。"正""直"可相證。

壬：日紐侵部；
正：章紐耕部；
直：定紐職部。

日章（照）旁紐，日定準旁紐，侵職通轉，耕職旁對轉。正，不偏，故又有正直、公正、公平等義。《説文·正部》："正，是也。从止，一以止。"清朱駿聲《通訓定聲》："《鬼谷子·磨篇》：'正者，直也。'《左襄七傳》：'正直爲正。'《禮記·玉藻》：'士前後正。'注：'直方之間語也。'《周禮·典同》：'正聲緩。'注：'謂上下直正。'……《離騷》：'名余曰正則兮。'注：'平也。'"按，"正"有平義，故有"正平"之複音詞，謂公正持平。《管子·心術下》："凡民之生也，必以正平；所以失之者，必以喜哀怒樂。"直，不曲。《説文·乚部》："直，正見也。从乚，从十，从目。"《玉篇·乚部》："直，不曲也。"《詩·小雅·大東》："周道如砥，其直如矢。"又《緜》："其繩則直，縮版以載。""直"又屢有"正"訓。《廣雅·釋詁一》："直，正也。"《字彙·目部》："直，正也。"《書·舜典》："夙夜惟寅，直哉惟清。"按，此"直"即正直、公正之謂。南朝梁任昉《答劉孝綽》："直史兼褒貶，轄司專疾惡。"

(247) 任妊(擔負義)

任 有擔負義。《正字通·人部》："任,負也,擔也。"《詩·小雅·黍苗》："我任我輦,我車我牛。"唐孔穎達疏："謂有我負任者、我輓輦者。"《國語·魯語上》："吾聞之,不厚其棟,不能任重。"《楚辭·九章·悲回風》："驟諫君而不聽兮,重任石之何益。"漢王逸注："任,負也。"引申之,擔任職務及行李、擔子亦稱"任"。

妊 懷孕。其構詞理據即女性有所擔負,今語猶云"拖着個大肚子。"《說文·女部》:"妊,孕也。从女,从壬,壬亦聲。"清朱駿聲《通訓定聲》:"字亦作姙。《廣雅·釋詁四》:'妊,身也。'《釋言》:'妊,娠也。'《後漢·章帝紀》:'今諸懷姙者。'注引《說文》:'姙,孕也。'"《廣韻·沁韻》:"妊,妊身懷孕。"漢王充《論衡·吉驗篇》:"傳言黃帝妊二十月而生。"又《命義》:"妊婦食兔,子生缺唇。"

〔推源〕 二詞俱有擔負義,爲壬聲所載之語源義,"能"可相證。

壬：日紐侵部；

能：泥紐之部。

日泥準雙聲,章太炎先生以爲日可歸泥;侵之通轉。"能"本爲獸名,漢許慎稱"熊屬","能"字的音節可表才能、能力義,引申之,"能"又有堪任、可擔負義,故"能"有"任"訓。《廣雅·釋詁二》："能,任也。"《書·西伯戡黎》："乃罪多參在上,乃能責命於天?"《易·繫辭上》："引而伸之,觸類而長之,天下之能事畢矣。"按,所謂"能事"即所能爲、所能擔負之事。又,"能力"即可任事之力量。

83　升聲

(248) 拼昇阩(上升義)

拼 字从手,謂上舉、上升。《說文·手部》:"拼,上舉也。从手,升聲。《易》曰:'拼馬壯吉。'"清朱駿聲《通訓定聲》:"《選》注引《說文》:'出溺爲拼。'从手,升聲,或从登聲。……《方言》十三:'拼,拔也,出休爲拼。《廣雅·釋詁一》:'拼,舉也;拼,取也';《三》:'拼,拔也;拼,收也。'《淮南·齊俗》:'子路撜溺。'注:'撜,舉也。'《周禮·大司徒》注:'拼捄,天民之窮者也。'《孔龗碑》:'拼馬蠲害。'"今按,漢許慎所引《易》文之"拼"字異文作"拯"。"拼""拯"表具體性意義,即以手舉物,援引溺者出水中,虛化引申爲拯救義。《廣韵·蒸韵》:"拼,上舉。"章炳麟《魏武帝頌》:"登黎獻乎衽席,拼旄倪乎隍阱。"

昇 太陽上升。《說文新附·日部》:"昇,日上也。从日,升聲。"《廣韵·蒸韵》:"昇,日上也。"後蜀毛熙震《酒泉子》:"日初昇,簾半卷。"唐武翌《唐享昊天樂》詩:"捫天遂啓極,夢日乃昇曦。"

陞 登升,由低趨高,即上升。《廣韻·蒸韻》:"陞,登也。"《楚辭·離騷》:"陞降以工下兮,求榘矱之所同。"《大唐三藏取經詩話·入大梵天王宫》:"便請下界法師玄奘陞座講經。"

〔推源〕 諸詞俱有上升義,爲升聲所載之公共義。聲符字"升"單用本可表上升義。《正字通·十部》:"升,登也。"清朱駿聲《說文通訓定聲·升部》:"《序卦》傳:'聚而上者謂之升。'……《詩·天保》:'如日之升。'傳:'出也。'《禮記·禮器》:'因名山升中於天。'注:'上也。'"按"升"本指量具,即斗升之升,其上升義爲升聲所載之語源義。升聲可載上升義,"烝""深"皆可相證。

升:書紐蒸部;

烝:章紐蒸部;

深:書紐侵部。

書(審三)章(照)旁紐,蒸侵通轉。"烝",熱氣上升。《說文·火部》:"烝,火氣上行也。"《詩·大雅·生民》:"釋之叟叟,烝之浮浮。"唐孔穎達疏:"既烝熟乃以爲酒食。"《墨子·節用中》:"逮夏,下潤濕上熏烝。"按,後世以"蒸"爲之。"深",從水面到水底的距離大,亦指以地面爲參照,上下距離大。作動詞則有"深入"義,此與上升義相反。上升即往上延伸而有一定高度;深入即往下延伸而有一定深度。其語源當同。同源詞之語義親緣關係有相同、相反或相對、相通三大類型。

84　夭聲

(249) 枖沃飫(盛、多義)

枖 茂盛貌。《說文·木部》:"枖,木少盛皃。从木,夭聲。《詩》曰:'桃之枖枖。'"清段玉裁注:"《周南》'桃之夭夭'毛曰:'桃有華之盛者。'夭夭,其少壯也。《邶風》:'棘心夭夭。'毛曰:'夭夭,盛皃。'"清柳榮宗《引經考異》:"枖枖者正字,夭夭其省假字也。"

沃 潤澤茂盛貌。《篇海類編·地理類·水部》:"沃,茂貌。"《詩·衛風·氓》:"桑之未落,其葉沃若。"唐孔穎達疏:"桑之未落之時,其葉則沃沃然盛。"宋朱熹《集傳》:"沃若,潤澤貌。"按,孔、朱所訓二義本相通。南朝宋鮑照《園葵賦》:"萋萋翼翼,沃沃油油。""沃"又指土地肥沃,即土地之養分多,其義亦相通。

飫 進食多。其字本亦作"饇"。《玉篇·食部》:"飫,食過多。"《廣韻·御韻》:"飫,飽也,厭也。"清朱駿聲《説文通訓定聲·小部》:"饇,今字作飫。……《左襄廿八傳》:'加膳則飫賜。'注:'饜也。'《太玄·夷》:'或飫之徒。'注:'厭也。'"按,"饜""厭"皆進食多而滿足之意。宋王禹偁《竹䴁》詩:"飫飽致肥腯,優游恣蕃育。"

〔推源〕 諸詞俱有盛多義,爲夭聲所載之公共義。聲符字"夭"象人奔走而曲臂形,與盛、多義不相涉,然其盛、多義爲夭聲所載之語源義。"夭"字單用可表茂盛義。《漢書·地理志》上:"篠簜既敷,中夭木喬。"唐顔師古注:"夭,盛貌。"又,夭聲可載盛、多義,"浩"可證之。

夭:影紐宵部;

浩:匣紐幽部。

影匣鄰紐,宵幽旁轉。"浩",水多,水勢盛大。《説文·水部》:"浩,澆也。"清朱駿聲《通訓定聲》:"澆者,許以聲訓。《字林》:'浩,遠也,水大也。'……《書·堯典》:'浩浩滔天。'傳:'盛大。'《楚辭·懷沙》:'浩浩沅湘。'《七發》:'浩浩澄澄。'《淮南·俶真》:'浩浩瀚瀚。'"

(250) 麑枖(幼小義)

麑　幼麑。《爾雅·釋獸》:"麋,其子麑。"《廣韻·晧韻》:"麑,麋子。"《國語·魯語上》:"魚禁鯤鮞,獸長麑麌。"三國吳韋昭注:"麋子曰麑。"《文選·張衡〈東京賦〉》:"山無槎枿,畋不麑胎。"

枖　《説文》訓木少盛皃,即幼嫩茂盛義(見本典第一卷第249條),並引《詩》"桃之枖枖"以爲證,清徐灝《注箋》:"桃之夭夭,言其少而盛美。"清朱駿聲氏亦云"夭夭,其少壯也。"今按,桃花盛開,則果實未成,尚幼嫩。

〔推源〕　此二詞俱有幼小義,爲夭聲所載之語源義。聲符字"夭"單用本可表幼小、幼嫩義。《篇海類編·通用類·夭部》:"物稚曰夭。"《詩·檜風·隰有萇楚》:"隰有萇楚,猗儺其枝。夭之沃沃,樂子之無知。"漢毛亨傳:"夭,少也。"又,夭聲可載幼小義,"幺""幼"皆可相證。

夭:影紐宵部;

幺:影紐宵部;

幼:影紐幽部。

三字皆雙聲,宵幽旁轉。"幺",其字象絲形,本義即細小。《説文·幺部》:"幺,小也。"《文選·陸機〈文賦〉》:"猶絃幺而徽急,雖和而不悲。"唐李善注:"幺,小也。"宋曾鞏《福州謝到任表》:"躬神聖之姿而兼容小善,履富貴之極而深達下情,在於隱恤之心,豈間幺微之迹?"引申之,亦有幼義。《爾雅·釋獸》:"幺,幼也。"晉郭璞注:"最後生者俗呼爲幺豚。"按,人之排行最末、年幼者亦稱"幺",今滬方言猶有"幺叔"一詞。清劉大櫆《方氏庶母傳》:"歲時稱賀,燦然盈門。年耋以尊,氣和以親,酬酢幺孺,抑遜諤諤。""幼",幼小。《爾雅·釋言》:"幼,稚也。"《説文·幺部》:"幼,少也。"《儀禮·喪服》:"夫死,妻稚,子幼。"漢鄭玄注:"子幼謂年十五已下。"《管子·入國》:"一曰老老,二曰慈幼,三曰恤孤。"

(251) 伕/曲(彎曲義)

伕　人體彎曲。《廣韻·小韻》:"伕,伕僑不伸。"《集韻·小韻》:"伕,伕僑,不伸。"按,

"伕僑"爲叠韵連語，《説文·人部》"僑"字訓"高"，清段玉裁注云："僑與喬義略同。喬者，高而曲也。"

曲 蠶箔，養蠶器具，其形彎曲。《説文·曲部》："曲，蠶薄也。"《禮記·月令》："其曲、植、籧筐，后妃齋戒，親東鄉躬桑。"漢鄭玄注："時所以養蠶器也。曲，簿也。"虚化引申爲彎曲義。《廣雅·釋詁一》："曲，折也。"《玉篇·曲部》："曲，不直也。"《荀子·勸學》："木直中繩，輮以爲輪，其曲中規，雖有槁暴，不復挺者，輮使之然也。"《詩·小雅·采緑》："予發曲局，薄言歸沐。"

〔推源〕 此二詞俱有彎曲義，其音亦相近而通。

伕：影紐宵部；
曲：溪紐屋部。

影溪鄰紐，宵屋旁對轉。其"伕"乃以夭聲表彎曲義。其彎曲義當爲聲符字"夭"之顯性語義。"夭"字象人奔走兩臂彎曲形，所謂"逃之夭夭"，即形況字。《説文·夭部》："夭，屈也。从大，象形。"宋育仁《部首箋正》："屈，猶曲也。"《淮南子·修務訓》："木熙者，舉梧檟，據句枉，蝯自縱，好茂葉，龍夭矯。"按，"夭矯"當即《廣韵》《集韵》訓"不伸"之"伕僑"，其字亦作"夭蟜""夭嬌"，音轉則作"夭紹"。又，古人稱早殤爲"夭折"，其"夭"亦曲義，凡物受外力必先彎曲而後折斷。

85　片聲

(252) 沜肨辧(半義)

沜 水邊，水崖，字亦作"泮"。按"沜(泮)"即半爲水、半爲地之意。《廣韵·换韵》："沜，水涯。"南唐劉崇遠《金華子雜編》卷上："端午習競渡於錢塘湖，每先數日即於湖沜排列舟舸。"按，"湖沜"即湖畔，"畔"字从半得聲，與"泮"同，聲符兼表半義。《玉篇·水部》："泮，泮宫。沜，古文。"《説文·水部》："泮，諸侯鄉射之宫，西南爲水，東北爲墙。从水，从半，半亦聲。"按周時魯僖公修泮宫以克淮夷，《詩·魯頌·泮水》言"思樂泮水"，凡三見，漢鄭玄箋："泮之言半也，半水者，蓋東西門以南通水，北無也。"

肨 軀體之半。字亦作"胖"。《玉篇·肉部》："肨，半體也。"《廣韵·霰韵》："肨，半體也。"《正字通·肉部》："肨，俗胖字。"按"胖"指祭祀所用半體牲。《説文·肉部》："胖，半體肉也。从半，从肉，半亦聲。"清朱駿聲《通訓定聲》："《儀禮·少牢禮》：'司馬升羊右胖。'……〔聲訓〕《廣雅·釋詁四》：'胖，半也。'"《新唐書·禮樂志》："肉載以俎，皆升右胖體十一。"

辧 皮革中斷而分爲兩半，其字本作"辦"，亦訛作"辨"。《廣韵·霰韵》："辧，《爾雅》：

'革中絶謂之辦。'本亦作'辨'。"按《廣韻》所引《爾雅・釋器》文晉郭璞注:"中斷皮也。"清郝懿行《義疏》:"是《爾雅》別本有作'辨'者,蓋因'辨'有'片'音,故作此字。"按,"辦"爲"辦"之訛,"辦"字从刀,謂以刀剖判,剖判之則分爲兩半,其基本義"辨別"即由此生。《説文・刀部》:"辦,判也。从刀,辡聲。"清桂馥《義證》:"隸作辨,刀變爲丿,與'班'作'班'同。"按,《廣韻》所引《爾雅・釋器》文"辦"字今本亦作"辨"。清朱駿聲《説文通訓定聲・坤部》:"《爾雅・釋木》注:'辦,半也。'"

〔推源〕 諸詞俱有半義,爲片聲所載之公共義。聲符"片"本有半義。《説文・片部》:"片,判木也。从半木。"清朱駿聲《通訓定聲》:"《廣雅・釋詁四》:'片,半也。'……《論語(顔淵)》:'片言可以折獄者。'鄭注:'半也。'"《玉篇・片部》:"片,半也。"《廣韻・霰韻》:"片,半也。"《莊子・則陽》:"欲惡去就,於是橋起。雌雄片合,於是庸有。"然則半義本爲"片"之顯性語義。片聲可載半義,"半"可證之。

片:滂紐元部;

半:幫紐元部。

滂幫旁紐,元部叠韻。"半",一半,二分之一。《説文・半部》:"半,物中分也。从八,从牛。牛爲物大,可以分也。"《廣韻・換韻》:"半,物中分也。"按,凡物中分,則成兩半。《左傳・宣公十六年》"王享有體薦"晉杜預注:"享則半解其體而薦之,所以示其儉。"唐杜甫《寄高三十五詹事》詩:"相看過半百,不寄一行書。"

86 化聲

(253) 訛傀釫(變化義)

訛 訛變,字亦作"譌"。《廣韻・戈韻》:"訛,謬也。"北魏酈道元《水經注・河水三》:"漢武帝元朔三年,封代共王子劉忠爲侯國,王莽之慈平亭也。胡俗語訛,尚有千城之稱。"明宋濂《潛溪録》卷四:"廣收博採,缺者補之,訛者正之。"按,"訛"有變義,故有"訛變"之雙音詞。清朱駿聲《説文通訓定聲・隨部》:"譌,字亦作訛。……《書・堯典》'平秩南訛'《史記》作'便程南譌'。"

傀 鬼變。《説文・鬼部》:"傀,鬼變也。从鬼,化聲。"清段玉裁注:"鬼之變匕也。"清桂馥《義證》:"'鬼變也'者,《論衡・訂鬼篇》:'鬼者,本生於人,時不成人,變化而去。天地之性本有此,非道術之家不能論辯。'"《廣韻・禡韻》:"傀,鬼變。"

釫 削去棱角,變方爲圓。《説文・金部》:"釫,吡圓也。从金,化聲。"清朱駿聲《通訓定聲》:"按,破觚爲圓也。《廣雅・釋言》:'釫,刓也。'謂去其角。"唐李咸用《健仔怨》詩:"不得團圓長近君,珪月釫時泣秋扇。"

178

〔**推源**〕 諸詞俱有變化義，爲化聲所載之公共義。聲符字“化”所記録語詞本有變化義。《玉篇·匕部》：“化，易也。”《廣韻·禡韻》：“化，變化。《禮記》曰：‘田鼠化爲鴽。’《紀年》曰：‘周宣王時馬化爲狐。’”“化”字之結構《説文·匕部》云从匕、从人、匕亦聲，“匕”象倒人形。《説文》同部云：“匕，變也。从到(倒)人。”此部有“眞”字，含此構件，漢許愼訓“仙人變形而登天也”。“化”字由一正一倒之人形構成，即示由正變化爲倒之意。然則化聲字所記録語詞之變化義爲其顯性語義。

87 斤聲

(254) 听訢忻(欣喜義)

听 張口笑貌。《説文·口部》：“听，笑皃。从口，斤聲。”清朱駿聲《通訓定聲》：“《子虛賦》：‘听然而笑。’”《廣韵·隱韵》：“听，笑皃。”南朝梁劉孝標《廣絶交論》：“主人听然而笑。”唐劉禹錫《説驥》：“覶之周體，咍然視，听然笑，既而抃隨之。”按，字从口，謂欣喜歡笑則口開，古者“听”與視聽字迴别，後世乃合流。

訢 欣喜。字从言，謂欣喜之情溢於言表。後世以“欣”爲欣喜字，从言、从欠意同。《説文·言部》：“訢，喜也。从言，斤聲。”清朱駿聲《通訓定聲》：“《禮記·樂記》：‘天地訢合。’《史記》作欣。”按《説文·欠部》“欣”字訓“笑喜”，朱氏云“與訢同字”。《孟子·盡心上》：“舜視棄天下猶棄弊蹝也，竊負而逃，遵海濱而處，終身訢然，樂而忘天下。”《漢書·王吉傳》：“習治國之道，訢訢焉發憤忘食。”唐顔師古注：“訢，古欣字。”

忻 開心，欣喜。《説文·心部》：“忻，闓也。从心，斤聲。《司馬法》曰：‘善者，忻民之善，閉民之惡。’”清段玉裁注：“忻謂心之開發，與欠部‘欣’謂‘笑喜也’異義。”按，漢許慎所引《司馬法》之“忻”爲啓發義，爲“忻”之引申義，本義則爲欣喜。《墨子·經説上》：“譽之，必其行也，其言之忻，使人督之。”清孫詒讓《閒詁》：“其言可忻悦也。”宋王禹偁《賀勝捷表》：“目睹神功，感涕忻懽，倍萬常品。”

〔**推源**〕 此三詞俱有欣喜義，爲斤聲所載之公共義。聲符字“斤”指斧類器具，與欣喜義不相涉。然則斤聲所載之欣喜義爲其語源義。“喜”可相證。

斤：見紐文部；
喜：曉紐之部。

見曉旁紐，文之通轉。“喜”，欣喜，喜悦。《説文·口部》：“喜，樂也。”《禮記·文王世子》：“今日安，世子乃有喜色。”《詩·小雅·菁菁者莪》：“既見君子，我心則喜。”

(255) 近靳釿炘岓圻(臨近義)

近 附近，迫近。《説文·辵部》：“近，附也。从辵，斤聲。”《廣韵·隱韵》：“近，迫也。”

《易·繫辭下》:"近取諸身,遠取諸物,於是始作八卦。"《呂氏春秋·處方》:"章子令人視水可絶者,荊人射之,水不可得近。"漢高誘注:"近,猶迫也。"

靳 馬當胸的皮革,其名寓近義。《説文·革部》:"靳,當膺也。从革,斤聲。"清朱駿聲《通訓定聲》:"《左定九傳》:'吾從子如驂之靳。'注:'車中馬也,言如驂馬之首,當服馬之靳,相隨從也。'"按,朱氏所引《左傳》文唐孔穎達疏:"古人車駕四馬,夾轅二馬謂之服,兩首齊,其外二馬謂之驂,首差退。靳是當胸之皮也,驂馬首,當服馬之胸,胸上有靳。"《墨子·魯問》:"今綽也禄厚而譎夫子,夫子三侵魯而綽三從,是鼓鞭於馬靳也。"

靳 黏,實亦貼近、迫近義。《廣雅·釋詁四》:"靳,黏也。"清王念孫《疏證》:"《説文》:'堇,黏土也。'徐鍇云:'今人謂水中泥黏者爲堇。'靳、堇並音居隱反,其義同也。《内則》:'塗之以謹塗。'鄭注云:'謹當爲墐。墐塗,塗有穰草也。'《正義》云:'用之炮豚,須相黏著,故知塗有穰草也。'墐與靳亦聲近義同。"《廣韵·隱韵》:"靳,黏皃。"按,"靳"字當从斤聲。

炘 炙,以火迫近他物。字亦作"焮"。《廣雅·釋詁二》:"炘,爇也。"《廣韵·焮韵》:"炘,同焮。"《玉篇·火部》:"焮,炙也。"《左傳·昭公十八年》:"司馬、司寇列居火道,行火所焮。"晉杜預注:"焮,炙也。"唐釋道世編《法苑珠林》卷一〇八:"人在鑊中,隨沸出没……内盡炘爛,而猶不死。"

岓 山旁石。其名亦寓臨近義。字亦作上形下聲。《玉篇·山部》:"岓,山傍石。"《廣韵·微韵》:"岓,山傍石也。"《龍龕手鑑·山部》:"岸,或作岓,正,音祈。山傍石也。"《古文苑·揚雄〈蜀都賦〉》:"岓岑倚從。"宋章樵注:"岓,渠希反,山傍石也。"

圻 邊界,臨近另一地域處。字亦作"垠"。《説文·土部》:"垠,地垠也。一曰岸也。从土,艮聲。圻,垠或从斤。"《淮南子·俶真訓》:"四達無境,通於無圻。"漢高誘注:"圻,垠字也。"《隋書·經籍志二》:"《書》録禹别九州,定其山川,分其圻界,條其物産,辨其貢賦,斯之謂也。"按,岸亦稱"圻"爲引申義,岸即水域臨近陸地處。

〔推源〕 諸詞俱有臨近義,爲斤聲所載之語源義。斤聲可載臨近義,"及"可相證。

斤:見紐文部;

及:群紐緝部。

見群旁紐,文緝通轉。"及",追上,趨而近之。《説文·又部》:"及,逮也。从又,从人。"《後漢書·虞詡傳》:"虜衆多,吾兵少,徐行則易爲所及,速進則彼所不測。"《宋史·李顯忠傳》:"永奇即挈家出城,至馬趙谷口,爲金人所及。"

(256)頎靳听劤圻(長、大義)

頎 修長。《類篇·頁部》:"頎,《説文》:'一曰長皃。'"《廣韵·微韵》:"頎,長皃。"清朱駿聲《説文通訓定聲·屯部》:"頎,《説文》徐鍇本有此字,姑附於此。《詩·碩人》:'碩人其頎。'《猗嗟》:'頎而長兮。'傳:'頎,長貌。'"《孔子家語·辯樂》:"近黭而黑,頎然長,曠如望羊,奄有四方。"三國魏王肅注:"頒,長貌。"

齗 大箎。《廣韻·欣韻》:"齗,大箎。"《集韻》所訓同。按,其字亦借"沂"爲之,然則本字、借字俱从斤聲,乃以斤聲表大義。《爾雅·釋樂》:"大箎謂之沂。"晉郭璞注:"箎,以竹爲之,長尺四寸,圍三寸,一孔上出,一寸三分,名翹,橫吹之。小者尺二寸。"

听 口大貌。《廣韻·軫韻》:"听,口大兒。"《集韻·之韻》:"听,听嗞,口開兒。"又《準韻》:"大口謂之听。"今按,"听"字《説文·口部》訓"笑兒",文獻實用例多以"听然"修飾"笑",然則笑義、口大義相通,蓋笑則張口,口張則大。

劤 力大。《玉篇·力部》:"劤,《埤蒼》云:多力也。"《廣韻·焮韻》:"劤,多力兒。"按,此字在《力部》,當从斤聲,乃以斤聲表大義。《正字通·力部》:"劤,俗勁字。"按,"斤""巠"聲相近。《説文·力部》:"勁,强也。从力,巠聲。"即所謂强勁,亦即力大之意。

圻 方圓千里之地,即大地域。《左傳·昭公二十三年》:"今土數圻,而郯是城,不亦難乎?"晉杜預注:"方千里爲圻。"引申之,則指天子千里見方的大領地。唐王勃《乾元殿頌序》:"玄虹在御,掃圻甸而廓星都。"清朱駿聲氏以"圻"假借爲"畿"乃得指稱天子領地,實非。

〔推源〕 諸詞或有長義,或有大義,長義、大義相通。其長、大義與"斤"的顯性語義(本義、引申義)系列不相涉,故爲斤聲所載之語源義。斤聲可表長、大義,"訶"可相證。

斤:見紐文部;

訶:曉紐歌部。

見曉旁紐,文歌通轉。"訶",字从言,謂大聲斥責。《説文·言部》:"訶,大言而怒也。"《韓非子·内儲説下》:"王出而訶之曰:'誰溺於是?'"《晉書·陶侃傳》:"有奉饋者,皆問其所由。若力作所致,雖微必喜,慰賜參倍;若非理得之,則切厲訶辱,還其所饋。"按,"訶"即喝斥,"訶""喝"音本相近。又,歌咏字作"歌"、作"謌",其音見紐歌部,與"斤""訶"之聲韻相近而通,凡歌咏則曼引其音,引其長,此亦足證斤聲可載長義。

(257) 狺齗(相争義)

狺 犬相争。《集韻·準韻》:"齗,犬争謂之齗。或从犬。"《龍龕手鑑·犬部》:"狺,犬争也。狺,同狺。"清朱駿聲《説文通訓定聲·屯部》:"狺,字亦作狺。"宋蘇洵《審敵》:"投骨於地,狺然而争者,犬之常也。"

齗 争辯。《説文·齒部》:"齗,齒本也。从齒,斤聲。"清朱駿聲《通訓定聲》:"《一切經音義》作'齒本肉也',凡三見。《史記·魯周公世家》:'齗齗如也。'《索隱》:'鬥争之貌。'《漢書·地理志》注:'分辯之意也。'《劉向傳》:'朝臣齗齗。'注:'忿嫉之意也。'按,争辨露其齒。"今按,"齗"本指牙齦,争辯則頻露其齒,故引申爲争辯義。《集韻·山韻》:"齗,齗齗,争訟也。"唐劉禹錫《辯易九六論》:"然猶貴聽而賤視,齗齗然莫可更也。"

〔推源〕 此二詞俱有相争義,爲斤聲所載之語源義。聲符字"斤"本可表此義。《爾雅·釋訓》:"斤斤,察也。"宋邢昺疏:"《舍人》:'斤斤,物精詳之察也。'"《詩·周頌·執競》:"自彼成康,奄有四方,斤斤其明。"漢毛亨傳:"斤斤,明察也。"今按,明察、精明、計較、相争,諸義皆同條共貫。吴方言稱過分精明爲"精巴",又成語"斤斤計較"亦源於此。宋李清照《〈金石録〉後序》:"抑亦死者有知,猶斤斤愛惜,不肯留在人間邪?"按,其"斤斤"文獻中或以"听听"爲之,"听"亦斤聲字。唐柳宗元《梓人傳》:"竊取六職百役之事,听听於府廷,而遺其大者遠者焉,所謂不通是道者也。"又,竞争字作"競",上古音群紐陽部,與"斤"相近,故斤聲可載相争之義。

88　爪聲

(258) 笊抓(抓取義)

笊　笊籬,抓物瀝水之器。《玉篇·竹部》:"笊,笊籬。"《廣韻·巧韻》:"笊,笊籬。"北魏賈思勰《齊民要術·餅法》:"揀取均者,熟蒸,曝乾。須即湯煑,笊籬漉出,别作腥澆。"宋釋道原《景德傳燈録·令遵禪師》:"問:'如何是有漏?'師曰:'笊籬。'曰:'如何是無漏?'師曰:'木杓。'"

抓　抓取。漢枚乘《上書諫吴王》:"十圍之木,始生而蘖,足可搔而絶,手可擢而抓。"清吴趼人《二十年目睹之怪現狀》第九十六回:"大凡到藥鋪裏抓藥,藥鋪裏總在藥方上蓋個戳子。"

〔推源〕 此二詞俱有抓取義,爲爪聲所載之公共義。聲符字"爪"本指人之手爪。《説文·爪部》:"爪,丮也。覆手曰爪。象形。"《素問·五藏生成論》:"肝之合筋也,其榮爪也。"今按,漢許慎所訓"丮"即抓持義,爲其直接引申義,"抓"字乃爲此引申義所製之專字,"爪""抓"遂爲分别文。"爪"本可表抓義。《難經·七十八難》:"當刺之時,必先以左手壓按所鍼滎俞之處,彈而努之,爪而下之。"然則"笊""抓"之抓取義爲聲符字所載之顯性語義。

89　介聲

(259) 玠奔(大義)

玠　大圭。《説文·玉部》:"玠,大圭也。从玉,介聲。"清朱駿聲《通訓定聲》:"按,天子之鎮圭、諸侯之命圭也。《爾雅·釋器》:'珪大尺二寸謂之玠。'《禮記·禮器》:'大圭不琢。'《書·顧命》:'太保承玠圭。'"《廣韻·怪韻》:"玠,大珪,長尺二寸。"唐韓愈、孟郊《雨中寄孟刑部幾道聯句》:"惟當騎欸段,豈望覿珪玠?"

奔　大。《説文·大部》:"奔,大也。从大,介聲。"清段玉裁注:"《方言》曰:'奔,大也,東齊、海、岱之間曰夰,或曰幠。'按經傳多叚'介'爲之。"《隸辨·修華嶽廟碑》:"受茲夰福。"清顧藹吉注:"夰福,大福也。"今按,"夰"字從大,復以介聲表大義,形聲字之形符、聲符同表一義,爲一大通例。

〔推源〕 此二詞俱有大義,爲介聲所載之公共義。聲符字"介"單用本可表大義。《爾雅·釋詁上》:"介,大也。"《廣韵·怪韵》:"介,大也。"《易·晉》:"受茲介福,於其王母。"三國魏王弼注:"受茲大福。"漢應劭《風俗通·祀典·桃梗葦茭畫虎》:"桃梗,梗者,更也,歲終更始,受介祉也。"按"介"字之形體結構,羅振玉《增訂殷虚書契考釋》以爲象人着甲形,可參。然則大義爲介聲所載之語源義。介聲可載大義,"臣"可證之。

介:見紐月部;

臣:群紐魚部。

見群旁紐,月魚通轉。"臣",爲"矩"之初文,指木工的方尺,然有"大"之假借義,且爲其基本義。漢揚雄《方言》卷一:"臣,大也。"《小爾雅·廣詁》:"臣,大也。"《吕氏春秋·慎小》:"臣防容螻,而漂邑殺人。"漢高誘注:"臣,大也。"

(260) 衸尬閉界胢骱峎疥齘(二義)

衸 袜膝,裙子正中開衩處。《説文·衣部》:"衸,袥也。從衣,介聲。""袥,衣衸也。"清朱駿聲《通訓定聲》:"裙衱在正中者。《廣雅·釋器》:'袜膝也。'言其中分曰衸,言其開展曰袥。"按,"衸"即介於二裙幅之間者。

尬 尲尬,亦作"尷尬",謂行不正,亦指事不正。行不正即飄忽於左右二者之間,事不正則即處於兩難之間。《説文·尢部》:"尲,不正也。從尢,兼聲。"清段玉裁注:"尲,尲尬,行不正也。"按《玉篇》所訓同。許書同部:"尬,尲尬也。從尢,介聲。"清朱駿聲《通訓定聲》:"行不正兒。蘇俗謂事乖剌曰尷尬。"《篇海類編·身體類·尢部》:"尷,尷尬,事不正也。"元王伯成《哨遍·贈長春宫雪庵學士》:"謾贏得此身良苦,家私分外,活計尷尬。"《西遊記》第二十回:"既然幹得家事,你再去與你師父商量商量看,不尷尬,便招你罷。"

閉 門扇,介於二門框木之間者。《説文·門部》:"閉,門扇也。從門,介聲。"清朱駿聲《通訓定聲》:"《廣雅·釋宫》:'閉,扉也。'"《廣韵·怪韵》:"閉,門扇。"楊樹達《積微居小學述林·再釋介》:"門闔介在闌間,故謂之閉。"按許書同部"闌"訓"門梱",即門兩側竪木。

界 字亦作"畍",皆從田,本謂田界,引申之亦指邊界、地界。按,"界"即處於己與他人二者之間。《説文·田部》:"畍,境也。從田,介聲。"清朱駿聲《通訓定聲》:"田畔也。從田、介,會意,介亦聲。〔轉注〕《爾雅·釋詁》:'界,垂也。'《廣雅·釋詁三》:'畍,竟也。'"清段玉裁注:"樂曲盡爲竟。"按,《爾雅》所訓"垂"即邊陲、四陲義;稱"境",則謂己之地已盡。《史記·周本紀》:"入界,耕者皆讓畔,民俗皆讓長。"唐韓愈《潮州祭神文》:"謹遣耆壽成寓,以清酌少牢之奠,告於界石神之靈。"

魪 比目魚，成雙乃行。《玉篇·魚部》："魪，兩魪，即比目魚也。"《廣韵·怪韵》："魪，比目魚也。"明楊慎《異魚圖贊·比目魚》："東海比目，不比不行。兩片得立，合體相生。狀如鞋屨，鰈實其名。"清李調元《然犀志·比目魚》："比目魚，狀如婦人鞋底。……《爾雅》曰'東方有比目魚，不比不行，其名曰鰈'者是也。《北户錄》謂之鰜，《吳都賦》謂之魪。"《文選·左思〈吳都賦〉》："罩兩魪，罿鰝鰕。"唐劉逵注："魪，左右魪，一目，所謂比目魚也。云須兩魚並合乃能游，若單行，落魄著物，爲人所得，故曰兩魪。丹陽、吳會有之。"

骱 骨節銜接處，"骱"即介於二骨之骨。明沈德符《萬曆野獲編》卷十七《兵部·邊材》："肩髀不能舉，則骱已脱矣。"按"骱"字《廣韵》注其音爲古黠切、胡葛切，知爲介聲字，訓"骨堅"，乃以介聲表堅義（見本典第264條），指骨節銜接處，則以介聲表"二"義，爲套用本字，非假借。

岕 介於兩山之間。明許次紓《茶疏·産茶》："介於山中謂之岕。"按，有茶名"岕茶"，即出於浙江羅岕山，浙江又有"丁字岕"，其山形當同。

痎 隔日瘧，發病日介於兩平安日之間。《説文·疒部·痎》清高翔麟《字通》："痎，按與痎同，兩日一發瘧也。"許書同部："痎，二日一發瘧。"清段玉裁注："顏之推云：'兩日一發之瘧，今北方猶呼痎瘧。'"《左傳·昭公二十年》："齊侯疥，遂痁。"唐孔穎達疏："疥當爲痎，痎是小瘧，痁是大瘧。"

齘 兩排牙齒相摩切。《説文·齒部》："齘，齒相切也。从齒，介聲。"清段玉裁注："謂上下齒緊相摩切也。"清朱駿聲《通訓定聲》："《三蒼》：'鳴齒也。'《方言》二：'怒也，小怒曰齘。'《考工·函人》：'衣之欲其無齘也。'司農注：'謂如齒齘。'"按，朱氏所引《周禮》文清孫詒讓《正義》："'欲其無齘也'者，謂札葉不欲其相摩切，如人之怒而切齒也。"齒相摩切則有聲，故有"鳴齒"之訓，其義相通。《廣韵·怪韵》："齘，齥齘，切齒怒。"明黄道周《楊文正公制義序》："今無端發齘，豈非夢魘乎？"

〔推源〕 上述諸詞俱有"二"義，爲介聲所載之公共義。聲符字"介"本亦借爲"界"字表界限義，界限即處於二者之間者。"介"又有"間"訓，即介於二者之間義。《集韵·怪韵》："介，間也。"清朱駿聲《説文通訓定聲·泰部》："介，《襄三十一傳》：'介於大國。'注：'猶間也。'《史記·十二諸侯年表》：'楚介江淮。'《索隱》：'夾也。'《漢書·鄒陽傳》：'介於羊勝、公孫詭之間。'注：'謂間廁也。'"按"介"的"二"義與其文字形體結構不相涉，其"二"義爲介聲所載之語源義。介聲可載"二"義，"閒"可證之。

介：見紐月部；
閒：見紐元部。

雙聲，月元對轉。"閒"，縫隙。凡物有縫隙，則分爲二，換言之，縫隙處於物兩部分之間。《説文·門部》："閒，隙也。从門、从月。"按"隟"即"隙"之俗體。《墨子·經上》："有閒，中也。"清畢沅《校注》："閒隙,是二者之間。"《莊子·養生主》："彼節者有間,而刀刃者無厚。"

(261) 疥蚧(殼義)

疥 疥瘡,經時不愈則結痂,有殼,故稱"疥"。漢史游《急就篇》第四章："疥癬癡聾盲。"唐顏師古注："小蟲攻齧皮膚,瀀錯如鱗介也。"《説文·疒部》："疥,搔也。从疒,介聲。""痂,疥也。"清段玉裁注："痂,本謂疥,後人乃謂瘡所蛻鱗爲痂。"《廣韻·怪韻》："疥,瘡疥。"《莊子·則陽》："漂疽疥癰,内熱溲膏是也。"清俞樾《茶香室三鈔·傭作坊》："有一夫疥瘡滿身前拜。"

蚧 海蚌,有硬殼,故稱"蚧"。《大戴禮記·易本命》："魚游於水,鳥飛於雲,故冬燕雀入於海,化而爲蚧。"按,"蚧"又爲介殼蟲之總稱。馮德培、談家楨等《簡明生物學詞典·介殼蟲》："介殼蟲,亦稱'蚧'。昆蟲綱,同翅目,蚧總科。種類很多……如吹綿蚧、紅蠟蚧、龜蠟蚧。"

〔**推源**〕 此二詞俱有殼義。聲符字"介"象人着甲形,然則殼義爲"介"之顯性語義。"介"字單用本可指甲殼動物。《淮南子·墜形訓》："介鱗者,夏食而冬蟄。"漢高誘注："介,甲,龜鱉之屬也。"介聲可載殼義,則"甲"可相證。

介:見紐月部;

甲:見紐葉部。

雙聲,月葉(盇)通轉。"甲",鎧甲,防護物,如殼。清朱駿聲《説文通訓定聲·謙部》："甲,鎧也。"《周禮·考工記·函人》："函人爲甲,犀甲七屬,兕甲六屬,合甲五屬。"又,種子外殼稱"孚甲",龜之殼稱"龜甲",有殼之蟲稱"甲殼蟲"。

(262) 髻駴岕(結義)

髻 髮髻,結髮而成者。《説文·髟部》："髻,簪結也。从髟,介聲。"清朱駿聲《通訓定聲》："以繼韜髮而後結之,結而後簪之,既簪之結曰髻。字亦作髺、作紒,今字作髻。《御覽》引《説文》:'髻,結髮也。'《廣雅·釋詁四》:'髻,髻也。'曹憲音髻,籒文髻引《説文》。"按"髻"當爲"髻"之轉注字。《廣韻·怪韻》："髻,簪結。"《晉書·藝術傳·佛圖澄》："季龍造太武殿初成,圖畫自古賢聖、忠臣、孝子、烈女、貞女,皆變爲胡狀,旬餘,頭悉縮入肩中,惟冠髻髣髴微出。"

駴 馬尾結。《説文·馬部》："駴,繫馬尾也。从馬,介聲。"清朱駿聲《通訓定聲》："結馬尾如人之髻。《太玄·玄文》:'車軫馬駴。'注:'尾結也。'"《廣韻·怪韻》："駴,駴馬,馬尾結也。"宋晁補之《後招魂賦》："車軫馬駴,交康莊些。"

岕 頭巾,結束頭髮之物。《廣雅·釋器》："岕,幘也。"《廣韻·怪韻》："岕,幘也。"《説文·巾部》："幘,髮有巾曰幘。"漢蔡邕《獨斷》："幘者,古之卑賤執事不冠者之所服也。"宋岳珂《宫詞》："屬車望幸隤東方，珠帉金吾夾道旁。"

〔推源〕 諸詞俱有結義，爲介聲所載之語源義。介聲可載結義，"結"可證之。

介：見紐月部；

結：見紐質部。

雙聲，月質旁轉。"結"，打結。《説文・糸部》："結，締也。""締，結不解也。"《易・繫辭上》："上古結繩而治，後世聖人易之以書契。"《後漢書・東夷傳・倭》："其男衣皆橫幅結束相連。"

(263) 芥吤（梗塞義）

芥 芥蒂，梗塞。宋蘇軾《與王定國書》："今得來教，既不見棄絶，而能以道自遣，無絲髮芥蒂。"清王士禛《梅厓詩意序》："若人世榮辱得喪，一無足芥其中者。"

吤 喉中梗塞發出來的聲音。《集韵・怪韵》："吤，聲也。"《靈樞經・邪氣藏府病形》："膽病者，善太息，口苦，嘔宿汁，心下澹澹，恐人將捕之，嗌中吤吤然，數唾。"又"微緩爲伏梁，在心下，上下行，時唾血。大甚爲喉吤。"

〔推源〕 此二詞俱有梗塞義，爲介聲所載之語源義。介聲可載梗塞義，"梗"可證之。

介：見紐月部；

梗：見紐陽部。

雙聲，月陽通轉。"梗"，梗塞。《字彙・木部》："梗，塞也。"《管子・四時》："修除神位，謹禱獘梗。"唐尹知章注："梗，塞也。"《晉書・王承傳》："是時道路梗澀，人懷危懼。"

(264) 砎骱豣（堅義）

砎 堅硬，堅固。《廣韵・怪韵》："砎，硬也。"《晉書・桓溫傳》："故員通貴於無滯，明哲尚於應機，砎如石焉，所以成務。"又《孔坦傳》："何知幾之先覺，砎石之易悟哉！"按"砎"字從石，石性堅，藉以表堅義；聲符"介"亦以其聲韵表堅義。清朱駿聲《説文通訓定聲・泰部》："介，單辭形況字。《荀子・修身》：'善在身介然必以自好也。'注：'堅固皃。'"

骱 骨堅。《廣韵・曷韵》："骱，骨堅。"《集韵・怪韵》："骱，堅骨。"又《曷韵》："骱，髊骱，一曰堅也。"又《黠韵》："髊，髊骱，一曰骨堅。"按，《集韵》所記多方言、俗語，故常有不見經傳而存於語言之例。"骱"亦指骨節銜接處，指骨堅，爲套用本字。

豣 頑惡。《廣韵・怪韵》："豣，豣䝟，頑惡。"按，所謂"頑惡"即頑强、堅强、堅定，感情色彩不同而已。此字之音莫拜切，當從介聲。毅力字"毅"與"豣"同含"豙"之構件，所表之義亦當同。

〔推源〕 此三詞俱有堅義，爲介聲所載之公共義。聲符字"介"象人著甲形，甲爲堅韌之物，然則其堅義爲顯性語義。聲符字"介"單用本可表堅義。《正字通・人部》："凡堅確不拔曰介。"《易·豫》:"介於石,不終日,貞吉。"《漢書·公孫劉田王楊蔡陳鄭傳·贊》:"九江祝生奮史魚之節,發憤懣,譏公卿,介然直而不撓。"介聲可表堅義,則"堅"可相證。

介:見紐月部;
堅:見紐真部。

雙聲,月真旁對轉。"堅",堅硬,引申之,則有堅固、堅強、堅定等義。《說文·臤部》:"堅,剛也。"《呂氏春秋·誠廉》:"石可破也,而不可奪堅。"《管子·地員》:"其泉白青,其人堅勁。"《楚辭·九章·惜誦》:"欲橫奔而失路兮,堅志而不忍。"

(265) 芥價砎骱(小義)

芥 小草。清朱駿聲《説文通訓定聲·泰部》:"芥,假借爲丰,按爲蔡。《孟子》:'君之視臣如草芥。'《廣雅·釋草》:'芥,草也。'《莊子·逍遥遊》:'芥爲之舟。'李注:'小草也。'《淮南·俶真》:'猶飛羽負芥也。'注:'中也。'"今按,"芥"指小草,爲本字形式,無煩假借。"芥"固然有"菜"之别義,指小草爲套用本字。引申之,"芥"又有微小義。《三國志·吳志·顧雍傳》:"舉罪糾奸,纖芥必聞。"明方孝孺《祭童伯禮》:"我傷時人,以利勝恩,珍貴錙銖,芥視天倫。"按"芥視"即小覷、小看。

價 小人物,供役使者。《宋史·曹彬傳》:"一日,與主帥暨賓從環坐於野,會鄰道守將走價馳書來詣。"《西遊記》第四十八回:"有六個小價跟隨,一行人徑往河邊來看。"按,"價"本亦指善人,指小人物,爲套用本字。

砎 磏砎,小石。《廣韵·黠韵》:"砎,磏砎,小石。"按,"磏砎"爲聯綿詞,聯綿詞有可分訓者,亦有不可分訓者。此當爲可分訓者,"芥""價"皆以介聲表小義足可爲證;"磏"字從戔得聲,聲符字單用本有微小義。

骱 髂骱,小骨。《玉篇·骨部》:"髂,髂骱,小骨。"《廣韵·黠韵》:"骱,髂骱,小骨。"按,此與"磏砎"當爲分別文。

〔推源〕 諸詞俱有小義,爲介聲所載之語源義。聲符字"介"單用本可表小義。唐玄應《一切經音義》卷十五:"介,微也。"清朱駿聲《説文通訓定聲·泰部》:"介,〔轉注〕又爲纖微之義。《易·繫辭》:'憂悔吝者存乎介。'虞注:'纖也。'《列子·楊朱》:'無介然之憂者。'《釋文》:'微也。'"按,朱氏所云"轉注"即引申,"介"的微小義實非由本義所引申義,乃其聲韵另載之語源義。介聲可載小義,兼聲可相證。

介:見紐月部;
兼:見紐談部。

雙聲,月談通轉。兼聲字所記録之語詞"嫌""謙""歉""廉""稴""慊""蠊""獫""鎌""嗛""傔""騝""嗛""溓"等俱有小、少、不足義,參殷寄明《語源學概論》第五章及本典"兼聲"。

(266) 圿疥(污義)

圿 污垢。《廣雅·釋言》:"圿,垢也。"清王念孫《疏證》:"《西山經》:'錢來之山,其下多洗石。'郭璞注云:'澡洗可以硙體去垢圿。'"《廣韵·怪韵》:"圿,垢圿。"唐韓愈、孟郊《征蜀聯句》詩:"蹋翻聚林嶺,斗起成埃圿。"

疥 疥瘡(見本典第261條)。按疥瘡常遍布全身且經久不愈,時有膿血,故"疥"有沾污、弄臟之衍義。唐段成式《酉陽雜俎·語資》:"張璪常畫古松於齋壁,符載讚之,衛象詩之,亦一時三絶。覽悉加堊焉。人問其故,曰:'無事疥吾壁也。'"宋范成大《隱静山》詩:"題名記吾曾,醉墨疥丹堊。"

〔推源〕 此二詞俱有污義,爲介聲所載之語源義。介聲可表污義,"污"可相證。

介:見紐月部;
污:影紐魚部。

見影鄰紐,月魚通轉。"污",污穢,污垢。其字本作"汙",後亦作"汚、汙、洿",今作"污"。《正字通·水部》:"汚、污、汙、洿同。"《説文·水部》:"汙,薉也。"《廣雅·釋詁三》:"汙,濁也。"《史記·屈原賈生列傳》:"濯淖汙泥之中,蟬蜕於濁穢,以浮游塵埃之外。"南朝宋劉義慶《世説新語·文學》:"財本是糞土,所以將得而夢穢汙。"

(267) 夰/個(獨義)

夰 獨,獨居。漢揚雄《方言》卷六:"介,特也。楚曰僆,晉曰烓,秦曰挈。物無耦曰特,獸無耦曰介。"清錢繹《箋疏》:"《廣雅》:'介,獨也。'《玉篇》《集韵》《類篇》引並作夰,夰與介同。《昭十四年左氏傳》云:'收介特。'杜預注云:'介特,單身民也。'《史記·張耳陳餘傳》:'獨介居河北。'"今按,"介"字乃以聲韵載"獨"義,指獨居,"夰"爲本字,"介""夰"亦分別文。《廣韵·怪韵》:"夰,獨居。"

個 單個,獨一。其字亦作"箇""个",今通用"个"字。《字彙·人部》:"個,與箇同。"《説文·竹部》:"箇,竹枚也。"《史記·貨殖列傳》:"竹竿萬個。"唐司馬貞《索隱》:"竹曰箇,木曰枚。"《儀禮·士虞禮》:"俎釋三個。"漢鄭玄注:"個,猶枚也,今俗或名枚曰個。"

〔推源〕 二詞俱有獨義,音亦相近而通。

夰:見紐月部;
個:見紐魚部。

雙聲,月魚通轉。"夰"的聲符"介"象人着甲形,與獨居義不相涉,乃以"宀"表居義,以介聲表獨義。清朱駿聲《説文通訓定聲·泰部》:"介,又爲孤特之義。……《書·秦誓》:'若有一介臣。'《左襄八傳》:'亦不使一介行李。'《吳語》:'一介嫡男。'"今按,常言"一介書生""一介武夫""一介農夫"之"一介",即單獨的一個。

90 爻聲

(268) 肴駁笅綄硚鮫（交錯、駁雜義）

肴 肉類熟食。"肴"之名寓雜義。《説文·肉部》："肴，啖也。从肉，爻聲。"清段玉裁注："許當云'啖肉也'，謂熟饋可啖之肉。今本有奪字。"清朱駿聲《通訓定聲》："凡熟饋可啖之肉，折俎、豆實皆是。《初學記》廿六引《説文》：'雜肉也。'……《楚辭·招魂》：'肴羞未通。'注：'魚肉爲肴。'"《廣韵·肴韵》："肴，凡非穀而食曰肴。"《禮記·學記》："雖有嘉肴，弗食，不知其旨也。"《淮南子·泰族訓》："周公肴臑不收於前，鐘鼓不解於懸，而四夷服。"

駁 本指馬毛色不純，虛化引申爲駁雜。《説文·馬部》："駁，馬色不純。从馬，爻聲。"清朱駿聲《通訓定聲》："《易·説卦》：'爲駁馬。'《詩·東山》：'皇駁其馬。'《爾雅·釋畜》：'騮白駁。'"《洪武正韵·藥韵》："駁，今俗謂厖雜爲駁。"《莊子·天下》："惠施多方，其書五車，其道舛駁，其言也不中。"唐成玄英疏："駁，雜糅也。"南朝梁任昉《述異記》："見群鼠大者如豚，鮮澤五色，或純或駁。"

笅 竹索。字亦作"笉"。聲符"爻""交"皆表交錯義。《集韵·爻韵》："笅，或从爻。"《説文·竹部》："笅，竹索也。从竹，交聲。"清段玉裁注："謂用析竹皮爲繩索也，今之篾纜也。《漢書·溝洫志》曰：'搴長茭兮湛美玉。'如淳曰：'茭，草也，一曰笅也。'臣瓚曰：'竹索絚謂之笅，所以引置土石也。'師古曰：'瓚説是也。茭字宜从竹。'"清朱駿聲《通訓定聲》："笅，从竹，交聲。按，'交'亦意。"清黄叔璥《番社雜咏·作室》："剖竹爲椽扇縛笅，空擎樑上始編茅。"

綄 蒼黄色。謂二色相交錯，駁雜不一。其字亦作"絞"。《集韵·爻韵》："絞，蒼黄色。或从爻。"《禮記·玉藻》："絞衣以裼之。"漢鄭玄注："絞，蒼黄之色也。"按，凡色彩駁雜皆稱"駁"，或稱"綄"，其字則借"鉸""校"等爲之，朱駿聲説，見《説文通訓定聲·小部·絞》。

硚 石不平，即石之高者、低者相交錯義；文獻中"硚"指艱難。在人，艱難即命運多舛而駁雜。二義同條共貫。《字彙·石部》："硚，石不平也。"金董解元《西廂記諸宫調》卷二："辨得個架格遮截，欲勝那僧人硚上硚。"又"墙壁若石壘，鐵裹山門破後硚。"凌景埏《校注》："硚，石不平的樣子，引申作艱難解釋。破後硚，很難破的意思。"

鮫 海中的沙魚，以其皮紋駁雜而得名。其字亦作"鮫"。《説文·魚部》："鮫，海魚。皮可飾刀。"清朱駿聲《通訓定聲》："《周書·王會》：'鮫䬐利劍爲獻。'注：'文魚也。'"明李時珍《本草綱目·鱗部》："鮫魚，或曰本名鮫，訛爲鮫。"並注："鮫，音駁。"又"鮫皮有沙，其文交錯鵲駁，故有諸名。形似鼈，無脚有尾。其背有珠文如鹿而堅强者曰鹿沙，亦曰白沙；背有班文如虎而堅强者曰虎沙，亦曰胡沙。"

〔推源〕上述諸詞皆有交錯、駁雜之義，此當爲聲符字"爻"所承載的顯性語義。"爻"，

《易》卦中的陰陽爻。《説文·爻部》:"爻,交也。象《易》六爻頭交也。"清朱駿聲《通訓定聲》:"凡从爻之字,皆錯雜意。《易·繫辭下》傳:'道有變動故曰爻。'……《魏都賦》:'思重爻。'注:'《易》爻也。'"清徐灝《注箋》:"交者,交錯之義。六爻爲重體,故作重乂象之。"

(269) 斆/效(仿效義)

斆 仿效,學習。爲"學"之古字。《説文·子部》:"斆,放也。从子,爻聲。"清段玉裁注:"放、仿古通用。斆訓放者,謂隨之依之也。今人則專用'仿'矣。教字、學字皆以斆會意。教者與人以可放也,學者放而像之也。"清朱駿聲《通訓定聲》:"斆,效也。宋本:放也。……此字疑即學之古文。"按,學習即仿效。《廣雅·釋詁三》:"學,效也。"

效 仿效。《説文·攴部》:"效,象也。"清段玉裁注:"象當作像。《人部》曰:'像,似也。'"清朱駿聲《通訓定聲》:"效,像也。从攴,交聲。與斅、斆略同。《墨子·小取》:'效者爲之法也。'"《玉篇·攴部》:"效,法效也。"《左傳·莊公二十一年》:"鄭伯效尤,其亦將有咎。"漢王充《論衡·自紀》:"可效放者,莫過孔子。"

〔推源〕 "斆"的仿效義爲聲符"爻"所載之語源義。"爻"的上古音爲匣紐宵部,仿效字"效"與之同,故爻聲可載仿效義。

91 今聲

(270) 含欿䶃龕笒矜念(銜含義)

含 字从口,謂以口含物。《説文·口部》:"含,嗛也。从口,今聲。""嗛,口有所銜也。"《廣韻·覃韻》:"含,《説文》:'銜也。'"《史記·三代世表》:"有燕銜卵墮之,契母得,故含之,誤吞之,即生契。"晉陸機《文賦》:"或操觚以率爾,或含毫而邈然。"

欿 含笑。《説文·欠部》:"欿,含笑也。从欠,今聲。"清朱駿聲《通訓定聲》:"典籍多以歁爲之。"清桂馥《義證》:"'含笑也'者,本典:'妗,善笑皃。'"《廣韻·添韻》:"欿,笑也。"《集韻·覃韻》:"欿,含笑也。或省。"《玉篇·欠部》:"欿,含笑也。"

䶃 以頰含食之鼠。《説文·鼠部》:"䶃,鼠屬。从鼠,今聲。讀若含。"清朱駿聲《通訓定聲》:"字亦作䶅,即鼸也,以頰裏藏食。"漢許慎《説文》同部:"鼸,䶃也。"《爾雅·釋獸》:"鼸,鼸鼠。"清郝懿行《義疏》:"即今香鼠,頰中藏食如獼猴然。"按,其字亦作左聲右形。《墨子·非儒》:"䶃鼠藏,而羝羊視。"清孫詒讓《閒詁》:"謂儒者得食則藏之,若䶃鼠裏藏食物矣。"

龕 供奉神佛或神位的石室、閣子,其名寓空而可含物之義。其字亦誤作"龕"。《説文·龍部》:"龕,从龍,合聲。"清朱駿聲《通訓定聲》:"《六書故》引唐本《説文》从今聲,是也。"南朝陳江總《攝山棲霞寺碑》:"其第二子仲璋爲臨沂令,克荷先業,莊嚴龕像……大同二年,龕頂放光。"《佛説觀佛三昧海經》:"龕室千萬,有白師子盤身爲座,於其座上生白蓮華。"引申之,亦指房屋、窟穴、塔下室等,其物皆空而可含物。

答　實心竹,即中心有所含之竹。其字亦作"笒""箖"。《廣韵·侵韵》:"笒,竹名。"《集韵·覃韵》:"笒,笒隋,竹實中。或作笒。"《玉篇·竹部》:"箖,同笒。""笒,笒隋,竹實中。"《廣韵·覃韵》:"箖,實中竹名。"唐段成式《酉陽雜俎·木篇》:"箖墮竹,大如脚指,腹中白幕欄隔,狀如濕面。"

舌　舌頭,口中所含之物。《説文·马部》:"函,舌也。象形。舌體马马,从马,马亦聲。舌,俗函从肉、今。"清朱駿聲《通訓定聲》:"从肉,今聲。"按,所謂"舌體马马",即舌含於口之義,許書"马"字訓"嗋",即深含義。嚴復《原强》:"今之扼腕奮舌,講西學、談洋務者,亦知近五十年來,西人所孜孜勤求,近之可以保身治生,遠之可以經國利民之一大事乎?"

念　思念,謂心有所含,此當爲抽象的銜含義。《説文·心部》:"念,常思也。从心,今聲。"《詩·秦風·小戎》:"言念君子,温其在邑。"唐白居易《傷遠行賦》:"惟母念子之心,心可測而可量。"

〔推源〕　諸詞俱有銜含義,爲今聲所載之公共義。其銜含義或爲聲符字"今"之顯性語義,甲骨文"今"字象鈴含舌之形。至今聲可載銜含義,則"嗛"可證之。

今:見紐侵部;
嗛:溪紐談部。

見溪旁紐,侵談旁轉。"嗛",銜含。《説文》云有所銜,上文已引。《晏子春秋·外篇上》:"嗛酒嘗膳,再拜,告饜而出。"《史記·大宛列傳》:"昆莫生棄於野,烏嗛肉蜚其上,狼往乳之。"

(271) 衾岑矜衿鈐(高、大義)

衾　大被。《説文·衣部》:"衾,大被。从衣,今聲。"清段玉裁注:"《釋名》曰:'衾,廣也,其下廣大如廣受人也。'寢衣爲小被,則衾是大被。"《詩·周南·小星》:"肅肅宵征,抱衾與裯。"三國魏曹植《贈白馬王彪》詩:"何必同衾幬,然後展殷勤。"

岑　小而高之山。《説文·山部》:"岑,山小而高。从山,今聲。"《爾雅·釋山》所訓同。三國魏阮籍《詠懷》詩:"松柏翳岡岑,飛鳥鳴相過。"引申爲高義。漢揚雄《方言》卷十二:"岑,高也。"《孟子·告子下》:"方寸之木,可使高於岑樓。"唐白居易《池上作》詩:"華亭雙鶴白矯矯,太湖四石青岑岑。"按,"岑"亦有"大"訓,高義、大義本相通。上述揚氏書同卷:"岑,大也。"

矜　矛柄。《説文·矛部》:"矜,矛柄也。从矛,今聲。"《漢書·徐樂傳》:"然起窮巷,奮棘矜。"唐顔師古注:"矜者,戟之把。"按,把柄可持握,故引申爲矜持、驕傲義,驕傲即自高自大。《正字通·矛部》:"矜,驕矜自負貌。"《禮記·表記》:"不矜而莊,不厲而威。"漢鄭玄注:"矜,謂自尊大也。"《北史·儒林傳上·李業興》:"雖在貧賤,常自矜負。"

谽 山谷空而大。字亦作"含"。《廣韻·咸韻》:"谽,谽谺,谷空皃。"《集韻·咸韻》:"谽,谽谺,谷空皃。或作谽。"《史記·司馬相如列傳》:"谽呀豁閜,阜陵別島。"唐司馬貞《索隱》:"谽呀,大皃。"其"谽呀"異文作"谽呀"。《文選·張衡〈思玄賦〉》:"越谽嗣之洞穴兮。"唐呂延濟注:"谽嗣,空大貌。"

鈐 大犁。漢史游《急就篇》第十二章:"鈐鐯鉤鉐斧鑿鉏。"唐顔師古注:"鈐鐯,大犁之鐵。"《説文·金部》:"鈐,鈐鐯,大犁也。从金,今聲。"

〔推源〕 諸詞俱有高大義,當爲今聲所載之語源義。今聲可載高大義,"嶔""炎"可相證。

今:見紐侵部;

嶔:溪紐侵部;

炎:匣紐談部。

見溪匣旁紐,侵談旁轉。"嶔",山高峻。《集韻·鹽韻》:"嶔,山高峻皃。"《文選·張衡〈思玄賦〉》:"嘉曾氏之歸耕兮,慕歷阪之嶔崟。"唐張銑注:"嶔崟,高貌。"唐柳宗元《招海賈文》:"反齗叉牙踔嶔崖,蛇首狶鬣虎豹皮。""炎",火勢盛大,亦引申爲盛大。《説文·炎部》:"炎,火光上也。从重火。"《書·洪範》:"火曰炎上。"唐孔穎達疏:"火之性,炎盛而昇上。"漢揚雄《太玄·狩》:"卉炎於苻,宜於丘陵。"晉范望注:"炎,盛大之貌。"

(272) 靲紟鈐衿玲弇霽(禁制義)

靲 皮製的鞋帶。《説文·革部》:"靲,鞻也。从革,今聲。"清王筠《句讀》:"靲乃繫鞻之革。"清朱駿聲《通訓定聲》:"革履也。"按,當以王説爲是。清桂馥《義證》云:"'鞻也'者,《士喪禮》:'繫用靲。'《類篇》:'靲,鞻帶也,束物韋也。'《玉篇》:'靲,靲鞭也。'"按,《集韻·沁韻》"靲"亦訓"束物韋",此乃引申義,泛指繫物之帶。皮製鞋帶稱"靲",其名本寓約束、禁制之意。

紟 繫衣之帶,構詞理據同"靲"。《説文·糸部》:"紟,衣繫也。从糸,今聲。絟,籀文从金。"清段玉裁注:"聯合衣襟之帶也,今人用銅鈕非古也,凡結帶皆曰紟。"清朱駿聲《通訓定聲》:"《禮記·内則》:'紟纓綦屨。'注:'猶結也。'字亦以衿爲之,衿者袷之俗,與衾别。《儀禮·士昏禮記》:'母施衿結悦。'謂繫佩帶也。《漢書·揚雄傳》:'衿芰茄之綠衣兮。'注:'帶也。'《荀子·非十二子》:'其纓禁緩。'以禁爲之。《禮記·玉藻》:'紳韠結三齊。'以結爲之。紟、結一聲之轉。"

鈐 鎖,所以禁制之物。晉郭璞《爾雅·序》:"夫《爾雅》者……六藝之鈐鍵。"宋邢昺疏:"言此書爲六藝之鑰鑰,必開通之,然後得其微旨也。"《廣韻·鹽韻》:"鈐,兵鈐,以閉房神府,以備非常。"按《廣韻》所訓蓋指加印封鎖,義亦相通。《隋書·天文志中》:"又北二小星曰鉤鈐,房之鈐鍵,天之管籥。"引申爲管制義。唐吕温《故太子少保贈尚書左僕射京兆韋府神道碑》：“仁護鰥惸，智鈐豪右。”《紅樓夢》第七十九回：“須要拿出威風來，才鈐壓得住人。”

衿 衣之交領。漢揚雄《方言》卷四：“衿謂之交。”晉郭璞注：“衿，衣交領也。”按，衣領相交起約束作用，其名亦寓禁制義。引申之，亦指繫衣帶，則其禁制義更顯。《玉篇·衣部》：“衿，綴也。”《廣韻·侵韻》：“衿，衣小帶也。”三國魏曹植《閨情》詩：“齋身奉衿帶，朝夕不墮傾。”

舿 《玉篇》《廣韻》皆云牛舌病，其字亦作“牞”。按，牛舌病則如受禁制，不得食。“舿”字從舌，亦可移以指人口不能言如受禁制，所謂套用文字，非假借。《篇海類編·身體類·舌部》：“舿，噤也。”《說文·口部》：“噤，口閉也。”按“噤”即禁口不能言之意。唐韓愈等《同宿聯句》：“直辭一以薦，巧舌千皆舿。”按，表達此義亦或以“吟”為之，“吟”亦今聲字。漢劉向《說苑·權謀》：“君吁而不吟，所言者莒也。”

酓 字從酉，指酒味苦，又有密閉發酵義，密閉即禁制。明方以智《物理小識·飲食》：“(作酒麪法)麪和成甄，置酓二七，暴之為麪。”

霒 雲覆日而陰暗，日光隱沒如受禁制。字亦作“陰”。《說文·雲部》：“霒，雲覆日也。從雲，今聲。”清朱駿聲《通訓定聲》：“此‘陰雨’‘陰暗’‘陰陽’‘陰私’本字。大戴《文王官人》：‘考其霒易，以觀其誠。’注：‘陰陽猶隱顯也。’蔡邕《月令章句》：‘陰者，密雲也。’經、傳皆以陰為之。”《素問·五常政大論》：“沈霒淫雨。”清陶澂《當垂老別》：“慘雲起西陲，霒翳紛四塞。”

〔推源〕 諸詞俱有禁制義，為今聲所載之公共義。聲符字“今”與“禁”同音，見紐雙聲，侵部疊韻，故今聲可表禁制義。“禁”，禁止、管制，即禁制。《廣雅·釋詁三》：“禁，止也。”《廣韻·沁韻》：“禁，制也。”《易·繫辭下》：“理財正辭，禁民為非曰義。”《漢書·鄭崇傳》：“君門如市人，何以欲禁切主上？”

(273) 黔鴒（黑義）

黔 黑色。《說文·黑部》：“黔，黎也。從黑，今聲。秦謂民為黔首，謂黑色也。周謂之黎民。”清朱駿聲《通訓定聲》：“黎亦黑也。《字林》：‘黔，黧黑也。’《小爾雅·廣詁》：‘黔，黑也。’”《左傳·襄公十七年》：“子罕請俟農功之畢，公弗許。築者謳曰：‘澤門之皙，實與我役，邑中之黔，實慰我心。’”晉杜預注：“子罕黑色，而居邑中。”漢許慎所云“黔首”謂百姓。《禮記·祭義》：“明命鬼神，以為黔首則。”唐孔穎達疏：“黔首謂萬民也。黔，謂黑也。凡人以黑巾覆頭，故謂之黔首。”按，當云百姓勞作膚色黑故稱“黔首”。

鴒 黑色的鳥。字亦作“雂”。《爾雅·釋鳥》“鷏，鴩老”晉郭璞注：“鴒鴒也。”唐陸德明《經典釋文》：“鴒，《字林》云：句喙鳥。”《集韻·侵韻》：“鴒，句喙鳥。或從隹。”《說文·隹部》：“雂，鳥也。從隹，今聲。”清朱駿聲《通訓定聲》：“字亦作鴒。疑即《爾雅》之鷺鷯。觜頭曲如鉤，食魚。蘇俗曰水老雅是也。色黑，雂者黔也。《字林》：‘鴒，句喙鳥。’”

〔推源〕 此二詞俱有黑義,爲今聲所載之語源義。今聲可載黑義,"黑"可相證。

今:見紐侵部;

黑:曉紐職部。

見曉旁紐,侵職通轉。"黑",黑色。《説文·黑部》:"黑,火所熏之色也。"《列子·説符》:"家無故黑牛生白犢,以問孔子。"《隋書·禮儀志》:"敦煌烏山,黑石變白。"

(274) 矜攱(持義)

矜 矛柄,可持之物(見本典第 271 條),故引申爲矜持義,即謹慎莊重義。《大戴禮記·小辨》:"矜行以事君。"北周盧辯注:"矜,猶慎也。"《荀子·非相》:"談説之術,矜莊以蒞之,端誠以處之。"唯"矜"有持義,故有"矜持"之雙音詞。

攱 字从攴,謂以手持。《廣韵·侵韵》:"攱,持也。"又有脅持義。《集韵·鹽韵》:"拑,《説文》:'脅持也。'或作攱。"按"拑"即夾持。《墨子·魯問》:"夫鬼神豈唯擢季拑肺之爲欲哉!"

〔推源〕 此二詞俱有持義,爲今聲所載之語源義。今聲可載持義,"擒"可證之。

今:見紐侵部;

擒:群紐侵部。

見群旁紐,侵部叠韵,音僅微殊。"擒",擒拿,抓持。《廣韵·侵韵》:"擒,急持。"《國語·吳語》:"員不忍稱疾辟易,以見王之親爲越之擒也。"《韓非子·存韓》:"是我兵未出而勁韓以威擒,強齊以義從矣。"

(275) 貪/婪(貪婪義)

貪 字从貝,本指貪財。《説文·貝部》:"貪,欲物也。从貝,今聲。"清朱駿聲《通訓定聲》:"《賈子·道術》:'辭利刻謙謂之廉,反廉爲貪。'……《離騷》:'衆皆競進而貪婪兮。'注:'愛財曰貪。'"唐姚合《新昌里》:"近貧日益廉,近富日益貪。"引申之,則亦泛指貪婪。《廣韵·覃韵》:"貪,貪婪也。"晉葛洪《抱朴子·行品》:"睹利地而忘義,棄廉恥以苟得者,貪人也。"

婪 本指貪食。字从女,蓋爲男尊女卑之遺迹,女性較貪食,或亦相關。上述朱氏所引《楚辭·離騷》文漢王逸注:"愛食曰婪。"唐韓愈《月蝕詩效玉川子作》:"婪酣大肚遭一飽,飢腸徹死無由鳴。"引申爲貪婪義。《説文·女部》:"婪,貪也。从女,林聲。"《新唐書·叛臣傳·李忠臣》:"忠臣資婪沓嗜色,將士婦女逼與亂,所至人苦之。"

〔推源〕 此二詞義既同,音亦極相近而通。

貪:透紐侵部;

婪:來紐侵部。

透來旁紐,侵部叠韵。"婪"字从林得聲,林聲可載"貪婪"之語源義,"惏"可證之。《説文·心部》:"惏,河内之北謂貪曰惏。从心,林聲。"《左傳·昭公二十八年》:"貪惏無饜,忿纇無期,謂之封豕。"唐陸德明《經典釋文》引漢揚雄《方言》:"楚人謂貪爲惏。""貪"字从今得聲,今聲、林聲相近,故"貪"以今聲載"貪婪"之語源義。

92　分聲

(276) 攽盼貧粉坋(分義)

攽　本義即分。《説文·攴部》:"攽,分也。从攴,分聲。《周書》曰:'乃惟孺子攽。'"清朱駿聲《通訓定聲》:"从攴、从分,會意,分亦聲。……經傳皆以頒、以班爲之。……假借爲分。《廣雅·釋詁二》:'攽,減也。'"今按,朱氏以爲"攽"爲亦聲字,可從;然以"攽"爲借字表減義則非。"攽"字从攴,本爲頒布、頒發義之本字,後世頒布作"頒",乃借字。此字从頁,本謂大頭。又,《廣韵·真韵》引《博雅》:"攽,減也。"朱氏所引《廣雅》文清王念孫《疏證》:"攽者,分之減也。""攽"在應用中多表頒布義,頒布即分而布之。宋王明清《揮麈前録》卷二:"宣和末,上思其忠,親批云:'雍孝聞昨上書致罹刑辟,忠誠可嘉。特開落過犯,授修武郎閣門宣贊舍人。'命攽而孝聞死矣。"

盼　眼睛黑白分明。《説文·目部》:"盼,《詩》曰'美目盼兮。'从目,分聲。"按,漢許慎所引爲《詩·衛風·碩人》文,漢毛亨傳云:"盼,白黑分。"唐玄應《一切經音義》卷八:"盼,《説文》:目白黑分也。"清張芳《黛史》:"倩以爲巧,盼以爲美,詩咏《碩人》,曲而盡矣。"

貧　分配、獲得的錢財少。《説文·貝部》:"貧,財分少也。从貝,从分,分亦聲。"清朱駿聲《通訓定聲》:"《莊子·讓王》:'無財謂之貧。'……《詩·北門》:'終窶且貧。'傳:'貧者困於財。'"《漢書·揚雄傳》:"得士者富,失士者貧。"《元史·陳祐傳附陳天祥》:"民富則國富,民貧則國貧。"

粉　化妝用的經分解的米。《説文·米部》:"粉,傅面者也。从米,分聲。"清朱駿聲《通訓定聲》:"《齊民要術》:'有傅面粉英。'《太玄·視》:'粉其題。'注:'飾也。'按,米末謂之粉,从米、从分,會意,分亦聲。"漢史游《急就篇》第三章:"芬薰脂粉膏澤筩。"唐顔師古注:"粉謂鉛粉及米粉,皆以傅面,取光潔也。"《楚辭·大招》:"粉白黛黑,施芳澤只。"

坋　塵,被分解的土。《説文·土部》:"坋,塵也。从土,分聲。"清朱駿聲《通訓定聲》:"《通俗文》:'埤土曰坋。'"《廣韵·奉韵》:"坋,塵也。"《儀禮·鄉飲酒禮》"遂拜,降盥"漢鄭玄注:"復盥,爲手坋汙。"

〔推源〕　諸詞皆有分義,其分義爲聲符字"分"所記録語詞的顯性語義。《説文·八部》:"分,別也。从八,从刀,刀以分別物也。"《書·舜典》:"分北三苗。"僞孔傳:"分北流之,不令相從。"《易·繫辭上》:"方以類聚,物以群分,吉凶生矣。"

(277) 氛芬忿酚(氣義)

氛 凶氣。《說文·氣部》:"氛,祥氣也。从氣,分聲。"清徐灝《注箋》:"書傳言氛皆主凶事,無言祥吉者。"清朱駿聲《通訓定聲》:"《左襄廿七傳》:'楚氛甚惡。'《昭二十傳》:'梓慎望氛。'注:'氣也。'《楚語》:'臺不過望,氛祥。'注:'凶氣爲氛。'《漢書·元帝紀》:'氛邪歲增。'注:'惡氣也。'"按,"氛"亦引申而指寒氣、霧氣。《禮記·月令》:"氛霧冥冥。"漢鄭玄注:"霜露之氣相散亂也。"南朝宋謝惠連《西陵遇風獻康樂》詩:"浮氛晦崖巘,積素惑原疇。"

芬 香氣。字亦作"芬"。《說文·屮部》:"芬,草初生,其香分布。从屮,从分,分亦聲。芬,芬或从艸。"清朱駿聲《通訓定聲》:"《廣雅·釋訓》:'芬芬,香也。'《廣韻·文韻》:'芬,芬芳。'《荀子·正名》:'香、臭、芬、鬱、腥、臊、灑、酸奇臭,以鼻異。'唐楊倞注:'芬,花草之香氣也。'"晉陶淵明《閒情賦》:"佩鳴玉以比潔,齊幽蘭以爭芬。"

忿 忿怒,憤恨。按即氣憤,心中有不平之氣。《說文·心部》:"忿,悁也。从心,分聲。"清朱駿聲《通訓定聲》:"《廣雅·釋詁二》:'忿,怒也。'《易·象傳》:'君子以懲忿窒欲。'《禮記·大學》:'身有所忿懥。'"《玉篇·心部》:"忿,恨也,怒也。"《廣韻·吻韻》:"忿,怒也。"《禮記·祭義》:"是故惡言不出於口,忿言不反於身。"《書·君陳》:"爾無忿疾於頑。"僞孔傳:"無忿怒疾之。"

酚 香氣。《廣韻·文韻》:"酚,同馩。"又"馩,馩馧,香氣。"《集韻·文韻》:"馩,《博雅》:馩馧,香也。"南唐劉崇遠《新開宴石山記》:"金鑪曉炷以酚馧,銀炬宵然而炫燿。"今按,"酚"字之音《廣韻》注"符分切",則爲分聲字;《香部》字"馣""馤""馝""馞""馡""馜""馥""馪"皆指香氣,其聲符字均爲唇音字,與"分"同,此即所謂轉注。

〔推源〕 諸詞皆有氣義。其氣義與"分"的顯性語義系列不相涉,爲分聲所載之語源義。詞彙系統中有"風氣"一詞,"風"爲空中吹動之氣,故此雙音詞爲同義聯合式合成詞。考其上古音,"分"字幫紐文部,"風"字幫紐冬部,雙聲,聲相近而義同。

(278) 鴛翂份魵紛玢黺觓訜(紛繁義)

鴛 衆多的鳥紛紛飛聚。《說文·鳥部》:"鴛,鳥聚皃。一曰飛皃。从鳥,分聲。"清段玉裁注:"言繽紛也。"清桂馥《義證》:"鳥聚皃者,宋景文《筆記》引同。"清朱駿聲《通訓定聲》:"字亦作翁。……《廣雅·釋訓》:'翁翁,飛也。'"按,《廣雅》所訓當與許慎所言"一曰飛皃"意同,實即飛行動作紛繁、不停之義。其字文獻中或作"翂"。上述朱氏書:"《莊子·山木》:'翂翂翐翐。'……司馬注:'舒遲皃。'"按,舒遲即飛行緩慢、不停,即紛繁義。

黼 彩色的花紋,即色彩紛繁之義。《說文·黹部》:"黼,袞衣山龍華蟲。黼,畫粉也。从黹,从粉省,衛宏說。"清段玉裁注:"《尚書》山、龍、華蟲不與粉相屬,許書恐有奪誤。"清朱駿聲《通訓定聲》:"按《益稷》'藻火粉米'衛說作'璪火黺絑。黺爲分間布白,所謂繪事後素也,絑爲五采繡如聚細米也。'與鄭異恉。今按,字从黹不當言畫粉。黺絑分爲二事亦不合,當以鄭說爲正。"按,"黼"字《廣韻》方吻切,並訓"綵文",則其字从分得聲,並以分聲表色彩繽紛、紛繁義。

份 文質俱完備,實亦紛繁義。其字後世作"彬"。《說文·人部》:"份,文質備也。从人,分聲。《論語》曰:'文質份份。'彬,古文份从彡、林,林者,从焚省聲。"清朱駿聲《通訓定聲》:"《廣雅·釋詁三》:'彬,文也。'《論語》'文質份份'孔注:'文質相半之貌。'鄭注:'褋半貌也。'《漢書·敘傳》:'孝哀彬彬。'"按,《廣韻·真韻》亦云:"彬,文質雜半",與《論語》孔、鄭注說同而實未得肯綮。"彬"字从彡,"彡"多謂色彩紛繁、須毛繁多,如"彩""影""彪""須"等即是。又,"彬彬有禮"實即多禮之意,即紛繁義。《廣雅》所訓"彬,文也",即富有文彩,亦紛繁義。

鼢 斑魚,以其皮花紋斑駁、紛繁而得名。《說文·魚部》:"鼢,魚名。出薉邪頭國。从魚,分聲。"清朱駿聲《通訓定聲》:"《爾雅·釋魚》:'鼢,鰕。'按,鼢之言辨也。《廣志》:'斑文魚,出濊國。'《魏略》:'濊國,出班魚皮,漢時恒獻之。'"按,朱氏所引《爾雅》文清郝懿行《義疏》:"斑魚即鼢魚,鼢、斑聲近。"《後漢書·東夷傳·濊》:"(濊)又多文豹,有果下馬,海出班魚,使來皆獻之。"

紛 紛紜、紛繁字。《廣雅·釋詁三》:"紛,亂也。"《廣韻·文韻》:"紛,紛紜,衆也,亂也。"按,衆多、雜亂、紛繁義僅微別而相通。《楚辭·劉向〈九嘆·遠逝〉》:"腸紛紜以繚轉兮,涕漸漸其若屑。"漢王逸注:"紛紜,亂貌。"《漢書·王莽傳》:"郡縣賦斂,遞相賕略,白黑紛然。"三國魏曹丕《善哉行》:"有客從南來,爲我彈清琴。五音紛繁會,拊者激微吟。"

玢 玉的紋理紛繁。《集韻·文韻》:"玢,玉文也。"《文選·司馬相如〈上林賦〉》:"瑉玉旁唐,玢豳文鱗。"唐李善注:"郭璞曰:玢豳,文理貌也。"今按,《說文》無"玢"字,南朝梁顧野王《玉篇》始錄此字,訓"玉名",當以紋理紛繁而得名。又,"玢"又有文彩紛繁之義,當爲其衍義。《廣韻·真韻》:"玢,文采狀也。"《古文苑·黃香〈九宮賦〉》:"蚩尤之倫,玢璘而要斑斕。"宋章樵注:"玢璘,音彬鄰,文采皃。"按,"玢璘"當爲同義連文,《廣雅·釋詁三》"璘"訓"文"即文彩紛繁義。又,魚鱗稱"鱗"即多而相鄰連義,與紛繁義通。

馚 謂香氣濃鬱(見本典第277條),實亦寓紛繁義。

髬 毛紛紛脫落。《玉篇·毛部》:"髬,毛落也。"《廣韻·文韻》:"髬,毛落。"宋張孝祥《攻蚊》:"如彼即墨,殲燕軍些,焦腸爛腹,翅羽髬些。"

吩 話多,語不止。《集韻·文韻》:"吩,吩咶,語不定。"今按,《集韻》一書所記,多方言、俗語,吩咐之"吩"當出諸此語源,凡吩咐必反復叮囑,寓言多、語不止之義。

〔推源〕 諸詞俱有紛繁義,爲分聲所載之語源義,分聲字"芬""攽""棼""邠""汾"亦以假借字形式、以其分聲表紛繁義。《漢書·禮樂志》:"羽旄殷盛,芬哉芒芒。"唐顏師古注:"言所樹羽葆其盛若林,芬然衆多。"清譚嗣同《代大人撰贈奉政大夫任君墓誌銘並敘》:"世基徽懿,文采攽緘。"宋無名氏《南郊恭謝三首·導引》:"林棼彩仗明初日,瑞氣滿晴空。"漢揚雄《蜀都賦》:"朱緣之畫,邠盼麗光。"又《長楊賦》:"於是聖武勃怒,爰整其旅,汾沄沸渭,雲合電發。"按,分聲可載紛繁義,"霏"可相證。

$$分:幫紐文部;$$
$$霏:滂紐微部。$$

霏,雨雪紛繁。《詩·小雅·采薇》:"今我來思,雨雪霏霏。"又《邶風·北風》:"北風其喈,雨雪其霏。"

(279) 枌羒粉(白義)

枌 白榆。《說文·木部》:"枌,榆也。从木,分聲。"清朱駿聲《通訓定聲》:"《爾雅》:'榆白,枌。'《詩》:'東門之枌。'傳:'白榆也。'《禮記·内則》:'堇荁枌榆。'注:'榆白曰枌。'……按,榆有赤、白二種。赤者,先著莢後生葉;白者,先生葉後著莢。"《廣韵·文韵》:"枌,白榆,木名。"明李時珍《本草綱目·木部》:"榆,零榆,白者名枌。"

羒 白色公羊。《說文·羊部》:"羒,牂羊也。从羊,分聲。"清朱駿聲《通訓定聲》:"《爾雅·釋獸》:'羊,牡羒,牝牂。'注:'謂吳羊白羝。'"按,朱氏所引《爾雅》文清郝懿行《義疏》:"羝,牡羊也。吳羊,白色羊也。"《廣韵·文韵》:"羒,白羝羊也。"《廣雅·釋獸》:"吳羊牡一歲曰牡羖,三歲曰羝。"清王念孫《疏證》:"羊之白者爲吳羊。"

粉 傅面粉(見本典 276 條),引申之則有白義。清朱駿聲《說文通訓定聲·屯部》:"粉,《書·益稷》:'藻火粉米。'鄭注:'粉米,白米也。'"唐杜牧《丹水》詩:"沉定藍光徹,喧盤粉浪開。"宋王安石《與微之同賦梅花得香字》詩:"漢宫嬌額半涂黄,粉色凌寒透薄粧。"

〔推源〕 此三詞俱有白義,爲分聲所載之語源義。聲符字"分"爲幫紐字,"白"爲並紐字,幫並旁紐,聲本相近,故分聲可載白義。

(280) 鳻爺頒坋砏衯(大義)

鳻 大鳩。漢揚雄《方言》卷八:"鳩,自美而西,秦漢之間謂之鵴鳩,其大者謂之鳻鳩。"《廣韵·删韵》:"鳻,大鳩。"清朱駿聲《說文通訓定聲·屯部》:"鳩,其大者謂之鳻鳩,《廣雅》作'鶉鳩',此即《爾雅》之鵧鳩。"《廣雅·釋鳥》:"鶉鶇鳩也"清王念孫《疏證》:"鳻鳩即班鳩,字或作鶉,鳩之大者也。"

爺 大巾。字一作"帉"。《說文·巾部》:"爺,楚謂大巾曰爺。从巾,分聲。"清朱駿聲《通訓定聲》:"《方言》四:'大巾謂之爺。'清段玉裁注:'爺,帉同。'宋沈括《夢溪筆談·故事一》:"帶衣所垂蹀躞,蓋欲佩帶弓箭、帉帨、算囊、刀礪之類。"

頒 大頭。字亦作"朌"。《說文·頁部》:"頒,大頭也。从頁,分聲。……《詩》曰:'有頒其首。'"按,漢許慎所引爲《詩·小雅·魚藻》文,漢毛亨傳:"頒,大首皃。"漢鄭玄箋:"得其性則肥充,其首頒然。"漢劉楨《魯都賦》:"頒首莘尾,豐顱重斷。"《玉篇·肉部》:"朌,大首皃。"《廣韵·文韵》:"朌,大首皃。"清朱駿聲《說文通訓定聲·屯部》:"頒,字亦作朌。"唐元稹《望雲騅馬歌》:"龍騰魚鱉啅然驚,驥朌驢騾少顏色。"

坋 大堤。《説文·土部》："坋，大防也。"清段玉裁注："《周南》傳曰：'墳，大防也。'許釋墳爲墓，然則汝墳爲假借字也。"清桂馥《義證》："'大防'也者，或作墳。《釋丘》：'墳，大防。'郭注：'謂隄。'又《釋地》：'墳莫大於河墳。'郭注：'墳，大防。'《詩》：'遵彼汝墳。'傳云：'墳，大防也。'"

砏 大聲。《集韵·删韵》："砏，砏磤，石聲。"又《文韵》："砏，大聲也。"《文選·張衡〈南都賦〉》："流湍投濈，砏汃輣軋。"唐李善注："《埤蒼》曰：'砏，大聲也。'"

衯 衣長大。《説文·衣部》："衯，長衣皃。从衣，分聲。"清朱駿聲《通訓定聲》："《史記·司馬相如傳》：'衯衯裶裶。'《索隱》：'衣長貌。'"按，衣長則大，長義、大義本相通。《集韵·文韵》："衯，衣大謂之衯。"

〔推源〕 諸詞皆有大義，此爲分聲所載之語源義。分聲可載大義，"磐"可相證。

分：幫紐文部；

磐：並紐元部。

幫並旁紐，文元旁轉。"磐"，大石。《玉篇·石部》："磐，大石也。"《易·漸》："鴻漸於磐。"三國魏王弼注："磐，山石之安者。"按，石大則沉重而不轉移、安定。《集韵·桓韵》："磐，大石。一曰山石之安者。"所訓二義實爲一義。《玉臺新咏·古詩爲焦仲卿妻作》："君當作磐石，妾當作蒲葦。蒲葦紉如絲，磐石無轉移。"

(281) 坌粉扮鳻（聚義）

坌 字从土，本指塵埃，其字一作"坋"。《廣韵·恩韵》："坌，塵也。亦作坋。"引申爲塵埃、粉狀物附於他物。北魏賈思勰《齊民要術·作葅藏生菜法》："布菜一行，以糵末薄坌之，即下熱粥清。"又引申爲聚集義。宋郭若虛《圖畫見聞志·石橋圖》："忽於破甕內得物如被，幅裂汙坌，觸而塵起，諦視之，乃畫也。"按，《集韵·恨韵》"坌"字訓"並"，即合並義，合並義、聚集義僅微別。

粉 禾束，禾之聚合。《廣韵·問韵》："粉，穧粉，獲也。"按，"穧"亦謂禾束，故"穧粉"當爲同義連文。《廣雅·釋詁四》："粉，穧也。"清王念孫《疏證》："《説文》：'穧，一曰撮也。'撮，即所云刈稻聚把也。"按，禾四把聚合爲"穧"。清朱駿聲《説文通訓定聲·履部》："穧，鄭注《周禮》：'四秉爲筥，謂一穧也。'是四把爲穧歟？"按，"穧"當爲亦聲字，轉注字作"穧"。《集韵·眞韵》："穧，積禾也。或从齊。"

扮 字从手，謂握持，即聚合所握持之物，故有合並、聚集之義。《説文·手部》："扮，握也。从手，分聲。讀若粉。"清朱駿聲《通訓定聲》："《太玄·玄數》：'地則虛三，以扮天十八也。'注：'猶並也。'"清段玉裁注："扮猶並也。"《集韵·吻韵》："扮，並也，一曰握也。"按，許慎所訓爲本義，《集韵》則兼釋其本義與引申義。《戰國策·魏策二》："又身自醜於秦，扮之請焚天下之秦符者，臣也。"宋鮑彪注："扮，並也，握也，言合諸侯。"

鳻　鳥飛聚。《説文·鳥部》：" 鳻，鳥聚皃。从鳥，分聲。"《廣韵·文韵》："鴍，亦作鳻。又《説文》曰：鳥聚皃。"《漢書·循吏傳·黄霸》"時京兆尹張敞舍鶡雀飛集丞相府"唐顔師古注："此鶡音芬，字本作鳻。"宋宋祁《宋景文公筆記·考古》："鴍亦音芬，鴍是鳥聚貌，非鳥名也。"

〔推源〕　此四詞俱有聚義，爲分聲所載之語源義。合并字作"并"，爲幫紐字，與聲符字"分"同，聲相近。合并、聚集二義亦極相近。

(282) 岎岈（高起義）

岎　山丘高起貌。《廣韵·吻韵》："岎，《莊子》有隱岎之丘也。"《集韵·文韵》："岎，丘高起皃。"《莊子·知北遊》："知北遊於玄水之上，登隱岎之丘。"唐陸德明《經典釋文》："隱出岎起。丘皃。"

岈　山高峻。漢揚雄《蜀都賦》："爾乃蒼山隱天，岎崟迴叢。"按，"岎崟"一詞，《字彙·山部》訓"山貌"，實即山高聳義。"岈"字符分切，則爲分聲字。又，"岎崟"當可分訓，"崟"一作上形下聲。《集韵·侵韵》："崟，或書作崟。"《説文·山部》："崟，山之岑崟也。"《廣雅·釋詁四》："岑崟，高也。"

〔推源〕　此二詞俱有高起義，爲分聲所載之語源義。分聲字"芬""盆""坌"亦以其分聲表此義。清朱駿聲《説文通訓定聲·屯部》："芬，假借爲墳。《管子·地員》：'芬然若灰。'注：'壞起貌。'"按，"芬"即隆起之意。"盆"，可表水涌起四溢之義。《後漢書·陳忠傳》："青、冀之域淫雨漏河，徐、岱之濱海水盆溢。"清王先謙《集解》："盆即溢。"按，《廣韵·魂韵》："溢，水涌也。"《文選·孔融〈薦禰衡表〉》："飛辯騁辭，溢氣坌涌。"唐李善注："坌，涌貌也。"按，"坌"字或亦訛作"妿"。漢董仲舒《春秋繁露·人副天數》："是故人之身，首妿而員，象天容也。"王心湛《校勘》："妿當作坌，墳起之意。"

又，分聲可表高起，"墳"可相證。

分：幫紐文部；

墳：並紐文部。

幫並旁紐，文部叠韵。"墳"，高起的墳堆。《字彙·土部》："塋域曰墓，封土爲壟曰墳。"《禮記·檀弓上》："古者墓而不墳。"漢鄭玄注："墓，謂兆域，今之封塋也。古，謂殷時也。土之高者曰墳。"引申之，則有高起義。《國語·晋語二》："公至，召申公獻。公祭之地，地墳。"三國吴韋昭注："墳，起也。"

93　反聲

(283) 返販販馺軛疲返扳（逆反義）

返　返回，與"往"相逆反。字亦作"仮"。《説文·辵部》："返，還也。从辵，从反，反亦聲。《商書》曰：'祖甲返。'彶，《春秋傳》返从彳。"《莊子·逍遥遊》："大而無當，往而不返。"漢堂谿協《嵩高山開母廟石闕銘》："福禄來彶，相宥我君。"唐崔顥《黃鶴樓》詩："黃鶴一去不復返，白雲千載空悠悠。"

眅 反目貌。元戴侗《六書故·人三》："眅，反目貌。"按，《集韵·諫韵》"眅"訓"轉目視"，謂眼光於前方上下左右往返視之，亦寓逆反之義。

販 低價買進高價賣出。《説文·貝部》："販，買賤賣貴也。从貝，反聲。"清段玉裁注："形聲包會意。"《廣韵·願韵》："販，買賤賣貴也。"《史記·平準書》："販物求利。"《魏書·袁翻傳》："自餘或伐木深山，或耘草平陸，販貿往還，相望道路。"《明史·孝義傳·阿寄》："寄入山販漆，期年而三倍其息。"

瓪 牝瓦，即陰陽瓦中的陰瓦，仰蓋於屋，其勢與牡瓦相反。《玉篇·瓦部》："瓪，牝瓦也。"清李斗《揚州畫舫録·工段營造録·宪瓦》："安瓪加瓵，厭七露三，以得露明，俗謂陰陽瓦。"按，"安瓪加瓵"即以陰陽瓦相搭配，"瓵"爲牡瓦之稱。《玉篇·瓦部》："瓵，牡瓦也。"按，"瓪"爲牝瓦無疑，唯《廣韵·緩韵》訓"牡瓦也"，實無據，疑有訛誤。

輆 車兩邊的屏障，如耳而反出，故稱"輆"。《説文·車部》："輆，車耳反出也。从車，从反，反亦聲。"清朱駿聲《通訓定聲》："《漢書·景帝紀》：'朱兩轓，朱左轓。'應劭注：'車耳反出所以爲之藩，屏翳塵泥也。輆以箄爲之，或用革。'按，此即《小爾雅·廣言》：'轓，輿也。'《廣雅·釋器》：'轓，箱也。'《聲類》：'轓，車之蔽也。'《後漢·董卓傳》注：'轓，車箱也。'畫爲文彩，即藩字之轉注，但以今時車飾推之，兩旁有飄檐以遮陽如車之耳，疑即古所謂轓。"《廣韵·阮韵》："輆，車耳爲輆。"《唐公房碑》："鼠齧輆車被具，君乃畫地爲獄，召鼠誅之。"

疲 反胃，嘔吐。《玉篇·疒部》："疲，吐癈也。"《廣韵·願韵》："疲，吐疲。"清范寅《越諺》："心疲，惡心欲吐。"今按，胃府受食爲正，嘔吐爲反，即"疲"。中國醫學認爲，凡肺氣逆反則哮喘、咳嗽，胃氣逆反則打嗝、嘔吐。

恨 心中反悔。《集韵·願韵》："恨，悔也。"按，此字从心，《玉篇·心部》訓"惡心"，則即反胃嘔吐之謂。

扳 挽，與推相反。凡扳動，非以左右言之，而以前後言之。往前曰"推"，反之爲"扳"。《廣韵·删韵》："扳，挽也。"《水滸傳》第三回："跳上臺基，把栅刺子只一扳，却似揀葱般扳開了。""扳"又有違反義，當爲挽義之引申。唐韓愈《許國公神道碑銘》："有弟有子，提兵守藩，一時三公，人莫敢扳。"

〔推源〕 諸詞俱有逆反義，爲反聲所載之公共義。聲符字"反"象覆手之形，本訓"覆"，然則反聲所載之逆反義爲其顯性語義。《説文·又部》："反，覆也。从又、厂，反形。"清朱駿聲《通訓定聲》："謂覆其掌也。"《孟子·公孫丑上》："以齊王，由反手也。"漢趙岐注："孟子言以齊國之大，而行王道，其易若反手耳。"引申之，則有違反、反叛、顛倒等義。又，反聲可載逆反義，"翻"亦可相證。

　　　　反：幫紐元部；

　　　　翻：滂紐元部。

叠韵,幫滂旁紐。凡"翻天覆地""翻轉""翻胃""翻臉"等詞之"翻",皆有反義。

(284) 版粄鈑畈(平面義)

版　木板,有平面者。其字亦作"板"。《説文·片部》:"版,判也。从片,反聲。"清王筠《句讀》:"謂判之而爲版也。"清朱駿聲《通訓定聲》:"字亦作板。"《詩·大雅·緜》:"其繩則直,縮版以載。"《荀子·禮論》:"棺椁,其貌象版蓋。"《廣韵·潸韵》:"板,同版。"《詩·秦風·小戎》:"在其板屋,亂我心曲。"

粄　米餅,亦有平面者。《玉篇·米部》:"粄,米餅。"唐段成式《酉陽雜俎·酒食》:"色作一合者皆糖蜜,副起粄法、湯胀法、沙𦯧法、甘口法。"按,《廣韵·緩韵》:"粄,屑米餅也。"並云"粌""餅"同。南朝梁宗懍《荆楚歲時記》:"是日,取鼠麴汁蜜和粉,謂之龍舌粄。"《南史·孝義傳·郭世通附郭原平》:"原平號慟,日食麥餅一枚。"

鈑　餅狀金屬,圓而有平面者,由"粄"的語源分化而來。《爾雅·釋器》:"餅金謂之鈑。"《正字通·金部》:"餅,傾金銀形似餅者。"《廣韵·潸韵》:"鈑,餅金。"明宋應星《天工開物·銀》:"合瑣碎而成鈑錠,去疵偽而造精純。"今按,"餅"與"鈑"所指稱事物同,構詞理據則相異,稱"餅",謂形如餅,"餅""鉼"爲分別文,其物皆合並、囫圇渾一體;稱"鈑",則謂面平如板。

畈　成片的田,廣有平面者。《廣韵·願韵》:"畈,田畈。"清范寅《越諺》:"畈哩,田野間。"按,今徽歙方言猶稱田野間爲"田畈",蓋亦古語。宋文天祥《高沙道中》詩序:"一夕,行田畈中,不知東西。"

〔推源〕　諸詞俱有平面義,爲反聲所載之語源義。反聲可載平面義,"面"可相證。

　　　　反：幫紐元部；

　　　　面：明紐元部。

叠韵,幫明旁紐。"面",本指臉面。《説文·面部》:"面,顏前也。从𦣻,象人面形。"《韓非子·觀行》:"古之人目短於自見,故以鏡觀面。"引申之,則有表面、平面等義,如大地、江河廣有平面而稱"地面""水面。"

(285) 阪/陂(不平義)

阪　斜坡,不平者。字亦作"岅""坂"。《説文·阜部》:"阪,坡者曰阪。从阜,反聲。"清朱駿聲《通訓定聲》:"字亦作坂。"《集韵·阮韵》:"阪,或从山。"《詩·秦風·車鄰》:"阪有漆,隰有栗。"漢毛亨傳:"陂者曰阪。"唐元稹《當來日大難行》:"當來日,大難行,前有坂,後有坑。"《宋書·毛脩之傳》:"始登一岅,岅甚高峻。"

陂　山坡。或作"坡""岥"。《説文·阜部》:"陂,阪也。"清朱駿聲《通訓定聲》:"字亦作坡。"《集韵·戈韵》:"坡,或作岥。"唐駱賓王《聖泉詩序》:"既而崇巒左岥,石壑前縈。"《史記·酷吏列傳》:"(寧成)乃貰貸買陂田千餘頃,假貧民,役使數十家。"漢黄香《責髯奴辭》:"離離若緣坡之竹,鬱鬱若春田之苗。"按,《方言》《玉篇》"陂"皆訓"衺",即由斜坡義所衍生,所謂虚化引申。

〔推源〕 二詞義既同,音亦相近而通,語源當同。

阪:幫紐元部;

陂:滂紐歌部。

幫滂旁紐,元歌對轉。按,"阪""陂"皆爲形聲字,聲符字"反""皮"皆與不平義不相涉,乃以其聲韵承載不平義。"偏"可相證。"偏"爲滂紐真部字,真元旁轉,音亦相通。其義則爲不正,不正、不平二義相通。

94 公聲

(286) 忩忪伀(驚惶急遽義)

忩 急遽。字亦作"恖""怱"。《廣韵·東部》:"忩,俗怱。"《字彙·心部》:"忩,與恖同。"《説文·心部》:"恖,多遽恖恖也。"《史記·龜策列傳》:"天下禍亂,陰陽相錯,恖恖疾疾,通而不相擇。"《三國志·吴志·孫和傳》:"權登白爵觀見,甚惡之,敕據晃等無事忩忩。"按"忩"字从心,謂心中驚惶而舉止急遽。

忪 驚惶,遑遽。《玉篇·心部》:"忪,心動不定,驚也。"又"忪,遑遽也"。《廣韵·鐘韵》:"忪,心動兒。"漢蔡邕《表賀録换誤上章謝罪》:"雖見原宥,仰愧先臣,傷肌入骨,不勝忪蒙流汗。"明李時珍《本草綱目·草部·苗及花》:"飲食不多,日漸瘦損,常有憂愁,心忪少氣。"

伀 征伀,驚惶急遽。漢揚雄《方言》卷十:"征伀,遑遽也。"清王念孫《疏證》:"《衆經音義》卷八引《方言》:'征伀,惶遽也。'卷十三引云:'怔忪,惶遽也,江淮之間凡倉卒怖遽皆謂之怔忪。'又卷二十引云:'怔忪,惶遽也。'《玉篇》:'征之成征伀,懼也。忪,職容切。怔,怔忪,懼貌。'王褒《四子講德論》云:'百姓征伀,不知所措其手足。'《潛夫論·救邊篇》:'乃復怔忪如前。'孔叢《諫格虎賦》:'怫駭内懷迷盲怔忪。'並字異而義同。"按,"征伀""征忪""怔忪"當爲轉寫形式,其上下字亦有交互爲用之例。宋王禹偁《謝除右拾遺直史館啓》:"通宵未息於征忪,詰旦遽諧於告謝。"

〔推源〕 諸詞俱有驚惶急遽義,爲公聲所載之公共義。聲符字"公"本謂公正無私,與此義不相涉,然則此義爲公聲所載之語源義。公聲可載驚惶急遽義,"恐""悾"可相證。

公:見紐東部;

恐:溪紐東部;

悾:溪紐東部。

見溪旁紐,東部叠韵。"恐",恐懼,驚惶。《爾雅·釋詁下》:"恐,懼也。"《說文·心部》所訓同。《戰國策·秦策一》:"犀首戰勝威王,魏罷弊,恐畏,果獻西河以外。"按,恐懼則急動之,故有"恐動"一詞,此實即驚惶急遽義。《三國志·魏志·張既傳》:"太祖徙民以充河北,隴西、天水、南安民相恐動,擾擾不安。""悾",悾偬,煩冗急迫。《廣韵·董韵》:"悾,悾偬,事多。"《後漢書·卓茂傳論》:"斯固悾偬不暇給之日。"按"悾偬"即"悾偬"。清王愈擴《周亮工小傳》:"戎馬悾偬,不廢講咏。"

(287) 鈆靴髼（鬆軟鬆疏義）

鈆 鉛,質地鬆軟的金屬。《干禄字書·平聲》:"鈆、鉛並同。"《尚書·禹貢》:"岱畎,絲、枲、鈆、松、怪石。"唐孔穎達疏:"鈆,錫也。"按,錫實非鈆,唯錫亦鬆軟,其性與鈆相近,故以"錫"訓"鈆"。《漢書·地理志》亦引上述《尚書》文,唐顏師古注:"鈆,青金也。"鉛質軟,故可製成粉用於化妝,又可製筆芯。

靴 棉鞋,鬆軟之物。字亦作"鞾"。清桂馥《札朴·鄉言正字·服飾》:"鞾,綿鞵曰鞾。"按"鞵"即鞋,"鞋"爲"鞵"之俗體。元高安道《哨遍·皮匠說謊》:"勒子齊上下相趁,鞾口寬脱着容易。"清蒲松齡《增補幸雲曲》第十四回:"這萬歲穿的靴鞋是江彬做的,雖無穿着走路,但年歲久了就爛了。"

髼 頭髮鬆散。字亦作"鬆"。《玉篇·彡部》:"鬆,亂髮皃。髼,同上。"《廣韵·鐘韵》:"鬆,髮亂皃。亦作髼。"唐韓偓《晝寢》詩:"煩襟乍觸冰壺冷,倦枕徐敧寶髻鬆。"宋呂本中《漁家傲》:"一朵姚黃髻鬌滿。"按,凡鬆懈、鬆開、放鬆、鬆疏、鬆脆等義,當以此爲本字,今通用"松"字,爲借字。

〔推源〕 諸詞俱有鬆軟、鬆疏義,爲公聲所載之語源義。公聲可載此義,康聲可相證。

公:見紐東部;

康:溪紐陽部。

見溪旁紐,東陽旁轉。"康","糠""穅"的初文,指米糠,米糠爲内虛空外鬆軟之物。康聲字所記録語詞"漮"謂水性虛,按水之性本亦軟而不硬。又"康㝩"謂大而空虛,物少即疏,物盡爲虛,義皆相通。詳見本典"康聲"。

95 乏聲

(288) 芝泛柉（浮義）

芝 草浮於水面貌。《說文·艸部》:"芝,草浮水中皃。从艸,乏聲。"清段玉裁注:"芝與氾音義同。"按"氾"有浮泛義不誤,爲"泛"之古文,然不涉草。《廣韵·梵韵》:"芝,草浮水皃。"

泛　飄浮,浮行。字亦作"汎"。《説文・水部》:"泛,浮也。从水,乏聲。"清朱駿聲《通訓定聲》:"與汎略同,與氾迥别。《周禮・酒正》:'一曰泛齊。'《釋名・釋飲食》:'浮蟻在上汎汎然也。'"《廣韵・梵韵》:"泛,同汎。"《説文・水部》:"汎,浮皃。"漢班固《西都賦》:"泛舟山東,控引淮湖,與海通波。"其"泛"字異文作"汎"。《文選・郭璞〈江賦〉》:"標之以翠蘙,泛之以遊菰。"

柉　木皮,浮於木表之物。《廣韵・合韵》:"柉,木皮,可以爲索。"

〔推源〕諸詞俱有浮義,爲乏聲所載之公共義。聲符字"乏"本謂缺乏,與浮義不相涉。其浮義爲乏聲所載之語源義。乏聲可載浮義,"筏"可證之。

乏：並紐葉部；
筏：並紐月部。

雙聲,葉(盍)月通轉。"筏",竹木筏,漂浮於水以載人與物。漢揚雄《方言》卷九:"泭謂之𥴧,𥴧謂之筏。筏,秦晉之通語也。"清錢繹《箋疏》:"編竹木大者曰筏,小者曰桴。桴、筏一聲之轉。"《廣韵・月韵》"筏"字之訓略同錢説。其"𥴧"字亦作"箄"。《集韵・佳韵》:"𥴧,大桴曰𥴧。亦省。"唐杜甫《奉送崔都水翁下峽》:"無數涪江筏,鳴橈總發時。"清魏源《聖武記》卷五:"海蘭察由上游筏渡,繞山後,出賊營之上。"

(289) 窆貶砭(下降義)

窆　下棺於墓穴。《説文・穴部》:"窆,葬下棺也。从穴,乏聲。"清朱駿聲《通訓定聲》:"與堋同誼。《廣雅・釋詁一》:'窆,下也。'《周禮・鄉師》:'及窆,執斧以涖匠師。'《遂人》:'及窆,陳役。'司農注:'《禮記》謂之封,《春秋》謂之堋,皆葬下棺也。'"按"封"謂掩埋。《廣韵・艷韵》:"窆,下棺。"《後漢書・獨行傳・范式》:"式未及到,而喪已發引。既至壙,將窆,而柩不肯進。"唐李賢注:"窆,下棺也。"

貶　減少,數值下降。《説文・貝部》:"貶,損也。从貝,从乏。"清朱駿聲《通訓定聲》:"乏聲。《廣雅・釋詁二》:'貶,減也。'《周禮・朝士》:'則令邦國都家縣鄙慮刑貶。'注:'猶減也。'"引申爲職位下降即貶官義。《詩・大雅・召旻》:"孔填不寧,我位孔貶。"漢毛亨傳:"貶,隊也。"漢王充《論衡・治期》:"長吏秩貴,當階平安以昇遷;或命賤不任,當由危難以貶黜也。"

砭　以石針刺皮肉而治病。按"砭"即下針刺病體之意。《説文・石部》:"砭,以石刺病也。从石,乏聲。"唐韓愈《喜侯喜至贈張籍張徹》詩:"又如心中疾,針石非所砭。"《新唐書・則天武皇后傳》:"帝頭眩不能視,侍醫張六仲、秦鳴鶴曰:'風上逆,砭頭血可愈。'"

〔推源〕此三詞俱有下降義,當爲乏聲所載之語源義。乏聲可載下降義,"翻"可證之。

乏：並紐葉部；
翻：滂紐元部。

並滂旁紐,葉(盍)元通轉。"翻",字從羽,本謂鳥翻飛。《説文·羽部》:"翻,飛也。"唐李白《天台曉望》詩:"雲垂大鵬翻,波動巨鰲没。"引申之,凡物覆轉皆稱"翻"。今按,凡物翻則下部上昇而上部下降。

96　月聲

(290) 趴捔 (斷義)

趴　斷足之刑。《説文·足部》:"趴,斷足也。從足,月聲。"清朱駿聲《通訓定聲》:"趴斬趾,用蹻以行。周以前去膝骨曰髕,周改趴。《易·困》:'劓刖。'《書·吕刑》:'刖辟之屬五百。'以'刖'爲之。"按"刖"爲"趴"之或體。《玉篇·足部》:"趴,司寇掌趴罪五百。趴,斷足也。亦作刖。"《廣韻·月韻》:"刖,斷足刑也。""趴,上同。"《韓非子·外儲説左下》:"孔子相衛,弟子子皋爲獄吏,刖人足,所趴者守門。"

捔　折斷。《説文·手部》:"捔,折也。從手,月聲。"清朱駿聲《通訓定聲》:"與'刖'略同。《太玄·羨》:'(車軸折)其衡捔。'"清王筠《釋例》:"吾鄉謂兩手執草木拗而折之曰捔。"今按,王筠爲山東安丘人,魯、皖二省相鄰,今徽歙方言猶稱折爲"捔",蓋亦上古語。《廣韻·月韻》:"捔,折也。"

〔推源〕　二詞俱有斷義,爲月聲所載之公共義。揆聲符字"月"指月亮,與斷義不相涉。其斷義爲月聲所載之語源義。月聲可載斷義,"玦"可證之。

月:疑紐月部;
玦:見紐月部。

疊韻,疑見旁紐。"玦",環形而有缺口之玉(見本典第二卷第322條),君賜臣以示斷絶之意。又,"決斷"一詞,"決"亦從夬得聲,與"玦"同。此皆可證月聲與斷義之關聯。

97　氏聲

(291) 汦坻 (止義)

汦　字或作"坻",謂依附而停止。《説文·水部》:"汦,著止也。從水,氏聲。"清朱駿聲《通訓定聲》:"據許書與'坻'略同。"《廣韻·紙韻》:"汦,著止。"《説文·土部》:"坻,箸也。從土,氏聲。"《廣韻·紙韻》:"坻,《説文》云:'坻,著也。'"沈兼士《聲系》:"案'坻',内府本《王韻》作'坻',與《説文》合。"《左傳·昭公二十九年》:"物乃坻伏,鬱湮不育。"晉杜預注:"坻,止也。"其"坻"字異文或作"坻",清段玉裁、朱駿聲皆謂爲訛字。上引《左傳》文之"坻伏"異文亦作"汦伏","汦""坻"則爲或體。

跂　竚立,止而不行。《説文·足部》:"跂,尌也。从足,氏聲。"清朱駿聲《通訓定聲》:"峙立之意。"《説文·壴部》:"尌,立也。"今按,"尌"同"樹",树木稱"樹",寓直豎義,"跂"之語源相殊異,乃謂止而不行,止義、行義本相對。

〔推源〕　此二詞俱有止義,爲氏聲所載之公共義。聲符字"氏"之甲骨文、金文形體與"氐"相近,"氐"爲姓氏字,根柢義、氏族義相通。根柢爲樹木底下物,亦與止義通。氏聲可載止義,則"止"可證。

氏:禪紐支部;

止:章紐之部。

禪章(照)旁紐,支之旁轉。"止",其字象人足之形,指脚,後起字作"趾"。《廣韻·止韻》:"止,足也。"《漢書·刑法志》:"當斬左止者,笞五百。"唐顔師古注:"止,足也。"按,足爲人所賴以行走者,有行則有止,故引申爲停止義。《廣韻·止韻》:"止,停也。"《易·蒙》:"山下有險,險而止。""行"與"止"可組成反義聯合式合成詞"行止";"停"與"止"可組成同義聯合式合成詞"停止"。

(292) 衹軝秖(紅色義)

衹　橘紅色的絲織品,字亦作"緹"。《説文·糸部》:"緹,帛丹黄色。从糸,是聲。衹,緹或从氏。"清朱駿聲《通訓定聲》:"或从衣,氏聲。……《廣雅·釋器》:'緹,赤也。'……《後漢·應劭傳》:'緹紹十重。'注:'赤色繒也。'"漢史游《急就篇》卷二:"絳緹絓紬絲絮綿。"唐顔師古注:"緹,黄赤色也。"《周禮·地官·草人》:"凡糞種,騂剛用牛,赤緹用羊。"

軝　車轂上紅色的裝飾。《説文·車部》:"軝,長轂之軝也。以朱約之。从車,氏聲。《詩》曰:'約軝錯衡。'軝,或从革。"清朱駿聲《通訓定聲》:"按,以革約之,而朱之。"清徐灝《注箋》:"轂上置輻,前後皆以革約而朱飾之謂之軝。"按,漢許慎所引《詩·小雅·采芑》文唐孔穎達疏:"軝,謂以朱色纏束車轂以爲飾。"

秖　紅米。《玉篇·米部》:"秖,赤米也。"按,字亦作"秔",氏聲、支聲本相近。《集韻·支韻》:"秖,赤米。或从支。"按,"秔"當爲"秖"之轉注字,"是""氏"同音,禪紐雙聲,支部叠韻。《龍龕手鑑·米部》:"粯,赤米也。"赤米亦稱"糳",其音七罪切,亦與氏聲相近。《廣韻·賄韻》:"糳,赤米。"

〔推源〕　諸詞俱有紅色義,爲氏聲所載之語源義。氏聲可載紅色義,"赤"可證之。

氏:禪紐支部;

赤:昌紐鐸部。

昌三即穿,禪穿旁紐,支鐸旁對轉。"赤",紅色。《説文·赤部》:"赤,南方色也。"按,道家以五色、五方、五行相對應,南方屬火,其色赤。漢班固《西都賦》:"風毛雨血,灑野蔽天,平原赤,勇士厲。"《素問·風論》:"其色赤。"唐王冰注:"赤者,心色也。"按,中國醫學以五行、五臟、五色相對應,心屬火,心色即紅色,故紅色藥入心經。

98 勿聲

(293) 吻䀛(合義)

吻 嘴唇。唇爲可相合者,故引申爲吻合義。其字亦作"吻""肳""脗""脗"。《說文·口部》:"吻,口邊也。从口,勿聲。脗,吻或从肉,从昏。"清朱駿聲《通訓定聲》:"字俗作脗。……《埤蒼》:'吻,謂唇兩角頭邊也。'《考工·梓人》:'鋭喙決吻。'《莊子·齊物論》:"旁日月,挾宇宙,爲其脗合,置其滑涽,以隸相尊。"明田藝衡《留青日札摘鈔·風變》:"故自中原至江南,人皆男女年十二三已上便爲婚嫁,六禮既無,片言即合,其始終遑迫之勢,陶九成紀之,與今吻合。"

䀛 睞眼遠視。"䀛"即合眼皮而視之之謂。《說文·目部》:"䀛,目冥遠視也。从目,勿聲。"清朱駿聲《通訓定聲》:"《廣雅·釋詁》:'䀛䀛,視也。'"清段玉裁注:"冥當作瞑,目雖合而能遠視也。"《廣韻·末韻》:"䀛,遠視。"

〔**推源**〕 此二詞俱有合義,爲勿聲所載之公共義。聲符字"勿"本指旗幟,後起本字作"旇",典籍中多以"物"爲之。然則"勿"的本義與合義不相涉,其合義爲勿聲所載之語源義。勿聲可載合義,"聯"可爲證。

勿:明紐物部;

聯:來紐元部。

明來鄰紐,物元旁對轉。"聯",本指連接、連續。《說文·耳部》:"聯,連也。从耳,耳連於頰也;从絲,絲連不絕也。"漢張衡《西京賦》:"繚垣綿聯四百餘里。"引申之,則有合義。《周禮·地官·大司徒》:"三曰聯兄弟,四曰聯師儒,五曰聯朋友。"漢鄭玄注:"聯猶合也。"按,唯"聯"有合義,故有"聯合"之同義聯合式合成詞。

(294) 刎歾(斷義)

刎 割斷頸脖。《說文新附·刀部》:"刎,剄也。从刀,勿聲。"《公羊傳·宣公六年》:"遂刎頸而死。"漢何休注:"勇士自斷頭也。"《漢書·酷吏傳·田延年》:"聞鼓聲,自刎死。"唐顔師古注:"刎,謂斷頸也。"按,宋徐鉉氏等以"剄"訓"刎",《說文》"剄"字訓"刑",清段玉裁注云:"謂斷頭也。"《廣韻·吻韻》:"刎,刎頸。"

歾 字从歹,謂死亡,即生命中斷之義。《說文·歹部》:"歾,終也。从歹,勿聲。"清朱駿聲《通訓定聲》:"《太玄·夾》:'共所歾。'注:'盡也。'"《左傳·僖公二十二年》:"叔詹曰:

'楚王不其歾乎！'"晉杜預注："不歾,言不以壽終也。"清顧炎武《與王仲復書》："華陰王君無異有諸母張氏,年二十六,其君與小君相繼歾。"今按,凡形繫字典《歹部》字多指死亡,然構詞理據各相殊異,"歾"即生命中斷之謂。

〔推源〕　此二詞俱有斷義,當爲勿聲所載之語源義,"刎"可相證。

勿：明紐物部；
刎：並紐物部。

明並旁紐,物部叠韵。"刎",砍斷。《廣雅·釋言》："刎,斫也。"又《釋詁》："刎,斷也。"《左傳·昭公二十六年》："苑子刎林雍,斷其足。"《楚辭·九嘆·怨思》："執棠谿以刎蓬兮,秉干將以割肉。"

(295) 昒忽汩 (不明義)

昒　早晨,天尚不明。《説文·日部》："昒,尚冥也。从日,勿聲。"清朱駿聲《通訓定聲》："郭璞《三蒼解詁》：'昒,旦明也。'《廣雅·釋詁四》：'昒,冥也。'《漢書·郊祀志》：'冬至昒爽。'注：'日尚冥蓋未明之時也。'《史記·司馬相如傳》：'昒爽闇昧。'《索隱》：'早朝也。'《幽通賦》：'昒昕寤而仰思兮。'"按,《廣雅》所訓當爲引申義,謂人不明事理。宋羅泌《路史·前紀二》："然則昔吾昭然,而今昒然,何也？"其"昒然"即此義。

忽　字从心,《説文·心部》訓"忘",即忽略、不經心之義,今語"忘記"與之通,即不明已經歷之事義。"忽"又有恍惚不明義。清朱駿聲《説文通訓定聲·履部》："忽,又重言形況字。《高唐賦》：'悠悠忽忽。'注：'迷兒。'《素問·玉機真藏論》：'忽忽眩冒而巔疾。'注：'不爽也。'"按,"忽"亦指視野中物體恍惚不明。《荀子·賦》："忽兮其極之遠也,攭兮其相逐而反也。"唐楊倞注："言云慌忽之極而遠舉,或分散相逐而還於山。"

汩　潛藏,隱滅不明。《集韵·質韵》："汩,潛藏也。"《文選·賈誼〈吊屈原文〉》："襲九淵之神龍兮,汩深潛以自珍。"唐李善注引三國魏張晏："汩,潛藏也。""汩"又有渺茫不明義。馬王堆漢墓帛書《老子乙本·道經》："是胃無狀之狀,無物之象,是胃汩望。"唐盧照鄰《釋病文》："鬱弗汩滑兮中瞀亂,蟠薄煩冤兮長憤惋。"

〔推源〕　此三詞俱有不明義,爲勿聲所載之語源義。勿聲可載不明義,"昧"可相證。"勿""昧"上古音同,明紐雙聲,物部叠韵。"昧",拂曉,即天尚不明時。《説文·日部》："昧,昧爽,旦明也。"《詩·鄭風·女曰雞鳴》："女曰雞鳴,士曰昧旦。"引申爲不明、昏暗義。《淮南子·原道訓》："氣不當其所充而用之則泄,神非其所宜而行之則昧。"漢高誘注："昧,不明也。"按,凡"曖昧""愚昧"等雙音詞,"昧"皆不明之謂。

(296) 岉迂 (高、遠義)

岉　崛岉,高貌。《廣韵·物韵》："岉,崛岉,高兒。"《文選·王延壽〈魯靈光殿賦〉》："屹山峙以紆鬱,隆崛岉乎青雲。"晉張載注："崛岉乎青雲,言此物上逮青雲。"唐李白《明堂賦》：

"樓臺崛岉以奔附,城闕崟岑而蔽虧。"按,"崛岉"當可分訓。

迡 遠。《廣雅·釋詁一》:"迡,遠也。"清王念孫《疏證》:"《方言》:'伆、邈,離也。楚謂之越,或謂之遠,吳越曰伆。'……迡與伆通。"《廣韵·沒韵》:"迡,遠也。"

〔推源〕 此二詞分別有高義、遠義,此二義相通,縱向之遠即高,橫向之高稱遠。其高、遠義爲勿聲所載之語源義,"緜"可相證。

勿:明紐物部;

緜:明紐元部。

雙聲,物元旁對轉。"緜",連綿不絕,故有長遠、久遠之義。《說文·系部》:"緜,聯微也。从系,从帛。"清朱駿聲《通訓定聲》:"《廣雅·釋詁四》:'緜,連也。'《釋訓》:'緜緜,長也。'《詩》'緜緜瓜瓞''緜緜葛藟'傳:'長不絕之貌。'"

(297) 物／繁(繁雜義)

物 字从牛,本謂雜色牛。清朱駿聲《說文通訓定聲·履部》:"物,疑物字本訓牛色,轉注爲凡色。凡有形者皆有色。又轉注爲形質、爲事類也。"王國維《釋物》:"古者謂雜帛爲物,蓋由物本雜色牛之名,後推之以名雜帛。"《詩·小雅·無羊》:"三十維物,爾牲則具。"漢毛亨傳:"異毛色者三十也。"虛化引申爲萬物義,"物"之名寓繁雜義。《說文·牛部》:"物,萬物也。"《列子·黃帝》:"凡有貌像聲色者,皆物也。"《禮記·中庸》:"誠者物之終始。"漢鄭玄注:"物,萬物也。"

繁 初文作"緐",本指馬髦飾,引申爲繁多、繁雜義。《說文·糸部》:"緐,馬髦飾也。从糸、每。"清段玉裁注:"馬髦,謂馬鬣也。飾亦妝飾之飾。蓋集絲條下垂爲飾曰緐。引申爲緐多。又俗改其字作繁。""每者,草盛上出,故从糸、每會意。"《韓非子·心度》:"刑勝而民靜,賞繁而奸生。"明王守仁《傳習錄》卷上:"孔子述六經,懼繁文之亂天下,惟簡之而不得,使天下務去其文,以求其實,非以文教之也。"

〔推源〕 此二詞俱有繁雜義。"物"乃以勿聲載繁雜義。聲符字"勿"本爲"旃"之初文,指半赤半白之旗,本有色彩繁雜之義。《說文·勿部》:"勿,州里所建旗。象其柄,有三游。雜帛,幅半異。……旆,勿或从队。"然則繁雜義爲"勿"之顯性語義。"物""繁"義既同,音亦相近而通。

物:明紐物部;

繁:並紐元部。

明並旁紐,物元旁對轉。又,"文""紋""彣"亦可證"物""繁"之繁雜義,此三者皆爲明紐文部字,物文對轉,文元旁轉。此三字所記錄的語詞皆有色彩、花紋繁雜之義,見本典第二卷"文聲"第301條。

99　欠聲

(298) 坎/坑（坎陷義）

坎　地之低陷處。《説文·土部》："坎，陷也。从土，欠聲。"清朱駿聲《通訓定聲》："《易·序卦傳》：'坎者，陷也。'……《禮記·檀弓》：'其坎深不至於泉。'《雜記》：'四十者待盈坎。'"《廣韵·感韵》："坎，陷也。"《禮記·喪大記》："小臣爪足，浴餘水棄於坎。"

坑　溝，亦地之低陷者。其字亦作"阬"。《玉篇·阜部》："阬，亦作坑。"《土部》："坑，塹也，丘虛也，壑也。《莊子》云：'在谷滿谷，在坑滿坑。'"《墨子·大取》："愛之相若，擇而殺其一人，其類在阬下之鼠。"南朝宋劉義慶《世説新語·仇隙》："劉璵兄弟少時爲王愷所憎，嘗召二人宿，欲默除之，令作坑，坑畢，垂加害矣。"

〔**推源**〕　二詞義同，音亦相近而通。

坎：溪紐談部；

坑：溪紐陽部。

雙聲，談陽通轉。其"坎"，乃以欠聲表坎陷義。《説文·欠部》："欠，張口氣悟也。象氣從人上出之形。"《儀禮·士相見禮》："君子欠伸。"然則"欠"之本義爲打哈欠，"坎"如人張口，其坎陷義爲顯性語義。

100　匀聲

(299) 均勻鈞酌昀袀昫韵（均平周遍義）

均　均平，周遍。《説文·土部》："均，平也，徧也。从土，从匀，匀亦聲。"《廣韵·諄韵》："均，平也。"《詩·小雅·北山》："大夫不均，我從事獨賢。"《論語·季氏》："不患寡而患不均，不患貧而患不安。"《荀子·君道》："以禮分施，均徧而不偏。"

彴　巡視，遍行之。其字亦作"徇"。《説文·彳部》："彴，行示也。从彳，匀聲。"清朱駿聲《通訓定聲》："《六書故》引《説文》作'徇'，从旬聲。"《廣韵·稕韵》："彴，巡師宣令。又從也。或作徇。"《爾雅·釋言》："宣、徇，徧也。"晉郭璞注："皆周徧也。"《書·泰誓中》："王乃徇師而誓。"唐陸德明《經典釋文》："《字詁》云：'徇，巡也。'"《後漢書·張綱傳》："漢安元年，選遣八使徇行風俗。"

鈞　製作陶器的轉輪，其輪轉動即作均匀的圓周運動，旋轉一圈即周遍。《集韵·諄韵》："鈞，陶旊輪。"《淮南子·原道訓》："鈞旋轂轉，周而復帀。"漢高誘注："鈞，陶人作瓦器，法下轉旋者。"元耶律楚材《繼崔子文韵》詩："美玉詎容藏韞櫝，精金到底入鈞甄。"

酌　均匀地慢飲。《説文・酉部》:"酌,少少歙也。从酉,勺聲。"清朱駿聲《通訓定聲》:"从酉,从勺,會意,勺亦聲。字亦作酳。"《士禮・士虞禮》:"酌酒酳尸。"漢鄭玄注:"古文酳作酌。"清阮元《校勘記》:"錢大昕曰:《説文》無酳字。《説文》:'酌,少少飲也。'音與酳同。學者多聞酳,少聞酌,故注文訛爲酳。"按,《玉篇・酉部》:"酌,少飲也。酳,同上。"

畇　田平整貌。《廣韻・諄韻》:"畇,《爾雅》曰:畇畇,田也,謂墾辟也。"又"畇,墾田。"按,墾田謂治田使平整,"畇畇"則爲重言形況,業經墾辟之田地面均平。《詩・小雅・信南山》:"畇畇原隰,曾孫田之。"清馬瑞辰《毛詩傳箋通釋》:"畇畇者,田已均治之貌。"唐元稹《代曲江老人百韻》詩:"南郊禮天地,東野闢原畇。"按,詞義之源流可以互證,"畇"又有平坦義,當爲田平整義之虛化引申。《文選・左思〈魏都賦〉》:"原隰畇畇,墳衍斥斥。"唐呂向注:"畇畇,平坦貌。"

袀　將帥、士卒相同的戎服。《廣韻・諄韻》:"袀,戎衣也。《左傳》曰:'均服振振。'《字書》从衣。"按,《文選・左思〈吳都賦〉》:"六軍袀服。"唐劉逵注引《左傳》作"袀服振振。"並云:"袀,同也。"《呂氏春秋・悔過》:"今袀服回建,左不軾而右之超乘者五百乘。"漢高誘注:"袀,同也。兵服上下無别,故曰袀服。"

杓　梳絲具,梳之而使絲均匀不亂。《廣雅・釋器》:"經梳謂之杓。"清王念孫《疏證》:"《玉篇》云:'凡織先經以杓梳絲,使不亂。出《埤倉》。'杓之言均也。字通作均。《列女傳》:'魯季敬姜云:主多少之數者均也。'《太平御覽》引舊注云:均謂一齒受一縷,多少有數。"按"杓"字《廣韻・震韻》所訓與王説同。宋周密《癸辛雜識後集・杓字義》:"凡織前綬,以杓梳系,使不亂也。"《字彙・木部》:"杓,梳絲具也。"

韵　"韻"的轉注字,謂和諧之音。和諧、均平實爲一義。《集韻・焮韻》:"韻,《説文》:'和也。'或作韵。"《玉篇零卷・音部》:"韻,《聲類》:音和曰韻也。"《晉書・王羲之傳》:"以君邁往不屑之韵,而俯同群辟,誠難爲意也。"清朱駿聲《説文通訓定聲・屯部・〈説文〉不録之字》:"韵,盧諶詩:'光闡遠韵。'注:'謂德音之和也。'裴光遠曰:字與均同。"

〔推源〕　上述諸詞或有均平義,或有均平周遍義,同爲勺聲所載之義,語源同。此當爲聲符字"勺"之顯性語義。《説文・勺部》:"勺,少也。从勹、二。"清朱駿聲《通訓定聲》:"凡物分則少,二,猶分也。"按,"勺"即動詞"分"。唐李山甫《寓懷》詩:"老逐少來終不放,辱隨榮後直須勺。"以故"勺"又有均匀、均平義。《集韻・諄韻》:"勺,均也。"唐杜甫《麗人行》:"態濃意遠淑且真,肌理細膩骨肉勺。"按,"勺"又有周遍義。《廣韻・諄韻》:"勺,徧也,齊也。"宋李清照《小重山》詞:"春到長門春草青,江梅些子破,未開勺。"

第二卷

第二卷相關數據

　　本卷共考釋同源詞 270 組。
　　本卷收録聲符字 100 個,據聲符字形體綫索繫聯的形聲字共 986 個。根據聲符的音義綫索繫聯的其他文字即帶"/"符號者 29 個。推源欄所繫聯的即《條文目録》中帶"△"符號的文字 194 個(俱爲本字形式,假借字未計在内)。《條文目録》所列即此三數之和,凡 1209 個單字。

101 卬聲

(300) 仰昂駉迎峁（高義）

仰 仰首，即擡高其頭。初文本作"卬"，後起本字乃以初文爲聲符。《説文·人部》："仰，舉也。从人，从卬。"清朱駿聲《通訓定聲》："《一切經音義》引《説文》：'舉首也。'……按即'卬'之或體。……《淮南·説山》：'駟馬仰秣。'注：'仰頭吹吐謂馬笑也。'"《廣韻·養韻》："仰，偃仰也。"《易·繫辭上》："仰以觀於天文，俯以察於地理。"引申爲高義。晉潘岳《西征賦》："倦狹路之迫隘，軌踦騙以低仰。"

昂 字从日，《集韻·唐韻》訓"日昇"即太陽昇高義。又有仰起、擡高義。《説文新附·日部》："昂，舉也。从日，卬聲。"《廣韻·唐韻》："昂，舉也。"《樂府詩集·清商曲辭·吳聲歌曲·讀曲歌·柳樹得風春》："柳樹得春風，一低復一昂。"按"昂"亦引申爲高義，作形容詞。《正字通·日部》："昂，高也。"唐柳宗元《乞巧文》："世途昏險，擬步如漆。左低右昂，闖冒衝突。"唯"昂"有高義，故有"高昂"之同義聯合式合成詞。唐李成《山水訣》："路須曲折，山要高昂。"

駉 馬怒，情緒高昂。《説文·馬部》："駉，駉駉，馬怒皃。从馬，卬聲。"清朱駿聲《通訓定聲》："亦重言形況字。《漢書·揚雄傳》'激卬'如淳注：'卬，怒也。仰者，怒狀，人馬略同。'"《廣韻·唐韻》："駉，駉駉，馬怒皃。"又《蕩韻》："駉，馬怒驚鸞駉也。"又《宕韻》："駉，馬怒。"唐慧琳《一切經音義》卷九十六引《楚辭·卜居》："駉駉若千里之駒。"

迎 字从辵，本謂逢迎，引申之，則有迎合、攀高之義。《説文·辵部》："迎，逢也。从辵，卬聲。"清朱駿聲《通訓定聲》："《淮南·時則》：'以迎歲於東郊。'注：'逆春也。'《史記·五帝紀》：'迎日推策。'《正義》：'逆也。'又《家語·入官》：'則民嚴而不迎。'注：'奉也。'"按朱氏所引《孔子家語》文三國魏王肅注所訓"奉"即奉承、巴結、攀高義。《新唐書·杜淹傳》："懷道及隋時位吏部主事，方煬帝幸江都，群臣迎阿，獨懷道執不可。"

峁 山高。《集韻·唐韻》："峁，峁巁，山高皃。"按，"峁巁"當可分訓，其"巁"字亦作左形右聲，謂山高。《古文苑·揚雄〈蜀都賦〉》："增嶄重崒，岇石巁崔。"《集韻》載"峁"字之音爲魚剛切，平唐疑，則其上古音爲疑紐陽部，正與"卬"同，故可推"峁"字从山卬聲，以卬聲表高義。

〔推源〕 諸詞俱有高義,爲卬聲所載之公共義。聲符字"卬"原爲"仰"之初文,本有舉高、高義。《説文・匕部》:"卬,望欲有所庶及也。从匕,从卩。"清朱駿聲《通訓定聲》:"字即'仰'之古文。亦作'昂'。《廣雅・釋詁四》:'卬,向也。'《〈釋詁〉一》:'卬,舉也。'《詩・車牽》:'高山卬止。'毛本作'仰'。《北山》:'或棲遲偃卬。'《雲漢》:'瞻卬昊天。'《釋文》亦作'仰'。"《廣韻・唐韻》:"卬,高也。"《荀子・賦》:"卬卬兮天下之咸蹇也。"唐楊倞注:"卬卬,高貌。"《漢書・溝洫志》:"奏請穿鑿六輔渠,以益溉鄭國傍高卬之田。"按,"卬""高"聲本相近而相通,故卬聲可載高義。

卬:疑紐陽部;
高:見紐宵部。

疑見旁紐,陽宵旁對轉。"高"的本義、基本義即高,與"低"相反。《説文・高部》:"高,崇也。象臺觀高之形。"《書・太甲》:"若昇高必自下。"《荀子・勸學》:"不登高山,不知天之高也。"

102 文聲

(301) 彣駮鷫魰紋雯馼（紋理義）

彣 花紋,亦指色彩斑駁。《説文・彡部》:"彣,䫙也。从彡,从文。"清朱駿聲《通訓定聲》:"从彡,从文,會意,文亦聲。凡彣章彣采彣明字,經傳皆以文爲之。"按,"彣"字之音《廣韻・文韻》注"無分切",並訓"青與赤雜",然則从文得聲無疑。漢許慎所云"䫙"即有文采意。許書《有部》:"䫙,有文章也。"唐寒山《詩三百三首》之二十六:"有鳥五色彣,棲桐食竹實。"清龔自珍《與江居士箋》:"如風吹水,萬態皆有,皆成彣彰。"

駮 毛色斑駁成紋理的馬。《説文・馬部》:"駮,馬赤鬣縞身,目若黄金,名曰駮。吉皇之乘,周文王時犬戎獻之。从馬,从文,文亦聲。《春秋傳》曰:'駮馬百駟。'畫馬也。西伯獻紂以全其身。"清朱駿聲《通訓定聲》:"《海内北經》:'犬戎有文馬,名曰吉量,乘之壽千歲。'《海外西經》:'奇肱之國,乘文馬。'注:'文馬即吉量也。'皆以'文'爲之。《廣雅・釋獸》:'白馬朱鬣駮。'"明葉憲祖《金鎖記補・計貸》:"好一似賦秋風招放臣,好一似駮鳴哭故人。"

鷫 色彩斑駁之鳥。《廣韻・文韻》:"鷫,鳥也。"《山海經・大荒西經》:"有玄丹之山,有五色之鳥,人面有髮。爰有青鷫、黄鷔、青鳥、黄鳥,其所集者其國亡。"

魰 有斑紋的魚,又名"鱧""鯛""文魚"。《集韻・文韻》:"魰,魚名。"明李時珍《本草綱目・鱗目部》:"鱧魚,蠡魚,文魚。""形長體圓,頭尾相等,細鱗玄色,有斑點花文,頗類蝮蛇。"《正字通・魚部》:"魰,魚名。文魚之改爲魰,猶人魚之改爲魜也。"徐珂《清稗類鈔・動物類》："鱧,可食,形長,體圓,頭尾幾相等,細鱗黑色,有斑文,腹背兩鰭均連續至尾。亦名鮦魚。"今按,有斑紋,故稱"文魚""魰",形如筒,故又稱"鮦"。

紋 字从糸,本指絲織物上的花紋。《類篇·糸部》:"紋,綾紋也。"《新唐書·地理志》:"越州會稽郡,中都督府。土貢:寶花花紋等羅,白編交梭十樣花紋等綾。"引申爲花紋、紋理義,後世遂以"紋"爲紋理字。唐李商隱《促漏》詩:"南塘漸暖蒲堪結,兩兩鴛鴦護水紋。"宋黄庭堅《兩同心》詞:"曾共識,合歡羅帶,終願效,比翼紋禽。"

雯 色彩斑斕的雲。《集韻·文韻》:"雯,雲成章曰雯。"《古三墳·形墳》:"日雲赤曇,月雲素雯。"金元好問《應州寶宮寺大殿》詩:"七重寶樹圍金界,十色雯華擁畫梁。"

鼤 斑鼠,有花紋的老鼠。《爾雅·釋獸》:"鼤,鼠屬。"《廣韻·文韻》:"鼤,班鼠。"又《問韻》:"鼤,鼠文。"然則亦指鼠之斑紋。

〔推源〕 諸詞俱有紋理義,爲文聲所載之公共義。其紋理當爲聲符字"文"之顯性語義。"文"本指文身,在肌膚上刺畫花紋。《説文·文部》:"文,錯畫也。象交文。"清朱駿聲《通訓定聲》:"《禮記·王制》:'被髮文身。'注:'謂刻其肌,以丹青涅之。'"引申爲紋理義。《易·繫辭下》:"物相雜,故曰文。"北魏酈道元《水經注·河水二》:"縣有龍泉,出允街谷,泉眼之中,水文成交龍。"

(302) 紊忞眽(亂義)

紊 紊亂。《説文·糸部》:"紊,亂也。从糸,文聲。《商書》曰:'有條而不紊。'"按,所謂《商書》即商代君王語録之書,後世稱《尚書》,許氏所引文出自《盤庚》篇,唐孔穎達疏云:"紊是絲亂,故爲亂也。"晉陸機《辯亡論上》:"皇綱弛紊,王室遂卑。"《晉書·載記·李期》:"慶賞威刑,皆決數人而已,於是綱維紊矣。"

忞 心中昏亂。《説文·心部》"忞,强也"清朱駿聲《通訓定聲》:"假借爲瞽、爲惛。……《法言·問神》:'傳千里之忞忞者。'注:'忞忞,心所不了。'蓋以惛爲訓。"今按,"忞"本訓"强"即自强自勉義,其字从心,表昏亂義,非假借,套用本字而已。"忞""惛"二字俱从心,聲符字"文""昏"聲亦相近。"忞"字一作左形右聲。《集韻·吻韻》:"忞,《博雅》:'忞忞,亂也。'或書作忟。"《博雅》所出《廣雅》。《廣雅·釋訓》:"忞忞,亂也。"宋沈遼《諭客辭》:"若人者,是謂不能混於滑滑而能委於忞忞者乎?"

眽 字从目,謂視覺迷惘,所謂眼花繚亂。明劉基《愁鬼言》:"口不能言,心意迷惑,眽眽泯泯,若有求而不得。"

〔推源〕 此三詞俱有亂義,爲文聲所載之公共義。聲符字"文"可指花紋,花紋義與多而雜亂義或即相通。又,文聲可載亂義,"紛"可證之。

文:明紐文部;

紛:滂紐文部。

明滂旁紐,文部疊韵。"紛",紛繁雜亂。《管子·樞言》:"紛紛乎若亂絲,遺遺乎若有從治。"《楚辭·招魂》:"放敶組纓,班其相紛些。"漢王逸注:"紛,亂也。"

103 亢聲

(303) 沆魧畎阬牨閌頏骯骯吭瓨忼抗(高大義)

沆 水域面積廣大,亦指大澤。《說文·水部》:"沆,莽沆,大水也。从水,亢聲。一曰大澤皃。"《文選·揚雄〈羽獵賦〉》:"外則正南極海,邪界虞淵,鴻濛沆茫,揭以崇山。"唐李善注引三國吳韋昭:"鴻濛沆茫,水草廣大貌也。"南朝齊張融《海賦》:"汪汪橫橫,沆沆浩浩。"《太平御覽》卷七十引晉郭緣生《述征記》:"齊人謂湖曰沆。"按,即大澤義。

魧 大貝,其字亦借"蚢"為之。《說文·魚部》:"魧,大貝也。从魚,亢聲。"清朱駿聲《通訓定聲》:"字亦作蚢。爾雅·釋魚:'貝大者魧。'尚書大傳:'散宜生之江淮之浦,取大貝如大車之渠。'鄭注:'渠,車輞也。'《江賦》:'紫蚢如渠。'"按,"蚢"本野蠶之稱,以其從同亢聲借作"魧",朱氏所引晉郭璞《江賦》文唐李善注引《爾雅》"大貝曰蚢"。

畎 田埂,高出地面者。《說文·田部》:"畎,一曰陌也。趙、魏謂陌為畎。从田,亢聲。"按,章太炎先生《新方言》一書旨在求古之難通之語,其《釋地》篇云:"今人謂田上陌曰田畎,以埂為之。"《中國歌謠資料·滬謠外編·山歌》:"二月棉田翻畎頭,大户商量買膏頭。"

阬 字从阜,指大土山,大山坡,亦引申而指高大之門。《說文·阜部》:"阬,門也。从阜,亢聲。"南唐徐鍇《繫傳》:"阬閬也。"清朱駿聲《通訓定聲》:"阬,閬也。从阜,亢聲。按,許謂即《詩》'高門有阬'、《甘泉賦》'閌閬其寥廓'之阬,从阜者,高也。《漢書·揚雄傳》:'陳橐車於東阬兮。'《羽獵賦》:'跇巒阬。'注:'大阜也。'"今按,辭書多以為"阬"同"坑",實非。"阬"本義為大阜,亦可指溝;"坑"指溝,然無大阜義。

牨 水牛。《玉篇·牛部》:"牨,水牛。"《廣韵·唐韵》:"牨,水牛。"今按,水牛體格較黃牛而高大,故得"牨"名。今徽歙人猶喜戲稱人之體格高大者為"水牛",庶可為證。

閌 門高,亦引申而泛指高大。《說文新附·門部》:"閌,閌閬,高門也。从門,亢聲。"《廣韵·宕韵》:"閌,閌閬,門高。"唐劉禹錫《論書》:"今夫考居室,必以閌門豐屋為美,笥衣裳必以文章鮮澤為甲。"唐李庾《東都賦》:"臺閣高閌,支馭東方。"

頏 人的頸項,喉嚨,部位高者。《說文·亢部》:"亢,人頸也。頏,亢或从頁。"南唐徐鍇《繫傳》:"亢,喉嚨也。"清朱駿聲《通訓定聲》:"《蒼頡篇》:'亢,咽也。'《廣雅·釋親》:'頏,項也。'《漢書·劉敬傳》:'不搤其亢。'注:'喉嚨也。'"《廣韵·宕韵》:"頏,咽頏。"清吳謙等編《醫宗金鑑·正骨心法要旨·頭面部》:"玉堂在口內上腭,一名上含,其竅即頏顙也。"

骯 體胖,身體高大。《集韵·蕩韵》:"骯,骯髒,體胖也。"北周庾信《擬連珠》:"籠樊之鶴,寧有六翮之期？骯髒之馬,無復千金之價。"今按,"骯髒"一詞,《玉篇》《廣韵》《龍龕手鑑》《篇海類編》訓"體盤""身盤""蟠身",竊疑人非龍蛇,何有盤曲之狀,凡人體肥胖則近圓,猶杭州人好戲稱胖人爲"柏油桶",然則所謂"體盤"實亦肥胖高大義。又,"骯"亦有高亢剛直之義,此即抽象性的高大義。《古今韵會舉要·漾韵》:"髒,骯髒,倖直貌。"宋文天祥《得兒女消息》詩:"骯髒到頭方是漢,娉婷更欲向何人。"清遯廬《童子軍·歸田》:"一劍鋒寒,三邊塵莽,贏得餘生骯髒。"

肮 大脉。《廣韵·唐韵》:"肮,犬脉也。"沈兼士《聲系》:"案犬脉,北宋本、宋小字本均作大脉。"《集韵·唐韵》:"肮,大脉謂之肮。"《史記·張耳陳餘列傳》:"（貫高）乃仰絶肮,遂死。"唐司馬貞《索隱》:"肮,蘇林曰:頸大脉也,俗所謂胡脉。"按,即頸部大動脉。"胡"字從肉,指獸頷下垂肉,漢許慎說;亦指人頸,《類篇·肉部》:"胡,頸也。"

吭 鳥的喉嚨,部位高者。按,"頏"爲人頸、喉嚨,"吭""頏"爲分別文,"頏"字初文作"亢",然則"吭""頏"爲分化字。《玉篇·口部》:"吭,鳥嚨也。"《廣韵·唐韵》:"吭,鳥喉。"晉左思《蜀都賦》:"晨鳧旦至,候雁銜蘆……雲飛水宿,哢吭清渠。"宋林逋《鳴皋》詩:"皋禽名衹有前聞,孤引圓吭夜正分。"

瓨 大瓮。漢揚雄《方言》卷五:"瓨,甖也。"晉郭璞注:"今江東通名大瓮爲瓨。"按,《方言》同卷"甇"亦訓"甖",《玉篇·瓦部》:"甇,大甖也。"其"甖",字亦作"罌"。清段玉裁《説文解字注·缶部》:"罌,缶器之大者。"唐韓愈《瀧吏》詩:"瓨大瓶罌小,所任自有宜。"

忼 慷慨。字同"慷"。按,慷慨即大度義。《説文·心部》:"忼,慨也。從心,亢聲。"清朱駿聲《通訓定聲》:"字亦作慷。"《廣韵·蕩韵》:"忼,同慷。"按,慷慨謂激昂率直,即情緒高,亦指不吝嗇,則即大度、大方之義,"慷慨解囊"即此意。"忼"又有"慢"訓,即傲慢義,傲慢即自高自大。《集韵·蕩韵》:"忼,慢也。"按,慷慨、傲慢二義同條共貫。

抗 字從手,本指抵抗,引申爲舉,舉之則高,故又有"高"之衍義。清朱駿聲《説文通訓定聲·壯部》:"抗,假借爲亢。《淮南·説山》:'自沉於淵而溺者,不可以爲抗。'注:'高也。'"按,此非假借,乃引申義。《禮記·樂記》:"故歌者上如抗,下如隊,曲如折,止如槀木。"唐孔穎達疏:"上如抗者,言歌聲上響感動人意。"《楚辭·宋玉〈九辯〉》:"堯舜之抗行兮,瞭冥冥而薄天。"漢王逸注:"聖迹顯著,高無顛也。"

〔推源〕上述諸詞或有高義,或有大義,亦或兼有此二義,俱有亢聲載之,高義、大義本相通,語源同。聲符字"亢"本爲"頏"之初文,指人頸、喉嚨。清徐灝《説文解字注箋·亢部》:"頸爲頭莖之大名,其前曰亢,亢之内爲喉。""亢"爲人體部位高者,故有"高"之衍義。《廣雅·釋詁四》:"亢,高也。"《廣韵·宕韵》:"亢,高也。"清朱駿聲《説文通訓定聲·壯部》:"亢,《莊子·人間世》:'與豚之亢鼻者。'司馬注:'仰也。'"按,朱氏所引《莊子》文唐陸德明《經典釋文》:"亢,高也。"北魏酈道元《水經注·洛水》:"水出鵜鴣山。山有二峰,高崖雲舉,亢石無階。"按,亢聲可載高大義,"高""巨"可相證。

亢：溪紐陽部；

高：見紐宵部；

巨：群紐魚部。

溪見群旁紐，陽魚對轉，魚宵旁轉，陽宵旁對轉。"高"，本義即高，與低義相反。《説文·高部》："高，崇也。"《荀子·勸學》："故不登高山，不知天之高也。"三國魏曹植《公宴》詩："潛魚躍清波，好鳥鳴高枝。""巨"，規矩字之初文，其聲韵另載大義，且其字爲大義所奪，遂另製"矩"字。"巨"的基本義即大。漢揚雄《方言》卷一："巨，大也。"《孟子·梁惠王下》："爲巨室，則必使工師求大木。"唐李白《古風五十九首》之三十三："北溟有巨魚，身長數千丈。"

(304) 伉犺夋䯤秔劢（剛健義）

伉 人健壯強悍。《集韵·梗韵》："伉，健力也。"清朱駿聲《説文通訓定聲·壯部》："伉，假借爲犺。《漢書·宣帝紀》注：'伉，強也。'《朱博傳》注：'伉，健也。'許書'健'篆説解：'健，伉也。'"今按，"伉"表強、健義非爲"犺"字之借，"犺"謂犬健壯，"伉"有伉儷義，然字從人，表強、健義，所謂套用字，漢字系統中普遍存在。宋程大昌《演繁露·程大昌本傳》："言今日諸軍西北舊人日少，其子孫伉健者當教之戰陣，不宜輕聽宜軍。"又，後世"剛直""強壯"古亦作"伉直""伉壯"。

犺 犬健壯。《説文·犬部》："犺，健犬也。從犬，亢聲。"按《廣韵·宕韵》："犺，獿犺，不順。"義亦相通。又"狼犺"一詞，即暴戾、傲慢義，其字或作"狼亢""狼抗"，其義亦當與健犬義通。《晉書·周顗傳》："處仲剛愎強忍，狼抗無上，其意寧有限邪！"

夋 性格剛強、倔強。其字亦作"䯤"。《説文·亢部》："夋，直項莽夋皃。從亢，從夋。夋，倨也。亢亦聲。"清段玉裁注："或曰：《淮南書》有'嚴志頡頑之行'，'頑'即'䯤'字也。《頁部》曰：'頡，直項。'"《廣韵·蕩韵》："䯤，直項之皃。"按，所謂直項貌即桀驁不馴貌。今北方方言有"蠻横"一詞，其音義皆與"莽夋"相近。

𤚃 公牛。《集韵·唐韵》："牨，《説文》：特牛也。或從亢。"《本草綱目·獸部·牛》："牛之牡者曰牯、曰特、曰牨、曰犅。"今按，公牛稱"牨"，其名寓剛強、強健義。在人，男性陽剛而女性陰柔，理亦同。

秔 剛硬無黏性的稻米。《説文·禾部》："秔，稻屬。從禾，亢聲。"清段玉裁注："陸德明曰：稉與粳皆俗秔字。"清朱駿聲《通訓定聲》："秔，或從更聲。《聲類》：'秔，不黏稻也。'"今按，堅硬字作"硬"，從更得聲，正與"稉""粳"同。《漢書·東方朔傳》："馳騖禾稼稻秔之地。"唐顏師古注："稻，有芒之穀總稱也。秔，其不黏者也。"明宋應星《天工開物·稻》："凡稻種最多。不黏者，禾曰秔，米曰粳。"

劢 剛強有力。《廣韵·庚韵》："劢，劢勍，有力。"按，"劢"字之音客庚切，然則從亢得聲。

〔推源〕 諸詞俱有剛健義,爲亢聲所載之公共義。亢聲字所記録的語詞"沆""航""炕""阬"等俱有高大義(見本典第303條),高大義、剛健義或相通。又,聲符字"亢"單用本可表剛健義。《廣雅·釋詁四》:"亢,强也。"《三國志·魏志·崔琰傳》:"孫疏亮亢烈,剛簡能斷。"宋王安石《廣西轉運使屯田員外郎蘇君墓誌銘》:"亢亢蘇君,不圓其方,不晦其明,君子之剛。"又,亢聲可載剛健之義,"剛""健"可相證。

亢:溪紐陽部;
剛:見紐陽部;
健:群紐元部。

溪見群旁紐,陽元通轉。"剛",本義即堅强,剛强。《説文·刀部》:"剛,强也。"《詩·小雅·北山》:"旅力方剛,經營四方。"《論語·公冶長》:"吾未見剛者。"清劉寶楠《正義》:"剛,謂强志不屈撓。""健",强壯有力。《篇海類編·人物類·人部》:"健,伉也,强也,有力也。"《荀子·王制》:"材枝股肱、健勇爪牙之士,彼將日日挫頓竭之於仇敵。"《易·乾》:"天行健,君子以自强不息。"唐孔穎達疏:"健者,强壯之名。"

(305) 伉舡抗(匹偶義)

伉 匹偶。《説文·人部》"伉,人名"清朱駿聲《通訓定聲》:"《左成十一傳》:'已不能庶其伉儷。'注:'敵也。'《周語》:'棄其伉儷妃嬪。'注:'對也。'……《後漢·張衡傳》:'疇可與乎比伉。'注:'偶也。'此字本訓當爲匹耦之誼。"按,《集韻·宕韻》"伉"字訓"匹"。朱氏所引《左傳》文唐孔穎達疏:"伉者,相當之言,故爲敵也。伉儷者言是相敵之匹耦。"《文選·沈約〈奏彈王源〉》:"若乃交二族之和,辨伉合之義。"唐張銑注:"伉合,相敵而合也。"

舡 方舟,兩船相並,即相匹偶。字亦作"航"。《説文·方部》:"舡,方舟也。从方,亢聲。《禮》:'天子造舟,諸矦維舟,大夫方舟,士特舟。'"南唐徐鍇《繫傳》:"方舟,今之舫,並兩船也。造,至也,連舟至他岸。維舟,維連四船。特舟,單舟。"清朱駿聲《通訓定聲》:"字亦作航。……《淮南·主術》:'大者以爲舟航柱梁。'注:'方兩小船並與共濟爲航。'"

抗 抗拒,《説文·手部》訓"扞也",正此義。抗拒即雙方相匹偶,故引申爲匹敵、對等義,實即匹偶義。《篇海類編·身體類·手部》:"抗,敵也。"《南史·謝瞻傳》:"瞻文章之美,與從叔混、族弟靈運相抗。"《資治通鑑·梁武帝天監十七年》:"虜使之來,受而弗答。以爲大明臨御,國富兵强,抗敵之禮,何憚而爲之,何求而行之!"

〔推源〕 此三詞俱有匹偶義,當爲亢聲所載之語源義。亢聲可載匹偶義,"偶"可相證。

亢:溪紐陽部;
偶:疑紐侯部。

溪疑旁紐,陽侯旁對轉。"偶",本指用土、木製成的偶像。《説文·人部》:"偶,桐人也。"《字彙·人部》:"偶,木像曰木偶,土像曰土偶。"《南史·鮑泉傳》:"面如冠玉,還疑木偶。"宋蘇軾《六觀堂贊》:"吾觀衆生,終日疑怖,土偶不然,無罣礙故。"按,偶以像人,故有匹偶之衍義。《集韻·厚韻》:"偶,儷也。"《禮記·曲禮上》:"偶坐不辭。"漢鄭玄注:"偶,配也。"按,"配"與"偶"可組成雙音詞"配偶",夫妻可稱"配偶",又有"匹配""匹偶"之雙音詞。《魏書·劉昞傳》:"瑀有女始笄,妙選良偶,有心於昞。"又,數學稱雙數爲"偶數",亦匹偶義。

(306) 坑岇翃(低下義)

坑 塹,溝壑。《玉篇·土部》:"坑,塹也,丘虚也,壑也。《莊子》云:在谷滿谷,在坑滿坑。"又"塹,《左氏傳》注:溝塹也。"晉葛洪《抱朴子·登涉》:"或令人迷惑狂走,墮落坑谷。"唐劉知幾《史通·雜説中》:"苟自古著述其昏若此也,則知李斯之設坑穽,董卓之成帷蓋,雖其所行多濫,終亦有可取焉。"

岇 岇峎,字亦作"嶮峎""康峎",謂山谷窪陷空曠。有山名"岇峎",《集韻·唐韻》云在西羌,疑因山谷空曠而得名。《字彙·山部》:"峎,嶮峎,山空貌。"明方以智《通雅·釋詁》:"康之爲空,因'實康瓠'之注也。《廣韻》分'康良'爲宮室空,'康峎'爲山谷空。"按,今徽歙方言猶稱物大而空爲"良康",當爲"康良"之同素逆序詞。又山谷空曠稱"岇峎""嶮峎",實即窪陷低下義。

翃 鳥飛而下,由高趨低。其字或作"鴻",亦或借"頏"爲之。《玉篇·羽部》:"翃,飛高下皃。"《集韻·唐韻》:"翃,鳥飛上曰翓,下曰翃。或作鴻。"宋王安石《次韻酬仲元》:"緣源静淰無魚淰,渡谷深追有鳥翃。"《詩·邶風·燕燕》:"燕燕於飛,頡之頏之。"漢毛亨傳:"飛而上曰頡,飛而下曰頏。"

〔推源〕 此三詞俱有低下義,爲亢聲所載之公共義。亢聲字所記録語詞"吭""頏""阬""閌"等俱有高義(見本典第303條),此二組詞語源當同。同源詞之語義親緣關係類型本有相反者,所謂同源反義分化。換言之,以地面爲參照,往上之距離大即高,往下之距離大即窪下、低下。又,亢聲可載低下義,"坎"可證之。

亢:溪紐陽部;

坎:溪紐談部。

雙聲,陽談通轉。"坎",地之低陷處。《説文·土部》:"坎,陷也。"清朱駿聲《通訓定聲》:"《易·序卦傳》:'坎者,陷也。'……《雜卦傳》:'坎,下也。'……《禮記·檀弓》:'其坎深不至於泉。'"《荀子·正論》:"淺不足與測深,愚不足與謀知,坎井之蛙,不可與語東海之樂,此之謂也。"北魏酈道元《水經注·聖水》:"(桃水)出涿縣故城西南奇溝東八里大坎下,數泉同發,東逕桃仁墟北。"

(307) 笕迒（行列義）

笕 竹子的行列，亦指以竹竿排成行列的架子。《說文·竹部》：“笕，竹列也。从竹，亢聲。”清段玉裁注：“笕之言行也，行列也。”清朱駿聲《通訓定聲》：“或曰竹衣架曰笕，即《爾雅》之竿𥴊也。”唐釋貫休《寄紫閣隱者》詩：“苔上枯藤笕，泉淋破石樓。”宋劉過《滿庭芳》詞：“蘭熏半歇，滿笕舞衣裳。”亦引申而指晾禾用的桁架。明徐光啓《農政全書·農器》：“笕，架也。《集韻》作𥱼，竹竿也。或省作笕。今湖湘間收禾，並用笕架懸之。”

迒 成串、成行的鳥獸蹄迒。《說文·辵部》：“迒，獸迹也。从辵，亢聲。”漢揚雄《太玄·居》：“見豕在堂，狗繫之迒。”晉范望注：“迒，迹也。”宋司馬光《集注》：“迒，獸迹也。”今按，“迒”指獸迹，非謂獸迹之點、面，而指獸迹連綿成行，知者，“迒”有“道”義，源流可以互證。《爾雅·釋獸》：“兔子嬔，其迹迒。”宋邢昺疏引晉呂忱《字林》：“迒，兔道也。”《廣雅·釋宮》：“迒，道也。”《文選·張衡〈西京賦〉》：“結罝百里，迒杜蹊塞。”唐薛綜注：“迒，道也。”

〔推源〕 此二詞俱有行列義，當爲亢聲所載之語源義。亢聲可載行列義，“行”可相證。

亢：溪紐陽部；

行：匣紐陽部。

溪匣旁紐，陽部叠韵。“行”，其字象四達之衢形，所記錄語詞之本義爲道路。《爾雅·釋宮》：“行，道也。”《詩·豳風·七月》：“女執懿筐，遵彼微行。”唐孔穎達疏：“行，訓爲道也。”引申之，則有行列義。《左傳·襄公三年》：“晉侯之弟揚干亂行於曲梁，魏絳戮其僕。”晉杜預注：“行，陳次。”《吕氏春秋·辯士》：“正其行，通其風。”漢高誘注：“行，列也。”

(308) 炕𪉼（乾燥義）

炕 烤、曬使脱水而乾燥。《說文·火部》：“炕，乾也。从火，亢聲。”清朱駿聲《通訓定聲》：“《廣雅·釋詁二》：‘炕，曝也。’《詩·瓠葉》傳：‘炕火曰炙。’《漢書·五行志》：‘君炕陽而暴虐。’注：‘凡言炕陽者，枯涸之意。’”《廣雅·釋詁二》：“炕，乾也。”清王念孫《疏證》：“《衆經音義》卷三引《倉頡篇》云：‘炕，乾極也。’今俗語猶呼火乾曰炕矣。”按，北方稱床爲“炕”，當因可生火、乾燥温暖而得名。

𪉼 鹽澤。澤則有水，鹽澤乾燥以取鹽，故名“𪉼”，其字亦作“𪉏”。《玉篇·鹵部》：“𪉼，鹽澤也。”《廣韻·蕩韻》：“𪉼，鹽澤也。𪉏，同𪉼。”《北史·王世充傳》：“時厭次人格謙爲盜數年，兵十餘萬，在豆子𪉼中。”

〔推源〕 此二詞俱有乾燥義，當爲亢聲所載之語源義。亢聲可載乾燥義，“乾”可證之。

亢：溪紐陽部；

乾：見紐元部。

溪見旁紐，陽元通轉。“乾”本訓“上出”，漢許慎說，亦爲卦名，古者借爲乾燥字。《集韵·寒韵》:"乾,燥也。"《吕氏春秋·愛類》:"禹於是疏河决江,爲彭蠡之障,乾東土,所活者千八百國。"漢高誘注:"乾,燥也。"晉干寶《晉紀總論》:"武皇既崩,山陵未乾。"

104　方聲

(309) 枋鈁祊舫雔(方形義)

枋　方形柱。北魏酈道元《水經注·沁水》:"夾岸累石結以爲門,用代木門枋。"明徐光啓《農政全書·蠶桑·蠶事圖譜》:"蠶架,閣蠶盤筐具也。以細枋四莖竪之,高可八九尺。"

鈁　方形壺。一名"瞾"。《説文·金部》:"鈁,鐘也。从金,方聲。"清段玉裁注:"形聲包會意。"清朱駿聲《通訓定聲》:"按,鐘當爲鍾,酒器之方者。……《廣雅·釋器》:'瞾謂之鈁。'"按,出土文物可證朱説之確。清吴大澂《愙齋集古録》第二十五册:"銅鈁容六斗,重三六斤。"

祊　四方之祭。《集韵·陽韵》:"祊,《周禮》祭四方之名。"《周禮·夏官·大司馬》:"羅弊,致禽以祀祊。"漢鄭玄注:"祊當爲方,聲之誤也。秋田主祭四方,報成萬物。"唐賈公彦疏:"今既因秋田而祭,當是祭四方之神。"今按,四方之祭其字本作"方"不誤。《詩·小雅·甫田》:"以我齊明,與我犧羊,以社以方。"漢毛亨傳:"迎四方氣於郊也。""方"本指並兩船,引申之有方形義,故可指方向、方位,加"示"作"祊"以指四方之祭,爲後起本字。鄭玄"聲之誤"説不可從。

舫　相並的兩船。兩船相並則其形方。《爾雅·釋言》:"舫,舟也。"晉郭璞注:"並兩船。"《廣韵·漾韵》:"舫,並兩船。"清朱駿聲《説文通訓定聲·壯部》:"《通俗文》:'連舟曰舫。'《史記·張儀傳》:'舫船載卒。'《索隱》:'並兩船也。'"《戰國策·楚策一》:"舫船載卒,一舫載五十人。"宋鮑彪注:"舫,並船也。"

雔　方目鳥。《説文·隹部》:"雔,鳥也。从隹,方聲。讀若方。"清桂馥《義證》:"鳥也者,《禽經》説鮫鯖異名,云旋目其名鶢;方目其名鳩;交目其名鴉。"清王筠《句讀》:"其字雖作鳩,而《鳥部》鳩字不云鮫鯖,故知即此雔也。"

〔推源〕　諸詞皆有方形義,此當爲聲符字"方"所記録的語詞的顯性語義。"方"指相並的兩船,本爲"舫"之初文。《説文·方部》:"方,並船也。象兩舟省總頭形。"清朱駿聲《通訓定聲》:"《爾雅·釋水》:'大夫方舟。'李注:'並兩船曰方舟。'……《莊子·山木》:'方舟而濟於河。'司馬注:'並也。'"按,以故"方"爲後世方圓字。又,"匚"爲方形盛物器,其字音與"方"同,《廣韵》皆作"府良切"。《説文·匚部》:"匚,受物之器。象形。讀若方。"元戴侗《六書故·工事三》:"匚,器之爲方者也。"

(310) 肪雱旁(盛、多義)

肪　脂肪,肉多。《説文·肉部》:"肪,肥也。从肉,方聲。"清沈濤《古本考》:"《一切經音義》卷十六引：'肪，肥也，脂也。'"按，《玉篇·肉部》"肥"字訓"薄"，《龍龕手鑑·肉部》："肥，肌肥肉多也。"《説文》清朱駿聲《通訓定聲》逕作"肪，肥也。"《廣韵·陽韵》："肪，脂肪。"漢揚雄《太玄·竈》："次七，脂牛正肪，不濯釜而烹，則歐歗之疾至。"明陶宗儀《輟耕録》卷二十六："啄齕扼吭，裂肪絶筋。"

雱 雨雪盛。《玉篇·雨部》："雱，雪盛皃。"按《廣韵·唐韵》訓"雨雪盛皃"，其音普郎切，可推"雱"爲方聲字；又引《詩》："雨雪其雱。"按，所引爲《邶風·北風》文，漢毛亨傳："雱，盛貌。"南朝宋鮑照《北風凉行》："北風凉，雨雪雱，京洛女兒多嚴粧。"清魏禧《秋蟲》詩："雱雱雨雪，則載途矣。"

旁 普遍、廣泛。《説文·上部》："旁，溥也。从二，闕。方聲。"清朱駿聲《通訓定聲》："《廣雅·釋詁一》：'旁，大也。'《二》：'旁，廣也。'……《荀子·性惡》：'褊能旁魄而無用。'注：'廣博也。'《吳都賦》：'旁魄而論都。'注：'寬大之意。'"《書·説命下》："旁招俊乂，列於庶位。"僞孔傳："廣招俊乂，使列衆官。"又《太甲上》："旁求俊彦，啓迪後人。"今按，"旁"的基本義爲旁側，一事物而旁及另一事物，則即廣泛、普遍，二義本相通。普遍、廣泛則即多、盛。又，"旁"字的結構有疑問，考其上古音爲並紐陽部，"方"字幫紐陽部，並幫旁紐，陽部叠韵。然則許慎"方聲"説可從。今《漢語大字典》《漢語大詞典》乃以"旁"字入《方部》，失之。

〔推源〕 此三詞皆有盛、多之義，爲方聲所載者，聲符字"方"指並兩船，與盛、多義不相涉，其盛、多義當爲方聲所載之語源義。方聲字"汸"亦可以借字形式表水多、水勢盛大之義，可爲一證。《荀子·富國》："貨財渾渾如泉源，汸汸如河海，暴暴如丘山。"唐楊倞注："汸，讀爲滂，水多貌也。"又，方聲可載盛、多之語源義，"繁"可相證。

方：幫紐陽部；

繁：並紐元部。

幫並旁紐，陽元通轉。"繁"，衆多，盛大，茂盛。《小爾雅·廣詁》："繁，多也。"《玉篇·糸部》："繁，盛也。"《詩·小雅·正月》："正月繁霜，我心憂傷。"漢毛亨傳："繁，多也。"《左傳·成公十七年》："今衆繁而從余三年矣，無傷也。"晉杜預注："繁，猶多也。"《禮記·鄉飲酒義》："三揖至於階，三讓以賓升，拜至獻酬辭讓之節繁。"漢鄭玄注："繁，猶盛也。"《書·洪范》："庶草繁廡。"

(311) 防妨(礙義)

防 字从阜，指堤壩。《爾雅·釋山》："如防者，盛。"晉郭璞注："防，隄。"《説文·阜部》："防，隄也。从阜，方聲。"清朱駿聲《通訓定聲》："《周禮·稻人》：'以防止水。'《左襄二十五傳》：'町原防。'"按，堤壩爲障礙物，故引申爲障礙、堵塞義。《玉篇·阜部》："防，障也。"《國語·周語下》："晉聞古之長民者，不墮山，不崇藪，不防川，不寶澤。"三國吳韋昭注："防，鄣也。"按，"防"又有遮蔽、防止等義，皆與障礙義同條共貫。

妨 妨礙字。其字从女,蓋爲男尊女卑之遺蹟。《廣韵·漾韵》:"妨,妨礙。"《吕氏春秋·季夏紀》:"無發令而干時,以妨神農之事。"《荀子·仲尼》:"援賢博施,除怨而無妨害人。"

〔推源〕 此二詞俱有礙義,當爲方聲所載之語源義,"搒"可相證。

方:幫紐陽部;
搒:並紐陽部。

幫並旁紐,陽部疊韵。"搒"謂遮掩,此與阻礙、妨礙義通。《説文·手部》:"搒,掩也。"清吴文英《吴下方言考·絳韵》:"搒,掩門也。吴諺謂掩門而不拴曰搒。"

(312) 仿眆(仿效、相似義)

仿 仿佛,相似,好像。《説文·人部》:"仿,相似也。从人,方聲。"《史記·司馬相如列傳》:"縹乎忽忽,若神仙之仿佛。"《隸續·司空掾陳寔殘碑》宋洪适釋:"史傳雜書、蔡集皆作'仲弓',惟《太丘壇碑》作'仲躬',此碑仿佛亦然。""仿"又有仿效義,後世即以此爲仿效字,仿效、相似二義本相通。清朱駿聲《説文通訓定聲·壯部》:"仿,俗亦作倣,經傳放效字皆以放爲之。"元楊梓《霍光鬼諫》第一折:"你待仿驪姬亂晉,俺難學伊尹扶湯。"元劉壎《隱居通議·新豐建立》:"立爲新豐,並徙舊社,放犬羊鷄鴨於通衢,亦競識其家,似此即是仿效故豐街巷市井居民也。"

眆 字从目,謂見而不真切。《集韵·養韵》:"眆,微見也。"按《玉篇》"眆"字訓"見似不諦",意當同。引申爲相似。清徐攀鳳《選注規李》:"李崇賢《文選注》六十卷,元本散軼久矣,猶賴前之君子編輯成書,眆睎廬山真面。"

〔推源〕 此二詞之仿效、相似義,爲方聲所載之語源義。聲符字"方"單用本有準則義,今語尚有"方法""方式"等詞,其準則義與仿效義、相似義依次相通。

(313) 房旁魴舫(偏義)

房 偏室,即正室兩側的房間。《説文·户部》:"房,室在旁也。从户,方聲。"清朱駿聲《通訓定聲》:"《書·顧命》:'在東房。'傳:'東箱夾室也。'《儀禮·公食禮》:'記宰夫筵出自東房。'注:'天子諸侯左右房。'按,堂之後,正中爲室,室左右爲東西房。"引申之,則泛指房間。

旁 旁側字。漢劉熙《釋名·釋道》:"在邊曰旁。"《玉篇·上部》:"旁,猶側也,邊也。"《韓非子·内儲説下》:"文王資費仲而遊於紂之旁。"《漢書·循吏傳·黄霸》:"吏出,不敢舍郵亭,食於道旁。"

魴 鯿魚。《爾雅·釋魚》:"魴,魾。"晉郭璞注:"江東呼魴魚爲鯿。"明李時珍《本草綱目·鱗四·魴魚》:"魴魚處處有之,漢沔尤多。小頭縮項,穿脊闊腹,扁身細鱗,其色青白,腹内有肪,味最腴美。"徐珂《清稗類鈔·動物·鯿》:"鯿,古謂之魴,體廣而扁,頭尾皆尖小,細鱗。"今按,此魚稱"鯿",寓扁義;稱"魴",則寓偏義,其形不圓偏於一方即扁,"偏"字本从扁聲,亦兼取扁義。

祊 設於廟門之旁的一種祭祀。字亦作"彭"。《說文·示部》:"彭,門内祭先祖所以徬徨。……祊,彭或从方。"清朱駿聲《通訓定聲》:"《詩·楚茨》:'祝祭於彭。'……箋:'孝子不知神之所在,故使祝博求之平生,門内之旁,待賓客之處。'"《廣韻·庚韻》:"祊,廟門傍祭。"《禮記·禮器》:"設祭於堂,爲祊乎外。"漢鄭玄注:"謂之祊者,於廟門之旁,因名焉。"

〔推源〕 諸詞皆有偏義,當爲方聲所載之語源義。方聲可表偏義,"頗"可相證。

方:幫紐陽部;
頗:滂紐歌部。

幫滂旁紐,陽歌通轉。"頗",偏頗字。《說文·頁部》:"頗,頭偏也。"按,漢許慎所訓爲形體造意,其本義即偏。《左傳·昭公十二年》:"昭子朝而命吏曰:'婼將與季氏訟,書辭無頗。'"晉杜預注:"頗,偏也。"《史記·匈奴列傳》:"朕聞天不頗覆,地不偏載。"按,"頗"與"偏"同義,故有"偏頗"之同義聯合式合成詞。

(314) 趽防(曲義)

趽 馬曲脛。《說文·足部》:"趽,曲脛馬也。从足,方聲。"清徐灝《注箋》:"趽、躞皆曲戾。"清朱駿聲《通訓定聲》:"(轉注)賈子《道術》:'衷理不辟謂之端,反端謂之趽。'"按,朱氏所云"轉注"即引申,所引賈誼《道術》文中之"趽"爲抽象的邪曲義。《廣韻·唐韻》:"趽,膝脛曲皃。"《集韻》《篇海類編》等所訓略同。

防 本指堤壩(見本典第311條),堤壩爲防禦物,故引申而指小曲屏風。清朱駿聲《說文通訓定聲·壯部》:"防,《爾雅·釋宫》:'容謂之防。'注:'形如今牀頭小曲屏風,唱射者所以自防隱。'……《荀子·正論》:'居則設張容,負衣而坐。'注:'言施此容於户牖間,負之而坐,蓋如屏風稍曲。'"按,朱氏所引《爾雅》文清郝懿行《義疏》:"容與扆同,扆爲屏風,容唯小曲爲異……容即今之圍屏,其形小曲。射者之容,蓋亦放此。"

〔推源〕 此二詞俱有曲義,其曲義爲方聲所載之語源義,"茆""畐"可相證。

方:幫紐陽部;
茆:明紐幽部;
畐:並紐職部。

幫明並旁紐,陽幽旁對轉,陽職旁對轉。茆,圓形植物。《說文·艸部》:"茆,鳧葵也。"《詩·魯頌·泮水》:"思樂泮水,薄採其茆。"漢毛亨傳:"茆,鳧葵也。"唐孔穎達疏:"陸璣云:茆與荇菜相似,葉大如手,赤圓,有肥者著手中滑不得停。……江南人謂之蓴菜。"按,稱"蓴菜"則以專聲表圓義(見本典"專聲")。畐,圓形的無足鬲。清倪濤《六藝之一録》卷二一四:

"畐，無足鬲也。"朱芳圃《殷周文字釋叢》："畐，字象長頸鼓腹圜底之器。"今按，曲義、圓義微別而相通，凡曲綫首尾相接則即圓。

105　斗聲

(315) 枓斝蚪鈄衤(斗義)

枓　舀水的勺子。其字本亦省作"斗"。《説文·木部》"枓，勺也。从木，从斗。"南唐徐鍇《繫傳》："从木，斗聲。"清朱駿聲《通訓定聲》："此字後出，當爲'斗'之轉注。《儀禮·少牢饋食禮》：'司宫設罍水於洗東，有枓。'注：'沃盥用枓。'《史記·張儀傳》：'金斗長其尾。'注：'凡方者爲斗，若安長柄則爲枓。'《趙世家》：'使廚人操銅枓。'《正義》：'其形方者有柄，取斟水器。'《廣雅·釋器》：'蒲枓，杓也。'"《玉篇·斗部》："枓，有柄，形如北斗星，用以斟酌也。"按此字不當入《斗部》。《廣韻·麌韻》："枓，斟水器也。"《禮記·喪大記》："浴水用盆，沃水用枓。"唐孔穎達疏："用枓酌盆水沃尸。"

斝　量器。其字爲"斗"之俗體。《玉篇·斗部》："斗，十升曰斗。斝，俗。"按，此字不當入《斗部》。《廣韻·厚韻》："斗，十升也，有柄。……斝，俗。"《晏子春秋·内篇諫下二》："且合升斝之微，以滿倉廩；合疏縷之綈，以成幃幕。"今按，"斗"爲勺，固可引申而指量豆穀之器，"斝"則爲量器義之本字。

蚪　蝌蚪，其形如斗之圓而有柄。《玉篇·虫部》："蚪，蝌蚪。"《廣韻·厚韻》："蚪，蝌蚪，蟲名。"明李時珍《本草綱目·蟲四·蝌蚪》："蝌蚪生水中，蝦蟇、青蛙之子也……蝌蚪狀如河豚，頭圓，身上青黑色，始出有尾無足，稍大則足生尾脱。"

鈄　酒器。元楊桓《六書溯原》："鈄，俗鐎字。"《説文·金部》："鐎，酒器也。从金，𪊺象器形。"清吴榮光《筠清館金石文字》卷五："《成山宫銅渠鈄銘文》：'重二斤，神爵四年卒史任欣、杜陽右尉司馬賞斄、少内佐王宫等造。'……此器當亦是盛酒之物。"

衤　衫袖曲肱處，形如斗。《玉篇·衣部》："衤，衫袖。"清胡文英《吳下方言考》卷七謂吳方言稱袖中曲肱處爲"衤"。

〔推源〕　諸詞俱有斗義，爲斗聲所載之公共義。聲符"斗"爲象形字，指酒器。《説文·斗部》："斗，十升也。象形，有柄。"《詩·大雅·行葦》："酌以大斗，以祈黄耇。"漢毛亨傳："大斗，長三尺也。"唐杜甫《飲中八仙歌》詩："李白一斗詩百篇，長安市上酒家眠。"然則"枓""鈄""斝"皆分化字，"枓"謂木製之斗，"鈄"指金屬斗，"斝"爲量穀之斗。"蚪""衤"則以形似斗而得名。

(316) 阧抖(急義)

阧　陡峭。爲"陡"之或體。《玉篇·阜部》："阧，峻也。"《廣韻·厚韻》："阧，阧峻。""陡，上同。"《集韻·厚韻》："阧，峻立也。或从走。"唐林滋《望九華山》詩："虛中始訝巨靈擘,陡處乍驚愚叟移。"明李昌祺《剪燈餘話·青城舞劍錄》:"君美股戰,行不成步,回望成居,皆陡壁穹崖,殊無有路。"今按,凡地勢,有急有緩,陡即地勢急而不緩。"阧"字乃以斗聲表急義。

抖 抖擻,即急動之謂。《玉篇·手部》:"抖,抖擻,起物也。"《廣韻·厚韻》:"抖,抖擻,舉兒。"北魏賈思勰《齊民要術·作豉法》:"急抖擻筐,令極净,水清乃止。"《西遊記》第十二回:"長老遂將袈裟抖開,披在身上。"

〔推源〕 二詞俱有急義,爲斗聲所載之公共義。"阧(陡)""抖"皆有猝然義,此即急促義,可爲力證。《篇海類編·地理類·阜部》:"陡,頓也。"唐佚名《逸史》:"微風拂浪,波瀾陡起。"清吴趼人《二十年目睹之怪現狀》:"多老爺陡然吃了一驚道:'親……親……親家!有話好……好的説。'"按,今語猶稱臉色突變爲"陡然變色"。"阧(陡)"本謂地勢急,故引申爲事發之急。"抖"亦有此義。明馮夢龍編《警世通言》之《金令吏美婢酬秀童》:"從不見他手脚有甚毛病,如何抖然生起盗心?"按,聲符字"斗"謂酒器,與急義不相涉,然其急義爲斗聲所載之語源義。斗聲可載急義,"驟"可證之。

斗:端紐侯部;
驟:崇紐侯部。

叠韻,端崇鄰紐。"驟",馬急奔,含有"急"之義素,虛化引申爲"急"義。《説文·馬部》:"驟,馬疾步也。"清朱駿聲《通訓定聲》:"《廣雅·釋室》:'犇也。'《詩〈小雅·四牡〉》:'載驟駸駸。'《周禮·大司馬》:'車驟徒趨。'……〔轉注〕……《老子》:'驟雨不終日。'注:'暴雨也。'《素問·氣交變大論》:'其變驟注。'注:'急注也。'《晉語》:'多而驟立。'賈注:'疾也。'"按,朱氏所稱"轉注"實即引申。

106 冘聲

(317) 耽枕眈煩沈酖馸疣跛(耽擱義)

耽 耳大下垂耽擱於肩。《説文·耳部》:"耽,耳大垂也。从耳,冘聲。"清朱駿聲《通訓定聲》:"《淮南·墜形》:'夸父耽耳,在其北方。'注:'耳垂在肩上。'"引申爲耽擱義。《金史·天文志》:"有童謡云:青山轉,轉山青。耽誤盡,少年人。"《水滸傳》第三十九回:"如今小弟不敢耽擱,回去便和人來捉你。"

枕 枕頭,人卧時擱置頭之物。《説文·木部》:"枕,卧所薦首也。从木,冘聲。"清朱駿聲《通訓定聲》:"《易·坎》:'險且枕。'鄭注:'木在首曰枕。'……《禮記·少儀》:'茵席枕几穎杖。'注:'穎,警枕也。'"《詩·陳風·澤陂》:"寤寐無爲,輾轉伏枕。"

眈 盯視,目光耽擱不移。《集韻·感韻》:"眈,虎視也。"清朱駿聲《説文通訓定聲·臨部》：" 䀰，《廣雅·釋訓》：'䀰䀰，視也。'《漢書·敘傳》注：'䀰䀰，威視之皃。'"《易·頤》："虎視䀰䀰，其欲逐逐。"清蒲松齡《聊齋志異·胡四姐》："女笑曰：'䀰䀰視妾何爲？'"。

頍 字从頁，謂頭之枕骨，即頭部擱置於枕之骨。《説文·頁部》："頍，項枕也。从頁，尤聲。"清朱駿聲《通訓定聲》："頭後之横骨爲枕骨。"清段玉裁注："沈氏彤詳考《内經·甲乙經》作《釋骨》曰：'顛之後横起者曰頭横骨，曰枕骨。'"《廣韵·寑韵》："頍，頭後骨。"

沈 沉溺，耽擱於某種嗜好而不移。《集韵·侵韵》："沉，溺也。"清朱駿聲《説文通訓定聲·臨部》："沈，〔聲訓〕《淮南·要略》：'康樂沈湎。'注：'淫酒也。'《史記·陳涉世家》：'沈沈者。'《索隱》：'猶談談也。'《釋名·釋言語》：'沈，澹也，澹然安著之言也。'"《尚書·微子》："我用沈酗於酒，用亂敗厥德於下。"《戰國策·趙策二》："常民溺於習俗，學者沈於所聞。"

酖 耽擱於嗜酒之癖。字从酉，"酉"本爲"酒"之初文。《説文·酉部》："酖，樂酒也。从酉，尤聲。"清朱駿聲《通訓定聲》："嗜色爲媅，嗜酒爲酖。"《廣韵·覃韵》："酖，嗜酒。"《尉繚子·治本》："故如有子十人，不加一飯，有子一人，不損一飯，焉有喧呼酖酒以敗善類乎？"

酘 耽於惡習。《廣韵·勘韵》："酘，頑劣皃。"

疧 反復發作，耽擱時久之病。字亦作"瘨"。漢揚雄《方言》卷三："瘌、瘦，病也。東齊、海、岱之間曰瘌，或曰瘦，秦曰瘨。"晉郭璞注："謂勞復也。"《廣韵·侵韵》："腹内故病。疧，上同。"《集韵·沁韵》："瘨，復病曰瘨。"

趻 進退不定，耽擱於徘徊狀態。字亦作"踸"。《玉篇·足部》："踸，踸踔。趻，同踸。"《説文新附·足部》："踸，踸踔，行無常皃。"《文選·木華〈海賦〉》："趻踔湛瀁，沸潰渝溢。"唐李善注："趻踔湛瀁，波前却之貌。"又晉陸機《文賦》："故踸踔於短韵，放庸音以足曲。"唐吕延濟注："踸踔，遲滯也。"

〔推源〕 上述諸詞俱有耽擱義，唯有具體性、抽象性之殊。其耽擱義爲尤聲所載之公共義。聲符字"尤"本指行進，與耽擱義不相涉。然則耽擱義爲尤聲所載之語源義。尤聲可載耽擱義，"延"可相證。

尤：余紐侵部；

延：余紐元部。

余(喻四)紐雙聲，侵〔əm〕元〔an〕二部韵尾同屬鼻音，依王力先生説，亦爲通轉。"延"，長久。《爾雅·釋詁上》："延，長也。"《尚書·召誥》："我不敢知曰：不其延。惟不敬厥德，乃早墜厥命。"引申之，則有拖延、耽擱義。《古今韵會舉要·先韵》："延，遷延也，淹久也。"《三國志·魏志·鄧艾傳》："若待國命，往返道途，延引日月。"唐姚合《題貞女祠》："我來方謝雨，延滯失歸期。"

(318) 髧紞抌狃沈酖鈂(下垂、深入義)

髧 字从髟，謂頭髮下垂。《玉篇·髟部》："髧，髮垂貌。"《廣韵·感韵》："髧，髮垂。"

《詩·鄘風·柏舟》:"髧彼兩髦,實維我特。"漢毛亨傳:"髧,兩髦之貌。"宋陸游《社飲》詩:"起舞非無垂白伴,暮歸仍有髧髦扶。"

紞 垂在冕冠兩旁繫瑱的帶子。《說文·糸部》:"紞,冕冠塞耳者。從糸,冘聲。"清朱駿聲《通訓定聲》:"條繩也,所以縣瑱。織五采爲之,君五色,臣三色。《魯語》:'王后親織元紞。'《左桓二傳》:'衡紞紘綖。'"《廣韻·敢韻》:"紞,冕前垂也。"唐楊炯《盂蘭盆賦》:"聖神皇帝乃冠通天,佩玉璽,冕旒垂目,紞纊塞耳。"

抌 刺入,深擊。《說文·手部》:"抌,深擊也。從手,冘聲。"清段玉裁注:"《刺客列傳》:'右手揕其匈。'揕即抌字。"《廣韻·感韻》:"抌,刺也。"按,《集韻·沁韻》"揕"字亦訓"刺",當爲"抌"之轉注字。

枕 掘,耕,皆寓深入土中之義。字或作"㪣"。《廣韻·侵韻》:"㪣,掘也。"又《沁韻》:"枕,掘也。"又"赤黑色"。《集韻·沁韻》:"㪣,《廣雅》:'耕也。'一曰臿屬。或作枕。"今按,"臿"字後世作"鍤",亦作"鈂",指耕具,深入土中之物。所謂"赤黑色",《字彙補·丿部》"㪣"字亦有此訓,實即深黑色之謂,亦以冘聲表深義。

沈 深入水中。《小爾雅·廣詁》:"沈,没也。"《廣韻·侵韻》:"沈,没也。"《莊子·人間世》:"散木也,以爲舟則沈。"《左傳·成公十一年》:"晉人歸之施氏,施氏逆諸河,沈其二子。"

眈 宫室深邃貌。《廣韻·覃韻》:"眈,眈眈,室深皃。"唐李華《含元殿賦》:"上極宵際,却視眈崟。"

鈂 鍤類器具,可插入土中,故稱"鍤";插則深入土中,故稱"鈂"。《說文·金部》:"鈂,臿屬。從金,冘聲。"清朱駿聲《通訓定聲》:"《廣雅》:'枭,臿也。'《方言》注:'枭字亦作鑿。'《新序·刺奢篇》:'負樸鍤入。'"按,"臿"字繁化則作"鍤",謂鍬。漢劉熙《釋名·釋用器》:"鍤,插也,插地起土也。"《集韻·洽韻》:"鍤,鏊也。"《墨子·備城門》:"城上十步一鈂,水瓨。"岑仲勉注:"鈂未知實何物,或云臿屬,或云鐵籤。"按,"鈂"指鐵籤、鐵杵,爲引申義。

〔推源〕 上述諸詞或有下垂義,或有深入義,二義相通,又同爲冘聲所載,語源當同。聲符字"冘"單用本可表刺義,刺即深入。《墨子·經說上》:"劍冘甲,死生也。"楊樹達《校詮》:"謂以劍刺甲也。"又,冘聲可載下垂、深入義,"深"可證之。

冘:余紐侵部;
深:書紐侵部。

余(喻四)書(審三)旁紐,侵部疊韻。"深",從上到下的距離大。動態的由上而下即下降、下沉、下垂。《儀禮·覲禮》:"諸侯覲於天子,爲宫方三百步,四門壇十有二尋,深四尺。"漢鄭玄注:"深謂高也,從上曰深。""深"又有深入義。《左傳·僖公十五年》:"晉侯謂慶鄭曰:'寇深矣,若之何?'對曰:'君實深之,可若何!'"

(319) 訦忱（誠信義）

訦 誠實可信。《說文·言部》："訦，燕、岱、東齊謂信曰訦。从言，尤聲。"清朱駿聲《通訓定聲》："《方言》一：'訦，信也。'《韓詩·蕩》：'其命匪訦。'《大明》：'天難訦斯。'"清魏源《李希廉墓誌銘》："於家家多閼者，於鄉鄉多嘖者，久益克訦，家邦歸仁，於於以興，未見其止也。"《廣韵·侵韵》："訦，同諶。"按《説文·言部》"諶"訓"誠諦"，即誠實、真誠義。

忱 真誠，可信任。《説文·心部》："忱，誠也。从心，尤聲。"《尚書·湯誥》："尚克時忱，乃亦有終。"偽孔傳："忱，誠也。"唐元稹《桐花》詩："五者苟不亂，天命乃可忱。"

〔推源〕 此二詞俱有誠實義，為尤聲所載之語源義。尤聲可載誠信義，"真"可相證。

尤：余紐侵部；

真：章紐真部。

余(喻四)章(照)旁紐，侵〔əm〕真〔en〕韻尾同屬鼻音，亦為通轉。"真"，真實。《玉篇·匕部》："真，不虛假也。"故有"誠實"之衍義。《莊子·漁父》："真者，精誠之至也。"凡"真情""真心""真意"等詞之"真"，皆真誠可信之義。

107　心聲

(320) 軐芯（中心義）

軐 控制車軸的車鈎心木。《廣韻·侵韻》："軐，車軥軐木。"《集韻·侵韻》："軐，車鈎心制軸者。通作杺。"又"杺，車鈎心木。"

芯 燈芯，字从艸，謂以草製成。"燈芯"本亦作"燈心"。唐張鷟《遊仙窟》："文柏榻子，俱鳥豹頭；蘭草燈心，並燒魚腦。"清光緒年修《黄巖縣志·里諺》："家有千金，不添雙芯，儉之道也。"引申之，多種物之中心皆稱"芯"，"芯子""芯片"之"芯"皆此義。

〔推源〕 此二詞俱有中心義，為心聲所載之公共義。聲符字"心"本指人之心臟。《說文·心部》："心，人心。土藏，在身之中。象形。博士説以為火藏。"今按，漢許慎所稱"博士"為漢代今文經博士，中國醫學亦以心為火臟，脾則為土臟。心處人身之中，故引申為中央、中心之義。《禮記·少儀》："牛羊之肺，離而不提心。"漢鄭玄注："劀離之不絕中央少者。"唐孔穎達疏："心，謂肺中央少許耳。"《太玄·中》"神戰於玄"晉范望注："在中為心。"然則"軐""芯"之中心義為聲符字"心"之顯性語義。

(321) 沁吣（出義）

沁 沁出，透出。《宋史·河渠志三》："歲久堤岸怯薄，沁水透堤甚多，近鎮居民例皆移避。"《西遊記》第十二回："又有那紅瑪瑙、紫珊瑚、夜明珠、舍利子，偷月沁白，與日爭紅。"按，今人猶有"汗珠沁出"之語。"沁"字从水，本為水名，以指沁出，為套用本字。

吢　吐出。字亦作"岺"。《玉篇·口部》："岺,犬吐也。亦作吢。"《廣韻·沁韻》："吢,犬吐。"清蒲松齡《日用俗字·飲食章》："吐酒猶如猫狗岺,好土空把塹坑填。"今按,"吢"之轉注字作"喼"。《紅樓夢》第七回："那是醉漢嘴裏胡喼。"按,"胡喼"爲詈言,謂人胡言亂語如犬嘔吐,"吢"亦有此義。清文康《兒女英雄傳》第六回："你兩個滿口吢的是些什麽!"

〔推源〕　此二詞俱有出義,爲心聲所載之公共義。聲符"心"謂人心,與出義不相涉,其出義爲心聲所載之語源義。心聲可載出義,"渗"可證之。

心：心紐侵部；
渗：山紐侵部。

心山準雙聲,侵部疊韻,音僅微別。"渗",透出。《梁書·豫章王綜傳》："聞俗説以生者血瀝死者骨,渗即爲父子。""渗"有透出義,故有"渗透"之雙音詞。周而復《上海的早晨》第一部："她緊張地接着頭,汗珠子不斷從額角上渗透出來。"

108　夬聲

(322) 玦朏缺陕欮突疨袂決缺闋(缺義)

玦　環形而有缺口的佩玉。《説文·玉部》："玦,玉佩也。从玉,夬聲。"清朱駿聲《通訓定聲》："《左閔二傳》:'金寒玦離。'注:'如環而缺不連。'《漢書·五行志》:'佩之金玦。'注:'半環曰玦。'《楚辭·湘君》:'捐余玦兮湘中。'《荀子·大略》:'絶人以玦,還人以環。'"按,朱氏所引《荀子》文今本作"反絶以環"。《廣韵·薛韵》："玦,珮如環而有缺。逐臣賜玦,義取與之訣別也。"

朏　臀孔。《説文·肉部》："朏,孔也。从肉,決省聲。讀若決水之決。"清徐灝《注箋》："俗謂臀孔爲窟,即朏之聲轉也。"清朱駿聲《通訓定聲》："按,尻空也。蘇俗語曰菌孔,亦曰髖腔。"今按,徽歙方言亦稱"髖腔"。

缺　字从缶,本謂器缺。《説文·缶部》："缺,器破也。从缶,決省聲。"清朱駿聲《通訓定聲》："从缶,夬聲。按,謂瓦器破。"《廣韵·屑韵》："缺,器破。"漢焦贛《易林·未濟之恒》："甕破盆缺。"《淮南子·説林訓》："爲車者步行,陶者用缺盆,匠人處狹廬,爲者不得用,用者不肯爲。"引申之,則泛指殘缺、缺失、缺乏。

陕　字从阜,謂開鑿山陵通道,即抉挖而成缺口。《篇海類編·地理類·阜部》："陕,陵阜突也。突,穿也,空也。"亦指地裂、有缺口。《玉篇·阜部》："陕,地裂也。"《廣韵·職韵》："陕,地裂也。亦作隔。"按,"陕"又有崩裂而有缺口義,與上述二義皆同條共貫。睡虎地秦墓竹簡《秦律十八種·徭律》："卒歲而或陕壞,過三堵以上,縣葆者補繕之。"

欮　城缺。《説文·韋部》："欮,缺也,古者城闕其南方謂之欮。从韋,缺省。"清朱駿聲

《通訓定聲》:"从臺,夬聲。……古諸侯軒城缺其南以受過,與天子制異。"清段玉裁注:"何氏《公羊傳》注曰:'天子周城,諸侯軒城。軒城者,缺南面以受過也。'"按,亦指諸侯軒城南面無城臺、不設城垣。

突 穿。有空缺即穿。《説文·穴部》:"突,穿也。从穴,決省聲。"清朱駿聲《通訓定聲》:"从穴,夬聲。《廣雅·釋詁三》:'突,空也。'"《廣韵·屑韵》:"突,穿皃。"唐盧仝《月蝕》詩:"毒蟲頭上吃郤月,不啄殺,虚眨鬼眼明突窩。"按,"突窩"即孔穴幽深貌,與上述諸辭書所訓之義亦相通。

疨 瘡裏空。《廣韵·屑韵》:"疨,瘡裏空也。"按,空、缺實爲一義,故有"空缺"之同義聯合式雙音詞。

袂 衣袖,中空而可容手臂者。"袂"之名本寓空缺義。《説文·衣部》:"袂,袖也。从衣,夬聲。"《易·歸妹》:"帝乙歸妹,其君之袂,不如其娣之袂良。"三國魏王弼注:"袂,衣袖。"《儀禮·有司徹》:"以右袂推拂幾三。"漢鄭玄注:"衣袖謂之袂。"

決 開鑿壅塞處使有缺口而成水道。《説文·水部》:"決,行流也。从水,从夬。"清朱駿聲《通訓定聲》:"从水,夬聲。字亦誤作决。《一切經音義》九引《説文》:'下流也。'《書·益稷》:'予決九川,距四海。'《孟子》:'決之東方則東流。'按,水性趨下,決之爲言突也,掘地注之爲決。《漢書·溝洫志》:'治水有決河深川。'注:'分泄也。'"今按,掘堤使有缺口而放水亦稱"決"。《戰國策·趙策一》:"遂戰,三月不能拔,因舒軍而圍之,決晉水而灌之。"

觖 不滿。按,缺則不滿,此即抽象性的缺義。《廣韵·屑韵》:"觖,觖望,怨望也。"《淮南子·繆稱訓》:"后稷廣利天下,猶不自矜,禹無廢功無蔽財,自視猶觖如也。"漢高誘注:"觖,不滿也。"《新唐書·叛臣傳·高駢》:"駢久觖望,至是大喜,貢賦不絕。"按,"觖"又有缺少義,辭書多云通"缺",實則爲不滿義之引申,無煩通假。《宋史·杜范傳》:"於是天之望於陛下者孤,而變怪見矣;人之望於陛下者觖,而怨叛形矣。"

闋 無門户,即缺門户之謂。《玉篇·門部》:"闋,闋関,無門户。"《廣韵·屑部》所訓同。按,"闋"與"関"當可分訓。《廣雅·釋詁三》:"闋,空也。"

〔**推源**〕 諸詞俱有缺義,爲夬聲所載之公共義。聲符字"夬"本爲"玦"之初文,"玦"爲環形有缺口之佩玉,故夬聲可載缺義。徐中舒《甲骨文字典》卷三:"夬,實象玦形,爲環形而有缺口之玉璧,以兩手持之會意,爲玦之本字,从玉爲後加義符。"按,"夬"字單用,亦可表空缺、缺斷義。睡虎地秦墓竹簡《秦律十八種·置吏律》:"其有死、亡及故有夬者,爲補之,毋須待。"唐韓愈《南山》詩:"延延離又屬,夬夬叛還遘。"

(323) 訣殀(絶義)

訣 將遠離而相告别。《説文新附·言部》:"訣,訣别也。"《史記·吳起列傳》:"東出衛郭門,與其母訣。"引申爲永别、訣絶。《玉篇·言部》:"訣,死别也。"《後漢書·獨行傳·范冉》:"今子遠適千里,會面無期,故輕行相候,以展訣别。"宋辛棄疾《祭陳同甫文》:"閩浙相望,音問未絶,子胡一病,遽與我訣?!"

殀 字从歹,謂人病之極而將絶。《廣雅·釋詁一》:"殀,極也。"清王念孫《疏證》:"《玉篇》:'殀殀,困極也。'《集韵》《類篇》並引《廣雅》:'殀,極也。'"《廣韵·霽韵》:"殀,殀殀,殛殀也,死皃也。"

〔推源〕 此二詞俱有絶義,爲夬聲所載者。夬聲字"突"亦可表此義。北周衛元嵩《元包經·孟陰》:"拔尸扒氏,至垠突坙。"唐蘇源明傳:"極遠窮深也。"唐李江注:"突,窮。"按,即所謂窮盡,亦即絶義。又,"突"可指無門户,亦絶、盡義。又,夬聲字所記録的語詞"玦""肤""缺""陕"等俱有缺義(見本典第 322 條),缺義、絶義亦相通。聲符字"夬"本指環形而有缺口之玉,實即玉形如環而絶斷意,其絶義爲"夬"之顯性語義。

(324) 趹鈌栔(擊義)

趹 騾馬等以足擊人,其字亦作"駃"。《説文·走部》:"趹,踶也。从走,决省聲。"清朱駿聲《通訓定聲》:"从走,夬聲。"清王筠《句讀》:"踶者,馬以足擊人也。"《集韵·霽韵》:"趹,踶也。"《淮南子·兵略訓》:"有角者觸,有齒者噬,有毒者螫,有蹄者趹。"今按,唯"趹"與"踶"同義,故有"趹踶"之聯合式雙音詞。南朝梁元帝蕭繹《金樓子·立言》:"馬與馬遇則趹踶。"

鈌 刺擊。《説文·金部》:"鈌,刺也。从金,夬聲。"清朱駿聲《通訓定聲》:"與鐍略同。"《廣雅·釋詁一》:"鈌,刺也。"清王念孫《疏證》:"鈌、鐍並音古穴反,其義同也。"《廣韵·屑韵》:"鈌,刺也。"宋梅堯臣《正仲見贈依韵和答》:"既無鈌雲劍,身世遭黜黥。"

栔 以刀刮、劃。《説文·㓞部》:"栔,齘栔,刮也。从㓞,夬聲。一曰栔,畫堅也。"清朱駿聲《通訓定聲》:"《集韵》引《廣雅》:'栔,括也。'括又刮字之誤。"清桂馥《義證》:"畫,當爲劃……謂以堅劃堅也。"《玉篇·㓞部》:"栔,刷刮也。"《廣韵·黠韵》:"栔,刮也。"

〔推源〕 上述諸詞俱有擊義,爲夬聲所載之語源義,"撃"可相證。

夬:見紐支部;

撃:見紐錫部。

雙聲,支錫對轉。"撃",打擊字。《説文·手部》:"撃,攴也。从手,毄聲。"《廣韵·錫韵》:"撃,打也。"《詩·陳風·宛丘》:"坎其撃缶,宛丘之道。"《史記·項羽本紀》:"旦日饗士卒,爲撃破沛公軍。"

(325) 快趹駃狭(迅速義)

快 字从心,本指快樂。按,"快"即心理反應迅速之謂,故引申爲爽快、迅速義。《正字通·心部》:"快,俗謂急捷曰快。"《史記·項羽本紀》:"今日固決死,願爲諸君決戰。"《樂府詩集·横吹曲辭五·折楊柳歌辭五》:"健兒須快馬,快馬須健兒。"

趹 馬疾奔貌。《説文·足部》:"趹,馬行皃。从足,決省聲。"清朱駿聲《通訓定聲》:

"从足,夬聲。《秦策》:'秦馬之良,探前趹後,蹄間三尋。'《淮南•修務》:'敕蹻趹。'注:'趣也。'《後漢•班彪傳》注:'趹,奔也。'"《史記•張儀列傳》:"秦馬之良,戎兵之衆,探前趹後,蹄間三尋騰者,不可勝數。"唐司馬貞《索隱》:"謂馬前足探向前,後足趹於後,趹謂後足抉地,言馬之走勢疾也。"按,朱氏所引《淮南子》文之"趹",指人疾行,"趹"字从足,故可引申而指人。《玉篇•足部》:"趹,疾也。"《廣韵•屑韵》:"趹,足疾。"所訓即此義。

駃 駃騠,良馬,亦單稱"駃"。皆謂行走迅速之馬。《說文•馬部》:"駃,駃騠,馬父驘子也。从馬,夬聲。"清朱駿聲《通訓定聲》:"《廣雅•釋室》:'駃,奔也。'《淮南•齊俗》:'六騏驥,四駃騠。'注:'北翟之良馬也。凡驘不犦,犦則必駿。孟康云:駃騠生七日而超其母。'"《廣韵•夬韵》:"駃,駃馬,日行千里。"晉崔豹《古今注•雜注》:"曹真有駃馬,名爲驚帆,言其馳驟如烈風之舉帆疾也。"

狤 獸迅速奔走。《集韵•屑韵》:"狤,獸走也。"按,"走"即跑、逃跑。按,雙音詞"狡狤"謂恣意取樂,求其快感,其義亦相通。《詩•檜風•隰有萇楚》序"隰有萇楚,疾恣也"漢鄭玄箋:"恣,謂狡狤淫戲,不以禮也。"按,"狡狤"爲同義聯合式合成詞,"狡"亦有迅速義。《文選•班固〈西都賦〉》"雖輕迅與僄狡"唐李善注:"狡,疾也。"

〔推源〕 諸詞俱有迅速義,爲夬聲所載之語源義。夬聲字"決"亦可以其夬聲表迅速義。《莊子•逍遥遊》:"我決起而飛,搶榆枋。"唐陸德明《經典釋文》引晉李頤:"決,疾貌。"夬聲可載迅速義,"輕"可證之。

夬:見紐支部;

輕:溪紐耕部。

見溪旁紐,支耕對轉。"輕",本指輕車,引申之則有輕巧、迅速之義。《集韵•勁韵》:"輕,疾也。"《左傳•文公三年》"凡民逃其上曰潰,在上曰逃"晉杜預注:"國君輕走,群臣不知其謀,與匹夫逃竄無異,是以在衆曰潰,在上曰逃,各以類言之。"《淮南子•齊俗訓》:"故江河決沉一鄉,父子兄弟相遺而走,争升陵阪,上高丘,輕足先升,不能相顧也。"

(326) 奐呹翃颭(小義)

奐 小兔。《字彙補•大部》:"奐,與奐同。兔子。"

呹 小聲。《莊子•則陽》:"夫吹筦也,猶有嗃也;吹劍首者,呹而已矣。……道堯舜於戴晉人之前,譬猶一呹也。"唐陸德明《經典釋文》:"呹,司馬彪曰:呹然如風過。"清郭慶藩《集釋》:"呹,小聲也……吹劍環,則聲微小。"清張若需《望醫巫閭山》詩:"兹山閱歷萬萬古,劍首一呹歸鴻濛。"

翃 小鳥飛。字亦作"狄"。《龍龕手鑑•羽部》:"翃,同狄。"《玉篇•羽部》:"狄,小鳥飛。"《廣韵•薛韵》:"翃,小鳥飛。"

颭 小風。其字亦作"颭",作"颭"。《初學記》卷一引漢應劭《風俗通義》:"小風從孔來曰颭。"《集韵·薛韵》:"颭,小風。或从夬。"《說文·風部》:"颭,小風也。"清朱駿聲《通訓定聲》:"字亦作颭。《廣雅·釋詁四》:'颭,風也。'"按,朱氏所引《廣雅》文清王念孫《疏證》:"《廣韵》:'颭,小風也。'"宋曾鞏《遊金山寺作》詩:"地勢已瀟灑,風颱更颭颭。"

〔推源〕 諸詞皆有小義,當爲聲符字"夬"所承載的顯性語義。"夬"本指環形而有缺口之玉,所缺爲小者。凡言"缺",或爲形小,或爲數小。缺義、小義相通。

109 引聲

(327) 靷紖蚓矧(前引義)

靷 引車前行的皮帶。《說文·革部》:"靷,引軸也。从革,引聲。"清段玉裁注本作:"靷,所以引軸也",並注:"所以者字,依楊倞注《荀卿》補。……《秦風》毛傳曰:'靷,所以引也。'毛不言軸,許云軸以箸明之。轅載於軸,兩靷亦係於軸。《左傳》:'兩靷將絶,吾能止之。'"按,段氏所引《左傳·哀公二年》文唐孔穎達疏:"古之駕四馬者,服馬夾轅,其頸負軛,兩驂在旁,挽靷助之。""靷"謂驂馬外轡穿過服馬的游環繫於車軸而引車前行。

紖 牛鼻繩,牽引牛前行者。《說文·糸部》:"紖,牛系也。从糸,引聲。"《廣韵·震韵》:"紖,牛紖。"《禮記·少儀》:"牛則執紖,馬則執靷。"又《祭統》:"及迎牲,君執紖。"唐孔穎達疏:"紖,牛鼻繩。"按,其字時以"靷"爲之。宋孔平仲《續世説·賞譽》:"李密乘一黄牛,被以蒲韉,將《漢書》一帙挂於角上,一手捉牛靷,一手翻《漢書》。"

蚓 蚯蚓。行如牽引,當因此得名。《爾雅·釋蟲》:"螼蚓,蜸蠶。"晉郭璞注:"江東呼寒蚓。"《廣韵·軫韵》:"蚓,蚯蚓。"《孟子·滕文公下》:"夫蚓,上食槁壤,下飲黄泉。"漢趙岐注:"蚓,丘蚓之蟲也。"《禮記·月令》:"螻蟈鳴,蚯蚓出。"

矧 況且。其字亦省作"引",或作"訒"。按,"矧"爲連詞之記錄符號,"況且"表示遞進,此即前引義,其字从矢作,意亦此。《爾雅·釋言》:"矧,況也。"晉郭璞注:"引之或體也。"《說文·矢部》:"引,況也,詞也。从矢,引省聲。从矢,取詞之所之如矢也。"《玉篇·言部》:"訒,況也。或作矧。"《書·大誥》:"厥子乃弗肯堂,矧肯構?"僞孔傳:"子乃不肯爲堂基,況肯構立屋乎?"明陶宗儀《輟耕録·正統辨》:"論正閏者,猶以正統在蜀,正統相仍在江東,引嗣祚親切比諸光武、重耳者乎?"

〔推源〕 諸詞俱有前引之義,爲引聲所載之公共義。其前引義當爲聲符字"引"之顯性語義。"引",開弓,即拉引其弓。《說文·弓部》:"引,開弓也。从弓、丨。"《周禮·考工記·弓人》:"維體防之,引之中參。"引申之,則有前引義。《集韵·準韵》:"引,導也。"《禮記·檀弓上》:"喪服,兄弟之子,猶子也,蓋引而進之也。"《詩·大雅·行葦》:"黄耇臺背,以引以翼。"漢鄭玄箋:"在前曰引,在旁曰翼。"

110　弔聲

(328) 逛/到（抵達義）

逛　抵達，到達。其字本亦作"弔"。《説文·辵部》："逛，至也。从辵，弔聲。"清朱駿聲《通訓定聲》："經、傳皆以'弔'爲之。"清段玉裁注："《小雅》《盤庚》皆作'弔'。《釋詁》《毛傳》皆云：'弔，至也。'至者，弔中引伸之義，加辵乃後人爲之。"《廣韻·錫韻》："逛，至也。"《集韻·錫韻》："逛，至也。或省。"《書·盤庚下》："肆予沖人，非廢厥謀，弔由靈。"僞孔傳："弔，至。"《詩·小雅·天保》："神之弔矣，詒爾多福。"漢毛亨傳："弔，至。"

到　抵達，到達。《説文·至部》："到，至也。从至，刀聲。"《論語·季氏》："民到于今稱之。"唐韓愈《與馮宿論文書》："但力爲之，古人不難到。"

此二詞義既相同，音亦同，端紐雙聲，宵部叠韻，同源關係可認定。

〔推源〕"逛"的抵達、到達之義爲弔聲所載，考"弔"字象弓矢及繳形，其雠射義、抵達義當相通。

(329) 弔/釣/丫（懸挂義）

弔　懸挂，吊起來。宋陳規、湯璹《守城録·靖康朝野僉言後序》："壕上作橋，橋中作弔橋，暫時隔敵則可，若出兵則不能無礙。"元關漢卿《竇娥冤》第四折："受盡三推六問、弔拷綳扒。"《水滸傳》第一回："洪太尉倒在樹根底下，唬得三十六個牙齒捉對兒廝打，那心頭一似十五個弔桶七上八落的響。"

釣　垂釣，以釣具獲魚蝦等物。《説文·金部》："釣，鉤魚也。"《詩·衛風·竹竿》："籊籊竹竿，以釣於淇。"唐杜甫《重過何氏》詩："翡翠鳴衣桁，蜻蜓立釣絲。"按，"釣"之名本寓懸挂義，故引申爲懸挂。唐慧琳《一切經音義》卷三十一引《考聲》："釣，懸也。"宋陳規、湯璹《守城録·守城機要》："城門外壕上，舊制多設釣橋，本以防備奔衝，遇有寇至，拽起釣橋，攻者不可起壕而來。"明沈德符《野獲編·妓女·釣閫》："今兩京教坊，諸妓家門，多設半扉，其上截釣起。"

丫　懸挂。《玉篇·了部》："丫，懸物皃。"唐玄應《一切經音義》卷十三引漢揚雄《方言》："丫，懸也，趙魏之間曰丫。"今本《方言》此字作"佻"，爲形聲結構，當爲後起字，"丫"爲改造字，倒置"了"字形體而成。《古文苑·王延壽〈王孫賦〉》："或群跳而電透，丫瓜懸而瓠垂。"宋章樵注："倒了字……懸物貌，以足掛木枝如瓜瓠之懸繫。"

上述三詞義同，其音：

　　弔：端紐宵部；

　　丫：端紐宵部；

　　釣：端紐藥部。

三字皆雙聲,宵藥(沃)對轉。

〔推源〕 羅振玉以爲"弔"字"其本誼全爲隹射之隿,或即隿之本字"(《殷虚書契考釋》第四十四頁)。其說可從。按,古者隿射,繫之以繳,此與懸挂義本相通。以同源詞"釣""乚"之音義參之,則知"弔"字音節可載懸挂義。

111　丑聲

(330) 羞胏杻鈕(手義)

羞 字从羊,羊主給膳,手持羊以進獻。《說文·丑部》:"羞,進獻也。从羊,羊,所進也;从丑,丑亦聲。"清段玉裁注:"宗廟犬名'羹獻',犬肥者獻之,大羊一也,故从羊。引申之,凡進皆曰羞。"《左傳·隱公三年》:"可薦於鬼神,可羞於王公。"按,進獻他物稱"羞",爲引申義。

胏 手持肉食之。《說文·丑部》:"胏,食肉也。从丑,从肉。"清段玉裁注本作"丑亦聲",並注:"食肉必用手,故从丑、肉。"清桂馥《義證》:"'食肉也'者,《類篇》:'胏,肉善者。'"《廣韻·有韻》:"胏,食肉。"

杻 手銬。《廣韻·有韻》:"杻,杻械。""杍,古文。"《舊唐書·刑法志》:"繫囚之具,有枷、杻、鉗、鐐,皆有長短廣狹之制。"清劉衡《讀律心得》卷三:"遞解人犯,除原有杻鐐照舊外,其押解人役,若擅加杻鐐,非法亂打,除實犯死罪外,徒罪以上,俱枷號兩個月,發煙瘴充軍。"今按,"杻"本爲木名,指木質手銬,爲套用本字。

鈕 印把子,供手抓之物。《說文·金部》:"鈕,印鼻也。从金,丑聲。玨,古文鈕从玉。"清桂馥《義證》:"《御覽》六百八十二引《漢舊儀》:'皇帝六璽皆白玉螭虎鈕。'又六百八十三引云:'丞相、大將軍黃金印龜鈕,御史二千石銀印龜鈕,千石、六百石、百石皆銅印鼻鈕。'"《廣韻·有韻》:"鈕,印鼻。"《晉書·輿服志》:"諸王金璽龜鈕。"北魏崔鴻《十六國春秋·前涼·張寔》:"軍士張冰,於青澗水中得一玉璽,鉗鈕。"

〔推源〕 諸詞俱有手義,爲丑聲所載之公共義。聲符字"丑"象手形,然其手義爲其顯性語義。

112　爿聲

(331) 壯牂牀牂戕(長、大義)

壯 大。《爾雅·釋詁》:"壯,大也。"《說文·士部》:"壯,大也。从士,爿聲。"《易·大壯》:"《象》曰:大壯,大者壯也。"《呂氏春秋·仲夏紀》:"其器高以觕,養壯狡。"漢高誘注:"壯狡,多力之士。"按,即大力士。《北史·薛彪子傳》:"彪子姿貌壯偉,明斷有父風。"

觕 角長貌。《説文·角部》："觕,角長皃。从角,丬聲。"清段玉裁注："此字是於經史者,皆訛爲觕,从牛、角。""其義則本訓角長,引申之爲鹵莽之意,因之觕與精爲對文。"楊樹達《積微居小學金石論叢·釋觕》："觕訓角長,字从丬聲,蓋假丬爲長。"今按,此字蓋以丬聲表長、粗大義。《集韵·模韵》："粗,大也,疏也,物不精也。或作觕。"《吕氏春秋·孟夏》："食菽與鷄,其器高以觕。"漢高誘注："觕,大也。"考《説文》"觕"字宋徐鉉等注其音爲"士角切",則其上古音爲崇紐屋部;《廣韵》"觕"字注"徂古切",上古音爲從紐魚部。崇從旁紐,屋魚旁對轉。故段玉裁"觕"字訛爲"觕"字説可從。

牀 供人卧的長大木板。漢劉熙《釋名·釋牀帳》："人所坐卧曰牀。"《詩·小雅·斯干》："乃生男子,載寢之牀。"《漢書·游俠傳·萬章》："顯貲巨萬,當去,留牀席、器物數百萬直,欲以與章,章不受。"古者坐具或亦稱"牀",當爲渾言,析言之則坐具、卧具有别,卧具稱"牀",乃以丬聲表長大義。《説文·木部》："牀,安身之坐者。从木,丬聲。"清朱駿聲《通訓定聲》："字亦作床。古閑居坐於牀,隱於几,不垂足,夜則寢,晨興則斂枕簟。《廣雅·釋器》:'棲謂之牀。'《通俗文》:'牀三尺五曰榻板,獨坐曰枰,八尺曰牀。'"

牂 三歲的大母羊。《爾雅·釋獸》："羊牡羒,牝牂。"《廣雅·釋獸》："吴羊牡一歲曰牡羝,三歲曰羝;其牝一歲曰牸羝,三歲曰牂。"按,"羝"指小羊,乃以兆聲表小義,牝羊三年已長成而大,稱"牂",乃以丬聲表大義。"牂"字叠用可表茂盛茁壯之義,此與大義相通。《詩·陳風·東門之楊》："東門之楊,其葉牂牂。"漢毛亨傳："牂牂然盛貌。""牂"字單用亦可表壯義,亦爲一證。清朱駿聲《説文通訓定聲·壯部》："牂,《爾雅·釋天》:'太歲在午曰敦牂。'李注:'壯也。'"

戕 長槍,長矛。《説文·戈部》："戕,槍也。从戈,丬聲。"按,古籍多以"戕"表殺害義,漢許慎訓"槍","槍"爲長矛之稱,"戕"字蓋以丬聲表長義,"戕"即長戈之謂。

〔推源〕 諸詞皆有長大之共同義,當受諸丬聲。聲符字"丬"本謂木片,與長大義不相涉。然則諸字以丬聲表長大之語源義。"丬"字《五經文字》注"音墻"。沈兼士《廣韵聲系》:"丬,《説文》《廣韵》俱無,内府本《王韵·陽韵》七良反。"推其上古音爲清紐陽部;"長"字上古音爲定紐陽部。二字叠韵,清定鄰紐。故丬聲可表長義,而大義則本與長義通。

113 巴聲

(332) 鈀爬杷跁耙(爬行、爬梳義)

鈀 用來除草平土的鋤類農具。《正字通·金部》："鈀,鉏屬,五齒,平土除穢用之,俗呼爲鈀。"元陶宗儀《説郛》卷七十五引宋陸泳《吴下田家志》："九九八十一,犁鈀一齊出。""鈀"亦指以鈀鈀地或聚攏、疏散其物。明凌濛初《初刻拍案驚奇》卷二十:"那老兒和兒子每日裏只是鋤田鈀地,出去養家過活。"按,皖徽歙縣南鄉有"鈀柴""鈀松毛"等語,謂以鈀聚物。

爬 字从爪,謂以手指抓爬,即爬梳義。《廣韻·麻韻》:"爬,搔也。"晉葛洪《神仙傳·王遠》:"麻姑手爪似鳥,經見之,心中念曰:背大癢時,得此爪以爬背,當佳也。"唐韓愈等《雨中寄孟刑部幾道聯句》:"袪煩類決癰,愜興劇爬疥。"按,後世又以"爬"爲爬行字,爬行如爬梳,爬行義爲"爬"本義的比喻引申義。唐韓愈《月蝕詩效玉川子作》:"爬沙腳手鈍,誰使女解緣青冥。"《水滸傳》第五回:"打鬧裏,那大王爬出房門,奔到門前。"

杷 收麥器。《説文·木部》:"杷,收麥器。从木,巴聲。"清段玉裁注:"引申之義爲引取,與掊、捊義略同。"按,收麥即杷攏其麥,故引申爲杷攏、爬梳。漢王充《論衡·順鼓》:"塹道作坎,榜驅内於塹坎,杷蝗積聚以千斛數。"元魯明善《農桑輯要·播種·旱稻》:"凡種下田,不問秋夏,候水盡地白背時,速耕,杷耮頻翻令熟。"

跁 爬行。《正字通·足部》:"跁,今俗謂小兒匍匐曰跁。"元張翥《蟠松引》:"懸知根受元氣大,跁跒力爭崖石礙。"《土地寶卷·地金水泛品》:"跁起來又是笑,心中怒惱。"

耙 用來碎土、平地的農具,亦指以耙爬梳田地並可表抽象的爬梳義。《四川諺語》第一集:"深犂深耙,野草不發。"郭沫若《天地玄黃·民主運動中的二三事》:"一個大腦表皮貼滿了重重疊疊的招貼,實在是不大容易耙梳了。"

〔推源〕 諸詞或有爬梳義,或有爬行義,二義相近而通,出諸同一語源。聲符字"巴"本指傳説中的一種大蛇。《説文·巴部》:"巴,蟲也,或曰食象蛇。象形。"《山海經·海内南經》:"巴蛇食象,三歲而出其骨。"按,蛇爲爬行動物,故"巴"有爬行、攀援之義,"巴山虎""巴山越嶺""巴兒(指猿)"等即其證。

(333) 芭蚆把杷弝靶䎱舥鼥笆(圓而長義)

芭 芭蕉,其形圓而長,與香蕉相似。《玉篇·艸部》:"芭,芭蕉。"唐韋應物《閑居寄諸弟》詩:"盡日高齋無一事,芭蕉葉上獨題詩。"元袁桷《寄開元奎律師》:"雙塔亭亭透夕陽,芭蕉深處碧窗涼。"

蚆 海蚆,即寶貝,其殼卵圓形,其字別作"肥",亦从巴聲。《爾雅·釋魚》:"蚆,博而頯。"晉郭璞注:"頯者,中央廣,兩頭鋭。"清郝懿行《義疏》:"蚆者,雲南人呼貝爲肥。"《明史·雲南土司傳》:"本司歲納海肥七萬九千八百索。"清姚鼐《碩士約過舍久俟不至》詩:"秀句成見寄,豈不珍明蚆。"

把 器物之柄,圓而長。《禮記·曲禮上》"左手承弣"唐孔穎達疏:"弣,謂弓把也。"唐陸德明《經典釋文》:"把,手執處也。"《文選·潘岳〈射雉賦〉》:"戾翳旋把,縈隨所歷。"唐吕向注:"把,柄也。戾翳之柄,縈曲隨雉之行,使不見也。"按,"把"又有"握"義,《説文·手部》"把"字即訓"握",詞彙系統亦有"把握"之雙音詞,當基於把柄義,蓋物之柄可握。

杷 有齒的長柄農具。《説文·木部》:"杷,收麥器。从木,巴聲。"清桂馥《義證》:"收麥器者,《六書故》:'杷,爬草土、收禾麥器也。'引《漢書》'捽草杷土。'《急就篇》:'捃穫秉把插梸杷。'顔注：'無齒爲梸，有齒爲杷，皆所以推引聚禾穀也。'"漢王褒《僮約》："屈竹作杷，削治鹿盧。"宋江休復《江鄰幾雜志》："耆老云：每南風起，鹽結，須以杷翻轉，令風吹則堅實。"

弝 弓弝。《廣韵·禡韵》："弝，弓弝。"漢焦贛《易林·乾之明夷》："弓矢俱張，弝彈折弦。""弝"亦泛指把柄。唐李賀《申胡子觱篥歌》："朔客騎白馬，劍弝懸蘭纓。"

靶 把柄。唐慧琳《一切經音義》卷六十二："靶，柄也。"《北齊書·徐之才傳》："之才爲剖得蛤子二，大如榆莢。又有以骨爲刀子靶者，五色斑斕。"元喬吉《兩世姻緣》第三折："我是朶嬌滴滴洛陽花呀，險些露出風流話靶。"

𪰭 男根。

骲 刀柄，亦泛指器物之柄。《玉篇·骨部》："骲，刀骲也。"《集韵·禡韵》："骲，枋也。"明劉侗、于奕正《帝京景物略》卷四《城隍廟市》："青花茶骲杯，畫龍松梅。酒骲杯，畫人物海獸。"按，《集韵》所訓"枋"，本爲木名，其音《廣韵》注"府良切"，其又音《集韵》注"陂病切"。清朱駿聲《説文通訓定聲·壯部》："枋，假借爲柄。"《儀禮·士冠禮》："賓受醴於户東，加柶面枋，筵前北面。"漢鄭玄注："今文枋爲柄。"

髢 婦女髮式，盤髻於腦後，其形亦圓而長。《集韵·麻韵》："髢，髻貌。"許地山《危巢墜簡·解放者》："那女教員頭上梳着髢髢頭，灰布袍子，雖不入時，倒還優雅。"按"髢"或亦作"巴"。葉紫《星》第二章："誰聽她的呢，那巴巴頭就象一只烏龜殼似的，隨着剪刀落下來了。"

笆 一種長刺的竹子，即所謂棘竹。《玉篇·竹部》："笆，竹有刺。"《正字通·竹部》："笆，竹之有刺者。"清朱駿聲《説文通訓定聲》卷九所附《〈説文〉不録之字》："笆，《三蒼》：'棘竹。'一名笆竹。"晉戴凱之《竹譜》："棘竹，駢深一叢爲林，根如椎輪，節若束針，亦曰笆竹、城固是任。"按，竹則爲圓而長之物。

〔推源〕 上述諸詞均寓圓而長義。聲符字"巴"本指蛇，其特徵即圓而長。然則圓而長義爲"巴"之顯性語義。又，尾巴爲圓而長之物，其單音詞或只稱"巴"，亦爲一證。《洪武正韵·麻韵》："巴，尾也。"

（334）妃舥笆钯（分張、分布義）

妃 少女雙髻分張之髮式。《字彙·女部》："妃，妃頭，女兒雙髻。"清蒲松齡《日用俗字·雜貨章》："通草細花寶石墜，初札妃角末上頭。"

舥 牛的雙角分張。《集韵·麻韵》："舥，牛角張。"按，吳方言稱人的手脚分張爲"舥手舥脚"，可相證。《集韵》所載多方言、俗語，"舥"指牛角張雖未見諸典籍，但在語言中該語詞客觀存在。

笆 籬笆。《廣韵·麻韵》："笆，有刺竹籬。"唐柳宗元《同劉二十八院長述舊言懷感時書事》詩："引泉開故竇，護藥插新笆。"《元史·河渠志》："宜編荆笆爲水口，以泄水勢。"今按，"笆"之名當寓分布義。

帊 寬幅的帛，亦指袈裟類衣物。《説文新附·巾部》："帊，帛三幅曰帊。从巾，巴聲。"《廣韻·禡韻》："帊，帊幞。《通俗文》曰：'帛三幅曰帊。'帊，衣幞也。"《資治通鑑·梁元帝承聖三年》："詧使以布帊纏尸。"元胡三省注："《通俗文》曰：'三幅爲帊。'"五代甄鸞《笑道論·觀音侍老》："又道士服黃巾帔，或以服帊，通身被之，偷佛僧袈裟法服之相。"

〔推源〕 分張、分布二義相近而通，此當爲聲符字"巴"所載之語源義。"布"可相證之。上古音"巴"與"布"同，幫紐雙聲，魚部疊韻。"布"本爲古代葛、麻等織物之總稱，布性鋪張，故有展開、分布之衍義，雙音詞"分布"即源於此。《小爾雅·廣言》："布，展也。"《國語·周語下》："王以黃鐘之下宫，布戎於牧之野，故謂之厲，所以厲六師。"《史記·匈奴列傳》："（單于）見畜布野而無人牧者，怪之。"

(335) 疤羓粑（乾義）

疤 瘡疤，瘡的血膿乾了以後留下的痕。其字亦作"疕"。《正字通·疒部》："疤，俗呼瘡痕曰疤。"《元典章新集·刑部·偷盗》："王萬四將先犯刺字用火炙去，刺成人頭龍形，遮蓋疤瘢。"明湯顯祖《牡丹亭·閨塾》："這招風嘴，把香頭來綽疤。"《正字通·皮部》："疕，同疤。"清張岱《陶庵夢憶·二十四橋風月》："疕鼇者簾，雄趾者闌。"

羓 乾肉，字亦作"豝""犯"。《集韻·麻韻》："羓，臘屬。"《古今韻會舉要·麻韻》："羓，臘屬。通作豝。"《新五代史·四夷附録第一》："德光行至欒城，得疾，卒於殺胡林。契丹破其腹，去其腸胃，實之以鹽，載而北，晉人謂之帝羓焉。"宋岳珂《桯史》卷九："帝羓之禍實昉此。"元曾瑞《哨遍·羊訴寃》："馳蹄熊掌、鹿脯獐犯，比我都無滋味。"

粑 餅類食物，按即乾糧之謂，其字亦作"粑"。明馮夢龍編《警世通言》之《趙太祖千里送京娘》："趕進一步，舉棒望腦後劈下，打做個肉粑。"丁玲《水》："也有一些茅蓬，這裏總又住滿了人，還是他們拿出一點粗糲的蕎麥粑粑來，和着水，大家貪饞的一下就吞光了。"

〔推源〕 諸詞皆有乾義。聲符字"巴"記録的語詞的顯性語義系列與乾義不相涉，其乾義爲巴聲所載之語源義。詞彙中有"乾巴巴"之三字格派生詞，詞根與詞綴的語義關係爲同義關係（以往人們多認爲此類詞的詞綴只有語法意義而無詞彙意義，實非篤論。）又，"羓""豝""犯"皆指乾肉，古者乾肉亦稱"脯"，"巴""脯"音極相近而通。

巴：幫紐魚部；

脯：並紐魚部。

疊韻，幫並旁紐。《説文·肉部》："脯，乾肉也。从肉，甫聲。"《漢書·東方朔傳》："生肉爲膾，乾肉爲脯。"明謝肇淛《五雜組·人部一》："堯舜至聖，身如脯臘。"引申之，水果脱水後亦稱"脯"，即所謂"果脯"。今按，乾肉稱"羓"、稱"脯"，各有其構詞理據。"羓"以巴聲表乾義，"脯"乃以甫聲表水盡義，肉中之水盡則爲乾肉。日將落稱"晡"，水將盡而近陸地稱

"浦""匍"有盡力之義,皆可相證。參本典"甫聲"。

114　刅聲

(336) 刱/戕傷(傷害義)

刱　傷害。字亦作"刅""創"。《説文·井部》:"刱,造法刱業也。从井,刅聲。讀若創。"清朱駿聲《通訓定聲》:"經、傳皆以創爲之。"《集韵·陽韵》:"刅,或作創、刱。"《説文·刃部》:"刅,傷也。从刃,从一。創,或从刀,倉聲。"《荀子·禮論》:"創巨者其日久,痛甚者其瘉遲。"唐楊倞注:"創,傷也。"清畢沅《續資治通鑑·宋真宗咸平三年》:"柳中流矢,裏創而戰,衆皆披靡。"

戕　殺害,傷害。《玉篇·戈部》:"戕,殺也。"漢劉熙《釋名·釋疾病》:"創,戕也,戕毀體使傷也。"《書·盤庚中》:"汝共作我畜我,汝有戕則在乃心。"僞孔傳:"戕,殘也。"《易·小過》:"弗過防之,從或戕之,凶。"唐李鼎祚《集解》:"戕,殺也。"《新唐書·高宗紀·贊》:"武氏之亂,唐之宗室,戕殺殆盡,其賢士大夫不免者十八九。"

傷　傷害。《説文·人部》:"傷,創也。"《字彙·人部》:"傷,戕也,害也。"《書·説命上》:"若跣弗視地,厥足用傷。"《禮記·月令》:"命理瞻傷,察創,視折。"漢鄭玄注:"創之淺者曰傷。"《史記·樂書》:"教者,民之寒暑也,教不時則傷世。"唐張守節《正義》:"樂教不時,傷世俗之化也。"

以上三詞俱有傷害義,其音亦相近而通。

　　刱:初紐陽部;
　　戕:從紐陽部;
　　傷:書紐陽部。

初從準旁紐,書(審)與初、從鄰紐。

〔推源〕　"刱"的初文作"刅",即聲符字。"刅"字从刃,刃爲傷人之具。以其音與"戕""傷"相近而通,故可表傷害義。

115　允聲

(337) 阭鈗(高、長義)

阭　高。《説文·阜部》:"阭,高也。一曰石也。从阜,允聲。"清朱駿聲《通訓定聲》:"當以石爲本訓,高者,借爲陵字。"按,朱説似未得肯綮,"陵"即"陵","阭"之轉注字,非假借。清桂馥《義證》云:"'高也'者,《集韵》:'阭,高也。或作陖。'"按《玉篇·阜部》"陖"訓

"高兒"。清俞樾《兒笘録》:"阭,此即陵之古文也。陵篆説解曰:'峭高也。从阜,夋聲。'夋字本从允聲,則夋聲即允聲矣。"《文物》1963年第九期:"《清源舊志》……安平橋,共長八百十有一丈,其廣一丈有六尺,疏爲水道者三百六十有二,以欄楯爲周防,繩直砥平,左右若一,阭然玉路,崛然金堤。"

鈗 侍臣所執矛類兵器。矛形長,故有長矛、長槍之稱,然則"鈗"之名本有長義。《説文·金部》:"鈗,侍臣所執兵也。从金,允聲。《周書》曰:'一人冕,執鈗。'讀若允。"清段玉裁注:"《顧命》作'鋭',僞孔傳云:'鋭,矛屬也'"按,《集韻·术韻》亦云:"鋭,矛屬。或作鈗。"其名爲"鋭",取其尖鋭之意,語源不一。元袁桷《次韵周南翁退朝》詩之二:"舞階飛絮呈縢六,執鈗傳臚轉阿香。"

〔推源〕 此二詞分別有高義、長義,二義本相通,凡物長,竪之則高。其高義、長義爲允聲所載之公共義。字符字"允"从人、㠯聲,《説文》訓"信"即誠實義,與高義、長義不相涉,其高義、長義乃允聲所載之語源義。"允"字單用本可表長義。《尚書·酒誥》:"兹乃允惟王正事之臣,兹亦惟天若元德,永不忘在王家。"楊樹達《積微居讀書記》:"允,讀爲駿,長也。"又,允聲字"畎"亦可表高義。"畎"字見諸甲骨文、金文,後世多作"畯",指農官,然有"崇高"之語源義。南朝梁劉勰《文心雕龍·風骨》:"群才韜筆,乃其骨髓畯也。"允聲可載高、長義,"遠"可相證。

允:余紐文部;
遠:匣紐元部。

余(喻四)匣旁紐,文元旁轉。"遠",遙遠,空間距離大;亦指時間距離大,則即長遠義。《爾雅·釋詁上》:"遠,遐也。"《易·繫辭下》:"近取諸身,遠取諸物,於是始作八卦。"《論語·學而》:"慎終追遠,民德歸厚矣。"宋邢昺疏:"遠謂親終既葬日月已遠也。"唯"遠"有時長義,故有"長遠"之雙音詞;長義、高義相通,故又有"高遠"一詞。

(338) 夋吮(緩義)

夋 行走舒緩貌。《説文·夊部》:"夋,行夋夋也。从夊,允聲。"南唐徐鍇《繫傳》:"夋夋,舒遲也。"清徐灝《注箋》:"夋、逡古今字。夋夋,猶逡巡也。"按"逡"字漢許慎訓"復"即從容往復義,此與緩義通;《爾雅·釋言》訓"退"即退行義,退行則緩慢。雙音詞"逡巡"亦有退行義,又有徘徊、遲疑等義,皆與緩義通。《莊子·秋水》:"東海之鱉,左足未入,而右膝已縶矣,於是逡巡而卻。"唐成玄英疏:"逡巡,從容也。"按"逡巡而卻"即緩緩後退。

吮 含吸。按"吮"即緩緩吸取,與"喝""飲"相殊異。《説文·口部》:"吮,欶也。从口,允聲。"按許書《欠部》"欶"訓"吮",清桂馥《義證》:"《通俗文》:'含吸曰欶。'"《漢書·佞幸傳·鄧通》:"文帝嘗病癰,鄧通常爲上嗽吮之。"按"嗽吮"連文同義,"欶""嗽"古今字。唐吴兢《貞觀政要·仁惻》:"右衛大將軍李思摩爲流矢所中,帝親爲吮血,將士莫不感動。"

〔推源〕 此二詞俱有緩義,當爲允聲所載之語源義。允聲可載緩義,"緩"可相證。

允：余紐文部；

緩：匣紐元部。

余(喻四)匣旁紐,文元旁轉。"緩",緩慢字。《玉篇·糸部》:"緩,遲緩也。"《管子·五行》:"昔者黃帝以其緩急作立五聲,以政五鐘。"唐韓愈《韶州留別張端公使君》:"鳴笛急吹爭落日,清歌緩送款行人。"

116 予聲

(339) 豫仔鱮(長、大義)

豫 象之大者。《説文·象部》:"豫,象之大者。賈侍中説:'不害於物。'从象,予聲。"清段玉裁注:"此豫之本義,故其字从象也。"清桂馥《義證》:"'象之大者'者,《老子》'豫兮若冬涉川'范應元注:'豫,象屬。'"按,河南簡稱"豫",以古有豫州之地,"豫州"當得名於其地有大象。河南有象牙出土,足證許訓。又,擡高、增大物價稱"豫價",當爲引申義,源流可互證之。《荀子·儒效》:"魯之粥牛馬者不豫賈。"唐楊倞注:"豫賈,定爲高價也。"

仔 頭長。漢揚雄《方言》卷二:"《燕記》曰:'豐人杼首。'杼首,長首也。楚謂之仔。""仔"亦有"大"訓。《集韵·語韵》:"仔,大也。"

鱮 鱮科魚類。當以體長、頭長而得名。

〔推源〕 此三詞或有長義,或有大義,長義、大義相通。聲符字"予"謂推予,與長義、大義不相涉。其長、大義爲予聲所載之語源義。予聲可載長、大義,"大"可證之。

予：余紐魚部；

大：定紐月部。

余(喻四)定準旁紐,魚月通轉。有形體不小稱"大",人的生命時間長稱"年紀大",足證長義、大義相通。

(340) 紓序抒(舒展義)

紓 字从糸,《方言》《説文》皆訓"緩",即緩和、舒緩義,引申之則有舒展義。《晉書·郭璞傳》:"否滯之氣隨谷風而紓散。"宋蘇轍《和顧主簿見贈》:"笑談容我聊紓放,文字憑君便去留。"

序 本指堂屋的東西牆,引申之則有序列、次序義,又引申爲舒展義。《玉篇·广部》:"序,舒也。"按"舒"即舒展字,見下文。清朱駿聲《説文通訓定聲·豫部》:"序,《公羊·序》疏:'序者,舒也。'"《周禮·考工記·鮑人》:"卷而摶之而不迆,則厚薄序也。"漢鄭玄注:"序,舒也。"按,"序"又有依次叙述義,此即抽象的舒展義。《三國志·吳志·孫休傳》:"布得詔陳謝,重自序述。"

抒 字从手,本謂舀出、汲出,引申爲抒發義,抒發即抽象的舒展義。清朱駿聲《説文通訓定聲·豫部》:"抒,《後漢·殤帝紀》注:'抒,舒也。'""《楚辭·惜誦》:'發憤以抒情。'《漢書·劉向傳》:'一抒愚意。'《鶡冠子·能天》:"口者,所以抒心誠意也。"

〔推源〕 諸詞俱有舒展義,爲予聲所載之公共義。聲符字"予"本謂推予,其舒展義或與之相通。又,"舒"字可證予聲之舒展義。

予:余紐魚部;

舒:書紐魚部。

叠韵,余(喻四)書(審三)旁紐。"舒",本義即舒展。《説文·予部》:"舒,伸也。从舍,从予,予亦聲。"清段玉裁注:"从予,舍聲。"並注:"鍇本作从舍、予聲者,淺人不知舍之古音而改之也。"清朱駿聲《通訓定聲》:"按,从予,手之伸也,舍聲。《小爾雅·廣詁》:'舒,展也。'《方言》六:'東齊之間,凡展物謂之舒勃。'"今按,"舍"字之上古音爲書紐魚部,正與"舒"同,"舒"爲舍聲字無疑。《廣雅·釋詁三》:"舒,展也。"《廣韵·魚韵》:"舒,伸也。"漢劉勝《文木賦》:"裁爲用器,曲直舒卷。"晉張協《七命》:"若其靈寶,則舒辟無方。"

(341) 紓忬(舒緩、遲疑義)

紓 舒緩,寬緩。漢揚雄《方言》卷十二:"紓,緩也。"《説文·糸部》:"紓,緩也。从糸,予聲。"《廣韵·語韵》:"紓,緩也。"《左傳·文公十六年》:"子,身之貳也,姑紓死焉。"晉杜預注:"紓,緩也。"明賈仲名《蕭淑蘭》第四折:"舞態輕盈,歌聲紓緩。"

忬 兼有遲疑、舒緩二義,此二義當相通。遲疑即不果斷,即緩慢。《集韵·御韵》:"預,或从心,通作豫。"按,表遲疑、猶豫義,"忬"當爲本字,"預"字从頁,"豫"字从象,皆借字。元關漢卿《蝴蝶夢》第二折:"這壁廂那壁廂,由由忬忬,眼眼厮覷。"《集韵·魚韵》:"紓,《説文》:'緩也。'或作忬。通作舒。"按,"忬"的舒緩義當爲遲疑義之引申。

〔推源〕 此二詞之舒緩、遲疑義爲予聲所載之語源義。遲緩、猶豫義以"豫"爲正字,然爲借字,亦以予聲載遲緩義。《楚辭·九章·惜誦》:"壹心而不豫兮,羌不可保也。"漢王逸注:"豫,猶豫也。"又,舒緩字作"舒",其音本與"予"相近而通。

予:余紐魚部;

舒:書紐魚部。

余(喻四)書(審三)旁紐,魚部叠韵。《説文·予部》:"舒,一曰:舒,緩也。"清朱駿聲《通訓定聲》:"舒,假借爲紓、爲徐。……《爾雅·釋言》:'舒,緩也。'《廣雅·釋詁四》:'舒,遲也。'《書·洪范》:'曰舒,恒燠若。'鄭注:'舒,舉遲也。'王注:'舒,惰也。'《詩·野有死麕》:'舒有脱脱兮。'傳:'徐也。'《月出》:'舒窈糾兮。'傳:'遲也。'"今按,《説文》"舒"字首訓

"伸"即伸展、舒展義,又訓"緩"即舒緩義,二義本相通。故"舒"表舒緩、遲緩之本無煩假借。

(342) 序/緒(端緒義)

序 字从廣,本指堂屋的東西墻,引申爲序列、順序義,又引申爲端緒義。《漢書·韋賢傳》:"楚王夢亦有其序。"唐顔師古注:"序,緒也,謂端緒也。"又,文前之文稱"序",即正文之頭,引出正文之頭緒、端緒。南朝梁劉勰《文心雕龍·頌贊》:"至於班、傅之《北征》《西巡》,變爲序引,豈不褒過而謬體哉!"

緒 絲的頭緒。《説文·糸部》:"緒,絲耑也。"清段玉裁注:"抽絲者得緒而可引。"漢焦贛《易林·豫之同人》:"飢蠶作室,絲多亂緒,端不可得。"虛化引申爲端緒義。三國魏曹植《自試令》:"(王)機等吹毛求疵,千端萬緒,然終無可言者。"《淮南子·精神訓》:"反覆終始,不知其端緒。"

〔推源〕 此二詞俱有端緒義。"序"的端緒義爲其引申義,換言之,則爲予者所載之義。"序"的上古音爲邪紐魚部,聲符字"予"余紐魚部,邪余(喻四)鄰紐,魚部疊韵,然則爲同一音節之規則性變化。"緒"與"序"同音,雙聲兼疊韵,二詞音義皆同。

(343) 忬/愉(安樂、愉悦義)

忬 字从心,有"安"訓,謂安樂、愉悦。《廣韵·御韵》:"忬,安也。"按,語言中此詞當客觀存在,文獻中常以予聲字"豫、伃、預"爲之(見下"推源"欄),"忬"爲《心部》字,表安義,不爲假借。

愉 安樂,愉悦。《爾雅·釋詁上》:"愉,樂也。"宋邢昺疏:"愉者,安閑之樂也。"《説文·心部》:"愉,薄也。"清段玉裁注:"當作'薄樂也',轉寫奪'樂'字。"清朱駿聲《通訓定聲》:"《廣雅·釋詁一》:'喜也。'《三》:'説也。'……《詩·山有樞》:'他人是愉。'《禮記·祭義》:'其敬之也,敬以愉。'"《莊子·在宥》:"桀之治天下也,使天下瘁瘁焉人苦其性,是不愉也。"唐成玄英疏:"愉,樂也。"漢荀悦《漢紀·宣帝紀四》:"千載一會,愉悦無斁。"

〔推源〕 此二詞俱有安樂、愉悦義。"忬"字乃以予聲載此語源義。"豫""伃""預"可相證。《爾雅·釋詁上》:"豫,樂也。"《釋詁下》:"豫,安也。"宋邢昺疏:"皆安樂也。"《廣韵·御韵》:"豫,安也。"清朱駿聲《説文通訓定聲·豫部》:"豫,《易·豫》鄭注:'喜豫説樂之兒也。'"《書·金縢》:"王有疾,弗豫。"宋曾鞏《賀熙寧十年南郊禮畢大赦表》:"家有豫樂之聲,人無愁怨之色。""伃",亦"安"訓,蓋即安樂義。《集韵·語韵》:"伃,安也。"《玉篇·頁部》:"預,樂也。"《廣韵·御韵》:"預,安也,樂也。"唐白居易《和微之詩·和三月三十日四十韵》:"仙亭日登眺,虎丘時游預。"

予聲與"愉"聲本相近而通,故予聲可載安樂、愉悦義。

予:余紐魚部;

愉:余紐侯部。

然則雙聲,魚侯旁轉。

117　未聲

(344) 昧眛寐魅(不明義)

昧　昏暗不明。《説文·日部》:"昧,昧爽,旦明也。从日,未聲。一曰闇也。"清朱駿聲《通訓定聲》:"按,將明尚暗之時也。《小爾雅·廣詁》:'昧,冥也。'《廣雅·釋訓》:'昧昧,暗也。'《書·堯典》:'日昧谷。'……《牧誓》:'時甲子昧爽。'"《廣韻·隊韻》:"昧,暗昧。"《淮南子·原道訓》:"氣不當其所充而用之則泄,神非其所宜而行之則昧。"漢高誘注:"昧,不明也。"

眛　目不明。《説文·目部》:"眛,目不明也。从目,未聲。"清朱駿聲《通訓定聲》:"《左僖廿四傳》:'目不別五色之章爲眛。'以'昧'爲之……楚人謂厭爲眛,喻無知也。"今按,朱駿聲氏、段玉裁氏皆以爲"昧""眛"同字,實則不然。"昧"本謂日不明,引申爲凡黑暗不明之稱。"眛"本指目不明,引申爲愚昧、不明事理義,猶今言"有眼無珠""瞎了眼",《字彙·目部》所訓"眛,昏也",亦此義。《廣韻·隊韻》:"眛,目暗。"又《泰韻》:"眛,肺眛,目不明也。"按,"肺眛"當爲同義連文。《集韻·未韻》:"眛,《説文》:'目不明也。'或从市。"

寐　或作"寢",睡着,神志不明。《説文·宀部》:"寐,卧也。从㝱省,未聲。"清段玉裁注:"俗所謂睡着也。"清朱駿聲《通訓定聲》:"《詩·關雎》:'寤寐求之。'傳:'寢也。'《晉語》:'歸寢不寐。'注:'瞑也。'按,在牀曰寢,病寢曰寢,隱几曰卧,合目曰眠,眠而無知曰寐。"《廣韻·未韻》:"寐,寢也,卧也,息也。"沈兼士《聲系》:"案'寐',内府本《王韻》作'寢'。"《龍龕手鑑·穴部》:"寢,俗;正作寐。"宋陸九淵《陸象山語録》卷下:"孟子喜而不寐。"

魅　一作"袜",古人以爲物老成精怪即"魅"。按,"魅"爲虛擬者,實則不明物之謂。《説文·鬼部》:"彲,老精物也。……魅,或从未聲。"《玉篇·示部》:"袜,即鬼魅也。"《左傳·宣公三年》:"螭魅罔兩,莫能逢之。"晉杜預注:"魅,怪物。"《山海經·海内北經》:"袜其爲物,人身黑首從目。"晉郭璞注:"袜,即魅也。"

〔推源〕　諸詞俱有不明義,爲未聲所載之公共義。聲符字"未",《説文·木部》云"象木重枝葉",其音義皆與"茂"相近,然則與不明義不相涉。其不明義爲未聲所載之語源義。未聲可載不明義,"每"可相證。

未:明紐物部;
每:明紐之部。

雙聲,物之通轉。"每"字从中母聲,本指草茂盛,然亦以母聲表陰暗不明之語源義,爲"晦"字之初文。孫海波《誠齋甲骨文字考釋》:"每,蓋爲晦之假借字。晦,冥也。"胡光煒《甲骨文例》:"卜辭多言'其每',皆假以爲霉,每孜聲同,故《爾雅》言'霉謂之晦'。"甲3593:"戊弖田其每。"又641:"至……弗每不雨。"

118　末聲

(345) 麩𡊎(碎末義)

麩　糧食磨成的碎末。《玉篇·麥部》:"麩,䴲也。今呼米屑也。"《廣韻·末韻》:"麩,䴲也。"清桂馥《札樸·鄉里舊聞·麩糊》:"沂州南境以大豆、大麥細屑爲鬻,謂之麩糊。"按,其字亦以"秣"爲之,同从末聲。《説文·䰛部》:"鬻,涼州謂鬻爲鬻。秣,鬻或省从末。"《管子·輕重丁》:"城陽大夫,嬖寵被絺綌,鵝鶩含餘秣。"

𡊎　塵土,即土之碎末。《廣雅·釋詁三》:"𡊎,塵也。"《廣韻·末韻》:"𡊎,壤也。"《廣雅·釋詁三》:"壤,塵也。"《集韻·末韻》:"𡊎,塵壤也。"今按,"𡊎""坋"當爲轉注字。"𡊎"字之上古音明紐月部,"坋"字並紐文部,明並旁紐,文月旁對轉。《説文·土部》:"坋,塵也。"《儀禮·鄉飲酒禮》"遂拜,降盥"漢鄭玄注:"復盥,爲手坋汙。"

〔推源〕　此二詞俱有碎末義,爲末聲所載之公共義。聲符字"末"所記録語詞謂樹梢。《説文·木部》:"末,木上曰末。从木,一在其上。"《楚辭·九歌·湘君》:"采薜荔兮水中,搴芙蓉兮木末。"按,樹梢爲物細微,故引申而指細碎微小。《晉書·石崇傳》:"豆至難煮,豫作熟末,客來,但作白粥以投之耳。"唐李白《酬張司馬贈墨》:"上黨碧松煙,夷陵丹砂末。"然則"麩""𡊎"之碎末義亦爲其顯性語義。

(346) 秣/哺(喂養義)

秣　喂養。字亦作"䬴"。《玉篇·禾部》:"秣,秣養也。"《集韻·末韻》:"䬴,或从禾。"《詩·周南·漢廣》:"之子于歸,言秣其馬。"漢毛亨傳:"秣,養也。"《左傳·僖公三十三年》:"鄭穆公使視客館,則束載厲兵秣馬矣。"唐陸德明《經典釋文》:"秣,《説文》作'䬴'。"唐李公佐《南柯太守傳》:"二友謂生曰:'子其寢矣,余將䬴馬濯足,俟小愈而去。'"

哺　喂養。字亦作"鋪"。《爾雅·釋鳥》:"生哺鷇。"晉郭璞注:"鳥子須母食之。"唐慧琳《一切經音義》卷十四:"鋪,亦作哺,口中嚼食與小兒也。"《漢書·賈誼傳》:"抱哺其子。"唐顏師古注:"哺,飤也。"按"飤"同"飼"。清王闓運《莫姬哀詞》:"梁山千里,正月寒飀,卧輜咯血,乞乳鋪孩。"

〔推源〕　此二詞義同,其音亦相近而相通,語源當同。

　　　　　　秣:明紐月部;
　　　　　　哺:並紐魚部。

明並旁紐,月魚通轉。"秣""䬴"乃以末聲載喂養義。

(347) 抹袜帕絉（貼近、延伸義）

抹 涂抹，擦拭，皆貼近而由一處延伸至另一處之義。《增韻·末韻》："抹，塗抹也。亂曰塗，長曰抹。"唐杜甫《北征》："學母無不爲，曉粧隨手抹。"元李文蔚《燕青搏魚》第二折："快與我抹下淺盆，磨下刀刃。"引申之，亦有貼近義。徐珂《清稗類鈔·服飾類》："抹者，附著之義。"後蜀毛熙震《浣溪沙》："静眠珍簟起來慵，綉羅紅嫩抹酥胸。"

袜 抹胸，兜肚，貼近胸、腹部而延伸之物。《廣韻·末韻》："袜，袜肚。"《玉臺新詠·劉緩〈敬酬劉長史詠名士悦傾城詩〉》："釵長逐鬟髲，袜小稱腰身。"清吳兆宜注："袜爲女人脇衣。崔豹《古今注》謂之腰綵，今吴人謂之袜胸。"《陳書·周迪傳》："冬則短身布袍，夏則紫紗袜腹。"

帕 頭帕，貼近頭部而沿圓周方向延伸之物。《玉篇·巾部》："帕，帕巾。"唐韓愈《送幽州李端公序》："司徒公紅帕首，韝袴握刀，左右雜佩，弓韣服，矢插房，俯立迎道左。"原注："帕，或作帕。"今按，"帕""帕"當爲轉注字。"帕"字之上古音爲明紐月部，"帕"字滂紐魚部，明滂旁紐，月魚通轉。宋蘇軾《客俎經旬無肉》："從今免被孫郎笑，絳帕蒙頭讀道書。"

絉 束衣帶，貼近衣服而延伸之物。其字亦以"靺""袜"爲之。《廣韻·末韻》："靺，靺鞈，大帶。"《集韻·末韻》："袜，所以束衣也。或从糸。"漢劉向《列女傳·魯季敬姜》："昔者武王罷朝而結絲絉絶，左右顧無可使結之者，俯而自申之。"

〔推源〕 諸詞俱有貼近延伸義，爲末聲所載之公共義。聲符字"末"所記録語詞之本義、引申義系列與此義不相涉，此義爲末聲所載之語源義。末聲可載貼近延伸義，"摩"可證之。

末：明紐月部；

摩：明紐歌部。

雙聲，月歌對轉。"摩"，摩擦，貼近而移動延伸其接觸點。《說文·手部》："摩，研也。"《左傳·昭公十二年》："摩厲以須，王出，吾刃將斬矣。"《周禮·考工記·輪人》："既摩，革色青白，謂之轂之善。"漢鄭玄注："以石摩平之。"虛化引申爲貼近、臨近義。《廣雅·釋詁三》："摩，近也。"漢王粲《從軍》："寒蟬在樹鳴，鸛鵲摩天遊。"三國魏曹植《野田黄雀行》："飛飛摩蒼天，來下謝少年。"

119 示聲

(348) 眎衼（顯示義）

眎 呈現，顯示。《玉篇·目部》："眎，亦作示。"《廣韻·至韻》："眎，呈也。"《漢書·趙充國傳》："至春省甲士卒，循河湟漕穀至臨羌，以眎羌虜。"按"眎"亦爲"視"之古文。《集韻·至韻》："視,古作眎。"《説文·見部》："視,瞻也。从見、示。"南唐徐鍇《繫傳》："从見,示聲。"清朱駿聲《通訓定聲》："从見,示聲……〔假借〕爲'示'。《漢書·高帝紀》：'亦視項羽無東意。'注：'《漢書》多以"視"爲"示",古通用字。'"按,"視"表顯示義,非假借,乃引申。有所顯示,人乃可視見之,二義相成相因。

殳 竿上懸羊皮以驚牛馬,即示警之義。《説文·殳部》："殳,殳也。从殳,示聲。或説城郭市里高縣羊皮,有不當入而欲入者,暫下以驚牛馬曰殳。"清朱駿聲《通訓定聲》："謂縣羊皮之竿爲殳也。"張舜徽《約注》："殳字从殳,殳實有驚衆之義。《周禮·司市》：'凡市,入則胥執鞭度守門。'鄭注云：'必執鞭度以威人衆也。度謂殳也,因刻丈尺耳。'……許君於殳下引或説云云,亦以明殳有驚物之義。承培元謂羊皮所以禁止牛馬,牛馬所以駕車,以羊皮禁止之,恐其車入市中也。其説是矣。"清顧景星《黃梅尹某公壽序》："關門夜開,不下羊皮之殳。"

〔推源〕 此二詞俱有顯示義,爲示聲所載之公共義。聲符字"示"所記録語詞本謂天顯示征象。《説文·示部》："示,天垂象,見吉凶,所以示人也。从二；三垂,日、月、星也。觀乎天文以察時變,示,神事。"漢揚雄《太玄·度》："於天示象,垂其範。"然則上述二詞之顯示義爲其顯性語義。示聲可載顯示義,則"呈"可相證。

示：船紐脂部；

呈：定紐耕部。

船(牀三)定準雙聲,脂耕通轉。"呈",呈現,顯示。《廣韻·清韻》："呈,示也,見也。"《晉書·元帝紀》："星斗呈祥,金陵表慶。"明李本《重編〈誠意伯文集〉序》："代有開創之君,必有佐命之臣,運籌定計,應機料敵,稱豪雄矣,而或歉於文學；呈華炫奇,開新啓昧,稱儒碩矣,而無裨於武功。"

120 正聲

(349) 証整政窺頏(正義)

証 諫正。謂以正言相諫,使言行正而不偏。《説文·言部》："証,諫也。从言,正聲。"清朱駿聲《通訓定聲》："《齊策》：'士尉以証靖郭君。'"按,朱氏所引《戰國策》文漢高誘注："証,諫也。"《廣韻·勁韻》："証,諫證。"《吕氏春秋·貴當》："其朝臣多賢,左右多忠,主有失,皆交爭証諫。"漢高誘注："証亦諫也。"按"諫証""証諫"皆同義連文。

整 整齊。按,此與正義相通,凡有形物整齊則多顯方正。《説文·攴部》："整,齊也。从攴,从束,从正,正亦聲。"清朱駿聲《通訓定聲》："《禮記·月令》：'整設於屏外。'注：'正列也。'《吕覽·簡選》：'行陳整齊。'注：'周旋進退也。'《淮南·覽冥》：'爲整齊而斂諧。'注：

'不差也。'"引申之,亦有端正義。南朝宋劉義慶《世說新語·容止》:"王夷甫容貌整麗,妙於談玄。"

政 政治,治理而使正。《廣韻·勁韻》:"政,政化。"《書·洪範》:"八政:一曰食,二曰貨,三曰祀,四曰司空,五曰司徒,六曰司寇,七曰賓,八曰師。"引申爲匡正義。《説文·攴部》:"政,正也。从攴,从正,正亦聲。"清朱駿聲《通訓定聲》:"《論語》'有政'馬注:'政者有所改更匡正。'……《周禮·夏官》:'使帥其屬而掌邦政。'注:'政,所正不正者也。'……〔聲訓〕《論語》:'政者,正也。'《釋名·釋言語》:'政,正也,下所取正也。'"

窺 正視。《説文·穴部》:"窺,正視也。从穴中正見也。正亦聲。"清朱駿聲《通訓定聲》:"《廣雅·釋詁一》:'窺,視也。'"《廣韻·庚韻》:"窺,正視。"

頲 有"正"訓。《玉篇·頁部》:"頲,正也。"按,此字古時用作人名。

〔推源〕 諸詞俱有正義,爲正聲所載之公共義。聲符字"正"所記録語詞之本義即正,然則諸詞之正義爲其顯性語義。《説文·正部》:"正,是也。从止,一以止。"《論語·鄉黨》:"席不正不坐。"《書·説命上》:"惟木從繩則正,後從諫則聖。"正聲可載正義,則"中"可相證。

正:章紐耕部;
中:端紐冬部。

章(照)端準雙聲,耕冬(東)旁轉。"中",正。《晏子春秋·内篇問上》:"衣冠不中,不敢以入朝。"張純一《校注》:"中,正也。"《詩·齊風·猗嗟》:"終日射侯,不出正兮。"漢鄭玄箋:"正,所以射於侯中者。"《孫子·九地》:"擊其中,則首尾俱應。"

(350) 定脀(熟義)

定 安定。《説文·宀部》:"定,安也。从宀,从正。"南唐徐鍇《繫傳》:"从宀,正聲。"《易·家人》:"正家而天下定矣。"引申爲完成、成熟義。清朱駿聲《説文通訓定聲·鼎部》:"定,《月令》:'以待陰陽之所定。'《吕覽》注:'猶成也。'……《易·繫辭》:'乾坤定矣。'虞注:'謂成列。'〔假借〕又爲'成'。《儀禮·鄉飲禮》:'羹定速賓。'注:'猶孰也。'《淮南·天文》:'秋分蔈定。'注:'成也。'《禮記·禮器》:'羹定詔於室。'"今按,"定"表成熟義,無煩假借,安定、完成、成熟諸義本同條共貫。

脀 煎煮魚肉使熟。《廣韻·清韻》:"鯖,煮魚煎食曰五侯鯖。脀,同鯖。"《集韻·清韻》:"脀,煮魚煎肉曰脀。或作鯖。"北魏賈思勰《齊民要術·作魚鮓》:"酒食俱入,酥塗火炙特精,脀之,尤美也。"《西京雜記》卷二:"五侯不相能,賓客不得來往,婁護豐辯,傳食五侯間,各得其歡心,競致奇膳,護乃合以爲鯖,世稱五侯鯖。"

〔推源〕 此二詞俱有熟義,爲正聲所載之公共義。聲符字"正"所記録語詞之本義、引申義與熟義不相涉,其熟義爲正聲所載之語源義。正聲可載熟義,"成"可證之。

正：章紐耕部；
成：禪紐耕部。

章(照)禪旁紐，耕部叠韻。"成"，成就、完成。《説文・戉部》："成，就也。"《詩・大雅・靈臺》："庶民攻之，不日成之。"引申爲成熟。《國語・晉語七》："其稟而不材，是穀不成也。"三國吴韋昭注："不成，謂秕也。"《吕氏春秋・明理》："五穀萎敗不成。"漢高誘注："成，熟也。"

(351) 怔定眐(停止、專一義)

怔 怔忪，驚恐。《玉篇・心部》："怔，怔忪，懼兒。"《廣韻・清韻》："怔，怔忪，懼兒。"漢王符《潛夫論・救邊》："旬時之間，虜復爲害，軍書交馳，羽檄狎至，乃復怔忪如前。"引申爲發呆義，發呆即止而不動。《紅樓夢》第七十三回："他怔怔的只當是晴雯打了他一下。"清李寶嘉《文明小史》第五十二回："見了饒鴻生的面，便問你姓饒麽？饒鴻生怔了一怔。"

定 安定(見本典第350條)，引申爲停止。《爾雅・釋詁下》："定，止也。"《詩・小雅・采薇》："我戍未定，靡使歸聘。"漢鄭玄箋："定，止也。""定"又有用心專一、凝視義。《字彙・宀部》："定，凝也。"漢東方朔《非有先生論》："體不安席，食不甘味，目不視靡曼之色，耳不聽鐘鼓之音，虚心定志，欲聞流議者三年于兹矣。"《太平廣記》卷六引《洞冥記》："臣舉手拭之，恐水濕席，定視乃光也。"

眐 凝視，眼光止於一處。《玉篇・目部》："眐，獨視兒。"《廣韻・清韻》："眐，獨視兒。"《集韻・勁韻》："眐，耑視。"按，"眐"又有獨行義，其字从目，本與行走義不相涉；目光由此及彼則如行走，或由獨視義引申爲獨行義。《楚辭・哀時命》："魂眐眐以寄獨兮，汩徂往而不歸。"漢王逸注："眐眐，獨行貌也。"

〔推源〕 諸詞俱有停止、專一義，爲正聲所載之公共義。聲符字"正"本从止(見本典第349條)，其停止義爲顯性語義。"正"字單用，本有止義。《詩・邶風・終風序》："見侮慢而不能正也。"漢鄭玄箋："正，猶止也。"按，"正"又有純一即純正不雜義，此與專一義極相近而相通。《韓非子・難四》："屈到嗜芰，文王嗜菖蒲菹，非正味也，而二賢尚之，所味不必美。"《漢書・廣陵厲王劉胥傳》："胥宫園中棗樹十餘莖，莖正赤，葉白如素。"正聲可載停止、專一義，則"佇"可證之。

正：章紐耕部；
佇：定紐魚部。

章(照)定準紐，耕魚旁對轉。"佇"，久立，即止於一處，既寓停止義，亦寓專一義。《説文新附・人部》："佇，久立也。"《詩・邶風・燕燕》："瞻望弗及，佇立以泣。"漢毛亨傳："佇立，久立也。"唐李白《菩薩蠻》："玉階空佇立，宿鳥歸飛急。""佇"又引申爲停止義。《文選・謝惠連〈西陵遇風獻康樂〉》："臨津不得濟，佇楫阻風波。"又引申爲專一義。唐黄滔《課虚責有賦》:"推含毫佇思之道,得散樸成形之理。"

121 去聲

(352) 抾祛欯(除去義)

抾 除去。《廣雅·釋詁二》:"抾莫,去也。"清王念孫《疏證》:"抾莫者,《方言》:'抾摸,去也,齊、趙之總語也。'抾摸猶言持去也。'摸'與'莫'通。揚雄《羽獵賦》:'抾靈蠵。'韋昭注云:'抾,捧也。'即持去之義也。"宋樂史《太平寰宇記·北狄十二·雜說並論》:"譬蚊虻螫人,抾之而已,是爲中策。"

祛 除去災禍之祭。《集韻·魚韻》:"祛,禳却也。"《説文·示部》:"禳,磔禳祀,除癘殃也。"宋洪邁《夷堅乙志·全師穢迹》:"吉先招迎術士作法祛逐,延道流醮謝祀神禱請,略不效。"引申爲除去義。《海篇·示部》:"祛,去也。"《韓詩外傳》卷八:"所友者十有二人,足以祛雍蔽矣。"清吳敬梓《儒林外史》第十一回:"治法當先以順氣祛痰爲主。"

欯 張口出氣。《廣韻·御韻》:"欯,欠欯。"又《戈韻》:"欯,欠去。"按"欠"即哈欠義。《集韻·戈韻》:"欯,出氣。"《靈樞經·經脉》:"虛則欠欯,小便遺數。"唐慧琳《一切經音義》卷一引《桂苑珠叢》:"引氣而張口曰欠欯。"

〔**推源**〕 諸詞俱有除去義,爲去聲所載之公共義。去聲字"佉""袪""怯"亦可以假借字形式,以其去聲表除去義。《篇海類編·人物類·人部》:"佉,去也。《荀子》注:'佉,與祛同。'"《廣雅·釋詁二》:"袪,去也。"《文選·蔡邕〈郭有道碑文〉》:"爾乃潛隱衡門,收朋勤誨,童蒙賴焉,用祛其蔽。"唐李善注:"祛,猶去也。"金董解元《西廂記諸宮調》卷八:"高聲喝叫:'得鶯鶯便把殘生怯。'"凌景埏《校注》:"怯,這裏作舍棄解釋。"按,聲符字"去"所記録語詞本謂離去、離開,引申爲除去義。《説文·去部》:"去,人相違也。从大,凵聲。"清朱駿聲《通訓定聲》:"按'大'猶人也⋯⋯《春秋莊四年》:'紀侯大去其國。'⋯⋯〔轉注〕《論語》:'去喪無所不佩。'孔注:'除也。'《禮記·禮運》:'在執者去。'注:'罪退之也。'"《廣韻·語韻》:"去,除也。"《易·繫辭》下:"小人以小善爲無益而弗爲也,以小惡爲無傷而弗去也。"然則本條諸詞之除去義爲其顯性語義。去聲可載除去義,則"驅"可相證。

去:溪紐魚部;

驅:溪紐侯部。

雙聲,魚侯旁轉。"驅",鞭馬前行。《説文·馬部》:"驅,馬馳也。"《詩·唐風·山有樞》:"子有車馬,弗馳弗驅。"唐孔穎達疏:"走馬謂之馳,策馬謂之驅。"引申爲驅逐、趕走義,此與除去義極相近而相通。《玉篇·馬部》:"驅,逐遣也。"《左傳·桓公十二年》:"明日,絞人爭出,驅楚役徒於山中。"按,唯"驅"有驅走除去義,故有"驅除"之同義聯合式雙音詞。

《史記·秦楚之際月表·序》："鄉秦之禁,適足以資賢者爲驅除難耳。"唐司馬貞《索隱》："言驅除患難耳。"

(353)阹笒屇弆(遮攔、閉藏義)

阹 依山谷作欄圈。《說文·𨸏部》："阹,依山谷爲牛馬圈也。从𨸏,去聲。"清朱駿聲《通訓定聲》："《漢書·司馬相如傳》:《上林賦》:'江河爲阹。'注:'阹,獵者圍陳遮禽獸也。'《揚雄傳》:'以網爲周阹。'注:'遮禽獸圍陣也。'《吳都賦》:'阹以九疑。'注:'闌也。'"《廣韻·魚韻》"阹"字訓釋與《說文》同。唐李白《大獵賦》:"而南以衡、霍作襟,北以岱、恒作阹。"

笒 笒簏,又稱△盧、筥箕。其字本作"△",象形;累加形符作"笒"。其物以柳條或篾片編成,可漏水而藏其米飯,故稱"笒"。《說文·△部》:"△,△盧,飯器。……笒,△或从竹,去聲。"清朱駿聲《通訓定聲》:"以柳爲之。象形。或从竹,去聲。'去'以'△'爲聲,小篆之'△'反以'去'爲聲。〔轉注〕藏也。經傳皆以'去'爲之。"漢揚雄《方言》卷十三:"篋,南楚謂之筲,趙、魏之郊謂之笒簏。"《廣韻·魚韻》:"笒,飯器。"《廣雅·釋器》:"筲,簏也。"

屇 關閉。《說文·戶部》:"屇,閉也。从户,劫省聲。"清段玉裁注:"疑當作去聲。"今按,《廣韻》注"屇"字之音爲"丘倨切",推其上古音爲溪紐魚部,正與"去"同,然則"屇"字從去得聲無疑,从劫得聲,無所取義。去聲則可載閉藏義。清朱駿聲《通訓定聲》:"《儀禮·士喪禮》注:'徹帷屇之。'《禮記·雜記》注:'既出,則施其屇。'《釋文》引《纂文》:'古闔字。'又引《字林》:'閉也。'"按,朱氏从漢許慎說,以此字隸《謙部》"劫聲",亦失之。《廣韻·合韻》:"屇,閉户曰屇。"又《御韻》:"屇,閉也。"明湯顯祖《紫簫記·話別》:"門兒屇著暗咨嗟,燭心點著生疼熱。"

弆 收藏。唐玄應《一切經音義》卷十三:"弆,藏也。《通俗文》:'密藏曰弆。'"《廣韻·語韻》:"弆,藏也。"清朱駿聲《說文通訓定聲·豫部》:"△,〔轉注〕藏也。經傳皆以'去'爲之。字亦作'弆'。《左昭十九傳》疏:'去,《字書》作弆,謂掌物也,今關西仍呼爲弆,東人輕言爲去。'"《金史·食貨志三》:"其弆藏應禁器物,首納者每斤給錢百文。"清馬建忠《〈法國海軍職要〉序》:"名曰《法國海軍職要》,弆之行篋,已十有餘年。"

〔推源〕 諸詞俱有遮攔、閉藏義,爲去聲所載之公共義。去聲字"胠"亦可表此義。清朱駿聲《說文通訓定聲·豫部》:"胠,〔假借〕爲袪,或爲去。《荀子·榮辱》:'胠於沙而思水。'"按,朱氏所引《荀子》文清俞樾《諸子平議》:"胠,此言遮攔於沙而思水,則無及矣。"清曹寅《松茨四兄遠過西池感今悲昔成詩》:"軒起觸四隅,周胠不可踰。"按,聲符字"去"單用可表藏義。《集韻·語韻》:"弆,藏也。或作去。"清朱駿聲《說文通訓定聲·豫部》:"去,〔假借〕爲笒,或爲胠。《左昭十九傳》:'紡焉以度而去之。'《襄二十傳》:'則去其肉而以其洎饋。'《閔二傳》:'衛侯不去其旗。'《釋文》皆曰:'藏也。'《漢書·蘇武傳》:'掘野鼠去中實而食之。'《遊俠·陳遵傳》:'主皆藏去以爲榮。'字亦作'弆'。《通俗文》:'密藏曰弆。'"今按,"去"之本義爲離去,其引申義系列亦與遮攔、閉藏義不相涉,此當爲去聲所載之語源義。去聲可載遮攔、閉藏之義，"隔""蓄"可相證。

去：溪紐魚部；

隔：見紐錫部；

蓄：曉紐覺部。

溪見曉旁紐，魚錫旁對轉，魚覺旁對轉，錫覺旁轉。"隔"，阻隔，遮攔。《説文·阜部》："隔，障也。"《廣韻·麥韻》："阻，塞也。"漢蔡琰《胡笳十八拍》之十五："子母分離兮意難任，同天隔越兮如商參。"《後漢書·鄭弘傳》："帝問其故，遂聽置雲母屏風，分隔其間。""蓄"，儲藏。《説文·艸部》："蓄，積也。"《孟子·離婁上》："今之欲王者，猶七年之病求三年之艾也，苟爲不蓄，終身不得。"按"蓄"又有暗藏義。《紅樓夢》第十七回："此處蕉、棠兩植，其意暗蓄'紅''綠'二字在内。"

(354) 痶怯（弱義）

痶 人病而體弱。《廣韻·業韻》："痶，病劣。"《集韻·業韻》："痶，羸也。"按，"劣""羸"同義，本可組成同義聯合式雙音詞。唐馮贄《雲仙雜記》卷五："沈休文羸劣多病，日數米而食。"按，"羸"即瘦弱之謂。《説文·羊部》："羸，瘦也。"《玉篇·羊部》："羸，弱也。"

怯 膽小，生性懦弱。其字亦作"㹤"。《説文·犬部》："㹤，多畏也。从犬，去聲。怯，杜林説，㹤从心。"清朱駿聲《通訓定聲》："賈子《道術》：'持節不恐謂之勇，反勇爲怯。'《史記·魯仲連鄒陽傳》：'勇士不怯死而滅名。'"引申爲虚弱義。《集韻·葉韻》："怯，弱也。"唐韓愈《故幽州節度判官張君墓誌銘》："幽子將父子繼續，不廷選且久，今新收，臣又始至，孤怯，須强佐乃濟。"《西遊記》第四十一回："是那般一個瘦怯怯的黄病孩兒哄了我師父。"

〔推源〕 此二詞俱有弱義，爲去聲所載之公共義。聲符字"去"所記録語詞之本義、引申義系列與弱義不相涉，其弱義爲去聲所載之語源義。去聲可載弱義，"虚"可相證。

去：溪紐魚部；

虚：曉紐魚部。

叠韻，溪曉旁紐。"虚"，空虚，稀少，不實。引申爲弱義。清朱駿聲《説文通訓定聲·豫部》："虚，《吕覽·辨土》：'虚稼先死。'注：'根不實也。'《素問·調經論》：'虚者聶辟氣不足。'"《吕氏春秋·圜道》："八虚甚久則身斃。"按，唯"虚"有弱義，故有"虚弱"之同義聯合式合成詞。

122　甘聲

(355) 苷柑笚胡玕（甘甜義）

苷 甘草。《説文·艸部》："苷，甘草也。从艸，从甘。"清朱駿聲《通訓定聲》："从艸、从甘會意,甘亦聲。藥中國老,能安和七十二種石、一千二百種草者。《廣雅·釋草》:'美丹甘草也。'《淮南·覽冥》:'甘草主生肉之藥。'"清段玉裁注:"苷,此以形聲包會意。"《廣韻·談韻》:"苷,苷草,藥,出洮州。"沈兼士《聲系》:"案苷,从《説文》小徐本甘聲。"《正字通·艸部》:"苷,俗甘字。……味甘,故名甘草。俗加艸。"《藥性賦·平性藥賦》:"甘草和諸藥而解百毒,蓋以性平。"

柑 柑樹之果,以其味甘而得名。《廣韻·談韻》:"柑,木名。似橘。"明李時珍《本草綱目·果二·柑》:"柑未經霜時猶酸,霜後甚甜,故名柑子。"清汪灝《廣群芳譜·果譜》:"柑,生江南及嶺南,閩、廣、温、臺、蘇、撫、荆爲盛,川蜀次之。樹似橘,少刺,實亦似橘而圓大,霜後始熟,味甘甜。"

笜 甜竹。《廣韻·談韻》:"笜,笜竹。"元李衎《竹譜詳録·竹品譜·全德品》:"甜竹生河内,衛輝、孟津皆有之。葉類淡竹,亦繁密,大者徑三四寸,小者中筆管,尤細者可作掃箒。筍味極甘美,以司竹監禁制,故人罕得而食。又名'笜竹'。戴凱之云:'下節味甘,宜入湯劑。'"

貼 以甜言蜜語騙取他人財物。《廣韻·闞韻》:"貼,乞戲物。"又《談韻》:"貼,戲乞人物。"清范寅《越諺·單辭只義》:"貼,酣上聲。戲乞人物,越謂夸借錢貨。"今按,《廣韻》云"貼"字亦作"欿",范氏"貼,酣上聲"説與之合,"欿"有呼談切之又音。《集韻·覃韻》:"欿,戲乞曰欿。"按"欿"字从欠,謂口,與"貼"之从甘得聲理據同,皆謂以甜言取財。

玵 甘蔗,味甜。《集韻·談韻》:"玵,南方山有玵蔗林。東方朔説。通作甘。"按後世作"甘蔗"。《神異經·南方經》:"南方有玵蔗之林,其高百丈,圍三尺八寸,促節多汁,甜如蜜。"今按,甘蔗性喜温濕,故生南方,今臺灣島盛産甘蔗,味猶甜濃,即此理。今"玵"字《漢語大字典》《漢語大詞典》皆歸《干部》,失之。《集韻》注"玵"字之音"沽三切",則其上古音爲見紐侵部。"干"爲見紐元部字,"甘"爲見紐談部字。"玵"與"甘"見紐雙聲,侵談旁轉,足證"玵"字从甘得聲。侵元二部不通。"玵"本作"甘",所添加構件"干"爲形符,"干"本謂長柄兵器,甘蔗之形如之,故"甘"字加"干"作"玵"。

〔推源〕 諸詞俱有甘甜義,爲甘聲所載之公共義。聲符字"甘"《説文·甘部》云"美也。从口含一。一,道也。"《書·洪範》:"稼穡作甘。"僞孔傳:"甘味生於百穀。"按,甜亦爲美味,故"甘"引申爲甜義。《洪武正韻·覃韻》:"甘,甜也。"清朱駿聲《説文通訓定聲·謙部》:"甘,《楚辭·招魂》:'辛甘行些。'注:'謂飴蜜也。'"《荀子·榮辱》:"口辨酸、咸、甘、苦,鼻辨芬芳、腥臊。"按,"甘"爲後起指事字,在象形字"口"中加注指點符號"一"而構成,所指之處即舌,味覺神經所在者。"甜"字从舌、从甘會意,"甘"亦指甜。然則"苷""柑""笜""貼""玵"之甘甜爲聲符字"甘"之顯性語義。

(356) 黕柑紺鉗蚶甜咁泔(含、夾義)

黕 黄中含黑之色。《説文·黑部》:"黕,淺黄黑也。从黑,甘聲。讀若染繒中束緅黕。"清朱駿聲《通訓定聲》："'中束'二字疑'帛'字之誤。"《廣韻·侵韻》："黕,黄黑色。"又《鹽韻》："黕,淺黄黑色。"《集韻·侵韻》："黕,黄黑色。"

拑 夾持。《説文·手部》："拑,脅持也。从手,甘聲。"清朱駿聲《通訓定聲》："以手曰拑,以竹籞拑曰箝,以鐵鐕拑曰鉗。《公羊宣十四傳》：'拑馬而秣之。'《釋文》：'以木銜馬口也。'"《廣韻·鹽韻》："拑,脅持也。"《戰國策·燕策二》："蚌方出曝,而鷸啄其肉,蚌合而拑其喙。"

紺 深青色中含紅色。《説文·糸部》："紺,帛深青揚赤色。从糸,甘聲。"清朱駿聲《通訓定聲》："蘇俗謂之頰青是也。以朱入深青,其色紺;若入黑,其色緅,字亦作'繈'。……《漢書·王莽傳》：'時莽紺袀服。'注：'深青而揚赤色也。'……〔聲訓〕《釋名·釋采帛》：'紺,含也,青而含赤色也。'"《廣韻·勘韻》："紺,青赤色也。"《素問·五藏生成論》："生於肝,如以縞裹紺。"清張隱菴《集注》："紺,青揚赤也。"

鉗 束頸刑具,引申之亦指夾物之器。《説文·金部》："鉗,以鐵有所劫束也。从金,甘聲。"清朱駿聲《通訓定聲》："所以鉗者曰鑽。《漢書·江充傳》：'燒鐵鉗灼。'注：'鑷也。'〔轉注〕《漢書·高帝紀》：'自髡鉗爲王家奴。'字或變作'髻'。《楚元王傳》：'楚人將鉗我於市。'注：'以鐵束頸也。'《後漢·光武紀》：'皆弛解鉗。'注引《蒼頡》：'鈦大,鈦,足鉗也。'按,夾持緊脅者謂之鉗,故凡夾持之具,即不緊脅者,亦謂之鉗。"

蚶 魁蛤,有兩貝殼夾合,故稱"蚶"。《爾雅·釋魚》"魁陸"晉郭璞注："《本草》云：魁狀如海蛤,員而厚,外有理縱横,即今之蚶也。"今按,稱"蛤",其名寓兩殼相合義;稱"蚶",則謂其身爲兩殼所含、所夾。《廣韻·談韻》："蚶,蚌屬。《爾雅》云'魁陸'。……亦作魽。"又："魽,蛤也。"《集韻·談韻》："蚶,蚌屬,魁陸也。或從魚。"隋盧思道《爲隋檄陳文》："陳霸騁其姦回,妄自尊大,等蠻觸之戰争,似鱛魽之跳躍。"

甜 兩山夾一谷,如人口張開可含物。其字本亦作"舚"。《古今韻會舉要·覃韻》："甜,甜間,陵谷之形。"按,所謂"陵谷之形","陵"謂山峰高聳,"谷"指兩山間空曠。明黄周星《衡嶽遊記》："去峰數尺,復有巨石甜間。"按《正字通》謂"甜"爲"舚"之俗體。《廣韻·覃韻》："舚,舚谺,谷空。"《史記·司馬相如列傳》："振谿通谷,蹇産溝瀆,舚呀豁閒,阜陵别島。"

咁 以口含物,字或作"嗛"。《集韻·銜韻》："嗛,或作咁。"《説文·口部》："嗛,口有所銜也。"清朱駿聲《通訓定聲》："誼與'含'略同。故鼠之以頰藏食者曰鼸。"《史記·大宛列傳》："昆莫生,棄於野。烏嗛肉蜚其上,狼往乳之。"

泔 泔水,即含有雜質之水。《説文·水部》："泔,周謂潘曰泔。从水,甘聲。""潘,淅米汁也。"《廣韻·談韻》："泔,米汁。"北魏賈思勰《齊民要術·白醪酒》："取魚眼湯,沃浸米泔二斗,煎取六升。"明馮惟敏《不伏老》第一折："端着的,東半碗,西半碗,腥泔水,却有幾點兒連毛湯料。"

〔推源〕 諸詞俱有含、夾義,爲甘聲所載之公共義。聲符字"甘"之結構從口含一,然則含、夾義爲其顯性語義。甘聲可載含、夾義,則"含""夾"可相證。

甘:見紐談部;

含:匣紐侵部;

夾:見紐葉部。

見匣旁紐,談侵旁轉,侵葉(盍)旁對轉,談葉(盍)對轉。"含",以口含物。《說文·口部》:"含,嗛也。""嗛,口有所銜也。"《莊子·外物》:"生不布施,死何含珠爲!"《史記·三代世表》:"有燕銜卵墮之,契母得,故含之,誤吞之,即生契。""夾",從左右相持。《說文·大部》:"夾,持也。從大,俠二人。"清王筠《句讀》:"大,受持者也;二人,持之者也。"按,王説是。《墨子·雜守》:"守大門者二人,夾門而立。"今按,含則以二唇,夾則以二人,夾猶含。今語有"夾雜"之雙音詞,謂物中含有他物。

(357) 湛酣猒䶎(濃重、盛多義)

湛 盛,充滿。《集韻·感韻》:"湛,滿也。"清朱駿聲《說文通訓定聲·謙部》:"湛,《漢書·揚雄傳》:'秬鬯湛淡。'注:'湛淡,滿也。'"今按,古者"淡""澹"有別,"淡"亦有水滿之義,"湛淡"當爲同義連文。《集韻·琰韻》:"灔,瀲灔,水滿皃。或作淡。"唐顏真卿、劉茂《登峴山觀李左相石尊聯句》:"流霞方湛淡,別鶴遽翩翩。"

酣 飲酒將醉未醉,酒意濃。《說文·酉部》:"酣,酒樂也。從酉,從甘,甘亦聲。"清朱駿聲《通訓定聲》:"《漢書·高帝紀》:'酒酣,上擊筑自歌。'注:'洽也。'《史記集解》:'不醒不醉曰酣。'"《廣韻·談韻》:"酣,酣飲。應劭曰:'洽也。'張晏曰:'中酒曰酣。'"引申之,沉湎於酒亦稱"酣",此"酣"即飲酒興趣濃厚之謂。《書·伊訓》:"恒舞於宮,酣歌於室。"唐孔穎達疏:"言耽酒以自樂也。""酣"亦虛化引申爲濃、盛義。唐袁郊《甘澤謠·紅綫》:"見田親家翁正於帳內鼓跌酣眠。"按,謂睡意濃。

猒 進食多。字亦作"厭""饜"。《說文·甘部》:"猒,飽也。從甘,從肰。猒,或從曰。"清朱駿聲《通訓定聲》:"從甘、從肰,會意,甘亦聲。或從曰、從肰,曰甘形近誤體也。字亦作饜。《周語》:'豈敢猒縱其耳目心腹,以亂百度?'注:'足也。'《列子·楊朱》:'而美厚不可常猒足。'《荀子·王霸》:'愈猒而好新。'又《孟子》:'不奪不饜。'《史記·張儀傳》:'吾請令公饜事可乎?'《索隱》:'飽也。'《左氏春秋序》:'饜而飫之。'疏:'饒裕之意也。'經傳多以厭爲之。"今按,"猒"謂進食多,故有飽、足及厭煩不欲之衍義。

䶎 鼻息濃重。清東軒主人《述異記·口技》:"醉者索茶,妻烹茶至,則已大䶎,鼻息如雷矣。"今按,"䶎"當爲"鼾"之轉注字。"䶎"字從甘得聲,聲符字"甘"爲見紐談部字;"鼾"字從干得聲,聲符字"干"爲見紐元部字。二者雙聲,談元通轉。《說文·鼻部》:"鼾,臥息也。從鼻,干聲。讀若汗。"宋孔武仲《久長驛書事》詩:"空堂深深閃燈燭,群奴鼾眠聲動屋。"

〔推源〕 諸詞俱有濃重、盛多義，爲甘聲所載之公共義。聲符字"甘"本謂人口所含之美味，凡美味物其味多濃，其義或本相通。甘聲可載濃重、盛多義，"憨"可相證。

甘：見紐談部；

憨：曉紐談部。

見曉旁紐，談部叠韻。《玉篇·心部》"憨"字訓"愚"，又訓"癡"，文獻中亦有其實用例，今滬方言猶稱傻人爲"憨大"。引申之，"憨"亦有樸實義，故有"憨厚"之雙音詞，"憨厚"即不刻薄，人情味濃重。詞素"厚"亦有厚重、濃厚義。考其上古音爲匣紐侯部，此與"甘"之音亦極相近，見匣旁紐，談侯雖無直接通轉關係，然侯魚可旁轉，魚談通轉。同源詞之語音親緣關係本有三角型者。

123　世聲

(358) 泄齛詍疶（抒出義）

泄　發泄，抒出。《篇海類編·地理類·水部》："泄，出也，發也。"《廣韻·薛韻》："泄，漏泄也。"清朱駿聲《説文通訓定聲·泰部》："泄，〔假借〕爲'歇'。《詩·民勞》：'俾民憂泄。'箋：'猶出也，發也。'……《莊子·山木》：'運物之泄也。'司馬注：'發也。'《魏都賦》：'窮岫泄雲。'注：'猶出也。'《素問·平人氣象論》：'宗氣泄也。'注：'謂發泄。'"今按，"泄"亦爲水名，然表發泄、抒出義，爲套用式本字，非借爲"歇"而有此義。

齛　羊反芻，謂吐出而嚼之。《説文·齒部》："齛，羊粻也。从齒，世聲。"清朱駿聲《通訓定聲》："字亦作'齥'，食之已久復出嚼之，蘇俗謂之轉草。《爾雅·釋獸》：'牛曰齝，羊曰齛。'"按朱氏所引《爾雅》文唐陸德明《經典釋文》："齛，羊食已吐而更嚼之。"《廣韻·薛韻》："齛，亦作齥。"按《爾雅》清阮元《校勘記》云唐人避諱所改。

詍　字亦作"呭"，謂多言，即言語不斷抒出。《説文·言部》："詍，多言也。从言，世聲。《詩》曰：'無然詍詍。'"清朱駿聲《通訓定聲》："按即'呭'之或體，今附於此。《荀子·解蔽》：'辨利非以言是，則謂之詍。'"按《説文·口部》"呭"亦訓多言。《廣韻·祭韻》："詍，多言。"清劉鶚《老殘遊記》第二十二章："你們這伙人正經事不理，只顧呭呭沓沓的令人叵耐。"

疶　痢疾，腹瀉。《玉篇·疒部》："疶，痢也。"又"痢，痢瀉也。"《正字通·疒部》："疶，疶痢。按《方書》本作'泄'。"今按，"疶"當爲痢疾、腹瀉義之正字，典籍俱以"泄"爲之。"泄"謂泄出，腹瀉義爲其引申義。

〔推源〕 諸詞俱有抒出義，爲世聲所載之公共義。聲符字"世"所記録語詞謂三十年。《説文·卉部》："世，三十年爲一世。"漢王充《論衡·宣漢》："且孔子所謂一世，三十年也。"然則與抒出義不相涉，其抒出義爲世聲所載之語源義。世聲可載抒出義，"瀉"可證之。

世：書紐月部；
瀉：心紐魚部。

書(審三)心準雙聲,月魚通轉。"瀉",傾瀉。《玉篇·水部》："瀉,傾也。"南朝宋謝靈運《入華子岡是麻源第三谷》："銅陵映碧澗,石磴瀉紅泉。"引申之,則有排泄、抒出之義。《史記·扁鵲倉公列傳》："所謂氣者,當調飲食,擇晏日,車步廣志,以適筋骨肉血脉,以瀉氣。"漢王充《論衡·道虛》："口齒以噍食,孔竅以注瀉。"

(359) 跇迣(超越義)

跇 超越。《説文·足部》："跇,述也。从足,世聲。"清段玉裁注："述,當作'迹',字之誤也。"清朱駿聲《通訓定聲》："跇,迒也……《史記·樂書》：'騁容與兮跇萬里。'如淳注：'謂超踰也。'《羽獵賦》：'跇巒阬。'《漢書》注：'渡也。'《吴都賦》：'跇踰竹柏。'《洞簫賦》：'超騰踰曳。'注：'跇,度也。'以'曳'爲之。"《廣韻·祭韻》："跇,跳也,踰也。趣,上同。"按《説文·走部》"趣"訓"超特",即超越特現於前義。

迣 超越。《玉篇·辵部》："迣,超踰也。"《廣韻·祭韻》："迣,度也。"清朱駿聲《説文通訓定聲·泰部》："迣,〔假借〕爲'跇'。《漢書·禮樂志》：'迣萬里。'孟康注：'超踰也。'"今按,"迣"之本義,《説文·辵部》訓"迾",即遮攔,字从辵,謂趨前、超越他人而遮攔之,以故"迣"表超越義非假借,乃引申。睡虎地秦墓竹簡《爲吏之道》："吏有五失：一曰夸以迣。"

〔推源〕 此二詞俱有超越義,爲世聲所載之公共義。世聲字"紲"謂牽牲之繩,亦得以假借字形式表超越義。《漢書·揚雄傳》上："宣觀夫票禽之紲隃,犀兕之抵觸。"唐顔師古注："紲與跇同。紲,度也。"聲符字"世"所記録語詞謂三十年,寓三十年則臨一世之界限意,此與超越義或即相通。世聲可載超越義,則"度"可相證。

世：書紐月部；
度：定紐鐸部。

書(審三)定準旁紐,月鐸通轉。"度",超越。《字彙·廣部》："度,過也。"按,"度"本謂法度,超越其限即超過、超越。《説文·又部》："度,法制也。"清朱駿聲《通訓定聲》："〔轉注〕《漢書·王莽傳》：'度百里之限。'注：'踰越也。'《匡衡傳》注：'度,過也。'"按朱氏所云"轉注"實即引申。唐韓愈《與崔群書》："況足下度越此等百千輩。"嚴復《論世變之亟》："幅員之廣遠,文治之休明,度越前古。"

(360) 抴紲枻袣靾(牽引、拖曳義)

抴 牽引。《説文·手部》："抴,捈也。从手,世聲。"清朱駿聲《通訓定聲》："與'曳'略同,俗作'拽'……《荀子·非相》：'接人則用抴。'注：'牽引也。'《楚辭·湘君》：'桂櫂兮蘭抴。'注：'船旁板也。'按,漢舟抴之而後行,故所抴之具即名抴。"按,漢許慎以"捈"訓"抴",

同部"捈"訓"卧引",清段玉裁注謂横而引之。《廣韻·薛韻》:"扡,亦作拽,拕也。"《集韻·祭韻》:"拽,拖也。"晉常璩《華陽國志·蜀志》:"到梓潼,見一大蛇入穴中,一人攬其尾,掣之不禁,至五人相助,大呼拽蛇,山崩。"

　　紲　牽引牲畜的繩索。《説文·糸部》:"紲,系也。从糸,世聲。《春秋傳》曰:'臣負羈紲。'緤,紲或从枼。"清朱駿聲《通訓定聲》:"《廣雅·釋器》:'紲,索也。'……《思玄賦》:'縱余緤乎不周。'此係馬之紲也。《禮記·少儀》:'犬則執緤。'《西京賦》:'韓盧噬於緤末。'此係犬之紲也。"《廣韻·薛韻》:"紲,繫也。"《國語·晉語四》:"從者爲羈紲之僕,居者爲社稷之守,何必罪居者?"三國吳韋昭注:"馬曰羈,犬曰紲。"

　　枻　船槳,劃動而牽引、拖曳船只前行者。《廣韻·祭韻》:"枻,楫枻。"《集韻·祭韻》:"枻,楫謂之枻。"《説文·木部》:"楫,舟櫂也。"清桂馥《義證》:"或作橃。《字書》:'橃,舟旁撥水者,短曰橃,長曰櫂。'"《楚辭·漁父》:"漁父莞爾而笑,鼓枻而去。"《梁書·張緬傳》:"彼無求於萬鐘,唯長歌而鼓枻。"

　　袣　衣袖。字亦作"裻"。按,衣袖如牽引而出者,又爲可拖曳者,故稱"袣"。《集韻·祭韻》:"袣,袖也。或从曳。"《漢書·司馬相如傳》上:"曳獨繭之褕袣,眇閻易以恤削。"唐顏師古注:"袣,袖也。"明于永清《便民圖纂序》:"林林寄生之衆,將安所哺啜褸袣,慰啼號哉?"

　　鞙　馬繮,牽引馬匹之物。《儀禮·既夕禮》:"薦乘車,鹿淺鞎,干、笮、革鞙。"漢鄭玄注:"鞙,韁也。"《玉篇·革部》:"韁,馬緤。亦作繮。"《説文·糸部》:"繮,馬紲也。"

　　〔推源〕　諸詞俱有牽引、拖曳義,爲世聲所載之公共義。聲符字"世"所記録語詞之本義、引申義系列與此義不相涉,乃世聲所載之語源義。世聲可載牽引、拖曳義,"曳"可證之。

世:書紐月部;

曳:余紐月部。

叠韻,書(審三)余(喻四)旁紐,音僅微殊。"曳",牽引,拖曳。《説文·申部》:"曳,臾曳也。从申,丿聲。"清段玉裁注:"臾曳雙聲,猶牽引也。"清朱駿聲《通訓定聲》:"从申,从丿,會意。丿者,抴也……《楚辭·怨思》:'曳彗星之皓旰兮。'注:'引也。'"《玉篇·曰部》:"曳,申也,牽也,引也。"《易·既濟》:"曳其輪,濡其尾,無咎。"高亨注:"曳,以手引之。"

124　古聲

(361) 詁故怙酤胡(時久義)

　　詁　以今語訓釋古語,其古語即時久之語。《説文·言部》:"詁,訓故言也。从言,古聲。"清朱駿聲《通訓定聲》:"會意,古亦聲。……《毛詩·周南·關雎》《(毛詩)詁訓傳》疏:'詁者,古也。古今異言,通之使人知也。'《春秋公羊經傳解詁》釋文:'詁,訓也。'《爾雅·釋詁》釋文引《字林》:'詁,故言也。'"《廣韻·姥韻》:"詁,詁訓。"《後漢書·桓譚傳》:"博學多通,遍習五經,皆詁訓大義,不爲章句。"唐李賢注:"詁,訓古言也。"

故 緣故,舊日之事,故引申爲舊、舊時義。《説文·攴部》:"故,使爲之也。从攴,古聲。"清朱駿聲《通訓定聲》:"《墨子經》:'故,所得而後成也。'"'故'字戴侗《六書故》據唐本《説文》'从久,古聲',則舊之訓爲本字本義,存參。"《管子·侈靡》:'故道新道。'《吕覽·至忠》:'嘗讀故記。'注:'古書也。'《楚辭·招魂》:'反故居些。'注:'古也。'"按,此字金文初形作"古"。其故舊、舊時義爲其基本義。

痼 久病,痼疾。字亦作"痼"。《説文·疒部》:"痼,久病也。从疒,古聲。"清朱駿聲《通訓定聲》:"字亦作'痼'。《後漢·周章傳》注:'痼猶廢。'《漢書·賈誼傳》:'必爲錮疾。'注:'堅久之疾。'以'錮'爲之。《玉篇·疒部》:'痼,久病也。'唐獨孤及《賀櫟縣醴泉表》:'靈源酌而不竭,沉痼飲而皆痊。'"按,"痼""痼"當爲轉注字,二聲符字"古""固"同音,見紐雙聲,魚部叠韻。凡聲符字同音者常相替換。

眂 長時間地瞪着看。克非《春潮急》:"爭來爭去,文如仁找不到話説,只憋得愣睛眂眼,像抽風箱似的,呼呼出大氣。"康白情《草兒在前》:"那喘吁吁的耕牛,正擔着犁鳶、眂着白眼,帶水拖泥,在那裏'一東二冬'地走着。"

胡 獸類頷下垂肉,引申爲下垂、長,又引申爲長壽,即時久義。《説文·牛肉》:"胡,牛頷垂也。从肉,古聲。"清朱駿聲《通訓定聲》:"《詩》:'狼跋其胡。'……〔假借〕又爲'遐'。《詩·載芟》:'胡考之寧。'傳:'壽也。'《左僖廿二傳》:'雖及胡考。'……《周書·謚法》:'彌年壽考曰胡,保民耆艾曰胡。'"按,朱氏所引《左傳》文唐孔穎達疏:"胡是老之稱也。"又,"胡"表年老長壽義,無煩假借,乃引申。

〔推源〕諸詞俱有時久義,爲古聲所載之公共義。聲符字"古"本指過去已久的年代。《説文·古部》:"古,故也。从十、口。識前言者也。"清朱駿聲《通訓定聲》:"十口相傳爲古……《詩·緜》:'古公亶父。'傳:'古言久也。'"按,所謂"十口相傳",蓋爲文字未發明之世。然則諸詞之時久義爲"古"之顯性語義。又,古聲可載時久義,"久"可證之。

古:見紐魚部;

久:見紐之部。

雙聲,魚之旁轉。"久",灸灼,即"灸"之初文,作假借字用,表長久義,其字爲借義所奪,乃製"灸"之後起本字。"久"表長久義,雖爲假借義,然亦爲其基本義。《廣韻·有韻》:"久,長久也。"《孟子·萬章上》:"舜、禹、益,相去久遠。"唐杜甫《不見》詩:"不見李生久,佯狂真可哀。"

(362) 祜苦盬鈷觚胡(大、深義)

祜 大福。《説文·示部》:"祜,上諱。"清朱駿聲《通訓定聲》:"蓋漢恭帝名,不箸解。

《爾雅·釋詁》：'祜,福也。'又'厚也。'《詩·信南山》：'受天之祜。'《載見》：'思皇多祜。'《泮水》：'自求伊祜。'《烈祖》：'有秩斯祜。'賈子《禮》：'祜,大福也。'"按,朱氏所稱"賈子《禮》"即漢賈誼《新書·禮》。《爾雅·釋詁》"祜"訓"福",又訓"厚",即大福,故宋邢昺疏云："祜者,福厚也。"

苦 荼,大苦之草。《說文·艸部》："苦,大苦也,苓也。从艸,古聲。"清朱駿聲《通訓定聲》："《詩·簡兮》：'隰有苓。'傳：'大苦也。'"《禮記·內則》："濡豚包苦實蓼。"漢鄭玄注："苦,苦荼也。"

盬 深鍋。字亦作"䀇"。《說文·皿部》："盬,器也。从皿,从缶,古聲。"《廣韻·姥韻》："䀇,器也。《說文》作'盬'。"明郎瑛《七修類稿·國事·劉朱貨財》："及籍家資,劉瑾計有金二十四萬錠……金銀湯盬五百。"

鈷 金,大口而深,可容人。《廣韻·姥韻》："鈷,鈷鏻。"《集韻·姥韻》："鈷,鈷鏻,溫器。"《大唐三藏取經詩話》："家中有一鈷鏻,可令癡那入內坐上,將三十斤鐵蓋蓋定,下面燒起猛火燒煮,豈愁不死？"

瓳 瓼瓳,大磚。《廣雅·釋宮》："瓼瓳,甋甎也。"清王念孫《疏證》："《眾經音義》卷十三引《埤蒼》云：'瓼瓳,大甋也。'"唐玄應《一切經音義》卷四："《通俗文》：'甋方大謂之瓼瓳。'今大方甋是也。"《廣韻·模韻》："瓳,瓼瓳,《博雅》曰：'甋甎也。'"今按,"瓼瓳"當為同義聯合式雙音詞,番聲、古聲皆可載大義。番聲字所記語詞"潘"訓"敷",漢許慎說,即分布、擴大義；"蕃"謂草茂盛,亦與大義通。

胡 獸類頷下垂肉,突出而大,故引申為大義。清朱駿聲《說文通訓定聲·豫部》："胡,〔假借〕為遐。……《儀禮·士冠禮》：'永受胡福。'……《廣雅·釋詁一》：'胡,大也。'"按,"胡"表大義,無煩假借,乃引申。朱氏所引《儀禮》之"胡福"即大福。《逸周書·諡法》："胡,大也。"《詩·大雅·生民》："上帝居歆,胡臭亶時。"清馬瑞辰《毛詩傳箋通釋》："胡臭,謂芳臭之大。"

〔**推源**〕 諸詞俱有大、深義,為古聲所載之公共義。聲符字"古"所記錄語詞謂遠古,即時間距離大。其義蓋本相通。又,遠大、深遠、長遠、長大等諸義亦相近而通,可為一證。古聲可載大、深義,則"巨"可證之。

古：見紐魚部；

巨：群紐魚部。

見群旁紐,魚部叠韻。"巨",本為規矩字初文,作假借字表大義,其字為借義所奪,乃製"矩"字。故"巨"表大義,雖為假借義,然亦為基本義。漢揚雄《方言》卷一："巨,大也。宋、齊之間曰巨。"清朱駿聲《說文通訓定聲·豫部》："《小爾雅·廣詁》：'巨,大也。'《公羊哀六傳》：'力士舉巨囊。'《儀禮·大射》：'右巨指鉤弦。'《孟子》：'巨室''巨屨''巨擘'。《史記·

楚元王世家》：'過巨嫂食。'《呂覽·慎大》：'發巨橋之粟。'注：'紂倉名。'"按，朱氏所引《孟子·梁惠王》之"巨室"漢趙岐注："大宫也。"

（363）殈枯舭骷（乾枯義）

殈 字本从歺作"姑"，簡作"殈"，"歺"謂死亡，人死則枯，乃以古聲表乾枯義。《説文·歺部》："姑，枯也。从歺，古聲。"清朱駿聲《通訓定聲》："古文从死……《漢書·郊祀志》：'有雲陽越巫殈鄜祠三所。'《周禮·掌戮》：'殺王之親者辜之。'注：'辜之言枯也，謂磔之。'以'辜'爲之。字亦誤作'骷'。《漢書·地理志》注：'骷音辜磔之辜。'"《廣韻·模韻》："姑，姑瘁。"唐元結《説楚何愔王賦》："忠正不植，奸佞駢生，能煦姑仁惠。"

枯 字从木，謂草木乾枯。《説文·木部》："枯，槀也。从木，古聲。《夏書》曰：'唯箘簵枯。'木名也。"清段玉裁注："枯木名也。"清朱駿聲《通訓定聲》："《易·大過》：'枯楊生稊。'《漢書·禮樂志》：'枯槀復生。'注：'謂草木經冬零落者也。'……〔轉注〕《荀子·勸學》：'淵生珠而崖不枯。'注：'燥也。'《周禮·司書》注：'童枯則不税。'疏：'川澤無水曰枯。'"按，朱氏所謂"轉注"即引申，"枯"本謂草木乾枯，引申爲乾燥、乾枯義。

舭 《廣韻·模韻》："舭，瓜也。"又《語韻》："舭，乾菜。"按，《玉篇·瓜部》此字亦訓"瓜"，《廣韻》所訓二義當相通，蓋瓜類如南瓜、黄瓜等皆可爲乾菜。

骷 骷髏，人體遺骸。《説文·骨部》："髏，骷髏也。"明郎瑛《七修類稿·詩文六·元末僧》："嘗記元僧有詩云：'百丈巖頭掛草鞋，流行坎止任安排，老僧腳底從來闊，未必骷髏就此埋。'"明張世維《雙烈記·引狎》："道我是油鬅髻的魔王，真個是粉骷髏的太歲。"今按，"骷髏"當可分訓，"髏"謂人死皮肉腐爛殆盡、空虚，婁聲字所記語詞多有空義，參本典"婁聲"。"骷"則謂人死而乾枯，故上述明郎瑛所引元僧詩中之"骷髏"，宋羅大經《鶴林玉露》卷七引作"枯髏"。

〔**推源**〕 諸詞俱有乾枯義，爲古聲所載之公共義。聲符字"古"的顯性語義系列與此義不相涉，其乾枯義爲古聲所載之語源義。古聲可載乾枯義，"涸"可相證。

古：見紐魚部；

涸：匣紐鐸部。

見匣旁紐，魚鐸對轉。"涸"，水枯竭。《説文·水部》："涸，渴也。""渴，盡也。"《管子·水地》："故涸澤數百歲，谷之不徙，水之不絶者，生慶忌。"《莊子·大宗師》："泉涸，魚相與處於陸，相呴以濕，相濡以沫，不如相忘於江湖。"

（364）苦枯鹽（粗劣義）

苦 苦菜，可食之物，然其味大苦，爲粗劣之物，故有粗劣之衍義。《廣韻·姥韻》："苦，麤也。"清朱駿聲《説文通訓定聲·豫部》："苦，大苦苓也……〔轉注〕《禮記·月令》：'則苦雨數來。'又'苦者人所惡，故甘苦爲物之美惡，亦爲人之愛惡'。《管子·小匡》：'辨其功苦。'

注：'謂濫惡。'《周禮·典婦功》：'辨其苦良。'《史記·五帝紀》：'皆不苦窳。'《匈奴傳》：'不備苦惡。'《集解》：'麤也。'《淮南·主術》：'是以器械不苦。'《呂覽·誣徒》：'從師苦而欲學之功也。'注：'苦不精至也。'"按，朱氏所引《史記·五帝紀》文唐張守節《正義》："苦讀如鹽，音古。鹽，麤也。"

枯 本謂草木乾枯，引申爲凡乾枯之稱。又，油料作物之籽榨取油液後殘餘物稱"枯餅""油枯"，物本有因乾枯而顯粗劣者，足證乾枯義、粗劣義相通。以故"枯"有粗劣之衍義。漢韓嬰《韓詩外傳》卷二："枯耕傷稼，枯耘傷歲。"許維遹《集釋》："苦，楊注：'粗惡不精也。'牟庭云：'枯字當讀爲楛，今俗皆有其語，謂楛侵耕耘，不勤力也。'"宋李之儀《跋蔡君謨〈荔枝帖〉》："君謨自少以能書得名，至老以作字爲悦。然行筆遲，肉勝骨，而此帖乃反是。疑得之倉猝間，或粉紙枯澀，運筆不勝而然。"

鹽 本爲鹽池名，引申而指鹽池所出未經煉製的粗劣顆鹽。《說文·鹽部》："鹽，河東鹽池……从鹽省，古聲。"清朱駿聲《通訓定聲》："《穆天子傳》：'戊子，至於鹽。'又《周禮·鹽人》：'共其苦鹽、散鹽。'疏：'盬，謂出於鹽池，今之顆鹽也。字誤作盬。'《史記·貨殖傳》：'猗頓用盬鹽起。'《索隱》：'出鹽直用不煉也。'"按，"鹽"亦虛化引申爲粗劣義。《漢書·息夫躬傳》："器用鹽惡，孰當督之。"朱氏以爲"鹽"借爲"苦"，乃得表粗劣，實非假借，乃引申。

〔推源〕 諸詞俱有粗劣義，爲古聲所載之公共義。古聲字"沽"亦得以假借字形式，以其古聲表粗劣、粗略義。清朱駿聲《說文通訓定聲·豫部》："沽，〔假借〕爲苦。《儀禮·喪服》傳：'冠者沽功也。'注：'猶麤也，麤功，大功也。'《禮記·檀弓》：'以爲沽也。'注：'略也。'"按，"沽"表粗義，未必爲"苦"字之借，"苦"謂苦菜，引申之乃有粗劣義。又，朱氏所引《儀禮》文唐賈公彥疏："初入大功之境，故言沽動。始見人功沽麤之義，故云麤功，見人功麤大不精者也。"按，粗劣義與聲符字"古"的本義、引申義系列不相涉，其粗劣義爲古聲所載之語源義。古聲可載粗劣義，"惡"可證之。

古：見紐魚部；
惡：影紐鐸部。

見影鄰紐，魚鐸對轉。"惡"，字从心，爲心理動詞"厭惡"之書面符號。凡物粗劣則人厭惡之，故有粗劣之衍義。《論語·里仁》："士志於道而恥惡衣惡食者，未足與議也。"《韓非子·說疑》："不明臣之所言，雖節儉勤勞，布衣惡食，國猶自亡也。"按，唯"惡"有粗劣義，故有"惡劣"之同義聯合式合成詞。又，本條"苦"字，清朱駿聲引《管子·小匡》"辨其功苦"注"謂濫惡"，今吳方言、徽歙方言尚有"拆濫惡"一語，謂人行事粗劣不細心、不負責任。

(365) 飴咕黏估（模糊義）

飴 粥，模糊之物。其字亦作"糊""粘"。《玉篇零卷·食部》："飴，《字書》之'餬'字也。"《爾雅·釋言》："餬，饘也。"宋邢昺疏："餬、饘、鬻、糜，相類之物，稠者曰糜，淖者曰鬻，餬、饘是其别名。"清朱駿聲《説文通訓定聲·豫部》引《廣雅·釋器》:"粘,饘也。"按,今語有"面糊糊"一詞,指面粉粥,其本字當作"餬"。

咕 低聲語,模糊不清者。清翟灝《通俗編·言語》:"咕噥,《廣韻》:'噥,嗔語。出《字林》。'《集韻》或从言作譨,語不明也。咕字不見字書,唯元吴昌齡《斷風花雪月曲》有'咕噥語'。"清文康《兒女英雄傳》第二十一回:"只聽不出他嘴裏咕噥的是什麽。"

黏 其字亦作"麴""糊"等,謂黏,爲動詞,凡黏則合二物爲一物,界限模糊。所黏之物爲米、面之粥,爲模糊之物,故亦爲名詞。《説文·黍部》:"黏,黏也。从黍,古聲。粘,黏或从米。"清朱駿聲《通訓定聲》:"字亦作糊、作䵎、作䊀。《方言》三:'䵎,黏也。'《蕪城賦》:'糊頹壞以飛文。'"《廣韻·模韻》:"黏,黏也。麴、糊,並俗。"又"粘,上同"。明方以智《物理小識》卷九:"霜後麴室收之,最畏隙風。"《集韻·模韻》:"黏,煮米及面爲粥。"

估 估量物價或物數。於物價、物數模糊未知,故稱"估"。《玉篇·人部》:"估,估價也。"《舊唐書·憲宗紀》:"出内庫羅綺、犀玉、金帶之具,送度支估計供軍。"《新唐書·食貨志二》:"税物估價,宜視月平,至京與色樣符者,不得虚稱折估。"

〔推源〕 諸詞俱有模糊義,爲古聲所載之公共義。今模糊字作"糊",从米胡聲,而其聲符字"胡"从肉古聲,與上述諸詞出自同一語源。聲符字"古"所記録語詞謂文字發明前十口相傳之遥遠年代,有時久義,時久則往事模糊、不清晰,二義本相通。

(366) 居跍(蹲義)

居 "踞"之初文,謂蹲。《説文·尸部》:"居,蹲也。从尸,古者居从古。踞,俗居从足。"清段玉裁注本作"从尸,古聲",得之。《廣韻》注"居"字之音爲"九魚切",則其上古音爲見紐魚部,正與"古"同。清朱駿聲《通訓定聲》:"古文則从尸古聲也。吾蘇俗語謂之蹬。凡足底着席,而下其臀,聳其膝,曰蹲踞;若臀着席,而伸其兩足於前,曰箕踞;膝着席,而聳其體,曰跪;下其臀曰坐。經傳皆用'踞'字,而以'居'爲'尻'字。"《論語·陽貨》:"居,吾語女。"宋邢昺疏:"居,猶坐也。"按,即席地蹲坐。

跍 蹲貌。《廣韻·模韻》:"跍,蹲兒。"其音"苦胡切",則其上古音爲溪紐魚部,"古"字見紐魚部,二者疊韻,溪見旁紐,然則"跍"字从古得聲無疑。《戲曲劇本選集·川劇·五臺會兄》:"手扒欄杆過橋嘴,但見烏鴉跍幾堆。"

〔推源〕 此二詞俱有蹲義,爲古聲所載之公共義。聲符字"古"的本義、引申義系列與此義不相涉,其蹲義爲古聲所載之語源義。古聲可載蹲義,"跪"可相證。

古:見紐魚部;

跪:見紐歌部。

雙聲,魚歌通轉。"跪",屈其膝跪於地。《説文·足部》:"跪,拜也。"清朱駿聲《通訓定聲》:"兩膝拄地所以拜也,不拜曰跽。《禮記·曲禮》:'授立不跪。'"《史記·孫子吴起列傳》："婦人左右、前後、跪起，皆中規矩繩墨，無敢出聲。"今按，蹲、跪皆屈其腿而不伸，義有微別，語源則一。

(367) 沽酤估(買賣義)

沽 本爲水名，又表示買酒、賣酒義，則爲套用本字。《説文·水部》："沽，水。出漁陽塞外，東入海。从水，古聲。"清朱駿聲《通訓定聲》："〔假借〕又爲賈。《論語》：'求善賈而沽諸。'馬注：'賣也。''沽酒市脯。'《釋文》：'買也。'按，買賣皆曰賈，買者所出，賣者所入，亦曰賈。"今按，"沽"字以形符"水"指酒，而以古聲表買賣義，非假借，乃套用字。後世亦以此字爲買酒、賣酒義之正字。《晉書·阮籍傳》："鄰家少婦有美色，當壚沽酒。"

酤 一夜釀成的酒，又指買酒、賣酒，亦爲套用本字。其字或作"盬"。《説文·酉部》："酤，一宿酒也。一曰買酒也。从酉，古聲。"清朱駿聲《通訓定聲》："〔假借〕爲賈。……《詩·伐木》：'無酒酤我。'箋：'買也。'《漢書·食貨志》注：'酤，買也。'又《廣雅·釋詁三》：'酤，賣也。'《漢書·景帝紀》：'夏旱，禁酤酒。'"今按，"酤"字以"酉"指酒，而以古聲表買賣義，無煩假借，乃套用字。《睡虎地秦墓竹簡·秦律·田律》："百姓居田舍者毋敢盬酉。"

估 商賈，買賣人。《後漢書·孝靈帝紀》："帝著商估服，飲宴爲樂。"《北史·邢巒傳》："於是蕃貢繼路，商估交入。"按，"估"有估量、市税、價格等義，筆者疑商賈即買賣人義爲其本義。

〔**推源**〕 諸詞俱有買賣義，爲古聲所載之公共義。聲符字"古"所記録語詞之顯性語義系列與此義不相涉，其買賣義爲古聲所載之語源義。古聲可載買賣義，"賈"可證之。"古""賈"同音，見紐雙聲，魚部疊韻。"賈"，字从貝，謂做買賣。《説文·貝部》："賈，賈市也。从貝，西聲。一曰坐賣售也。"清朱駿聲《通訓定聲》："《左昭廿九傳》：'子每歲賈馬。'注：'買也。'《桓十傳》：'若之何其以賈害也。'《成二傳》：'賈余餘勇。'注：'買也。'……《周書·命訓》：'極賞則賈其上。'注：'賣也。'《論語》：'求善價而賈諸。'"按，引申之亦指買賣人，即所謂商賈。

125　本聲

(368) 体/蠻(粗義)

体 字从人，謂粗劣、笨拙之人。《廣韻·混韻》："体，麤皃。又劣也。"《資治通鑑·唐懿宗咸通十二年》："葬文懿公主……賜酒百斛，餅餤四十橐駝，以飼体夫。"元胡三省注："体夫，舉柩之夫也。"清毛奇齡《越語肯綮録》："体，即粗疏庸劣之稱，今方言粗体、呆体，俱是也。"

蠻 本指古代南方未開化的民族。《説文·蟲部》："蠻，南蠻，蛇種。"《詩·大雅·抑》："用戒戎作，用遏蠻方。"高亨注："蠻方，當指南方。"引申之，則有粗蠻、野蠻之義。《元典章·刑部三·禁採生祭鬼》:"近至荆湖,訪問常、澧、辰、沅、歸、峽等處,地連溪洞,俗習蠻淫。"《水滸傳》第三十二回:"也不曾見你這個出家人,恁地蠻法。"

〔推源〕 此二詞俱有粗義,其音亦極相近而相通,語源當同。

体:並紐文部;

蠻:明紐元部。

並明旁紐,文元旁轉。"体",乃以本聲載粗義。後世以"体"爲身体字,而以"笨"爲笨拙字。"笨"字从竹,本謂竹之内層。以其與"体"同音,借作粗劣、笨拙字。《集韻·混韻》:"笨,不粗也。"《正字通·人部》:"体,別作笨,義同。"晉葛洪《抱朴子·行品》:"杖淺短而多謬,闇趨舍之臧否者,笨人也。"《宋書·王微傳》:"小兒時尤粗笨無好,常從博士讀小小章句,竟無可得。"

126 术聲

(369) 述術訹(條理、引導義)

述 遵循,即行事受一定的條理、原則引導。《説文·辵部》:"述,循也。从辵,术聲。"清朱駿聲《通訓定聲》:"《詩·日月》:'報我不述。'……按,由故道爲述,故凡循其舊而申明之亦曰述。"按,朱氏所引《詩》文宋朱熹《集傳》:"述,循也。言不循義理也。"《書·五子之歌》:"述大禹之戒以作歌。"僞孔傳:"述,循也。"

術 邑中道,引導人前行者,道路義、引導義相通。引導字作"導",从寸,从道,道亦聲,亦爲一證。《説文·行部》:"術,邑中道也。从行,术聲。"清朱駿聲《通訓定聲》:"《廣雅·釋宫》:'術,道也。'《禮記·月令》:'審端經術。'《漢書·刑法志》:'圜圌術路。'注:'大道也。'"《墨子·旗幟》:"巷術周道者必爲之門。"

訹 引誘,引導。《説文·言部》:"訹,誘也。从言,术聲。"清朱駿聲《通訓定聲》:"《魏策》:'横人訹王外交,强虎狼之秦。'《漢書·武帝紀》:'訹乎邪説。'"按,訓"誘",有貶義,"訹"亦爲中性詞,其字亦以"鉥"爲之,"鉥"亦术聲字。《新唐書·張嘉貞傳》:"帝幸太原,嘉祐以贓聞,説鉥嘉貞素服待罪。"唐柳宗元《夢歸賦》:"若有鉥余以往路兮,馭儗儗以回復。"

〔推源〕 諸詞俱有條理、引導義,爲术聲所載之公共義。聲符字"术"本爲草名,謂蒼术、白术,與此義不相涉,此義當爲术聲所載之語源義。术聲可載條理、引導義,"倫""引"可相證。

术:船紐物部;

倫:來紐文部;

引:余紐真部。

船來鄰紐,船余(喻四)亦鄰紐,物文對轉,物真旁對轉。"倫",輩,類,引申爲條理義。《説文·人部》:"倫,輩也。从人,侖聲。一曰道也。"清朱駿聲《通訓定聲》:"《禮記·曲禮》:'儗人必於其倫。'注:'類也。'……〔轉注〕《虞書》:'無相奪倫。'傳:'理也。'《詩·正月》:'有倫有脊。'傳:'道也。'《論語》:'言中倫。'包注:'道也,理也。'""引",開弓。《説文·弓部》:"引,開弓也。"《周禮·考工記·弓人》:"維體防之,引之中參。"引申爲引導義。《集韻·準韻》:"引,導也。"《詩·大雅·行葦》:"黃耇臺背,以引以翼。"《周禮·天官·宮正》"幾其出入"唐賈公彥疏:"有門籍及引人,皆得出入也。"按,"引人"即引導之人。

(370) 秫/稬(軟義)

秫 軟而黏之穀物。《説文·禾部》:"秫,稷之黏者。从禾、朮,象形。朮,秫或省禾。"清朱駿聲《通訓定聲》:"《爾雅》:'粱稷衆秫。'《急就篇》:'稻黍秫稷粟麻秔。'《考工·鐘氏》:'染羽以朱湛丹秫。'蓋有赤、白二種,今北地謂高粱之粘者爲秫,亦曰胡秫,蓋古語也。常以不黏者爲飯,粘者爲酒……〔轉注〕《古今注》:'稻之黏者爲秫。'《廣雅》:'秫,稬也。'……《禮記·月令》:'秫稻必齊。'《廣韻·術韻》:'秫,穀名。'"按,凡軟而黏之稷、粟、稻皆得稱"秫"。

稬 軟而黏之稻,字亦作"糯"。《説文·禾部》:"稬,沛國謂稻曰稬。从禾,耎聲。"清朱駿聲《通訓定聲》:"按,稻比於黍稷性和耎,故古謂之稬。今又以稻之黏者爲稬米,其不黏者爲粳米。字俗作'糯'。"《集韻·換韻》:"稬,或作糯。"明宋應星《天工開物·稻》:"凡稻種最多:不黏者,禾曰秔,米曰粳;黏者,禾曰稌,米曰糯。"《本草綱目·穀一·稻》:"糯稻,南方水田多種之,其性黏,可以釀酒,可以爲粢。"

〔推源〕 此二詞俱有軟而黏義,其音亦相近而相通。

秫:船紐物部;

稬:泥紐元部。

船(牀三)泥鄰紐,物元旁對轉。"秫"字初文作"朮",添加形符作"秫",當從朮聲,《廣韻》注"朮""秫"二字之音俱爲"食聿切"。然則"秫"字乃以朮聲表軟義。

127　可聲

(371) 舸鳱阿岢齣呵阿訶(大義)

舸 大雁。《説文·鳥部》:"舸,舸鵝也。从鳥,可聲。"清朱駿聲《通訓定聲》:"按,雁也。字亦作'鴚'、作'駕'。《方言》八:'鴈或謂之倉舸。'《太玄·裝》:'鴚鵝慘於水。'注:'水鳥。'《上林賦》:'連駕鵝。'《西京賦》:'駕鵝鴻鶬。'注:'駕,野鵝。'《廣韻·歌韻》:'舸,舸鵝。'"明李時珍《本草綱目·禽一·雁》:"雁狀似鵝,亦有蒼、白二色。今人以白而小者爲雁,大者爲鴻,蒼者爲野鵝,亦曰舸鵝。"

閜 大開,大裂。《説文·門部》:"閜,大開也。从門,可聲。大杯亦爲閜。"清朱駿聲《通訓定聲》:"《上林賦》:'谽呀豁閜。'《莊子·知北遊》:'日中㐱户而入。'司馬注:'開也。'以'㐱'爲之。"《廣韻·馬韻》:"閜,大裂。"清喬光烈《遊龍門記》:"劈立若雙闕洞閜狀,是爲龍門。"至大杯稱"閜",亦以可聲表大義,清朱駿聲氏稱此爲"別義",云:"《方言》五:'桮其大者謂之閜。'"

阿 大土山。《爾雅·釋地》:"大陵曰阿。"《説文·阜部》:"阿,大陵也。一曰曲阜也。从阜,可聲。"清朱駿聲《通訓定聲》:"《詩·皇矣》:'我陵我阿。'《卷阿》:'有卷者阿。'"《詩·小雅·菁菁者莪》:"菁菁者莪,在彼中阿。"漢毛亨傳:"中阿,阿中也,大陵曰阿。"按,《爾雅》《説文》皆以"大陵"釋"阿",《爾雅·釋地》:"大阜曰陵。"《説文》同部:"陵,大阜也。"皆可相證。

岢 大山名。清顧祖禹《讀史方輿紀要·山西二·太原府》:"岢嵐山,州北百里,高二千餘丈,長百餘里,與雪山相接。"按,"岢"亦可作形容詞,表高義,高義、大義本相通。明葉盛《水東日記·中堂事記紀行録》:"巍然特立於平地,形甚岢峻,遥望之,若大埞然。"

齣 大齧。《廣雅·釋詁三下》:"齣,齧也。"清王念孫《疏證》:"'齣'者,《集韻》引《字林》云:'大齧也。'"《廣韻·麻韻》:"齣,大齧也。"

歌 大笑。字亦作"呵"。《玉篇·欠部》:"歌,大張口笑也。"《廣韻·禡韻》:"歌,大笑。"又《個韻》:"歌,歌歌,大笑。"《晉書·載記·石季龍》下:"宣乘素車,從千人,臨韜喪,不哭,直言呵呵,使舉衾看尸,大笑而去。"按,後世凡言呵呵大笑,皆以"呵"爲正字。"歌"字从欠,"呵"字从口,所表義類同,而皆以可聲表大義。"呵"之本義爲大聲喝斥,引申爲大笑義。

舸 大船。漢揚雄《方言》卷九:"南楚、江、湘,凡船大者謂之舸。"《廣韻·哿韻》:"舸,楚以大船曰舸。"晉左思《吳都賦》:"弘舸連軸,巨檻接艫。"《梁書·王僧辯傳》:"午後賊退,乃更起長柵繞城,大列舸艦,以樓船攻水城西南角。"

訶 大聲斥責。《説文·言部》:"訶,大言而怒也。从言,可聲。"清朱駿聲《通訓定聲》:"字亦作'呵'。《廣雅·釋詁二》:'訶,怒也。'《漢書·食貨志》:'縱而弗呵虖。'注:'責怒也。'"《廣韻·歌韻》:"訶,責也,怒也。"《韓非子·内儲説下》:"王出而訶之曰:'誰溺於是?'"宋曾鞏《訪石仙巖杜法師》詩:"杜君袖衡丹砂書,一顧訶斥百怪除。"按朱氏"字亦作呵"説可從。《韓非子·内儲説上》:"衛嗣公使人爲客過關市,關市呵難之。"

〔推源〕 諸詞俱有大義,爲可聲所載之公共義。聲符字"可"从口,其本義《説文·口部》訓"肯",即許可、肯定義,與大義不相涉。上述諸詞之大義爲可聲所載之語源義。可聲可載大義,"巨"可證之。

可:溪紐歌部;

巨:群紐魚部。

溪群旁紐,歌魚通轉。"巨",規矩字之初文,然有"大"之假借義,其字爲借義所奪,其"大"義遂成基本義。漢揚雄《方言》卷一:"巨,大也。齊、宋之間曰巨。"《公羊傳·哀公六年》:"於是使力士舉巨囊,而至於中霤。"漢何休注:"巨囊,大囊。"唐李白《古風五十九首》之三十三:"北溟有巨魚,身長數千丈。"

(372) 柯牁笴袔(長而直義)

柯 斧柄,長而直者。《說文·木部》:"柯,斧柄也。从木,可聲。"清朱駿聲《通訓定聲》:"齊人謂之梛。《詩》:'伐柯如何?'……《晉語》:'今若大其柯。'《廣雅·釋器》:'柄也。'"按,齊人稱柯爲"梛"說蓋出於《玉篇》,又朱氏所引《詩·豳風·伐柯》文漢毛亨傳:"柯,斧柄。"《廣韻·歌韻》:"柯,枝柯,又斧柯。"按"枝柯"即草木之枝莖,亦長而直者,當爲比喻引申義。

牁 繫船的木樁,亦長而直之物。其字或亦以"柯"爲之。《廣韻·歌韻》:"牁,所以繫舟。"清李斗《揚州畫舫錄·城南錄》:"水有牂牁繫舟,陸有木寨繫馬。"晉常璩《華陽國志·南中志》:"周之季世,楚威王遣將軍莊蹻泝沅水出且蘭以伐夜郎,植牂柯繫舩。"今按,《篇海類編》《字彙》有"牁"字而皆云"同牁",實則"牁"之本義當爲繫牛木樁,引申之則可泛指木樁。清朱駿聲《說文通訓定聲·隨部·附〈說文〉不錄之字》以"牁"爲"戕"之或體,引《廣雅·釋宮》:"戕,杙也。"

笴 箭杆。《廣韻·哿韻》:"笴,箭莖也。"《儀禮·鄉射禮》:"阼階下之東南,堂前三笴,西面北上坐。"漢鄭玄注:"笴,矢幹也。"唐段成式《酉陽雜俎·忠志》:"太宗虯須,嘗戲張弓挂矢,好用四羽大笴長常箭一膚,射洞門闔。"《廣韻·旱韻》:"笴,箭笴。簳,上同。"《山海經·中山經》:"(休與之山)有草焉,其狀如蓍,赤葉而本叢生,名曰夙條,可以爲簳。"晉郭璞注:"簳,中箭笴也。"

袔 衣袖,亦長而直之物。《廣雅·釋器》:"袔,袖也。"清王念孫《疏證》:"《玉篇》:'袔、袚,袖也。'袚通作袳。《方言》:'襜謂之袚。'注:'雲衣袳下也。'"《廣韻·箇韻》:"袔,同襫。"又"襫,袚袖也。"

〔推源〕 諸詞俱有長而直義,爲可聲所載之公共義。聲符字"可"所記錄語詞謂許可,與此義不相涉,然則長而直義爲可聲所載之語源義。可聲可載長而直義,"格"可證之。

可:溪紐歌部;

格:見紐鐸部。

溪見旁紐,歌鐸通轉。"格",樹的長枝。《說文·木部》:"格,木長皃。从木,各聲。"清王筠《句讀》:"蓋謂枝條長也。"清朱駿聲《通訓定聲》:"《上林賦》:'夭蟜枝格。'庾信《小園賦》:'草樹混淆,枝格相交。'"《廣韻·鐸韻》:"格,樹枝。"唐李吉甫《九日小園獨謠贈門下武相公》詩:"舞叢新菊徧,繞格古藤垂。"

(373) 骱齘跒(夾、卡義)

骱 字亦作"骼",謂腰骨,左右各一,以夾腹、腰。《玉篇·骨部》:"骱,腰骨。"又"骼、䯚,並同骱。"《集韻·禡韻》:"骼,腰骨也。或作骱、䯚。"《素問·長刺節論》:"病在少腹有積……刺兩骼髎季脅肋間。"唐王冰注:"骼爲腰骨。"清沈彤《釋骨》:"(兩髁)其旁臨兩股者曰監骨,曰大骨,曰骼。一身之伸屈司焉。"按,"骱"亦指骨鯁於喉,則爲套用字,亦以可聲表夾、卡義。明焦竑《俗書刊誤·俗用雜字》:"骨鯁在喉曰骱。"

齘 骨頭卡在牙縫中。元戴侗《六書故·人四》:"齘,骨著齒間不去也。"唐柳宗元《解祟賦》:"獨凄已而燠物,愈騰沸而髎齘。"按,"齘"亦指用上下門齒咬有殼之硬物,如"齘瓜子",其"齘"亦夾而咬之之意。

跒 竦立,亦指徘徊,皆謂人如物受夾、卡而難動,義有微別,其語源則當與"骱""齘"同。《玉篇·足部》:"跁,跁跒,不肯前。"唐樊宗師《絳守居園池記》:"陴紖孤顛,跒偭,玄武踞。"岑仲勉《集解》:"跒、偭二字合爲竦立之貌。"清徐大容《拾硯齋觀曹雲西山水畫卷》詩:"詩成跁跒發浩嘆,擾擾得失將何爲。"按,《廣韻·馬韻》"跁跒"訓"行皃",實即緩緩爬行義,凡爬行則緩慢,亦如物被夾、卡而難動。

〔推源〕 諸詞俱有夾、卡義,爲可聲所載之公共義。聲符字"可"所記録語詞謂許可,與此義不相涉,其夾、卡義爲可聲所載之語源義。可聲可載夾、卡義,"夾"可相證。

可:溪紐歌部;

夾:見紐葉部。

溪見旁紐,歌葉(盍)通轉。"夾",從左右相持或相對。《說文·大部》:"夾,持也。从大,俠二人。"按,形體結構分析未當。清段玉裁注云:"捉物必兩手,故凡持曰夾。"清朱駿聲《通訓定聲》:"《儀禮·既夕》:'圉人夾牽之。'注:'在左右曰夾。'《穆天子傳》:'左右夾佩。'注:'左右兩佩也。'《釋名·釋宮室》:'夾室在堂兩頭,故曰夾也。'"

(374) 苛舸鉰袔(小義)

苛 小草,引申爲細小、繁細義。《說文·艸部》:"苛,小草也。从艸,可聲。"《史記·季布欒布列傳》:"今陛下一征兵於梁,彭王病不行,而陛下疑以爲反,反形未見,以苛小案誅滅之,臣恐功臣人人自危也。"《後漢書·宣秉傳》:"務舉大綱,簡略苛細。"

舸 小船。《說文新附·舟部》:"舸,舟也。从舟,可聲。"《三國志·吳志·周瑜傳》:"乃取蒙沖戰艦數十艘,實以薪草,膏油灌其中,裹以帷幕,上建牙旗。先書報曹公,欺以欲降。又豫備走舸,各繫大船後。"唐杜甫《憶昔行》詩:"憶昔北尋小有洞,洪河怒濤過輕舸。"

鉰 小釜。《玉篇·金部》:"鉰,鉰鏴,小金也。"《廣韻·歌韻》:"鉰,鉰鏴,小釜。"

袔 小衫。《集韻·馬韻》:"𧛁,小衫曰𧛁。或作袔。"按,以"袔"指小衫,文獻未見實用例,蓋《集韻》所記多方言、俗語。

〔推源〕 諸詞俱有小義,與本典第二卷第 371 條諸詞俱有大義正相反。同源詞之語義親緣關係本有相反之類型。本條諸詞之小義爲可聲所載之公共義。聲符字"可"所記録語詞本無小義,其小義爲可聲所載之語源義。可聲可載小義,肙聲、曷聲、兼聲皆可相證。

可:溪紐歌部;

肙:影紐元部;

曷:匣紐月部;

兼:見紐談部。

溪匣見旁紐,與影紐並爲鄰紐。歌元對轉,歌月對轉,歌談通轉。肙聲字所記録語詞"涓"爲小水流,"蜎"爲小蟲,"鋗"指金屬小盆。參本典第四卷"321. 肙聲"。曷聲字所記録語詞亦多有小義。"齃",房屋空間小;"楬",短小木椿;"鶍",小鼠。詳本典第五卷"488. 曷聲"。兼聲字所記録語詞"謙""歉""稴""蠊""溓"分别指言少即言之數量小、食物數量小、禾數小、小蚌、小水。參本典"兼聲"。

128 朿聲

(375) 柿胏韲(零碎義)

柿 《廣韻》作"柹",謂斫木削下的零碎木片。《龍龕手鑑·木部》:"柿,斫木斥零柿也。"按《廣韻》此字訓"果名",指柿子,指零碎木片,乃以朿聲載零碎義,爲套用式本字。

胏 剩餘的零碎食物。字亦作"胾""肺"。《説文·肉部》:"胾,食所遺也。从肉,仕聲。《易》曰:'噬乾胾。'肺,揚雄説胾从朿。"清朱駿聲《通訓定聲》:"士,朿聲之轉。《字林》:'肺,含食所遺也。'"按,漢許慎所引《易·噬嗑》之"胾",異文作"肺",唐陸德明《經典釋文》:"肺,含食所遺也。"

韲 擣碎的薑、蒜等,零碎之物。《説文·韭部》:"韲,墼也。从韭,次、朿皆聲。齏,韲或从齊。"清朱駿聲《通訓定聲》:"字亦作'齏'。按,从韭、从次,會意,細切匀之有叙也,朿聲……凡醢醬所和細切爲韲,全物若腜爲菹。《廣雅·釋器》:'齏,菹也。'《周禮·醢人》'五齊'注:'謂當爲齏。'《禮記·曲禮》:'徹飯齏以授相者。'《釋文》:'本作齊。'〔轉注〕《莊子·大宗師》:'齏萬物而不爲義。'司馬注:'碎也。'"按,所謂"轉注"實爲虚化引申。

〔推源〕 諸詞俱有零碎義,爲朿聲所載之公共義。聲符字"朿(朿)"訓"止",與此義不相涉,其零碎義爲朿聲所載之語源義。朿聲可載零碎義,"碎"可相證。

朿:莊紐脂部;

碎:心紐物部。

莊心準旁紐,脂物旁對轉。"碎",碎裂。《説文·石部》:"碎,䃤也。"段玉裁氏改其解釋文爲"糳也",並注:"糳,各本作'礑',其義迥殊矣。礑所以碎物,而非碎也,今正。《米部》曰:'糳,碎也。'"《公羊傳·莊公十二年》:"(南宫萬)臂搉仇牧,碎其首。"凡物碎則零星,故"碎"又有零碎、零星之衍義。《漢書·藝文志》:"後世經傳既已乖離,博學者又不思多聞闕疑之義,而務碎義逃難,便辭巧説,破壞形體。"晉潘岳《射雉賦》:"毛體摧落,霍若碎錦。"

(376) 秭/積(聚積義)

秭 禾五稷爲秭,聚積而成,故有"積"訓,又指萬億,亦寓積義。《説文·禾部》:"秭,五稷爲秭。从禾,𠂔聲。一曰數億至萬曰秭。"清朱駿聲《通訓定聲》:"禾二百秉也。《周禮·掌客》注:'秅秭麻荅。'《廣雅·釋詁一》:'秭,積也。'……《爾雅·釋詁》:'秭,數也。'注:'今以十億爲秭。'《詩·豐年》:'萬億及秭。'傳:'數億至億曰秭。'……《五經算術》有億、兆、京、垓、秭、壤、溝、澗、正、載十等之大數。《風俗通》:'十垓謂之秭。'"《孫子算經》:"凡大數之法,萬萬曰億,萬萬億曰兆,萬萬兆曰京,萬萬京曰垓,萬萬垓曰秭。"

積 聚積。《説文·禾部》:"積,聚也。"清朱駿聲《通訓定聲》:"禾穀之聚曰積。《詩·良耜》:'積之栗栗。'《周禮·大司徒》:'令野脩道委積。'注:'少曰委,多曰積,皆所以給賓客。'"引申之,凡聚積皆稱"積"。《荀子·儒效》:"積土而爲山,積水而爲海。"《後漢書·王允傳》:"自歲末以來,太陽不照,霖雨積時。"

〔推源〕 此二詞俱有聚積義,其音亦相近且相通,語源當同。

秭:精紐脂部;

積:精紐錫部。

雙聲,脂錫通轉。其"秭",乃以𠂔聲載聚積義。

(377) 疪/玼(瑕疵義)

疪 瑕疵。《説文·疒部》:"疪,瑕也。从疒,𠂔聲。"清段玉裁注:"疪之言疵也。"清朱駿聲《通訓定聲》:"《廣雅·釋詁一》:'病也。'"按,瑕疵、病,二義相通。其解釋字"瑕"清桂馥《説文解字義證》引作"瘕",《説文》同部"瘕"訓"女病"。《廣韻·麻韻》:"瑕,玉病也。"

玼 玉之斑點,即瑕疵。《廣韻·支韻》:"玼,玉病。"漢桓寬《鹽鐵論·晁錯》:"夫以璵璠之玼而棄其璞,以一人之罪而兼其衆,則天下無美寶、信士也。"元王實甫《西廂記》第五本第二折:"這玉簪纖長如竹筍,細白似蔥枝,温潤有清香,瑩潔無瑕玼。"按,《説文·玉部》"玼"訓"玉色鮮",《詩》有其實用例;"玼"指玉斑當爲套用式本字,乃以此聲載瑕疵義。瑕疵字亦作"疵",亦从此聲,可相證。

〔推源〕 二詞俱有瑕疵義,其音亦相近而相通,語源當同。

疪:莊紐之部;

玼:清紐支部。

莊清準旁紐,之支旁轉。其"疵"字,乃以疕聲載瑕疵義。

129 丙聲

(378) 病痡(病變義)

病 患病。《篇海類編·人事類·疒部》:"病,患也。"清朱駿聲《說文通訓定聲·壯部》:"病,〔聲訓〕《釋名》:'病,並也,與正氣並在膚體中也。'"《荀子·法行》:"且夫良醫之門多病人。"宋李清照《鳳凰臺上憶吹簫》:"非干病酒,不是悲秋。"

痡 臥驚病。其字亦以"窉"為之,"痡""窉"同从丙聲。《說文·疒部》:"痡,臥驚病也。从疒省,丙聲。"清朱駿聲《通訓定聲》:"字亦作'窉'。"《廣韻·梗韻》:"窉,本亦作'痡'。"又《映韻》:"痡,驚病。"《改併四聲篇海·穴部》引《對韻音訓》:"窉,驚病也。"余巖《古代疾病名候疏義》卷四:"痡,臥而善驚,不能酣恬,是神經病的一種。"

〔推源〕 此二詞俱有病義,為丙聲所載之公共義。聲符字"丙"構形不明,或云象魚尾形,與病義似不相涉。揆其語源,丙聲實載變化義,人之健康狀況發生變化則即病態。"丙""變"之音相近且相通。

丙:幫紐陽部;
變:幫紐元部。

雙聲,陽元通轉。"變",更改,變化。《說文·攴部》:"變,更也。从攴,䜌聲。"《書·畢命》:"既歷三紀,世變風移。"按,漢許慎以"更"訓"變","更"亦《攴部》字,从丙得聲,與"病""痡"同。許書云:"䉒,改也。从攴,丙聲。"凡人患病,雙音詞稱"病變",足可為證。

(379) 怲病(憂義)

怲 憂愁。《爾雅·釋訓》:"怲怲,憂也。"《說文·心部》:"怲,憂也。从心,丙聲。《詩》曰:'憂心怲怲。'"《廣韻·映韻》:"怲,憂心也。"元吳師道《目疾謝柳道傳張子長惠藥》:"惟茲二三友,為我憂怲怲。"

病 患病。人患病則擔憂,故有"憂"之衍義。《廣韻·映韻》:"病,憂也。"清朱駿聲《說文通訓定聲·壯部》:"病,〔轉注〕《禮記·樂記》:'病不得其眾也。'注:'猶憂也。'"按,朱氏所謂"轉注"即引申。晉陶潛《感士不遇賦》:"伊古人之慷慨,病奇名之不立。"清蒲松齡《聊齋志異·大男》:"錢病其緩,為賃代步,資斧耗竭。"

〔推源〕 此二詞俱有憂義,為丙聲所載之公共義。聲符字"丙"所記錄語詞與憂義不相涉,其憂義為丙聲所載之語源義。丙聲可載憂義,"怲"可相證。

丙:幫紐陽部;
怲:明紐陽部。

叠韻,幫明旁紐。"忙",憂慮。《玉篇·心部》:"忙,憂。忙,同忙。"《廣韻·唐韻》:"忙,同忙。"按"忙"有心中焦急義,此與憂慮義相通。《集韻·唐韻》:"忙,心迫也。"唐汪遵《採桑婦》:"蠶飢日晚妾心忙。"《劉知遠諸宮調·君臣弟兄子母夫婦團圓》:"兩將軍權時歇,姓郭排軍争奈心忙熱。"

(380) 病恸炳錮(重義)

病　重病。《説文·疒部》:"病,疾加也。从疒,丙聲。"清朱駿聲《通訓定聲》:"《儀禮·既夕記》:'疾病外内皆埽。'注:'疾甚曰病。'"《論語·子罕》:"子疾病,子路使門人爲臣。"三國魏何晏《集解》:"疾甚曰病。"又《述而》:"子疾病,子路請禱。"

恸　憂心重。《説文》"恸"訓"憂",引《詩·小雅·頍弁》"憂心恸恸"以爲證,所引《詩》句漢毛亨傳:"恸恸,憂盛滿也。"清徐昂發《夏寒》:"愁雲塞八荒,終夜心恸恸。"

炳　明亮,光重。其字亦作"昞""昺"。《説文·火部》:"炳,明也。从火,丙聲。"清朱駿聲《通訓定聲》:"《易·革》:'其文炳也。'《廣雅·釋訓》:'炳炳,明也。'《文選·皇太子〈釋奠會詩〉》:'睿圖炳睟。'字亦作'昺'。《廣雅·釋詁四》:'昞,明也。'《三蒼》:'昺,著明也。'"《廣韻·梗韻》:"炳,炳焕,明也。"晉葛洪《抱朴子·省煩》:"炳若日月之著明。"

錮　堅固。重、堅固,義有微殊而相通,俱以丙聲載之,語源當同。漢揚雄《方言》卷十二:"錮,鋼也。"晉郭璞注:"謂堅固也。"清錢繹《箋疏》:"《説文》:'鋼,鑄塞也。'凡銷鐵以塞穿穴謂之鋼,取堅固之義,故字作金旁固。《成二年左氏傳》:'子反請以重幣錮之。'杜預注云:'禁錮勿令仕。通作固。'"《廣韻·映韻》:"錮,堅錮。"

〔推源〕　諸詞俱有重義,爲丙聲所載之公共義。聲符字"丙"本爲"炳"之初文,有明亮、光重之義。《説文·丙部》:"丙,位南方,萬物成炳然。"漢班固《白虎通·五行》:"丙者,其物炳明。"然此義與"丙"之形體結構不相符,爲丙聲所載之語源義。丙聲可載重義,"豐"可證之。

丙:幫紐陽部;

豐:滂紐冬部。

幫滂旁紐,陽冬(東)旁轉。"豐",器中豐滿。《説文·豆部》:"豐,豆之豐滿者。"《書·高宗肜日》:"典祀無豐於昵。"引申之,則有豐厚義。《周禮·地官·大司徒》:"其民豐肉而庳。"漢鄭玄注:"豐,猶厚也。"按,豐厚、重二義相近而相通,故有"厚重"之雙音詞。

130　左聲

(381) 尫祏(左義)

尫　行不正,即行走忽偏左忽偏右之謂。《説文·尢部》:"尫,尫尫,行不正。从尢,左聲。"清朱駿聲《通訓定聲》:"尬,尷尬,行不正。"《廣韻·駭韻》:"尬,尷尬。"明楊基《贈跛奚》:"立如鷺聯拳,行類鱉尷尬。"清蒲松齡《日用雜字·身體章》:"怕長瘸蹄尬脚病,痾蛆舌刺有溫黃。"

袿 左衽衣。漢揚雄《方言》卷四:"(禪衣)有袌者,趙、魏之間謂之袿衣。"清錢繹《箋疏》:"衣前襟亦謂之袌……(郭璞)注:'前施袌囊'者,謂右外袷。古禮服必有袌,唯褻衣無袌。"按,左衽衣,衣襟向左包裹身軀,"袿"即左衽衣之單音詞。所謂"袷""衽"即衣襟。《說文·衣部》:"衽,衣袷也。""袷,交衽也。"《論語·憲問》"微管仲,吾其被髮左衽矣"晉邢昺疏:"衽謂衣衿,衣衿向左,謂之左衽。"按,徽歙方言稱此等衣襟爲"大背襟"。

〔推源〕 二詞俱有左義,爲左聲所載之公共義。聲符字"左"從ナ、工,"ナ"象人左手形,加構件"工"而成"左",爲輔佐字初文,後乃累增構件"人"作"佐",左右字作"左"。《說文·左部》:"左,從ナ、工。"《廣韻·哿韻》:"左,左右也。"《字彙·工部》:"左,右之對也。"《史記·匈奴列傳》:"左方兵直雲中,右方直酒泉敦煌郡。"凡事物偏於左則不正,故"左"又有不正之衍義,此足證"尬"之構詞理據。《漢書·杜周傳》:"不知而白之,是背經術惑左道也。"唐顏師古注:"左道,不正之道也。"然則"尬""袿"之左義爲聲符字所載之顯性語義。

(382) 佐/助(輔助義)

佐 輔助。《廣雅·釋詁二》:"佐,助也。"《廣韻·箇韻》:"佐,助也。"《孫子·火攻》:"故以火佐攻者明,以水佐攻者強。"《史記·陳涉世家》:"廣起而殺尉,陳勝佐之,並殺兩尉。"

助 輔助,幫助。《說文·力部》:"助,左也。"清朱駿聲《通訓定聲》:"《小爾雅·廣詁》:'佐也'……《論語》:'非助我者也。'"《孟子·公孫丑下》:"得道者多助,失道者寡助。"《漢書·百官公卿表》上:"相國、丞相,皆秦官,金印紫綬,掌丞天子助理萬機。"

〔推源〕 二詞義同,其音亦相近而相通,語源則同。

佐:精紐歌部;

助:崇紐魚部。

精崇(牀)準旁紐,歌魚通轉。"佐"字乃以左聲載輔助義。聲符字"左"本爲輔佐字初文。《說文·左部》:"左,手相左助也。"清朱駿聲《通訓定聲》:"俗字作'佐'。《易·象上傳》:'以左右民。'《虞書》:'予欲左右有民。'"《墨子·雜守》:"亟收諸雜鄉金器,若銅鐵及他可以左守事者。"

131　丕聲

(383) 胚坯駓(混沌義)

胚 胚胎,未成形者,混沌之物。其字或作"肧"。《說文·肉部》:"肧,婦孕一月也。从肉,不聲。"清桂馥《義證》:"《集韻》引作'胚'。"清朱駿聲《通訓定聲》:"字亦作'胚'。《爾雅·釋詁》注:'胚胎未成。'《釋文》引《淮南》書、《文子》皆曰婦孕三月而肧。"《文選·郭璞〈江賦〉》:"類肧渾之未凝,象太極之構天。"唐李善注:"言雲氣杳冥,似肧渾渾混,尚未凝結。"明李時珍《本草綱目·人一·人胞》"釋名"欄引《丹書》:"天地之先,陰陽之祖,乾坤之橐籥,鉛汞之匡廓,胚胎將兆,九九數足,我則乘而載之,故謂之河車。"

坏 未燒過的磚瓦、陶器,即未成器者,實則亦寓混沌義。《說文·土部》:"坏,一曰瓦未燒。从土,不聲。"清朱駿聲《通訓定聲》:"《水經·河水》注引《說文》字作'坯'。……《史記·張釋之馮唐傳》:'盜長陵一坏土。'《索隱》:'墣未燒之名也。'《太玄·干》:'或錫之坏。'注:'未成瓦也。'"《廣韻·灰韻》:"坏,未燒瓦也。"《淮南子·精神訓》:"夫造化者既以我爲坏矣,將無所違之矣。"漢高誘注:"坏,音坯。"唐呂岩《瑤頭坏歌》:"瑤頭坏,隨風破,只是未曾經水火。"

醅 字亦作"酥""醅",謂醉飽,亦謂酒未過濾,皆寓混沌義。《說文·酉部》:"醅,醉飽也。"清朱駿聲《通訓定聲》:"今所用潑醅字,謂酒未沛者。"《廣韻·尤韻》:"醅,醉飽。"又《灰韻》:"醅,酒未漉也。"《集韻·灰韻》:"醅,或作酥。"唐杜甫《客至》:"盤飱市遠無兼味,樽酒家貧只舊醅。"宋沈遘《五言次韻和景彝秋興》:"西風但高詠,將奈綠醅何。"

〔推源〕 諸詞俱有混沌義,爲丕聲所載之公共義。聲符字"丕"金文同"不",故从丕得聲之字或从不聲。"丕"所記錄之語詞《說文》訓"大",然則與混沌義不相涉。其混沌義爲丕聲所載之語源義。古謂糊涂爲"顢頇","顢"亦唇音字,與"丕"同。糊涂則即混沌。

(384) 伾芣頯岯(盛、大義)

伾 力大,又有衆多勢盛義。《說文·人部》:"伾,有力也。从人,丕聲。"清朱駿聲《通訓定聲》:"《詩·駉》:'以車伾伾。'傳:'伾伾有力也。'《吉日齊魯詩》:'伾伾俟俟。'《廣雅·釋訓》:'伾伾,衆也。'按,實皆重言形況字。"《廣韻·脂韻》:"伾,有力。"

芣 花盛。字亦作"芣""苢"。《玉篇·艸部》:"芣,花盛。"《集韻·脂韻》:"芣,草木花盛皃。"《說文·艸部》:"芣,華盛。从艸,不聲。"清段玉裁注:"《詩》言'江漢浮浮'、'雨雪浮浮',皆盛皃。'芣'與'浮'聲相近。"《玉篇·艸部》:"苢,華盛也。"《廣韻·虞韻》:"苢,花盛。"按"苢"當與"芣"及"芣"同,"柸"字一作"杯",庶可爲證。

頯 臉面寬大,亦指頤部大而突出。其字亦作"頯"。《玉篇·頁部》:"頯,大面。"《廣韻·脂韻》:"頯,大面。"清胡文英《吳下方言考·灰韻》:"吳中謂大面而肥者曰頯圍。"《集韻·灰韻》:"頯,或从丕。"《說文·頁部》:"頯,曲頤也。从頁,不聲。"清段玉裁注:"頤曲而微向前也。"

岯 山一重。山重叠則高大。《爾雅·釋山》:"(山)一成坯。"清郝懿行《義疏》:"成,猶重也……坯本或作岯。"《廣韻·脂韻》:"岯,山再成也。"《集韻·旨韻》:"岯,山一成曰坯。"唐李世民《小山賦》:"啓一圍而建址,崇數尺以成岯。"清朱駿聲《說文通訓定聲·頤部》:

"《莊子·大宗師》:'堪坏得之。'《書·禹貢》:'至於大伾。'以'伾'爲之。《釋文》亦作'岯'、作'坯'。"《中華大字典·阜部》:"陚,同岯。"

〔**推源**〕 諸詞俱有盛大義,爲丕聲所載之公共義。聲符字"丕"所記録語詞之本義即"大"。《爾雅·釋詁》:"丕,大也。"《説文·一部》:"丕,大也。"清朱駿聲《通訓定聲》:"《左昭三傳》:'昧旦丕顯。'《爾雅·釋訓》:'丕丕,大也。'《書·大誥》:'弼我丕丕基。'《逸周書·寶典》:"四曰敬,敬位丕哉!"晉孔晁注:"丕,大也。"又,丕聲可載大義,"龐"可證之。

丕:滂紐之部;
龐:並紐東部。

滂並旁紐,之東旁對轉。"龐",其字从广,本謂屋宇高大,引申之則泛指大。《説文·廣部》:"龐,高屋也。"清段玉裁注:"引申之爲凡高大之稱。"《國語·周語上》:"敦龐純固,於是乎成。"三國吴韋昭注:"龐,大也。"晉皇甫謐《帝王世紀》:"太素始萌,萌而未兆,謂之龐洪。"按,唯"龐"有大義,故有同義聯合式合成詞"龐大"。

(385) 岯秠鉟(重叠義)

岯 山重叠,見前條。

秠 一稃二米,即一殼之中二米相重叠。《説文·禾部》:"秠,一稃二米。从禾,丕聲。《詩》曰:'誕降嘉穀,惟秬惟秠。'天賜後稷之嘉穀也。"清朱駿聲《通訓定聲》:"按,一康之内有兩米……《爾雅·釋草》:'秠,一稃二米。'注:'亦黑黍,但中米異耳。'"按,漢許慎所引《詩·大雅·生民》文唐孔穎達疏:"秠,是黑黍之中有二米者,别名之爲秠。"唐柳宗元《武功縣丞廳壁記》:"其植物豐暢茂遂,有秬秠藿菽之宜。"

鉟 如刀而有雙刃之兵器。雙刃重叠故稱"鉟",字亦作"鈹"。《廣韻·脂韻》:"鉟,刃戈。"《漢書·高惠高后文功臣表》:"以長鉟都尉擊項籍,侯。"唐顔師古注:"長鉟,長刃兵也,爲刀而劍形。《史記》作'長鈹',鈹亦刀耳。"《正字通·金部》:"鉟,鈹、鉟並同。"《説文·金部》:"鈹,一曰劍如刀裝者。"清徐灝《注箋》:"蓋爲兩刃如劍而形制如刀,故曰劍刀裝。"《史記·刺客列傳》:"夾立侍,皆持長鈹。"唐司馬貞《索隱》引唐劉逵《吴都賦》注:"鈹,兩刃小刀。"

〔**推源**〕 諸詞俱有重叠義,爲丕聲所載之公共義。聲符字"丕"所記録語詞謂"大",與重叠義不相涉,其重叠義爲丕聲所載之語源義。丕聲可載重叠義,"竝"可證之。

丕:滂紐之部;
竝:並紐陽部。

滂並旁紐,之陽旁對轉。"竝",相並列。並列義、重叠義相通。《説文·立部》:"竝,併也。从二立。"《集韻·迥韻》:"竝,隸作並。"《論語·憲問》:"吾見其居於位也,見其與先生竝行也。"《墨子·備水》:"並船以爲十臨。"岑仲勉注:"並船,即合兩船也,兩船爲一臨。"按,横向相連即並列,縱向相連爲重叠,其義本相通。

132　石聲

(386) 磔衸拓(張開、擴大義)

磔　車裂,分裂肢體,引申爲張開義。《説文·桀部》:"磔,辜也。从桀,石聲。"清朱駿聲《通訓定聲》:"刳鷄胸胃而張之……《廣雅·釋詁一》:'磔,張也。'《三》:'磔,開也。'……〔轉注〕《荀子·宥坐》:'伍子胥不磔姑蘇東門外乎?'"按,車裂爲本義,非"轉注"(引申),張開義乃引申義。《廣韻·陌韻》:"磔,張也,開也。"《資治通鑑·漢獻帝建安元年》:"但能張磔網羅,而目理甚疏。"元胡三省注:"磔,開也。"

衸　裙之開衩處,引申爲張開、擴大義。《説文·衣部》:"衸,衣衿。从衣,石聲。"清朱駿聲《通訓定聲》:"裙衩在正中者。《廣雅·釋器》:'裌膝也。'言其中分曰衿,言其開展曰衸。"清段玉裁注:"引伸爲推廣之義。《玄瑩》曰:'天地開闢,宇宙衸坦。'《廣雅·釋詁》曰:'衸,大也。'"宋洪适《隸釋·漢桐柏淮源廟碑》:"開衸神門,立闕四達。"

拓　開拓,擴大。《説文·手部》:"拓,拾也。陳、宋語。从手,石聲。"清朱駿聲《通訓定聲》:"〔假借〕爲'庶'。《小爾雅·廣詁》:'拓,開也。'《漢書·揚雄傳》應劭注:'拓,廣也。'又爲'碩'。《廣雅·釋詁一》:'拓,大也。'"按,"拓"表開拓、擴大義非假借,乃套用字,拾取、開拓俱以手。《吴子·圖國》:"闢土四面,拓地千里,皆起之功也。"按"拓"又有張開義。明徐弘祖《徐霞客遊記·滇遊日記一》:"更南則庵盡而崖不盡,穿壁覆雲,重崖拓而更合。"

〔推源〕 諸詞俱有張開、擴大義,爲石聲所載之公共義。聲符字"石"所記録語詞謂巖石,與此義不相涉,此義爲石聲所載之語源義。石聲可載張開、擴大義,"張"可相證。

　　石:禪紐鐸部;
　　張:端紐陽部。

禪端準旁紐,鐸陽對轉。"張",拉開弓弦。《説文·弓部》:"張,施弓弦也。"《詩·小雅·吉日》:"既張我弓,既挾我矢。"按,弓張則開、擴大,故引申爲張開、擴大義。《廣雅·釋詁三》:"張,開也。"又《釋詁一》:"張,大也。"《莊子·天運》:"予口張而不能嗋。"唐成玄英疏:"心懼不定,口開不合。"《史記·陳涉世家》:"陳涉乃立爲王,號爲張楚。"唐司馬貞《索隱》:"欲張大楚國,故稱張楚也。"

(387) 碩斫妬胝拓鼫(大義)

碩　大。《説文·頁部》:"碩,頭大也。从頁,石聲。"清朱駿聲《通訓定聲》:"〔轉注〕《爾雅·釋詁》:'碩,大也。'《詩·碩人》:'碩鼠。'《椒聊》:'碩大無朋。'《狼跋》:'公孫碩膚。'《巧言》：'蛇蛇碩言。'《大田》：'既庭且碩。'《崧高》：'其詩孔碩。'《閟宫》：'路寝孔碩。'《左桓六傳》：'博碩肥腯。'《禮記·大學》：'莫知其苗之碩。'《穆天子傳》：'爰有大木碩草。'"按，清段玉裁亦以爲"碩"本義爲頭大，引申爲大，實則許訓僅爲造意，其本義即大。

斫 大鋤。《爾雅·釋器》："斫謂之鐯。"晉郭璞注："钁也。"《説文·金部》："钁，大鉏也。"又《木部》："櫡，斫謂之櫡。"清段玉裁注："櫡，一作鐯。"宋楊萬里《發孔鎮晨炊漆橋道中紀行》："斫地燒畬旋旋開，豆花麻莢更菘栽。"按，"斫地"即鋤地。"斫"爲大鋤，斫地之器，其字從斤，亦指斧，則爲斫木之器，義亦相通。以"斫"指大鋤，爲套用字，以其石聲表大義。《説文·斤部》："斫，擊也。從斤，石聲。"

妬 乳痈。漢劉熙《釋名·釋疾病》："乳痈曰妬。妬，褚也，氣積褚不通至腫潰也。"清王先謙《疏證補》："褚訓畜見《襄三十年傳》'取我衣冠而褚'之杜注。乳痈謂妬，今人語猶然。"按，"妬"字從女，石聲，乃以石聲表腫大義。古者"妬""妒"通用。黄芩一名"妒婦"，明李時珍《本草綱目·草部》載，述其功效云："破擁氣，治五淋，令人宣暢，去關節煩悶，解熱渴。下氣，主天行熱疾，丁瘡排膿，治乳痈發背。"

肣 腹大。《集韻·莫韻》："肣，廣腹也。"又《鐸韻》："肣，腹大兒。"按，"肣"亦作"胪"，猶"妬"亦作"妒"。《字彙·肉部》："胪，大腹也。與'肬'同。"《玉篇·肉部》："肬，肬胍，大腹也。"《類篇·肉部》："胍肬，大腹兒。"

拓 開拓，擴大(見前條)，故引申爲大義。《廣雅·釋詁一》："拓，大也。"宋徐元杰《黄自然授直秘閣廣西運判制》："爾自然器姿宏拓，志節婍修。"按"宏拓"即宏大義。"拓"又有廣大義。《文選·左思〈魏都賦〉》："原隰畇畇，墳衍斥斥。或嵬罍而複陸，或礨朗而拓落。"晉張載注："拓落，廣大之貌。"

鼫 大鼠。《爾雅·釋獸》："鼫鼠。"晉郭璞注："形大如鼠，頭如兔，尾有毛，青黄色，好在田中食粟豆，關西呼爲鼰鼠。"明李時珍《本草綱目·獸部·鼫鼠》："〔釋名〕碩鼠、鼰鼠、雀鼠。……碩，大也，似鼠而大也。""鼫鼠處處有之。居土穴樹孔中，形大如鼠，頭似兔，尾有毛，青黄色，善鳴，能人立，交前兩足而舞。好食粟豆，與鼢鼠俱爲田害。鼢小居田而鼫大居山也。"

〔推源〕 諸詞俱有大義，爲石聲所載之公共義。聲符字"石"所記錄語詞之本義、引申義系列與大義不相涉，然"石"字可以其聲韻載"大"之語源義。《莊子·外物》："嬰兒生，無石師而能言，與能言者處也。"唐陸德明《經典釋文》："石師，又作'碩師'。"又，前條諸詞俱有張開、擴大義，此與大義相通。石聲可載大義，"大"可相證。

石：禪紐鐸部；

大：定紐月部。

禪定準旁紐，鐸月通轉。"大"，本義即大。《説文·大部》："大，天大，地大，人亦大，故大象形。"《禮記·月令》:"(孟冬之月)審棺椁之薄厚,塋丘壠之大小。"《詩·大雅·行葦》:"酌以大斗,以祈黄耇。"

(388) 跖沰(底下義)

跖 脚底。《説文·足部》:"跖,足下也。从足,石聲。"清朱駿聲《通訓定聲》:"謂足底……《史記》:'跖勁弩。'《七命》:'下無跖實之蹊。'"按朱氏所引《七命》之"跖"爲踐踏義,乃直接引申義。唐韓愈《祭河南張員外文》:"夜息南山,同卧一席,守隸防夫,觝頂交跖。"

沰 落下,下於底。《廣雅·釋言》:"沰,磓也。"《廣韻·鐸韻》:"沰,磓也。"又《灰韻》:"磓,落也。"按,"沰"亦指水滴落。《集韻·鐸韻》:"沰,滴也。"清梁章鉅《農候雜占·火占》:"上火不落,下火滴沰。"按"上火""下火"謂丙、丁日。

〔推源〕 此二詞俱有底下義,爲石聲所載之公共義。聲符字"石"所記録語詞之本義、引申義系列與底下義不相涉,其底下義爲石聲所載之語源義。石聲可載底下義,"地"可相證。

石:禪紐鐸部;
地:定紐歌部。

禪定準旁紐,鐸歌通轉。"地",大地,天高而地低,地處底下,其名本寓底下義。《説文·土部》:"地,元氣初分,輕、清、陽爲天,重、濁、陰爲地。萬物所陳列也。"《易·繫辭下》:"仰則觀象於天,俯則觀法於地。"《禮記·樂記》:"天高地下,萬物散殊,而禮制行矣。"

(389) 祏橐(藏義)

祏 宗廟中藏神主的石匣。《説文·示部》:"祏,宗廟主也。周禮有郊宗石室。从示,从石,石亦聲。"清朱駿聲《通訓定聲》:"凡遠祖及毀廟之主,則有石室藏焉。《左莊十四傳》:'典司宗祏。'《昭十八傳》:'使祝史徙主祏於周廟。'《哀十六傳》:'反祏於西圃。'注:'祏,藏主石函。'《管子·山權》:'數十世則爲祏。'"按,朱氏所引《左傳·昭公十八年》文晉杜預注:"祏,廟主石函。"

橐 袋子,藏物之物。《説文·木部》:"橐,囊也。从橐省,石聲。"清朱駿聲《通訓定聲》:"小而有底曰橐,大而無底曰囊。《詩·公劉》:'於橐於囊。'《左僖廿八傳》:'甯子職納橐饘焉。'注:'衣囊。'《秦策》:'負書擔橐。'《漢書·趙充國傳》:'持橐簪筆。'注:'契囊也。'"按,字亦作"槖"。《淮南子·主術訓》:"天下之物,莫凶於雞毒,然而良醫槖而藏之,有所用也。"

〔推源〕 此二詞俱有藏義,爲石聲所載之公共義。聲符字"石"所記録語詞之本義、引申義系列與藏義不相涉,乃石聲所載之語源義。石聲可載藏義,"匿"可相證。

石:禪紐鐸部;
匿:泥紐職部。

禪泥準旁紐,鐸職旁轉。"匿",隱藏。《廣雅·釋詁四》:"匿,藏也。"《戰國策·趙策二》:"是故不敢匿意隱情,先以聞於左右。"《魏書·昭成帝紀》:"時國中少繒帛,代人許謙盜絹二匹,守者以告,帝匿之。"

133　右聲

(390) 佑祐(助義)

佑　輔助,幫助。《廣雅·釋詁二》:"佑,助也。"《玉篇·人部》:"佑,助也。"《廣韻·宥韻》:"佑,佐也,助也。"《書·周官》:"敬爾有官,亂爾有政,以佑乃辟。"僞孔傳:"言當敬治官政,以助汝君長。"《水滸傳》第十回:"原來天理昭然,佑護善人義士。"

祐　字从示,特指鬼神助人,"佑"則謂人相助,然則"祐""佑"爲分別文。《説文·示部》:"祐,助也。从示,右聲。"清朱駿聲《通訓定聲》:"神助爲祐……《易·繫辭》:'自天祐之。'……《詩·小明》箋:'神明若祐而聽之。'"《廣韻·宥韻》:"祐,神助。"漢趙曄《吳越春秋·勾踐伐吳外傳》:"大夫種進祝酒,其辭曰:'皇天祐助,我王受福。'"

〔推源〕二詞俱有助義,爲右聲所載之公共義。聲符字"右"所記録之語詞本有助義。《説文·又部》:"右,手口相助也。从又,从口。"清朱駿聲《通訓定聲》:"从又、从口,會意。按,又亦聲。……字亦作'佑'。《易·繫辭》傳:'右者,助也。'……《周禮·士師》:'以左右刑罰。'注:'左右,助也。'《左襄十傳》:'王右伯輿。'注:'助也。'《詩·嘉樂》:'保右命之。'箋:'成王之官人也,群臣保右而舉之,乃後命用之。'"今按,右手之"右"本作"又",添加構件"口"作"右",表幫助義,因"右"字後又爲左右義所專,故又製"佑"字以相別。故"右""佑"爲古今字。然則"佑""祐"的助義爲其顯性語義。又,右聲可載助義,"侑"可證之。"右""侑"同音,匣紐雙聲,之部疊韻。"侑",在筵席上勸酒助興或以音樂助飲。《玉篇·人部》:"侑,勸也。"《周禮·天官·膳夫》:"以樂侑食。"漢鄭玄注:"侑,猶勸也。"宋孔平仲《孔氏談苑·南朝峭漢》:"預釣魚放鶻之會,皇帝親御琵琶以侑酒。"

134　布聲

(391) 㪔佈(分布、周遍義)

㪔　散布,分布。《廣韻·釋詁三》:"㪔,布也。"《廣韻·模韻》:"㪔,展舒也。又布也。"清朱駿聲《説文通訓定聲·豫部》:"㪔,《漢書·中山靖王勝傳》:'塵埃㪔覆。'注:'亦布散也。'……《一切經音義》引《字書》:'㪔,敷也,謂敷舒之也。'"明徐光啓《農政全書》卷四十七:"莖幹似艾,其葉細長鋸齒,葉㪔莖而生。"引申爲周遍義。《漢書·王莽傳》:"《詩》國十五,㪔遍九州。"

佈 分布。明徐弘祖《徐霞客遊記·滇遊日記十一》:"主人復投轄佈枰。"《紅樓夢》第六十八回:"尤氏親自遞酒佈菜。"引申爲周遍義。《廣韻·暮韻》:"佈,布徧也。"《紅樓夢》第九回:"訛諑淫議佈滿書房内外。"

〔推源〕 諸詞俱有分布、周遍義,爲布聲所載之公共義。聲符字"布"所記録語詞本爲棉、麻等織物之總稱。《説文·巾部》:"布,枲織也。"《大戴禮記·曾子制言中》:"布衣不完,蔬食不飽,蓬户穴牖,日孜孜上仁。"布之爲物,有張力,可舒展,故引申爲散布、分布、遍布義。《集韻·暮韻》:"布,散也。"清段玉裁《説文解字注·巾部》:"布,凡散之曰布,取義於可卷舒也。"《史記·匈奴列傳》:"(單于)見畜布野而無人牧者,怪之。"《新五代史·高季興傳》:"繼沖亟歸,見旌旗甲馬布列衢巷,大懼。"至布聲可載分布、周遍義,則"普"可相證。

> 布:幫紐魚部;
> 普:滂紐魚部。

叠韻,幫滂旁紐,音僅微殊。"普",《説文》作"暜",訓"日無色",無文獻實用例可證,似失之。按"普"即陽光分布遍及寰宇之謂。《玉篇·日部》:"普,遍也。"《淮南子·本經訓》:"秉太一者,牢籠天地,彈壓山川,含吐陰陽,伸曳四時,紀綱八極,經緯六合,覆露照導,普氾無私。"《三國志·吴志·胡綜傳》:"上定洪業,使普天一統。"

135　犮聲

(392) 祓茇拔軷(去除義)

祓 字从示,謂除災求福之祭。《説文·示部》:"祓,除惡祭也。从示,犮聲。"清朱駿聲《通訓定聲》:"《左襄廿五傳》:'祝祓社。'注:'除也。'《僖六傳》:'受其璧而祓之。'注:'除凶之禮。'"《廣韻·廢韻》:"祓,福也,除惡祭也。"又《物韻》:"祓,除災求福。"按"祓"亦虚化引申爲去除義。《廣雅·釋詁下》:"祓,除也。"《國語·周語上》:"先王知大事之必以衆濟也,是故祓除其心,以和惠民。"三國吴韋昭注:"祓,猶拂也。"《續漢書·禮儀志》上:"是月上巳,官民皆絜於東流水上,曰洗濯祓除去宿垢疢爲大絜。"

茇 草木根。《説文·艸部》:"茇,草根也。从艸,犮聲。"《廣韻·末韻》:"茇,草木根。"《淮南子·墜形訓》:"凡浮生不根茇者,生於萍藻。"引申之,則指連根去除其草。北魏賈思勰《齊民要術·種穀》:"區中草生,茇之。"石聲漢《今釋》:"茇,這裏作動詞,是除茇的意思;除,即連根拔掉。"按,"茇"亦泛指除草。《周禮·夏官·大司馬》:"中夏教茇舍,如振旅之陣。"漢鄭玄注:"茇舍,草止之也,軍有草止之法。"按,所謂"草止"之法即除草而宿止。

拔 連根拔除。《説文·手部》:"拔,擢也。从手,犮聲。"清朱駿聲《通訓定聲》:"《爾雅·釋詁》:'拔,盡也。'《廣雅·釋詁一》:'拔,出也。'《三》:'除也。'……《漢書·高帝紀》

注：'拔者，破城邑而取之言，若拔樹木並得其根本也。'"按，《説文》以"擢"訓"拔"，《小爾雅·廣物》云"拔根曰擢。"《廣韻·黠韻》："拔，拔擢，又盡也。"按，連根拔除則盡。《易·泰》："拔茅茹以其彙。"三國魏王弼注："茅之爲物，拔其根而相牽引者也。"晉干寶《〈晉紀〉總論》："基廣則難傾，根深則難拔。"

軷 祭路神，旨在排除道路艱險。《説文·車部》："軷，出將有事於道，必先告其神，立壇四通，樹茅以依神爲軷。既祭軷，轢於牲而行爲範軷。《詩》曰：'取羝以軷。'从車，犮聲。"清朱駿聲《通訓定聲》："犯之而過喻，無險難也……《周禮·大馭》：'及犯軷。'杜子春注：'謂祖道轢軷磔犬也。'"按，漢許慎所引《詩·大雅·生民》文唐孔穎達疏："軷，謂祭道神之祭。"朱氏所引《周禮·夏官·大馭》文漢鄭玄注："行山曰軷。犯之者，封土爲山象，以菩芻棘柏爲神主，既祭之，以車轢之而去，喻無險難也。"《廣韻·末韻》："軷，將行祭名。"又《泰韻》："軷，祭道神。"《新唐書·禮樂志》六："其載於國門，右校委土於國門外爲軷。"

〔推源〕 諸詞俱有去除義，爲犮聲所載之公共義。聲符字"犮"《説文·犬部》云："走犬皃。从犬而ノ之。曳其足則剌犮也。"然則與去除義不相涉，其去除義爲犮聲所載之語源義。犮聲可載去除義，"拂"可相證。

犮：並紐月部；
拂：滂紐物部。

並滂旁紐，月物旁轉。"拂"，本指掠擊，即隨擊隨過，故引申爲拂去、去除。《説文·手部》："拂，過擊也。"清朱駿聲《通訓定聲》："按，隨擊隨過……《廣雅·釋詁二》：'拂，去也。'《三》：'除也。'……《儀禮·大射儀》：'授弓拂弓。'注：'去塵也。'《考工·弓人》：'和弓毄摩。'注：'拂之摩之。'……《禮記·內則》：'拂髦。'注：'振去塵著之。'《太玄·玄攤》：'而拂其所有餘。'注：'除也。'《太玄·从》：'拂其惡。'注：'去也。'"《廣韻·物韻》："拂，去也，除也。"唐韓愈《重答張籍書》："吾子不以愈無似，意欲推而納諸聖賢之域，拂其邪心，增益其所未高。"

(393) 柭髮炫拔茇（抽引義）

柭 木生枝葉，即抽拔上引義。《篇海類編·花木類·木部》："柭，木生柯葉。"清王源《楊安城先生傳》："千年老樹，椻柞柭柿，駢翳五六十里，冥晦不見日。"按，"柭"本指木棒。《説文·木部》："柭，棓也。从木，犮聲。"清朱駿聲氏以爲即漢史游《急就篇》所云之"杷"。然則"柭"表木生枝葉義爲套用本字。

髮 頭髮，字亦作"髴"。人首長毛髮，如草木之抽拔上引。《説文·髟部》："髮，根也。从髟，犮聲。髴，髮或从首。"清朱駿聲《通訓定聲》："頭上毛也……《素問·大節藏象論》：'其華在髮。'注：'髮者，腦之所養。'……〔聲訓〕《説文》：'髮，根也。'按，以'茇'爲訓。茇，草根也。《釋名》：'髮，拔也，拔擢而出也。'"《廣韻·月韻》："髮，頭毛也。"漢王充《論衡·無形》:"人少則髮黑,老則髮白,白久則黄。"

炦 火氣上引。《玉篇·火部》:"炦,氣上也。"按,《説文》《廣韻》"炦"訓"火氣",火則炎上,二義相通。

拔 《説文》訓"擢"(見本典第二卷第392條)即抽拔義,抽拔即上引。《説文·手部》:"擢,引也。"清朱駿聲《説文通訓定聲·泰部》:"拔,《蒼頡篇》:'拔,引也。'字亦作'挬'。……《吴都賦》:'拔距投石之部。'注:'拔距,謂兩人以手相按,能拔引之也。'"按,"拔距"即比腕力,古者又有"拔河"之戲,其"拔"即横向牽引義,亦與上引義通。唐封演《封氏聞見記·拔河》:"拔河,古謂之牽鉤……今民則以大麻絚長四五十丈,兩頭分繫小索數百條挂於胸前,分二朋,兩向齊挽,當大絚之中立大旗爲界,震鼓叫噪,使相牽引,以却者爲勝,就者爲輸,名曰拔河。"

茇 草木之根,可延伸者。延伸即抽拔、抽引。漢揚雄《方言》卷三:"茇,根也。東齊或曰茇。"《説文·艸部》:"茇,春草根枯引之而發土爲撥,故謂之茇。一曰草之白華爲茇。"北魏賈思勰《齊民要術·種瓜》:"(瓜)熟,剷刈取穗,欲令茇長。"按,漢許慎所謂"草之白華爲茇"當指稱凌霄花爲"茇",其名本寓抽拔上引之義。清朱駿聲《説文通訓定聲·泰部》:"茇,《爾雅(釋草)》:'苕,陵苕,黄華蔈,白華茇。'按即紫葳,亦曰凌霄花也。此草著處生根引蔓於樹,必造其顛。"

〔推源〕 諸詞俱有抽引義,爲犮聲所載之公共義。此義與聲符字"犮"所記録語詞之顯性語義不相涉,當爲犮聲所載之語源義。犮聲可載抽引義,"發"可相證。

犮:並紐月部;

發:幫紐月部。

叠韻,並幫旁紐,音極相近。"發",射箭,即引箭前進之義。《説文·弓部》:"發,射發也。"《玉篇·弓部》:"發,進也,行也。"漢司馬相如《子虚賦》:"弓不虚發,中必決眥。"又,提拔、舉薦亦稱"發",實即上引義。《孟子·告子下》:"舜發於畎畝之中,傅説舉於版築之間。"

(394)跋魃拔軷(回轉義)

跋 回轉,反戾。明李詡《戒庵老人漫筆·今古方言大略》:"轉謂之跋。"清朱駿聲《説文通訓定聲·泰部》:"跋,《漢書》注:'反戾也。'"按,朱氏所引爲《揚雄傳》"抾蒼狶,跋犀犛,蹶糜"唐顔師古注文。《資治通鑑·唐高祖武德九年》:"建成、元吉至臨湖殿,覺變,即跋馬東歸宫府。"元胡三省注:"跋馬者,摇駃馬銜,偏促一彎,又以兩足摇鼓馬腹,使之迴走。"

魃 魚掉尾而游。《説文·魚部》:"魃,鱣鮪魃魃。从魚,犮聲。"清桂馥《義證》:"《詩·碩人》作'發發'……《吕氏春秋》注引作'潑潑'。"清朱駿聲《通訓定聲》:"尾掉皃……按皆重言形況字,不必有正字也。字亦作鱍。"今按,"鱍"从發聲,"潑"與之同,爲借字;"魃""鱍"則爲轉注字。《廣韻·末韻》:"鱍,魚掉尾也。"唐寒山《詩三百三首》之一九五:"買肉血㴁㴁,買魚跳鱍鱍。"

拔 拔腿往回走。唐玄應《一切經音義》卷五:"拔,拔身,蒲末反,迴也。"《廣韻·末韻》:"拔,回拔。"《南史·梁豫章王綜傳》:"武帝曉別玄象,知當更有敗軍失將,恐綜爲北所擒,手敕綜令拔軍。"引申之,亦指馬回轉。王重民等編《敦煌變文集》之《捉季布傳文》:"拔馬揮鞭而便走,陣似山崩遍野塵。"蔣禮鴻云從師《敦煌變文字義通釋》:"拔馬,就是回馬。"

軷 車回轉兒。《玉篇·車部》:"軷,轉兒。"

〔推源〕 諸詞俱有回轉義,爲犮聲所載之公共義。此義與"犮"的顯性語義不相涉,當爲犮聲所載之語源義。犮聲可載回轉義,"撥"可相證。

犮:並紐月部;
撥:幫紐月部。

叠韻,並幫旁紐。"撥",掉轉,回轉。《字彙·手部》:"撥,轉之也。"《三國演義》第十四回:"關公便撥馬回陣,立於陣前候之。"明馮夢龍編《警世通言》之《王安石三難蘇學士》:"東坡分付:'我要取中峽之水,快與我撥轉船頭。'"

(395) 炦坲靌醱馞颰(散發義)

炦 火氣。《説文·火部》:"炦,火氣也。从火,犮聲。"《廣韻·末韻》:"炦,火氣。"今按,以火氣烘物稱"焙"。唐皮日休《寄懷南陽潤卿》詩:"醉來渾忘移花處,病起空聞焙藥香。"今徽歙方言猶稱烘爲"焙","炦""焙"音相近,《玉篇》"炦"字訓"氣上",則即烘焙。

坲 塵土散發貌。《説文·土部》:"坲,塵貌。从土,犮聲。"清段玉裁注:"坲之言蓬勃也。"清王筠《句讀》:"《博物志》:'吳人謂塵土爲坲塊。'"清朱駿聲《通訓定聲》:"《廣雅·釋詁三》:'坲,塵也。'《周禮·草人》:'勃壤用狐。'注:'粉解者。'以'勃'爲之。按,坋坲一聲之轉,字亦作'埻'。"今按,"埻"字从孛得聲,"孛"爲並紐物部字;"坲"从犮聲,"犮"爲並紐月部字。二者雙聲,物月旁轉。然則"坲""埻"爲轉注字。《玉篇·土部》:"埻,塵兒。"《廣韻·没韻》:"埻,塵起。"唐元稹《酬樂天東南行》詩:"破窗塵埻埻,幽院鳥嗚嗚。"

靌 雲氣。《廣韻·末韻》:"靌,雲氣。"《集韻·末韻》:"靌,雲兒。"按,"霏""霚""靌"三者音義皆相近,可互證。《説文新附·雨部》:"霏,雨雲兒。"《説文·雨部》:"霚,地氣發天不應。"《集韻·没韻》:"霚,雲兒。"又"霏""靌"當爲轉注字。"霏"从費聲,聲符爲滂紐物部字;"靌"从犮聲,聲符爲並紐月部字。滂並旁紐,物月旁轉。《廣韻·末韻》:"靌,靉靌,雲布狀也。"《文選·木華〈海賦〉》:"氣似天霄,靉靌雲布。"

醱 "酻"之轉注字,謂酒氣。《廣韻·末韻》:"醱,酒氣。"清朱駿聲《説文通訓定聲·泰部·附〈説文〉不錄之字》:"醱,《字林》:'醱,酒氣也。'"《正字通·酉部》:"醱,俗酻字。"《廣韻·末韻》:"酻,酒氣。"

馞 香氣。《廣韻·末韻》:"馞,香氣。"清朱駿聲《説文通訓定聲·泰部·附〈説文〉不録之字》:"馚,《廣雅·釋器》:'馚,香也。'《釋訓》:'馚馚,香也。'"按,"蚡""秘""蕡""馦""馥""薛""馞""馡""馧""馩"音義皆相近。

颰 疾風。字亦作"飍"。《玉篇·風部》:"颰,疾風。"《集韻·勿韻》:"飍,疾風。或作颰。"《廣韻·末韻》"颰"字、《物韻》"飍"字皆訓"風兒"。唐盧仝《月蝕》詩:"封詞付與小心風,颰排閶闔入紫宫。"明李東陽《寄題謝寳慶逸老堂得乞字》:"居愁嵐霧蒸,路駭江颰颰。"

〔推源〕 風火氣、塵埃、雲氣、酒氣、香氣、疾風,皆散發之物,故上述諸詞本寓散發義,爲犮聲所載之公共義。此義與聲符字"犮"的顯性語義不相涉,爲犮聲所載之語源義。犮聲可載散發義,"發"可相證。"犮""發"的語音親緣關係見本典第二卷第393條,兹不復述。"發"本謂箭之發射,有散發之衍義。《書·武成》:"散鹿臺之財,發鉅橋之粟,大賚於四海,而萬姓悦服。"僞孔傳:"紂所積之府倉皆散發,以賑貧民。"唐王勃《九成宫頌》:"丹檻發秀,彩沓虹文;皓壁凝鮮,光含蜃氣。"

(396) 鈸蚆盋骸(圓義)

鈸 圓形打擊樂器。《通典·樂典四》:"銅鈸,亦謂之銅盤,出西戎及南蠻。其圓數寸,隱起如浮漚,貫之以韋,相擊以和樂也。南蠻國大者圓數尺。或謂齊穆王素所造。"唐段安節《樂府雜録·胡部》:"合曲時亦擊小鼓鈸子,合曲後立唱歌。"按,"鈸"亦指鈴。《玉篇·金部》:"鈸,鈴也。"鈴亦爲圓形物。

蚆 甲蟲之名,一名"金龜子"。稱"蚆",以犮聲表圓義;稱"金龜子"則因色如金、形如龜而圓。《爾雅·釋蟲》:"蚆蟥,蛢。"晉郭璞注:"甲蟲也。大如虎豆,緑色。今江東呼黄蛢。"《廣韻·屑韻》:"蚆,蚆蟥,蛢,甲蟲也。"《説文·䖵部》:"蛢,蟥蟥,以翼鳴者。从䖵,并聲。"清朱駿聲《通訓定聲》:"《考工·梓人》注:'翼鳴發皇屬。'按,蘇俗謂之金烏蟲,長寸許,金碧熒然,婦人以爲首飾。"按,"蛢"从并聲,并聲字所記録語詞多有圓義,參本典第三卷"276. 并聲"。

盋 "鉢"之或體,指僧人食具,圓形物。《説文新附·皿部》:"盋,盋器。盂屬。从皿,犮聲。或从金、从本。"宋程大昌《演繁露·盋盂》:"盋,音撥,今僧家名食鉢爲鉢,則中國古有此名,而佛徒用之耳。"《廣韻·末韻》:"盋,同鉢。"《正字通·金部》:"鉢,梵書言,自釋迦相傳有衣鉢,世相付受。"唐王千石《議沙門不應拜俗狀》:"袈裟忸金翅之威,盋盂慚呪龍之術。"宋陸游《別建安》詩:"三十年來雲水僧,常挑鉢袋繫行縢。"按,盋爲盂屬,"盂"从于聲,于聲字所記録語詞多有圓義(參本典第一卷"20. 于聲"),可互證。

骸 肩胛骨,形圓。《玉篇·骨部》:"骸,肩髆也。"《説文·骨部》:"髆,肩甲也。"《廣韻·曷韻》:"骸,肩髆。"清吴謙等《醫宗金鑑·正骨心法要旨·四肢部》:"其(髃骨)曰含納臑骨上端,其處名肩解,即肩骸與臑骨合縫處也。"按,肩胛稱"骸"又稱"髆",音本相近。

〔推源〕 諸詞俱有圓義,爲犮聲所載之公共義。聲符字"犮"所記録語詞之顯性語義與圓義不相涉,其圓義爲犮聲所載之語源義。犮聲可載圓義,"盤"可證之。

𠬪：並紐月部；

盤：並紐元部。

雙聲,月元對轉,音僅微殊。"盤",圓形盛器。《説文·木部》:"槃,承槃也。盤,籀文从皿。"《左傳·僖公二十三年》:"乃饋盤飧,置璧焉。"宋蘇軾《仇池筆記·李氏子再生説冥間事》:"有人持盤飡及錢數千,云付其僧,僧得錢,分數百遺門者,乃持飯入門去。"按,"盤"又有盤旋、環繞義,盤旋、環繞即作圓周運動。

136 平聲

(397) 坪苹枰評閞秤(平義)

坪 平地。《説文·土部》:"坪,地平也。从土,从平,平亦聲。"《廣韻·庚韻》:"坪,地平。"唐温庭筠《觀棋》:"閑對楸枰傾一壺,黄華坪上幾成盧。"元劉汝鈞《春日田園雜興》詩:"草坪閑見烏犍點,畲水飛來白鷺雙。"

苹 浮萍,平貼於水面,故稱"苹"。《説文·艸部》:"苹,蓱也,無根,浮水而生者。从艸,平聲。"清朱駿聲《通訓定聲》:"《爾雅》:'苹,蓱。'注:'江東謂之薸。'《夏小正》:'七月湟潦生苹。'"《廣韻·庚韻》:"苹,萍别名。"沈兼士《聲系》:"案'苹',敦煌本《王韻》作'萍'。"《説文·水部》:"萍,苹也,水草也。从水、苹,苹亦聲。"《禮記·月令》:"(季春之月)萍始生。"《淮南子·墬形訓》:"藂生萍藻,萍藻生浮草。"

枰 棋盤,亦指獨坐板床,皆木製而平者。《説文·木部》:"枰,平也。从木,从平,平亦聲。"清朱駿聲《通訓定聲》:"《通俗文》:'牀三尺曰榻板,獨坐曰枰。'又《方言》五:'所以投簙謂之枰。'《史記·范雎蔡澤傳》注:'縣博於枰。'"《廣韻·映韻》:"枰,獨坐版牀。一曰投博局。"《資治通鑑·晉武帝咸寧五年》:"時帝方與張華圍碁,(杜)預表適至,華推枰歛手。"元胡三省注:"枰,棋局也。"

評 評論,示人以公平之言。《廣雅·釋詁四》:"評,議也。"又《釋詁三》:"評,平也。"《廣韻·庚韻》:"評,評量,亦評事。"又《映韻》:"評,平言也。"《後漢書·許劭傳》:"劭與靖俱有高名,好共覈論鄉黨人物,每月輒更其品題,故汝南俗有'月旦評'焉。"南朝宋劉義慶《世説新語·品藻》:"論者評之,以爲喬雖高韻,而檢不匝。"

閞 門無縫隙貌。清胡文英《吳下方言考》卷四:"閞,門無隙貌。吳中謂閉門無隙曰石閞閞。"今按,門無隙則平滿。

秤 量具,平衡之物。《廣韻·證韻》:"秤,俗稱。"《説文·禾部》:"稱,銓也。"清王筠《句讀》:"謂稱量之也。"《易·謙》:"稱物平施。"宋高承《事物紀原·什物器用·秤頭尺》:"黄帝使伶倫取竹於崑崙之嶰谷,爲黄鐘之律,而造權衡度量。蓋因其所勝輕重之數而生權,以爲銖、兩、斤、鈞、石,則秤之始也。"唐賈島《贈牛山人》詩:"鑿石養蜂休買蜜,坐山秤藥不爭星。"

〔推源〕 諸詞俱有平義,爲平聲所載之公共義。聲符字"平"所記録語詞本有"平"訓,然則諸詞之平義爲其顯性語義。《説文·亏部》:"平,語平舒也。从亏,从八。八,分也。"《易·泰》:"無平不陂,無往不復。"《孟子·離婁上》:"聖人既竭目力焉,繼之以規矩準繩,以爲方員平直,不可勝用也。"

(398) 怦羘䶄(色彩斑駁義)

怦 牛毛色斑駁。《説文·牛部》:"怦,牛駁如星。从牛,平聲。"清桂馥《義證》:"《御覽》引作'牛文駁如星也。'"清段玉裁注:"駁文似星點。"《廣韻·耕韻》:"怦,牛色駁如星也。"按,《説文》同部有"牻"字,訓"白黑雜毛牛",音義皆與"怦"相近,可互證。

羘 羊毛色斑駁。《集韻·耕韻》:"羘,駁羊名。"按,"怦""羘"二者當爲分別文,馬毛色不純則稱"駁"。

䶄 斑鼠。《説文·鼠部》:"䶄,䶄令鼠。从鼠,平聲。"清朱駿聲《通訓定聲》:"平令叠韻連語。"按,"令"一作"鹷"。《廣雅·釋獸》"䶃鹷"清王念孫《疏證》:"《玉篇》:'䶃,斑鼠也。''鹷,䶃屬。'"《正字通·鼠部》:"鹷,䶄鹷,斑鼠。"唐白居易《遊悟真寺》詩:"䶃鹷上不得,豈我能攀援。"

〔推源〕 諸詞俱有色彩斑駁義,爲平聲所載之公共義。聲符字"平"所記録語詞之本義、引申義與此義不相涉,然則色彩斑駁義爲平聲所載之語源義。平聲可載色彩斑駁義,"駁"可證之。

平:並紐耕部;

駁:幫紐藥部。

並幫旁紐,耕藥(沃)旁對轉。"駁",馬毛色斑駁。《爾雅·釋畜》:"駵白駁。"宋邢昺疏:"謂馬有駵處有白處者曰駁。"《説文·馬部》:"駁,馬色不純。"《莊子·田子方》:"見良人黑色而頻,乘駁馬而偏朱蹄。"《詩·豳風·東山》:"之子于歸,皇駁其馬。"漢毛亨傳:"駵白曰駁。"

(399) 抨伻抨(使令義)

抨 使,令。清朱駿聲《説文通訓定聲·鼎部》:"抨,〔假借〕爲'俜'。《爾雅·釋詁》:'拼、抨,使也。'《思玄賦》:'拼巫咸以占夢兮。'"今按,"抨"字从手,本謂彈即射丸,表"使令"義非假借,乃套用字。又朱氏所引《思玄賦》之"拼"《文選》作"抨",唐李善注云:"抨,使也。"《漢書·揚雄傳》上:"抨雄鳩以作媒兮,何百離而曾不壹耦。"顔師古注:"抨,使也。"

伻 使者。《爾雅·釋詁下》"抨,使也"唐陸德明《經典釋文》:"抨,字又作伻,音同,使人也。"今按,"抨"字从手,謂指使他人令爲某事;"伻"字从人,謂受指使者即使者。《廣韻·耕韻》:"伻,使人。"《書·洛誥》:"伻來,以圖及獻卜。"僞孔傳:"遣使以所卜地圖及獻所卜吉兆來告成王。"又引申爲"使令"義。宋王安石《謝東府賜御筵表》："發使禁闥之中,俾視魏闕之下。"

羋 字从羊,謂使羊。《廣韻‧耕韻》："羋,使羊。"按《玉篇‧羊部》"羋"字但訓"使"。

〔推源〕 諸詞俱有"使令"義,爲平聲所載之公共義。聲符字單用本可表此義。《書‧君奭》："天壽平格,保乂有殷。"清孫星衍《今古文注疏》："平與抨通。《釋詁》云:使也。"按"平"的本義、引申義系列與"使令"義不相涉,其"使令"義爲平聲所載之語源義。平聲可載"使令"義,"聘"可證之。

平:並紐耕部;
聘:滂紐耕部。

並滂旁紐,耕部叠韻。"聘",訪問,問候。《說文‧耳部》："聘,訪也。"《詩‧小雅‧采薇》："我戍未定,靡使歸聘。"漢毛亨傳:"聘,問也。"唐孔穎達疏:"聘、問俱是謂問安否之義。"引申之則指天子與諸侯或諸侯國之間派遣使者通問。《禮記‧王制》："諸侯之於天子也,比年一小聘,三年一大聘,五年一朝。"又《曲禮下》："諸侯使大夫問於諸侯曰聘。"又,聘請他人任事亦稱"聘",實即使、令他人做某事之義。

137　戉聲

(400) 越娍赽颰(輕義)

越 或作"逑",越過,跨過。《說文‧走部》："越,度也。从走,戉聲。"清朱駿聲《通訓定聲》："與'逑'略同。《廣雅‧釋詁二》:'越,渡也。'《禮記‧曲禮》:'戒勿越。'疏:'踰也。'"按《說文‧辵部》正訓"踰"。引申之,"越"有輕捷義。《荀子‧非相》："古者桀、紂長巨姣美,天下之傑也,筋力越勁,百人之敵也。"清王念孫《讀書雜志》："越者,輕也,言筋力輕勁也。"章炳麟《頂羯羅君頌》："高材越足,士女所歸。"

娍 輕。《說文‧女部》："娍,輕也。从女,戉聲。"清桂馥《義證》："'輕也'者,《廣雅》同本書。徐鍇,《韻譜》:'娍,輕足。'"張舜徽《約注》："錢坫曰:'此輕越字。'……舜徽按:娍之言赽也,謂行步輕速也。"《廣韻‧月韻》："娍,輕也。"按,"娍"字从女,蓋女性體態、步履較男性輕盈。

赽 一足跳行(見本典第二卷第401條),又有行走輕捷義,爲套用式本字,乃以戉聲表輕捷義。《說文‧足部》："赽,輕也。从足,戉聲。"南唐徐鍇《繫傳》："輕足也。"清朱駿聲《通訓定聲》："輕足也……《廣雅‧釋詁一》:'赽,疾也。'按,飛揚發越之意。"《廣韻‧月韻》："赽,走皃。"《直音篇‧足部》："赽,疾走皃。"漢趙曄《吳越春秋‧夫差內傳》："(黃雀)踻赽微進,欲啄螳螂。"明楊慎《俗言》卷一："字書及《說文》無'踻赽'字,《玉篇》有'踻赽'字……赽,急行而輕也。於義亦合。"

颰 輕風。《廣雅·釋詁四》："颰,風也。"《廣韻·月韻》："颰,小風。"按,風小則輕,小風即輕風。宋曾鞏《遊金山寺作》詩:"地勢已瀟灑,風颰更颰颰。"其"颰颰"即輕風吹拂義。

〔推源〕 諸詞俱有輕義,爲戉聲所載之公共義。聲符字"戉"爲"鉞"之初文,謂斧類兵器,與輕義不相涉。其輕義爲戉聲所載之語源義。"戉"爲上古匣紐字,"輕"爲溪紐字,二者旁紐,聲本相近。

(401) 趏/跀(斷足義)

趏 一足斷,一足跳行。《説文·足部》:"趏,輕也。从足,戉聲。"清桂馥《義證》:"輕,當作'尳'。昭二十六年《左傳》:'苑子刜林雍,斷其足,尳而乘於他車以歸。'杜云:'尳,一足行。'《傳》作'鑒',借字也。"《廣韻·清韻》:"尳,一足跳行。"《五音集韻·梗韻》:"鑒,一足行也。"宋曾敏行《獨醒雜志》卷九:"優人乃爲衣冠之士……已而兩足共穿半袴,尳而來前。"宋梅堯臣《送寧鄉令張沆》詩:"竹存帝女啼,夔學林雍鑒。"

跀 字亦作"趴""刖",斷足之刑。《説文·足部》:"跀,斷足也。从足,月聲。趴,跀或从兀。"清朱駿聲《通訓定聲》:"跀斬趾,用蹄以行。周以前去膝骨曰髕,周改跀。《易·困》:'劓刖。'《書·吕刑》:'刖辟之屬五百。'以'刖'爲之。"《玉篇·足部》:"趴,同跀。"又《刀部》:"刖,斷足也。"《韓非子·外儲説左下》:"孔子相衛,弟子子皋爲獄吏,刖人足,所跀者守門。"《左傳·莊公十六年》:"殺公子閼,刖强鉏。"晉杜預注:"斷足爲刖。"

〔推源〕 二詞義同,音亦相近而通。

趏:曉紐月部;

跀:疑紐月部。

叠韻,曉疑旁紐。"趏"字乃以戉聲表斷義。

138 北聲

(402) 背/誖(相違義)

背 脊背。《説文·肉部》:"背,脊也。从肉,北聲。"《廣韻·隊韻》:"背,脊背。"漢王充《論衡·狀留》:"且夫含血氣物之生也,行則背在上而腹在下。"引申之,則有相違、反叛義。清朱駿聲《説文通訓定聲·頤部》:"背,〔假借〕爲北。《楚辭·惜誦》:'忘儇媚以背衆兮。'注:'違也。'《吕覽·尊師》:'聽從不盡力,命之曰背。'注:'戾也。'"今按,實非假借,脊背在人反面,故有違背之衍義。

誖 惑亂。《説文·言部》:"誖,亂也。从言,孛聲。悖,誖或从心。"《左傳·文公元年》:"歸餘於終,事則不悖。"引申爲相違義。《玉篇·心部》:"悖,逆也。"《禮記·中庸》:"萬物並育而不相害,道並行而不相悖。"《漢書·高五王傳》:"悖逆人倫。"唐顏師古注:"悖,乖也。"今按,凡行事違背常理則亂,相違義、亂義相通。"悖"由亂義衍生相違義,此所謂反向引申。

〔推源〕 此二詞俱有相違義,其音亦相近而相通,語源當同。

背:幫紐職部;

悖:並紐物部。

幫並旁紐,職物通轉。"背",乃以北聲載相違義。聲符字"北"所記録語詞之本義即相違背,爲其顯性語義。《說文·北部》:"北,乖也。从二人相背。"《戰國策·齊策六》:"食人炊骨,士無反北之心,是孫臏、吳起之兵也。"《史記·廉頗藺相如列傳》:"匈奴小入,詳北不勝,以數千人委之。"按,凡敗走則背道而馳,此"北"亦違背義。

139　占聲

(403) 苫鞊氊(遮擋、覆蓋義)

苫　茅草編成的覆蓋、遮擋物。《說文·艸部》:"苫,蓋也。从艸,占聲。"清朱駿聲《通訓定聲》:"《爾雅·釋器》:'白蓋謂之苫。'注:'白茅苫,今江東呼爲蓋。'李注:'編菅茅以蓋屋者曰苫。'"《廣韻·鹽韻》:"苫,草覆屋。"又《艷韻》:"苫,以草覆屋。"宋陸游《幽居歲莫》詩:"刈茅苫鹿屋,插棘護雞栖。"按此"苫"爲覆蓋義,爲直接引申義。

鞊　馬鞍上垂於馬背兩旁用以擋泥之物。《說文·革部》:"鞊,鞍飾。从革,占聲。"清朱駿聲《通訓定聲》:"《字林》:'鞊韉,鞍具也。'"清桂馥《說文解字義證·革部·鞊》:"《急就篇》:'靳靷鞅鞊色焜煌。'顏注:'鞅鞊,以毛毳飾鞍也。'"《廣韻·怗韻》:"鞊,鞍鞊。"元李京《雲南志略·諸夷風俗》:"白人語着衣曰衣衣……鞍鞊曰悼(障)泥。"

氊　"氈"的俗體,謂覆地之席。《正字通·毛部》:"氊,俗氈字。"《廣韻·仙韻》:"氈,席也。《周禮》曰:'秋斂皮,冬斂革,供其毳毛爲氈。'"宋王禹偁《和廬州通判李學士見寄》詩:"除却清貧入詩詠,山城坐客冷無氊。"

〔推源〕 諸詞俱有遮擋、覆蓋義,爲占聲所載之公共義。聲符字"占"从卜、从口會意,謂占卜,與此義不相涉,然則遮擋、覆蓋義爲占聲所載之語源義。占聲可載遮擋、覆蓋義,"遮"可相證。

占:章紐談部;

遮:章紐魚部。

雙聲,談魚通轉。"遮",字從辵,本指遏止、阻擋,引申爲掩蓋。《說文·辵部》:"遮,遏也。"《玉篇·辵部》:"遮,冒也,蓋也。"宋孟元老《東京夢華録·清明節》:"轎子即以楊柳雜花裝簇頂上,四垂遮映。"按,縱向遮掩即覆蓋。

(404) 刮砧點耆(斑點義)

刮 玉的缺損點,引申爲斑點。其字亦作"玷",俱从占聲。《説文·刀部》:"刮,缺也。从刀,占聲。"清朱駿聲《通訓定聲》:"字亦作'玷'。《詩·抑》:'白圭之刮',毛本作'玷',傳:'缺也。'《召旻》:'曾不知其玷。'箋:'缺也。'《漢書·韋元成傳》:'復玷缺之囏艱。'注:'玉缺曰玷。'"《玉篇·玉部》:"玷,缺也。"《廣韻·忝韻》:"玷,玉瑕。"唐孟浩然《陪張丞相登荊城樓》:"白璧無瑕玷,青松有歲寒。"

砧 瓦器有缺損點。《説文·缶部》:"砧,缺也。从缶,占聲。"清朱駿聲《通訓定聲》:"刀缺曰刮,瓦缺曰砧。"清桂馥《義證》:"《集韻》:《説文》:'砧,缺也。'謂器之缺。"今按,《説文》"砧""缺"二篆相鄰,"缺"訓"器破",字亦从缶,而以夬聲表缺義,與"決""玦"等夬聲字所記録語詞同源;"砧"字則以占聲表缺點義,構詞理據不一。

點 黑色小斑。《説文·黑部》:"點,小黑也。从黑,占聲。"清朱駿聲《通訓定聲》:"小黑曰點。《爾雅·釋器》:'滅謂之點。'注:'以筆滅字爲點。'"《晉書·文苑傳·袁宏》:"如彼白珪,質無塵點。"元戴善夫《風光好》第四折:"我自離了鶯花市,無半星兒點污,一抹兒瑕疵。"

耆 面部的老年斑。《説文·老部》:"耆,老人面如點也。从老省,占聲。"清朱駿聲《通訓定聲》:"老者往往體有黑瘢……《廣雅·釋詁一》:'耆,老也。'"《廣韻·忝韻》:"耆,老人面有黑子。"

〔推源〕 諸詞俱有斑點義,爲占聲所載之公共義。聲符字"占"所記録語詞謂占卜,與斑點義不相涉,其斑點義爲占聲所載之語源義。今俗稱污點爲"污漬","漬"字之音《廣韻》注"疾智切",其上古音爲从紐錫部,"占"字章紐談部,从章(照)鄰紐,聲本相近。至錫談二部雖無直接通轉關係,然錫鐸爲旁轉,鐸談通轉。同源詞之語音親緣關係本有三角型者,參殷寄明《語源學概論》(上海教育出版社,2000年)第四章。

(405) 黏痁帖沾鮎阽跕貼启粘(相連、臨近義)

黏 相黏連。《説文·黍部》:"黏,相箸也。从黍,占聲。"清朱駿聲《通訓定聲》:"《蒼頡篇》:'黏,合也。'《爾雅·釋言》注:'膠黏劾。'釋文:'糊也。'"《周禮·考工記·輪人》"雖有深泥,亦弗之溓也"漢鄭玄注:"溓,讀爲黏,謂泥不黏著輻也。"按,"黏"字从黍,其本義當如晉崔豹《古今注·草木》所云"稻之黏者爲黍",即黍之性軟而粘者爲黏,故其字亦作"粘",爲後世正字。《廣韻》云"粘"爲"黏"之俗體。《集韻·鹽韻》:"黏,《説文》:'相箸也。'或从米。"

痁 大瘧。《説文·疒部》:"痁,有熱瘧,从疒,占聲。《春秋傳》曰:'齊侯疥,遂痁。'"按,漢許慎所引爲《左傳·昭公二十年》文,唐孔穎達疏云:"痁是大瘧。"按,痁爲大瘧,故引申爲臨近大病、危患義。漢王符《潛夫論》:"三代以下,皆以支羅服烝橫麥合藥,病日痁而遂死也。"清汪繼培箋:"《小爾雅·廣名》云:'疾甚謂之玷。'玷與阽同。"《禮記·曾子問》:"且君子行禮,不以人之親玷患。"清王引之《經義述聞》:"玷讀爲阽。阽,臨也,近也……玷患者,臨於患害也。"今按,《小爾雅》所云"疾甚謂之玷",其"玷"當爲"痁"之借。"痁"之臨近重病、危患義,乃由大瘧義所衍生。清朱駿聲氏以爲"痁"借爲"阽"方得表臨近危患義,後世辭書亦多從其説,恐未安。

帖 字從巾,本指鳥在絲織物上的書簽,"帖"即帛與書簽相連之意,引申之,亦指貼附、相連。《説文·巾部》:"帖,帛書署也。從巾,占聲。"清朱駿聲《通訓定聲》:"以木曰檢,以帛曰帖。《通俗文》:'題賦曰帖。'故唐制帖試士曰試帖。"按,所謂"試帖"即以紙貼去經文若干文字令應試者"填帖",此"帖"即有貼合義。《樂府詩集·横吹曲辭五·木蘭詩》:"當窗理雲鬢,對鏡帖花黄。"其"帖"亦貼合、相連義。

沾 水名,又表浸潤義,則爲套用字。清朱駿聲《説文通訓定聲·謙部》:"沾,〔假借〕爲霑。……《史記·陳丞相世家》:'汗出沾背。'"按,"沾"表浸潤義無煩假借,浸潤即水或汗、泪與他物相連,"沾"字乃以占聲表臨近、相連之義。前蜀韋莊《歸國遥》:"閑倚博山長嘆,泪流沾皓腕。"

鮎 魚名。身多黏質,以此得名。《説文·魚部》:"鮎,鰋也。從魚,占聲。"明楊慎《異魚圖贊》卷一:"鯷魚偃額,兩目上陳,頭大尾小,身滑無鱗。或名曰鮎,粘滑是因。"清李調元《然犀志》卷上:"鯷魚,古曰鰋,今曰鮎。北人曰鰋,南人曰鮎。體涎無鱗,故名鮎,言黏滑也。"徐珂《清稗類鈔·動物·鮎》:"鮎,俗稱鯰魚,體圓長,頭大尾扁,無鱗,多黏質。"

阽 臨近危險。《説文·阜部》:"阽,壁危也。從阜,占聲。"清朱駿聲《通訓定聲》:"〔轉注〕《廣雅·釋詁一》:'阽,危也。'《漢書·文帝紀》:'或阽於死亡。'注:'近邊欲墮之意。'《食貨志》:'阽危者若是。'注:'危欲墮之意也。'《離騷》:'阽余身而危死節兮。'注:'猶危也。'《思玄賦》:'阽焦原而跟趾。'注:'臨也,安臨危曰阽。'"今按,朱氏所云"轉注"實指引申。然則"阽"之本義即臨近危險,字從阜,謂人近阜高處則危,此爲形體構造意圖。漢許慎訓"壁危"亦無據。《廣韻·鹽韻》:"阽,臨危。"《新唐書·蕭復傳》:"今阽於危,當懲艾前敗。"

跕 拖着鞋走路,《玉篇·足部》《廣韻·怗韻》皆訓"跕屣",即此義,古籍中亦有其實用例。按,拖鞋行走,即鞋貼於脚底,故引申爲貼近義。唐宋之問《爲韋特進已下祭汝南王文》:"鳶忌南而跕水,雁愛北而隨車。"明劉基《苦熱行》:"蚩蜋翅跕不能奮,蒲蟯眼枯口流液。"按,其"跕"即謂翅貼於身。

貼 字從貝,謂典押。《説文新附·貝部》:"貼,以物爲質也。從貝,占聲。"按,此即貼補於彼之義。與具體性語義貼布於衣以補之同理。以故引申爲貼近、黏貼義。《正字通·貝部》:"貼,依附。"又"貼,黏置也。"唐韋應物《始夏南園思舊里》詩:"池荷初貼水,林花已掃園。"宋釋普濟編《五燈會元·護國澄禪師法嗣》:"額上不貼榜,問:如何是祖師?"

扂 字亦作"㦸",謂門閂,連接兩門框之物,故稱"扂",乃以占聲表相連接義。《玉篇·

户部》："戻戻，户牡。启，同戻。"《廣韻·琰韻》："戻，戻戻，户牡，所以止扉。"唐韓愈《進學解》："根闐扂楔，各得其宜。"宋陸游《舍北行飯》詩："晚來嬾復呼童子，自掩柴門上戻戻。"

秥 糯稻，性黏，故稱"秥"，亦以占聲表黏連義。《玉篇·禾部》："秥，禾也。"《字彙·禾部》："秥，糯禾。"按，"穤"即"糯""穄"。《集韻·換韻》："穄，《説文》：'沛國謂稻曰穄。'或作糯。"明李時珍《本草綱目·穀部·稻》："〔釋名〕稌。（音杜），糯亦作穤。稻稌者，粳、糯之通稱。《物理論》所謂稻者溉種之總稱，是矣。《本草》則專指糯以爲稻也。稻从舀，象人在臼上治稻之義。稌則方言稻音之轉爾。其性粘軟，故謂之糯。"清張古甫《三農記·秥稻》："秥者，糯也，堪作酒。"今按，"秥"之語源明方以智氏曾作探討。《物理小識·飲食類·稻》："秥糯，往謂宋真宗向占城求早稻種，故曰秥。"實未得肯綮，"黏""秥"當爲分别文，亦爲同源詞。

〔推源〕 諸詞俱有相連、臨近義，爲占聲所載之公共義。聲符字"占"所記録語詞謂占卜，與此義不相涉，然則此義爲占聲所載之語源義。占聲可載相連、臨近義，"醮"可相證。以物沾水即物臨近水、與水相連稱"沾"，亦稱"醮"。民國二十三年（1934年）修《邱縣志·雜志·方言》："醮，以物沾水也。"清吴騫《拜經樓詩話》卷一："試以手探之，痛不甚劇，遂醮油塗體，果無損。"按，今吴方言猶稱進食時以食物臨近醬油、醋爲"醮"。

（406）覘閆（窺視義）

覘 窺視，其字亦作"貼""佔"。《説文·見部》："覘，窺也。从見，占聲。"清朱駿聲《通訓定聲》："字亦作貼、作佔。《左成十七傳》：'公使覘之信。'注：'伺也。'《晉語》：'各覘其私。'注：'微視也。'《禮記·檀弓》：'晉人之覘宋者。'注：'闚視也。'……《方言》十：'貼，視也，凡相竊視，南楚或謂之貼。'"《集韻·鹽韻》："覘，闚也。或作貼。"又"覘，闚也。或作佔。"

閆 窺視。《集韻·鹽韻》："閆，小開門以候望也。"今按，"小開門"説未安，窺視字作"窺"亦作"闚"，从門，與"閆"構造意圖同，謂從門縫中窺視之。唐慧琳《一切經音義》卷一百："闚，《集訓》云：'門中竊見也。'"《文選·潘岳〈射雉賦〉》："闚閆繭葉，幎歷乍見。"南朝宋徐爰注："謂在麥田中繭葉間，闚閆於外，乍見乍隱，不敢出場也。"今按，"闚閆"連文同義。

〔推源〕 此二詞俱有窺視義，爲占聲所載之公共義。聲符字"占"所記録語詞謂占卜，與窺視義不相涉，其窺視義爲占聲所載之語源義。占聲可載窺視義，"睒"可相證。

占：章紐談部；
睒：書紐談部。

章（照）書（審三）旁紐，談部叠韻，音極相近。《説文·目部》："睒，暫視也。"清朱駿聲《通訓定聲》："《太玄·劇》次三：'鬼睒其室。'注：'見也。'《瞢》初一：'瞢復睒天。'注：'窺也。'"今按，所謂"暫視"即快速一瞥，今俗稱窺視爲"偷看一眼"，足證二義相通。康有爲《〈京師強學會〉序》："俄北瞰，英西睒，法南瞵，日東眈。"

（407）點耴覘髩詀呫靦齻（小、稀、淡義）

點 黑色小斑點（見本典第二卷第404條），本有小義。又，在派生詞"一點點"中作詞綴，形容物之少，少即數值之小，義本相通。

耴 耳小垂。《説文·耳部》："耴，小垂耳也。从耳，占聲。"清桂馥《義證》："'小垂耳也'者，《玉篇》引作'小耳垂'，《篇海》引作'小耳垂兒'。《廣韻》：'耴，耳小垂。'馥案：耴，耳小垂；耽，耳大垂。"

覘 淡黄色。《説文·黄部》："覘，白黄色也。从黄，占聲。"清朱駿聲《通訓定聲》："《廣雅·釋器》：'覘，黄也。'按，淺黄色。"按，朱氏所引《廣雅》文清王念孫《疏證》："覘，謂黄色之薄者也。"按，淡黄色亦稱"靝"。《集韻·先韻》："靝，黄白色。"其音"他年切"，《廣韻》"覘"字之音注"他兼切"，極相近。

髩 鬢髮稀少。《玉篇·彡部》："髩，髩髟，鬢踈兒。"《廣韻·添韻》："髩，髩髟，鬢髮踈薄兒。"今按，"髩髟"蓋爲聯綿詞，凡聯綿詞有不可分訓者，植根於原始漢藏語；亦有可分訓者，本爲連文同義詞，時既經久遂成凝固組合。"髩髟"當爲可分訓者，知者，兼聲字所記録語詞"嫌""謙""歉""稴""嗛""臁"等多有小、少、薄義（見本典第七卷"622. 兼聲"）。然則"髩"字乃以占聲表稀少義。

詀 小聲細語。《廣韻·葉韻》："詀，詀讘，細語。"唐元稹《臺中鞫獄憶開元觀舊事》詩："蠻民詀䜸訴，嚙指明痛瘝。"按"詀"字亦可叠用，即重言形況，謂語多而聲小。清姜葇初《小螺庵病榻憶語題詞》詩："翁瘦如鶴憂如獅，雪涕爲我道詀詀。"

呫 小語聲。《集韻·葉韻》："呫，呫囁，附耳小語聲。"《廣韻·怗韻》："呫"字訓"嘗"，而《葉韻》"呫"字訓"詀讘，細語。""呫"謂以口嘗物，即稍稍食之，寓少義，故引申爲小語聲；"詀"之本義即小聲。《子華子·神氣》："今世之人，其平居把握，附耳呫呫，相爲然約。"明李夢陽《詩集自序》："行呫而坐歌，食咄而寤嗟，此唱而彼和，無不有比爲興焉。"

靦 小頭。《玉篇·面部》："靦，小頭。"按，《廣韻·咸韻》："靦，靦齻，出頭兒。"其字从面，謂人頭出無義，疑指物稍露其端，出於表面。

齻 味淡。《廣韻·陷韻》："齻，咸多。"又《咸韻》："齻，鹹味。"按，此字未見古籍實用例。今徽歙方言稱菜肴味淡爲"齻"，亦稱人事無趣爲"齻味"，當即此詞。至其義與《廣韻》所訓相反，則同源詞本有義相反者。

〔推源〕 上述諸詞分别有小、稀、淡義，義有微别然相通，俱以占聲載之，語源則同。聲符字"占"所記録語詞之本義、引申義系列與小、稀、淡義不相涉，本條諸詞之義爲占聲所載之語源義。占聲可載小、稀、淡義，"淡"可證之。

占：章紐談部；
淡：定紐談部。

章(照)定準旁紐,談部疊韻。"淡",味道稀薄。《説文·水部》:"淡,薄味也。"清朱駿聲《通訓定聲》:"《禮記·中庸》:'淡而不厭。'注:'其味似薄也。'《表記》:'君子淡以成。'注:'無酸酢少味也。'《管子·水地》:'淡也者,五味之中也。'"按,"淡"即少味,少義、小義本相通。

(408) 拈鉆(夾取義)

拈 用手指夾取物。《説文·手部》:"拈,揶也。从手,占聲。"清朱駿聲《通訓定聲》:"《列子·湯問》'女何蠢而三招予'注:'拈,指取物也。'〔聲訓〕《釋名·釋姿容》:'拈,黏也,兩指翕之,黏著不放也。'"按,朱氏所云《列子》注指晉張湛所作注解,唐陸德明《經典釋文》云:"招,一本作'拈',此乃誤字。"又云:"招,一本作'拈',奴兼切,指取物也。"《廣韻·添韻》:"拈,指取物也。"唐杜甫《題壁上韋偃畫馬歌》:"戲拈禿筆掃驊騮,欻見麒麟出東壁。"

鉆 鑷子,夾取物之物。《説文·金部》:"鉆,鐵鈕也。从金,占聲。"清朱駿聲《通訓定聲》:"與'鈕'略同。按,以鉆拈之曰鉗。《蒼頡篇》:'鉆,持也。'……《周禮·典同》注:'飛鉆涅闇。'按《鬼谷子》作'飛箝。'"《廣韻·鹽韻》:"鉆,持鐵者。"按,"鉆"亦引申爲夾取義。漢史游《急就篇》卷十三:"釭鐗鍵鉆冶錮鐈。"唐顔師古注:"鉆,以鐵有所鑷取也。"按,漢許慎《説文·金部》"鉆""鈕"本相互爲訓:"鈕,鉆也。"清朱駿聲《通訓定聲》:"凡鐵鉗、火夾之類皆是。"

〔推源〕 此二詞俱有夾取義,爲占聲所載之公共義。聲符字"占"所記録語詞之顯性語義(本義、引申義)系列與此義不相涉,然則其夾取義爲占聲所載之語源義。按,本典第二卷第405條占聲字所記録諸詞俱有相連、臨近義,此與夾取義當相通,蓋亦同一語源之分化。

(409) 敁拈點覘(掂量、考察義)

敁 字从攴,謂以手掂量物之輕重。《玉篇·攴部》:"敁,敁敠,稱量也。"《廣韻·添韻》所訓同,唯"敠"字作"敪",其"敪"字从攴,蓋即所謂偏旁同化。宋趙叔向《肯綮録·俚俗字義》:"稱量曰敁敠。"亦引申爲抽象的估量義。《紅樓夢》第四十九回:"鳳姐兒冷眼敁敠岫煙心性行爲,竟不象邢夫人及他的父母一樣,却是個極温厚可疼的人。"

拈 本謂以手指夾取物,亦指以手掂其輕重,則爲套用字。元白樸《墻上馬頭》第三折:"眼似瞎,手如瘸,輕拈掇,慢拿捻。"明無名氏《大劫牢》第一折:"也不索晝夜思量心内想,也不索拈斤播兩顯耀我這英雄猛將。"

點 小黑點,事物個體衆多則如點,故有清點、考察之衍義。《玉篇·黑部》:"點,檢點也。"唐王建《送衣曲》:"舊來十月初點衣,與郎著向營中集。"《紅樓夢》第四十三回:"尤氏笑道:'我有些信不及,倒要當面點一點。'"又,雙音詞"清點""檢點"之"點"皆此義。

覘 本指窺視(見本典第二卷第406條),引申爲觀察、考察。清朱駿聲《説文通訓定聲·謙部》:"覘,《家語·子貢問》:'使人覘之。'注:'觀也。'《淮南·俶真》:'其兄掩户而入覘之。'注：'視也。'《廣雅·釋詁一》：'覘，視也。'"清劉大櫆《烏程閔君墓誌銘》："又善以時文覘决他人科第得失、遲早、利不利，能預訂其年月，十不失一。"

〔推源〕 上述諸詞或有掂量義，或有考察義。測物之輕重即掂量，觀事之勢態即觀察，二義本相近而相通，且俱以占聲載之，語源當同。聲符字"占"所記錄語詞指占卜，本有預測、觀察義。《說文·卜部》："占，視兆問也。從卜，從口。"《易·繫辭上》："以製器者尚其象，以卜筮者尚其占。"《廣雅·釋言》："占，瞻也。"《吳子·圖國》："臣以見占隱，以往察來，主君何言與心違？"按"占"與"察"對文同義。《後漢書·段熲傳》："臣動兵涉夏，連獲甘澍，歲時豐稔，人無疾疫，上占天心，不爲災傷。"按，掂量字作"掂"，從手店聲，而聲符字從广占聲，亦足證"敁""拈"以占聲表掂量義。又，占聲可載考察義，"察"可相證。

占：章紐談部；
察：初紐月部。

章（照）初鄰紐，談月通轉。"察"，考察。《爾雅·釋詁下》："察，審也。"《正字通·宀部》："察，考也。"《論語·衛靈公》："衆惡之，必察焉；衆善之，必察焉。"《史記·刺客列傳》："嚴仲子乃察舉吾弟困污之中而交之。"

(410) 站砧坫店（占據、固定義）

站 直立不動，即占據、固定於一點。其字亦作"趈"。《廣韻·陷韻》："站，俗言獨立。"《集韻·咸韻》："站，坐立不動兒。或從走。"明戚繼光《紀效新書·射法》："凡射，或對賊、對把，站定觀把子或賊人，不許看扣。"按，唯"站"有占據、固定於一點義，故有"車站""糧站""加油站"等語。

砧 搗衣石，固定於地不移之物。《說文新附·石部》："砧，石柎也。從石，占聲。"《廣韻·侵韻》："砧，同碪。"《玉篇·石部》："碪，擣石。砧，同碪。"漢班婕妤《擣素賦》："於是投香杵，扣玟砧，擇鸞聲，爭鳳音。"金元好問《短日》詩："短日碪聲急，重雲雁影深。"

坫 設於堂中用來置藏器物的土臺，其名亦寓占據、固定義。《說文·土部》："坫，屏也。從土，占聲。"清朱駿聲《通訓定聲》："屏當作坪，或曰此涉《禮記》旅樹反坫。《論語》'塞門反坫'而誤解爲屏也。坫有五，本訓當爲堂隅也……〔轉注〕《禮記·內則》：'士於坫一。'此以庋食者也，當在室之東北隅，近庖廚，大夫而上則有閣。又《明堂位》：'崇坫康圭。'此以奠圭者也，當在兩楹間，天子受諸侯朝饗乃有之，諸侯不得用。又《明堂位》：'反坫出尊。'《雜記》：'旅樹而反坫。'《論語》：'有反坫。'此以反爵者也。《家語·子貢問》注：'在兩楹之間。'……按凡坫皆壘土爲之。"

店 商店，占據一圍之地，做買賣的固定處所。唐玄應《一切經音義》卷十一："店肆，言此皆陳物賣買之處也。"《廣韻·㮇韻》："店，店舍。崔豹《古今注》云：'店，置也，所以置貨鬻物也。'"《唐律疏議·名例四·平贓者》："居物之處爲邸，沽賣之所爲店。"《魏書·肅宗紀》：

"牧守妄立碑頌,輒興寺塔第宅,豐侈店肆商販。"清陶孚尹《早春閑興》詩:"橋畔杏花村店酒,水邊紅袖畫樓人。"

〔推源〕 諸詞俱有占據、固定義,爲占聲所載之公共義。聲符字"占"所記錄語詞謂占卜,占卜即預測、判定、推定,義本相通。又,今占據字作"占",正爲聲符字。"占"字單用本可表占據義。《廣韻·艷韻》:"占,固也。"《集韻·艷韻》:"占,固有也。"按,所謂"固有"即占有而固定之謂。唐羅隱《蜂》詩:"不論平地與山尖,無限風光盡被占。"宋王安石《題舫子》詩:"眠分黃犢草,坐占白鷗沙。"

140　旦聲

(411) 笪亶（大義）

笪　竹箬,竹子的外表物,故引申而指覆蓋房屋、船只的大席。《説文·竹部》:"笪,箬也。从竹,旦聲。"清朱駿聲《通訓定聲》:"按《一切經音義》引《説文》:'笪,箬也。'凡兩見。"《廣韻·曷韻》:"笪,竹簽。"漢揚雄《方言》卷五"簟,其粗者謂之籧篨"晉郭璞注:"江東呼籧篨爲笪。"《南史·徐嗣伯傳》:"又春月出南籬門戲,聞笪屋中有呻吟聲。"按,"笪"亦指叢生的大竹,則爲套用字,然亦以旦聲表大義。元戴侗《六書故·植物三》:"笪,竹之叢生而大者。"

亶　多穀,引申爲厚、大義。《説文·㐭部》:"亶,多穀也。从㐭,旦聲。"清朱駿聲《通訓定聲》:"《爾雅·釋詁》:'亶,厚也。'《詩·十月之交》:'亶侯多藏。'……〔轉注〕《周語》:'亶厥心。'亶,厚也。"按所謂"轉注"實即引申。《廣韻·旱韻》:"亶,厚也,大也,多也。"按,厚義、大義當相通,凡物厚則體積大。漢賈誼《新書·君道》:"《書》曰:'大道亶亶,其去身不遠,人皆有之,舜獨以之。'"按,所謂"亶亶"即平坦廣大。

〔推源〕 此二詞俱有大義,爲旦聲所載之公共義。聲符字"旦"从日丁聲,《説文·旦部》訓其本義爲"明",即早晨天明義,然則與大義兩不相涉。其大義爲旦聲所載之語源義。旦聲可載大義,"大"可相證。

旦：端紐元部；

大：定紐月部。

端定旁紐,元月對轉。《説文·大部》:"大,天大、地大、人亦大,故大象人形。"按,大小之大爲抽象性語義,故以人形伸展其臂示之。《莊子·天下》:"至大無外,謂之大一;至小無内,謂之小一。"《詩·大雅·行葦》:"酌以大斗,以祈黃耈。"

(412) 袒黵炟組坦（顯露、明顯義）

袒　脱衣露出上身。字亦作"但""襢"。《説文·人部》:"但,裼也。从人,旦聲。"清朱駿聲《通訓定聲》："經傳皆以'袒'爲之,字亦作'襢'。"又"袒,〔假借〕爲但。《儀禮·鄉射禮》：'袒決遂覡禮,乃右肉袒於廟門之東。'《禮記·曲禮》：'勞毋袒。'《少儀》：'袒橐奉胄。'《喪服四制》：'傴者不袒。'《喪服小記》：'袒降踊。'《檀弓》：'袒括髮。'"今按,"袒"字《説文·衣部》訓"衣縫解",故朱氏以爲假借爲"但"方有袒露義,實則無煩假借。所謂"衣縫解"即衣縫裂開、顯露縫隙,與脱衣露出上身義相通。質言之,俱以旦聲表顯露義。

黵 白色中顯露出黑色。《説文·黑部》："黵,白而有黑也。从黑,旦聲。"張舜徽《約注》："徐灝曰：'白之敝而黑也。'舜徽按：黵之言殫也,謂色之敗壞也。凡物色白者,歷久則漸呈黑小點矣。黵、點亦雙聲也。"

炟 明顯。《説文·火部》："炟,上諱。从火,旦聲。"清朱駿聲《通訓定聲》："按,後漢肅宗章帝名,許君不箸説解。《玉篇》：'炟,爆也。'按,《易·履》《釋文》引《蒼頡》：'坦,著也。'又引《廣雅》：'坦坦,明也。'《禮記·祭法》注：'坦,明貌也。'皆即此炟字之訓。"今按,"炟"字《廣韻·曷韻》訓"火起",文獻實用例則有光耀義,蓋亦相通。前蜀杜光庭《越國夫人爲都統宗侃令公還願謝恩醮詞》："祥輝炟爚,低臨壇墠之前;巨貺滂洋,永錫邦家之吉。"

緅 縫補,字亦作"綻"。按,縫補皆因有縫隙、破綻,就語源言之,"緅"即顯露縫隙、破綻。《説文·糸部》："緅,補縫也。从糸,旦聲。"清朱駿聲《通訓定聲》："裂曰袒,補曰緅。《廣雅·釋詁二》：'緅,縫也。'《古艷歌行》：'故衣誰當補?新衣誰當綻?賴得新主人,覽取爲我緅。'《急就篇》：'鍼縷補縫綻紩緣。'"按,《廣韻·襇韻》"綻"訓"衣縫解",即裂開、顯露義。

坦 平坦,引申爲安,又引申爲顯露、明顯義。《廣韻·旱韻》："坦,平也,安也,明也。"《莊子·秋水》："明乎坦塗,故生而不説,死而不禍,知終始之不可故也。"《後漢書·儒林傳·孔僖》："至如孝武皇帝,政之美惡,顯在漢史,坦如日月。"

〔推源〕 諸詞俱有顯露、明顯義,爲旦聲所載之公共義。聲符字"旦"所記録語詞指早晨、天明,天明則即顯露天光,此與顯露、明顯義本相通。《説文·旦部》："旦,明也。从日見一上,一,地也。"清朱駿聲《通訓定聲》："《爾雅》：'旦,早也。'《易·晉》：'明出地上。'《詩》：'昊天曰旦。'《儀禮·少牢禮》：'旦明行事。'注：'旦,日質明也。'《公羊哀十三傳》：'見於旦也。'注：'日方出時。'"按,漢許慎析"旦"之字形,乃據篆文言之,甲骨文、金文"旦"字从日、丁聲。

(413) 觛虘(小義)

觛 角質小酒器。《説文·角部》："觛,小觶也。从角,旦聲。"清朱駿聲《通訓定聲》："《御覽》引《説文》：'小卮也。'《三蒼》：'觛,勺。'按,圓器小卮也。字亦作'酟'。《海外西經》：'女蔑操角觛,女祭操俎。'《急就篇》：'蠡斗參升半卮觛。'賈子《喻誠》：'酒二酟。'"《廣韻·翰韻》："觛,小觶。"按,朱氏所引漢史游《急就篇》文唐顏師古注："觛,謂觶之小者,行禮飲酒角也。"

宜　字从广,謂小屋舍。《玉篇·广部》:"宜,小舍也。"《廣韻·翰韻》:"宜,小舍。"並注其音爲"得按切",其上古音爲端紐元部,正與"旦"同,知"宜"字从旦得聲,並以旦聲表小義。"宜"亦指小杯。《集韻·換韻》:"宜,小杯。"亦以旦聲表小義。

〔推源〕　此二詞俱有小義,爲旦聲所載之公共義。聲符字"旦"所記録語詞謂早晨、天明,與小義不相涉。其小爲旦聲所載之語源義。旦聲可載小義,"點"可證之。

旦:端紐元部;

點:端紐談部。

雙聲,元談通轉。"點",小黑點、小點。《說文·黑部》:"點,小黑也。"《晉書·文苑傳·袁宏》:"如彼白珪,質無塵點。"唐白居易《長相思》:"汴水流,泗水流,流到瓜洲古渡頭。吳山點點愁。"又,凡物少稱"一點點",即數值之小。旦聲字所記録語詞"笪""亶"俱有大義,與本條二詞義正相反。同一聲符字本可記録不同語源,亦可記録兩個相反的語義,此亦一大通例。

(414) 笪呾𦯯(多義)

笪　叢生大竹(見本典第二卷第411條),既有大義,亦有多義,凡物叢生者則多。

呾　多語。章太炎《新方言·釋言》:"今蘄州謂不問而告爲嚪,杭州亦謂多言無節爲嚪,通語謂多聲爲嘈嚪……呾噠者,嚪之長言。今亦謂多言無節爲呾噠。"按,《集韻·曷韻》"嚪"字引《博雅》訓"嘈嚪,聲也"。《廣韻·曷韻》:"呾,相呵。"按,相呵往往語不斷,義皆相通。

𦯯　菌類,叢生而多者。《集韻·曷韻》:"𦯯,草名,蕈也。"《說文·艸部》:"蕈,桑䓴。"清朱駿聲《通訓定聲》:"即桑耳,亦呼樹雞……其生於地者曰菌、曰𦯯。"《玉篇·艸部》:"蕈,地菌也。"清王士禎《香祖筆記》卷十一:"天平山僧得蕈一叢,煮食之,大吐,内三人取鴛鴦草啖之,遂愈。"

〔推源〕　諸詞俱有多義,爲旦聲所載之公共義。聲符字"旦"所記録語詞與此義不相涉,其多義爲旦聲所載之語源義。旦聲可載多義,"多"可證之。

旦:端紐元部;

多:端紐歌部。

雙聲,元歌對轉,音僅微別。"多",衆多。《爾雅·釋詁上》:"多,衆也。"《易·謙》:"君子以裒多益寡,稱物平施。"《詩·周頌·訪落》:"維予小子,未堪家多難。"漢鄭玄箋:"多,衆也。"

(415) 怛妲(痛義)

怛　痛苦。《說文·心部》:"怛,憯也。从心,旦聲。悬,怛或从心在旦下。"清朱駿聲

《通訓定聲》:"字亦作'悬'。《方言》一:'怛,痛也。'……《廣雅·釋詁一》:'怛,憂也。'《釋訓》:'怛怛,憂也。'《詩·匪風》:'中心怛兮。'傳:'傷也。'《漢書·王吉傳》作'悬'。《甫田》:'勞心怛怛。'傳:'猶切切也。'《史記·屈賈傳》:'疾痛慘怛。'"按,漢許慎以"憯"訓"怛",同部"憯"訓"痛",即痛苦義。《廣韻·曷韻》"怛"訓"悲慘",實亦悲傷、痛苦之謂。

蚅 毒蟲咬傷。《玉篇·虫部》:"蚅,蠚也。"《廣韻·藥韻》:"蠚,蟲行毒。"唐玄應《一切經音義》卷十:"蚅,《字林》:'螫也。'"《説文·虫部》:"螫,蟲行毒也。"《廣韻·曷韻》:"蚅,蠚螫。"《左傳·僖公二十二年》"蠭蠆有毒"唐孔穎達疏:"《通俗文》云:'蠆長尾謂之蠍,蠍毒傷人曰蚅。'"按,毒蟲咬傷則痛,故引申爲痛義。《廣雅·釋詁二》:"蚅,痛也。"清王念孫《疏證》:"蚅者,《玉篇》:'蜇,陟列切,蟲螫也。'又作'蚅'。……《列子·楊朱篇》:'蜇於口,慘於腹。'張湛注云:'慘蜇,痛也。'"

〔推源〕 此二詞俱有痛義,爲旦聲所載之公共義。聲符字"旦"所記録語詞與此義不相涉,其痛義爲旦聲所載之語源義。"痛"爲透紐字,"旦"爲端紐字,音本相近。

141　目聲

(416) 舶/秒(小義)

舶 小舟。字亦作"艒"。漢揚雄《方言》卷九:"南楚、江、湘,凡船大者謂之舸,小舸謂之艖,艖謂之艒艒。"《廣韻·屋韻》:"艒,小艖。"《集韻·屋韻》:"艒,或省。"唐皮日休《酒箴·序》:"以舶艒載醇酎一甑,往來湖上。"原注:"舶艒,小船也。"又《添漁具詩·釣磯》:"窪處著莉笓,竅中維舶艒。"

秒 禾芒,微小之物,故引申爲微小義。《説文·禾部》:"秒,禾芒也。"清段玉裁注:"禾芒曰秒,猶木末曰杪。"清朱駿聲《通訓定聲》:"〔轉注〕《漢書·叙傳》:'造計秒忽。'"按,朱氏所稱"轉注"實即引申。《新唐書·蔣欽緒傳》:"欽緒精治道,馭吏整嚴,雖銖秒罪不貸。"宋葉適《祭趙幾道文》:"事物之碎,多於髮絲;性命之眇,猶隔秒忽。"

〔推源〕 二詞俱有小義,其音亦相近而相通。《廣韻》記"艒"(舶)字之音爲"莫沃切""莫卜切",可推知其上古音爲明紐藥部、明紐屋部;"秒"字"亡沼切",則爲明紐宵部。雙聲,藥(沃)屋旁轉,藥(沃)宵對轉,宵屋旁對轉。其"舶"字,乃以目聲載小義。

142　且聲

(417) 珇祖姐組酟蛆(美義)

珇 琮玉上的浮雕花紋。《説文·玉部》:"珇,琮玉之琢。从玉,且聲。""琢,圭璧上起兆琢也。"南唐徐鍇《繫傳》:"謂起爲壠,若篆文之形。"《廣韻·姥韻》:"珇,圭上起。"又《獼韻》："瑑，壁上文也。"明屠隆《曇花記・群仙會勘》："看珪瑑似浮雲，便脱宰臣衣紫。"引申爲美麗、美好。《廣韻・姥韻》："珇，美好。"清朱駿聲《説文通訓定聲・豫部》："珇，〔假借〕爲祖。《方言》十三：'珇，好也，美也。'"按，"珇"表美義非假借，乃引申。徐珂《清稗類鈔・服飾・新疆蒙人之服飾》："耳環、腕釧、約指，多以金銀、珊瑚、珠寶爲之，矜尚珇麗。"

祖 愛美，愛好。《説文・衣部》："祖，事好也。从衣，且聲。"清朱駿聲《通訓定聲》："或曰即靚字之或體。《廣雅・釋詁一》：'祖，好也。'"清段玉裁注："事好，猶言學好也。《黹部》引《詩》'衣裳黼黼。'……祖與黼、珇音義略同。"按漢許慎《説文》"黼"字訓"合五采鮮色"，即鮮艷美麗義。"祖"亦指色白而亮麗、美好。《廣韻・語韻》："祖，嬃也。"《説文・女部》："嬃，白好也。"清段玉裁注："色白之好也。"

姐 色白而亮麗、美好。《玉篇・女部》："姐，嬃也。"按，"姐"本爲母親之稱。《説文・女部》："姐，蜀謂母曰姐，淮南謂之社。"然則"姐"指色白而美爲套用式本字，蓋女性膚色多白，乃以且聲表白而美義。

組 寬而薄的絲帶。《説文・糸部》："組，綬屬。其小者，以爲冕纓。从糸，且聲。"清朱駿聲《通訓定聲》："《廣雅・釋器》：'組，綬也。'《周禮・典絲》：'掌組。'《書・禹貢》：'厥篚元纁璣組。'《禮記・内則》：'織紝組紃。'"引申爲華美。《荀子・樂論》："亂世之征，其服組，其容婦，其俗淫。"清王先謙《集解》："《書・禹貢》馬注：'組，文也。'服組謂華侈。"南朝梁劉勰《文心雕龍・祝盟》："若夫《楚辭・招魂》，可謂祝辭之組麗也。"

酟 美漿。《字彙・酉部》："酟，酟釀，美漿，醍醐之屬。"《古文苑・王襃〈僮約〉》："沃不酪，住酟釀。"宋章樵注："酟釀，亦美漿，醐醍之屬。"明李時珍《本草綱目・獸部・醍醐》："作酪時，上一重凝者爲酥，酥上如油者爲醍醐，熬之即出，不可多得，極甘美。"

砠 美麗貌。《廣韻・馬韻》："砠，砠砠，好皃。"清梅曾亮《陳石士先生祭文》："泉石砠砠，杏山朱魚。"今按，"砠"字之音《廣韻》注"鉏瓦切"，則其上古音爲精紐歌部，"且"字清紐魚部，精清旁紐，歌魚通轉。然則"砠"字从且得聲無疑，乃以且聲表美義。

〔推源〕 諸詞俱有美義，爲且聲所載之公共義。聲符字"且"本爲"祖"之初文，其構形理據郭沫若《釋祖妣》云象男根之形，爲遠古生殖崇拜之遺迹。其初，學界對郭説不無非議，及陶且、木且出土，始信之。然則"且"與美義本不相涉，其美義爲且聲所載之語源義。且聲可載美義，"麗"可證之。

且：清紐魚部；

麗：來紐支部。

清來鄰紐，魚支旁轉。"麗"，美麗、華麗。《廣雅・釋詁一》："麗，好也。"《廣韻・霽韻》："麗，美也，著也。"《楚辭・招魂》："被文服纖，麗而不奇些。"漢王逸注："麗，美好也。"漢禰衡《鸚鵡賦》："采采麗容，咬咬好音。"

(418) 趄柤岨阻跙（阻攔義）

趄 越趄，行不進貌，謂行進如受阻攔。《説文·走部》："趄，越趄也。从走，且聲。""越，越趄，行不進也。"清段玉裁注："行止之礙也。"《廣韻·魚部》："趄，越趄。"又《脂韻》："越，越趄，趨不進也。"《文選·張載〈劍閣銘〉》："一人荷戟，萬夫越趄。"唐李善注："一夫揮戟，萬人不得進。"清朱駿聲《説文通訓定聲·豫部》："趄，《易·夬》：'其行次且。'王肅注作'越趄'，行止之礙也。"

柤 木欄，指欄柵、水堰之類的阻攔物。《説文·木部》："柤，木閑也。从木，且聲。"南唐徐鍇《繫傳》："閑，闌也；柤之言阻也。"清朱駿聲《通訓定聲》："《廣雅·釋器》：'柤，距也。'《釋室》：'柤，陳也。'"按，朱氏所引《廣雅》文清王念孫《疏證》："木閑謂之柤，水偃謂之柤，義相近也。""柤之言阻遏也。"按"堰""陳"爲阻水之堤，"偃"其假借字。《玉篇·阜部》："陳，以畜水。"又《土部》："堰，壅水也。"《集韻·願韻》："堰，障水也。或作陳。"

岨 本指戴土的石山。《説文·山部》："岨，石戴土也。从山，且聲。"清朱駿聲《通訓定聲》："字亦作'砠'……謂土戴於石上也。"引申之，則有險阻義。《鬼谷子·飛箝》："見天時之盛衰，制地形之廣狹，岨嶮之難易。"《新唐書·哥舒翰傳》："促士卒進，道岨無行列。"

阻 險阻。《説文·阜部》："阻，險也。从阜，且聲。"清朱駿聲《通訓定聲》："《詩·殷武》：'罙入其阻。'"按，朱氏所引《詩》文唐孔穎達疏："深入其險阻之内。"漢許慎以"險"訓"阻"，"險阻"本可聯合成雙音詞。漢班固《西都賦》："左據函谷、二崤之阻，表以太華、終南之山。"《後漢書·張霸傳》："今蜀道阻遠，不宜歸塋，可止此葬，只藏髮齒而已。"

跙 行不進，如受阻。《玉篇·足部》："跙，行不進也。"漢揚雄《太玄·更》："馴馬跙跙，而更其御。"晉范望注："跙跙，不調也。馬而不調，故更御也。"唐白居易《初出藍田路作》詩："人煩馬蹄跙，勞苦已如此。"

〔**推源**〕 諸詞俱有阻義，爲且聲所載之公共義。阻義與"且"的顯性語義系列不相涉，蓋爲且聲所載之語源義。且聲字"徂"亦可以假借字形式、以其且聲表阻義。《莊子·則陽》："未生不可忌，已死不可徂。"唐成玄英疏："阻，礙也。"唐陸德明《經典釋文》："不可徂，一本作阻。"又，且聲可表阻義，"擋"可證之。

且：清紐魚部；
擋：端紐陽部。

清端鄰紐，魚陽對轉。"擋"，抵擋，阻擋。《三國演義》第五十三回："玄德苦擋，雲長不依，只領五百校刀手而去。"按，"擋"字从當得聲，上古文獻多以聲符字"當"表擋義。《莊子·人間世》："汝不知夫螳螂乎，怒其臂以當車轍，不知其不勝任也。"唯"擋"有阻義，故詞彙系統有"阻擋"之同義聯合式雙音詞。

(419) 粗駔怚衉(粗大義)

粗 字从米,本謂粗糙之米,引申爲粗大義。《説文・米部》:"粗,疏也。从米,且聲。"清朱駿聲《通訓定聲》:"按,糲米也,禾黍粟十六斗大半斗舂爲一斛。《詩》:'彼疏斯粺。'《論語》:'飯疏食。'以'疏'爲之。稷米粒大,亦謂之疏。《左傳》:'粱則無矣,麤則有之。'以'麤'爲之〔轉注〕《廣雅・釋詁一》:'粗,大也,皆曰粗。'《禮記・月令》:'其器高以粗。'《樂記》:'其聲粗以厲。'"按,朱氏所謂"轉注"即引申;其所引《禮記》文漢鄭玄注:"粗,猶大也。"《玉篇・米部》:"粗,麤大也。"《廣韻・姥韻》:"粗,麤也。"清吳趼人《二十年目睹之怪現狀》第七十二回:"忽見一個叫化子,一條腿腫得和腰一般粗大。"

駔 駿馬,壯馬。《説文・馬部》:"駔,牡馬也。从馬,且聲。"清段玉裁注本改"牡"爲"壯",清朱駿聲《通訓定聲》逕作"壯馬",並引《史記・樊酈滕灌列傳》唐司馬貞《索隱》"駔者,龍馬也"及《楚辭・憂苦》漢王逸注"駔,駿馬也"爲證。按,駿馬高大粗壯,故引申爲粗大義。《爾雅・釋言》:"奘,駔也。"晉郭璞注:"今江東呼大爲駔,駔猶麤也。"《管子・侈靡》:"好緣而好駔,此謂成國立法也。"元郝經《虎文龍馬賦序》:"往往騰踏群龍,駔駿特異,號稱龍種。"

怚 驕傲,自高自大。《説文・心部》:"怚,驕也。从心,且聲。"清段玉裁注:"此與《女部》'媎,驕也'音義同。媎下今本作嬌,乃驕之俗字。"《廣韻・麻韻》:"怚,同媎。"又"媎,憍也。"按,"怚"亦謂心不細、不小心,即粗心大意。《集韻・模韻》:"怚,心不粗也。通作粗。"按,粗心義當以"怚"爲本字。《史記・白起王翦列傳》:"王翦曰:'不然。夫秦王怚而不信人。'"南朝宋裴駰《集解》:"怚,音麤。"並引南朝宋徐廣語:"怚,一作粗。"

衉 口大。《玉篇・大部》:"衉,衉衉,大口也。"《廣韻・麻韻》:"衉,大口皃。"其音才邪切,則爲从且得聲者。

〔推源〕諸詞俱有粗大義,爲且聲所載之公共義。且聲字"麆"本謂幼鹿,然可以且聲、以假借字形式表粗大義。清朱駿聲《説文通訓定聲・豫部・附〈説文〉不録之字》:"麆,《爾雅・釋獸》:'麠其子麆。'字亦作麆。〔假借〕爲麤。《爾雅・釋草》注:'當歸似蘄而麆大。'"《廣韻・姥韻》:"麆,大也。"按,且聲所載之粗大義與"且"的顯性語義系列不相涉,其粗大義爲語源義。且聲可載粗大義,"大"可證之。

且:清紐魚部;
大:定紐月部。

清定鄰紐,魚月通轉。"大",本義即大,與"小"相反。《説文・大部》:"大,天大、地大,人亦大,故大象人形。"《禮記・月令》:"(孟冬之月)審棺椁之薄厚,塋丘壟之大小。"《史記・高祖本紀》:"大風起兮雲飛揚,威加海内兮歸故鄉。"按,大義、粗義本相通,俗言"關公大意失荊州",其"大意"即粗心,又"粗心大意"本爲同義聯合結構。

(420) 苴粗皵伹（粗劣義）

苴 粗劣，粗惡。清朱駿聲《說文通訓定聲·豫部》："苴，〔假借〕為'粗'。《儀禮·喪服》傳：'苴，杖竹也。'《荀子·禮論》：'齊衰苴杖。'注：'謂以苴惡色竹爲之杖。'《哀公篇》注：'謂蒼白色自死之竹也。'《喪服小記》：'苴杖。'疏：'苴者，黯也。'又《莊子·讓王》：'苴布之衣，而自飯牛。'《釋文》：'本作麤。'"今按，"苴"本謂大麻子實，表粗劣、粗惡義，非假借，乃套用式本字。"粗"謂糙米，以且聲表粗劣義，"苴"字亦同，至从草，則《戰國策·齊策·馮諼客孟嘗君》"左右以君賤之也，食以草具"可爲證。

粗 糙米（見本典第 419 條），引申爲粗劣。《廣韻·姥韻》："粗，麤也，略也。"《新唐書·叛臣傳·李錡傳·贊》："市之良賈精貨，皆逃去不出，列廛開者，惟粗雜苦窳而已。"《宋書·宗慤傳》："鄉人庾業，家甚富豪，方丈之膳，以待賓客，而慤至，設以菜葅粟飯，謂客曰：'宗軍人，慣噉粗食。'"

皵 皮膚粗糙皴裂。《玉篇·皮部》："皵，皴皵也。"《廣韻·模韻》："皵，皮皵惡也。"又《藥韻》："皵，皴皵，皮裂。"沈兼士《聲系》："案皵，元泰定本及《切韻》内府本、《王韻》均作皵。"清朱駿聲《說文通訓定聲·屯部·附〈說文〉不錄之字》："皴，《字略》：'皮細起也。'《埤蒼》：'皮皴皵也。樹皮甲麤厚，亦曰皴皵。'"

伹 字从人，謂人笨拙，拙劣，即俗言所謂"粗人"。《說文·人部》："伹，拙也。从人，且聲。"清朱駿聲《通訓定聲》："《廣雅·釋詁三》：'鈍也。'《廣韻·魚韻》：'伹，拙人。'按，朱氏所引《廣雅》文清王念孫《疏證》：'伹，音癱疽之疽，各本作'伹'，音度滿反，後人改之也。……《玉篇》音'七閭''祥閭'二切，引《廣雅》'伹，鈍也'，是《廣雅》本作'伹'，不作'伹'。《集韻》《類篇》伹音疽……今訂正。"《淮南子·說林訓》："使但吹竽，使氐厭竅，雖中節而不可聽。"漢高誘注："但，古不知吹人。'但'讀燕言'鉏'同。"清王念孫《讀書雜志》："其字當从'且'，不當从'旦'……'但'爲'伹'之誤也。"

〔**推源**〕 諸詞俱有粗劣義，爲且聲所載之公共義。粗劣義與"且"的本義、引申義不相涉，爲且聲所載之語源義。且聲可載粗劣義，"劣"可證之。

　　且：清紐魚部；
　　劣：來紐月部。

清來鄰紐，魚月通轉。"劣"，弱。《說文·力部》："劣，弱也。从力，少聲。"清朱駿聲《通訓定聲》："从力、少，會意。"得之。《後漢書·順帝紀》："年老劣弱不任軍事者，上名。"引申爲粗劣、低劣義。《廣雅·釋詁五》："劣，鄙也。"漢蔡邕《短人賦》："其餘尫幺，劣厥僂寠。"《南齊書·豫章文獻王嶷傳》："才有優劣，位有通塞，運有富貧，此自然理，無足以相陵侮。"

(421) 趄笡齟（斜義）

趄 字从走，本謂行不進（見本典第 418 條），又有步履歪斜義，按步履歪斜則行不進，二義相通。《水滸傳》第二十二回:"宋江已有八分酒,脚步趄了。"蘧園《負曝閑談》第五回:"又看見昨天同船的那個少年,吃得醉醺醺的,同着兩三個朋友,脚底下趄趄趔趔。"又,凡傾斜、斜靠亦得稱"趄"。

筥 榪,斜柱。《廣雅·釋器》:"籤謂之筥。"清王念孫《疏證》:"《太平御覽》引《纂文》云:'筑,筑槍也。'"《玉篇·竹部》:"籤,筥,逆槍也。"虛化引申爲斜逆義。《廣韻·禡韻》:"筥,斜逆也。"唐元稹《胡旋女》詩:"潛鯨暗噞筥海波,迴風亂舞當空霰。"

齟 牙齒歪斜不正,上下不相值。其字亦作"齹"。《廣韻·語韻》:"齟,齟齬。"《集韻·語韻》:"齟,齟齬,齒不正。"又"齟,齟齬,齒不相值。"按,二義相成相因。《漢書·東方朔傳》:"令壺齟……齟者,齒不正也。"明徐渭《秦望山花蕊峰》詩:"宛如齒齟齬,張吻訟所苦。"《集韻·麻韻》:"齹,齒不正也。或省。"《説文·齒部》:"齹,齬齒也。"清朱駿聲《通訓定聲》:"按,齒不正。"清段玉裁注:"齹,齹齬,齒不相值也。"

〔推源〕 諸詞俱有斜義,爲且聲所載之公共義。此義與"且"的本義、引申義不相涉,爲且聲所載之語源義。且聲可載斜義,"衺""邪""斜"皆可證。

且:清紐魚部;
衺:邪紐魚部;
邪:邪紐魚部;
斜:邪紐魚部。

清邪旁紐,魚部叠韻,音僅微別。"衺",邪惡不正,即抽象的歪斜義。《説文·衣部》:"衺,麇也。从衣,牙聲。"清朱駿聲《通訓定聲》:"《周禮·比長》:'有罪奇衺則相及。'注:'猶惡也。'《宫正》:'與其奇衺之民。'注:'奇衺譎觚非常。'……他經傳多以'回邪'爲之。"清段玉裁注:"今字作邪。"按,"邪"字从邑,本爲郡名,以其从牙得聲,借作"衺",後世遂以爲邪惡字。《廣韻·麻韻》:"邪,不正也。"《詩·魯頌·駉》:"思無邪,思馬斯徂。"漢鄭玄箋:"專心無復邪意也。"《新書·道術》:"方直不曲謂之正,反正爲邪。"按,凡具體性的歪斜義則以"斜"表之,"斜"字从斗,本義爲抒,即舀出,以其聲韻與"衺"相近且相通,故可表歪斜之語源義。《玉篇·斗部》:"斜,不正也。"漢王延壽《魯靈光殿賦》:"芝栭欑羅以戢舂,枝牚杈枒而斜據。"宋孫光憲《浣溪沙》:"烏帽斜欹倒佩魚,靜街偷步訪仙居。"

(422) 苴疽(墊義)

苴 鞋中草墊。《説文·艸部》:"苴,履中草。从艸,且聲。"清朱駿聲《通訓定聲》:"《漢書·賈誼傳》:'冠雖敝不以苴履。'注:'履中之藉也。'"《廣韻·語韻》:"苴,履中草。"按,"苴"亦指陳列祭品的草席,鋪墊之物。《漢書·郊祀志》上:"古者封禪,掃地而祠,席用苴稭,言其易遵也。""苴"又虛化引申爲襯墊義。《儀禮·士虞禮》:"苴刌茅,長五寸束之,實於筐。"漢鄭玄注:"苴猶藉也。"

俎 陳放牲體或食物的禮器,墊物之物。《説文·且部》:"俎,禮俎也。从半肉在且上。"清朱駿聲《通訓定聲》:"按,且亦聲……《方言》五:'俎,几也。'《士禮·士昏禮》:'七俎從設。'注:'所以載也。'《漢書·項籍傳》:'乃爲高俎。'注:'所以薦肉。'"《左傳·隱公五年》:"鳥獸之肉不登於俎。"按,"俎"字亦訛作"爼"。《廣韻·語韻》:"爼,俎豆。"《正字通·爻部》:"爼,俎字之訛。"唐柳宗元《道州文宣王廟碑》:"罇俎旂章,粢穆布列。"

〔推源〕 此二詞俱有墊義,爲且聲所載之公共義。且聲字"鉏"从金,謂除草工具,即今俗所謂"鋤頭",然亦可指草席,乃以且聲表墊義。"苴"謂草席,其字从租得聲,而"租"字从且得聲,此亦爲且聲可載墊義之證。墊義與"且"的顯性語義系列不相涉,爲且聲所載之語源義。且聲可載墊義,"藉"可證之。

且:清紐魚部;

藉:從紐鐸部。

清從旁紐,魚鐸對轉。"藉",陳列禮品的墊物,亦引申爲墊義。《説文·艸部》:"藉,祭藉也。"清朱駿聲《通訓定聲》:"藉之爲言席也。《儀禮·士虞禮》:'藉用葦席。'注:'猶薦也。'《易·大過》:'藉用白茅。'《列子·黄帝》:'藉芳燔林。'《遊天台山賦》:'藉萋萋之纖草。'注:'以草薦地而坐曰藉。'"

143 甲聲

(423) 柙閘匣(關閉義)

柙 關閉猛獸的木籠。《説文·木部》:"柙,檻也,以藏虎兕。从木,甲聲。"清朱駿聲《通訓定聲》:"《論語》:'虎兕出於柙。'馬注:'檻也。'《管子·小匡》:'遂束縛而柙以予齊。'注:'檻也。'"《廣韻·狎韻》:"柙,檻也,所以藏虎兕也。"《韓非子·守道》:"故設柙非所以備鼠也,所以使怯弱能服虎也。"按,《説文》《廣韻》俱以"檻"訓"柙","檻"亦木籠之稱。《説文》同部:"檻,櫳也。"《淮南子·主術訓》:"故夫養虎豹在於囊檻,亦可以爲得矣。"

閘 閘門,可以開啟、關閉的門。《説文·門部》:"閘,開閉門也。从門,甲聲。"清朱駿聲《通訓定聲》:"字亦作'牐'。今河中叠石左右,設版潴水,可以啟閉,曰閘門,曰閘版,曰閘河,曰閘官,以利漕艘往來。"《正字通·門部》:"門曰閘門,河曰閘河,設閘官司之。"宋范仲淹《上吕相公並呈中丞諮目書》:"新導之河,必設諸閘,常時扃之,禦其來潮,沙不能塞也。"

匣 藏物器具,實亦關閉義,"匣"即關閉其物於中。《説文·匚部》:"匣,匱也。从匚,甲聲。"清朱駿聲《通訓定聲》:"《史記·刺客傳》:'秦地圖匣。'《索隱》:'亦函也。'《漢書·王莽傳》:'廢藏在室匣中者。'注:'匱也。'《後漢·梁竦傳》:'賜東園畫棺玉匣衣衾。'"《廣韻·狎韻》:"匣,箱匣也。"漢桓寬《鹽鐵論·禁耕》:"民人以垣墻爲藏閉,天子以四海爲匣匱。"

按,"藏閉"與"匣匱"對文同義。

〔推源〕 諸詞俱有關閉義,爲甲聲所載之公共義。聲符字"甲"所記録語詞之本義或以爲即鎧甲,可參。然與關閉義不相涉,其關閉義爲甲聲所載之語源義。甲聲可載關閉義,"關"可證之。

甲:見紐葉部;

關:見紐元部。

雙聲,葉(盍)元通轉。"關",門閂,關門之物。《説文·門部》:"關,以木横持門户也。"《左傳·襄公二十三年》:"臧孫斬鹿門之關以出奔邾。"引申爲關閉義。漢揚雄《方言》卷十二:"關,閉也。"《淮南子·覽冥訓》:"城郭不關。"晉陶潛《歸去來兮辭》:"門雖設而常關。"

(424) 岬胛(夾合義)

岬 山峽,所謂"兩山夾一坪"。其字亦作"砰"。《集韻·狎韻》:"砰,兩山之間爲砰。許慎説。"《文選·左思〈吴都賦〉》:"傾藪薄,倒岬岫。"唐張銑注:"兩山間曰岬。"北魏酈道元《水經注·江水一》:"《淮南子(原道訓)》曰:'傍徨於山岬之旁。'"按,所引文"岬"字異文作"峽",漢高誘注:"兩山之間爲峽。"

胛 肩胛骨,左右各一,兩兩對稱、夾合之物。《玉篇·肉部》:"胛,背胛。"《廣韻·狎韻》:"胛,背胛。"《後漢書·張宗傳》:"宗夜將鋭士入城,襲赤眉,中矛貫胛。"按,"胛"爲肩胛骨,故其字亦从骨作"髆",而仍从甲聲。清吴謙等《醫宗金鑑·刺灸心法要訣·小腸經分寸歌》:"曲恒肩中曲髆陷,外俞上髆一寸從。"注:"即外肩俞,肩髆上廉,去脊三寸。"

〔推源〕 此二詞俱有夾合義,爲甲聲所載之公共義。聲符字"甲"所記録語詞有鎧甲義,鎧甲爲夾合軀體之物,其義或本相通。《廣雅·釋器》:"甲,鎧也。"《廣韻·狎韻》:"甲,鎧也。"《周禮·考工記·函人》:"函人爲甲,犀甲七屬,兕甲六屬,合甲五屬。"至甲聲可載夾合義,則"夾"可相證。"甲""夾"同音,見紐雙聲,葉(盍)部疊韻。"夾",從左右兩邊相夾持、夾合。《説文·大部》:"夾,持也。从大,俠二人。"清王筠《句讀》:"大,受持者也;二人,持之者也。"《儀禮·既夕禮》:"薦馬纓三就,入門,北面交轡,圉人夾牽之。"明徐弘祖《徐霞客遊記·黔遊日記一》:"兩人趨余傘下,一人趨顧僕傘下,一人趨擔夫笠下,皆勇壯凶獰,似避雨,又似夾持,余甚恐。"

(425) 狎押甲軋胛(接連、重疊義)

狎 馴犬,引申爲接近、親近義,又引申爲接連、緊接義。《説文·犬部》:"狎,犬可習也。从犬,甲聲。"清朱駿聲《通訓定聲》:"〔假借〕爲'疊'。《舞賦》:'車騎並狎。'注:'謂多而相排也。'又疊韻連語。《西京賦》:'披紅葩之狎獵兮。'注:'重接皃。'"按,"狎"表接連、緊接義,無煩假借,乃引申。漢王符《潛夫論·救邊》:"旬時之間,虜復爲害,軍交馳,羽檄狎至,乃復怔忪如前。"宋陸游《上殿劄子》三:"繕修兵備,搜拔人才,明號令,信賞罰,常如羽書狎至,兵鋒已交之日。"

押 本謂畫押,又有押送、逼近義,爲套用字。又引申爲接連義。《漢書·息夫躬傳》:"軍書交馳而輻湊,羽檄重迹而押至。"唐顏師古注:"押至,言相因而至也。"明馮夢龍《智囊補·上智·選押伴使》:"會江東使鉉來脩貢例,差官押伴,朝臣皆以詞令不及爲憚,宰相亦艱其選。"

翈 羽弧,由羽毛接連、重叠而成者。《廣雅·釋器》:"翈,羽也。"《廣韻·狎韻》:"翈,翮上短羽。"馮德培、談家楨等主編《簡明生物學詞典·翈》:"翈,即羽瓣。鳥羽的組成部分。由羽幹兩側許多斜行而平列羽枝、羽小枝及其上的鈎狀突起互相鈎結而成。"

䒊 花葉繁多、接連重叠。其字亦作"䒊"。《廣韻·狎韻》:"䒊,䒊䕹。"沈兼士《聲系》:"案'䒊',古逸本及五代本《切韻》作'䒊'。"《集韻·狎韻》:"䒊,䒊䕹,華葉重多兒。"《文選·何晏〈景福殿賦〉》:"紅葩䒊䕹,丹綺離婁。"唐李周翰注:"䒊䕹,花相次比貌。"宋毛滂《清平樂·千葉芝》:"鏤煙翦霧,䒊䕹無層數。"

魶 鱗次重叠貌。《集韻·狎韻》:"魶,魶鰈,鱗次衆多兒。"清朱駿聲《説文通訓定聲·謙部·附〈説文〉不録之字》:"魶,《笙賦》:'魶鰈參差。'注:'裝飾重叠兒。'"

〔推源〕 諸詞俱有接連、重叠義,爲甲聲所載之公共義。甲聲字"岬"亦可以假借字形式,以其甲聲表此義。晉張協《洛禊賦》:"乃至都人士女,奕奕祁祁,車駕岬嵑,充溢中逵。"聲符字"甲"所記録語詞之本義、引申義系列與接連、重叠義不相涉,此義當爲甲聲所載之語源義。甲聲可載接連、重叠義,"夾"可證之。"甲""夾"同音,見紐雙聲,葉部叠韻。"夾",夾持(見本典第 424 條),引申之,則有接近、接連義。《廣雅·釋詁三》:"夾,近也。"《書·多方》:"爾曷不夾介乂我周王之命?"按,"夾"又有夾雜之衍義,夾雜、重叠二義極相近而相通。《古今韻會舉要·洽韻》:"夾,兼也,相雜也。"《史記·律書》:"二月也,律中夾鐘。夾鐘者,言陰陽相夾厠也。"

144　申聲

(426) 伸肿電坤紳鞝陳眒訷抻神(伸張義)

伸 伸展,伸直。《説文·人部》:"伸,屈伸。从人,申聲。"清朱駿聲《通訓定聲》:"《廣雅·釋詁三》:'伸,展也。''伸,直也。'《儀禮·士相見禮》:'君子欠伸。'注:'志倦則欠,體倦則伸。'……《易·繫辭》:'引而伸之。'"按,"伸"字从人,其本義爲人身伸展,引申之則有延伸義。漢嚴忌《哀時命》:"負擔荷以丈尺兮,欲伸要而不可得。"漢王逸注:"不敢伸要仰首以遠罪過也。"按"伸要"即伸腰。

肿 伸展身體。《廣韻·真韻》:"肿,申也。""申,伸也。"《集韻·真韻》:"肿,伸身也。"按,"肿"字从肉,本謂夾脊肉。《説文·肉部》:"肿,夾脊肉也。从肉,申聲。"表伸身義,爲套用式本字。

電 閃電,電火伸展而瞬間即逝,故稱"電",並有迅速義。《説文·雨部》:"電,陰陽激燿也。从雨,从申。"清朱駿聲《通訓定聲》:"从雨,申聲。"按"電"字《廣韻》音"堂練切",推其上古音爲定紐真部;"申"字"失人切",書紐真部。定書(審三)準旁紐,真部叠韻。然則"電"字从申得聲無疑。《詩·小雅·十月之交》:"燁燁震電,不寧不令。"漢劉向《九嘆·遠遊》:"雷動電發,馺高舉兮。"

坤 八卦之一,象征大地。"土"謂塊土,"坤"則謂延伸、伸展之土即大地。《説文·土部》:"坤,地也,《易》之卦也。从土,从申。"清朱駿聲《通訓定聲》:"按,'申'非意,从土,申聲……《易·説卦》:'坤,地也。'《左莊廿二傳》:'坤,土也。'"《文選·王延壽〈魯靈光殿賦〉》:"汩磑磑以璀璨,赫燡燡而燭坤。"唐李善注:"燭坤,光照下土。"晉葛洪《抱朴子·博喻》:"方圓舛狀,逝止異歸,故渾象尊於行健,坤後貴於安貞。"

紳 任官者束腰大帶,可伸展之織物。《説文·糸部》:"紳,大帶也。从糸,申聲。"清朱駿聲《通訓定聲》:"《廣雅·釋器》:'紳,帶也。'按,大帶束腰,垂其餘以爲飾,謂之紳。《禮記·玉藻》:'紳長制士三尺,有司二尺有五寸。'子游曰:'參分帶下紳居二焉,紳韠結。'《三齊雜記》:'麻者不紳。'又《漢書·郊祀志》:'縉紳者弗道。'"《廣韻·真韻》:"紳,大帶。"《論語·鄉黨》:"加朝服拖紳。"三國魏何晏注:"紳,大帶。"按朱氏所引《禮記》文漢鄭玄注:"紳,帶之垂者也。"

靷 駕車馬的皮帶。《玉篇·革部》:"靷,革帶。亦作紳。"《廣韻·真韻》:"靷,革帶。"睡虎地秦墓竹簡《法律答問》:"騷馬蟲皆麗衡厄靰欒轅靷,是以炎之。"按,"紳""靷"非異體字,而爲分別文。

陳 陳列,即延伸、伸張義。《説文·阜部》:"陳,宛丘,舜后嬀滿之所封。从阜,从木,申聲。敶,古文陳。"清徐灝《注箋》:"陳之本義即謂陳列,因爲國名所專,後人昧其義耳。"清朱駿聲《通訓定聲》:"〔假借〕爲'敶'。《廣雅·釋詁一》:'陳,列也。'《周禮·肆師》:'展器陳告備。'注:'列也。'《内宰》:'陳其貨賄。'注:'猶處也。'《左隱五傳》:'陳魚而觀之。'注:'張設也。'《周語》:'陳錫載周。'注:'布也。'"今按,"敶"字乃爲記錄本義重製之本字,"陳""敶"古今字,非假借。《廣韻·真韻》:"陳,陳列也,張也,衆也,布也。"又《震韻》:"陳,同敶,見經典。"《左傳·襄公九》:"火所未至,徹小屋,塗大屋,陳畚挶,具綆缶,備水器。"楊伯峻注:"陳,列也。"

眒 張目。《廣韻·震韻》:"眒,張目。"唐柳宗元《又祭崔簡旅櫬歸上都文》:"楚之南,其鬼不可與友,躁戾佻險,睒眒欺苟,脞賤暗詟。"清蔣之翹《柳河東集輯注》引宋童宗説《柳文音釋》:"眒,張目。"按,"睒"字《説文》訓"暫視皃",即突然看見,"眒"即張目不誤。"眒"又有迅速義,當與張目義相通,"眒"即瞬間事。《集韻·真韻》:"眒,引目也。"又"疾也。"晉左思《嬌女》:"貪華風雨中,眒忽數百適。"

訷 申述，即伸張其言。《廣韻·真韻》："訷，訷説，信也。"按"信"即申明、申張，"訷"即申明、申張、申述等義之本字。《集韻·真韻》："伸，經典作信。"又"訷，説也。"

抻 拉長，使伸張。《廣韻·震韻》："抻，抻物長也。"清翟灝《通俗篇·雜字》："抻，展物令長也。"侯寶林《技術比賽》："三斤水面，人家能抻成十二扣、八尺長的龍須面。"

神 天神，引出萬物者。引出萬物即伸張。《説文·示部》："神，天神，引出萬物者也。从示、申。"清朱駿聲《通訓定聲》："从示，申聲。《周禮·大司樂》：'以祀天神。'注：'謂五帝及日月星辰也。'《大戴·曾子天圓》：'陽之精氣曰神。'《左莊卅二傳》：'神，聰明正直而壹者也。'《易·説卦》：'神也者，妙萬物而爲言者也。'《繫辭》：'陰陽不測謂之神。'"《廣韻·真韻》："神，靈也。"漢劉向《説苑·修文》："神者，天地之本，而爲萬物之始。"

〔推源〕 諸詞俱有伸張義，爲申聲所載之公共義。聲符字"申"甲骨文象雷電閃爍伸展形。《説文·蟲部》："虹，籀文虹从申。申，電也。"然則諸詞之伸張義爲其顯性語義。故"申"字單用本可表伸展、伸張義。《廣雅·釋詁四》："申，伸也。"《廣韻·真韻》："申，伸也。"《莊子·刻意》："熊經鳥申，爲壽而已矣。"唐成玄英疏："如熊攀樹而自經，類鳥飛空而伸脚，斯皆導引神氣，以養形魂，延年之道，駐形之術。"五代王定保《唐摭言·恚恨》："昨某限以人數擠排，雖獲申展，深慚名第奉浼，焉得翻有'首冠蓬山'之謂？"申聲可載伸張義，則"展"可證之。

申：書紐真部；

展：端紐元部。

書(審三)端準旁紐，真元旁轉。"展"，伸展，伸張。漢揚雄《方言》卷十七："展，信也。"清錢繹《箋疏》："信、伸古字通用……展又爲屈伸之伸也。"《廣雅·釋詁四》："展，舒也。"《莊子·盜跖》："盜跖大怒，兩展其足，案劍瞋目，聲如乳虎。"唐成玄英疏："兩展其足，伸兩脚也。"唐柳宗元《放鷓鴣詞》："破籠展翅當遠去，同類相呼莫相顧。"

145 田聲

(427) 畋佃甸(田義)

畋 字从攴，謂平田，治理其田。《説文·攴部》："畋，平田也。从攴、田。"清朱駿聲《通訓定聲》："从攴，田聲。……《書·多方》：'畋爾田。'"按，"畋"之結構當爲从攴，从田，田亦聲。朱氏所引《書》文唐孔穎達疏："治田謂之畋，猶捕魚謂之漁。"按"田""畋"及"魚""漁"皆源詞與同源派生詞關係。《大戴禮記·五帝德》："故教化淳鳥獸昆蟲，歷數日月星辰，極畋土石金玉，勞心力耳目。"清孔廣森《補注》："畋，治也。"《廣韻·霰韻》："畋，平兒。"按，田經治其平，義亦相通。

佃 種田。《説文·人部》:"佃,中也。从人,田聲。《春秋傳》曰:'乘中佃,一轅車。'"清朱駿聲《通訓定聲》:"本訓當爲治田也。《漢書·韓安國傳》:'即上言方佃作時。'注:'治田也。'"《廣韻·霰韻》:"佃,營田。"《史記·蘇秦列傳》:"北有棗栗之利,民雖不耕作而足於棗栗矣。"

甸 王田。《説文·田部》:"甸,天子五百里地也。从田,包省。"清朱駿聲《通訓定聲》:"按,从勹田會意,田亦聲。《書·禹貢》:'五百里甸服。'傳:'爲天子服治田也。'至周乃以畿外侯服之,外曰甸服。……《禮記·王制》:'千里之内曰甸。'《周語》:'規方千里以爲甸服。'"按,朱氏所引《國語·周語》文三國吴韋昭注:"甸,王田也。"《廣韻·霰韻》:"甸,郊甸。"

〔推源〕 諸詞俱有田義,爲田聲所載之公共義。聲符字"田"象畋獵一圍之地形,亦引申而指人耕種之田地。蔣禮鴻云从師《讀字肊記》:"有樹穀之田字,有獵禽之田字。"《説文·田部》:"田,陳也,樹穀曰田。象四口;十,阡陌之制也。"《詩·小雅·大田》:"大田多稼,既種既戒,既備乃事。"然則本條諸詞之田義爲其顯性語義。

146　由聲

(428) 岫宙袖笛軸(圓義)

岫 山洞。字亦作"䆃"。《説文·山部》:"岫,山穴也。从山,由聲。䆃,籀文从穴。"清朱駿聲《通訓定聲》:"《爾雅·釋山》:'山有穴爲岫。'《東京賦》:'王鮪岫居。'"《廣韻·宥韻》:"岫,山有穴曰岫。"晉陶淵明《歸去來辭》:"雲無心以出岫,鳥倦飛而知還。"唐王適《潘尊師碣》:"漱陰嶼之雙泉,庇陽崖於二室,寢冥孤䆃,垂將十年。"

宙 字从宀,本指棟梁,引申之則指天空。清朱駿聲《説文通訓定聲·孚部》:"宙,《漢書·叙傳》音義引韋昭曰:'天宇所受曰宙。'"按雙音詞即"宇宙"。《廣韻·宥韻》:"宙,宇宙。"《南齊書·樂志》:"功燭上宙,德燿中天。"又"粹訓宸中,儀形宙外"。今按,古人以爲天圓而地方,"宙"之名寓圓義,故地圖稱"輿圖",天空亦指"蒼穹"。《爾雅·釋天》:"穹、蒼蒼,天也。"晉郭璞注:"天形穹隆,其色蒼蒼,因名云。"

袖 衣袖,管狀物。字本亦作"褎""裦"。《説文·衣部》:"褎,袂也。从衣,采聲。袖,俗褎从由。"清朱駿聲《通訓定聲》:"按采、袖雙聲。……字亦作'裦',見《漢書》諸傳。《方言》四:'䙓襦謂之袖。'注:'衣標,江東呼䘿。'《詩·羔裘》:'羔裘豹褎。'傳:'猶袪也。'"《左傳·襄公十四年》:"余不説初矣,余狐裘而羔袖。"《韓非子·五蠹》:"鄙諺曰:'長袖善舞,多錢善賈。'"

笛 樂器,管狀物。字亦作"篴"。《説文·竹部》:"笛,七孔筩也。从竹,由聲。羌笛三孔。"清朱駿聲《通訓定聲》:"字亦作篴。按,笛長尺有四寸。馬融《長笛賦》謂羌笛四孔,京君明加一孔,以備五音。是漢時五孔笛,與籥全相似,故《廣雅·釋樂》'龠謂之笛',而《爾雅》言籥不言笛也。《周禮·笙師》:'簫、篴、篪、管。'司農注:'今時所吹五空竹篴。'"晉向秀《思舊賦》:"聽鳴笛之慷慨兮,妙聲絕而復尋。"唐李白《春夜洛城聞笛》詩:"誰家玉笛暗飛聲,散入春風滿洛城。"

胄 頭盔,圓形物。字亦作"䩜""冑"。《說文·冃部》:"冑,兜鍪也。䩜,《司馬法》冑从革。"清朱駿聲《通訓定聲》:"與从肉之裔胄字別。……《左僖三十三傳》:'左右免冑而下。'《荀子·議兵》:'冠胄帶劍。'《太玄·爭》:'爭干及矛軸。'注:'軸,甲也。'"《廣韻·宥韻》:"冑,介冑。䩜,古文。"《集韻·宥韻》:"冑,或書作軸。"漢桓寬《鹽鐵論·論勇》:"犀軸兕甲,非不堅也。"今按,"冑"字从冃,"冃"謂小兒、蠻夷頭衣即便帽,漢許慎說,"冑"謂頭盔亦帽類,故从冃;从革作"䩜""軸"則謂頭盔有皮製者。

〔推源〕 諸詞俱有圓義,爲由聲所載之公共義。聲符字"由"本謂因由,與圓義不相涉,上述諸詞之圓義爲由聲所載之語源義。

(429) 迪胄紬軸柚苗抽(引義)

迪 道理。《爾雅·釋詁下》:"迪,道也。"《說文·辵部》:"迪,道也。从辵,由聲。"《書·大禹謨》:"惠迪吉,從逆凶。"僞孔傳:"迪,道也。"按"道"本謂道路,引人前行者,故引導字作"導"。"迪"亦引申爲引導義。《玉篇·辵部》:"迪,導也。"清朱駿聲《說文通訓定聲·孚部》:"迪,導也。"《書·太甲上》:"旁求俊彥,啓迪後人。"僞孔傳:"開道後人,言訓誡。"

胄 帝王、貴族的後裔。人之後裔如物之抽引,故稱"胄"。《說文·肉部》:"胄,胤也。从肉,由聲。"清朱駿聲《通訓定聲》:"與从冃之甲冑字別。《虞書》:'教胄子。'馬注:'長也。'鄭注:'國子也。'孔傳:'謂元子以下至卿大夫子弟。'"《說文》同部:"胤,子孫相承續也。"《廣韻·宥韻》:"胄,胄子,國子也。《說文》云:'裔也。'"《左傳·襄公十四年》:"逐我諸戎,惠公蠲其大德,謂我諸戎,是四岳之裔胄也。"《三國志·蜀志·諸葛亮傳》:"將軍既帝室之胄,信義著於四海。"

紬 抽引。漢劉熙《釋名·釋采帛》:"紬,抽也,抽引絲端出細緒也。"清朱駿聲《說文通訓定聲·孚部》:"紬,《漢書·谷永傳》:'燕見紬繹。'注:'引其端緒也。'《高唐賦》:'紬大絃而雅聲流。'注引《字林》:'紬,引也。'"晉葛洪《抱朴子·尚博》:"其所祖宗也高,其所紬繹也妙。"

軸 車軸,兩車輪間的柱形桿,如從輪中抽出者,故名"軸"。《說文·車部》:"軸,持輪也。从車,由聲。"清朱駿聲《通訓定聲》:"《方言》九:'輻謂之軸。'《列女傳·母儀》:'服重任,行遠道,正直而固者,軸也。'……〔聲訓〕《釋名·釋車》:'軸,抽也,入轂中可抽出也。'"《廣韻·屋韻》:"軸,車軸。"《史記·張儀列傳》:"積羽沉舟,群輕折軸,眾口鑠金,積毀銷骨。"

秞 字从禾,謂禾初生,抽引而出。《集韻·尤韻》:"秞,物初生皃。"唐元結《補樂歌·五莖》:"其生如何兮秞秞,天下皆自我君兮化成。"今按,《玉篇·禾部》《廣韻·尤韻》"秞"字訓"禾黍盛""禾盛皃",實即謂禾類物多,不斷抽引而出,上述三書所訓實爲一義。

甹 樹木抽引出新枝。《説文·丂部》:"甹,木生條也。从丂,由聲。《商書》曰:'若顛木之有甹枿。'古文言'由枿'。"清朱駿聲《通訓定聲》:"《木部》'櫱'字説解,亦引《商書》曰'若顛木之有甹櫱。'按許書奪'由'字,蓋即此字之古文,篆文加'丂'耳。《書·盤庚》:'若顛木之有由櫱。'《釋文》引馬本'櫱作枿',不言'由作甹',是古文《尚書》正作'由'。《後漢·儒林傳》云杜林傳古文《尚書》,馬融作《傳》,是馬本爲古文也。"《廣韻·尤韻》:"甹,《説文》云:'生條也。'"《左傳·昭公八年》"猶將復由"楊伯峻注:"即《説文》之'甹',木生條也。"

抽 引出。《説文·手部》:"擂,引也。从手,留聲。抽,擂或从由。"清朱駿聲《通訓定聲》:"或从由聲。……《左宣十二傳》:'每射,抽矢菆。'注:'擢也。'《莊子·天地》:'挈水若抽。'李注:'引也。'《太玄·玄攡》:'抽不抽之緒。'注:'出也。'"《廣雅·釋詁三》:"抽,拔也。"《廣韻·尤韻》:"抽,拔也,引也。"按,唯"抽"有引義,故有"抽引"之同義聯合式雙音詞。《淮南子·要略》:"夫作爲書論者,所以紀綱道德,經緯人事,上考之天,下揆之地,中通諸理,雖未能抽引玄妙之中才,繁然足以觀終始矣。"

〔**推源**〕 諸詞俱有引義,爲由聲所載之公共義。聲符字"由"所記錄的語詞本指因由,因由即引出諸事物者,故上述諸詞之引義與因由義相通。《爾雅·釋詁上》:"由,自也。"《集韻·尤韻》:"由,因也。"《禮記·禮器》:"是故君子之於禮也,非作而致其情也,此有由始也。"《左傳·襄公二十三年》:"有臧武仲之知,而不容於魯國,抑有由也。"

(430) 釉油(浮於外表義)

釉 字亦作"砷",指涂在陶瓷表層的物質。《集韻·宥韻》:"釉,物有光也。"清藍浦《景德鎮陶錄》:"景德鎮陶業俗呼貨料操土音,登寫器物花式,字多俗省,其不見於字書字如'砷''坁'之類。"清翟灝《通俗編·雜字》:"釉,今窰器所云釉水是也。"按,今徽歙方言猶稱水中石上之苔類物爲"水釉"。

油 動植物之油。油如水,故其字从水;凡油與水合,則油漂浮於表。《玉篇·水部》:"油,麻子汁也。"《廣韻·尤韻》:"油,水名,出武陵。又,油脂。"宋蘇軾《油水頌》:"油水相搏,水去油住。"按,《廣韻》所云"油,水名"説當本於《説文》,"油"指動植物油脂爲套用字。

〔**推源**〕 此二詞俱有浮於外表義,爲由聲所載之公共義。聲符字"由"所記錄語詞與此義不相涉,其浮於外表義爲由聲所載之語源義。由聲可載浮於外表義,"游"可證之。"由""游"同音,余紐雙聲,幽部疊韻。"游",浮於水面,與"泳"(沉入水中)相對待。《玉篇·水部》:"游,浮也。"《詩·邶風·谷風》:"就其淺兮,泳之游之。"按,唯"游"有浮義,故漂浮游動於水面之小蟲稱"蜉蝣",此亦可爲一證。

147　只聲

(431) 迟秪（曲義）

迟　曲行，繞彎路。《説文·辵部》："迟，曲行也。从辵，只聲。"清朱駿聲《通訓定聲》："《廣雅·釋詁一》：'迟，曲也。'《漢書·韓安國傳》：'廷尉當恢迟橈。'按，軍法有迟橈，有逗留。"章炳麟《徐錫麟等哀辭》："援師迟橈，二良斯馘，脆腹解支，爲淫昏食。"按，《廣雅》所訓當爲直接引申義。清龔自珍《説京師翠微山》："寺八九，何以特言龍泉？龍泉迟焉。"

秪　屈曲不伸。《説文·禾部》："秪，多小意而止也。从禾，从支，只聲。"清朱駿聲《通訓定聲》："凡有所礙閡支拘屈曲曰秪秖。"《説文》同部："秖，秪秖也。"南唐徐鍇《繫傳》："詘曲不伸之意也。"清顧景星《冬筍一百韻》："客劣防敧摇，樹侵斬秪秖。"

〔推源〕　此二詞俱有曲義，爲只聲所載之公共義。只聲字"枳"亦可以假借字形式表曲義。清朱駿聲《説文通訓定聲·解部》："枳，《禮記·明堂位》：'殷以棋。'注：'棋之言枳棋也，謂曲橈之也。'"按聲符字"只"爲語尾助詞之記錄符號，與曲義不相涉。《説文·只部》："只，語已詞也。从口，象氣下引之形。"《楚辭·大招》："青春受謝，白日昭只。"然則曲義當爲只聲所載之語源義。只聲可載曲義，"橈"可證之。

只：章紐支部；
橈：日紐宵部。

章（照）日旁紐，支宵旁轉。"橈"，彎曲。《説文·木部》："橈，曲木。"清朱駿聲《通訓定聲》："《易·大過》：'棟橈。'《列子·湯問》：'竿木橈。'《考工·矢人》：'橈之以視其鴻殺之稱也。'"按，"繞"亦堯聲字，謂纏繞，纏繞即圍一圈，有圓義，圓義與曲義本相通。

(432) 齞抧（張、開義）

齞　張口見齒。《説文·齒部》："齞，口張齒見。从齒，只聲。"清朱駿聲《通訓定聲》："《登徒子好色賦》：'齞脣歷齒。'"按朱氏所引《文選》戰國楚宋玉賦唐劉良注："齞脣，謂語而露齒也。"《廣韻·銑韻》："齞，開口見齒。"宋秦觀《春日雜興》："齞歷難刻畫，賤貧多釁尤。"

抧　開。《説文·手部》："抧，開也。从手，只聲。"清桂馥《義證》："'開也'者，'抧'或作'搘'。《廣雅》：'搘，開也。'《廣韻·紙韻》："抧，開也。"清林則徐《運河冬挑插鍬日期並催辦情形摺》："詢據運河道廳，僉稱先因底冰較大，正在煞壩抧水之際，又值瑞雪頻霑，積逾盈尺，沿江土凍，難以施。"按，桂馥氏所云"搘"字俗作"扯"，《玉篇》《廣韻》"搘"並訓"開"，即扯開義。"抧"爲章紐字，"搘"爲昌紐字，章（照）昌（三等即穿）旁紐，義同，聲相近。

〔推源〕　此二詞有張、開義，爲只聲所載者。其義與聲符字"只"所記錄語詞不相涉，爲只聲所載之語源義。只聲可載張、開義，"張"可相證。

只：章紐支部；

張：端紐陽部。

章（照）端準雙聲，支陽旁對轉。"張"，字从弓，其所記録語詞之本義爲開弓。《説文·弓部》："張，施弓弦也。"《詩·小雅·吉日》："既張我弓，既挾我矢。"虛化引申爲張開義。《廣雅·釋詁三》："張，開也。"《莊子·天運》："予口張而不能嗋。"唐成玄英疏："心懼不定，口開不合。"《史記·廉頗藺相如列傳》："左右欲刃相如，相如張目叱之，左右皆靡。"

148　央聲

（433）詇怏（求告義）

詇　求告。《説文·言部》："詇，早知也。从言，央聲。"清朱駿聲《通訓定聲》："〔別義〕《廣雅·釋詁二》：'詇，問也。'《三》：'詇，告也。'按，今央求字以'央'爲之。"清徐灝《注箋》："俗語以事求於人謂之詇，即《廣雅》義。"按，"詇"當爲求告義正字。

怏　泥求，苦苦求告。《廣雅·釋詁一》："悖、怏，强也。"清王念孫《疏證》："悖怏者，《方言》：'鞅、侼，强也。'注云'謂强戾也。'悖、侼、怏、鞅並通。"清朱駿聲《説文通訓定聲·壯部》："怏，《史記》：'此鞅鞅非少主臣。'以'鞅'爲之。"今按，"怏"字从心，所記録語詞之本義《説文》訓"不服懟"，《廣雅》所訓即悖於情理、强人所難以求之之義，二義當相通。元關漢卿《拜月亭》第二折："啦！則怏他一路上湯風打浪；嗨！誰想他百忙里卧枕着床。"

〔推源〕　此二詞俱有求告義，爲央聲所載之公共義。聲符字"央"所記録語詞之本義爲中央，與求告人不相涉。其求告義當爲央聲所載之語源義。聲符字"央"單用本可表此義。唐曹唐《小遊仙》："無央公子停鸞轡，笑泥嬌妃索玉鞭。"宋無名氏《張協狀元》第六出："東畔李大公，有少事欲廝央靠。"央聲可載求告義，則"求"可證之。

央：影紐陽部；

求：群紐幽部。

影群鄰紐，陽幽旁對轉。"求"，其字本爲"裘"之初文，謂皮衣，然有求取、請求、乞求之語源義。《廣韻·尤韻》："求，索也。"《增韻·尤韻》："求，乞也。"《易·蒙》："匪我求童蒙，童蒙求我。"按，求則以言相告，故有"求告"之複音詞。《水滸傳》第三十六回："縣裏府上都有相識，況已經赦宥的事了，必當減罪，求告這廝們做什麽？"按，唯"央""求"俱有求告義，故可合成"央求"之複音詞。明馮夢龍編《警世通言》之《樂小捨拚生覓偶》："樂和見父親不允，又教母親央求母舅去説合。"

（434）怏眏（中央義）

怏　屋中央。《集韻·養韻》："怏，屋中央。"清朱駿聲《説文通訓定聲·壯部》："怏，〔假借]爲'央'。《漢書·揚雄傳》:'日月終經於柍桭。'注:'中央也。'"今按,"柍"亦木名,表屋宇中央義乃套用式本字,非假借。朱氏所引爲漢揚雄《甘泉賦》文,《文選》同篇唐李善注引漢服虔:"柍,中央也。"晉左思《魏都賦》:"旅楹閑列,暉鑒柍桭。"

胦 肚臍,人身之中央。《玉篇·肉部》:"脖,脖胦,肶臍也。"《靈樞經·九鍼十二原》:"肓之原出於脖胦。"

〔推源〕 此二詞俱有中央義,爲央聲所載之公共義。聲符字"央"所記録語詞之本義即中央,然則此二詞之中央義爲顯性語義。《説文·冂部》:"央,中央也。从大在冂之内。大,人也。"清朱駿聲《通訓定聲》:"《詩·蒹葭》:'宛在水中央。'《禮記·月令》:'中央土。'……《荀子·正論》:'今人或入其央瀆,竊其豬彘。'注:'中瀆也。'"《廣韻·陽韻》:"央,中央也。"《荀子·大略》:"欲近四房,莫如中央。"

(435) 泱怏瓫䀹(大義)

泱 雲氣興起貌,引申爲深遠廣大、氣勢宏大義。《説文·水部》:"泱,滃也。从水,央聲。"清朱駿聲《通訓定聲》:"《詩·瞻彼洛矣》:'維水泱泱。'傳:'深廣皃。'《左襄二十九傳》:'美哉!泱泱乎大風也哉!'服注:'舒緩深遠有大和之意。'……《息夫躬傳》:'玄雲泱鬱。'注:'盛皃。'亦雙聲連語。《上林賦》:'過乎泱漭之野。'注:'大皃。'《西京賦》:'泱漭無疆。'注:'無限域之皃。'"《文選·潘岳〈夏侯常侍誄〉》:"泱彼樂都,寵子惟王。"唐劉良注:"泱,大也。"

怏 不服氣,自大。《説文·心部》:"怏,不服懟也。从心,央聲。"清朱駿聲《通訓定聲》:"《蒼頡篇》:'怏,懟也。'亦怏怏然心不服也。《廣雅·釋詁一》:'怏,強也。'《史記(絳侯周勃世家)》:'此鞅鞅非少主臣。'以'鞅'爲之。"《玉篇·心部》:"怏,不服也。"《集韻·陽韻》:"怏,怏然自大之意。"《戰國策·趙策三》:"辛垣衍怏然不悦曰:'嘻!亦太甚矣先生之言也!'"按,朱氏所引《史記》文"鞅"字異文作"怏","鞅"爲假借字。漢揚雄《方言》卷十二:"鞅,強也。"清錢繹《箋疏》:"不服是強之義也。"

瓫 字或作"瓮",大腹瓦器。《説文·皿部》:"瓫,盆也。从皿,央聲。瓮,瓫或从瓦。"清朱駿聲《通訓定聲》:"《爾雅·釋器》:'瓫,謂之缶。'《方言》五:'甖甕謂之瓫。'"漢史游《急就篇》第三章:"甄缶盆瓫甕甖壺。"唐顔師古注:"缶、盆、瓫一類耳。缶即瓫也,大腹而斂口。"《莊子·德充符》:"甕瓮大癭説齊桓公,桓公説之。"清郭慶藩《集釋》:"甕瓮,大癭貌。"

䀹 字从貝,謂無資量即巨富義。《廣韻·養韻》:"䀹,無資量,謂無極限也。"

〔推源〕 諸詞俱有大義,爲央聲所載之公共義。央聲字"鞅"亦得以假借字形式表廣大義。《文選·揚雄〈甘泉賦〉》:"據軨軒而周流兮,忽鞅軋而亡垠。"唐吕向注:"鞅軋,廣大貌。"按聲符字"央"單用本可表久遠、廣大義。《説文·冂部》:"央,一曰久也。"《素問·四氣調神大論》:"賊風數至,暴雨數起,天地四時不相保,與道相失,則未央絶滅。"唐王冰注:"與道相失,則天真之氣未期久遠而致滅亡。央,久也,遠也。"按長久、長遠即時間距離大。《文選·司馬相如〈長門賦〉》:"撫柱楣以從容兮,覽曲臺之央央。"唐李善注:"央央,廣貌。"按"央"之本義爲中央,其大義爲央聲所載之語源義。央聲可載大義,"巨"可證之。

央:影紐陽部;
巨:群紐魚部。

影群鄰紐,陽魚對轉。"巨",規矩字初文,然有"大"之語源義,且爲其基本義。漢揚雄《方言》卷一:"巨,大也。"《小爾雅·廣詁》:"巨,大也。"《孟子·梁惠王下》:"爲巨室,則必使工師求大木。"漢趙岐注:"巨室,大宮也。"《列子·湯問》:"物有巨細乎？有修短乎？有同異乎？"

(436) 眏笰蛂暎酿(暗義)

眏 目不明。《玉篇·目部》:"眏,目不明。"按,目不明亦稱"眢"。《説文·目部》:"眢,目無明也。"明王思任《范太夫人雙節傳》:"而汪之哭夫目眢血裂。"考《玉篇》"眏"字之音"於郎切",推其上古音爲影紐陽部,正與"央"同,則"眏"之結構爲从目,央聲。《廣韻》載"眢"字之音"於袁切",其上古音爲影紐元部。"眏""眢"二字影紐雙聲,陽元通轉,出諸同一語源無疑。

笰 竹無色,暗淡。《玉篇·竹部》:"笰,笰無色。"按,"笰無色"當爲同位結構,謂陰暗而無色。《廣韻》所訓與《玉篇》同。《集韻·蕩韻》:"笰,竹無色。"按《篇海類編·花木類·竹部》《改併四聲篇海·竹部》"笰"皆訓"笋",笋之衣色黑,黑暗義、暗淡義當相通。

蛂 面色青黑,灰暗。《廣韻·漾韻》:"蛂,青面。"《集韻·漾韻》:"蛂,面蒼。"按"蒼"即深青之暗色。《説文·艸部》:"蒼,艸色也。"清段玉裁注:"引伸爲凡青黑色之稱。"宋羅泌《路史·太昊紀下·共工氏傳》:"髦身朱髮蛂狼,明德任智自神。"

暎 照。《小爾雅·廣言》:"暎,曬也。"《文選·郭璞〈江賦〉》:"青綸競糾,縟組爭暎。"引申之則有遮蔽、陰影即暗義。《廣韻·蕩韻》:"暎,暎瞇,不明。"《説文新附·日部》:"暎,隱也。从日,央聲。"《隋書·律曆志》下:"凡日食月行黃道,體所暎蔽,大較正交如累璧,漸減則有差。"唐杜甫《蜀相》:"暎階碧草自春色,隔葉黃鸝空好音。"

酿 濁酒,即混濁色彩暗淡之酒。字亦作"醠"。《廣韻·蕩韻》:"醠,濁酒。"沈兼士《聲系》:"案'醠',《切韻》及内府本《王韻》均作'酿'。《集韻》:'醠,或作酿。'"《説文·酉部》:"醠,濁酒也。从酉,盎聲。"清朱駿聲《通訓定聲》:"清於醴而濁於緹沉者。《禮》經皆以'盎'爲之。"清桂馥《義證》:"醠,或作酿。《淮南·説林訓》:'清酿之美,始於耒耜。'高注:'酿音瓮,清酒也。'馥案:清酿,酿之清者,故云清酒。"明馮時化《酒史·酒考》:"濁者曰醠。"

〔推源〕諸詞俱有暗義,爲央聲所載之公共義。聲符字"央"所記録語詞之本義、引申義系列與暗義不相涉,其暗義爲央聲所載之語源義。央聲可載暗義,"影"可證之。"央""影"上古同音,影紐雙聲,陽部疊。"影",物之暗影,本有暗義。《類篇·彡部》:"影,物之陰影也。"《廣韻·梗韻》:"影,形影。"《莊子·漁父》:"人有畏影惡迹而去之走者,舉足愈數而迹愈多,走愈疾而影不離身。"唐李白《月下獨酌》:"舉杯邀明月,對影成三人。"

(437) 坱怏泱(揚起義)

坱 塵埃,飛揚之物。《説文·土部》:"坱,塵埃也。从土,央聲。"《廣韻·蕩韻》:"坱,塵埃也。"唐温庭筠《東郊行》:"坱霭韶容鎖澹愁,青筐葉盡繭應老。"清朱芳靄《好事近·題蔣蓀湄桃花溪水圖二闋》之二:"澹蕩占鷗波,懶踏東華塵坱。"

怏 火光。按,火則炎上,"怏"之名亦寓揚起義。《玉篇·火部》:"怏,火光也。"《廣韻·養韻》:"怏,火光。"

泱 雲氣興起貌。《説文·水部》:"泱,滃也。从水,央聲。"清朱駿聲《通訓定聲》:"《射雉賦》:'天泱泱以垂雲。'按猶《詩》之'英英白雲。'"按朱氏所引《文選》文唐李善注:"《毛詩》曰:'英英白雲。'毛萇曰:'英英,白雲貌。'"按,漢許慎以"滃"訓"泱",《説文》同部:"滃,雲氣起也。"明湯顯祖《南柯記·粲誘》:"彩雲淡蕩臨風泱,世間好物琉璃相。"

〔推源〕 諸詞俱有揚起義,爲央聲所載之公共義。聲符字"央"所記録語詞之本義、引申義系列與揚起義不相涉,其揚起義爲央聲所載之語源義。央聲可載揚起義,"仰""揚"可相證。

央:影紐陽部;
仰:疑紐陽部;
揚:余紐陽部。

叠韻。影疑鄰紐。余即喻四,本有舌根音一類,影余鄰紐,疑余旁紐。"仰",仰首,揚起頭。《説文·人部》:"仰,舉也。"清朱駿聲《通訓定聲》:"《一切經音義》引《説文》:'舉首也。'……《淮南·説山》:'駟馬仰秣。'注:'仰頭吹吐,謂馬笑也。'"《易·繫辭上》:"仰以觀於天文,俯以察於地理。""揚",舉起,揚起。《廣雅·釋詁一》:"揚,舉也。"《廣韻·陽韻》:"揚,舉也。"《儀禮·大射》:"左執弣,右執簫,南揚弓,命去侯。"漢鄭玄注:"揚,猶舉也。"《楚辭·九歌·東皇太一》:"揚枹兮拊鼓,疏緩節兮安歌。"漢王逸注:"揚,舉也。"

149 兄聲

(438) 況冸(強義)

況 寒水,謂水寒性強。《説文·水部》:"況,寒水也。从水,兄聲。"清王紹蘭《段注訂補》:"《詩》言'不殄心憂,倉兄填兮。''倉兄'叠韻,今據'滄'字解云'寒也','況'字解云'寒水也','倉兄'當即'滄況'之省文假借,皆取寒義,謂不絶心憂如水之寒久矣,蓋言寒心也。三家《詩》或有作'滄況'者,許説用之。"《南齊書·張融傳》:"江渟洦洦,潦巗拍嶺,觸山磛石,汙灣濱況。"按,其字亦作"況""况"。《玉篇·冫部》:"况,俗況字。"宋郭忠恕《佩觿》:"況、况、況,上,發語之端;中,寒冰也。"

炚 明亮,謂光強。《文選·王延壽〈魯靈光殿賦〉》:"鴻爌炚以燦閬,颭蕭條而清泠。"唐李善注引晉張載:"爌炚、燦閬,皆寬明也。"按,六臣注本"爌炚"作"爌煋",《字彙·火部》"煋"亦訓"寬明",蓋從張載、李善説。"爌炚"訓"寬明"實無據,本爲同義連文,乃可分訓者。《玉篇·火部》:"爌,光明。"《漢書·揚雄傳》上:"北爌幽都,南煬丹厓。"

〔推源〕 此二詞俱有強義,爲兄聲所載之公共義。聲符字"兄"所記錄語詞謂兄長,與強義不相涉,其強義爲兄聲所載之語源義。兄聲可載強義,"彊"可證之。

兄:曉紐陽部;
彊:群紐陽部。

叠韻,曉群旁紐。"彊",古強弱字,後世乃借"強"爲之。《説文·弓部》:"彊,弓有力也。"清朱駿聲《通訓定聲》:"《史記·絳侯世家》:'材官引彊。'注:'如今挽彊司馬也。'〔轉注〕《管子·地員》:'赤壚歷彊肥。'注:'堅也。'"按,朱氏所稱"轉注"即引申。《廣韻·養韻》:"彊,或作強。"又《陽韻》:"彊,與'強'通用。"《左傳·僖公十五年》:"外彊中乾。"晉杜預注:"外雖有彊形,而内實乾竭。"

150 同聲

(439) 迥坰(遠義)

迥 遠。《説文·辵部》:"迥,遠也。从辵,同聲。"清朱駿聲《通訓定聲》:"《爾雅·釋詁》:'迥,遐也。'《史記·司馬相如傳》:'迥瀾泳沫。'"《廣韻·迥韻》:"迥,遠也。"漢班彪《北征賦》:"野蕭條以莽蕩,迥千里而無家。"《後漢書·班彪傳》:"慝亡迥而不泯,微胡璅而不頤。"唐李賢注:"迥,遠也。"

坰 都邑的遠郊。《爾雅·釋地》:"邑外謂之郊,郊外謂之牧,牧外謂之野,野外謂之林,林外謂之坰。"《廣韻·青韻》:"坰,野外曰林,林外曰坰。"清朱駿聲《説文通訓定聲·鼎部》:"《小爾雅·廣器》:'坰,地也。'《詩·駉》:'在坰之野。'傳:'遠野也。'《列子·黄帝》:'經坰外。'注:'郊野之外也。'"《後漢書·班固傳》下:"若乃嘉穀靈草,奇獸神禽,應圖合諜,窮祥極瑞者,朝夕坰牧,日月邦畿,卓犖乎方州,羨溢乎要荒。"唐李賢注:"坰牧,郊野也。"

〔推源〕 此二詞俱有遠義,爲同聲所載之公共義。同聲字"洞"亦可以假借字形式表遠義。《詩·大雅·泂酌》"泂酌彼行潦,挹彼注茲。"漢毛亨傳:"泂,遠也。"《北史·藝術傳上·顏惡頭》:"登高臨下水泂泂,唯聞人聲不見影。"聲符字"同"初文作"冂",

緟益爲"冋""坰"。《説文·冂部》:"冂,邑外謂之郊,郊外謂之野,野外謂之林,林外謂之冂。象遠界也。""冋,古文冂,从口,象國邑。坰,冋或从土。"冋聲可載遠義,則"迂"可相證。

冋:見紐耕部;
迂:匣紐魚部。

見匣旁紐,耕魚旁對轉。"迂",遠。《爾雅·釋詁上》:"迂,遠也。"《廣韻·麻韻》:"迂,遠也。"《書·太甲下》:"若升高,必自下;若陟遐,必自邇。"僞孔傳:"言善政有漸,如登高升遠,必用下近爲始。然後終致高遠。"《文選·張衡〈思玄賦〉》:"憑歸雲而迂逝兮,夕余宿乎扶桑。"舊注:"迂,遠也;逝,往也。"

(440) 炯洞駉(强義)

炯 明亮,光强。《説文·火部》:"炯,光也。从火,冋聲。"清朱駿聲《通訓定聲》:"《蒼頡篇》:'炯,明也。'《廣雅·釋訓》:'炯炯,光也。'《遊天台山賦》:'皦日炯晃於綺疏。'〔轉注〕《漢書》注:'明也。'"《廣韻·迥韻》:"炯,光也,明也。"又"炯,火明皃"。晉潘岳《藉田賦》:"金根照耀以炯晃兮,龍驥騰驤而沛艾。"唐柳宗元《答吳武陵論〈非國語〉書》:"一觀其文,心朗目舒,炯若深井之下,仰視白日之正中也。"

洞 强冷。字或作"泂"。《説文·水部》:"洞,滄也。从水,冋聲。"清朱駿聲《通訓定聲》:"字亦作'泂'。《廣雅·釋詁四》:'泂,寒也。'"按朱氏所引《廣雅》"泂"異文作"洞"。《玉篇·氵部》:"洞,冷也。"《廣韻·迥韻》:"洞,凔寒。"按《説文·水部》"滄"、《仌部》"凔"俱訓"寒",即嚴寒、强冷之義。

駉 馬强壯。《玉篇·馬部》:"駉,馬肥壯盛皃。"《廣韻·青韻》:"駉,駿馬也。《詩》曰:'駉駉牡馬。'傳云:'良馬腹幹肥張也。'"《南史·王融傳》:"駉駉之牧,遂不能嗣。"元虞集《送甘太史祀名山大川》:"清朝盛典須成跡,最想遄歸駉馬駒。"

〔推源〕 諸詞俱有强義,爲冋聲所載之公共義。聲符字"冋"所記録語詞之本義、引申義系列與强義不相涉,其强義爲冋聲所載之語源義。冋聲可載强義,"彊"可證之。

冋:見紐耕部;
彊:群紐陽部。

見群旁紐,耕陽旁轉。"彊",古强弱字,後世以"强"爲之,"强"字从虫,本爲虫名,以其同音、筆畫少,二字合流。"彊"字从弓,本謂强弓。《説文·弓部》:"彊,弓有力也。"《後漢書·第五倫傳》:"倫乃依險固築營壁,有賊,輒奮厲其衆,引彊持滿以拒之。"唐李賢注:"引彊,謂弓弩之多力者引控之。"引申爲强勁、强大義。《左傳·昭公五年》:"羊舌四族,皆彊家也。"《史記·天官書》:"秦、楚、吳、越,夷狄也,爲彊伯。"

151　四聲

(441) 牭駟(四義)

牭　四歲牛。《說文·牛部》："牭,四歲牛。从牛,从四,四亦聲。"《廣韻·至韻》："牭,牛四歲。"明李時珍《本草綱目·獸一·牛》："三歲曰犙,四歲曰牭。"

駟　一車套四馬。《說文·馬部》："駟,一乘也。从馬,四聲。"清朱駿聲《通訓定聲》："从馬、从四,會意,四亦聲。夏后氏駕兩謂之麗,殷益以一騑謂之驂,周人又益以一騑謂之駟。《詩·青人》：'駟介旁旁。'《禮記·三年問》：'若駟之過隙。'《論語》：'駟不及舌。'《孟子》：'繫馬千駟。'《穆天子傳》：'乃獻良馬十駟。'《家語·子路初見》：'及文馬四十駟。'《漢書·五行志》：'宋公子地有白馬駟。'"《廣韻·至韻》："駟,一乘四馬。"《文選·顏延之〈陽給事誄〉》："如彼騑駟,配服驂衡。"唐李善注："四馬曰駟。"

〔推源〕　此二詞俱有四義,爲四聲所載之公共義。聲符字"四"籀文作"亖",爲原始指事字,其本義即三加一之和。《玉篇·四部》："四,數也,次三也。"《易·繫辭上》："兩儀生四象,四象生八卦。"《穀梁傳·成公二年》："一戰不克,請再;再不克,請三;三不克,請四;四不克,請五;五不克,舉國而授。"

152　冎聲

(442) 咼/歪(歪斜義)

咼　歪斜不正。《說文·口部》："咼,口戾不正也。从口,冎聲。"清朱駿聲《通訓定聲》："《通俗文》：'斜戾曰咼。'"《廣韻·佳韻》："咼,口戾也。"《法華經·隨喜功德品》："亦不缺壞,亦不咼斜。"唐元稹《痁臥聞幕中諸公徵樂會飲因有戲呈三十韻》："奔北翻成勇,司南却是咼。"

歪　歪斜字,"竵"之俗體。《說文·立部》："竵,不正也。"清段玉裁注："俗字作'歪'。"清朱駿聲氏說亦同。元楊暹《劉行首》第三折："只見他,玉佩狼藉,翠鈿零落,雲髻歪斜。"元佚名《獨角牛》第二折："直打的這壁破,那壁傷,磣可可嘴塌鼻歪。"

〔推源〕　此二詞義同,音亦相近而相通,語源義。

咼：溪紐歌部；

歪：影紐微部。

溪影鄰紐,歌微旁轉。"咼"字从冎得聲,《說文》云"冎,剔人肉置其骨",乃"剮"之初文。然則"咼"以冎聲載"歪斜"之語源義。

153　生聲

(443) 性姓眚鉎醒(生義)

性　人的本性，人生性即生。《説文·心部》："性，人之陽氣性善者也。从心，生聲。"清朱駿聲《通訓定聲》："《禮記·中庸》：'天命之謂性。'……《孟子·告子》：'生之謂性。'《荀子·性惡篇》：'不可學，不可事，而在人者謂之性。'……《論衡·初稟》：'性，生而然者也。'"唐韓愈《原性》："性也者，與生俱生也。"

姓　出生時標志家族的字。《説文·女部》："姓，人所生也。古之神聖母，感天而生子，故稱天子。从女，从生，生亦聲。《春秋傳》曰：'天子因生以賜姓。'"按金文"姓"字或从人作"侓"，从女者蓋爲母權制社會遺迹，早期之姓"姬""姜""嫘""姞""娍""娥""嫣""姚""嬴""妘""嫙""媧""姒""婁"等，字皆从女。姓，"紀世別類"者。《詩·唐風·杕杜》："豈無他人，不如我同姓。"漢毛亨傳："同姓，同祖也。"《史記·屈原賈生列傳》："屈原者，名平，楚之同姓也。"

眚　目瞖，增生物。《説文·目部》："眚，目病生瞖也。从目，生聲。"《漢書·外戚傳下·馮昭儀》："孝王薨，有一男，嗣爲王，時未滿歲，有眚病。"《新唐書·西域傳下·拂菻》："有善醫能開腦出蟲以愈目眚。"

鉎　鐵銹，鐵所生之物。《玉篇·金部》："鉎，鍬也。"《集韻·宥韻》："鍬，鍬鏽，鐵上衣。"清朱駿聲《説文通訓定聲·鼎部·附〈説文〉不録之字》："鉎，《埤蒼》：'鉎，鍬也，謂鐵衣也。'按，俗曰鐵銹。"北魏賈思勰《齊民要術·作醬法》："夏雨，無令水浸甕底。以一鉎鍬鐵釘子背'歲殺'釘著甕底石下。"唐薛逢《靈臺家兄古鏡歌》："金膏洗拭鉎澀盡，黑雲吐出新蟾蜍。"

醒　同"醒"。王重民輯《敦煌曲子詞集》之《五更轉·太子入山修道贊》："三更夜月亭，嬪妃睡不醒。"今按，"醒"即生還之義，蓋人酒醉、睡熟則神智不清如死，故清醒、醒轉稱"醒"、稱"醒"。《説文新附·酉部》："醒，醉解也。"《左傳·僖公二十三年》："姜與子犯謀，醉而遣之。醒，以戈逐子犯。"

〔推源〕　諸詞俱有生義，爲生聲所載之公共義。聲符字"生"之甲骨文形體象草生出形，然則生義爲其顯性語義。《説文·生部》："生，進也。象草木生出土上。"清朱駿聲《通訓定聲》："《廣雅·釋詁二》：'生，出也。'……《荀子·王制》：'草木有生而無知。'"《詩·大雅·卷阿》："梧桐生矣，于彼朝陽。"

(444) 胜狌鮏(腥臭義)

胜　同"腥"，謂腥膻。《説文·肉部》："胜，犬膏臭也。从肉，生聲。"清朱駿聲《通訓定聲》："經傳皆以'腥'爲之。《周禮·庖人》：'膳膏腥。'杜注：'豕膏也。'鄭注：'雞膏也。'"《廣韻·青韻》:"胜,犬膏臭也。"宋羅泌《路史·遂人氏》:"乃教民取火,以灼以炳,以熟臊胜。"《禮記·月令》:"其味辛,其臭腥。"唐段成式《酉陽雜俎·酒食》:"水居者腥,肉玃者羶,草食者臊也。"

狌 黃鼠狼,字亦作"鼪"。能於遇危險時排臭氣而逃,"狌"當由此得名。《集韻·勁韻》:"狌,鼠屬。或从鼠。"《廣韻·庚韻》:"鼪,鼪鼬鼠也。"《爾雅·釋獸》"鼬鼠"晉郭璞注:"江東呼爲鼪。"清郝懿行《義疏》:"今俗通呼黃鼠狼。"《本草綱目·獸部》:"鼬鼠〔釋名〕:黃鼠狼。"《莊子·徐無鬼》:"夫逃虛空者,藜藋柱乎鼪鼬之徑。"又《秋水》:"騏驥驊騮,一日而馳千里,捕鼠不如狸狌,言殊技也。"唐陸德明《經典釋文》:"狌,崔(譔)本作'鼬'。"

鮏 魚腥氣。《說文·魚部》:"鮏,魚臭也。从魚,生聲。"清朱駿聲《通訓定聲》:"字亦作'鯹'。《廣雅·釋器》:'鯹,臭也。'今俗以'腥'爲之。"《廣韻·青韻》:"鯹,同鮏。"《物類相感志·飲食》:"煮魚羹臨煮熟入川椒,多則去鯹。"清屈大均《廣東新語·鱗語·魚生》:"鯇又以白鯇爲上,初出水潑刺者,去其皮劍,洗其血鮏,細劊之爲片。"

〔推源〕 諸詞俱有腥臭義,爲生聲所載之公共義。聲符字"生"所記錄語詞之本義、引申義系列與此義不相涉,乃生聲所載之語源義。生聲可載腥臭義,"臭"可證之。

生:山紐耕部;

臭:昌紐幽部。

山昌(三等即穿)鄰紐,耕幽旁對轉。"臭",以鼻聞,引申爲氣味,又引申爲腥臭氣。《說文·犬部》:"臭,禽走臭而知其迹者,犬也。从犬,从自。"《荀子·禮論》:"成事之俎不嘗也,三臭之不食也。"唐楊倞注:"臭謂歆其氣。"清朱駿聲《說文通訓定聲·孚部》:"臭,〔轉注〕人通於鼻者謂之臭,臭者氣也。《書·盤庚》:'無起穢,以自臭。'疏:'古者香氣、穢氣皆名爲臭。'"《玉篇·自部》:"臭,惡氣息。"按,魚腥氣亦稱"臭"。《孔子家語·六本》:"與不善人居,如入鮑魚之肆,久而不聞其臭。"

(445) 星麏(小義)

星 星星。《說文·晶部》:"曐,萬物之精,上爲列星。从晶,生聲……星,曐或省。"《詩·大雅·雲漢》:"瞻卬昊天,有嘒其星。"引申之,則指微小之物。唐賈島《贈牛山人》:"鑿石養蜂休買蜜,坐山秤藥不争星。"唐盧照鄰《晚渡渭橋寄示京邑遊好》:"長虹掩釣浦,落雁下星洲。"

麏 似鹿之小獸。《廣韻·庚韻》:"麏,獸名。大如兔也。"《集韻·庚韻》:"麏,獸名,似鹿而小。"

〔推源〕 此二詞俱有小義,爲生聲所載之公共義。生聲字"笙"亦可表小義。《廣雅·釋詁二》:"笙,小也。"清朱駿聲《說文通訓定聲·鼎部》:"笙,《方言》二:'笙,細也,凡細貌謂之笙。'……按即今所謂瘦生也。"王重民等編《敦煌變文集》之《伍子胥變文》:"一寸之草,豈合量天？一笙毫毛，擬拒爐炭。"按，聲符字"生"所記録語詞之本義、引申義系列與小義不相涉，其小義爲生聲所載之語源義。生聲可載小義，"細"可證之。

生：山紐耕部；

細：心紐脂部。

山心準雙聲，耕脂通轉。"細"，微小，細小。《説文·糸部》："細，微也。"《廣雅·釋詁三》："細，小也。"《左傳·襄公四年》："吾子舍其大而重拜其細，敢問何禮也？"《淮南子·墜形訓》："壚土人大，沙土人細。"漢高誘注："細，小也。"今按，今湖南、安徽方言猶稱小爲"細"，徽歙人稱大大小小衆兒女爲"大細"。

154　矢聲

(446) 医眹訣疾(矢義)

医　盛矢之器。《説文·匚部》："医，盛弓弩矢器也。从匚，从矢。"清朱駿聲《通訓定聲》："从匚，从矢，會意，矢亦聲。《齊語》：'兵不解医。'今本以翳爲之。《廣雅·釋器》：'医，矢藏也。'"《廣韻·霽韻》："医，藏弓弩矢器。"沈兼士《聲系》："从《説文》小徐本矢亦聲。"按朱氏所引《廣雅》文清王念孫《疏證》："医字从矢，固當訓爲矢藏，若《齊語》所云，則兵藏之通稱也。"

眹　以目光指使人，謂目光如矢之發射。《正字通·目部》："眹，以目指使人也。"《公羊傳·文公七年》："眹晉大夫使與公盟也。"漢何休注："以目通指曰眹。"又《成公二年》："郤克眹魯衛之使，使以其辭而爲之請。"

訣　發誓。《廣韻·至韻》："訣，訣志。"《正字通·言部》："訣，與誓通。"今按，發誓之言必力行之，猶俗云"開弓没有回頭箭"，故"訣"之初文本作"矢"。《論語·雍也》："子見南子，子路不悦。夫子矢之曰：'予所否者，天厭之！天厭之！'"《詩·鄘風·柏舟》："之死矢靡它。"漢毛亨傳："矢，誓。"

疾　患病。《説文·疒部》："疾，病也。从疒，矢聲。"《史記·扁鵲倉公列傳》："簡子疾，五日不知人。大夫皆懼，於是召扁鵲。""疾"之構詞理據，王國維《觀堂集林·毛公鼎考釋》有言："疾之本字，象人亦下箸矢形，古多戰事，人箸矢則疾矣。"實未得肯綮。俗云病來如風，病去如綫，謂病之發如矢之至，以故"疾"有迅速之衍義，源與流而互證之。《爾雅·釋言》："疾，壯也。"晉郭璞注："壯，壯事，謂速也。"《廣韻·質韻》："疾，急也。"《論語·鄉黨》："車中不内顧，不疾言。"宋邢昺疏："疾，急也。"《管子·度地》："夫水之性，以高走下則疾。"

〔推源〕諸詞俱有矢義，爲矢聲所載之公共義。聲符字"矢"爲象形字，其本義即矢。漢揚雄《方言》卷九："箭，自關而東謂之矢。"《説文·矢部》："矢，弓弩矢也。从入，象鏑栝羽之形。"《列子·湯問》:"(紀昌、飛衛)相遇於野,二人交射,中路矢鋒相觸而墜於地。"然則本條諸詞之矢義爲其顯性語義。

155　失聲

(447) 佚詄怴跌眣(失去義)

佚　字从人,謂棄塵世隱遁者。《説文·人部》:"佚,佚民也。从人,失聲。"《荀子·宥坐》:"故居不隱者思不遠,身不佚者志不廣。"引申爲散失義。《逸周書·月令》:"牛馬畜獸有放佚者,取之不詰。"漢王充《論衡·書解》:"由此言之,經缺而不完;書無佚本,經有遺篇,折累二者,孰與蕞殘?"

詄　遺忘,失去記憶。《説文·言部》:"詄,忘也。从言,失聲。"清朱駿聲《通訓定聲》:"與'忽'略同。"張舜徽《約注》:"本書《人部》'佚'下云:'一曰佚,忽也。'《心部》:'忽,忘也。'佚詄二字俱从失聲,而義相近。《廣雅·釋詁三》:'詄,誤也。'忽、忘、誤三者義實相因。"《廣韻·屑韻》:"詄,忘念。"《漢書·禮樂志·郊祀歌》:"天門開,詄蕩蕩。"清王先謙《補注》:"天體廣遠,言象俱忘,故曰詄蕩蕩。"按"詄蕩蕩"猶言空蕩蕩,忘之則空,忘義、空義相因。唐杜甫《樂遊園歌》:"閶闔晴開詄蕩蕩,曲江翠幙排銀牓。"

怴　忽忘,失去記憶。《集韻·没韻》:"怴,忽忘也。"清朱駿聲《説文通訓定聲·履部·附〈説文〉不録之字》:"《廣蒼》:'怴,忽忘也。'《後漢·崔寔傳》:'怴不自覩。'"按,朱氏所引《後漢書》文唐李賢注:"怴,忽忘也。"《文選·王褒〈四子講德論〉》:"故美玉蘊於砥砆,凡人視之怴焉。"唐李善注:"怴,忽忘也。"

跌　失足摔倒,失去常態。《説文·足部》:"跌,踼也。从足,失聲。"清朱駿聲《通訓定聲》:"《方言》十三:'跌,蹷也。'《字林》:'跌,失躔也。'《通俗文》:'失躡曰跌。'《漢書·晁錯傳》:'跌而不振。'注:'足失據也。'《揚雄傳》:'一跌將赤吾之族。'注:'足失厝也。'"《廣韻·屑韻》:"跌,跌踼。"《淮南子·繆稱訓》:"若眯而撫,若跌而據。"漢高誘注:"跌,僕也。"按,漢許慎以"踼"訓"跌",唐慧琳《一切經音義》卷四十六引《倉頡篇》:"踼,失迹也。"

眣　失意視。《集韻·尤韻》:"䁯,失意視也。古作眣。"《説文·目部》:"䁯,失意視也。"清朱駿聲《通訓定聲》:"字亦作'瞜'。《魏都賦》:'瞜焉失所。'注引《説文》:'眺,失意視。'"按"瞜""眺"當爲轉注字。《説文·目部》"眺""眣"俱訓"目不正",其"眣"字條南唐徐鍇《繫傳》:"其視散若有所失也。"然則目不正義、失意視義本相通。

〔推源〕　諸詞俱有失去義,爲失聲所載之公共義。失聲字"軼"亦可以假借字形式表散失義。《管子·輕重丁》:"是故輕軼於賈穀制畜者,則物軼於四時之輔。"郭沫若等《集校》:"'軼'與'佚'通,失也。"《史記·五帝本紀》:"《書》缺有間矣,其軼乃時時見於他説。"唐司馬貞《索隱》:"然帝皇遺事散佚,乃時時旁見於他記説,即《帝德》《帝系》等説也。"聲符字"失"

所記録語詞之本義即喪失、遺失。《説文·手部》："失，縱也。从手，乙聲。"清朱駿聲《通訓定聲》："謂在手而奪去也。《易·晉》：'失得勿恤。'……《禮記·禮運》：'故人情不失。'注：'猶去也。'《經解》：'故《詩》之失愚。'注：'不能節其教者也。'《表記》：'君子不失足於人。'注：'失其容止之節也。'"失聲可載失義，則"遺"可相證。

失：書紐質部；

遺：余紐微部。

書（審三）余（喻四）旁紐，質微旁對轉。"遺"，喪失、遺失。《説文·辵部》："遺，亡也。"《莊子·天地》："黄帝遊乎赤水之北，登乎崑崙之丘而南望，還歸，遺其玄珠。"按，唯"遺"之本義爲失，故有"遺失"之同義聯合式合成詞。《楚辭·九思·怨上》："將喪兮玉斗，遺失兮鈕樞。"

(448) 迭秩瓞帙絑（重叠聚積義）

迭 更迭。《説文·辵部》："迭，更迭也。从辵，失聲。"清朱駿聲《通訓定聲》："《小爾雅·廣詁》：'迭，更也。'《廣雅·釋詁三》：'迭，代也。'《易·說卦》傳：'迭用柔剛。'……《莊子·天運》：'四時迭起。'"引申爲重叠堆積義。宋周密《癸辛雜識續集·捕狸法》："然狸性至靈，每於穴中迭土作臺以處，且可障煙。"魯迅《故事新編·鑄劍》："他便重行迭好，裹了劍，放在枕邊，沉静地躺下。"

秩 聚積。《説文·禾部》："秩，積也。从禾，失聲。《詩》曰：'稷之秩秩。'"按，今本《詩·周頌·良耜》作"積之栗栗。"漢毛亨傳："栗栗，衆多也。"清陳奐《傳疏》："稷積、秩栗皆聲轉而義得相通……是栗栗即秩秩矣。"《廣韻·質韻》："秩，積也。"《管子·國蓄》："故人君御穀物之秩相勝，而操事於其不平之間。"唐尹知章注："秩，積也。"按，"秩"又有次第義（見本典第450條），後世遂爲秩序字，其次第義當由聚積義所衍生，源流可互證之。

瓞 小瓜重叠聚積。《説文·瓜部》："瓞，㼐也。从瓜，失聲。《詩》曰：'綿綿瓜瓞。'""㼐，小瓜也。"按，漢許慎所引《詩·大雅·緜》文漢鄭玄箋："瓜之本實，繼先歲之瓜必小，狀似㼐，故謂之瓞。"其説未得。《爾雅·釋草》："瓞㼐，其紹瓞。"晉郭璞注："俗呼㼐瓜爲瓞。"其名爲"㼐"，寓紹繼義，其名爲"瓞"，則寓重叠聚積義。上述《詩》之"綿綿"爲"瓜瓞"之修飾語，亦謂大瓜、小瓜相重叠、連綿。宋辛棄疾《念奴嬌》："世上兒曹都蓄縮，凍芋旁堆秋瓞。"

帙 字亦作"袠""袟"，書卷編次而成者，即書衣，其名本寓重叠聚積義。《説文·巾部》："帙，書衣也。从巾，失聲。袠，帙或从衣。"清朱駿聲《通訓定聲》："亦謂之㦡，今人謂之函。"按，"㦡"之言"總"，謂彙總、聚積。《南史·王昙首傳》："何承天《禮論》三百卷，儉抄爲八帙，又别抄條目爲十三卷。"《資治通鑒·晉愍帝建興二年》："惟裴憲、荀綽止有書百餘帙，鹽米各十餘斛而已。"元胡三省注："袠與帙同，書卷編次成帙。"

絑 縫，以針綫連綴。按，連綴即聚積。《説文·糸部》："絑，縫也。从糸，失聲。"清朱駿聲《通訓定聲》："凡針功曰絘。《急就篇》：'針縷補縫綻絘緣。'顏注：'納刺謂之絘。'"《廣韻·質韻》："絘，縫絘。"《晏子春秋·內篇諫下》："身服不雜綵，首服不鏤刻，且古者嘗有絘衣攣領而王天下者。"漢王符《潛夫論·浮侈》："碎刺縫絘，作爲筒囊、裙襦、衣被。"

〔推源〕 諸詞俱有重疊聚積義，爲失聲所載之公共義。此義與聲符字"失"所記錄語詞之顯性語義系列不相涉，爲失聲所載之語源義。失聲可載重疊聚積義，"積"可相證。

失：書紐質部；

積：精紐錫部。

書(審三)精鄰紐，質錫通轉。"積"，聚積。《說文·禾部》："積，聚也。"清朱駿聲《通訓定聲》："禾穀之聚曰積……《周禮·大司徒》：'令野脩道委積。'注：'少曰委，多曰積。'"《詩·大雅·公劉》："乃積乃倉，乃裹餱糧。"《史記·吳王濞列傳》："寡人節衣食之用，積金錢，修兵革，聚穀食。"

(449) 眣胅泆軼突(出義)

眣 眼球突出。《廣韻·屑韻》："眣，目出。"又《鎋韻》："眣，目露兒。出《聲類》。"清桂馥《說文解字義證·目部》："眣，《五音集韻》引《聲類》：'眣，目露貌。'《字書》：'眣，目出也。'"

胅 骨肉突出。《說文·肉部》："胅，骨差也。从肉，失聲。"清朱駿聲《通訓定聲》："《廣雅·釋詁二》：'胅，腫也。'按，謂骨差突出也。《通俗文》：'肉胅曰瘤。'《爾雅》'犦牛'注：'領上肉胅起，高二尺許。'"《廣韻·屑韻》："胅，骨胅。"《淮南子·精神訓》："一月而膏，二月而胅，三月而胎。"按，"胅"亦引申爲突出義。《山海經·海外南經》"(結匈國)其爲人結胸"晉郭璞注："臆前胅出如人結喉也。""胅"亦指人之臀。《集韻·屑韻》："胅，連膇肉。"按臀亦突出部位。

泆 水溢出。《說文·水部》："泆，水所蕩泆也。从水，失聲。"清段玉裁注："蕩泆者，動盪奔突而出。"清朱駿聲《通訓定聲》："《書·禹貢》：'泆爲滎衛。'包改作'溢'……《莊子·天地》：'數若泆湯。'李注：'疾速如湯沸泆也。'"《廣韻·屑韻》："泆，泆蕩。"《史記·夏本紀》："道沇水，東爲濟，入於河，泆爲滎。"漢王充《論衡·效力》："如岸狹地仰，溝洫決洪，散在丘墟矣。"

軼 超出。《說文·車部》："軼，車相出也。从車，失聲。"清朱駿聲《通訓定聲》："《廣雅(釋詁三)》：'軼，過也。'《三蒼》：'軼，從後出前也。'……《淮南·覽冥》：'軼鶤鷄於姑蘇。'《莊子·徐無鬼》：'超軼絕塵。'"按，朱氏所引《淮南子》文漢高誘注："自後過前曰軼。"《廣韻·屑韻》："軼，車相過。"又《質韻》："軼，車過。又突也。"《楚辭·遠遊》："軼迅風於清源兮，從顓頊乎增冰。"宋洪興祖《補注》引《三蒼》："軼，從後出前也。"清魏源《聖武記》卷六："沙蘇野之部落亦有軼出山北者。"

突 凸出。凹凸字古作"窅突"。唐玄應《一切經音義》卷十："凹凸,《蒼頡篇》作'窅突'。"清段玉裁《說文解字注·目部·窅》："葛洪《字苑》:'上作凹,陷也;下作凸,起也。'窅突、凹凸,許皆不收,然則許用'窅胅'也。"《龍龕手鑑·穴部》:"突,不平也。"按,凸出則不平,其義相因。

〔推源〕 諸詞俱有出義,爲失聲所載之公共義。失聲字"昳""佚"亦可以假借字形式、以其失聲表出義。"昳"字从日,本謂日昃,然有特出、超出之別義。《戰國策·齊策一》:"鄒忌修八尺有餘,身體昳麗。""佚",佚民,然有超出義。漢賈誼《新書·勸學》:"今夫子之達佚乎老聃。"按,出義與聲符字"失"所記錄語詞之本義、引申義系列不相涉,爲失聲所載之語源義。失聲可載出義,"出"可證之。

失：書紐質部；

出：昌紐物部。

書(審三)昌(三等即穿)旁紐,質物旁轉。"出",其甲骨文形體象足從穴中步出形,其本義即出。《集韻·至韻》:"出,自内而外也。"《禮記·祭義》:"樂正子春下堂而傷其足,數月不出。"晉陶潛《歸去來兮辭》:"雲無心以出岫,鳥倦飛而知還。"引申之,亦有超出義。《正字通·山部》:"出,特也,過人之稱。"宋蘇軾《上神宗皇帝書》:"所謂智出天下而聽於至愚,威加四海而屈於匹夫。"

(450) 秩迭帙袟(次第義)

秩 次序。《廣雅·釋詁三》:"秩,次也。"《廣韻·質韻》:"秩,次也,序也。"《書·洛誥》:"周公曰:'王,肇稱殷禮。祀於新邑,咸秩無文。"僞孔傳:"皆次秩不在禮文者而祀之。"《周禮·天官·宮伯》:"掌其政令,行其秩叙。"清王引之《經義述聞》:"秩叙謂士庶子更番宿衛之次第,一月之次謂之秩,一歲之次謂之叙。"按,"秩"的次第義乃引申義,由其本義(聚積)所衍生,故清朱駿聲《説文通訓定聲·履部》"秩"下云"禾之積有叙",以故"轉注"爲次第義,朱氏所稱"轉注"實即引申。

迭 其本義爲更迭、交替(見本典第448條),本寓次第義。《廣雅·釋詁三》:"迭,代也。"清王念孫《疏證》:"凡更代作必以其次……代謂之迭,猶次謂之秩也。"《莊子·天運》:"四時迭起,萬物循生。"唐成玄英疏:"言春夏秋冬更迭而起,一切物類順序而生。"《詩·邶風·日月》:"日居月諸,胡迭而微?"

帙 依次編輯文字載體而成卷册。《古今韻會舉要·質韻》:"帙,次序也。"唐杜甫《晚晴》詩:"書亂誰能帙? 杯乾可自添。"按,"帙"亦作"袟""袠"(見本典第448條)。《文選·陸機〈文賦〉》:"謬玄黃之袟叙,故淟涊而不鮮。"《廣雅·釋言》:"袟,程也。"清王念孫《疏證》:"袟,通作秩,又作䬺。秩與程古聲義並同。《説文》:'程,品也。'又云:'䬺,爵之次弟也。'"今按,"袟"表次第義,非假借,乃引申。

· 333 ·

祑　字从示,謂祭有次序,亦泛指次第。《集韻·質韻》:"祑,祭有次也。"《楚辭·九嘆·愍命》:"逐下祑於後堂兮,迎宓妃於伊雒。"漢王逸注:"下祑,謂妾御也。"宋洪興祖《補注》:"祑音秩,祭有次也。"今按,"下祑"一稱"下陳","下陳"者謂妾御陳列於下;"下祑"則謂妾御衆多而有尊卑之次第。

〔推源〕　諸詞俱有次第義,爲失聲所載之公共義。失聲字"佚"亦得以假借字形式表此義。《荀子·性惡》:"若佚之以繩,是士君子之知也。"清俞樾《諸子平議》:"佚讀爲秩,秩之言次也,序也。"《古文苑·揚雄〈蜀都賦〉》:"其佚則接芬錯芳,襜袺襳延。"宋章樵注:"佚,猶佾,行列也。"按,行列則爲有次序者。上述諸詞之次第義與聲符字"失"所記錄語詞之顯性語義系列不相涉,爲失聲所載之語源義。失聲可載次第義,"次"可證之。

失:書紐質部;

次:清紐脂部。

書(審三)清鄰紐,質脂對轉。"次",居於次。《說文·欠部》:"次,不前不精也。"清段玉裁注:"皆居次之意也。"《孫子·謀攻》:"故上兵伐謀,其次伐交,其次伐兵,其下攻城。"按,有次則有主,今言有"主要""次要"語,主次之間本有次序,故引申爲次序、次第義。《玉篇·欠部》:"次,叙也。"《漢書·武五子傳》:"及衛太子敗,齊懷王又薨,旦自以次第當立,上書求入宿衛。"三國魏曹操《戰船令》:"鼓三通鳴,大小戰船以次發。"

(451) 抶䟴(擊義)

抶　笞擊。《說文·手部》:"抶,笞擊也。从手,失聲。"清朱駿聲《通訓定聲》:"《左文十傳》:'無畏抶其僕以徇。'《十八傳》:'歠以撲抶職。'"按,朱氏所引《左傳·文公十年》文晉杜預注:"抶,擊也。"《漢書·揚雄傳》:"屬堪輿以壁壘兮,梢夔魖而抶獝狂。"唐顏師古注:"抶,笞也。"

䟴　抵觸,觸擊。《說文·氏部》:"䟴,觸也。从氏,失聲。"清朱駿聲《通訓定聲》:"按,當从'牴'省。"張舜徽《約注》:"王筠曰:'《牛部》:牴,觸也。'但彼取爲聲者,此以爲義耳。《廣韻》:'䟴,陟栗切,手拔物也。'舜徽按,以手拔物,則與物相觸矣,二義足相發也。以手拔物,則手與身俱下,故其字从氏。"今按,"以手拔物,則手與身俱下,故其字从氏"說不可從。从氏,謂抵觸。抵觸、接觸、觸擊,義皆相通。漢許慎以"觸"訓"䟴","觸"字从角,《說文·角部》訓"抵",足可證抵觸義、觸擊義之相通。

〔推源〕　此二詞俱有擊義,爲失聲所載之公共義。擊義與聲符字"失"所記錄語詞之本義、引申義系列不相涉,爲失聲所載之語源義。失聲可載擊義,"撻""打"可相證。

失:書紐質部;

撻:透紐月部;

打:端紐耕部。

書(審三)透旁紐,質月旁轉;書(審三)端準旁紐,質耕通轉。"撻",亦謂以鞭、棍等物笞擊,則其義與"抶"同。《說文·手部》:"撻,鄉飲酒,罰不敬,撻其背。"《書·益稷》:"侯以明之,撻以記之。"偽孔傳:"笞撻不是者,使記識其過。"漢班固《白虎通·五刑》:"刑不上大夫者,據禮無大夫刑,或曰撻笞之刑也。""打",打擊字。《說文新附·手部》:"打,擊也。"宋歐陽修《歸田録》卷二:"打,丁雅反。其義本為考擊,故人相毆,以物相擊,皆謂之打。"漢王延壽《夢賦》:"捎魍魎,拂諸渠,撞縱目,打三顱。"

(452) 魃蚳（厲害義）

魃 厲鬼。字亦作"䰄""殎"。《說文·鬼部》:"魃,厲鬼也。从鬼,失聲。"清朱駿聲《通訓定聲》:"《西山經》:'剛山是多神魃。'注:'離魃之類。'字亦作'殎'。《玉篇·歹部》:'殎,鬼魃也。亦作魃。'又《鬼部》:'魃,魑魅之類也。'《廣韻·志韻》:'魃,癘鬼。'《字彙·鬼部》:'魃,厲鬼,亦魑魅之類。䰄,同魃。'元谷子敬《城南柳》第一折:"這劍六合砌為爐,二氣鑄成模,呼的風喚的雨驅的雲霧,屠的龍誅的虎滅的魃魍。"

蚳 最毒之蛇。《說文·長部》:"蚳,蛇惡毒長也。从長,失聲。"清朱駿聲《通訓定聲》:"按,當作'蚳蛇毒長也'。《爾雅·釋魚》'蚳蚖'注:'蝮屬,大眼,最有毒。今淮南人呼蚳子。'《釋文》引《說文》:'蚳,蛇毒長也。'《玉篇》:'蚳,蚖也,蛇毒長也。'"明劉基《郁離子·玄豹》:"客喜,侑主人以文蚳之修,主人吐舌而走。"又《瞽瞶》:"夫天下之至毒莫如蛇,而蛇之毒者又莫如蚖。蚖噬木則木斃,齧人獸則人獸斃,其烈猶火也。"按,《說文·蟲部》"蚖"訓"蚳",二者本異名。

〔推源〕 二詞俱有厲害義,為失聲所載之公共義。此義與聲符字"失"所記錄語詞之顯性語義系列不相涉,為失聲所載之語源義。失聲可載厲害義,"厲"可證之。

失:書紐質部;

厲:來紐月部。

書(審三)來準旁紐,質月旁轉。"厲",其字从厂,本指礪石,然其聲韻載有剛烈義,即今所謂"厲害"。《廣韻·祭韻》:"厲,烈也,猛也。"《左傳·定公十二年》:"與其素厲,寧為無勇。"晉杜預注:"厲,猛也。"《荀子·王制》:"威嚴猛厲而不好假道人,則下畏恐而不親。"唐楊倞注:"厲,剛烈也。"按"厲"又有虐害義。《玉篇·厂部》:"厲,虐也。"漢桓寬《鹽鐵論·疾貪》:"長吏厲諸小吏,小吏厲諸百姓。"又,"厲"亦指厲鬼。《左傳·成公十年》:"晉侯夢大厲,被髮及地,搏膺而踊。"厲鬼則為剛烈而虐害人者。

(453) 佚泆（放縱義）

佚 佚民,即隱逸遁世者(見本典第447條),引申為放縱、放蕩義。清朱駿聲《說文通訓定聲·履部》:"《倉頡篇》:'佚,蕩也。'《方言》六:'佚,婬也。'……《論語》:'樂佚遊。'皇疏:'出入不知節也。'《漢書·揚雄傳》:'為人簡易佚蕩。'……《王莽傳》:'以興馬聲色佚遊相高.'《刑法志》:'男女淫佚.'"《晉書·裴秀傳》:"故欲衍則速患,情佚則怨博."清黄六鴻《福惠全書·刑名部·奸情》:"有佚女私娼,令方甲嚴行驅逐."

泆 放蕩,放縱.《廣韻·質韻》:"泆,淫泆."清朱駿聲《說文通訓定聲·履部》:"《(書)多士》:'誕淫厥泆,大淫泆有辭.'《酒誥》:'淫泆於匪彝.'《左隱三傳》:'驕奢淫泆.'《禮記·坊記》:'淫泆而亂於族.'"清陸以湉《冷廬雜識·李易安朱淑真》:"又謂《去年元夜》一詞,本歐陽公作,後人誤編入《斷腸集》,遂疑朱淑真爲泆女."

〔推源〕 二詞俱有放縱義,爲失聲所載之公共義.失聲字"跌""怢"亦可以假借字形式表此義.《説文·足部》:"跌,踢也.从足,失聲."南唐徐鍇《繫傳》:"跌踼,邁越不拘也."清朱駿聲《通訓定聲》:"〔假借〕爲泆.《公羊莊廿二傳》:'肆者何?跌也.'注:'過度也.'《後漢·孔融傳》注:'跌蕩,無儀檢也.'"《宣和書譜·石延年》:"遂入館,然跌蕩不羈,劇飲尚氣節,視天下無復難事,不爲小廉曲謹以投苟合.""怢",字从心,謂忽忘(見本典第447條),亦借作"佚".《集韻·屑韻》:"佚,佚蕩,簡易也.或从心."按,聲符字"失"所記錄語詞之顯性語義系列與放縱義不相涉,其放縱義爲失聲所載之語源義,"淫泆"本作"淫失",足可爲證.《漢書·五行志》下:"魯夫人淫失於齊,卒殺威公."又,失聲可載放縱義,"逸"可相證.

失:書紐質部;

逸:余紐質部.

叠韻,書(審三)余(喻四)旁紐."逸",字从辵,謂逃逸.《説文·辵部》:"逸,失也.从辵、兔.兔謾訑善逃也."漢焦贛《易林·中孚之節》:"買羊逸亡,取物迷失."引申爲放縱、放蕩義.《書·大禹謨》:"罔遊於逸,罔淫於樂."唐孔穎達疏:"逸謂縱體."晉干寶《〈晉紀〉總論》:"先時而婚,任情而動,故皆不耻淫逸之過,不拘妬忌之惡."

156 乍聲

(454) 迮昨作拃窄蚱炸笮(猝然、緊迫、緊窄義)

迮 緊迫.《玉篇·辵部》:"迮,迫也."《廣韻·陌韻》:"迮,迫迮."清朱駿聲《説文通訓定聲·豫部》:"迮,迫也.从辵,乍聲.《後漢·陳忠傳》:'共相壓迮.'《文選·嘆逝賦》注引《聲類》:'迮,迫也.'"按,古者"迮"又有"倉猝"之訓,即倉促、猝然義.《集韻·鐸韻》:"迮,倉猝也."《公羊傳·襄公二十九年》:"今若是迮而與季子國,季子猶不受也."漢何休注:"迮,起也,倉卒意."

昨 今日之前一日.謂緊迫今日,兩日之時間距離緊窄,故稱"昨".《説文·日部》:"昨,壘日也.从日,乍聲."清朱駿聲《通訓定聲》:"《蒼頡篇》:'隔日也.'《爾雅·釋天》:'夏曰復昨.'"《廣韻·鐸韻》:"昨,昨日,隔一宵."《吕氏春秋·察微》:"昨日之事,子爲制;今日之事,我爲制。"宋晏殊《蝶戀花》:"昨夜西風雕碧樹,獨上高樓,望盡天涯路。"

作 產生,興起,實即不經意間某一事物猝然出現之謂。《説文·人部》:"作,起也。從人,從乍。"清朱駿聲《通訓定聲》:"按,乍聲。"沈兼士《廣韻聲系·牀》:"作,從《説文》小徐本乍聲。"《易·繫辭下》:"包犧氏没,神農氏作。"漢王充《論衡·佚文》:"周秦之際,諸子並作。"

拃 壓榨,壓而使緊窄。《正字通·手部》:"拃,俗抄字。"按《玉篇·手部》有"拃"字,亦有"抄"字,"抄"訓"逼抄","拃"訓"摸拃"。"拃"表壓榨義,爲套用字。《新唐書·西域傳上·摩揭陀》:"太宗遣使取熬糖法,即詔揚州上諸蔗,拃汁如其劑,色味逾西域遠甚。"

窄 狹小,緊窄。《廣雅·釋詁一》:"窄,陋也。"《集韻·洽韻》:"陜,《説文》:'隘也。'或作陋、狹。"《廣韻·陌韻》:"窄,狹窄。"《尉繚子·兵教下》:"地大而城小者,必先收其地;城大而地窄者,必先攻其城。"清吴敬梓《儒林外史》第三十五回:"莊徵君因船中窄小,先請了十位上船來。"

蚱 蚱蜢,蝗類昆蟲。受驚則猛然跳躍,其名寓猝然義。《龍龕手鑑·蟲部》:"蚱,蚱猛,蟲也。"宋楊萬里《題山莊草蟲扇》:"風生蚱蜢怒須頭,紈扇團圓璧月流。"《水滸傳》第六十九回:"蚱蜢頭尖光眼目,鷺鷥腿瘦全無肉。"

炸 物體猝然破裂。明方以智《物理小識·器用類·止爆》:"燒炭若爆,灑鹽自止。此以炸止炸也。"按,"炸"亦爲烹調方法,物下油鍋猝然受熱之謂。又,炮彈、火藥發生效力稱"爆炸",亦猝然發作之意。

笮 屋上箔席,緊迫屋頂之物。《説文·竹部》:"笮,迫也。在瓦之下棼上。從竹,乍聲。"清朱駿聲《通訓定聲》:"屋上薄也,一名筰,如今之蘆席。"清王筠《句讀》:"笮在瓦棼之間,爲所迫笮,故名笮也。"清桂馥《義證》:"今人謂之棧,字或作筵。《玉篇》:'筵,屋上板。'"《廣韻·陌韻》:"笮,屋上版。又迫也。……亦作筵。"《周禮·考工記·匠人》"殷人重屋"漢鄭玄注:"重屋,復笮也。"

〔推源〕 上述諸詞或有猝然義,或有緊迫、緊窄義,諸義有微別而相通。猝然即時之緊迫,凡有形物緊迫則即緊窄。諸義同爲乍聲所載,語源當同。乍聲字"詐""柞""咋"亦可以假借字形式,以其乍聲表達上述諸義。《公羊傳·僖公三十三年》:"詐戰不日,此何以日。"漢何休注:"詐,卒也。"按,此"卒"即猝然字。《周禮·考工記·輪人》:"轂小而長則柞,大而短則摯。"漢鄭玄注:"柞讀爲迫唶之唶,謂輻間柞狹也。"《左傳·定公八年》:"桓子咋謂林楚曰:'而先皆季氏之良也,爾以是繼之。'"晉杜預注:"咋,暫也。"按,即短暫、猝然義。聲符字"乍"本爲"作"之初文,自有猝然義。《古今韻會舉要·禡韻》:"乍,忽也,猝也。"清朱駿聲《説文通訓定聲·豫部》:"乍,亦爲倉猝之詞。《廣雅·釋言》:'乍,暫也。'《孟子》:'今人乍見孺子(將入於井)。'"按,朱氏所引《孟子·公孫丑》文宋朱熹注:"乍,猶忽也。"唐白居易《琵琶行》:"銀瓶乍破水漿迸,鐵騎突出刀槍鳴。"然則本條諸詞之猝然、緊迫、緊窄義爲其顯性語義。

(455) 厏齰詐岝痄（不齊、不合義）

厏 厏厊，不相合。其字亦作"庢庌"。《廣韻·馬韻》："厏，厏厊，不合。"《集韻·馬韻》所訓同，又《麻韻》："厏，厏厊，不齊。"按，所訓不合、不齊實爲一義。明楊循吉《都下將還述懷》詩："況今一病已到骨，兼與世事多厏厊。"按，楊詩中之"厏厊"異文作"庢庌"。

齰 齰齖，上下齒不齊、不相合，引申爲不合。唐孟郊《哭李丹員外並寄杜中丞》詩："生死方知交態存，忍將齰齖報幽魂。"按，"齰齖"當爲同義聯合式合成詞。《廣韻·禡韻》："齖，齰齖，不相得也。"

詐 欺騙，所言與事實不合。《說文·言部》："詐，欺也。从言，乍聲。"清朱駿聲《通訓定聲》："《爾雅·釋詁》：'詐，僞也。'《方言》三：'膠、譎，詐也；詐，通語也。'《荀子·修身》：'匿行曰詐。'《富國》：'有掎挈同詐。'注：'僞其辭。'"《廣韻·禡韻》："詐，僞也。"《左傳·宣公十五年》："我無爾詐，爾無我虞。"

岝 山勢高低不齊。其字亦作上形下聲。《龍龕手鑑·山部》："岝，或作岞。"《文選·張衡〈南都賦〉》："岝崿巀嶭，嶘巇屹嶪。"唐李善注引《埤蒼》："岝崿，山不齊也。"

〔推源〕 諸詞俱有不齊、不合義，爲乍聲所載之公共義。此義與"乍"的顯性語義（本義、引申義）系列不相涉，乃乍聲所載之語源義。乍聲可載不齊、不合義，"差"可相證。

乍：崇紐鐸部；

差：初紐歌部。

崇初旁紐，鐸歌通轉。"差"，不相值，即差錯義，引申爲差別，實即不齊、不合義。《說文·左部》："差，貳也，差不相值也。"清朱駿聲《通訓定聲》："《禮記·月令》：'毋有差貸。'注：'謂失誤。'《荀子·天論》：'亂生其差。'注：'謬也。'"《荀子·榮辱》："故先王案爲之制禮義以分之，使有貴賤之等，長幼之差，智愚能不能之分。"

(456) 阼酢胙酢（相酬義）

阼 東階，主人迎接、酬答賓客的臺階。《說文·阜部》："阼，主階也。从阜，乍聲。"清朱駿聲《通訓定聲》："《儀禮·鄉射禮》：'席主人於阼階上。'注：'東階也。'《禮記·冠義》：'故冠以阼。'……〔聲訓〕《儀禮·士冠禮》注：'阼，猶酢也，東階，所以答酢賓客也。'"《廣韻·暮韻》："阼，阼階，東階。"《禮記·曲禮下》："君天下曰天子，朝諸侯，分職授政任功，曰予一人，踐阼，臨祭祀。"唐孔穎達疏："阼，主人階也，天子祭祀昇降阼階。"

酢 指酸味液汁，也指客人以酒回敬主人，爲套用字。《說文·酉部》："酢，醶也。从酉，乍聲。"清朱駿聲《通訓定聲》："假借爲'醋'。《爾雅·釋詁》：'酢，報也。'《蒼頡篇》：'客報主人曰酢。'"按，"酢"表酬報義非假借。《廣韻·鐸韻》："酢，酬酢。《蒼頡篇》云：'主答客曰酬，客報主人曰酢。'"《詩·大雅·行葦》："或獻或酢，洗爵奠斝。"漢鄭玄箋："進酒於客曰獻,客答之曰酢。"

胙 字从肉,本謂祭祀求福之肉,引申爲福佑、回報。《説文·肉部》:"胙,祭福肉也。从肉,乍聲。"清朱駿聲《通訓定聲》:"《管子·小問》:'祝鳧已疵獻胙。'〔轉注〕《周語》:'永錫胙允。'注:'胙,福也。'……《左襄十四傳》:'世胙太師。'注:'報也。'"今按,福佑義亦寓回報之意,鬼神受祭而降福、保佑人,即回報。又《左傳·昭公三年》:"子豐有勞於晉國,余聞而弗忘。賜女州田,以胙乃舊勳。"其"胙"亦回報義。

餏 客人登門,相酬以麥粥。《説文·食部》:"餏,楚人相謁食麥曰餏。从食,乍聲。"清朱駿聲《通訓定聲》:"《方言》一:'餏,食也,相謁而食麥饘謂之䬈,楚曰餏。'"《廣韻·暮韻》:"餏,相謁食也。"宋梅堯臣《訪石子澗外兄林亭》詩:"既能置魯酒,又復餉楚餏。"

〔推源〕 諸詞俱有相酬義,爲乍聲所載之公共義。乍聲字"昨"亦可以假借字形式、以其乍聲表此義。《周禮·春官·司几筵》:"祀先王昨席亦如之。"漢鄭玄注:"玄謂昨讀曰酢,謂祭祀及王受酢之席。"又《司尊彝》:"其朝獻用兩獻尊,其再獻用兩象尊,皆有罍,諸臣之所昨也。"漢鄭玄注:"昨讀爲酢。"按,相酬義與聲符字"乍"所記録語詞之本義、引申義不相涉,乃乍聲所載之語源義。乍聲可載相酬義,"酬"可證之。

乍:崇紐鐸部;

酬:禪紐幽部。

崇(牀)禪鄰紐,鐸幽旁對轉。"酬",本指主人向客人進酒。《説文·酉部》:"醻,主人進客也。从酉,壽聲。酬,醻或从州。"《詩·小雅·楚茨》:"爲賓爲客,獻酬交錯。"引申爲報答、報酬義,且成爲基本義。《爾雅·釋詁下》:"酬,報也。"《左傳·昭公二十七年》:"爲惠已甚,吾無以酬之,若何?"《宋書·索虜傳》:"至此非唯欲爲功名,實是貪結姻援,若能酬酢,自今不復相犯秋毫。"

157　禾聲

(457)和盉鉌委(調和、和諧義)

和 聲相應,伴奏或跟着唱。其字亦作"咊""龢"而均从禾聲。《説文·口部》:"咊,相應也。从口,禾聲。"清朱駿聲《通訓定聲》:"《詩·蘀兮》:'唱予和女。'《論語》:'而後和之。'"《廣韻·戈韻》:"咊,古文(和)。"又"龢,諧也,合也。或曰古和字。"《説文·龠部》:"龢,調也。从龠,禾聲。讀與和同。"清朱駿聲《通訓定聲》:"《一切經音義》六引《説文》:'音樂和調也。'《周語》:'聲相應保曰龢。'《洞簫賦》:'與謳謠乎相龢。'《東都賦》:'龢鑾玲瓏。'經傳多以'和'爲之。"

盉 調味之器。《説文·皿部》:"盉,調味也。从皿,禾聲。"清朱駿聲《通訓定聲》:"經傳皆以'和'爲之。"清段玉裁注:"調聲曰龢,調味曰盉,今則'和'行而'龢''盉'皆廢矣。"《廣韻·戈韻》:"盉,調五味器。"又《過韻》:"盉,調味。"《荀子·禮論》:"芻豢稻粱,五味調香(盉),所以養口也。"清王先謙《集解》引清王念孫《讀書雜志》:"'香'當爲'盉',《説文》:'盉,調味也,从皿,禾聲。'今通作'和'……《博古圖》所載商周器皆有盉,蓋因其可以盉羹而名之,故其字从皿,而以禾爲聲,今經傳皆通用'和'字而'盉'字遂廢。"

鉌 車鈴,車行動則發聲相應,相和諧。《玉篇·金部》:"鉌,鈴也。"《廣韻·戈韻》:"鉌,鉌鑾。亦作和。"清朱駿聲《説文通訓定聲·隨部》:"《周禮·大馭》:'以鸞和爲節。'注:'鸞在衡,和在軾,皆以金爲鈴。'"元李治《敬齋古今黈》卷一:"古者登車有和鑾之音,謂馬動則鑾鳴,車動則和應也。鑾或作鸞,其義皆同。鸞以其有聲,鑾以其金爲之也。"

委 順從,聽從,與調和、和諧義相近且相通。《説文·女部》:"委,委隨也。从女,从禾。"清段玉裁注:"隨其所如曰委。"清朱駿聲《通訓定聲》:"鍇本从禾聲。按,委隨猶委蛇,疊韻連語。从女、从禾,意亦支離傅會。即如所說是與倭順同字。"沈兼士《廣韻聲系·匣》:"案委,從《説文》小徐本,禾聲。"今按,"委"從禾聲説可從。"禾"字之音《廣韻》注"戶戈切",其上古音爲匣紐歌部;"委"字"於詭切",其上古音爲影紐微部。匣影鄰紐,歌微旁轉。《淮南子·本經》:"優柔委從,以養群類。"按"委順"一詞即和順義。《莊子·知北遊》:"性命非汝有,是天地之委順也。"

〔推源〕 諸詞俱有調和、和諧義,爲禾聲所載之公共義。聲符字"禾"指粟,與此義不相涉。其調和、和諧義爲禾聲所載之語源義。禾聲可載此義,"諧"可相證。

禾:匣紐歌部;

諧:匣紐脂部。

雙聲,歌脂旁轉。"諧",融洽,和諧。《爾雅·釋詁》:"諧,和也。"《説文·言部》:"諧,詥也。"《書·舜典》:"八音克諧,無相奪倫。"《周禮·地官·調人》:"調人掌司萬民之難而諧和之。"

158 丘聲

(458) 坵圯(高義)

坵 山坵,地之高者。《廣韻·尤韻》:"丘,丘陵。北,古文。"《集韻·尤韻》:"北,或作丘,亦書作坵。"明徐弘祖《徐霞客遊記·黔遊日記二》:"東下爲州署,門廨無一完者。皆安酋叛時,城破鞠爲坵莽,至今未復也。"按"坵"亦指墳堆,亦高出地面者。元鄭光祖《老君堂》第一折:"繞着這周圍看,盡都是坵塚摧殘,埋没了多少英雄漢。"

䶈 鼻子高揚、突兀。《玉篇·鼻部》:"䶈,䶈䶏,仰鼻。"《廣韻·宥韻》:"䶈,䶈䶏,仰鼻。"按,"䶈""䶏"當可分訓。《玉篇·鼻部》:"䶏,仰鼻。"《廣韻·嘯韻》及《宥韻》皆云:"䶏,仰鼻。"按,"䶈"謂仰鼻,即鼻突兀而高之義。"齀"字可相證。《集韻·没韻》:"齀,鼻仰也。"《廣韻》注其音爲"五忽切",其上古音爲疑紐物部。"䶈"之上古音爲溪紐之部。疑溪旁紐,物之通轉。

〔推源〕 此二詞俱有高義,爲丘聲所載之公共義。聲符字"丘"本爲"圩"之初文,謂天然土丘,本有高義。《説文·丘部》:"丠,土之高也,非人所爲也。从北,从一。一,地也。人居在丘南,故从北。中邦之居在崐崘東南。一曰四方高中央下爲丘。象形。坓,古文从土。"清朱駿聲《通訓定聲》:"《書·禹貢》:'是降丘宅土。'傳:'地高曰丘。'《周禮·大司徒》:'丘陵墳衍。'注:'土高曰丘。'"《廣韻·尤韻》:"丘,《説文》作'丠'。"按,丘聲可載高義,則"高"可相證。

丘:溪紐之部;

高:見紐宵部。

溪見旁紐,之宵旁轉。"高",高低字。《説文·高部》:"高,崇也。象臺觀高之形。"《國語·楚語下》:"地有高下,天有晦明。"《荀子·勸學》:"故不登高山,不知天之高也。"

159 付聲

(459) 祔符柎䰅駙附䵎苻銏䠶蚹胕(相附、相合義)

祔 字从示,謂後死者附祭於先祖。《説文·示部》:"祔,後死者合食於先祖。从示,付聲。"清朱駿聲《通訓定聲》:"《儀禮·既夕禮》:'明日以其班祔。'注:'卒哭之明日祭名。祔,猶屬也,祭昭穆之次而屬之。'……《爾雅·釋詁》:'祔,祖也。'"按,"祔"爲附祭,即合祭,亦即新死者與先祖合食、合享,故又引申爲合葬義。《廣韻·遇韻》:"祔,祭名。亦合葬也。"《禮記·檀弓上》:"周公蓋祔。"唐孔穎達疏:"周公以來,蓋始祔葬。祔即合也,言移後喪合前喪。"

符 符節類信物,引申爲符合、相合義。《説文·竹部》:"符,信也。漢制以竹,長六寸,分而相合。从竹,付聲。"清朱駿聲《通訓定聲》:"《周禮·掌節》:'門關用符節。'注:'如今宫中諸官詔符也。'〔轉注〕《甘泉賦》:'同符三皇。'注:'合也。'"按朱氏所謂"轉注"實即引申。《洪武正韻·模韻》:"符,合也。"漢王粲《公宴》:"克符周公業,奕世不可追。"唐李白《虞城縣令李公去思頌碑》:"既苦且清,足以符吾志也。"

柎 鐘鼓架之足,亦指器物之足、花托,"柎"之名本寓相依附、相合之義。漢史游《急就篇》卷三"鍛鑄鉛錫鐙錠鐎"唐顔師古注:"有柎者曰鐙,無柎者曰錠。柎,謂下施足也。"《説文·木部》：“柎，闌足也。从木，付聲。”清朱駿聲《通訓定聲》：“按，凡器物之足皆得曰柎……《詩·常棣》‘鄂不韡韡’箋：‘柎，鄂足也。’古聲‘不、柎’同。《西山經》：‘崇吾之山有木焉，員葉而白柎。’《管子·地員》：‘朱跗黃實。’”《廣韻·虞韻》：“柎，欄足。”《玉篇·木部》：“柎，花萼足也。”宋蘇軾《〈玉盤盂〉詩序》：“（芍藥）凡七千餘朶，皆重柎累萼，繁麗豐碩。”

髻 假髻，假髮附於己髮二者相合。《説文·髟部》：“髻，結也。从髟，付聲。”清朱駿聲《通訓定聲》：“《廣雅·釋詁四》：‘髻也。’按‘髻’者‘髻’之俗字。”《説文》同部：“髻，簪結也。”南唐徐鍇《繫傳》：“即假髻也。”《廣雅·釋器》：“假髻謂之鬒。”清王念孫《疏證》：“鬒通作副……其實副與編次，皆取他人之髮合己之髮以為結，則皆是假結也。”

駙 副馬，依附於主馬與之相合者。《説文·馬部》：“駙，副馬也。从馬，付聲。”清朱駿聲《通訓定聲》：“《東京賦》：‘駙承華之薄梢。’《漢書·百官公卿表》：‘駙馬都尉。’《後漢·明帝紀》注：‘掌天子之副馬。’”按，朱氏所引《漢書》文唐顔師古注：“駙，副馬也，非正駕車皆為副馬。”《廣韻·遇韻》：“駙，副馬也。”《隸續·漢魯峻石壁殘畫像》宋洪适釋：“横車之後有駙馬二匹。”

附 依附，字亦作“坿”。《説文·阜部》：“附，附婁，小土也。从阜，付聲。《春秋傳》曰：‘附婁無松柏。’”《廣雅·釋詁四》：“附，依也。”《廣韻·遇韻》：“附，寄附。”《易·剥》：“象曰：‘山附於地，剥。’”漢王充《論衡·骨相》：“韓生謝遣相工，通刺倪寬，結膠漆之交，盡筋力之敬，徙舍從寬，深自附納之。”引申為相合義。《史記·張儀列傳》：“是我一舉而名實附也。”《説文·土部》：“坿，益也。从土，付聲。”清段玉裁注：“今多用‘附’訓益。附乃附婁，讀步口切，非益義也。今‘附’行而‘坿’廢矣。”

秴 即“稃”，穀殼，依附於穀米而與之相合者。《説文·禾部》：“稃，穅也。从禾，孚聲。秴，稃或从米，付聲。”“穅，穀也。”《廣韻·虞韻》：“秴，同稃。”又“稃，穀皮。”宋范成大《上元紀吴中節物》：“撚粉團欒意，熬稃腷膊聲。”

苻 草名，亦指蘆葦杆内中之白膜，則為套用字。白膜稱“苻”，乃寓依附、相合義。《淮南子·俶真訓》：“蘆苻之厚，通於無墊。”漢高誘注：“苻，蘆中之白苻。”楊樹達《證聞》：“《漢書·中山靖王傳》云‘非有葭莩之親。’注云：‘莩，葭裏之白皮也。’此文‘蘆苻’即彼文之‘葭莩’，故兩注義同。”

鈇 鏡匣上的飾物，附加者。《玉篇·金部》：“鈇，鈇鏂，籤飾也。”亦指門上的釘狀物，亦附於門者。《廣韻·尤韻》：“鈇，鈇鏂，大釘。”明陶宗儀《説郛》卷五十七引宋程大昌《演繁露·金鋪》：“《義訓》曰：‘門飾，金謂之鋪，鋪謂之鏂。鏂音歐，今俗謂之浮漚釘也。’”

䣱 穿衣，衣附於身而相合。《廣韻·遇韻》：“䣱，䣱褕，著衣也。”按“䣱”當為“䣱”之轉注字。《正字通·身部》：“䣱，同服。”《孝經·卿大夫章》：“非先王之法服不敢服。”

蚹 蛇腹下横鱗，亦指蛇皮，皆依附於蛇身而與之相合者。《廣韻·遇韻》：“蚹，蛇腹下横鳞可行者。"《莊子・齊物論》："吾待蛇蚹蜩翼邪。"唐成玄英疏："蚹,蛇蜕皮。"聞一多《校釋》："蚹即苻字,以其爲蛇皮,故變从虫。按,亦以"符"爲之,"蚹""苻""符"均从付聲。明李時珍《本草綱目・鱗二・蛇蜕》："蛇蜕,一名蛇符。"

胕 皮肤,依附於身而相合者。《戰國策・楚策四》："夫驥之齒至矣,服鹽車而上太行,蹄申膝折,尾湛胕潰。"宋鮑彪注："胕,當作膚,與'膚'同。"

〔推源〕 諸詞俱有相附、相合義,爲付聲所載之公共義。付聲字"駙"亦可以假借字形式,以其付聲表依附義。《易緯乾坤鑿度》："庖氏曰:'坤駙於乾順亨貞,駙依乾而行。'"聲符字"付"所記録語詞之本義爲授予。《説文・人部》："付,與也。从寸,持物對人。"清朱駿聲《通訓定聲》："《廣雅・釋詁三》:'予也。'……《(書)梓材》:'皇天既付中國民。'"《三國演義》第三十九回:"景升欲以荆州付主公,奈何卻之?"按漢史游《急就篇》卷二有言:"取受、付予相因緣。"既授予,則接受者與相合,故"付"有合之衍義。明湯顯祖《邯鄲記・生寤》:"叫你千萬寬養,以付眷懷。"元賈仲名《對玉梳》第二折:"做娘的肯哀憐、肯付合,做女的有疼熱、有瓜葛。"付聲可載相附、相合義,則"膚"可證之。

付:幫紐侯部;
膚:幫紐魚部。

雙聲,侯魚旁轉。"膚",皮肤,依附於身而合爲一體。《説文・肉部》:"臚,皮也。从肉,盧聲。膚,籀文臚。"《詩・衛風・碩人》:"手如柔荑,膚如凝脂。"《列子・湯問》:"沐浴神瀵,膚色脂澤,香氣經旬乃歇。"

(460) 駙/復(反義)

駙 反推車。《説文・車部》:"駙,反推車,令有所付也。从車,从付。讀若胥。"清朱駿聲《通訓定聲》:"如今御車者,卸車解羈,必數人反推其車向後,使軹就刋,令平正也。駙猶箸止也。疑此字从車,付聲,故讀胥。《淮南・覽冥》:'駙車奉饟。'注:'推也。'"按此字《集韻》注其音爲"符遇切",《字彙補》注其音爲"裴古切",然則从付得聲無疑。黄侃《蘄春語》:"吾鄉凡引物向後,更前推之,曰駙。"

復 返回,反向行走。《爾雅・釋言》:"復,返也。"《説文・彳部》:"復,往來也。"清朱駿聲《通訓定聲》:"《易・復》:'反復其道。'《詩・蓼莪》:'顧我復我。'"《廣韻・屋韻》:"復,返也。"《左傳・桓公五年》:"淳于公如曹,度其國危,遂不復。"

〔推源〕 此二詞俱有反義,其音亦相近而相通。

駙:幫紐侯部;
復:並紐覺部。

幫並旁紐,侯覺旁對轉。"駙"字乃以付聲表反義。

160　代聲

(461) 黛黱玳(黑義)

黛　畫眉用的青黑色顔料。字亦作"黱"。《廣韻·代韻》："黛,眉黛。黱,上同。"《說文·黑部》："黱,畫眉也。"南唐徐鍇《繫傳》："今俗作'黛'字。"《楚辭·大招》："粉白黛黑,施芳澤只。"漢王逸注："黛,畫眉鬢黑而光净。"漢賈誼《新書·勸學》："嘗試傅白黱黑,榆鋏陂,雜芷若,蚕虱視,益口笑,佳態兆志,從容爲説焉。"引申爲黑色、青黑色義。《集韻·宥韻》："黱,黑色。"《正字通·黑部》："黛,山色、樹色青黝者謂之黛。"南朝宋鮑照《登大雷岸與妹書》："從嶺而上,氣盡金光;半山以下,純爲黛色。"元貢師泰《和馬伯庸學士擬古宫詞》："黛鬟不整釵梁嚲,滿院楊花夢覺時。"

黱　烏雲。字亦作"靆"。遼希麟《續一切經音義》卷三引漢服虔《通俗文》："雲覆日爲靉靆也。"《篇海類編·天文類·雲部》："靆,靆同。亦作黱。"王重民等編《敦煌變文集》之《頻婆娑羅王后宫綵女功德意供養塔生天因緣變》："波旬自領軍衆,來至林中,先鋪靉靆之雲,後降撥霖之雨。"又《伍子胥變文》："屬逢天暗,雲陰靉黱。"按,"靉"與"黱"本可分訓。

玳　玳瑁,爬行動物,甲殼有黑斑,故稱"玳瑁"。明李時珍《本草綱目·介一·玳瑁》："玳瑁生海洋深處,狀如龜黿,而殼稍長。背有甲十二片,黑白斑紋相錯而成。"《淮南子·泰族訓》："瑶碧玉珠,翡翠玳瑁,文彩明朗,潤澤若濡。"按,玳瑁背有黑斑,故有"玳斑"一詞,指黑斑。"元王惲《食鱸魚》："背華點玳斑,或圓或斜方。"

〔推源〕　諸詞俱有黑義,爲代聲所載之公共義。聲符字"代"所記録語詞謂替代,與黑義不相涉,其黑義爲代聲所載之語源義。代聲可載黑義,盧聲字所記録語詞"壚""獹""黸""鸕"可相證。

代：定紐職部；
盧：來紐魚部。

定來旁紐,職魚旁對轉。"壚",黑土;"獹",黑色獵犬;"黸",黑色;"鸕",黑羽毛水鳥。詳本典"盧聲"。

161　白聲

(462) 魳泊(白色義)

魳　白魚。《廣雅·釋魚》："魳,鱎也。"清王念孫《疏證》："今白魚,生江湖中,鱗細而白。"《玉篇·魚部》："鱎,白魚也。"清朱駿聲《説文通訓定聲·豫部》："魳,即《説苑》之'陽橋',今之白魚也,一名'鯫'。《古今注》:'白魚赤尾曰魟。'……字亦作'鯝'。《石鼓文》:'又鱮又鮊。'"宋梅堯臣《糟淮鮊》:"寒潭縮淺瀨,空潭多鮊魚。"

洦 水白貌。《集韻·鐸韻》:"洦,水白皃。"按,"洦"又有淡洦義,此與白色義相通,源與流可互證之。《正字通·水部》:"洦,澹洦。"晉葛洪《抱朴子·名實》:"蕭然自足,洦爾無知。"按,"泊"亦謂舟靠岸,乃以白聲表止義,表水白、淡泊義,則爲套用字。

〔推源〕 此二詞俱有白色義,爲白聲所載之公共義。聲符字"白"所記錄語詞本有白色義,且爲其基本義。《說文·白部》:"白,西方色也。陰用事,物色白。"按,所謂西方色即白色,西方屬金,金色白。商承祚《〈說文〉中之古文考》:"白,甲骨文、金文、鉢文皆……从日銳頂,象日始出地面,光閃耀如尖銳,天色已白,故曰白也。"乙 4603:"乙酉卜,御新於父……戊白豭。"《論語·陽貨》:"不曰白乎,涅而不緇。"

(463) 怕皅粕(淡義)

怕 心無欲,恬淡。《說文·心部》:"怕,無爲也。从心,白聲。"清朱駿聲《通訓定聲》:"《子虛賦》:'怕乎無爲。'今澹泊字以'泊'爲之。《廣雅·釋詁四》:'怕,静也。'《漢書·揚雄傳》:'泊如也。'注:'安静也。'"《廣韻·陌韻》:"怕,憺怕,静也。"唐釋道世編《法苑珠林》卷七引《法句喻經》:"當求寂滅,攝心守正,怕然無想,可得泥洹。"

皅 色不真。《廣韻·禡韻》:"皅,色不真也。"按,色淡則不真。"皅"字乃以白色表淡義。"皅"字《集韻》作"葩",《說文·白部》"葩"訓"草華之白",實亦淡義,凡花以紅爲正色,色白則淡而不真。

粕 酒滓。《說文新附·米部》:"粕,糟粕,酒滓也。从米,白聲。"《廣韻·鐸韻》:"粕,糟粕。"今按,酒滓已去其精華,味淡,故曰"粕"。《淮南子·道應訓》:"是直聖人之糟粕耳。"漢高誘注:"粕,已漉之精也。"漢劉向《新序·雜事二》:"凶年饑歲,士糟粕不厭,而君之犬馬有餘穀粟。"

〔推源〕 諸詞俱有淡義,爲白聲所載之公共義。聲符字"白"所記錄語詞有白色義,色白則淡,此二義或相通。白聲可載淡義,則"薄"可證之。"白""薄"同音,並紐雙聲,鐸部疊韻。凡色、味淡亦稱"薄"。《莊子·胠篋》:"魯酒薄而邯鄲圍。"戰國楚宋玉《神女賦》序:"嬌被服,倪薄裝,沐蘭澤,含若芳。"按,"薄"又爲厚薄字,色、味不厚、不濃稱"淡",有形物不厚則稱"薄",義亦相通。《廣韻·鐸韻》:"薄,厚薄。"《詩·小雅·小旻》:"戰戰兢兢,如臨深淵,如履薄冰。"宋沈括《夢溪筆談·技藝》:"有布衣畢昇,又爲活版,其法用膠泥刻字,薄如錢唇。"

(464) 迫洦趐(逼近義)

迫 逼近。《說文·辵部》:"迫,近也。从辵,白聲。"《玉篇·辵部》:"迫,逼也。"《廣韻·陌韻》:"迫,逼也。"《左傳·哀公十五年》:"孔伯姬杖戈而先,大子與五人介,輿豭從之,迫孔悝於厠,强盟之。"《漢書·梁懷王劉揖傳》:"今立自知賊殺中郎曹將,冬月迫促,貪生畏死,即詐僵僕陽病,徼幸得踰於須臾。"

泊 舟抵岸而止,即舟逼近岸邊義。《玉篇·水部》:"泊,止舟也。"《廣韻·鐸韻》:"泊,止也。"《篇海類編·地理類·水部》:"泊,舟附於岸曰泊。"《三國志·吴志·陸凱傳》:"武昌土地,實危險而堵确,非王都安國養民之處,船泊則沉漂,陵居則峻危。"清吴敬梓《儒林外史》第二回:"將到岸邊,那人連呼船家泊船,帶領衆人,走上岸來。"

赸 逼近。《集韻·陌韻》:"赸,逼也。"按,"赸"又有踰越義,逼近、踰越,二義相通。清朱駿聲《説文通訓定聲·豫部·附〈説文〉不録之字》:"赸,《江賦》:'赸漲截洞。'注:'猶越也。'"清朱昆田《競渡歌》:"競兒醉飽驕蓡龍,一一乘潮能赸漲。"

〔推源〕 諸詞俱有逼近義,爲白聲所載之公共義。聲符字"白"所記録語詞之本義、引申義系列與逼近義不相涉,其逼近義爲白聲所載之語源義。白聲可載逼近義,"薄"可相證。"白""薄"同音,並紐雙聲,鐸部疊韻。《左傳·僖公二十三年》:"曹共公聞其駢脅,欲觀其裸。浴,薄而觀之。"唐孔穎達疏:"薄者,逼近之意。"《楚辭·九章·涉江》:"腥臊並御,芳不得薄兮。"宋洪興祖《補注》:"薄,迫也,逼近之意。"

162 斥聲

(465) 坼皵(裂義)

坼 裂開。字亦作"㡲"。《説文·土部》:"坼,裂也。从土,斥聲。"清朱駿聲《通訓定聲》:"按,土裂。《淮南·本經》:'天旱地坼。'注:'燥裂也。'《廣雅·釋詁一》:'坼,分也。'《三》:'開也。'〔轉注〕《詩·生民》:'不坼不疈。'又《易·解》:'百果草木皆甲坼。'"《廣韻·陌韻》:"㡲,裂也。亦作坼。"《玉篇·片部》:"㡲,今作坼。"《廣韻·陌韻》:"㡲,㡲開。"

皵 皮膚裂開。《玉篇·皮部》:"皵,皴皵也。"《廣韻·陌韻》所訓同。又《語韻》:"皵,皴皵,皮裂。"按《説文新附·皮部》"皴"訓"皮細起",即皮膚起皺裂開之義,"皴皵"爲同義聯合式合成詞。北魏賈思勰《齊民要術·種紅藍花梔子》:"以藥塗之,令手軟滑,冬不皴。"清范寅《越諺》:"膜皵,嚴冬皮坼。"

〔推源〕 此二詞俱有裂義,爲斥聲所載之語源義。斥聲"赾""柝"亦可以假借字形式、以其斥聲表裂義。馬王堆漢墓帛書《經法·六分》:"主主臣臣,上下不赾者,其國强。"其"赾"即分裂義。"柝",本指木梆,又有判木使分裂之假借義。《集韻·鐸韻》:"㭦,《説文》:'判也。'或作柝。"清黄六鴻《福惠全書·刑名·謀反大逆》:"謀反者……及期親伯叔等,亦不限已未柝居,皆坐,而不及其孫。"按,"柝居"即分裂其家室。聲符字"斥",《廣韻·昔韻》訓"逐"、訓"遠",即驅逐、疏遠之義,與裂義不相涉。然則"坼""皵"以及"赾""柝"之裂義爲斥聲所載之語源義。斥聲可載裂義,"裂"可證之。

斥：昌紐鐸部；

裂：來紐月部。

昌（三等即穿）來準雙聲，鐸月通轉。"裂"，裂開。《玉篇·衣部》："裂，壞破也。"《左傳·昭公元年》："召使者，裂裳帛而與之。"《史記·項羽本紀》："噲遂入，披帷西向立，瞋目視項王，頭髮上指，目眥盡裂。"

（466）泝訴（追溯義）

泝 逆水而上，即溯流，字亦作"溯"。《說文·水部》："㴑，逆流而上曰㴑洄。㴑，向也，水欲下，違之而上也。从水，屰聲。遡，㴑或从朔。"《廣韻·暮韻》："泝，逆流而上。"按清朱駿聲《說文通訓定聲·豫部》引《說文》原文"㴑"字徑作"泝"，並云"亦作溯"。《左傳·文公十年》："沿漢泝江，將入郢。"晉杜預注："沿，順流；泝，逆流。"引申爲追溯義。宋葉隆禮《契丹國志·本末》："後之英主忠臣，志欲溯今洄古，可以鑒矣。"

訴 訴說，追述已然之事，"訴"本寓追溯義。《說文·言部》："訴，告也。从言，厈省聲。《論語》曰：'訴子路於季孫。'愬，訴或从言、朔。諑，訴或从㤜、心。"漢王逸《九思·憫上》："思怫鬱兮肝切剥，忿悁悒兮孰訴告。"宋彭耜《喜遷鶯》："今古事，似一江流水，此懷難訴。"

〔推源〕 此二詞俱有追溯義，爲斥聲所載之公共義。聲符字"斥"《說文》作"厈"，从广，屰聲，"屰"訓"不順"，"逆"訓"迎"，皆與追溯義相通。又"泝"字一作"溯"，"訴"亦作"愬"，聲符字"朔"指每月初一，此亦與追溯義通，"朔"字亦从屰得聲。然則追溯義爲其顯性語義。

163　瓜聲

（467）枴觚窊（凹凸義）

枴 棱角，凸出者。《說文·木部》："枴，棱也。从木，瓜聲。又枴棱，殿堂上最高之處也。"清朱駿聲《通訓定聲》："凡木四方有隅爲棱，八棱爲枴，故殿堂上最高之處曰枴棱。"《廣韻·模韻》："枴，棱枴。"《明史·高弘圖傳》："枴棱自恃，不依麗人。"按，所謂殿堂上最高處指宮闕上轉角處的瓦脊，亦凸出者。明宋濂《官岩院碑》："陽馬四騫，枴棱高翔。"

觚 酒器，引申之則指棱角及多棱角之器物。《說文·角部》："觚，鄉飲酒之爵也。一曰觴受三升者謂之觚。从角，瓜聲。"清朱駿聲《通訓定聲》："按，禮飲爵也……〔假借〕爲枴。《史記·酷吏傳》：'破觚而爲圜。'《索隱》：'觚八棱有隅者。'《漢書》注：'觚，方也。'《莊子·大宗師》：'其觚而不堅也。'崔注：'棱也。'《西都賦》：'上觚棱而棲金爵。'"按，"觚"表棱角、凸出義非假借，乃引申。《廣韻·模韻》："觚，酒爵。""箛，棱也。"按，"箛"从觚聲而指棱角，亦爲一證。

窊 凹下。《說文·穴部》："窊，污衺下也。从穴，瓜聲。"清朱駿聲《通訓定聲》："《廣雅·釋詁一》：'窊，下也。'……《吴都賦》：'窊隆異等。'《長笛賦》：'窊隆詭戾。'《漢書·禮樂志》：'窅窊桂華。'"《廣韻·麻韻》："窊，凹也。"清黄景仁《夾石》："雙城落天半，倒影辨窊凸。"

〔推源〕 此三詞或有凸義，或有凹義，俱以瓜聲載之，出自同一語源。同源詞之語義親緣關係本有相反類型。聲符字"瓜"象瓜形，謂瓜。《説文·瓜部》："瓜，㼌也。象形。"《詩·小雅·信南山》："中田有廬，疆場有瓜，是剥是菹。"按，瓜爲不規則圓形物，表面鼓而凸出。至瓜聲可載凹義，則"窊"可證之。

瓜：見紐魚部；
窊：影紐支部。

見影鄰紐，魚支旁轉。"窊"，凹下。《廣雅·釋詁一》："窊，下也。"《龍龕手鑑·穴部》："窊，凹也。"《新唐書·南蠻傳》下："扶南，在日南之南七千里，地卑窊。"宋曾鞏《墨池記》："新城之上，有池窊然，而方以長。"

(468) 罛夼胍𩨘衪（大義）

罛 大魚網。《爾雅·釋器》："魚罟謂之罛。"晉郭璞注："罛，最大罟也。"《説文·網部》："罛，魚罟也。从網，瓜聲。《詩》曰：'施罛濊濊。'"清朱駿聲《通訓定聲》："《魯語》：'水虞於是乎講罛罶。'《吴都賦》：'同罛共羅。'《淮南·説山》：'好魚者先其罟與罛。'注：'罛，大網。'"

夼 大。《説文·大部》："夼，大也。从大，瓜聲。"清桂馥《義證》："俗作'抓'。"按，"抓"即寬大。《説文新附·手部》："抓，橫大也。"《廣韻·模韻》："夼，大兒。"又《麌韻》："抓，寬也，大也。"《左傳·昭公二十一年》："而鐘，音之器也……小者不窕，大者不抓，則和於物。"晉杜預注："窕，細不滿；抓，橫大不入。"唐孔穎達疏："則'抓'是大之義也。"

胍 大腹，亦指大椎，肥大。《玉篇·肉部》："肫，肫胍，大腹也。"《類篇·肉部》："胍肫，大腹兒。"《廣韻·模韻》："胍，胍肫，大腹。"沈兼士《聲系》："案'胍肫'《集韻》作'胍肫'。"《集韻·莫韻》："胍，肫胍，肥大兒。"又《模韻》："肫，胍肫，椎之大者。"宋宋祁《宋景文公筆記·釋俗》："國朝有骨朵子，值衛士之親近者。余嘗修日曆，曾究其義。關中人以腹大者爲'胍肫'，上孤下都。俗因謂頭大者亦爲'胍肫'，後誤爲'骨朵'。"

𩨘 大骨。《廣韻·模韻》："𩨘，大骨也。出《莊子》。"《莊子·養生主》："技經肯綮之未嘗，而況大𩨘乎？"晉郭象注："𩨘，戾大骨也。"唐成玄英疏："𩨘，大骨也。"

衪 大襠褲。《玉篇·衣部》："衪，大袑衣。"《廣韻·虞韻》："衪，大袑衣也。"《説文·衣部》："袑，袴上也。"按"衪"亦謂大裙。《類篇·衣部》："衪，大裙謂之衪。"

〔推源〕 諸詞俱有大義，爲瓜聲所載之公共義。聲符字"瓜"所記録語詞之本義、引申義系列與大義不相涉，其大義爲瓜聲所載之語源義。瓜聲可載大義，"巨"可證之。

瓜：見紐魚部；

巨：群紐魚部。

叠韻,見群旁紐。"巨",《説文·工部》訓"規巨",即"矩"之初文,然其聲韻別載大義,且爲其基本義。漢揚雄《方言》卷一:"巨,大也。"《小爾雅·廣詁》:"巨,大也。"《公羊傳·哀公六年》:"於是使力士舉巨囊,而至於中霤。"漢何休注:"巨囊,大囊。"《列子·湯問》:"物有巨細乎？有修短乎？有同異乎？"

164　㕣聲

(469) 沿/緣(遵循義)

沿　順流而下。《説文·水部》:"沿,緣水而下也。从水,㕣聲。《春秋傳》曰:'王沿夏。'"清朱駿聲《通訓定聲》:"字亦誤作'沇'。《左昭十三傳》:'王沿夏。'注:'順流爲沿。'……《定四傳》:'子沿漢而與之上下。'注:'緣也。'《書·禹貢》:'沿於江海。'鄭注:'順水行也。'"按,"沿"即遵循河流路綫下行,故引申爲遵循義。《篇海類編·地理類·水部》:"沿,循也。"《禮記·樂記》:"禮樂之情同,故明王以相沿也。"唐魏玄同《請吏部各擇寮屬疏》:"自秦並天下,罷侯置守,漢氏因之,有沿有革。"

緣　衣邊,引申爲遵循義。《説文·糸部》:"緣,衣純也。"清朱駿聲《通訓定聲》:"《爾雅·釋器》:'緣謂之純。'注:'衣緣飾也。'《禮記·玉藻》:'緣廣寸半。'注:'飾邊也。'……〔轉注〕《廣雅·釋詁四》:'緣,循也。'《荀子·正名》:'緣耳而知聲,緣目而知形。'注:'因也。'"按,所言"轉注"實即引申。《韓非子·解老》:"夫緣道理以從事者無不能成。"晉袁宏《後漢紀·章帝紀》:"后性敏給,稱譽日聞,太后緣上意,乃立爲后。"

〔推源〕　此二詞俱有遵循義,其音亦同,余紐雙聲,元部叠韻,語源當同。"沿"字乃以㕣聲載遵循義。聲符字"㕣"所記録語詞謂山間泥沼地,與此義不相涉,其遵循義乃㕣聲所載之語源義。

165　㐱聲

(470) 趁跈迍屯(受阻義)

趁　行不進貌。《説文·走部》:"趁,䠓也。从走,㐱聲。讀若塵。"清朱駿聲《通訓定聲》:"《易》:'屯如邅如。'以'屯'爲之。字亦作'跈'。"《集韻·真韻》:"趁,趁趄,行不進皃。或从足。"又《銑韻》:"跈,止也。"按,行不進則止,二義相通。又,漢許慎以"䠓"訓"趁","䠓"字从亶得聲,朱氏所引《易》之"屯""亶"同義。《説文》同部:"䠓,趁也。"《玉篇·走部》:"䠓,移也。"按即行而不進、緩緩移行、行走困頓義。梁啓超《飲冰室文集·詩話》:"(丁叔雅)《感事》詩云：'被髮繭足行趨趨，有人流涕《哀江南》。"

駯 馬負重難行貌。《説文·馬部》："駯，馬載重難也。从馬，參聲。""驙，駯驙也。从馬，亶聲。《易》曰：'乘馬驙如。'"清桂馥《義證》："'駯驙也'者，猶趁趍也。《廣雅》：'驙，難也。'《易》曰：乘馬驙如'者，《屯卦》文，彼作'屯如邅如，乘馬班如。'馬融作'驙'，云：'驙如，難行不進之兒。震爲馬羿足，故驙如也。'"《玉篇·馬部》："駯，駯驙，馬載重難行。"

渗 水流不暢。《説文·水部》："渗，水不利也。从水，參聲。《五行傳》曰：'若其渗作。'"清朱駿聲《通訓定聲》："《漢書·揚雄傳》：'跖魂負渗。'注：'河岸之坂也。'按，坂礙水使不行。〔假借〕爲'紾'。《漢書·五行志》：'氣相傷謂之渗，渗猶臨莅，不和意也。'《説文》引《五行傳》曰：'若其渗作。'按，拂戾之氣也。《莊子·大宗師》：'陰陽之氣有渗。'注：'陵亂也。'《漢書·孔光傳》：'六渗之作。'注：'惡氣也。'"今按，"渗"本謂水受阻而流不暢，引申之則指四時陰陽之氣受阻而亂，非借爲"紾"而表此義。"紾"字从糸，謂轉繩，非凌亂義本字。

硶 重言譬況字，謂費勁、難致之貌。漢揚雄《太玄·難》："拔石硶硶，力没以引。"晉范望注："石以喻難，硶硶，難致之兒。"

〔推源〕諸詞俱有受阻義，爲參聲所載之公共義。聲符字"参"爲"鬢"之初文，謂稠髮，與受阻義不相涉，諸詞之受阻義爲參聲所載之語源義。参聲可載受阻義，"止"可證之。

参：章紐文部；

止：章紐之部。

雙聲，文之通轉。甲骨文"止"象足形，爲"趾"之初文。足以行，故"止"有行止、舉止義；人行時止，故亦有停止義。引申之，則有阻止義。《左傳·桓公六年》："少師歸，請追楚師，隨侯將許之，季梁止之。"《晉書·華譚傳》："後爲紀瞻所薦，而爲顧榮所止遏，遂數年不得調。"按，受阻、阻止二義相反而相因，其聲韻相近而相通，語源則同。

(471) 抮紾軫(轉義)

抮 轉。《廣雅·釋詁二》："抮，俏也。"按《廣韻·隊韻》："俏"訓"向俏"，則"俏"即轉向反面之義。《廣韻·銑韻》："抮，引戾。"亦謂轉向相反方向。《淮南子·説林訓》："徵、羽之操，不入鄙人之耳，抮和切適，舉坐而善。"漢高誘注："抮，轉也，轉其和更作急調。"按，此"抮"之轉義，爲抽象性意義，"抮"亦有具體性轉義。《淮南子·原道訓》："扶摇抮抱羊角而上。"漢高誘注："抮抱，引戾也。"

紾 扭轉。《説文·糸部》："紾，轉也。从糸，參聲。"清朱駿聲《通訓定聲》："《考工·弓人》：'老牛之角紾而昔。'司農注：'讀爲抮縛之抮。'……《孟子(告子下)》：'紾兄之臂。'注：'戾也。'《淮南·原道》：'蟠安錯紾。'注：'轉也。'"按，朱氏所引《孟子》文楊伯峻注："紾，即今扭轉之意。"宋陸游《老健》："不怪模稜嘲了了，但驚紾臂勸徐徐。"按，《廣韻·狝韻》"紾"字訓"轉繩"，"紾"又有纏繞義，其義皆相通。

軫 車底四周横木,亦指車,猶"舲"本謂有窗之舟,亦泛指舟,所謂詞義引申,指稱範圍擴大。車爲轉動之物,故又引申爲轉義。清朱駿聲《説文通訓定聲·坤部》:"軫,〔假借〕爲紾。《方言》三:'軫,戾也。'《廣雅·釋訓》:'軫軯,轉戾也。'"按,非假借,實乃引申。唐慧琳《一切經音義》卷七十五:"軫,轉也。"《廣韻·軫韻》:"軫,動也。"《文選·枚乘〈七發〉》:"初發乎或圍之津涯,荄軫谷分。"唐李善注:"言涯如轉,而谷似裂也。一曰涯如草轉也。"《魏書·世祖紀》下:"車駕旋軫,幸洛水。"

〔推源〕 諸詞俱有轉義,爲㐱聲所載之公共義。聲符字"㐱"所記録語詞之顯性語義系列與轉義不相涉,其轉義爲㐱聲所載之語源義。㐱聲可載轉義,"轉"可證之。

㐱:章紐文部;

轉:端紐元部。

章(照)端準雙聲,文元旁轉。"轉",以車運行。《説文·車部》:"轉,運也。"清朱駿聲《通訓定聲》:"《廣雅·釋詁一》:'轉,行也。'《史記·平準書》:'漕轉山東粟。'《索隱》:'車運曰轉。'"按,車輪轉動則車前行,故引申爲輾轉、回還義。南唐徐鍇《説文繫傳·車部》:"轉,還也。"漢杜篤《書槴賦》:"雖轉旋而屈橈,時傾斜而反側。"漢王充《論衡·説日》:"然而日出上日入下者,隨天轉運,視天若覆盆之狀,故視日上下然,似若出入地中矣。"

(472) 珍袗(美義)

珍 字从玉,謂珠玉類寶物,引申爲精美義。《説文·玉部》:"珍,寶也。从玉,㐱聲。"清朱駿聲《通訓定聲》:"《爾雅·釋詁》:'珍,美也。'……《周禮·典瑞》:'珍圭。'注:'王使之瑞節。'《楚辭·招魂》:'多珍怪些。'注:'金玉爲珍。'〔轉注〕《周禮·膳夫》:'珍用八物。'注:'謂淳熬、淳母、炮豚、炮牂、擣珍、漬熬、肝膋也。'《廩人》:'凡珍異之有滯者。'注:'四時食物也。'《左文十六傳》:'時加羞珍異。'"按,朱氏所稱"轉注"即引申。"珍"不限於指稱食物精美,凡"珍物""珍玉""珍麗""珍盤""珍善"之"珍"皆美義。

袗 衣純色,引申爲整齊、華美義。《説文·衣部》:"袗,玄服。从衣,㐱聲。裖,袗或从辰。"清朱駿聲《通訓定聲》:"《儀禮·士冠禮》:'兄弟畢袗玄。'……〔假借〕又爲'珍'。《孟子》:'被袗衣。'注:'畫也,畫衣黼黻絺繡也。'陸注:'衣之美者。'"按,"袗"表衣飾華美義,無煩假借,實爲引申;"珍"亦非衣美義本字。南朝陳沈炯《勸進梁元帝第三表》:"縱陛下拂袗衣而遊廣成,登弇山而去東土,群臣安得仰訴,兆庶何得歸仁?"

〔推源〕 此二詞俱有美義,爲㐱聲所載之公共義。聲符字"㐱"所記録語詞之本義、引申義系列與美義不相涉,其美義爲㐱聲所載之語源義。㐱聲可載美義,"真"可證之。

㐱:章紐文部;

真:章紐真部。

雙聲,文真旁轉。"真",真人,即道家所稱仙人。《説文·匕部》:"真,仙人變形而登天也。从匕,从目,从乚。八,所乘載也。"按"匕"即變化字。《莊子·列御寇》:"夫免乎外内之刑者,唯真人能之。"引申之,則有真淳、精美之義。唐張祜《樂静》:"發匣琴微静,開瓶酒味真。"按,此"真"即《篇海類編》《字彙》所訓"精""淳"義。宋韓彦直《橘録》:"真柑在品類中最貴可珍……一名乳柑,謂其味之似乳酪。"然則"真柑"即美味之柑。

(473) 參畛軫(整齊義)

參 星名。《説文·晶部》:"曑,商星也。从晶,㐱聲。參,曑或省。"《詩·召南·小星》:"嘒彼小星,維參與昴。"按參有七星,故引申爲等同、整齊義。銀雀山漢墓竹簡《孫臏兵法·將失》:"卅一曰,兵之前行後行之兵,不參齊於陣前,可敗也。"漢曹操《謝襲費亭侯表》:"内比鼎臣,外參二伯,身荷兼紱之榮,本枝賴無窮之祚也。"

畛 田間分界的道路,田有四界則整齊,故稱"畛"。《説文·田部》:"畛,井田間陌也。从田,㐱聲。"清朱駿聲《通訓定聲》:"《小爾雅·廣詁》:'畛,界也。'《詩·載芟》:'徂隰徂畛。'箋:'謂舊田有徑路者。'傳:'場也。'《周禮·遂人》:'十夫有溝,溝上有畛。'注:'畛容大車。'《楚辭·大招》:'田邑千畛。'注:'田上道也。'"《廣韻·軫韻》:"畛,田界。"按,"畛"字疊用可表平坦整齊義。明宋濂《燕書》之九:"腹擊至趙,趙苦成常與之出遊,指河山曰:'畛畛乎有載也。'指民物曰:'芬芬乎衆多也。'"

軫 車底四周横木,引申之則有方形義,方形則即整齊形狀。《説文·車部》:"軫,車後横木也。从車,㐱聲。"清朱駿聲《通訓定聲》:"《輿人》:'六分其廣,以一爲之軫圍。'《輈人》:'軫之方也,以象地也。'《廣雅·釋詁一》:'軫,方也。'"《楚辭·九章·抽思》:"軫石崴嵬,蹇吾願兮。"漢王逸注:"軫,方也。"又漢王褒《九懷·昭世》:"忽反顧兮西囿,覩軫丘兮崎傾。"宋洪興祖《補注》:"軫丘猶《九章》言軫石也。"

〔推源〕 諸詞俱有整齊義,爲參聲所載之公共義。聲符字"參"所記録語詞之本義、引申義系列與此義不相涉,整齊義爲參聲所載之語源義。參聲可載整齊義,"齊""整"可相證。

參:章紐文部;

齊:從紐脂部;

整:章紐耕部。

章(照)從鄰紐,文脂旁對轉,脂耕通轉。"齊",整齊。《説文·齊部》:"齊,禾麥吐穗上平也。象形。"《廣雅·釋言》:"齊,整也。"《易·説卦》:"齊也者,言萬物之絜齊也。"高亨注:"齊者,整齊也。"《莊子·盗跖》:"唇若激丹,齒如齊貝。""整",整齊。《説文·攴部》:"整,齊也。"《詩·小雅·六月》:"玁狁匪茹,整居焦獲。"漢鄭玄箋:"乃自整齊而處周之焦獲。"《左傳·僖公三十年》:"以亂易整,不武。"

166　乎聲

(474) 評/叫（呼叫義）

評　召喚，呼叫。後世乃以"呼"爲之。《説文·言部》："評，召也。从言，乎聲。"《墨子·耕柱》："楚四竟之田，曠蕪而不可勝辟，評靈數千不可勝。"《廣韻·模韻》："評，亦喚也。""呼，喚也。《説文》曰：'外息也。'"按，外息即呼氣，凡呼叫氣亦外出，義相通。《儀禮·士昏禮》："媵侍於户外，呼則聞。"《墨子·魯問》："令之俯則俯，令之仰則仰，處則静，呼則應，可謂忠臣乎？"

叫　呼叫，呼喊。《説文·口部》："叫，嘑也。"《左傳·襄公三十年》："或叫於宋大廟曰：'譆譆，出出。'"晉杜預注："叫，呼也。"《詩·小雅·北山》："或不知叫號，或慘慘劬勞。"漢毛亨傳："叫，呼。"

〔推源〕　二詞義同，音亦相近且相通，語源同。

呼：曉紐魚部；

叫：見紐幽部。

曉見旁紐，魚幽旁轉。"呼"字乃以乎聲載呼叫義。聲符字"乎"本爲"評""呼"之初文。甲骨文合 302："甲子卜，夬雀弗其乎王族來。""乎"字之形體結構，《説文·兮部》云："从丂，象聲上越揚之形也。"然則"評""呼"之呼叫義爲聲符"乎"所承載之顯性語義。

167　令聲

(475) 玲笭泠軨舲拎呤砱（空明義）

玲　空明貌。《文選·揚雄〈甘泉賦〉》："前殿崔巍兮，和氏玲瓏。"唐李善注："玲瓏，明見皃也。"晉左思《吴都賦》："瓊枝抗莖而敷蘂，珊瑚幽茂而玲瓏。"

笭　竹籠，空明之物。《廣韻·青韻》："笭，笭箵，小籠。"清朱駿聲《説文通訓定聲·坤部》："笭，〔別義〕《廣雅·釋器》：'笭，籠也。'按竹器受三四斗……又《通俗文》：'竹器謂之笭箵。'按，漁具也。"唐皮日休《奉和魯望漁具十五詠·笭箵》："朝空笭箵去，暮實笭箵歸。"清曹寅《漁灣》："滄浪笑子美，日暮空笭歸。"

泠　水清透明似空。《玉篇·水部》："泠，清也。"《廣韻·青韻》："泠，清泠水也。"明唐順之《雁訓》："濯泠波以修容，颺輕颸而整儀。"引申爲明亮清晰義。唐韓愈《和崔舍人詠月》："浩蕩英華溢，蕭疏物象泠。"

軨　車闌，空而透明者。《説文·車部》："軨，車轖間横木。从車，令聲。"清朱駿聲《通訓定聲》："《禮記·曲禮》：'展軨效駕。'舊注：'車闌也。'《甘泉賦》：'據軨軒而周流兮。'《漢書》注：'軒間小木也。'《楚辭》：'倚結軨兮長太息。'〔轉注〕《尚書大傳》：'車不得有飛軨。'注：'如今窗車也。'"《廣韻·青韻》："軨，車闌。"按，朱氏所引《楚辭·九辯》文宋朱熹《集注》："軨，車軾下縱橫木也。"又朱氏所稱"轉注"即引申，所謂"窗車"即有窗透明之車。

舲 有窗的小船，空而透明者。《廣韻·青韻》："舲，舟上有窗。"《楚辭·九章·涉江》："乘舲船余上沅兮，齊吳榜以擊汰。"漢王逸注："舲船，船有牕牖者。"按，"舲"亦指舟之窗，當爲引申義，源流可互證之。北周庾信《舟中望月》："舟子夜離家，開舲望月華。"

拎 以手提物，使懸空。《玉篇·手部》："拎，手懸捻物也。"《廣韻·青韻》："拎，手懸捻物。"明路惠期《鴛鴦縧·遣妁》："老身只用一支手拎著他眼扎毛，就順手牽羊一般牽將來了。"清吳敬梓《儒林外史》第四回："何美之捧出盤子，渾家拎着酒。"

昤 日光，明亮者；光之爲物空，"昤"即空而明之謂。《廣韻·青韻》："昤，昤曨，日光，出《道書》。"唐儲光羲《薔薇》："春日遲遲欲將半，庭影昤昤正堪玩。"

砱 石孔開明。《廣韻·青韻》："砱，石砱。"《正字通·石部》："砱，石孔開明也。"

〔推源〕 諸詞俱有空明義，爲令聲所載之公共義。聲符字"令"所記錄語詞之本義爲命令，與空明義不相涉，其空明義爲令聲所載之語源義。令聲可載空明義，"婁"可證之。

令：來紐耕部；

婁：來紐侯部。

雙聲，耕侯旁對轉。"婁"本訓空。《説文·女部》："婁，空也。从母中女，空之意也。"清朱駿聲《通訓定聲》："窗牖曰麗廔，皆空明、多空之意。"《廣韻·侯韻》："婁，空也。"《管子·地員》："五殖之次曰五穀，五穀之狀婁婁然，不忍水旱。"唐尹知章注："婁婁，疏也。"按，空義、稀疏義相通。今徽歙方言有"空婁婁"之三字格派生詞，其詞根、詞綴當同義，與"暖烘烘"相類。又婁聲字所記錄語詞"簍""樓""髏"等俱有空義（見本典"婁聲"），可相證。

（476）伶零跉竛冷泠（孤獨義）

伶 孤獨。《廣韻·青韻》："伶，伶仃，獨也。"《字彙·人部》："伶，獨也。"清朱駿聲《說文通訓定聲·坤部》："伶，《寡婦賦》：'少伶俜而偏孤兮。'注：'單子貌。'"宋陸游《幽居遣懷》："斜陽孤影嘆伶仃，橫案烏籐坐草亭。"清那彦成《疏影》："惺忪香國，忍伶俜抱影，凍禁孤碧。"

零 字从雨，本謂零星雨，引申爲零碎義。零星、零碎義與孤獨極相近而相通，語源當同。《説文·雨部》："零，餘雨也。从雨，令聲。"清朱駿聲《通訓定聲》："《廣韻》引《説文》：'徐雨也。'按，與'霝'略同。《詩·定之方》：'靈雨既零。'……又今用零星字，畸餘瑣碎之意。"明唐順之《與莫子良主事書》："況好文字與好詩亦正在胸中流出，有見者與人自別，正不資藉此零星簿子也。"按，人零星則即孤獨不羣，故"伶仃"亦作"零丁"。《陳書·沈炯傳》：

"臣嬰生不幸,弱冠而孤,母子零丁,兄弟相長。"

跉 獨行貌,字亦作"伶","足""彳"所表義類同。《集韻·青韻》:"跉,跉跰,獨行。或从彳。"宋王安石《汝瘦和王仲儀》:"臘脫常拄頤,伶行安及脛。"按"跉"亦虛化引申爲孤獨義。清毛奇齡《周子鉉游天台山記事》:"四顧跉蹁,傍無一人,方疑其年少獨行,當有所爲。"

竛 孤獨貌。《法華經·信解品》:"此是我子,我之所生,於某城中,捨吾逃走,竛竮辛苦五十餘年。"宋陳與義《雨》:"地偏寒浩蕩,春半客竛竮。"

冷 寒冷。《說文·仌部》:"冷,寒也。从仌,令聲。"《晉書·王沉傳》:"冰炭不言,而冷熱之質自明者,以其有實也。"引申之,則有冷淡、孤寂義,此與孤獨義極相近且相通。梁蕭衍《淨業賦》:"心清泠其若水,志皎潔其如雪。"清陸以湉《冷廬雜識·吳祭酒尺牘》:"大抵生平好作冷人,天故以冷待之。"又,古稱閒散之官爲"冷官",閒散即不入群,孤獨。宋陸游《登塔》:"冷官無一事,日日得閒游。"

泠 冷清,孤寂,實即孤獨義。唐常建《西山》:"泠然夜遂深,白露沾人袂。"唐牟融《寫意》:"白髮顛狂塵夢斷,青氈泠落客心存。"

〔推源〕 諸詞俱有孤獨義,爲令聲所載之公共義。聲符字"令"所記録語詞之本義、引申義與孤獨義不相涉,其孤獨義爲令聲所載之語源義。令聲可載孤獨義,"獨"可證之。

令:來紐耕部;

獨:定紐屋部。

來定旁紐,耕屋旁對轉。"獨",孤獨。《說文·犬部》:"獨,犬相得而鬭也。从犬,蜀聲。羊爲群,犬爲獨也。"清段玉裁注:"犬好鬭,鬭則獨而不群。"《書·泰誓》:"獨夫受,洪惟作威,乃汝世讎。"宋蔡沈《集傳》:"獨夫,言天命已絕,人心已去,但一獨夫耳。"《後漢書·獨行傳·劉翊》:"鄉族貧者,死亡則爲具殯葬,煢獨則助營妻娶。"唐李賢注:"寡婦爲熒,無夫曰獨。"

(477) 玲聆剴怜伶(聰明、靈巧義)

玲 玲瓏,聰明。唐施肩吾《觀葉生畫花》:"心竅玲瓏貌亦奇,榮枯只在手中移。"按,"玲瓏"又有靈巧義。清洪昇《長生殿·倖恩》:"他情性多驕縱,恃天生百樣玲瓏。"今按,"玲"字从玉,有精巧義,移以言人,故有聰明、靈巧義。《正字通·玉部》:"玲,玲瓏,珊鏤貌。"唐蘇鶚《杜陽雜編》卷中:"輕金冠以金絲結之爲鸞鶴狀,仍飾以五采細珠,玲瓏相續,可高一尺,秤之無二三分。"

聆 聽聞,引申爲反應靈敏義。《說文·耳部》:"聆,聽也。从耳,令聲。"清朱駿聲《通訓定聲》:"《思玄賦》:'聆廣樂之九奏兮。'"《淮南子·齊俗訓》:"不通於道者若迷惑,告以東西南北,所居聆聆,壹曲而辟,然忽不得,復迷惑也。"漢高誘注:"聆聆,意曉解也。"

剴 伶俐,反應靈敏。《廣韻·青韻》:"剴,剴利,快性人也。"《字彙·刀部》:"剴,人快性曰刢利。"今按,"刢"字从刀,本義當爲刀鋒利,俗稱"快",凡人反應靈敏則稱"反應快",故可推伶俐義乃由鋒利義所衍生。《集韻·青韻》:"䨴,刀剖物。或作刢。"《改併四聲篇海·刀部》:"䨴,刢利,快性人。"按,"刢利"又指使性子。使性子即不加思索,所謂快人快語,其義亦相通。宋趙叔向《肯綮錄·俚俗字義》:"使性曰刢利。"

〔推源〕 諸詞俱有聰明、靈巧義,爲令聲所載之公共義。聲符字"令"所記錄語詞之本義、引申義系列與此義不相涉,當爲令聲所載之語源義。令聲可載聰明、靈巧義,"靈"可相證。"令""靈"同音,來紐雙聲,耕部疊韻。"靈",聰明。《書·泰誓》:"惟人萬物之靈。"宋蔡沈《集傳》:"萬物之生,惟人得其秀而靈,具四端,備萬善,知覺獨異於物。"唐韓愈《鱷魚文》:"不然,則是鱷魚冥頑不靈,刺史雖有言,不聞不知也。"按"靈"又有靈巧義。明徐弘祖《徐霞客遊記·滇遊日記十三》:"舞霓裳而骨節皆靈。"清陸以湉《冷廬雜識·畫工》:"觀此,知畫工雖小道,貴有格致之功,且必運以靈思。"

(478) 醽玲泠(美妙義)

醽 美酒。《集韻·青韻》:"醽,湘東美酒。或不省,亦作醽。"宋楊萬里《歸舟大雪中入運河過萬家湖》:"已被氊腴翳醽醁,更添牛乳點春酥。"《玉篇·酉部》:"醽,醽淥,酒也。"《正字通·酉部》:"醁,醽醁,美酒也。"晉葛洪《抱朴子·知止》:"密宴既集,醽醁不撤。"清湯球、黃奭輯《衆家編年體晉史》之晉李軌《晉起居注》:"十二月庚子,詔曰:'正叙百僚,增秩,賜醽酒,人二升。'"

玲 玲瓏,精巧美妙。《正字通·玉部》:"玲,玲瓏,珊鏤貌。"晉郭璞《山海經圖讚·海內西經·文玉玗琪樹》:"翠葉猗萎,丹柯玲瓏。"《西遊記》第六十回:"忽見一座玲瓏透剔的牌樓,樓下拴着那個避水金睛獸。"引申之,"玲瓏"亦指人之儀態美。元無名氏《百花亭》第二折:"惜玉憐香天生就,另一種可喜風流。淹潤慣熟,玲瓏透剔,軟欵溫柔。"

泠 輕妙。清朱駿聲《說文通訓定聲·坤部》:"泠,單辭形況字。《莊子·齊物論》:'列子御風而行泠然善也。'注:'輕妙之貌。'"《呂氏春秋·任地》:"子能使子之野盡爲泠風乎?"宋陳師道《和和叟第課還自都下》:"青雲直上馬如龍,來往泠然若御風。"

〔推源〕 諸詞俱有美妙義,爲令聲所載之公共義。令聲字"領"亦可以假借字形式表美好義。清朱駿聲《說文通訓定聲·坤部》:"領,〔假借〕爲'令',實爲'良'。《法言》:'君子純終領聞。'注:'令也。'"按"領聞"即美好的名聲。聲符字"令"單用本可表美好、美妙義。《爾雅·釋詁上》:"令,善也。"《廣韻·勁韻》:"令,善也。"《詩·小雅·角弓》:"此令兄弟,綽綽有裕;不令兄弟,交相爲瘉。"漢鄭玄箋:"令,善也。"《漢書·韋賢傳》:"即以令日,遷太上、孝惠廟、孝文太后、考昭太后寢。"唐顏師古注:"令,善也,謂吉日也。"又,雙音詞"令則""令人""令上""令士""令姿""令色""令名""令匹""令聲""令德""令稱""令範""令質""令嗣""令問""令節""令望""令容""令章""令氣"之"令"皆美好、美妙義。美妙義與聲符字"令"所記錄語詞之本義、引申義系列不相涉,爲令聲所載之語源義。令聲可載美妙義,"妙"可證之。

· 356 ·

令：來紐耕部；

妙：明紐宵部。

來明鄰紐，耕宵旁對轉。"妙"，美妙，美好。《廣雅·釋詁一》："妙，好也。"《廣韻·笑韻》："妙，好也。"戰國楚宋玉《登徒子好色賦》："贈以芳華辭甚妙。"《漢書·孝武李夫人傳》："平陽主因言延年有女弟，上乃召見之，實妙麗善舞。"

(479) 鈴軨䑠鶺瓴閝呤岭羚零虢（小義）

鈴 小鐘，金屬製響器。《説文·金部》："鈴，令丁也。从金，从令，令亦聲。"清朱駿聲《通訓定聲》："按，即鐲也，有柄有舌，古謂之丁寧，似鐘而小。〔轉注〕《詩·載見》：'和鈴央央。'傳：'在旂上。'《左桓二傳》：'錫鸞和鈴。'注：'在旂。'又《周禮·巾車》：'鳴鈴以應雞人。'"《廣韻·青韻》："鈴，似鐘而小。"唐白居易《長恨歌》："夜雨聞鈴腸斷聲。"按"鈴"亦引申爲小聲義。漢揚雄《法言·吾子》："好説而不要諸仲尼，説鈴也。"晉李軌《揚子法言注》："鈴，以喻小聲。"

軨 小車。清朱駿聲《説文通訓定聲·坤部》："軨，《漢書·百官表》：'車府路軨。'注：'今之小馬車曲輿也。'"《漢書·宣帝紀》："太僕以軨獵車奉迎曾孫，就齊宗正府。"唐顔師古注："軨獵，小車，前有曲輿不衣也，近世謂之軨獵車也。"按"軨"亦引申爲小義。《莊子·外物》"已而後世軨才諷説之徒皆驚而相告也"唐陸德明《經典釋文》引晉李頤《莊子集解》："軨，量人也，本或作'軨'。軨，小也。"朱駿聲氏以爲"軨"假借爲"零"乃得表小義，今世辭書多從其説。"軨"表小義實爲虛化引申即捨棄具體性義素之引申，而非假借。

䑠 有窗的小船（見本典第 475 條），然則本有小義；亦指小船。《淮南子·俶真訓》："越䑠蜀艇，不能無水而浮。"漢高誘注："䑠，小船也。"又《主術訓》："湯武，聖主也，而不能與越人乘䑠舟而浮於江湖。"

鶺 鶺鴒，小鳥。《廣韻·青韻》："鶺，鵬鶺。"《集韻·錫韻》："鶺，鶺鴒，鳥名，雕鵋也。"《説文·鳥部》："䳭，雕䳭也。"清朱駿聲《通訓定聲》："《爾雅》：'鴷鶺，雕渠。'注：'雀屬也，飛則鳴，行則摇。'"《詩·小雅·常棣》："脊令在原，兄弟急難。"《北齊書·李繪傳》："鶺有六翮，飛則沖天。"《文選·東方朔〈答客難〉》："譬若鶺鴒，飛且鳴矣。"

瓴 小瓜。《廣韻·青韻》："瓴，小瓜名。出安南。"按《集韻·青韻》"瓴"亦訓"小瓜"，然云"出南海。"

閝 門上小窗。《廣韻·青韻》："閝，門上小窗。出崔浩《女儀》。"

呤 小語。《玉篇·口部》："呤，啨呤也。""啨，啨呤，小語也。"《正字通·口部》："呤，呤呤，小語。"按，亦以"令"爲之，謂小聲。《詩·齊風·盧令》："盧令令，其人美且仁。"漢毛亨傳："盧，田犬。令令，纓環聲。"

岭 山深小貌。《玉篇·山部》："岭，岭嶙，山深小皃。"《文選·揚雄〈甘泉賦〉》："岭嶙嶙岣,洞亡厓兮。"

羚 小羊。《玉篇·羊部》:"羚,羊子。"《廣韻·青韻》:"羚,羊子。"今按,"羚"本爲羊名,指羊子,爲套用式本字,乃以令聲表小義。

䍥 小網。《廣韻·迥韻》:"䍥,罜䍥,小網。"《篇海類編·器用類·網部》:"罜,罜䍥,小網兒。"清袁枚《隨園詩話》卷九引清何焕《春望》詩:"漁童小結罜䍥網,溪畔沖風一笠斜。"按"罜䍥"《廣雅·釋詁三》訓"空"、《玉篇·網部》訓"小空兒",其義亦相通。

虦 似虎而小之獸。《廣韻·青韻》:"虦,似虎而小,出南海。"

〔推源〕諸詞俱有小義,爲令聲所載之公共義。小義與聲符字"令"所記録語詞之本義、引申義不相涉,爲令聲所載之語源義。令聲可載小義,"小"可證之。

令:來紐耕部;
小:心紐宵部。

來心鄰紐,耕宵旁對轉。"小",微小。《説文·小部》:"小,物之微也。"《莊子·天下》:"惠施多方,其書五車,其道舛駁,其言也不中,厤物之意,曰:'至大無外,謂之大一;至小無內,謂之小一。'"《書·康誥》:"怨不在大,亦不在小。"

(480) 伶詅(使令義)

伶 使唤。《玉篇·人部》:"伶,使也。"清朱駿聲《説文通訓定聲·坤部》:"伶,《韓詩·車鄰》:'寺人之伶。'"按,朱氏所引"伶"《毛詩》作"令",唐陸德明《經典釋文》云"使伶"。"伶"亦指供使唤之人。唐白居易《府齋感懷酬夢得》:"府伶呼唤争先到,家醞提攜動輒隨。"

詅 叫賣,即叫唤使買。《廣雅·釋詁三》:"詅,賣也。"《廣韻·勁韻》:"詅,自衒賣也。"宋周密《齊東野語》卷二十:"其夫以鬻粉羹爲業,子稍長,詅羹於市。"清袁枚《隨園詩話補遺》卷一引清梁山舟詩:"相見詅賣時,狼籍坊市遍。"

〔推源〕此二詞俱有"使令"義,爲令聲所載之公共義。令聲字"泠""酃"亦可以假借字形式表此義。《莊子·山木》:"舜之將死,真泠禹曰:'汝戒之哉!'"唐陸德明《經典釋文》:"真,司馬本作'直'。'泠',或爲'命',又作'令'。"按,此"泠"即告誡、命令義,亦即使人行某事義。《墨子·備城門》:"爲斬縣梁,酃穿,斷城以板橋,邪穿外,以板次之,倚殺如城報。"于省吾《新證》:"言爲斬縣梁,令通斷城以板橋也。"按,聲符字"令",甲骨文、金文"命"字與之同,其本義爲發命令使人爲事,本與"使令"義通。《説文·卩部》:"令,發號也。"《書·冏命》:"出入起居,罔有不欽;發號施令,罔有不臧。"《三國志·蜀志·諸葛亮傳》:"今操已擁百萬之衆,挾天子以令諸侯。"引申之,則有使義。《廣雅·釋言》:"令,伶也。"又《釋詁一》:"令,使也。"《廣韻·清韻》:"令,使也。"《戰國策·趙策一》:"故貴爲列侯者,不令在相位。"《史記·高祖本紀》:"漢王病創卧,張良强請漢王起行勞軍,以安士卒,毋令楚乘勝於漢。"令聲可載"使令"義,則"使"可證之。

令：來紐耕部；

使：山紐之部。

來山鄰紐，耕之旁對轉。"使"，命令，派遣，即指使他人行事。《説文·人部》："使，伶也。"《左傳·襄公二十三年》："公子黃愬二慶於楚，楚人召之。使慶樂往。殺之。"引申之，則有致使義。《詩·鄭風·狡童》："維子之故，使我不能餐兮。"

168　氐聲

(481) 柢胝軧低底骶軝(底義)

柢　字或作"柢"，謂植物之根柢。根柢則爲處土底之物。《説文·木部》："柢，木根也。从木，氐聲。"清朱駿聲《通訓定聲》："《爾雅·釋言》：'柢，本也。'《韓非子·解老》：'柢者，木之所以建生也。'《老子》：'深其根固其柢。'《漢書·鄒陽傳》：'蟠木根柢。'注：'根下本也。'"《廣韻·薺韻》："柢，本也，根也。"又《齊韻》："柢，木根也。"《墨子·經上》："服執説，巧轉則求其故，大益，儇俱柢。"清孫詒讓《閒詁》："柢，《説》作民，當作氏，即柢之省。"

胝　脚底厚皮。字亦作"跊""疷"。《説文·肉部》："胝，腄也。从肉，氐聲。"清朱駿聲《通訓定聲》："謂足根皮厚。《荀子·子道》：'手足胼胝，以養其親。'注：'皮厚也。'《漢書·貢禹傳》注：'胝，繭也。'"宋曾鞏《南源莊》詩："滄溟未可泛舟入，雁蕩誰能胝足去？"《集韻·脂韻》："胝，或作跊。"唐段成式《酉陽雜俎續集·支諾皋下》："至朱陵原遊覽累日，捫蘿垂踵，無幽不跡。因是跰跊，憩於岩下。"《廣韻·脂韻》："胝，皮厚也。疷，同上。"《集韻·脂韻》："胝，或作疷。"

軧　大車後。《説文·車部》："軧，大車後也。从車，氐聲。"清桂馥《義證》："'大車後也'者，《集韻》：'軧，展幾切，大車後。'至又陳尼切，'車兩尾也。'"清段玉裁注："大車以載任器，牝負長八尺，謂較也，其後必崇其闌與三面等，非若小車之後也，故曰軧，軧之言底也。"《廣韻·薺韻》："軧，大車後也。"今按，所謂"大車後"即橫向之車底，今言猶稱行至屋之盡頭爲"走到底"，又稱行至路之盡頭爲"走到底"，其理當同。

低　不高，處於底部。《説文新附·人部》："低，下也。从人、氐，氐亦聲。"南朝梁蕭綱《采蓮曲》："香風起，白日低。"宋吳淑《江淮異人録·司馬郊》："主人曰：'方風，且竹屋低隘，不可舉火。'"按，"低"字俗體作"伍"。《廣韻·齊韻》："低，低昂也，俯也，垂也。俗作伍。"唐白居易《晏起》詩："厚薄被適性，高伍枕得宜。"

底　物之下部，底部。《説文·广部》："底，一曰下也。从广，氐聲。"戰國楚宋玉《高唐賦》："俯視崝嶸，窐寥窈冥，不見其底，虛聞松聲。"晉顧愷之《雷電賦》："光驚於泉底，聲動於天外。"

骶　人的背部，亦指脊椎底部之骨。清朱駿聲《説文通訓定聲·履部·附〈説文〉不録之字》：" 骶，《廣雅·釋親》：'背謂之骶。'《素問·刺熱》：'榮在骶也。'注：'脊窮之謂骶。'"今按，人之背稱"骶"，猶大車後稱"軝"，朱氏所引《廣雅》文清王念孫《疏證》："骶之言邸也，邸者後也……《釋名》云：'背，倍也，在後稱也。'"《廣韻·霽韻》："骶，背也。"《字彙·骨部》："骶，臀也。脊尾曰骶。"《素問·瘧》："其出於風府，日下一節，二十五日下至骶骨。"清沈彤《釋骨》："（脊椎）末節曰尻骨，曰骶骨，曰脊骶，曰尾骶，亦曰骶，曰尾屈，曰橛骨，曰窮骨。"

鞮 字從革，指皮鞋，足底之物。《集韻·齊韻》："鞮，《說文》：'革履也。'或從氏。"漢史游《急就篇》卷二："靸鞮卬角褐襪巾。"唐顏師古注："鞮，薄革小履也。"清顧炎武《天下郡國利病書·四川·蜀中風俗記》："男子衣褐羊皮鞳鞮，婦人多帶金花，串以瑟瑟而穿懸珠爲飾。"

〔推源〕 諸詞俱有底義，爲氐聲所載之公共義。聲符字"氐"象根柢形，本爲"柢"之初文。《玉篇·氏部》："氐，本也。"清朱駿聲《說文通訓定聲·履部》："氏，此字實即'柢'之古文。蔓根曰根，直根曰氏。《廣雅·釋言》：'氐，柢也。'《詩·節南山》：'維周之氐。'傳：'本也。'又《爾雅·釋天》：'天，根氐也。'"《老子》第五十九章："是謂根深固柢。"其"柢"字馬王堆漢墓帛書《老子》甲本作"氐"。至氐聲可載底義，則"地""頂"可相證。

氐：端紐脂部；
地：定紐歌部；
頂：端紐耕部。

端定旁紐，脂歌旁轉，脂耕通轉。"地"，大地，天地之底。《說文·土部》："地，元氣初分，輕、清、陽爲天，重、濁、陰爲地。萬物所陳列也。"漢劉熙《釋名·釋地》："地，底也，其體底下載萬物也。"《易·乾》："本乎天者親上，本乎地者親下，則各從其類也。"又，凡物之底子、質地稱"地"，則"地"之底義益顯。《三國志·魏志·東夷傳》："今以絳地交龍錦五匹、絳地縐粟毯十張、蒨絳五十匹、紺青五十匹，答汝所獻貢直。"《醒世姻緣傳》第六十五回："昨日張大哥定做了兩套，是天藍縐紗地子。""頂"，字從頁，本指頭頂，引申之則指物之頂部。頂義、底義相反，同源詞之語義親緣關係本有相反之類型。《說文·頁部》："頂，顛也。"按許書"天"亦謂"顛"，"天"爲指事字，亦謂頭頂。《易·大過》："過涉滅頂，凶，無咎。"漢揚雄《方言》卷六："頂，上也。"南朝梁沈約《宿東園》詩："樹頂鳴風飈，草根積霜露。"

（482）抵詆砥牴觝（抵觸義）

抵 排擠。《說文·手部》："抵，擠也。從手，氐聲。"清段玉裁注："排而相拒也。"《廣韻·齊韻》："抵，擠也。"《大戴禮記·夏小正》："昆小蟲抵蚳。"清顧鳳藻《夏小正經傳集解》："謂以手擠排之。"引申爲抵抗、相抵觸。宋蔡絛《鐵圍山叢談》卷六："又當是時，御筆既行，互相抵排，都邑內外，無所適從。"《水滸傳》第六十三回："如今宋江領兵圍城，聲勢浩大，不可抵敵。"

詆 毀謗，指責，即以語言相抵觸。其字或作"呧"。《說文·言部》："詆，苛也。一曰訶也。从言,氐聲。"清朱駿聲《通訓定聲》:"按,'苛'即'訶'之借字。《廣雅·釋詁二》:'詆,諀也。'《釋言》:'呵也。'《漢書·劉向傳》注:'詆,毀也,辱也。'《哀帝紀》注:'詆,誣也。'……《史記·老莊申韓傳》:'詆訿孔子。'《索隱》:'訐也。'《漢書·息夫躬傳》:'歷詆公卿大臣。'《汲黯傳》:'專深文巧詆。'《枚乘傳》:'故其賦有詆娸東方朔。'"《廣韻·齊韻》:"詆,訶也。"又《薺韻》:"詆,告也,訶也。"《説文·口部》:"呧,苛也。从口,氐聲。"清段玉裁注:"'苛'者,'訶'之假借字。按,《言部》有'詆'字,云'訶也',《口部》'呧'似復出。"

砥 字亦作"厎",指磨刀石,引申爲磨,按磨即石與刀具相抵觸。《廣雅·釋器》:"砥,礪也。"《玉篇·石部》:"礪,崦嵫礪石,可磨刃。"《書·禹貢》:"礪砥砮丹。"僞孔傳:"砥細於礪,皆磨石也。"《廣雅·釋詁三》:"砥,磨也。"漢劉向《説苑·權謀》:"晉人已勝智氏歸,而繕甲砥兵。"《説文·厂部》:"厎,柔石也。从厂,氐聲。砥,厎或从石。"清朱駿聲《通訓定聲》:"《漢書·枚乘傳》:'磨礱厎厲。'《晁錯傳》:'厎厲其節。'《文選·〈上書吳王〉》:'厎節修德。'"

牴 動物以角相抵觸,字亦作"觚"。《説文·牛部》:"牴,觸也。从牛,氐聲。"清朱駿聲《通訓定聲》:"字亦作觚。"唐釋道世編《法苑珠林》卷六十六:"於道中見二特牛,方相牴觸。"《玉篇·角部》:"觚,觸也。"《廣韻·齊韻》:"牴,角觸。觚,上同。"《淮南子·説山訓》:"熊羆之動以攫搏,兕牛之動以觚觸。"王重民等編《敦煌變文集》之《佛説阿彌陀經講經文》:"離家疑(擬)去論臺,路見二牛相觚。"

舸 舸艦,戰船。謂於水中與敵相抵觸,故名之。《廣雅·釋水》:"舸艦,舟也。"清王念孫《疏證》:"舸艦,猶抵當也。"《玉篇·舟部》:"舸,舸艦,戰船也。"清朱駿聲《説文通訓定聲·履部·附〈説文〉不録之字》:"舸,《字林》:'舸艦,水戰船。'按,謂抵當敵人也。"清陳壽祺《浙江提督總兵李公神道碑文》:"麾兵士急伏舸艦,候賊炮盡,突過其東,發一炮殲之。"

〔推源〕 諸詞俱有抵觸義,爲氐聲所載之公共義。聲符字"氐"爲根柢字初文,與抵觸義不相涉,此義當爲氐聲所載之語源義。氐聲可載抵觸義,"敵"可證之。

氐:端紐脂部;

敵:端紐錫部。

雙聲,脂錫通轉。"敵",仇敵,相抵觸者。《説文·支部》:"敵,仇也。"《墨子·七患》:"以七患守城,敵至國傾。"引申爲抗拒、抵擋義,此與抵觸義相通。《爾雅·釋詁下》:"敵,當也。"《左傳·哀公十五年》:"大子聞之,懼,下石乞、孟黶敵子路。"《孟子·梁惠王上》:"以一服八,何以異於以鄒敵楚哉?"

169 句聲

(483) 跔笱鉤翑雊朐劬痀鮈(曲義)

跔 手足關節曲而不能伸。《説文·足部》:"跔,天寒足跔也。从足,句聲。"清段玉裁

注：" 句曲不伸之意。"清朱駿聲《通訓定聲》："蘇俗所謂胯牽筋。《周書 · 太子晉》：'師曠躅其足，太子問之，曰：天寒足跔。'"《廣韻 · 虞韻》："跔，手足寒也。"清錢泳《履園叢話 · 鬼神 · 無常鬼》："未幾，忽中風疾，不能言語，兩手足皆跔。"按，"跼"當與"跔"同源。《廣韻》"跔"字"舉朱切"，推其上古音爲見紐侯部；"跼"字"渠玉切"，爲群紐屋部。見群旁紐，侯屋對轉。《玉篇 · 足部》："跼，踗跼。"《廣韻 · 燭韻》："跼，曲也。"宋范成大《謁南嶽》："松樛唐季枝，柏跼隋初根。"

笱 魚籠，曲其竹而編成者。《說文 · 句部》："笱，曲竹捕魚笱也。从竹，从句，句亦聲。"清段玉裁注："曲竹，故从竹、句。"清朱駿聲《通訓定聲》："承於石梁之孔，魚入不得出……《詩 · 谷風》：'毋發我笱。'《敝笱》：'敝笱在梁。'"《廣韻 · 厚韻》："笱，魚笱，取魚竹器。"《莊子 · 胠篋》："鉤餌罔罟罾笱之知多，則魚亂於水矣。"

鉤 後世作"鈎"，謂曲鉤。《說文 · 句部》："鉤，曲也。从金，从句，句亦聲。"清段玉裁注改爲"曲鉤也"。清朱駿聲《通訓定聲》："曲鉤也。从金、句，會意，句亦聲。《晉語》：'申孫之矢，集於桓鉤。'注：'帶鉤也。'《孟子》：'豈謂一鉤金。'《莊子 · 胠篋》：'竊鉤者誅。'"按，鉤爲彎曲之物，故"鉤"有彎曲、回環之衍義。《廣韻 · 侯韻》："鉤，曲也。"《戰國策 · 西周策》："夫射柳葉者，百發百中而不已善息，少焉氣力倦，弓撥矢鉤，一發不中，前功盡矣。"宋鮑彪注："鉤矢，鋒屈也。"晉葛洪《抱朴子 · 名實》："插株於塗要者，雖鉤曲戾細而速朽，而猶見用也。"

翑 羽毛末端彎曲部分。《說文 · 羽部》："翑，羽曲也。从羽，句聲。"清桂馥《義證》："'羽曲也'者，雞翹下曲之類。"《廣韻 · 虞韻》："翑，曲羽。"明唐順之《雁訓》："甄甄翑翟，翾翾差池。"

雊 雄雉彎曲其頸而發出叫聲。《說文 · 隹部》："雊，雄雉鳴也。雷始動，雉鳴而雊其頸。从隹，从句，句亦聲。"清朱駿聲《通訓定聲》："雄雉鳴曰雊。《詩 · 小弁》：'雉之朝雊。'《漢書 · 郊祀志》：'登鼎耳而雊。'"按，朱氏所引《詩 · 小雅 · 小弁》詩句之下文爲"尚求其雌"。漢揚雄《兖州箴》："丁感雊雉，祖己伊忠。"

朐 屈曲的乾肉。《說文 · 肉部》："朐，脯挺也。从肉，句聲。"清段玉裁注："挺，即脡也。何注《公羊》曰：'屈曰朐，申曰脡。'"清朱駿聲《通訓定聲》："朐，从肉、句，會意，句亦聲。全挺曰脯脡，其耑屈處曰朐。《禮記 · 曲禮》：'左朐右末。'注：'屈中曰朐。'《儀禮 · 士虞禮記》：'朐在南。'注：'朐脯及乾肉之屈也。'"按，"朐"亦虛化引申爲彎曲義。《鹽鐵論 · 非鞅》："此所謂戀朐之智，而愚人之計也。"《廣韻 · 虞韻》："胊，脯名。"沈兼士《聲系》："《說文》作'朐'。《集韻》：'朐，或作胊。'"

刞 鐮刀，彎曲者。《說文 · 刀部》："刞，鎌也。从刀，句聲。"清段玉裁注："刞亦作'鉤'。"清朱駿聲《通訓定聲》："字亦以'鉤'爲之。《方言》五：'刈鉤或謂之刞。'《淮南 · 氾論》：'木鉤而樵。'注：'鎌也。'"《廣韻 · 侯韻》："刞，《說文》云：'關西呼鎌爲刞也。'"漢氾勝之《氾勝之書·區種法篇》:"若以鋤鋤苗,長不能耘之者,以刞鐮比地,刈其草矣。"今按,鐮刀稱"刞",乃以句聲表彎曲義;以"鉤"指鐮刀,則爲套用字。至"鐮",構詞理據不一,乃取體積廉薄之意。

疴　曲脊。《說文·疒部》:"疴,曲脊也。从疒,句聲。"清朱駿聲《通訓定聲》:"从疒,从句,會意,句亦聲。與'傴'略同。《列子·黃帝》:'見一疴僂者承蜩。'"《廣韻·虞韻》:"疴,曲脊。"《莊子·達生》:"仲尼適楚,出於林中,見疴僂者承蜩,猶掇之也。"

軥　車軛下反曲部分。《說文·車部》:"軥,軛下曲者,从車,句聲。"清朱駿聲《通訓定聲》:"从車,从句,會意,句亦聲。按,軛下爲兩圠,以叉服馬之頸者,亦謂之烏嗥。《左襄十四傳》:'射兩軥而退。'……《史記·遊俠傳》:'乘不過軥牛。'"按,"軥"字俗亦作"䩨",一如"鉤"之作"鈎"。唐段成式《酉陽雜俎·諾皋記》:"方渡水,御者前白,車軥索斷。"

〔推源〕　諸詞俱有曲義,爲句聲所載之公共義。句聲字"拘""枸"亦得以假借字形式表此義。《荀子·宥坐》:"其流也埤下,裾拘必循其理,似義。"唐楊倞注:"拘,讀爲鉤,曲也。"又《哀公》:"古之王者,有務而拘領者矣。"唐楊倞注:"拘與句同,曲領也。"清朱駿聲《說文通訓定聲·需部》:"枸,〔假借〕爲句。《海內經》:'有木名建木,百仞,無枝,有九欘,下有九枸。'注:'枸,根盤錯也。'……《荀子·性惡》:'枸木必待檃栝烝矯然後直。'注:'讀爲鉤,曲也。'"按,聲符字"句"所記錄語詞之本義即曲,然則本條諸詞之曲義爲其顯性語義。《說文·句部》:"句,曲也。从口,丩聲。"《周禮·考工記·冶氏》:"戈廣二寸,內倍之,胡三之,援四之。已倨則不入,已句則不決。"漢鄭玄注:"戈,句兵也……已句謂胡曲多也,以啄人則創不決。"晉傅玄《鷹賦》:"句爪縣芒,足如枯荆。"句聲可載曲義,則"曲"可證之。

　　句:見紐侯部;
　　曲:溪紐屋部。

見溪旁紐,侯屋對轉。"曲",曲直字。《玉篇·曲部》:"曲,不直也。"《廣韻·燭韻》:"曲,委曲。"《荀子·勸學》:"其曲中規。"《詩·小雅·采綠》:"予髮曲局,薄言歸沐。"漢鄭玄箋:"今曲卷其髮,憂思之甚也。"

(484) 眗袧(凹義)

眗　目深凹。清朱駿聲《說文通訓定聲·需部·附〈說文〉不錄之字》:"眗,《埤蒼》:'眗,目深皃。'字亦作'䁈。'"清范寅《越諺》卷下:"眗,深目貌。俗言'眼睛眗進'即此。"《集韻·侯韻》:"眗,或作䁈。"宋趙叔向《肯綮録·俚俗字義》:"目深曰瞘䁈,音鷗摳。"

袧　兩側有縐摺的喪服。《玉篇·衣部》:"袧,喪服。"清朱駿聲《說文通訓定聲·需部·附〈說文〉不錄之字》:"袧,《儀禮·喪服記》:'幅三袧。'注:'謂辟兩側空中央也。'"按,《集韻》"袧"字"居侯切",音如"溝",縐摺如溝之凹下,故稱"袧"。

〔推源〕　此二詞俱有凹義,爲句聲所載之公共義。前條諸詞均有曲義,曲義與凹義當相通,蓋物彎曲則有凹陷之處。句聲可載凹義,則"窅"可相證。

句:見紐侯部;

窅:影紐宵部。

見影鄰紐,侯宵旁轉。"窅",古"凹"字。唐玄應《一切經音義》卷十一:"凹,《抱朴子》云:'凹,陷也。'《蒼頡篇》作'窅'。"《廣韻·洽韻》:"凹,下也。或作'窅'。"《神異經·北方荒經》:"其湖無凹凸,平湖無高下。"南朝梁江淹《青苔賦》:"悲凹嶮兮,唯流水而馳騖。"

(485) 駒狗豿犓畇鼩(小義)

駒 幼小之馬。《說文·馬部》:"駒,馬二歲曰駒,三歲曰駣。从馬,句聲。"清朱駿聲《通訓定聲》:"《詩·角弓》:'老馬反爲駒。'《周禮·廋人》:'教駣攻駒。'《校人》:'執駒。'《漢書·劉德傳》:'武帝謂之千里駒。'注:'年齒幼少,故謂之駒。'"《廣韻·虞韻》:"駒,馬駒。"按,朱氏所引《漢書》之"駒",爲引申義,"駒"亦爲幼獸之稱。

狗 小犬。《爾雅·釋畜》:"(犬)未成毫,狗。"晉郭璞注:"狗子未生䪿毛者。"清郝懿行《義疏》:"狗、犬,通名;若對文則大者名犬,小者名狗。"清朱駿聲《說文通訓定聲·需部》:"狗,犬也,大者爲犬,小者爲狗。从犬,句聲。"《儀禮·既夕禮》:"白狗幦。"漢鄭玄注:"未成豪,狗。"《北史·孝行傳·張元》:"村陌有狗子爲人所棄者,元即收而養之。"

豿 小熊、虎。《爾雅·釋獸》"熊虎丑,其子狗"唐陸德明《經典釋文》:"狗,本或作豿。"按,"豿"爲本字,"狗"謂小犬,二者本爲分別文,凡从犬、从豸之字多相混。《廣韻·厚韻》:"豿,熊虎之子。"《集韻·厚韻》:"豿,熊虎子也。漢律:捕虎購錢三,其豿半之,是也。通作狗。"

犓 小牛,字亦作"牬"。《爾雅·釋畜》"(牛)其子,犢"晉郭璞注:"今青州呼犢爲犓。"《廣韻·厚韻》:"犓,同牬。""牬,夔牛子也。"《文選·郭璞〈江賦〉》:"夔牬翹踱於夕陽,鵁鶄弄翩乎山東。"唐李善注:"牬,夔牛之子也。牬,與犓同。"

畇 田間小路。《玉篇·田部》:"畇,畦也。"按,"畦"爲田界,亦常爲田間小路,今語猶然。《莊子·人間世》:"彼且爲無町畦,亦與之爲無町畦。"孫犁《白洋淀紀事·訪舊》:"我道路很熟,穿過菜園的畦徑,沿着那個大水坑的邊緣,到了大娘的家裏。"

鼩 體小之鼠。《爾雅·釋獸》:"鼩鼠。"晉郭璞注:"小鼱鼩也。亦名鼨鼩。"《說文·鼠部》:"鼩,精鼩鼠也。从鼠,句聲。"清王筠《句讀補正》:"古單名鼩,後漢則名精鼩,晉又作'鼱'爲專字。"《廣韻·虞韻》:"鼩,鼱鼩,小鼠。"明李時珍《本草綱目·獸三·鼠》:"鼩鼱,似鼠而小,即今地鼠也。"

〔推源〕 諸詞俱有小義,爲句聲所載之公共義。聲符字"句"所記錄語詞之本義、引申義與小義不相涉,其小義爲句聲所載之語源義。句聲可載小義,"羔"可證之。

句：見紐侯部；

羔：見紐宵部。

雙聲，侯宵旁轉。"羔"，小羊。《説文·羊部》："羔，羊子也。"《周禮·春官·大宗伯》："卿執羔，大夫執雁。"《詩·召南·羔羊》："羔羊之皮，素絲五紽。"漢毛亨傳："小曰羔，大曰羊。"

(486) 拘鉤（制約義）

拘 制止。《説文·句部》："拘，止也。从句，从手，句亦聲。"《管子·君臣下》："此止詐、拘奸、厚國、存身之道也。"引申爲制約、拘束義。清朱駿聲《説文通訓定聲·需部》："拘，〔轉注〕《淮南·氾論》：'而不肖者拘焉。'注：'猶檢也。'《後漢·王霸傳》注：'拘猶限也。'……《後漢·曹褒傳》注：'拘攣猶拘束也。'"按，朱氏素以引申爲轉注。《孫子·九地》："兵士甚陷則不懼，無所往則固，深入則拘。"漢曹操注："拘，縛也。"

鉤 彎鉤（見本典第483條），故有鉤挂、留止之衍義，又有制約、約束義。清朱駿聲《説文通訓定聲·需部》："鉤，〔假借〕爲拘……《莊子·徐無鬼》：'上且鉤乎君。'"按，朱氏所引《莊子》文唐成玄英疏："上以忠直鉤束於君。"其"鉤束"即約束、制約義。又，"鉤"表制約義無煩假借，實爲引申。《南史·徐嗣伯傳》："夫邪氣入肝，故使眼痛而見魍魎，應須邪物以鉤之。"

〔推源〕 此二詞俱有制約義，爲句聲所載之公共義。聲符字"句"所記録語詞本訓"曲"，亦可指彎鉤，然則本與制約義相通。句聲可載制約義，則"約"可證之。

句：見紐侯部；

約：影紐藥部。

見影鄰紐，侯藥（沃）旁對轉。"約"，字从糸，謂纏束。《説文·糸部》："約，纏束也。"《戰國策·齊策六》："魯連乃書，約之矢以射城中。"虛化引申爲約束、制約義。《論語·子罕》："博我以文，約我以禮。"三國魏何晏注："以禮節節約我。"按所謂"節約"即節制、約束。《後漢書·徐穉傳》："漢末寇賊從横，皆敬胤禮行，轉相約勑，不犯其閭。"

(487) 昫欨（温暖義）

昫 日出而温暖。《説文·日部》："昫，日出温也。从日，句聲。"清朱駿聲《通訓定聲》："《司馬法》：'旦明鼓五通爲發昫。'"按此"昫"即早晨日出之時，猶初升之日稱"旭"。《三國志·吳志·孫權傳》"三公上君過失，皆有本末"南朝宋裴松之注引三國魏魚豢《魏略》："（孫權）因父兄之緒，少蒙翼卵昫伏之恩，長含鴟梟反逆之性，背棄天施，罪惡積大。"其"昫伏"即温暖孵化義。又"煦"當爲"昫"之緟益字。《説文·火部》："煦，烝也。一曰赤皃。一曰温潤也。从火，昫聲。"漢揚雄《太玄·釋》："陽氣和震圜煦，物咸税其枯而解其甲。"晉范望注：

"煦,暖也。謂陽氣溫暖,萬物咸稅枯解甲而生於太陽之中也。"

欨 呵氣使溫暖。《說文·欠部》:"欨,吹也。从欠,句聲。"清朱駿聲《通訓定聲》:"字亦作'煦'。《漢書·中山靖王勝傳》:'夫眾煦漂山。'字亦作'呴'。《王褒傳》:'呴噓呼吸如僑松。'注:'呴噓皆開口出氣也。'"清李調元《卍齋璅錄》卷一引元戴侗《六書故》:"欨,溫吹也。凡歔、翕、呷、飲,皆內氣也;欨、歗、欱、呼、呵,皆出氣也。廣陿輕重象其聲。欨、呵爲陽,吹、呼爲陰,欲暎者欨之,欲涼者吹之。"

〔推源〕 此二詞俱有溫暖義,爲句聲所載之公共義。聲符字"句"所記錄語詞之本義、引申義與溫暖義不相涉,其溫暖義爲句聲所載之語源義。句聲可載溫暖義,"烘"可證之。

句:見紐侯部;
烘:曉紐東部。

見曉旁紐,侯東對轉。"烘",《爾雅·釋言》《說文·火部》皆訓"燎",即燃燒義,燒之則熱,熱義、溫暖義相通,詞義輕重微殊而已。"烘"又有烘烤義,實即溫暖義。《集韻·送韻》:"烘,火乾物。"唐齊己《謝人惠紙》:"烘焙幾工成曉雪,輕明百幅叠春冰。"宋司馬光《送邵興宗之丹陽》:"赤日裂后土,萬家如烘爐。"按,今有"暖烘烘"之三字格派生詞,詞根、詞綴義同,"烘"亦溫暖義。

(488) 竘劬𧼪(強力義)

竘 雄壯有力。《說文·立部》:"竘,健也。从立,句聲。"清朱駿聲《通訓定聲》:"《淮南·人間》:'室始成竘然善也。'注:'高壯兒。'"按,漢許慎以"健"訓"竘",而《說文·人部》"健"訓"伉",即強壯有力義。《篇海類編·人物類·人部》:"健,伉也,強也,有力也。"

劬 辛勞,以強力爲事。《說文新附·力部》:"劬,勞也。从力,句聲。"《廣韻·虞韻》:"劬,勞也。"漢賈誼《新書·退讓》:"梁之邊亭劬力而數灌,其瓜美;楚窳而稀灌,其瓜惡。"《淮南子·泰族訓》:"雖察慧捷巧,劬祿疾力,不免於亂也。"

𧼪 有"健"訓,其義同"竘"。《玉篇·走部》:"𧼪,健也。"按,"𧼪"字从走,蓋謂步履矯健,"趯"可相爲證。"𧼪"字《廣韻》音"其俱切",推其上古音爲群紐侯部;"趯"字音"居縛切",其上古音爲見紐鐸部。群見旁紐,侯鐸旁對轉。《說文·走部》"趯"訓"大步",正步履矯健之義。

〔推源〕 諸詞俱有強力義,爲句聲所載之公共義。句聲字"頏"《玉篇》《廣韻》訓"勤""勤作",略同"劬"。聲符字"句"所記錄語詞之本義、引申義系列與強力義不相涉,其強力義爲句聲所載之語源義。句聲可載強力義,"颶"可證之。

句:見紐侯部;
颶:群紐侯部。

叠韻,見群旁紐,音極相近。"颶",強有力之大風。《古今韻會舉要·遇韻》:"颶,海中大風。"唐劉恂《嶺表錄異》卷上:"南海秋夏間,或雲物慘然,則見其暈如虹,長六七尺。比候則颶風必發,故呼爲颶母。"清沈浮《浮生六記·中山記歷》:"琉人每言大風,必曰颱颶。"

(489) 夠飽劬(多義)

夠 多。《廣韻·候韻》:"夠,多也。"清朱駿聲《説文通訓定聲·需部·附〈説文〉不錄之字》:"夠,《魏都賦》注引《廣雅》:'夠,多也。'"按,左思《魏都賦》選入《文選》,中有"繁富夥夠,不可單究"句,朱氏所稱"注"蓋即唐李善之作。按,後世有"够"字,即足够多之義。《字彙·夕部》:"夠,同够。"又,《魏都賦》之"夥夠"一作"夥多"。《史記·陳涉世家》"夥頤!涉之爲王沈沈者"唐司馬貞《索隱》:"謂涉爲王,宮殿帷帳,庶物夥多。"然則"夠"字既從多,復以句聲表多義,形聲字之構成本有此通例。

飽 飽,所食多。《玉篇·食部》:"飽,牛飽也。"按,食草之畜稱"飽草"。《西遊記》第六十一回:"行者道:'不知好歹的飽草!我昨日還與你論兄弟,今日就是仇人了!'"按"飽"亦泛指飽。明黄粹吾《升仙記·夏賞》:"盡着你充腸飽飯,不顧我受餓忧飢。"《正字通·食部》:"飽、飽皆'餁'字,訛省。"按"飽""餁"聲相近。《玉篇·食部》:"餁,飽也。"

劬 辛勞,有强力義(見前條),力多則强,義本相通。以故"劬"又有多次、屢次義。《廣雅·釋詁三》:"劬,數也。"清王念孫《疏證》:"《小雅·鴻雁篇》:'劬勞於野。'韓傳云:'劬,數也。'"按,勞作頻數不斷即辛苦,義亦相通。

〔推源〕 諸詞俱有多義,爲句聲所載之公共義。聲符字"句"所記錄語詞之本義、引申義系列與多義不相涉,其多義爲句聲所載之語源義。句聲可載多義,"具"可證之。

句:見紐侯部;

具:群紐侯部。

叠韻,見群旁紐。"具",完備,齊備,此與多義近且相通。《廣雅·釋詁二》:"具,備也。"《廣雅·遇韻》:"具,備也。"《荀子·王制》:"具具而王,具具而霸,具具而存,具具而亡。"清王先謙《集解》:"具具者,王、霸、存、亡之具畢具也。"《隋書·音樂志》中:"和氣洽,具物滋。"按,"具物"即萬物,亦即多物。

170　册聲

(490) 冊栅(册義)

冊 書於簡册而告諸神明或臣民。《説文·曰部》:"冊,告也。从曰,从册,册亦聲。"清段玉裁注:"簡牘曰册,以簡告誡曰冊。"清王筠《句讀》:"經典皆用'册'。册祝,告神之詞也;册書,告臣之詞也。"清朱駿聲《通訓定聲》:"凡策命字當作此。"《書·金縢》:"史乃册祝曰:

'惟爾元孫某,遘厲虐疾。'"元馬端臨《文獻通考·帝系四》引晉穆帝《册皇后文》:"皇帝使使持節兼太保侍中太宰武陵王晞册命故散騎侍郎女何氏爲皇后。"按,上述"册"所記録語詞即"酮",爲動詞,"酮"爲正字。至"册"表册祝、册命義,爲引申義,"酮"爲記録此引申義而造之本字。

栅 用竹、木條等編成的栅欄,如編簡成册,故稱"栅"。《説文·木部》:"栅,編樹木也。从木,从册,册亦聲。"清王筠《句讀》:"'樹'一作'豎'。"清朱駿聲《通訓定聲》:"編豎木爲栅,从册,象栅形。《通俗文》:'木垣曰栅。'《廣雅·釋室》:'栅,杙也。'《列子·仲尼》《釋文》引《莊子》'以臨牢栅',注:'木欄也。'"《廣韻·麥韻》:"栅,豎木立栅。"又《諫韻》:"栅,籬栅。"《莊子·天地》:"内支盈於柴栅。"《資治通鑑·晉孝武帝太元十五年》:"苌命姚當成於所營之地,每栅孔中輒樹一木以旌戰功。"元胡三省注:"掘地作孔,豎木以爲栅,故有栅孔。"

〔推源〕 此二詞俱有册義,爲册聲所載之公共義。聲符字"册"所記録語詞謂簡册。《説文·册部》:"册,符命也,諸侯進受於王也。象其札一長一短,中有二編之形。"清徐灝《注箋》:"凡簡書皆謂之册。"按,徐説可從,漢許慎所訓乃引申義。《書·金縢》:"乃納册於金滕之匱中。"唐李隆基《命張説修國史詔》:"肇有書契,是興簡册。"然則"酮""栅"之册義爲其聲符所載之顯性語義。

171 卯聲

(491) 奅鼩峁(大、高義)

奅 虚大。《説文·大部》:"奅,大也。从大,卯聲。"清段玉裁注:"此謂虚張之大。"清朱駿聲《通訓定聲》:"《史記·建元以來侯者表》:'南奅侯公孫賀。'《索隱》:'空也,虚大也。'《衛將軍驃騎傳》作'奅'。"《廣韻·效韻》:"奅,大也。奅,上同。"今按,《廣韻》記"奅"字之音爲"匹貌切",今語對應音 pào,吴方言稱人大而不結實爲 pāo,正此音,唯讀平聲而已。

鼩 竹鼠,似鼠而大。"鼩"即大鼠之意。《玉篇·竹部》:"鼩,似鼠而大。"《廣韻·有韻》:"鼩,似鼠而大。"徐珂《清稗類鈔·動物類》:"竹鼠,一名竹鼲,亦作'竹鼩。'"宋蘇軾《竹鼩》:"野人獻竹鼩,腰腹大如盎。"宋王十朋注:"竹鼩,食竹根之鼠也。"明李時珍《本草綱目·獸部·竹鼲》:"竹鼲,食竹根之鼠也。出南方,在土穴中。大如兔,人多食之,味如鴨肉。"

峁 黄土丘陵,高出地平面者。《陝北民歌選·二月裏來打過春》:"下了一道坡,上了一道峁,一走走在南陽峁。"今按,"峁"字晚出,其語源古已有之;稱丘陵爲"峁"雖爲西北地區方言,其語源則與雅言同。

〔推源〕 諸詞或有大義,或有高義,二義相通;俱以卯聲載之,語源當同。聲符字"卯"爲地支字,其形體結構或以爲象雙刀並立形,然則與大、高義不相涉。其大、高義爲卯聲所載之語源義。卯聲可載大、高義,"龐"可相證。

卯：明紐幽部；

龐：並紐東部。

明並旁紐，幽東旁對轉。"龐"，大，高大。《説文·廣部》："龐，高屋也。"清段玉裁注："引申之爲凡高大之偁。"清朱駿聲《通訓定聲》："《漢書·司馬相如傳》：'湛恩龐洪。'注：'厚大也。'"《國語·周語上》："敦龐純固，於是乎成。"三國吳韋昭注："龐，大也。"

172　冬聲

(492) 烔袳（赤色義）

烔　火色，即赤色。《廣韻·冬韻》："烔，火色。"亦指火盛貌，火盛則其色赤而顯赫。《廣韻·冬韻》："烔，火威兒。"沈兼士《聲系》："案'威'，《切韻》、内府本《王韻》、《集韻》均作'盛'。"王重民等編《敦煌變文集》之《佛説阿彌陀經講經文》："忽湧身於霄漢，頭上火焰而烔烔。"

袳　赤色。字亦作"蚰"。《廣韻·冬韻》："袳，赤色。"沈兼士《聲系》："案'袳'，内府本《王韻》作'蚰'。"《集韻》："'蚰，或從冬。'"《説文·赤部》："蚰，赤色也。從赤，蟲省聲。"清朱駿聲《通訓定聲》："《管子·地員》：'蚰莖黑秀箭長。'《太玄·疑》：'次五，蚰黄疑金中。'"按朱氏所引《管子》文唐尹知章注："蚰，即赤也。"所引文宋宋惟幹《太玄解》："蚰黄之色，光瑩粲然，疑有兼金在其中也。"

〔推源〕　此二詞俱有赤色義，爲冬聲所載之公共義。聲符字"冬"所記録語詞謂冬季。《説文·仌部》："冬，四時盡也。從仌，從夊。夊，古文終字。"然則與赤色義不相涉，其赤色義爲冬聲所載之語源義。冬聲可載赤色義，"赤"可證之。

冬：端紐冬部；

赤：昌紐鐸部。

端昌（三等即穿）準旁紐，冬（東）鐸旁對轉。"赤"，紅色。《説文·赤部》："赤，南方色也。從大，從火。"按，五方、五行、五色相對應，南方屬火，南方色即火色，亦即紅色。《管子·幼官》："君服赤色。"宋陸游《幽居》："迎霜南阜楓林赤，飽雨西村菜甲青。"

173　夗聲

(493) 盌宛蜿婉䩊（圓、曲義）

盌　字亦作"椀"，謂碗，圓形物。《説文·皿部》："盌，小盂也。從皿，夗聲。"清朱駿聲《通訓定聲》："字亦作'椀'、作'㼝'。《方言》五：'盂，宋、楚、魏之間或謂之盌。'"《廣韻·緩韻》："盌，同椀。"《三國志·吳志·甘寧傳》："權特賜米酒衆殽……寧先以銀盌酌酒，自飲兩盌。"《説文·瓦部》:"盌,小盂也。从瓦,夗聲。"清朱駿聲《通訓定聲》:"按即'盌'之或體,俗亦作'碗'。"

宛 彎曲,曲折。《説文·宀部》:"宛,屈草自覆也。从宀,夗聲。"清徐灝《注箋》:"宛从宀,蓋謂宮室窈然深曲,引申爲凡圓曲之偁,又爲屈折之偁。"清朱駿聲《通訓定聲》:"《考工·弓人》:'宛之無已應。'注:'謂引之也。'按,猶屈也。陶潛詩:'宛轡憩通衢。'注:'屈也。'"《史記·司馬相如列傳》:"奔星更於閨闥,宛虹拖於楯軒。"唐張守節《正義》:"宛虹,屈曲之虹。"《漢書·揚雄傳》下:"言奇者見疑,行殊者得辟,是以欲談者宛舌而固聲,欲行者擬足而投迹。"唐顏師古:"宛,曲也。"

蜿 同"蜿",彎曲。《廣韻·阮韻》:"蜿,同蜿。"又《桓韻》:"蜿,蟠蜿,龍兒。"漢張衡《思玄賦》:"玄武縮於殼中兮,螣蛇蜿而自糾。"《文選·嵇康〈琴賦〉》:"㶁汨澎湃,蜿蟺相糾。"唐張銑注:"蜿蟺,盤旋貌。"按,"蜿蟺"一作"蜿蟺"。《文選·馬融〈長笛賦〉》:"緄冤蜿蟺。"唐李善注:"盤屈摇動貌。"又,蚯蚓以其體常曲而有"蜿蟺"之別名。

婠 字亦作"婉",謂溫婉,即溫和、婉轉,屈曲己意順從於人。《説文·女部》:"婠,婉也。从女,夗聲。"清朱駿聲《通訓定聲》:"即'婉'之或體。"《説文》同部:"婉,順也。从女,宛聲。"清朱駿聲《通訓定聲》:"《左襄廿六傳》:'宋棄生佐惡而婉。'《昭廿六傳》:'婦聽而婉。'"《廣韻·阮韻》:"婉,順也。"《列子·湯問》:"人性婉而從物,不競不争。"《國語·晉語七》:"午之少也,婉以從令。"晉杜預注:"婉,順也。"按,"婉"从宛聲,而"宛"从夗,實以夗聲表曲義。

唲 安慰。慰人以婉言,實即曲義。《説文·言部》:"唲,尉也。从言,夗聲。"清段玉裁注:"尉,本作慰。"清朱駿聲《通訓定聲》:"唲,慰也。从言,夗聲。按,此字當是齊魯詩《車舝》作'以唲我心',韓作'愠',毛作'慰'……唲、愠、慰,皆一聲之轉。"《廣韻·願韻》:"唲,從也。《説文》:'慰也。'"按,訓"從"則略同"婠""婉",其義亦相通。

〔推源〕 諸詞或有圓義,或有曲義。二義本相通,凡曲綫首尾即圓。諸詞之圓義、曲義俱以夗聲載,語源當同。聲符字"夗"謂人身側卧彎曲貌,然則上述諸詞之圓、曲義爲顯性語義。《説文·夕部》:"夗,轉卧也。从夕,从卩。卧有卩也。"清段玉裁注:"謂轉身卧也。《詩》曰:'展轉反側。'"清朱駿聲《通訓定聲》:"《廣雅·釋言》:'夗,轉也。'按,'夗轉'叠韻,猶'輾轉'也。"按,"蜿蜒"一詞有曲義,其字本亦作"夗延"。《字彙·夕部》:"夗,夗延,龍貌。"夗聲可載圓、曲義,則"圜"可證之。

夗:影紐元部;

圜:匣紐文部。

影匣鄰紐,元文旁轉。"圜",天體,古人以爲天圓地方,故稱天爲"圜"。《説文·囗部》:"圜,天體也。"《吕氏春秋·序意》:"爰有大圜,在上。"漢高誘注:"圜,天也。"引申爲圓形義。《廣雅·釋詁三》:"圜,圓也。"按《説文》以"圜"訓"圓","圓"有旋轉、圓圍義,後世遂以爲圓方字。《周禮·考工記·輿人》:"圜者中規,方者中矩。"漢賈誼《惜誓》:"鴻鵠之一舉兮,知山川之紆曲;再舉兮,覩天地之圜方。"

(494) 苑怨(積聚、鬱結義)

苑 養禽獸植樹木處,引申爲積聚、鬱結義。《説文·艸部》:"苑,所以養禽獸也。从艸,夗聲。"清朱駿聲《通訓定聲》:"《三蒼》:'養牛馬林木曰苑。'《字林》:'有垣曰苑。'《吴都賦》:'值林爲苑。'劉注:'有木曰苑。'《漢書·高帝紀》:'故秦苑囿園池。'注:'養鳥獸曰苑。'……〔假借〕爲'鬱',爲'蕰'。《禮記·禮運》:'並行而不苑。'《釋文》:'積也。'《管子·地員》:'其葉若苑。'注:'謂藴結。'"按,"苑"表積聚、鬱結義,無煩假借,養禽獸樹木本即積聚,二義相通,乃引申。《廣韻·阮韻》:"苑,園苑。《白虎通》云:'苑囿所以在東方者,謂養萬物,東方,物所生也。'"

怨 怨恨。按即心有所鬱結,所謂結怨、積怨。《説文·心部》:"怨,恚也。从心,夗聲。"清朱駿聲《通訓定聲》:"《論語》:'曰,怨乎?'皇疏:'恨也。'《賈子·道術》:'施行得理謂之德,反德爲怨。'〔假借〕爲'蕰',爲'鬱'。《荀子·哀公》:'富有天下而無有怨財。'"按,"怨"表蕰積義乃引申,無煩假借。《晏子春秋·雜下十四》:"廉之謂公正,讓之謂保德,凡有血氣者皆有争心,怨利生孽,維義可以長存。"其"怨"亦積義。又,古者稱已屆婚嫁之年而無配偶之人爲"怨女曠夫",其"怨"亦積時已久之義。

〔**推源**〕 此二詞俱有積聚、鬱結義,爲夗聲所載之公共義。夗聲字"宛"亦可表此義。清朱駿聲《説文通訓定聲·乾部》:"宛,〔假借〕爲'蕰',爲'鬱'。《方言》十三:'宛,蓄也。'《荀子·富國》:'使民夏不宛暍。'注:'讀爲蕰。'"《史記·扁鵲倉公列傳》:"寒濕氣宛篤不發。"南朝宋裴駰《集解》:"宛,音鬱。"聲符字"夗"所記録語詞與積聚、鬱結義不相涉,此義爲夗聲所載之語源義。夗聲可載積聚、鬱結義,"蕰"可相證。

夗:影紐元部;

蕰:影紐文部。

雙聲,元文旁轉。"蕰",積聚。《廣韻·吻韻》:"蕰,《説文》:'積也。'俗作'藴'。"《孔子家語·入官》:"是以上下親而不離,道化流而不蕰。"三國魏王肅注:"蕰,滯積也。"《後漢書·宦官傳·周榮》:"蕰匱古今,博物多聞。"按"蕰"又有鬱結義。《詩·檜風·素冠》:"我心藴結兮,聊與子如一兮。"

174 包聲

(495) 苞胞麭苞袍裒炮泡鮑麭(包義)

苞 花苞,花朵未開呈包裹狀態。《詩·大雅·生民》:"茀厥豐草,種之黄茂,實方實苞。"宋朱熹《集傳》:"方,房也。苞,甲而未拆也。"唐韓愈《新竹》:"縹節已儲霜,黃苞猶掯翠。"亦引申爲包裹義。清朱駿聲《說文通訓定聲·孚部》:"苞,〔假借〕爲勹。《詩》:'野有死麕,白茅苞之。'《釋文》:'裹也。'《禮記·曲禮》:'苞苴簞笥問人者。'注:'裹魚肉者也,或以葦,或以茅。'"按,"苞"表包裹義無煩假借,乃引申。

胞 胎衣,包裹胎兒之物。《說文·包部》:"胞,兒生裹也。从肉,从包。"清朱駿聲《通訓定聲》:"按,包亦聲。《漢書·東方朔傳》:'同胞之徒。'《外戚傳》:'善藏我兒胞。'注:'胎衣也。'"《廣韻·肴韻》:"胞,胞胎。"漢王充《論衡·四諱》:"生與胞俱出,如以胞爲不吉,人之有胞猶木實之有扶也,包兒裹兒身,因與俱出。"

麭 木器重漆,以新漆覆蓋,包圍之。《說文·桼部》:"麭,桼垸已,復桼之。从桼,包聲。"清段玉裁注:"形聲包會意也。"清朱駿聲《通訓定聲》:"重髹也。"清桂馥《義證》:"本典:'垸,以桼和灰而髹也。'徐鍇曰:'垸謂以骨灰和桼而爲桼之骨也。'《集韻》:'䯻,桼器先以屑垸之也。'"

罞 機關網,包圍鳥獸之物。字亦作"罦"。《說文·網部》:"罞,覆車也。从网,包聲。《詩》曰:'雉離於罞。'罦,罞或从孚。"清朱駿聲《通訓定聲》:"按《兔爰》毛本作或體'罦'。《爾雅》:'罬謂之罦。'注:'今之翻車也,有兩轅,中施罥以捕鳥。'展轉相解。孫注:'可以掩兔。此網有四名:縶也,罬也,罬也,罞也。'"《廣韻·肴韻》:"罞,覆車網也。"《後漢書·馬融傳》:"罦罝羅羉,彌綸阬澤,皋牢陵山。"今按,"罞""罦"爲轉注字。聲符"包"之上古音爲幫紐幽部;"孚",滂紐幽部。疊韻,幫滂旁紐。

袍 長袍,包裹身體的衣物。漢史游《急就篇》卷二:"袍襦表里曲領襟。"唐顏師古注:"長衣曰袍,下至足趺。"《廣雅·釋器》:"袍,長襦也。"《廣韻·豪韻》所訓同。《新唐書·西域傳·天竺》:"帝以錦袍、金革帶、魚袋並七事賜之。"清葉夢珠《閱世編·冠服》:"袍服,初尚長,順治之末,短才及膝,今則又沒髁矣。"

褒 懷抱,以手包圍處,其字後世作"抱"。《說文·衣部》:"褒,褱也。从衣,包聲。"宋徐鉉等注:"今俗作'抱'。"清朱駿聲《通訓定聲》:"與左形右聲字別。《書·召誥》:'夫知保抱攜扶厥婦子。'《呂覽·下賢》:'周公旦抱少主而成之。'"清周濟《晉略·褚裒傳》:"裒即入上閣,躬自褒帝登太極前殿。"

炮 以泥包裹肉燒烤。《說文·火部》:"炮,毛炙肉也。从火,包聲。"清徐灝《注箋》:"炮本連毛裹燒之名,故用'包'爲聲。"《廣韻·肴韻》:"炮,裹物燒。"《禮記·禮運》:"以炮以燔,以亨以炙。"漢鄭玄注:"炮,裹燒之也。"唐柳宗元《鼇屋縣新食堂記》:"燔炮烹飪,益以酒醴。"

泡 以水浸泡,即水包圍他物。元戴侗《六書故·地理三》:"泡,以湯沃物亦曰泡。"《清平山堂話本·快嘴李翠蓮記》:"兩碗稀粥把鹽蘸,喫飯無茶將水泡。"清魏源《再上陸制府論下河水利書》:"東臺、鹽城、阜寧海鹵地鹼,全恃西水泡淡,始便種植。"按,"泡菜"之"泡"當亦此義。"泡"本爲水名,表浸泡義,爲套用字。

鮑 鹽漬魚,以鹽包裹之,故稱"鮑"。《説文·魚部》:"鮑,饐魚也。从魚,包聲。"清朱駿聲《通訓定聲》:"如今淹魚濕者有臭氣。《周禮·籩人》:'膴鮑魚鱐。'注:'鮑者,於楅室中糗干之,出於江淮也。'《史記·貨殖傳》:'鮿千石,鮑千鈞。'《聲類》:'魚漬曰鮑。'"明李時珍《本草綱目·鱗部》:"鮑即今之乾魚也。魚之可包者,故字从包。"

麭 黍豉皮,包裹黍豉之物。《改並四聲篇海·黍部》:"麭,黍豉皮也。"清黃景仁《涂山禹廟》:"操蛇衣卉顔涂麭,兜離僸佅聲呶呶。"

〔推源〕 諸詞俱有包義,爲包聲所載之公共義。聲符字"包"本爲胎胞字初文,後乃累增肉旁作"胞"。"包"字从勹、从子會意,"勹"爲古包裹字。《説文·勹部》:"包,象人裹妊,巳在中,象子未成形也。"清朱駿聲《通訓定聲》:"按,从勹,从巳,會意,勹亦聲。《莊子·外物》:'胞有重閬。'《釋文》:'腹中胎。'《太玄·玄掜》:'天地神胞。'注:'謂胎也。'皆以'胞'爲之。〔假借〕爲'勹'。《詩》:'野有死麕,白茅包之。'傳:'裹也。'《書·禹貢》:'草木漸包。'馬注:'相包裹也。'……《禮記·樂記》:'包之以虎皮。'"今按,"包"表包裹義,非假借,乃虛化引申。包裹、包圍義爲"包"之基本義。然則本條諸詞之包義爲聲符"包"所載之顯性語義。

(496) 泡匏窑(圓義)

泡 水泡,圓形物。《廣韻·肴韻》:"泡,水上浮漚。"清朱駿聲《説文通訓定聲·孚部》:"泡,〔假借〕爲'雹'。《漢書·藝文志》注:'泡,水上浮漚也。'"按,"泡"本爲水名,指水泡,爲套用字,非"雹"字之借。南朝宋謝靈運《維摩經十譬贊·聚沫泡合》:"水性本無泡,激流遂聚沫。"宋葛長庚《促拍滿路花·和純陽韻》:"堪嘆人間事,泡沫風燈,阿誰肯做飛仙?"

匏 葫蘆,圓形物。字或作"瓟",亦从包聲。《集韻·爻韻》:"匏,或从瓜。"《説文·勹部》:"匏,瓠也。"《詩·邶風·匏有苦葉》:"匏有苦葉,濟有深涉。"漢毛亨傳:"匏謂之瓠。"《楚辭·九嘆·愍命》:"莞芎棄於澤洲兮,匏籚蠹於筐簏。"漢王逸注:"匏,瓟也。"唐陸龜蒙《奉和襲美新秋言懷三十韻次韻》:"勿謂江湖水,終浮一大匏。"

窑 地窖,圓形物。《廣韻·覺韻》:"窑,《廣雅》曰:'窖也。'"《説文·穴部》:"窖,地藏也。"按,刨挖亦稱"窑",當爲直接引申義。明熊廷弼《六駁兵科疏》:"連夜窑圪,墻被人畜踐滑,皆前牽后擁始得過。"

〔推源〕 諸詞俱有圓義,爲包聲所載之公共義。聲符字"包"所記錄語詞謂胎胞,蓋亦不規則圓形,此與諸詞之圓義或相通。包聲可載圓義,則"桮"可證之。

包:幫紐幽部;
桮:幫紐之部。

雙聲,幽之旁轉。"桮",杯子,圓形物。《説文·木部》:"桮,䥶也。"清朱駿聲《通訓定聲》:"字亦作'杯'、作'柸'。"《集韻·灰韻》:"桮,古今飲器。或作杯。"《史記·項羽本紀》:

"張良入謝曰:'沛公不勝桮杓,不能辭。'"南朝宋劉義慶《世說新語·雅量》:"夜,華林園中飲酒,(孝武帝)舉桮屬星云:'長星勸爾一桮酒,自古何時有萬歲天子!'"

(497) 齙酡皰(外露義)

齙 齒外露,徽歙人稱"齙牙"。《玉篇·齒部》:"齙,露齒。"《資治通鑑·後梁均王乾化三年》:"蜀太子元膺,猥噣齙齒,目視不正。"按,唇不掩齒而外露亦稱"齞"。《集韻·禡韻》:"齞,齒出皃。"明馮夢龍輯《醒世恒言》之《兩縣令競義婚孤女》:"蕭雅一臉麻子,眼瞘齒齞,好似飛天夜叉模樣。"按,"齙""齞"當為轉注字。聲符字"包"上古音為幫紐幽部,"巴"為幫紐魚部,雙聲,幽魚旁轉。

酡 酒後臉上露出酒之色。《集韻·效韻》:"酡,酒之色。"《楚辭·招魂》"美人既醉,朱顏酡些"漢王逸注:"朱,赤也。酡,著也。言美女飲啗醉酡則面著赤色而鮮好也。"

皰 熱氣透出於顏面而生瘡。其字亦作"皰""疱""皰""皰"而俱从包聲。《說文·皮部》:"皰,面生氣也。从皮,包聲。"清朱駿聲《通訓定聲》:"按,《一切經音義》引《說文》:'面生熱氣也。'《廣雅·釋詁一》:'皰,病也。'《淮南·說林》:'潰小皰而發痤疽。'"按,朱氏所引《淮南子》文漢高誘注:"皰,面氣也。"《廣韻·效韻》:"皰,面生氣也。"清俞正燮《癸巳類稿·足陽明經胃府脉證三之三》:"內熱外虛,風濕所乘,初生如皰,隨瘥隨發。"

〔推源〕 諸詞俱有外露義,為包聲所載之公共義。聲符字"包"所記錄語詞之本義、引申義系列與外露義不相涉,其外露義為包聲所載之語源義。包聲可載外露義,"暴"可相證。

包:幫紐幽部;

暴:並紐藥部。

幫並旁紐,幽藥(沃)旁對轉。"暴",曬,即物顯露於日光下,故引申為暴露、顯露義。《說文·日部》:"暴,晞也。从日,从出,从収,从米。"清段玉裁注:"日出而疎手舉米曬之,合四字會意……經典皆作'曝'。"清朱駿聲《通訓定聲》:"《小爾雅·廣言》:'暴,曬也。'《考工記》:'晝暴諸日。'《孟子》:'一日暴之。'……〔轉注〕《漢書·中山靖王勝傳》:'數奏暴其過惡。'注:'謂披布之。'《西域傳》:'因暴兵微。'注:'謂顯揚也。'"按,所謂"轉注"實即引申。唯"暴"有外露義,故有"暴露"之同義聯合式合成詞。《荀子·王制》:"兵革器械者,彼將日日暴露毀折之中原,我今將脩飾之,拊循之,掩蓋之於府庫。"

(498) 飽枹麃㯱苞(多義)

飽 所食多。《說文·食部》:"飽,猒也。从食,包聲。"清朱駿聲《通訓定聲》:"《詩·執競》:'既醉既飽。'"《廣韻·巧韻》:"飽,食多也。"漢王充《論衡·辨祟》:"當風臥濕,握錢問祟,飽飯厭食,齋精解禍,而病不治。"唐白居易《放鷹》:"取其向背性,制在飢飽時。"

枹 叢生之木,相伴者多。《爾雅·釋木》:"樸,枹者。"晉郭璞注:"樸屬叢生者為枹。"《廣韻·屋韻》:"樸,棫樸,叢木。"《詩·大雅·棫樸》"芃芃棫樸"宋朱熹《集傳》:"樸,叢生也。"明李時珍《本草綱目·果部》:"楙有二種,一種叢生小者曰枹。"

狍 彩羽,即羽毛之色彩多。《玉篇·羽部》:"狍,五采羽。"《廣韻·皓韻》:"狍,彩羽。"按,背有黃褐、黑等雜色斑紋之鳥稱"鴇",其字亦从包聲,庶可相證。《説文·鳥部》:"鴇,鳥也,肉出尺胾。从鳥,𠂇聲。鴇,鴇或从包。"馮德培、談家楨等主編《簡明生物學詞典》:"鴇,羽色主要頸部爲淡灰色,背部有黃褐和黑色斑紋,腹面近白色。"

珨 玉紋。《廣韻·虞韻》:"珨,玉文。"按,玉紋多而斑駁,故稱"珨"。

苞 叢生,相伴者多。《爾雅·釋言》:"苞,稹也。"宋邢昺疏:"物叢生曰苞,齊人名曰稹。"按《説文·禾部》"稹"訓"穜穊",即稠密義,亦即多義。《廣韻·肴韻》:"苞,叢生也,豐也。"《詩·小雅·斯干》:"如竹苞矣,如松茂矣。"宋朱熹《集傳》:"苞,叢生而固也。"《文選·宋玉〈高唐賦〉》:"青荃射干,揭車苞並。"唐李善注:"苞並,叢生也。"

〔推源〕 諸詞俱有多義,爲包聲所載之公共義。聲符字"包"所記録語詞之顯性語義即本義、引申義系列與多義不相涉,其多義爲包聲所載之語源義。包聲可載多義,"豐"可證之。

包:幫紐幽部;

豐:滂紐冬部。

幫滂旁紐,幽冬(東)旁對轉。"豐",多,盛。《説文·豆部》:"豐,豆之豐滿者也。从豆,象形。"《左傳·僖公二十七年》:"民易資者不求豐焉,明徵其辭。"晉杜預注:"不詐以求多。"《管子·水地》:"鳥獸得之,形體肥大,羽毛豐茂。"

(499) 鉋跑鲍(刨義)

鉋 刨平木材的工具,亦指以鉋刨物。其字亦作"刨"。《廣韻·效韻》:"鉋,鉋刀,治木器也。"《正字通·金部》:"鉋,平木器,鐵刃,狀如鑱,銜木匡中,不令轉動。木匡有孔,旁兩小柄,以手反復推之,木片從孔出。通作刨。"按徽歙人稱"推鉋"。唐元稹《江邊四十韻》:"方礎荆山採,修椽郢匠鉋。"明宋應星《天工開物·刨》:"凡刨,磨礪嵌鋼寸鐵,露刃秒忽,斜出木口之面,所以平木。"

跑 獸以足刨地。《廣韻·肴韻》:"跑,足跑地也。"唐劉商《胡笳十八拍·第十七拍》:"馬飢跑雪銜草根,人渴敲冰飲流水。"清陳祥裔《蜀都碎事》卷二:"婦弄猴使作伎,猴伏地不爲,鞭之輒奮叫,入夜走主者之墓,跑土悲號,七日而死。"

鲍 以工具刨土。《玉篇·臬部》:"鲍,鲍地也。"按,徽歙南鄉農人有農具稱"鲍",形如木匠之鉋刀,刨去地中之草稱"鲍草"。《廣韻·巧韻》:"鲍,舀地。"按,此亦刨土義,"舀"本爲掘土農具。漢揚雄《方言》卷五:"舀,燕之東北朝鮮、洌水之間謂之斛,宋魏之間謂之鏵,或謂之鍏,江淮、南楚之間謂之舀,沅湘之間謂之畚。"

〔推源〕 諸詞俱有刨義,爲包聲所載之公共義。聲符字"包"所記録語詞之本義、引申義系列與刨義不相涉,其刨義爲包聲所載之語源義。包聲可載刨義,"耙"可證之。

包:幫紐幽部;

耙:幫紐鐸部。

雙聲,幽鐸旁對轉。"耙",刨土使平之農具。"耙"字晚出,本亦以"爬"爲之。元王禎《農書》卷十二:"耙,又作爬,今作耰,通用。""凡耙田者,人立其上,入土則深。"《太平御覽》卷339引《金匱》:"守戰之具,皆在民間。耒耜者,是其弓弩也;鋤爬者,是其矛戟也。"

(500) 雹炮跑咆颮(猛烈義)

雹 冰雹,夏季隨暴雨下降之物。《說文·雨部》:"雹,雨冰也。从雨,包聲。"清朱駿聲《通訓定聲》:"《大戴·曾子天圓》:'陽之專氣爲雹。'注:'陽氣在雨,溫暖如湯,陰氣薄之不相入,轉而爲雹,蓋猶沸湯在閉器而沉於泉,則爲冰也。'《素問·六元正紀大論》:'寒水勝火,則爲冰雹。'"《呂氏春秋·仲夏》:"仲夏行冬令,則雹霰傷穀。"

炮 以旺火爆炒菜肴或藥材,其字後世作"爆"。北魏賈思勰《齊民要術·腤煎》:"食時洗却鹽,煮、蒸、炮任意,美於常魚。"宋陸游《離家示妻子》:"兒爲檢藥籠,桂薑手炮煎。"按,"炮"本指裹燒(見本典第495條),指爆炒,爲套用式本字。爆炒則炒物之火猛烈。

跑 奔走,行走動作猛烈。明李翊《俗呼小錄》:"趨謂之跑。"明馮夢龍編《警世通言》之《趙太祖千里送京娘》:"那馬拍騰騰便跑,公子放開腳步,緊緊相隨。""跑"又有逃走義,凡逃走則必急奔,義亦相通。明無名氏《漁樵閑話》第一折:"昨日鄰家狗廝咬,小狗趕的大狗跑。"按,"跑"本謂獸以足刨地(見本典第499條),表急奔義,亦爲套用字。

咆 獸猛叫。《說文·口部》:"咆,嘷也。从口,包聲。"清朱駿聲《通訓定聲》:"《淮南·覽冥》:'襲穴而不敢咆。'《文選·劉安〈招隱士〉》:'虎豹鬥兮熊羆咆。'注:'吼也。'""《廣韻·肴韻》:"咆,咆烋,熊虎聲。"按朱氏所引《文選》文亦見諸《楚辭》,漢王逸注:"貪殺之獸,跳梁吼也。"

颮 暴風。字亦作"飆"。《說文·風部》:"飆,扶搖風也。从風,猋聲。颮,飆或从包。"清朱駿聲《通訓定聲》:"按,迴風暴起,從下而上。《長笛賦》:'感迴飆而將積。'《漢書·揚雄傳》:'風發飆拂。'《答賓戲》:'風颮雷激。'"按,朱氏所引班固《答賓戲》亦見諸《文選》,唐呂向注云:"颮,急風也。"

〔推源〕 諸詞俱有猛烈義,爲包聲所載之公共義。聲符字"包"所記錄語詞之本義、引申義系列與猛烈義不相涉,其猛烈義爲包聲所載之語源義。包聲可載猛烈義,"爆"可證之。

包:幫紐幽部;

爆:幫紐藥部。

雙聲,幽藥(沃)旁對轉。"爆",猛然迸散、爆烈。《說文·火部》:"爆,灼也。"清朱駿聲

《通訓定聲》:"《聲類》:'爆,爊起。'"《廣韻·效韻》:"爆,火裂。"漢班固《白虎通·蓍龜》:"龜曰卜,蓍曰筮,何?卜,赴也,爆,見兆。筮也者,信也,見其卦也。"南朝梁宗懍《荆楚歲時記》:"正月一日……雞鳴而起,先於庭前爆竹,以辟山臊惡鬼。"按,所謂"爆竹"乃以火燒使爆裂,後世有紙裹火藥之爆竹,凡"爆竹""爆炸""爆發"等詞,"爆"皆猛烈義。

(501) 胞妁孢(孕育義)

胞 胎胞(見本典第 495 條),孕育胎兒之物,故引申爲孕育義。晉葛洪《抱朴子·明本》:"道也者,所以陶冶百氏,範鑄二儀,胞胎萬類,醖釀彝倫者也。"

妁 妁媧,字或作"庖",指女媧氏,傳説中的孕育人類之神。宋羅泌《路史·後紀二·女皇氏》:'女皇氏妁媧,雲姓。'羅蘋注:"妁與庖同。"《説文·女部》:"媧,古之神聖女,化萬物者也。"《淮南子·説林訓》:"黃帝生陰陽,上駢生耳目,桑林生臂手,此女媧所以七十化也。"《太平御覽》卷七十八引漢應劭《風俗通》:"俗説天地未辟,未有人民,女媧摶黃土作人,劇務,力不暇供,乃引絙於泥中,舉以爲人。"

孢 有"孕"訓。《字彙·子部》:"孢,孕也。"現代科學以"孢"指孕育生物的繁殖體。《簡明生物學詞典·孢子》:"脱離母體後能直接或間接發育成新個體的單細胞或少數細胞的繁殖體。"

〔推源〕 諸詞俱有孕育義,爲包聲所載之公共義。聲符字"包"本爲"胞"之初文(見本典第 495 條)。"胞",胎胞,孕育嬰兒之物。然則本條諸詞之孕育義爲聲符"包"所承載的顯性語義。

175　主聲

(502) 駐住跓軴註迬砫紸(留止義)

駐 馬停止前進,亦引申爲停留義。《説文·馬部》:"駐,馬立也。从馬,主聲。"清朱駿聲《通訓定聲》:"《後漢·靈帝紀》:'駐駕。'注:'停車處也。'《蒼頡篇》:'駐,止也。'……〔聲訓〕《釋名·釋姿容》:'駐,株也,如株不動也。'《東征賦》引《蒼頡》:'駐,住也。'"《廣韻·遇韻》:"駐,止馬。"《漢書·韓延壽傳》:"今旦明府早駕,久駐未出。"唐王勃《守歲序》:"歲月易盡,光陰難駐。"

住 停止。《廣韻·遇韻》:"住,停手。"又"住,止也。"北魏賈思勰《齊民要術·種紅花藍花梔子》:"乃至粉乾足,手痛挼勿住。"宋李清照《漁家傲·記夢》:"風休住,蓬舟吹取三山去。"按"住"亦有留義。唐白居易《母別子》:"應似園中桃李樹,花落隨風子住枝。"

跓 停足。《廣韻·麌韻》:"跓,停足。"漢王逸《九思·悼亂》:"垂屣兮將起,跓竢兮碩明。"按"跓竢"當爲同義連文,"竢"謂停足站立等待,字亦作"俟"。

軴 停車。《玉篇·車部》:"軴,軴車也。"《廣韻·遇韻》:"軴,車軴。"《集韻·遇韻》:

"軴,車止也。"按,古籍中亦以"駐"爲之。北齊劉逖《秋朝望野》:"駐車憑險岸,飛蓋歷平湖。"今按,"駐"字从馬,謂馬停止前行,馬止步則車亦停。而其停車義當以"軴"爲本字。

註 字从言,謂注解、注釋。古文獻多以"注"爲之,而"註"實爲本字。《廣雅·釋言》:"註,疏也。"《廣韻·遇韻》:"註,解也。"《宋史·王安石傳》:"先儒傳註,一切廢不用。"引申之,則有記載、存留義。《廣雅·釋詁二》:"註,識也。"《穀梁傳·昭公十一年》:"一事註乎志,所以惡楚子也。"元王實甫《西廂記》第五本第四折:"御筆親除,將名姓翰林註。"

迬 停止行走。《玉篇·辵部》:"迬,行止也。"按,《玉篇》注此字之音爲"之句切",可推知其上古音爲章紐侯部,正與"主"同,然則"迬"字之結構爲从辵,主聲,而以主聲表止義。凡行止逗留又稱"逗",其音定紐侯部,與"迬"疊韻,章(照)定準旁紐,語源同。《説文·辵部》:"逗,止也。"《晉書·陸雲傳》:"初,雲嘗行,逗宿故人家。"

砫 宗廟存留神主的石函,其字亦作"宔"。《玉篇·石部》:"砫,石室。"《廣韻·麌韻》:"宔,或作砫。"《説文·宀部》:"宔,宗廟宔祏。从宀,主聲。"清朱駿聲《通訓定聲》:"《左傳》:'使祝史徙主祏於周廟。'《公羊傳》:'爲僖公主也。主者曷用?虞主用桑,練主爲栗。'注:'主狀正方,穿中央達四方,天子長尺二寸,諸侯長一尺。'經傳皆以'主'爲之。"然則此詞客觀存在,而"宔"爲其本字,"砫"則爲後起字。

紸 紸纊聽息,以新綿安放、存留於臨終者口鼻前,觀其呼吸。《正字通·糸部》:"紸,著也。"清朱駿聲《説文通訓定聲·需部》:"注,假借爲'屬'。《荀子·禮論》:'注纊聽息之時。'注:'即屬纊也。'字亦作'紸'。"按,朱氏所引《荀子》文"注纊"異文作"紸纊"。文獻有作"屬纊"之例。《禮記·喪大記》:"屬纊以俟絶氣。"漢鄭玄注:"纊,今之新綿,易動摇,置口鼻之上以爲候。"然則"紸"爲其本字。

〔推源〕諸詞俱有留止義,爲主聲所載之公共義。聲符字"主"爲"炷"之初文,謂燈芯,與留止義不相涉,其留止義爲主聲所載之語源義。主聲可載留止義,"止"可證之。

主:章紐侯部;
止:章紐之部。

雙聲,侯之旁轉。"止",停留,停止。《廣雅·釋詁二》:"止,逗也。"《廣韻·止韻》:"止,停也,留也。"《莊子·德充符》:"仲尼曰:'人莫鑒於流水而鑒於止水。'"漢韓嬰《韓詩外傳》卷九:"樹欲静而風不止。"《論語·微子》:"止子路宿,殺鷄爲黍而食之。"

(503)柱拄砫(支撐義)

柱 支撐房子的柱子,引申爲支撐。《説文·木部》:"柱,楹也。从木,主聲。"清朱駿聲《通訓定聲》:"《儀禮·喪服傳》:'翦屏柱楣。'注:'所謂梁闇。'……〔轉注〕《禮記·明堂位》:'殷柱鼓。'按,有木支之如柱也……《廣雅·釋器》:'柱,距也。'"《集韻·遇韻》:"柱,掌也。"又《語韻》:"柱,支也。"漢王符《潛夫論·釋難》:"故大屋移傾,則下之人不待告令,各争其柱之。"

拄 支撑。《集韻·噳韻》："拄,榰也。"清朱駿聲《説文通訓定聲·需部》："《説文》:'榰,柱砥也。'今字作'拄'。《漢書·西域傳》:'以道當爲拄置。'注:'支拄也。'"南朝宋劉義慶《世説新語·方正》:"韓康伯病,拄杖前庭消摇。"《紅樓夢》第五十八回:"寶玉聽説,只得拄了一支杖,靸着鞋,走出院外。"

砫 砥砫,一作"砥柱",本爲山名,引申爲支撑義。清朱駿聲《説文通訓定聲·需部》:"《書·禹貢》:'東至於厎柱。'《水經·河水注》:'山名也,河水分流包山而過,山見水中若柱然。'字亦作'砫'。《高唐賦》:'狀若砥砫。'"清楊榮《感事》:"方倚只身爲砥砫,枉遭衆口毁長城。"

〔推源〕 諸詞俱有支撑義,爲主聲所載之公共義。聲符字"主"所記録語詞之本義、引申義系列與支撑義不相涉,其支撑義爲主聲所載之語源義。主聲可載支撑義,"撑"可相證。

主:章紐侯部;
撑:透紐陽部。

章(照)透準旁紐,侯陽旁對轉。"撑",支撑。其字本作"撐"。《正字通·手部》:"撑,俗撐字。"《玉篇·手部》:"撐,撐住。"漢陳琳《飲馬長城窟行》:"君獨不見長城下,死者骸骨相撐拄。"按,"撐拄"當爲同義連文。《紅樓夢》第八十三回:"别説是女人當不來,就是三頭六臂的男人,還撑不住呢。"

(504) 鴲狣黕(黑義)

鴲 黑色水鳥。《説文·鳥部》:"鴲,鳥也。从鳥,主聲。"清朱駿聲《通訓定聲》:"按,水鳥黑色。"《廣韻·厚韻》:"鴲,水鳥,黑色。"清李元《蠕範·物理》:"鳧,黑者鴲,白者鴗,雜毛者鶱,五色者皷。"

狣 黑頭黃犬。《説文·犬部》:"狣,黄犬黑頭。从犬,主聲。讀若注。"清朱駿聲《通訓定聲》:"黑頭黄犬曰獫。"按,朱氏蓋以許注許。《説文》同部"獫"訓"黑犬黄頭",其字从斂得聲,斂聲亦可載黑義,"獫"爲"狣"之别名。"蘞"爲黑色物,庶可爲證。《説文·艸部》:"蘞,白蘞也。从艸,斂聲。蘞,蘞或从斂。"朱氏《通訓定聲》:"《詩·葛生》:'蘞蔓於野。'陸疏:'幽州人謂之烏服。'《釋文》:'似栝樓,葉盛而細子,正黑如燕薁,不可食。'按,蘞有赤、白、黑三種。"《廣韻·遇韻》:"狣,黄犬,黑頭。"

黕 古代的標點符號,小黑點。其字本作"丶"。《廣韻·麋韻》:"黕,黕點,義與丶同。"《説文·丶部》:"丶,有所絶止,丶而識之也。"清朱駿聲《通訓定聲》:"今誦書點其句讀,亦其一耑也。"晉成公綏《隸書體》:"彤管電流,雨下電散,點黕折握,捐挫安案。"《初學記》卷二十一引漢崔瑗《草書體》:"或黕點梁,狀似連珠。"

〔推源〕 諸詞俱有黑義,爲主聲所載之公共義。聲符字"主"所記録語詞之本義、引申義系列與黑義不相涉，其黑義爲主聲所載之語源義。主聲可載黑義，"默""酞""衪"可相證，此三詞俱有黑義，見本典第一卷第 83 條。其字从弋得聲，弋聲、主聲相近而相通，語源當同。

主：章紐侯部；
弋：余紐職部。

章(照)余(喻四)旁紐，侯職旁對轉。

(505) 注疰（注入義）

注 灌入，注入。《説文·水部》："注，灌也。从水，主聲。"清朱駿聲《通訓定聲》："《詩·泂酌》：'挹彼注兹。'《吳都賦》：'振盪注流。'"《廣韻·遇韻》："注，灌注也。"北魏酈道元《水經注·濟水一》："須水又東北流於滎陽城西南，北注索索水。"

疰 傳染病，氣相灌注，故稱"疰"。《廣雅·釋詁一》："疰，病也。"清王念孫《疏證》："《釋名》：'注病，一人死，一人復得，氣相灌注也。''注'與'疰'通。"按，"疰"爲本字。《廣韻·遇韻》："疰，疰病。"《南史·韓懷明傳》："母患尸疰，每發輒危殆。"又，"中惡"之病一稱"疰忤"，亦邪氣注入體中之意。宋文同《蒲生鐘馗》："下有三鬼相嘯聚，初行誰家作疰忤。"

〔**推源**〕 此二詞俱有注入義，爲主聲所載之公共義。聲符字"主"所記錄語詞之本義、引申義系列與注入義不相涉，其注入義爲主聲所載之語源義。主聲可載注入義，"輸"可證之。

主：章紐侯部；
輸：書紐侯部。

章(照)書(審三)旁紐，侯部疊韻。"輸"，運送。《説文·車部》："輸，委輸也。"清段玉裁注："委隨轉寫也。"《後漢書·張純傳》："五年，拜太中大夫，使將潁川突騎安集荆、徐、楊部，督委輸，監諸將營。"唐李賢注："委輸，轉運也。"引申之，則有注入、灌入之義。《商君書·去强》："國强而不戰，毒輸於内，禮樂蝨官生，必削。國遂戰，毒輸於敵，國無禮樂蝨官，必强。"宋蘇軾《申三省起請開湖六條狀》："今西湖水貫城以入於清湖河者，大小凡五道，皆自清湖河而下以北出餘杭門，不復與城中運河相灌輸。"按，唯"輸"有注入、灌入義，故又有"輸入"之雙音詞。

176 市聲

(506) 柿鈰（柔軟義）

柿 柿子，柿樹的柔軟果實。字亦作"梯"。《説文·木部》："梯，赤實果。从木，朿聲。"

清邵瑛《群經正字》:"今經典作'柿'。"《禮記·内則》:"棗、栗、榛、柿。"宋孟元老《東京夢華録·飲食果子》:"諸般蜜煎香藥、菓子罐子、黨梅、柿膏兒……鵬沙元之類。"

鈰 柔軟的金屬。《辭海·金部》:"鈰,符號Ce。原子序數58。灰色軟金屬。化學性質活潑,在空氣中用刀刮即着火。"

〔推源〕 此二詞俱有柔軟義,爲市聲所載之公共義。聲符字"市"所記録語詞《說文·冂部》訓"買賣所之也",即市場義,與柔軟義不相涉,其柔軟義爲市聲所載之語源義。市聲可載柔軟義,"柔"可證之。

市:禪紐之部;

柔:日紐幽部。

禪日旁紐,之幽旁轉。"柔",木質柔軟,可曲可直。《說文·木部》:"柔,木曲直也。"《詩·小雅·巧言》:"荏染柔木,君子樹之。"明鄭若庸《玉玦記·憶夫》:"緑茵盡摘不留,且莫惜明年難茂,柔枝嫩葉,多應人采揪。"虛化引申爲柔軟、柔弱義。清段玉裁《說文解字注·木部》:"柔之引伸,爲凡奭弱之偁。"《詩·衛風·碩人》:"手如柔荑,膚如凝脂。"《新唐書·隱逸傳·朱桃椎》:"其爲屨,草柔細,環結促密,人争躡之。"

177 立聲

(507) 鴗粒泣(小義)

鴗 小鳥。《說文·鳥部》:"鴗,天狗也。从鳥,立聲。"清朱駿聲《通訓定聲》:"字亦作'鵹'。《爾雅·釋鳥》:'鴗,天狗也。'注:'小鳥也。青似翠,食魚,江東呼爲水狗。'今驗此鳥喙極長而尾短,喙足皆赤色,其翠可以爲飾,或謂之翠奴,亦稱魚虎。"《廣韻·緝韻》:"鴗,水狗。《爾雅》謂之天狗。"清李汝珍《鏡花緣》第二十一回:"登時西林飛出一只小鳥,白頸紅嘴,一身青翠……多九公道:'此禽名叫鴗鳥,又名天狗。'"

粒 米粒,形小之物。《說文·米部》:"粒,糂也。从米,立聲。"清朱駿聲《通訓定聲》:"《小爾雅·廣物》:'穀謂之粒。'《顔氏家訓·勉學》:'蜀土呼粒爲逼。'按,呼爲皂也。《書·益稷》:'烝民乃粒。'鄭注:'米也。'"《吕氏春秋·任教》:"孔子窮乎陳蔡之間,藜羹不斟,七日不嘗粒。"《廣韻·緝韻》:"粒,米粒。"按,引申之凡粒狀物皆稱"粒",如:鹽粒、糖粒,亦皆形小之物。又,漢許慎以"糂"訓"粒",《說文》同部:"糂,一曰粒也。"乃互訓之。

泣 小聲地哭。《說文·水部》:"泣,無聲出涕曰泣。从水,立聲。"清朱駿聲《通訓定聲》:"《廣雅·釋言》:'泣,泪也。'《禮記·檀弓》:'泣血三年。'注:'言泣無聲如血出。'"《廣韻·緝韻》:"泣,無聲出涕。"唐李白《感時留别從兄徐王延年從弟延陵》:"泣别目眷眷,傷心步遲遲。"按,人哭泣不能無聲,時或低聲、小聲而已,"泣"乃以立聲表小聲義。

〔推源〕　諸詞俱有小義，爲立聲所載之公共義。聲符字"立"从大、从一會意，所記錄語詞之本義謂人站立，與小義不相涉，其小義爲立聲所載之語源義。立聲可載小義，隹聲可相證。

立：來紐緝部；
隹：章紐微部。

來章(照)準旁紐，緝微通轉。隹聲字所記錄語詞"稚"謂幼小，"雛"謂小鳥，"魋"指似熊之小獸。參本典"隹聲"。

178　玄聲

(508) 袨眩駽（黑義）

袨　黑色禮服。《玉篇·衣部》："袨，黑衣也。"《淮南子·齊俗訓》："纏以朱絲，尸祝袨袨。"漢高誘注："袨，黑齋衣也。"《文選·陸機〈豪士賦〉序》："時有袨服荷戟，立於廟門之下。"唐李善注："袨服，黑服也。"按《說文》無"袨"字，宋徐鉉等附之，訓"盛服"；《廣韻·霰韻》："袨"訓"好衣"，其義皆相通。蓋黑色禮服爲盛裝，盛裝本爲好衣。

眩　眼睛昏花，實即眼前發黑義。《說文·目部》："眩，目無常主也。从目，玄聲。"清朱駿聲《通訓定聲》："《蒼頡篇》：'眩，視不明也。'《方言》三：'瞑，或謂之眩。'"《廣韻·霰韻》："眩，瞑眩。《書》曰：'若藥弗瞑眩，厥疾弗瘳。'"《國語·周語下》："夫樂不過以聽耳，而美不過以觀目，若聽樂而震，觀美而眩，患莫大焉。"《戰國策·燕策三》："左右既前斬荊軻，秦王目眩良久。"

駽　馬黑色。《集韻·先韻》："駽，馬黑色。"今按，《集韻》所載多方言、俗語，"駽"訓"馬黑色"雖未見諸文獻，然語言中此詞、語源實有之。古者稱青黑馬爲"駽"，其音《廣韻》云"火玄切"，其上古音爲曉紐真部。"駽"字之音《廣韻》云"胡涓切"，其上古音爲匣紐元部。曉匣旁紐，真元旁轉。《說文·馬部》："駽，青驪馬。"清朱駿聲《通訓定聲》："《爾雅·釋畜》：'青驪，駽。'孫注：'色青黑之間。'郭注：'今之鐵驄。'"《說文·馬部》："驪，馬深黑色。"

〔推源〕　諸詞俱有黑義，爲玄聲所載之公共義。聲符字"玄"所記錄語詞本有黑義。《說文·玄部》："玄，黑而有赤色者爲玄。"清朱駿聲《通訓定聲》："《小爾雅·廣詁》：'玄，黑也。'《考工·鐘氏》：'五入爲緅，七入爲緇。'注：'玄色者，在緅緇之間。'"按朱氏之文"玄"皆作"元"，乃避清聖祖玄燁諱。《詩·豳風·七月》："載玄載黃，我朱孔陽。"漢毛亨傳："玄，黑而有赤也。"今按，"玄"字所載黑義，非顯性語義，乃語源義。"玄"字象絲形，漢許慎云"象幽而入覆之也。"清王筠《句讀》："幺、玄二字古文本同體，特兩音兩義耳，小篆始加'入'以別之。"得之。玄聲可載黑義，則"熏"可相證。

玄：匣紐真部；

熏：曉紐文部。

匣曉旁紐，真文旁轉。"熏"，字本從黑，謂以火煙熏炙，熏則黑，故《説文·黑部》云"黑，火所熏之色也。"《説文·中部》："熏，火煙上出也。從中，從黑。"林義光《文源》："熏，象火自窗上出形。"《詩·豳風·七月》："穹窒熏鼠，塞向墐户。"又，古稱黄昏爲"熏夕"，即天黑之時，後起本字乃作"曛"。《後漢書·文苑傳下·趙壹》："陟遂與言談，至熏夕，極歡而去。"

(509) 炫衒（炫耀義）

炫 輝映，引申爲炫耀義。《説文·火部》："炫，燿燿也。從火，玄聲。"漢司馬相如《長門賦》："五色炫以相曜兮，爛耀耀而成光。"南朝梁劉勰《文心雕龍·頌讀》："降及品物，炫辭作翫。"唐張仲方《披沙揀金賦》："百寶惟斥，三品惟崇，美價初炫，微明内融。"

衒 字亦作"眩"，謂叫賣，引申爲炫耀。《説文·行部》："衒，行且賣也。從行，從言。衒，衒或從玄。"清朱駿聲《通訓定聲》："《廣雅·釋詁三》：'衒，賣也。'《楚辭·疾世》：'欲衒鬻兮莫取。'《漢書·東方朔傳》：'自衒鬻者以千數。'"《廣韻·霰韻》："眩，行眩賣。"《集韻·霰韻》："衒，亦作眩。"按，行賣則常自誇耀其物佳，故有炫耀之衍義。三國魏曹植《求自試表》："夫自衒自媒者，士女之醜行也。"南朝梁蕭綱《度關山》："凱歌還舊里，非是衒功名。"

〔推源〕 此二詞俱有炫耀義，爲玄聲所載之公共義。考諸聲符字"玄"之形體結構，炫耀義非顯性語義，乃玄聲所載之語源義。玄聲可載炫耀義，"顯"可證之。

玄：匣紐真部；

顯：曉紐元部。

匣曉旁紐，真元旁轉。"顯"，顯示，顯露，刻意爲之即炫耀，故雙音詞"顯耀"與"炫耀"同義。元尚仲賢《單鞭奪槊》第四折："胡敬德顯耀英雄，單雄信有志無功。"又"顯擺"亦謂有意顯示炫耀。老舍《駱駝祥子》："他以爲這麼來的一個老婆，只可以藏在家中，這不是什麼體面的事，越少在大家眼前顯擺越好。"

(510) 眩眩詃衒（惑亂義）

眩 眼睛昏花（見本典第508條），引申爲惑亂義。漢劉熙《釋名·釋疾病》："眩，縣也，目視動亂，如縣物摇摇然不定也。"清朱駿聲《説文通訓定聲·坤部》："眩，《廣雅·釋詁三》：'眩，亂也。'《釋言》：'眩，惑也。'……《漢書·元帝紀》：'靡瞻不眩。'注：'視亂也。'〔轉注〕《禮記·中庸》：'敬大臣則不眩。'疏：'亦惑也。'《漢書·元帝紀》：'使人眩於名實。'注：'亂視也。'又《史記·大宛傳》：'善眩人。'《索隱》：'變化惑人也。'"按朱氏所稱"轉注"實即引申。《廣韻·先韻》"眩"亦訓"亂"。

眩 字從日，謂日光。《集韻·霰韻》："眩，日光。"按，日光則使人目眩而亂其視，故有惑亂之衍義。《楚辭·離騷》:"世幽昧以眩曜兮,孰云察余之善惡。"漢王逸注:"眩曜,惑亂皃。"又,欺惑世俗之人、以假亂真謂之"眩俗"。明方孝孺《王處士墓誌銘》:"今處士爲善而不求名,務德而不眩俗。"

詨 欺誘,即以假話、大話迷惑人,以假亂真。《玉篇·言部》:"詨,誘也。"《廣韻·銑韻》:"詨,誘也。"《魏書·蕭衍傳》:"詨惑愚淺,大言以驚俗;驅扇邪僻,口兵以作威。"王重民輯《敦煌曲子詞集》之《傾杯樂》:"又被良媒苦出言詞相誘詨。"

衒 行且賣,因引申爲炫耀義(見本典第509條),又引申爲惑亂義。晉王嘉《拾遺記·夏禹》:"夫神迹難求,幽暗罔辨,希夷髣髴之間,聞見以之衒惑。"宋司馬光《乞改求諫詔書札子》:"上則觀望朝廷之意,以徼倖希進;下則衒惑流俗之情,以干取虛譽。"

〔推源〕 諸詞俱有惑亂義,爲玄聲所載之公共義。聲符字"玄"所記錄語詞之本義、引申義與惑亂義不相涉,其惑亂義爲玄聲所載之語源義。玄聲可載惑亂義,"渾"可證之。

玄:匣紐真部;

渾:匣紐文部。

雙聲,真文旁轉。"渾",污濁,混濁,引申之則有亂義。《説文·水部》:"渾,一曰洿下皃。"清朱駿聲《通訓定聲》:"《素問·脉要精微論》:'渾渾革至如涌泉。'注:'濁亂也。'《瘧論》:'無刺渾渾之脉。'注:'言無端緒也。'"按,唯"渾"有亂義,故"渾""亂"可組成同義聯合式合成詞"渾亂"。《漢書·劉向傳》:"傳授增加,文書紛糾,前後錯謬,毀譽渾亂。"按,今混亂字作"混",其音與"渾"同,匣紐雙聲,文部叠韻。

179 半聲

(511) 泮料胖伴拌牉(半義)

泮 泮宫,半有水,半無水。其字亦以"頖"爲之。《説文·水部》:"泮,諸侯鄉射之宫,西南爲水,東北爲墻。从水,从半,半亦聲。"清朱駿聲《通訓定聲》:"字亦作'頖'。……《禮記·王制》:'天子曰辟廱,諸侯曰頖宫。'……《詩·泮水》傳:'泮,宫之水也。'箋:'泮之言半也,蓋東西門以南通水,北無也。'"《漢書·郊祀志》上:"周公相成王,王道大洽,制禮作樂,天子曰明堂辟雍,諸侯曰泮宫。"

料 量物分半。《説文·斗部》:"料,量物分半也。从斗,从半,半亦聲。"清朱駿聲《通訓定聲》:"五升量名。《史記·項羽紀》:'士卒食半菽。'以'半'爲之。"《廣韻·换韻》:"料,五升。"

胖 祭祀時用的半體牲。《説文·肉部》:"胖,半體肉也。从半,从肉,半亦聲。"清朱駿聲《通訓定聲》:"《儀禮·少牢禮》:'司馬升羊右胖。'"《玉篇·肉部》:"胖,牲之半體也。"《廣韻·換韻》:"胖,牲之半體。"沈兼士《聲系》:"案'胖',元泰定本及內府本、敦煌本《王韻》《唐韻》均作'胖',與《説文》合。《新唐書·禮樂志二》:"肉載以俎,皆升右胖體十一。"

伴 伴侶,一對中的一半。《玉篇·人部》:"伴,侣也。"清朱駿聲《説文通訓定聲·乾部》:"伴,〔假借〕爲夶。《楚辭·惜誦》:'又何以爲此伴也。'注:'侶也。'"今按,"夶"象二人並立形,爲"伴"之初文,"伴"表伴侶義非假借。晉劉琨《答盧諶詩》:"亭亭孤幹,獨生無伴。"

拌 攪拌,兩物摻合,各居其半。唐張賁《以青魠飯分送襲美魯望因成一絶》:"應宜仙子胡麻拌,因送劉郎與阮郎。"宋葉隆禮《契丹國志·歲時雜記·重九》:"出兔肝切生,以鹿舌醬拌食之。"今按,"拌"字漢揚雄《方言》訓棄物,表攪拌義,爲套用字。

牉 物之兩半。《玉篇·片部》:"牉,半也。"《遼史·儀衛志三》:"自大賀氏八部用兵,則合契而動,不過刻木爲牉合。""牉"亦引申而指人倫中之夫婦,夫與婦皆配偶之半,其相結合稱"牉合"。《廣韻·換韻》:"牉,牉合,夫婦也。"《儀禮·喪服》:"故父子,首足也;夫妻,牉合也。"唐賈公彦疏:"夫婦半合,子胤生焉,是半合爲一體也。"

〔推源〕 諸詞俱有半義,爲半聲所載之公共義。聲符字"半"所記録語詞之本義即半,上述諸詞之半義爲其顯性語義。《説文·半部》:"半,物中分也。从八,从牛。牛爲物大,可以分也。"《廣韻·換韻》:"半,物中分也。"按,物中分則兩半,"半"字从八,"八"有"別"訓,即分開義,此爲構形理據。其本義則爲半。《易·繫辭下》:"知者觀其彖辭,則思過半矣。"《戰國策·齊策一》:"韓魏戰而勝秦,則兵半折,四境不守。"半聲可載半義,則"邊"可相證。"半"與"邊"上古音同,幫紐雙聲,元部疊韻。"邊",字从辵,《説文·辵部》訓"行垂崖",引申爲邊側義。《禮記·深衣》:"續衽鉤邊,要縫半下。"今按,凡物常有兩邊、兩側,兩邊側即兩半,足證半義、邊義相通。

(512) 判叛跘拌牉(分義)

判 分離,分開。《説文·刀部》:"判,分也。从刀,半聲。"清朱駿聲《通訓定聲》:"《小爾雅·廣言》:'判,散也。'《左莊三傳》:'紀於是乎始判。'注:'分也。'《晉語》:'則上下既有判矣。'注:'離也。'《離騷》:'判獨離而不服。'注:'別也。'《詩·訪落》:'繼猶判涣。'傳:'分也。'"《廣韻·換韻》:"判,剖判,又分也。"按,"判"字从刀,剖物以刀,物剖則分離。《墨子·備穴》:"令陶者爲月明,長二尺五寸六圍,中判之,合而施之穴中。"

叛 背叛,離心離德。背叛則相分離,故亦引申爲分義。《説文·半部》:"叛,半也。从半,反聲。"清朱駿聲《通訓定聲》:"反也。从反,半聲。今系於此。《廣雅·釋詁三》:'叛,亂也。'《楚辭·逢紛》:'信中塗而叛之。'注:'倍也。'《左傳釋例》:'叛者,反背之辭也。'《漢書·五行志》:'侯不朝,茲謂叛。'……《左襄廿六傳》:'入於戚以叛。'疏:'判也。'"按,朱氏所引《左傳》文之"叛"即分義,唐孔穎達疏:"欲分君之地以從他國。"唐韓愈《南山》詩:"延延離又屬,夬夬叛還遘。"

跘 盤腿交足、兩膝分開而坐。《集韻·襇韻》:"跘,交足坐。"《龍龕手鑑·足部》:"跘,江淮間謂跘跨坐,即開膝坐也。"晉程曉《嘲熱客》詩:"謂當起行去,安坐正跘跨。"

拌 捨棄。漢揚雄《方言》卷十:"楚人凡揮棄物謂之拌。"唐溫庭筠《春日偶作》:"夜聞猛雨拌花盡,寒戀重衾覺夢多。"按,凡人棄物,則人與物相分離;人與人相分離亦稱"棄"。以故"拌"引申爲分義。《呂氏春秋·古樂》:"瞽叟乃拌五弦之瑟,作以爲十五弦之瑟。"漢高誘注:"拌,分。"

牉 物體、配偶之兩半(見本典第511條),引申爲分開、分別、分離義。《玉篇·片部》:"牉,分也。"《楚辭·九章·惜誦》:"背膺牉以交痛兮,心鬱結而紆軫。"漢王逸注:"牉,分也。"又《抽思》:"好姱佳麗兮,牉獨處此異域。"

〔推源〕 諸詞俱有分義,爲半聲所載之公共義。半聲字"泮"亦得以假借字形式表分義。《史記·酈生陸賈列傳》:"中國之人以億計,地方萬里,居天下之膏腴,人衆車轝,萬物殷富,政由一家,自天地剖泮未始有也。"《明史·劉宗周傳》:"發政施仁,收天下泮渙之人心。"聲符字"半"所記録語詞之本義爲二分之一,即半義,凡物分則爲兩半,分義、半義相通。半聲可載分義,則"分"可相證。

半:幫紐元部;
分:幫紐文部。

雙聲,元文旁轉。"分",分開,分解。《説文·八部》:"分,别也。从八,从刀,刀以分别物也。"《史記·項羽本紀》:"三分關中,王秦降將,以距塞漢王。"《後漢書·寇恂傳》:"帝曰:'天下未定,兩虎安得私鬭,今日朕分之。'"唐李賢注:"分猶解也。"

(513) 畔胖(邊義)

畔 田之邊緣,引申爲邊側義。《説文·田部》:"畔,田界也。从田,半聲。"清段玉裁注:"田之竟處也。"清朱駿聲《通訓定聲》:"一夫百畝,百畝有界。《左傳(襄公二十五年)》:'如農之有畔。'《周語》:'脩其疆畔。'"《楚辭·漁父》:"屈原既放,遊於江潭,行吟澤畔。"元王實甫《西廂記》第四本第四折:"長亭畔別了張生,好生放不下。"

胖 脊椎兩側之肉,脅側薄肉。《集韻·潸韻》:"胖,夾脊肉。"清朱駿聲《説文通訓定聲·乾部》:"胖,(《周禮》)'大夫'注:'膴胖皆謂夾脊肉。'……《禮記·內則》'鵠鴞胖'注:'謂脅側薄肉也。'"今按,"胖"字从肉,本謂半體牲(見本典第511條),表夾脊肉、脅側薄肉義,爲套用字。

〔推源〕 此二詞俱有邊義,爲半聲所載之公共義。聲符字"半"所記録語詞之本義即半。半義、邊義相通,凡物一半即一邊。又,半聲可載邊義,"邊"可相證。"半""邊"的語音親緣關係見本典第511條。"邊",邊緣、邊側。《玉篇·辵部》:"邊,畔也。"漢蔡邕《上漢書十志疏》:"父子家屬,從充邊方。"唐李白《荊州歌》:"白帝城邊足風波,瞿塘五月誰敢過?"

180　氾聲

(514) 笵/模（規範義）

笵　模型，規範之物。《説文·竹部》：" 笵，法也。从竹，竹，簡書也；氾聲。古法有竹刑。"清段玉裁注：" 《通俗文》曰：'規模曰笵。'"清朱駿聲《通訓定聲》：" 經傳以'範'爲之。"唐玄應《一切經音義》卷一：" 以土曰型，以金曰鎔，以木曰模，以竹曰範。四者一物材别也。"漢王充《論衡·物勢》：" 今夫陶冶者初埏埴作器，必模範爲形。"宋桑世昌《蘭亭博議·臨摹》：" 《筆談》云：'世之摹字者多爲筆勢牽制，失其舊迹，須模摹之笵，然不問其點畫，惟舊迹是循，然後盡其妙也。'"

模　木制的模型，故引申爲法式、規範義。《廣韻·模韻》：" 模，法也，形也，規也。"漢張衡《歸田賦》：" 揮翰墨以奮藻，陳三皇之軌模。"晉左思《魏都賦》：" 侵拱木於林衡，授全模於梓匠。"

〔推源〕　此二詞俱有規範義，其音亦相近而相通，語源當同。

笵：並紐談部；

模：明紐魚部。

並明旁紐，談魚通轉。" 笵"，乃以氾聲載規範義。聲符" 氾"从水，謂水泛濫，與規範義不相涉。" 笵"字乃以氾聲承載" 規範"之語源義。

181　宁聲

(515) 貯寍眝䣕佇䛩泞坾（聚積義）

貯　儲存，囤積。其字亦作" 賓"" 㐰"。《説文·貝部》：" 貯，積也。从貝，宁聲。"清朱駿聲《通訓定聲》：" 字亦作'㐰'。《周禮》'廛人'注：'貨物㐰藏於市中。'釋文：'本作貯。'"《廣韻·語韻》：" 貯，積也。"《公羊傳·僖公三年》：" 無貯粟。"《大般涅槃經·四相品》：" 爾時復有諸沙門等，貯聚生穀，受取魚肉，手自作食。"清孫詒讓《名原·奇字發微》：" 考金文《兮田盤》云……其佳我者侯百生，乃賓母不即市。"

寍　容器，聚物之物，其字亦作" 䰙"。《説文·皿部》：" 寍，器也。从皿，宁聲。"《玉篇·盧部》：" 䰙，或作寍。"《説文·盧部》：" 盧，古陶器也。"《集韻·語韻》：" 䰙，《説文》：'器也。'或省。"

眝　凝視，目光聚積。《説文·目部》：" 眝，長胎也。一曰張目也。从目，宁聲。"按，漢許慎《説文》同部" 胎"訓" 直視"，即凝視義。明劉基《郁離子·公孫無人》：" 衆賓凝眝，左右皆蹈節。"清朱駿聲《説文通訓定聲·豫部》：" 眝，《漢書·外戚傳》：'飾新宫以延眝兮。'"

䣕　貯米器。字亦作" 䣕"。《説文·宁部》：" 䣕，帾也，所以載盛米。从宁，从甾。甾，缶也。"清朱駿聲《通訓定聲》:"宁亦聲。"《玉篇·宁部》:"甯,所以盛米。"《廣韻·語韻》"甯"字之訓同《説文》,沈兼士《聲系》:"案'甯',從《説文》小徐本宁亦聲。"按,《説文》《玉篇》"甯"字入《宁部》皆失之,"甾"即爲缶,故"甯"又作"䇢","甾""缶"皆形符而从宁得聲。《集韻·語韻》:"甯,或从缶。"

佇 久立,長久義、聚積義相通。字亦作"竚"。《説文新附·人部》:"佇,久立也。从人,从宁。"按,"宁""佇"之上古音同爲定紐魚部,"佇"字从宁得聲無疑。《玉篇·立部》:"竚,今作佇。"《詩·邶風·燕燕》:"瞻望弗及,佇立以泣。"《楚辭·九歌·大司命》:"結桂枝兮延竚。"引申之,"佇"又有聚積之義。《文選·孫綽〈遊天台山賦〉》:"惠風佇芳於陽林,醴泉涌溜於陰渠。"唐李善注:"佇,猶積也。佇,與宁同。"《陳書·廢帝紀》:"太傅安成王固天生德,齊聖深廣,二后鍾心,三靈佇眷。"

訏 人有知識之積累。字或作"忯"。《玉篇·言部》:"訏,智也。"《廣韻·語韻》:"訏,有所知也。"按,"訏"字从言,謂人有知識之積累則溢於言表;从心,則謂内心有蘊藉。《集韻·語韻》:"忯,《博雅》:'智也。'或从言。"清朱駿聲《説文通訓定聲·豫部·附〈説文〉不録之字》:"忯,《廣雅·釋詁三》:'忯,智也。'《通俗文》:'多意謂之忯憿。'"

汻 積水貌。《改併四聲篇海·水部》:"汻,水亭皃。"《晉書·束晳傳》:"又如汲郡之吳澤,良田數千頃,汻水停洿,人不墾植。"《文選·木華〈海賦〉》:"泱漭澹汻,騰波赴勢。"唐李善注:"澹汻,澄深也。"按,水積則深。

垳 積塵。《集韻·語韻》:"垳,積塵。"按,《集韻》一書所記,多方言、俗語,其語源則與雅言同。

〔推源〕 諸詞俱有聚積義,爲宁聲所載之公共義。聲符字"宁"象櫥形,本爲"貯"之初文,然則聚積義爲其顯性語義。《説文·宁部》:"宁,辨積物也。象形。"清朱駿聲《通訓定聲》:"按,與'貯'略同。"清段玉裁注:"積者,聚也。'宁'與'貯'蓋古今字,《周禮》注作'渚',《史記》作'積著。'"宁聲可載聚積義,則"儲"可證之。"宁""儲"同音,定紐雙聲,魚部疊韻。"儲",儲備,積蓄。《説文·人部》:"儲,偫也。""偫,待也。"清段玉裁注:"謂儲物以待用也。"唐玄應《一切經音義》卷三:"儲,貯也。儲亦備也,謂蓄物以爲備曰儲也。"《韓非子·十過》:"倉無積粟,府無儲錢,庫無甲兵,邑無守具。"唐吳兢《貞觀政要·辯興亡》:"但使倉庫可備凶年,此處何煩儲蓄?"

182 穴聲

(516) 泬狖坈袕窅宆(洞穴、深長義)

泬 水從洞穴中疾出。《説文·水部》:"泬,水從孔穴疾出也。从水,从穴,穴亦聲。"清桂馥《義證》:"《釋水》:'氿泉穴出。'馥按,濰水一名泬水,以其湧出也。"清朱駿聲《通訓定聲》:"泬,與'潏'略同。"按,《説文》同部"潏"訓"涌出"。"泬"又有空曠義,當與水從穴中疾出義相通。《廣韻·屑韻》:"泬,泬寥,空皃。"《楚辭·九辯》:"泬寥兮天高而氣清,寂漻兮收潦而水清。"漢王逸注:"泬寥,曠蕩空虚也。"

豽 鼬鼠類動物。《説文·豸部》:"豽,鼠屬,善旋。从豸,穴聲。"清朱駿聲《通訓定聲》:"《廣雅·釋獸》:'貁,豽也。'《蒼頡篇》:'狖似貓,搏鼠,出河西,似狄猴而大,蒼黑色,江東養之搏鼠,爲物捷健也。'……此字據《説文》似與'鼬'同,黃鼠狼也。"今按,《説文·鼠部》云:"鼠,穴蟲之總名也","鼠"當與"儲""貯"同源,鼠即藏於洞穴之動物。"豽"爲鼠屬,亦寓此義,其字之結構則當爲从豸,从穴,穴亦聲。

坑 洞穴,又有空而深義。《廣韻·屑韻》:"坑,穴也。"又"坑,空深皃。"按,蓋即"穴"之後起字。《集韻·屑韻》引《博雅》:"坑,深也。"

袣 衣服開孔,亦指長衣。《爾雅·釋器》:"袣謂之裗。"晉郭璞注:"衣開孔也。"《廣韻·術韻》:"袣,謂衣開孔也。"又《屑韻》:"袣,長衣也。"今按,衣開孔義、長衣義當相通。衣開孔則如洞穴,洞穴有深義,深義、長義相通。

䀏 目深貌。字亦作"眑""暊"。《説文·目部》:"䀏,深目也。从穴中目。"清桂馥《義證》:"《一切經音義》九引作'目深貌'。《玉篇》引作'深目貌'。"清黃景仁《塗山禹廟》:"女媧化石立地膠,風蕩日暈睛微䀏。"《集韻·屑韻》:"暊,目深皃。或省。"《説文·目部》:"暊,目深皃。从目,䀏。"按,"䀏""眑"爲或体,"暊"則爲累增字。引申之,"眑"有深暗義。唐皮日休《太湖詩·入林屋洞》:"洞氣黑眑眑,苔發紅鬖鬖。"

𦳢 囤糧之具,形圓中空如洞穴。其字从艸,謂以蘆葦、高粱秆等物編成。徽歙人常用篾片,所編之物如席,狹而長,側立於地而圍之以儲糧。

〔推源〕 諸詞俱有洞穴、深長義,爲穴聲所載之公共義。聲符字"穴"謂土室即洞穴,然則上述諸詞之義爲其顯性語義。《説文·穴部》:"穴,土室也。"清朱駿聲《通訓定聲》:"《詩·緜》:'陶復陶穴。'箋:'鑿地曰穴。'……《周禮·穴氏》注:'蟄獸所藏者。'"《墨子·辭過》:"古之民未知爲宮室時,就陵阜而居,穴而處。"

183 它聲

(517) 佗拕駝跎(負荷義)

佗 負荷。《説文·人部》:"佗,負荷也。从人,它聲。"清朱駿聲《通訓定聲》:"《漢書·趙充國傳》:'以一馬自佗負三十日食。'按,本訓謂人負物,故畜産載負亦曰佗。俗字作'駝'、作'馱'。"元戴侗《六書故·人一》:"背負曰佗。"

拕 字亦作"拖",有所負荷而前引。《説文·手部》:"拕,曳也。从手,它聲。"清朱駿聲《通訓定聲》:"字亦作'拖'、作'扡'。《廣雅·釋詁一》:'拕,引也。'……《漢書·南越傳》:

'拕舟而入水。'"《廣韻·歌韻》:"拕,曳也。俗作拖。"《漢書·揚雄傳》上:"拕蒼豨,跋犀犛,蹶浮麋。"唐顏師古注:"拕,曳也。"

駝 動物以背駄負。《正字通·馬部》:"駝,凡以畜負物曰駝。"清朱駿聲《説文通訓定聲·隨部》:"《司馬相如傳》:'駒騱橐駝。'注:'言其可負橐駝物,故以名云。'"宋徐夢莘《三朝北盟會編》卷二百三十一:"如隱漏馬該死,騾馬要往滑州駝衣甲等用。"徐珂《清稗類鈔·農商·青海商務》:"漢人入境辦貨,無物不收,即非經商,而飲食之料,駝運之價,在在有其交涉,輒以貨物相抵。"

跎 駄負。沈兼士《廣韻聲系·透》:"跎,敦煌本《王韻》作'跑'。《集韻》:'跎,或作跑。'"宋趙長卿《更漏子》:"鴉唤起,馬跎行,月來衣上明。"《清平山堂話本·曹伯明錯勘贓記》:"伯明道:'娘子,我和你合該發迹。才走到五里頭,見雪大没客來,走回來,被這包袱絆一交,起來叫人時,没人來往,我只得跎回和你受用。'"今按,"跎"字從足,其本義《説文新附》訓"蹉跎""失時",表駄負義,則爲套用字,以它聲表負荷義;從足,則謂人及動物負荷賴足以行。

〔推源〕 諸詞俱有負荷義,爲它聲所載之公共義。聲符字"它"象蛇形,本爲"蛇"之初文。《説文·它部》:"它,蟲也。從蟲而長,象冤曲垂尾形。上古草居患它,故相問'無它乎?'蛇,它或從蟲。"清徐灝《注箋》:"它、蛇,古今字。"清顧祖禹《讀史方輿紀要·浙江三·湖州府》:"杼山上有避它城……蓋古昏墊時民避蛇於此。"然則負荷義與此不相涉,其負荷義爲它聲所載之語源義。它聲可載負載義,"擔"可證之。

它:透紐歌部;

擔:端紐談部。

透端旁紐,歌談通轉。"擔",以肩扛、挑,即負荷。《集韻·談韻》:"儋,《説文》:'何也。'或從手。"清朱駿聲《説文通訓定聲·謙部》:"儋,以背曰負,以肩曰儋,字亦作'擔'。……《楚辭·哀時命》:'負擔荷以丈尺兮。'注:'荷曰擔。'《爾雅·釋天》注:'今荆楚人呼牽牛星爲擔鼓,擔者,荷也。'"《國語·齊語》:"負、任、擔、荷,服牛、軺馬,以周四方。"三國吳韋昭注:"背曰負,肩曰擔。"

(518) 靼沱鉈陀駝駞駝紽跎飻坨砣舵(曲、圓義)

靼 馬尾駝,駕車時拴在牲口屁股周圍的皮帶,曲繞之物。《説文·革部》:"靼,馬尾駝也。從革,它聲。今之般緧。"南唐徐鍇《繫傳》:"今謂馬後鞦,連絡馬尾後者也。般者槃也,謂屈槃繞之也。"清朱駿聲《通訓定聲》:"或謂之曲綯。"《説文·糸部》:"紽,馬紂也。"漢揚雄《方言》卷九:"車紂,自關而東,周洛、韓、鄭、汝、潁而東謂之紽,或謂之曲綯。"

沱 江水的支流、水灣,即水的屈曲之處。《説文·水部》:"沱,江別流也,出崏山東,別爲沱。從水,它聲。"清朱駿聲《通訓定聲》:"《書·禹貢》:'岷山導江東別爲沱。'《詩》:'江有沱。'《爾雅·釋水》：'江爲沱。'"北周庾信《將命使北始渡瓜步江》詩："軿軒臨磧岸，旌旗映江沱。"按，"沱"亦泛指水灣，四川省有"石盤沱""朱家沱"等，其"沱"即水灣義。

鉈 盛水、酒的圓形器具，同"匜"。郭沫若《殷周青銅器銘文研究·新鄭古器之一二考核》："匜可作'盉'（《叔上匜》《匽公匜》），亦可作'鉈'（《史頌匜》）之類是也。"按《史頌匜》："史頌作鉈。""匜""鉈"正爲異文，"蛇"字一作"虵"亦爲旁證。"鉈"亦指秤錘，其物之形亦圓。《清史稿·食貨志四》："又掣摯三大弊：一，加鉈之弊；一，坐斤之弊；一，做斤改斤之弊。"

陀 字從阜，雙音詞"陂陀"《廣韻·歌韻》訓"不平之皃"，"陀"字單用可指山岡，山岡本爲不平者，其義與之相通。又山岡爲不規則圓形。元吳昌齡《東坡夢》第一折："好山也，山高巉巉嶸嵯峨，凛冽林巒亂石陀。""陀"亦指團狀物，團狀物即不規則圓形物。《西遊記》第七十四回："把棍子望小妖頭上砑了一砑，可憐就砑得像個肉陀。"

駝 字亦作"駞"，指駱駝，當因背有駝峰而得名。駝峰亦圓形物。《玉篇·馬部》："駝，駱駝。"《廣韻·歌韻》："駝，駱駝。《外國圖》云：'大秦國人長一丈五尺，好騎駱駝。'俗從乇。"《山海經·北山經》："（虢山）其獸多橐駝。"《後漢書·梁慬傳》："乘勝追擊，凡斬首萬餘級，獲生口數千人，駱駝畜產數萬頭。"唐封演《封氏聞見録·蜀無兔鴿》："象出南越，駞出北胡，今皆育於中國。"

颬 小旋風。風旋轉即作圓周運動。《廣韻·支韻》"颬，小旋風，咸陽有之，小颬於地也。"按《集韻》"颬"訓"回氣"，當與《楚辭·九章·悲回風》之"回風"同，即回旋之風。

𩌴 袋子，圓形物。《廣雅·釋器》："𩌴，囊也。"《廣韻·歌韻》："𩌴，𩌴負。"《集韻·戈韻》："𩌴，囊也。一曰馬上連囊。"按《玉篇》此字亦訓"馬上連囊"，其義或爲引申義。明張景《飛丸記·憐儒脱難》："有花銀路實盤𩌴，有糕棗乾餪防餓。"今按，"𩌴"字《廣韻》注其音爲"徒河切"，其上古音爲透紐歌部，正與"它"同，然則"𩌴"字從它得聲無疑。現代辭書皆以"𩌴"字入《宀部》，失之。凡形系字書、字典，此字當入《束部》（《説文》540部首本有《束部》）。"𩌴"謂囊袋，而其字從束，即結而束之以成囊之意。

紽 五絲爲一紽。"一紽"猶"一團"，凡絲繞之則成團，團狀物即圓形物。《玉篇·糸部》："紽，絲數也。"《廣韻·歌韻》："紽，絲數。"清朱駿聲《説文通訓定聲·隨部·附〈説文〉不録之字》："紽，《詩·羔羊》：'素絲五紽。'《廣雅·釋詁四》：'紽，數也。'《左莊廿二傳》：'陳公子佗字五父。'以'佗'爲之。"按，朱氏所引《廣雅》文清王念孫《疏證》："紽、緎、總，皆數也。五絲爲紽，四紽爲緎，四緎爲總。五紽二十五絲。五緎一百絲。五總四百絲。故《詩》先言五紽，次言五緎，次言五總也。"按，"紽""緎""總"皆大小絲團之稱。

䪌 瓦碗，圓形物。《玉篇·瓦部》："䪌，瓦盌也。"《廣韻·歌韻》："䪌，瓦盌。"按"盌"即碗。《玉篇·皿部》："盌，小盂。亦作椀。"《三國志·吳志·甘寧傳》："權特賜米酒衆殽……寧先以銀盌酌酒，自飲兩盌。"今按，"椀""䪌""碗"皆指碗，爲分別文，凡碗有木製、金製、瓷製之殊。其字則从宛聲，"宛"从夗聲，从夗、从宛之字所記録語詞多有圓義、曲義。參本典"夗聲""宛聲"。

坨 物成堆、成團稱"坨"，大抵亦不規則圓形。元貫雲石《粉蝶兒》套曲："密匝匝那一坨，疎刺刺這幾窩。"再如"粉坨子""泥坨子""麵條坨子"皆指成團物。

砣 碾滚子，碌碡，皆圓形物。其字亦作"碢"。《玉篇·石部》："碢，碾輪石。砣，同碢。"宋龐元英《文昌雜録》卷三："昔使高麗，行大海中，水深碧色，常以鐵碢長繩沉水中爲候，深及三十托已上，舟方可行。"又，秤錘一稱"秤砣"，亦圓形物。

〔推源〕諸詞俱有圓、曲義，爲它聲所載之公共義。聲符字"它"爲"蛇"之初文，而蛇爲圓而長之爬行動物，然則圓義或即"它"之顯性語義。曲義、圓義本相通。至它聲可載圓、曲義，"橢"可證之。"它"與"橢"同音，透紐雙聲，歌部叠韻。"橢"，字亦作"墮"，指長圓形容器。《説文·木部》："橢，車等中橢橢器也。"清朱駿聲《通訓定聲》："《三蒼》：'盛鹽豉器也。'《急就篇》作'楕'，注：'小桶也。'"宋蘇軾《張幾仲有龍尾子石硯以銅劒易之》："我家銅劒如赤虺，君家石硯蒼璧橢而窪。"宋王十朋《集注》："橢，圓而長也。"按，几何學稱圓而長形爲"橢圓"。

(519) 牠羠（禿義）

牠 牛無角，禿頂。《廣韻·戈韻》："牠，牛無角也。㸰，上同。"《集韻·戈韻》："㸰，或作牠。"《玉篇·牛部》："㸰，無角牛。"《淮南子·説山訓》："髡屯犁牛，既㸰以穅，决鼻而羈。"漢高誘注："㸰，無角。"明李時珍《本草綱目·獸一·牛》："無角曰牠。"

羠 無角羊。明李時珍《本草綱目·獸一·羊》："無角曰䍽，曰羠。"按，"羠"當爲"䍽"之轉注字。《廣韻·東韻》："䍽，無角羊。"按"䍽"字从童得聲，"童"爲山無草木之稱，羊無角猶山無草木。《水經注·沮水·趙補洛水》："白於山……其獸多㸰牛、羠羊。"

〔推源〕"牠""羠"指牛、羊無角，當爲分別文，亦爲同源詞。其禿義爲它聲所載之公共義。聲符字"它"所記録語詞謂蛇，與禿義不相涉。其禿義爲它聲所載之語源義。"禿"爲透紐字，與"它"雙聲，音本相近。

184 宂聲

(520) 宂/傛（閑散義）

宂 閑散。《説文·宀部》："宂，㪔也。从宀，人在屋下，無田事。"清朱駿聲《通訓定聲》："宂，散也。从宀、人，會意……《周禮·槀人》：'掌共外内朝宂食者之食。'注：'謂留治文書，若今尚書之屬諸直上者。'《漢書·谷永傳》：'流散宂食。'注：'宂亦散也。'"《廣韻·腫韻》："宂，宂散也。"漢荀悦《申鑒·時事》："禄依食，食依民，參相澹，必也正貪禄，省閑宂，與時消息。"

慵 懶散,即不作爲、偷閑義。《説文新附·心部》:"慵,嬾也。"《説文·女部》:"嬾,懈也,怠也。"清段玉裁注:"俗作懶。"唐柳宗元《衡陽與夢得分路贈別》:"直以慵疏招物議,休將文字占時名。"元武漢臣《生金閣》第一折:"每日慵將書去習,逐朝常把藥的那來服。"

〔推源〕 二詞俱有閑散義,其音亦相近且相通,語源當同。

宂:日紐東部;
慵:禪紐東部。

叠韻,日禪旁紐。

185 戹聲

(521) 挖軶阨(扼制義)

挖 字或作"搹",隸變爲"扼"。謂握、掐,引申爲控制、扼制義。《説文·手部》:"搹,把也。从手,鬲聲。挖,搹或从戹。"清朱駿聲《通訓定聲》:"字亦作'扼'。"《集韻·麥韻》:"搹,或作挖、扼。"《三國志·魏志·荀彧傳》:"公以十分居一之衆,畫地而守之,扼其喉而不得進,已半年矣。"《新唐書·李光進傳》:"密遣田布伏精騎溝下,扼其歸。"《宋書·自序傳》:"今我據其津而扼其要,彼雖鋭師數里,不敢過而東也。"

軶 字亦作"軛",架在牲口頸上的器具。《説文·車部》:"軶,轅前也。从車,戹聲。"清朱駿聲《通訓定聲》:"字亦作'軛'。按,輈耑之衡、轅耑之楅,皆名軶。以其下缺處爲軥,所以扼制牛馬領而稱也……《荀子·正論》:'三公奉軶持納。'"按,"軶"爲扼制牲口之物,故引申爲控制、扼制義。唐慧琳《一切經音義》卷四引《大般若經》:"軛,礙也。縛也。"太平天國洪仁玕《軍次實録·誼喻衆民》:"凡欲脱滿洲韃子妖魔之軛,投誠天朝,仍爲中國花民者,必須留髮以詮父母鞠育之恩。"清譚嗣同《仁學界説(二十七界説)》:"君以名桎臣,官以名軛民,父以名壓子。"

阨 阻塞。字亦作"阸"。《説文·阜部》:"阨,塞也。从阜,戹聲。"清朱駿聲《通訓定聲》:"字亦作'阸'。《史記·商君傳》:'魏居嶺阨之西。'《索隱》:'阻也。'"按,阻塞之地多爲險要,故"阨(阸)"又有險要義。《史記·三王世家》:"雒陽有武庫敖倉,天下衝阨,漢國之大都也。"按,險要處則可扼守,故又有控制、扼制之衍義。《荀子·議兵》:"阸而用之,得而後功之,功賞相長也。"唐楊倞注:"阸,守險阸。"唐段文昌《平淮西碑》:"總宣武、淮南、宣歙、浙西、徐泗,凡五軍,阨固始之險。"

〔推源〕 諸詞俱有扼制義,爲戹聲所載之公共義。聲符字"戹"本爲"軶"之初文。清朱駿聲《説文通訓定聲·履部》:"軶,《詩·韓奕》:'鞗革金厄。'以'戹'爲之。"容庚《金文編》:"戹象車戹形。"按,徽歙人稱駕於牛頸之戹爲"牛戹",其物爲曲木。凡關隘曲而不直、阻塞處,其形相似,故"乞"可指險要之地,然則"阬"爲其分化字。三國魏賈岱宗《大狗賦》:"於是驅麋鹿之大群,入窮谷之峻乞。"《説文》不以車軶爲"乞"之本義,而徑訓"隘",正爲此引申義。然則"扼""軛""阬"之扼制義爲其聲符"乞"所承制之顯性語義。至乞聲可載扼制義,則"控"可相證。

乞:影紐錫部;

控:溪紐東部。

影溪鄰紐,錫東旁對轉。"控",開弓。《説文·手部》:"控,引也。"《史記·匈奴列傳》:"控弦之士三十餘萬。"引申爲控制、扼制義。漢賈誼《新書·親疏危亂》:"故疎必危,親必亂,陛下之因今以爲治安,奈何知其必且危亂也,然且吟齘而堅控守之?"唯"控"有扼制義,故有"控扼"之同義聯合式合成詞。元劉壎《隱居通議·地理》:"豈非當時諸州地里闊遠,綏御不及,故於接境聚軍以控扼之。"

186　必聲

(522) 祕虙宓毖覕閟𢛳(秘密、掩藏義)

祕　字从示,謂神。《説文·示部》:"祕,神也。从示,必聲。"《文選·王延壽〈魯靈光殿賦〉》:"乃立靈光之祕殿。"唐李善注:"祕,神也。"引申爲神秘、秘密義。《廣韻·至韻》:"祕,密也,神也……俗作秘。"《漢書·高帝紀》下:"會大寒,士卒墮指者什二三,遂至平城。爲匈奴所圍七日,用陳平祕計得出。"按"祕"又有隱藏義。《玉篇·示部》引《廣雅》:"祕,藏也。"《史記·蒙恬列傳》:"始皇至沙丘崩,祕之,群臣莫知。"

虙　隱藏。《説文·虍部》:"虙,虎皃。从虍,必聲。"清朱駿聲《通訓定聲》:"〔假借〕爲'伏'。《素問·氣厥論》:'小腸移熱於大腸爲虙瘕,爲沉。'"按,朱氏所引《素問》文唐王冰注:"虙與伏同。"虎之性常晝伏夜出,"虙"表埋伏、隱藏義,無煩假借,乃引申。

宓　安静,引申爲秘密義。《説文·宀部》:"宓,安也。从宀,必聲。"清朱駿聲《通訓定聲》:"《埤蒼》:'宓,祕宓也。'《淮南·覽冥》:'宓穆息於太祖之宇。'注:'寧也。'經傳皆以'密'爲之。"《廣韻·質韻》:"宓,《埤蒼》云:'祕宓。'"北周庾信《哀江南賦》:"豺牙宓厲,虺毒潛吹。"

毖　謹慎,縝密。《説文·比部》:"毖,慎也。从比,必聲。"清徐灝《注箋》:"凡重慎其事必縝密也。"《廣韻·至韻》:"毖,慎也。"《書·洛誥》:"予沖子夙夜毖祀。"僞孔傳:"言政化由公而立,我童子徒早起夜寐,慎其祭祀而已。"引申之,則有掩藏不露之義。《藝文類聚》卷九引晉楊泉《五湖賦》:"太陰之所毖,玄靈之所遊。"

覕　隱蔽,不相見。《説文·見部》:"覕,蔽不相見也。从見,必聲。"清段玉裁注:"覕之言閟也。"清桂馥《義證》:"'蔽不相見也'者,《玉篇》:'覕,覓也。'《莊子·徐無鬼》:'譬之猶一覕也。'司馬彪注:'覕,暫見皃。'"今按,隱蔽不相見、尋找、突然看見,諸義皆相通。《廣韻·震韻》:"覕,不相見也。"

閟 閉門。《說文·門部》:"閟,閉門也。从門,必聲。《春秋傳》曰:'閟門而與之言。'"引申爲掩藏義。《廣韻·至韻》:"閟,閟閉。"元戴侗《六書故·工事二》:"閟,揜也。"南朝梁江淹《別賦》:"春宮閟此青苔色,秋帳含茲明月光。"亦引申爲秘密義。唐歐陽詹《珍祥論》:"神理閟密,吉凶罔測。"

囮 關閉,掩藏。《玉篇·口部》:"囮,閉也。"《廣韻·職韻》:"囮,閉也。"

〔推源〕 諸詞俱有秘密、掩藏義,爲必聲所載之公共義。聲符字"必"《說文·八部》訓"分極",即標杆、標準義,與秘密、掩藏義不相涉。本條諸詞之公共義爲必聲所載之語源義。必聲可載秘密、掩藏義,"閉"可相證。"必""閉"同音,幫紐雙聲,質部疊韻。"閉",閉門。《說文·門部》:"閉,闔門也。"《左傳·成公十七年》:"閉門而索客。"引申爲掩藏義。唐慧琳《一切經音義》卷二十六引《考聲》:"閉,藏也。"《廣韻·霽韻》:"閉,掩閉。"《莊子·繕性》:"古之所謂隱士者,非伏其身而弗見也,非閉其言而不出也,非藏其知而不發也,時命大謬也。"按,掩藏則不可見,與秘密義相成相因。唯"閉"本寓秘密義,故有"閉密"之同義聯合式合成詞。中國近代史資料叢刊《太平天國·天父下凡詔書一》:"天父曰:'爾等各要靈變閉密,我回天矣。'"

(523) 苾馝(香義)

苾 濃香。字亦作"馝"。《說文·艸部》:"苾,馨香也。从艸,必聲。"清朱駿聲《通訓定聲》:"按,草香也。字亦作'馥'。〔轉注〕《詩·楚茨》:'苾芬孝祀。'《韓詩》作'馥'。字又作'咇'、作'馝'。"《詩·小雅·信南山》:"是烝是享,苾苾芬芬。"《集韻·質韻》:"苾,或从香。"《文選·司馬相如〈上林賦〉》"晻薆咇茀"晉郭璞注:"香氣盛馝茀也。"

馝 食物的香氣。《說文·食部》:"馝,食之香也。从食,必聲。《詩》曰:'有馝其香。'"按,漢許慎所引《詩·周頌·載芟》文漢毛亨傳:"馝,芬香也。"《廣韻·屑韻》:"馝,食香。"唐李紓《迎俎》:"有馝嘉豆,既和大羹。"明劉球《甘氏祠堂侑享蝦福詩序》:"醴齊牲肴,厥香孔馝。"

〔推源〕 此二詞俱有香義,爲必聲所載之公共義。聲符字"必"所記錄語詞之本義、引申義系列與香義不相涉,其香義爲必聲所載之語源義。必聲可載香義,"芬"可證之。

必:幫紐質部;

芬:滂紐文部。

幫滂旁紐,質文旁對轉。"芬",芬芳字。《說文·屮部》:"芬,艸初生,其香分布。"《呂氏春秋·侈樂》:"鼻之情,欲芬香。"《楚辭·離騷》:"芳菲菲而難虧兮,芬至今猶未沬。"今按,

"蕡"謂雜草香,其字从賁得聲,爲脣音字,與"必""芬"同,俗稱芳香爲"噴香","賁"字亦从賁聲。又,"馥""馣""馦""馛""馧""馡"皆有香義,亦皆爲脣音字,其韻部相近而相通(詳殷寄明《漢語語源義初探》第二章)。凡香氣必散布而後人鼻可聞,上述諸字乃以脣音表散發、分布之義。

(524) 胇駜咇崊(多義)

胇 肥肉,脂肪多。《説文·肉部》:"胇,肥肉也。从肉,必聲。"清段玉裁注:"胇,肥肉也。"清朱駿聲《通訓定聲》説亦同。《廣韻·屑韻》:"胇,胇胑,肥也。"按"肥"本同"肥"。《龍龕手鑑·肉部》:"肥,肌肥肉多也。"後世稱肥爲"胖",其上古音爲滂紐元部;"胇"字並紐月部。滂並旁紐,元月對轉。

駜 馬肥壯,肉多。《説文·馬部》:"駜,馬飽也。从馬,必聲。《詩》云:'有駜有駜。'"清桂馥《義證》:"'飽'當爲'肥'。"按,漢許慎所引《詩·魯頌·有駜》文漢毛亨傳:"駜,馬肥強貌。"《廣韻·質韻》:"駜,馬肥。"唐王起《朔方獻千里馬賦》:"駜彼名馬,產兹元朔。"

咇 話多,亦指聲音多而雜。《廣韻·質韻》:"咇,咇節,多言。"《文選·王褒〈洞簫賦〉》:"啾咇嘲而將吟兮,行鏗鏘以龢囉。"唐吕向注:"啾咇嘲,聲繁多貌。"按,多言義亦以"咇"爲之,"咇"爲聲符相同之假借字,"咇""咇"乃以必聲表多義。《金瓶梅詞話》第七十二回:"我就隨跟了去,他還嘴裏咇裏剥刺的,教我一頓捧罵。"

崊 密集,多。《玉篇·山部》:"崊,同密。"《廣韻·質韻》:"崊,山形如堂。"《爾雅·釋山》:"山如堂者,密。"《易·小畜》:"密雲不雨。"元胡天游《龍母洞記》:"群山叢深,柏桰倚崊,畫匿漏景。"

〔推源〕 諸詞俱有多義,爲必聲所載之公共義。聲符字"必"所記録語詞之本義、引申義系列與多義不相涉,其多義爲必聲所載之語源義。必聲可載多義,"繁"可證之。

必:幫紐質部;

繁:並紐元部。

幫並旁紐,質元旁對轉。"繁",衆多。《小爾雅·廣詁》:"繁,多也。"《廣韻·元韻》:"繁,多也。"《詩·小雅·正月》:"正月繁霜,我心憂傷。"漢毛亨傳:"繁,多也。"《左傳·成公十七年》:"今衆繁而從余三年矣,無傷也。"晉杜預注:"繁,猶多也。"

(525) 拯跸柲(擊義)

拯 推擊,刺擊。漢揚雄《方言》卷十:"拯,推也。南楚凡相推搏曰拯。"清朱駿聲《説文通訓定聲·履部·附〈説文〉不録之字》:"拯,《廣雅·釋詁三》:'拯,擊也。'《一》:'刺也。'《列子·黄帝》:'攪拯挨抌。'"《文選·張衡〈西京賦〉》:"義蕨之所攒捔,徒搏之所撞拯。"唐吕延濟注:"撞拯,謂撞而拯倒。"

跸 踢,以足擊之。《集韻·霽韻》:"跸,蹴也。"《篇海類編·身體類·足部》:"蹴,蹴踘。"《集韻·屑韻》:"跜,足擊也。"按"跜"亦指馬蹄擊地聲,當爲其衍義。元李孝光《與范子擇》:"跜跋黃塵下,乃見玉雪清。"

柲 兵器之柄,引申爲刺擊義。《說文·木部》:"柲,欑也。从木,必聲。"清朱駿聲《通訓定聲》:"《廣雅·釋器》:'柲,柄也。'《方言》十二:'柲,刺也。'……《考工·廬人》:'戈柲六尺有六寸。'《左昭十二傳》:'君王命剝圭以爲鏚柲。'"按,朱氏所引《方言》文晉郭璞注:"皆矛戟之穜,所以刺物者也。"清錢繹《箋疏》:"以穜刺物謂之柲。"

〔推源〕 諸詞俱有擊義,爲必聲所載之公共義。聲符字"必"所記錄語詞之顯性語義系列與擊義不相涉,其擊義爲必聲所載之語源義。必聲可載擊義,"捭""批"皆可相證。

必:幫紐質部;

捭:幫紐支部;

批:滂紐脂部。

幫滂旁紐,質支通轉,質脂對轉,支脂通轉。"捭",兩手擊。《說文·手部》:"捭,兩手擊也。"清朱駿聲《通訓定聲》:"《吳都賦》:'拉捭摧藏。'"按,朱氏所引文唐李善注:"捭,兩手擊絕也。"《戰國策·秦策五》:"將軍爲壽於前,而捭匕首,當死。""批",打擊。《廣雅·釋詁三》:"批,擊也。"《廣韻·齊韻》:"批,擊也。"《左傳·莊公十二年》:"(宋萬)遇仇牧於門,批而殺之。"《淮南子·說林訓》:"故解捽者不在於捌格,在於批抗。"漢高誘注:"批,擊也。"

(526) 泌颸欯(流動、飄動義)

泌 泉水流動。《說文·水部》:"泌,俠流也。从水,必聲。"清朱駿聲《通訓定聲》:"輕快之皃。《魏都賦》注引《說文》:'水駃流也。'《詩·衡門》:'泌之洋洋。'"按,朱氏所引《詩·陳風·衡門》文唐孔穎達疏:"泌者,泉水涓流不已,乃至廣大。"《廣韻·質韻》:"泌,泌㴉,水流。"《文選·司馬相如〈上林賦〉》:"潏弗宓汩,偪側泌㴉。"

颸 小風飄動,猶"泌"爲小水流動。《廣雅·釋詁四》:"颸,風也。"清王念孫《疏證》:"《玉篇》:'颸,小風也。'"《廣韻·職韻》:"颸,風也。"又《屑韻》:"颸,小風皃。"今按,風飄動、小風亦謂之"颶",即吹拂義,義同而聲相近。《廣韻·物韻》:"颶,風皃。"《集韻·勿韻》:"颸,小風謂之颶。"

欯 字从欠,謂以口吹,吹則氣流動。《玉篇·欠部》:"欯,吹也。"《廣韻·質韻》:"欯,吹欯。"

〔推源〕 諸詞俱有流動、飄動義,爲必聲所載之公共義。必聲字"瑟""㳁"亦得以假借字形式表此義。《集韻·櫛韻》:"瑟,泉流皃。"《廣雅·釋言》:"㳁,流也。"《詩·邶風·泉水》:"㳁彼泉水,亦流於淇。"聲符字"必"所記錄語詞之本義、引申義系列與流動、飄動義不相涉,此義爲必聲所載之語源義。必聲可載流動、飄動義,"拂"可相證。

必：幫紐質部；

拂：滂紐物部。

幫滂旁紐，質物旁轉。"拂"，過擊，一拂而過，此與流動、飄動義相通。《說文·手部》："拂，過擊也。"清朱駿聲《通訓定聲》："隨擊隨過，蘇俗語謂之拍也，與'拭'略同。"漢司馬相如《上林賦》："拂鷖鳥，捎鳳凰，捷鵷雛，揜焦明。"引申之，則有風吹動義。唐李賀《舞曲歌辭·章和二年中》："雲蕭索，風拂拂，麥芒如篲黍如粟。"按，風吹即流動、飄動義，故又有"吹拂"之雙音詞。宋王安石《晨興望南山》："天風一吹拂，的皪成璵璠。"

(527) 閟䤏（止、盡義）

閟 閉門（見本典第 522 條），引申爲止息、終盡義。《正字通·門部》："閟，止也。"《詩·鄘風·載馳》："視爾不臧，我思不閟。"宋朱熹《集傳》："閟，閉也，止也，言思之不止也。"清朱駿聲《說文通訓定聲·履部》："閟，〔轉注〕《素問·五常政大論》：'其病癃閟。'注：'大便乾澀不利也。'"按，此亦止而不通之義。《左傳·閔公二年》："今命以時卒，閟其事也。"晉杜預注："冬十二月，閟盡之時也。"

䤏 飲食俱盡。字亦作"醯"，从㱃得聲，而其聲符字"㱃"从必得聲。質言之，"䤏""醯"皆以必聲載盡義。《廣韻·質韻》："䤏，飲酒俱盡。"又"醯，飲酒俱盡。"《正字通·酉部》："䤏，同醯，俗省。"《說文·酉部》："醯，㱃酒俱盡也。从酉，㱃聲。"

〔推源〕 此二詞俱有止、盡義，爲必聲所載之公共義。聲符字"必"單用本可載盡義。《墨子·所染》："五入必，而已則爲五色矣。"清孫詒讓《閒詁》："必，讀爲畢。"按，止、盡義與"必"的本義、引申義系列不相涉，乃必聲所載之語源義。必聲可載止、盡義，"畢"可相證。"必""畢"同音，幫紐雙聲，質部疊韻。"畢"，終盡，終止。《爾雅·釋詁下》："畢，盡也。"《集韻·質韻》："畢，終也。"《漢書·賈誼傳》："臣聞聖主言問其臣而不自造事，故使人臣得畢其愚忠，唯陛下財幸。"《宋史·李綱傳》："綱治守戰之具，不數日而畢。"

(528) 韎/庇（護義）

韎 護弓器。《廣韻·至韻》："韎，弓絥。"《周禮·冬官·弓人》"辟如終絥"漢鄭玄注："絥，弓韎……弓有韎者，爲發弦時備頓傷。"按，其字或以"柲"爲之，"韎""柲"俱从必聲，乃以必聲表護義。清朱駿聲《說文通訓定聲·履部》："柲，〔假借〕爲'弼'。《儀禮·既夕禮記》：'有柲。'注：'弓檠弛則縛之於弓裏，備損傷，以竹爲之。'"

庇 遮護，保護。《說文·广部》："庇，蔭也。"清朱駿聲《通訓定聲》："《禮記·表記》：'雖有庇民之大德。'注：'覆也。'《周語》：'□以庇信。'注：'猶廕也。'"《宋書·武帝紀》下："其名賢先哲，見優前代，或立德著節，或寧亂庇民，墳塋未遠，並宜灑掃。"

〔推源〕 此二詞義同，其音亦相近且相通。

軼：幫紐質部；
庇：幫紐脂部。

雙聲,質脂對轉。在"軼",乃以必聲表護義。

187 永聲

(529) 泳詠(深、長義)

泳 深入水中游行。"泳""游"對待字,"游"謂浮水而行。《說文·水部》:"泳,潛行水中也。从水,永聲。"清朱駿聲《通訓定聲》:"《爾雅·釋言》:'泳,游也。'《釋水》:'潛行爲泳。'《詩·漢廣》:'不可泳思。'《谷風》:'泳之游之。'《列子·黃帝》:'復從而泳之。'"按朱氏所引《詩》文漢毛亨傳:"潛行爲泳。"《廣韻·映韻》:"泳,潛行水中。"按"泳"又有沉浸、深入之衍義。明文徵明《三學上陸冢宰書》:"聖化優游,泳涵既久,人材蔚興,其勢有不得不更者。"

詠 字亦作"咏",謂歌唱,曼聲長吟。《說文·言部》:"詠,歌也。从言,永聲。咏,詠或从口。"清徐灝《注箋》:"詠之言永也,長聲而歌之。"清朱駿聲《通訓定聲》:"《虞書》:'搏拊琴瑟以詠。'鄭注:'謂歌詩也。'《詩·關雎序》:'吟詠情性。'疏:'長言曰詠。'"《玉篇·言部》:"詠,長言也。"《廣韻·映韻》:"詠,歌也。咏,上同。"《禮記·樂記》:"咏嘆之,淫液之,何也?"唐孔穎達疏:"咏嘆者謂長聲而嘆矣。"

〔推源〕 此二詞分別有深義、長義,二義本相通,且亦相近,故有"深長"之複音詞。二義俱以永聲載之,語源當同。聲符字"永"所記錄語詞本訓"長"。《說文·永部》:"永,長也。象水巠理之長。《詩》曰:'江之永矣。'"按漢許慎所引《詩·周南·漢廣》文漢毛亨傳:"永,長。"南朝齊謝朓《之宣城出新林浦向版橋》:"江路西南永,歸流東北鶩。"按"永"亦有深義。《史記·范雎蔡澤列傳》:"於是范雎乃得見於離宮,詳爲不知永巷而入其中。"康有爲《過昌平城望居庸關》:"永夜駝鈴傳塞上,極天樹影遞東關。"永聲可載深、長義,則"遠"可證之。

永：匣紐陽部；
遠：匣紐元部。

雙聲,陽元通轉。"遠",空間距離長。《爾雅·釋詁上》:"遠,遐也。"按,同篇"永"亦同訓。《易·繫辭下》:"近取諸身,遠取諸物,於是始作八卦。"引申之,亦指相隔之時間長。《呂氏春秋·大樂》:"音樂之所由來者遠矣。"漢高誘注:"遠,久。"按"遠"又有深義。《易·繫辭下》:"其旨遠,其辭文,其言曲而中。"唐孔穎達疏:"其旨意深遠。"唯"永""遠"同義,故有"永遠"之複合詞。二詞俱有深義、長義,故有"深遠""長遠"之同義聯合式合成詞,"長遠"即"永遠"。

188　司聲

(530) 詞嗣(言詞義)

詞　言詞。《説文·言部》："詞,意内而言外也。从司,从言。"清朱駿聲《通訓定聲》："从言,司聲……言以足志,文以足言,皆謂之詞。"按,"司"字上古音心紐之部,"詞"字邪紐之部,叠韻,心邪旁紐,"詞"字从司得聲無疑。《公羊傳·昭公十二年》："《春秋》之信史也,其序則齊桓、晉文;其會則主會者爲之也;其詞則丘有罪焉耳。"《楚辭·九章·抽思》："結微情以陳詞兮,矯以遺夫美人。"

嗣　訟詞。字亦作"辭",簡作"辞"。《説文·辛部》："辭,訟也。从𤔲,𤔲猶理辜也。𤔲,理也。嗣,籀文辭从司。"清朱駿聲《通訓定聲》："司亦聲。按,分争辯訟謂之辭。《後漢·周紆傳》:'善爲辭案條教。'注:'辭案猶今案牘也。'〔轉注〕《書·吕刑》:'明清於單辭,無或私家於獄之兩辭。'《禮記·大學》:'無情者不得盡其辭。'《報任少卿書》:'其次不辱辭令。'"按,朱氏素以引申爲"轉注"。

〔推源〕　二詞俱有言詞義,爲司聲所載之公共義。聲符字"司"所記録語詞謂掌管、主持。《説文·司部》："司,臣司事於外者。从反后。"《廣雅·釋詁三》："司,主也。"《廣韻·之韻》："司,主也。"《國語·楚語下》："顓頊受之,乃命南正重司天以屬神。"三國吴韋昭注："司,主也。"《詩·鄭風·羔裘》："彼其之子,邦之司直。"漢毛亨傳："司,主也。"今按,凡掌管、主持必以言詞發號司令,"詞""嗣"之言詞義與"司"之本義或相通。至司聲可載言詞義,則"詩"可相證。

司:心紐之部;
詩:書紐之部。

叠韻,心書(審三)準雙聲,二音僅微殊。"詩",抒情之言詞。《説文·言部》："詩,志也。"《詩·小雅·巷柏》："寺人孟子,作爲此詩。"《晉書·儒林傳·徐邈》："帝宴集酣樂之後,好爲手詔詩章以賜侍臣。"

(531) 伺/侍(伺候、等候義)

伺　候望,等候。《説文新附·人部》："伺,候望也。从人,司聲。"《吕氏春秋·制樂》："臣請伏於陛下以伺候之,熒惑不徙,臣請死。"南朝宋劉敬叔《異苑》卷三："(虞德)乃具以語蠻,於是相與執杖伺候。須臾虎至,即格殺之。"引申爲伺候義。明凌濛初《二刻拍案驚奇》卷十五："須臾便有禮部衙門人來伺候,伏侍去到鴻臚寺報了名。"

侍　伺候。《説文·人部》："侍,承也。"清段玉裁注："敬恭承奉之義。"《左傳·襄公二十五年》："公鞭侍人賈舉而又近之,乃爲崔子間公。"三國魏陳琳《飲馬長城窟行》："便嫁莫留住,善侍新姑嫜。"引申爲等候義。《儀禮·士昏禮》:"媵侍於户外,呼則聞。"按,現行辭書多以爲"侍"通"待"乃得表等候義,實則無煩通假,"侍"之伺候義已寓等候義,乃引申。

〔推源〕 二詞義同,其音亦相近而相通,語源同。

伺:心紐之部;
侍:禪紐之部。

叠韻,心禪鄰紐。"伺"字乃以司聲載伺候、等候義。

(532) 飼/賜(給予義)

飼 給予他人或畜牲以食物。字亦作"飤"。《説文·食部》:"飤,糧也。从人、食。"清段玉裁注:"以食食人物,本作食,俗作飤,或作飼。"唐慧琳《一切經音義》卷七十九引《考聲》:"飼,與畜食也。"唐玄應《一切經音義》卷十四引《蒼頡訓詁》:"飤,以食與人曰飤。"漢趙曄《吳越春秋·闔閭内傳》:"(伍子胥)乃長太息曰:'吾嘗飢於此,乞食於一女子,女子飼我,遂投水而亡。'"唐杜甫《黄魚》:"脂膏兼飼犬,長大不容身。"

賜 給予,上對下稱賜。《説文·貝部》:"賜,予也。"清朱駿聲《通訓定聲》:"《禮記·少儀》:'束脩一犬賜人。'注:'於卑者曰賜。'《玉藻》:'凡賜,君子與小人不同日。'"《論語·鄉黨》:"君賜食,必正席先嘗。"《史記·淮南衡山列傳》:"皇太后所賜金帛,盡以賜軍吏。"

〔推源〕 此二詞俱有給予義,其音亦相近而相通,語源當同。

飼:心紐之部;
賜:心紐錫部。

雙聲,之錫旁對轉。其"飼",乃以司聲載給予義。

189 反聲

(533) 愞/弱(弱義)

愞 懦弱。字亦作"偄""懦"。《廣韻·獮韻》:"愞,弱兒。"《集韻·廷韻》:"偄,或作愞。"又《虞韻》:"懦,或作偄。"《説文·心部》:"懦,駑弱者也。"《漢書·武帝紀》:"秋,匈奴入雁門,太守坐畏愞棄市。"宋歐陽修《與高司諫書》:"夫人之性,剛果懦軟稟之於天,不可勉强。"

弱 柔弱,劣弱。《説文·彡部》:"弱,橈也,上象橈曲,彡象毛氂橈弱也。弱物並,故从二弓。"清段玉裁注:"弱似毛弱,故以彡象之。"《廣韻·藥韻》:"弱,劣弱。"《易·大過》:"棟橈,本末弱也。"《書·洪範》:"六曰弱。"僞孔傳:"尫劣。"唐孔穎達疏:"尫劣並是弱事,爲筋力弱,亦爲志氣弱。"

〔推源〕　此二詞俱有弱義,其音亦相近而相通,語源當同。

恧:泥紐侯部;

弱:日紐藥部。

泥日準雙聲,侯藥(沃)旁對轉。"恧",乃以叒聲載弱義。聲符字"叒"所記録語詞本有弱義,然則"恧"之弱義爲其顯性語義。《説文·尸部》:"叒,柔皮也。从申尸之後尸。或从又。"宋徐鉉等注:"注似闕脱,未詳。"清王筠《句讀》:"又、又皆手,乃柔皮之工之手也。"清朱駿聲《通訓定聲》:"當云从又,申尸之後,會意。又或从又,今本有闕脱……〔轉注〕《廣雅·釋詁一》:'叒,弱也。'"《廣韻·狝韻》:"叒,柔弱。"沈兼士《聲系》:"案'叒',《説文》作'叒'。"

190　尼聲

(534) 泥䵒昵柅䚷䛏抳(黏、止、近義)

泥　字亦作"坭、埿",謂水和土混合的黏性物。《廣韻·齊韻》:"泥,水和土也。"《易·震》:"震遂泥。"唐李鼎祚《集解》:"坤土得雨爲泥。"《史記·屈原賈生列傳》:"濯淖污泥之中,蟬蜕於濁穢,以浮游塵埃之外。"引申之,則有滯留、留止之義。漢劉熙《釋名·釋宮室》:"泥,邇也,邇,近也,以水沃土使相黏近也。"《論語·子張》:"雖小道,必有可觀者焉,致遠恐泥,是以君子不爲也。"明徐弘祖《徐霞客遊記·粤西遊日記一》:"舟人夜棹不休,江爲山所泥,俛南俛東,盤峽透崖。"《正字通·土部》:"坭,《六書統》:'埿,音尼。水和土也。'"

䵒　黏着。《玉篇·黍部》:"䵒,黏也。"《説文·黍部》:"黏,相著也。"按,"䵒"字之音《集韻》注"乃禮切",其上古音爲泥紐脂部,與聲符字"尼"同;"黏"字之音《廣韻》注"女廉切",亦上古之泥紐字。"䵒"亦指樹脂,樹脂則爲黏性物。南唐徐鍇《説文繫傳·黍部》:"䵒,有樹出之如漆,可以黏蟬雀。"

昵　親近,其字爲"暱"之或體。《説文·日部》:"暱,日近也。……昵,暱或从尼。"《廣韻·質韻》:"昵,同暱。"《集韻·質韻》:"昵,親也。"又"昵,近也。"《逸周書·官人》:"昵之以觀其不狎。"《晉書·任愷傳》:"(愷)性忠正,以社稷爲己任。帝器而昵之,政事多諮焉。"按"昵"又有黏着之衍義。《集韻·脂韻》:"昵,粘也。"《周禮·考工記·弓人》:"凡昵之類不能方。"漢鄭玄注:"故書'昵'或作'樴'。杜子春云:'或爲䵒,䵒,黏也。'"

柅　或作"輗",車輪下的木塊,制止車行之物。《集韻·旨韻》:"柅,止車輪木。"《正字通·車部》:"輗,或曰柅,訓止輪木,故俗从車作'輗'。"《易·姤》:"繫於金柅。"漢王弼注:"柅者,制動之主。"唐孔穎達疏:"馬融曰:柅者,在車之下,所以止輪令不動者也。"唐王維《晦日遊大理韋卿城南別業四聲依次用》詩:"側聞塵外游,解驂輗朱輪。"按,此"輗"即以木塊止之之意。"柅"亦虛化引申爲止義。《洪武正韻·質韻》:"柅,止也。"《舊五代史·晉書・盧質等傳・論》:"唯玉羽之貞退,雲叟之肥遯,足可以柅奔競之風,激高尚之節也。"

詎 字从言,謂呼人。《玉篇・言部》:"詎,呼人也。"引申爲央求,按即黏滯、留止不去義。唐白居易《冬至夜》詩:"今宵始覺房櫳冷,坐索寒衣詎孟光。"又《戲贈夢得兼呈思黯》詩:"月終齊滿誰開素? 須詎奇章置一筵。"又引申爲留戀、留止義。宋文同《送劉立之著作歸長安因赴安定知縣》詩:"恨不同游曲江岸,與將歌酒詎春暉。"

迡 有"近"訓。《玉篇・辵部》:"迡,近也。"《廣韻・霽韻》:"迡,近也。"按,"迡"又有遲義,遲義與留止義本相同。《玉篇・辵部》:"遲,晚也,舒行皃。迡,同遲。"《隸釋・漢三公山碑》:"不爲苛煩,愍俗陵迡。"宋洪适釋:"迡爲遲。"

抳 止。《廣雅・釋詁三》:"抳,止也。"宋胡太初《晝簾緒論・盡己篇》:"聰明有限,事機無窮,竭一人之精神,以抳衆人之奸詭,已非易事。"宋王明清《揮塵後録》卷三:"靈素上抳不得施。"按,"抳"又有研磨之義,研磨即止於一處而動之。《集韻・脂韻》:"抳,研也。"北魏賈思勰《齊民要術・羹臛法》:"豉汁,於别鐺中湯煮,一沸,漉出滓,澄而用之,勿以杓抳。抳則羹濁,過不清。"

〔推源〕 諸詞俱有黏、止、近義,爲尼聲所載之公共義。聲符字"尼"本有近義,上述諸詞之義爲顯性語義。《説文・尸部》:"尼,从後近之。"清朱駿聲《通訓定聲》:"《小爾雅・廣詁》:'尼,近也。'按,近暱之意,字亦作昵,與'邇'略同。《尸子》:'不避遠尼。'《爾雅・釋詁》:'即,尼也。'《書・高宗肜日》:'典祀無豐於昵。'"按,朱氏所引《書》文僞孔傳:"昵,近也。"唐孔穎達疏:"尼與昵音義同。"按,"尼"又有阻止、停止義,近義、止義本相通。清朱駿聲《説文通訓定聲・履部》:"《爾雅・釋詁》:'尼,止也。'又'定也'。《孟子》:'止或尼之。'《大荒北經》:'相繇食於九土,其所歍所尼即爲源澤。'"朱氏以爲"尼"借作"疑"遂有止義,實非,乃引申。尼聲字"眤""妮"亦可以借字形式、以其尼聲表黏、止、近義。"眤"字从目,本爲小目,然有親近之别義。唐薛瑩《洛神傳》:"神女遂命左右,傳觴叙語,情況眤洽。"元馬致遠《漢宫秋》楔子:"我又學的一個法兒,只是教皇帝少見儒臣,多眤女色。""妮"亦可表親近義。徐珂《清稗類鈔・爵秩・米喬林保八品而得七品》:"喬林故無賴,妮一蠻妓,譯云坐鴉頭,因與土民浹洽 ,且通蠻語。"尼聲可載黏、止、近義,則"穤""停""邇"可證。

尼:泥紐脂部;
穤:泥紐元部;
停:定紐耕部;
邇:日紐脂部。

泥定旁紐,泥日準雙聲,章太炎氏以爲日可歸泥;脂元旁對轉,脂耕通轉。"穤",黏性的稻米。《集韻・换韻》:"稬,《説文》:'沛國謂稻曰稬。'或作穤。"按,穤米性軟,故稱"稬",米軟則黏。《本草綱目・穀一・稻》:"穤稻,南方水田多種之,其性黏,可以釀酒,可以爲粢。"

明宋應星《天工開物·稻》:"凡稻種最多:不黏者,禾曰秔,米曰粳;黏者,禾曰稌,米曰糯。""停",止。《説文新附·人部》:"停,止也。"《莊子·德充符》:"平者,水停之盛也。"清郭慶藩《集釋》:"停,止也。"唐杜牧《山行》詩:"停車坐愛楓林晚,霜葉紅於二月花。""邇",近。《爾雅·釋詁下》:"邇,近也。"《説文·辵部》:"邇,近也。"《穀梁傳·莊公十八年》:"以公之追之,不使戎邇於我也。"晉范寧注:"邇,猶近也。"《書·舜典》:"柔遠能邇,惇德允元。"僞孔傳:"邇,近。"

(535) 怩跜旎(多姿義)

怩 忸怩,羞愧窘迫狀,所謂忸怩作態。漢揚雄《方言》卷十:"忸怩,慚澀也。"《説文新附·心部》:"怩,忸怩,慚也。从心,尼聲。"《廣韻·脂韻》:"怩,忸怩,心慚也。"《書·五子之歌》:"顔厚有忸怩。"唐孔穎達疏:"忸怩,羞不能言,心慚之狀。"清金人瑞《秋雨甚田且壞》詩:"忸怩蚯蚓升堂陛,細碎魚蝦實溝洫。"按,此"忸怩"之多姿態義益顯。

跜 《玉篇·足部》《廣韻·脂韻》皆訓"躨跜,虬龍動兒",實即虬龍上下左右翻舞不定、多姿態義。漢王延壽《魯靈光殿賦》:"虬龍騰驤以蜿蟺,頷若動而躨跜。"清張熙純《楞嚴壇詩百韻》:"苔龕藻井環忍殿,象豸馴伏龍躨跜。"

旎 旖旎,一作"猗狔",謂旌旗從風多姿態。《説文·㫃部》"旖,旗旖,施也。"南唐徐鍇《繫傳》:"猶言旖旎也。"《廣韻·紙韻》:"狔,猗狔,從風兒。"《史記·司馬相如列傳》:"紛容簫參,旖旎從風。"唐司馬貞《索隱》:"旖旎,阿那也。"按,"阿那"即"婀娜",所謂婀娜多姿。《文選·宋玉〈高唐賦〉》:"東西施翼,猗狔豐沛。"元王實甫《西廂記》第一本第一折:"解舞腰肢嬌又軟,千般裊娜,萬般旖旎,似垂柳晚風前。"按,此"旖旎"移以言人之婀娜多姿。

〔推源〕 諸詞俱有多姿義,爲尼聲所載之公共義。此義與聲符字"尼"的顯性語義不相涉,爲尼聲所載之語源義。來紐支部字"麗"可證此義,參本典"麗聲"。

191 民聲

(536) 敯頤(強義)

敯 強橫。《説文·攴部》:"敯,彊也。从攴,民聲。"《廣韻·軫韻》:"敯,《説文》:'強也。'暋,上同。"《爾雅·釋詁上》:"暋,強也。"《書·康誥》:"凡民自得罪,寇攘姦宄,殺越人于貨,暋不畏死,罔弗憝。"按"敯"又有強勉之義。《玉篇·攴部》:"敯,勉也。暋,同敯。"《書·盤庚上》"不昏作勞"唐孔穎達疏:"鄭玄讀昏爲暋,訓爲勉也。"

頤 亦訓"強"。《廣韻·真韻》:"頤,強也。"《集韻·真韻》:"頤,彊頭也。"

〔推源〕 此二詞俱有強義,爲民聲所載之公共義。聲符字"民"所記録語詞本謂奴隸,引申之則指百姓,與強義不相涉,其強義爲民聲所載之語源義。民聲可載強義,"勉"可證之。

民：明紐真部；

勉：明紐元部。

雙聲，真元旁轉，音僅微別。"勉"，以强力爲某事。《説文·力部》："勉，彊也。"清朱駿聲通訓定聲："《左昭二十傳》：'爾其勉之。'注：'謂努力。'《論語(子罕)》：'喪事不敢不勉。'皇疏：'强也。'"按，唯"勉"有强義，故有"勉强"之同義聯合式雙音詞。"勉强"本指盡力而爲，亦即以强力爲某事，引申之則有力不足而强爲之之義。漢劉向《上災異封事》："君子獨處守正，不撓衆枉，勉彊以從王事，則反見憎毒讒愬。"

(537) 怋泯昬(亂義)

怋 亂。《説文·心部》："怋，恦也。从心，民聲。"南唐徐鍇《繫傳》："亂也。"清朱駿聲《通訓定聲》："《詩·民勞》：'以謹惽怓。'傳：'惽怓，大亂也。'……以'惛'爲之。"按"惛"爲"怋"之或體。《集韻·魂韻》："怋，或作惛。"《大戴禮記·曾子立事》："怒之而觀其不惛也。"清王聘珍《解詁》："惛，亂也。"《廣韻·真韻》："怋，亂也。"按，漢許慎以"恦"訓"怋"，"恦"亦謂亂。《説文》同部："恦，亂也。"清黄景仁《塗山禹廟》："日暮失嗣心孔恦，祥狐候立風尾捎。"

泯 混亂。《玉篇·水部》："泯，泯泯，亂也。"《吕氏春秋·慎大》："衆庶泯泯，皆有遠志，莫敢直言，其生若驚。"按，"泯"字亦單用而表亂義。《書·康誥》："天惟與我民彝大泯亂。"清王引之《經義述聞》："泯亦亂也。"今按，《説文》無"泯"字，宋徐鉉等後附之，訓"滅"，即泯滅義，表亂義，爲套用式本字。二詞語源不一，"泯"字乃以民聲表亂義。

昬 字亦作"昏"，謂黄昏，引申爲昏亂義。《玉篇·日部》："昬，同昏。"《説文·日部》："昏，日冥也。从日，氐省……一曰民聲。"清朱駿聲《通訓定聲》："《淮南·天文》：'日至於虞淵是爲黄昏，日至於蒙谷是謂定昏。'"按，黄昏時日暗，故有昏亂、迷亂之衍義。《書·多方》："乃大淫昏，不克終日勸於帝之迪。"《北齊書·文襄元后傳》："及天保六年，文宣漸致昏狂。"

〔推源〕 諸詞俱有亂義，爲民聲所載之公共義。聲符字"民"所記録語詞之本義、引申義系列與亂義不相涉，其亂義爲民聲所載之語源義。民聲可載亂義，"紛"可證之。

民：明紐真部；

紛：滂紐文部。

明滂旁紐，真文旁轉。"紛"，雜亂。《廣韻·文韻》："紛，紛紜，衆也，亂也。"《楚辭·招魂》："放敶組纓，班其相紛些。"漢王逸注："紛，亂也。"《管子·樞言》："紛紛乎若亂絲，遺遺乎若有從治。"按，分聲字所記録語詞多有衆多雜亂義，見本典"分聲"。

(538) 筤䪅(外表義)

筤 竹子的表皮。《説文·竹部》："筤，竹膚也。从竹，民聲。"清朱駿聲《通訓定聲》：

"字亦作'箘'、作'篾'。按,竹外青也,亦謂之筠,析者,聲轉謂之篾。《説文》謂之篍,《方言》謂之筡……《廣雅·釋草》:'笁,竹也,其表曰笢。'《爾雅·釋草》:'箘笞中。'《釋文》:'或作篾。'《聲類》:'篾,篍也,今蜀及關中皆謂竹篾爲篍。'《書·顧命》:'敷重篾席。'傳:'桃枝竹。'鄭注:'析竹之次青者。'按,笢、篍、篾,一聲之轉。"《廣韻·真韻》:"笢,竹膚。"清洪頤煊《讀書叢録》卷四:"是析竹皮黄者曰筡,皮青者爲笢。"

輾 車輪外框。漢史游《急救篇》卷三:"輻轂輨轄輮輞輾。"唐顔師古注:"輮,車輞也。關西謂之輮,言其柔曲也。或謂之輞,言其緜連也。輞字或作輾,其言同。"漢劉熙《釋名·釋車》:"輞,或曰輾。輾,緜也,緜連其外也。"清戴震《釋車》:"輪輾謂之渠。"《周禮·考工記·車人》:"輻長一柯有半,其博三寸,厚三之一,渠三柯者三。"漢鄭玄注:"渠二丈七尺,謂罔也,其徑九尺。"

〔推源〕 此二詞俱有外表義,爲民聲所載之公共義。聲符字"民"所記録語詞之顯性語義系列與外表義不相涉,其外表義爲民聲所載之語源義。民聲可載外表義,"面"可證之。

民:明紐真部;

面:明紐元部。

雙聲,真元旁轉。"面",臉面。《説文·面部》:"面,顔前也。从𦣻,象人面形。"《韓非子·觀行》:"古之人目短於自見,故以鏡觀面。"引申之,則有表面、外表之義。《墨子·備城門》:"客馮面而蛾傅之。"清孫詒讓《閒詁》:"面,謂城四面。"唐韓愈《南山》:"微瀾動水面,踴躍躁猱狖。"

192 弗聲

(539) 茀第袚㠯茀(遮蔽義)

茀 草多遮路。《説文·艸部》:"茀,道多草不可行。从艸,弗聲。"清朱駿聲《通訓定聲》:"《周語》:'道茀不可行也。'注:'艸穢塞路爲茀。'"《廣韻·物韻》:"茀,草多。"《新唐書·李渤傳》:"通路茀不治,驛馬多死。"引申之,"茀"亦指遮蔽物。上引朱氏書:"茀,〔轉注〕《詩·碩人》'翟茀以朝。'傳:'蔽也。'《載馳》:'簟茀朱鞹。'傳:'車之蔽曰茀。'"按,朱氏所稱"轉注"即引申。

第 車箱後面的遮蔽物。《爾雅·釋器》:"輿革,前謂之鞎,後謂之第。"晉郭璞注:"第,以韋靶後户。"《廣韻·物韻》:"第,輿後第也。"王國維《觀堂集林·〈爾雅〉草木蟲魚鳥獸名釋例》:"'輿革前謂之鞎,後謂之第;竹前謂之禦,後謂之蔽。'鞎與禦、第與蔽皆一聲之轉也。"

袚 蔽膝。《廣韻·未韻》:"袚,蔽膝。"沈兼士《聲系》:"敦煌本《王韻》作'被'。"按,

"祓""袚"當爲轉注字。《集韻·未韻》："袚，一曰蔽膝。或作祓。"漢揚雄《方言》卷四："蔽膝，江淮之間謂之褘，或謂之袚。"《説文·衣部》："袚，一曰蔽膝。"

砩 以石擋水，亦指遮水之堤壩。《廣韻·廢韻》："砩，以石遏水曰砩。"清顧祖禹《讀史方輿紀要·浙江一·新昌縣》："孝行砩……砩長十餘里，溉田千餘頃。"

岪 束髮的網套。其名本寓遮蔽義。《玉篇·巾部》："岪，韜髮也。"

〔推源〕 諸詞俱有遮蔽義，爲弗聲所載之公共義。聲符字"弗"象矯矢使直之形，其本義爲矯正，與遮蔽義不相涉。其遮蔽義爲弗聲所載之語源義。弗聲可載遮蔽義，"蔽"可相證。

弗：幫紐物部；
蔽：幫紐月部。

雙聲，物月旁轉。"蔽"，遮蔽。清朱駿聲《説文通訓定聲·履部》："蔽，字亦作'蔽'。此字本訓蓋覆也。……《廣雅·釋詁二》：'障也。'《(釋詁)四》：'隱也。'《祝睦碑》：'蔽以茇蕟。'……《淮南·脩務》：'景以蔽日。'注：'擁也。'《楚辭·懷沙》：'脩路幽蔽。'"《禮記·内則》："女子出門，必擁蔽其面。"《楚辭·九歌·國殤》："旌蔽日兮敵若雲，矢交墜兮士争先。"

(540) 瞶佛（不明義）

瞶 目不明。字亦作"眛"。《説文·目部》："瞶，目不明也。从目，弗聲。"清朱駿聲《通訓定聲》："與'眛''昧'字皆同。"清桂馥《義證》："《廣韻》：'瞶，目瞶眛不明貌。'《集韻》作'眛眛'。"按，"眛"亦"瞶"之或體，《集韻·末韻》云"瞶，或从市。"《玉篇》《廣韻》"眛"字皆訓"目不明貌"。又，"眛""瞶"當爲轉注字。《廣韻·末韻》："瞶，目不明。或作眛。"

佛 真相不明。字亦作"彿""髴""怫"，其"髴""怫"爲借字。《説文·人部》："佛，見不審也。从人，弗聲。"清朱駿聲《通訓定聲》："此仿佛字。仿佛亦雙聲連語。《寡婦賦》：'目仿佛乎平素。'注引《字林》：'仿，相似也；佛，不審也。'"《史記·司馬相如列傳》："縹乎忽忽，若神仙之仿佛。"《正字通·彳部》："彷，彷彿，猶依稀。亦作仿佛，義同。"晉干寶《搜神記》卷一："策既殺吉，每獨坐，彷彿見吉在左右。"按，"仿佛"亦作"髣髴""放怫"。

〔推源〕 此二詞俱有不明義，爲弗聲所載之公共義。聲符字"弗"所記錄語詞之本義、引申義與不明義不相涉，其不明義爲弗聲所載之語源義。今按，前條諸詞俱有遮蔽義，遮蔽之則暗而不明，故知遮蔽義、不明義相通。"蔽"可證弗聲可載遮蔽義，亦可證弗聲可載不明義。"蔽"，遮蔽，引申之則有暗而不明義。清朱駿聲《説文通訓定聲·履部》："蔽，《淮南·主術》：'聰明先而不蔽。'注：'闇也。'《本經》：'明可見者，可得而蔽也。'《荀子·解蔽篇》：'蔽者，言不能通於明，滯於一隅如有物壅閉之也。'"《管子·桓公問》："舜有告善之旌，而主不蔽也。"

(541) 髴紼（亂義）

髴 亂髮。《集韻·未韻》："髴，髴髴，髮亂。"清桂馥《說文解字義證·髟部》："髴，《類篇》：'髴髴，髮亂兒。'"宋姚寬《西溪叢語》卷下引漢東方朔《神異經》："西北荒有人，人面朱髮，蛇身人手，四足，食五穀禽獸，頑愚。名曰共工。"元佚名《雙調·清江引》："殘粧兒勻髴髻兒歪，越顯的多嬌態。"

紼 亂麻。《說文·糸部》："紼，亂系也。从糸，弗聲。"清朱駿聲《通訓定聲》："《一切經音義》十二引作'亂麻也。'字亦作'綍'。可裝衣，可然火，可緝之爲索。《爾雅·釋水》：'紼，縴也。'《詩·采菽》：'紼纚維之。'《禮記·緇衣》：'其出如綍。'"《廣韻·物韻》："紼，同綍。"《玉篇·糸部》："紼，引棺索也，車索也，亂麻也。綍，同紼。"按，索者，亂麻所緝。《左傳·昭公三十年》："先君有所助執紼矣。"晉杜預注："紼，輓索也。"

〔推源〕 此二詞俱有亂義，爲弗聲所載之公共義。聲符字"弗"所記錄語詞之顯性語義系列與此義不相涉，其亂義爲弗聲所載之語源義。弗聲可載亂義，"紛"可相證。

弗：幫紐物部；

紛：滂紐文部。

幫滂旁紐，物文對轉。"紛"，混亂，雜亂。《廣雅·釋詁三》："紛，亂也。"《廣韻·文韻》："紛，紛紜，衆也，亂也。"《楚辭·招魂》："放陳組纓，班其相紛些。"漢王逸注："紛，亂也。"《管子·樞言》："紛紛乎若亂絲，遺遺乎若有從冶。"按，分聲字所記錄語詞"氛""忿""汾""訜""芬"等俱有亂義，參本典"分聲"。

(542) 拂柫颰垺烞曊（拂過義）

拂 過去。《說文·手部》："拂，過擊也。从手，弗聲。"清朱駿聲《通訓定聲》："隨擊隨過，蘇俗語謂之拍也。與'拭'略同。"今按，其本義即隨擊隨過，今徽歙方言猶有"拂着一下"之語，蓋即古語。至"拭"則爲引申義。《廣韻·物韻》："拂，擊也。"《北史·斛律金傳》："神武據鞍未動，金以鞭拂馬，神武乃還。"宋叶適《過葉威仲不值》詩："菊苗新擢馬蘭叢，柳老吹花拂掠空。"

柫 擊禾連枷。《說文·木部》："柫，擊禾連枷也。从木，弗聲。"清朱駿聲《通訓定聲》："《方言》五：'僉，自關而西謂之柫。'即橯耞也，又名了了。《漢書·王莽傳》：'必躬載柫。'"漢劉熙《釋名·釋用器》"柫，撥也"清畢沅《疏證》："柫即枷也……蓋擊禾而出其穀。"明宋應星《天工開物·粹精》："凡豆菽刈獲，少者用枷，多而省力者仍鋪場……凡打豆枷，竹木竿爲柄，其端錐圓眼，栓木一條，長三尺許。鋪豆於場，執柄而擊之。"按，今徽歙南鄉仍用此具脫黃豆粒，稱之爲"豆車"。其器有四短棍，組之以繩而連之，裝於長柄之側，擊打時枷體翻轉，間歇地擊打地面，實即過擊，故稱"柫"。

颰 風吹拂。《玉篇·風部》："颰，風也。"《廣韻·物韻》："颰，風兒。"按，當即風吹拂貌。明李東陽《寄題謝寶慶逸老堂得乞字》："居愁嵐霧蒸,路駭江颮颳。"

坲 塵埃飛揚,如風吹拂,故稱"坲"。《玉篇·土部》："坲,塵起皃。"《廣韻·物韻》："坲,塵起。"清朱駿聲《説文通訓定聲·履部·附〈説文〉不録之字》："坲,《楚辭·怨思》:'飄風蓬龍,埃坲坲兮。'"唐韓愈《獻山南鄭相公樊員外》："帝咨女予往,牙纛前坌坲。"宋方崧卿注："坲,埲塵起也。"

炥 火上炎如風吹拂。其字亦作"熚"。《説文·火部》："炥,火皃。从火,弗聲。"清朱駿聲《通訓定聲》："與'熚'略同。"清段玉裁注："此篆當是'熚'之或體。"《集韻·勿韻》："熚,煒熚,火不時而滅……或省,亦从弗。"

昲 曝曬,日光照拂。累增字作"曊"。《廣韻·未韻》："昲,日光。又,物乾也。"清朱駿聲《説文通訓定聲·履部》："《淮南·墜形》:'日之所曊。'注:'猶照也。'……《方言》十:'昲,乾物也。'《廣雅·釋詁二》:'昲,曝也。'《列子·周穆王》:'肴未昲。'"《集韻·未韻》："昲,乾也。"又《微韻》："昲,或从費。"

〔推源〕 諸詞俱有拂過義,爲弗聲所載之公共義。聲符字"弗"所記録語詞之本義、引申義系列與此義不相涉,其拂過義爲弗聲所載之語源義。弗聲可載拂過義,"抜"可證之。

弗:幫紐物部;
抜:明紐文部。

幫明旁紐,物文對轉。"抜",拭,一拂而過;"拂"有拭義,足資相證。《廣雅·釋詁二》:"抜,拭也。"《廣韻·問韻》:"抜,拭也。"《楚辭·九章·悲回風》:"孤子唫而抆泪兮,放子出而不還。"宋洪興祖《補注》:"抆,拭也。"《文選·江淹〈別賦〉》:"割慈忍愛,離邦去里,瀝泣共訣,抆血相視。"唐李善注:"抆,拭也。"

(543) 咈拂怫(違逆義)

咈 違逆,乖戾。《説文·口部》:"咈,違也。从口,弗聲。"清朱駿聲《通訓定聲》:"詞之違也。《書·堯典》:'咈哉。'傳:'戾也。'"《廣韻·物韻》:"咈,戾也。"《書·微子》:"咈其耇長,舊有位人。"僞孔傳:"違戾耇老之長。"《新唐書·蕭復傳》:"及爲相,臨事嚴方,數咈帝意,故居位亟解。"

拂 違逆。《集韻·勿韻》:"拂,戾也。"清朱駿聲《説文通訓定聲·履部》:"拂,〔假借〕爲'咈'……《詩·皇矣》:'四方以無拂。'《禮記·大學》:'是謂拂人之性。'《漢書·王莽傳》:'拂世矯俗。'《東方朔傳》:'拂於耳。'《杜欽傳》:'言之則拂心逆指。'"今按,"拂"表違逆義,無煩假借,凡違逆,或以口,或以手,故其字作"咈"、作"拂"。"拂"之本義爲過擊,表違逆義爲套用式本字。

怫 事與願違,心情悒鬱。《説文·心部》:"怫,鬱也。从心,弗聲。"《廣韻·未韻》:"怫,怫愲。"漢東方朔《七諫·沉江》:"不顧地以貪名兮,心怫鬱而內傷。"引申爲違逆義。

《集韻·隊韻》："悖,亦作怫。"《文子·自然》："因其性,即天下聽從；怫其性,即法度張而不用。"《史記·太史公自序》："五家之文怫異,維太初之元論。"唐司馬貞《索隱》："怫亦悖也,言金、木、水、火、土五家之文各相悖異不同也。"

〔推源〕 此三詞俱有違逆義,爲弗聲所載之公共義。弗聲字"費""佛"亦可以假借字形式表此義。《集韻·勿韻》："費,戾也。"《廣韻·紙韻》："俷,戾也。"《禮記·中庸》："君子之道,費而隱。"唐陸德明《經典釋文》："費,本又作拂。"唐孔穎達疏："言君子之人遭值亂世,道德違費則隱而不仕。"漢桓寬《鹽鐵論·大論》："故公輸子因木之宜,聖人不費民之性。"《集韻·勿韻》："佛,戾也。或作拂。"清朱駿聲《說文通訓定聲·履部》："佛,〔假借〕爲'拂',實爲'弗'。《禮記·曲禮》：'獻獸者佛其首。'注：'戾也。'《學記》：'其求之也佛。'《法言·寡見》：'佛於正。'注：'違也。'"按,聲符字"弗"象矯矢使直之形,清徐灝《說文解字注箋·丿部》："凡弛弓則以兩弓相背而縛之,以正枉戾。"然則違逆、違背義爲"弗"之顯性語義。又,"弗"可作否定副詞,亦與違逆義通。《廣雅·釋詁四》："弗,不也。"《莊子·列御寇》："雖以事齒之,神者弗齒。弗聲可載違逆義,則"悖"可相證。

弗：幫紐物部；

悖：並紐物部。

幫並旁紐,物部疊韻。"悖",違逆。《玉篇·心部》："悖,逆也。"《禮記·中庸》："萬物並育而不相害,道並行而不相悖。"《國語·周語上》："是以事行而不悖。"三國吳韋昭注："悖,逆也。"

193　弘聲

(544) 泓宖（深義）

泓　水深貌。《說文·水部》："泓,下深皃。从水,弘聲。"清朱駿聲《通訓定聲》："《吳都賦》注引《說文》：'下深大也'……《廣雅·釋訓》：'泓泓、淵淵,深也。'《廣韻·耕韻》："泓,水深也。"晉郭璞《江賦》："極泓量而海運,狀滔天以淼茫。"唐柳宗元《陪永州崔使君遊宴南池序》："其崖谷之委會,則泓然爲池。"

宖　屋深而有回響。《說文·宀部》："宖,屋響也。从宀,弘聲。"清朱駿聲《通訓定聲》："《繫傳》引《魯靈光殿賦》：'宖寥窲以崢嶸。'此字按即'宏'之或體。凡屋必深大乃響,他無響法。若圻裂之響,非宖音可狀,故知即'宏'之或體也。"《廣韻·耕韻》："宖,屋響。"《說文》同部："宏,屋深響也。"朱氏《通訓定聲》："深大之屋,凡聲如有應響。《考工·梓人》：'其聲大而宏。'司農注：'謂聲音大也。'"

〔推源〕 此二詞俱有深義,爲弘聲所載之公共義。聲符字"弘"从弓,漢許慎訓"弓聲",

有擴大、廣大義,而與深義不相涉。其深義爲弘聲所載之語源義。弘聲可載深義,"孔"可證之。

　　　　弘:匣紐蒸部;
　　　　孔:溪紐東部。

匣溪旁紐,蒸東旁轉。"孔",孔洞。《爾雅·釋詁下》:"孔,間也。"宋邢昺疏:"孔者,穴也。"《墨子·備城門》:"客至,諸門户皆令鑿而幂孔。"清孫詒讓《閒詁》:"蓋鑿門爲孔竅而以物蒙覆之。"引申之,則有深義。《淮南子·精神訓》:"有二神混生,經天營地,孔乎莫知其所終極,滔乎莫知其所止息。"漢高誘注:"孔,深貌。"

194　疋聲

(545) 疏䟽(稀疏義)

疏　稀疏。其字亦作"䟽""疎"。《説文·㐬部》:"疏,通也。从㐬,从疋,疋亦聲。"清朱駿聲《通訓定聲》:"按,㐬者子生也,疋者,破包足動也,孕則塞,生則通,因轉注爲開通分遠之誼。俗字作'疎'。……〔轉注〕《吕覽·辨土》:'不知其稼之疏而不適也。'注:'希也。'《楚辭·東皇太一》:'疏緩節兮安歌。'注:'稀也。'"唐張籍《野老歌》:"苗疏税多不得食,輸入官倉化爲土。"

䟽　門上雕刻的窗格,其名寓稀疏義。《説文·疋部》:"䟽,門户疏窗也。从疋,疋亦聲。囱象䟽形。讀若疏。"清朱駿聲《通訓定聲》:"窗穿刻爲文,青以飾之。"按《集韻·魚韻》"䟽"字訓"沛酒具",即謂濾酒之器,亦有眼而稀疏之物。

〔推源〕　此二詞俱有稀疏義,爲疋聲所載之公共義。聲符字"疋"《説文》謂"足也,上象腓腸,下从止",參以甲骨文,其説可從。然則與稀疏義不相涉,其稀疏義爲疋聲所載之語源義。疋聲可載稀疏義,"梳"可相證。"疋""梳"同音,山紐雙聲,魚部疊韻。"梳",與"篦"爲對待字,二者皆爲梳髮之器,齒疏者爲"梳",齒密者爲"篦"。漢劉熙《釋名·釋首飾》:"梳,言其齒疏也。"《廣韻·魚韻》:"梳,梳櫛。"《史記·匈奴列傳》"錦袷袍各一,比餘一"唐司馬貞《索隱》引《蒼頡篇》:"靡者爲比,麤者爲梳。"按,"比"即"枇",亦即"篦"。"麤"則爲粗疏、稀疏之謂。

195　出聲

(546) 祟茁朏窋疨頧黜泏秫㞟(出義)

祟　鬼神之禍,即鬼神所顯示出者。《説文·示部》:"祟,神禍也。从示,从出。"清朱駿聲《通訓定聲》:"从示,出聲……《莊子·天地》:'鬼不祟。'注:'禍也。'《漢書·江充傳》:'祟在巫蠱。'注:'謂禍咎之徵也。'"《廣韻·至韻》:"祟,禍祟。"《戰國策·東周策》:"及王病,使卜之。太卜譴之曰:'周之祭地爲祟。'"宋鮑彪注:"祟,神禍也。"按,"祟"字之結構當爲从示、从出,出亦聲。"示"本指鬼神顯示出吉凶,《說文》同部云"見吉凶,所以示人。""祟"爲鬼神之禍,則即鬼神所顯示出者。

茁 草初生出地貌。《說文·艸部》:"茁,草初生出地皃。从艸,出聲。《詩》曰:'彼茁者葭。'"清朱駿聲《通訓定聲》:"从艸、从出,會意,出亦聲。"《廣韻·黠韻》:"茁,草初生。"又《薛韻》:"茁,草生皃。"又《質韻》:"茁,草牙也。"按,漢許慎所引《詩·召南·騶虞》文唐孔穎達疏:"謂草出茁茁然。"唐崔珏《門前柳》詩:"憶昔當年栽柳時,新芽茁茁嫌生遲。"宋陳允平《過秦樓·壽建安使君謝右司》:"向東風種就,一亭蘭茁,玉香初茂。"

朏 一作"胐",月初顯出。《說文·月部》:"朏,月未盛之明。从月、出。《周書》曰:'丙午朏。'"清徐灝《注箋》:"月朔初生明,至初三乃可見,故三日曰朏。从月、出,會意,出亦聲。"按,漢許慎所引《書·召誥》文偽孔傳云:"朏,明也。月三日明生名。"《漢書·律曆志》下:"古文《月采》篇曰'三日曰朏。'"清朱彝尊《日下舊聞·宣和書譜》:"才生明而畚鍤攸萃,月貞朏而陶瓶斯作。"

窋 物在穴中欲出貌。《說文·穴部》:"窋,物在穴中皃。从穴中出。"南唐徐鍇《繫傳》、清段玉裁注皆云"从穴,出聲"。《集韻·術韻》:"窋,將出穴皃。"唐韓愈、孟郊《征蜀聯句》:"跧梁排郁縮,闖竇揳窋窡。"錢仲聯《集釋》:"窋窡,闖竇之狀,與上郁縮與跧梁之狀同義。"按,"窋"字之結構當爲从穴、从出,出亦聲,會意而兼形聲者。

疦 女性帶下有出之病。《說文·疒部》:"疦,病也。从疒,出聲。"《廣韻·沒韻》所訓同。《正字通·疒部》:"疦,一說婦女帶下有出病,'出'當即'疦'。"

頕 顴骨,高出顏面,故稱"頕"。漢史游《急就篇》卷三:"頭額頰頕眉目耳。"唐顏師古注:"頕,兩頰之權也。"《集韻·沒韻》:"頕,面顴。"《素問·至真要大論》:"寒熱皮膚痛,目瞑齒痛,頕腫,惡寒發熱如瘧。"

黜 貶降,逐出,退出。《說文·黑部》:"黜,貶下也。从黑,出聲。"清朱駿聲《通訓定聲》:"《廣雅·釋詁二》:'黜,去也。'《虞書》:'黜陟幽明。'傳:'退其幽者。'《左襄廿六傳》:'何以黜朱於朝。'注:'退也。'《昭廿六傳》:'咸黜不端。'注:'去也。'……《公羊襄廿七傳》:'黜公者,非吾意也。'注:'猶出逐。'"《玉篇·黑部》:"黜,退也,貶也,下也。"《後漢書·孔融傳》:"前者黜退,歡欣受之。"

沏 水出貌。《說文·水部》:"沏,水皃。从水,出聲。"清朱駿聲《通訓定聲》:"《文子》:'原流沏沏,沖而不盈。'"《玉篇·水部》:"沏,水出皃。"《廣韻·術韻》:"沏,水出皃。"宋羅泌《路史·禪通紀·柏皇氏》:"嬰婗號,母乳沏。"

粬 賣出糧食。《廣韻·寘韻》:"粬,衲糶。"《集韻·寘韻》:"粬,糶也。"《說文·米部》:

"糶,出穀也。"《廣雅·釋詁三》:"糶,賣也。"《管子·輕重丁》:"齊西水潦而民飢,齊東豐庸而糶賤。"

굴 出。《廣韻·没韻》:"굴,出也。"《改併四聲篇海·出部》:"굴,《余文》:'出也。'"

〔推源〕 諸詞俱有出義,爲出聲所載之公共義。其聲符字"出"之甲骨文象足出洞穴形,其本義即走出。《集韻·至韻》:"出,自内而外也。"《禮記·祭義》:"樂正子春下堂而傷其足,數月不出。"《詩·鄭風·出其東門》:"出其東門,有女如雲。"然則上述諸詞之出義爲聲符字"出"所記録語詞之顯性語義。

(547) 屈䫛詘拙裗(短、不足義)

屈 動物尾短,引申爲短。《説文·尾部》:"屈,無尾也。从尾,出聲。"清朱駿聲《通訓定聲》:"字亦作'屗'。《埤蒼》:'屗,短尾犬也。'《淮南·原道》:'用不屈兮。'注:'讀如秋鷄無尾屈之屈。'《韓非子》:'鳥有周周者,重首而屈尾。'〔轉注〕《淮南·詮言》:'聖人無屈奇之服。'注:'短也。'"按朱氏所謂"轉注"即引申。《廣韻·物韻》:"屈,短尾鳥。"漢許慎所稱"無尾"乃爲觀感,尾短則似無。又,短則不足,故"屈"又有不足之衍義。《易·繫辭下》:"失其守者,其辭屈。"按,"屈"即理由不足之謂。

䫛 字亦作"佡""𪗋",短貌。《玉篇·矢部》:"䫛,短也。"《廣韻·術韻》:"䫛,短皃。佡,上同。"又《薛韻》:"𪗋,偓𪗋,短皃。"《集韻·術韻》:"𪗋,短皃。或从人。"《玉篇·叕部》:"𪗋,吳人呼短物也。"清朱駿聲《説文通訓定聲·履部》:"《方言》十三:'𪗋,短也。'"章炳麟《新方言·釋言》:"今江淮、浙西於物之短者稱爲短𪗋𪗋。"今按,"䫛"字从矢,正與"短"同,而諸或體俱从出聲,乃以出聲表短義。

詘 字从言,謂言語表達遲鈍(見本典第548條),有所欠缺,故引申爲缺少、不足義。《周髀算經》卷下:"往者詘,來者信也,故屈信相感。"漢趙君卿注:"從夏至南往,日益短,故曰詘。"按,"詘"又有窮盡之義,凡不足至極點則即窮盡,詞義之源流可互證。《管子·國蓄》:"利出於一孔者,其國無敵;出二孔者,其兵不詘。"唐尹知章注:"詘,與屈同。屈,窮也。"

拙 笨拙(見本典第548條),有所欠缺,故引申爲缺少、不足義。唐杜甫《客夜》詩:"計拙無衣食,途窮仗友生。"唐白居易《新昌新居書事四十韻》:"拙薄才無取,疎庸職不專。"

裗 短衣。字亦作"褔"。《集韻·迄韻》:"褔,或省。"漢揚雄《方言》卷四:"襜褕,其短者謂之短襦,自關而西謂之袾褔。"《玉篇·衣部》:"褔,袾褔也。"《廣韻·物韻》:"褔,短衣。"漢劉珍等輯《東觀漢紀·世祖光武皇帝》:"見更始諸將過者,已數十輩,皆冠幘,衣婦人衣,諸于繡擁褔,大爲長安所笑。"明趙南星《明兩浙鹽運司轉運使劉公行狀》:"上烏紗冠,大紅衣,束帶,三采綬烏紋靴,袾褔、中帬,生存之具無不備。"

〔推源〕 諸詞俱有短、不足義,爲出聲所載之公共義。出聲字"絀",从糸,本謂絳色,然亦以其假借字,以其出聲表短缺不足之義。《正字通·糸部》:"絀,音屈。赢絀,猶盈歉也。"

《鶡冠子·世兵》："早晚絀贏，反相殖生。"《史記·韓世家》："今年旱，昭侯不以此時邮民之急，而顧益奢，此謂'時絀舉贏。'"按，本條諸詞的短、不足義與聲符字"出"所記錄語詞的本義、引申義不相涉，爲出聲所載之語源義。出聲可載短、不足義，"短"可證之。

出：昌紐物部；
短：端紐元部。

昌(三等即穿)端準旁紐，物元旁對轉。"短"，不長，引申爲缺少、不足。《説文·矢部》："短，有所長短。"《玉篇·矢部》："短，不長也。"《廣韻·緩韻》："短，促也，不長也。"清朱駿聲《説文通訓定聲·乾部》："短，不長也。横用之器，矢最短；豎用之器，豆最短，故从矢、从豆會意。長以髮喻，短以豆矢喻……《素問·至真要大論》：'短而濇。'注：'往來不遠是謂短也。'《吕覽·長見》：'以其長見與短見也。'注：'近也。'……〔轉注〕《吕覽·先識》：'此治世之所以短。'注：'少也。'又《淮南·脩務》：'知者之所短。'注：'缺也。'"按，朱氏所稱"轉注"實即引申。唐杜甫《春望》詩："白頭搔更短，渾欲不勝簪。"其"短"亦缺少、不足義。

(548) 詘柮欪拙鈯耴 (拙劣義)

詘 語言表達遲鈍。《説文·言部》"詘"訓"詰詘"，清朱駿聲《通訓定聲》："字从言，當與吃同意。"朱説可從。《廣韻·物韻》："詘，辭塞。"《楚辭·九思·疾世》："嗟此國兮無良，媒女詘兮譿譿。"宋洪興祖《補注》："詘，與訥同。"按，《説文·言部》"訥"訓"言難"即語言表達遲鈍義。《史記·李斯列傳》："慈仁篤厚，輕財重士，辯於心而詘於口。"

柮 樹疙瘩，拙劣無用之物。《説文·木部》："柮，斷也。从木，出聲。"清朱駿聲《通訓定聲》："《左文十八傳》謂之'梼杌'，《説文》'梼'下引作'梼柮'。後人言木頭曰榾柮，蓋斷下之梱頭不中於用者。"《廣韻·没韻》："柮，榾柮，木頭。"前蜀貫休《深山逢老僧》詩："榾柮燒殘地爐冷，喔咿聲斷天窗明。"郁達夫《出奔》："坐在香火廳前去烤榾柮火。"

欪 愚鈍無知。《説文·欠部》："欪，咄欪，無慙。一曰無腸意。从欠，出聲。"清段玉裁注："無腸，猶無心也。"清朱駿聲《通訓定聲》："咄欪，叠韻連語，本字當爲'咄'之重文……嚴可均校：'無腸當作無知。'"

拙 笨拙，遲鈍。《説文·手部》："拙，不巧也。从手，出聲。"清朱駿聲《通訓定聲》："《廣雅·釋詁三》：'拙，鈍也。'……《書·盤庚》：'予亦拙謀。'《離騷》：'理弱而媒拙兮。'"《老子》第四十五章："大直若屈，大巧若拙，大辯若訥。"引申爲拙劣義。《管子·法法》："雖有巧目利手，不如拙規矩之正方圓也。"按，唯"拙"有劣義，故有"拙劣"之同義聯合式合成詞。

鈯 刀具不鋒利，拙劣。《廣雅·釋詁三》："鈯，鈍也。"清王念孫《疏證》："鈯猶拙也，方俗語轉耳。"《説文·金部》："鈍，錭也。"《正字通·金部》："鈍，刀劍不利也。"《廣韻·没韻》："鈯，鈍也。"又《恩韻》："鈍，不利也。"《五燈會元·六祖大鑒禪師法嗣·青原山行思禪師》：

"吾有個鉏斧子,與汝住山。"元耶律楚材《請奧公禪師開堂疏》:"既收鉏斧子,不藉破皮鞋。"

聏 愚鈍無知。字从耳,蓋謂耳聾則無所聞故愚鈍。《説文·耳部》:"聏,無知意也。从耳,出聲。"清朱駿聲《通訓定聲》:"《廣雅》:'聬,聾也。'《方言》六:'聾之甚者謂之聬。'皆以'聬'爲之,同聲通語也。"今按《廣韻》"聏"字之音注"五滑切",其上古音爲疑紐物部;"聬"字之音注"五怪切",其上古音爲疑紐之部。然則二者雙聲,物之通轉。《廣韻·黠韻》"聏"訓"無所聞也",即聾義;又《賄韻》:"聏,聏頟,癡癲皃。"二義亦相通。《集韻·賄韻》:"聏,聏頟,愚皃。"

〔推源〕 諸詞俱有拙劣義,爲出聲所載之公共義。出聲字"絀"亦得以出聲表拙劣義。清桂馥《説文解字義證·糸部》:"絀,《史記·趙世家》:'却冠秫絀。'徐廣曰:'《戰國策》作秫縫,絀亦縫紩之别也,古字多假借故作秫絀耳。此蓋言其女工針縷之粗拙也。'"鄭觀應《盛言危言·考試》:"期滿考試,或優或絀,參考三年之學業,可得其詳。"按,拙劣義與聲符字"出"所記録語詞之本義、引申義不相涉,乃出聲所載之語源義。出聲可載拙劣義,"差"可證之。

出:昌紐物部;

差:初紐歌部。

昌(三等即穿)初準雙聲,物歌旁對轉。"差",差錯。《説文·左部》:"差,貳也,差不相值也。"《荀子·天論》:"亂生其差,治盡其詳。"唐楊倞注:"差,謬也。"引申爲不符合標準、不好,即拙劣義。《廣韻·皆韻》:"差,簡也。"按蓋謂簡陋。王重民等編《敦煌變文集》之《醜女緣起》:"珠泪連連怨復嗟,一種爲人面貌差。"宋魏慶之《詩人玉屑》卷六引宋朱熹論詩:"江西之詩,自山谷一變,至楊廷秀又再變,遂至今日越要巧越醜差。"

(549)趡怵詘(猝然義)

趡 猝然起行。《説文·走部》:"趡,走也。从走,出聲。讀若無尾之屈。"清桂馥《義證》:"'走也'者,《玉篇》:'趡,卒起走也。'《廣雅》:'趡,沖也。'"《龍龕手鑑·走部》:"趡,卒走皃。""趡"又有刹那、瞬間義,與猝然起走義相通。明王九思《端正好·春遊》:"嘆光陰忒迅速,恰便似過隙駒。趡趡的又是五十餘,那里有千萬種閑思慮。"

怵 心猝然起。《集韻·没韻》:"怵,心怵然起也。"按,"怵"有驚怖、憂愁義,此等情緒或有猝然起者。漢揚雄《方言》卷十二:"怵,中也。"晉郭璞注:"'中'宜爲'忡'。'忡',惱怖意也。"《説文·心部》:"忡,憂也。"《廣韻·術韻》:"怵,憂心也。"漢焦贛《易林·儒之小過》:"猋風忽起,車馳揭揭,棄名追亡,失其和節,憂心怵怵。"王重民等編《敦煌變文集》之《父母恩重經講經文》:"慈母自從懷任(姙),憂怵千般。"

詘 聲音猝然止絶。清朱駿聲《説文通訓定聲·履部》:"詘,〔假借〕又爲'闋'。《禮記·聘義》:'其終詘然。'注:'絶止皃也。'"今按,朱氏所引《禮記》文唐孔穎達疏亦云"詘謂止絶也。"然則"詘"表聲音猝然止絶義,非假借,乃引申。"詘"字从言,本指語言表達遲鈍,引申爲語音猝然止絶義。明湯顯祖《沈氏〈弋説〉序》:"簡者數語,詘然委盡,無復費詞。"又引申爲其他聲音猝然止絶義。《孔子家語·問玉》:"叩之其聲清越而長,其終則詘然樂矣。"

〔推源〕 諸詞俱有猝然義,爲出聲所載之公共義。出聲字"屈"亦可以假借字形式、以其出聲表猝然高出、興起義,後起本字作"崛"。《漢書·叙傳》上:"未見運世無本,功德不紀,而得屈起在此位者也。"唐顔師古注:"屈起,特起也。"清王先謙《補注》:"屈,崛借字。"唐李白《早秋贈裴十七仲堪》詩:"裴生信英邁,屈起多才華。"按,"屈"亦借作"趉",謂猝然起行。《太平御覽》卷二百五十三引《列異傳》:"夜時有異物稍稍轉近,忽來覆伯夷,伯夷屈起,以袂掩之,以帶繫魅,呼火照之,視得一老狸。"按,猝然義與聲符字"出"所記録語詞的顯性語義系列不相涉,爲出聲所載之語源義。出聲可載猝然義,"猝"可相證。

出:昌紐物部;

猝:清紐物部。

疊韻,昌(三等即穿)清準雙聲,音極相近。"猝",猝然。《説文·犬部》:"猝,犬從艸暴出逐人也。"按,犬爲最早爲人所馴服之動物,犬人共居,犬常有猝然竄走行爲,故"猝""突""倏"字皆从犬。"猝"字漢許慎所訓蓋爲形體造意,其本義即猝然。《玉篇·犬部》:"猝,言倉猝暴疾也。"《廣韻·没韻》:"猝,倉猝,暴疾也。"宋王安石《上仁宗皇帝萬言書》:"今乃移其精神,奪其日力,以朝夕從事於無補之學,及其任之以事,然後卒然責之以爲天下國家之用,宜其才之不足以有爲者少矣。"金董解元《西廂記諸宫調》卷六:"張生猝病,與鶯往視疾。"

(550) 屈蚰(曲義)

屈 本指動物尾短(見本典第547條),尾短則其形體近圓而曲,故有曲之衍義。《玉篇·出部》:"屈,曲也。"《老子》第四十五章:"大直若屈,大巧若拙。"《易·繫辭下》:"尺蠖之屈,以求信也。"唐李賀《浩歌》詩:"筝人勸我金屈卮,神血未凝身問誰?"

蚰 身體卷曲的小蟲。《説文·蟲部》:"蛣,蛣蚰,蝎也。""蚰,蛣蚰也。从虫,出聲。"清朱駿聲《通訓定聲》:"字亦'蝈'。《爾雅》:'蝎,蛣蝈。'注:'木中蠹蟲,蓋桑蠹、蝤蠐之類。'"《廣韻·月韻》:"蝈,蛣蝈蟲。"明方以智《物理小識》卷九:"去果木之蠹,蝎、蛣蝈。"

〔推源〕 此二詞俱有曲義,爲出聲所載之公共義。出聲字"詘"亦可以假借字形式表曲義。《禮記·喪大記》:"凡陳衣不詘,非列采不入,絺綌紵不入。"漢鄭玄注:"不詘,謂舒而不卷也。"《荀子·勸學》:"若挈裘領,詘五指而頓之,順者不可勝數也。"唐楊倞注:"詘與屈同。"按,《説文·言部》"詘"訓"詰詘",即彎曲義。"詰詘"與上述"蛣蚰(蝈)"以及"頡頓"當出於同一語源。此爲雙音節聯綿詞,凡聯綿詞有可分訓者、不可分訓者。其可分訓者乃聯合而成。"屈""詘"可單用而表曲,亦可作聯綿詞之記録文字表曲義。《説文·叙》:"象形者,畫成其物,隨體詰詘。"漢焦贛《易林·漸之頤》:"其指詰詘,不能解脱。"漢曹操《苦寒行》:"羊腸阪詰屈,車輪爲之摧。"《説文·頁部》:"頢,頭頡頢也。从頁,出聲。"清朱駿聲《通訓定聲》:"頡頢,叠韻連語,猶詰詘也,低曲之皃,與頡頑之爲高直者相反。"按,曲義與聲符字"出"所記録語詞之顯性語義系列不相涉,爲出聲所載之語源義。"屈""詘""蛐""蝈"均爲上古溪紐字,"曲"字與之同,聲本相近。

196　攴聲

(551) 㸰/徐(緩慢義)

㸰　牛徐行。《説文·牛部》:"㸰,牛徐行也。从牛,攴聲。讀若滔。"張舜徽《約注》:"錢坫曰:'今俗謂人徐行曰㸰㸰,此義也。'……舜徽按:許君明云:㸰讀若滔。是攴聲舀聲古相通也。湖湘間稱人行舒遲不速進者曰㸰,音轉爲土在切。"《廣韻·豪韻》:"㸰,牛行遲皃。"按,今語有"慢吞吞"之三字格派生詞,詞根、詞綴義相同,詞綴之記録文字爲借字,而其聲韻與"㸰"相近。又,徽歙方言稱舊時新嫁娘上下轎緩行爲"tàn 新人步",語源蓋亦相同。

徐　緩行。《説文·彳部》:"徐,安行也。"清朱駿聲《通訓定聲》:"《廣雅·釋詁四》:'遲也。'……《宋策》:'徐其攻而留其日。'注:'緩也。'"《孫子·軍爭》:"故其疾如風,其徐如林。"唐杜牧注:"言緩行之時須有行列如樹木也。"

〔推源〕　此二詞俱有緩行義,其音亦相近而相通。

㸰:透紐宵部;
徐:邪紐魚部。

透邪鄰紐,宵魚旁轉。語源當同。"㸰"字乃以攴聲載緩慢義。

197　奴聲

(552) 笯帑(禁制義)

笯　鳥籠,囚禁飛鳥之物。《説文·竹部》:"笯,鳥籠也。从竹,奴聲。"清朱駿聲《通訓定聲》:"《楚辭·懷沙》:'鳳皇在笯兮。'注:'籠落也。'"按,所謂"籠落"當即《玉篇·竹部》所云"笯,籠笒"。唐陸龜蒙《奉和襲美太湖詩·初入太湖》:"乍如開雕笯,聳翅忽飛出。"

帑　收藏錢財的府庫。其名爲"帑",當寓府庫爲禁地之義。《説文·巾部》:"帑,金幣所藏也。从巾,奴聲。"清朱駿聲《通訓定聲》:"《漢匈奴傳》:'虚費府帑。'注:'藏金帛之所也。'……《通俗文》:'庫藏曰帑。'《晉書音義》:'帑,金帛舍。'"《廣韻·蕩韻》:"帑,金帛舍。"《漢書·王莽傳》:"長樂御府、中御府及都内、平準帑藏錢帛珠玉財物甚衆。"

〔推源〕　此二詞俱有禁制義,爲奴聲所載之公共義。聲符字"奴"謂女性奴隸,此與禁制義本相通。《説文·女部》："奴，奴、婢，皆古之罪人也。《周禮》曰：'其奴，男子入於罪隸，女子入於舂藁。'"清朱駿聲《通訓定聲》："《吕覽·開春》：'叔向爲之奴而臏。'注：'奴，戮也，律坐父兄没入爲奴。'"《廣韻·模韻》："奴，人之下也。"《漢書·食貨志》下："私鑄作泉布者，與妻子没入爲官奴婢。"

(553) 瞀努呶(凸出義)

瞀 眼球凸出。《字彙補·目部》："瞀，瞀目也。"按，今徽歙方言稱先天性眼球凸出爲"瞀"，又稱瞪眼爲"瞀"，蓋瞪眼則眼球亦凸出。王重民等編《敦煌變文集》之《破魔變文》："召阿修羅軍衆爲突將，則瞀目揚精(睛)。"《太平廣記》卷一百七十四引宋龐元英《談藪·薛道衡》："隋吏部侍郎薛道衡嘗遊鍾山開善寺，謂小僧曰：'金剛何爲努目？'"按，字亦作"怒"，而"瞀"爲其本字。

努 努力，使出力量。《廣韻·姥韻》："努，努力也。"按，此爲本義，亦爲其基本義，引申爲用力伸出、凸出。唐唐彦謙《採桑女》詩："春風吹蠶細如蟻，桑芽纔努青鴉嘴。"唐段成式《酉陽雜俎·冥迹》："流水涓涓芹努芽，織烏雙飛客還家。"

呶 字从口，本謂大聲喧嘩，亦指嘴巴翹起、凸出，則爲套用字。茅盾《林家鋪子》："壽生説着，就把嘴向裕昌祥那邊呶了一呶。"茹志鵑《給我一枝槍》："她没有回答，還是用嘴向村外呶了呶。"按，其字亦以"抝"爲之，"抝"亦奴聲字，蓋以奴聲表凸出義。"抝"字晚出，不見於古代字書，蓋爲俗字。《紅樓夢》第九十六回："剛要答言，只見紫鵑在黛玉身後和他抝嘴兒，指着黛玉，又摇摇手兒。"

〔推源〕 諸詞俱有凸出義，爲奴聲所載之公共義。聲符字"奴"所記録語詞謂女奴，與此義不相涉，其凸出義爲奴聲所載之語源義。奴聲可載凸出義，"露"可證之。

奴：泥紐魚部；

露：來紐鐸部。

泥來旁紐，魚鐸對轉。"露"，顯露，露出。《玉篇·雨部》："露，見也。"《漢書·揚雄傳》下："今樂遠出，以露威靈。"按"露眼"亦指眼球凸出。《詩·小雅·鶴鳴》"鶴鳴於九皋"三國吴陸璣疏："瘦頭朱頂則沖霄，露眼黑睛則遠視。"

(554) 弩怒努呶䫰(强、大義)

弩 用機械力量射箭的弓，弓之强有力者。《説文·弓部》："弩，弓有臂者。《周禮》四弩：夾弩、庾弩、唐弩、大弩。从弓，奴聲。"《淮南子·泰族訓》："夫矢之所以射遠貫牢者，弩力也。"漢賈誼《新書·過秦論》："良將勁弩，守要害之處。"

怒 憤怒，一種强烈感情。《説文·心部》："怒，恚也。从心，奴聲。""恚，恨也。"《詩·邶風·柏舟》："薄言往愬，逢彼之怒。"唐孔穎達疏："反逢彼君之恚怒。"漢趙曄《吴越春秋·勾踐伐吴外傳》："今蛙蟲無知之物，見敵有怒氣，故爲之軾。"今按，《廣雅·釋詁三》"怒"訓

"健",即强勁義,爲其直接引申義,以故體健氣盛之馬稱"怒馬",又凡言"怒濤""心花怒放",其"怒"皆强義。

努 努力,即使出大力、强力。《廣韻·姥韻》:"努,努力也。"《漢書·翟方進傳》:"蔡父大奇其形貌,謂曰:'小史有封侯骨,當以經術進,努力爲諸生學問。'"漢無名氏《古詩》三首之一:"努力崇明德,皓首以爲期。"

呶 大聲喧嘩,字亦作"詉"。《説文·口部》:"呶,讙聲也。从口,奴聲。"清朱駿聲《通訓定聲》:"《詩·賓之初筵》:'載號載呶。'"《廣韻·肴韻》:"呶,喧呶。"漢王褒《僮約》:"出入不得騎馬載車,跐坐大呶。"《集韻·肴韻》:"呶,或作詉。"《舊唐書·徐彦伯傳》:"破金湯之篇,封禍亂之根,用訐讒爲全計,以號詉爲令德。"

齩 大齒。字亦作"齜",左形右聲。《玉篇·齒部》:"齩,大齒也。"亦指大口咬。《廣雅·釋詁三》:"齭、齩,齭也。"清王念孫《疏證》:"齭者,《玉篇》:'齭,噍齩聲也。'齩者,《玉篇》:'齭齩,大齭也。'"

〔**推源**〕 諸詞俱有强、大義,爲奴聲所載之公共義。聲符字"奴"所記録語詞之顯性語義系列與此義不相涉,其强、大義爲奴聲所載之語源義。奴聲可載强、大義,"壯""大"可證。

奴:泥紐魚部;
壯:莊紐陽部;
大:定紐月部。

泥莊鄰紐,魚陽對轉;泥定旁紐,魚月通轉;莊定鄰紐,陽月通轉。"壯",有大義,亦有强義,故後世有"壯大""强壯"之雙音詞。《説文·士部》:"壯,大也。"《廣雅·釋詁二》:"壯,健也。"《易·大壯》:"象曰:大壯,大者壯也。"高亨注:"本卦名'大壯'者,謂其大者强壯也。"《逸周書·官人》:"信氣中易,義氣時舒,和氣簡備,勇氣壯力。"至"大",其本義即大,不小。《説文·大部》:"大,天大、地大、人亦大,故大象人形。"《詩·大雅·行葦》:"酌以大斗,以祈黃耇。"三國蜀諸葛亮《前出師表》:"愚以爲宮中之事,事無大小,悉以咨之。"

198 召聲

(555) 鞀佋貂沼鞉韶䩌䩐帉鉊(小義)

鞀 小鼓,其字亦作"鞉""鼗""䩎"。从革,謂鼓以皮革製之。《説文·革部》:"鞀,鞀遼也。从革,召聲。鞉,鞀或从兆;鼗,鞀或从鼓、从兆;䩎,籀文鞀,从殸、召。"清朱駿聲《通訓定聲》:"小鼓也。《周禮·小師》:'掌教鼓鼗。'注:'如鼓而小,持其柄搖之,旁耳環自擊。'《詩·有瞽》:'鞉磬祝圉。'《論語》:'播鞀武。'《禮記·月令》:'修鞀鞞鼓。'"《廣韻·豪韻》:"鞀,同鼗。"《宋書·樂志一》:"小鼓有柄曰鞀,大鞀謂之鞞。"

佋 佋僥,身材矮小之人。明劉基《擬連珠》:"蓋聞明鏡照膽,不啓隴廉之顏;長劍柱頤,不稱佋僥之服。"按,"佋僥"即"焦僥""僬僥"。《説文·人部》:"僥,南方有焦僥,人長三尺,短之極。"《集韻·宵韻》:"僬,僬僥,短人。"《列子·湯問》:"從中州以東四十萬里,得僬僥國,人長一尺五寸。"今按,矮小之人亦稱"侏儒",即"僬僥"之語轉。"焦""僬"爲精紐宵部字,"僥"爲疑紐宵部字;"侏",章紐侯部,"儒",日紐侯部。精章(照)準雙聲,宵侯旁轉。疑日二紐雖無直接通轉關係,然疑泥爲鄰紐,泥日則爲準雙聲。疑紐字可演變爲泥紐字再演變爲日紐字,或本爲日紐變爲泥紐再變爲疑紐。

貂 小獸,字亦作"貂"。《説文·豸部》:"貂,鼠屬。大而黃黑,出胡丁令國。从豸,召聲。"清朱駿聲《通訓定聲》:"字亦作貂。《爾雅》'鼬鼠'注:'似貂。'"《廣韻·蕭韻》:"貂,鼠屬。出東北夷。"徐珂《清稗類鈔·動物·貂》:"貂,亦稱貂鼠,大如獺,尾粗。"《戰國策·秦策一》:"黑貂之裘弊,黃金百斤盡,資用乏絶,去秦而歸。"宋鮑彪注:"貂,鼠屬,大而黃黑。"今按,"貂"較一般鼠爲大而已,凡鼠屬,皆小獸,"貂""貂"皆以召聲表小義。

沼 水池,小水域。《説文·水部》:"沼,池水。从水,召聲。"清朱駿聲《通訓定聲》:"《一切經音義》引《説文》:'小池也。'凡三見。《詩·采蘩》:'於沼於沚。'《禮運》:'龜龍在宫沼。'《左隱三傳》:'澗溪沼沚之毛。'"《廣韻·小韻》:"沼,池沼。"唐白居易《過駱山人野居小池》詩:"茅覆環堵亭,泉添方丈沼。"按,"沼"即池,爲封閉性小水域。

軺 輕便小車。《説文·車部》:"軺,小車也。从車,召聲。"清朱駿聲《通訓定聲》:"《漢書·平帝紀》:'立軺併馬。'注:'立乘小車也。'《史記·貨殖傳》:'其軺車百乘。'《文選·左思〈吴都賦〉》:'吴王乃巾玉輅,軺驪驂,旗魚須。'"按"軺"亦指使者所乘小車。明章黼《直音篇·車部》:"軺,使者小車。"《文選·丘遲〈與陳伯之書〉》:"乘軺建節,奉疆埸之任。"唐劉良注:"軺,使車也。"

韶 小食。《廣韻·笑韻》:"韶,小食。"按,所謂"小食",當即今語之"點心"。"韶"之聲符字"召"與"兆"同音,定紐雙聲,宵部叠韻。《廣韻》有"餚"字,當爲"韶"之轉注字。其《宵部》云:"餚,餚餌食。"即糕餅類點心。

矧 短小,亦指犬尾短小。《廣雅·釋詁二》:"矧,短也。"《玉篇·矢部》:"矧,犬短尾。"《廣韻·蕭韻》:"矧,短尾犬也。"

鮡 小魚。字亦作"鯛"。《集韻·蕭韻》:"鯛,或从召。"《説文·魚部》:"鯛"字條南唐徐鍇《繫傳》:"鯛,小魚也。"清李元《蠕範·物名》:"又有名未具形狀者⋯⋯曰鮡,鯛也。"

帕 細小的絲。《玉篇·巾部》:"帕,細絲也。"《廣韻·蕭韻》:"帕,細絲。"按,細義、小義相通,今湘方言猶稱小爲"細",徽歙方言同,又稱多個大小不等的子女爲"大細","大細"即"大小"。

銚 鐮刀。鐮刀稱"鎌""鐮",當因刀體廉薄得名,薄即厚度小。漢揚雄《方言》卷五:"刈鉤,江、淮、陳、楚之間謂之銚。"《説文·金部》:"鎌謂之銚。"《管子·輕重己》:"耜未辨懷,鉊銚叉橞,權渠絸緤,所以御春夏之事也。"

〔推源〕 諸詞俱有小義,爲召聲所載之公共義。聲符字"召"从口,其本義即《説文·口部》所訓"譜也",與小義不相涉。其小義爲召聲所載之語源義。召聲可載小義,兆聲字所記録語詞可相證。"玭"指小蚌;"銚"謂小瓮;"挑",未卒發之小羊;"齠",脱去乳齒之幼童;"鮡",小鱫魚(參本典"兆聲")。聲符字"召""兆"本同音,上文已述。

(556) 超劭䙪迢邵紹(高、遠義)

超 由低趨高,引申之,亦有遠義。《説文·走部》:"超,跳也。从走,召聲。"清朱駿聲《通訓定聲》:"按,趒也。……《楚辭·傷時》:'超五嶺兮嵯峨。'注:'越也。'《史記·白起王翦傳》:'方投石超距。'《索隱》:'猶跳躍也。'《吕覽·悔過》:'超乘者五百乘。'注:'巨踴上車也。'〔轉注〕《方言》七:'超,遠也,東齊曰超。'《楚辭·九歌》:'平原忽兮路超遠。'秋胡詩:'超遥行人遠。'謝靈運詩:'道以神理超。'"按,朱氏所稱"轉注"即引申。

劭 字从力,本謂勸勉,引申爲美好、高遠義。《説文·力部》:"劭,勉也。从力,召聲。"清朱駿聲《通訓定聲》:"《漢書·成帝紀》:'先帝劭農。'"《資治通鑑·晉愍帝建興元年》:"懷帝天資清劭,少著英猷,若遇承平,足爲守文佳主。"元胡三省注:"劭,高也。"按,然則"清劭"即清高,與美好義極相近而相通,亦俱與勸勉義同條共貫。

䙪 有"遠"訓。《字彙補·見部》:"䙪,遠也。"按,《玉篇·見部》亦收有此字,訓"見",《廣韻》注其音爲"市沼切",然則从召得聲。古者"見"與"看"有别,"見"謂無意中看見,亦寓不經意間遠遠望見之意。字作"䙪",則以召聲載遠義。

迢 遥遠。《説文新附·辵部》:"迢,迢遰也。从辵,召聲。"《廣韻·蕭韻》:"迢,迢遰。"晉潘岳《内顧》詩:"漫漫三千里,迢迢遠行客。"宋秦觀《鵲橋仙》:"纖雲弄巧,飛星傳恨,銀漢迢迢暗渡。"遠義、高義本相通,故"迢"又引申爲高。《文選·謝朓〈郡内高齋閑坐答吕法曹〉》:"結構何迢遰,曠望極高深。"唐吕延濟注:"迢遰,高也。"

邵 高尚。《説文·邑部》:"邵,高也。从邑,召聲。"清朱駿聲《通訓定聲》:"漢應仲遠名邵,故字遠,今以'劭'爲之。《小爾雅·廣詁》:'邵,美也。'《廣雅·釋詁四》:'邵,高也。'《法言·修身》:'公儀子董仲舒之才之邵也。'注:'高也。'《重黎》:'賢皆不足邵也。'注:'美也。'皆以'邵'爲之。"按,"邵"爲"卲"字之誤。又,高尚義、美好義本相通。《廣韻·笑韻》"卲"亦訓"高",蓋亦高尚義。

紹 字从糸,謂繼承、連續而致遠。《説文·糸部》:"紹,繼也。从糸,召聲。"清朱駿聲《通訓定聲》:"《詩(大雅)抑》:'弗念厥紹。'《(頌)訪落》:'紹庭上下。'……《晉語》:'使寡君之紹續昆裔。'……《周書·謚法》:'疏遠繼位曰紹。'又《爾雅》:'瓞瓝,其紹瓞。'注:'瓜蔓緒。'"

〔推源〕 諸詞俱有高、遠義,爲召聲所載之公共義。聲符字"召"从口,所記録語詞之本義爲召呼,與高、遠義不相涉。本條諸詞之高、遠義爲召聲所載之語源義。召聲可載高、遠,"跳""挑"可相證。聲符字"召""兆"同音,定紐雙聲,宵部叠韻。"跳",往高處躍起;"挑",高舉,又身材高稱"高挑"(見本典"兆聲"),皆可爲證。

(557) 韶劭玿(美好義)

韶 虞舜時樂名,本寓美好之義,故引申爲美好。《説文·音部》:"《韶》,虞舜樂也。《書》曰:'《簫韶》九成,鳳皇來儀。'从音,召聲。"《論語·衛靈公》:"樂則《韶舞》。"三國魏何晏集解:"《韶》,舜樂也,盡善盡美,故取之。"《集韻·蕭韻》:"韶,美也。"南朝梁元帝蕭繹《纂要》:"春日青陽……景曰媚景、和景、韶景。"南朝宋劉義慶《世説新語·品藻》:"阮思曠骨氣不及右軍,簡秀不如真長,韶潤不如仲祖。"今按,美好義當爲"韶"之基本義,凡"韶顔""韶麗""韶艷""韶娘""韶華""韶妙""韶秀"之"韶",皆美好義。

劭 本指勸勉(見本典第556條),引申爲美好。漢孔鮒《孔叢子·居衛》:"由是言之,伋徒患德之不劭美也,不病毛鬢之不茂也。"《文選·潘岳〈河陽縣作〉》:"誰謂邑宰輕,令名患不劭。"唐李善注:"劭,美也。"

玿 美玉。《廣韻·宵韻》:"玿,美玉。"按,美玉亦有稱"瑶"者。《説文·玉部》:"瑶,玉之美者。"《詩·衛風·木瓜》:"投我以木桃,報之以瓊瑶。"今按,"瑶""玿"出諸同一語源,"玿"爲"瑶"之轉注字。《廣韻》注"瑶"字之音"余昭切",其上古音爲余紐宵部。"玿"字之音"市昭切",其上古音爲禪紐宵部。禪余(喻四)旁紐,宵部疊韻。又"玿"字當从召得聲。聲符字"召"爲定紐宵部字,定禪準雙聲,宵部疊韻。

〔**推源**〕 諸詞俱有美好義,爲召聲所載之公共義。聲符字"召"所記録語詞之顯性語義系列與此不相涉,其美好義爲召聲所載之語源義。召聲可載美好義,"俏"可相證。

召:定紐宵部;
俏:清紐宵部。

定清鄰紐,宵部疊韻。"俏",美麗,美好。《廣韻·笑韻》:"俏,俏醋,好貌。"宋趙叔向《肯綮録·俚俗字義》:"好貌曰俏醋。"宋柳永《小鎮西》:"芳顔二八,天然俏,自來奸黠。"明湯顯祖《牡丹亭·鬧殤》:"爲着誰儂,俏樣子等閒拋送。"

(558) 柖弨(舒緩義)

柖 樹緩緩搖動。《説文·木部》:"柖,樹搖皃。从木,召聲。"清朱駿聲《通訓定聲》:"與'榣'略同。"按,《説文》同部"榣"字訓"樹動也"。《説文》"柖"字條清段玉裁注:"柖之言招也,樹高大,則如能招風者然。《漢志·郊祀歌》:'體招搖,若永望。'注:'招搖,申動之皃。'按,此'招搖'與'柖榣'同。"今按,"招搖"爲同義連文,"柖榣"謂樹搖動,義相近。然"柖"之語源非謂樹招風,凡樹搖動,來回緩緩搖動,"柖"字乃以召聲表舒緩義。古籍中"柖"多指浴床,爲套用字。但表樹搖義的"柖",在徽歙方言中存在,徽歙人稱緩緩搖動爲"柖"。

弨 鬆解弓弦,即舒緩義。《説文·弓部》:"弨,弓反也。从弓,召聲。"清朱駿聲《通訓定聲》:"《詩》曰:'彤弓弨兮。'傳:'弛皃。'"《廣韻·小韻》:"弨,弓反曲。"又《宵韻》:"弨,弓弛兒。"按,《廣韻》二訓實爲一義。朱氏所引《詩·小雅·彤弓》文唐孔穎達疏:"謂弛之而體反也",得之。宋蘇轍《王君貺生日》:"驥騁經新臥,弓强發久弨。"

〔推源〕 此二詞俱有舒緩義,爲召聲所載之公共義。聲符字"召"所記録語詞與此義不相涉,其舒緩義爲召聲所載之語源義。"紹"字亦从召聲,亦可以假借字形式表此義,庶可相證。《詩·大雅·常武》:"王舒保作,匪紹匪遊。"漢鄭玄箋:"紹,緩也。"按《集韻·宵韻》"紹"訓緩,清朱駿聲氏《說文通訓定聲·小部》以爲"紹"爲"弨"之借,按,此二字雖有本字、借字之殊,然均从召聲。

(559) 詔卟招䜔（發言義）

詔 告知。《說文·言部》:"詔,告也。从言,从召,召亦聲。"清朱駿聲《通訓定聲》:"此字《說文》不録,徐鉉補入,爲十九文之一。从言,召聲。誥也。按上告下之義古用誥,秦復造詔字當之。《曲禮》:'負劍辟咡詔之。''出入有詔於國。'《獨斷》:'上詔書者,詔,誥也,有三品。'《穆天子傳》:'以詔後世。'《莊子·盜跖》:'必能詔其子。'"按,朱氏所引《曲禮》文第二處漢鄭玄注:"詔,告也。"又,所引《莊子》文之"詔"爲告誡義,亦與告知、告訴義通。

卟 卜問。《說文·卜部》:"卟,卜問也。从卜,召聲。"清朱駿聲《通訓定聲》:"疑即後人杯珓字。"清段玉裁注所說略同。《廣韻·笑韻》:"卟,卜問也。"按,所謂"杯珓",即卜問之器,以玉爲之,故其字从玉作"珓"。《廣韻·效韻》:"珓,杯珓,古者以玉爲之。"宋袁文《甕牖閒評》卷七:"今人皆言珓杯,古人謂之杯珓。韓退之詩云:'手持杯珓導我擲,云此最吉餘難同。'"

招 用手勢打招呼,常伴以言,故亦引申爲以言語相招呼。《說文·手部》:"招,手呼也。从手,召聲。"清朱駿聲《通訓定聲》:"《廣雅·釋詁二》:'招,呼也。'《釋言》:'來也。'《詩·匏有苦葉》:'招招舟子。'傳:'號召之兒。'《韓詩》:'聲也。'"按,朱氏所引《詩》漢鄭玄箋:"舟人之子號召當渡者。"《漢書·息夫躬傳》:"招上帝兮我察。"唐顏師古注:"招,呼也。"

䜔 喉鳴。《玉篇·口部》引《埤蒼》:"䜔,喉鳴。"按,所訓即喉中作響、發出聲音義,此與發言義有微別,語源則同。《廣韻·宵韻》"䜔"字但訓"鳴"。按"䜔"亦指發言插話。《篇海類編·身體類·口部》:"䜔,截人言。"

〔推源〕 諸詞俱有發言義,爲召聲所載之公共義。聲符字"召"从口,其本義即發言召呼。《說文·口部》:"召,評也。从口,刀聲。"清朱駿聲《通訓定聲》:"以言曰召。"《史記·吕太后本紀》:"乃令永巷囚戚夫人,而召趙王。"然則"詔""卟""招""䜔"之發言義爲"召"之顯性語義。

199 加聲

(560) 架駕（支承義）

架 架屋。《廣韻·禡韻》:"架,架屋。"按,所架構者即屋架,引申之則指凡支承物之架。《正字通·木部》:"架,以架架物。"然則"架"之名本寓支承義。《晉書·王嘉傳》:"衣服在架,履杖猶存。"以故虛化引申爲支承義。《西遊記》第三十回:"舉起一根滿堂紅,架住寶刀。"《水滸傳》第十七回:"這漢怎地敵的楊志,只辦得架隔遮攔,上下躲閃。"

駕 套車於馬,即馬支承其車。《説文·馬部》:"駕,馬在軛中。从馬,加聲。"《詩·小雅·車攻》:"四黃既駕,兩驂不猗。"引申爲支承義。宋灌圃耐得翁《都城紀勝·閑人》:"又有專爲棚頭,又謂之習閑,凡擎鷹、駕鵓、調鵓鴿、養鵪鶉、鬭雞、賭博、落生之類。"按,此"駕"即以胳膊支承之義。元關漢卿《哭存孝》第三折:"他是那擎天白玉柱,端的是駕海紫金梁。"按,辭書有以爲"駕"通"架"故表支承義者,實非,乃引申。

〔推源〕 此二詞俱有支承義,爲加聲所載之公共義。聲符字"加"所記錄語詞有施加義,在此爲施加,在彼即支承,義本相通。《韓非子·喻老》:"昔者紂爲象箸而箕子怖,以爲象箸必不加於土鉶,必將犀玉之杯。"《論語·公冶長》:"我不欲人加諸我也,吾亦欲無加諸人。"加聲可載支承義,則"肩"可相證。

加:見紐歌部;
肩:見紐元部。

雙聲,歌元對轉。"肩",肩膀,肩膀爲承重處,故引申爲擔負、支承義。《説文·肉部》:"肩,髆也。从肉,象形。肩,俗肩从户。"《左傳·桓公五年》:"祝聃射王中肩,王亦能軍。"《廣韻·先韻》:"肩,任也。"《左傳·襄公二年》:"鄭成公疾,子駟請息肩於晉。"按,唯"肩"有支承義,故有"肩承"之同義聯合式合成詞。明胡震亨《唐詩談叢》卷一:"公又實以作人迪後擔子,一身肩承。"

(561) 賀駕架(加義)

賀 以禮物相慶祝。《説文·貝部》:"賀,以禮相奉慶也。从貝,加聲。"清段玉裁注本作"以禮物相奉慶也"。清朱駿聲《通訓定聲》:"《左昭三傳》:'鄭罕虎如晉賀夫人。'〔假借〕爲'加'。《儀禮·士喪禮》:'賀之,結於後。'"按,朱氏所引《儀禮》文漢鄭玄注:"賀,加也。"又,"賀"謂以禮物相慶祝,即加禮物於彼,故其加義爲引申義,非假借。《玉篇·貝部》:"賀,加也。"《廣韻·箇韻》:"賀,加也。"馬王堆漢墓帛書甲本《老子·德經》:"美言可以市,尊行可以賀人。"其"賀"字今本《老子》作"加"。清毛奇齡《喪禮吾説篇·重説》:"乃又用竹篾加結之曰賀。"

駕 套車於馬(見本典第560條),即加車於馬。清段玉裁《説文解字注·馬部》:"駕之言以車加於馬也。"清朱駿聲《説文通訓定聲·隨部》:"駕,馬在軛中。从馬,加聲。按,'加'亦意。……〔假借〕爲'加'。《莊子·庚桑楚》:'譬猶飲藥以駕病也。'崔注:'加也。'"今按,既言"駕"爲形聲兼會意,又云"駕"表加義爲假借,自相矛盾。"駕"表加義,乃引申。《呂氏春秋·貴因》:"百姓不敢誹怨,命曰刑勝。其亂至矣,不可以駕矣。"漢高誘注:"駕,加也。"

清全望祖《書韓文公集後》:"是當時小人忌先生,必欲乘間去之,特駕其罪於建言。"

架 架屋,構架承物(見本典第560條),故有重叠、累加之衍義。明胡應麟《詩藪·宋》:"矜持於句格,則面目可憎;架叠於篇章,則神韻都絶。"明焦竑《焦氏筆乘續集·俗書之誤》:"至如'暴'已从日,又加'日'而爲'曝','然'已从火,又加'火'而爲'燃'……架屋叠床,觸目皆是。"

〔推源〕 諸詞俱有加義,爲加聲所載之公共義。聲符字"加"所記録語詞謂夸大、誣枉,語相增加。《説文·力部》:"加,語相增加也。从力,从口。"漢王充《論衡·書虚》:"蓋言語之次,空生虚妄之美;功名之下,常有非實之加。"引申之,則有增加義,"加"遂爲加減字。《爾雅·釋詁上》:"加,重也。"清郝懿行《義疏》:"加者,增也,益也,故爲重。"《廣韻·麻韻》:"加,增也。"《論語·子路》:"加我數年,五十以學《易》,可以無大過矣。"《列子·湯問》:"子子孫孫無窮匱也,而山不加增,何苦而不平?"加聲可載加義,則"兼"可相證。

加:見紐歌部;
兼:見紐談部。

雙聲,歌談通轉。"兼",一手持二禾,故有加倍之義。《説文·秝部》:"兼,並也。从又持秝。兼,持二禾;秉,持一禾。"《孟子·公孫丑下》:"前日於齊,王餽兼金一百而不受。"漢趙岐注:"兼金,好金也,其價兼倍於常者。"《文選·張衡〈西京賦〉》:"鬻者兼贏,求者不匱。"三國吳薛綜注:"兼,倍也。贏,利也。"

(562) 嘉哿(贊許義)

嘉 美。《説文·壴部》:"嘉,美也。从壴,加聲。"《國語·楚語下》:"闔廬口不貪嘉味,耳不樂逸聲,目不淫於色。"引申爲贊美、贊許義。《正字通·口部》:"嘉,褒也。"《書·大禹謨》:"予懋乃德,嘉乃丕績,天之曆數在汝躬,汝終陟元后。"漢焦贛《易林·賁之艮》:"公子奉請,王孫嘉許。"

哿 贊許,稱許。《説文·可部》:"哿,可也。从可,加聲。"清朱駿聲《通訓定聲》:"《左昭八傳》:'哿矣能言。'注:'嘉也。'"《廣韻·哿韻》:"哿,嘉也。"《詩·小雅·正月》:"哿矣富人,哀此惸獨。"漢毛亨傳:"哿,可。"

〔推源〕 此二詞俱有贊許義,爲加聲所載之公共義。聲符字"加"所記録語詞之顯性語義系列與贊許不相涉,其贊許義爲加聲所載之語源義。加聲可載贊許義,"可"可相證。

加:見紐歌部;
可:溪紐歌部。

叠韻,見溪旁紐。"可",許可,即贊成而允許之義。《説文·可部》:"可,肎也。从口、丂,丂亦聲。"按,"肎"即許可,首肯。《玉篇·肉部》:"肎,可也。今作肯。"《廣韻·哿韻》:

"可,許可也。"《左傳·桓公十六年》:"宣姜與公子朔構急子,公使諸齊,使盜行諸莘,將殺之。壽子告之,使行,不可,曰:'棄父之命,惡用子矣?'"《史記·李斯列傳》:"始皇可其議,收去《詩》《書》、百家之語以愚百姓,使天下無以古非今。"

(563) 岬架(高義)

岬 群山連綿高峻貌。《字彙·山部》:"岬,衆山森列貌。"《古文苑·揚雄〈蜀都賦〉》:"峴岬輵崤,礫乎嶽嶽。"宋章樵注:"總言衆山森列争高峻之狀。"

架 高聳重叠。南朝梁簡文帝蕭綱《南郊頌》:"六戎列野,八鸞照日,架殿星羅,重宫霧出。"唐王勃《梓州元武縣福會寺碑》:"千欒電糾,萬栱霞張,飛陸縁甍,層構架景。"

〔推源〕 此二詞俱有高義,爲加聲所載之公共義。聲符字"加"所記録語詞有增加義,凡物縱向相重叠、累加則高,加義、高義本相通。又,加聲可載高義,"岡""亢"可相證。

加:見紐歌部;
岡:見紐陽部;
亢:見紐陽部。

雙聲,歌陽通轉。"岡",山嶺,山脊,山之高處。《爾雅·釋山》:"山脊,岡。"《説文·山部》:"岡,山骨也。"清朱駿聲《通訓定聲》:"俗亦作'崗'……《詩·卷耳》:'陟彼高岡。'《楚辭·守志》:'覽高岡兮嶢嶢。'注:'山嶺曰岡。'〔聲訓〕《釋名》:'山脊曰岡。岡,亢也,在上之言也。'""亢",頸項,咽喉。《説文·亢部》:"亢,人頸也。从大省,象頸脉形。頏,亢或从頁。"《史記·劉敬叔孫通列傳》:"夫與人鬬,不搤其亢,拊其背,未能全勝也。"按頸項、咽喉爲人之高處,"亢"之名本寓高義,以故引申爲高。《廣雅·釋詁四》:"亢,高也。"《廣韻·宕韻》:"亢,高也。"《莊子·人間世》:"故解之以牛之白顙者,與豚之亢鼻者。"唐陸德明《經典釋文》:"亢,高也。"按,唯"亢"有高義,故有"高亢"之同義聯合式合成詞。宋曾鞏《〈洪範〉傳》:"人之爲德高亢明爽者,本於剛,而柔有不足也。"

(564) 枷/夾(夾合義)

枷 夾合頸項之刑具。《玉篇·木部》:"枷,枷鎖。"《廣韻·戈韻》:"枷,刑具。"又《麻韻》:"枷,枷鎖。"《字彙·木部》:"枷,項械。"《隋書·東夷傳》:"犯罪皆斷於鳥了帥……獄無枷鎖,唯用繩縛。"《舊唐書·刑法志》:"又繫囚之具,有枷、杻、鉗、鎖,皆有長短廣狹之制。"今按,"枷"本指農具連枷,指刑具,爲套用字。

夾 從左右兩邊相夾持,即夾合義。《説文·大部》:"夾,持也。从大,俠二人。"林義光《文源》:"夾,象二人相向夾一人。"《禮記·檀弓下》:"使吾二婢子夾我。"明徐弘祖《徐霞客遊記·黔遊日記一》:"忽有四人持鏢負弩,懸劍囊矢,自後奔突而至……皆勇壯凶獰,似避雨,又似夾持,余甚恐。"

〔推源〕 此二詞俱有夾合義,其音亦相近而相通。

枷：見紐歌部；

夾：見紐葉部。

雙聲，歌葉（盍）通轉。然則語源同。在"枷"字，乃以加聲載夾合義。

(565) 痂/疥（殼義）

痂 瘡痂，即瘡之殼。漢史游《急就篇》卷四："痂疕疥癘癡聾盲。"唐顏師古注："痂，瘡上甲也。"《說文·疒部》："痂，疥也。从疒，加聲。"清朱駿聲《通訓定聲》："今謂瘡所脫之鱗爲痂。《南史》：'劉邕嗜食痂，謂有鰒魚味。'"清蒲松齡《聊齋志異·畫皮》："視破處，痂結如錢，尋愈。"

疥 疥瘡，慢性皮膚病，舊瘡有殼，故稱"疥"。上引漢史游《急就篇》文唐顏師古注："疥，小蟲攻齧皮膚，灌錯如鱗介也。"《說文·疒部》："疥，搔也。从疒，介聲。"清段玉裁注："疥急於搔，因謂之搔。"《莊子·則陽》："漂疽疥癰，內熱溲膏是也。"北齊顏之推《顏氏家訓·書證》："疥鮮小疾，何足可論，寧有患疥轉作癘乎？"

〔推源〕 此二詞俱有殼義，其音亦相近而相通。

痂：見紐歌部；

疥：見紐月部。

雙聲，歌月對轉。語源當同。"痂"乃以加聲載殼義。加聲可載殼義，"甲"可相證。"甲"爲見紐葉部字，歌葉（盍）通轉，見紐雙聲。"甲"，鎧甲，如軀體外殼之物。《廣雅·釋器》："甲，鎧也。"《周禮·考工記·函人》："函人爲甲，犀甲七屬，兕甲六屬，合甲五屬。"按，"甲"亦指動植物之外殼。《山海經·中山經》："有獸焉，其狀如犬，虎爪，有甲，其名曰獜。"唐孟郊《子慶》："小小豫章甲，纖纖玉樹姿。"按，"疥"字从介得聲，有甲殼之動物稱介蟲，亦爲一證。《淮南子·墜形訓》："介鱗者，夏食而冬蟄。"漢高誘注："介，甲。龜鱉之屬也。"

200　皮聲

(566) 疲旇（萎靡義）

疲 疲倦，萎靡不振。《說文·疒部》："疲，勞也。从疒，皮聲。"清朱駿聲《通訓定聲》："《廣雅·釋詁一》：'極也。'……《莊子·齊物論》：'苶然疲役。'簡文注：'病困之狀也。'"按，漢許慎所訓"勞"即勞倦，故"疲倦"一稱"疲勞"。《廣雅》訓"極"則謂人之體力、精力消耗達極限亦即疲倦義。《廣韻·支韻》："疲，勞也，乏也。"按"疲倦"亦稱"疲乏"，蓋謂疲倦而乏力。《後漢書·公孫瓚傳》："士卒疲困，互掠百姓，野無青草。"三國蜀諸葛亮《後出師表》："今賊適疲於西，又務於東，兵法乘勞，此進趨之時也。"

旇 旌旗披靡，即旗幟萎靡不張義。《說文·㫃部》："旇，旌旗披靡也。从㫃，皮聲。"張舜徽《約注》："徐鍇曰：'披靡，四散之皃。'戴侗曰：'風之所吹，披散偃靡也。'錢坫曰：'旇靡字，皆應用此。《左傳》云：望其旗靡。靡者，旇靡也。'舜徽按：單言曰旇，或曰靡，合言則曰旇靡。旇靡乃雙聲連語，今則借披爲旇而旇廢矣。許以披靡訓旇，乃用當時通行字以釋本字。"按，張說可從。《廣韻·支韻》："旇，旗靡也。"

〔推源〕 此二詞俱有萎靡義，爲皮聲所載之公共義。皮聲字"披"亦得以假借字形式、以其皮聲表散亂、披靡義。《廣韻·支韻》："披，散也。"清朱駿聲《說文通訓定聲·隨部》："披，《方言》六：'披，散也。'……《史記·項羽紀》：'漢軍皆披靡。'《正義》：'言精體低垂。'"按，"精體低垂"即萎靡不振義。漢司馬相如《上林賦》："應風披靡，吐芳揚烈。"按，聲符字"皮"从又(手)，《說文》訓"剝取獸革者謂之皮"，引申之，動植物之皮皆稱"皮"。皮之爲物萎靡不張，"疲""旇"之萎靡義爲"皮"之比喻引申義。又，人疲倦亦稱"疲軟"，謂人倦如皮之軟弱，亦爲一證。皮聲可載萎靡義，則"靡"可證之。

皮：並紐歌部；

靡：明紐歌部。

叠韻，並明旁紐。"靡"，有披靡義。《說文·非部》："靡，披靡也。"晉潘岳《閑居賦》："訓若風行，應如草靡。""靡"又有萎弱義，與披靡義相通，且與萎靡義極相近。宋蘇軾《謝南省主文啓·歐陽內翰》："自昔五代之餘，文教衰弱，風俗靡靡，日以塗地。"清朱駿聲《說文通訓定聲·隨部》："靡，《列子·周穆王》：'娥媌靡曼。'注：'柔弱也。'"

(567) 詖簸柀破鮍披鈹耚獙癈皱疲（分析、分解義）

詖 詭辯，以偏頗之言分析事理。《說文·言部》："詖，辯論也。古文以爲頗字。从言，皮聲。"清段玉裁注："此詖字正義。"按，古籍中"詖"字行用多表偏頗、諂媚。《說文》"詖"字張舜徽《約注》云："辨析事理太過者，必流於偏激，義實相成，非有二致。……《荀子》又稱：'墨子蔽於用而不知文，宋子蔽於欲而不知得，慎子蔽於法而不知賢，申子蔽於執而不知知，惠子蔽於辭而不知實，莊子蔽於天而不知人。'觀所舉列，皆周末辨論之士也，固不能免於偏蔽。以此知詖以辨論爲本義，而偏頗則其引申義也。"《廣韻·支韻》："詖，辯辭。"

簸 揚米去糠，分解米與糠。《說文·箕部》："簸，揚米去糠也。从箕，皮聲。"《詩·小雅·大東》："維南有箕，不可以簸揚。"又《大雅·生民》："或舂或揄，或簸或蹂。"南朝宋劉義慶《世說新語·排調》："王因謂曰：'簸之揚之，穅秕在前。'"按，"簸"字从箕，"箕"爲揚米去糠之具，其雙音詞即"簸箕"。

柀 離析。《說文·木部》："柀，檆也。从木，皮聲。一曰折也。"清段玉裁注本改"折"爲"析"，可從，古籍中未見以"柀"表"折"義之例。銀雀山漢墓竹簡《孫臏兵法·禽龐涓》："環塗擊柀其後，二大夫可殺也。"按"柀"又有部分義，凡物離析之則成若干部分，故離析義、部分義相通，源流間可相證。睡虎地秦墓竹簡《法律答問》："或直廿錢，而柀盜之，不盡一具,及盜不直者,以律論。"整理小組注:"柀盜,盜取其一部分。"按"柀"爲木名,表析義爲套用字。

破 石頭碎裂,被分解。《説文·石部》:"破,石碎也。从石,皮聲。"唐李賀《李憑箜篌引》:"女媧煉石補天處,石破天驚逗秋雨。"引申爲碎裂、分解義。《玉篇·石部》:"破,解離也,碎也。"《廣韻·過韻》:"破,破壞。"《詩·小雅·車攻》:"不失其馳,舍矢如破。"漢鄭玄箋:"射者之工,矢發則中,如椎破物也。"宋張耒《己未四月二十二日大雨雹》:"夜來飛雹驚我眠,大者磊落幾如拳。起聽但覺屋欲動,簷瓦破墜無復全。"

鮍 被分解、剖開的魚。《廣韻·支韻》:"鮍,魚鮍。"《集韻·支韻》:"鮍,破魚。"北魏賈思勰《齊民要術·脯臘》:"作浥魚法……去直鰓,破腹作鮍,净疏洗,不須鱗。"繆啓愉《校釋》:"鮍,音披,破魚叫'鮍',據下文'兩兩相合'是將一魚破成兩片,上鹽後依舊兩片合攏成一魚。"《新唐書·百官志三》:"饗宗廟,則供魚鮍。"按,"鮍"本爲魚名,表魚片義爲套用字,語源不一。

披 分開,分裂。《廣韻·支韻》:"披,開也,分也,散也。"清朱駿聲《説文通訓定聲·隨部》:"披,〔假借〕爲柀。《左成十八傳》:'而披其地。'注:'猶分也。'《昭五傳》:'又披其邑。'注:'析也。'《史記·魏其武安侯傳》:'不折必披。'《正義》:'分析也。'《淮南·齊俗》:'披斷撥檖。'注:'解也。'《琴賦》:'披重壤以誕載兮。'注:'開也。'"今按,"披"字从手,表分開、分裂、分解義,無煩假借。"披"字固有"從旁持"之義(見本典第569條),語源不一。表分開、分裂、分解義,爲套用式本字。

鈹 破癰的大針,"鈹"之名本寓分析、分解義。《説文·金部》:"鈹,大鍼也。从金,皮聲。"清段玉裁注:"玄應曰:'醫家用以破癰。'"清朱駿聲《通訓定聲》:"《廣雅·釋器》:'鑱謂之鈹。'《靈樞經》:'鈹鍼長四寸,廣二分半,末如劍鋒。'按,用以破腫潰癰者。"明焦竑《俗書刊誤·俗用雜字》:"大針曰鈹。"清吳謙等《醫宗金鑑·外科心法要訣·癰疽針法歌》:"取膿除瘜用鈹針,輕重疾除在一心。"按,朱氏所引《廣雅》文清王念孫《疏證》:"鈹之言破也。""鑱"爲"鈹"之别名。

耚 字亦"畈",耕田地,其名寓破土、分解義。《廣雅·釋地》:"耚,耕也。"清王念孫《疏證》:"耚之言披也。披,開也。"《玉篇·耒部》:"耚,亦作畈,耕也。"《廣韻·支韻》:"畈,耕也。耚,上同。"

翍 張開,引申爲分散義。凡物分析、分解則分散,分析、分解義與分散義相通。"翍"字以其皮聲載分散義,語源當同。《玉篇·羽部》:"翍,張也。"《廣韻·支韻》:"翍,翍張之兒。"《漢書·揚雄傳》上:"回猋肆其碭駭兮,翍桂椒,鬱栘楊。"唐顏師古注:"言回風放起,過動衆樹,則桂椒披散而栘楊鬱聚也。"

皯 分解肉。《廣韻·支韻》:"皯,開肉也。"按,即切開其肉,《集韻》訓"割肉",其義亦同。

𪖨 開口。《篇海類編·身體類·皮部》:"𪖨,開張也。"《古文苑·王延壽〈王孫賦〉》:

"口嗛呻以齡齰,唇雜嚃以皷覤。"宋章樵注:"皷覤,開口貌。"按,開口則雙唇分張,實即分析、分解義。

〔推源〕 諸詞俱有分析、分解義,爲皮聲所載之公共義。聲符字"皮"所記錄語詞本謂剝取獸皮,即分解獸之皮與肉,然則上述諸詞之分析、分解義爲"皮"之顯性語義。《説文·皮部》:"皮,剝取獸革者謂之皮。从又,爲省聲。"清朱駿聲《通訓定聲》:"《廣雅·釋言》:'皮,剝也。'……《廣雅·釋詁三》:'皮,離也。'"《戰國策·韓策二》:"因自皮面抉眼,自屠出腸,遂以死。"宋鮑彪注:"皮面,去面之皮。"宋袁文《甕牖閑評》卷七:"《東齋記事》載:吉州有捕猿者,殺其母,皮之,並其子賣於蕭氏。"皮聲可載分析、分解義,則"批"可相證。

皮:並紐歌部;
批:滂紐脂部。

並滂旁紐,歌脂旁轉。"批",劈開,分解。《莊子·養生主》:"批大郤,導大窾。"晉郭象注:"有際之處,因而批之令離。"北魏賈思勰《齊民要術·種葱》:"兩耬重耩,竅瓠下之,以批契繫腰曳之。"石聲漢《今釋》:"批是從中劈破。"

(568) 彼貱綾弢髲被(加義)

彼 往而有所加。《説文·彳部》:"彼,往有所加也。从彳,皮聲。"南唐徐鍇《繫傳》:"彼者,據此而言,故曰有所加。"清桂馥《義證》:"《釋名》:'往,昨也,歸昨於彼也,故其言之卬頭以指遠也。'本書:'此,止也。'馥謂止則不往矣。"《廣韻·紙韻》:"彼,對此之稱。"《易·小過》:"公弋取彼在穴。"南朝梁劉勰《文心雕龍·封禪》:"法家辭氣,體乏弘潤。然疏而能壯,亦彼時之絶采也。"

貱 輾轉贈送,贈送即加之於人。《説文·貝部》:"貱,迻予也。从貝,皮聲。"清段玉裁注:"迻,遷徙也。展轉寫之曰迻書,展轉予人曰迻予。"清朱駿聲《通訓定聲》:"《廣雅·釋詁一》:'貱,益也。'"《廣韻·寘韻》:"貱,益也。"明陸容《菽園雜記》卷五:"自後水旱相仍,無歲無之,加以運漕虧折,陪貱不訾,民復困瘁。"

綾 條屬,附加之物。《説文·糸部》:"綾,條屬。从糸,皮聲。"清段玉裁注:"《急就篇》'緘''緞''紃'三字相聯,必三者爲一類也。緞蓋本作綾,篆形皮、段相似而訛。"按,《説文》"綾""條"二篆相鄰,"條"訓"扁諸",清段玉裁注云:"綾、緘,蓋其闊者,條其陿者,紃其圓者。"按,今徽歙方言尚有"滾條"一詞,"滾條"即滾邊之條,指附加於布鞋鞋口一圈之布條,亦指附加於笋殼所製鞋樣一圈之布條。"滾條"蓋即綾。《廣韻·戈韻》:"綾,條屬也。"

弢 用皮革裝飾的弓,其皮革爲外加物。《廣韻·寘韻》:"弢,弢弓。"《集韻·寘韻》:"弢,絲皮飾弓也。"

髲 假髮,外加之物。《説文·髟部》:"髲,鬄也。从髟,皮聲。"清段玉裁注本改"鬄"爲"益髮也"。清朱駿聲《通訓定聲》:"《詩》疏引《説文》:'益髮也。'《廣雅·釋器》:'髲謂之髢,謂之髲。'《周禮·追師》疏:'謂剪鬄取賤者、刑者之髮而爲鬄。'按,聚他人梳墮之髮以益己髮,不必壹取之髡人也,《周禮》謂之次,後世亦曰義髻。"《三國志·吳志·薛綜傳》:"珠崖之廢,起於長吏覩其好髮,髡取爲髲。"南朝宋劉義慶《世説新語·賢媛》:"頭髮委地,下爲二髲,賣得數斛米。"

被 寢衣。《説文·衣部》:"被,寢衣,長一身有半。从衣,皮聲。"《論語·鄉黨》:"必有寢衣,長一身有半。"按,寢衣爲加於人身之物,故有"加"之衍義。《廣雅·釋詁二》:"被,加也。"《荀子·不苟》:"國亂而治之者,非案亂而治之之謂也,去亂而被之以治。"《漢書·佞幸傳·石顯》:"忤恨睚眦,輒被以危法。"唐顔師古注:"被,加也。"

〔推源〕 諸詞俱有加義,爲皮聲所載之公共義。聲符字"皮"所記録語詞無"加"之義項,然皮有生自物者亦有加於物者,其義或相通。皮聲可載加義,則"補"可證之。

皮:並紐歌部;
補:幫紐魚部。

並幫旁紐,歌魚通轉。"補",補綴,加布於衣使完善,虛化引申爲增益、增加義。《説文·衣部》:"補,完衣也。"清朱駿聲《通訓定聲》:"《吕覽·順説》:'田贊衣補衣。'〔轉注〕《漢書·董仲舒傳》注:'益也。'"按朱氏所云"轉注"即引申。《論衡·自紀》:"爲世用者,百篇無害;不爲用者,一章無補。"漢班固《奕旨》:"既有過失,逡巡儒行,保角依旁,却自補續,雖敗不亡。"

(569)波披陂駊佊跛頗(不平、不正義)

波 水涌起,水面不平。《説文·水部》:"波,水涌流也。从水,皮聲。"清朱駿聲《通訓定聲》:"《淮南·人間》:'起波濤。'《西京賦》:'河渭爲之波盪。'〔轉注〕《莊子·外物》:'夫孰能不波。'《釋文》:'高下皃。'"《廣韻·戈韻》:"波,波浪。"《楚辭·九歌·湘夫人》:"嫋嫋兮秋風,洞庭波兮木葉下。"《晉書·張華傳》:"須臾光彩照水,波浪驚沸,於是失劍。"

披 從兩旁扶持。《説文·手部》:"披,从旁持曰披。从手,皮聲。"清朱駿聲《通訓定聲》:"《禮記·檀弓》:'設披,周也。'注:'披,柩行夾引棺者。'《周禮·司士》:'執披。'注:'柩車行所以披持棺者,有紐以結之,謂之戴。'《儀禮·士喪禮》:'執披者旁四人。'"漢劉熙《釋名·釋喪制》:"兩旁引之曰披。"按,朱氏所引《禮記》文唐孔穎達疏:"恐柩車傾虧,而以繩左右維持之。"

陂 山坡,地之不平者。其字亦作"坡""岥"。《説文·阜部》:"陂,阪也。从阜,皮聲。"清朱駿聲《通訓定聲》:"字亦作坡。《爾雅·釋地》:'陂者曰阪。'李注:'謂高峰山陂。'"《文選·古詩〈冉冉孤生竹〉》:"千里遠結婚,悠悠隔山陂。"《廣韻·戈韻》:"坡,坡坂。"宋范成大《鑽天三里》:"非岡非嶺復非坡,黄鵠不度吾經過。"《集韻·戈韻》:"坡,或作岥。"唐駱賓王《聖泉詩序》:"既而崇巒左岥,石壑前縈。"

駊　駊騀,馬摇頭,頭摇則不正。《説文·馬部》:"駊,駊騀也。从馬,皮聲。""騀,馬摇頭也。"《玉篇·馬部》:"駊,駊騀,馬摇頭。"唐杜甫《揚旗》:"庭空六馬入,駊騀揚旗旌。"清仇兆鰲《杜詩詳注》:"駊騀,馬摇頭也。"按,馬摇頭則左右摇晃,時或作低昂狀,故"駊騀"又有起伏不平之義。唐韓偓《多情》:"酒蕩情懷微駊騀,春牽情緒更融怡。"

佊　邪惡不正之人。《廣雅·釋詁二》:"佊,衺也。"《廣韻·紙韻》:"佊,《埤蒼》云:'佊,邪也。'"又《寘韻》:"佊,哀也。《論語》云:'子西佊哉。'"沈兼士《聲系》:"'哀'當作'衺'。"章炳麟《新方言·釋言》:"今人呼邪人爲佊子,俗誤書痞。"按,即所謂流氓地痞,"佊"當爲本字。

跛　字亦作"尣",瘸腿,行不正。《説文·足部》:"跛,行不正也。从足,皮聲。"清朱駿聲《通訓定聲》:"按此字當爲'尣'之或體。……《易·履》:'跛能履。'《夬》:'其行次且。'虞注:'坎爲跛。'……《問喪》:'跛者不踴。'《釋文》:'足廢也。'《王制》:'瘖聾跛躃斷者。'"《説文·尢部》:"尣,蹇也。从尢,皮聲。"清段玉裁注:"俗作跛。"《廣韻·果韻》:"尣,尣尬,行不正也。"明楊基《贈跛奚》:"立如鷺聯拳,行類鱉尣尬。"

頗　偏頗,不平,不正。《説文·頁部》:"頗,頭偏也。从頁,皮聲。"清朱駿聲《通訓定聲》:"《廣雅·釋詁二》:'衺也。'〔轉注〕《左昭二傳》:'君刑已頗。'注:'不平。'《昭十二傳》:'書辭無頗。'《荀子·臣道》:'正義之臣設,則朝廷不頗。'注:'邪也。'"《書·洪範》:"無偏無頗,遵王之義。"僞孔傳:"頗,不正。"

〔推源〕　諸詞俱有不平、不正義,爲皮聲所載之公共義。皮聲字"彼""詖"亦得以假借字形式表此義。《廣雅·釋言》:"彼,衺也。"清王念孫《疏證》:"彼、俾皆衺也。"《孟子·公孫丑上》:"詖辭知其所蔽,淫辭知其所陷。"宋朱熹《集注》:"詖,偏陂也。"聲符字"皮"所記録語詞之本義、引申義系列與不平、不正義不相涉,此義當爲皮聲所載之語源義。皮聲可載不平、不正義,"偏"可證之。

皮：並紐歌部;

偏：滂紐真部。

並滂旁紐,歌真旁對轉。"偏",偏頗,不平正。《説文·人部》:"偏,頗也。"《廣韻·仙韻》:"偏,不正也。"《字彙·人部》:"偏,不中也。"《吕氏春秋·貴公》:"其得之以公,其失之必以偏。"漢高誘注:"偏,私不正也。"唐杜甫《夏夜李尚書筵送宇文石首赴縣聯句》:"雨稀雲葉斷,夜久燭花偏。"

第 三 巻

第三卷相關數據

本卷考釋同源詞共 251 組。

本卷收録聲符字 100 個,據聲符字形體綫索繫聯的形聲字共 797 個。根據聲符的音義綫索繫聯的其他文字即帶"/"符號的 44 個。推源欄所繫聯的即《條文目録》中帶"△"符號的文字 180 個(俱爲本字形式,假借字未計在内)。《條文目録》所列即此三數之和,凡 1021 個單字。

201 弁聲

(570) 抃閞（合義）

抃 拍擊，兩手相合。字亦作"抔"。《説文·手部》："抃，拊手也。从手，弁聲。"清王筠《句讀》："元應引作'拍手曰抃。'"清朱駿聲《通訓定聲》："字亦作'抔'。《楚辭·天問》：'鼇戴山抃。'注：'擊手曰抃。'《吕覽·古樂》：'帝嚳乃令人抃。'注：'兩手相擊曰抃。'"《廣韻·綫韻》："抃，擊手。抔，上同。"宋司馬光《爲滑州張龍圖賀章獻章懿皇后祔廟表》："日月所臨，霜露所墜，抃手蹈足，小大同之。"

閞 柱上支承梁的方木，令上下相合之物。《説文·門部》："閞，門榰櫨也。从門，弁聲。"清朱駿聲《通訓定聲》："《爾雅·釋宮》：'閞謂之槉。'注：'門柱上欂也。亦名枅，又曰楷。'《舍人》注：'朱儒上小方木。'"按，朱氏所引《爾雅》文清郝懿行《義疏》："柱頭交處横小方木，令上下合，故謂之沓，'楷'亦或體也。""閞"又有關閉義，關閉則門相合。《老子》第二十七章："善閉無關鍵不可開。"隋杜台卿《玉燭寶典·十月孟冬》："謹閞梁，塞僟俓。"

〔推源〕 此二詞俱有合義，爲弁聲所載之公共義。聲符字"弁"所記録語詞謂帽。《説文·兒部》："覍，冕也。周曰覍，殷曰吁，夏曰收。从兒，象形……弁，或覍字。"《詩·大雅·絲衣》："絲衣其紑，載弁俅俅。"漢鄭玄箋："弁，爵弁也。"然則與合義不相涉，其合義爲弁聲所載之語源義。弁聲可載合義，"竝"可證之。

弁：並紐元部；
竝：並紐陽部。

雙聲，元陽通轉。"竝"，相比並，緊挨。《説文·竝部》："竝，併也。从二立。"《詩·齊風·還》："並驅從兩狼兮。"按，"竝"即兩人合爲一處之意，故有"合並"之衍義。《楚辭·東方朔〈七諫·自悲〉》："冰炭不可以相並兮。"漢王逸注："竝，併也。"《紅樓夢》第一〇五回："你父已經獲罪，只可並案辦理。"唯"竝"有合義，故詞彙系統有"合並"之同義聯合式雙音詞。

202　台聲

(571) 怠佁(慢義)

怠　怠慢，輕慢。《説文·心部》:"怠，慢也。从心，台聲。"清朱駿聲《通訓定聲》:"《鄭語》:'其民怠沓其君。'注:'慢也。'《公羊文十二傳》:'俾君子易怠。'注:'易怠，猶輕惰也。'"《漢書·楚元王劉交傳》:"可以逝矣! 醴酒不設，王之意怠，不去，楚人將鉗我於市。"

佁　癡貌，反應慢。《説文·人部》:"佁，癡皃。从人，台聲。"《廣韻·止韻》:"佁，癡也。"按"佁"又有閑緩義。《文選·馬融〈長笛賦〉》:"或乃植持縰繂，佁儗寬容。"唐劉良注:"佁儗，閑緩貌。""佁"又有猶豫不决義，實即緩慢義。唐李白《送王屋山人魏萬還王屋》:"五月造我語，知非佁儗人。"清王琦注:"言人進退不果曰佁儗。"

〔推源〕此二詞俱有慢義，爲台聲所載之公共義。台聲字"駘""詒""紿"亦得以假借字形式表慢義。"駘"，有疲塌遲鈍義。《廣韻·海韻》:"駘，疲也，鈍也。"《北史·王思政傳論》:"率疲駘之兵，當勁勇之卒。""駘"又有舒緩義。漢馬融《長笛賦》:"安翔駘蕩，從容闡緩。""詒"，亦可表疲塌遲鈍義。《集韻·代韻》:"詒，懈倦皃。"清朱駿聲《説文通訓定聲·頤部》:"詒，《莊子·達生》:'公反誒詒爲病。'司馬注:'解倦貌。'""紿"，有"緩"訓。清朱駿聲《説文通訓定聲·頤部》:"紿，謂敝勌如人之券怠也。《廣雅·釋詁二》:'紿，緩也。'"按朱氏所引《廣雅》文清王念孫《疏證》:"紿與怠同。"聲符字"台"爲"悦"之初文，《説文》訓"説"，即喜悦義，與緩慢義不相涉。其緩慢義爲台聲所載之語源義。台聲可載緩慢義，"徐"可相證。

台:余紐之部;

徐:邪紐魚部。

余(喻四)邪鄰紐，之魚旁轉。"徐"，字從彳，所記録語詞之本義爲緩行，然則本寓緩慢之義。《説文·彳部》:"徐，安行也。从彳，余聲。"《孫子·軍争》:"故其疾如風，其徐如林。"唐杜牧注:"言緩行之時，須有行列如樹木也。"虛化引申爲緩慢義。《廣韻·魚部》:"徐，緩也。"戰國楚宋玉《神女賦》:"動霧縠以徐步兮，拂墀聲之珊珊。"《管子·樞言》:"衆勝寡，疾勝徐。"

(572) 蛤炱(黑色義)

蛤　黑貝。《爾雅·釋魚》"玄貝、貽貝"唐陸德明《經典釋文》:"貽，《字林》作'蛤'，云:黑貝也。"《廣韻·咍韻》:"蛤，《説文》云:'黑貝。'"今按，"貽"之本義爲贈送，蓋其字從貝，貝爲貨幣，而以台聲表贈送義;表黑貝義，則爲套用式本字，乃以台聲表黑貝義，與"蛤"同。上述《爾雅》文晉郭璞注:"黑色貝也。"宋邢昺疏:"黑色之貝名貽貝。"按《玉篇·貝部》"貽"訓"玄貝"，"玄"亦黑義。所謂"黑貝"即俗所稱"淡菜""殼菜"，其殼色黑。

· 436 ·

炲　字亦作"炱",謂黑灰。《説文·火部》:"炱,灰,炱煤也。从火,台聲。"清朱駿聲《通訓定聲》:"今蘇俗謂之煙塵。《通俗文》:'積煙爲炱煤。'《素問·風論》:'其色炲。'注:'黑色也。'"《廣韻·咍韻》:"炱,炱煤。"《集韻·咍韻》:"炱,或書作炲。"《吕氏春秋·任數》:"向者煤炱入甑中,棄食不祥,回攫而飲之。"漢高誘注:"煤炱,煙塵也。"宋王安石《久雨》:"煤炲著天無寸空,白沫上岸吹魚龍。"

〔推源〕　此二詞俱有黑色義,爲台聲所載之公共義。聲符字"台"所記録語詞之本義、引申義與黑色義不相涉,其黑色義爲台聲所載之語源義。台聲可載黑色義,"黓"可證之。

台:余紐之部;

黓:余紐職部。

雙聲,之職對轉,音僅微殊。"黓",黑色。《廣雅·釋器》:"黓,黑也。"明楊慎《丹鉛續録·間色名》:"青、赤、黄、白、黑,五方正色也……黑别爲玄,此正色之别名也。近黑曰弋,今作黓。"今按,"酨"謂酒色黑,其字从弋得聲,與"黓"同,正可互證。《説文·酉部》:"酨,酒色也。从酉,弋聲。"清朱駿聲《通訓定聲》:"酒色黑也。"

(573) 怡咍(喜悦義)

怡　喜悦。《爾雅·釋詁上》:"怡,樂也。"《廣韻·之韻》:"怡,悦也。"清朱駿聲《説文通訓定聲·頤部》:"怡,《廣雅·釋詁一》:'怡,喜也。'《書·金縢》:'公乃爲詩以怡王。'鄭注:'悦也。'《禮記·内則》:'下氣怡色。'注:'悦也。'《周語》:'有慶未嘗不怡。'注:'説也。'"《楚辭·九章·哀郢》:"心不怡之長久兮,憂與愁其相接。"漢王逸注:"怡,樂貌也。"

咍　喜悦,歡笑。《廣韻·咍韻》:"咍,笑也。"《晉書·束皙傳》:"束皙閒居,門人並侍。方下帷深譚,隱几而咍。"唐沈既濟《任氏傳》:"俄而鄭子至,與崟相視咍樂。"

〔推源〕　此二詞俱有喜悦義,爲台聲所載之公共義。聲符字"台"本爲"怡"之初文,其字从口,謂人喜則開口歡笑,此猶喜悦字初文"兑",亦从口。《説文·口部》:"台,説也。从口,㠯聲。"清段玉裁注:"'台、説'者,今之怡、悦字。"《史記·太史公自序》:"唐堯遜位,虞舜不台。"唐司馬貞《索隱》:"台,音怡,悦也。"台聲可載喜悦義,"懌"可證之。

台:余紐之部;

懌:余紐鐸部。

雙聲,之鐸旁對轉。"懌",喜悦,快樂。《爾雅·釋詁上》:"懌,樂也。"《廣韻·昔韻》:"懌,悦也,樂也。"《書·康誥》:"我維有及,則予一人以懌。"《詩·大雅·板》:"辭之懌矣,民之莫矣。"漢毛亨傳:"懌,説也。"

(574) 詒譺(假義)

詒　欺騙,以假言詐人。《説文·言部》:"詒,相欺詒也。从言,台聲。"清朱駿聲《通訓定聲》："《方言》三：'謥、譎，詐也。'注：'汝南人呼欺爲譄詑，亦曰詒。'《列子·黃帝》：'既而狎侮欺詒。'《仲尼》：'吾笑龍之詒孔穿。'《廣雅·釋詁》：'詒，欺也。'"《廣韻·海韻》："詒，相欺也。"漢徐幹《中論·考偽》："骨肉相詒，朋友相詐，此大亂之道也。"

髾 假髻。《廣韻·咍韻》："髾，髾髻，婦人偽髻。出《證俗文》。"按，"髾髻"本可分訓。《廣韻·賄韻》："髻，假髮髻也。"清顧張思《土風錄》卷三："今俗新嫁娘假髻有'髻頭'之稱。考《晉書·五行志》，太元中，公主、婦女必緩鬢傾髻爲盛飾，用髮既多，不可恆載，必先於木及籠上裹之，名曰假髻，其制始於此。"然則"髾髻"爲同義連文，"髾"字乃以台聲表假義。

〔推源〕 此二詞俱有假義，爲台聲所載之公共義。聲符字"台"所記錄語詞之顯性語義系列與假義不相涉，其假義爲台聲所載之語源義。台聲可載假義，"詐"可相證。

台：余紐之部；

詐：莊紐鐸部。

余（喻四）莊鄰紐，之鐸旁對轉。"詐"，以假言欺人。《說文·言部》："詐，欺也。"《史記·楚世家》："楚王怒曰：'秦詐我而又強要我以地！'"虛化引申爲虛假、虛僞義。《廣韻·禡韻》："詐，僞也。"《周禮·地官·司市》："以賈民禁僞而除詐。"唐賈公彥疏："使禁物之僞而去人之詐虛也。"按，"除詐"猶今言"打假"。北魏酈道元《水經注·濟水一》："漢王之困滎陽也，紀信曰：'臣詐降楚王，宜間出。'"

（575）紿怠瘖殆（破敗義）

紿 絲破舊敗壞。《說文·糸部》："紿，絲勞即紿。从糸，台聲。"清段玉裁注："'即'當爲'則'。古書'即''則'多互訛。絲勞敝則爲紿。紿之言怠也，如人之券怠然。"清朱駿聲《通訓定聲》："謂敝勌如人之券怠也。"《廣韻·海韻》："紿，絲勞也。"《逸周書·器服》："喪勤焚一紿。"清朱右曾《集訓校釋》："絲勞曰紿，以紿飾纓，示不任用也。"

怠 疲倦。在物爲敗壞，在人爲疲倦，實爲一義。漢揚雄《方言》卷六："怠，壞也。"晉郭璞注："謂壞落也。"戰國楚宋玉《高唐賦》："昔者，先王嘗游高唐，怠而晝寢。"清朱駿聲《說文通訓定聲·頤部》："怠，《司馬相如傳》：'怠而後游於清池。'集注：'倦也。'"唐皇甫湜《韓文公墓誌銘》："平居雖寢食未嘗去書，怠以爲枕，飡以飴口。"

瘖 久病，身體敗壞。《玉篇·疒部》："瘖，病也。"《廣韻·咍韻》："瘖，病也。"清范寅《越諺》卷中："瘖，病久不愈亦不死。"

殆 敗壞。《廣雅·釋詁三》："殆，敗也。"又《釋詁一》："殆，壞也。"清朱駿聲《說文通訓定聲·頤部》："殆，《賈子·道術》：'志操精果謂之誠，反誠爲殆。'……《荀子·議兵》：'兵殆於垂沙。'注：'謂危亡也。'……《莊子·養生主》：'以有涯隨無涯，殆已。'向注：'疲困之謂。'"按，疲困義、敗壞義相通。三國蜀諸葛亮《治軍》："不知其敵，每戰必殆。"

〔推源〕 諸詞俱有破敗義，爲台聲所載之公共義。聲符字"台"所記錄語詞之顯性語義系列與此義不相涉,其破敗義爲台聲所載之語源義。台聲可載破敗義,"穨"可證之。

台:余紐之部;
穨:定紐微部。

余(喻四)定鄰紐,之微通轉。"穨",破敗。《集韻·過韻》:"穨,委廢兒。"《文選·王褒〈洞簫賦〉》:"攬搜澩捎,逍遥踴躍,若壞穨兮。"唐李善注:"壞穨,言如物崩壞穨毁也。"明湯顯祖《牡丹亭·驚夢》:"原來姹紫嫣紅開遍,似這般都付與斷井穨垣。"

203　矛聲

(576) 孜楙髳(强、盛義)

孜　强勉。《説文·攴部》:"孜,彊也。从攴,矛聲。"清朱駿聲《通訓定聲》:"字亦作'勆'。《廣雅·釋詁一》:'勆,强也。'"承培元《廣答問疏證》:"凡經傳以'務'爲彊勉義者,皆以'孜'爲正字。"《廣韻·虞韻》:"孜,彊也。"《集韻·侯韻》:"勆,北燕之外,相勉努力謂之勆。或作'孜'。"《爾雅·釋詁上》:"務,强也。"清郝懿行《義疏》:"主强力而言。"按,"孜"即勸勉他人以强力致事。

楙　茂盛。字亦作"茂"。《説文·林部》:"楙,木盛也。从林,矛聲。"清段玉裁注:"此與《艸部》'茂'音義皆同。"清朱駿聲《通訓定聲》:"《無極山碑》:'楙林崟青。'〔轉注〕《漢書·晁錯傳》:'夏以長楙。'注:'美也。'"按朱氏所謂"轉注"即引申,所引《漢書》之"楙"即茂盛而美義。《漢書·律曆志》:"林鐘,林,君也,言陰氣受任,助蕤賓君主種物使長大楙盛也。"唐顏師古注:"楙,古茂字也。"

髳　毛鬃盛多而美。《龍龕手鑑·髟部》:"髳,馬繁鬣也。"亦指草木茂盛。《爾雅·釋詁下》:"覛髳,弗離也。"晉郭璞注:"草木之叢茸翳薈也。"清閻爾梅《錦屏山》:"仲冬天氣似花朝,巖壑髳茸翠未凋。"按,"髳"字从髟,本謂髮式(見本典第577條),表毛鬃盛多、草木茂盛,爲套用式本字。

〔推源〕　諸詞俱有强、盛義,爲矛聲所載之公共義。聲符字"矛"所記録語詞謂長柄有刃之直刺兵器,與此義不相涉,其强、盛義爲矛聲所載之語源義。矛聲可載强、盛義,"濃"可相證。

矛:明紐幽部;
濃:泥紐冬部。

明、泥二紐均屬鼻音。王力先生《同源字論》謂"鼻音與鼻音,鼻音與邊音,也算鄰紐。"幽冬(東)旁對轉。"濃",露多。《説文·水部》:"濃,露多也。从水,農聲。《詩》曰:'零露濃濃。'"按,所引《詩·小雅·蓼蕭》文漢毛亨傳:"濃濃,厚貌。"引申之,則有濃密、厚重、濃烈等義,皆與強、盛義相近而相通。北周庾信《同公河陽公新造山池聊得寓目》:"菊寒花正合,杯香酒絕濃。"宋陸游《冬暖》:"濃霜薄霰不可得,太息何時見三白!"

(577) 鉾髳袤(長義)

鉾 長矛,即長柄有刃之直刺兵器。《玉篇·矛部》:"鉾,古矛字。"清朱駿聲《說文通訓定聲·孚部》:"矛,字亦作'鉾'、作'鉾'。"晉葛洪《抱朴子·外篇·詰鮑》:"鉾恐不利,盾恐不厚。"《晉書·載記·苻登》:"將士莫不悲慟,皆刻鉾鎧為'死休'字,以示戰死為志。"唐何超《音義》:"《字林》曰:'鉾,古矛字。'"

髳 兒童下垂至眉之髮式,長而下垂,故稱"髳",字亦作"髦"。《說文·髟部》:"髦,髮至眉也。从髟,敄聲。《詩》曰:'紞彼兩髦。'髳,髦或省。"清朱駿聲《通訓定聲》:"按,如今蘇俗處女額上飾髮兩綹,曰胡蝶須。《詩·柏舟》'紞彼兩髦'毛本以'髦'為之。"清王闓運《吊舊賦》:"妙華齡於右髳,聲宛宛而猶尋。"

袤 字从衣,本謂衣之衣帶以上部分,引申之,亦指南北距離長度、長。《說文·衣部》:"袤,衣帶以上。从衣,矛聲。一曰:南北曰袤,東西曰廣。"清朱駿聲《通訓定聲》:"《小爾雅·廣言》:'袤,長也。'《史記》:'蒙恬築長城,廣袤萬餘里。'《周髀算經》:'天地之廣袤。'《蕪城賦》:'袤廣三墳。'"《廣韻·候韻》:"袤,廣袤。"宋陳亮《重建紫霞觀記》:"山川深長袤遠,猶懼其氣之不足王。"

〔推源〕 諸詞俱有長義,為矛聲所載之公共義。聲符字"矛"本為"鉾"之初文,謂長矛。《說文·矛部》:"矛,酋矛也。建於兵車,長二丈。象形。"《三國志·魏志·典韋傳》:"太祖募陷陣,韋先占,將應募者數十人,皆重衣兩鎧,棄楯,但持長矛撩戟。"然則長義為"矛"之顯性語義。又,矛聲可載長義,則"邈"可相證。

矛:明紐幽部;
邈:明紐藥部。

雙聲,幽藥(沃)旁對轉。"邈",遙遠,即空間距離長,亦指時間久遠,實亦長義,詞彙系統有"長遠"之雙音詞。《廣雅·釋詁一》:"邈,遠也。"《楚辭·離騷》:"抑志而弭節兮,神高馳之邈邈。"漢王逸注:"邈邈,遠貌。"《史記·孝武本紀》:"三代邈絕,遠矣難存。"

(578) 霧罞(蒙覆義)

霧 霧,蒙覆大地之氣。《說文·雨部》:"霚,地氣發,天不應。从雨,敄聲。霧,籀文省。"清朱駿聲《通訓定聲》:"字亦作'霧'。按,濕氣所蒸,百邪之氣也……《洪範·五行傳》:'厥咎霚。'《書·洪範》:'曰蒙',以'蒙'為之。注:'霧者,氣澤鬱鬱冥冥也。'霧、蒙一聲之轉。"《廣韻·東韻》:"雺,天氣下地不應曰雺。霧,上同。"《隋書·天文志》下:"將雨不雨,變為雺霧。"

罞 捕麋鹿之網,即蒙覆獵物之物。《廣韻·肴韻》:"罞,麋罟也。"清朱駿聲《說文通訓定聲·孚部·附〈說文〉不録之字》："翆，《爾雅·釋器》：'麋罟謂之翆。'注：'冒其頭也。'蓋以聲訓。《釋文》：'或作茅。又音蒙。'"

〔推源〕 此二詞俱有蒙覆義，爲矛聲所載之公共義。聲符字"矛"所記録語詞之本義、引申義與蒙覆義不相涉，其蒙覆義爲矛聲所載之語源義。矛聲可載蒙覆義，"冒"可相證。"矛""冒"同音，明紐雙聲，幽部叠韻。"冒"，"帽"之初文，謂頭衣，即蒙頭之物。《説文·冃部》："冒，冡而前也。从冃，从目。"清徐灝《注箋》："即古帽字。冃之形略，故从目作冒。引申爲冡冒之義後，爲引申義所專，又從巾作帽，皆相承增偏旁也。"《漢書·雋不疑傳》："有一男子……衣黄襜褕，著黄冒，詣北闕，自謂衛太子。"引申爲蒙覆義。《玉篇·冃部》："冒，覆也。"《廣韻·號韻》："冒，覆也。"《周禮·考工記·韗人》："凡冒鼓，必以啓蟄之日。"漢鄭玄注："冒，蒙鼓以革。"三國魏曹植《公讌》："秋菊被長坂，朱華冒緑池。"

(579) 柔/弱（柔弱義）

柔 木性柔弱，任爲曲直。《説文·木部》："柔，木曲直也。从木，矛聲。"清段玉裁注："木曲者可直、直者可曲曰柔。""柔之引伸，爲凡耎弱之偁。"清朱駿聲《通訓定聲》："曲直之曰煣。《詩·小弁》：'荏染柔木。'〔轉注〕《廣雅·釋詁一》：'柔，弱也。'《説苑·敬慎》：'柔弱者，生之徒也。'"《易·坤》："坤至柔，而動也剛。"唐孔穎達疏："柔，弱。"

弱 柔軟，柔弱。《説文·彡部》："弱，橈也。上象橈曲，彡象毛氂橈弱也。弱物並，故从二弓。"清朱駿聲《通訓定聲》："當从二彡，會意。彡，新生羽也，弱意……一曰字从弜，彡者指事，弓少力也……《易·大過》：'棟橈本末弱也。'《書·洪範》：'六曰弱。'《禮記·曲禮》：'二十曰弱。'"按，所引《書》文僞孔傳："尫劣。"唐孔穎達疏："尫劣並是弱事，爲筋力弱，亦爲志氣弱。"宋王安石《洪範傳》："施生以柔，化生以剛，故木橈而水弱，金堅而火悍。"

〔推源〕 此二詞義同，其音亦相近而相通。

柔：日紐幽部；

弱：日紐藥部。

雙聲，幽藥（沃）旁對轉。"柔"，以矛聲載柔弱義。

204 母聲

(580) 姆娒嬤（母義）

姆 以婦道教人的女師。師如父，女師如母，故稱"姆"。其字亦作"娒"。《玉篇·女部》："姆，女師也。"《廣韻·候韻》："姆，女師。《説文》作'娒'。"《説文·女部》："娒，女師也。"清段玉裁注："《字林》及《禮記音義》作'姆'。"清朱駿聲《通訓定聲》："《儀禮·士昏禮》：'姆纚、笄、宵衣，在其右。'注：'婦人年五十無子，出而不復嫁，能以婦道教人者，若今時乳母。'《禮記・内則》:'姆教婉娩聽從。'"按,"姆"亦指乳母,乳母亦猶母。唐韓愈《殿中少監馬君墓誌》:"姆抱幼子立側。"

狃 狚狃,獸名。其獸小打即死,得風復活,風爲再生之母,故稱"狚狃",其字或省作"風母"。《玉篇・犬部》:"狚,狚狃,獸。有尾,小打即死,因風更生。"《廣韻・厚韻》:"狃,狚狃。"又《東韻》:"狚,狚母,狀如猿,逢人則叩頭,小打便死,得風還活。"漢楊孚《異物志》:"狚母,狀如猿,逢人則叩頭,小打便死,得風還活。"唐歐陽詢等《藝文類聚》卷一引劉欣期《交州記》:"風母,出九德縣,似猨,見人若慚,屈頸;打殺,得風還活。"按,亦稱"風生獸"。晉葛洪《抱朴子・仙藥》:"風生獸,似貂,青色,大如狸,生於南海大林中……死而張其口以向風,須臾便活而起走。"

豣 母豬。《正字通・豕部》:"豣,今人呼牝豕爲姆也。"清吴謙等《醫宗金鑑・正骨心法要旨・鼻梁骨》:"(封口藥)明浄乳香、没藥、兒茶、當歸、杉皮炭、麝香、片腦、豬豣聹葉。"今按,"豣"字晚出,其所記録之語詞古已有之,古者稱"豝","豣"爲"豝"之轉注字。"豝""豣"二字之上古音分别爲幫紐魚部、明紐侯部,幫明旁紐,魚侯旁轉。《説文・豕部》:"豝,牝豕也。"《詩・召南・騶虞》:"彼茁者葭,壹發五豝。"漢毛亨傳:"豕牝曰豝。"

〔**推源**〕 諸詞俱有母義,爲母聲所載之公共義。聲符字"母"所記録語詞指女性,亦指母親、雌性。《説文・女部》:"母,牧也。从女,象褱子形。一曰象乳子也。"清朱駿聲《通訓定聲》:"《蒼頡篇》:'母,其中有兩點,象人乳形。'……《禮記・曲禮》:'生曰父曰母,死曰考曰妣。'"《爾雅・釋草》:"莩,麻母。"晉郭璞注:"苴麻,盛子者。"《字彙・毋部》:"母,禽獸之牝皆曰母。"《孟子・盡心上》:"五母鷄,二母彘。"然則本條諸詞之母義爲聲符字"母"所載之顯性語義。

(581) 拇莓(大義)

拇 手足的大拇指,字亦作"胟""踇"。《説文・手部》:"拇,將指也。从手,母聲。"清朱駿聲《通訓定聲》:"大指爲拇指,手足大指皆曰拇,字亦作'挴'、作'踇'。《易》:'咸其拇。'虞注:'足大指也。'《子夏傳》作'踇'。'解而拇'。王肅注:'手大指也。'"《廣韻・厚韻》:"拇,大拇指也。胟,上同。"清屈大均《登華記》:"南一石有神香子胟迹。"

莓 覆盆子,莓之大者。《説文・艸部》:"莓,馬莓也。从艸,母聲。"清朱駿聲《通訓定聲》:"山莓之大者也。《類篇》:'即覆盆草。'"清王筠《句讀》:"凡以馬名者,皆謂大也。蓋謂大於葥山莓也。"清桂馥《義證》:"《廣雅》:'莓,蒲莞也。'《類篇》以爲木莓子似葚,郭注《爾雅》以'葥'爲木莓。《玉篇》'莓'下引本典:'同莓',下云'實似桑椹,可食。'馥謂《玉篇》之'莓'即《爾雅》之'葥'。"按《爾雅・釋草》"葥,山莓"晉郭璞注:"今之木莓也,實似藨莓而大,亦可食。"《廣韻・侯韻》:"莓,莓子,即覆盆。"按,今稱草本之莓爲"草莓",木本之莓即《説文》之"莓",徽歙人稱"牛奶莓",蓋較草莓大而呈錐形如牛奶。

〔**推源**〕 二詞俱有大義,爲母聲所載之公共義。聲符字"母"所記録語詞之顯性語義即本義、引申義系列與大義不相涉，其大義爲母聲所載之語源義。母聲可載大義，"龐"可證之。

母：明紐之部；
龐：並紐東部。

明並旁紐，之東旁對轉。"龐"，大。《説文·广部》："龐，高屋也。"清段玉裁注："引申之爲凡高大之偁。"《詩·小雅·車攻》："四牡龐龐，駕言徂東。"《國語·周語上》："敦龐純固，於是乎成。"三國吳韋昭注："龐，大也。"按，唯"龐"之義爲大，故有"龐大"之同義聯合式合成詞，今語猶然。

(582) 毎/茂（茂盛義）

毎 草茂盛。其字本从屮作"毐"。《説文·屮部》："毐，艸盛上出也。从屮，母聲。"清徐灝《注箋》："隸變作'毎'。"清朱駿聲《通訓定聲》："《左僖廿八傳》：'原田毎毎。'注：'原田之草毎毎然。'"按，實重言形況字，猶《韓詩》之'周原腜腜'、《毛詩》之'周原膴膴'也。"按，"毎"爲本字。"膴"字从肉，本指無骨臘肉，漢許慎説；以其音與"毎"近借作"毎"。《詩·大雅·緜》"周原膴膴，堇荼如飴"宋朱熹《集傳》："膴膴，肥美貌。"按，肥美、茂盛二義相通。

茂 茂盛字。《説文·艸部》："茂，艸豐盛也。"清朱駿聲《通訓定聲》："《爾雅·釋詁》：'茂，豐也。'《廣雅·釋詁二》：'茂，盛也。'……《易·象傳》：'茂對時。'注：'盛也。'"《詩·小雅·天保》："如松柏之茂，無不爾或承。"《南史·徐勉傳》："桃李茂密，桐竹成陰。"

〔推源〕 此二詞俱有茂盛義，其音亦相近且相通，語源當同。

毎：明紐之部；
茂：明紐幽部。

雙聲，之幽旁轉。"毎"字乃以母聲承載"茂盛"之語源義。

(583) 坶/坱（塵末義）

坶 塵埃。《篇海類編·地理類·土部》："坶，塵也。與'塺'同。"《説文·土部》："塺，塵也。"《楚辭·九嘆·惜賢》："埃時風之清激兮，愈氛霧其如塺。"漢王逸注："塺，塵也。"按，"坶"本爲古地名，表塵埃義，爲套用式本字，以其母聲載塵末義。

坱 塵末。《廣雅·釋詁三》："坱，塵也。"《廣韻·末韻》："坱，壤也。"按，"坱"即"坋"之轉注字。"坋"之上古音並紐文部，"坱"字明紐月部，並明旁紐，文月旁對轉。《説文·土部》："坋，塵也。"明歸有光《李南樓行狀》："衣裳整潔，皎然不染坋埃。"按，其字亦作下形上聲，爲"坌"。宋孫光憲《北夢瑣言》卷一："及取看，盈其箱笥，没於塵坌。"

〔推源〕 二詞義同，音亦相近而相通，語源同。

　　　　　坶：明紐歌部；
　　　　　抹：明紐月部。

雙聲，歌月對轉。

205　幼聲

(584) 窈茭(深、長義)

窈　深遠，幽深。《說文·穴部》："窈，深遠也。从穴，幼聲。"清朱駿聲《通訓定聲》："《廣雅·釋詁三》：'窈，深也。'《釋訓》：'窈窈，深也。'《老子》：'窈兮冥兮。'王注：'深遠之嘆。'……《莊子·在宥》：'至道之精，窈窈冥冥。'"《廣韻·篠韻》："窈，窈窱，深也。"唐韓愈《送李願歸盤谷序》："窈而深，廓其有容。"

茭　草長。《玉篇·艸部》："茭，草長。"《廣韻·篠韻》："茭，草長。"《集韻·篠韻》："茭，草長皃。"

〔推源〕此二詞或有深義，或有長義，在縱向爲高、爲深，在橫向則爲長，故二義相通，俱以幼聲載之，語源當同。聲符字"幼"从幺，其所記録語詞謂年少、幼小，與深長義不相涉，其深、長義爲幼聲所載之語源義。幼聲可載深、長義，"幽"可相證。"幼""幽"同音，影紐雙聲，幽部疊韻。"幽"，深。《爾雅·釋言》："幽，深也。"《廣韻·幽韻》："幽，深也。"《詩·小雅·伐木》："出自幽谷，遷於喬木。"漢毛亨傳："幽，深也。"《周書·武帝紀》上："至道弘深，混成無際，體色空有，理極幽玄。"又，"悠"字可證幼聲可載長義。其字余紐幽部，與幼疊韻，余(喻四)本有舌根音(大牙音)一類，與影紐相鄰。"悠"，長。《爾雅·釋詁上》："悠，遐也。"《廣韻·尤韻》："悠，遠也。"《後漢書·皇后紀·序》："任重道悠，利深禍速。"按，唯"悠"有長義，故有"悠長"之同義聯合式合成詞。三國魏曹丕《離居賦》："愁耿耿而不寐，歷冬夜之悠長。"

(585) 坳岰䀰(凹義)

坳　地凹下不平。《說文·土部》："坳，地不平也。从土，幼聲。"《廣韻·肴韻》："坳，地不平也。"《莊子·逍遥遊》："覆杯水於坳堂之上，則芥爲之舟。"唐柳宗元《永州龍興寺東丘記》："凡坳窪坻岸之狀，無廢其故，屏以密竹，聯以曲梁。"

岰　山岰，即山的凹曲處。《集韻·黝韻》："岰，山曲皃。"又《效韻》："岰，山曲。"明徐弘祖《徐霞客遊記·粵西遊日記三》："又東五里，山塢復窮，乃北折而東踰山岰。"明張居正《答三邊總督論番情》："大抵西之番族，廣之猺獞……潜伏岰林，穴居險阻，非可以力勝者也。"按，今徽歙南鄉之地名、村名多帶有"岰"字者，如"壠岰"即山嶺之凹下處，又如"虞家岰"。

䀰　眼睛深凹。《集韻·巧韻》："䀏，深目也。或作䀰。"《說文·目部》："䀏，深目也。

從穴中目。"《太平廣記》卷三百六十一引唐牛肅《紀聞·李洴》："趹鼻䁕目,鋒牙利口。"按,"䁕"亦指面目凹凸不平。《廣韻·肴韻》："䁕,面目不平。"

〔推源〕 諸詞俱有凹義,爲幼聲所載之公共義。聲符字"幼"所記錄語詞之顯性語義系列與凹義不相涉,其凹義爲幼聲所載之語源義。幼聲可載凹義,"宎"可證之。

幼:影紐幽部;

宎:影紐宵部。

雙聲,幽宵旁轉。"宎",凹下。唐玄應《一切經音義》卷十一:"凹,《抱朴子》云:'凹,陷也。'《蒼頡篇》作'宎',下墊也。"《廣韻·洽韻》:"凹,或作宎。"《集韻·爻韻》:"凹,窊也。"明楊慎《藝林伐山》卷十八引南朝宋盛弘之《荆州記》:"山脊漫衍無垤凹,湖面平滿無高低。"

(586) 鮂蚴䘥黝(小、弱義)

鮂 小魚。《説文·魚部》:"鮂,魚名。从魚,幼聲。"清朱駿聲《通訓定聲》:"《廣雅·釋魚》:'鮂,鰍也。'"按,字亦作鰍。幼、奧一聲之轉。《玉篇》:"鰍,小鰌也。"按,"鰌"即泥鰍。《説文·魚部》:"鰌,鰌也。"清桂馥《義證》:"今泥鰌也。"《廣韻·尤韻》:"鰍,亦作鰌。"

蚴 寄生蠕蟲的幼體,如:尾蚴、毛蚴、胞蚴。按,"蚴"亦指龍形蜿曲貌(見本典第587條),指幼蟲則爲套用字,乃以幼聲表小義。

䘥 長而不勁,即長而弱。《廣韻·篠韻》:"䘥,䘥䎃,長而不勁。"沈兼士《聲系》:"案'䎃',《集韻》《類篇》均作'䎃'。"按,《集韻·筱韻》:"䘥,䘥䎃,長而不勁。"

黝 淡青黑色,即青黑色之弱者。《説文·黑部》:"黝,微青黑色。从黑,幼聲。"清段玉裁注:"謂微青之黑也,微輕於淺矣。"清朱駿聲《通訓定聲》:"《廣雅·釋室》:'黝,塗也。'《穀梁·莊廿四傳》:'天子諸侯黝堊。'疏:'黑柱也。'"宋蘇軾《洞庭春色》:"君知蒲萄惡,正是嫫母黝。"

〔推源〕 諸詞或有小義,或有弱義,凡物小則弱,二義相通;俱以幼聲載之,語源則同。聲符字"幼"所記錄語詞本謂小。《説文·幺部》:"幼,少也。从幺,从力。"清朱駿聲《通訓定聲》:"幼,小也。……《爾雅·釋言》:'幼,稚也。'《釋名·釋長幼》:'幼,少也,言生日少也。'《禮記·曲禮》:'人生十年曰幼。'"按,朱氏所引《爾雅》文宋邢昺疏:"年小也。"按,"幼"亦有"弱"訓。《篇海類編·通用類·幺部》:"幼,弱也。"按弱義當爲其直接引申義。唯"幼"有"弱"義,故有"幼弱"之同義聯合式合成詞。《禮記·明堂位》:"武王崩,成王幼弱,周公踐天子之位以治天下。"按"幼"字从幺,《説文》同部"幺"亦訓"小",然則本條諸詞之小義、弱義爲其顯性語義。幼聲可載小、弱義,"奚""幽"可相證。

幼:影紐幽部;

奚:匣紐支部;

幽:影紐幽部。

影匣鄰紐,幽支旁轉。奚聲字所記錄語詞"谿"謂山間小溝,"豯"指出生三個月的小猪,"蹊"爲小路,"鼷"乃小鼠(見本典"奚聲")。"幽",微弱。《玉篇·丝部》:"幽,微也。"《廣韻·幽韻》:"幽,微也。"《史記·樂書》:"奮疾而不拔,極幽而不隱。"唐孟郊《卧病》:"倦寢意蒙昧,强言聲幽柔。"

(587) 蚴拗袎(曲義)

蚴 龍形蜿曲貌。《廣韻·黝韻》:"蚴,蚴蟉,龍兒。"《楚辭·九章·惜誓》:"蒼龍蚴虬於左驂兮,白虎騁而爲右騑。"唐韓愈、孟郊《納涼聯句》:"閃紅驚蚴虬,凝赤聳山嶽。"

拗 拗折,引申爲扭曲義。《玉篇·手部》:"拗,拗折也。"《集韻·爻韻》:"拗,戾也。"清紀昀《閲微草堂筆記·灤陽續録三》:"蹴踏頭項,拗捩蹄肘。"《清朝野史大觀·清朝史料·書麻城獄》:"娘子未至期遽產……兒頸拗,胞不得下。"

袎 襪筒,卷曲之物。其字亦作"靿""呦",形體雖殊而均从幼聲,乃以幼聲表卷曲義。《類篇·衣部》:"袎,韤頸。"《廣韻·效韻》:"袎,襪袎。"又《巧韻》:"呦,靴韄呦。"《集韻·效韻》:"靿,曲也,俗謂靴韄曰靿。"《隋書·禮儀志七》:"長靿靴,畋獵豫遊則服之。"唐張祜《觀杭州柘鼓》:"旁收拍拍金鈴擺,却踏聲聲錦袎摧。"

〔推源〕 諸詞俱有曲義,爲幼聲所載之公共義。聲符字"幼"所記録語詞之本義、引申義系列與曲義不相涉,其曲義爲幼聲所載之語源義。幼聲可載曲義,"曲"可證之。

幼:影紐幽部;

曲:谿紐屋部。

影谿鄰紐,幽屋旁對轉。"曲",蠶箔,其形曲。《説文·曲部》:"曲,蠶薄也。"清朱駿聲《通訓定聲》:"象器曲受物之形……《書·洪範》:'木曰曲直。'"按,虚化引申爲曲義。《玉篇·曲部》:"曲,不直也。"《詩·小雅·采緑》:"予髮曲局,薄言歸沐。"南朝梁何遜《七召·宮室》:"雕牆曲屈以交牙,網户周流以重積。"

206 㓞聲

(588) 齧栔契㓞(鍥入義)

齧 咬齧,以齒鍥入其物。《説文·齒部》:"齧,噬也。从齒,㓞聲。"清朱駿聲《通訓定聲》:"字亦作'嚙'。鳥曰啄,獸曰齧。《爾雅·釋地》:'爲邛邛駏驉,齧甘草。'"《廣韻·屑韻》:"齧,噬也。"《禮記·曲禮上》:"侍食於長者……毋齧骨,毋反魚肉。"《管子·戒》:"東郭有狗嘊嘊,旦暮欲齧我,猳而不食也。"按,朱氏所引《爾雅》文之"齧"異文正作"嚙"。《正字通·口部》云"嚙"爲俗體。

栔 刻,鍥入。《説文·㓞部》:"栔,刻也。从㓞,从木。"清王筠《句讀》:"當云㓞亦聲。"

清朱駿聲《通訓定聲》:"从㓞,从木,會意,㓞亦聲。"按,从木,謂木可刻。《廣韻·霽韻》:"栔,刻也。"沈兼士《聲系》:"《說文解字校錄》謂㓞亦聲。"清龔自珍《著議》:"而肆其豆籩,栔其文字。"其字亦訛作"梨"。清龔自珍《語錄》:"自栔印曰:'後漢、隋前有此家。'志所樂也,與所學也。"按,"栔"字蓋由"梨"所演變。《改併四聲篇海·木部》:"梨,刻也。"《字彙·木部》:"梨,此當作'栔',俗訛作'梨'。"

契 契約,鍥刻而成者,故稱"契",引申爲鍥刻義。《說文·大部》:"契,大約也。从大,从㓞。《易》曰:'後代聖人易之以書契。'"南唐徐鍇《繫傳》:"从大,㓞聲。大約,邦國約也。"清朱駿聲《通訓定聲》:"从大、㓞會意,㓞亦聲。……《周禮·質人》:'掌稽市之書契。'注:'取予市物之券也,其券之象書兩札,刻其側。'〔假借〕爲'栔'。《詩·緜》:'爰契我龜。'傳:'開也。'……《列子·湯問》:'契臂以誓。'《淮南》許注:'剋肩出血也。'〔聲訓〕《釋名》:'契,刻也,刻識其數也。'"按,《淮南子·齊俗訓》"越人契臂"漢高誘注:"刻臂出血。"又,"契"表鍥刻義,無煩假借,乃引申。《廣韻·霽韻》:"契,契約。"沈兼士《聲系》:"從《說文》小徐本㓞聲。"《呂氏春秋·察今》:"楚人有涉江者,其劍自舟中墜於水,遽契舟曰:'是吾劍之所從墜。'"

㓞 切肉,即以刀鍥入肉中。《廣韻·祭韻》:"㓞,割肉。"按,"㓞"字未見其文獻實用例,觀其構詞理據,當與上述諸詞同,姑附於此。

〔推源〕 諸詞俱有鍥入義,爲㓞聲所載之公共義。㓞聲字"挈"从手,謂提舉,然可以其㓞聲、以假借字形式表鍥入義,亦爲㓞聲與鍥入義相關聯之一證。清朱駿聲《說文通訓定聲·泰部》:"挈,〔假借〕爲'栔'。《儀禮·士喪禮》注:'掌共燋挈。'《漢書·敘傳》:'爰挈我龜。'"聲符字"㓞"所記錄語詞本謂刻。《說文·㓞部》:"㓞,巧㓞也。"清朱駿聲《通訓定聲》:"疑即'栔'之古文。"《廣韻·黠韻》:"刧,巧判。"《集韻·黠韻》:"㓞,或書作刧。"《沛相楊統碑》:"鐫石立碑,㓞銘鴻烈。"然則本條諸詞之鍥入義爲其聲符"㓞"所載之顯性語義。

(589) 齧閪(缺義)

齧 咬齧(見前條),物經咬則缺,故引申爲缺義。《廣韻·屑韻》:"齧,《莊子》有'齧缺'。"清朱駿聲《說文通訓定聲·泰部》:"齧,〔轉注〕《淮南·人間》:'於隙劍之折必有齧。'注:'缺也。'"按,所云"轉注"即引申。又,《廣韻》所云"齧缺"爲人名,謂許由之師,然"齧缺"亦有缺口義。《淮南子·脩務訓》:"今劍或絕側嬴文,齧缺卷鈋,而稱以頃襄之劍,則貴人爭帶之。"清龔自珍《己亥六月重過揚州記》:"過橋,遇女墻齧可登者,登之。"

閪 門缺。《廣雅·釋詁三》:"閪,空也。"清王念孫《疏證》:"缺之空也。"《玉篇·門部》:"閪,閪閞,無門户。"《廣韻·屑韻》:"閪,閪閞,無門户也。"

〔推源〕 此二詞俱有缺義,爲㓞聲所載之公共義。聲符字"㓞"所記錄語詞謂鍥刻,與缺義不相涉。㓞聲可載缺義,則"閪"可相證。

刓：溪紐質部；

闕：溪紐月部

雙聲，質月旁轉。"闕"，宫門外樓台，其下空缺可供人行故稱"闕"，引申爲空缺、虧缺等義。《説文·門部》："闕，門觀也。"南唐徐鍇《繫傳》："以其闕然爲道謂之闕，以其上可遠觀謂之觀。"清朱駿聲《通訓定聲》："《穀梁桓三傳》：'禮送女母不出祭門，諸母兄弟不出闕門。'注：'兩觀也，在廟門之外。'〔轉注〕《晉語》：'闕從補之。'注：'缺也。'……《左昭廿傳》：'以當其闕。'注：'空也。'……《禮記·禮運》：'三五而闕。'疏謂'月光虧損。'"按，後世虧缺字作"缺"，"闕""缺"同音。"缺"，本謂器破、殘缺，引申爲欠缺、缺乏等義。

207　开聲

(590) 趼枿枅汧岍（平正義）

趼　獸蹄平正。清朱駿聲《說文通訓定聲·乾部》："趼，《爾雅·釋畜》：'駃蹄趼。'按，謂善踵而陛也。本或以'研'爲之。舍人注：'研，平也，謂蹏平正。'李注：'其蹏正堅而平似趼。'孫注亦同。皆失之。"今按，"趼"之本義《説文》訓"獸足企"即獸舉踵義，故朱氏以漢犍爲舍人、漢李巡、三國魏孫炎之説爲誤。實則"趼"表獸蹄平正義爲套用字，乃以开聲表平正義，"研"爲聲符相同之字，故借作"趼"。朱氏所引《爾雅》文晉郭璞注："駃蹄，蹄如趼而健上山，秦時有駃蹄苑。"宋邢昺疏："趼，平也，謂蹄平正。"

枿　消除。《説文·木部》："枿，槎識也。从木，厥，闕。《夏書》曰：'隨山枿木。'讀若刊。枿，篆文从开。"清朱駿聲《通訓定聲》："从木，厥聲。……枿者，裹斫木以爲表識……《廣雅·釋詁二》：'枿，識也。'《蔡湛碑》：'枿銘樹石。'"按南唐徐鍇云"斫其枝爲道表識"，近是。引申爲訂正、修正義。清趙翼《廿二史劄記》卷二十九："是皆因書籍文字傳寫訛謬，特爲枿正，以昭畫一。"又引申爲平定義。章炳麟《訄書·相宅》："處小者，於愉殷赤心之所，搏厲其政，枿奠其水土，撫循其士大夫，其輕若振羽。"按，"枿"字當从开聲，《廣韻》"开"音"古賢切"，"枿"音"苦寒切"，可相證。

枅　柱上方木，平正之物。《説文·木部》："枅，屋櫨也。从木，开聲。"清朱駿聲《通訓定聲》："枅，屋構櫨也……《廣雅·釋室》：'構謂之枅。'《蒼頡篇》'枅'注：'柱上方木。'……《淮南·主術》：'短者以爲朱儒枅櫨。'《精神》：'素題不枅。'"《廣韻·齊韻》："枅，承衡木也。"《莊子·齊物論》："大木百圍之竅穴，似鼻，似口，似耳，似枅，似圈。"唐成玄英疏："枅，柱頭木也，今之門楷是也。"按朱駿聲氏引《三蒼》："枅，一名楷。"《爾雅·釋宫》"開謂之㮰"晉郭璞注："柱上構也，亦名枅，又曰楷。"

汧　水出而彙聚成沼澤。按，地平正無坡則水不流而停聚，"汧"當寓平正義。清朱駿聲《説文通訓定聲·乾部》："汧，《爾雅·釋水》：'汧出不流。'注：'水泉潛出，便自停成污也。'《列子·黃帝》:'汧水之潘爲淵。'《釋水》又云:'水決之澤爲汧。'注:'水決入澤者亦名汧。'按,《爾雅》所釋爲'汧'字之本義。《廣韻·霰韻》:"汧,泉出不流。"南朝梁陶弘景《水仙賦》:"隨雲濯金漿之汧,追霞採建木之實。"

岍 平頭山。《玉篇·山部》:"岍,山名。"清朱駿聲《說文通訓定聲·乾部》:"开,愚謂即'岍'字,山名,吳嶽也。象上平下削,枝起之形,或加'山'傍。'并'字、'枅'字皆從此會意。《書·禹貢》:'導岍及岐。'《周禮·職方》:'雍州其山鎮曰嶽山。'《爾雅》:'河西嶽在今陝西鳳翔府隴州南,汧水出焉。'古文'疘'下有足,據《說文》'朵'下說解補。又安定涇陽有开頭山,在今甘肅平涼府。"

〔推源〕 諸詞俱有平正義,爲开聲所載之公共義。聲符字"开"本爲"岍"之初文。《說文·开部》:"开,平也。象二干對構,上平也。"清朱駿聲《通訓定聲》:"從二干無理。"清段玉裁注:"許書無'岍'字,蓋古祇名开山,後人加之'山'旁,必山頭平起之山也。"然則本條諸詞之平正義爲其聲符"开"所載之顯性語義。至开聲可載平正義,則夷聲所記錄語詞"恞""羠""霵"可相證。"恞",平坦;"羠",經閹割性情平和之羊;"霵",風雨平息(參本典第646條)。开聲、夷聲本相近且相通。

开:見紐元部;
夷:余紐脂部。

余(喻四)紐本有舌根音一類,與見紐爲旁紐,元脂旁對轉。

(591) 栞䘒軝(小義)

栞 小束。《說文·束部》:"栞,小束也。從束,开聲。"清朱駿聲《通訓定聲》:"《廣雅·釋詁三》:'栞,束也。'《齊民要術》:'麻栞欲小,縛欲薄。'"按,所引《廣雅》文清王念孫《疏證》:"《玉篇》云:'禾十把曰秆。'栞、秆聲義並同。《集韻·銑韻》:"栞,或作秆。"《廣韻·銑韻》:"栞,小束。"明徐光啟《農政全書·種植·雜種下》:"以茅栞束,切去虛梢。"

䘒 螢火蟲,小火之蟲。《廣韻·先韻》:"䘒,螢火。"《集韻·先韻》:"䘒,蟲名,螢火也。"《逸周書·月令》:"鷹乃學習,腐草化爲螢䘒。"晉孔晁注:"䘒,一曰螢火也。"楊樹達《積微居小學金石論叢·古音對轉疏證》:"'螢䘒'或作'蠲'。《禮記·月令》云:'季夏之月,腐草化爲螢。'《呂氏春秋·季夏紀》《淮南·時則篇》皆云'腐草化爲䘒。'《說文》十三篇上《虫部》引《明堂月令》曰:'腐草爲蠲。'"按,"䘒"爲小火之蟲,蓋以开聲表小義。螢火蟲稱"螢",從熒得聲而省。"熒"謂小火,"㷀""濚""䒺""䕡"指小瓜、小水、小心態、小言,俱有小義(參殷寄明《漢語語源義初探》第四章),可相證。

軝 轂末小釭。《集韻·齊韻》:"軝,車兩轊也。"漢揚雄《方言》卷九:"車轊,齊謂之轄。"晉郭璞注:"車軸頭也。"《周禮·夏官·大馭》"右祭兩軹"漢鄭玄注:"故書'軹'爲'軝'……又云'軝'當作'軹',軹謂兩轊也。"清戴震《釋車》:"以金裹轂中謂之釭,轂末小釭謂之帡。"

〔推源〕 諸詞俱有小義,爲开聲所載之公共義。"开"謂平頭之山,兩義不相涉。其小義乃开聲所載之語源義。开聲可載小義,肙聲字所記録語詞"涓""蜎""銷"可相證。"涓",細小的水流;"蜎",蚊之幼蟲,極小之物;"銷",金屬小盆(見本典"肙聲")。开聲、肙聲本相近且相通。

开:見紐元部;
肙:影紐元部。

叠韻,見影鄰紐。

(592) 豜麜猏訮(强、大義)

豜 大猪。《説文·豕部》:"豜,三歲豕,肩相及者。从豕,开聲。《詩》曰:'並驅從兩豜兮。'"清朱駿聲《通訓定聲》:"俗字作'豣'。《小爾雅·廣獸》:'豕之大者謂之豜。'《詩·七月》:'獻豜於公'……《吕覽·知化》:'猶懼虎而刺豣。'〔假借〕爲'麜'。《爾雅·釋獸》:'麜絶有力,豜。'按,麜鹿同類,故與鹿絶有力'麞'同名。"今按,"豜"指大猪,乃以开聲載大義;指麜之絶有力者,乃以假借字形式、以其开聲載强義。朱氏所引《詩·豳風·七月》文漢毛亨傳:"豕一歲曰豵,三歲曰豜。"《廣韻·先韻》:"豜,大豕也。一曰,豕三歲。豣,上同。豣,俗。"按,豕三歲則大,故大豕、豕三歲非二義。朱氏所引《吕覽》文漢高誘注:"獸三歲曰豣也。"按,謂大獸,爲直接引申義。

麜 鹿絶有力者,即鹿之强者。其字亦作上形下聲,爲"麞"。《説文·鹿部》:"麜,鹿之絶有力者。从鹿,开聲。"清朱駿聲《通訓定聲》:"《爾雅》:'鹿絶有力,麞。'"《廣韻·先韻》:"麞,鹿有力。麜,上同。"又"麞,鹿之絶有力者。亦作'麜'。"清王士禛《和田綸霞郎中移居》:"夢向漪亭坐秋水,蒼筤萬個眼麞麕。"清吕星垣《薙草説》:"塵當麞,虓當彪,虺蛟當龍。"

猏 逐獸犬,即力强之犬。《説文·犬部》:"猏,撓犬也。从犬,开聲。一曰逐虎犬也。"清朱駿聲《通訓定聲》:"《字林》:'猏,逐虎犬也。'"《廣韻·襇韻》:"猏,逐虎犬。"又《諫韻》:"猏,逐獸犬。"晉張協《七命》:"乃有圓文之猏,班題之猣,鼓鬣風生,怒目電瞵,口齴霜刃,足撥飛鋒。"按,《説文》以"撓犬"訓"猏",同部"撓"訓"猏犬",即狂悍義。《廣雅·釋詁四》:"撓,狂也。"《漢書·霍去病傳》"誅撓悍"清王先謙《補注》:"撓悍,猶言狂悍也。"

訮 性格强,易怒而與人争論。《説文·言部》:"訮,諍語訮訮也。从言,开聲。"清朱駿聲《通訓定聲》:"《廣雅·釋詁二》:'訮,怒也。'"清錢坫《斠詮》:"《玉篇》:'訶也,訟也。'今俗謂人善怒健與人争訟曰訮。《廣韻·山韻》:"訮,争也。"又《先韻》:"訮,訮訶皃。"又"訮,訶也,怒也。"按,《説文》同部"訶"訓"大言而怒"。

〔推源〕 諸詞俱有强、大義,爲开聲所載之公共義。聲符字"开"所記録語詞謂平頭之山,與强、大義不相涉,其强、大義乃开聲所載之語源義。开聲可載强、大義,"彊"可證之。

> 开：見紐元部；
> 彊：群紐陽部。

見群旁紐,元陽通轉。"彊",弓强有力。《説文·弓部》:"彊,弓有力也。"《後漢書·第五倫傳》:"倫乃依險固築營壁,有賊,輒奮厲其衆,引彊持滿以拒之。"唐李賢注:"引彊,謂弓弩之多力者引控之。持滿,不發也。"引申爲强大義。《管子·牧民》:"城郭溝渠,不足以固守;兵甲彊力,不足以應敵。"《史記·老子韓非列傳》:"終申子之身,國治兵彊,無侵韓者。"

208 荆聲

(593) 型侀(成形義)

型 模型,使成一定形狀之物。其字訛爲"型"。《説文·土部》:"型,鑄器之法也。从土,荆聲。"清朱駿聲《通訓定聲》:"水曰準、曰濾,木曰模,竹曰笵,土曰型。《淮南·脩務》:'純鉤魚腸之始下型。'"《廣韻·青韻》:"型,鑄鐵模也。"沈兼士《聲系》:"案'型',《説文》作'型',从土,荆聲。"南朝宋謝靈運《命學士講書》:"鑠金既雲刃,凝土亦能型。"

侀 成形。《廣韻·青韻》:"侀,成也。"按,"侀"亦荆聲字。《廣韻》"侀""刑"俱注"户經切",然則"侀"字从刑得聲,而"刑"本"荆"之訛變字。《集韻·青韻》:"荆,通作刑。"《説文》"荆"訓"罰罪",義與"刑"同。《禮記·王制》:"刑者,侀也;侀者,成也。一成而不變,故君子盡心焉。"唐孔穎達疏:"上'刑'是刑罰之刑,下'侀'是侀體之侀。"《字彙·人部》:"侀,即'形'字。"《説文·彡部》:"形,象形也。"唐王仁昫《刊謬補缺切韻·青韻》:"形,成也。"《楚辭·天問》:"上下未形,何由考之?"

〔推源〕 此二詞俱有成形義,爲荆聲所載之公共義。聲符字"荆"从刀,其所記録語詞之本義爲刑罰,與成形義不相涉。然其聲韻可另載成形義。清朱駿聲《説文通訓定聲·鼎部》:"荆,〔假借〕爲'型'。《荀子·彊國》:'刑範正。'〔聲訓〕《廣雅·釋詁三》:'荆,成也。'《學記》:'教之不刑。'注:'猶成也。'"荆聲可載成形義,則"影"可相證。

> 荆：匣紐耕部；
> 影：影紐陽部。

匣影鄰紐,耕陽旁轉。"影",物之陰影,亦成物之形。《玉篇·彡部》:"影,物之陰影也。"《廣韻·梗韻》:"影,形影。"《莊子·漁父》:"人有畏影惡迹而去之走者,舉足愈數而迹愈多,走愈疾而影不離身。"《淮南子·脩務訓》:"吾日悠悠慚於影。"漢高誘注:"影,形影也。"

209　戎聲

（594）絨氄毻羢筬鵀（細、小義）

絨　細布，亦指細紋紡織品。《廣韻·東韻》："犺，細布。絨，上同。"沈兼士《聲系》："案，元泰定本'犺'注：'猛也'；'絨'注：'細布。'分爲二字。"元孫周卿《殿前歡·楚雲》："緑窗閒數唾窗絨，一春心事和誰共。"明宋應星《天工開物·乃服》："凡綿羊剪氄，粗者爲氈，細者爲絨。"又"絨綫"謂絲綫，"絨"亦細義。

氄　細髮，細毛。《玉篇·彡部》："氄，細髮也。"《廣韻·東韻》："氄，細毛。"沈兼士《聲系》："案'氄'，北宋本、宋小字本及古逸本均作'䶜'。"按，"䶜"字亦从戎聲，"氄""䶜"俱以戎聲表細義。《龍龕手鑑·長部》："䶜，細毛也。"

毻　細毛。《玉篇·毛部》："毻，細毛也。"宋趙令時《侯鯖録》卷一："毻，音戎，細毛也。"清阮葵生《茶餘客話》"狐之族"："俄羅斯產者五，毻黑而毫白曰玄狐。"

羢　羊的細毛。《字彙補·羊部》："羢，羊羢也。"元仇遠《送劉竹間歸廬陵》："驛路梅花漠漠寒，羢衫絮帽出長安。"明馮夢龍輯《醒世恒言》之《蔡瑞虹忍辱報仇》："聞得李鬍子、白滿隨着山西客人，販買羢貨。"

筬　可製箭的小竹。《廣韻·東韻》："筬，小竹，可爲矢。"按，《集韻·東韻》云"竹笴謂之筬"，可相印證。"笴"即箭杆。《廣韻·哿韻》："笴，箭莖也。"

鵀　似鷹之小鳥。《廣韻·東韻》："鵀，似鷹而小，能捕雀也。"元關漢卿《魯齋郎》楔子："小官嫌官小不做，嫌馬瘦不騎，但行處引的是花腿閒漢，彈弓粘竿鵀兒小鷂，整日價飛鷹走犬，街市閒行。"

〔推源〕　諸詞俱有細、小義，爲戎聲所載之公共義。聲符字"戎"从戈，其所記録語詞之本義《説文》訓"兵"，即兵器，然則與細、小義無涉。其細、小義乃戎聲所載之語源義。戎聲可載細、小義，"茸"可證之。

戎：日紐冬部；

茸：日紐東部。

雙聲，上古音冬、東無別，猶叠韻。"茸"，草初生纖細、柔軟貌，引申之，亦指細毛。《説文·艸部》："茸，艸茸茸皃。"清王筠《句讀》："艸初生之狀謂之茸。"清朱駿聲《通訓定聲》："謝靈運詩：'新蒲含紫茸。'〔轉注〕《報任少卿書》：'在闒茸之中。'注：'細毛也。'"按，朱氏所云"轉注"即引申。戰國楚宋玉《小言賦》："纖於氄末之微蔑，陋於茸毛之方生。"

（595）犹茙絨（繁密義）

犹　金絲猴，其毛長而繁密，故稱"犹"。宋陸佃《埤雅·釋獸》："犹，蓋猿狖之屬，輕捷善緣木,大小類猿,長尾,尾作金色。今俗謂之金綫狨者是也。"宋朱彧《萍洲可談》卷一:"狨似大猴,生川中,其脊毛最長,色如黄金。取而縫之,數十片成一座,價直錢百千。"馮德培、談家楨等《簡明生物學詞典·金絲猴》:"亦稱'仰鼻猴'……背部有發亮的長毛……毛質柔軟,極珍貴。"

茙 繁密茂盛。清朱駿聲《説文通訓定聲·豐部》:"《韓詩》:'何彼茙矣。'毛本以'襛'爲之。"按,今吳方言稱"濃"爲"茙",蓋亦古語。流行辭書或以爲"茙"通"襛",故表繁密茂盛義,實非。"襛"字从衣,本謂衣厚,引申之,有濃厚義。"茙"字从艸,雖爲茙葵之名,然表唐棣之華繁密茂盛義,爲套用式本字。

絨 細布(見前條),亦指動物之細毛,如羊絨、鴨絨等。動物絨毛叢生,多而密,故有繁密之衍義。謝冰心《去國·斯人獨憔悴》:"一個黃昏,一片極目無際絨絨的青草,映着半天的晚霞,恰如一幅圖畫。"

〔推源〕 諸詞俱有繁密義,爲戎聲所載之公共義。聲符字"戎"所記録語詞之本義、引申義系列與繁密義無涉,其繁密義乃戎聲所載之語源義。戎聲可載繁密義,"茸"可證之。"戎""茸"的語音親緣關係分析見前條。"茸",初生的小草纖細柔軟貌(見前條),草多叢生,故有繁密義。唐白居易《紅綫毯》:"綵絲茸茸香拂拂,綫軟花虛不勝物。"唯"茸"有繁密義,故有"茸密"之同義聯合式合成詞。明徐弘祖《徐霞客遊記·滇遊日記九》:"路由夾崖中曲折上升,兩岸高木蟠空,根糾垂崖外,其上竹樹茸密,覆陰排幙。"又,凡物多毛稱"毛茸茸",亦繁密義。

210 圭聲

(596) 珪窐閨袿(圭形義)

珪 "圭"之後起字,謂玉珪。《説文·土部》:"珪,古文圭从玉。"《廣韻·齊韻》:"圭,圭璧。珪,古文。"《書·金縢》:"周公立焉,植璧秉珪,乃告大王、王季、文王。"《墨子·尚同中》:"珪璧、幣帛,不敢不中度量。"

窐 甑下孔,引申而指門旁圭形小洞。圭之形,上圓下方,門旁洞形相似,故稱"窐"。《説文·穴部》:"窐,甑空也。从穴,圭聲。"南唐徐鍇《繫傳》:"甑下孔也。"《廣韻·齊韻》:"窐,甑下孔。"《楚辭·哀時命》:"璋珪雜於甑窐兮。"漢王逸注:"窐,甑土(下)孔。"《晉書·隱逸傳論》:"徵聘之禮賁於巖穴,玉帛之贄委於窐衡。"明楊慎《升庵全集》卷六十七:"窐衡,謂窐竇、衡門。"

閨 上圓下方之門。《説文·門部》:"閨,特立之户,上圜下方,有似圭。从門,圭聲。"清朱駿聲《通訓定聲》:"據説則'圭'亦意。《左襄十傳》:'篳門圭竇之人。'注:'圭竇,小户,穿壁爲户,上鋭下方,狀如圭也。'《荀子·解蔽》:'俯而出城門,以爲小之閨也。'"按,所引

《左傳》之"圭"異文作"閨"。

袿 圭形衣物。漢劉熙《釋名·釋衣服》："婦人上服曰袿,其下垂者,上廣下狹,如刀圭也。"《廣韻·齊韻》："袿,《廣雅》曰:'袿,長襦也。'"漢王褒《九懷·尊嘉》："修余兮袿衣,騎霓兮南上。"唐李商隱《和孫朴韋蟾孔雀詠》："都護矜羅幕,佳人炫繡袿。"

〔推源〕 諸詞俱有圭形義,爲圭聲所載之公共義。聲符字"圭"乃"珪"之初文。《説文·土部》："圭,瑞玉也,上圜下方。公執桓圭,九寸;侯執信圭,伯執躬圭,皆七寸;子執穀璧,男執蒲璧,皆五寸。"《儀禮·聘禮》："所以朝天子,圭與繅皆九寸,剡上寸半,厚半寸,博三寸。"漢鄭玄注："剡上象天圜地方也。"然則本條諸詞之圭形義爲聲符"圭"所載之顯性語義。

(597) 䭸哇(不正義)

䭸 頭不正。《説文·矢部》："䭸,頭袤骫䭸態也。从矢,圭聲。"《廣雅·釋詁二》："䭸,袤也。"《廣韻·屑韻》："䭸,頭邪。"沈兼士《聲系》："案'䭸',《説文》作'䭸'。"《集韻·屑部》："䭸,䭸奊,頭袤態。"清管同《祭檀默齋明府文》："䭸首帖耳,耽游是務。"按,《説文》所訓"骫䭸"亦指骨關節膨大不正。余巖《古代疾病名候疏義》卷四："骫䭸,即長骨之端與他骨關節之處膨大突出,其形不正者。"

哇 靡曼的樂聲,即淫邪不正之樂聲。《説文·口部》："哇,諂聲也。从口,圭聲。"清朱駿聲《通訓定聲》："按,滔淫之聲也……《廣雅·釋詁二》:'哇,袤也。'"清馬國翰《玉函山房輯佚書》卷六十二引南朝梁元帝蕭繹《纂要》："楚歌曰艷,淫歌曰哇。"漢揚雄《法言·吾子》："中正則雅,多哇則鄭。"晉李軌注："多哇者,淫聲繁越也。"唐鄭薰《贈鞏疇》："疏越捨朱絃,哇淫鄙秦箏。"

〔推源〕 此二詞俱有不正義,爲圭聲所載之公共義。圭聲字"鼃""蛙""繩""欪"亦可以假借字形式表不正義,亦爲圭義、不正義相關聯之一證。清朱駿聲《説文通訓定聲·解部》："《東京賦》:'《咸池》不齊度於《鼃咬》。'注:'《鼃咬》,淫聲也。'"漢曹操《與王脩書》："孤懼有此空聲冒實,淫《鼃》亂耳。"唐傅奕《請廢佛法表》："曲類蛙歌,聽之喪本。"《漢書·叙傳》上:"淫《繩》而不可聽者,非《韶》《夏》之樂也。"唐顏師古注:"淫《繩》,非正之聲也。"《玉篇·欠部》:"欪,欪聲。"《廣韻·齊韻》:"欪,邪也。"按,疑爲"哇"之或體,姑附於此。聲符字"圭"所記錄語詞之本義、引申義系列與不正義不相涉,其不正義爲圭聲所載之語源義。圭聲可載不正義,"傾"可證之。

圭:見紐支部;

傾:溪紐耕部。

見溪旁紐,支耕對轉。"傾",傾斜,傾斜則不正,故又引申爲不正義。《説文·人部》:"傾,仄也。"清朱駿聲《通訓定聲》:"按,實與'頃'同字。《廣雅·釋詁二》:'傾,袤也。'《禮記·曲禮》：'傾則姦。'注：'或爲側。'《老子》：'高下相傾。'《釋文》：'不正皃。'"按，《說文·頁部》"頃"訓"頭不正"。朱氏所引《禮記》文漢鄭玄注："辟頭旁視，心不正也。""傾"亦指行爲不正。漢桓寬《鹽鐵論·禁耕》："山海有禁而民不傾，貴賤有平而民不疑。"

(598) 絓罫（絆義）

絓 繅繭時絲糾纏成結，引申爲絆住義。《說文·糸部》："絓，繭滓絓頭也。从糸，圭聲。"清桂馥《義證》："《廣韻》：'絓，惡絲。'《玉篇》：'繢，絓繢也。'《釋名》：'絓，挂也，挂於杖端振舉之也。'黃庭堅注：'《急就篇》："絓，絲結也。"'馥案：繅繭絲未盡者互相連結，抽其粗緒織爲絘紬，故顏注《急就篇》云：'紬之尤粗者曰絓，繭滓所抽也。'"《玉篇·糸部》："絓，止也，有行礙也。"《左傳·成公二年》："逢丑父與公易位，將及華泉，驂絓於木而止。"清蒲松齡《聊齋志異·西湖主》："後年餘，生北歸，復經洞庭，大風覆舟。幸扳一竹簏，漂泊終夜，絓木而止。"

罫 字从网，謂挂住，絆住。《玉篇·网部》："罫，罫礙也。"《廣韻·霽韻》："罫，挂也。"又《卦韻》："罫，罫礙。"《淮南子·說林訓》："釣者靜之，眾者扣舟，罩者仰之，罫者舉之。爲之異，得魚一也。"《百喻經·毗舍闍鬼喻》："著此屐者，能令人飛行無罫礙。"

〔推源〕 此二詞俱有絆義，爲圭聲所載之公共義。圭聲字"挂"从手，其本義爲劃分（見本典第600條），然可以假借字形式表絆住、阻礙義。《集韻·卦韻》："絓，礙也。或从网，亦作挂。"清朱駿聲《說文通訓定聲·解部》："挂，〔假借〕爲絓。《廣雅·釋詁三》：'挂，止也。'《穀梁昭八》注：'聲挂則不得入門。'《釋文》：'挂，礙也。'"《楚辭·哀時命》："衣攝葉以儲與兮，左袪挂於榑桑。"漢王逸注："挂，一作絓。"按，聲符字"圭"所記錄語詞之本義、引申義系列與絆義無涉，其絆義爲圭聲所載之語源義。圭聲可載絆義，"糾"可證之。

圭：見紐支部；

糾：見紐幽部。

雙聲，支幽旁轉。"糾"，糾纏，即相絆。《說文·糸部》："糾，繩三合也。"清朱駿聲《通訓定聲》："單股曰紉，兩股曰糾，三股曰糾，亦曰徽。《詩·葛屨》：'糾糾葛屨。'傳：'猶繚繚也。'《漢書·賈誼傳》：'何異糾纆。'注：'絞也。'"《鶡冠子·世兵》："禍乎福之所倚，福乎禍之所伏，禍與福如糾纏。"

(599) 洼窐眭（深凹義）

洼 深池，引申爲低凹義。《說文·水部》："洼，深池也。从水，圭聲。"清朱駿聲《通訓定聲》："《方言》三：'潤、洼，洿也。'《廣雅·釋詁三》：'洼，污也。'《漢書·武帝紀》：'馬生渥洼水中。'《莊子·齊物論》：'似洼者。'"唐柳宗元《始得西山宴遊記》："其高下之勢，岈然洼然，若垤若穴，尺寸千里，攢蹙累積，莫得遯隱。"

窐 空而深，亦引申爲低凹義。清朱駿聲《說文通訓定聲·解部》："窐，空也。《呂覽·

任地》:'子能以窐爲突乎?'注:'窐,容汙下也。'《高唐賦》注引《廣雅》:'窐窏,空深也。'"明楊慎《霞丘歸引》:"霞邱子窐窏,其言溪壑而罔測也。"清宋大業《北征日記》:"有窐中積雨,色微黄臭。"

  眭 目深。其字《説文》作"婎"。《女部》:"婎,圜深目兒。从女,圭聲。"清朱駿聲《通訓定聲》:"字亦作'眭'。《説文新附》:'眭,深目也。'《淮南·原道》:'今人之所以眭然能視。'注:'音桂。'"《集韻·支韻》:"眭,目深皃。"按,"眭"爲本字。

  〔推源〕 諸詞俱有深凹義,爲圭聲所載之公共義。聲符字"圭"所記録語詞之本義、引申義系列與深凹義不相涉,其深凹義爲圭聲所載之語源義。圭聲可載深凹義,"坑"可證之。

     圭:見紐支部;
     坑:溪紐陽部。

  見溪旁紐,支陽旁對轉。"坑",溝壑,塹,深凹者。字亦作"阬"。《玉篇·阜部》:"阬,陷也。亦作坑。"又《土部》:"坑,塹也。丘虚也。壑也。《莊子》云:在谷滿谷,在坑滿坑。"按《莊子》之"坑"異文作"阬"。《晉書·載記·吕纂》:"與左右因醉馳獵於坑澗之間。"南朝宋劉義慶《世説新語·仇隙》:"劉璵兄弟少時爲王愷所憎,嘗召二人宿,欲默除之,令作阬,阬畢,垂加害矣。"

(600) 挂畦(劃分義)

  挂,劃分。《説文·手部》:"挂,畫也。从手,圭聲。"清朱駿聲《通訓定聲》:"字亦作掛。《易·繫辭》:'掛一以象三。'……《莊子·漁父》:'變更易常,以掛功名。'《釋文》:'别也。'"張舜徽《約注》:"挂之言界也,謂界畫也。"按,朱氏所引《莊子》之"掛"章炳麟《解故》云爲謀畫義,乃劃分義之引申。《淮南子·氾論訓》:"伯餘之初作衣也,緂麻索縷,手經指挂,其成猶網羅。"

  畦 五十畝土地,人所劃分;引申之亦指分區栽種。《説文·田部》:"畦,田五十畝曰畦。从田,圭聲。"清朱駿聲《通訓定聲》:"《孟子》:'病於夏畦。'劉注:'今俗以二十五畝爲小畦,五十畝爲大畦。'《蒼頡篇》:'五十畝曰畦。畦,埒也。'《離騷》:'畦留夷與揭車兮。'注:'畦,共呼種之名。'……〔轉注〕《莊子·天地》:'方將爲圃畦。'李注:'埒中曰畦。'《楚辭·招魂》:'倚沼畦瀛兮。'注:'猶區也。'《史記·貨殖傳》:'千畦薑韭。'"按,朱氏所引《離騷》之"畦"謂分區栽種。所謂"轉注"即引申,所引《莊子》《楚辭》《史記》之"畦"指田中小區,人所劃分者。上述"畦"之三義皆同條共貫。

  〔推源〕 此二詞俱有劃分義,爲圭聲所載之公共義。聲符字"圭"所記録語詞之本義、引申義系列與劃分義不相涉,其劃分義爲圭聲所載之語源義。圭聲可載劃分義,"劃"可證之。

圭：見紐支部；

劃：匣紐錫部。

見匣旁紐,支錫對轉。"劃",今簡作"划",謂以刀劃割其物。《説文·刀部》："劃,錐刀曰劃。"唐韓愈《潮州祭神文》："劃劙雲陰,卷月日也。"按,刀劃物,則物分,故有"劃分"之衍義。北齊顏之推《顏氏家訓·歸心》："九州未劃,列國未分。"按,"劃"與"分"對文同義。唯"劃"有分義,故有"劃分"之同義聯合式合成詞。清惲敬《明儒學案條辯序》："非敢強爲是非,劃分畛域也。"

211　寺聲

(601) 庤持渟（儲備義）

庤　儲備。《説文·广部》："庤,儲置屋下也。从广,寺聲。"清朱駿聲《通訓定聲》："《詩·臣工》：'庤乃錢鎛。'傳：'具也。'《考工》注以'偫'爲之。"按,"偫"从待聲,而"待"从寺聲,與"庤"同。《玉篇·人部》："偫,與庤同,儲也。"又《广部》："庤,儲也。"《廣韻·之韻》："庤,具也。"《新唐書·羅藝傳》："涿郡號富饒,伐遼兵仗多在,而倉庤盈羨。"《明史·王瓊傳》："邊帥請芻糗,則屈指計某倉、某場庤糧草幾何。"

持　以手持物。《説文·手部》："持,握也。从手,寺聲。"《廣韻·之韻》："持,執持。"《禮記·射義》："持弓矢審固,然後可以言中。"引申爲保持、保守義。《左傳·昭公十九年》："楚不在諸侯矣,其僅自完也,以持其世而已。"楊伯峻注："持,守也,保也。"又引申爲儲備義。《老子》第九章："持而盈之,不如其已。"馬叙倫《校詁》："持借爲庤。《説文》曰：'庤,儲置屋下也。'"按,"持"表儲備義無煩假借,乃其本義之引申。《墨子·備城門》："及持沙,毋下千石。"尹侯青《新釋》："持,庤也,儲也。"

渟　水停蓄。《説文·水部》："渟,水暫益,且止,未減也。从水,寺聲。"清王筠《句讀》："猶云不增不減耳。"清朱駿聲《通訓定聲》："《周禮》：'事酒。'以'事'爲之。"按《周禮·天官·酒正》"一曰事酒"漢鄭玄注："事酒,有事而飲也。"即儲之備用之酒。

〔推源〕　諸詞俱有儲備義,爲寺聲所載之公共義。寺聲字"峙""時""䠰"亦可以假借字形式表儲備義,此亦可證寺聲與儲備義相關聯。《史記·魯周公世家》："魯人三郊三隧,峙爾芻茭、糗糧、楨榦,無敢不逮。"按"峙"字从止,《説文》訓"踞",峙踞即徘徊,其儲備義乃假借義。《詩·大雅·崧高》："以峙其粻,式遄其行。"清朱駿聲《説文通訓定聲·頤部》引作"以時其粻",並引唐陸德明《經典釋文》："時,本作峙。"按,"時"謂祭壇,"峙"指山屹立,表儲備義,俱爲借字。聲符字"寺"所記錄語詞謂官署。《説文·寸部》："寺,廷也。"《漢書·元帝紀》："壞敗豲道縣城郭官寺及民室屋,壓殺人衆。"唐顏師古注："凡府廷所在皆謂之寺。"然則與儲備無涉,其儲備義乃寺聲所載之語源義。寺聲可載儲備義,"儲"可證之。

寺：邪紐之部；

儲：定紐魚部。

邪定鄰紐，之魚旁轉。"儲"，儲備。《説文·人部》："儲，偫也。"《廣韻·止韻》："偫，儲也，具也。"《淮南子·主術訓》："二十七年而有九年之儲。"《韓非子·十過》："倉無積粟，府無儲錢，庫無甲兵，邑無守具。"

(602) 待侍時等（等待義）

待 等待。《説文·彳部》："待，竢也。从彳，寺聲。"清朱駿聲《通訓定聲》："《廣雅·釋詁三》：'待，逗也。'《易·歸妹》：'有待而行也。'《左隱元傳》：'子姑待之。'《莊子·漁父》：'竊待於下風。'"《廣韻·海韻》："待，俟也。"《玉篇·人部》："俟，候也。"《書·太甲上》："先王昧爽丕顯，坐以待旦。"唐白居易《放言》五首之三："試玉要燒三日滿，辨材須待七年期。"

侍 伺候，亦指陪侍尊者，引申爲等待義。《説文·人部》："侍，承也。从人，寺聲。"清朱駿聲《通訓定聲》："《廣雅·釋詁三》：'侍，近也。'《蒼頡篇》：'侍，從也。'《孝經》：'曾子侍。'鄭注：'卑在尊者之側爲侍也。'《後漢·邳彤傳》：'侍中。'注：'有左右曹，入侍天子，故曰侍中。'……〔假借〕爲待。《儀禮·士昏禮》：'媵侍於戶外。'注：'今文作待。'《荀子·正論》：'五祀，執薦者百人侍西房。'"按，"侍"表等待義，無煩假借，乃引申。侍於尊者之側猶今言等在旁邊，本有等待義。睡虎地秦墓竹簡《封診式·封守》："即以甲封付某等，與里人更守之，侍令。"其"侍"亦等待義。

時 時間。《廣韻·之韻》："時，辰也。"按，一日夜十二時辰，上海方言謂時光爲"辰光"。《論語·季氏》："少之時，血氣未定，戒之在色。"引申爲等待義。清朱駿聲《説文通訓定聲·頤部》："時，〔假借〕爲'司'。《廣雅·釋言》：'時，伺也。'《論語》：'孔子時其亡也。'疏：'伺虎不在家時。'……又爲'待'。《易·歸妹》：'遲歸有時。'《象傳》正作'待'。"按，"時"表等待義非假借，而當爲引申，蓋等待即伺其時。《北史·藝術傳上·王早》："早曰：'今日申時必大雨。'比至未，猶無片雲，帝召早詰之。早曰：'願更少時。'"

等 齊等，引申爲等待。《説文·竹部》："等，齊簡也。从竹，从寺。寺，官曹之等平也。"清朱駿聲《通訓定聲》："寺亦聲。《廣雅·釋詁四》：'等，齊也。'〔轉注〕《周禮·大宗伯》：'以等邦國。'注：'猶齊等也。'……又借爲'待'，今俗謂候俟爲'等'。"按，朱氏所云"轉注"即引申，實則"齊簡"爲"等"字之形體造意，本義即齊等。至"寺亦聲"説則可從，清姚文田《説文聲系》、清嚴可均《説文校議》亦云"寺亦聲"。"等"表等待義非假借，乃引申，蓋所期盼者至則與之齊等。《字彙·竹部》："等，候待也。"唐路德延《小兒詩》："等鵲潛籬畔，聽蛩伏砌邊。"唯"等"有待義，故有"等待"之同義聯合式合成詞。元宫天挺《范張雞黍》楔子："哥哥，您兄弟在家殺雞炊黍，等待哥哥相會。"

〔推源〕 諸詞俱有等待義，爲寺聲所載之公共義。聲符字"寺"所記語詞謂官署，其引申義系列與等待義亦不相涉,等待義乃寺聲所載之語源義。寺聲可載等待義,"竢"可證之。

寺:邪紐之部;
竢:崇紐之部。

叠韻,邪崇(牀)準旁紐。"竢",等待。《説文·立部》:"竢,待也。"清朱駿聲《通訓定聲》:"《爾雅·釋詁》:'竢,待也。'《左哀元傳》:'曰可竢也。'《漢書·地理志》:'竢我於著乎而。'《賈誼傳》:'竢罪長沙。'《蕭望之傳》:'竢見二子。'經傳多以'俟'爲之。"按,"竢""俟"同從矣聲。《爾雅》《説文》俱以"待"訓"竢",實爲以同源詞相訓。

(603) 時塒(界限義)

時 季節,其名寓界限義。《説文·日部》:"時,四時也。从日,寺聲。"清朱駿聲《通訓定聲》:"《左閔二傳》:'時,事之徵也。'《管子·山權數》:'時者,所以記歲也。'……《左桓六傳》:'謂其三時不害。'注:'春、夏、秋也。'《孟子篇叙》:'三時者成歲之要時。'"漢王充《論衡·調時》:"積日爲月,積月爲時,積時爲歲。"按,"時"謂四季,四季之間各有界限。又,季節字作"節",本謂竹節,"節"即一節竹之界限。又,"時"有界限,故有"時節"之語。

塒 田界。《集韻·止韻》:"塒,田際也。"清朱駿聲《説文通訓定聲·頤部》:"《三蒼》:'塒,埓也。'"漢史游《急就篇》卷三"頃町界畝畦埓封"唐顔師古注:"五十畝曰畦。埓者,田間埓道也。"《史記·封禪書》:"秦獻公自以爲得金瑞,故作畦塒、櫟陽而祀白帝。"唐司馬貞《索隱》:"塒,埓也。"

〔推源〕 此二詞俱有界限義,爲寺聲所載之公共義。聲符字"寺"所記録語詞之本義、引申義系列與界限義不相涉,其界限義乃寺聲所載之語源義。寺聲可載界限義,"止"可證之。

寺:邪紐之部;
止:章紐之部。

叠韻,邪章(照)鄰紐。"止",甲骨文象脚形,本義爲脚。《廣韻·止韻》:"止,足也。"《儀禮·士昏禮》:"御衽於奥,媵衽良席在東,皆有枕,北止。"清胡培翬《正義》:"北止,趾向北,首向陽也。"按,"趾"爲後起本字。人行以足,其行時有止,故引申爲停止義,且爲基本義。《廣韻·釋詁二》:"止,逗也。"《易·蒙》:"山下有險,險而止。"又引申爲盡頭義。盡頭義、界限義微殊而相通。《歸藏·啓筮》:"滔滔洪水,無所止極。"唐韓愈《曹成王碑》:"刻詩其碑,爲示無止。"

(604) 沰峙(高義)

沰 水中高地。《廣韻·止韻》:"沰,水中高土。"又"沰,同沚。"《爾雅·釋水》:"水中可居者曰洲,小洲曰渚,小渚曰沚。"清朱駿聲《説文通訓定聲·頤部》:"沰,〔假借〕爲'沚'。

《穆天子傳》一:'飲於枝沶之中。'注:'小渚也。'"按,"沶"之本義謂水停留(見本典第601條),然表水中高地義,非假借,乃套用字,蓋以寺聲表高地。《楚辭·九懷·陶壅》"淹低佪兮京沶"漢王逸注:"小渚曰沶,小沶曰沶。"《集韻·脂韻》:"坻,或作沶。"《説文·土部》:"坻,小渚也。《詩》曰:'宛在水中坻。'"

峙 屹立,高聳。《玉篇·山部》:"峙,峻峙。"《廣韻·止韻》:"峙,峻峙。"按,"峻"與"峙"可分訓,當爲同義聯合式合成詞。《説文·山部》:"陖,高也。从山,陖聲。峻,陖或省。"《列子·湯問》:"五山始峙。"《雲笈七籤》卷七十九:"昔黄帝遊觀六合,後造神靈,見東、中、西、北四嶽並有佐命之山,唯衡山峙立無輔。"

〔推源〕 此二詞俱有高義,爲寺聲所載之公共義。寺聲字"特"亦可以假借字形式、以其寺聲表高義。《增修互注禮部韻略·德韻》:"特,挺立曰特。"漢王延壽《魯靈光殿賦》:"漸臺臨池,層曲九成,屹然特立,的爾殊形。"明徐弘祖《徐霞客遊記·粤西遊日記二》:"西有小石峰,特立田間,旁絶延附。"按,"特"又有杰出義,此即抽象性高義,所謂杰出,即高於他人。《詩·秦風·黄鳥》:"維此奄息,百夫之特。"宋朱熹《集傳》:"特,杰出之稱。"聲符字"寺"所記錄語詞之本義、引申義系列與高義不相涉,其高義乃寺聲所載之語源義。寺聲可載高義,"崇"可證之。

寺:邪紐之部;
崇:崇紐冬部。

邪崇(牀)準旁紐,之冬(東)旁對轉。"崇",高。《爾雅·釋詁上》:"崇,高也。"《説文·山部》:"崇,嵬高也。"《易·繫辭上》:"崇效天,卑法地。"《文選·揚雄〈甘泉賦〉》:"崇崇圜丘,隆隱天兮。"唐李善注:"崇崇,高貌也。"

(605) 恃待持侍(依仗義)

恃 依賴,依仗。《説文·心部》:"恃,賴也。从心,寺聲。"清朱駿聲《通訓定聲》:"《詩·蓼莪》:'無母何恃。'……《公羊桓三傳》:'恃有年也。'注:'賴也。'"《廣韻·止韻》:"恃,依也,賴也。"《左傳·僖公二十六年》:"室如懸磬,野無青草,何恃而不恐?"元白樸《梧桐雨·楔子》:"自恃勇力深入,不料衆寡不敵。"

待 本謂等待(見本典第602條),有"防備"之衍義。《左傳·宣公十二年》:"内官序當其夜,以待不虞。"有防備則可依仗,所謂有備無患。故"待"又有"依仗"之引申義。清朱駿聲《説文通訓定聲·頤部》:"待,〔假借〕又爲'恃'。《吕覽·無義》:'不窮奚待。'注:'恃也。'"按,實即引申,非假借。《商君書·農戰》:"國待農戰而安,主待農戰而尊。"

持 依仗。《韓非子·姦劫弑臣》:"乘舟之安,持檝之利,則可以水絶江河之難。"陳奇猷《集釋》:"持借爲恃。"按,陳説難從。"持"字从手,本謂持握(見本典第601條),持握之則有持有義,又引申爲掌握、掌控義。《文子·下德》:"行可奪之道,而非篡弑之行,無益於持天下矣。"有所掌握,則可依仗,故有"依仗"之衍義。《淮南子·主術訓》:"大臣專權,下吏持勢,朋黨周比,以弄其上。"其"持"亦依仗義。

侍 依仗,憑藉。清朱駿聲《說文通訓定聲·頤部》:"侍,〔假借〕又爲'恃'。《老子》河上本:'爲而不侍。'"按,"侍"表依仗義無煩假借,乃引申。"侍"謂陪侍尊者(見本典第602條),即依附於尊者,由依附義衍生依仗義。馬王堆漢墓帛書《經法·亡論》:"守國而侍其地險者削,用國而侍其强者弱。"又《戰國縱橫家書·觸龍見趙太后》:"(觸龍)曰:'食飲得毋衰乎?'曰:'侍鬻鬻耳。'"

〔推源〕 諸詞俱有依仗義,爲寺聲所載之公共義。聲符字"寺"單用亦可表依仗義。馬王堆漢墓帛書《十六經·三禁》:"柔不足寺。"或以爲"寺"字从又,从之,爲"持"之初文。"持"則有依仗義。可參。寺聲可載依仗義,則"仗"可證之。

寺:邪紐之部;
仗:定紐陽部。

邪定鄰紐,之陽旁對轉。"仗",兵器之總稱。《玉篇·人部》:"仗,器仗也。"《廣韻·漾韻》:"仗,器仗也。"南朝宋何承天《安邊論》:"千家之邑,戰士二千,隨其便能,各自有仗。"按,器仗爲捍身禦敵之物,人所依仗,故引申爲依仗義。《廣韻·養韻》:"仗,憑仗。"《史記·春申君列傳》:"負人徒之衆,仗兵革之彊。"唐劉知幾《史通·直書》:"若南、董之仗氣直書,不避强禦;韋、崔之肆情奮筆,無所阿容。"

212　吉聲

(606) 硈黠佶鮚結(堅、健義)

硈 石堅。《說文·石部》:"硈,石堅也。从石,吉聲。"清朱駿聲《通訓定聲》:"《爾雅·釋言》:'硈,鞏也。'今俗結實字以'結'爲之。"按,所引《爾雅》文晉郭璞注:"硈然堅固。"《爾雅·釋詁上》:"鞏,固也。"《玉篇·石部》:"硈,堅也。"宋曾鞏《旌德縣太君薛氏墓誌銘》:"硈兮石,琢銘文。"

黠 堅。《說文·黑部》:"黠,堅黑也。从黑,吉聲。"清桂馥《義證》:"《集韻》引作'堅固也。'《玉篇》:'黠,堅也,黑也。'《漢書·趙充國傳》:'以尤桀黠皆斬之。'顏注:'桀,堅也;黠,惡也,爲惡堅也。'馥謂當爲:黠,堅也;桀,惡也。"《廣韻·黠韻》:"黠,堅黑也。"晉葛洪《抱朴子·行品》:"凌强禦而無憚,雖險逼而不沮者,黠人也。"

佶 壯健貌。《集韻·質韻》:"佶,壯健皃。"清朱駿聲《說文通訓定聲·履部》:"佶,〔假借〕爲趌。《詩·六月》:'四牡既佶,既佶且閑。'箋:'壯健之皃。'傳訓'正也',失之。"按,"趌"有怒走、直行義,非"佶"之本字,"佶"表壯健義,無煩假借。在物曰堅,在人、在馬曰健,俱爲吉聲所載之義,而其義相通。唐李商隱《驕兒》:"豪鷹毛崱屴,猛馬氣佶傈。"唐劉禹錫《答柳子厚書》:"端而曼,苦而腴,佶然而生,癯然以清。"

鮚 蚌,有堅殼之動物。《説文·魚部》:"鮚,蚌也。从魚,吉聲。《漢律》:會稽郡獻鮚醬。"清朱駿聲《通訓定聲》:"《漢書·地理志·鄞縣》注:'鮚長一寸,廣二分有一,小蟹在其腹中。'此鮚之小者。其地有鮚埼亭。"宋梅堯臣《送鄞宰王殿丞》:"君行問埼鮚,殊物可講解。一寸明月腹,中有小碧蟹。"清阮元編《兩浙輶軒録·李鄴嗣〈郡城秋眺〉》:"村東漸聽人聲近,知向荒崎采鮚歸。"

結 打結,引申爲結實、堅固義。《説文·糸部》:"結,締也。从糸,吉聲。"清朱駿聲《通訓定聲》:"《左昭十一傳》:'帶有結。'……〔轉注〕《(廣雅)釋訓》:'結,縎不解也。'……《南都賦》:'結根竦本。'注:'固也。'"清葉燮《原詩》:"如醫者之治結疾,先儘蕩其宿垢。"清林則徐《札蘇藩司寶山海塘工程勿稍草率並委徐令督視》:"如此辦法,安能結實?一切填砌碎石,必致斜壓側卧,潮來即被冲起,豈非全功盡棄?"

〔推源〕 諸詞俱有堅、健義,爲吉聲所載之公共義。聲符字"吉"所記録語詞《説文·口部》訓"善",即吉祥義。《詩·召南·摽有梅》:"求我庶士,迨其吉兮。"漢毛亨傳:"吉,善也。"然則"吉"之本義及引申義與堅、健無涉,其堅、健義爲吉聲所載之語源義。吉聲可載堅、健義,"堅""健"可相證。

吉:見紐質部;

堅:見紐真部;

健:群紐元部。

見群旁紐,質真對轉,真元旁轉,質元旁對轉。"堅",堅硬,堅固。《爾雅·釋詁》:"堅,固也。"《説文·臤部》:"堅,剛也。"《吕氏春秋·誠廉》:"石可破也,而不可奪堅;丹可磨也,而不可奪赤。"按,亦可指人之强健。《管子·地員》:"其泉白青,其人堅勁。""健",强壯。《説文·人部》:"健,伉也。"《集韻·梗韻》:"伉,健力也。"《荀子·王制》:"材技股肱、健勇爪牙之士,彼將日日挫頓竭之於讎敵,我將來致之,並閲之,砥礪之於朝廷。"《晉書·郭璞傳》:"得健夫二三十人,皆持長竿。"

(607) 頡桔趌(直義)

頡 脖頸僵直。《説文·頁部》:"頡,直項也。从頁,吉聲。"清朱駿聲《通訓定聲》:"《淮南書》:'王公大人有嚴志頡頏之行。'《漢書·揚雄傳》:'鄒衍以頡亢而取世資。'《東方朔畫贊》:'頡頏以傲世。'按,皆傲睨之意,猶言强項也。《吕覽·明理》:'頡許百疾。'"清段玉裁注:"直項者,頡之本義。"按,"傲"義爲"頡"之直接引申義,猶今俗語"不低頭"。

桔 直木。《説文·木部》:"桔,一曰直木。"明徐弘祖《徐霞客遊記·江右遊日記》:"一隙岈然若門,側身而入,其門高五六尺,而闊僅尺五。上下二旁,方正如從繩挈矩,而欞桔之形,宛然劉削而成者。"按,"桔"亦指桔梗,故漢許慎稱"一曰某",其直木義清朱駿聲氏稱之爲"別義"。而其文字,當爲套用字。

赾 直行,不回顧。《説文·走部》:"赾,赾趌,怒走也。从走,吉聲。"《廣韻·質韻》:"赾,直行。"按,二書所訓當爲同一義,凡怒走則徑直前行。《明史·外國六·浡泥》:"稽古遠臣,順來怒赾。"

〔推源〕 諸詞俱有直義,爲吉聲所載之公共義。聲符字"吉"所記録語詞之本義、引申義系列與直義不相涉,其直義爲吉聲所載之語源義。吉聲可載直義,"建"可相證。

> 吉:見紐質部;
> 建:見紐元部。

雙聲,質元旁對轉。"建",竪立,直立。《玉篇·廴部》:"建,竪立也。"《廣韻·願韻》:"建,樹也。"按,"樹"亦木總名,直立、竪立於地故稱"樹"。《尚書大傳》卷三:"九十杖而朝,見君建杖。"漢鄭玄注:"建,樹也。"《説文·矛部》:"矛,酋矛也。建於兵車,長二丈。"

(608) 袺翓拮(上舉義)

袺 提起衣襟。《説文·衣部》:"袺,執衽謂之袺。从衣,吉聲。"清朱駿聲《通訓定聲》:"《詩·芣苢》:'薄言袺之。'《爾雅·釋器》:'執衽謂之袺。'"按,所引《爾雅》文晉郭璞注:"持衣上衽。"《廣韻·黠韻》:"袺,執衽。"又《屑韻》:"袺,《詩》傳云:執衽曰袺。"按,"襭"之義亦相近。《爾雅·釋器》:"扱衽謂之襭。"晉郭璞注:"扱衣上衽於帶。"其字從頡得聲,"頡"從吉聲,與"袺"同。

翓 鳥往上飛。《玉篇·羽部》:"翓,飛上。"《廣韻·屑韻》:"翓翓,飛上下。"《集韻·唐韻》:"鳥飛上曰翓,下曰頡。"按,"翓"所記録之詞客觀存在,唯文獻中多借"頡"字爲之。"翓""頡"俱從吉聲。《詩·邶風·燕燕》:"燕燕於飛,頡之頏之。"漢毛亨傳:"飛而上曰頡,飛而下曰頏。"漢司馬相如《琴歌》:"何緣交頸爲鴛鴦,胡頡頏兮共翱翔。"按,"翓翓"爲其本字。

拮 舉。《集韻·薛韻》:"揭,舉也。或作拮。"《説文·手部》:"揭,高舉也。"《宋書·謝靈運傳》:"楊勝所拮,秋冬蘊獲。"按,"拮"字从手,有"手口共有所作"之別義,漢許慎説;表舉義,則爲"揭"之轉注字。"揭"字之上古音溪紐月部,"拮"字見紐質部,溪見旁紐,月質旁轉。

〔推源〕 諸詞俱有上舉義,爲吉聲所載之公共義。聲符字"吉"所記録語詞之本義、引申義系列與上舉義不相涉,其上舉義爲吉聲所載之語源義。吉聲可載上舉義,"企"可證之。

> 吉:見紐質部;
> 企:溪紐支部。

見溪旁紐,質支通轉。"企",舉踵。《説文·人部》:"企,舉踵也。"清朱駿聲《通訓定聲》:"《老子》:'企者不立。'《漢書·高帝紀》:'日夜企而望歸。'……《爾雅·釋鳥》:'鳧雁醜,其踵企。'《笙賦》:'如鳥斯企。'"按,所引《漢書》文唐顔師古注:"企謂舉足而竦身。"

(609) 拮劼（勤勉義）

拮 辛勤勞作。《説文·手部》:"拮,手口共有所作也。从手,吉聲。《詩》曰:'予手拮据。'"按,所謂"拮据"即勞作不息、緊張義,故窘迫、經濟緊張亦稱"拮据",爲此詞之常義。明姚士粦《見只編》卷中:"陳遠使外國,拮据軍事。一日,方與楊中丞計議,忽焉中痰而卒。"明歸有光《沈母邱氏七十序》:"辛勤拮据,俛首於女紅者,今七十年。"

劼 勤勉。《廣雅·釋詁四》:"劼,勤也。"《廣韻·黠韻》:"劼,用力。勤也。"唐韓愈、孟郊《征蜀聯句》:"小臣昧戎經,維用贊勳劼。"

〔推源〕 此二詞俱有勤勉義,爲吉聲所載之公共義。聲符字"吉"所記録語詞之本義、引申義系列與勤勉義不相涉,其勤勉義爲吉聲所載之語源義。吉聲可載勤勉義,"勤"可證之。

吉：見紐質部；
勤：群紐文部。

見群旁紐,質文旁對轉。"勤",勤勞,勤勉。《爾雅·釋詁上》:"勤,勞也。"《説文·力部》:"勤,勞也。"《書·周官》:"爾卿士,功崇惟志,業廣惟勤。"《詩·周頌·賚》:"文王勤止,我應受之。"漢毛亨傳:"勤,勞。"

213　考聲

(610) 拷/攷（打擊義）

拷 拷打。《玉篇·手部》:"拷,打也。"《集韻·晧韻》:"拷,掠也。"《説文新附·手部》:"打,擊也。"《廣韻·藥韻》:"掠,笞也。"《魏書·刑罰志》:"其捶用荆,平其節,訊囚者其本大三分,杖背者二分,撻脛者一分,拷悉依令。"宋司馬光《涑水記聞》卷十四:"王怒,命内知客鞫其事,二婢不勝拷掠,自誣云夫人使之縱火。"

攷 敲打。《説文·支部》:"攷,敂也。"清朱駿聲《通訓定聲》:"《廣雅·釋詁三》:'攷,擊也。'經傳以'考'爲之。《詩·山有樞》:'弗鼓弗考。'"漢劉珍等輯《東觀漢記·和熹鄧皇后傳》:"宫中亡大珠一篋,主名不立,念欲攷問,必有不辜。"按,漢許慎以"敂"訓"攷",同部"敂"篆訓"擊也"。"攷"又有考察義,考察猶言推敲,亦與擊義相通。朱氏《通訓定聲》云:"攷,〔轉注〕《周禮·大司馬》:'以待攷而賞誅。'注謂'考校其功'。《太宰》:'設其攷。'按亦考校義。"

〔推源〕 此二詞俱有打擊義,音亦相同,溪紐雙聲,幽部叠韻,語源當同。

(611) 銬/扣(拘捕義)

銬 鎖手腕之刑具,拘捕人之物。《中華字海·金部》:"銬,kào 音靠,鎖住手腕的刑具;戴上手銬。"清劉鶚《老殘遊記》第十七回:"一個垂死的老翁,一個深閨的女子,案情我却不管,你上他這手銬脚鐐是什麽意思?"楊匡滿、郭寶臣《命運》:"他戴上手銬以後,没完没了的審訊和訓斥。"孫犁《張志民小説選·序》:"當然也想到他在牢獄中,被銬起來的手,以及他的憤怒。"按,"銬"作動詞即拘捕。

扣 勒住馬繮,控制馬。《説文·手部》:"扣,牽馬也。"清朱駿聲《通訓定聲》:"《史記·伯夷叔齊傳》:'扣馬而諫。'《淮南·氾論》:'梁由靡扣繆公之驂。'《廣雅·釋詁三》:'扣,持也。'"引申爲扣押、拘捕義。明馮夢龍輯《古今小説》之《沈小霞相會出師表》:"那知州姓賀,奉了這項公事,不敢怠慢,即時扣了店主人到來,聽四人的口詞。"明馮夢龍輯《醒世恒言》之《蔡瑞虹忍辱報仇》:"(水手)蜂擁的上岸,把兩個人一齊扣下船來,跪於將軍柱邊。"按拘捕字作"拘",从句得聲,"扣"从口聲,本相近。

〔推源〕 此二詞俱有拘捕義。"銬"字晚出,手銬爲金屬物,《中華字海》云"音靠",則其結構爲从金,考聲。"銬""扣"音亦相近且相通,語源同。

銬:溪紐幽部;

扣:溪紐侯部。

雙聲,幽侯旁轉。

214　巩聲

(612) 鞏硈(堅固義)

鞏 字从革,謂以皮革束物,引申爲堅固、牢固義。《説文·革部》:"鞏,以韋束也。《易》曰:'鞏用黄牛之革。'从革,巩聲。"清朱駿聲《通訓定聲》:"《爾雅·釋詁》:'鞏,固也。'……《詩·瞻卬》:'無不克鞏。'"按,所引《詩·大雅·瞻卬》文漢毛亨傳:"鞏,固也。"宋吴文英《宴清都·壽榮王夫人》:"南山壽石,東周寶鼎,千秋鞏固。"明張居正《賀瑞鹿表》:"來鳳儀,來獸舞,來龍負與龜呈,億載鞏山河之固。"按,"鞏固"當爲同義聯合式合成詞,本謂堅固,爲形容詞;又有加固義,則爲正補式雙音節動詞。

硈 水邊大石,稱"硈",寓堅固義。《説文·石部》:"硈,水邊石。从石,巩聲。《春秋傳》曰:'闕硈之甲。'"清朱駿聲《通訓定聲》:"《左定四傳》:'闕硈姑洗。'注:'甲名。'今本作'鞏'。"清段玉裁注:"《左傳昭十五年》《定四年》皆作'鞏',注:'闕鞏國所出鎧。'"按,鎧甲亦爲堅固之物,以"硈"指鎧甲雖爲借字,然"硈""鞏"同从巩聲,乃以巩聲載堅固義。《廣韻·

鐘韻》：" 銎，水島石也。"又《腫韻》："銎，水邊大石。"唐趙冬曦《三門賦》："搖騰銎嶼，刷蕩坍穴。"

〔推源〕 此二詞俱有堅固義，爲巩聲所載之公共義。聲符字"巩"所記錄語詞謂抱，與堅固義不相涉，其堅固義乃巩聲所載之語源義。巩聲可載堅固義，"固"可證之。

巩：見紐東部；
固：見紐魚部。

雙聲，東魚旁對轉。"固"，要塞，險要，引申爲堅固義。《説文·囗部》："固，四塞也。"清朱駿聲《通訓定聲》："《周禮》：'掌固。'注：'國所依阻者也，國曰固，野曰險。'《大司馬》：'負固不服。'《秦策》：'東有肴函之固。'注：'牢堅難攻易守也。'〔轉注〕《詩·天保》：'亦孔之固。'傳：'堅也。'……《廣雅·釋詁一》：'固，鞏也。'《荀子·儒效》：'萬物莫足以傾之之謂固。'"按，所謂"轉注"即引申。

(613) 銎/孔（孔洞義）

銎 斧頭上裝柄的方形孔。《説文·金部》："銎，斤斧穿也。从金，巩聲。"清朱駿聲《通訓定聲》："斤斧穿也……謂斤斧之孔所以受柄者。字亦作'銃'。《詩·破斧》傳：'方銎曰斨，隋銎曰斧。'"《廣韻·鐘韻》："銎，斤斧受柄處也。"又"銎，斤斧柄孔。"《墨子·備穴》："以金劍爲難，長五尺，爲銎、木屎。"《廣雅·釋器》："銃謂之銎。"按，"銃"亦指打洞眼之器具，其義亦相通。

孔 小兒頭囟。郭沫若《金文叢考》："孔之本義當爲囟。囟者象形文，孔則指事字。引伸之，則凡空皆曰孔。"引申爲孔洞義。《爾雅·釋詁下》："孔，間也。"宋邢昺疏："孔者，穴也。"《墨子·備城門》："客至，諸門戶皆令鑿而幂孔。"清孫詒讓《閒詁》："孔，竅也。"漢班固《白虎通·情性》："山亦有金石累積，亦有孔穴出雲布雨，以潤天下。"

〔推源〕 此二詞俱有孔洞義，其音亦同，溪紐雙聲，東部叠韻，語源當同。

(614) 𢪻/拱（抱義）

𢪻 擁抱，抱持。《説文·手部》："𢪻，攤也。从手，巩聲。"清段玉裁注："爲'巩'之或字。"《説文·丮部》："巩，裹也。从丮，工聲。𢪻，巩或加手。"南唐徐鍇《繫傳》："抱也。"清朱駿聲《通訓定聲》："按或體'𢪻'字，《説文·手部》重出……〔假借〕爲'扛'。《廣雅·釋詁一》：'𢪻，舉也。'《漢書·王莽傳》：'𢪻茵輿行。'注：'謂坐茵褥之上，而令四人對舉茵之四角，輿而行之。'"按，此"𢪻"即合抱而舉之之義，無煩假借。《玉篇·丮部》："巩，抱也。"《廣韻·腫韻》："𢪻，抱持。""巩，抱也"。

拱 兩手抱拳。《説文·手部》："拱，斂手也。从手，共聲。"清朱駿聲《通訓定聲》："謂沓其手，右手在内，左手在外，男之吉拜尚左，女之吉拜尚右。凶拜反是。九拜必皆拱手。《論語》：'子路拱而立。'皇疏：'沓手也。'《禮記·玉藻》：'頤霤垂拱。'"《廣韻·腫韻》："拱，手抱也,又斂手也。"《禮記·檀弓上》:"孔子與門人立,拱而尚右,二三子亦皆尚右。子曰:'二三子之嗜學也,我則有姊之喪故也。'二三子皆尚左。"漢董仲舒《春秋繁露·五行相生》:"立而磬折,拱則抱鼓。"

〔推源〕 此二詞俱有抱義,其音亦同,見紐雙聲,東部叠韻,乃由同一語源所衍生。

215 耳聲

(615) 珥刵呣聐栮䘑䘏(耳義)

珥 耳飾,以珠玉爲之,故其字从玉。《説文·玉部》:"珥,瑱也。从玉、耳,耳亦聲。"清朱駿聲《通訓定聲》:"《蒼頡篇》:'珥,珠在耳也,耳璫垂珠者曰珥。'……《史記·李斯傳》:'傅璣之珥。'《列子·周穆王》:'設笄珥。'注:'冕上垂玉以塞耳也。'《漢書·東方朔傳》:'去簮珥。'注:'珠玉飾耳者也。'"《廣韻·志韻》:"珥,耳飾。"按,稱"瑱",謂以玉填耳,構詞理據不一。

刵 斷耳。《説文·刀部》:"刵,斷耳也。从刀,从耳。"清朱駿聲《通訓定聲》:"从刀、耳會意,按耳亦聲。……《書·康誥》:'劓刵人。'傳:'截耳也。'《吕刑》:'爰始淫爲劓刵椓黥。'鄭注:'斷耳也。'"《廣韻·志韻》:"刵,截耳。"沈兼士《聲系》:"案《説文》:'刵,从刀,从耳。'慧琳《音義》卷四十一引作'耳聲'。"《金史·刑志》:"或重罪亦聽自贖,然恐無辨於齊民,則劓、刵以爲别。"

呣 口耳之間。《玉篇·口部》:"呣,口旁曰呣。"《廣韻·之韻》:"呣,吻。"又《志韻》:"呣,口吻。"《説文·口部》:"吻,口邊也。"清朱駿聲《通訓定聲》:"《廣雅》:'呣謂之吻。'《埤蒼》:'吻謂唇兩角頭邊也。'"《禮記·曲禮上》:"負劍辟呣詔之,則掩口而對。"唐陸德明《經典釋文》:"口耳之間曰呣。"《管子·弟子職》:"既食乃飽,循呣覆手。"

聐 以耳聽音。《廣韻·志韻》:"聐,聽音不敢言也。"《集韻·志韻》:"聐,聽音也。"按,"耳"有聽聞之衍義,此"聐"字爲記録此義而制之本字,唯典籍多以"耳"爲之。《漢書·外戚傳》上:"又耳曩者所夢日符,計未有所定。"

栮 木耳。一稱"檽"。以其形似耳,故稱"栮",今語雙音詞則稱"木耳。"稱"檽",則取柔軟義。《集韻·止韻》:"栮,木檽。"《説文·艸部》:"檽,木耳也。"宋陸游《食野菜》:"可憐龍鶴山中菜,不伴峨嵋栮脯來。"又《思蜀》:"栮美傾筠籠,茶香出土鎗。"

䘑 祭祀殺牲前先去除其耳邊並取血。《廣韻·志韻》:"䘑,《開刑書》:'殺鷄血祭名。'《周禮注》云:'割牲耳血及毛祭,以爲刉䘑。'"清朱駿聲《説文通訓定聲·頤部》:"《禮記·雜記》:'其䘑皆於屋下。'注:'䘑,謂將刲割牲以釁,先滅耳旁毛薦之。'"按,朱氏所引漢鄭玄注下文爲:"耳,聽聲者,告神欲其聽之。""䘑"亦指人眼耳出血,蓋爲套用字。明李時珍《本草綱目·主治一·吐血衄血》:"耳血曰䘑。眼血曰䘏。"

眲 耳目不相信,即輕視義。亦即視而如未見、充耳不聞之義。漢揚雄《方言》卷十:"揚越之郊,凡人相侮以爲無知,謂之眲。眲,耳目不相信也。"《廣韻·志韻》:"眲,耳目不相信也。"《列子·黄帝》:"子華之門徒……顧見商丘開年老力弱,面目黎黑,衣冠不檢,莫不眲之。"

〔推源〕 諸詞俱有耳義,爲耳聲所載之公共義。聲符字"耳"象人耳形,其所記錄語詞之本義即聽覺器官耳朵。《説文·耳部》:"耳,主聽也。象形。"《孟子·梁惠王上》:"聲音不足聽於耳歟?"然則本條諸詞之耳義爲其聲符"耳"所載之顯性語義。

(616) 餌誀衈鉺(引義)

餌 糕餅類食物,引申爲魚餌義。魚餌爲引魚上鈎之物,故又引申爲引誘義。其字或作"䬮",亦从耳聲。《説文·䰞部》:"䬮,粉餅也。从䰞,耳聲。餌,䬮或从食,耳聲。"清朱駿聲《通訓定聲》:"《周禮·籩人》:'糗餌粉餈。'注:'合蒸曰餌,餅之曰餈。'〔轉注〕《莊子·胠篋》:'鉤餌網罟罾笱之知多。'《文選·傅長虞詩》:'臨川靡芳餌。'注:'魚食也。'……《後漢·鄭興傳》:'是以親爲餌。'注:'猶釣餌也。'"《正字通·食部》:"陰以利誘人亦曰餌。"《逸周書·武稱解》:"餌敵以分而照其儲,以伐輔德,追時之權,武之尚也。"《戰國策·秦策二》:"我羈旅而得相秦者,我以宜陽餌王。"宋鮑彪注:"以釣喻也。"

誀 引誘。《廣雅·釋詁一》:"誂、誀,誘也。"清王念孫《疏證》:"《説文》:'誂,相呼誘也。'《列子·楊朱篇》:'媒而挑之。'《釋文》引《倉頡篇》云:'挑,招呼也。'挑與誂通。誀,古通作'餌'。"《廣韻·之韻》及《志韻》:"誀,誘也。"今按,"誀"所記錄之語詞客觀存在,唯典籍多以"餌"字爲之。"餌"之引誘義爲其引申義。"誀"字从言,與"誂"同,其本義即以言相挑、相引誘,當爲引誘義之正字。

衈 祭祀前殺牲取其血以涂祭器。按,"衈"當寓先引之義,乃以耳聲載引義。祭前殺牲取血涂器稱"衈",正猶文之前序稱"引",輔助藥物稱"藥引"。《玉篇·血部》:"衈,耳血也。"清朱駿聲《説文通訓定聲·頤部》:"《穀梁僖十九傳》:'叩其鼻以衈社也。'注:'衈者,釁也,取鼻血以釁祭社器。'《東山經》:'祈聊用魚。'注:'以血塗祭爲衈也。'"

鉺 鈎子,亦指鈎形飾物。《玉篇·金部》:"鉺,鈎也。""鈎,鐵曲也"。按,後世作"鈎"。《宋書·禮志五》:"奴婢衣食客,加不得服白幘、蒨、絳、金黄銀叉、鐶、鈴、鏑、鉺。"按,鈎者彎曲,引物之物。"鉺"之名寓勾引義。《玉篇》以"鈎"訓"鉺","鈎"亦指釣魚鈎,魚鈎則爲引魚之物。

〔推源〕 諸詞俱有引義,爲耳聲所載之公共義。聲符字"耳"所記錄語詞之本義、引申義系列與引義不相涉。其引義乃耳聲所載之語源義。耳聲可載引義,"誘"可證之。

耳:日紐之部;
誘:余紐幽部。

日余(喻四)旁紐,之幽旁轉。"誘",引誘。《説文·厶部》:"羑,相訹呼也。从厶,从羑。誘,或从言、秀。"清朱駿聲《通訓定聲》:"《廣雅·釋言》:'羑,致也。''諅,諂也。'《釋詁一》:'諅,誘也。'《風俗通·過譽》:'誘,巧詐也。'《禮記·樂記》:'知誘於外。'注:'猶道也,引也。'……《俶真》:'秦穆公以女樂誘之。'注:'惑也。'"

(617) 佴弭酾(二義)

佴 二人相次比。《説文·人部》:"佴,佽也。从人,耳聲。"清朱駿聲《通訓定聲》:"《爾雅·釋言》:'佴,貳也。'《廣雅·釋詁三》:'佴,次也。'……《文選·〈報任少卿書〉》:'而僕又佴之蠶室。'注:'次也,若人相次也。'"《廣韻·志韻》:"佴,次也。"《墨子·經説上》:"佴,與人遇人衆惰。"清孫詒讓《閒詁》:"言人相與相遇,皆相佽比之意。"

弭 二端以骨、角作裝飾的弓。《説文·弓部》:"弭,弓無緣可以解轡紛者。从弓,耳聲。"清桂馥《義證》:"弭謂不以繳束,骨飾兩頭者也。"清朱駿聲《通訓定聲》:"《爾雅·釋器》:'弓無緣者謂之弭。'注:'今之角弓也。'按,以骨飾兩頭,不繳束,不漆。《詩·采薇》:'象弭魚服。'傳:'弓反末也,所以解紒也。'箋:'弓反末,彆者,以象骨爲之,以助御者解轡紒,宜骨也。'《儀禮·既夕》:'有弭飾焉。'《左僖廿三傳》:'其左執鞭弭。'"

酾 重釀酒,即釀二次之酒。《玉篇·酉部》:"酾,重釀也。"《廣韻·志韻》:"酾,重釀。"《集韻·志韻》:"酾,酘酒也。"又《屋韻》:"酘,酒再釀。"又《候韻》:"酘,《字林》:'重醖也。'"明馮時化《酒史·酒考》:"重釀者曰酾。"按,"酾"當爲"酘"之轉注字。"酘"之上古音定紐侯部,"酾"字日紐之部。定日準旁紐,侯之旁轉。

〔推源〕 諸詞俱有二義,爲耳聲所載之公共義。聲符字"耳"所記録語詞謂人及動物之耳,耳之爲物成雙,此或與二義相通。耳聲可載二義,則"雙"可證之。

耳:日紐之部;

雙:山紐東部。

日山鄰紐,之東旁對轉。"雙",禽二只成一雙。漢揚雄《方言》卷六:"飛鳥曰雙。"周祖謨《校箋》:"慧琳《音義》卷七引《方言》:'二飛鳥曰雙。'"《説文·雔部》:"雙,隹二枚也。"《周禮·秋官·掌客》:"乘禽日九十雙。"漢鄭玄注:"乘禽,乘行群處之禽,謂雉雁之屬,於禮以雙爲數。"引申之,凡物二件皆稱"雙"。《史記·項羽本紀》:"我持白璧一雙,欲獻項王,玉斗一雙,欲獻亞父。會其怒,不敢獻。"

(618) 茸髶耴(濃密義)

茸 叢草初生纖細濃密貌。《説文·艸部》:"茸,艸茸茸皃。从艸,聰省聲。"清段玉裁注:"从艸,耳聲。"清朱駿聲《通訓定聲》:"大篆从聑。或曰从耳,雙聲。耳之爲禮茸,猶戎之爲爾汝也。"《廣韻·鍾韻》:"茸,草生皃。"唐白居易《紅綫毯》:"綵絲茸茸香拂拂,綫軟花虛不勝物。"此"茸"爲引申義,亦謂濃密。唯"茸"有密義,故有"茸密"之同義聯合式合成詞。

明徐弘祖《徐霞客遊記·滇遊日記九》："路由夾崖中曲折上升,兩岸高木蟠空,根糾垂崖外,其上竹樹茸密,覆陰排幪。"按,今吴方言猶讀"濃"如"茸"。又,段玉裁氏"茸"爲耳聲字説不誤。"茸"爲日紐東部字,"耳"字日紐之部,二者雙聲,東之旁對轉。

髶 頭髮濃密而亂。《説文·彡部》:"髶,亂髮也。从彡,茸省聲。"清朱駿聲《通訓定聲》:"或曰耳聲。耳、茸亦一聲之轉。字亦作'髶',不省。按字亦作'髶'、作'髶'。《東京賦》:'髶髦被繡。'注:'髦頭髶騎也。'"按,"茸"从耳聲。《廣韻·至韻》:"髶,髮飾"所訓即朱氏所引《東京賦》之"髶髦",謂先驅騎兵披髮之裝束,髮披散則顯其亂、濃密,義亦相通。唐段成式《酉陽雜俎·禮異》:"鐵甲者百餘人,儀仗百餘人,剪綵如衣帶,白羽間爲稍,髶髮絳袍,帽凡五色,袍隨髶色,以木爲稍、刀、戟,畫綵爲蝦蟆幡。"

毦 以鳥羽獸毛制成的裝飾物。"毦"之名當寓濃密義,蓋其飾物非取單根毛爲之,而以毛束制成。《説文新附·毛部》:"毦,羽毛飾也。从毛,耳聲。"《廣韻·志韻》:"毦,氂毦,羽毛飾也。"按,疑"氂"爲"氂"字之誤。《説文新附·毛部》:"氂,析鳥羽爲旗纛之屬。从毛,敞聲。"《西京雜記》卷六:"戈船上建戈矛,四角悉垂幡毦旍葆麾蓋,照灼涯涘。"南朝梁武帝蕭衍《襄陽蹋銅蹄歌》:"龍馬紫金鞍,翠毦白玉羈。"

〔推源〕 諸詞俱有濃密義,爲耳聲所載之公共義。聲符字"耳"所記錄語詞之本義、引申義系列與濃密義不相涉,其濃密義乃耳聲所載之語源義。耳聲可載濃密義,"濃"可證之。

耳:日紐之部;

濃:泥紐冬部。

日泥準雙聲。日本可歸泥,章炳麟先生説。上古音冬東無别,之東旁對轉。"濃",本謂露多,濃重,引申爲濃密義。《説文·水部》:"濃,露多也。从水,農聲。《詩》曰:'零露濃濃。'"後蜀顧夐《更漏子》:"濃柳翠,晚霞微,江鷗接翼飛。"清王士禛《蠶詞》:"戴勝初來水染藍,女桑濃葉滿江南。"

216 共聲

(619) 鬨拱拲巷哄(共同義)

鬨 争鬥,雙方共同參與的行爲。《説文·鬥部》:"鬨,鬪也。从鬥,共聲。《孟子》曰:'鄒與魯鬨。'"清朱駿聲《通訓定聲》:"字亦作'鬨'……《吕覽·慎行》:'相與私鬨。'注:'讀近鴻,緩氣言之。'〔聲訓〕《孟子》劉注:'鬨,構也,構兵以鬪也。'"《廣韻·送韻》:"鬨,兵鬪也。"沈兼士《聲系》:"内府本《王韻》作'鬨'。"按,"鬨""鬨"之構件"門"皆"鬥"之訛。宋金盈之《新編醉翁談録·約朋友結課檄書》:"戰鬨棘闈,肯效原夫之輩!"《宣和遺事》前集:"宋江三十六人鬨州劫縣,方臘一十三寇放火殺人。"

拱 拱手,兩手共置胸前。《說文·手部》:"拱,斂手也。从手,共聲。"清朱駿聲《通訓定聲》:"謂沓其手,右手在内,左手在外,男之吉拜尚左,女之吉拜尚右,凶拜反是。九拜必皆拱手。《論語》:'子路拱而立。'皇疏:'沓手也。'《禮記·玉藻》:'頤霤垂拱。'"《廣韻·腫韻》:"拱,手抱手也。"《禮記·檀弓上》:"孔子與門人立,拱而尚右,二三子亦皆尚右。"

㹟 兩手同械。《說文·手部》:"㹟,兩手同械也。从手,从共,共亦聲。《周禮》:'上辠梏㹟而桎。'"按,漢許慎所引《周禮·秋官·掌囚》文漢鄭玄注:"㹟者,兩手共一木也。"《廣韻·腫韻》:"㹟,兩手共械。"《隋書·刑法志》:"獄成將殺者,書其姓名及其罪於㹟,而殺之於市。"唐皮日休《白門表》:"或僇而梟者,或㹟而送者。"

巷 字亦作"䢽""衖""閧"而俱从共聲,指邑中共有之路。《説文·䢽部》:"䢽,里中道。从䢽,从共。皆在邑中所共也。巷,篆文从䢽省。"清朱駿聲《通訓定聲》:"按,共亦聲。篆文从邑,今字作'巷',省字,亦作'衖'。《廣雅·釋詁一》:'衖,尻也。'《釋室》:'閻謂之衖。'又'衖,道也。'《三蒼》:'衖,里中別道也。'……《詩·叔于田》:'巷無居人。'傳:'里塗也。'……《曾子問》:'助葬於巷黨。'"

哄 衆人共同發出的聲音。《集韻·送韻》:"唝,衆聲。或作哄。"《新唐書·藩鎮傳·李正己》:"正己批其頰,回紇矢液流離,衆軍哄然笑。"元丁鶴年《長嘯篇》:"韓信出胯下,市井皆哄笑。"

〔推源〕 諸詞俱有共同義,爲共聲所載之公共義。聲符字"共"所記録語詞本訓"同",即共同義。《説文·共部》:"共,同也。从廿、廾。"清朱駿聲《通訓定聲》:"从廿、从收,會意,古文从二收,或曰收亦聲。《書·盤庚》:'惟喜康共。'《禮記·内則》:'共帥時。'注:'猶皆也。'《莊子·庚桑楚》:'共其德也。'崔注:'壹也。'《列子·說符》:'臣有所與共。'注:'同也。'"按,唯"共"之本義爲"同",故有"共同"之同義聯合式合成詞。然則本條諸詞之共同義爲聲符"共"所承載之顯性語義。至共聲可載共同義,"公"可相證。

共:群紐東部;
公:見紐東部。

叠韻,群見旁紐,音僅微殊。"公",與"私"相對待,謂公共,共同。《廣韻·東韻》:"公,共也。"清朱駿聲《說文通訓定聲·豐部》:"《韓非子·五蠹篇》曰:'背厶謂之公。'……《禮記·禮運》:'天下爲公。'注:'猶共也。'"《荀子·解蔽》:"凡萬物異則莫不相爲蔽,此心術之公患也。"唐楊倞注:"公,共也。"按,唯"公"有共義,故有"公共"之同義聯合式雙音詞。

(620) 鬨拱哄(相交義)

鬨 爭鬥(見前條),按即雙方交手、交戰。前條云"鬨"有共同義,雙方共同參與。共同義、相交義本相通。

拱 拱手,即二手相交接。

洪 二水相交會處。宋陸游《入蜀記》卷三：“江湖間謂分流處爲洪。王文公詩云‘東江木落水分洪’是也。”元柳貫《登徐州城上黄樓北望河流作》：“土色從黄宜制勝，河聲觸險聽分洪。”清朱駿聲《説文通訓定聲·豐部》：“洪，《法言》：‘石阻河流爲洪。’”按，石阻河流則水分流之，其有石處即二水相交處。清魏源《東南七郡水利略叙》：“三江導尾水之去，江所不能遽泄者，則亞而爲浦、爲港、爲渠、爲瀆、爲洪、涇、浜、漊，凡千有奇。”按，“洪”亦指大水（見後條），乃以共聲載大義；指二水相交處，則以共聲載相交義，其字爲套用式本字。

〔推源〕諸詞俱有相交義，爲共聲所載之公共義。聲符字“共”象二手相交形，本條諸詞之相交義亦爲其顯性語義。又，共聲可載相交義，“交”可證之。

共：群紐東部；

交：見紐宵部。

群見旁紐，東宵旁對轉。“交”，相交。《説文·交部》：“交，交脛也。从大，象交形。”按，漢許慎所訓乃形體造意，“交”象人兩脛相交形以表交接、交錯之義。《易·泰》：“天地交而萬物通也。”唐孔穎達疏：“由天地氣交而生養萬物。”《詩·秦風·小戎》：“虎韔鏤膺，交韔二弓。”漢毛亨傳：“交韔，交二弓於韔中也。”

（621）洪栱輂珙䲨䭈䭈䭈哄鬨（大義）

洪 大水，虛化引申爲大義。《説文·水部》：“洪，洚水也。从水，共聲。”清朱駿聲《通訓定聲》：“《書·堯典》：‘湯湯洪水方割。’《詩·長發》：‘洪水芒芒。’《孟子》：‘洚水者，洪水也。’……〔轉注〕《爾雅·釋詁》：‘洪，大也。’……《洪範》：‘天乃錫禹洪範九疇。’《典引》：‘鋪觀二代洪纖之度。’《西京賦》：‘洪鐘萬鈞。’《東京賦》：‘洪恩素蓄。’”按，朱氏所稱“轉注”即引申。《廣韻·東韻》：“洪，大也。”

栱 字亦作“栱”，大㮨。《爾雅·釋宮》：“㮨謂之杙……大者謂之栱。”清朱駿聲《説文通訓定聲·豐部》：“《埤蒼》：‘栱，大杙也。’《景福殿賦》：‘櫼栱夭蟜而交結。’注：‘栱櫼類而曲也。’按即柱上鬥栱，所以捧持梁棟者。”北齊蕭慤《和崔侍中從駕經山寺》：“雲表金輪見，巖端畫栱明。”

輂 馬拉的大車。《説文·車部》：“輂，大車駕馬也。从車，共聲。”清朱駿聲《通訓定聲》：“《周禮·鄉師》：‘與其輂輦。’注：‘駕馬所以載任器也。’《管子·海王》：‘行服連軺輂者。’《史記·淮南衡山傳》：‘輂車四十乘。’……按，古者大車多駕牛，其駕馬者曰輂，禹乘四載，山乘樏，蓋用馬引，至桀始乘人車。”《廣韻·燭韻》：“輂，禹所乘直轅車。”按朱氏所引《史記》文南朝宋裴駰《集解》引南朝宋徐廣《音義》：“大車駕馬曰輂。”

珙 大璧。《玉篇·玉部》：“珙，大璧也。”《集韻·鍾韻》：“珙，大璧也。或作拱。”《左傳·襄公二十八年》：“與我其拱璧，吾獻其柩。”唐孔穎達疏：“拱，謂合兩手也，此璧兩手拱抱之,故爲大璧。"明方孝孺《失硯嘆》:"錢塘會稽屢遊歷,鬼神呵護同珙璧。"

鯀 鯤,大魚。《廣雅·釋魚》:"鯀,鯤也。"清王念孫《疏證》:"《玉篇》:'鯤,大魚也。'"《莊子·逍遥遊》:"北冥有魚,其名爲鯤,鯤之大,不知其幾千里也。"按,"鯀"亦指鰝魚,鰝魚亦爲大魚。元戴侗《六書故·動物四》:"舡,海魚,無鱗,狀如蝙蝠,大者如車輪。"自注:"又作鯀。"明胡世安《異魚圖讚補》:"黄舡魚……《雨航雜録》:'舡魚,形圓似扇,無鱗。'"清李調元《然犀志》:"海鰝魚,狀如盤及荷葉,大者圍七八尺。無足無鱗,背青腹白。"

䚈 大聲。《廣韻·東韻》:"䚈,䚈舡,大聲。"按,"䚈"與"舡"可分訓,《廣韻》"舡"亦訓大聲。《集韻·東韻》:"䚈,大聲。"

颶 大風。《廣韻·東韻》:"颶,大風。"按,大風亦稱"颶",音亦相近且相通,語源同。"颶"之上古音曉紐東部,"颶"字群紐侯部。曉群旁紐,東侯對轉。《古今韻會舉要·遇韻》:"颶,海中大風。"《明史·方嶽貢傳》:"郡東南臨東海,颶潮衝擊,時爲民患,築石堤二十里許,遂爲永利。"

谼 字亦作"硔",謂大山谷。《廣韻·東韻》:"谼,大壑。"宋蘇軾《廬山二勝·開先漱玉亭》:"餘流滑無聲,快瀉雙石硔。"按,"硔"字異文作"谼"。清王士禛《題洪谷一督學廬墓册》:"壠上孤兒泪,谼中萬木秋。"

哄 衆聲,即衆人共同發出的聲音(見本典第619條),衆聲則大,故又有大聲義。宋孔平仲《上元作》:"太守憑高列歌吹,遊人哄笑觀俳優。"《水滸傳》第三回:"衆人見是魯提轄,一哄都走了。"

鬨 打鬥,打鬥則大聲喧鬧,故有"大聲"之衍義。《集韻·送韻》:"鬨,鬥聲。"按,不限於指打鬥聲。宋陸游《老學庵筆記》卷三:"都下鬨然傳以爲笑。"《清史稿·劉師恕傳》:"師恕族人諸生洞嚇不得賑者,鬨堂罷市。"

〔推源〕 諸詞俱有大義,爲共聲所載之公共義。共聲字"恭"亦可以假借字形式、以其共聲表大義。《舊唐書·孝友傳·崔沔》:"儉,德之恭也;侈,惡之大也。先君有恭德,而君納諸惡,無乃不可乎!"聲符字"共"所記録語詞之本義、引申義系列與大義不相涉,其大義爲共聲所載之語源義。共聲可載大義,"宏"可證之。

共:群紐東部;
宏:匣紐蒸部。

群匣旁紐,東蒸旁轉。"宏",大。《爾雅·釋詁上》:"宏,大也。"《書·康誥》:"汝惟小子,乃服惟宏。"清孫星衍《今古文注疏》:"言其所治宏大。"《後漢書·馬融傳》:"以臨乎宏池。"唐李賢注:"宏,大也。"按,"宏"字從宀,《説文·宀部》訓"屋深響",清朱駿聲《通訓定聲》云:"深大之屋,凡聲如有應響。"此蓋爲"宏"之構形理據。凡複音詞"宏圖""宏願""宏才""宏遠""宏儒""宏器"之"宏"皆大義。

(622) 恭拱（恭敬義）

恭 恭敬。《説文·心部》："恭，肅也。从心，共聲。"清朱駿聲《通訓定聲》："《爾雅·釋詁》：'恭，敬也。'《漢書·五行志》：'内曰恭，外曰敬。'……《周書·謚法》：'敬事供上曰恭，執禮御賓曰恭，既過能改曰恭，芘親之闕曰恭。'"《廣韻·鍾韻》："恭，恭敬也。"《論語·顔淵》："君子敬而無失，與人恭而有禮，四海之内，皆兄弟也。"

拱 拱手，表示恭敬。《禮記·曲禮上》："遭先生於道，趨而進，正立拱手。"明徐弘祖《徐霞客遊記·滇遊日記五》："余心知爲師也，拱而待之。"

〔推源〕 此二詞俱有恭敬義，爲共聲所載之公共義。共聲字"供""拲"亦可以假借字形式表此義。《孔子家語·入官》："故南面臨官，貴而不驕，富而能供。"《荀子·修身》："行而供冀，非漬淖也。"唐楊倞注："供，恭也。"《玉篇·手部》："拲，敬也。"按，聲符字"共"單用亦可表恭敬義。《漢書·王莽傳》上："成王不能共事天地，修文武之烈。"唐顔師古注："共，讀曰恭。"按，聲符字"共"所記録語詞之本義、引申義系列與恭敬義不相涉，其恭敬義爲共聲所載之語源義。共聲可載恭敬義，"敬"可證之。

共：群紐東部；
敬：見紐耕部。

群見旁紐，東耕旁轉。"敬"，恭敬字。《玉篇·苟部》："敬，恭也。"《易·坤》："君子敬以直内，義以方外。"唐孔穎達疏："内謂心也，用此恭敬以直内。"《左傳·襄公二十二年》："生於亂世，貴而能貧，民無求焉，可以後亡。敬共事君與二三子。"

217　芒聲

(623) 浝/漫（模糊義）

浝 模糊不清。《廣韻·唐韻》："浝，滄浝。"漢揚雄《法言·重黎》："神怪浝浝，若存若亡，聖人曼云。"三國魏阮籍《清思賦》："聲颼颼以洋洋，若登崑岑而臨西海，超遥浝渺，不能究其所在。"唐柳宗元《天對》："本始之浝，誕者傳焉。"按，"浝"字後世楷書作"茫"，實非《草部》字。《廣韻》作"浝"，"芒""浝"之音俱爲武方切，然則"浝"从芒聲無疑。

漫 水域廣闊，邊際模糊不清。《玉篇·水部》："漫，水漫漫平遠貌。"《廣韻·换韻》："漫，大水。"《藝文類聚》卷九引三國吴楊泉《五湖賦》："逸乎浩浩，漫乎洋洋。西合乎濛汜，東苞乎扶桑。"虚化引申爲模糊義。《後漢書·文苑傳·禰衡》："始達潁川，乃陰懷一刺，既而無所之適，至於刺字漫滅。"宋趙彦衛《雲麓漫鈔》卷九："碑叙官爵，若永樂少府，悉漢代所有。字古隸與今文相錯，舊隸漫處，則以今文足之。"

〔推源〕 此二詞俱有模糊義，其音亦相近且相通。

汒：明紐陽部；

漫：明紐元部。

雙聲，陽元通轉。則其語源相同。

(624) 鋩/末（尖端義）

鋩 刀劍之尖端。《玉篇·金部》："鋩，刃端。"《廣韻·陽韻》："鋩，刃端。"《列子·湯問》："延頸承刀，披胸受矢，鋩鍔摧屈，而体無痕撻。"按，"鋩鍔"當爲同義連文。《廣韻·鐸韻》："鍔，劍端。"唐韓愈《祭田橫墓文》："何五百人之擾擾，而不能脱夫子於劍鋩？"

末 樹梢，即木之尖端。《説文·木部》："末，木上曰末。从木，一在其上。"清朱駿聲《通訓定聲》："'一'在木下爲本……《左傳》：'末大必折。'《孟子》：'不揣其本，而齊其末。'《淮南·墜形》：'末有十日，其華照下地。'注：'端也。'"唐牛嶠《楊柳枝》五首之一："解凍風來末上青，解垂羅袖拜卿卿。"

〔推源〕 此二詞俱有尖端義，其音亦相近且相通。

鋩：明紐陽部；

末：明紐月部。

雙聲，陽月通轉。其語源當同。按，"鋩"字乃以芒聲載尖端義，聲符字"芒"所記録語詞本指草本植物之尖端。《説文·艸部》："芒，艸耑。"《玉篇·艸部》："芒，稻麥芒也。"《廣韻·唐韻》："芒，草端。"《韓非子·喻老》："宋人有爲其君以象爲楮葉者，三年而成。豐殺莖柯，毫芒繁澤，亂之楮葉之中而不可别也。"晉潘岳《謝雉賦》："麥漸漸以擢芒，雉鷕鷕而朝鳴。"然則"鋩"之尖端義爲其聲符"芒"所載之顯性語義。

218 亘聲

(625) 宣烜亘（大義）

宣 天子之大室。《説文·宀部》："宣，天子宣室也。从宀，亘聲。"清朱駿聲《通訓定聲》："當訓大室也。與'寬'略同。《淮南·本經》：'武王破紂牧野，殺之於宣室。'注：'宣室，殷宮名。一曰獄也。'《漢書·孝文紀》：'受釐坐宣室。'注：'未央前正室也。'按，猶《月令》'大室'。"引申爲大義。漢焦贛《易林·井之恒》："方噱宣口，聖智仁厚，釋解倒懸，國家大安。"又，"宣傳""宣揚"皆謂張揚而使大，即擴大義。

烜 火勢盛大。《玉篇·火部》："烜，火盛皃。"宋劉子翬《溽暑賦》："煇炜烜烈兮滋熾，洶湧滀溢兮驟驚。"引申爲盛大顯著義。《爾雅·釋訓》："赫兮烜兮，威儀也。"漢荀悦《漢紀·成帝紀三》："以言事爲罪，無烜赫之惡。"清陳維崧《賀新涼·感事》："傳説當湖扶馬，烜奕上卿門第，嘆仰藥一朝身死。"

奌 夸大。《説文·大部》:"奌,奢奌也。从大,亘聲。"清王筠《釋例》:"當是夸張之意。"清朱駿聲《通訓定聲》:"經傳多以'桓'、以'宣'爲之。"清王引之《經義述聞·〈毛詩〉中》:"'宣'與'廣'義相因。《易林·需之萃》曰:'大口宣舌。'……是'宣'爲侈大之意。"然則"奌"所指稱之詞客觀存在。"奌"又有"大"訓。《集韻·阮韻》:"奌,大也。"

〔推源〕 諸詞俱有大義,爲亘聲所載之公共義。亘聲字"狟"《廣韻》訓"大犬",或爲方言俗語。又,"桓"字亦从亘聲,可以假借字形式表大義。《詩·商頌·長發》:"玄王桓撥,受小國是達。"漢毛亨傳:"桓,大;撥,治。"南朝陳徐陵《司空徐州刺史侯安都德政碑》:"巖巖天柱,大矣周山之峰;桓桓地軸,壯哉崑崙之阜。"聲符字"亘"象水回旋形,與"大"義不相符。然"亘"之音聲可載宣揚、擴大義。宋傅亮《策加宋公九錫文》:"王略所亘,九服率從。"亘聲可載大義,共聲字所記録語詞"珙""洪""𩋃""吽""鮦""𪁪"等可相證。"珙",大璧;"洪",大水;"𩋃",大車;"吽",大聲;"鮦",大魚;"𪁪",大山谷(詳見本典"共聲")。亘聲、共聲本相近而相通。

亘:見紐蒸部;
共:群紐東部。

見群旁紐,蒸東旁轉。

219 臣聲

(626) 扺/拯(救助義)

扺 賑濟,救助。《説文·手部》:"扺,給也。从手,臣聲。"清桂馥《義證》:"'給也'者,或作'賑'。《廣韻》:'賑,贍也,給也。'《史記·平準書》:'虛郡國倉廩以賑貧民。'通作'振'。《士喪禮》注:'古文扺皆作振。'"清王筠校録:"'給也'云者,《漢書》用'振',今人用'賑',而'扺'其正字也。"按,"扺"所記録語詞客觀存在,唯多以"振"字爲之。《禮記·月令》:"命有司發倉廩,賜貧窮,振乏絶。"漢鄭玄注:"振猶救也。"

拯 拯救字。《廣韻·拯韻》:"拯,救也,助也。"漢桓寬《鹽鐵論·憂邊》:"問人間所疾苦,拯卹貧賤,周贍不足。"漢王充《論衡·感虛》:"井出水以救渴,田出穀以拯饑。"按,"救""拯"對文同義。唯"拯"有救義,故有"拯救"之同義聯合式合成詞。《陳書·宗元饒傳》:"以秩米三千餘斛助民租課,存問高年,拯救乏絶,百姓甚賴焉。"按,"拯"字从手,其所記録語詞之本義《玉篇》云同"抍",即上舉、上引義。上引亦稱"援","援"亦有助義。此正可證"拯"由上舉、上引義引申爲拯救義。

〔推源〕 此二詞俱有救助義,其音亦相近且相通。

扺:章紐文部;
拯:章紐蒸部。

雙聲，文蒸通轉。二詞之語源同。

220 束聲

(627) 萊刺諫觜揀（刺義）

萊 草芒，刺人之物，故引申爲刺義。《説文·艸部》："萊，莿也。从艸，束聲。"清朱駿聲《通訓定聲》："《爾雅·釋草》：'萊，莿。'注：'草刺針也。'按，依字當訓'草芒也'，木曰束，草曰策。〔轉注〕《方言》三：'凡草木刺人，北燕、朝鮮之間謂之萊。'"按，朱云"轉注"即引申。漢許慎以"莿"訓"萊"，實則"莿"爲"萊"之累增字。《説文》同部："莿，萊也。"清李富孫《辨字正俗》："今莿、束皆概作刺，亦从省借通用也。"

刺 以鋭器刺擊、刺入。《説文·刀部》："刺，君殺大夫曰刺。刺，直傷也。从刀，从束，束亦聲。"清朱駿聲《通訓定聲》："《晉語》：'刺懷公於高梁。'《孟子》：'是何異於刺人而殺之？'《秦策》：'無刺一虎之勞。'刺亦殺傷之名，惟魯《春秋》書法以加大夫耳。"《廣韻·昔韻》："刺，穿也。"《周禮·考工記·廬人》："去一以爲刺圍。"漢鄭玄注："刺，謂矛刃胸也。"

諫 諫勸，譏刺。《説文·言部》："諫，數諫也。从言，束聲。"清朱駿聲《通訓定聲》："謂數其失以諫。經傳皆以'刺'爲之。"按，朱説可從，"諫"所記録之詞客觀存在，唯以"刺"字載之而已。《詩·魏風·葛屨》："維是褊心，是以爲刺。"余冠英《詩經選》："刺，譏刺也。"《戰國策·齊策一》："群臣吏民，能面刺寡人之過者，受上賞。"宋孫奕《履齋示兒編·總説·字訓編》："以詞譏之曰刺……如操刀以刺人然。"

觜 指石針，亦指鳥嘴，皆尖鋭如萊刺人之物。《廣雅·釋器》："石鍼謂之觜。"清王念孫《疏證》："觜者，鋭末之名。"又《釋親》："觜，口也。"王氏《疏證》："《衆經音義》卷一引《字書》云：'觜，鳥喙也。'"《廣韻·支韻》："觜，鳥喙也。"按，鳥喙形尖，亦如針、如束。

揀 刺取。或作"擉"。《廣韻·麥韻》："揀，揀擇，取物也。"沈兼士《聲系》："案'揀'，明内府本及《集韻》均作'揀'。"《集韻·覺韻》："擉，刺取鱉蜃也。或作揀。"《莊子·則陽》："冬則擉鱉於江，夏則休乎山樊。"唐陸德明《經典釋文》引晉司馬彪語："擉，刺也。"清東軒主人《述異記·蛇鱉二則》："混名鬼土地，善擉鱉。"

〔**推源**〕 諸詞俱有刺義，爲束聲所載之公共義。聲符字"束"謂木芒。《説文·束部》："束，木芒也。象形。讀若刺。"南唐徐鍇《繫傳》："从木形，左右象刺生之形也。"然本條諸詞之刺義爲其聲符"束"所載之顯性語義。

(628) 涑赸瘶（小、少義）

涑 小雨。《説文·水部》："涑，小雨零皃。从水，束聲。"清朱駿聲《通訓定聲》："字亦作'溸'。"《廣韻·麥韻》："溸，小雨。"《集韻·麥韻》："涑，或作溸。"明徐光啓《農政全書·農事·占候》:"冬至,古語云:明正暗至。又諺云:晴乾冬至溼漸年。二説相反。"

赻 小步走。《説文·走部》:"赻,側行也。从走,束聲。《詩》曰:'謂地蓋厚,不敢不赻。'"清朱駿聲《通訓定聲》:"毛本作'蹐',誼略同。"按,《説文·足部》:"蹐,小步也。"明章黼《直音篇·走部》:"赻,小步。"《文選·班固〈東京賦〉》:"憷憷黔首,豈徒跼高天蹐厚地而已哉!"唐李善注:"蹐,累足也。"唐沈亞之《馮燕傳》:"嬰還,妻開户納嬰。以裾蔽燕。燕卑蹐步就蔽,轉匿户扇後。"

瘠 瘦,肉少。《集韻·昔韻》:"膌,《説文》:'瘦也。'古作瘠。"清阮元《小滄浪筆談》卷三:"古瘠字作瘠。"清李慈銘《答僕誚文》:"局瘠瑳瓷,以至今夕。"

〔推源〕 上述諸詞或有小義,或有少義,凡物少即數量小,二義相通。俱以束聲載之,語源同。小、少義與聲符"束"之形體結構不相符,蓋爲束聲所載之語源義。束聲可載小、少義,兆聲字所記録語詞"珧""挑""鮡""銚""駣""鼗"可相證。此六者分别指小蚌、小羊、小魚、小鍋、小馬、小鼓(見本典第707條)。束聲、兆聲本相近且相通,庶可互證。

束:清紐錫部;

兆:定紐宵部。

清定鄰紐,錫宵旁對轉。

221 西聲

(629) 粞/碎(碎義)

粞 碎米。《玉篇·米部》:"粞,碎米。"《廣韻·哈韻》:"粞,碎米。"宋陸游《太息》:"仕宦十五年,曾不飽糠粞。"明陸容《菽園雜記》卷二:"此時舂者多碎而爲粞,折耗頗多。"按,今徽歙方言、吴方言稱物碎爲"粞碎""粞粞碎",蓋亦古語。

碎 破碎。《説文·石部》:"碎,䃺也。"清桂馥《義證》:"'䃺'當爲'䃺'。本典:'䃺,碎也。'"清朱駿聲《通訓定聲》:"石䃺也。瓦曰瓵。《廣雅·釋詁一》:'碎,壞也。'《三》:'碎,散也。'《列子·黄帝》:'其碎之之怒也。'"《史記·廉頗藺相如列傳》:"大王必欲急臣,臣頭今與璧俱碎於柱矣。"五代王仁裕《開元天寶遺事·占風鐸》:"岐山宫中於竹林内懸碎玉片子,每夜聞玉片子相觸之聲即知有雨,號爲'占風鐸'。"

〔推源〕 此二詞俱有碎義,其音亦極相近且相通。

粞:心紐脂部;

碎:心紐物部。

雙聲,脂物旁轉。語源當同。

222　戌聲

(630) 烕/没 (消失義)

烕　消滅,消失。後起字作"滅",今簡作"灭"。《説文·火部》:"烕,滅也。从火、戌。火死於戌,陽氣至戌而盡。《詩》曰:'赫赫宗周,褒似烕之。'"清朱駿聲《通訓定聲》:"从火,戌聲。"按,漢許慎所引《詩·小雅·正月》文漢毛亨傳:"烕,滅也。"《説文·水部》:"滅,盡也。从水,烕聲。"朱氏《通訓定聲》:"《爾雅·釋詁》:'滅,絶也。'《小爾雅·廣詁》:'滅,没也。'《楚辭·初放》:'賢者滅息。'注:'消也。'……《莊子·應帝王》:'已滅矣。'崔注:'不見也。'"

没　沉没,消失。《説文·水部》:"没,沈也。"清朱駿聲《通訓定聲》:"《小爾雅·廣詁》:'没,滅也。'《漢書·匈奴傳·贊》注:'没,溺也。'《左襄廿四傳》:'何没没也。'注:'沈滅之言。'"《莊子·列御寇》:"其子没於淵,得千金之珠。"《晉書·劉毅傳》:"毅督衆軍進討,未至夏口,遇風飄没千餘人。"

〔推源〕　此二詞俱有消失義,其音亦相近且相通,語源當同。

烕:明紐月部;

没:明紐物部。

雙聲,月物旁轉。按,"烕"字之結構,漢許慎以爲从火、从戌會意,《戌部》"戌"亦訓"滅"。或以爲"烕"之構件"戌"爲"戉"之訛,"戉""戌"皆斧類兵器。考"戌"爲心紐字,"戉"爲匣紐字,俱不與明紐相通。朱駿聲氏"烕"字"从火,戌聲"説可疑。然"烕""没"同源,可以無疑。

223　百聲

(631) 洦陌 (小義)

洦　小水。《説文·水部》:"洦,淺水也。从水,百聲。"清段玉裁注:"隸作'泊'。"清朱駿聲《通訓定聲》:"字亦作'泊'、作'岶'。《顔氏家訓》引趙州栢人城《徐整碑》:'洦流東指。'"《廣韻·陌韻》:"洦,淺水。"又"洦,淺水兒。"《文選·木華〈海賦〉》:"泅洦栢而迆颺,磊匒匒而相豗。"唐李善注:"泊栢,小波也。"按"泊"又有淡、薄、少義,皆與小水義同條共貫。

陌　田間小路。《説文新附·阜部》:"阡,路東西爲陌,南北爲阡。"《廣韻·陌韻》:"陌,阡陌,南北爲阡,東西爲陌。"《楚辭·九思·憫上》:"率彼兮畛陌,川谷兮淵淵。"原注:"田間道曰畛陌,塍分界也。"《文選·潘岳〈藉田賦〉》:"遐阡繩直,邇陌如矢。"唐張銑注:"阡陌,田畔道也,言如繩矢之端。"

〔推源〕 此二詞俱有小義,爲百聲所載之公共義。聲符字"百"爲數詞一百之書面符號,《説文》訓"十十",然則與小義不相涉,其小義乃百聲所載之語源義。百聲可載小義,"卑"可證之。

百:幫紐鐸部;
卑:幫紐支部。

雙聲,鐸支旁對轉。"卑",卑微,低賤。《説文·丿部》:"卑,賤也,執事也。"《廣韻·支韻》:"卑,下也,賤也。"《易·繫辭下》:"卑高以陳,貴賤位矣。"引申爲鄙視,鄙視猶今語"小看"。《左傳·僖公二十二年》:"邾人以須句故出師。公卑邾,不設備而禦之。"晉杜預注:"卑,小也。"又引申爲小義。唐孫棨《北里志·楊妙兒》:"長妓曰萊兒,字逢仙,貌不甚揚,齒不卑矣。"唯"卑"有小義,故有"卑小"之同義聯合式合成詞。《史記·孝武本紀》:"天子既令設祠具,至東泰山,東泰山卑小,不稱其聲,乃令祠官禮之,而不封禪焉。"

(632) 帞袹(覆蓋義)

帞 頭巾,覆蓋之物。字亦作"帕"。漢揚雄《方言》卷四:"絡頭……南楚江湘之間曰帞頭。"《廣韻·陌韻》:"帞,頭巾。"《列子·湯問》"北國之人,鞨巾而裘"晉張湛注:"俗人帕頭也。"宋蘇軾《客俎經旬無肉》:"從今免被孫郎笑,絳帕蒙頭讀道書。"

袹 兜肚,亦覆蓋之物。《廣雅·釋器》:"裲襠謂之袹腹。"《廣韻·陌韻》:"袹,袹複。"按,"複"謂重衣,漢許慎説。字從"袹複",乃偏旁同化所致。"袹腹"爲動賓式合成詞,猶"帞頭","袹複"則無所取義。《晉書·齊王冏傳》:"時又謡曰:'著布袹腹,爲齊持服。'俄而冏誅。"按"袹"字一作"帕",猶"帞"亦作"帕"。唐段成式《嘲飛卿》:"見説自能裁袹腹,不知誰更著帩頭。"

〔推源〕 此二詞俱有覆蓋義,爲百聲所載之公共義。聲符字"百"所記録語詞之本義、引申義系列與覆蓋義不相涉,其覆蓋義爲百聲所載之語源義。百聲可載覆蓋義,"幔"可證之。

百:幫紐鐸部;
幔:明紐元部。

幫明旁紐,鐸元通轉。"幔",帳幔,覆蓋之物。引申之,則有覆蓋義。《説文·巾部》:"幔,幕也。"清朱駿聲《通訓定聲》:"以巾拿蔽在上曰幔,在旁曰帷。《廣雅·釋詁二》:'幔,覆也。'《釋言》:'幔,闇也。'謂奄也。《釋器》:'幔,帳也。'"《廣韻·換韻》:"幔,帷幔。"《墨子·非攻下》:"幔幕帷蓋,三軍之用。"《西遊記》第六回:"列公將天羅地網,不要幔了頂上,只四圍緊密,讓我賭鬥。"

224　有聲

(633) 囿盍(圓圍義)

囿　有圍牆的園林,"囿"即一圍之地。《說文·口部》:"囿,苑有垣也。从口,有聲。一曰:禽獸曰囿。"《廣韻·屋韻》:"囿,園囿。"《詩·大雅·靈台》:"王在靈囿,麀鹿攸伏。"漢毛亨傳:"囿,所以域養鳥獸也。"漢張衡《周天大象賦》:"豢馴獸於囿苑,隸封豕於溝瀆。"

盍　小盆,圓形物。《說文·皿部》:"盍,小甌也。从皿,有聲。"《瓦部》:"甌,小盆也。"清桂馥《義證》:"《三蒼》:'甌,瓦盂也。'"按,"盍"亦指小型盛水瓦器,亦爲圓形物。《廣韻·宥韻》:"盍,抒水器也。"清李斗《揚州畫舫錄·虹橋錄》:"遊人賃以野食,乃上沙飛船,舉凡水盍笟箒、西娃箸籰、醬瓴醋瓠、鑷勺盂鐺、茱萸芍藥之屬,置於竹筐,加之僵禽斃獸,鎮壓枕藉,覆幂其上,令拙工肩之,謂之廚擔。"

〔推源〕　此二詞俱有圓圍義,爲有聲所載之公共義。聲符字"有"从又、从肉,示持有、擁有義,與圓圍義不相涉。其圓圍義乃有聲所載之語源義。有聲可載圓圍義,于聲字所記錄語詞"杅""軒""迂""紆""盱""盂""盱"(見本典第一卷第59條)可相證,有聲、于聲本相近且相通。

有:匣紐之部;

于:匣紐魚部。

雙聲,之魚旁轉。

(634) 侑/佑(助義)

侑　勸酒食助興,引申爲助義。字亦作"姷"。《說文·女部》:"姷,耦也。从女,有聲。讀若祐。侑,姷或从人。"清段玉裁注:"耕有耦者,取相助也。"《周禮·天官·膳夫》:"以樂侑食。"漢鄭玄注:"侑,猶勸也。"清朱駿聲《說文通訓定聲·頤部》:"《禮記·禮運》:'卜筮瞽侑。'注:'四輔也。'"宋歐陽修《憶山示聖俞》:"幽尋嘆獨往,清興思誰侑?"

佑　助。《廣雅·釋詁二》:"佑,助也。"《廣韻·宥韻》:"佑,佐也。"《書·泰誓》:"天佑下民,作之君,作之師。"偽孔傳:"言天佑助下民。"《漢書·蕭何傳》:"高祖爲亭長,常佑之。"唐顏師古注:"佑,助也。"

〔推源〕　此二詞俱有助義,其音亦同,匣紐雙聲,之部疊韻,語源當同。其"侑"字,乃以有聲載助義。

225　而聲

(635)　栭胹渪魳髵奿渜聏（柔義）

栭　木耳，柔軟之物。其字《廣韻》作「檽」，《之韻》：「檽，木耳別名。」清朱駿聲《說文通訓定聲·頤部》：「栭，〔假借〕爲而。《禮記·內則》：'芝栭菱椇。'庾蔚注：'無華葉而生者曰芝栭。'王肅注：'無華而實者名栭，皆芝屬也。'按，芝栭連文者，即之而字，菌屬也。」按，「而」謂頰毛，非以「栭」借作「而」方表木耳義。「栭」字《說文》訓「屋枅上標」，謂柱上之方木，指木耳，則爲套用字。明方以智《物理小識·飲食類·菌栭》：「凡木耳曰栭。」按木耳稱「栭」，乃以而聲載柔軟義。又，所謂芝屬，漢許慎謂「芝」爲神草，即靈芝，木耳、靈芝均爲菌類。

胹　食物熟爛。按，其字从肉，凡肉類食物熟爛則柔軟，字或作「胹」，俱以而聲表柔軟義。《說文·肉部》：「胹，爛也。从肉，而聲。」清朱駿聲《通訓定聲》：「字亦作'臑'、作'胹'。《方言》七：'胹，熟也。自關而西，秦晉之郊曰胹。'《左宣二傳》：'宰夫胹熊蹯不熟。'疏：'過熟曰胹。'釋文：'煮也。'」按，「煮」義亦有之，煮則使熟、使柔軟，其義亦同條共貫。《廣韻·之韻》：「臑，煮熟。胹、胹，並上同。」《楚辭·招魂》：「胹鱉炮羔，有柘漿些。」

渪　溫水，即不燙不冷柔和之水。《說文·水部》：「渪，洝也。从水，而聲。」清朱駿聲《通訓定聲》：「謂不寒不熱水也。」《說文》同部：「洝，渜水也。」清朱駿聲《通訓定聲》：「猶言安羅，蘇俗謂之溫暾也。」按，《說文》同部「渜」訓「湯」，即洗澡水，亦寒熱適中、柔和之溫水。《禮儀·士喪禮》：「渜濯棄於坎。」唐賈公彥疏：「潘水既經溫煮，名之爲渜；已將沐浴，謂之爲濯。」

魳　魚苗，其名寓柔弱義。《說文·魚部》：「魳，魚子也。从魚，而聲。讀若而。」清朱駿聲《通訓定聲》：「《魯語》：'魚禁鯤魳。'注：'鯤，魚子也；魳，未成魚也。'《西京賦》：'摷鯤魳。'注：'細魚也。'按，一名'鯢'。」《廣韻·屋韻》：「魳，魚子。」唐柳宗元《設漁者對智伯》：「鯤魳遺胤，莫不備俎豆，是無異夫大鮪也。」《爾雅·釋魚》：「鯢，小魚。」

髵　頰毛，柔軟之物。初文作「而」，「髵」爲後起本字。亦以「髵」爲之。《說文·而部》：「而，頰毛也。」宋徐鉉等注：「今俗別作髵。」按，蓋「而」爲借義所奪，故別製「髵」字。《玉篇·彡部》：「髵，頰須也。」《廣韻·之韻》：「髵，須也。」《新唐書·波斯傳》：「以麝揉蘇，澤髵顏鼻耳。」清毛奇齡《家明府文山兄七十壽序》：「文山齔完肌薄，儼塗髹漆於髭鬢之隙。」

奿　柔軟，柔弱。《說文·大部》：「奿，稍前大也。从大，而聲。讀若畏偄。」清朱駿聲《通訓定聲》：「所謂本不勝末也，所謂末大必折也。《廣雅·釋詁一》：'奿，弱也。'《通俗文》：'物柔曰奿。'《書·堯典》傳：'奿，毳細毛。'《漢書·司馬遷傳》：'僕雖怯奿。'《太玄·玄文》：'奿有畏。'」按，在物曰軟，在人曰弱。《資治通鑑·漢成帝永始元年》：「人有懼心，精銳銷奿。」元胡三省注：「奿，弱也。」唐李賀《南園》：「泉沙奿臥鴛鴦暖，曲岸迴篙舴艋遲。」

需 等待。按即耐心、懷柔之意。《説文·雨部》："需,䇢也,遇雨不進止䇢也。从雨,而聲。"清朱駿聲《通訓定聲》："《莊子·大宗師》：'聶許聞之需役。'注：'待也。'"《爾雅·釋詁下》："䇢,待也。"《説文·立部》"䇢"字所訓亦同。《後漢書·張衡傳》："雖老氏曲全,進道若退,然行亦以需。"宋洪邁《夷堅乙志·楊戩二怪》："小童入報：'有女子往來室中。'妻遽出視之……需戩歸,責之曰：'買妾屏處,顧不使我知。'"

聏 調和,即調節而使柔和義。《類篇·耳部》："聏,和也,調也。或作聰。"《玉篇·耳部》："聏,《説文》作䀝。"清朱駿聲《説文通訓定聲·頤部》："䀝,亦作'聏'、作'聰'……《莊子·天下》：'以聏合歡。'司馬注：'色厚貌。'《釋文》：'和也。'"宋王安石《虞部郎中晁君墓誌銘》："從容調聏,史莫玩法。"

〔推源〕 諸詞俱有柔義,爲而聲所載之公共義。聲符字"而"象頰毛形。《説文·而部》："而,頰毛也。象毛之形。《周禮》曰：'作其鱗之而。'"按,所引《周禮·考工記·梓人》文漢鄭玄注："之而,頰頷也。"清戴震《考工記圖注》："頰側上出者曰之,下垂者曰而。"頰毛爲柔軟之物,然則本條諸詞之柔義爲其聲符"而"所載之顯性語義。而聲可載柔義,則"柔"可證之。

　　　　而：日紐之部；

　　　　柔：日紐幽部。

雙聲,之幽旁轉。"柔",木質柔和,引申之,則有柔嫩、柔弱、懷柔等義。《説文·木部》："柔,木曲直也。"清朱駿聲《通訓定聲》："《詩·小弁》：'荏染柔木。'〔轉注〕《詩·七月》：'爰求柔桑。'箋：'稚桑也'……《爾雅·釋詁》：'柔,安也。'《書·舜典》：'柔遠能邇。'《詩·時邁》：'懷柔百神。'……《廣雅·釋詁一》：'柔,弱也。'《説苑·敬慎》：'柔弱者,生之徒也。'"

226　夸聲

(636) 誇胯剮瓠洿挎絝(空義)

誇 誇大,誇耀,空而大之言。《説文·言部》："誇,譀也。从言,夸聲。"清朱駿聲《通訓定聲》："《通俗文》：'自矜曰誇。'"按,漢許慎以"譀"釋"誇",《説文》同部："譀,誕也",即謂空大、荒誕。《韓非子·八經》："説大而誇則窮端,故姦得而怒。"《鶡冠子·著希》："言仁則以爲誣,發於義則以爲誇。"

胯 兩大腿之間,即空襠。其字亦作"骻"。《説文·肉部》："胯,股也。从肉,夸聲。"清朱駿聲《通訓定聲》："按,兩股之間也。《廣雅·釋言》：'胯,奎也。'《史記·淮陰侯傳》：'出我胯下。'"《廣韻·麻韻》："胯,兩股間也。"《集韻·禡韻》："胯,股間也。或作骻。"宋秦觀《人材》："將如韓信而有胯下蒲伏之辱。"宋梅堯臣《見牧牛人隔江吹笛》："日暮穿林歸,長笛初在骻。"

刳 以刀挖空。《玉篇·刀部》:"刳,空物腸也。"清朱駿聲《説文通訓定聲·豫部》:"《僞泰誓》:'刳剔孕婦。'《易·繫辭傳》:'刳木爲舟。'"《後漢書·董卓傳·論》:"夫以刳肝斮趾之性,則群生不足以厭其快,然猶折意縉紳,遲疑陵奪,尚有盜竊之道焉。"清夏燮《中西紀事·猾夏之漸》:"或曰借歛事以刳佗人睛作煉銀藥。"

瓠 葫蘆,熟而可爲容器,故有空而大之衍義。《説文·瓜部》:"瓠,匏也。从瓜,夸聲。"清朱駿聲《通訓定聲》:"有甘苦二種。《詩》:'甘瓠纍之。'今蘇俗謂之壺盧,瓠即壺盧之合音。"《集韻·鐸韻》:"瓠,瓠落,廓落也。"《莊子·逍遥游》:"剖之以爲瓢,則瓠落無所容。"唐陸德明《經典釋文》:"瓠落,猶廓落也。"按"廓落"即空義。明宋濂《同虚山房記》:"元黄之間所貴者虚,廓落無象,空洞無偶。"故"瓠落"可指人胸空無才。金劉從益《三弟手植瓠材且有詩予亦戲作》:"早知瓠落終無用,只合江湖養不才。"

洿 水池,亦指地勢低窪。《説文·水部》:"洿,濁水不流也。一曰窊下也。从水,夸聲。"清朱駿聲《通訓定聲》:"《孟子》:'數罟不入洿池。'"引申爲挖掘義。按,挖掘則其地低窪,土空而成池,此所謂逆向引申,余别有論,兹不贅述。《禮記·檀弓下》:"殺其人,壞其室,洿其宫而豬焉。"唐孔穎達疏:"謂掘洿其宫使水之積聚焉。"《資治通鑑·梁武帝普通六年》:"開逆之端,起於宋維,成禍之末,良由劉騰,宜梟首洿宫,斬骸沈族,以明其罪。"

挎 挖。挖則使空。《廣韻·模韻》:"挎,空也。"《易·繫辭下》"刳木爲舟"唐陸德明《經典釋文》作"挎木爲舟"。或以爲"挎"通"刳"故可表挖義,實非。"挎"有持義,又以夸聲表挖義,其字从手,當爲套用字。

絝 套褲,不完全封閉而中空之衣物。其字亦作"袴",同从夸聲。《説文·糸部》:"絝,脛衣也。从糸,夸聲。"清朱駿聲《通訓定聲》:"字亦作'袴'。今蘇俗謂之套褲。古又名襗。若滿襠褲。"《禮記·内則》:"衣不帛襦袴。"清孫希旦《集解》:"袴,下衣。"《淮南子·原道訓》:"短綣不絝,以便涉游。"

〔推源〕 諸詞俱有空義,爲夸聲所載之公共義。聲符字"夸"所記録語詞本謂奢侈。《説文·大部》:"夸,奢也。从大,於聲。"《荀子·仲尼》:"貴而不爲夸,信而不處謙。"唐楊倞注:"夸,奢侈也。"引申爲夸張義。南朝梁劉勰《文心雕龍·夸飾》:"莫不因夸以成狀,沿飾而得奇也。"夸張即空虚不實,故又引申爲空虚、浮夸義。清朱駿聲《説文通訓定聲·豫部》:"夸,〔假借〕爲誇。《周書·謚法》:'華言無實曰夸。'《吕覽·本生》:'非夸以爲名也。'注:'虚也。'《史記·劉敬叔孫通傳》:'此宜夸矜。'集解:'張也。'"按,"夸"表空虚、浮夸義,無煩假借,乃其衍義。然則本條諸詞之空義爲其聲符"夸"所載之顯性語義。夸聲可載空義,則"空"可證之。

夸:溪紐魚部;
空:溪紐東部。

雙聲,魚東旁對轉。"空",空洞,空虛。《説文·穴部》:"空,竅也。"按"竅"即洞,中空者。《廣韻·東韻》:"空,空虛。"《列子·天瑞》:"夫天地,空中之一細物,有中之最巨者,難終難窮。"《後漢書·陳蕃傳》:"田野空,朝廷空,倉庫空。"

(637) 跨誇侉恗(大義)

跨 越過,即大步義。《説文·足部》:"跨,渡也。从足,夸聲。"清朱駿聲《通訓定聲》:"張兩股越渡……《西京賦》:'跨谷彌阜。'注:'越也。'"《廣韻·禡韻》:"跨,越也。"《荀子·效儒》:"故外闔不閉,跨天下而無蘄。"唐楊倞注:"跨,越也。"《北史·倭傳》:"女多男少,婚嫁不取同姓,男女相悦者即爲婚。婦入夫家,必先跨火,乃與夫相見。"

誇 誇耀,大言。《廣韻·麻韻》:"誇,大言也。"《文選·揚雄〈長楊賦〉》:"明年,上將大誇胡人以多禽獸。"引申爲大義。清朱駿聲《説文通訓定聲·豫部》:"誇,《管子·白心》:'萬物均既誇衆矣。'注:'大也。'"《漢書·外戚傳下·孝成許皇后》:"皇后乃上疏曰:'妾誇布服,糲食。'"唐顏師古注:"誇,大也,大布之衣也。"

侉 誇大。《玉篇·人部》:"侉,奢也。"《説文·大部》:"奢,張也。"清沈濤《古本考》:"奢,張也。反儉爲奢。从大者,言誇大於人也。"《書·畢命》:"驕淫矜侉,將由惡終。"僞孔傳:"言殷衆士驕恣過制,矜其所能以自侉大。"又,大餅謂之"侉餅",粗大亦稱"侉",雖爲方言,蓋亦古語。

恗 《集韻·麻韻》云"心自大也",姑附於此。

〔推源〕 諸詞俱有大義,爲夸聲所載之公共義。聲符"夸"所記録語詞謂奢侈,本有自大、矜夸之衍義。清朱駿聲《説文通訓定聲·豫部》:"夸,《廣雅·釋詁一》:'大也。'……《吕覽·下賢》:'富有天下,而不騁夸。'注:'詫而自大也。'《史記·屈賈傳》:'夸者死權。'"又,"夸"字之結構从大,於聲,然則形符所表之義類即大,於聲字所記録語詞"宇""芋""弙""眄""衧""柠""等"皆有大義,參本典第一卷第57條。

227 灰聲

(638) 恢/宏(大義)

恢 大,擴大。《説文·心部》:"恢,大也。从心,灰聲。"清朱駿聲《通訓定聲》:"字亦作'悝'。《左襄四傳》:'用不恢於夏家。'《公羊文十五傳》:'恢,郭也。'《楚辭·守志》:'配稷契兮恢唐功。'《舞賦》:'舒恢炱之廣度兮。'……《荀子·非十二子》:'恢恢然。'亦重言形況字。《廣雅·釋詁一》:'悝,大也。'"《廣韻·灰韻》:"恢,大也。"《史記·滑稽列傳·序》:"天道恢恢,豈不大哉!"按,"恢"字从心,其本義當爲心胸寬大。《周書·李遠傳》:"幼有器局,志度恢然。"引申之,則有宏大、擴大義。

宏 宏大,廣大。《説文·宀部》:"宏,屋深響也。"清朱駿聲《通訓定聲》:"深大之屋,凡聲如有應響。《考工·梓人》：'其聲大而宏。'司農注：'謂聲音大也。'〔轉注〕《爾雅·釋詁》：'宏，大也。'《書·盤庚》：'用宏茲賁。'傳：'宏、賁，皆大也。'《酒誥》：'若保宏父。'傳：'大也，司空也。'《易·坤》：'含宏光大。'崔注：'含有萬物爲宏。'《弔魏武帝文》：'丕大德以宏覆。'注：'普也。'"今按，"宏"之本義即大，从宀，"屋深響"爲其形體造意。

〔推源〕 此二詞俱有大義，其音亦相近且相通。

恢：溪紐之部；

宏：匣紐蒸部。

溪匣旁紐，之蒸對轉。然則語源同。其"恢"字乃以灰聲載大義。"灰"謂火灰，與大義不相涉，其大義乃灰聲所載之語源義。"恢""宏"同義，故有"恢宏"之同義聯合式合成詞。其字或作"恢閎""恢弘。"元劉壎《隱居通議·駢儷二》："與天子爭是非，恢宏事業；爲人材別衰正，充擴初心。"

(639) 詼／謔（戲謔義）

詼 詼諧，戲謔。《廣雅·釋詁四》："詼，調也。"清王念孫《疏證》："調戲之調。"《廣韻·灰韻》："詼，詼調。"《漢書·東方朔傳·贊》："然朔名過實者，以其詼達多端，不名一行。"宋梅堯臣《依韻和永叔登心堂紙答劉原甫》："怪其有紙不寄我，如此出語亦善詼。"

謔 戲謔。《說文·言部》："謔，戲也。从言，虐聲。《詩》曰：'善戲謔兮。'"清朱駿聲《通訓定聲》："《爾雅·釋詁》：'謔，浪笑。''敖，戲謔也'。《漢書·地理志》：'伊其相謔。'注：'戲言也。'"《詩·邶風·終風》："終風且暴，顧我則笑。謔浪笑敖，中心是悼。"《資治通鑑·後梁太祖開平四年》："內樞密使唐道襲，蜀主之嬖臣也，太子屢謔之於朝，由是有隙，互相訴於蜀主。"元胡三省注："謔，戲也。"

〔推源〕 此二詞俱有戲謔義，其音亦相近且相通。

詼：溪紐之部；

謔：曉紐藥部。

溪曉旁紐，之藥(沃)旁對轉。然則語源當同。

228 列聲

(640) 裂齣鴷咧（分開義）

裂 繒餘，與主體分開者。《說文·衣部》："裂，繒餘也。从衣，列聲。"清朱駿聲《通訓定聲》："字亦作'挈'。《廣雅·釋詁二》：'裂，裁也。'《三》：'挈，餘也。'"引申爲分開義，遂爲分裂字。《廣雅·釋詁一》："裂，分也。"《廣韻·薛韻》："裂，擘裂，破也。《左傳》曰：'裂裳帛而與之。’”《墨子・尚賢中》:“裂地以封之。”《淮南子・覽冥訓》:“四極廢,九州裂。”漢高誘注:“裂,分也。”

𪗲 用牙齒分開骨頭。字亦作“𪘂”“㓯”。《説文・齒部》:“𪗲,齒分骨也。从齒,列聲。”清朱駿聲《通訓定聲》:“从齒列,會意,列亦聲。”《集韻・薛韻》:“𪘂,齒分骨也。”漢揚雄《法言・重黎》:“始皇方虎㓯而梟磔,噬士猶臘肉也。”汪榮寶《義疏》:“《説文》無‘㓯’,有‘𪗲’,云:‘齒分骨聲’,‘虎㓯’之‘㓯’當即此字。”

鴷 啄木鳥。啄木使裂,故稱“鴷”。《爾雅・釋鳥》:“鴷,斲木。”晉郭璞注:“口如錐,長數寸,常斲樹食蟲,因名云。”《廣韻・薛韻》:“鴷,啄木。”唐張鷟《朝野僉載》卷一:“凱廳前樹上有鴷窠。鴷,啄木也。”按,徽歙有鳥,淡紅色,好啄蛇,鄉下稱之爲“啄蛇鴷”,當即此字;其鳥亦當與啄木鳥同類。

咧 咧嘴,唇分開。李季《王貴與李香香》第三部:“白軍連長没頭鬼,叉着手來咧着嘴。”老舍《四世同堂》五十三:“曉荷回不出話來,只咧了一下嘴。”按“咧”字《集韻》訓“鳥聲”,表咧嘴義,爲套用字。

〔推源〕 諸詞俱有分開義,爲列聲所載之公共義。聲符字“列”从刀,所記録語詞之本義即分開。《説文・刀部》:“列,分解也。从刀,歺聲。”清朱駿聲《通訓定聲》:“義與‘別’略同。《管子・五輔》:‘大袂列。’注:‘決之也。’《荀子・哀公》:‘兩驂列兩服入廄。’”按朱氏所引《荀子・哀公問》文唐楊倞注:“列與裂同。謂外馬擘裂,中馬牽引而入廄。”《史記・韓王信盧綰列傳》:“遭漢初定,故得列地,南面稱孤。”然則本條諸詞之分開義爲聲符“列”所承載之顯性語義。

(641) 栵䅀駵峛�(行列義)

栵 成行生的小樹。《説文・木部》:“栵,栭也。从木,列聲。《詩》曰:‘其灌其栵。’”按,“栭”即茅栗,與《詩》之“栵”非一義。所引《詩・大雅・皇矣》文宋朱熹《集傳》:“灌,叢生者也;栵,行生者也。”然則“栵”表成行生之木爲套用字。明方以智《物理小識・草木類・枸橘》:“枸橘穰絢間,溝泥種成栵,髡頭令發肄,棘鍼成屏翳。”

䅀 禾行列整齊。字亦作“�”。《説文・禾部》:“䅀,黍穰也。从禾,列聲。”《廣雅・釋草》:“黍穰謂之秤。”清王念孫《疏證》:“䅀即秤字。”《正字通・禾部》:“秤,禾行列齊也。”

駵 字亦作“駉”,馬成行奔馳。《説文・馬部》:“駵,次弟馳也。从馬,列聲。”清朱駿聲《通訓定聲》:“《廣雅・釋室》:‘駵,犇也。’”《玉篇・馬部》:“駉,次弟馳也,奔也。”《廣韻・薛韻》:“駵,次第馳馬。”宋周邦彦《汴都賦》:“犇驫駉駿,群馬闐也。”黄侃《謁孝陵作》:“徐行出闉闍,輦路無馳駵。”

峛 山低而長,如一行列。《玉篇・山部》:“峛,峛崺,山卑長也。”《廣韻・紙韻》:“峛,峛崺。”漢揚雄《法言・吾子》:“觀書者,譬諸觀山及水,升東嶽而知衆山之峛崺也。”亦指上山、下山之道。《漢書・揚雄傳》:“登降峛崺。”唐顔師古注:“峛崺,上下之道也。”按,道路亦如行列,行列作“行”,謂四達之道,可爲一證。

筊 竹子的行列。唐玄應《一切經音義》卷十一："筊筊,《説文》云:'竹次也。'言竹有筊次謂之筊筊也。"《説文·竹部》:"筊,竹列也。"清段玉裁注:"筊之言行也,行列也。"明董説《西遊補》第十三回:"兩個又走過翠圍峰,尋條別徑,竟到緑竹洞天,但見青苔遍地,管筊危天,當中有四個紫竹屋。"

〔推源〕 諸詞俱有行列義,爲列聲所載之公共義。列聲字"迾""烈"亦可以假借字形式、以其列聲表行列義。南朝梁陸雲公《釋奠應令》:"蘋藻登薦,巾冕成迾。"《詩·鄭風·大叔于田》:"叔在藪,火烈具舉。"漢毛亨傳:"烈,列。"唐孔穎達疏:"言火有行列也。"按,"列"字从刀,謂割裂、分開,凡物受割裂則有縫如行列,故有"行列"之衍義,然則本條諸詞之行列義亦爲聲符所載之顯性語義。《説文·刀部》:"列,分解也。"清段玉裁注:"引伸爲行列之義。"《廣韻·薛韻》:"列,行次也。"《左傳·僖公二十二年》:"(楚人)既濟,而未成列。"晉潘岳《秋興賦序》:"攝官承乏,猥厠朝列。"

(642) 烈洌冽颲癘(猛烈義)

烈 火猛。《説文·火部》:"烈,火猛也。从火,列聲。"《左傳·昭公二十年》:"夫火烈,民望而畏之,故鮮死焉。"虛化引申爲猛烈義。《廣韻·薛韻》:"烈,猛也。"清朱駿聲《説文通訓定聲·泰部》:"《方言》十三:'烈,暴也。'"《書·舜典》:"納於大麓,烈風雷雨弗迷。"《漢書·五行志》下:"孝公始用商君攻守之法,東侵諸侯,至於昭王,用兵彌烈。"

洌 寒冷。《説文·水部》:"洌,水清也。从水,列聲。《易》曰:'井洌寒泉。'"按,《易》之"洌"爲寒冷義,與"清"非一義,表寒冷義,爲套用字。火曰"烈",水曰"洌",俱以列聲載之,語源同。《詩·曹風·下泉》:"洌彼下泉,浸彼苞稂。"漢毛亨傳:"洌,寒也。"宋李薦《洛陽名園記·業春園》:"予嘗窮冬月夜登是亭,聽洛水聲,久之,覺清洌侵人肌骨,不可留,乃去。"

冽 寒冷。《玉篇·冫部》:"冽,寒氣也。"《廣韻·薛韻》:"冽,寒也。"唐韓愈《感春》:"豈如秋霜雖慘冽,摧落老物誰惜之?"宋王安石《酬王濬賢良松泉二詩·泉》:"取遥比甘覺近美,與舊爭冽知新寒。"

颲 猛烈的風。《説文·風部》:"颲,烈風也。从風,列聲。讀若列。"清朱駿聲《通訓定聲》:"《風俗通》:'猛風曰颲。'"《廣韻·薛韻》:"颲,風雨暴至。"南朝梁武帝蕭衍《孝思賦》:"旅雁鳴而哀哀,朔而鼓而颲颲。"

癘 瘟疫,所謂惡疾,實亦猛烈義。《廣韻·祭韻》:"癘,同癘。"《説文·疒部》:"癘,惡疾也。"清朱駿聲《通訓定聲》:"字亦作'痢'。……《左哀元傳》:'天有菑癘。'注:'疾疫也。'《公羊莊二十傳》:'大瘠者何?癘也。'注:'邪亂之氣所生。'"清徐昂發《夏寒》:"大祲大癘餘,徵求恣考掠。"

〔推源〕 諸詞俱有猛烈義,爲列聲所載之公共義。聲符字"列"所記錄語詞謂割裂、分開,此與猛烈義或相通。至列聲可載猛烈義,則"厲"可證之。"列""厲"同音,來紐雙聲,月部疊韻。"厲",其字从厂,指磨刀石,後起本字作"礪"。《説文·厂部》:"厲,旱石也。"南唐徐鍇《繫傳》:"巖悍石也。"《文選·司馬相如〈子虛賦〉》:"礛功玄厲,碝石碔砆。"晉郭璞注:"玄厲,黑石,可用磨也。"今按,礪石之性強悍、堅硬,故有厲害、猛烈之衍義。《廣韻·祭韻》:"厲,烈也,猛也。"《左傳·定公十二年》:"與其素厲,寧爲無勇。"晉杜預注:"厲,猛也。"宋陸游《入蜀記》:"有頃,風愈厲,舟行甚疾。"

229　成聲

(643) 盛宬城(容納義)

盛　祭器中的谷物,即器所容納者。《說文·皿部》:"盛,黍稷在器中以祀者也。从皿,成聲。"清朱駿聲《通訓定聲》:"《穀梁桓十四傳》:'天子親耕以共粢盛。'注:'黍稷曰粢,在器曰盛。'"引申爲盛放、容納義。《廣韻·清韻》:"盛,盛受也。"《詩·周南·采蘋》:"於以盛之,維筐及筥。"《素問·靈蘭秘典論》:"小腸者,受盛之官,化物出焉。"

宬　容納。《說文·宀部》:"宬,屋所容受也。从宀,成聲。"《廣韻·清韻》:"宬,屋容受也。"按,古文獻中"宬"指藏書室,則"宬"即容納書籍之屋。清馮桂芬《方恬庵先生家傳》:"先生既歿之十年,吾師命桂芬立家傳,竊用漢碑門生姓名之義,謹詮次如右,以備他日宬室之采。"《清史稿·禮志八》:"乾隆間,定實録,聖訓歸皇史宬。"

城　城郭,容納人民之地。《說文·土部》:"城,以盛民也。从土,从成,成亦聲。"清朱駿聲《通訓定聲》:"《公羊定十二傳》:'百雉而城。'注:'天子周城,諸侯軒城。'《穀梁隱七傳》:'城爲保民爲之也。'……〔聲訓〕《釋名·釋宮室》:'城,盛也,盛受國都也。'《風俗通》:'城之爲言盛也。'"《廣韻·清韻》:"城,城郭。"

〔推源〕　諸詞俱有容納義,爲成聲所載之公共義。聲符字"成"《說文·戊部》訓"就",即成就、完成義,故稱"城"字之結構爲"从土,从成,成亦聲",蓋城郭者築土而成。成就義與容納義不相涉,其成就義乃成聲所載之語源義。成聲可載容納義,"容"可證之。

成:禪紐耕部;
容:余紐東部。

禪余(喻四)旁紐,耕東旁轉。"容",盛受,容納。《說文·宀部》:"容,盛也。"《書·泰誓》:"其心休休焉其如有容。"清孫星衍《今古文注疏》:"其心休美寬大,如有所容納也。"《詩·衛風·河廣》:"誰謂河廣?曾不容刀。"

230　夷聲

(644) 荑稊梯胰(柔嫩義)

荑　茅草的嫩芽,亦引申而泛指草木之嫩芽。《說文·艸部》:"荑,艸也。从艸,夷聲。"

清朱駿聲《通訓定聲》:"按,茅之初生也……《詩·靜女》:'自牧歸荑。'〔轉注〕《通俗文》:'草陸生曰荑。'郭璞《遊仙詩》:'陵岡掇丹荑。'注:'凡草之初生通名荑。'又《詩·七月》傳:'女桑,荑桑也。'疏:'葉之新生者。'"按,朱云"轉注"實即引申。《廣韻·齊韻》:"荑,荑秀。"《詩·衛風·碩人》:"手如柔荑,膚如凝脂。"漢毛亨傳:"如荑之新生。"

穉 幼禾,字亦作"稺""稚"。其"稚"爲今幼稚字。《集韻·至韻》:"稺,亦作稚、穉。"《說文·禾部》:"穉,幼禾。"清朱駿聲《通訓定聲》:"字亦作'稺'、作'稚'、作'穉'。"《詩·小雅·大田》:"去其螟螣,及其蟊賊,無害我穉。"

㭌 柔嫩的桑樹條。《爾雅·釋木》:"女桑,㭌桑。"晉郭璞注:"今俗呼桑樹小而條長者爲女桑樹。"按《廣韻·齊韻》"㭌"字徑訓"樹之長條",實亦此義。又,所謂"女桑"即柔桑,女聲字所記錄語詞"敉""籹""如"俱有柔弱順從之義(見本典第一卷第164條)。古者男尊女卑,女性以柔順爲美德,又女之天性亦陰柔。"㭌"亦爲木名,《說文》訓"赤柿",指柔嫩桑枝,爲套用字,以其夷聲載柔嫩義。

胰 夾脊肉。凡豬肉,以夾脊肉爲最柔嫩,即所謂"呂脊肉",聲轉字誤,作"里脊肉"。《廣韻·脂韻》:"胰,夾脊肉也。"《新唐書·儒學傳下·元澹》:"下之事上,譬富家儲積以自資也,脯臘膴胰以供滋膳,参朮芝桂以防疾疢。"清金農《聞喜縣中早發》:"脯臘膴胰非不飽,未免秋風刮面思蓴羹。"

〔推源〕 諸詞俱有柔嫩義,爲夷聲所載之公共義。聲符字"夷"从大、从弓,象人負弓矢之形,《說文》訓"東方之人",即東部游牧民族之人。此與柔嫩義不相涉,其柔嫩義爲夷聲所載之語源義。夷聲可載柔嫩義,"嫩"可相證。

夷:余紐脂部;

嫩:泥紐文部。

余(喻四)泥準旁紐,脂文旁對轉。"嫩",柔嫩。《廣韻·慁韻》:"嫩,弱也。"《集韻·恨韻》:"嫩,少弱也。"南朝梁江淹《麗色賦》:"若夫紅華舒春,黃鳥飛時,紺蕙初嫩,頹蘭始滋。"明鄭若庸《玉玦記·憶夫》:"綠茵盡摘不留,且莫惜明年難茂,柔枝嫩葉,多應人採揪。"

(645) 鮧洟荑(黏滑義)

鮧 一稱"鯷",體表多涎、黏滑之魚。《集韻·齊韻》:"鯷,魚名。《說文》:'大鮎也。'或作鮧。"清段玉裁《說文解字注·魚部》:"鯷,此字《詩》《爾雅》《廣韻》作'鮧'。"宋羅願《爾雅翼·釋魚二》:"鮧魚,偃額,兩目上陳,頭大尾小,身滑無鱗,謂之鮎魚,言黏滑也。"明楊慎《異魚圖讚》:"鮧魚偃額,兩目上陳,頭大尾小,身滑無鱗。或名曰鮎,粘滑是因。"

洟 鼻涕,黏滑之物。字亦作"涕"。《說文·水部》:"洟,鼻液也。从水,夷聲。"清朱駿聲《通訓定聲》:"《易·萃》:'齎咨涕洟。'《禮記·檀弓》:'垂涕洟。'"按,所引《易》文唐陸德明《經典釋文》:"自目曰涕,自鼻曰洟。"《資治通鑑·陳武帝永定元年》:"帝有時洟出,浚責帝左右曰：'何不爲二兄拭鼻！'"元胡三省注："鼻液曰洟。"

黃 茅草嫩芽（見本典第644條），白且滑。清朱駿聲《説文通訓定聲·履部》："黃，《風俗通》：'黃者，茅始熟中穰也，既白且滑。'"

〔推源〕 諸詞俱有黏滑或滑義，爲夷聲所載之公共義。聲符字"夷"所記録語詞之本義、引申義系列與此義不相涉，其黏滑義爲夷聲所載之語源義。夷聲可載黏滑義，"脂"可證之。

夷：余紐脂部；
脂：章紐脂部。

疊韻，余（喻四）章（照）旁紐。"脂"，有角動物的油質，亦引申而泛指油質，黏滑之物。《説文·肉部》："脂，戴角者脂，無角者膏。"《周禮·考工記·梓人》："天下之大獸五：脂者、膏者、臝者、羽者、鱗者。"《禮記·内則》："脂膏以膏之。"唐孔穎達疏："凝者爲脂，釋者爲膏。"按，油質性黏，故可凝，故《詩·衛風·碩人》有"膚如凝脂"之語。

（646）侇羠霓（平義）

侇 平坦。《説文·彳部》："侇，行平易也。从彳，夷聲。"清朱駿聲《通訓定聲》："經傳皆以'夷'爲之。"按，"侇"爲其本字。宋范應元《老子道德經古本集注》第五十三章："大道甚侇，而民好徑。"按"侇"字異文作"夷"。"侇"乃由假借字添加構件而組成之本字。古者多借"夷"字爲之。宋王安石《遊褒禪山記》："夫夷以近，則遊者衆。"

羠 閹割過的羊。按，凡畜經閹割則性平和，"羠"之名當寓平和義。《説文·羊部》："羠，騬羊也。从羊，夷聲。"清朱駿聲《通訓定聲》："馬曰騬……羊曰羠，曰羯。俗語通謂之扇。《急就篇》：'牂、羖、羯、羠、㹀、羝、羭。'《史記·貨殖傳》：'其民羯羠不均。'"按，所引漢史游《急就篇》卷三文唐顔師古注："羠，亦騬羊也。西方有野羊，大角，牡者曰羱，牝者曰羠。"宋王應麟《補注》："羯，羊去勢。羠，犍羊。"按，"犍"即"犗"。又朱氏所引《史記》文唐司馬貞《索隱》："羯羠，皆健羊也。"《玉篇》"羠"字正訓"犍羊"。至唐顔師古氏稱野羊牝者曰羠，蓋母羊之性亦較公羊平和，"羠"之名亦寓平和義。

霓 雲開，雨平息。《廣韻·齊韻》："霓，霽雲。"《説文·雨部》："霽，雨止也。"《集韻·齊韻》："霓，雨止。"今按，"霓"爲"霽"之轉注字，爲或體。《廣韻》記"霽"字之音爲"子計切"，其上古音爲精紐職部；"霓"字"杜奚切"，定紐支部。精定鄰紐，職支旁對轉。轉注是異體字產生的主要途徑。字既製而又閒置之不用，經傳皆用"霽"字。"霓""霽"二字所記，爲同一語詞。《書·洪範》："乃命卜筮，曰雨，曰霽。"僞孔傳："龜兆形有似雨者，有似雨止者。"

〔推源〕 諸詞俱有平義，爲夷聲所載之公共義。夷聲字"侇"亦可以假借字形式表平義，庶可爲夷聲、平義相關聯之證。清李宗昉《黔記》卷三："馴安故俗迹侇易，何妨尺土皆崚嶒。"按此字从人，本謂陳列人之尸體。聲符字"夷"本有平訓。《爾雅·釋丘》："夷上灑下。"

宋邢昺疏:"夷上,平上。"《説文·大部》:"夷,平也。从大,从弓,東方之人也。"《韓非子·右儲説右下》:"惟鍛者所以平不夷也。"按,平義與"夷"之文字形體結構不相符,其本義當爲"東方之人",即東夷。然則其平爲夷聲所載之語源義。夷聲可載平義,"坦"可證之。

夷:余紐脂部;

坦:透紐元部。

余(喻四)透準旁紐,脂元旁對轉。"坦",平。《玉篇·土部》:"坦,平也。"按,詞彙系統有"平坦"之同義聯合式合成詞。《易·履》:"履道坦坦,幽人貞吉。"南朝宋劉義慶《世說新語·言語第二》:"其地坦而平,其水淡而清,其人廉且貞。"

231 至聲

(647) 桎庢窒閛駤痓(礙義)

桎 拘束犯人兩脚的刑具,阻礙行動、限制自由之物。《説文·木部》:"桎,足械也。从木,至聲。"清朱駿聲《通訓定聲》:"在手曰梏。《易·蒙》:'用説桎梏。'《説卦》:'九家坎爲桎梏。'《周禮·掌囚》:'上罪梏拲而桎。'張揖曰:'參著曰桎,偏著曰桎。''中罪桎梏。'注:'手足各一木也。'"引申爲阻礙、妨礙義。《集韻·旨韻》:"桎,礙也。"上述朱氏書引《莊子·達生》:"故其靈台一而不桎。"唐陸德明《經典釋文》:"桎,閡也。"宋葉適《參議朝奉大夫宋公墓誌銘》:"稱事以責祿,祿雖獲,役也;遠害而志利,利雖全,桎也。"

庢 阻礙。《説文·广部》:"庢,礙止也。从广,至聲。"清朱駿聲《通訓定聲》:"《七發》:'發怒庢沓。'注:'或爲底。'按,底沓雙聲連語。又《寰宇記》:'山曲曰盩,水曲曰庢。'"按,朱氏所引《文選·枚乘〈七發〉》文唐李周翰注:"庢,礙止也。"《玉篇·广部》:"庢,礙也,止也。"又,所謂"水曲曰庢"蓋即水流受阻礙則曲行之意,其義亦相通。又,朱氏"底沓雙聲連語"説可商。凡物至底則止之,"底"本有"止"訓。《爾雅·釋詁下》:"底,止也。"

窒 填塞,引申爲阻塞、阻礙義。《説文·穴部》:"窒,塞也。从穴,至聲。"清朱駿聲《通訓定聲》:"《廣雅·釋詁一》:'窒,滿也。'《易·訟》:'有孚窒。'虞注:'塞止也。'《詩·七月》:'穹窒熏鼠。'傳:'塞也。'《吕覽·盡數》:'處鼻則爲鼽爲窒。'注:'不通也。'……〔假借〕爲'庢'。《論語》:'惡果敢而窒者。'按,礙也。"按,"窒"表礙義無煩假借,乃本義之引申。《廣韻·質韻》:"窒,窒塞也。"漢班固《白虎通·鄉射》:"春氣微弱,恐物有窒塞不能自達者。"又,人呼吸受阻礙稱"窒息"。

閛 閉門。按,門閉則阻礙人入室,故稱"閛"。《廣韻·屑韻》:"閛,門閉。"《全元散曲·齊天樂過紅衫兒·玩世》:"且粧呆,且粧呆,静把柴門閛。"

駤 馬負重難行,即馬行受阻礙義。《廣雅·釋詁三》:"駤,止也。"清王念孫《疏證》:

"鷙與駤同。"《廣韻·至韻》:"駤,驥駤。"《玉篇·馬部》:"驥,驥駤,止也。"《説文·馬部》:"鷙,馬重兒。"《史記·晉世家》:"惠公馬鷙不行,秦兵至,公窘,召慶鄭爲御。"

痊 病名,筋脉受阻礙,口不能言,亦受阻礙。《集韻·至韻》:"痊,風病。"清朱駿聲《説文通訓定聲·履部·附〈説文〉不録之字》:"痊,《廣雅·釋詁三》:'痊,惡也。'……《素問·氣厥論》:'傅爲柔痊。'注:'骨痊而不隨。'"按《廣韻·至韻》"痊"亦訓"惡",與《廣雅》同,疑即中惡義。明李時珍《本草綱目·百病主治藥·痊風》:"痊風,即痊病,屬太陽、督脉二經。其症發熱,口噤如癇,身體强直,角弓反張,甚則搖搦。"

〔推源〕 諸詞俱有礙義,爲至聲所載之公共義。聲符字"至"象矢至於地形,其本義爲到達,然則與礙義無涉,其礙義乃至聲所載之語源義。至聲可載礙義,"滯"可證之。

至:章紐質部;
滯:定紐質部。

叠韻,章(照)定準旁紐。"滯",凝聚。《説文·水部》:"滯,凝也。"《周禮·地官·廛人》:"凡珍異之有滯者,斂而入於膳府。"引申爲停止、礙止義。《廣韻·祭韻》:"滯,止也。"《文選·宋玉〈高唐賦〉》:"九竅通鬱,精神察滯。"唐李善注:"鬱、滯,不通也。"按,惟"滯"有礙義,故有"滯礙"之同義聯合式合成詞。唐韓愈《與孟尚書書》:"輿之語,雖不盡解,要自胸中無滯礙。"

(648) 致垤(積義)

致 送去。《説文·夂部》:"致,送詣也。从夂,从至。"清王筠《句讀》:"至亦聲。"清朱駿聲《通訓定聲》:"从夂、从至,會意,至亦聲。"《漢書·武帝紀》:"其遣謁者巡行天下,存問致賜。"唐顔師古注:"致,送至也。"引申爲招致、招來義。《易·需》:"需於泥,致寇至。"三國魏王弼注:"招寇而致敵也。"按,凡物多致,則相聚積,故又引申爲積義。《集韻·祭韻》:"致,積累也。"《漢書·酷吏傳·尹賞》:"賞至,修治長安獄,穿地方深各數丈,致令闚爲郭,以大石覆其口,名爲'虎穴'。"唐顔師古注:"致,謂積累之也。"按,"致"又有密義,亦與積義相通。"專心致志"之"致"謂集中,與積義極相近。

垤 蟻冢,土粒堆積而成者。《説文·土部》:"垤,螘封也。《詩》曰:'鸛鳴於垤。'从土,至聲。"清朱駿聲《通訓定聲》:"《方言》十:'垤,塲也。'十一:'蚍蜉其塲謂之坻,或謂之垤。'……按鸛水鳥見垤知天將雨,故喜而鳴也。"按,漢許慎所引爲《詩·豳風·東山》文,漢毛亨傳云:"垤,螘冢也。"《廣韻·屑韻》:"垤,蟻封。"唐韓愈《病中贈張十八》:"譬如蟻垤微,詎可陵崆峴。"

〔推源〕 此二詞俱有積義,爲至聲所載之公共義。聲符字"至"所記録語詞之本義、引申義系列與積義無涉,其積義乃至聲所載之語源義。至聲可載積義,"積"可證之。

至：章紐質部；

積：精紐錫部。

章(照)精準雙聲,質錫通轉。"積",聚積,積累。《說文·禾部》："積,聚也。"《增修互注禮部韻略·昔韻》："積,累也。"《管子·牧民》："錯國於不傾之地,積於不涸之倉,藏於不竭之府,下令於流水之原。"《墨子·節葬下》："是故凡大國之所以不攻小國者,積委多,城郭修,上下調和。"

(649) 挃茎䶬齔蛭(刺、齧義)

挃 搗,撞,引申爲刺義。《廣韻·質韻》："挃,撞挃。"清朱駿聲《說文通訓定聲·履部》："挃,本訓實與'揿'同。'揿''挃'一字也。《廣雅·釋詁一》：'挃,刺也。'《淮南·兵略》：'五指之更彈,不若捲手之一挃。'注：'搗也。'"《説文·履部》："揿,刺也。"《廣韻·至韻》："揿,刺也。"《漢書·揚雄傳》上："洪臺掘其獨出兮,揿北極之嶙峋。"其"揿"即"刺向"義。宋釋道原編《景德傳燈錄》卷二十八："挃頭頭知,挃脚脚知。"

茎 刺榆,小枝有刺,故稱"刺榆",單音詞稱"茎",乃以至聲表刺義。"茎"亦指五味,指刺榆,則爲套用字。《説文·艸部》："茎,茎藷,艸也。从艸,至聲。"清朱駿聲《通訓定聲》："〔別義〕《爾雅·釋木》：'藲,茎。'注：'今之刺榆。'"按,所引《爾雅》文清王引之《經義述聞》："茎之言挃也,《廣雅》曰：'挃,刺也。'故刺榆謂之茎。"《廣韻·屑韻》："茎,刺榆。"《詩·唐風·山有樞》"山有樞,隰有榆"漢毛亨傳："樞,茎也。"馮德培、談家楨等《簡明生物學詞典·刺榆》："刺榆,榆科。落葉小喬木,或成灌叢,小枝先端成刺。"

䶬 咬齧,以齒刺入其物。《廣韻·屑韻》："䶬,齧也。"清朱駿聲《說文通訓定聲·履部》："䶬,〔假借〕爲'齘'。《易·履》：'不䶬人亨。'馬注：'齘也。'鄭注：'噬齧也。'《廣雅·釋詁三》：'䶬,齧也。'"今按,"䶬"表咬齧義無煩假借。其本義漢許慎訓"大笑",笑以口,齧亦以口,套用字而已。《舊唐書·段秀實傳》："誓碎凶渠之首,以敵君父之讎,視死如歸,履虎致䶬。"明馬中錫《中山狼傳》："今反欲䶬我。"

齔 咬齧堅硬之物。《説文·齒部》："齔,齒堅也。从齒,至聲。"清徐灝《注箋》："今奧俗猶謂齧堅爲齔。"張舜徽《約注》："桂馥曰：'齒堅當爲齧堅。'《玉篇》：'齔,齧堅皃。'《廣韻》：'齔,齧堅聲。'舜徽按：桂說是也。觀許叙次,齔篆與齰齭比列,似亦當作齧堅,傳寫者誤齧爲齒耳。"按,"齔"之鄰篆"齰"訓"齧骨聲","齭"訓"噍堅"。

蛭 螞蟥,有二吸盤咬齧,故稱"蛭"。《說文·蟲部》："蛭,蟣也。从蟲,至聲。"清朱駿聲《通訓定聲》："《爾雅·釋魚》：'蛭,蟣。'注：'今江東呼水中蛭蟲入人肉者爲蟣。'《賈子·春秋·連語》：'楚惠王食寒菹而得蛭,遂吞之,久病心腹之疾皆愈。'《論衡·福虛》：'蛭之性食血,惠王殆有積血也。'《博物志》：'水蛭三段而成三物。'此《釋魚》之蛭也……今蘇俗謂之馬黃。"

〔推源〕 諸詞俱有刺、齧義,爲至聲所載之公共義。聲符字"至"所記録語詞之本義、引申義系列與刺、齧義不相涉,乃至聲所載之語源義。至聲可載刺、齧義,"刺""齥"可相證。

至:章紐質部;

刺:清紐錫部;

齥:端紐脂部。

章(照)清鄰紐,章端準雙聲,清端鄰紐。質錫通轉,質脂對轉,錫脂通轉。"刺",刺入。《説文‧刀部》:"刺,直傷也。"《戰國策‧燕策三》:"誠得劫秦王,使悉反諸侯之侵地,若曹沫之與齊桓公,則大善矣。則不可,因而刺殺之。"晉葛洪《神仙傳‧李仲甫》:"張患之,乃懷匕首往,先與仲甫語畢,因依其聲所在,騰足而上,拔匕首左右刺斫。""齥",咬齧。《廣雅‧釋詁三》:"齥,齧也。"王重民等編《敦煌變文集》之《燕子賦》:"兒捻拽腳,婦下口齥。"蔣禮鴻云從先生《敦煌變文字義通釋》:"齥,齧也。"宋梅堯臣《送方進士游廬山》:"秋果正熟猴猿齥。"按,本條諸詞或有刺義,或有咬齧義,二義有微殊,實亦相通,咬齧即以齒刺入。二義俱以至聲載之,語源則同。

232　朩聲

(650) 叔/收(取義)

叔　拾取。《説文‧又部》:"叔,拾也。从又,朩聲。汝南名收芋爲叔。村,叔或从寸。"《手部》:"拾,掇也。""掇,拾取也。"《字彙‧又部》:"叔,收拾也。"又《寸部》:"村,同叔。"《詩‧豳風‧七月》:"七月食瓜,八月斷壺,九月叔苴,采荼薪樗,食我農夫。"漢毛亨傳:"叔,拾也。"

收　逮捕。《説文‧攴部》:"收,捕也。"《詩‧大雅‧瞻卬》:"此宜無罪,女反收之。"漢毛亨傳:"收,拘收也。"引申爲收取。《廣雅‧釋詁一》:"收,取也。"《左傳‧襄公二十七年》:"何以恤我,我其收之。"晉杜預注:"收,取也。"《韓非子‧孤憤》:"大臣挾愚污之人,上與之欺主,下與之收利侵漁。"

〔推源〕 此二詞俱有取義,其音亦相近且相通,語源當同。

叔:書紐覺部;

收:書紐幽部。

雙聲,覺幽對轉。

(651) 宋/静(静義)

宋　寂静。後起字作"寂"。《説文‧宀部》:"宋,無人聲。从宀,朩聲。"清朱駿聲《通訓定聲》:"宋字本訓𡧢也,静虚之意。《易·豐》曰:'闃其無人。'字亦作'寂',誤作'家',變作'淑'。《方言》十:'宋,安静也。'《埤蒼》:'寂寥,無人也。'"《楚辭·九辯》:"燕翩翩其辭歸兮,蟬宋漠而無聲。"《老子》第二十五章:"寂兮寥兮,獨立而不改。"

静 寂静,安静。《玉篇·青部》:"静,息也。"《廣韻·静韻》:"静,安也。"《古今韻會舉要·敬韻》:"静,寂也。"《楚辭·九章·懷沙》:"眴兮杳杳,孔静幽默。"漢王逸注:"野甚清静,漠無人聲。"南朝宋謝靈運《會吟行》:"列筵皆静寂,咸共聆《會吟》。"

〔推源〕 此二詞義同,音亦相近並相通,然則語源同。

宋:從紐覺部;
静:從紐耕部。

雙聲,覺耕旁對轉。按,雙音詞有"寂静",乃由同源同音詞聯合而成。凡同義聯合式合成詞,其二詞根音同或音相通者,皆由同一語源所衍生,觀諸詞彙系統,此爲一大通例。

233　此聲

(652) 茈紫(紫色義)

茈 紫草,即含紫色素、可作紫色染料之草。《說文·艸部》:"茈,茈草也。从艸,此聲。"清朱駿聲《通訓定聲》:"《爾雅》:'藐,茈草。'注:'可以染紫。'《廣雅》:'茈,茢,茈草也。'《西山經》:'勞山多茈草。'"按,《玉篇·艸部》:"茢,紫草也。"《廣韻·紙韻》:"茈,茈草也。"朱氏所引《山海經》文清吳任臣《廣注》:"茈草,即紫草。"引申爲紫色義。《山海經·東山經》:"(竹山)其中多茈蠃。"清郝懿行《箋疏》:"蠃當爲'蠃',字之訛。茈蠃,紫色蠃也。"《廣韻·紙韻》:"茈,茈薑。"按即嫩薑、紫薑。

紫 紫色。《說文·糸部》:"紫,帛青赤色。从糸,此聲。"清朱駿聲《通訓定聲》:"北方間色,與綠紅碧駵黄爲五間。《論語》:'惡紫之奪朱也。'孔注:'間色之好者。'《漢書·王莽傳·贊》:'紫色蛙聲。'按,紫即緅爵頭色。《禮記·玉藻》:'元冠紫緌。'注:'以爲僭宋王者之後服。'《左哀七傳》:'紫衣狐裘。'注:'紫衣君服。'《管子》:'桓公好服紫,齊人尚之,五素而易一紫。'疑紫爲春秋時所貴重。《論語》'紅紫不以爲褻服。'"《廣韻·紙韻》:"紫,間色。"

〔推源〕 此二詞俱有紫色義,爲此聲所載之公共義。聲符字"此"所記録語詞《說文·止部》云:"止也。从止,从匕。匕,相比次也。"按"此"即所止之處,故爲彼此字,與"彼"相對待。然則與紫色義無涉,其紫色義爲此聲所載之語源義。此聲可載紫色義,"赭"可證之。

此:清紐支部;
赭:章紐魚部。

清章(照)鄰紐,支魚旁轉。"赭",黄赤色,"紫"者青赤色,俱爲間色,此二詞寓"赤"之公共義。《説文·赤部》："赭,赤土也。"宋王讜《唐語林·補遺一》："赭,黄色之多赤者。"《山海經·西山經》："(竹山)有草焉,其名曰黄蘿……白花而赤實,其狀如赭。"晉郭璞注："赭,紫赤色。"唐封演《封氏聞見記·運次》："衣服尚黄,旗幟尚赤,常服赭赤也。"

(653) 玼柴髭鏨䩗櫯䏔佌貲疵魮(小義)

玼 玉的小斑點。《廣韻·支韻》："玼,玉病。"漢桓寬《鹽鐵論·晁錯》："夫以璵璠之玼而棄其璞,以一人之罪而兼其衆,則天下無美寶、信士也。"《資治通鑑·唐昭宗景福二年》："小有玼纇,衆皆指之。"元胡三省注："玉病曰玼。"按,"玼"之本義,《説文·玉部》訓:"玉色鮮",指玉之小斑,爲套用式本字。

柴 難以取作屋料、作器的小木散材。《説文·木部》："柴,小木散材。从木,此聲。"清朱駿聲《通訓定聲》："大曰薪。《禮記·月令》:'收秩薪柴。'注:'小者合束謂之柴,柴以給燎。'《禮器》:'燔柴於爨。'"《廣韻·佳韻》："柴,薪也。"唐韓愈《順宗實録二》："嘗有農夫以驢負柴至城賣,遇宦者稱宮市取之,終與絹數尺。"

髭 唇上的短小鬍鬚。字亦作"頾""頿"。《玉篇·彡部》："髭,口上須。本作頾。"《説文·須部》："頾,口上須也。从須,此聲。"清朱駿聲《通訓定聲》："字亦作'髭'。《左傳》:'至於靈王生而有頾,是爲頾王。'"宋梅堯臣《送雪竇長老曇穎》："吳霜點髭根,海鳥隨衆迎。"清王士禛《牛首同方爾止》："白氎書藏雙樹裏,赤頾僧記六朝餘。"

鏨 短小的斧頭。《説文·金部》："鏨,鏨錍,釜也。从金,此聲。"清朱駿聲《通訓定聲》："鏨錍,斧也。"清桂馥《義證》："短斧也。"

䩗 短小貌。《玉篇·矢部》："䩘,䩘䩗,短小皃。"《廣韻·齊韻》："䩗,䩘䩗。"

櫯 小樟木。《廣韻·支韻》："櫯,無櫯木。一名檋。"沈兼士《聲系》："案'檋',内府本《王韻》作'檚'。"《爾雅·釋木》："檋,無疵。"晉郭璞注："檋,梗屬,似豫章。"明李時珍《本草綱目·木部·釣樟》："樟有大小二種,紫淡二色。此即樟之小者。按鄭樵《通志》云：釣樟亦樟之類。即《爾雅》所謂'檋,無疵'是也。"

䏔 小腸。其構件亦訛作"月"而其字作"肯""胐"。《玉篇·肉部》："䏔,人子腸也。"《廣韻·支韻》："䏔,人子腸名。"《篇海類編·身體類·肉部》："肯,小腸也。亦作'胐'。"

佌 小。《爾雅·釋訓》："佌佌,小也。"按,此爲重言,凡重言有其字單用義亦同者,《集韻·紙韻》："佌,小也。"《詩·小雅·正月》："佌佌彼有屋,蔌蔌方有穀。"漢毛亨傳："佌佌,小也。"《管子·輕重乙》："佌諸侯度百里。"章炳麟《檢論·地治》："大者謂之兼霸之壤,小者謂之佌諸侯。"按,"佌佌"亦可爲三字格派生詞之詞綴,徽歙方言稱一點點爲"一佌佌",又稱極小爲"佌佌大"。

貲 小數量的罰款。《説文·貝部》："貲,小罰以財自贖也。从貝,此聲。漢律：民不繇貲錢二十。"清朱駿聲《通訓定聲》："按,七歲至十四歲不任徭役,出貲錢二十三,所謂頭錢是也。"睡虎地秦墓竹簡《秦律十八種·徭律》："斗不正半升以上,貲一甲；不盈半升到少半升,貲一盾。"又《關市》:"爲作務及官府市,受錢必輒入其錢缿中,令市者見其入,不從令者貲一甲。"

疵 小病。《説文·疒部》:"疵,病也。从疒,此聲。"《素問·本病論》:"民病温疫,疵發風生。"引申爲小缺點義。清朱駿聲《説文通訓定聲·履部》:"疵,《易·繫辭》:'言乎其小疵也。'《書·大誥》:'知我國有疵。'馬注:'瑕也。'……《齊策》:'齊貌辨之爲人也多疵。'注:'闕病也。'"《韓非子·大體》:"不逆天理,不傷情性,不吹毛而求小疵。"

鮆 刀魚,形小之魚。字亦作"觜"。《説文·魚部》:"觜,飲而不食,刀魚也,九江有之。从魚,此聲。"清朱駿聲《通訓定聲》:"字亦作'鱭',即鮤鱴也。《爾雅》:'鮤鱴刀。'注:'今之鮆魚,亦呼爲鮞魚。'《漢書·貨殖傳》:'鮐鮆千斛。'《音義》:'鮆音如楚人言薺。'今蘇俗謂之江鱭。"《廣韻·薺韻》:"鮆,魚名。常以春時出九江。"宋梅堯臣《雪中發江寧浦》:"鮆魚何時來?楊花吹茫茫。"按,鮆魚飲而不食,故其形體小。稱"刀魚",謂其體薄小如刀,與單音詞"魛"義同。刀聲字所記録語詞"舠"爲小舟,"蚗"謂小蟬,皆可相證。

〔推源〕 諸詞俱有小義,爲此聲所載之公共義。聲符字"此"之形體結構與小義不相符,其小義爲此聲所載之語源義。此聲可載小義,"子"可證之。

　　　　此:清紐支部;
　　　　子:精紐之部。

清精旁紐,支之旁轉。"子",幼兒,人之小者。《説文·子部》:"子,十一月陽氣動,萬物滋,人以爲偁。象形。𢀇,古文子,从巛,象髮也。"按,農曆十一月爲子月,所謂"陽氣動,萬物滋"乃文化義。《儀禮·喪服》:"故子生三月,則父名之。"子爲人之小者,故引申爲小義。漢劉熙《釋名·釋形體》:"子,小稱也。"動物之小者亦稱"子"。《後漢書·班超傳》:"不入虎穴,不得虎子。"又,小魚稱"子魚",小鷄稱"子鷄"。錢之利息亦零星而數值小者,亦稱"子"。

(654) 訾訿疵(訾毀義)

訾 訾毀。《説文·口部》:"訾,苛也。从口,此聲。"清朱駿聲《通訓定聲》:"與'訿'略同。"清桂馥《義證》:"謂訾毀也。"《廣韻·紙韻》:"訾,口毀。"明方以智《通雅·釋詁》:"訾訾,訾毀也。"《文選·潘岳〈西征賦〉》:"訾孝元於渭塋,執奄尹以明貶。"唐李善注:"訾,毀也。"唐李商隱《贈送前劉五經映三十四韻》:"何由羞五霸,直自訾三皇。"

訿 或作"訿",不想讓上級滿意,引申爲訾毀。《説文·言部》:"訿,不思稱意也。从言,此聲。《詩》曰:'翕翕訿訿。'"清朱駿聲《通訓定聲》:"《禮記·喪服四制》:'訿之者,是不知禮之所由生也。'注:'口毀曰訿。'……《吕覽·審應》:'公子沓訿之。'注:'毀也。'"《廣韻·紙韻》:"訿,訾毀。訾,上同。"《禮記·曲禮上》:"不苟訿,不苟笑。"唐陸德明《經典釋文》:"訿,毀也。"《新唐書·崔弘禮傳》:"弘禮短於治民,少愛利,晚頗務多積,素議訿之。"

疵 字从疒,本謂病,引申爲挑剔他人毛病、訾毀義。《集韻·紙韻》:"疵,毀也。"清朱駿聲《說文通訓定聲·履部》:"疵,〔假借〕爲呰。《荀子·不苟》:'非毁疵也。'"按,"疵"表訾毁義,無煩假借,乃其本義之引申。明葉子奇《草木子·附錄》:"自夫逃之玄虛而世無實字矣,奈何以此疵《草木子》也?"《北史·儒林傳·李業興》:"有乖忤,便即疵毁,乃至聲色,加以謗駡。"

〔推源〕 諸詞俱有訾毁義,爲此聲所載之公共義。聲符字"此"所記録語詞之顯性語義與訾毁義不相涉,其訾毁義爲此聲所載之語源義。此聲可載訾毁義,"詆"可證之。

此:清紐支部;

詆:端紐脂部。

清端鄰紐,支脂通轉。"詆",訾毁字。《廣雅·釋詁二》:"詆,諆也。"清朱駿聲氏云"呰""詆"略同,《玉篇》"詆"字正訓"呰"。《墨子·修身》:"雖有詆訐之民,無所依矣。"《漢書·蓋寬饒傳》:"諫大夫鄭昌愍傷寬饒忠直憂國,以言事不當意而爲文吏所詆挫。"

(655) 雌婐(柔弱義)

雌 母鳥,引申爲雌性義,又引申爲柔弱義。《説文·隹部》:"雌,鳥母也。从隹,此聲。"清朱駿聲《通訓定聲》:"《詩·南山》疏:'對文則飛曰雌雄,走曰牝牡,散文則可以相通。'〔轉注〕《老子》:'守其雌。'注:'雌後之屬也。'《淮南·原道》:'聖人守清道而抱雌節。'注:'雌,柔弱也。'"按,朱云"轉注"即引申。所引《老子》文清魏源《本義》:"守雌,不求勝也。"

婐 婦人柔弱貌。《説文·女部》:"婐,婦人小物也。从女,此聲。"清朱駿聲《通訓定聲》:"此與'妧'篆同訓。"清嚴可均《校議》:"'物'當作'弱',形近而誤。"《廣韻·支韻》:"婐,婦人皃。"按《説文》同部"妧"與"婐"同訓,朱氏《通訓定聲》:"疑'物'爲'巧'字之誤,或曰'弱'之誤。"按,《説文》二處"物"皆爲"弱"字之誤。漢許慎云二字之音均"讀若跛行"。所謂跛行,即行步舒緩,與婦人柔弱義相通。其字亦以"伎"爲之。"伎"字从支得聲,與"跛"同。《詩·小雅·小弁》:"鹿斯之奔,維足伎伎。"漢毛亨傳:"伎伎,舒貌。謂鹿之奔走其足伎伎然。"按《集韻》"跂"訓"緩走",義與此"伎"同。

〔推源〕 此二詞俱有柔弱義,爲此聲所載之公共義。此聲字"呰""啙"亦可以假借字形式表柔弱義,足證此聲、柔弱義相關聯。《史記·貨殖列傳》:"(楚、越)地勢饒食,無饑饉之患,以故呰窳偷生,無積聚而多貧。"南朝宋裴駰《集解》引漢應劭語:"呰,弱。"《廣韻·齊韻》:"啙,弱也。"元吳萊《問五臟》:"元氣日啙敗,客邪作艱屯。"按"啙"字《説文》訓"窳",然其結構稱"闕",清朱駿聲《通訓定聲》、清段玉裁注皆云"从叩,此亦聲"。按,"此"字之文字形體結構與柔弱義不相符,其柔弱義爲此聲所載之語源義。此聲可載柔弱義,"柔"可證之。

此:清紐支部;

柔:日紐幽部。

清日鄰紐,支幽旁轉。"柔",木質柔和,可曲可直,引申爲柔弱義。《説文·木部》:"柔,木曲直也。从木,矛聲。"清朱駿聲《通訓定聲》:"《詩·小弁》:'荏染柔木。'〔轉注〕《廣雅·釋詁一》:'柔,弱也。'《説苑·敬慎》:'柔弱者,生之徒也。'"《易·坤》:"坤至柔,而動也剛。"唐孔穎達疏:"柔,弱。"

234　光聲

(656) 洸晃硄(閃光義)

洸　水波閃光。《説文·水部》:"洸,水涌光也。从水,从光,光亦聲。"清朱駿聲《通訓定聲》:"字亦作'滉'……《江賦》:'澄澹汪洸。'"宋黄庭堅《賦未見君子憂心靡樂八韻寄李師載》之三:"原田水洸洸,何時稼如雲。"《廣韻·蕩韻》:"滉,滉瀁,水皃。"明蔣一葵《長安客話·鎮邊城》:"鳳凰山之下,有泉可二十里,達於渾河,照映蕭瑟,町畦滉然。"

晃　日光閃耀。《正字通·日部》:"晃,日光耀也。"清朱駿聲《説文通訓定聲·壯部》:"晃,字亦作'熀'……《秋興賦》:'天晃朗以彌高兮。'"北周庾信《鏡賦》:"朝光晃眼,早風吹面。"清毛奇齡《山陰金司訓雪岫墓誌銘》:"桃花與初日迸出,灼然若朝霞之晃於衣。"《集韻·蕩韻》:"晄,或作熀。"按"晄"即"晃"之或體。《文選·揚雄〈甘泉賦〉》:"北熀幽都,南煬丹厓。"唐李善注:"熀與晃音義同。"

硄　石有光澤。《正字通·石部》:"硄,石色之光澤者。"按,石白净光鮮及碾繒使平有光澤稱"矸","硄""矸"音相近且相通,語源當同。"硄"字之音《正字通》云"讀若光",則其上古音爲見紐陽部;"矸"字之音《廣韻》云"古案切",則其上古音爲見紐元部。二者雙聲,陽元通轉。《史記·魯仲連鄒陽列傳》"甯戚飯牛車下"南朝宋裴駰《集解》:"甯戚疾擊其牛角商歌曰:'南山矸,白石爛。'"唐司馬貞《索隱》:"矸者,白净貌。"《集韻·旱韻》:"矸,碾繒也。"

〔推源〕　諸詞俱有閃光義,爲光聲所載之公共義。聲符字"光"所記録語詞謂光綫,本爲閃耀之物。《説文·火部》:"光,明也。从火在人上,光明意也。"清朱駿聲《通訓定聲》:"《左莊二十二傳》:'光遠而自他有耀者也。'《晉語》:'光明之耀也。'……〔聲訓〕《釋名》:'光,晃也,晃晃然也。'"然則本條諸詞之閃光義爲其聲符"光"所載之顯性語義。

(657) 侊駫挄晃(盛、大義)

侊　盛,大。《説文·人部》:"侊,小皃。从人,光聲。《春秋國語》曰:'侊飯不及一食。'"清朱駿聲《通訓定聲》:"按,當訓大皃。《越語》:'觥飯不及壺飧。'言盛饌難具,不如壺飧之療飢速也。"清段玉裁注:"凡光聲之字,多訓光大,無訓小者。"《廣韻·唐韻》:"侊,盛皃。"章炳麟《檢論·商鞅》:"是則救飢之必待於侊飯,而誡食壺飱者以寧爲道殣也。"

駫　馬肥壯强盛。《説文·馬部》:"駫,馬盛肥也。从馬,光聲。《詩》曰:'四牡駫駫。'"

清朱駿聲《通訓定聲》："按，《詩》無此文。'駉'篆下引《詩》'駜駜牧馬'。今本《毛詩·魯頌》作'駉'。'驍'篆下又引作'驍驍牡馬'。蓋皆三家《詩》也。"《玉篇·馬部》："駜，馬肥壯盛皃。駉，同駜。"《廣韻·青韻》："駜，馬肥盛也。""駉，駿馬也。"《南史·王融傳》："駉駉之牧，遂不能嗣。"元虞集《送甘太史祀名山大川》："清朝盛典須成蹟，最想遄歸駉馬駉。"

挄 擴大。《字彙·手部》："挄，同擴。"《玉篇·手部》："擴，引張之意。"《正字通·手部》："擴，張小使大也。"按，"擴"字从廣得聲，"廣"从黄聲，"黄"亦光聲字。質言之，"挄""擴"皆以光聲載大義。明徐光啓《農政全書》卷二："今之耒而耕者，有大畔、小畔、開挄罷掄，大抵勤與惰之殊也。"石聲漢《校注》："挄與擴同音義。"

晃 光強，明亮。字亦作"晄"。《説文·日部》："晄，明也。从日，光聲。"《廣韻·蕩韻》："晃，明也，暉也，光也。亦作晄。"清朱駿聲《説文通訓定聲·壯部》："晃，亦作'爌'⋯⋯《魯靈光殿賦》：'鴻爌炾以爞閜。'注：'寬明也。'《埤蒼》：'晃煌，光耀熾盛皃。'"晉葛洪《抱朴子·外篇·喻蔽》："守燈燭之宵曜，不識三光之晃朗。"北齊顔之推《顔氏家訓·勉學》："吾在益州，與數人同坐，初晴日晃，見地上小光，問左右：'此是何物？'"

〔推源〕 諸詞俱有盛、大義，爲光聲所載之公共義。光聲字"洸""觥"亦可以假借字形式、以其光聲載此義，足證光聲與盛、大義之關聯。《詩·大雅·江漢》："江漢湯湯，武夫洸洸。"其"洸洸"即威武强盛義，《爾雅·釋訓》："洸洸，武也。"所訓即此義。清陳康祺《燕下鄉脞録》卷十三："忠忱耿耿，戰績洸洸。"按此"洸洸"即盛大輝煌義。漢揚雄《太玄·毅》："觥羊之毅，鳴不類。"晉范望注："觥羊，大羊也。"清龔自珍《題王子梅盜詩圖》："君狀亦觥觥，可啖健牛百。"然則"觥"可載大、强盛二義。聲符字"光"所記録語詞謂光綫，光綫爲散布之物，故有廣大之衍義，流行辭書多以爲"光"通"廣"故有廣大義，實非篤論。《左傳·昭公二十八年》："昔武王克商，光有天下。"三國蜀諸葛亮《出師表》："誠宜開張聖聽，以光先帝遺德，恢弘志士之氣。"至光聲可載盛、大義，則"煌""宏"可相證。

光：見紐陽部；

煌：匣紐陽部；

宏：匣紐蒸部。

見匣旁紐，陽蒸旁轉。"煌"，輝煌，大明。《説文·火部》："煌，煌輝也。"《詩·陳風·東門之楊》："昏以爲期，明星煌煌。"宋朱熹《集傳》："煌煌，大明貌。"引申爲盛義。《漢書·地理志八》："敦煌郡。"唐顔師古注："應劭曰：'敦，大也；煌，盛也。'"宋沈遘《五言沈沔天隱樓》："煌煌全盛時，冠蓋充里門。""宏"，大。《後漢書·馬融傳》："以臨乎宏池。"唐李賢注："宏，大也。"《文選·王融〈三月三日曲水詩序〉》："狹豐邑之未宏，陋譙居之猶褊。"唐李周翰注："宏，大也。"按《爾雅·釋詁》"宏"亦訓"大"，其字从宀，《説文》釋其本義爲"屋深響"，清朱駿聲《通訓定聲》云"深大之屋凡聲如有應響。"

235　㝔聲

(658) 窅/䆞(幽深義)

窅　幽深。《説文·穴部》："窅，冥也。从穴，㝔聲。"清朱駿聲《通訓定聲》："與'窈'略同。字亦作'突'。"〔轉注〕《楚辭·招魂》："冬有突夏。"注："複室也。"《廣韻·篠韻》："窅，遠也，隱也。"又《嘯韻》："窅，窅篠，幽深皃。"沈兼士《聲系》："案'窅'，《説文》作'䆞'。"清景定成《夢仲慮》："窅思方外懸，清詞相啜咀。"按"突"當爲"窅"之轉注字。《廣韻》"窅"音"烏皎切"，其上古音爲影紐宵部。《集韻》"突"音"一叫切"，其上古音爲影紐幽部。二者雙聲，宵幽旁轉。朱氏所引《楚辭》文之"突"謂結構重深之屋。《正字通·穴部》："突，深也。又隱暗處。《釋名》：'突，幽也。'"《史記·司馬相如列傳》："夷嵕築堂，累臺增成，巖突洞房。"唐司馬貞《索隱》："言在巖突底爲室，潛通臺上。"

䆞　目深陷。《説文·目部》："䆞，深目也。从穴中目。"清黄景仁《塗山禹廟》："女媧化石立地膠，風蕩日暈睛微䆞。"引申爲幽深義。宋秦觀《同子瞻端午日遊諸寺賦得深字》："參差水石瘦，䆞窕房櫳深。"宋王十朋《會稽風俗賦》："禹穴䆞而叵深，葛嶺菲而自來。"

〔推源〕　此二詞俱有幽深義，其音亦同，影紐雙聲，宵部叠韻，語源當同。

236　呂聲

(659) 閭絽侶胉(相連義)

閭　鄰居，相連者。《説文·門部》："閭，里門也。从門，呂聲。《周禮》：'五家爲比，五比爲閭。閭，侶也，二十五家相群侶也。'"《廣韻·魚韻》："閭，侶也，居也。又閭閻。"《尚書大傳·洛誥》："八家爲鄰，三鄰爲閭。"所謂"里門""閭閻"即里、巷之大門，衆鄰居所共用者，其義相通。《書·武成》："式商容閭。"唐孔穎達疏引《説文》："閭，族居里門也。"

絽　縫合，使相連。《廣雅·釋詁二》："絽，絣也。"清王念孫《疏證》："絣，縫也。"《廣韻·語韻》："絽，絣也。"按，《後漢書·班彪傳附班固》："將絣萬嗣。"唐李賢注引《廣雅》："絣，續也。"

侶　伴侶，相連者。《説文新附·人部》："侶，徒侶也。从人，呂聲。"《廣韻·語韻》："侶，伴侶。"漢王褒《四子講德論》："於是相與結侶，携手俱游。"《百喻經·伎兒著戲羅剎服共相驚怖喻》："時行伴中從睡寤者，卒見火邊有一羅剎……一切伴侶悉皆逃奔。"

胉　脊柱，椎骨相連而成者。《改併四聲篇海·肉部》："胉，《俗字背篇》：'脊也。'"《素問·標本病傳論》："脾病，身痛體重，一日而脹；二日少腹腰脊痛，脛痠；三日背胉筋痛，小便閉。十日不已死。"清張隱庵《集注》："胉、膂同。"《説文·吕部》："膂，篆文吕。"唐韓愈《元和聖德詩》:"婉婉弱子,赤立傴僂,牽頭曳足,先斷腰膂。"

〔推源〕　諸詞俱有相連義,爲吕聲所載之公共義。聲符字"吕"象脊骨形,本爲"胎""膂"之初文。《説文·吕部》:"吕,脊骨也。象形。"清朱駿聲《通訓定聲》:"人項大椎至下共二十一椎。"清段玉裁注:"吕象顆顆相承,中象其係聯也。"按,吴方言稱猪脊側之肉爲"里脊",實即吕脊,聲轉字誤乃作"里脊"。然則本條諸詞之相連義爲其聲符"吕"所載之顯性語義。吕聲可載相連義,則"連"可證之。

　　　　　吕:來紐魚部;
　　　　　連:來紐元部。

雙聲,魚元通轉。"連",相連。漢劉向《列女傳·珠崖二義》:"珠崖多珠,繼母連大珠以爲係臂。"《文選·蘇武〈別從弟〉》:"况我連枝樹,與子同一身。"唐吕向注:"兄弟如木連枝而同本。"

237　同聲

(660) 衕迵筒洞峒甌䍶袖桐(空義)

衕　巷道,兩側有房屋而中空可供人行之道。《説文·行部》:"衕,通街也。从行,同聲。"清朱駿聲《通訓定聲》:"《倉頡篇》作'衕'。今京師評巷曰胡衕,胡衕合音爲巷也。"按,"同""甬"作聲符常見互換之例,如"筒"一作"箹"。《廣韻·腫韻》:"衕,巷道。"又《東韻》及《送韻》:"衕,通街。"宋樓鑰《小溪道中》:"後衕環村盡遨游,鳳山寺下换輕舟。"清紀昀《閲微草堂筆記·灤陽消夏録三》:"雍正庚戌在京邸遇地震,壓於小衕中。"

迵　通達,洞徹。按,空而無阻則通。"通"字《説文》訓"達",爲具體性意義。"迵"則爲抽象性語義。《説文·辵部》:"迵,迵迭也。从辵,同聲。"清朱駿聲《通訓定聲》:"迵,迵達也。从辵,同聲。'达'即'達'字,今本作'迭也',誤。《太玄·達》:'迵迵不屈。'注:'通也。'《史記·倉公傳》:'診其脈,曰迵風,言風洞徹五臟也。'"清俞樾《群經平議·考工記》"世室重屋明堂考":"二筵之室才一丈八尺,而四面各設一户二牖,麗廔闓明,内外迵達。"

筒　洞簫,中空而可發聲之物。《説文·竹部》:"筒,通簫也。从竹,同聲。"清朱駿聲《通訓定聲》:"《三蒼》:'筒,竹管也。'按,無底之竹,所謂洞簫。"按,"竹管"爲其引申義。《廣韻·送韻》:"筒,簫達。"又《東韻》:"筒,竹筒。"漢王充《論衡·量知》:"截竹爲筒,破以爲牒,加筆墨之迹,乃成文字。"宋王讜《唐語林·文學》:"從元稹鎮會稽,參其酬唱。每以筒竹盛詩來往。"

洞　《説文》訓"疾流",疑其本義爲水洞,洞穴常有水,故其字从水。漢揚雄《羽獵賦》:"入洞穴,出蒼梧。"唐劉禹錫《桃源行》:"清源尋盡花綿綿,踏花覓徑至洞前。"洞穴爲中空之物,故引申爲空義。《廣韻·送韻》:"洞,空也。"《素問·四氣調神大論》:"逆夏氣則太陽不長,心氣内洞。"按,唯"洞"有空義,故有"空洞"之同義聯合式雙音詞。

峒 山洞。字亦作"狪""硐"而俱从同聲,山洞爲中空之物,諸字皆以同聲載空義。《集韻·董韻》:"狪,通穴也。"《正字通·石部》:"硐,空也,通也。與'峒'通,山穴也。"唐陸龜蒙《寄茅山何道士》:"紫燕長巢硐,青龜忽上蓮。"明田汝成《炎徼紀聞·斷藤峽》:"峽以北,巢峒屋列,不可殫名。"

瓵 筒瓦,中空之物。字亦作"甋"。《廣韻·東韻》:"甋,甋瓦。瓵,上同。"元戴侗《六書故·工事四》:"甋,小牡瓦如筒者也。"宋吴曾《能改齋漫録·記事一》:"其所憩之地在城中,爲邸舍。以瓵瓦覆之,號爲御殿。"宋曾鞏《本朝政要策·任將》:"帝嘗命有司爲洺州防禦使郭進治第,凡庭堂悉用瓵瓦。有司言:惟親王、公主始得用此。"

羱 頭上空空無角之羊。字亦作"羫"。《廣韻·東韻》:"羫,無角羊。羱,上同。"《集韻·東韻》:"羫,無角羊也。或从同。"明李時珍《本草綱目·獸一·羊》:"無角曰羫。"清貝清喬《咄咄吟》:"結好羱漿酪酒閑,還勞款送入舟山。"按,"羫"从童聲,古者山無草木稱"童",亦空義。

裥 褲管,中空之物。字亦作"襱"。《廣韻·東韻》:"裥,同襱。"《説文·衣部》:"襱,絝跨也。从衣,龍聲。"清朱駿聲《通訓定聲》:"字亦作'裥'。《方言》四:'袴謂之襱。'……按,襱者,蘇俗曰褲脚管。"黄侃《蘄春語》:"《廣雅·釋器》:'襱謂之袴,其綰謂之襱。曹憲音:綰,管。案今通語袴脚,曰袴管。"

犝 無角之牛,猶無角羊稱"羱"。其字亦作"犡"。《集韻·東韻》:"犡,或从同。"《爾雅·釋畜》:"犡牛。"晉郭璞注:"今無角牛。"《説文新附·牛部》:"犡,無角牛也。从牛,童聲。古通用僮。"《廣韻·東韻》:"犡,犡牛無角。"按,文獻中多以"僮""童"爲之。《易·大畜》:"童牛之牿。"三國吴虞翻注:"無角之牛也。"《説文·告部》引作"《易》曰:'僮牛之告。'"《詩·大雅·抑》:"彼童而角,實虹小子。"漢毛亨傳:"童,羊之無角者。"按,羊之無角者即"羫""羱",與"犡""犝"爲分别文。

〔推源〕 諸詞俱有空義,爲同聲所載之公共義。聲符字"同"所記録語詞本謂會合。《説文·冂部》:"同,合會也。"《詩·小雅·吉日》:"獸之所同,麀鹿麌麌。"漢鄭玄箋:"同,猶聚也。"然則與空義不相涉,其空義乃同聲所載之語源義。同聲可載空義,"秃"可證之。

同:定紐東部;

秃:透紐屋部。

定透旁紐,東屋對轉。"秃",頭頂空,無髮。《説文·秃部》:"秃,無髮也。从人,上象禾粟之形,取其聲。……王育説,蒼頡出見秃人伏禾中,因以制字。未知其審。"《吕氏春秋·盡數》:"輕水所多,秃與癭人。"漢高誘注:"秃,無髮。"宋沈遼《寄慶復允中》:"坐想故人應見憶,如今禿髮不勝斑。"

(661) 骺鮦稦祠甋筒(圓而長義)

骺 豬羊的腿骨。明方以智《物理小識》卷七:"砲最受伏於羊骺而鐵柔於蝟脂。"明李時珍《本草綱目·金石一·粉錫》(附方)引唐昝殷《食醫心鏡》:"小兒舌瘡,胡粉和豬骺骨中髓,日三傅之。"按,豬羊腿骨爲圓而長之物。徽歙方言亦稱人之脛骨爲"脚骺骨"。

鮦 亞圓筒形魚。《說文·魚部》:"鮦,魚名。从魚,同聲。一曰鱸也。"清朱駿聲《通訓定聲》:"《爾雅·釋魚》:'鰹,大鮦,小者鮵。'按,即鱧也,中者曰鱧。《廣雅》:'鱺,鮦也。'借'鱺'爲'鱧'。……蘇俗謂之黑魚,首有七星,夜則北向,諸魚中惟此魚膽甘可食。"徐珂《清稗類鈔·動物·鱧魚》:"鱧魚,可食,形長體圓,頭尾幾相等,細鱗黑色,有斑文,腹背兩鰭均連續至尾。亦名鮦名,俗名烏魚。"

稦 禾的總花梗。《正字通·禾部》:"稦,禾槀節間,猶竹之筒。"按"稦"之名寓圓而長義。《呂氏春秋·審時》:"是以得時之禾,長稦、長穗,大本而莖殺。""得時之稻,大本而莖葆,長稦疏機。""得時之麥,稦長而莖黑"。

祠 褲管(見前條),圓而長之物。

甋 筒形瓦(見前條),圓而長之物。

筒 洞簫、竹筒(見前條),圓而長之物。

〔推源〕 諸詞俱有圓而長義,爲同聲所載之公共義。聲符字"同"所記錄語詞之本義、引申義系列與此義不相涉,乃同聲所載之語源義。同聲可載圓而長義,"桶"可證之。

　　　　同:定紐東部;
　　　　桶:透紐東部。

疊韻,定透旁紐。"桶",木桶,圓而長者。漢史游《急就篇》卷三"橢杅槃案桮閜盌"唐顏師古注:"橢,小桶也。"《廣雅·釋器》:"桶,筲也。"按"筲"即"筒"。《正字通·木部》:"桶,今圓器曰桶,合板爲圍,束之以篾,設當於下。"宋釋普濟編《五燈會元·饒州薦福退庵休禪師》:"此土與西天,一隊黑漆桶。"《水滸傳》第十六回:"那漢子收了錢,挑了空桶,依然的唱着山歌,自下崗子去了。"

(662) 詷瞳侗哃(大義)

詷 說大話,誇誕。《說文·言部》:"詷,共也。一曰諴也。从言,同聲。"清朱駿聲《通訓定聲》:"本訓當爲誇誕。《通俗文》:'言過謂之謥詷。'《後漢·和熹鄧后紀》:'輕薄謥詷。'"按,《說文》之訓釋詞"諴",亦在同部,訓"誕也",南唐徐鍇《繫傳》:"大言也。"《廣韻·送韻》:"詷,謥詷。"《三國志·魏志·程曉傳》:"其選官屬,以謹慎爲粗疏,以謥詷爲賢能。"

瞳 睜大眼睛。《說文·目部》:"瞳,吳、楚謂瞋目、顧視曰瞳。从目,同聲。"清朱駿聲《通訓定聲》:"《方言》六:'矔瞳,轉目也,梁益之間,瞋目曰矔,轉目顧視亦曰矔,吳、楚曰眮。"《廣韻·董韻》:"眮,瞋目。"清唐才常《公法通義》:"眴眴眮眮,莫敢誰何。"

侗 大貌。《説文·人部》:"侗,大兒。从人,同聲。"清朱駿聲《通訓定聲》:"《方言》十二:'侗,狀也。'按,謂壯也。"《廣韻·東韻》:"侗,大也。"又《董韻》:"侗,一曰長大。"漢王充《論衡·氣壽》:"太平之時,人民侗長,百歲左右,氣和之所生也。"唐寒山《詩三百三首》之一一〇:"見罷頭兀兀,看時身侗侗。"

哃 虛妄無實之大言。《玉篇·口部》:"哃,妄語也。"《廣韻·東韻》:"哃,哃嚝,大言。"《龍龕手鑑·口部》:"哃嚝,語不中也。"按,即語與事實不相符義。清吳騫《拜經樓詩話》二十九:"正如里塾小兒學作對句,以字多者爲能,盲師矜喝,瞽子哃疑,宜其謂七言最難合作,甚於五律也。"清何焯《義門讀書記·左傳》:"至此,則惟以利害相哃喝,流而爲戰國縱横之術矣。"

〔推源〕 諸詞俱有大義,爲同聲所載之公共義。聲符字"同"所記録語詞之本義、引申義系列與大義不相涉,其大義乃同聲所載之語源義。同聲可載大義,龍聲字所記録語詞"龐""聾""壟""巄""朧"可相證。"龐",龐大;"聾",大聲;"壟",高大的土堆;"巄",長大的山谷;"朧",肥大(參殷寄明《漢語同源字詞叢考》第74條)。同聲、龍聲本相近且相通。

同:定紐東部;

龍:來紐東部。

叠韻,定來旁紐。

(663) 駧洞(急義)

駧 馬急行。《説文·馬部》:"駧,馳馬洞去也。从馬,同聲。"清桂馥《義證》:"'馳馬洞去也'者,《集韻》《類篇》並引作'馳駧去也。'《玉篇》:'駧,馬疾走。'《易乾鑿度》:'駈駧元化。'"《廣韻·送韻》:"駧,馬急走也。"按,桂氏所引《易》文漢鄭玄注:"駧,動也,急也,不住也。""駧駾"謂馬善於奔跑,其義亦與馬急義相通。宋崔伯易《感山賦》:"駢騧駝駧,駽驪騻駔,繁鬣赤喙,黄脊白顙,奇毛異骨,駧駾駃騯。"

洞 水急流。《説文·水部》:"洞,疾流也。从水,同聲。"清朱駿聲《通訓定聲》:"《吴都賦》:'集洞庭而淹留。'注:'疾皃也。'"明楊慎《譚苑醍醐·蜀江水路險名》:"其灘之外,有洞有磧……洞,疾流也。"亦虛化引申爲急義。《文選·陸機〈演連珠〉》:"臣聞沖波安流,則龍舟不能以漂;震風洞發,則夏屋有時而傾。"唐李善注:"洞,疾貌。"按,中國醫學稱腹瀉爲"洞泄",其"洞"亦急義,腹瀉之疾猝發,本亦急性病。

〔推源〕 此二詞俱有急義,爲同聲所載之公共義。聲符字"同"所記録語詞之本義、引申義系列與急義無涉,其急義乃同聲所載之語源義。同聲可載急義,"速"可證之。

同:定紐東部;

速:心紐屋部。

定心鄰紐,東屋對轉。"速",迅速,急。《説文·辵部》:"速,疾也。"《廣韻·質韻》:"疾,急也。"《宋書·王僧綽傳》:"臣謂唯宜速斷,不可稽緩。"唐杜甫《發閬中》:"女病妻憂歸意速,秋花錦石誰復數。"

238　因聲

(664) 捆茵姻(憑依義)

捆　憑藉,依靠。《説文·手部》:"捆,就也。从手,因聲。"清王筠《句讀》:"捆者,'因'之絫增字。"《説文·囗部》:"因,就也。"清朱駿聲《通訓定聲》:"《鄭語》:'其民沓貪而忍不可因也。'注:'就也。'《吕覽·盡數》:'因智而明之。'注:'依也。'"《新唐書·王叔文傳》:"大抵叔文因伾,伾因忠言,忠言因昭容,更相依仗。"按,"捆"所記録之詞客觀存在,唯其字以"因"爲之。

茵　車上墊褥。《説文·艸部》:"茵,車重席。从艸,因聲。鞇,司馬相如説茵从革。"清朱駿聲《通訓定聲》:"《詩·小戎》:'文茵暢轂。'傳:'文茵虎皮也。'《禮·少儀》:'茵席。'注:'著褥也。'《漢書·五行志》:'御者在茵上。'《周陽由傳》:'同車未嘗敢均茵馮。'"按,墊褥,所憑依之物,其名寓憑依義。猶"藉"謂祭祀時之墊物,引申爲憑依義。可爲力證。

姻　婿家,女所憑依者。《説文·女部》:"姻,婿家也,女之所因,故曰姻。从女,从因,因亦聲。婣,籀文姻从開。"清朱駿聲《通訓定聲》:"《爾雅·釋親》:'婿之父爲姻。'又'婿之黨爲姻兄弟。'《詩·我行其野》:'不思舊姻。'《節南山》:'瑣瑣姻亞。'……〔聲訓〕《釋名》:'姻,因也,女往因媒也。'《白虎通》:'姻者,婦人因夫而成,故曰姻。'"

〔推源〕　諸詞俱有憑依義,爲因聲所載之公共義。聲符字"因"爲"茵"之初文,謂墊席,故有憑依之衍義。《説文·囗部》:"因,就也。从囗、大。"清朱駿聲《通訓定聲》:"按,囗大俱非誼。江氏永曰:象茵褥之形,中象縫綫文理。按,即'茵'之古文,江説是也。'席'篆古文作'𠩇',蓋从因、厂,象形。《廣雅·釋器》:'丙,席也。'正'因'字之誤。"《孟子·離婁上》:"爲高必因丘陵,爲下必因川澤。"漢賈誼《過秦論》:"因利乘便,宰割天下,分裂河山。"其"因"皆憑依義。然則本條諸詞之憑依義爲其聲符"因"所承載之顯性語義。至因聲可載憑依義,則"依"可證之。

因:影紐真部;
依:影紐微部。

雙聲,真微旁對轉。"依",倚傍,即具體性的依靠義。《説文·人部》:"依,倚也。"《孫子·行軍》:"凡處軍相敵,絕山依谷。"虚化引申爲憑依義。《廣雅·釋詁三》:"依,恃也。"《漢書·王莽傳》下:"荆揚之民率依阻山澤,以漁采爲業。"宋程大昌《演繁露·大家》:"今人呼公主爲'大家',則於義無依,當是擇婦女中之佳者以自附託耶!"

(665) 咽欧堙(阻義)

咽 咽喉。咽之爲物,時或阻塞,故有阻塞之衍義。《説文·口部》:"咽,嗌也。从口,因聲。"清朱駿聲《通訓定聲》:"《漢書·息夫躬傳》:'咽已絶。'注:'喉嚨。'……《後漢·華陀傳》:'見有病咽塞者。'"按咽絶謂停止發聲,咽塞則有氣塞、食塞。《廣韻·屑韻》:"噎,食塞。又作咽。"亦引申而泛指阻塞。北魏楊衒之《洛陽伽藍記·城南·景明寺》:"車騎填咽,繁衍相傾。"唐裴鉶《傳奇·姚坤》:"乃飲坤大醉,投於井中,以礎石咽其井。"

欧 氣逆。按,中國醫學以爲人之氣下行,上行則逆。"欧"即氣下行受阻之謂。《説文·欠部》:"欧,嘔也。从欠,因聲。"清朱駿聲《通訓定聲》:"與'噎'略同,謂氣逆不得息。"《玉篇·口部》:"嗳,氣逆也。"按《玉篇·欠部》又有"歅"字,訓"逆氣",當爲或體。

堙 阻塞。字亦作"陻"。《集韻·諄韻》:"垔,或作陻、堙。"《説文·土部》:"垔,塞也。《尚書》曰:'鮌垔洪水。'"清朱駿聲《通訓定聲》:"字俗作'堙'、作'陻'。《左襄廿五傳》:'井堙木刊。'《周語》:'墮高堙庳。'《北山經》:'常銜西山之木石以垔於東海。'"

〔**推源**〕 諸詞俱有阻義,爲因聲所載之公共義。聲符字"因"所記録語詞之本義、引申義系列與阻義不相涉,其阻義乃因聲所載之語源義。因聲可載阻義,"隔"可相證。

因:影紐真部;

隔:見紐錫部。

影見鄰紐,真錫通轉。"隔",阻隔。《説文·阜部》:"隔,障也。"《廣韻·麥韻》:"隔,塞也。"漢蔡琰《胡笳十八拍》之十五:"子母分離兮意難任,同天隔越兮如商参。"《後漢書·鄭弘傳》:"帝問知其故,遂聽置雲母屏風,分隔其間。"

239　回聲

(666) 洄迴徊(回旋、逆反義)

洄 逆流而上。《説文·水部》:"洄,泝洄也。从水,从回。"南唐徐鍇《繫傳》:"从水,回聲。"清朱駿聲《通訓定聲》:"《爾雅·釋水》:'逆流而上曰泝洄。'《三蒼》:'水轉曰洄。'《詩·蒹葭》:'遡洄從之。'"《廣韻·灰韻》:"洄,逆流。"南朝宋謝靈運《過始寧墅》:"山行窮登頓,水涉盡洄沿。"按,《三蒼》所訓爲水回旋義,凡水回旋則逆行,回旋、逆反二義本相通。《後漢書·循吏傳·王景》:"鑿山阜,破砥績,直截溝澗,防遏衝要,疏決壅積,十里立一水門,令更相洄注,無復潰漏之患。"唐李賢注:"洄注,旋流也。"

迴 返回,逆行。《廣韻·灰韻》:"迴,還也。"《楚辭·離騷》:"迴朕車以復路兮,及行迷之未遠。"漢王逸注:"迴,旋也;迷,誤也。言及旋我之車以反故道。"唐韓愈《元和聖德詩》:

"帝車迴來,日正當午。"按,返回即前行至某處回轉之,故"迴"又有回旋、環繞、迂回之義。《廣韻·隊韻》:"迴,曲也。"南朝宋謝靈運《入彭蠡湖口》:"洲島驟迴合,圻岸屢崩奔。"唐李白《大鵬賦》:"左迴右旋,倐陰忽明。"

徊 回轉,環繞。《廣韻·灰韻》:"徊,徘徊。"按,"徘徊"謂回旋往返,爲聯綿詞。聯綿詞本有可分訓者,由二詞根同義聯合凝固而成。"徊"單用義同。漢趙曄《吴越春秋·越王無余外傳》:"(禹)復返歸嶽,乘四載以行川,始於霍山,徊集五嶽。"晉葛洪《抱朴子·外篇·知止》:"夫矰繳紛紜,則鴛雛徊翮;坑穽充蹊,則麟虞斂迹。"

〔推源〕 諸詞俱有回旋、逆反義,爲回聲所載之公共義。聲符字"回"所記録語詞本有回旋、逆反義,且與文字形體相統一。《説文·口部》:"回,轉也。从口,中象回轉形。"清朱駿聲《通訓定聲》:"《詩·雲漢》:'昭回於天。'傳:'轉也。'《爾雅·釋水》:'過辨回川。'注:'旋流也。'……《漢書·李廣傳》:'東道少回遠。'注:'繞也,曲也。'〔假借〕爲'違',實爲'韋'。《詩·大明》:'厥德不回。'《常武》:'徐方不回。'"按,所引《詩·大雅·常武》文漢鄭玄箋:"回,猶違也。""回"表違背、逆反義,無煩假借,乃引申。凡回轉,即逆行,義本相通。《廣韻·灰韻》:"回,違也,轉也。"兼釋二義。然則本條諸詞之回旋、逆反義,爲其聲符"回"所載之顯性語義。至回聲可載回旋、逆反義,則"圍""違"可相證。"回""圍""違"皆同音,匣紐雙聲,微部叠韻。今吴方言尚讀"回"爲"圍",蓋爲古音。"圍",包圍,環繞,即回旋義。《玉篇·囗部》:"圍,繞也。"漢劉珍等輯《東觀漢記·周嘉傳》:"嘉從太守何敞討賊,敞爲流矢所中,賊圍繞數十重。"宋王安石《陰漫漫行》:"少留燈火就空牀,更聽波濤圍野屋。""違",違背,逆反。《廣雅·釋詁二》:"違,俏也。"《集韻·隊韻》:"背,違也。或從人。"《玉篇·辵部》:"違,背也。"《書·君陳》:"違上所命,從厥攸好。"僞孔傳:"人之於上不從其令從其所好。"《周書·文帝紀》上:"侯莫陳悦違天逆理,酷害良臣,自以專戮罪重,不恭詔命,阻兵水洛,彊梁秦隴。"

(667) 佪恛(不明義)

佪 人不明事理。《廣韻·灰韻》:"佪,《玉篇》云:'佪佪,惛也。'"《説文·心部》:"惛,不憭也。"清朱駿聲《通訓定聲》:"字亦作'恛'。"《廣韻·魂韻》:"惛,不明。"漢王符《潛夫論·救邊》:"若此以來,出入九載……佪佪潰潰,當何終極!"清譚嗣同《詠史》:"佪佪功名士,屬情但珪組。"

恛 昏亂,心中不明。《集韻·灰韻》:"恛,昏亂皃。"漢揚雄《太玄·疑》:"初一:疑恛恛,失貞矢。"劉韶軍點校司馬光《集注》:"王涯:'恛恛,昏亂貌。'……一爲思始,時當夜,爲小人,内心昏亂疑慮,而失正直之道,故其疑終不可定。"清龔自珍《吴市得舊本制舉之文書其端》:"乍洗蒼蒼莽莽態,而無儚儚恛恛詞。"

〔推源〕 此二詞俱有不明義,爲回聲所載之公共義。回聲字"洄"亦可以假借字形式表不明義,則亦爲回聲、不明義相關聯之一證。清朱駿聲《説文通訓定聲·履部》:"洄,〔假借〕

爲'闇'。《七發》:'洞闇悽愴焉。'按,幽暗意也。又重言形況字。《爾雅·釋訓》:'洞洞,惛也。'"按,所引漢枚乘《七發》文唐劉良注:"洞闇,深不明也。""洞"未必借爲"闇"而表暗、不明義。凡假借,有另有本字者,亦有無本字者。聲符字"回"所記録語詞之本義、引申義系列與不明義不相涉,其不明義乃回聲所載之語源義。回聲可載不明義,"晦"可證之。

回:匣紐微部;

晦:曉紐之部。

匣曉旁紐,微之通轉。"晦",昏暗,不明。《爾雅·釋言》:"晦,冥也。"《廣韻·隊韻》:"晦,冥也。"《廣雅·釋訓》:"冥,暗也。"《楚辭·九歌·山鬼》:"雲容容兮而在下,杳冥冥兮羌晝晦。"《詩·鄭風·風雨》:"風雨如晦,雞鳴不已。"漢毛亨傳:"晦,昏也。"按,"晦"亦指傍晚,傍晚則日暗不明,其義亦同條共貫。又指農曆每月最後一天即月最暗之日,《説文》"晦"訓"月盡",即此義。唯月盡非"晦"之本義而已。

240 朱聲

(668) 袾絑鮢硃(紅色義)

袾 紅色衣服。《廣韻·虞韻》:"袾,《字統》云:'朱衣曰袾。'"清朱駿聲《説文通訓定聲·需部》:"袾,〔假借〕爲絑。《荀子·富國》:'天子袾裷衣冕。'注:'古朱字。'"按,"袾"指紅色衣服,無煩假借,正爲本字。"朱"爲赤心木,"朱""袾"乃同一語源之分化。"朱"爲獨體文,"袾"爲合體字,唐楊倞氏"袾,古朱字"説亦不確。

絑 字从糸,謂赤色繒,亦指純赤色。《説文·糸部》:"絑,純赤也。《虞書》'丹朱'如此。从糸,朱聲。"清朱駿聲《通訓定聲》:"按,此字後出,《易》:'朱紱方來。'《詩》:'我朱孔陽。'只作'朱'。蓋赤心木引申之義。今《書》'丹朱'正作'朱'。"按,"絑"乃爲"朱"之引申義所制之本字,"朱""絑"爲古今字。語言中,"絑"所記録之詞客觀存在。《廣韻·虞韻》:"絑,繒純赤色。"

鮢 負朱魚,鱗片有紅點之魚。《正字通·魚部》:"鮢,魚似蝦無足。《雜俎》:'負朱魚,每鱗有一點朱。'俗作鮢。"清李元《蠕範·物名》:"(蝦)其種類……曰負朱,鮢鱸也,無足而鱗有朱點。"

硃 朱砂,紅色物。按,雙音詞稱"朱砂",單音詞則稱"硃","硃"即紅石之意。《廣韻·虞韻》:"硃,朱砂。"金董解元《西廂記諸宫調》卷五:"若使顆硃砂印,便是偷情帖兒,私期會子。"元無名氏《硃砂擔》第二折:"苦奔波,枉生受。有誰人肯搭救。單只被幾顆硃砂送了我頭。"

〔推源〕諸詞俱有紅色義,爲朱聲所載之公共義。聲符字"朱"爲後起指事字,在構件

"木"上加注指點符號而成。《説文·木部》:"朱,赤心木,松柏屬。从木,一在其中。"指點符號所示即紅色木心。虚化引申,則有紅色義,且爲其基本義。《廣雅·釋器》:"朱,赤也。"清朱駿聲《説文通訓定聲·需部》:"朱,〔轉注〕《儀禮·士冠禮》注:'凡染絳,一入謂之縓,再入謂之頳,三入謂之纁。'朱則四入歟?《詩·七月》:'我朱孔陽。'傳:'朱,深纁也。'《禮記·月令》:'乘朱路。'疏:'色淺曰赤,深曰朱。'"然則本條諸詞之紅色義爲聲符"朱"所載之顯性語義。朱聲可載紅色義,則"赤"可證之。

朱:章紐侯部;

赤:昌紐鐸部。

章(照)昌(三等即穿)旁紐,侯鐸旁對轉。"赤",紅色。《説文·赤部》:"赤,南方色也。从大,从火。"按,古以五方、五行、五色相對應,南方屬火,火色紅。漢班固《西都賦》:"風毛雨血,灑野蔽天,平原赤,勇士厲。"宋陸游《記老農語》:"霜清楓葉照溪赤,風起寒鴉半天黑。"

(669) 銖侏珠瓿味(小義)

銖 一兩重的二十四分之一,極小之量。《説文·金部》:"銖,權十分黍之重也。从金,朱聲。"清朱駿聲《通訓定聲》:"十黍之重爲絫,十絫曰銖。二十四銖曰兩,十六兩曰斤,三十斤曰鈞,四鈞曰秅,謂之五權。《説文》'分黍'二字當作'絫'。《禮記·儒行》:'雖分國如錙銖。'"因引申爲微小義。《漢書·晁錯傳》:"今秦之發卒也,有萬死之害,而亡銖兩之報。"《遼史·楊績傳》:"陛下銖分邪正,升黜分明,天下幸甚。"

侏 侏儒,短小之人。《廣雅·釋詁二》:"侏儒,短也。"《廣韻·虞韻》:"侏,侏儒,短人。"清朱駿聲《説文通訓定聲·需部》:"《漢書·刑法志》:'師朱儒。'注:'短人不能走者。'《淮南·主術》:'短者以爲朱儒枅櫨。'注:'梁上戴蹲跪人也。'……字亦作'侏'。《晉語》:'侏儒不可使援。'"《禮記·王制》:"瘖、聾、跛躃、斷者、侏儒、百工各以其器食也。"唐孔穎達疏:"侏儒,謂容貌短小。"按,梁上短小之柱稱"侏儒",爲其引申義。

珠 珍珠,微小之物。《説文·玉部》:"珠,蚌之陰精。从玉,朱聲。"清朱駿聲《通訓定聲》:"水精也,或生於蚌,亦陰精所凝……《周禮·玉府》:'珠盤玉敦。'"按,"珠盤"即以珠爲飾之盤。漢蔡邕《青衣賦》:"金生沙礫,珠出蚌泥。"引申爲小義。《周禮·天官·玉府》:"共王之服玉、佩玉、珠玉。"清孫詒讓《正義》:"此'珠'則當是小玉圓好如珠者,或亦琢玉爲之,非蚌珠也。"

瓿 小甖。《玉篇·瓦部》:"瓿,小甖也。"《廣韻·虞韻》:"瓿,小甖。"清朱駿聲《説文通訓定聲·需部·附〈説文〉不録之字》:"瓿,《方言》五:'甖,陳、魏、宋、楚之間或曰瓿。'"清段玉裁《説文解字注·缶部》:"罃,甖大,罃小。"按,"罃"字从熒省聲,熒聲字所記録語詞"嫈"謂小心態,"滎"爲小水,"褮"者小瓜,"謍"指小聲,"螢"爲發光小虫(見本典"熒聲"),皆可互證。清王士禎《南山》:"山厨富蘴蕘,儋瓶餘秅秕。"

味 鳥口,尖小處。《説文·口部》:"味,鳥口也。从口,朱聲。"清朱駿聲《通訓定聲》:"與'噣'略同。《詩·候人》:'不濡其味。'《射雉賦》:'當味值胸。'"按,朱氏所引《詩》之"味"漢毛亨傳:"喙也";所引晉潘岳《射雉賦》之"味"南朝宋徐爰注引《字書》:"鳥口也。"《廣韻·宥韻》:"味,鳥口。"又《尤韻》:"味,曲喙。"宋梅堯臣《啄木》:"朝啄不停味,暮啄不充腸。"

〔推源〕 諸詞俱有小義,爲朱聲所載之公共義。聲符字"朱"所記録語詞之本義、引申義系列與小義不相涉,其小義爲朱聲所載之語源義。朱聲可載小義,此聲字"柴""玼""貲""柀"等所記録語詞可相證。"柴",小木散材;"玼",玉之小斑;"貲",小數量的罰款;"柀",小樟木(見本典"此聲")。朱聲、此聲本相近且相通。

朱:章紐侯部;
此:清紐支部。

章(照)清鄰紐,侯支旁轉。

(670) 誅殊(殺戮義)

誅 字从言,謂指責,引申爲討伐、殺戮義。《説文·言部》:"誅,討也。从言,朱聲。"清朱駿聲《通訓定聲》:"《白虎通》:'誅伐,猶責也。'《周禮·太宰》:'誅以馭其過。'《左襄三十一傳》:'誅求無厭。'……〔假借〕爲殊。《廣雅·釋詁一》:'誅,殺也。'《秦策》:'使復姚賈而誅韓非。'"按,"誅"表殺戮義,無煩假借。"誅"本有討伐之衍義,討伐以武,亦殺戮事。《韓非子·外儲説右上》:"堯不聽,舉兵而誅,殺鯀於羽山之郊。"則其殺戮義乃由討伐義所衍生。

殊 殺死。《説文·歹部》:"殊,死也。从歹,朱聲。漢令曰:'蠻夷長有罪,當殊之。'"清朱駿聲《通訓定聲》:"《漢書·高帝紀》:'其赦天下殊死以下。'注:'斬也。'《莊子·在宥》:'今世殊死相枕。'司馬注:'決也。'"《廣韻·虞韻》:"殊,死也。"《新唐書·宋璟傳》:"帝詔殊死,璟請付獄按罪,帝怒。"

〔推源〕 此二詞俱有殺戮義,爲朱聲所載之公共義。聲符字"朱"所記録語詞之本義、引申義系列與殺戮義不相涉,其殺戮義爲朱聲所載之語源義。朱聲可載殺戮義,"戮"可證之。

朱:章紐侯部;
戮:來紐覺部。

章(照)來準旁紐,侯覺旁對轉。"戮",殺。《説文·戈部》:"戮,殺也。"《書·湯誓》:"爾不從誓言,予則孥戮汝,罔有攸赦。"唐李白《擬古恨賦》:"及夫李斯受戮,神氣黯然。"按,唯"戮"之本義爲殺,故有"殺戮"之同義聯合式合成詞。

241　先聲

(671) 詵俇駪毨（衆多義）

詵　紛紛傳言，即衆多之言意。《説文·言部》："詵，致言也。从言，从先，先亦聲。《詩》曰：'螽斯羽，詵詵兮。'"清朱駿聲《通訓定聲》："致言以先容之意。"《廣韻·臻韻》："詵，衆人言也。"唐柳宗元《天對》："孺賊厥詵，爰麋其弧。"按，漢許慎所引爲《詩·周南·螽斯》文，"詵"謂衆多，乃引申義。漢毛亨傳云："詵詵，衆多也。"《玉篇·言部》："詵，衆多也。""詵"亦謂教誨之言，重復而衆多。宋沈遘《長壽縣太君魏氏墓誌銘》："維諷詵誨，克紹厥美，宜其子兮。"按，朱駿聲氏又云上述《詩》之"詵"《説文》引作"莘"。《廣雅·釋詁三》："莘，多也。"

俇　字从人，謂往來行人衆多。《説文·人部》："俇，行皃。从人，先聲。"清朱駿聲《通訓定聲》："《一切經音義》七引《説文》：'往來行皃。'"《廣韻·臻韻》："俇，行皃。《詩》云：'俇俇征夫。'"引申爲人衆多義。唐杜甫《題衡山縣文宣王廟新學堂》："俇俇冑子行，若舞風雩至。"清黄宗羲《壽李杲堂五十序》："賢豪俇俇，滿盈江湖。"

駪　馬衆多。《説文·馬部》："駪，馬衆多皃。从馬，先聲。"清朱駿聲《通訓定聲》："《詩·皇皇者華》：'駪駪征夫。'亦重言形況字，《韓詩》作'莘莘'，《楚辭》注作'俇俇'，皆同。"按，《廣韻》亦引作"俇俇征夫"（見上文），凡征夫人多，馬亦多。《廣韻·臻韻》："駪，馬多。"唐杜甫《八哀詩·贈太子師汝陽郡王璡》："羽旗動若一，萬馬肅駪駪。"清旅生續《維新夢·外交》："諸君奉詔駪徵，善全國體，吾謀倘用，秦豈無人？"

毨　選取鳥獸毛。按，即於衆毛中擇其善者而用之意，"毨"本寓衆多義。《説文·毛部》："毨，仲秋鳥獸毛盛，可選取以爲器用。从毛，先聲。讀若選。"清桂馥《義證》："《周禮·司裘》：'中秋獻良裘，王乃行羽物。'注云：'中秋鳥獸稚毨，因其良時而用之。'"按，"毨"爲心紐文部字，"選"爲選擇字，心紐元部，二者雙聲，文元旁轉，可證許氏之訓。

〔推源〕　諸詞俱有衆多義，爲先聲所載之公共義。聲符字"先"所記録語詞謂前進、先前。《説文·先部》："先，前進也。从儿，从之。"按，"儿"即人，"之"謂前往。《論語·先進》："先進於禮樂，野人也。"然則與衆多義不相涉，其衆多義乃先聲所載之語源義。先聲可載衆多義，"莘"可證之。

先：心紐文部；

莘：山紐真部。

心山準雙聲，文真旁轉。"莘"，《玉篇·艸部》："莘，衆也。"漢班固《東都賦》："獻酬交錯，俎豆莘莘。"按，"莘"字从辛得聲，辛聲字"辡""辯"《廣韻·臻韻》皆訓"多"，"亲"訓"草木齊兒",即衆多而整齊,皆可相證。

(672) 跣洗銑硅(光潔義)

跣 光着脚。《説文·足部》:"跣,足親地也。从足,先聲。"清朱駿聲《通訓定聲》:"古者席地坐必説屨。《晉語》:'公跣而出。'注:'徒跣也。'《禮記·少儀》注:'祭不跣者,主敬也。'此謂説屨之跣也。又,燕坐必襪韤。《公羊宣二傳》:'趙盾跣以下。'《左傳》:'褚師聲子韤而登席爲不敬。'《禮記·少儀》注:'燕則有韤爲歡也。'此謂解韤之跣也。"《淮南·脩務》:'羸糧跣走。'"《廣韻·銑韻》:"跣,跣足。"按,朱氏所引《淮南子》文漢高誘注:"跣走,不及著履也。"

洗 洗足,引申爲潔净義。《説文·水部》:"洗,灑足也。从水,先聲。"清朱駿聲《通訓定聲》:"《論衡·譏日》:'洗去足垢。'……《漢書·黥布傳》:'王方踞牀洗。'注:'濯足也。'〔假借〕爲'灑'。《書·酒誥》:'自洗腆。'馬注:'盡也。'……又託名標識字。《吕覽》注:'新也。'《白虎通》:'鮮也。'《太玄》注:'絜也。'"按,朱氏所引《書·酒誥》文僞孔傳:"其父母善子之行,子乃自絜厚致用酒養也。""絜"即"潔"。"洗"表潔義,無煩假借。至嶄新、光鮮義,亦皆同條共貫。

銑 最有光澤的金屬。《説文·金部》:"銑,金之澤者。从金,先聲。"清朱駿聲《通訓定聲》:"《爾雅·釋器》:'絶澤謂之銑。'注:'即美金,最有光澤也。'《晉語》:'而珙之金銑者,寒甚矣。'"南朝梁江淹《齊故司徒右長史檀超墓誌文》:"惟金有銑,惟玉有瑶。"明胡之驥《江文通集彙注》:"銑,金之澤者。"

硅 石之次玉者。玉有晶瑩潔白之性,故有"冰清玉潔"語。"硅"即光潔如玉之石。《廣韻·先韻》:"硅,石次玉也。"明歸有光《祭居守齋文》:"嗚呼!君於世人,居聲利間,混混與衆,如玉與硅。"

〔推源〕 諸詞俱有光潔義,爲先聲所載之公共義。聲符字"先"所記録語詞之本義、引申義系列與光潔義不相涉,其光潔義乃先聲所載之語源義。先聲可載光潔義,"鮮"可證之。

先:心紐文部;

鮮:心紐元部。

雙聲,文元旁轉。"鮮",活魚,引申爲新鮮義。《禮記·內則》:"冬宜鮮羽。"漢鄭玄注:"鮮,生魚也。"《史記·酈生陸賈列傳》:"數見不鮮。"按,凡物之新者則鮮潔、明麗,故又引申爲鮮潔、鮮明義。《廣韻·仙韻》:"鮮,鮮潔也,善也。"《文選·班固〈西都賦〉》:"軼埃壒之混濁,鮮顥氣之清英。"唐李善注:"鮮,絜也。"元薩都剌《遊長干寺》:"秦淮河上長干寺,松柏蕭蕭雲日鮮。"按,唯"鮮"有潔義,故有"鮮潔"之同義聯合式合成詞。漢劉向《説苑·雜言》:"蒙不清以入,鮮潔以出,似善化。"又有"光鮮"一詞,即光潔鮮麗之義。唐玄奘《大唐西域記·羯若鞠闍國》:"城隍堅峻,臺閣相望。花林池沼,光鮮澄鏡。"

242　廷聲

(673) 莛綎䥏挺梃涏珽侹頲脡(長、直義)

莛　草莖,長而直之物。《説文·艸部》:"莛,莖也。从艸,廷聲。"清朱駿聲《通訓定聲》:"《廣雅·釋詁三》:'莖,本也。'按,字从艸,艸曰莖,木曰榦,散文則草木枝亦皆曰莖。"《廣韻·青韻》:"莛,草莖。"《莊子·齊物論》:"故爲是舉莛與楹,厲與西施,恢恑憰怪,道通爲一。"陳鼓應注:"莛,草莖。"宋梅堯臣《種藥》:"故本含新芽,枯梃帶空莢。"

綎　繫珮玉的絲帶,垂直而長者。《説文·糸部》:"綎,系綬也。从糸,廷聲。"清朱駿聲《通訓定聲》:"古佩玉有綬,以上系於衡,衡上復有綬以系於革帶謂之綎。"《廣韻·青韻》:"綎,絲綬帶綎。"《後漢書·蔡邕傳》:"君臣穆穆,守之以平,濟濟多士,端委縉綎。"唐李賢注:"綎,系綬也。"元虞集《龍虎山道藏銘》:"虎帶縈綎。"

䥏　身長,苗條而美觀。《廣韻·迥韻》:"䥏,長好兒。"清朱駿聲《説文通訓定聲·鼎部》:"䥏,〔假借〕爲'侹'、爲'娙'……殆即娉婷字歟?"按,从至得聲之字所記録語詞"莖""脛""徑"等俱有長、直義,女性苗條稱"娙媌""媌娙"。然"䥏"表"長好兒"義非假借。"䥏"之本義《説文》訓"女出病",謂子宫脱出,指女性身材苗條美觀,則爲套用字,乃以廷聲載長義。

挺　拔出。按,拔即持物徑直上提,故有"直"之衍義。《説文·手部》:"挺,拔也。从手,廷聲。"清朱駿聲《通訓定聲》:"《漢書·師丹傳》:'以挺方田議。'注:'引拔也。'〔假借〕爲'梃'。《考工·弓人》:'於挺臂中有柎焉,故剽。'注:'直也。'"按,"挺"表直義,無煩假借,乃引申。漢許慎以"拔"訓"挺",二者可成"挺拔"之雙音詞,謂直,庶可爲證。《荀子·勸學》:"雖有槁暴,不復挺者,輮使之然也。"唐楊倞注:"挺,直也。"按,三字格派生詞有"直挺挺"者,"直""挺"同義。

梃　植物之幹,長而直者,亦引申而指杖、矛等長而直之物。《説文·木部》:"梃,一枚也。从木,廷聲。"清朱駿聲《通訓定聲》:"按,竹曰竿,草曰莛,木曰梃。《小爾雅·廣服》:'杖謂之梃。'《孟子》:'可使制梃。'《漢書·吾丘壽王傳》:'民以櫌鉏笞梃相撻擊。'注:'大杖也。'《吕覽·簡選》:'鋤櫌白梃。'注:'矛也。'"《魏書·李孝伯傳》:"駿奉酒二器,甘蔗百梃。"

涏　水波直。《集韻·徑韻》:"涏,波流直兒。"又《迥韻》:"涏,波直兒。"

珽　大圭,長而直之物。《説文·玉部》:"珽,大圭,長三尺。抒上,終葵首。从玉,廷聲。"清朱駿聲《通訓定聲》:"字亦作'珵'。《廣雅·釋器》:'珽,笏也。'《禮記·玉藻》:'天子搢珽方正於天下也。'即《考工·玉人》之大圭。《左桓二傳》:'袞冕黻珽。'注:'玉笏也,若今吏之持簿。'……按珽之制三尺，自其中以上殺之，至首仍廣三寸而方之如椎頭，其殺六分而去一。〔聲訓〕《玉藻》注：'珽之言挺然無所屈也。'"《荀子・大略》："天子御珽。"唐楊倞注："珽，大圭。長三尺，杼上，終葵首，謂剡上至其首而方也。"

侹 長，直。《説文・人部》："侹，長皃。一曰箸地。从人，廷聲。"清桂馥《義證》："'長皃'者，《廣韻》：'俓侹，直也。'《通俗文》：'平直曰侹。'《韓詩》：'偈、桀，侹也。''一曰箸地'者，吾鄉謂倒地卧爲侹。"《廣韻・迥韻》："侹，長也，直也。"唐韓愈《答張徹》："石梁平侹侹，沙水光泠泠。"

頲 頭挺直皃。《説文・頁部》："頲，狹頭頲也。从頁，廷聲。"清段玉裁注："疑當作'頲頲也'，假借爲挺直之挺。《釋詁》曰：'頲，直也。'"清朱駿聲《通訓定聲》："頲，〔假借〕爲'梃'。《爾雅・釋詁》：'頲，直也。'注：'正直也。'"按，段、朱所引《爾雅》文清郝懿行《義疏》："訓直者，頭容直也。""頲"表正直義無煩假借，乃引申。《廣韻・迥韻》："頲，直也。"清龔自珍《送廣西巡撫梁公序三》："公有肅德，其躬頲頲，其行簡簡。"

脡 條狀、挺直的乾肉，亦引申爲直義。《玉篇・肉部》："脡，脯胸也。"《廣韻・迥韻》："脡，脯胸。"清朱駿聲《説文通訓定聲・鼎部》："《禮記・曲禮》：'鮮魚曰脡祭。'注：'直也。'《儀禮・士虞禮記》：'脯四脡。'……《公羊昭二十五傳》：'與四脡脯。'注：'曲曰胸，申曰脡。'"按，所引《儀禮》之"四脡"猶今言"四條"。《清史稿・列女傳四・林守仁妻王》："母去兒無恐，但歲時具杯酒，一脡肉，母當歸，不相嚇也。""脡"之義亦同。所引《禮記》"脡祭"之"脡"爲直義，爲引申義。唐孔穎達疏云："祭有鮮魚，必湏鮮者，煮熟則脡直，若餒則敗碎不直。"

〔推源〕 諸詞俱有長、直義，爲廷聲所載之公共義。聲符字"廷"所記録語詞《説文・廴部》訓"朝中"，即朝廷義，然則與長、直義不相涉，其長、直義乃廷聲所載之語源義。廷聲可載長、直義，"長""直"可相證。

廷：定紐耕部；

長：定紐陽部；

直：定紐職部。

三字皆雙聲。耕陽旁轉，耕職旁對轉，陽職旁對轉。"長"，長短字。《説文》訓"久遠"，謂時之長，乃引申義。甲骨文"長"字象人有長髮形，示人年長義，引申爲長短之長。《楚辭・九歌》："帶長劍兮挾秦弓，首身離兮心不懲。"《三國志・魏志・典韋傳》："太祖募陷陣，韋先占，將應募者數十人，皆重衣兩鎧，棄楯，但持長矛撩戟。""直"，曲直字。《説文・乚部》："直，正見也。"《玉篇・乚部》："直，不曲也。"《詩・小雅・大東》："周道如砥，其直如矢。"《吕氏春秋・知分》："崔杼不説，直兵造胸，句兵鉤頸。"漢高誘注："直兵，直矛也。"按，直矛即長矛，足證長義、直義之相通。

243　竹聲

(674) 竺篤(厚、重義)

竺　厚。《説文·二部》:"竺,厚也。从二,竹聲。"清朱駿聲《通訓定聲》:"《平輿令薛碑》:'邁此竺旻。'按,當爲'䈞'之重文。"《廣韻·屋韻》:"竺,厚也。"《楚辭·天問》:"稷維元子,帝何竺之?"漢王逸注:"竺,厚也。"清龔自珍《己亥雜詩》之三〇一首:"葆汝心光淳悶在,皇天竺胙總無私。"

篤　《説文·馬部》云:"馬行頓遲。从馬,竹聲。"蓋即馬負重行緩之意。故有"重"義。《後漢書·趙熹傳》:"趙熹篤義多恩,往遭赤眉出長安,皆爲熹所濟活。"《三國志·蜀志·先主傳》:"先主病篤,託孤於丞相亮,尚書令李嚴爲副。""篤"又有厚訓。《爾雅·釋詁下》:"篤,厚也。"按,重義、厚義相通,詞彙系統有"厚重"之雙音詞,爲其引申義。後世以"篤"爲篤厚字而"竺""䈞"遂廢。

〔推源〕　此二詞俱有厚、重義,爲竹聲所載之公共義。聲符字"竹"所記録語詞謂"冬生草"即竹子,漢許慎説。然則與厚、重義無涉,其厚、重義乃竹聲所載之語源義。竹聲可載厚、重義,"重"可相證。

竹:端紐覺部;
重:定紐東部。

端定旁紐,覺東旁對轉。"重",厚。《説文·重部》:"重,厚也。"《易·繫辭上》:"夫茅之爲物薄,而用可重也。"凡物厚則重,故有"重"之衍義,且爲其基本義,其字遂爲輕重字。《玉篇·重部》:"重,不輕也。"《左傳·宣公三年》:"定王使王孫滿勞楚子。楚子問鼎之大小、輕重焉。"漢司馬遷《報任安書》:"人固有一死,或重於泰山,或輕於鴻毛,用之所趣異也。"

244　休聲

(675) 瘔庥茠(休止義)

瘔　間歇性發作的痢疾。時發時止,故稱"瘔"。《玉篇·疒部》:"瘔,瘔息,下痢病也。"《廣韻·尤韻》:"瘔,瘔息,下病。"清范寅《越諺》卷中:"瘔瘫痢,久痢,時愈時病。"《正字通·疒部》:"瘫,瘫痢。按《方書》本作'泄'。"漢劉熙《釋名·釋疾病》:"泄利,言其出漏泄而利也。"清畢沅《疏證》:"泄利,今之所謂水瀉也。"

庥　休息。爲"休"字之後起字。後世以"休"爲休息字而"庥"表庇蔭義。《説文·木部》:"休,息止也。从人依木。庥,休或从广。"清朱駿聲《通訓定聲》:"《爾雅·釋言》:'庥,蔭也。'《詩》:'南有喬木,不可休思。'《漢書·王莽傳》:'誠上休陛下餘光。'注:'庇陰也。'"按,休息、休止義與庇蔭義本相通,故庇蔭義亦可以"休"字表之。"庥"字从广,"广"謂房屋,房屋爲人所息止處,亦爲庇蔭人之物,故亦得載休息義。唐柳宗元《石渠記》:"其側皆詭石怪木,奇卉美箭,可列坐而庥焉。"

  茠 字亦作"㭴",謂拔去田草。《說文·艸部》:"薅,拔去田草也。从蓐,好省聲……茠,薅或从休。《詩》曰:'既茠荼蓼。'"清朱駿聲《通訓定聲》:"字亦作'㭴'。《廣雅·釋詁三》:'㭴,除也。'"《玉篇·艸部》:"茠,除田草。"《廣韻·豪韻》:"茠,㭴,並同薅。"北齊顔之推《顔氏家訓·涉務》:"耕種之,茠鋤之。"按"茠"謂去除田草,猶棄妻曰"休妻",去除義、休止義本相通。"茠"與"庥""庥"義有微別,然相通且俱以休聲載之,語源當同。"茠"亦可表休息於樹下之義。清朱駿聲《説文通訓定聲·孚部》:"《淮南·精神》:'得茠越下。'注:'三輔人謂休華樹下爲茠也。'"

  〔推源〕 諸詞俱有休止義,爲休聲所載之公共義。聲符字"休"謂人倚木休息,然則諸詞之休止義爲其聲符所載之顯性語義。

  (676) 貅鵂咻(猛義)

  貅 猛獸。《玉篇·豸部》:"貅,猛獸。"《廣韻·尤韻》:"貅,貔貅,猛獸。狘,上同。"《集韻·尤韻》:"貅,摯獸名。或省。亦从犬。"徐珂《清稗類鈔·動物·貔貅》:"貔貅,形似虎,或曰似熊,毛色灰白,遼東人謂之白熊。雄者曰貔,雌者曰貅,故古人多連舉之。"《逸周書·周祝》:"山之深也,虎豹貔貅何爲可服?"清朱右曾《集訓校釋》:"貅,亦鷙獸。一名獥。"按"貔貅"亦指勇猛的軍隊,則爲比喻引申義。元王實甫《西廂記》第二本楔子:"羡威統百萬貔貅,坐安邊境。"

  鵂 猛禽。《玉篇·鳥部》:"鵂,鵂鶹。"《廣韻·尤韻》:"鵂,鵂鶹,鳥名。"明謝肇淛《五雜俎·物部一》:"梟、鴟、鵂鶹、鴟鵂、訓狐、猫頭,皆一物而異名,種類繁多。"《梁書·侯景傳》:"所居殿常有鵂鶹鳥鳴,景惡之,每使人窮山野討捕焉。"

  咻 喧鬧,聲猛烈。《字彙·口部》:"咻,嚾也。"清朱駿聲《説文通訓定聲·孚部·附〈説文〉不録之字》:"咻,《孟子》:'衆楚人咻之。'注:'嚾也。'"《集韻·桓韻》:"讙,《説文》:'呼也。'或作嚾。"按,"咻"又謂咆哮。晉左思《魏都賦》:"尅殄方命,吞滅咆咻。"其字或作"烋",而"咻"當爲其正字。

  〔推源〕 諸詞俱有猛義,爲休聲所載之公共義。聲符字"休"所記錄語詞之本義、引申義系列與猛義不相涉,其猛義乃休聲所載之語源義。休聲可載猛義,"劇"可證之。

  休:曉紐幽部;

  劇:群紐鐸部。

  曉群旁紐,幽鐸旁對轉。"劇",劇烈,猛烈。《說文新附·刀部》:"劇,尤甚也。"《陳書·

袁憲傳》:"及憲試,争起劇難。憲隨問抗答,剖析如流。"陳天華《中國革命史論》:"復見六國人之紛争,重來楚漢之劇戰,使丁壯苦於徵役,老弱罷於轉輸。"

245　伏聲

(677) 靸栿(卧伏義)

靸　卧伏於車軾上的鋪墊物,其字亦或以"靸""紱"爲之。漢史游《急就篇》卷三"鞀靸鞋鞼鞍鑣鍚"唐顏師古注:"靸,韋囊,在車中,人所憑伏也,今謂之隱囊。"按,即靠枕。《玉篇零卷·糸部》:"紱,《説文》:'車紱也。'《蒼頡篇》:'茵紱也。'或爲靸字。"按,"靸"當爲"靸"之異體,"韋""革"所表義類同,"紱"則爲其假借字。又,所謂"茵紱"當即史游書之"鞀靸",典籍中或作"絪靸"。漢劉向《列女傳·霍夫人顯》:"又治第宅,作乘輿輦,畫繡絪靸,黄金塗,爲薦輪。"

栿　房梁,卧伏之物。《廣韻·屋韻》:"栿,梁栿。"唐無名氏《譚賓録·裴延齡》:"德宗曰:'朕所居浴堂殿院一栿,以年多故致損壞,而未能换。'"《新唐書·食貨志三》:"堅因使諸舟各揭其郡名,陳其土地所産寶貨諸奇物於栿上。"

〔推源〕　此二詞俱有卧伏義,爲伏聲所載之公共義。聲符字"伏"所記録語詞之本義《説文》訓"司",即守候、潛伏義(見後第679條),故引申爲卧伏義。清朱駿聲《説文通訓定聲·頤部》:"伏,〔轉注〕爲俛伏。《釋名·釋車》:'屐又曰伏兔,在軸似之也。'又《禮記·曲禮》:'寢毋伏。'注:'覆也。'"按,朱氏所謂"轉注"即引申。《史記·汲黯列傳》:"乃召拜黯爲淮陽太守,黯伏謝不受印。"然則本條二詞之卧伏義爲其聲符"伏"所載之顯性語義。

(678) 紱袱(覆蓋義)

紱　覆蓋在車上的裝飾物。《説文·糸部》:"紱,車紱也。从糸,伏聲。茯,紱或从艸。鞴,紱或从革,葡聲。"清朱駿聲《通訓定聲》:"猶車茵之'茵'从艸也……紱者,軾上覆也。"清桂馥《義證》:"此與'茵'或从革同。"清段玉裁注:"駕車之飾,此所謂紱也;被馬之飾,《革部》所謂'鞁'也。"按,漢許慎《説文》"鞁"篆訓"車駕具",謂鞍轡等物,即覆於馬背之物。

袱　包頭巾,覆蓋頭部之物。引申之,亦指覆蓋他物之巾。《爾雅·釋器》"婦人之禕謂之縭"清郝懿行《義疏》:"登州婦人絡頭用首帕,其女子嫁時以絳巾覆首,謂之'袱子。'"按,即後世俗語"紅蓋頭"。元方回《夜發長山瀧》:"首取帛爲袱,體用衾自裹。"《紅樓夢》第五十三回:"正面炕上鋪着猩紅毯子,設着大紅彩繡'雲龍捧壽'的靠背、引枕、坐褥,外另有黑狐皮的袱子,搭在上面。"

〔推源〕　此二詞俱有覆蓋義,爲伏聲所載之公共義。聲符字"伏"所記録語詞本有"覆"訓。漢劉熙《釋名·釋姿容》:"伏,覆也。"按,伏聲字所記録語詞"靸""栿"均有卧伏義,反覆義、卧伏義、覆蓋義本皆相通。"伏"可指雞、鳥類孵化,即卧伏於地、以翼覆蓋卵蛋,可爲力證。《廣韻·宥韻》："伏，鳥菢子。"《莊子·庚桑楚》："越雞不能伏鵠卵。"伏聲可載覆蓋義，則"覆"可相證。

伏：並紐職部；

覆：滂紐覺部。

並滂旁紐，職覺旁轉。"覆"，翻覆。凡物之蓋皆翻而覆蓋之，故又有覆蓋義。《說文·襾部》："覆，覂也。一曰蓋也。"清朱駿聲《通訓定聲》："《禮記·檀弓》：'見若覆夏屋者矣。'注：'茨瓦也。'《爾雅》：'罦，覆車也。'孫注：'車網可以掩兔。'《釋名·釋船》：'其上板曰覆，言所覆慮也。'"《詩·大雅·生民》："誕寘之寒冰，鳥覆翼之。"宋朱熹《集傳》："覆，蓋。"

(679) 洑茯（潛伏義）

洑 水潛流地下。《集韻·屋韻》："洑，伏流也。或从伏。"《新唐書·奸臣傳上·許敬宗》："今自漯至溫而入河，水自此洑地過河而南，出爲滎，又洑而至曹濮，散出於地。"唐李頎《與諸公遊濟瀆泛舟》："洑泉數眼沸，平地流清通。"按，"洑""潎"亦指旋渦，凡旋渦水旋轉而下行，二義或相通。

茯 茯苓，松根的寄生物，潛伏於地下者，故本亦作"伏苓""伏靈"。《玉篇·艸部》："茯，茯苓，藥也。"《廣韻·屋韻》："茯，茯苓。"清朱駿聲《說文通訓定聲·頤部》："《史記·龜筴傳》：'伏靈者，千歲松根也。'"《淮南子·說山訓》："千年之松，下有茯苓，上有兔絲；上有叢蓍，下有伏龜。"黃質《貴池塢渡湖北岜古松歌爲汪鞠友題》："且向松根劚伏苓，服之可駐童顏老。"

〔推源〕 此二詞俱有潛伏義，爲伏聲所載之公共義。聲符字"伏"所記錄語詞本謂守候、潛伏。《說文·人部》："伏，伺也。从人，从犬。"清朱駿聲《通訓定聲》："犬伺人飼，亦伺人吠者也。《周禮·犬人》：'伏瘞亦如之。'司農注：'謂伏犬以王車軷之。'〔轉注〕爲隱伏。《易·說卦》：'坎爲隱伏。'《同人》：'伏戎於莽。'虞注：'巽爲伏。'《廣雅·釋詁四》：'伏，藏也。'《老子》：'福兮禍所伏。'《史記·屈賈傳》索隱：'伏，下身也'，非。《晉語》：'物莫伏於蠱。'注：'藏也。''龍尾伏辰。'注：'隱也。'"然則本條二詞之潛伏義爲其聲符"伏"所載之顯性語義。

(680) 輹/縛（束縛義）

輹 捆綁車伏兔與車軸的繩索。字亦作"輻"。"輹"之名寓束縛義。《廣韻·屋韻》："輻，車輻兔。輹，同輻。"《說文·車部》："輹，車軸縛也。从車，復聲。《易》曰：'輿脫輹。'"清朱駿聲《通訓定聲》："《廣雅·釋詁三》：'輹，束也。'按，此非軸之束，亦非伏兔，乃軸與伏兔相聯之縛也。凡軸束曰輮，輈束曰楘，衡束曰帑，轂束曰約，樸束曰輹。樸，伏兔也……《左僖十五傳》：'車脫其輹。'"按，漢許慎所引《易·大畜》文唐陸德明《經典釋文》："輹，車下縛也。"又朱氏所引《左傳》文晉杜預注："輹，車下縛也。"《舊唐書·劉晏傳》："牛必羸角，輿必説輹,棧車輓漕,亦不易求。"按,"輹"即"輹"之轉注字。聲符字"复"之上古音並紐覺部,"伏"字並紐職部,二者雙聲,覺職旁轉。轉注而產生異體字,爲一大通例。

縛 束縛字。《説文・糸部》:"縛,束也。从糸,尃聲。"清桂馥《義證》:"'束也'者,《小爾雅・廣言》同本典:'束,縛也。'《洛神賦》:'纖腰如束素。'《釋名》:'縛,薄也,使相薄著也。'《昭二十六年左傳》:'以幣錦二兩縛一如瑱。'《廣韻・藥韻》:"縛,係也。"《史記・淮陰侯列傳》:"於是有縛廣武君而致戲下者。"《後漢書・宋均傳》:"均嘗刪翦疑事,帝以爲有姦,大怒,收郎縛格之。"按,《説文》以"束"訓"縛","束"即縛物成束之謂,二者同義,故有"束縛"之同義聯合式合成詞。

〔推源〕 此二詞俱有束縛義,其音亦極相近且相通,語源當同。

輹:並紐職部;

縛:並紐鐸部。

雙聲,職鐸旁轉。

246 臼聲

(681) 齨粖(臼義)

齨 老人之齒,形如臼,亦指八歲以上馬之齒。《説文・齒部》:"齨,老人齒如臼也。一曰馬八歲齒臼也。从齒,从臼,臼亦聲。"清段玉裁注:"如臼者,齒坳。""馬八歲曰馴,齒亦如臼,俗名之齨,亦作駒。"《廣韻・有韻》:"齨,齒臼。亦馬八歲,俗作騥。"清阮葵生《茶餘客話》卷二十:"(馬)十年下兩齒齨,十一年下四齒齨,十二年下盡齨。"

粖 在臼中舂過的熟乾米粉。《説文・米部》:"粖,舂糗也。从臼、米。"清朱駿聲《通訓定聲》:"从米,臼聲。按,臼亦意。如蘇俗炒米粉之類,以甖米麥擣之,而篩爲垺也。"清段玉裁注:"米麥已熬,乃舂之而篩之成勃,鄭所謂擣粉也。"《廣韻・有韻》:"粖,糗米。"《集韻・有韻》:"糗,或作粖。"按,"粖"謂經臼舂擣,稱"糗"則謂炒熟之米有香氣。《説文・米部》:"糗,熬米麥也。"清桂馥《義證》:"米麥火乾之乃有香氣,故謂之糗。"

〔推源〕 二詞俱有臼義,爲臼聲所載之公共義。聲符字"臼"所記錄語詞謂舂米器。《説文・臼部》:"臼,舂也。古者掘地爲臼,其後穿木石。象形。中米也。"《廣韻・有韻》:"臼,杵臼。"《易・繫辭下》:"臼杵之利,萬民以濟。"漢王充《論衡・量知》:"穀之始熟曰粟,舂之於臼,簸其粃糠,蒸之於甑,爨之以火,成熟爲飯,乃甘可食。"然則本條"齨""粖"之臼義爲聲符所承載之顯性語義。

(682) 桕鵋(黑義)

桕 烏桕,葉子可作黑色染料。《正字通・木部》:"桕,俗楢字。《本草綱目》作臼。烏臼木,一名鴉臼。"《説文·木部》:"梧,木也。"清朱駿聲《通訓定聲》:"戴氏侗《六書故》云:'烏臼樹也。'"宋辛棄疾《臨江仙·戲爲期思詹老壽》:"手種門前烏桕樹,而今千尺蒼蒼。"《格物粗談》卷上:"桕樹勿近魚塘,令魚黑,且傷魚。"

鴅 黑鳥。《爾雅·釋鳥》"鶌鳩,鶻鵃"晉郭璞注:"小黑鳥,鳴自呼。江東名爲烏鴅。"《廣韻·有韻》:"鴅,鳥名,似鳩有冠。"清桂馥《札樸·滇遊續筆·鐵連甲》:"永平有鳥,黑色長尾……則是今雅鴅爾。"唐張祜逸句:"杜鵑花發杜鵑叫,烏臼花生烏臼啼。"

〔推源〕 此二詞俱有黑義,爲臼聲所載之公共義。聲符字"臼"所記録語詞之本義、引申義系列與黑義不相涉,其黑義爲臼聲所載之語源義。臼聲可載黑義,"黝"可證之。

臼:群紐幽部;

黝:影紐幽部。

叠韻,群影鄰紐。"黝",黑。《説文·黑部》:"黝,微青黑色。从黑,幼聲。《爾雅》曰:'地謂之黝。'"清朱駿聲《通訓定聲》:"《爾雅·釋器》:'黑謂之黝。'……《穀梁莊廿四傳》:'天子諸侯黝堊。'疏:'黑柱也。'"漢王充《論衡·自紀》:"使面黝而黑醜,垢重襲而覆部,占射之者,十而失九。"

247 伐聲

(683) 筏栰(浮泛義)

筏 竹排,浮泛於水之物。漢揚雄《方言》卷九:"泭謂之簰,簰謂之筏。"《廣雅·釋水》:"簰,筏也。"《廣韻·末韻》:"筏,箄筏。"又《月韻》:"筏,大曰筏,小曰桴,乘之渡水。"按,"箄"即《方言》之"簰"。《集韻·佳韻》:"簰,大桴曰簰。亦省。"唐杜甫《奉送崔都水翁下峽》:"無數涪江筏,鳴橈總發時。"清魏源《聖武記》卷五:"海蘭察潛由上游筏渡,繞山後,出賊營之上。"

栰 木排,亦浮泛於水之物。《廣韻·月韻》云同"筏"。《篇海類編·花木類·木部》:"栰,大曰栰,小曰桴,乘之渡水。與'筏'同。"按,析言之,"筏"謂竹排,"栰"指木排,其字爲分別文。其爲物則同類,故渾言之曰同。《魏書·李崇傳》:"又於樓船之北,連覆大船,東西竟水,防賊火栰。"《宋史·蘇軾傳》:"岐下歲輸南山木栰,自渭入河,經砥柱之險。"

〔推源〕 此二詞俱有浮泛義,爲伐聲所載之公共義。聲符字"伐"从人、从戈,示殺人之意,殷商時有祭名"伐"者,蓋殺人以祭神。《説文·人部》"伐"訓"擊",爲其引申義。然則與浮泛義不相涉,其浮泛義乃伐聲所載之語源義。伐聲可載浮泛義,"泛"可相證。

伐:並紐月部;

泛:滂紐談部。

並滂旁紐,月談通轉。"泛",浮泛。《說文·水部》:"泛,浮也。"《廣韻·梵韻》:"泛,同'汎'。"又《東韻》:"汎,浮也。"《文選·郭璞〈江賦〉》:"標之以翠蘙,泛之以游菰。"唐許渾《南亭偶題》:"鳥驚山果落,龜泛綠萍開。"

(684) 茷／紛(繁多義)

茷 草葉茂盛、繁多。《說文·艸部》:"茷,艸葉多。从艸,伐聲。"清桂馥《義證》:"《廣韻》:'茷,茂皃。'王觀國曰《文選》有劉安《招隱》文云'木輪相糾兮茷骫',茷骫者,木之枝葉茂盛也。"《廣韻·廢韻》:"茷,草葉多也。"又《泰韻》:"茷,草木葉多。"唐柳宗元《始得西山宴遊記》:"斫榛莽,焚茅茷。"按,桂氏所引《文選》文漢王逸注:"枝條盤紆。"今按,枝條茂盛繁多則盤紆交錯。

紛 繁多。《廣雅·釋訓》:"紛紛,衆也。"《廣韻·文韻》:"紛,紛紜,衆也。"《楚辭·離騷》:"紛吾既有此內美兮,又重之以脩能。"晉陶潛《勸農》:"紛紛士女,趨時競逐。"宋范成大《冬春行》:"官租私債紛如麻,有米冬春能幾家?"

〔推源〕 此二詞俱有繁多義,其音亦相近且相通,語源當同。

> 茷:並紐月部;
> 紛:滂紐文部。

並滂旁紐,月文旁對轉。

(685) 垡／翻(翻義)

垡 耕地翻土,亦指翻起的土塊。字亦作"坺",亦訛作"伐"。《玉篇·土部》:"坺,耕土。亦作'垡'。"《廣韻·月韻》:"垡,耕土。"沈兼士《聲系》:"案'垡',《唐韻》作'伐'。"《集韻·月韻》:"垡,耕起土也。"北魏賈思勰《齊民要術·大豆》:"若澤多者,先深耕訖。逆垡擲豆,然後勞之。"《太平御覽》卷五三七引唐成伯璵《禮記外傳》:"天子耕千畝,但三推發耒,三垡而止。"

翻 鳥飛。字亦作"飜"。《玉篇·飛部》:"飜,亦作翻。"《廣韻·元韻》:"飜,覆也,飛也。翻,上同。"漢張衡《西京賦》:"衆鳥翩翩,群獸駓騃。"按,鳥飛時或翻轉,故引申爲翻覆、翻轉義,《廣韻》所訓"覆"當即此義。唐李復言《續玄怪錄·張逢》:"其旁有一小林,遂脫衣掛林,以杖倚之,投身草上,左右翻轉。"明張四維《雙烈記·奇遇》:"須知執戟郎,滅楚封齊,勳業如翻掌。"

〔推源〕 此二詞俱有翻義,其音亦相近且相通,語源當同。

> 垡:並紐月部;
> 翻:滂紐元部。

並滂旁紐,月元對轉。

248 延聲

(686) 筵裧挺綖蜒莚涎綖㹴㹴（延伸義）

筵 竹席，引申之則指鋪竹席。鋪即伸展、展開。《説文·竹部》："筵，竹席也。从竹，延聲。《周禮》曰：'度堂以筵，筵一丈。'"清朱駿聲《通訓定聲》："《儀禮·士冠禮》：'蒲筵二。'〔轉注〕《儀禮·士昏禮》：'主人筵於户西。'注：'爲神布廣也。'〔聲訓〕《設（釋）名》：'筵，衍也，舒而平之衍衍然也。'"按，所云"轉注"即引申。《廣韻·仙韻》："筵，鋪陳曰筵。"《儀禮·士冠禮》："主人之贊者，筵於東序。"

裧 車蔽，垂挂於車之物。垂挂則伸展之。《説文·衣部》："裧，車温也。从衣，延聲。"清朱駿聲《通訓定聲》："謂車蔽。"清桂馥《義證》："《玉篇》：'裧，車輜裧。'"按，即車帷。亦以"襜"爲之。"裧""襜"音極相近，且相通。《廣韻》"裧"字"式連切"，其上古音爲書紐元部；"襜"字"處占切"，昌紐談部。書（審三）昌（三等即穿）旁紐，元談通轉。《後漢書·劉盆子傳》："乘軒車大馬，赤屏泥，絳襜絡。"唐李賢注："襜，帷也。"清黄景仁《重過青陽》："車襜卷朝日，遥見九子山。"

挺 延伸，伸長。《廣韻·仙韻》："挺，柔也。長也。"清王念孫《廣雅疏證》卷二："挺之言延也。"清朱駿聲《説文通訓定聲·乾部》："《字林》：'挺，柔也。'按今字作'揉'，猶煣也。凡柔和之物，引之使長，搏之使短，可析可合，可方可圓，謂之挺。陶人爲坏其一耑也。《老子》：'挺埴以爲器。'"亦引申爲延及義。《梁書·武帝紀》上："皇家不造，遘此昏凶，禍挺動植，虐被人鬼。"《新唐書·劉蕡傳》："凶醜朋挺，外脅群臣，内掣侮天子。"

綖 帽子上用作裝飾的往下垂挂、延伸之物。《玉篇·糸部》："綖，冕前後垂。"《廣韻·仙韻》："綖，冠上覆也。"《左傳·桓公二年》："衡、紞、紘、綖，昭其度也。"唐段成式《酉陽雜俎·貝編》："金剛綖帶，行林隨天所至。"

蜒 動物爬行貌。按，爬行即往前延伸。《類篇·蟲部》："蜒，蚰蜒，龍兒。"漢司馬相如《大人賦》："駕應龍象輿之蠖略逶麗兮，驂赤螭青虬之蚴蟉蜿蜒。"唐韓愈《南海神廟碑》："海之百靈秘怪，慌惚畢出，蜿蜿蜒蜒，來享飲食。"

莚 延伸而相牽纏。其字亦以"延"爲之。《玉篇·艸部》："莚，蔓莚。"《廣韻·綫韻》："莚，蔓莚不斷。"《詩·鄭風·野有蔓草》"野有蔓草，零露漙兮"唐孔穎達疏："郊外野中，有蔓延之草。"《文選·左思〈蜀都賦〉》："蘪蕪布濩於中阿，風連莚蔓於蘭皋。"唐張銑注："莚蔓，相連屬貌。"

涎 口水。按，凡洇水則成滴，口水則下垂成綫，"涎"之名有延伸義。《玉篇·水部》："涎，口液也。亦作㳄。"《廣韻·仙韻》："涎，同㳄。"《説文·㳄部》："㳄，慕欲口液也。"《新書·匈奴》："得賜者之喜也……一國聞之者，見之者，垂涎而相告。"唐杜甫《飲中八仙歌》：

"汝陽三門始朝天,道逢麴車口流涎。"按《廣韻·線韻》"涎"又訓"洒涎,水流",則即水流行、延伸義。又"涎漫"謂無限延伸。宋王安石《和農具詩·牧笛》:"超遥送逸響,涎漫寫真意。"

埏 邊際,近處之地所延伸者。《説文新附·土部》:"埏,八方之地也。从土,延聲。"《廣韻·仙韻》:"埏,際也。亦地有八極八埏。"《文選·司馬相如〈封禪文〉》:"上暢九垓,下泝八埏。"唐李善注:"埏,地之八際也。"元耶律楚材《和冀先生韻》:"冠蓋通窮域,車書過古埏。"

㳄 拖延,辦事之時間延遲。元武漢臣《玉壺春》第一折:"好着俺俄㳄,熬煎,眼暈頭眩,有口難言。"

硟 以石碾繒,使伸展。《説文·石部》:"硟,以石扞繒也。从石,延聲。"清桂馥《義證》:"本典:'衦,摩展衣。'《廣韻》:'硟,衦繒石也。'又云:'展繒石。'徐鍇《繫傳》:'今俗所謂碾也。'《急就篇》:'縹綟綠紈皁紫硟。'顔注:'硟,以石輾繒,色尤光澤也。'"清朱駿聲《通訓定聲》:"用石摩展繒痕使平,今俗謂之研。"《廣韻·禡韻》:"研,碾研。"

〔推源〕 諸詞俱有延伸義,爲延聲所載之公共義。聲符字"延"从㢟,其所記録語詞《爾雅·釋詁》訓"長",《説文·延部》訓"長行",故有延伸、延長之常義。《韓非子·十過》:"延頸而鳴,舒翼而舞。"《荀子·議兵》:"故仁人之兵,聚則成卒,散則成列。延則若莫邪之長刃,嬰之則斷;兑則若莫邪之利鋒,當之則潰。"然則本條諸詞之延伸義爲其聲符"延"所載之顯性語義。至延聲可載延伸義,則"演"可相證。"延""演"同音,余紐雙聲,元部叠韻。"演",水長流,即水延伸不斷義。《説文·水部》:"演,長流也。"《文選·木華〈海賦〉》:"東演析木,西薄青、徐。"唐李善注:"言流至析木之境。"按,雙音詞"演變"謂發展變化,實寓延伸而變義;"演繹"指推演鋪陳,實亦寓延伸義。唯"演"有延伸義,故有"演延"之同義聯合式合成詞。清錢謙益《列朝詩集小傳·少師孫文正公承宗》:"奏疏書檄,摇筆數千言,灝漾演延,幕下書記鴻生魁士,莫得而窺其涯涘也。"

(687) 誕梴㹟㹟(長、大義)

誕 説大話,亦虛化引申爲大義。《説文·言部》:"誕,詞誕也。从言,延聲。"清朱駿聲《通訓定聲》:"'詞'疑當作'詷'。《爾雅·釋詁》:'誕,大也。'"按,《説文》同部:"詷,諕也。""諕,誕也。"南唐徐鍇《繫傳》:"誕,大言也。"《荀子·哀公》:"口啍,誕也。"清王先謙《集解》:"誕生,誇大。"《説苑·尊賢》:"口鋭者多誕而寡信。"按《爾雅》所訓爲其引申義。《廣韻·旱韻》:"誕,大也。"《書·湯誥》:"王歸自克夏,至於亳,誕告萬方。"僞孔傳:"誕,大也。"

梴 木長。《説文·木部》:"梴,長木也。从木,延聲。《詩》曰:'松桷有梴。'"按,漢許慎所引《詩·商頌·殷武》文漢毛亨傳:"梴,長貌。"《廣韻·仙韻》:"梴,木長。"唐元結《演興·訟木魅》:"將封灌乎善木,令楄楠以梴梴。"

㹟 大獸。《廣韻·綫韻》:"㹟,猰㹟,大獸名。"《説文·犬部》:"猰,狼屬。"清朱駿聲《通訓定聲》:"《爾雅·釋獸》:'貙獌似貍。'注:'今山民呼貙虎之大者爲貙豻。'……《漢書·

司馬相如傳》:'蟃蜒貙豻。'注:'大獸似貍,長百尋。'按《西京賦》是爲'曼延'作'曼'是也。曼延,言其長,非與貙豻爲二獸也。"按《漢書・司馬相如列傳》又有"兕象野犀,窮奇獌狿"語。唐李白《大獵賦》:"拳封貒,肘巨狿。"

侹 有"大"訓。《龍龕手鑑・人部》:"侹,大也。"姑附於此。

〔推源〕 諸詞俱有長、大義,爲延聲所載之公共義。前條諸詞皆有延伸義,延伸之則長,二義相成相因。又,凡物長則大,長義、大義本亦相通。延聲可載長、大義,良聲字所記録語詞"稂""閬""根""躴""俍""浪""踉"可相爲證。"稂",長矛;"閬",門高大;"根",高木;"躴",身材高大;"俍",長貌;"浪",水往高處涌起;"踉",往高跳(見本典"良聲")。長、高實爲一義。延聲、良聲相近且相通。

延:余紐元部;
良:來紐陽部。

余(喻四)來準雙聲,元陽通轉。

249 任聲

(688) 荏紝栠恁飪銋(柔軟、柔弱義)

荏 字从艸,爲草名,又指草木柔軟、柔弱,則爲套用字。《廣韻・寑韻》:"荏,荏苒。"《詩・小雅・巧言》:"荏染柔木,君子樹之。"漢毛亨傳:"荏,柔意也。"宋朱熹《集傳》:"荏染,柔貌。"按,"荏染"爲"柔木"之修飾語,朱説可從。其"荏染"與"荏苒"同義。元無名氏《翫江亭》第二折:"良辰曉霧濃,美景韶光麗,草茵輕荏苒,則他這桃李任芳菲。"引申之,指人性格柔弱。清朱駿聲《説文通訓定聲・臨部》:"荏,〔假借〕爲'栠'。《論語》:'色厲而内荏。'孔注:'柔也。'……《漢書・翟方進傳》:'内荏。'注:'曲橈也。'"按,"荏"表人柔弱義非假借,乃引申。又,"栠"非人柔弱義本字。

紝 織布帛的紗縷,柔軟、柔弱之物。其字亦作"紝"。《廣韻・沁韻》:"紝,織紝。亦作'紝''絍'。"《説文・糸部》:"紝,機縷也。从糸,壬聲。絍,紝或从任。"清朱駿聲《通訓定聲》:"或从任聲。《禮記・内則》:'織紝組紃。'疏:'紝爲繒。'……《左成二傳》:'執鍼織紝,皆百人。'注:'織繒布者。'《漢書・嚴助傳》:'婦人不得紡績織紝。'注:'機縷曰紝。'"

栠 木柔弱。《説文・木部》:"栠,弱皃。从木,任聲。"清朱駿聲《通訓定聲》:"按,柔木皃。《廣雅・釋詁一》:'栠,弱也。'《釋訓》:'栠栠,弱也。'"清段玉裁注:"《小雅》《大雅》皆言'荏染柔木'……此'荏'當作'栠'。"《廣韻・寑韻》:"栠,木弱皃。"《詩・大雅・抑》:"荏染柔木,言緍之絲。"按,段説非無據。就本義言,"荏"謂草柔弱,"栠"指木柔弱,二者爲分别文。然草、木同類,故字之用不甚分别。

恁 柔弱。清朱駿聲《説文通訓定聲·臨部》："恁,〔假借〕又爲'栠'。《廣雅·釋詁一》:'恁,弱也。'"按,"恁"字从心,有思念義,表人柔弱義,爲套用字,猶懦弱字作"懦",亦从心。"栠"謂木弱,非人柔弱義本字。朱氏所引《廣雅》文清王念孫《疏證》:"《説文》:'恁,下齋也。'齋,與'資'同,謂下劣之資也。"所論亦可備一説。

餁 字亦作"飪",謂煮熟。按,食熟則柔軟,"餁"即軟化、煮食使軟之謂。《玉篇·食部》:"餁,同飪。"漢揚雄《方言》卷七:"飪,熟也。"《説文·食部》:"飪,大熟也。"《廣韻·寢韻》:"飪,熟食。餁,上同。"《儀禮·士昏禮》:"其實特豚合升,去蹄,舉肺脊二,祭肺二,魚十有四,臘一,肫胳不升,皆飪。"漢鄭玄注:"飪,熟也。"漢桓寬《鹽鐵論·散不足》:"古者不粥飪,不市食。"《魏書·咸陽王禧傳》:"以和飪鼎。"

鈓 軟弱。《廣雅·釋詁一》:"鈓,弱也。"清王念孫《疏證》:"卷四云:'鈓,詘也。''詘,誳也。'誳即奊弱之義。《集韻》引《字林》云:'鈓,鈓濡。'濡與弱義亦相近。"《廣韻·侵韻》:"鈓,鈓濡。"按,《廣韻》《字林》所訓柔軟、弱而不堅義。王氏"詘即奊弱之義"説可商。"詘"謂詰詘,即卷曲義。《廣雅·釋詁四》以"詘"訓"䩸","䩸"亦卷曲義。《説文·韋部》:"䩸,革中辨(辟)謂之䩸。"南唐徐鍇《繫傳》:"䩸,猶卷也。"按,"鈓"字从金,凡金屬刀具軟弱不堅則卷曲,軟弱義、卷曲義相成相因。"鈓"本有卷曲義,與其軟弱義爲源流,可互證之。《淮南子·脩務訓》:"今劍或絶側羸文,齧缺卷鈓,而稱以頃襄之劍,則貴人争帶之。"于省吾《新證》:"鈓與卷義相仿,卷鈓猶言卷曲。"又,"鍖鈓"謂聲音舒緩,舒緩義與軟弱義亦相通。"鍖鈓"雖爲雙聲詞,然"鈓"與舒緩義亦當相涉。

〔推源〕 諸詞俱有柔軟、柔弱義,爲任聲所載之公共義。聲符字"任"所記録語詞之本義《説文》訓"符",即擔保、保舉義,其引申義系列亦與柔軟、柔弱義不相涉。其柔軟、柔弱義乃任聲所載之語源義。任聲可載柔軟、柔弱義,而聲字所記録語詞"耎""胹""栭""鮞""髵"等可相證。"耎",柔軟、柔弱;"胹",煮肉使軟;"栭",木耳,柔軟之物;"鮞",小魚,柔弱者;"髵",胡鬚,柔軟之物(詳見本典第635條)。任聲、而聲音僅微殊且相通。

任:日紐侵部。
而:日紐之部。

雙聲,侵之通轉。

(689) 凭恁諔(憑義)

凭 凭依。《説文·几部》:"凭,依几也。从几,从任。《周書》:'凭玉几。'"清朱駿聲《通訓定聲》:"从几,任聲。"並云漢許慎所引《周書·顧命》之"憑"字"今本衛包改作'憑'。《字林》作'凴'。馮、任聲近。《小爾雅·廣言》:'憑,依也。'"唐白居易《江樓偶宴贈同座》:"望湖凭檻久,待月放盃遲。"宋王安石《次韻和張仲通見寄三絶句》:"默默此時誰會得?坐凭江閣看飛鴻。"

恁　任憑。明費信《星槎勝覽·賓童龍國》："棋楠從土産，花布恁商營。"明馮夢龍輯《古今小説》之《楊謙之客舫遇俠僧》："姪女其實不得去了，還要送歸前夫。財物恁憑你處。"

訐　信任。按，字從言，謂憑依他人之言而信之。《廣韻·侵韻》："訐，信也。"宋李之儀《與王樂道工部》："既而果不我訐，輒爲之失聲愕眙，罔然無以爲言也。"

〔推源〕 諸詞俱有憑義，爲任聲所載之公共義。聲符字"任"所記録語詞之本義爲保舉、擔保。《説文·人部》："任，符也。"南唐徐鍇《繫傳》："保也。"清朱駿聲《通訓定聲》："任，保也。從人，壬聲。北宋本作'符也'，誤字……《管子·大匡》：'吾權任子以死生。'注：'保也。'《史記·汲鄭傳》：'莊任人賓客，瓚謂保任見舉者。'"引申之，則有信任即聽憑義、憑依義。《戰國策·魏策二》："王聞而弗任也。"漢高誘注："任，信也。"《史記·平津侯主父列傳》："昔秦皇帝任戰勝之威，蠶食天下，並吞戰國，海内爲一，功齊三代。"然則本條諸詞之憑義爲其聲符"任"所載之顯性語義。

250　自聲

(690) 垍/堅（堅義）

垍　土堅硬。《説文·土部》："垍，堅土也。從土，自聲。"清朱駿聲《通訓定聲》："《周禮》所謂'壃埴'、《管子》所謂'五壏'也。"《廣韻·至韻》："垍，堅土。"唐柳宗元《井銘序》："元和十一年三月朔，命爲井城北隍上，未晦，果。寒食洌而多泉，邑人以灌，其土堅垍，其利悠久。"

堅　堅土，引申爲堅固、堅硬義。《説文·土部》："堅，剛也。"清朱駿聲《通訓定聲》："剛土也。《廣雅·釋地》：'堅土也。'《九章算術》：'穿地四爲壤五，爲堅三。'〔轉注〕《爾雅·釋詁》：'堅，固也。'《廣雅·釋詁一》：'堅，强也。'……《吕覽·審分》：'堅窮廉直。'注：'剛也。'《貴信》：'其穀不堅。'注：'好也。'《淮南·時則》：'堅致爲上。'注：'功牢也。'《素問·腹中論》：'其氣急疾堅勁。'注：'定也，固也。'"按，所謂"轉注"即引申。

〔推源〕 二詞俱有堅義，音亦相近而通。

垍：群紐質部；

堅：見紐真部。

群見旁紐，質真對轉。然則出諸同一語源無疑。

251　血聲

(691) 殈/壞（敗壞義）

殈　鳥卵破。《廣韻·錫韻》："殈，鳥卵破也。"《禮記·樂記》："胎生者不殰，而卵生者不殈。"漢鄭玄注："殈,裂也。今齊人語有'殈'者。"明劉基《雜詩》四十一首之二十三："梟鵰宜卵殈。""殈"又有夭折義,當爲其直接引申義。

壞 敗壞。《説文·土部》："壞,敗也。"《書·大禹謨》："戒之用休,董之用威,勸之以九歌,俾勿壞。"唐孔穎達疏："用此事使此善政勿有敗壞之時。"《論語·陽貨》："君子三年不爲禮則禮壞,三年不爲樂則樂壞。"

〔推源〕 此二詞俱有敗壞義。"壞"字之上古音匣紐微部,"殈"字曉紐錫部,匣曉旁紐,微錫二部不通。按"血"字曉紐質部,質錫通轉。"殈"字從血得聲無疑。質微旁對轉,此二詞實亦出諸同一語源。"殈"字乃以血聲載敗壞義。"血"謂祭祀之牲血,本無敗壞義,其敗壞義乃血聲所載之語源義。

252　囟聲

(692) 伈絈(小義)

伈 小貌。字亦作"伳"。《説文·人部》："伈,小兒。从人,囟聲。《詩》曰:'伈伈彼有屋。'"清朱駿聲《通訓定聲》："按,《詩·正月》毛本作'伳',傳:'伳伳,小也。'字亦作'伳'、作'婞'。"《玉篇·人部》："伈,本亦作伳。"《廣韻·紙韻》："伈,小兒。"《集韻·紙韻》："伈,或作婞。"《類篇·幺部》："婞,小兒。"今按,此聲字所記録語詞"伳""䏧""柴""毿""鋈""訛""杝""齜""貲""疵""魾"俱有小、短小義,參本典第653條。

絈 細小,其字訛變作"細"。《説文·糸部》："絈,微也。从糸,囟聲。"清朱駿聲《通訓定聲》："細聲,絲之散也。〔轉注〕《廣雅·釋詁二》:'細,小也。'《禮記·檀弓》:'細人之愛人也以姑息。'《吕覽·去宥》:'細人也。'注:'小人。'"《廣韻·霽韻》："細,小也。絈,古文。"《司隸校尉魯峻碑》："蠲細舉大,懽然疏發。"唐張祜《塞上曲》："莫道功勳細,將軍昔戍師。"

〔推源〕 此二詞俱有小義,爲囟聲所載之公共義。聲符字"囟"所記録語詞謂人腦囟門。《説文·囟部》："囟,頭會匘蓋也。"《禮記·内則》"男女羈"漢鄭玄注："夾囟曰角。"唐孔穎達疏："囟是首腦之上縫。"然則與小義不相涉,其小義爲囟聲所載之語源義。囟聲可載小義,令聲字所記録語詞"吟""零""鈴""嶺""舲""軨"可相證。"吟",小聲説話;"零",小網;"鈴",小鐘;"嶺",山深小貌;"舲",有窗小舟;"軨",小車(參本典第二卷第479條)。囟聲、令聲本相近且相通。

　　　　　　囟:心紐真部;
　　　　　　令:來紐耕部。

心來鄰紐,真耕通轉。

253 后聲

(693) 吼垕骺(大義)

吼 大怒聲。《説文·后部》：“吼，厚怒聲。从口，后，后亦聲。”清朱駿聲《通訓定聲》：“俗作‘吼’。”清桂馥《義證》：“通作‘詬’。《唐書·劉文靖傳》：‘君雅詬曰：反人欲殺我耳。’《音義》云：‘詬，怒也。’”《廣韻·厚韻》：“吼，厚怒聲。”《集韻·厚韻》：“吼，厚怒聲。”《後漢書·鄧禹傳附鄧訓》：“至聞訓卒，莫不吼號。”唐岑參《招北客文》：“餓虎争肉，吼怒鬭闞。”

垕 同“厚”，厚薄字。厚即物上下或左右兩面之距離大。《説文·𠂤部》：“厚，山陵之厚也。从𠂤，从厂。垕，古文厚，从后、土。”清朱駿聲《通訓定聲》：“𠂤亦聲。古文从土，后聲。”《詩·小雅·正月》：“謂天蓋高，不敢不局。謂地蓋厚，不敢不蹐。”亦引申爲大義。《戰國策·秦策一》：“大王又並軍而致與戰，非能厚勝之也。”《漢書·金日磾傳》：“欽幸得以通經術，超擢侍帷幄，重蒙厚恩。”

骺 長骨兩端膨大部分。《玉篇·骨部》：“骺，骼骺也。”《説文·骨部》：“骺，骨耑也。”《類篇·骨部》：“骺，骨端謂之骺。”馮德培、談家楨等《簡明生物學詞典·骺》：“骺，人或高等脊椎動物的成長期間，在長骨的兩端、不規則骨或扁骨的周緣發生的骨塊，借軟骨(骺軟骨)同骨主體相連接，其連接處的表面看起來似一綫，故稱‘骺綫’。由於骺軟骨的持續增殖和骨化，骨即不斷地增長或擴大。”

〔推源〕 諸詞俱有大義，爲后聲所載之公共義。聲符字“后”爲“毓(育)”之初文，象人產子形，其所記録語詞之本義、引申義系列與大義不相涉。其大義爲后聲所載之語源義。后聲可載大義，“巨”可證之。

后：匣紐侯部；
巨：群紐魚部。

匣群旁紐，侯魚旁轉。“巨”，規矩字初文，然有“大”之假借義，其字爲借義所奪，後乃重製“矩”爲規矩，而“大”爲“巨”之基本義。漢揚雄《方言》卷一：“巨，大也。”《廣韻·語韻》：“巨，大也。”清朱駿聲《説文通訓定聲·豫部》：“《小爾雅·廣詁》：‘巨，大也。’《公羊哀六傳》：‘力士舉巨囊。’《儀禮·大射儀》：‘右巨指鉤弦。’《孟子》‘巨室’‘巨屨’‘巨擘’。”

(694) 垢詬(污義)

垢 污穢。《説文·土部》：“垢，濁也。从土，后聲。”清朱駿聲《通訓定聲》：“《莊子·大宗師》：‘芒然彷徨乎塵垢之外。’《述祖德詩》：‘而不纓垢氛。’”《廣韻·厚韻》：“垢，塵垢。”《禮記·內則》：“冠帶垢，和灰請潄；衣裳垢，和灰請澣。”《漢書·王莽傳》上：“莽侍疾，親嘗藥，亂首垢面，不解衣帶連月。”

訽　怒罵，以污穢之言攻擊他人。《玉篇·言部》：“訽，罵也。”《廣韻·候韻》：“訽，罵。”《左傳·哀公八年》：“曹人訽之，不行。”晉杜預注：“訽，罵辱也。”《魏書·酷吏傳·高遵》：“屯逼民家求絲纊，不滿意則訽罵不去，强相徵求。”按，“訽”之本義，漢許慎以爲乃羞辱、污蔑義，與怒罵義亦相通。《說文·言部》：“訽，諑訽，恥也。从言，后聲。”《荀子·解蔽》：“案彊鉗而利口，厚顏而忍訽，無正而恣睢，妄辯而幾利。”

〔推源〕　此二詞俱有污義，爲后聲所載之公共義。聲符字“后”所記錄語詞之本義、引申義系列與污義不相涉，其污義爲后聲所載之語源義。后聲可載污義，“污”可證之。

后：匣紐侯部；
污：影紐魚部。

匣影鄰紐，侯魚旁轉。“污”，字本作“汙”，污穢。《說文·水部》：“汙，薉也。”唐玄應《一切經音義》卷三引《字林》：“汙，穢也。”《儀禮·既夕禮》“燕養饋羞湯沐之饌”漢鄭玄注：“湯沐所以洗去汙垢。”《史記·屈原賈生列傳》：“濯淖汙泥之中，蟬蛻於濁穢，以浮游塵埃之外，不獲世之滋垢，皭然泥而不滓者也。”

（695）逅/遘（相遇義）

逅　邂逅字，“邂逅”謂不期而遇，然“逅”亦單用，謂相遇。《說文新附·辵部》：“逅，邂逅也。从辵，后聲。”晉皇甫謐《高士傳·披裘公》：“負薪炎暑，吳有一翁；粗絺弗御，冒彼蒙茸。季扎相逅，遺拾不從。”按，亦借聲符相同之字“姤”爲之。《易·姤》：“象曰：姤，遇也，柔遇剛也。”

遘　相遇。《爾雅·釋詁下》：“遘，遇也。”《說文·辵部》：“遘，遇也。从辵，冓聲。”按，聲符字“冓”之甲骨文形體象二魚相遇之形，本爲“遘”之初文。《書·金縢》：“惟爾元孫某，遘厲虐疾。”唐陸德明《經典釋文》：“遘，遇也。”三國魏郭遐叔《贈嵇康》：“每念遘會，惟曰不足。昕往宵歸，常苦其速。”

〔推源〕　此二詞義同，其音亦相近且相通，語源當同。

逅：匣紐侯部；
遘：見紐侯部。

叠韻，匣見旁紐，音僅微殊。“逅”及“姤”字乃以后聲載相遇義。

254　行聲

（696）胻䯒（上部義）

胻　脛骨的上部。字亦作“䯒”。《說文·肉部》：“胻，脛耑也。从肉，行聲。”清朱駿聲

《通訓定聲》:"近膝者曰骱。《史記·龜策傳》:'壯士斬其骱。'《素問·骨空論》:"骱骨空在輔骨之上端。"

珩 一組玉佩上部的横玉。《説文·玉部》:"珩,佩上玉也,所以節行止也。从玉,行聲。"清朱駿聲《通訓定聲》:"《詩》傳曰:'上有蔥珩,下有雙璜。'《楚語》:'楚之白珩猶在乎?'注:'佩上之横者。'……按,珩者,佩首横玉,所以係組。組有三:中組之末其玉曰衝牙,左右組之末其玉曰璜,而琈珠琚瑀則貫於珩之下、雙璜與衝牙之上。"《國語·晉語二》:"白玉之珩六雙。"三國吴韋昭注:"珩,佩上飾也。"

〔推源〕 此二詞俱有上部義,爲行聲所載之公共義。聲符字"行"所記録語詞謂四達之衢,與上部義不相涉,其上部義爲行聲所載之語源義。行聲可載上部義,"亢"可相證。

行:匣紐陽部;

亢:見紐陽部。

疊韻,匣見旁紐。"亢",咽喉,頸部,處人體之上部。《説文·亢部》:"亢,人頸也。从大省,象頸脉形。頏,亢或从頁。"清朱駿聲《通訓定聲》:"《蒼頡篇》:'亢,咽也。'《廣雅·釋親》:'頏,項也。'《漢書·劉敬傳》:'不搤其亢。'注:'喉嚨也。'《陳餘傳》:'乃仰絶亢。'注:'頸大脉也。'"按,"亢"在人體上部,故有"高"之衍義,雙音詞有"高亢"。高義、上義相通,所謂"高高在上"可證。

(697) 珩衡桁(横義)

珩 一組玉佩上部的横玉(見前條),本有横義。

衡 綁在牛角上以防觸人的横木。《説文·角部》:"衡,牛觸,横大木其角。从角,从大,行聲。"清朱駿聲《通訓定聲》:"《周禮·封人》:'設其楅衡。'杜注:'楅衡所以持牛令不得抵觸人。'……《詩·閟宫》:'夏而楅衡。'傳:'楅衡,設牛角以楅之也。'按,謂楅者衡設牛角偪束之衡。"亦虚化引申爲横義。《廣韻·庚韻》:"衡,横也。"《孟子·梁惠王下》:"一人衡行於天下,武王恥之,此武王之勇也。"

桁 屋桁,即屋梁上或門、窗上的横木。《廣韻·庚韻》:"桁,屋桁。"《文選·何晏〈景福殿賦〉》:"桁梧複叠,勢合形離。"唐李善注:"桁,梁上所施也。桁與衡同。"《清會典事例·工部二十一·建造房屋》:"以平水之高外加桁條徑三分之一定高。"

〔推源〕 諸詞俱有横義,爲行聲所載之公共義。聲符字"行"所記録語詞謂四達之衢,與横義相去甚遠。横義當爲行聲所載之語源義。行聲可載横義,"横"可證之。"行""横"二字,上古音同,匣紐雙聲,陽部疊韻。"横",縱横字。《廣韻·庚韻》:"横,縱横也。"《周禮·秋官·野廬氏》:"禁野之横行徑踰者。"唐賈公彦疏:"東西爲横,南北爲縱。"北周庾信《小園賦》:"猶得欹側八九丈,縱横數十步。"

(698) 筕緈（粗糙義）

筕 竹編的粗糙席子。漢揚雄《方言》卷五："筕篖,自關而東,周、洛、楚、魏之間謂之倚佯;自關而西謂之筕篖,南楚之外謂之篖。"晉郭璞注："似籧篨,直文而粗,江東呼笪。"《玉篇·竹部》："笪,麤籧篨也。"《南史·徐嗣伯傳》："又春月出南籬門戲,聞笪屋中有呻吟聲。"

緈 粗縫,以寥寥數針將棉絮固定在裡子上。《廣雅·釋詁二》"緈、紕、純,緣也"清王念孫《疏證》："緈者,《玉篇》:'緈,行孟切,縫紩也。'《廣韻》云:'刺縫也。'今俗語猶呼刺縫為緈。音若行列之行。"章炳麟《新方言·釋器》："今淮南、吳、越謂粗縫曰緈,音如行列之行。"

〔推源〕 此二詞俱有粗糙義,為行聲所載之公共義。聲符字"行"所記錄語詞之本義、引申義系列與粗糙義不相涉,其粗糙義為行聲所載之語源義。行聲可載粗糙義,"苦""枯""盬"可相證。此三詞俱有粗劣義(見本典第二卷第364條),而其字從古得聲,行聲、古聲本亦相近而相通。

行：匣紐陽部；

古：見紐魚部。

匣見旁紐,陽魚通轉。然則上述行聲、古聲所率諸字記錄之詞亦由同一語源所衍生。

(699) 洐荇（動義）

洐 水在溝中流動。《說文·水部》："洐,溝水行也。从水,从行。"清朱駿聲《通訓定聲》："从水、行,會意,行亦聲。與'衍'字聲義俱別。"清桂馥《義證》："《周禮·稻人》：'以溝蕩水。'注云：'謂以溝行水也。''从行'者,當云行聲。"《廣韻·庚韻》："洐,溝水也。"沈兼士《聲系》："從《說文》小徐本行聲。"按,"洐"字之結構,朱說可從。所謂溝水行,蓋即農田中以溝排水之意,所指稱者,與《周禮》之"蕩"同。

荇 浮動在水中的草。《說文·艸部》："莕,菨餘也。从艸,杏聲。荇,莕或从行,同。"《廣韻·梗韻》："荇,同莕。"唐杜甫《曲江對雨》："林花著雨燕脂落,水荇牽風翠帶長。"馮德培、談家楨等主編《簡明生物學詞典》："莕菜,一作'荇菜'。龍膽科。多年生水生草本。莖細長,節上生根,沉沒水中;水底泥中有匍匐狀地下莖。葉對生,卵圓形,基部深心臟形,背面帶紫紅色,漂浮在水面上。"按,漂動於水面,正為"荇"之構詞理據。

〔推源〕 此二詞俱有動義,為行聲所載之公共義。聲符字"行",羅振玉《殷虛書契考釋》云"象四達之衢,人之所行也",其說可從。《國語·晉語四》："夙夜征行。"三國吳韋昭注："行,道也。"按,道路,人所行者,故引申為行走、行動義,且為基本義。《說文·行部》："行,人之步趨也。"《詩·唐風·杕杜》："獨行踽踽,豈無他人?不如我同父。"按,流動亦稱"行"。《易·乾》："雲行雨施。"唐孔穎達疏："雲氣流動,雨澤施布。"至行聲可載動義,則"航"可證之。"行""航"上古音同,匣紐雙聲,陽部疊韻。"航",舟行於水中。《改併四聲篇海・舟部》引《玉篇》："航，船行也。"三國魏曹丕《至廣陵於馬上作》："誰云江水廣？一葦可以航。"按，"航"爲舟行，故有雙音詞"航行"。

255　派聲

（700）派覒眽衇（斜義）

派　水的支流。按，水之支流必斜出，與主流之間有夾角。二水之間無夾角則平行或重合。《説文・水部》："派，別水也。从水，从辰，辰亦聲。"清朱駿聲《通訓定聲》："《頭陀寺碑》注引《説文》：'水別流也。'……《吴都賦》：'百川派別。'《江賦》：'流九派乎潯陽。'"《宋史・河渠志七・昇州水》："秦淮之水流入府城，別爲兩派。"

覒　斜視。字亦作"覔""覓"。《説文・辰部》："覒，裹視也。从辰，从見。眽，籀文。"清朱駿聲《通訓定聲》："按，辰聲。或从左形右聲，字亦作覔，俗作覓。"今按，凡覓，非啻盯視前方，必左顧右盼斜視之。漢張衡《西京賦》："覒往昔之遺館，獲林光于秦餘。"晉趙至《與嵇茂齊書》："涉澤求蹊，披榛覓路。"明陶弘景《答趙英才書》："不肯掃門覔仕，復懶彈鋏求通。"

眽　瞟，斜視。《説文・目部》："眽，目財視也。从目，辰聲。"南唐徐鍇《繫傳》："目略視之也。"清朱駿聲《通訓定聲》："《廣韻》引《説文》：'目邪視也。'"《文選・李康〈運命論〉》："眽眽然自以爲得矣。"唐張銑注："眽眽，驕詐貌。"按，實亦斜視義，人驕詐則多斜視。

衇　血脉，如水系，多分支斜行。其字亦作"脈""脉"。《説文・辰部》："衇，血理分衺行體者。脈，衇或从肉。脈，籀文。"其結構漢許慎云"从辰""从血"。清朱駿聲《通訓定聲》："辰亦聲。"清段玉裁注同。《史記・扁鵲倉公列傳》："傳黄帝、扁鵲之脈書。"宋范仲淹《奏乞在京並諸道醫學教授生徒》："召京城習醫生徒聽學，並教脈候及修合藥餌。"元佚名《抱粧盒・楔子》："大王也，你須是一脈流傳親叔侄，怎不念萬里江山託付誰？"

〔推源〕　諸詞俱有斜義，爲辰聲所載之公共義。聲符字"辰"本爲"派"之初文。《説文・辰部》："辰，水之衺流別也。从反永。"然則上述諸詞之斜義爲其聲符"辰"所載之顯性語義。辰聲可載"斜"義，"偏"可證之。

辰：滂紐錫部；
偏：滂紐真部。

雙聲，錫真通轉。"偏"，偏斜不正。《説文・人部》："偏，頗也。"《廣雅・釋詁二》："偏，裹也。"《書・洪範》："無偏無陂，遵王之義。"《新唐書・后妃傳下・憲宗郭后》："毋拒直言，勿納偏言。"所謂"偏言"即偏邪不正之言。

256 全聲

(701) 牷詮痊（完全義）

牷 用作祭祀完全一色的牛，也指全牲。《説文·牛部》："牷，牛純色。从牛，全聲。"清朱駿聲《通訓定聲》："《周禮·牧人》：'以共祭祀之牲牷。'《犬人》：'用牷物。'司農注：'純也。'《書·微子》：'今殷民乃攘竊神祇之犧牷牲。'鄭注：'體完具也。'《大戴·曾子天圓》：'山川曰犧牷。'注：'體充曰牷。'《左桓六傳》：'吾牲牷肥腯。'注：'純色完全也。'則兼二義。按《月令》'循行犧牲視全具'，字从全，亦會意，當以體完爲本訓。"《廣韻·仙韻》："牷，牛全色。《書傳》云：體完曰牷。"

詮 詳細解釋，"詮"即完全之言。《説文·言部》："詮，具也。从言，全聲。"清朱駿聲《通訓定聲》："《通俗文》：'釋言曰詮。'《論語》鄭本'異乎三子者之撰'注：'讀曰詮，詮之言善也。'"按，詳細解釋則完善。《晉書·武陔傳》："文帝甚親重之，數與詮論時人。"唐何超《音義》："詮，具也，謂具説事限也。"《南史·陸厥傳》："約論四聲，妙有詮辯，而諸賦亦往往與聲韻乖。"

痊 痊愈，病體完全恢復。《玉篇·疒部》："痊，病瘳也。"《廣韻·仙韻》所訓同。《説文·疒部》："瘳，疾瘉也。"南唐徐鍇《繫傳》："忽愈若抽去之也。"《集韻·仙韻》："痊，病除也。"《莊子·徐無鬼》："今予病少痊，予又且復遊於六合之外。"唐成玄英疏："痊，除也。"《魏書·盧昶傳》："今既痊復，宜遵前旨，秉戈揮鋭，殄寇爲懷。"

〔推源〕 諸詞俱有完全義，爲全聲所載之公共義。聲符字"全"所記録語詞之本義謂純玉。《説文·入部》："純玉曰全。"清朱駿聲《通訓定聲》："《考工·玉人》：'天子用全。'注：'純玉也。'"引申爲完全義。《説文·入部》："仝，完也。从入，从工。全，篆文仝从玉。"《廣韻·仙韻》："全，具也。"《戰國策·燕策一》："秦、趙相弊，而王以全燕制其後。"《淮南子·時則訓》："乃命宰祝，行犧牲，案芻豢，視肥臞全粹。"漢高誘注："全，無虧缺也。"然則本條諸詞之完全義爲其聲符"全"所載之顯性語義。全聲可載完全義，則"齊"可證之。

全：從紐元部；

齊：從紐脂部。

雙聲，元脂旁對轉。"齊"，整齊，完全。《説文·齊部》："齊，禾麥吐穗上平也。象形。"《廣韻·齊韻》："齊，整也。好也。"《荀子·王霸》："天下爲一，諸侯爲臣，通達之屬，莫不從服，無它故焉，四者齊也。"唐楊倞注："齊，謂無所闕也。"按，唯"齊"有完全義，故有"齊全"之同義聯合式合成詞。清吴敬梓《儒林外史》第五十二回："陳正公把賣絲的銀收齊全了，辭行了主人，帶着陳蝦子，搭船回家。"

(702) 詮荃絟（細義）

詮 詳細解釋（見前條），詳細則完全，二義本相通。

荃 細切的腌芥菜，又借作"絟"而指細布。"荃""絟"俱从全聲。《說文·艸部》："荃，芥脃也。从艸，全聲。"清朱駿聲《通訓定聲》："謂以芥爲虀，鮮脃也……〔假借〕爲'絟'。《漢書·江都易王非傳》：'亦遺建荃葛。'蘇林曰：'細布屬也。'臣瓚曰：'細葛也。'"清高士奇《天祿識餘·白越荃葛》："白越荃葛，皆細布名。"

絟 細布。《說文·糸部》："絟，細布也。从糸，全聲。"清桂馥《義證》："'細布也'者，《一切經音義》十四引作'細葛布也'。《廣韻》：'絟，細布別名，通作荃。'《漢書·景十三王傳》：'繇王閩侯亦遺建荃葛。'蘇林曰：'荃，音詮，細布屬也。'"清朱駿聲《通訓定聲》："按，江南箘布之屬皆爲絟。《蜀都賦》'筒中黃潤，一端數金'是也。"《廣韻·仙韻》："絟，細布。"按，"絟"亦指細絲、細麻。明李時珍《本草綱目·草部·苧蔴》："凡蔴、絲之細者爲絟，粗者爲紵。"

〔推源〕 諸詞俱有細義，爲全聲所載之公共義。聲符字"全"所記錄語詞有完全義，且爲其基本義。全義、細義或相通。至全聲可載細義，則"細"可相證。

全：從紐元部；

細：心紐脂部。

從心旁紐，元脂旁對轉。"細"，粗細字。《說文·糸部》："細，微也。"《墨子·兼愛中》："昔者楚靈王好士細腰，故靈王之臣皆以一飯爲節。"唐李賀《春畫》："草細堪梳，柳長如綫。"

257 合聲

(703) 祫迨詥欱弇佮袷頜匌洽閤拾弇餄盒恰帢答谷匼盍（合義）

祫 合祭遠祖、近祖。《說文·示部》："祫，大合祭先祖親疏遠近也。从示、合。《周禮》曰：'三歲一祫。'"清朱駿聲《通訓定聲》："从示，合聲……按許引《禮緯》文，其時當在孟冬，凡毀廟未毀廟之主，皆陳於太祖合食，故曰'祫'。《禮記·月令》：'大饗帝。'疏：'大饗爲祫也。'又《春秋文二年》：'大事於太廟。'《公羊傳》：'大祫也。'……〔聲訓〕《白虎通·宗廟》：'祫者，合也，毀廟之主皆合食於太祖也。'"按，"祫"字之結構當云从示、从合，合亦聲。

迨 行走而相會合。《說文·辵部》："迨，遝也。从辵，合聲。"清朱駿聲《通訓定聲》："行相逮及之意。"《廣韻·合韻》："迨，迨遝，行相及也。"《廣雅·釋言》："遝，及也。"唐牛僧孺《玄怪錄·杜子春》："將大鑊湯而置子春前，長鎗刃叉，四面迨迊。"按"迨迊"即合圍義，亦相通。

詥 言相合，和諧。《說文·言部》："詥，諧也。从言，合聲。"清朱駿聲《通訓定聲》："凡和協字,經傳皆以'合'、以'洽'爲之。"《廣韻·合韻》:"㝵,諧也。亦作'合'。"宋陳師道《比丘理公塔銘》:"理公詥詥,既平以直,且學且業,以究其極。"

敆 合縫。《説文·攴部》:"敆,合會也。从攴,从合,合亦聲。"清段玉裁注:"今俗云敆縫。"清朱駿聲《通訓定聲》:"《爾雅·釋詁》:'敆,合也。'《太玄·玄告》:'下敆上敆。'注:'猶合也。'《考工·弓人》:'秋合三材。'以'合'爲之。按,今竹木器物鬭枸,蘇俗謂之合縫,是此'敆'字。"按,"敆"字从攴,謂人施事,令物相合。《廣韻·合韻》:"敆,合會也。"沈兼士《聲系》:"内府本《王韻》及《唐韻》均作'敆',與《説文》合。"

翕 合攏,閉合。《説文·羽部》:"翕,起也。从羽,合聲。"清朱駿聲《通訓定聲》:"鳥將起,必先斂翼作勢。字亦作'翖',右形左聲。"漢枚乘《七發》:"飛鳥聞之,翕翼而不能去。"亦虛化引申爲聚合、和合等義。《爾雅·釋詁上》:"翕,合也。"《廣韻·緝韻》:"翕,合也。"《詩·小雅·常棣》:"兄弟既翕,和樂且湛。"漢毛亨傳:"翕,合。"宋羅大經《鶴林玉露》卷六:"余行天下,凡通都會府,山水固皆翕聚。"

佮 人相合作。《説文·人部》:"佮,合也。从人,合聲。"清朱駿聲《通訓定聲》:"配耦之義爲佮。"清王筠《釋例》:"通力合作,合藥及蘇語合夥,皆佮之音義也。"《廣韻·合韻》:"佮,合也。"按,徽歙方言稱合作做某事爲"打佮",其音如"鴿",正與《廣韻》"佮"字之"古沓切"同。人相合作,即相聚合,故又有"聚合"之衍義。《中國諺語資料·一般諺語》:"耐可佮天下,勿可佮厨下。"

袷 夾衣,其名寓夾合義;亦指相交的衣領,則寓交合義。《説文·衣部》:"袷,衣無絮。从衣,合聲。"清朱駿聲《通訓定聲》:"衣有表裏而不著絮者。《廣雅·釋詁四》:'袷,重也。'《史記·匈奴傳》:'服繡袷綺衣。'《索隱》:'衣無絮也。'……〔假借〕爲袷。《禮記·曲禮》:'天子視不上於袷。'《玉藻》:'視帶以及袷。''深衣曲袷,如矩以應方'。注皆訓'交領也'。"按,以"袷"指交領,無煩假借,乃套用式本字。

頜 上下頜,相合之骨。《説文·頁部》:"頜,顄也。从頁,合聲。"清朱駿聲《通訓定聲》:"按,實與'顄'同字。長言曰顄,短言曰頜,耳下曲骨,所謂輔車也。《方言》十:'頷、頤,頜也。南楚謂之頷,秦晉謂之頜。'《廣雅·釋親》:'顄,頜也。'《公羊宣五傳》:'絶其頜。'《漢書》作'頷'。《長楊賦》:'皆稽顙樹頜。'"

匌 周匝,合圍。《説文·勹部》:"匌,帀也。从勹,从合,合亦聲。"清段玉裁注:"匌之言合也,帀而與朔合矣。《海賦》曰:'磊匒匌而相豗。'按,《釋詁》曰:'敆、郃,合也。'郃乃地名,於義無取,匌字之假借也。"清徐灝《注箋》:"帀者,圍帀而相合也。"《廣韻·合韻》:"匌,匌帀也。"唐杜甫《三川觀水漲二十韻》:"蓊匌川氣黄,群流會空曲。"清仇兆鰲《杜詩詳注》:"蓊匌,水氣蓊鬱而匌匝也。"

洽 浸潤,水與他物相合。《説文·水部》:"洽,霑也。从水,合聲。"《廣韻·洽韻》:"洽,霑也。"《説文·雨部》:"霑,雨㴲也。"漢王充《論衡·自然》:"霈然而雨,物之莖葉根垓莫不洽濡。"引申爲合義。《玉篇·水部》:"洽,合也。"《廣韻·洽韻》:"洽,合也。"《詩·周頌·載芟》:"爲酒爲醴,烝畀祖妣,以洽百禮。"漢鄭玄箋:"洽,合也。"《後漢書·桓帝紀》:"普天率土,遐邇洽同。"

閤 宫禁,封閉性處所,其名寓圍合義。《三國志·吴志·魯肅傳》:"肅將入閤拜,權起禮之。"按,"閤"亦指夾室,則其名寓夾合義。唐白居易《早寒》:"半卷寒簷幕,斜開煖閤門。"按,"閤"之本義《説文·門部》訓"門旁户",謂大門旁之小門,指宫禁、夾室則爲套用字。

拾 拾取。《説文·手部》:"拾,掇也。从手,合聲。"清朱駿聲《通訓定聲》:"《左哀三傳》:'猶拾瀋也。'《史記·貨殖傳》:'俛有拾,抑有取。'"引申爲收羅、聚合義。《廣韻·緝韻》:"拾,收拾也,斂也。"南朝梁劉勰《文心雕龍·事類》:"然學問膚淺,所見不博,專拾掇崔杜小文,所作不可悉難,難便不知所出,斯則寡聞之病也。"《太平廣記》卷四二〇引《逸史》:"上於夢中爲鼓胡琴,拾新舊之聲,爲《凌波曲》。"

盒 蛤蜊、文蛤等有二甲殻夾合之動物。《説文·虫部》:"盒,蜃屬。有三,皆生於海。千歲化爲盒,秦謂之牡厲。又云百歲燕所化。魁盒,一名復累,老服翼所化。从虫,合聲。"清朱駿聲《通訓定聲》:"今字作左形右聲。按魁盒即《爾雅》之魁陸,亦曰蚶子,俗名瓦楞子。《廣雅·釋魚》:'盒,蒲盧也。'《字林》:'月望則蚌蛤實,月晦則蚌蛤虛也。'《禮記·月令》:'賓爵入大水爲蛤。'《晉語》:'雀入於海爲盒。'"《玉篇·虫部》:"蛤,亦作盒。"

餄 字亦作"餄",謂餅。按,餅爲囫圇渾一之物,稱"餅"寓合併義;稱"餄",理據同。稱"餄",則謂夾雜雜物爲餡,寓夾合義。《廣韻·洽韻》:"餄,餄餅。"《集韻·洽韻》:"餄,餅也。或作餄。"唐慧琳《一切經音義》卷三十七:"餄餅,餅餪饠之類,著腦油煮餅也。"宋林洪《山家清供·廣寒糕》:"採桂英,去青蔕,灑以甘草,和米,舂粉,炊作糕。大比歲,士友咸作餄子食之。"

盒 底蓋相合的器皿。《廣韻·合韻》:"盒,盒、盤覆也。"唐白居易《長恨歌》:"惟將舊物表深情,鈿盒金釵寄將去。"元佚名《抱粧盒》第二折:"萬歲爺賜我這黄封粧盒,到後花園採辦時新果品。"

恰 合於心,融洽。明湯顯祖《紫釵記·泪燭裁詩》:"做姊妹大家懽恰。"清褚人穫《堅瓠八集·睡蛙求學》:"鳳洲詩先成,結句苦不佳,改削再四,終不恰意。"

帢 帛制的便帽,圍合頭部之物。《廣韻·洽韻》:"帢,士服,狀如弁,缺四角。魏武帝。"清朱駿聲《説文通訓定聲·臨部·附〈説文〉不録之字》:"帢,《通俗文》:'帛幘曰帢。'《埤蒼》:'帢,帽也。'"按《廣韻·洽韻》云:"帢,同帢。"《三國志·魏志·武帝紀》"二月丁卯,葬高陵"南朝宋裴松之注引晉傅玄《傅子》:"魏太祖以天下凶荒,資財乏匱,擬古皮弁,裁縑帛以爲帢,合於簡易隨時之義,以色別其貴賤。"《資治通鑑·齊武帝永明九年》:"侍臣去幘易帢。"元胡三省注:"弁缺四角謂之帢。"

答 字亦作"畣"而均从合聲,謂應答。《玉篇·艸部》:"苔,當也。"《廣韻·端韻》:"答,當也。亦作荅。"《集韻·合韻》："荅,古作畣。"《儀禮·鄉射禮·記》："上射退於物一笴,則答君而俟。"漢鄭玄注："答,對也。"應答則相合,故引申爲合義。《篇海類編·花木類·竹部》："答,合也。"《漢書·郊祀志》下："不答不饗,何以甚此!"唐顏師古注："不答,不當天意。"《明史·太祖紀二》："上答天心,下慰人望。"

谽 山谷,兩山相合。《改併四聲篇海·谷部》引《類篇》："谽,兩山相合也。"宋周文璞《金牛洞》："藥苗護谽谺,竹節戲崄嶭。"

㢈 圍合。《龍龕手鑑·匚部》："㢈,㢈匝。與'庛'同。"《玉篇·广部》："庛,庛帀。"南朝宋鮑照《代白紵舞歌詞四首之二》："雕屏㢈匝組帷舒,秦筝趙瑟挾笙竽。"唐寒山《寒山詩三百三首之二百六十四》："庛帀幾重山,迴還多少里。"

捔 以雙手合抱。《京本通俗小説·金主亮荒淫》："女待詔捔着他兩個的頭。"按"捔"又有結交、結合之衍義。《中國諺語資料·俗諺》："魚捔魚,蝦捔蝦,王八捔合鱉親家。"按,唯"捔"有合義,故有"捔合"之同義聯合式雙音詞。

〔推源〕 諸詞俱有合義,爲合聲所載之公共義。聲符字"合"所記録語詞之本義即合。《説文·亼部》："合,合口也。从亼,从口。"按,"亼"即古"集"字。《戰國策·燕策二》："蚌方出曝,而鷸啄其肉,蚌合而拑其喙。"《周禮·春官·大宗伯》："大封之禮,合衆也。"漢鄭玄注："正封疆溝塗之固,所以合聚其民。"然則本條諸詞之合義爲聲符"合"所載之顯性語義。至合聲可載合義,則"闔"可相證。

合:匣紐緝部;
闔:匣紐葉部。

雙聲,緝葉(盍)旁轉。"闔",關閉,合攏。《説文·門部》："闔,閉也。"《易·繫辭上》："是故闔户謂之坤,闢户謂之乾。"《左傳·定公八年》："林楚怒馬,及衢而騁。陽越射之,不中。築者闔門。"按,凡門關閉則相符合,故"闔"又有"符合"之衍義。《戰國策·秦策三》："意者,臣愚而不闔於王心耶!"宋鮑彪注："闔、合同。"

(704) 韍弇唅毚(蔽義)

韍 字亦作"韠",祭祀、朝覲時遮蔽在衣前的服飾。《説文·市部》："韍,士無市有韍,制如榼,缺四角,爵弁服,其色韎,賤不得與裳同。司農曰:'裳纁色。'从市,合聲。韠,韍或从韋。"清朱駿聲《通訓定聲》:"《儀禮·士冠禮》:'靺韐。'注:'靺韐,緼韍也。'"按,"韍"亦作"韐",初文作"市"。《説文·市部》："市,韠也。上古衣蔽前而已,市以象之。天子朱市,諸侯赤市,大夫葱衡。从巾,象連帶之形。……韍,篆文市从韋从犮。"

弇 遮蔽。《説文·収部》："弇,蓋也。从廾,从合。"清段玉裁注本逕作"从廾,合聲。"清朱駿聲《通訓定聲》:"《爾雅·釋天》:'弇日爲蔽雲。'……《廣雅·釋詁二》:'弇,覆也。'字與'奄'略同。"《廣韻·覃韻》："弇,蓋覆也。"沈兼士《聲系》:"从《説文》段注作合聲。"按,

"合"之上古音匣紐緝部,"弇"字影紐侵部,匣影鄰紐,緝侵對轉,"弇"字从合得聲無疑。《墨子·耕柱》:"曰苟使我和,是猶弇其目而祝於叢社也。"按,朱氏所引《爾雅》文晉郭璞注:"即暈氣五彩覆日也。弇,掩。"

晗 眼被遮蔽,不明。《玉篇·目部》:"晗,眼細暗。"按,眼細則如縫,眼皮遮睛而暗。《集韻·洽韻》:"晗,眇也。"《篇海類編·身體類·目部》:"眇,偏盲。"

毤 睫毛長。《廣韻·合韻》:"毤,毤毿,目睫長。"按,睫毛長則遮蔽眼睛。

〔推源〕 諸詞俱有蔽義,爲合聲所載之公共義。聲符字"合"所記錄語詞本義爲閉合、合攏(見前條推源欄)。凡物相合則遮蔽,故又有遮蔽之衍義。唐李白《塞下曲六首》之六:"兵氣天上合,鼓聲隴底聞。"《水滸傳》第八十九回:"彤雲密布,罩合天地,未晚先黑。"然則本條諸詞之蔽義亦爲聲符"合"所承載之顯性語義。

258　兆聲

(705) 秱朓旐(徵兆義)

秱 "兆"之後起本字。《玉篇·兆部》:"秱,同兆。"按,此字當入《卜部》。《廣韻·小韻》:"秱,灼龜坼。出《文字指歸》。"清朱駿聲《説文通訓定聲·小部》:"《周禮·大卜》:'掌三秱之法。'〔轉注〕《晉語》:'其魄兆於民矣。'注:'見也。'……《魏都賦》:'兆朕振古。'注:'幾事之先見者也。'按,朕兆皆縫也。"

朓 農曆月底月亮現於西方,朔之先兆。《説文·月部》:"朓,晦而月見西方謂之朓。从月,兆聲。"清朱駿聲《通訓定聲》:"曆家布算小差,故月行似速而在日前早見也……《太玄·玄告》:'聖人察乎朓、側匿之變。'"清孔廣居《疑疑》:"朓之爲言跳也……'晦而月見西方謂之朓'者,未朔而先見朔之象也,故曰跳也。"《廣韻·蕭韻》:"朓,月出西方。"又《篠韻》:"月行疾出西方。"《漢書·張敞傳》:"月朓日蝕,晝冥宵光,地大震裂,火生地中,天文失度,袄祥變怪,不可勝記。"

旐 畫有龜蛇的旗。《説文·㫃部》:"旐,龜蛇四游,以象營室,游游而長。从㫃,兆聲。《周禮》曰:'縣鄙建旐。'"清段玉裁注:"《考工記》文也。司常掌九旗之物名,龜蛇爲旐。鄭云:畫龜蛇者象其扞難避害也……《考工記》注曰:'營室,玄武宿,與東壁連體而四星,故旐四游。'"《詩·小雅·出車》:"設此旐矣,建彼旄矣。"按漢劉熙《釋名》云:"旐,兆也,龜知氣兆之吉凶,建之於後,察度事宜之形兆也。"與漢鄭玄説異,鄭説近是,"旐"蓋爲天災、平安之徵兆。

〔推源〕 諸詞俱有徵兆義,爲兆聲所載之公共義。聲符字"兆"象龜甲受灼裂紋形,謂卜兆。《説文·卜部》:"秱,灼龜坼也。从卜,兆,象形。兆,古文秱省。"清朱駿聲《通訓定聲》:"《禮記·月令》:'命太史釁龜筴,占兆。'"按,朱氏所引《禮記》文漢鄭玄注:"占兆,龜之繇文也。"引申爲先兆、徵兆義。《玉篇·兆部》："兆,事先見也。"《素問·天元紀大論》："水火者,陰陽之徵兆也。"唐王冰注："兆,先也,以水火之寒熱,彰信陰陽之先兆也。"《荀子·王制》："相陰陽,占祲兆。"唐楊倞注："兆,萌兆。謂望其雲物,知歲之吉凶也。"然則本條諸詞之徵兆義爲其聲符"兆"所載之顯性語義。

(706) 趒眺祧桃窕挑絩銚䩨覜覞跳髟(高、遠、深、長義)

趒 跳躍,趨高。《説文·走部》："趒,雀行也。从走,兆聲。"清朱駿聲《通訓定聲》："與'趬'略同。《韻集》:'趒,越也。'"《廣韻·嘯韻》:"趒,越也。"清姚鼐《金麓邨招同浦柳愚毛俟園宗棠圖飲莫愁湖亭》:"煙深出鷺翔,波靜響魚趒。"

眺 眺望,遠視。《玉篇·目部》："眺,眺望也。"《集韻·筱韻》："眺,遠視。"清朱駿聲《説文通訓定聲·小部》："眺,〔假借〕爲'覜'。《月令》:'可以遠眺望。'《家語·辨樂》:'睪然高望而遠眺。'"按,"眺"之本義,漢許慎訓"目不正",然表遠視義非假借,乃套用式本字,以兆聲載遠義。晉潘岳《西征賦》："眺華嶽之陰崖,覿高掌之遺蹤。"

祧 遠祖之廟。《説文新附·示部》："祧,遷廟也。从示,兆聲。"《廣韻·蕭韻》:"祧,遠祖廟也。"清朱駿聲《説文通訓定聲·小部》:"祧,即'朓'也。《廣雅·釋天》:'祧,祭先祖也。'許叔重《五經異義》:'將祧而去之,故曰祧。'按上'祧':'祭也。'下'祧':'廟也。'《周禮》:'守祧八人,掌先公先王之廟祧。'注:'遷主所藏曰祧。'按,天子七廟,三代皆同。周自懿王時別立文世室,孝王時別立武世室,爲二祧,不毁,故有九廟……《漢書·韋元成傳》:'二祧則時享。'"《説文·肉部》:"朓,祭也。从肉,兆聲。"朱氏《通訓定聲》:"朓之言超也,此爲遷廟而祭之名。字亦作'祧'。"《禮記·祭法》:"遠廟爲祧。"清孫希旦《集解》:"蓋謂高祖之父、高祖之祖之廟也。謂之遠廟者,言其數遠而將遷也。"

桃 長柄勺。《集韻·蕭韻》:"桃,長枋,可以持物於器中者。"《儀禮·士冠禮》"加柶面枋"漢鄭玄注:"今文枋爲柄。"又《有司》:"司馬在羊鼎之東,二手執桃匕枋,以挹湆,注於疏匕。"漢鄭玄注:"桃謂之歃,讀如或舂或抌之'抌'。字或作桃者,秦人語也……桃,長枋,可以抒物於器中者。"按,上引《集韻》文之"持"清方成珪《考正》:"抒訛持。"又,"桃"本爲果名,指長柄勺,爲套用式本字,以其兆聲表長義。

窕 深邃。《爾雅·釋言》:"窕,肆也。"清王引之《經義述聞》:"皆謂深之極也。"《説文·穴部》:"窕,深肆極也。从穴,兆聲。"三國魏阮籍《東平賦》:"其居處壅翳蔽塞,窕邃弗章。"明陳子龍《蚊賦》:"避術術之廣除,據窈窕之濞帷。"

挑 高,高舉。清朱駿聲《説文通訓定聲·小部》:"挑,字亦作'撨'……《廣雅·釋詁四》:'撨,高也。'"按,朱氏所引《廣雅》文清王念孫《疏證》:"撨,亦阧也。"按,今語有同義聯合式合成詞"高挑"。"挑"字从手,本有高舉之義。《新唐書·封常清傳》:"臣請馳至東京,悉府庫,募驍勇,挑馬箠度河,計日取逆胡首以獻闕下。"又,其他由低往高的動作亦稱"挑"。南朝宋劉義慶《世説新語·德行》:"范宣年八歲,後園挑菜,誤傷指,大啼。"

絩　繒長貌。《集韻·筱韻》:"絩,繒長皃。"按,古籍中未見其實用例。此書所記,多方言、俗語之詞。

　　銚　長矛。《集韻·蕭韻》:"銚,長矛也。"元戴侗《六書故·地理一》:"銚蓋剗草之器,故其利者亦爲兵器。"按,"銚"亦指大鋤(見本典第710條),長矛形似之,蓋爲比喻引申。清朱駿聲《說文通訓定聲·小部》:"銚,〔轉注〕《呂覽·簡選》:'可以勝人之長銚利兵。'注:'長矛也。'"按所謂"轉注"即引申。又,長矛亦稱"矟",音亦相近。

　　姚　身材高挑。《廣韻·篠韻》:"姚,身長皃。"明焦竑《俗書刊誤·俗用雜字》:"長身曰姚。"今按,徽歙方言有"長姚姚"之三字派生詞,詞根、詞綴義同。《廣韻》注"姚"字之音爲"土了切",與"陶"相近,漢王逸《九思·哀歲》"冬夜兮陶陶","陶"即漫長義。

　　趒　趹趒,長。可分訓。《廣雅·釋詁四》:"趒,長也。"清王念孫《疏證》:"《淮南子·主術訓》:'奇材佻長而干次。'《文子·上義篇》佻作夭,佻與趒、夭與趹,亦同義。"《廣韻·晧韻》:"趒,趹趒,長貌。"爲連語。《文子·上仁》:"先王之法,不掩群而取趹趒,不涸澤而漁,不焚林而獵。"

　　覜　諸侯每三年行聘問相見之禮,"覜"寓廣博、廣大義,亦引申爲遠視義。《說文·見部》:"覜,諸侯三年大相聘曰覜。覜,視也。从見,兆聲。"清朱駿聲《通訓定聲》:"《周禮·宗伯》:'殷覜曰視。'《考工·玉人》:'以覜聘。'注:'眾來曰覜,特來曰聘'……字又誤作'頫',頫者,俛字。"清桂馥《義證》:"《論語》:'宗廟之事如會同。'鄭注:'諸侯時見曰會,殷見曰同'……廣覜見之言通也。"《魏都賦》:"侈所覜之博大。"按此賦之"覜"爲遠視義。《後漢書·張衡傳》:"流目覜夫衡阿兮。"其"覜"之義亦同。

　　跳　跳起,趨高。《說文·足部》:"跳,蹶也。从足,兆聲。一曰躍也。"漢劉向《說苑·辨物》:"其後,齊有飛鳥一足來下,止於殿前,舒翅而跳。"王重民等編《敦煌變文集》之《伍子胥變文》:"亦有撓關弄木,手把方梁,抱石跳空,弓彎七札。"按,漢許慎所訓"一曰躍",即跳起而越過義,亦相通。《廣韻·蕭韻》:"跳,躍也。"《晉書·劉牢之傳》:"牢之敗績,士卒殲焉。牢之策馬跳五丈澗,得脫。"

　　髾　頭髮長。《集韻·晧韻》:"髾,髮長。"明楊漣《祭徐京咸兵部文》:"噫嘻!予知之矣,惟兄未生,神告異兆,來自青羊,頂餘赤髾。"

　　〔推源〕　諸詞或有高義,或有遠、深、長義,或兼有二義。高,上下距離,橫向即長、遠,由地面往下距離大則即深。諸義皆相通,俱有兆聲載之,語源同。聲符字"兆"所記錄語詞之本義、引申義系列與高、遠、深、長義不相涉,乃兆聲所載之語源義。兆聲可載高、遠、深、長義,"長"可證之。

　　　　　　兆:定紐宵部;
　　　　　　長:定紐陽部。

雙聲,宵陽旁對轉。"長",甲骨文象人頭髮長貌,人老則髮長,故有長久義。《説文·長部》:"長,久遠也。"《廣雅·釋詁三》:"長,久也。"《廣韻·陽韻》:"長,久也,遠也。"《書·盤庚中》:"汝不謀長。"僞孔傳:"汝不謀長久之計。"空間之長即遠,故《廣韻》亦訓遠。《詩·秦風·蒹葭》:"遡洄從之,道阻且長。"人生命長,即年高,"長"本老人之像,故有年高義。《廣雅·釋詁一》:"長,老也。"《國語·晉語四》:"齊侯長矣。"三國吴韋昭注:"長,老也。"又引申爲深義。《三國志·吴志·陸遜傳》:"陸遜意思深長,才堪負重,觀其規慮,終可大任。"宋曹希藴《贈乾明寺繡尼集句》:"因過竹院逢僧話,始覺空門氣味長。"

(707) 珧羑鮡銚駣鼗（小義）

珧 小蚌。《説文·玉部》:"珧,蜃甲也,所以飾物也。从玉,兆聲。《禮》云:'佩刀,天子玉琫而珧珌。'"清朱駿聲《通訓定聲》:"可飾佩刀弓弭。《爾雅·釋魚》:'蜃,小者珧。'《釋器》以蜃者謂之珧。《東山經》:'嶧皋之水多蜃珧。'"按,朱氏所引《爾雅》文晉郭璞注:"珧,玉珧,即小蚌。"又,朱氏所引《山海經》文郭注:"珧,玉珧,亦蚌屬。"明李時珍《本草綱目·介二·海月》:"《王氏宛委録》云:'奉化縣四月南風起,江珧一上,可得數百。'"

羑 不滿一歲的小羊。《説文·羊部》:"羑,羊未卒歲也。从羊,兆聲。"清桂馥《義證》:"《廣雅》:'吴羊牡一歲曰牡羑,其牝一歲曰牸羑。'《急就篇》:'羘、羧、羯、羠、羑、羝、羷。'顔注:'羑,羊未卒歲也。'"《廣韻·小韻》:"羑,羊子。"漢桓寬《鹽鐵論·散不足》:"鮮羔羑,幾胎肩,皮黄口。"

鮡 小鱒魚。《説文·魚部》:"鮡,魚名。从魚,兆聲。"清朱駿聲《通訓定聲》:"鱒之小者,今謂之回魚。《爾雅》:'鮡,小者鮡。'"按,《説文》同部:"魾,大鱯也。其小者名鮡。"

銚 有柄的小鍋。《説文·金部》:"銚,温器也。从金,兆聲。"《正字通·金部》:"銚,今釜之小而有柄有流者亦曰銚。"今按,徽歙人稱煮飯之大鍋爲"鍋",其物有兩環;而稱炒菜之小鍋爲"銚",其物有柄無環,形制稍異,"銚"亦古語。《廣韻·皓韻》:"銚,燒器。"漢曹操《上器物表》:"御物有純銀粉銚一枚。"南朝梁吴均《餠説》:"然以銀屑,煎以金銚。"按《廣雅·釋器》:"銷謂之銚。"《説文》訓"銷"爲"小盆",爲比喻引申義,然仍有小義。

駣 三四歲的小馬。《説文·馬部》:"駒,馬二歲曰駒,三歲曰駣。"清朱駿聲《通訓定聲》:"《周禮·廋人》:'教駣攻駒。'"按,所引《周禮》文漢鄭玄注:"馬三歲曰駣。"《廣韻·皓韻》:"駣,馬四歲。"唐郄昂《岐汾涇寧四州八馬坊頌碑》:"屬張氏替職,圉師敗官,馬之教駣,日失其序。"

鼗 小鼓。字亦作"鞉""鞀"。《玉篇·鼓部》:"鼗,似鼓而小。亦作鞀。"《説文·革部》:"鞀,鞀遼也。从革,召聲。鼗,鞀或从兆。鼚,鞀或从鼓,从兆。"清朱駿聲《通訓定聲》:"按,小鼓也。《周禮·小師》:'掌教鼓鼗。'注:'如鼓而小,持其柄摇之,旁耳還自擊。'《詩·有瞽》:'鞉磬祝圉。'《論語》:'播鞀武。'《禮記·月令》:'修鞀鞞鼓。'《王制》:'則以鼗將之。'"《廣韻·豪韻》:"鼗,小鼓著柄者。鞉,上同。"

〔推源〕 諸詞俱有小義,爲兆聲所載之公共義。聲符字"兆"所記録語詞之本義、引申義系列與小義不相涉,其小義爲兆聲所載之語源義。兆聲可載小義,"小"可證之。

兆:定紐宵部;

小:心紐宵部。

叠韻,定心鄰紐。"小",大小字,與"大"相反對。《説文·小部》:"小,物之微也。"《廣韻·小韻》:"小,微也。"《書·康誥》:"怨不在大,亦不在小。"《莊子·秋水》:"吾在天地之間,猶小石小木之在大山也。"

(708) 誂佻恌(輕佻義)

誂 挑逗,引誘,輕佻行爲。《説文·言部》:"誂,相呼誘也。从言,兆聲。"清朱駿聲《通訓定聲》:"按,詅羑也。《廣雅·釋詁二》:'誂,戲也,嬈也。'《楚策》:'楚人有兩妻,人誂其長者。'"按《説文》同部"詅"亦訓"誘"。"嬈"即戲弄、騷擾。晉葛洪《抱朴子·疾謬》:"絃歌淫冶之音曲,以誂文君之動心。"引申爲輕佻義。《吕氏春秋·音初》:"流辟誂越慆濫之音出,則滔蕩之氣、邪慢之心感矣。"按,現行辭書多以爲"誂"通"佻"方表輕佻,似失之。"誂"謂呼誘,本爲輕佻行爲,輕佻義當爲其衍義。

佻 輕佻。《説文·人部》:"佻,愉也。从人,兆聲。"清朱駿聲《通訓定聲》:"《詩》曰:'視民不佻。'……《爾雅·釋言》:'佻,偷也。'《周語》:'姦仁爲佻。'……《離騷》:'餘猶惡其佻巧。'注:'輕也。'"清段玉裁注:"《釋言》:'佻,偷也。'偷者,愉之俗字。"按,朱、段所引《爾雅》文宋邢昺疏:"佻,偷薄之偷。"《廣韻·蕭韻》:"佻,輕佻。"《資治通鑑·漢靈帝中平六年》:"帝以辯輕佻無威儀,欲立協,猶豫未決。"元胡三省注:"佻,輕薄也。"

恌 輕佻。《廣韻·蕭韻》:"恌,輕薄。"沈兼士《聲系》:"案'輕薄',《切韻》敦煌本、《王韻》均作'輕薄'。"《北史·王肅傳》:"然性微輕恌,頗以功名自許。"《新唐書·文藝傳上·崔信明》:"揚州録事參軍鄭世翼者,亦驁倨,數恌輕忤物。"

〔推源〕 諸詞俱有輕佻義,爲兆聲所載之公共義。聲符字"兆"所記録語詞之本義、引申義系列與輕佻義不相涉,其輕佻義爲兆聲所載之語源義。兆聲字"窕""挑""姚""銚""宨"等皆可以假借字形式表輕佻義,此亦可爲兆聲、輕佻義相關聯之證。《集韻·嘯韻》:"窕,輕也。"《左傳·成公十六年》:"楚師輕窕,固壘而待之,三日必退。"章炳麟《與人論文書》:"然亦自有友紀,窕儇側媚之辭,薄之則必在繩之外矣。"《字彙·手部》:"挑,輕薄貌。"《荀子·彊國》:"入境觀其風俗,其百姓樸,其聲樂不流汙,其服不挑。"唐楊倞注:"挑,偷也,不爲奇異之服。"《集韻·嘯韻》:"窕,輕也。或作姚。"《莊子·齊物論》:"喜怒哀樂,慮嘆變慹,姚佚啟態。"唐成玄英疏:"姚則輕浮躁動,佚則奢華縱放。"《集韻·蕭韻》:"佻,《説文》:'愉也。'或作銚。"《爾雅·釋言》:"宨,肆也。"晉郭璞注:"輕窕者好放肆。"兆聲可載輕佻義,"偷"可相證。

兆：定紐宵部；
偷：透紐侯部。

定透旁紐，宵侯旁轉。"偷"，輕佻，苟且。《廣韻·侯韻》："偷，《爾雅》云：'佻，偷也。'謂苟且。"《論語·泰伯》："故舊不遺，則民不偷。"宋邢昺疏："偷，薄也。"《後漢書·廉范傳》："建初中，遷蜀郡太守，其俗尚文辯，好相持短長，范每厲以淳厚，不受偷薄之說。"按，"偷"字晚出，古者多以"媮"爲之，二者同从俞聲。《說文·心部》："媮，薄也。从心，俞聲。《論語》曰：'私覿媮媮如也。'"清段玉裁注："正薄樂之義。"

(709) 窱庣霩（空虛不滿義）

窱 有空隙，不充滿。清朱駿聲《說文通訓定聲·小部》："窱，《爾雅·釋言》：'窱，閒也。'《廣雅·釋詁三》：'寬也。'《荀子·賦》：'充盈大宇而不窱。'《淮南》：'入小而不偪，處大而不窱。'"按，朱氏所引《荀子》文清王先謙《集解》引清王念孫《讀書雜志》："窱者，閒隙之稱，言充盈大宇而無閒隙也。"《大戴禮記·主言》："七者布諸天下而不窱，內諸尋常之室而不塞。"清孔廣森《補注》："窱，不實也。"按，"窱"字从穴，其本義《說文》訓"深肆極"，穴深則內空，故"窱"之有空隙、不充滿義爲其直接引申義。

庣 物凹下空虛不滿。《廣韻·蕭韻》："庣，不滿之皃。"清朱駿聲《說文通訓定聲·小部》："斛，《漢書·律曆志》：'用銅尺，而圜其外，旁有庣焉。'……《說文》：'一曰利也。'引《爾雅》：'斛爲之魁，古田器也。'《方言》五：'臿謂之斛。'"按，朱氏所引《漢書》文唐顏師古注："庣，不滿之處也。"章炳麟《新方言·釋器》："蓋凡中窱之器可以容物者皆謂之庣。《方言》云：鍬，燕之東北、洌水之閒謂之斛，此田器中窱容物者謂之庣也。"

霩 虛無。《淮南子·俶真訓》："虛無寂寞，蕭條霄霩，無有仿佛。"清王念孫《讀書雜志》："霄霩者，虛無寂寞之意。"《楚辭·九思·疾世》："日陰曀兮未光，閴睄霩兮靡睹。"原注："睄窱，幽冥也。一作'閴睄霩'。"按，幽冥則無睹，實亦虛無義。

〔推源〕 諸詞俱有空虛不滿義，爲兆聲所載之公共義。聲符字"兆"所記錄語詞之本義、引申義系列與空虛不滿義不相涉，其空虛不滿義爲兆聲所載之語源義。兆聲可載空虛不滿義，婁聲字所記錄語詞"簍""廔""樓""寠""塿"可相證。"簍"，竹籠，空而可容物者；"廔"，房屋窗牖空明貌；"樓"，樓房，有窗空明者；"寠"，家中空空無財備禮；"塿"，空疏之土（詳見本典"婁聲"）。兆聲、婁聲本相近且相通。

兆：定紐宵部；
婁：來紐侯部。

定來旁紐，宵侯旁轉。

(710) 咷銚狣赵（大義）

咷 大聲哭。《說文·口部》："咷，楚謂兒泣不止曰噭咷。从口，兆聲。"清朱駿聲《通訓定聲》:"《廣雅·釋詁二》:'咷,鳴也。'《易·同人》:'先號咷而後笑。'《旅人》:'先笑後號咷。'"《廣韻·豪韻》:"咷,號咷。"《晉書·謝尚傳》:"十餘歲遭父憂,丹楊尹溫嶠弔之,尚號咷極哀。"

銚 大鋤。《説文·金部》:"銚,一曰田器。从金,兆聲。"清朱駿聲《通訓定聲》:"按,字亦作'鍬'。《管子·海王》:'耕者必有一耒一耜一銚。'注:'大鋤謂之銚。'……《秦策》:'無把銚推耨之勢。'注:'銚,薅苗器也。'"《廣韻·蕭韻》:"銚,田器。"《莊子·外物》:"春雨日時,草木怒生,銚鎒於是乎始脩。"

狣 力大之犬。《爾雅·釋畜》:"絶有力,狣。"宋邢昺疏:"壯大絶有力者名狣。"清郝懿行《義疏》:"《説文》:'獟,猂犬也。''猂,獟犬也,一曰逐虎犬。'即此類也。猂,堅强也;獟,驍猛也。犬能逐虎,可謂絶有力矣。"《廣韻·小韻》:"狣,犬有力也。"

䑠 《集韻·笑韻》云:"大舟。或作䑟。"《廣韻·笑韻》:"䑟,對艫,江中大船。"

〔推源〕 諸詞俱有大義,爲兆聲所載之公共義。聲符字"兆"所記録語詞之本義、引申義系列與大義不相涉,其大義爲兆聲所載之語源義。兆聲可載大義,龍聲字所記録語詞"龐""巃""䪝""壟""寵""瀧""朧""隴"可相證。"龐",龐大。"巃",山高大;"䪝",大聲;"壟",高大的土堆;"寵",地位高;"瀧",長大的山谷;"朧",肥大;"隴",高阜(見殷寄明《漢語同源字詞叢考》第74條)。龍聲、兆聲本相近且相通。

兆:定紐宵部;
龍:來紐東部。

定來旁紐,宵東旁對轉。又,本典第707條"珧""䂩""魡"等俱有小義,與本條之公共義"大"正相反。按,同源詞本有音同義相反之通例,前賢論述甚多。筆者曾在《語源學概論》第四章中將同源詞的語義親緣關係劃分爲"相同""相反或相對""相通"三大類型。

259 肖聲

(711) 肸屑(動義)

肸 傳播,散布。《説文·十部》:"肸,肸響,布也。从十,从肖。"清朱駿聲《通訓定聲》:"从十,肖聲……《上林賦》:'肸蠁布寫。'司馬彪注:'過也。'《漢書》注:'盛作也。'《蜀都賦》作'翕響',亦同。"《廣韻·質韻》:"肸,肸蠁。"沈兼士《聲系》:"案'肸',从《説文》小徐本肖聲。"晉左思《吳都賦》:"光色炫晃,芬馥肸蠁。"按"肸"又有聲響振動義。《漢書·揚雄傳》上:"薌呹肸以棍根兮,聲駍隱而歷鐘。"唐顔師古注:"言風之動樹,聲響振起,衆根合,駍隱而盛,歷入殿上之鐘也。"

屑 動作連續不止。字亦作"屑"。《玉篇·尸部》:"屑,《説文》屑。"《説文·尸部》:

"屑,動作切切也。从尸,肖聲。"清朱駿聲《通訓定聲》:"今字誤作'屑'。《方言》十二:'屑,勞也。'……《漢書·王莽傳》:'晨夜屑屑。'《廣韻·没韻》:"屑,動進兒。"又《屑韻》:"屑,動作屑屑。又勞也。《說文》作'屑'。"《左傳·昭公五年》:"禮之本末將於此乎在,而屑屑焉習儀以亟。"

〔推源〕 此二詞俱有動義,爲肖聲所載之公共義。聲符字"肖"所記錄語詞謂振動,然則動義爲其聲符所載之顯性語義。《說文·肉部》:"肖,振肉也。从肉,八聲。"清朱駿聲《通訓定聲》:"此即舞佾字,後又加人旁耳。許云振肖者,猶言振萬振羽也,字當从背省,从八,會意。舞者,用足相背;八,人數也。《左隱五傳》:'夫舞所以節八音而行八風。'"

260 危聲

(712) 嵬峗桅垝（高義）

嵬 高貌。《廣韻·賄韻》:"嵬,嵬嶪,山兒。"又《灰韻》:"嵬,高兒。"《集韻·賄韻》:"嵬,山兒。"南朝梁元帝蕭繹《梁安寺刹下銘》:"阿閣嵬巍,洞房窈窱,似靈光之金扇,類景福之銀鋪。"元劉祁《歸潛志》卷十三:"南顧永安山,嵬嶪獨雄尊。"又,或以爲"嵬"同"巍"。《玉篇·山部》:"嵬,高兒。亦作巍。"按,"巍"即巍峨字初文。《文選·張衡〈西京賦〉》:"疏龍首以抗殿,狀巍峨以岌嶪。"

峗 三峗,山名,有三高峰,故稱"三峗"。《廣韻·支韻》:"峗,三峗,山名。"《集韻·支韻》:"峗,三峗,山名,在鳥鼠西。或書作峞,通作危、厃。"清朱駿聲《說文通訓定聲·解部》:"《書·禹貢》:'三危既宅。'在今甘肅鞏昌府岷州塞外之西,雲南麗江府之北西番界。或曰,雲南大理府雲龍州西三崇山是也。字亦作'峗'。"《莊子·在宥》:"投三苗於三峗。"《後漢書·西羌傳》:"及舜流四凶,徙之三危。"唐李賢注:"三危,山,在今沙州敦煌縣東南,山有三峰,故曰三危也。"按,"峗"亦泛指山高。《字彙·山部》:"峗,高也。"清魏源《棧道雜詩》:"蝸壘保睡峗,鼠穴窮搜櫛。"

桅 船上桅竿,其名寓高義。《玉篇·木部》:"桅,船上檣竿。""檣,船檣,帆柱也。"《廣韻·灰韻》:"桅,小船上檣竿也。"清朱駿聲《說文通訓定聲·解部》:"《淮南·說林》:'遽契其舟桅。'"南朝梁何遜《初發新林》:"桅檣迴不進,沓浪高難拒。"宋蘇軾《慈湖夾阻風》:"捍索桅竿立嘯空,篙師酣寢浪花中。"

垝 高險處,亦指堂中置藏器物的土臺,亦高者。《廣韻·寘韻》:"垝,坫,堂隅,可致物。"清朱駿聲《說文通訓定聲·解部》:"垝,或从阜。《漢書·杜篤傳》:'業因勢力而抵陒。'注:'亦險也。'〔轉注〕《爾雅·釋宫》:'垝謂之坫。'按,凡絫土爲之者,皆得以坫名,即得以垝名。"按,"垝"之本義漢許慎訓"毁垣",疑即牆由高處墜下之義。《文選·謝朓〈和伏武昌登孫權故城〉》"鵲起登吳山"唐李善注:"《莊子》:'鵲上城之垝,巢於高榆之顛。'司馬彪注:

'垝,最高危限之處也。'"

〔推源〕 諸詞俱有高義,爲危聲所載之公共義。聲符字"危"所記録語詞謂在高處而恐懼,本有高義。《説文·危部》:"危,在高而懼也。从厃,自卪止之。"清朱駿聲《通訓定聲》:"《鬼谷子》:'決危而美名者。'注:'山高也。'《晉語》:'榣木不生危。'注:'高險也。'"《莊子·盜跖》:"使子路去其危冠,解其長劍。"唐陸德明《經典釋文》:"危冠,李云:'危,高也。'"然則本條諸詞之高義爲其聲符"危"所承載之顯性語義。危聲可載高義,則"峨"可相證。"危""峨"上古音同,疑紐雙聲,歌部叠韻。"峨",山勢高峻。其字或作"峩"。《説文·山部》:"峨,嵯峨也。"漢司馬相如《上林賦》:"南山峩峩。"宋王安石《和平甫舟中望九華山》:"峨然九女鬟,争出一鏡奩。"

(713) 祪垝庑詭(毀壞義)

祪 已毀廟的遠祖。《説文·示部》:"祪,祔祪祖也。从示,危聲。"清朱駿聲《通訓定聲》:"《爾雅·釋詁》:'祖也。'注:'毀廟主。'按,將毀而祭曰祪,新廟曰祔。"清段玉裁注:"祔謂新廟,祪謂毀廟,皆祖也。"《廣韻·紙韻》:"祪,毀廟之祖。"

垝 倒坍,毀壞。字亦作"陒"。《説文·土部》:"垝,毀垣也。从土,危聲。《詩》曰:'乘彼垝垣。'陒,垝或从阜。"清朱駿聲《通訓定聲》:"《爾雅·釋詁》:'垝,毀也。'……《管子·霸形》:'東山之西,水深滅垝。'注:'敗墻也。'"按,漢許慎所引《詩·衛風·氓》文漢毛亨傳:"垝,毀也。"《廣韻·紙韻》:"垝,垝垣,毀垣也。"《鶡冠子·王鈇》:"丘第之業,域不出著,居不連垝。"明徐光啓《重修天津衛學宫記》:"甚者垣垝唐汙,棟欹扉壞,幾可俎豆皋比矣。"

庑 毀壞,字亦作"宛"。《廣韻·寘韻》:"庑,毀也。"《集韻·寘韻》:"宛,毀也。或作庑。"《玉篇·宀部》:"宛,毀也。"

詭 詭傷,毀壞他人聲譽。清朱駿聲《説文通訓定聲·解部》:"詭,〔假借〕爲'恑'。《漢書·石顯傳》:'持詭辯以中傷人。'"按,"詭"表奇異、毀傷義無煩假借,乃引申。"詭"有欺詐義,欺詐之言時或毀傷人。又,欺詐、虛假之言必與事實相違背,故又有"違背"之衍義。違背義可衍生破壞、毀壞義。《後漢書·班固傳·論》:"若固之序事,不激詭,不抑抗,贍而不穢,詳而有體,使讀之者亹亹而不猒,信哉其能成名也。"唐李賢注:"激,揚也;詭,毀也。"

〔推源〕 諸詞俱有毀壞義,爲危聲所載之公共義。聲符字"危"所記録語詞之本義爲"在高而懼",故引申爲危險、危害、毀壞義。《廣韻·支韻》:"危,隤也。"《説文·阜部》:"隤,下隊也。"按即崩潰、下墜、毀壞義。清朱駿聲《説文通訓定聲·解部》:"危,《管子·禁藏》:'吏不敢以長官威嚴危其命。'注:'謂毀敗。'《禮記·儒行》:'有比黨而危之者。'注:'欲毀害之也。'"然則本條諸詞之毀壞義亦爲聲符"危"所承載之顯性語義。至危聲可載毀壞義,則"毀"可證之。

危:疑紐歌部;

毀:曉紐微部。

疑曉旁紐,歌微旁轉。"毁",毁壞。《説文·土部》:"毁,缺也。"按,凡物毁壞則殘缺,所訓蓋引申義。《小爾雅·廣言》:"毁,壞也。"《論語·季氏》:"虎兕出於柙,龜玉毁於櫝中,是誰之過與?"宋王安石《光宅二首》之二:"臺殿金碧毁,丘墟桑竹繁。"

(714) 恑佹詭(奇異義)

恑 變異。《説文·心部》:"恑,變也。从心,危聲。"清朱駿聲《通訓定聲》:"譎詐怪異之意。《一切經音義》三引《説文》:'變詐也'……《莊子·齊物論》:'恢恑譎怪。'"按,所引《莊子》文唐成玄英疏:"恑者,奇變之稱。"《玉篇·心部》:"恑,異也。"《廣韻·紙韻》:"恑,變也。"元盧摯《翰林侍讀學士郝公神道碑》:"顧窮極變詐,以撼公之志,知其終不可怵於恑數也。"

佹 乖戾,違背(見後條)。違背常理則奇異,故又有奇異義。《荀子·賦》:"天下不治,請陳佹詩。"唐楊倞注:"荀卿請陳佹異激切之詩,言天下不治之意。"明宋濂《恭題御制方竹記後》:"唯吳越山中,有名方竹者,最爲佹異。"

詭 奇異,怪異。《玉篇·言部》:"詭,怪也。"清朱駿聲《説文通訓定聲·解部》:"詭,〔假借〕爲'恑'。《莊子·齊物論》:'其名爲弔詭。'《釋文》:'異也。'《淮南·本經》:'詭文回波。'注:'奇異之文也。'"按,"詭"表奇異義無煩假借,乃引申。"詭"有欺詐義,欺詐之言則多虛妄、奇異。漢班固《西都賦》:"殊形詭制,每各異觀。"

〔推源〕 諸詞俱有奇異義,爲危聲所載之公共義。聲符字"危"所記録語詞之本義、引申義系列與奇異義不相涉,其奇異義乃危聲所載之語源義。危聲可載奇異義,"奇"可證之。

危:疑紐歌部;

奇:群紐歌部。

叠韻,疑群旁紐。"奇",奇異。《説文·可部》:"奇,異也。"清朱駿聲《通訓定聲》:"《周禮·閽人》:'奇服怪民不入宮。'注:'衣非常。'《禮記·曲禮》:'國君不乘奇車。'何注:'不如法之車。'《宮正》:'奇衺之民。'注:'譎觚非常。'《晉語》:'奇生怪。'"

(715) 佹詭(違背義)

佹 乖戾,違背。《廣韻·紙韻》:"佹,戾也。"又《霽韻》:"戾,乖也。"《玉篇·北部》:"乖,戾也,背也。"《詩·大雅·皇矣》"四方以無拂"漢鄭玄箋:"拂,猶佹也,言無復佹戾文王者。"《淮南子·齊俗訓》:"爭爲佹辯,久稽而訣,無益於治。"按,"佹辯"即違背情理之言論。

詭 欺詐。《廣韻·紙韻》:"詭,詐也。"《漢書·蘇武傳》:"漢求武等,匈奴詭言武死。"欺詐之言違背事實真相,故引申爲違背義。清朱駿聲《説文通訓定聲·解部》:"《西京賦》注引《説文》:'詭,違也。'《賈子·道術》:'容服有儀謂之儀,反儀爲詭。'《淮南·主術》:'詭自然之性。'注:'違也。'《辯亡》:'古今詭趣。'《長笛賦》:'窊隆詭戾。'"《漢書·董仲舒傳》:"意者有所失於古之道與?有所詭於天之理與?"

〔推源〕 此二詞俱有違背義,爲危聲所載之公共義。聲符字"危"所記録語詞之本義、引申義系列與違背義不相涉,其違背義乃危聲所載之語源義。危聲可載違背義,"乖"可證之。

危:疑紐歌部;
乖:見紐微部。

疑見旁紐,歌微旁轉。"乖",違背。《説文・丬部》:"乖,戾也。"《易・序卦》:"家道窮必乖,故受之以睽。睽者,乖也。"唐韓愈《五箴・行箴》:"行與義乖,言與法違。"按,"乖"與"違"對文同義。

261 旬聲

(716) 佝佝(迅速義)

佝 迅速。《説文・人部》:"佝,疾也。从人,旬聲。"清桂馥《義證》:"《書・泰誓》:'王乃佝師而誓。'傳云:'佝,循也。'《正義》云:'《説文》云:佝,疾也,循行也,佝是疾行之意,故以佝爲循也。'馥案:'佝'即此'佝'。"清段玉裁注:"《五帝本紀》:'黄帝幼而佝齊。'裴駰曰:'佝,疾;齊,速也。'《素問・上古天真論》:'黄帝幼而佝齊,長而敦敏。'王冰注:'佝,疾也。'"今按,"佝"字从人,謂人靈敏,反應迅速。表疾行義,爲引申義。"徇"則爲疾行義正字。

徇 字从彳,本義爲巡行。《廣雅・釋言》:"徇,巡也。"《漢書・食貨志》:"行人振木鐸徇於路,以采詩。"唐顏師古注:"徇,巡也。"按,巡行即通行於一定範圍,與通達義通。人通達情理則反應迅速,故有雙音詞"徇通""徇達"。《墨子・公孟》:"身體强良,思慮徇通。"宋蘇軾《皇弟偲加恩制》:"心懷徇達,知師保教訓之方。"

〔推源〕 此二詞俱有迅速義,爲旬聲所載之公共義。聲符字"旬"所記録語詞之本義謂十日。《説文・勹部》:"旬,徧也。十日爲旬。从勹、日。"《禮記・曲禮上》:"旬之外曰遠某日。"漢鄭玄注:"旬,十日也。"引申義系列亦與"迅速"義無涉。其迅速義乃旬聲所載之語源義。旬聲可載迅速義,"迅"可相證。

旬:邪紐真部;
迅:心紐真部。

疊韻,邪心旁紐。"迅",迅速字。《爾雅・釋詁》:"迅,疾也。"《説文・辵部》所訓同。《廣韻・質韻》:"疾,急也。"《論語・鄉黨》:"迅雷風烈必變。"宋邢昺疏:"迅,急疾也。"晉傅玄《走狗賦》:"即迅捷其無前,又閑暇而有度。"

(717) 恂詢(信義)

恂 相信,誠信。《説文・心部》:"恂,信心也。从心,旬聲。"清朱駿聲《通訓定聲》:

"《小爾雅·廣言》：'恂，忱也。'《方言》一：'恂，信也。'《列子·周穆王》：'且恂士師之言可也。'《大戴·衛將軍文子》：'爲下國恂蒙。'注：'信也。'"《廣韻·諄韻》："恂，信也。"《書·立政》："迪知忱恂於九德之行。"僞孔傳："禹之臣蹈知誠信於九德之行。"

詢 字從言，其所記錄語詞之本義爲詢問（見後第720條），引申爲查考義。漢王充《論衡·雷虛》："人爲雷所殺，詢其身體，若燔灼之狀也。"凡事經查考則知其真相，故又有確實、可信義。《爾雅·釋詁上》："詢，信也。"《左傳·哀公二年》："《詩》曰：'爰始爰謀，爰契我龜。'謀協，以故兆詢可也。"楊伯峻注："詢，信也。"

〔推源〕 此二詞俱有信義，爲旬聲所載之公共義。旬聲字"洵"亦可以假借字形式載信義，則亦旬聲與信義相關聯之一證。清朱駿聲《説文通訓定聲·坤部》："洵，〔假借〕爲'恂'。《詩·宛邱》：'洵有情兮。'傳：'信也。'《静女》'洵美且異'、《叔於田》'洵美且仁'、《有女同車》'洵美且都'、《溱洧》'洵訏且樂'皆同。"按，聲符字"旬"所記錄語詞之本義、引申義系列與信義不相涉，其信義乃旬聲所載之語源義。旬聲可載信義，"信"可證之。

旬：邪紐真部；

信：心紐真部。

叠韻，邪心旁紐。"信"，誠實，可信，亦引申爲相信義。《説文·言部》："信，誠也。"清朱駿聲《通訓定聲》："《白虎通·性情》：'信者，誠也，專一不移也。'《晉語》：'定身以行事謂之信。'《賈子·道術》：'期果言當謂之信。'……《非十二子》：'信信，信也；疑疑，亦信也。'《法言·脩身》：'信，符也。'"

(718) 姁枸詢（均義）

姁 均衡。《説文·女部》："姁，鈞適也。男女併也。從女，旬聲。"清段玉裁注改解釋文爲"均適也"。清桂馥《義證》："'鈞適也'者，'鈞'當爲'均'，'姁'今作'匀'。《玉篇》：'匀，齊也。'……徐鍇本有'讀若旬'三字。"清王筠《句讀》："'鈞適'即'均敵'也。"按，"均適"有均衡相適應義，參許書"鈞適"下文，似以王筠説爲當。"男女併"即男女對等、均衡意。《清史稿·禮志十》："嘉慶中，英使來朝，已不行三跪九叩禮。厥後成約，儼然均敵，未便以屬禮相繩。"

枸 木名，亦指懸鐘、鼓等物架上的橫木，則爲套用字，以其旬聲表均平義。《集韻·準韻》："簨，所以懸鐘磬，橫曰簨，植曰簴。或作枸。"漢劉熙《釋名·釋樂器》："簨，所以懸鐘鼓者，橫曰簨。"《詩·大雅·靈臺》"虡業維樅"唐孔穎達疏："懸鐘磬者，兩端有植木，其上有橫木。謂直立者爲虡，謂橫牽者爲枸。"南朝梁沈約《襌雅·就燎》："雲孤清引，枸虡高懸。"

詢 商議，謀劃。《説文新附·言部》："詢，謀也。從言，旬聲。"《書·大禹謨》："朕志先定，詢謀僉同。"按，凡商議、謀劃，意常相同，相同則均平，故又有"均"之衍義。《尚書大傳》卷一："四時推六律、六吕，詢十有二變，而道宏廣。"漢鄭玄注："詢，均也。"

〔推源〕　諸詞俱有均義,爲旬聲所載之公共義。聲符字"旬"所記録語詞本有周遍、均平之義。《説文·勹部》:"旬,徧也。十日爲旬。从勹、日。匀,古文。"清朱駿聲《通訓定聲》:"从日、从匀省,會意。古文从日、从匀不省……〔假借〕爲'均'。《禮記·内則》:'旬而見。'注:'當爲均。'《易·説卦》:'坤爲均。'今亦或作'旬'也。"《管子·侈靡》:"旬身行,法制度量,王者典器也。"唐尹知章注:"旬,均也。君子身行,必令均平正直。"今按,"旬"表均義,無煩假借。其字从匀,本有均匀、均平義。又,漢許慎訓"徧",即周遍義,十日即一旬之周遍。周遍義、均匀義本相通。至旬聲可載均義,則"匀"可相證。

旬:邪紐真部;
匀:余紐真部。

叠韻,邪余(喻四)鄰紐。"匀",均匀。《玉篇·勹部》:"匀,齊也。"《廣韻·諄韻》:"匀,徧也,齊也。"《集韻·諄韻》:"匀,均也。"唐杜甫《麗人行》:"態濃意遠淑且真,肌理細膩骨肉匀。"宋葉適《何參政挽歌》:"人心喜偏側,國脉要匀亭。"按,唯"匀"爲均義,故有"均匀"之同義聯合式合成詞。宋蘇軾《乞降度牒召人入中斛斗出糶濟饑等狀》:"自二月至六月終,將見管裏外常平米均匀兑撥。"

(719)殉徇(從義)

殉　人殉,即以活人陪從其已死者。《玉篇·歹部》:"殉,用人送死也。"《廣韻·稕韻》:"殉,以人送死。"《左傳·文公六年》:"秦伯任好卒,以子車氏三子奄息、仲行、鍼虎爲殉。"晉杜預注:"以人從葬爲殉。"漢王充《論衡·薄葬》:"殺人以殉葬,以快生意。"按,人殉之制,商已有之。甲骨卜辭多有"伐羌"之記載,"羌"即由戰俘淪爲奴隸之羌族人。

徇　依從,順從。《左傳·文公十一年》:"鄋大子朱儒,自安於夫鍾,國人弗徇。"晉杜預注:"徇,順也。"唐柳宗元《封建論》:"漢有天下,矯秦之枉,徇周之制,剖海内而立宗子,封功臣。"按,"徇"字从彳,本謂巡行,巡行則依一定途徑,故有依從之衍義。

〔推源〕　此二詞俱有從義,爲旬聲所載之公共義。聲符字"旬"單用,亦可表從義。漢揚雄《太玄·昆》:"穀失疏數,奚足旬也。"晉范望注:"旬,猶徇也,言不足徇慕也。"按,即順從義。從義與"旬"之本義、引申義系列不相涉,乃旬聲所載之語源義。旬聲可載從義,"循"可證之。

旬:邪紐真部;
循:邪紐文部。

雙聲,真文旁轉。"循",遵循一定的路綫、方向進行。《説文·彳部》:"循,行順也。"《左傳·僖公四年》:"若出於東方,觀兵於東夷,循海而歸,其可也。"引申爲遵從、依從義。《墨子·經上》:"循所聞而得其意。"清孫詒讓《閒詁》:"循,猶云從。"漢賈誼《新書·時變》:"進取之時去矣,並兼之勢過矣,胡以孝弟循順爲?"

(720) 詢徇殉(求義)

詢 求教,諮詢。《玉篇·言部》:"詢,咨也。"《廣韻·諄韻》:"詢,咨也。"漢崔駰《車右銘》:"詢納耆老,於我是匡。"北魏顔之推《顔氏家訓·勉學》:"所居卑末,使彼苦辛,時伺閑隙,周章詢請。"

徇 謀求,營求。《廣雅·釋言》:"徇,營也。"清王念孫《疏證》:"《莊子·駢拇篇》:'小人則以身殉利。'司馬彪注云:'殉,營也。'殉與徇通。"《文選·謝靈運〈登池上樓〉》:"徇禄反窮海,卧痾對空林。"唐張銑注:"徇,求也。"又左思《吴都賦》:"曬瞻臺之見謀,聊襲海而徇珍。"唐李周翰注:"徇,求也。"

殉 追求,營求。《玉篇·歹部》:"殉,亦求也,營也。"清王念孫《廣雅疏證·釋言》:"《衆經音義》卷十七引《倉頡篇》云:'殉,求也。'"晉陸機《豪士賦序》:"游子殉高位於生前,志士思重名於身後。"南朝梁劉孝標《廣絶交論》:"循環翻覆,迅若波瀾,此則殉利之情未嘗異,變化之道不得一。"按,"殉"本謂陪死,引申之則有舍身以求名利之義。

〔推源〕 諸詞俱有求義,爲旬聲所載之公共義。聲符字"旬"所記録語詞之本義、引申義系列與求義不相涉,其求義乃旬聲所載之語源義。旬聲可載求義,"營"可證之。

旬:邪紐真部;
營:余紐耕部。

邪余(喻四)鄰紐,真耕通轉。"營",謀求。《書·説命上》:"高宗夢得説,使百工營求諸野,得諸傅巖。"漢蔡邕《釋誨》:"安貧樂賤,與世無營。"按,"營"本謂四周壘土而居,引申之則有經營、謀求之義。

(721) 絢眴(眩義)

絢 色彩斑斕。《説文·糸部》:"絢,《詩》云:'素以爲絢兮。'从糸,旬聲。"清朱駿聲《通訓定聲》:"采成文也……字亦作'約'。《論語》引《詩》:'素以爲絢兮。'馬注:'文貌也。'鄭注:'文成章曰絢。'《儀禮·聘禮記》:'絢組。'注:'采成文曰絢。'今文作'約'。"按,許書似有脱文。《廣韻·霰韻》:"絢,文彩兒。"按,色彩斑斕,則使人目眩,故"絢"有"眩惑"之衍義。《清平山堂話本·刎頸鴛鴦會》:"故色絢於目,情惑於心,情色相生,心目相視。"

眴 目眩。《廣韻·諄韻》:"眴,眩。"又《霰韻》:"眴,同眩。"《集韻·諄韻》:"眴,目眩也。"清朱駿聲《説文通訓定聲·坤部》:"眴,目摇也。从目,勻省聲。或从旬聲。……《史記·屈賈傳》:'眴兮窈窕。'《集解》:'眩也。'失之。〔假借〕爲'眩'。《倉頡篇》:'眴,視不明也。'《劇秦美新》:'臣嘗有顛眴病。'《莊子·田子方》:'女怵然有眴目之志。'李注:'謂眩也。'"按,"眴"表目眩義非假借,乃套用字,以其旬聲表眩義。漢劉向《説苑·善説》:"夫登高臨危而目不眴而足不陵者,此工匠之勇悍也。"宋王安石《與沈道原書》:"然頭眴多痰,動輒復劇。"

〔推源〕 此二詞俱有眩義,爲旬聲所載之公共義。聲符字"旬"所記錄語詞之本義、引申義系列與眩義不相涉,其眩義乃旬聲所載之語源義。旬聲可載眩義,"旋"可證之。

旬:邪紐真部;
旋:邪紐元部。

雙聲,真元旁轉。"旋",旋轉。《説文·㫃部》:"旋,周旋。"《楚辭·招魂》:"旋入雷淵,麋散而不可止些。"漢王逸注:"旋,轉也。"引申爲眩暈義。宋文天祥《與吉守李寺丞苾書》:"適頭目受病,旋暈不可耐,不得已載舟兼輿以歸。"按,所謂目眩即視物不定如旋轉。漢班固《西都賦》:"攀井幹而未半,目眴轉而意迷。"其"眴轉"即目眩如旋轉之義。

(722) 袀/垂(下垂義)

袀 冠纓,下垂之物。清朱駿聲《説文通訓定聲·坤部》:"帉,字亦作'袀'。《吕覽·離俗》:'丹績之袀。'注:'纓也。'"所引《吕氏春秋》文清畢沅《新校正》:"'績'疑'繢'。"陳奇猷《校釋》:"謂白縞所爲之冠,而以丹繢爲纓也。"

垂 "陲"之初文,謂邊陲。凡邊陲,觀而如天下垂,故稱"垂"。古人天圓地方觀念亦與此相關。《説文·土部》:"垂,遠邊也。"《荀子·臣道》:"邊境之臣處,則疆垂不喪。"引申爲下垂、垂挂義。《詩·小雅·都人士》:"彼都人士,垂帶而厲。"南朝梁元帝蕭繹《折楊柳》:"巫山巫峽長,垂柳復垂楊。"

〔推源〕 此二詞俱有下垂義,其音亦極相近且相通。

袀:邪紐真部;
垂:禪紐歌部。

邪禪準雙聲,真歌旁對轉。然則語源當同。

262 旨聲

(723) 鮨䱒(細小義)

鮨 魚醬,亦引申而指細切之肉,其所指稱,皆爲細碎之物。《説文·魚部》:"鮨,魚䐌醬也,出蜀中。从魚,旨聲。"清朱駿聲《通訓定聲》:"豕肉醬曰䐌,魚曰鮨。《爾雅·釋器》:'魚謂之鮨。'注:'鮓屬也。'〔轉注〕《儀禮·公食大夫禮》:'醢牛鮨。'注:'《内則》謂鮨爲膾。'"按,朱氏所稱"轉注"實即引申。所引《爾雅》文清郝懿行《義疏》:"鮨是魚作醬。"《廣韻·脂韻》:"鮨,鮓也。"隋虞世南《北堂書鈔》卷一四六引晉張華《博物志》:"西羌,仲秋月取赤頭鯉以爲鮨。"

鶅 小青雀,亦指幼鳥。《説文·鳥部》:"鶅,瞑鶅也。从鳥,旨聲。"清朱駿聲《通訓定聲》:"《廣韻》:'小青雀也。'蓋以桑扈、竊脂當之,未審許意然否。〔別義〕《玉篇》:'鳥㝅未生毛也。'"《詩·小雅·小宛》"交交桑扈"宋朱熹《集傳》:"桑扈,竊脂也,俗呼青觜,肉食不食粟。"《廣韻·至韻》:"鶅,雀㝅。"《爾雅·釋鳥》:"生哺,㝅。"晉郭璞注:"鳥子,須母食子。"元王逢《後最閑園辭·樂意生香臺》:"鳥㝅鶅兮魚亦有鮞,幽草芳氣兮嘉藻綠滋。"

〔推源〕 此二詞俱有細小義,爲旨所載之公共義。聲符字"旨"所記録語詞謂甘美,與細小義不相涉,其細小義爲旨聲所載之語源義。旨聲可載細小義,此聲字所記録語詞"柴""玼""柅""髭"等可相證。"柴",小木散材;"玼",玉之小斑;"柅",小樟木;"髭",短小胡鬚(見本典第653條)。旨聲、此聲本相近且相通。

旨:章紐脂部;
此:清紐支部。

章(照)清準雙聲,脂支通轉。

(724) 脂稽(黏膩留止義)

脂 有角動物的油質,亦引申而泛指油膏、油脂。按,脂之爲物黏膩,手沾之不去,故稱"脂"。《説文·肉部》:"脂,戴角者脂,無角者膏。从肉,旨聲。"清朱駿聲《通訓定聲》:"《大戴·易本命》:'有羽者脂。'《廣蒼》:'脂,肪也。'《禮記·內則》:'脂膏以膏之。'疏:'凝者爲脂,釋者爲膏。'《考工·梓人》:'脂者,膏者。'注:'脂,牛羊屬;膏,豕屬。'……《詩·碩人》:'膚如凝脂。'《越語》:'勾踐載稻與脂於舟以行。'按,對文則別,散文亦通名耳。"

稽 留止。《説文·稽部》:"稽,留止也。从禾,从尤,旨聲。"清朱駿聲《通訓定聲》:"《管子·君臣》:'令出而不稽。'注:'留也。'《水地》:'秦之水泔最而稽。'注:'停也。'……《後漢·段熲傳》:'稽固熲軍。'注:'猶停留也。'"《廣韻·齊韻》:"稽,留止也。"《書·酒誥》:"爾克永觀省,作稽中德。"清俞樾《群經平議》:"稽,止也。"

〔推源〕 此二詞俱有黏膩留止義,爲旨聲所載之公共義。聲符字"旨"所記録語詞之本義、引申義系列與此義不相涉,乃其旨聲所載之語源義。旨聲可載黏膩留止義,"停"可證之。

旨:章紐脂部;
停:定紐耕部。

章(照)定準旁紐,脂耕通轉。"停",停留,停止。《説文新附·人部》:"停,止也。"晉傅玄《天行篇》:"天行一何健,日月無停踪。"《三國演義》第一〇六回:"雨水不住,營中泥濘,軍不可停,請移於前面山上。"

263　匈聲

(725) 訩洶恟(凶猛、可怖義)

訩　爭訟,言語凶猛。其字亦作"説""詾"。《説文·言部》:"訩,説也。从言,匈聲。詾,或省。説,訩或从兇。"清段玉裁注改解釋詞爲"訟也"。清朱駿聲《通訓定聲》:"《六書故》引唐本《説文》:'訟也'……字亦作'哅'。《爾雅·釋言》:'訩,訟也。'《廣雅·釋詁二》:'訩,鳴也。'《詩·泮水》:'不告於訩。'《荀子·解蔽》:'聽漠漠而以爲哅哅。'"按,所引《詩》文宋朱熹《集傳》:"師克而和,不爭功也。"《廣韻·鍾韻》:"説,訟也。""詾,衆語。"漢桓寬《鹽鐵論·利議》:"辯訟公門之下,詾詾不可勝聽。"宋曾鞏《青雲亭閑望》:"窮凶勢猶競,殺伐聲更詾。"按,此"詾"即聲大凶猛義。"訩"又有恐嚇義,亦同條共貫。"哅"亦爲其或體。

洶　水勢凶猛。《説文·水部》:"洶,涌也。从水,匈聲。"清朱駿聲《通訓定聲》:"《高唐賦》:'濞洶洶其無聲兮。'注:'水波騰兒。'"《廣韻·鍾韻》:"洶,水勢也。"《集韻·鍾韻》:"洶,或作汹。"漢劉向《九嘆·逢紛》:"波逢洶涌,濆滂沛兮。"唐杜甫《水會渡》:"大江動我前,洶若溟渤寬。"清張實居《巫山高》:"水有汹涌溯湃波,山有屈曲崎嶇之路。"

恟　恐懼。按,凶猛則可畏懼,二義相成相因。凶猛義、恐懼義俱以匈聲載之,語源當同。又"威"謂威嚴,有"畏"訓,可證凶猛、恐懼二義之相通。《玉篇·心部》:"恟,恐也。"《廣韻·鍾韻》:"恟,懼也。"晉袁宏《後漢紀·光武帝五》:"弇分兵守巨野,自與邑戰,大破之,弇乃收所斬級以歸,示巨野城中,城中恟懼。"《新唐書·王叔文傳》:"斬執誼與不附己者,聞者恟懼。"

〔**推源**〕　諸詞俱有凶猛、可怖義,爲匈聲所載之公共義。聲符字"匈"爲"胷""胸"之初文。《説文·勹部》:"匈,聲也。从勹,凶聲。胷,匈或从肉。"清段玉裁注改解釋詞爲"膺也"。清朱駿聲《通訓定聲》:"匈,膺也……字亦作'胷'。"《史記·高祖本紀》:"項羽大怒,伏弩射中漢王,漢王傷匈。"然則"匈"之顯性語義與凶猛、可怖義不相涉。其字从凶得聲,"凶"則有凶暴、凶猛及恐懼即可怖義。《後漢書·盧植傳》:"植知卓凶悍難制,必生後患,固止之。"唐李翰《進張巡中丞傳表》:"逆胡搆亂,凶虐滔天。"《國語·晉語一》:"聲章過數則有釁,有釁則敵入,敵入而凶,救敗不暇,誰能退敵?"三國吳韋昭注:"凶猶凶凶,恐懼也。"

264　名聲

(726) 詺銘(名稱義)

詺　辨別物之名稱。《廣韻·勁韻》:"詺,詺目。"《增韻·勁韻》:"詺,辨別物名。"南朝梁慧皎《高僧傳·譯經·求那跋摩》:"咸見一物,狀若龍蛇,可長一匹許,起於屍側,直上衝天,莫能諂者。"宋宋祈《大黃贊》:"葉大莖赤,根若巨皿,治疾則多,方家所諂。"

銘 銘刻,記載。《說文新附·金部》:"銘,記也。从金,名聲。"《廣韻·青韻》:"銘,銘記。《釋名》曰:'銘,名也,記名其功也。'"《後漢書·南匈奴傳·論》:"銘功封石,倡呼而還。"唐李賢注:"爲刻石立銘於燕然山。"引申之,記死者姓名之旗亦稱"銘"。《周禮·春官·司常》:"大喪,其銘旌。"又《小祝》:"設熬置銘。"漢鄭玄注引漢鄭司農語:"銘,書死者名於旌,今謂之柩。"唐李白《上留田行》:"昔之弟死兄不葬,他人於此舉銘旌。"

〔推源〕 此二詞俱有名稱義,爲名聲所載之公共義。聲符字"名"所記錄語詞之本義謂人名,即人之名稱,引申之,凡名稱皆稱"名"。《說文·口部》:"名,自命也。从口,从夕。夕者,冥也。冥不相見,故以口自命。"清朱駿聲《通訓定聲》:"《儀禮·士昏禮》:'請問名。'《公羊定六傳》:'譏二名。'注:'一字爲名。'……《左昭三十二傳》:'慎器與名。'注:'爵號也。'又《周書·謚法》:'大行受大名,細行受細名。'《孟子》:'名之曰幽、厲。'"然則本條二詞之名稱義爲其聲符"名"所承載之顯性語義。

(727) 眇/瞑(目暗義)

眇 《廣雅》《廣韻》皆訓"眇睛",即不悅貌,又有目暗義,當爲套用字,以其名聲載暗義。《類篇·目部》:"眇,目暗也。"明湯顯祖《牡丹亭·回生》:"眇矇覷,怕不是,梅邊柳邊人數。"徐步奎先生等《校注》:"眇矇,矇眬,看不分明。"

瞑 閉目。目閉則暗,故引申爲目暗義。《說文·目部》:"瞑,翕目也。从目、冥,冥亦聲。"清朱駿聲《通訓定聲》:"字亦作'眠'。民、冥雙聲。《楚辭·招魂》:'然後得瞑些。'注:'臥也。'《文選·〈養生論〉》:'內懷殷憂則達旦不瞑。'注:'古眠字。'〔轉注〕《荀子·非十二子》:'瞑瞑然。'注:'視不審之皃。'"按,人眠則目閉。《字彙·目部》:"瞑,目不明。"《文子·道原》:"古者民童蒙不知東西……行蹎蹎,視瞑瞑,鑿井而飲,耕田而食。"唐李節《送譚州道林疏言禪師太原取經詩序》:"背癯而足躄,耳聵而目瞑,於是攻熨之術用焉。"

〔推源〕 此二詞俱有目暗義,其音亦同,明紐雙聲,耕部疊韻,乃由同一語源所衍生者。

265 各聲

(728) 路略格領閣峇硌(長、高、大義)

路 道路。其形如綫,"路"之名寓長義。《說文·足部》:"路,道也。从足,从各。"南唐徐鍇《繫傳》:"从足,各聲。"清朱駿聲《通訓定聲》:"各聲。《爾雅·釋宮》:'途也。'又'道也。'又'一達謂之道路。'又《周禮·遂人》:'澮上有道,川上有路。'注:'徑畛涂道路,皆所以通車徒於國都也,路容三軌。'《詩》:'遵大路兮。'《易·說卦》:'艮爲徑路。'……〔假借〕爲奕,或爲碩。《爾雅·釋詁》:'路,大也。'《詩·生民》:'厥聲載路。'《皇矣》:'串夷載路。'傳:'大也。'《考工·匠人》:'路門不容乘車之五個。'注:'路門者,大寢之門。'"按,"路"之大義非假借義,乃由其本義所衍生。長義、大義本相通。

䀩 大目。《廣韻·鐸韻》:"䀩,大目。"按《說文·目部》:"䀩,眄也。从目,各聲。"其訓釋詞"眄"有斜視義,亦有怒視義,怒視則瞪大其目。《戰國策·韓策二》:"韓挾齊魏以眄楚,楚王必重公矣。""䀩"又有盼望義,盼望亦瞪大其眼。《玉篇·目部》:"䀩,盼也。"《古詩十九首·凛凛歲雲暮》:"眄睞以適意,引領遙相睎。"

格 樹的長枝條。《說文·木部》:"格,木長皃。从木,各聲。"清王筠《句讀》:"蓋謂枝條長也。"清朱駿聲《通訓定聲》:"《上林賦》:'夭蟜枝格。'庾信《小園賦》:'草樹混淆,枝格相交。'"《廣韻·鐸韻》:"格,樹枝。"唐李吉甫《九日小園獨謡贈門下武相公》:"舞叢新菊徧,繞格古藤垂。"按,漢許慎所訓,蓋本於《埤蒼》。"格"亦虛化引申爲長義。南朝梁劉勰《文心雕龍·章句》:"若夫筆句無常,而字有條數,四字密而不促,六字格而非緩。"

頟 額。按額處人身最高處,又高出顔面,其名寓高義。額或稱"顀",从隹得聲之字"崔""脽"等所記錄語詞俱有高義(見本典"隹聲"),亦可相證。《說文·頁部》:"頟,顙也。从頁,各聲。"清朱駿聲《通訓定聲》:"字亦作'額'。《漢書·景武昭宣元成功臣表》:'龍頟。'《衛青傳》:'封說爲龍頟侯。'"《廣韻·陌韻》:"頟,同額。"《漢書·外戚傳下·孝成趙皇后》:"頟上有壯髮,類孝元皇帝。"按,"頟"本有高義,故叠用之可譬喻高貌。唐韓愈《平淮西碑》:"頟頟蔡城,其壇千里,既入而有,莫不順俟。"

閣 門打開後用來固定門扇的長木椿,亦泛指長木椿。《說文·門部》:"閣,所以止扉也。从門,各聲。"清朱駿聲《通訓定聲》:"門開則旁有兩長櫽扞格之,止其自闔也。《爾雅》:'所以止扉謂之閣。'今本誤作'閎'。又'杙,長者謂之閣。'《廣雅·釋詁三》:'閣,止也。'"清桂馥《義證》:"《釋宮》:'所以止扉謂之閣。'郭云:'門辟旁長橛也。'《左傳》曰:'高其閈閣。'閣,長杙,即門櫽也。《左傳》釋文引《爾雅》'衖門謂之閣'是也……或作'閤'。"

峇 山高大。《廣韻·陌韻》:"峇,峉峇。"按,亦作"峉嶺"。《集韻·陌韻》:"峇,山高大皃。"《楚辭·九思·憫上》:"山谷兮淵淵,山阜兮峇峇。"宋洪興祖《補注》:"峇音額,山高大貌。"《文選·木華〈海賦〉》:"啓龍門之峉嶺。"唐李善注:"峉嶺,高貌。"按,"嶺"从領聲,而"領"从各聲,"峇""嶺"二者聲義同。清朱駿聲《說文通訓定聲·豫部·附〈說文〉不録之字》:"峇,亦作嶺。"

硌 大石。《玉篇·石部》:"硌,山上大石。"《山海經·西山經》:"上申之山,上無草木,而多硌石。"晉郭璞注:"硌,磊硌,大石貌也。"按,"硌"爲山上所堆立之大石,引申之則有堆磊義,堆磊即叠高,大義、高義本相通。清文康《兒女英雄傳》第二十九回:"只見靠西牆分南北擺兩座墩箱,上面一邊硌着兩個衣箱。"

〔推源〕諸詞或有長義,或有高、大義,或兼有二義。上下距離大即高,横曰長,高義、長義本相通。凡物長、高則大,故長、高義與大義亦相通。俱以各聲載之,出諸同一語源。聲符字"各"从口,所記録語詞之本義《説文·口部》訓"異辭",與上述諸義不相涉,其長、高、大義爲各聲所載之語源義。各聲可載長、高、大義，"高"可證之。

各：見紐鐸部；

高：見紐宵部。

雙聲，鐸宵旁對轉。"高"，與"低"相反，上下距離大。《說文·高部》："高，崇也。"《廣韻·豪韻》："高，崇也。"《書·太甲》："若升高必自下。"唐韓愈《同竇牟韋執中尋劉尊師不遇》："院閉青霞入，松高老鶴尋。"亦引申而指橫向距離大，即遠。《廣雅·釋詁一》："高，遠也。"《廣韻·豪韻》："高，遠也。"《左傳·哀公二十一年》："使我高蹈。"晉杜預注："高蹈猶遠行也。"按，遠即長，故有雙音詞"長遠"。人之生命長，稱"高""高壽"，亦稱"長命""長壽"，皆可相證。《楚辭·九辯》："春秋逴逴而日高兮，然惆悵而自悲。"按，此"高"即歲數大之義。凡有形物高則大，故"高"有大之衍義，又有"高大"之雙音詞。《戰國策·齊策一》："家敦而富，志高而揚。"漢高誘注："高，大也。"《韓非子·十過》："過而不聽於忠臣，而獨行其意，則滅高名，爲人笑之始也。"

(729) 骼答絡輅袼峈洛（相連義）

骼 骨骼，由骨頭相連而成者。《廣雅·釋器》："骼，骨也。"《廣韻·陌韻》："骼，骨骼。"清朱駿聲《說文通訓定聲·豫部》："骼，本訓當爲骨，人畜之通稱。""《禮記·月令》：'掩骼埋胔。'注：'骨枯曰骼，肉腐曰胔。'"南朝梁范縝《神滅論》："安有生人之形骸，而有死人之骨骼哉！"

答 竹籠，由篾條交錯、相連而成者。《說文·竹部》："答，栖答也。从竹，各聲。"清朱駿聲《通訓定聲》："一名豆笞。《字林》：'答，杯籠也。'"按，一稱"篝"，从菁得聲之字所記錄語詞多有交積義，交積、相連義亦相通。漢史游《急就篇》卷三"笓、篇、篋、筥、篆、算、篝"唐顏師古注："篝，一名答，盛杯器也。"《廣韻·鐸韻》："答，籠答。"

絡 纏繞，相連。清朱駿聲《說文通訓定聲·豫部》："絡，絮也。从糸，各聲。按，纏束之意。今本《說文》作'絮也'，誤。《廣雅·釋詁四》：'絡，纏也。'……〔轉注〕《論語》：'摘輔象，地典受州絡。'注：'維緒也。'《海內經》：'有九丘，以水絡之。'注：'猶繞也。'《楚辭·招魂》：'鄭緜絡些。'注：'縛也。'《漢書·揚雄傳》：'緜絡天地。'《西京賦》：'衍地絡。'注：'網也。'"按，朱氏所云"轉注"即引申，束縛、網絡等諸義皆與纏繞義相通。

輅 綁在車轅上用以牽挽的橫木。按"輅"即與車相連之物。《說文·車部》："輅，車軨前橫木也。从車，各聲。"清朱駿聲《通訓定聲》："人挽之車施輅，與駕牛馬者不同。《儀禮·既夕》：'當前輅。'注：'轅縛，所以屬引。'《史記·劉敬傳》：'脫輓輅。'《索隱》：'鹿車前橫木。'《解嘲》：'婁敬委輅脫輓。'注：'謂以木當胸以輓車也。'"按，古稱使者爲"輅客"，即聯絡之客義，蓋爲"輅"之衍義。宋岳珂《桯史·東坡屬對》："承平時，國家與遼歡盟，文禁甚寬，輅客者往來，率以談謔詩文相娛樂。"

袼 衣服的袖、肩相連處。《廣雅·釋器》："袼，袖也。"清王念孫《疏證》："蓋袂爲袖之大名,袼爲袖當掖之縫,其通則皆爲袖也。"《廣韻·鐸韻》:"胳,胳腋。"又"袼,袼袳也。"漢揚雄《方言》卷四:"襜謂之袳。"晉郭璞注:"衣掖下也。"《禮記·深衣》:"袼之高下,可以運肘。"漢鄭玄注:"衣袂當腋之縫也。"元陳澔《集説》:"袼,袖與衣接,當腋下縫合處也。"

峈 山相連貌。《集韻·鐸韻》:"峈,峈崿,山皃。"按,"峈""崿"可分訓。《爾雅·釋山》:"屬者嶧,獨者蜀。"宋邢昺疏:"言山形相連屬,駱驛然不絶者名嶧。"按,凡言山相連不絶,當以"峈嶧"爲正字。

洛 水凝爲冰,相連不散。《廣韻·鐸韻》:"洛,洛澤,冰皃。"漢王逸《九思·憫上》:"霜雪兮灌澄,冰凍兮洛澤。"

〔推源〕 諸詞俱有相連義,爲各聲所載之公共義。各聲字"額""駱""洛"亦可以假借字形式、以其各聲表此義。《書·益稷》:"傲虐是作,罔晝夜額額。"清平步青《霞外攟屑·詩話·漚寄生五古》:"容頭廿一經,晝夜常額額。"按,"額額"謂動作相連續。《後漢書·南匈奴傳》:"(逢侯)又爲鮮卑所擊,無所歸,竄逃入塞者駱驛不絕。"《莊子·大宗師》:"副墨之子,聞諸洛誦之孫。"清王先謙《集解》:"洛誦,謂連絡誦之,猶言反復讀之也。"按,聲符字"各"所記録語詞之本義、引申義系列與"相連"義不相涉,其相連義爲各聲所載之語源義。各聲可載相連義,兼聲字所記録語詞可相證。"霖",連續下雨;"獫",犬吠連續;"燒",連續烘烤;"溓",相黏連;"陳",山崖相連(見本典"兼聲")。各聲、兼聲本相近且相通。

各:見紐鐸部;
兼:見紐談部。

雙聲,鐸談通轉。

(730) 觡垎硌(堅義)

觡 無䚡理的堅實之角。《説文·角部》:"觡,骨角之名也。从角,各聲。"清朱駿聲《通訓定聲》:"骨角無肉。《禮記·樂記》:'角觡生。'注:'無䚡曰觡。'……《淮南·主術》:'桀之力制觡伸鉤。'《東山經》:'其神皆獸身人面戴觡。'《史記·司馬相如傳》:'犠雙觡共抵之獸。'"清王筠《句讀》:"麋鹿之角,内外無間,故曰骨角。"《史記·樂書》:"角觡生。"唐司馬貞《索隱》:"牛羊有䚡曰角,麋鹿無䚡曰觡。"

垎 土乾燥而堅硬。《説文·土部》:"垎,水乾也。一曰堅也。从土,各聲。"清朱駿聲《通訓定聲》:"《齊民要術》:'溼耕堅垎。'"清段玉裁注:"乾與堅義相成,水乾則土必堅。"《廣韻·鐸韻》:"垎,土乾也。"元王禎《農書》卷七:"凡下田停水處,燥則堅垎,濕則汙泥。"

硌 大石(見本典第 728 條),石之爲物堅硬,故有堅硬之衍義。馬王堆漢墓帛書乙本《老子·德經》:"是故不欲祿祿若玉,硌硌若石。"又,堅硬之物抵觸身體亦稱"硌"。清蒲松齡《富貴神仙》第三回:"自己鋪下草,找來一塊半磚頭,嫌硌頭,又使衣服墊。"

〔推源〕 諸詞俱有堅義,爲各聲所載之公共義。各聲字"格"亦可以假借字形式表堅義。《管子·地員》:"五粟之土,乾而不格。"郭沫若等《集校》:"格,當讀如垎。"按,聲符字"各"所記録語詞之本義、引申義系列與堅義不相涉,其堅義爲各聲所載之語源義。各聲可載堅義,"硬"可證之。

各:見紐鐸部;
硬:疑紐耕部。

見疑旁紐,鐸耕旁對轉。"硬",堅硬。《玉篇·石部》:"硬,堅硬。"北魏賈思勰《齊民要術·養鵝鴨》:"供厨者,子鵝百日以外,子鴨六七十日佳。過此肉硬。"唐張籍《老將》:"不怕騎生馬,猶能挽硬弓。"

(731) 挌戜詻(争鬥義)

挌 格鬥。字或作"敋"。《説文·手部》:"挌,擊也。从手,各聲。"清朱駿聲《通訓定聲》:"《後漢書》:'筹挌,酷烈之痛。'字亦作'敋'。《廣雅·釋詁三》:'敋,擊也。'凡格殺、格鬥字,史書多以'格'爲之。"《廣韻·陌韻》:"挌,擊也,鬥也。""敋,擊也。"又"敋,手打之類。"漢焦贛《易林·訟之豫》:"弱鷄無距,與鵲挌鬥。"漢荀悦《漢紀·武帝紀六》:"主人公挌鬥死,皇孫二人皆遇害。"

戜 格殺。字亦作"斮"。構件"戈""斤"所表義類相近。《玉篇·戈部》:"戜,鬥也。"《廣韻·陌韻》:"戜,擊也,鬥也。亦作斮。"沈兼士《聲系》:"案'戜',内府本《王韻》及《集韻》均作'戜',與《玉篇》同。"按,《廣韻》所云或體"斮"亦"斮"之訛。《集韻·陌韻》:"戜,捕也,鬥也。或从斤。"今按,格鬥以手,"挌"爲格鬥義正字;格殺以兵,"戜""斮"爲格殺義正字。古文獻多以"格"爲之。

詻 争辯。《説文·言部》:"詻,論訟也。傳曰:'詻詻,孔子容。'从言,各聲。"清朱駿聲《通訓定聲》:"各亦意。"按,《説文·口部》"各"訓"異辭",朱説有據。《集韻·鐸韻》:"咯,訟言也。或从言。"《墨子·親士》:"君必有弗弗之臣,上必有詻詻之士。"清孫詒讓《閒詁》:"案'詻',洪頤煊謂與'諤'同,近是。"按《玉篇·言部》:"諤,正直之言也。"然則"詻"即直言争辯之意。又,漢許慎所引《傳》之"詻詻"爲教令嚴義,亦相通。許書"詻"字朱氏《通訓定聲》:"《禮記·玉藻》:'言容詻詻。'注:'教令嚴也。'"

〔推源〕 諸詞俱有争鬥義,爲各聲所載之公共義。聲符字"各"所記録語詞之本義《説文》訓"異辭",與各自、争論義皆相通。又"各"字單用可表攻取義,同"略",攻取即相争鬥。青銅器銘文《兮甲盤》:"王初各伐厰玁(玁狁)。"各聲可載争鬥義,則"扣"可相證。

各:見紐鐸部;
扣:溪紐侯部。

見溪旁紐,鐸侯旁對轉。"扣",攻擊,攻打。《玉篇·手部》:"扣,擊也。"《廣韻·厚韻》:

"扣,扣擊也。"宋葉適《安集兩淮申省狀》:"扣城則不下,攻壁則不入。"按,《廣韻》所訓"扣擊",有敲擊義、攻擊義,亦有相互問難義,相互問難則即相爭辯、相爭論。清王士禎《池北偶談·談異六·劉吏部詩》:"劉公戠吏部在鳳陽,與其友蘇懋孜、銘孝廉往龍興寺,與某禪師扣擊竟日,晚歸,遂化去。"又,兩物相撞曰"磕",其字之上古音溪紐葉部,"各"字見紐鐸部,溪見旁紐,葉(盍)鐸通轉。兩物相撞如人之相爭鬥,"磕"亦可證本條諸詞之音義。

(732) 零鉻殏(落下義)

零 雨落下。《説文·雨部》:"零,雨零也。从雨,各聲。"清朱駿聲《通訓定聲》:"今以零落字爲之。《廣雅·釋詁二》:'零,墮也。'《釋訓》:'零零,雨也。'亦重言形況字。"清范寅《越諺·語言·占驗》:"九月十二零,晚稻燥皺皺;九月十二晴,晚稻瀾田塍。"今按,《廣韻·鐸韻》引《説文》"零,雨零也",與大徐本異。今徽歙方言、吳方言猶有"零雨"一詞,蓋爲古語。"落"字从艸,本謂草木零落,謂雨落下,爲其引申義。"零"字則爲雨落下義之本字。

鉻 剃頭髮。剃髮則髮落。其字亦以"剠"爲之。《説文·金部》:"鉻,鬎也。从金,各聲。"清朱駿聲《通訓定聲》:"俗字作'剠'、作'斳',同。俗僧家披鬄謂之鉻髮。"《廣雅·釋詁一》:"剠,剔也。"清王念孫《疏證》:"凡剔去毛髮爪甲亦謂之剠。"

殏 死亡。人死如草木、花卉之零落,故稱"殏"。《玉篇·歹部》:"殏,零也。或作落。"《廣韻·鐸韻》:"殏,殂也。"《説文·歹部》:"殂,往死也。"唐善感《李憨碑》:"積善徒言,哲人殂殏。"按"殂殏"亦作"殂落"。《書·舜典》:"帝乃殂落,百姓如喪考妣。"唐孔穎達疏:"蓋殂爲往也,言人命盡而往。落者,若草木葉落也。"

〔推源〕 諸詞俱有落下義,爲各聲所載之公共義。聲符字"各"所記録語詞之本義、引申義系列與落下義不相涉,其落下義爲各聲所載之語源義。各聲可載落下義,"降"可證之。

各:見紐鐸部;

降:見紐冬部。

雙聲,鐸冬(東)旁對轉。"降",由高趨低,引申爲降落、落下義。《説文·阜部》:"降,下也。"清朱駿聲《通訓定聲》:"《詩·公劉》:'復降在原。'〔轉注〕《禮記·月令》:'戴勝降於桑。'《夏小正》:'來降燕乃睇。'……《爾雅·釋詁》:'降,落也。'《禮記·曲禮》:'羽鳥曰降。'"按,雨落下亦稱"降",今語猶有"降雨量"一詞。《荀子·議兵》:"故仁人之兵,所存者神,所過者化,若時雨之降,莫不説喜。"按,唯"降"有落義,故有"降落"之同義聯合式合成詞。

266 多聲

(733) 侈䝯垑胅誃𡧊夛(多義)

侈 奢侈,過多。《説文·人部》:"侈,一曰奢也。"清朱駿聲《通訓定聲》:"《字林》:'汏也。'《韓非子·解老》：'多費謂之侈。'《賈子·道術》：'廣較自斂謂之儉，反儉爲侈。'……《左昭三傳》：'於臣侈矣。'注：'奢也。'"《廣韻·紙韻》："侈，奢也。"按，亦引申爲多義。《莊子·駢拇》："駢拇枝指，出乎性哉，而侈於德。"唐陸德明《經典釋文》："侈，郭云：多兒。"

㖐 嘴唇厚。即唇之肉多。《説文·多部》："㖐，厚唇兒。从多，从尚。"清段玉裁注："依今音則當云多亦聲。"清朱駿聲《通訓定聲》："按，多聲。"清桂馥《義證》："'厚唇兒'者，《玉篇》：'䏲，大唇兒。'辰，重唇也。'《廣韻》：'㖐，唇下垂兒。'䐾哆，唇垂兒。'哆，下唇垂兒。'"今按，"多"字之音，《廣韻》載"得何切"，推其上古音爲端紐歌部。"㖐"字"敕加切"，其上古音爲透紐魚部。端透旁紐，歌魚通轉。然則"㖐"字从多得聲無疑。

垑 土地多，可依靠。《説文·土部》："垑，恃也。从土，多聲。"清段玉裁注："《廣韻》曰：'垑，恃土地也。'疑所見是完本。恃土地者，自多其土地，故字从多、土。"清朱駿聲《通訓定聲》："《爾雅·釋言》：'忯，恃也。'字从心。注：'今江東呼母爲忯。亦發聲之詞。'舊注：'忯，恃事自忯也。'"按，漢許慎以"恃"訓"垑"，乃聲訓。

胣 肥膩，肉多。《玉篇·肉部》："胣，肥兒。"《廣韻·禡韻》："胣，膩也。"《集韻·紙韻》："胣，肉物肥美也。"《詩·小雅·楚茨》"爲豆孔庶，爲賓爲客"漢鄭玄箋："庶，胣也……必取物胣美者也。"清朱駿聲《説文通訓定聲·隨部》："《釋文》本作'侈'。"按，今徽歙方言稱肉過肥使人膩曰 yǐ，其音略同"移"，當即此"胣"字。《集韻》注"胣"字之音爲"敞爾切"，亦與"移"之音相近。"移"从多聲，與"胣"同。

奓 "奢"之或體，謂過多。《説文·奢部》："奢，張也。从大，者聲。奓，籀文。"清朱駿聲《通訓定聲》："《西京賦》：'紛瓌麗以奓靡。'《射雉賦》：'奓雄艷之姱姿。'注：'豐也。'"按"豐"即多，義亦相通。《篇海類編·通用類·大部》："奓，亦奢也。"《詛楚文》："今楚王熊相，庸回無道，淫佚湛亂，宣奓競縱，變渝盟制。"漢陳琳《爲曹洪與魏文帝書》："前初破賊，情奓意奢，説事頗過其實。"

蛥 蛥蚗，蟬類動物。其名寓多義。漢揚雄《方言》卷十一："蛥蚗，齊謂之螇螰，楚謂之蟪蛄，或謂之蛉蛄，秦謂之蛥蚗。自關而東謂之蚗蟟，或謂之蜺蟟，或謂之蜓蚞。西楚與秦通名也。"今按，人多言稱"嘮叨"，或作"叨嘮"，所謂同素逆序詞。蟬鳴連續不斷猶人之多言，故稱"蚗蟟"。稱"蛥蚗"，構詞理據亦同。"蛥"即多聲之蟲。

飿 飽，所食多。《玉篇零卷·食部》引《埤蒼》："飿，餇也。"《説文·食部》："餇，猒也。"清段玉裁注："猒飽也。"《廣韻·馬韻》："飿，餇飫。"《集韻·馬韻》："飿，餍也。"《玉篇·食部》："餍，飽也。"

〔**推源**〕 諸詞俱有多義，爲多聲所載之公共義。聲符字"多"所記録語詞之本義即多，與"少"相反。《爾雅·釋詁上》："多，衆也。"按，此被釋詞、解釋詞可組成同義聯合式合成詞"衆多"。《説文·夕部》："多，重也。从重夕。夕者，相繹也，故爲多。"《易·謙》："君子以裒多益寡，稱物平施。"《詩·周頌·訪落》："維予小子，未堪家多難。"漢鄭玄箋："多，衆也。"然則本條諸詞之多義爲其聲符"多"所載之顯性語義。至多聲可載多義,則"忲"可證之。

多:端紐歌部;

忲:透紐月部。

端透旁紐,歌月對轉。"忲",奢侈,過多。字亦作"忕"。《玉篇·心部》:"忕,奢也。"《廣韻·泰韻》:"忲,奢忲。"《集韻·夳韻》:"忲,奢也。"《後漢書·西南夷傳》:"人俗豪忲,居官者皆富及累世。"唐李賢注:"忲,奢侈也。"《晉書·何曾傳》:"劉毅等數劾奏曾侈忲無度。"

(734) 袳夥炵侈奓庈(大義)

袳 衣寬大。字亦作"裦"。《說文·衣部》:"袳,衣張也。从衣,多聲。"清段玉裁注:"袳之言侈也。經典罕用袳字者,多作'移'、作'侈'。"清桂馥《義證》:"'衣張也'者,《廣韻》:'袳,開衣領也。'經典借'移'字。《禮·表記》:'衣服以移之。'注云:'猶廣大也。'"清朱駿聲《通訓定聲》:"《聲類》:'裦,開衣領也。'《儀禮》《禮記》:'侈袂。'以'侈'爲之。"按,"袳"所記錄之詞客觀存在,唯不用此本字而已。古者本有用借字而不用本字之通例。

夥 有大度。一曰有大慶。《說文·冖部》:"夥,有大度也。从冖,多聲。讀若侈。"清桂馥《義證》:"通作奓。"清段玉裁注:"有大慶也。"《廣韻·寘韻》:"夥,有大慶也。"

炵 火勢盛大。《說文·火部》:"炵,盛火也。从火,从多。"清桂馥《義證》:"'从多'者,徐鍇本作'多聲'。馥按:'侈''移'諸字皆从多聲。"清朱駿聲《通訓定聲》:"按,多亦聲。"按,火勢盛大亦稱"煓","炵""煓"蓋爲轉注字。"炵"之上古音昌紐歌部,"煓"字透紐元部。昌(三等即穿)透準雙聲,歌元對轉。漢揚雄《方言》卷十三:"煓,赫也。"晉郭璞注:"皆火盛熾之貌。"

侈 謂人自高自大,亦引申而泛指大。《說文·人部》:"侈,掩脅也。从人,多聲。"清段玉裁注:"掩者,掩蓋其上;脅者,脅制其旁。凡自多以陵人曰侈,此侈之本義也。"《東周列國志》第一回:"齊侯勇悍殘忍,嗣守大國,侈然有圖伯之心。"《廣韻·紙韻》:"侈,大也。"《詩·小雅·巷伯》:"哆兮侈兮,成是南箕。"高亨注:"侈,大也。"漢劉向《說苑·反質》:"堯釋天下,舜受之,作爲食器,斬木而裁之,銷銅鐵脩其刃,猶漆黑之以爲器。諸侯侈國之不服者十有三。"

奓 夸大。《篇海類編·通用類·大部》:"奓,大也……又夸也。"《新唐書·陸贄傳》:"聖人不忽細微,不侮鰥寡,奓言無驗不必用,質言當理不必違。"宋宋祁《宋景文筆記·庭戒諸兒》:"佛家自遠方流入中國,其言荒茫奓大,多所譬喻,合群迷爲真,指生死爲妄,以太虛爲體。"

庈 广大。字亦作"庨",按"庨"从侈聲,而"侈"从多聲,"庈""庨"實以多聲載大義。《廣韻·紙韻》:"庈,同庨。""庨,广也。"《說文·广部》:"庨,廣也。从广,侈聲。春秋《國語》曰:'俠溝而庨我。'"清朱駿聲《通訓定聲》:"庨,《廣雅·釋詁一》:'大也。'凡庨廉字經傳皆以'侈'爲之。"清段玉裁注:"上文殿之大屋曰廣矣……今人曰侈斂,古字作'廖廉'。""《吴語》:'王孫雒曰:宋齊徐夷曰,吴既敗矣,將夾溝而廖我。'韋注:'旁擊曰廖。'按,旁擊者,開拓自廣之意也。"按,段説可從。"廖"謂擴張、擴大,"廉"指收斂、縮小,爲反義聯合式合成詞。

〔推源〕 諸詞俱有大義,爲多聲所載之公共義。聲符字"多"所記錄語詞本義即多(見本典第733條),凡物多則數量大,故"多"有"大"之衍義。清朱駿聲《説文通訓定聲·隨部》:"多,《史記·五帝紀》:'與爲多焉。'《索隱》:'大也。'"《吕氏春秋·知度》:"窮而不知其窮,其患又將反以自多。"漢高誘注:"多,大。"又《仲秋》:"吴闔廬選多力者五百人,利趾者三千人,以爲前陣,與荆戰。"今按,徽歙、杭州、上海人"大"字皆有文白異讀兩音,徽歙、杭州方言"大"字之白話音與"多"極相近,唯聲調微殊,上海方言"大"之白話音亦近乎"多"。古者"多""大"音本相近且相通,故多聲可載大義。

多:端紐歌部;

大:定紐月部。

端透旁紐,歌月對轉。"大",本義即大,與"小"相反。《説文·大部》:"大,天大、地大、人亦大,故大象人形。"《廣韻·泰韻》:"大,小大也。"《莊子·天下》:"至大無外,謂之大一;至小無内,謂之小一。"三國蜀諸葛亮《前出師表》:"愚以爲宫中之事,事無大小,悉以咨之。"

(735) 移趍迻跢挼(移動義)

移 禾柔弱相倚移,虚化引申爲移動義。《説文·禾部》:"移,禾相倚移也。从禾,多聲。"清朱駿聲《通訓定聲》:"倚移,叠韻連語,猶旖旎、旖施、檹施、狋嵼、阿那也……〔假借〕爲'迻'。《廣雅·釋詁三》:'移,避也。'又'敬也'。《四》:'轉也。'《齊語》則民不移。注:'徙也。'……《晉語》:'弗能移也。'注:'動也。'"按,"移"表移動義,無煩假借,乃引申。禾柔弱常倚移,故有"婀娜(阿那)多姿"之語,此亦爲一證。又"倚移"當可分訓。《廣韻·支韻》:"移,徙也。"《戰國策·趙策一》:"秦與韓爲上交,秦禍安移於梁矣。"

趍 行走,移動。《説文·走部》:"趍,趍趙,久也。从走,多聲。"清朱駿聲《通訓定聲》:"遲於行也。"按,未見其實用例。文獻所見多同"趨",謂疾行。《廣韻·虞韻》:"趨,走也。趍,俗。"《淮南子·兵略訓》:"獵者逐禽,車馳人趍,各盡其力。"晉葛洪《抱朴子·遐覽》:"正欲反迷,以尋生道;倉卒罔極,無所趍向。"

迻 遷移。《説文·辵部》:"迻,遷徙也。从辵,多聲。"《廣韻·支韻》引《説文》:"迻,遷也。"王重民等編《敦煌變文集》之《韓擒虎話本》:"衾虎得對,先進上主將二人,然後迻過蕭墻。"明方以智《物理小識·飲食類·茶》:"種以多子,稍長即迻。"

跢 徘徊不前,緩緩移動。《玉篇·足部》:"跢,行也。"《廣韻·箇韻》:"跢,小兒行也。"宋劉將孫《六州歌頭》:"渺何地,跢朱履,解金貂。"

拸 移去。《莊子·庚桑楚》:"介者拸畫,外非譽也。"晉郭象注:"畫,所以飾容貌也。刖者之貌既已虧殘,則不復以好醜在懷,故拸而棄之。"唐成玄英疏:"拸,去也。"按,"拸"字《廣雅·釋詁二》訓"加",清王念孫《疏證》分析其構詞理據云:"拸之言移也,移加之也。"即移來義,與移去義相通。

〔推源〕 諸詞俱有移動義,爲多聲所載之公共義。聲符字"多"所記録語詞之本義、引申義系列與移動義不相涉,其移動義爲多聲所載之語源義。多聲可載移動義,"遷"可證之。

多:端紐歌部;

遷:清紐元部。

端清鄰紐,歌元對轉。"遷",登,升遷,即向上移動。《説文·辵部》:"遷,登也。"《詩·小雅·伐木》:"出自幽谷,遷於喬木。"唐盧照鄰《益州至真觀主黎君碑》:"武騎遷昇之路,冠蓋雲飛。"引申爲遷移義。《爾雅·釋詁下》:"遷,徙也。"《廣雅·釋言》:"遷,移也。"《書·盤庚上》:"盤庚五遷,將治亳殷。"《隋書·牛弘傳》:"後魏爰自幽方,遷宅伊洛,目不暇給,經籍闕如。"

(736) 疼眵侈(病義)

疼 馬疲乏。《説文·疒部》:"疼,馬病也。从疒,多聲。《詩》曰:'疼疼駱馬。'"清朱駿聲《通訓定聲》:"毛本作'痑',多、單雙聲。《廣雅·釋訓》:'疼疼,疲也。'"按《詩·小雅·四牡》"痑痑駱馬"漢毛亨傳:"痑痑,喘息之兒。馬勞則喘息。"明馮夢龍輯《醒世恒言》之《張淑兒巧智脱楊生》:"壓得那馬背郎當,擔夫疼軟。"按,"疼軟"猶今語"疲軟"。此"疼"謂人疲乏,爲引申義。《玉篇·疒部》:"疼,力極也。"《廣韻·歌韻》:"疼,馬病,又力極也。"

眵 眼眶有病。《説文·目部》:"眵,目傷眥也。从目,多聲。"清朱駿聲《通訓定聲》:"今蘇俗謂之眼眵,音如侈。韓愈文:'兩目眵昏。'"宋梅堯臣《觀楊之美畫》:"日高腹枵眼眥眵,邂逅獲見何言疲。"宋葉適《祭朱文昭文》:"蓬蒿當徑兮兼葭門,面肉擁腫兮眼眵昏。"

侈 鐘口偏大,有毛病。《周禮·春官·典同》:"侈則筰,弇則鬱。"唐孔穎達疏:"侈、弇,並是鐘之病。"《禮記·少儀》"工依於法游於説"漢鄭玄注:"侈弇之所由興,有説。"唐孔穎達疏:"侈謂鐘口寬大,弇謂鐘口内小。"按,此爲"侈"之衍義。"侈"有自高自大、奢侈義,皆人品之病。又有夸大、過分義,鐘口過大,則爲鐘之病。

〔推源〕 諸詞俱有病義,爲多聲所載之公共義。聲符字"多"所記録語詞之本義、引申義系列與病義無涉,其病義爲多聲所載之語源義。多聲可載病義,"痍"可證之。

多:端紐歌部;

痍:余紐脂部。

端余(喻四)準旁紐,歌脂旁轉。"痍",創傷。《説文·疒部》:"痍,傷也。"漢劉熙《釋名·釋疾病》：" 痍，佭也，佭開皮膚爲創也。"《廣韻·脂韻》："痍，瘡痍。"《漢書·匈奴傳》上："今歌唫之聲未絕，傷痍者甫起，而噲欲搖動天下，妄言以十萬衆橫行，是面謾也。"唐顔師古注："痍，創也。"晉葛洪《抱樸子·自叙》："弟與我同冒矢石，瘡痍周身，傷失右眼，不得尺寸之報。"今按，"痍"字從疒，所表義類即疾病；"痍"謂創傷，創傷亦病。

267　争聲

(737) 諍睜挣（相争義）

諍　規勸，訴訟。要言之，皆以言相争之義。《説文·言部》："諍，止也。从言，争聲。"清朱駿聲《通訓定聲》："从言、争，會意，争亦聲。《廣雅·釋詁四》：'諍，諫也。'經傳皆以'争'爲之。〔假借〕爲'争'。《蒼頡篇》：'諍，訟也。'"《廣韻·諍韻》："諍，諫諍也，止也。"漢劉向《説苑·臣術》："有能盡言於君，用則留之，不用則去之，謂之諫；用則可生，不用則死，謂之諍。"按，"諍"表争訟義當爲引申，非假借。《後漢書·劉玄傳》："新市人王匡、王鳳爲平理諍訟，遂推爲渠帥。"唐杜牧《上池州李使君書》："幸天下無事，人安穀熟，無兵期、軍須、逋負、諍訴之勤，足以爲學，自强自勉於未聞之間。"

睜　眼睛睜開。眼睛如争扯，故稱"睜"。《廣韻·靜韻》："睜，䁪睜，不悦視也。"按即怒睜義。清朱駿聲《説文通訓定聲·鼎部·附〈説文〉不録之字》："䁪，《廣韻·釋言》：'䁪，䚲也。'……《字林》：'䁪睛，不悦目貌。'"金董解元《西廂記諸宮調》卷二："賊頭領，聞此語，佛也應煩惱。嚼碎狼牙，睜察大小。"《三國演義》第四十二回："只見張飛倒竪虎鬚，圓睜環眼，手綽蛇矛，立馬橋上。"

挣　挣扎，抵拒，如相争扯。元吴昌齡《張天師》第二折："我只得挣扎病軀，到此後花園中等。"《水滸傳》第一百零三回："張世開正在挣命，王慶趕上，照後心又刺一刀，結果了性命。"其字亦以"閘"爲之。明韋宷《箜篌記·僧話》："閘脱風塵，貪圖清隱。"

〔推源〕　諸詞俱有相争義，爲争聲所載之公共義。聲符字"争"所記録語詞本謂相争奪，引申之，則有争辯、競争、争斗等義。《説文·受部》："争，引也。从受、厂。"清朱駿聲《通訓定聲》："按，此'紳'字之意。《一切經音義》廿四引《説文》：'彼此競引物也。'轉注爲争辯。《越語》：'争者事之末也。'《説苑·指武》：'争，逆德也。'《孝經》：'在醜不争。'注：'競也。'《莊子·齊物論》：'有競有争。'注：'對辯曰争。'《禮記·曲禮》：'分争辯訟，非禮不決。'〔轉注〕《月令》：'陰陽争。'注：'陰方盛，陽欲起也。'"然則本條諸詞之相争義爲其聲符"争"所載之顯性語義。

(738) 静浄竫（安静、清浄義）

静　安静。《廣韻·靜韻》："静，安也。"《吕氏春秋·音律》："本朝不静，草木枯槁。"漢高誘注："静，安。朝政不寧，故草木變動堕落早枯槁也。"《詩·邶風·柏舟》："静言思之，寤辟有摽。"漢毛亨傳:"静,安也。""静"又有清净義。《增韻·静韻》:"静,澄也。"《淮南子·本經訓》:"静潔足以享上帝,禮鬼神,以示民知儉節。"按,安静、清净二義相通。"静"之本義,《説文·青部》云:"審也。从青,爭聲。"清王筠《句讀》:"采色詳審得其宜謂之静。"愚意即素净義,此與安静、清净義皆同條共貫。

净 清净。《廣韻·勁韻》:"净,無垢也。"清朱駿聲《説文通訓定聲·鼎部》:"净,〔假借〕爲'瀞'。今爲清潔之義是也。又爲'瀞'。《方言》十三:'瀞,净也。'"按,"净"字《説文·水部》訓"魯北城門池",然表清净、清潔義爲套用字,非假借。《墨子·節葬下》:"是粢盛酒醴,不净潔也。"唐徐凝《八月燈夕寄遊越施秀才》:"四天净色寒如水,八月清輝冷似霜。"引申之,亦有安静義。《秦併六國平話》卷上:"休萌戰攻侵伐之謀,共享安净和平之福。"

竫 安静。《説文·立部》:"竫,亭安也。从立,爭聲。"清朱駿聲《通訓定聲》:"與'靖'略同。《吕覽·貴因》:'竫立安坐。'注:'正也。'《帝堯碑》:'竫恭祈福。'"《廣韻·静韻》:"竫,停安。"按,今語謂安静無是非爲"消停"。《後漢書·崔駰傳》:"竫潜思於至賾兮,騁六經之奥府。"

〔推源〕 "静""净"俱有安静、清净義而"竫"有安静義,俱以爭聲載之,出諸同一語源。聲符字"爭"所記録語詞之本義、引申義系列與安静、清净義不相涉,其安静、清净義乃爭聲所載之語源義。本典第四卷"青聲"第998條"靚""彰""靖""精"俱有净、静義,爭聲、青聲本極相近且相通。

爭:莊紐耕部;
青:清紐耕部。

疊韻,莊清準旁紐。然則可相互爲證。

(739) 崢鬙(亂義)

崢 草亂貌。《説文·艸部》:"崢,崢藍皃。从艸,爭聲。"按,"崢""藍"同義而可分訓。許書同部:"藍,艸亂也。从艸,㝉聲。杜林説,艸崢藍皃。"按,許書通例,凡不可分訓之聯綿詞,不作單字釋義。《集韻·耕韻》:"藍,或作'薴'。"《楚辭·九思·憫上》:"鬢髮薴頷兮顇鬢白,思靈澤兮一膏沐。"原注:"薴,亂也。"所謂"崢藍皃"即草亂貌。《廣韻·耕韻》:"崢,崢薴,草亂皃。"

鬙 髮亂。《玉篇·彡部》:"鬙,鬙鬙,髮亂。"按,"鬙鬙""崢薴"當爲分别文。《廣韻·耕韻》:"鬙,鬙鬙,毛髮亂皃。"唐韓愈孟郊《征蜀聯句》:"怒鬚猶鬙鬙,斷臂仍戟敲。"宋朱輔《溪蠻叢笑·椎結》:"胎髮不薙除,長大而無櫛箆,不裹巾,蓬垢鬙鬙。"

〔推源〕 此二詞俱有亂義,爲爭聲所載之公共義。聲符字"爭"所記録語詞之本義爲爭奪,或與動亂、擾亂義相通。本典第二卷"乍聲"第455條"厏""齚""詐""岞""痄"俱有不齊、不合義,凡物不齊、不合則亂,義相通,乍聲、爭聲亦相近而相通。

争：莊紐耕部；
乍：崇紐鐸部。

莊崇(牀)旁紐,耕鐸旁對轉。又,争聲可載亂義,"錯"亦可相證。

争：莊紐耕部；
錯：清紐鐸部。

莊清準旁紐,耕鐸旁對轉。"錯",以金塗飾。《説文·金部》:"錯,金塗也。"清朱駿聲《通訓定聲》:"今所謂鍍金,俗字作'鍍'。《通俗文》:'金銀要飾謂之錯鏤。'〔假借〕爲'造'。《小爾雅·廣訓》:'錯,袌也。'《易·繫辭》傳:'錯綜其數。'……《吴都賦》:'襍襲錯繆。'注:'聊亂兒。'"按,非假借,乃引申。"錯",鍍金,即以金加於他物,故有間雜、錯雜、亂之衍義。《書·微子》:"殷既錯天命。"僞孔傳:"錯,亂也。"唯"錯"有亂義,故有"錯亂"之同義聯合式合成詞。《漢書·劉歆傳》:"今聖上德通神明,繼統揚業,亦閔文學錯亂。"

(740) 頩挣静(美好義)

頩 字从頁,所記録語詞謂頭好。《説文·頁部》:"頩,好皃,从頁,争聲。《詩》所謂'頩首'。"清朱駿聲《通訓定聲》:"頩,《毛詩》作'螓'。……《詩·碩人》:'螓首蛾眉。'毛傳:'螓首,顙廣而方。'箋:'謂蜻蜻也。'此即《爾雅》'札蜻蜻'之'蜻'。'螓首'與'蛾眉'對文。許所引三家《詩》蓋以'頩'爲之。"《廣韻·勁韻》:"頩,頩首。"王闓運《鄧氏大姊王娥芳墓志銘》:"參雲頩首,出言有章。"

挣 舉動、打扮漂亮美好。張相《詩詞曲語辭匯釋》卷五:"'做爲挣'之挣字,亦即撑字,言舉動漂亮也……(潤得挣)言打扮得漂亮也。"金董解元《西廂記諸宮調》卷二:"宜淡玉,稱梅粧,一箇臉兒堪供養。做爲挣,百事搶,只少天衣,便是捻塑來的觀音像。"元關漢卿《普天樂·崔張十六事》曲:"紅娘來請,萬福先生。'請'字兒未出聲,'去'字兒連忙應。下工夫將額顱十分挣。"

静 安静(見前第738條),引申爲貞静義。《論語·雍也》:"子曰:'知者樂水,仁者樂山。知者動,仁者静。知者樂,仁者壽。'"《詩·邶風·静女》:"静女其姝,俟我於城隅。"漢毛亨傳:"静,貞静也。"又引申爲善、美義。《藝文類聚》卷八十七引《韓詩》:"'東門之栗,有静家室。'静,善也。言東門之栗樹之下,有善人,可以爲室家也。"宋梅堯臣《依韻和正仲重臺梅花》:"冷香傳去遠,静艷密還增。"

〔推源〕 諸詞俱有美好義,爲争聲所載之公共義。聲符字"争"所記録語詞與美好義不相涉,其美好義乃争聲所載之語源義。争聲可載美好義,"倩"可證之。

争：莊紐耕部；
倩：清紐耕部。

疊韻,莊清準旁紐。"倩",男子美稱,引申爲美好義。《説文·人部》:"倩,人字,从人,青聲。"清朱駿聲《通訓定聲》:"漢有東方曼倩、蕭長倩。《漢書·朱邑傳》注:'倩,士之美稱。'〔假借〕爲'頖',或爲'彰'、爲'婧'。《詩·碩人》:'巧笑倩兮。'傳:'好口輔。'……《晉書音義》:'倩,美也。'"按,"倩"表美好義非假借,乃引申。《類篇·人部》:"倩,美也。"宋梅堯臣《五倩篇》:"倩然五蛾眉,妙曲動金弦。"元劉壎《隱居通議·詩歌四》:"(趙崇墦)爲人倩俊灑落,富有文采。"

(741) 狰髴(凶惡義)

狰 凶惡。元楊梓《豫讓吞炭》第二折:"往常你統着兵車百乘,如今却落不的折箭半莖,却甚不動刀槍自太平。你也忒跋扈,忒狰獰。"清杜濬《後快哉行》:"君不見大河南來十三盜,硠硠項領獰狰貌。"

髴 髴鬖,髮亂貌(見前第739條),引申爲醜惡、凶惡可怖義。唐元稹《酬獨孤二十六送歸通州》:"下觀髴鬖菫,一掃冀不存。"元吳萊《女殺虎行》:"山深日落猛虎行,長風振木威髴鬖。"

〔**推源**〕 此二詞俱有凶惡義,爲争聲所載之公共義。聲符字"争"所記錄語詞之本義爲争奪,引申之又有競争、争訟義,或與凶惡義相通。又,周聲字所記錄語詞"雕""貂""鯛"俱有凶猛、凶惡義(見本典第四卷"周聲"第1146條),争聲、周聲本相近且相通。

争:莊紐耕部;

周:章紐幽部。

莊章(照)準雙聲,耕幽旁對轉。然則可相互爲證。

268 亦聲

(742) 夜/默(黑義)

夜 夜晚,天黑之時段。《説文·夕部》:"夜,舍也,天下休舍也。从夕,亦省聲。"清朱駿聲《通訓定聲》:"《左莊七年》:'辛卯夜,恒星不見。'疏:'夜者,自昏至旦之總名。'"《廣韻·禡韻》:"夜,舍也,暮也。君子有四時:朝以聽政,晝以訪問,夕以修令,夜以安身。"《詩·唐風·葛生》:"夏之日,冬之夜,百歲之後,歸於其居。"引申之,則有黑暗義。漢王符《潛夫論·讚學》:"是故索物於夜室者,莫良於火。"唯"夜"爲天黑義,故有"黑夜"之合成詞。

默 黑色。《廣韻·釋器》:"默,黑也。"《廣韻·職韻》:"默,皁也。"《玉篇·白部》:"皁,色黑也。"明楊慎《丹鉛續録·間色名》:"黑別爲玄,此正色之別名也。近黑曰弋,今作默。"清朱駿聲《説文通訓定聲·頤部》:"弋,〔假借〕爲'默',即'酨'。《漢書·文帝紀·贊》:'身衣弋綈。'注:'皁也。'"按,"弋"謂木椿,其聲韻另載黑義,"默"爲黑色義本字。"酨"謂酒黑色,又"衪"指黑色義,皆可互證,參本典第一卷第83條。

〔推源〕 此二詞俱有黑義,其音亦相近且相通,語源當同。

夜:余紐鐸部;

黓:余紐職部。

雙聲,鐸職旁轉。"夜"字乃以亦聲載黑義。

(743) 奕/杕(大義)

奕 大。《爾雅·釋詁上》:"奕,大也。"《說文·大部》:"奕,大也。从大,亦聲。《詩》曰:'奕奕梁山。'"清朱駿聲《通訓定聲》:"《太玄·格》:'往小來奕。'"按,漢許慎所引爲《詩·大雅·韓奕》文,漢毛亨傳云:"奕奕,大也。"朱氏所引《太玄》文晉范望注:"奕,大也。"唐沈佺期《從幸香山寺應制》:"南山奕奕通丹禁,北闕峩峩連翠雲。"引申之,則有盛義。《廣韻·昔韻》:"奕,盛也。"《文選·左思〈吳都賦〉》:"締交翩翩,儐從奕奕。"唐呂向注:"奕奕,盛也。"

杕 樹木高大,特立。《說文·木部》:"杕,樹皃。从木,大聲。《詩》曰:'有杕之杜。'"按,所引爲《唐風·杕杜》文,漢毛亨傳云:"杕,特皃。"宋葉適《宋武翼郎邵君墓誌銘》:"可俎豆也而下夷,可蔭覆也有杕之。"按,"杕"亦有盛訓。《玉篇·木部》:"杕,木盛皃。"《廣韻·霽韻》所訓同。按,"杕"字从大得聲,大義本爲"大"之顯性語義。大聲字所記錄語詞"妷"謂大女,即姊妹行中之大者,"忕"訓"奢忕",出《廣韻·泰韻》,"奢"即過多、誇大,皆可相證。

〔推源〕 此二詞俱有大義,亦俱有"盛"之衍義,其音亦相近且相通,語源同。

奕:余紐鐸部;

杕:定紐月部。

余(喻四)定準旁紐,鐸月通轉。其"奕",字本从大,復以亦聲載大義。

269　交聲

(744) 茭迉齩骹筊校郊烄絞䨛鉸䪒酵㾰佼駮(相交義)

茭 草索,以草糾絞而成,糾絞即相交錯、相交接。清朱駿聲《說文通訓定聲·小部》:"茭,〔假借〕爲'筊'。《河渠書》:'塞長茭兮沉美玉。'"今按,《說文》"茭"訓"乾芻",謂乾飼料,指草索,爲套用字,以其交聲表相交錯義。"筊"爲竹索,"茭"爲草索,乃分別文。《墨子·辭過》:"古之民未知爲衣服時,衣皮帶茭。"清王念孫《讀書雜志》:"《說文》:'筊,竹索也。'其草索則謂之茭。"

迉 相交會。字亦作"趏",構件"辵""走"所表義類同。《說文·辵部》:"迉,會也。从迕,交聲。"南唐徐鍇《繫傳》:"往來交會也。"清朱駿聲《通訓定聲》:"東西爲迲,衺行爲遣。《禮經》皆以交錯字爲之。"清龔自珍《〈阮尚書年譜〉第一叙》:"公獨謂一經一緯,迲遣而成者,綺組之飾也。"清黄景仁《涂山禹廟》:"典瑞輯玉争來趑,樂作言産兼沂巢。"

齩 咬,上下齒相交合。後世以"咬"爲之。《説文·齒部》:"齩,齧骨也。从齒,交聲。"《廣韻·巧韻》:"齩,齧也。"《漢書·食貨志》上:"罷夫羸老,易子而齩其骨。"宋蘇軾《孫莘老寄墨》:"我貧如飢鼠,長夜空齩嚙。"《玉篇·口部》:"咬,俗爲齩字。"唐杜甫《桃竹杖引》:"風塵澒洞兮豺虎咬人,忽失雙杖兮吾將何從?"按,"咬"本謂鳥鳴聲。

鵁 鵁鶄,傳説以睛相交合而孕,故得是名。《禽經》:"鵁鶄睛交而孕。狀類鳧而足高,相視而睛不眩轉,孕而生雛。"《説文·鳥部》:"鵁,鵁鶄也。从鳥,交聲。"清朱駿聲《通訓定聲》:"《爾雅》:'䴃,鵁鶄。'注:'似鳧脚高毛冠,江東人家養之以厭火灾。'按,此鳥以交目得名,睛交而孕。《上林賦》:'交精旋目。'字作'交精'是也。"《廣韻·肴韻》:"鵁,鵁鶄鳥。"《史記·司馬相如列傳》:"鵁鶄䴉目,煩鶩鷛䴘。"

筊 竹索。其名寓糾絞、相交錯義。《説文·竹部》:"筊,竹索也。从竹,交聲。"清朱駿聲《通訓定聲》:"按,交亦意。今之篾纜。"《廣韻·肴韻》:"筊,竹索。"清黄叔璥《番社雜詠·作室》:"剗竹爲椽扇縛筊,空擎梁上始編茅。"

校 欄柵,木縱橫交錯而成。清朱駿聲《説文通訓定聲·小部》:"校,[轉注]《漢書·司馬相如傳》:'天子校獵。'注:'以木相貫穿,總爲欄校,遮止禽獸而獵取之。'"按,"校"之本義,《説文》訓"木囚",枷械之統稱,故"校"指欄柵,朱氏稱"轉注",實即引申。《周禮·夏官·校人》:"六廐成校,校有左右。"《漢書·成帝紀》:"冬,行幸長楊宫,從胡客大校獵。"

郊 郊區,城鄉相交處。《説文·邑部》:"郊,距國百里爲郊。从邑,交聲。"清朱駿聲《通訓定聲》:"距國百里爲遠郊,距國五十里爲近郊。《爾雅·釋地》:'邑外謂之郊。'《周禮·質人》:'郊二旬。'注:'遠郊也。'《儀禮·覲禮》:'至於郊。'注:'謂近郊。'《易·小畜》:'自我西郊。'《周禮·太宰》:'四郊之賦。'"

炐 或作"敽",交木燃燒以祭天。《説文·火部》:"炐,交木然也。从火,交聲。"清朱駿聲《通訓定聲》:"按,交亦意。《玉篇》:'炐,交木,然之以尞祭天也。'"《廣韻·號韻》:"炐,交木然也。"《説文》同部:"敽,交灼木也。从火,教省聲。"朱氏《通訓定聲》:"當爲'炐'之古文。"

絞 糾絞,扭結,多股繩索相交錯。《爾雅·釋言》:"綯,絞也。"晉郭璞注:"糾絞繩索。"《禮記·雜記上》"小斂,環絰"唐孔穎達疏:"知以一股所纏絰者,若是兩股相交,則謂之絞。"《淮南子·要略》:"辭雖壇卷連漫,絞紛遠援,所以洮汰滌蕩至意,使之無凝竭底滯,捲握而不散也。"

鮫 土制塤類吹奏樂器,兩部分相粘而成。兩半相交合,故稱"鮫"。《廣韻·肴韻》:"鮫,樂器,以土爲之,雙相黏爲鮫也。"

鉸 剪刀,即兩股相交之刀。《廣韻·巧韻》:"鉸,鉸刀。"唐曹唐《病馬》:"欲將髻鬣重裁剪,乞借新成利鉸刀。"唐李賀《五粒小松歌》:"綠波浸葉滿濃光,細束龍髯鉸刀剪。"清王琦《李長吉歌詩彙解》:"鉸,交刃刀也,利以剪,蓋今之剪刀也。"

胶 日月相交。《字彙補·月部》:"胶,與日月交道之交同。與从肉者不同。"

酵 沽,買酒者、賣酒者相交易。《廣韻·肴韻》:"酵,沽也。"《姥韻》:"沽,屠沽。"又《暮韻》:"沽,同酤。"《說文·酉部》:"酤,買酒也。"清朱彝尊《曹先生溶挽詩》:"愧後兼金贈,惟將漬酒酵。"

疗 絞腸痧,腹中絞痛,如繩索之糾絞。《玉篇·疒部》:"疗,疗痛也。"《集韻·巧韻》:"疒,或作疗。"按,"糾""絞"與"疒""疗"聲符字同。《說文·疒部》:"疒,腹中急也。"清王筠《句讀》:"今之絞腸痧也。"按,凡物糾絞之則緊、則急,糾絞義、緊義、急義相通。

佼 人相交往。《說文·人部》:"佼,交也。从人、交。"清朱駿聲《通訓定聲》:"从人,交聲……《廣雅·釋言》:'佼,交也。'《管子·小臣》:'持祿養佼,不以官爲事。'《史記·趙世家》:'宜爲上佼。'注:'猶行也。'按,交也。"《廣韻·肴韻》:"佼,交也。"《管子·明法》:"比周以相爲匿,是故忘主私佼以進其譽。"

駮 字亦作"駁",謂馬毛色斑駁,即多種顏色相交錯。《文選·張衡〈西京賦〉》:"天子乃駕彫軫,六駿駮。"唐李善注:"駮,白馬而黑畫,爲文如虎者。"亦引申而泛指色彩斑駁。清朱駿聲《說文通訓定聲·小部》:"駮,《上林賦》:'赤瑕駮犖。'注:'采點也。'"《漢書·梅福傳》:"一色成體謂之醇,白黑雜合謂之駮。"按,"駮"亦獸名,表馬毛色斑駁、交錯義,爲其套用字。

〔**推源**〕 諸詞俱有相交義,爲交聲所載之公共義。聲符字"交"所記錄語詞之本義即相交。《說文·交部》:"交,交脛也。从大,象交形。"清朱駿聲《通訓定聲》:"《秦策》:'交足而待。'……《參同契·日月懸象章》:'混沌相交接。'《禮記·月令》:'虎始交。'《王制》:'雕題交趾。'《莊子·天地》:'交臂歷指。'"然則本條諸詞之相交義,爲其聲符"交"所載之顯性語義。又,交聲可載相交義,則"椏"可證之。

交:見紐宵部;

椏:影紐魚部。

見影鄰紐,宵魚旁轉。"椏",樹之分枝處,一樹有二枝即"椏";反言之,"椏"即二枝相交於樹幹。漢揚雄《方言》卷二:"江東謂樹歧曰杈椏。"《玉篇·木部》:"椏,木椏杈。"唐皮日休《寂上人院聯句》:"經笥安巖匡,缾囊挂樹椏。"宋阮閱《詩話總龜·幼敏》:"蔣堂侍郎方六歲,父令作梔子花詩,曰:'庭前梔子樹,四畔有椏杈。'"

(745) 皎茭(白義)

皎 月光潔白明亮,亦引申而泛指潔白。字或作"晈"。《說文·白部》:"皎,月之白也。

从白,交聲。《詩》曰:'月出皎兮。'"清朱駿聲《通訓定聲》:"字亦作'晈'。……《穆天子傳》:'有皎者駱。'注:'白兒。'《詩》:'皎皎白駒。'傳:'潔白也。'"《廣雅·釋器》:"皎,白也。"三國魏曹植《蟬賦》:"皎皎貞素,侔夷節兮。"《集韻·筱韻》:"皎,或從日。"唐無名氏《秀師言記》:"斯言不謬,違之如皎日。"

茭 茭白,"菰"之別名。明李時珍《本草綱目·草部》:"菰,江南人呼菰爲茭,以其根交結也……(蘇)頌曰:'菰根,江湖陂澤中皆有之……春末生白茅如笋,即菰菜也,又謂之茭白,生熟皆可啖,甜美。'"南朝宋謝靈運《山居賦》:"芟菰剪蒲,以薦以茭。"宋黄庭堅《次韻子瞻春菜》:"蓴絲色紫菰首白,蔓蒿牙甜蓼頭辣。"今按,"茭"之構詞理據非如李時珍氏所云"以其根交結",當以其色白而得名,"茭"字乃以交聲載白義,複音詞爲"茭白",則其白義益顯。

〔**推源**〕 此二詞俱有白義,爲交聲所載之公共義。聲符字"交"所記録語詞之本義、引申義系列與白義不相涉,其白義爲交聲所載之語源義。交聲可載白義,"皓"可證之。

交:見紐宵部;
皓:匣紐幽部。

見匣旁紐,宵幽旁轉。"皓",白。《小爾雅·廣詁》:"皓,白也。"漢班婕妤《怨歌行》:"新裂齊紈素,皓潔如霜雪。"明顧文昱《白雁》:"天涯兄弟離群久,皓首江湖猶未歸。"

(746)窔/幽(幽深、隱暗義)

窔 字或作"交",謂幽深。《説文·穴部》:"窔,窅窔,深也。从穴,交聲。"清朱駿聲《通訓定聲》:"字亦作'交'。《上林賦》:'巖窔洞房。'"清魏源《太行諸谷》:"不窮山谷窔,安盡雲水變?'引申爲隱暗義。《廣韻·嘯韻》:"窔,隱暗處。"明周宗建《歷陳陰象首劾逆瑠魏進忠疏》:"近見朝廷處分一二奏章,外庭嘖嘖,咸謂奥窔之中,莫可測識。"

幽 幽深。《爾雅·釋言》:"幽,深也。"《詩·小雅·伐木》:"出自幽谷,遷於喬木。"漢毛亨傳:"幽,深。"按,幽深處則隱蔽,故引申爲隱蔽義。《説文·丝部》:"幽,隱也。"《易·履》:"履道坦坦,幽人貞吉。"按"幽人"即隱士。"幽"又引申爲暗義。《小爾雅·廣詁》:"幽,冥也。"晉葛洪《抱朴子·嘉遯》:"猶震雷駭則聱鼓埋,朝日出則螢燭幽也。"

〔**推源**〕 此二詞俱有幽深、隱暗義,其音亦相同,影紐雙聲,幽部疊韻。語源當同。"窔"字乃以交聲載幽深、隱暗之義。

(747)狡麙狡骹笺(小義)

狡 年小、少壯之犬。《説文·犬部》:"狡,少狗也。从犬,交聲。匈奴地有狡犬,巨口而黑身。"清朱駿聲《通訓定聲》:"《淮南·俶真》:'狡狗之死也。'注:'少也。'"今按,許慎氏以"少狗"訓"狡",而不稱少犬,蓋"狗"本小犬之稱。小犬爲狗,小馬爲駒,在文字,爲分别文;在詞彙,爲同源詞。參本典"句聲"。

㼈　小瓜。《説文·瓜部》："㼈，小瓜也。从瓜，交聲。"清朱駿聲《通訓定聲》："字亦作'㼎'。《爾雅》：'瓝㼈，其紹瓞。'注：'俗呼㼎瓜爲瓝，紹者，瓜蔓緒，亦著子，但小如㼎。'"按，《廣韻》"㼈""㼎"二字同音。《詩·大雅·緜》"緜緜瓜瓞"漢毛亨傳："瓞，㼎也。"唐陸德明《經典釋文》："㼎，小瓜也。"《廣韻·覺韻》："㼈，同㼎。出《説文》，小瓜也。"

袗　小褲。漢揚雄《方言》卷四："大袴謂之倒頓，小袴謂之校衧，楚通語也。"《廣韻·篠韻》："袗，小袴。"清高紹陳《永清庚辛記略》卷一："裋褕而袗衧，裝飾奇詭。"按，"袗衧"亦指漁服，實亦小褲。宋吴曾《能改齋漫録·辨誤一》："《大唐新語》曰：'漁具總曰笭箵，漁服總曰袗衧。'"《字彙·衣部》："袗，袗衧，小袴，服以取漁者。"唐皮日休《憶洞庭觀步十韻》："袗衧漁人服，笭箵野店窗。"

骹　或作"跤"，謂小腿。《説文·骨部》："骹，脛也。从骨，交聲。"清朱駿聲《通訓定聲》："《爾雅·釋畜》：'四骹皆白，驓。'"按，朱氏所引《爾雅》文晉郭璞注："骹，膝下也。"清陳奐《王石臞先生遺文編次序》："先生時有骹疨之疾，侍者扶以行。"按，"骹"亦指脛骨近腳之細小部位。《廣韻·肴韻》："跤，脛骨近足細處。""骹，上同。"清朱駿聲《説文通訓定聲·小部》："骹，〔轉注〕《考工·輪人》：'去一以爲骹圍。'先鄭注：'人脛近足者細於股，謂之骹，羊脛細者，亦謂之骹。'"

筊　小簫。清朱駿聲《説文通訓定聲·小部》："筊，〔別義〕《爾雅》：'大簫謂之言，小簫謂之筊。'字亦作'茭'。〔聲訓〕《爾雅·釋樂》李（巡）注：'聲揚而小故曰筊，筊，小也。'"《玉篇·竹部》："筊，小簫也，十六管，長尺二寸。"《宋書·樂志一》引《爾雅》："編二十三管，長尺四寸者曰籥；十六管長尺二寸者筊。"按，"筊"亦謂竹索，以交聲載相交義（見本典第744條）；指小簫，則以交聲載小義，爲套用式本字，朱駿聲氏亦不以假借論，故稱"別義"。

〔推源〕　諸詞俱有小義，爲交聲所載之公共義。聲符字"交"所記録語詞之本義、引申義系列與小義不相涉，其小義爲交聲所載之語源義。交聲可載小義，"溪"可相證。

交：見紐宵部；
溪：匣紐支部。

見匣旁紐，宵支旁轉。"溪"，山間小水溝。又奚聲字所記録語詞"豯"謂出生三月之小猪，"鼷"指小鼠，"徯"指小路（見殷寄明《語源學概論》第五章及本典"奚聲"），皆可相證。

(748) 狡怰佼（狡黠義）

狡　狡黠。《廣韻·巧韻》："狡，猾也。"清朱駿聲《説文通訓定聲·小部》："狡，〔轉注〕《廣雅·釋詁四》：'狡，獪也。'《通俗文》：'小兒戲謂之狡獪。'……《史記·淮陰侯傳》：'狡兔死。'《索隱》：'猾也。'"《戰國策·齊策四》："狡兔有三窟，僅得免其死耳。"《金史·宣宗紀》："龐氏陰狡機慧，常以其子守純年長不得立，心鞅鞅。"

怰　狡黠。《説文·心部》："怰，憭也。从心，交聲。"清朱駿聲《通訓定聲》："字亦作

'憿'。"《玉篇·心部》:"恔,黠也。"《集韻·效韻》:"恔,或从爻。"《說文》同部:"憭,慧也。"朱氏《通訓定聲》:"《方言》三:'慧或謂之憭。'注:'皆意精明也。'《方言》二:'了,快也,秦曰了。'《爾雅序》:'其所易了。'《釋文》:'照察也。'皆以'了'爲之。"按,"狡黠""聰慧"二詞,唯感情色彩相殊,其義則一。聰慧者敏於事,故有"快"訓。

佼 狡黠。《廣韻·巧韻》:"佼,庸人之敏。"清朱駿聲《說文通訓定聲·小部》:"佼,〔假借〕爲狡。《管子·七臣七主》:'好佼反而行私請。'注:'謂很詐也。'"今按,"佼"字從人,其本義《說文》訓"交",即人相交往、交際義(見本典第744條);指人狡黠,則爲套用式本字,乃以交聲載狡黠義,無煩假借,現代辭書多從朱氏說,蓋亦不當。漢王充《論衡·講瑞》:"且人有佞猾而聚者,鳥亦有佼黠而從群者。"

〔推源〕 諸詞俱有狡黠義,爲交聲所載之公共義。聲符字"交"所記錄語詞之本義、引申義系列與狡黠義不相涉,其狡黠義爲交聲所載之語源義。聲符字"交"與"猾""黠""慧""獪"聲皆相近。

(749) 效/學(仿效義)

效 仿效。《說文·攴部》:"效,象也。从攴,交聲。"清朱駿聲《通訓定聲》:"效,像也……與'斆、孝'略同。"《廣韻·效韻》:"效,學也,象也。"《易·繫辭上》:"知崇禮卑。崇效天,卑法地。"晉韓康伯注:"極知之崇,象天高而統物。"漢曹操《內誡令》:"前於江陵得雜綵絲履,以與家,約當著盡此履,不得效作也。"

學 學習,學習即仿效,故又有仿效義。《說文·教部》:"斆,覺悟也。从教,从冂,冂,尚矇也,臼聲。學,篆文斆省。"清朱駿聲《通訓定聲》:"按,篆文从孝,孝,效也。學於古曰斆。《廣雅·釋詁二》:'學,識也。'《禮記·中庸》:'好學近乎知。'"《晉書·戴逵傳》:"是猶美西施而學其顰目。"《紅樓夢》第八十八回:"手裏拿着好些頑意兒,笑嘻嘻走到鳳姐身邊學舌。"

〔推源〕 此二詞義同,音亦相近且相通,語源當同。

效:匣紐宵部;

學:匣紐覺部。

雙聲,宵覺旁對轉。"效"字乃以交聲載仿效義。

270 衣聲

(750) 裵扆庝(藏義)

裵 以微火溫肉,"裵"之名寓包藏義。《說文·火部》:"裵,炮肉,以微火溫肉也。从火,衣聲。"清朱駿聲《通訓定聲》:"《廣韻》引《說文》:'炮炙也。'……字亦作'煾'。按,恩衣雙聲。《廣雅·釋詁二》：'裛，燼也。'《四》：'熅，煴也。'"清段玉裁注："今俗語或曰烏，或曰煨，或曰燜。"按《説文·火部》："炮，毛炙肉也"，謂以泥包裹帶毛之肉烤之。"裛"者以溫火慢燒，廣東人稱"煲"。清范寅《越諺》卷中："裛，以微火溫肉。道墟有裛猪頭。"按，"裛"亦指將食物直接置於灰火中煨熟，則其包藏義益顯。《五音集韻·豪韻》："爊、裛，埋物灰中令其熱也。"

扆 窗與門之間，亦指窗門之間的屏風，故引申爲隱藏義。《説文·户部》："扆，户牖之間謂之扆。从户，衣聲。"漢樊光、李巡《爾雅古義·釋宮》："'謂牖之東、户之西爲扆。'……《儀禮·覲禮》：'天子設斧依於户牖之間。'注：'如今綈素屏風也，有繡斧文，所以示威也。'《書·顧命》：'設黼扆。'《東京賦》：'負斧扆。'注：'屏風樹之坐後也。'……〔假借〕爲'隱'。《通俗文》：'奥内爲扆。'又爲'匸'。《廣雅·釋詁四》：'扆，藏也。'"按，所引《廣雅》文清王念孫《疏證》："扆之言隱也。""扆"表隱藏義，無煩假借，乃引申。《梁書·元帝紀》："莫不定算扆帷，決勝千里。"其"扆帷"即隱蔽處。又，凡門開展，門與窗之間爲門所遮掩，蔽而不見者。

庡 隱藏，隱蔽。字亦作"庡"。《廣雅·釋詁一》："庡，隱翳也。"《玉篇·厂部》："庡，藏也。"《廣韻·隊韻》："庡，隱翳。"又《海韻》："庡，藏也。"又《尾韻》："庡，藏也。"沈兼士《聲系》："案'庡'，内府本《王韻》作'庡'，《集韻》：'庡，或作庡。'"唐玄應《一切經音義》卷十四引漢服虔《通俗文》："奥内曰庡。"

〔推源〕 諸詞俱有藏義，爲衣聲所載之公共義。聲符字"衣"所記録語詞謂衣物。《説文·衣部》："衣，依也。上曰衣，下曰裳。"按，此析言，渾言則不別。《吕氏春秋·仲秋紀》："乃命司服具飭衣裳。"按，衣爲包裹、包藏人體之物，或與藏義相通。至衣聲可載藏義，則"翳"可證之。

衣：影紐微部；

翳：影紐脂部。

雙聲，微脂旁轉。"翳"，用羽毛制成的車蓋，引申爲隱蔽、隱藏義。《説文·羽部》："翳，華蓋也。"清朱駿聲《通訓定聲》："君之乘輿，以羽覆車，蓋所謂羽葆幢也。《海外西經》：'夏后啓左手執翳。'〔轉注〕《離騷》：'百神翳其備降兮。'《怨思》：'石嶔嵪以翳日。'注：'蔽也。'《甘泉賦》：'翳華芝。'注：'隱也。'《西京賦》：'翳雲芝。'注：'覆也。'"按，朱氏所稱"轉注"實即引申。

(751) 依／倚（靠義）

依 靠着，倚傍。《説文·人部》："依，倚也。从人，衣聲。"《廣韻·微韻》："依，倚也。"《詩·小雅·采薇》："駕彼四牡，四牡騤騤。君子所依，小人所腓。"清陳奂《毛詩傳疏》："君子所依，謂依於車中者也。依，猶倚也。"《孫子·行軍》："凡處軍相敵，絶山依谷。"唐賈林注："依谷，傍谷也。"引申爲抽象性的依靠義。《廣雅·釋詁三》："依，恃也。"《説文·心部》：

"恃,賴也。"《書·君陳》:"無依勢作威,無依法以削。"又《無逸》:"則知小人之依。"僞孔傳:"則知小人之所依怙。"

倚 靠着,倚傍。《説文·人部》:"倚,依也。"《廣韻·支韻》:"倚,依倚也。"《國語·楚語上》:"倚几有誦訓之諫,居寢有暬御之箴。"《戰國策·燕策三》:"軻自知事不就,倚柱而笑,箕踞以罵。"引申爲抽象性的依靠義。《字彙·人部》:"倚,恃也。"《史記·魏其武安侯列傳》:"及魏其侯失勢,亦欲倚灌夫引繩批根生平慕之後棄之者。"《三國志通俗演義·祭天地桃園結義》:"因本處豪霸,倚勢欺人。"

〔推源〕 此二詞義同,其引申軌迹亦同,俱由具體性靠義衍生抽象性靠義,所謂同步引申。其音亦極相近且相通,語源當同。

依:影紐微部;

倚:影紐歌部。

雙聲,微歌旁轉。其"依"字,乃以衣聲載靠義。衣聲字"扆"亦可以假借字形式表倚傍、依靠義,庶可爲衣聲、靠義相關聯之一證。唐陸龜蒙《奉酬襲美先輩吳中苦雨一百韻》:"不獨扆羲軒,便當城老佛。"清朱彝尊《日下舊聞·形勝》:"京師扆山帶海,有金湯之固。"又,"依"之聲符字"衣"所記録語詞謂衣物,《説文》本訓"依",即衣物靠着人身之意,然則"依"之靠義爲其聲符"衣"所載之顯性語義。

271 次聲

(752) 佽茨垐(次比義)

佽 相次比。《説文·人部》:"佽,便利也。从人,次聲。《詩》曰:'決拾既佽。'一曰遞也。"清朱駿聲《通訓定聲》:"〔假借〕爲'次'。《廣雅·釋詁三》:'佽,代也。'《方言》以'恣'爲之。《左昭十六傳》:'與商人庸佽比耦。'"按,"佽"有助義(見後第754條),受助於人則得其便利。人助人則即相次比,"佽"表次比義,無煩假借。漢許慎所訓"遞"有依次義。所引《詩·大雅·車攻》文漢毛亨傳:"佽,利也。"漢鄭玄箋:"謂手指相次比也。"元郝經《立政議》:"更相援引,比佽以進。"

茨 用茅葦蓋屋,即鋪陳排列其茅葦,亦即次比義。《説文·艸部》:"茨,以茅葦蓋屋。从艸,次聲。"清朱駿聲《通訓定聲》:"《書·梓材》:'惟其塗墍茨。'……《莊子·讓王》:'環堵之室茨以生草。'〔聲訓〕《釋名》:'屋以草蓋曰茨。茨,次也,次比草爲之也。'"按,所引《莊子》文唐成玄英疏:"以草蓋屋謂之茨。"《新唐書·高麗傳》:"居依山谷,以草茨屋。"

垐 以土鋪路。亦寓鋪陳、次比義。《説文·土部》:"垐,以土增大道上。从土,次聲。堲,古文垐从土、即。"清段玉裁注:"以草次於屋上曰茨,以土次於道上曰垐。"清朱駿聲《通訓定聲》:"〔轉注〕《禮記·檀弓》:'夏后氏堲周。'注:'火熟曰堲,燒土冶以周於棺也,或謂之土周,由是也。'"按,朱氏所云"轉注"即引申。所謂"堲周",即燒土爲磚環繞棺材四周,然則亦有鋪陳、次比義。《廣韻·脂韻》及《職韻》:"坙,以土增道。"又《質韻》:"堲,燒土葬也。"

〔推源〕 諸詞俱有次比義,爲次聲所載之公共義。聲符字"次"所記録語詞本有次第、次比之義。《説文·欠部》:"次,不前不精。从欠,二聲。"清朱駿聲《通訓定聲》:"从欠,从二,會意,二亦聲。《左宣十二傳》:'内官序當其次。'《楚辭·思古》:'宗鬼神之無次。'注:'第也。'《漢書·楚元王傳》:'元王亦次之《詩》傳。'注:'謂綴集之也。'……《吕覽·季冬》:'次諸侯之列。'注:'列也。'《東京賦》:'次和樹表。'注:'比也。'"然則本條諸詞之次比義爲其聲符"次"所載之顯性語義。至次聲可載次比義,則"櫛"可證之。

次:清紐脂部;

櫛:莊紐質部。

清莊準旁紐,脂質對轉。"櫛",梳篦之總稱。按,梳篦皆有齒相次比,故稱"櫛"。《説文·木部》:"櫛,梳比之總名也。"清王筠《句讀》:"漢時曰梳曰比者,周秦統謂之櫛也。"《詩·周頌·良耜》:"其崇如墉,其比如櫛。"宋朱熹《集傳》:"櫛,理髮器,言密也。"按,"櫛"有細密次比之衍義。《元史·河渠志三》:"岸善崩者,密築江石以護之,上植楊柳,旁種蔓荆,櫛比鱗次,賴以爲固。"

(753) 資茨絘(聚積義)

資 錢財,貨物。其物常可積蓄,故引申爲積義。《説文·貝部》:"資,貨也。从貝,次聲。"清朱駿聲《通訓定聲》:"《易·旅》:'懷其資。'《詩·板》:'喪亂蔑資。'傳:'財也。'〔轉注〕《史記·信陵君傳》:'如姬資之三年。'《索隱》:'蓄也。'"清段玉裁注:"資者,積也。"《國語·越語上》:"夏則資皮,冬則資絺,旱則資舟,水則資車,以待乏也。"北魏酈道元《水經注·汾水》:"常山南行唐縣有石臼谷,蓋資承呼沱之水。"

茨 以茅葦蓋屋(見前條),故引申爲堆積、聚積義。清朱駿聲《説文通訓定聲·履部》:"茨,《廣雅·釋詁一》:'茨,積也。'……《三》:'聚也'……《淮南·泰族》:'茨其所決而高之。'注:'積土填滿之也。'"《墨子·備梯》:"敢問客衆而勇,堙茨吾池,軍卒並進……爲之奈何?"宋佚名《水調歌頭·壽徐樞》:"與壽星争耀,茨福正綿綿。"

絘 織麻縷成綫。"絘"之名寓積義。《説文·糸部》:"絘,績所緝也。从糸,次聲。"清王筠《句讀》:"蓋謂先緝之者,今之績之也。先緝爲單綫,今謂之麻撚。再績爲合綫,今謂之麻綫。故曰績所緝也。"按,《説文》同部"績"訓"緝","緝"篆訓"績",清段玉裁注:"凡麻枲,先分其莖與皮,曰木。因而漚之,取所漚之麻而林之。林之言微也,微纖爲功,析其皮如絲而撚之,而剡之,而績之,而後爲縷,是曰績,亦曰緝,亦絫言緝績。"

〔推源〕 諸詞俱有聚積義,爲次聲所載之公共義。聲符字"次"所記録語詞之本義漢許慎訓"不前不精",即前者與後者、精者與次者相次比,又前條諸詞皆有次比義,次比義當與聚積義相通。次聲可載聚積義,則"積"可證之。

次:清紐脂部;

積:精紐錫部。

清精旁紐,脂錫通轉。"積",字从禾,謂聚積穀物,虛化引申爲聚積義。《説文·禾部》:"積,聚也。"清朱駿聲《通訓定聲》:"禾穀之聚曰積。《詩·良耜》:'積之栗栗。'《周禮·大司徒》:'令野脩道委積。'注:'少曰委,多曰積。'……《楚語》:'無一日之積。'注:'積,儲也。'《列子·湯問》:'聚紫積而禁之。'《大戴·子張問》:'入官源泉不竭,故天下積也。'注:'謂歸湊也。'"

(754) 佽資(相助義)

佽 相助。《廣韻·至韻》:"佽,助也。"清段玉裁《説文解字注·人部》:"佽,《唐風》:'胡不佽焉?'傳曰:'佽,助也。'箋云:'何不相推次而助之。'"唐杜牧《唐故歙州刺史邢君墓誌銘》:"日夕聞焕思佽助並州,鉅細合宜。"宋王禹偁《送徐宗孟序》:"從事徐宗孟者,能佽助長吏,咸得其中。"

資 錢財,貨物,引申爲給濟、相助義。《廣韻·脂韻》:"資,助也。"清朱駿聲《説文通訓定聲·履部》:"資,〔轉注〕《秦策》:'王資臣萬金。'注:'給也。'《史記·李斯傳》:'以資敵國。'"《莊子·大宗師》:"堯何以資汝?"晉郭象注:"資者,給濟之謂。"《左傳·僖公十五年》:"出因其資,入用其寵,饑食其粟,三施而無報,是以來也。"

〔推源〕 此二詞俱有相助義,爲次聲所載之公共義。聲符字"次"所記録語詞謂相次比,其義或與相助義通。次聲可載相助義,則"贊"可證之。

次:清紐脂部;

贊:精紐元部。

清精旁紐,脂元旁對轉。"贊",輔佐,幫助。《小爾雅·廣詁》:"贊,佐也。"《廣韻·翰韻》:"贊,佐也。助也。《説文》本作'賛'。"《書·大禹謨》:"益贊於禹曰:'惟德動天,無遠弗届。'"僞孔傳:"贊,佐。"《吕氏春秋·務大》:"細大賤貴,交相爲贊。"漢高誘注:"贊,助也。"按,唯"贊"有助義,故有"贊助"之同義聯合式合成詞。南朝梁釋慧皎《高僧傳·義解二·道安》:"安以白馬寺狹,乃更立寺,名曰檀溪,即清河張殷宅也。大富長者,並加贊助,建塔五層,起房四百。"

(755) 𩋃/紫(紫色義)

𩋃 以赤黑漆飾車。赤黑漆即紅多黑少之紫色。《集韻·至韻》:"𩋃,以髹飾車也。"《玉篇·彡部》:"髹,赤黑漆也。髹,同髹。"《周禮·春官·巾車》:"駹車,藿蔽,然禩,髹飾。"

漢鄭玄注：" 故書'駹'作'尨'，'髤'爲'軟'。杜子春云：龍讀爲駹，軟讀爲桼垸之桼，直謂髤桼也……髤，赤多黑少之色。"唐陸德明《經典釋文》："軟，音次。"徐珂《清稗類鈔·物品·柩輿》："杠，五品以上髤朱。"按，"朱""紫"可聯合成雙音詞，朱紫色即紅多黑少之色，所謂富貴色。

紫 紫色字。《説文·糸部》："紫，帛青赤色。"清朱駿聲《通訓定聲》："《論語》：'惡紫之奪朱也。'孔注：'間色之好者。'……《左哀七傳》：'紫衣狐裘。'注：'紫衣君服。'《管子》：'桓公好服紫，齊人尚之，五素而易一紫。'疑紫爲春秋時所貴重。"

〔推源〕 此二詞俱有紫色義，其音亦相近且相通。

軟：清紐質部；

紫：精紐支部。

清精旁紐，質支通轉。然則語源當同。

272　巟聲

(756) 荒詤(荒誕義)

荒 荒蕪。《説文·艸部》："荒，蕪也。从艸，巟聲。"《廣韻·唐韻》："荒，荒蕪。"《周禮·夏官·大司馬》："野荒民散。"漢鄭玄注："荒，蕪也。"荒蕪則亂，故引申爲迷亂義。《書·五子之歌》："内作色荒，外作禽荒。"唐孔穎達疏："好色、好田則精神迷亂，故迷亂曰荒。"又引申爲荒誕虚妄義。《晉書·祖逖傳》："中夜聞荒雞鳴。"宋真德秀《西山題跋·太一天真應驗録》："世特見尋聲赴感之號出於道家者流，遂以爲眇芒荒幻無所究詰而不知。"

詤 荒誕虚妄之語。《説文·言部》："詤，夢言也。从言，巟聲。"清朱駿聲《通訓定聲》："字亦作'謊'。《吕覽·無由》：'接而言見詤。'按，猶誑也，妄也。"《正字通·言部》："詤，妄語也。"清阮葵生《茶餘客話》卷十六："明太祖即位後，於午門外立一紅牌，上書'官員説詤者，斬。'詤音荒，妄語也。"

〔推源〕 此二詞俱有荒誕義，爲巟聲所載之公共義。聲符字"巟"所記録語詞謂水廣。《説文·巛部》："巟，水廣也。从川，亡聲。"然則與荒誕義不相涉，其荒誕義乃巟聲所載之語源義。巟聲可載荒誕義，"譀"可證之。

巟：曉紐陽部；

譀：匣紐談部。

曉匣旁紐，陽談通轉。"譀"，誇誕，語虚妄、荒誕。《説文·言部》："譀，誕也。"《廣韻·闞韻》："譀，誇誕。《東漢觀記》曰：'雖誇譀猶令人熱。'"

273　亥聲

(757) 荄骸刻核(内義)

荄　草根,草之内在物。《説文·艸部》:"荄,艸根也。从艸,亥聲。"清朱駿聲《通訓定聲》:"《爾雅·釋草》:'荄,根。'注:'俗呼韭根爲荄。'《漢書·禮樂志》:'根荄以遂。'《後漢書·魯恭傳》:'萬物養其根荄。'"《廣韻·咍韻》:"荄,草根。"晉葛洪《抱朴子·廣喻》:"驚風摧千仞之木,不能拔弱草之荄。"

骸　脛骨,即小腿内之骨,亦引申而指骨骼,則即人身之内在物。《説文·骨部》:"骸,脛骨也。从骨,亥聲。"清朱駿聲《通訓定聲》:"《素問·骨空論》:'膝下爲骸關,俠膝之骨爲連骸。'《公羊宣十五傳》:'析骸而炊之。'注:'人骨也。'《廣雅·釋器》:'骸,骨也。'"唐慧琳《一切經音義》卷五十一引《玉篇》:"身體之骨,總名爲骸。"宋歐陽修《酬學詩僧惟晤》:"嗟子學雖勞,徒自苦骸筋。"

刻　雕刻,刀入他物之内。《説文·刀部》:"刻,鏤也。从刀,亥聲。"清朱駿聲《通訓定聲》:"《爾雅·釋器》:'木謂之刻。'……《左莊廿年》:'刻桓宫桷。'注:'鏤也。'"《廣韻·德韻》:"刻,刻鏤。"南朝梁劉勰《文心雕龍·銘箴》:"昔帝軒刻輿幾以弼違,大禹勒笋簴而招諫。"

核　果實内中堅硬部分。《廣韻·麥韻》:"核,果中核。"清朱駿聲《説文通訓定聲·頤部》:"核,〔假借〕爲骸。《爾雅·釋木》:'桃李,醜核。'按,如人之有骨也。《詩·賓之初筵》:'殽核維旅。'"今按,"骸""核"無通假關係,"核"亦爲木名,然指果中核,亦爲本字形式,乃套用式本字。《禮記·玉藻》:"食棗、桃、李,弗致於核。"又《曲禮上》:"賜果於君前,其有核者懷其核。"

〔推源〕　諸詞俱有内義,爲亥聲所載之公共義。聲符字"亥"象豕形,所記録語詞之顯性語義系列與内義不相涉,其内義爲亥聲所載之語源義。亥聲可載内義,"骨"可證之。

　　亥:匣紐之部;
　　骨:見紐物部。

匣見旁紐,之物通轉。"骨",人身内中之物。《説文·骨部》:"骨,肉之覈也。"按,"覈"同"核",人之骨如果之核。《左傳·哀公二年》:"敢告無絶筋,無折骨,無面傷。"《禮記·檀弓下》:"骨肉復歸於土,命也。"按,俗語"骨子裏"指人内心,義亦相通。

(758) 咳孩欬駭(發聲義)

咳　嬰兒發出笑聲。《説文·口部》:"咳,小兒笑也。从口,亥聲。孩,古文咳从子。"按,凡漢許慎云古文某爲某,多通假。"咳"謂嬰兒笑,爲動詞,"孩"指會笑之孺子,爲名詞。

"咳""孩"非異體字。《禮記·内則》："父執子之右手,咳而名之。"北齊顏之推《顏氏家訓·教子》："生子咳啼,師保固明孝仁禮義,導習之矣。"原注："咳,小兒笑也;啼,號也。"《廣韻·咍韻》："咳,小兒笑皃。"

孩 始解笑之小兒。按,凡啼哭,人生而能之,笑則有待時日。《廣韻·咍韻》："孩,始生小兒。"清朱駿聲《説文通訓定聲·頤部》："《廣雅·釋詁三》：'孩,少也。'……《孟子》：'孩提之童。'注：'二三歲之間,在襁褓,知孩笑,可提抱者也。'《吴語》：'而孩童焉比謀。'注：'幼也。'"晉潘岳《寡婦賦》："愁煩寃其誰告兮,提孤孩於坐側。"

欬 咳嗽。咳嗽則發其聲。《説文·欠部》："欬,屰氣也。从欠,亥聲。"清朱駿聲《通訓定聲》："《字林》：'欬,瘶也。'《周禮》：'冬時有嗽上氣疾。'"今按,中國醫學認爲,人之氣下行則順,上行則逆,逆則咳,故漢許慎以"屰氣"訓"欬","屰"即"逆"。《廣韻·代韻》："欬,欬瘶。"《三國志·魏志·華佗傳》："毅謂佗曰：'昨使醫曹吏劉租針胃管訖,便苦欬嗽,欲卧不安。'"

駭 馬受驚發出鳴叫聲。馬之爲物,最易受驚,故驚駭字从馬作"驚",馬驚則必鳴叫,故稱"駭",乃以亥聲載發音義。《説文·馬部》："駭,驚也。从馬,亥聲。"清朱駿聲《通訓定聲》："《漢書·枚乘傳》：'馬方駭,鼓而驚之。'《左傳·哀公二十三年》："知伯視齊師馬駭,遂驅之。"

〔推源〕 諸詞俱有發聲義,爲亥聲所載之公共義。聲符字"亥"所記録語詞之本義、引申義系列與此義不相涉,其發聲義爲亥聲所載之語源義。亥聲可載發聲義,"評"可證之。

亥：匣紐之部；

評：曉紐魚部。

匣曉旁紐,之魚旁轉。"評",呼叫,發出聲音。其字亦作"呼",構件"言""口"及"欠"所表義類同。《説文·言部》："評,召也。"清段玉裁注："後人以'呼'代之。"《廣韻·模韻》："呼,唤也。""評,亦唤也。"《墨子·耕柱》："楚四竟之田,曠蕪而不勝辟,評靈數千不可勝。"《後漢書·朱穆傳》："陳勝奮臂一呼,天下鼎沸。"明高攀龍《烈帝廟助工疏引》："吾輩試思,水旱兵戈,萬命一絲之時,所以祈祐於鬼神者,何異子之評號其父母而平時可不知敬事乎！"

(759) 該晐垓賅(兼備義)

該 具備,兼備。《廣韻·咍韻》："該,備也。"清朱駿聲《説文通訓定聲·頤部》："該,《方言》十二：'該,咸也。'《穀梁哀元傳》：'此該之變而道之也。'注：'備也。'《楚辭·招魂》：'招具該備。'注：'該亦備也。'《天問》：'該秉季德。'注：'包也。'《太玄·玄圖》：'旁該始終。'注：'兼也。'"

晐 兼備。《説文·日部》："晐,兼晐也。从日,亥聲。"清朱駿聲《通訓定聲》："《小爾雅·廣言》：'晐,備也。'按,葢也。《廣雅·釋言》：'晐,咸也'；'晐,包也。'……《吴語》：'執箕帚以晐姓於王宫。'注:'備也。'"《廣韻·咍韻》:"晐,備也。"清王念孫《讀書雜志·〈史記〉三》"《索隱》本異文"條:"其附見於本典者,但有《集解》一書,注與音皆未晐備。"

垓 兼備八極之地。字亦作"畡"。《説文·土部》:"垓,兼垓八極地也。《國語》曰:'天子居九垓之田。'从土,亥聲。"清朱駿聲《通訓定聲》:"字亦作'畡'……四方爲四極,八到爲八極……《淮南·俶真》:'設於無垓坫之宇。'注:'垓坫,垠堮也。'"《廣韻·咍韻》:"垓,八極。"《集韻·咍韻》:"垓,或从田。"漢揚雄《大鴻臚箴》:"蕩蕩唐虞,經通垓極。"晉葛洪《抱朴子·審舉》:"今普天一統,九垓同風。"

賅 兼備。《廣韻·咍韻》:"賅,贍也。"《小爾雅·廣言》:"贍,足也。"《莊子·齊物論》:"百骸、九竅、六藏,賅而存焉。"唐成玄英疏:"賅,備也。"清章學誠《文史通義·詩教上》:"今即《文選》諸體,以徵戰國文體之賅備。"

〔推源〕 諸詞俱有兼備義,爲亥聲所載之公共義。聲符字"亥"所記録語詞之顯性語義系列與兼備義不相涉,其兼備義爲亥聲所載之語源義。亥聲可載兼備義,"具"可證之。

亥:匣紐之部;

具:群紐侯部。

匣群旁紐,之侯旁轉。"具",具備,兼備。《廣韻·遇韻》:"具,備也。"清朱駿聲《説文通訓定聲·需部》:"具,《廣雅·釋詁二》:'備也。'《東京賦》:'禮舉儀具。'"《禮記·樂記》:"其功大者其樂備,其治辯者其禮具。"《管子·明法》:"百官雖具,非以任國也。"按,"具"之兼備義爲其引申義,其本義《説文》訓"共置",朱駿聲氏作"供置",得之,即備辦、準備義,凡事、凡物皆備辦則即兼備。

(760) 閡餩輆硋(阻義)

閡 阻隔,阻碍。《説文·門部》:"閡,外閉也。从門,亥聲。"清朱駿聲《通訓定聲》:"與'礙'義近。"唐慧琳《一切經音義》卷十五引《考聲》:"閡,隔也。"《列子·黄帝》:"以商所聞夫子之言,和者大同於物,物無得傷閡者,游金石,蹈水火,皆可也。"晉江統《徙戎論》:"縱有猾夏之心,風塵之警,則絶遠中國,隔閡山河,雖爲寇暴,所害不廣。"

餩 打嗝。胃氣受阻不下行而逆上,故打嗝。《廣韻·夬韻》:"餩,通食氣也。"又《德韻》:"餩,噎聲。"沈兼士《聲系》:"案'餩',内府本《王韻》作'餩'。"唐元稹《寄吴士矩端公五十韻》:"醉眼漸紛紛,酒聲頻餩餩。"

輆 阻碍。《集韻·海韻》:"輆,礙也。"漢揚雄《太玄·止》:"折於株木,輆於砭石,止。"晉范望注:"高上則石困,進退不宜,故言輆於砭石也。"

硋 同"礙",阻礙。《集韻·代韻》:"礙,或从亥。"《説文·石部》:"礙,止也。"《西京雜記》卷三:"有方鏡,廣四尺,高五尺九寸,表裏有明。人直來照之,影則倒見。以手捫心而來,則見腸胃五臟,歷然無硋。"《晉書·王接傳》:"任城何休訓釋甚詳,而黜周王魯,大體乖硋。"

〔推源〕 諸詞俱有阻義,爲亥聲所載之公共義。聲符字"亥"所記錄語詞之顯性語義系列與阻義不相涉,其阻義爲亥聲所載之語源義。亥聲可載阻義,"隔"可證之。

亥:匣紐之部;

隔:見紐錫部。

匣見旁紐,之錫旁對轉。"隔",阻隔。《説文·阜部》:"隔,障也。"《廣韻·麥韻》:"隔,塞也。"《漢書·西域傳·贊》:"西域諸國……與漢隔絶。道里又遠,得之不爲益,棄之不爲損。"宋秦湛《謁金門》:"隔岸數聲初過櫓,晚風生碧樹。"

(761) 殳夋絯夥炫胲(大義)

殳 大剛卯,驅鬼邪之佩飾。《説文·殳部》:"殳,殳改,大剛卯也,以逐精鬼。从殳,亥聲。"清桂馥《義證》:"本典:'改,殳改,大剛卯,以逐鬼彪也。'《宋書·禮志》:'漢儀:仲夏之月,設桃卯。'桃卯本漢所以輔卯金。《急就篇》:'射魅闢邪除群凶。'顏注:'射魅謂大剛卯也,以金石及桃木刻而爲之,一名殳改,其上有銘而旁穿孔係以綵絲用係臂焉,亦所以逐精魅也。'"清段玉裁注:"从殳者,謂可擊鬼也。"按,"大剛卯",意念上以爲大。

夋 大貌。《玉篇·大部》:"夋,大兒。"《廣韻·咍韻》:"夋,大兒。"按,形聲格局文字,常有形符、聲符同義之例,而形符所載爲顯性語義,聲符所載多爲隱性語義。"夋"之亥聲亦表大義。

絯 大絲。《廣韻·駭韻》:"絯,大絲。"按,亦以亥聲載大義。絲以束物,故"絯"又有約束義,二義相通。《廣雅·釋詁三》:"絯,束也。"《莊子·天地》:"方且爲緒使,方且爲物絯。"

夥 大,多。《玉篇·多部》:"夥,多也,大也。"《廣韻·咍韻》:"夥,多也。"按,多、大二義相通。清胡元暉《原道篇》:"然而自古至今,浟者如斯,孰扺其源?孰夥其流?"

炫 火大。《玉篇·火部》:"炫,熾也。"《説文·火部》:"熾,盛也。"《廣韻·怪韻》:"炫,熾也,盛也。"

胲 足大指。《説文·肉部》:"胲,足大指毛也。从肉,亥聲。"清朱駿聲《通訓定聲》:"《莊子·庚桑楚》:'臘者之有膍胲。'《釋文》:'足大指也。'"《太平御覽》卷四七二引漢應劭《風俗通》:"阿橫右足下有黑子,右胲下赤誌如半櫛。"

〔推源〕 諸詞俱有大義,爲亥聲所載之公共義。聲符字"亥"所記錄語詞之顯性語義系列與大義不相涉,其大義爲亥聲所載之語源義。亥聲可載大義,"巨"可相證。

亥:匣紐之部;

巨:群紐魚部。

匣群旁紐,之魚旁轉。"巨","矩"之初文,謂方尺,然有"大"之借義,且爲其基本義。漢揚雄《方言》卷一："巨，大也。齊宋之間曰巨。"《廣韻·語韻》："巨，大也。"《列子·湯問》："物有巨細乎？有修短乎？有同異乎？"按，"巨細"即大小，今徽歙方言猶稱大小不等之衆兒女爲"大細"。《呂氏春秋·慎小》："巨防容螻，而漂邑殺人。"漢高誘注："巨，大；防，隄也。"

(762) 侅/怪（奇異義）

侅 奇異。《説文·人部》："侅，奇侅，非常也。从人，亥聲。"《廣韻·咍韻》："侅，奇侅，非常。"《莊子·盗跖》："侅溺於馮氣，若負重行而上也，可謂苦矣。"清郭慶藩《集釋》："揚子《方言》：'非常曰侅事。'"明歸有光《松江新建行省頌》："孰是番鬼，敢作奇侅。"

怪 奇異。字亦作"恠"。《説文·心部》："怪，異也。"按，《玉篇》云俗作"恠"。《尚書·禹貢》："岱畎，絲、枲、鉛、松、怪石。"唐孔穎達疏："怪石，奇怪之石。"《國語·魯語下》："木石之怪，曰夔、蝄蜽；水之怪，曰龍、罔象；土之怪，曰羵羊。"《論語·述而》："子不語怪、力、亂、神。"

〔推源〕 此二詞義同，音亦同，見紐雙聲，之部疊韻，語源當同。"侅"字，乃以亥聲載奇異義，故常借聲符相同之字"胲""咳""賅""駭""賌"爲之。清朱駿聲《説文通訓定聲·頤部》："侅，《漢書·藝文志》：'五音奇胲。'《用兵》二十三卷以'胲'爲之。《史記·扁倉傳》：'五色診奇咳。'以'咳'爲之。《淮南·兵略》：'刑德奇賌之數。'以'胲（賌）'爲之……《莊子·大宗師》：'彼有駭形，而無損心。'以'駭'爲之。"按，朱氏所引《淮南子》文異文作"刑德奇賌之數"，漢高誘注："奇賌，陰陽奇妙之要。"

274 充聲

(763) 琉銃（填充義）

琉 以玉填耳。《玉篇·玉部》："琉，琉耳也。"《廣韻·東韻》："琉，琉耳，玉名。《詩》傳云：'充耳謂之瑱。'字俗从玉。"《晏子春秋·外篇上》："冕前有旒，惡多所見也；纊紞琉耳，惡多所聞也。"按，"琉耳"本亦作"充耳"，"琉"爲後起本字。《荀子·禮論》："充耳而設瑱。"按，以玉填耳稱"琉"、稱"瑱"，皆填充義。《説文·玉部》："瑱，又玉充耳也。"

銃 斧頭上受柄之孔，可填充斧柄，故稱"銃"。《廣雅·釋器》："銃謂之銎。"《廣韻·送韻》："銃，銎也。"又《鍾韻》："銎，斤斧柄孔。"《説文·金部》："銎，斤斧穿也。"按，"銃"亦指填火藥發射的火銃，其名亦寓填充義，其字則爲套用字。《篇海類編·珍寶類·金部》："銃，火銃。"《元史·達理麻識理傳》："糾集丁壯苗軍，火銃什五相聯。"其字亦作"硫"。按，"銃"填火藥發射，一發而盡，再發須再填充火藥。

〔推源〕 此二詞俱有填充義，爲充聲所載之公共義。聲符字"充"單用本可表填充義。清朱駿聲《説文通訓定聲·豐部》："充，〔假借〕爲'窒'。"窒即充短言之。《小爾雅·廣詁》："充，塞也。"《詩·旄丘》："褎如充耳。"箋："塞耳也。"《儀禮·士喪禮》："瑱充耳。"晉陸機

《瓜賦》："芳郁烈其充堂，味窮理而不餇。"按，"充"字之結構，《説文》云从人、育省聲，其本義爲"長""高"，引申之，則肥胖、充滿、豐厚等義，其填充義亦當爲其衍義，非假借。充聲可載填充義，則"塞"可證之。

充：昌紐冬部；

塞：心紐職部。

昌(三等即穿)心鄰紐，冬(東)職旁對轉。"塞"，堵塞，引申爲填塞、充塞義。《篇海類編·地理類·土部》："塞，填也。"《左傳·襄公二十六年》："塞井夷竈，成陳以當之。"漢揚雄《法言·吾子》："古者楊、墨塞路，孟子辭而闢之，廓如也。"

(764) 忪/慟(心動義)

忪 心動。《玉篇·心部》："忪，心動。"《廣韻·東韻》："忪，心動。"唐元結《演興·招太靈》："久惄兮忪忪，招捃擩兮呼風。"按，"忪忪"爲重言形況字，爲"惄"之修飾語。"惄"謂憂。《説文·心部》："惄，憂兒。"然則"久惄兮忪忪"即憂心忡忡、心動不安之謂。"忪"爲昌紐冬部字，"忡"，透紐冬部。二者叠韻，昌(三等即穿)透準雙聲。然則"忪忪"與"忡忡"聲近而通，義同。

慟 裴哀，心動。《説文新附·心部》："慟，大哭也。从心，動聲。"按，字之結構當云从心、从動，動亦聲。《廣韻·送韻》："慟，慟哭，哀過也。"漢班固《白虎通·崩薨》："王者崩，諸侯悉奔喪何？臣子悲哀慟怛，莫不欲觀君父之棺柩，盡悲哀者也。"《宋書·孝義傳·余齊民》："至門，方詳父死，號踊慟絶，良久乃蘇。"

〔推源〕 此二詞俱有心動義，其音亦相近且相通。

忪：昌紐冬部；

慟：定紐東部。

昌(三等即穿)定準旁紐。上古音冬東二部無别，猶叠韻。上述二詞語源當同。

275　州聲

(765) 酬詶(酬答義)

酬 字亦作"醻"，謂主人勸酒，引申爲對答、回報義。《説文·酉部》："醻，主人進客也。从酉，壽聲。酬，醻或从州。"清段玉裁注："酬，州聲。"清朱駿聲《通訓定聲》："或从州聲……凡主人酌賓曰獻，賓還酌主人曰醋，主人又自飲以酌賓曰酬。《爾雅·釋詁》：'酬，報也。'〔轉注〕《周語》：'交酬好貨皆厚。'注：'交酬，相酬之幣也。'又《左昭廿七傳》：'吾無以酬之。'注：'報獻也。'又《吴語》：'自剄於客前以酬客。'注：'報也。'又《易·繫辭》：'可與酬酢。'注：

'猶應對也。'"《廣韻·屋韻》:"酬,報也。"朱氏所引《爾雅》文晉郭璞注:"此通謂報答,不主於酒。"

詶 以言相答,引申爲回報義。《説文·言部》:"詶,譸也。从言,州聲。"《廣韻·宥韻》:"詶,荅也。"又《尤韻》:"詶,以言荅之。"漢王充《論衡·謝短》:"二家各短,不能自知也。世之論者而亦不能詶之,如何?"《南史·宋建安王休仁傳》:"休仁多計數,每以笑調佞諛詶悦之,故得推遷。"清朱駿聲《説文通訓定聲·孚部》:"詶,〔假借〕爲'醻'。《蒼頡解詁》:'詶亦酬字。詶,報也。'"按,"詶"表回報義,無煩假借,乃引申。至"詶""酬"二字,以其所記之詞俱有回報義,故多通用;然各有本義,非異體字。《文選·任昉〈奉答敕示七夕詩啓〉》:"謹輒牽率庸陋,式詶天獎,拙速雖效,蛬鄙已彤。"唐劉良注:"詶,答也。"《後漢書·光武紀》:"其顯效未詶,名籍未立者。"

〔推源〕 此二詞俱有酬答義,爲州聲所載之公共義。聲符字"州"謂水中可居之地(見後條推源欄),與酬答義不相涉,其酬答義乃州聲所載之語源義。州聲可載酬答義,"讎"可證之。

州:章紐幽部;
讎:禪紐幽部。

叠韻,章(照)禪旁紐。"讎",應答,回答。《説文·言部》:"讎,猶譍也。从言,雔聲。"清王筠《句讀》:"讎,譍也。"清朱駿聲《通訓定聲》:"讎,猶譍也……按,以言相當也。《三蒼》:'讎,對也。'《詩·抑》:'無言不讎。'《禮記·表記》注:'讎猶答也。'《漢書·王莽傳》注:'讎,對也。'"引申爲報復義。按,報恩、報仇皆回報義。《史記·范雎蔡澤列傳》:"今君之怨已讎而德已報。""讎"又有償付、回報義。《洪武正韻·尤韻》:"讎,償也。"《三國志·魏志·衛臻傳》"輒遣使祠焉"南朝宋裴松之注引《郭林宗傳》:"子許買物,隨價讎直。"

(766) 洲/渚(水中之地義)

洲 水中之地。《爾雅·釋水》:"水中可居者曰洲。"《廣韻·尤韻》:"洲,洲渚也。"《詩·周南·關雎》:"關關雎鳩,在河之洲。"漢司馬相如《上林賦》:"出乎椒丘之闕,行乎洲淤之浦。"

渚 水中之地。《説文·水部》:"渚,水。……《爾雅》曰:'小洲曰渚。'"清朱駿聲《通訓定聲》:"渚,〔假借〕爲'陼'。《詩》:'江有渚。'傳:'小洲也。'……'鳧鷖在渚。'傳:'沚也。'……《淮南·墜形》注:'水中可居者曰渚。'"按,"渚"雖亦爲水名,然表水中之地義,爲套用式本字。

〔推源〕 此二詞義同。其"洲"字乃以州聲載地義。聲符字"州"本爲"洲"之初文。《説文·川部》:"州,水中可居曰州。周遶其旁,从重川。昔堯遭洪水,民居水中高土,或曰九州。《詩》曰:'在河之州。'"《字彙·水部》:"洲,本作州,後人加'水'以別州縣之字也。"按,漢許慎所引《詩》之"州"漢毛亨本作"洲",又上引《上林賦》之"洲"異文作"州"。《漢書·地理志》下:"自合浦、徐聞南入海,得大州,東西南北方千里。"今按,"洲""渚"皆指水中之地,"地"與"洲""渚"本皆同源。

洲:章紐幽部;

渚:章紐魚部;

地:定紐歌部。

　　章(照)定準旁紐,幽魚旁轉,魚歌通轉。"地",大地。《說文·土部》:"地,元氣初分,輕、清、陽爲天;重、濁、陰爲地。萬物所陳列也。"《莊子·天地》:"天地雖大,其化均也。"唐柳宗元《天説》:"彼上而玄者,世謂之天;下而黄者,世謂之地。"

276　并聲

(767) 骿餅栟併駢姘鉼絣拼𪏴(並義)

　　骿　肋骨並連成一片。《説文·骨部》:"骿,並脅也。从骨,並聲。晉文公骿脅。"清朱駿聲《通訓定聲》:"《左傳》以'駢'爲之。"《左傳·僖公二十三年》:"曹共公聞其駢脅,欲觀其裸。"北齊劉晝《新論·命相》:"伏羲日角,黄帝龍顔,帝嚳戴肩,顓頊骿骭。"按,漢許慎所述《國語》語三國吴韋昭注:"骿,並幹。""幹"即"骭"之借字。《廣韻·翰韻》:"骭,脅也。"

　　餅　字亦作"𪍿",麵粉制成的食品。其物爲囫圇渾一之體,"餅"之名寓合併義。《説文·食部》:"餅,麪餈也。从食,並聲。"清朱駿聲《通訓定聲》:"字亦作'𪍿'。……〔聲訓〕《釋名》:'餅,並也,溲麪使合併也。'"《晉書·惠帝紀》:"後因食餅中毒而崩,或云司馬越之鴆。"北魏賈思勰《齊民要術·八和韲》:"搏作丸子,大如李或餅子,任在人意也。"

　　栟　栟櫚,其名寓"並"義。《説文·木部》:"栟,栟櫚也。从木,並聲。"清朱駿聲《通訓定聲》:"《廣雅·釋木》:'栟櫚,椶也。'《漢書·司馬相如傳》:'仁頻並閭。'《七發》:'梧桐並閭。'按,以其無枝條故謂之並,其皮相裹上行,一皮者爲一節,故謂之閭。亦名蒲葵,可以爲索,亦以爲扇。"漢張衡《南都賦》:"楈枒栟櫚,柍柘檍檀。"按漢許慎《説文》同部:"椶,栟櫚也。"《山海經·西山經》:"石脆之山,其木多椶柟。"晉郭璞注:"椶樹高三丈許,無枝條,葉大而員,枝生梢頭,實皮相裹,上行一皮者爲一節,可以爲繩也。一名栟櫚。"

　　併　並列,並行。《説文·人部》:"併,並也。从人,並聲。"清朱駿聲《通訓定聲》:"《廣雅·釋詁一》:'併,列也。'《後漢·鄭玄傳》:'併名。'注:'謂齊也。'"《禮記·祭義》:"行肩而不併。"唐孔穎達疏:"謂老少並行,言肩臂不得併行,少者差退在後。"按"併"又有兼並、合併義。《廣韻·勁韻》:"併,兼也。"《南史·鄭鮮之傳》:"毅素好摴蒱,於是會錢。帝與毅斂局各得其半,積錢隱人,毅呼帝併之。"晉桓温《上疏陳便宜七事》:"諸葛亮相蜀,簡才併官,此皆達治之成規,今日之所先也。"

駢 二馬並駕一車。《説文·馬部》:"駢,駕二馬也。从馬,並聲。"清朱駿聲《通訓定聲》:"《毛詩説》:'士駕二'……《尚書大傳》:'然後得乘飾車駢馬。'《琴賦》:'駢馳翼驅。'"《廣韻·先韻》:"駢,並駕二馬。"漢劉向《説苑·修文》:"古者必有命民,命民能敬長憐孤,取舍好讓,居事力者,命於其君,命然後得乘飭輿駢馬。"引申之,又有並列義。《管子·四稱》:"入則乘等,出則黨駢。"唐尹知章注:"至其出也,又朋黨而駢並。"

姘 男女私合。《説文·女部》:"姘,除也。漢律:齊人予妻婢姦曰姘。从女,並聲。"清朱駿聲《通訓定聲》:"《蒼頡篇》:'男女私合曰姘。'按,此義實當爲本訓,謂苟合也。"清段玉裁注:"禮:士有妾,庶人不得有妾,故平等之民與妻婢私合名之曰姘。姘,有罰。此'姘'取合併之義。"清吴趼人《二十年目睹之怪現狀》第七十九回:"姘了個五品功牌的捕役,可以稱得宜人。"

鉼 餅狀金屬物,構詞理據當與"餅"同,"鉼"之名寓合併義。《類篇·金部》:"鉼,金餅。"《廣韻·静韻》:"鉼,鉼金謂之鈑。《周禮》:'祭五帝則供鉼金。'"明宋應星《天工開物·五金·銀》:"合瑣碎而成鈑錠。"《正字通·金部》:"鉼,傾金銀形似餅者。"《三國志·魏志·齊王芳紀》:"賜銀千鉼,絹千匹。"

絣 用雜色綫織成的布,"絣"即雜色綫相合並之義。《説文·糸部》:"絣,氐人殊縷布也。从糸,並聲。"清桂馥《義證》:"'氐人殊縷布也'者,《漢書·揚雄傳》:'絣之以象類。'宋祁校本引《字林》:'絣,縷布也。'"按,所引《漢書》之"絣"爲錯雜、合並義,爲其引申義。"絣"又有"編織"之衍義,編織則即合並其綫。宋佚名《壺中天》:"日長晴晝,厭厭地,懶向窗前絣繡。"

拼 拼合,合並。清李寶嘉《官場現形記》第五十回:"一樁是合人家開一個小輪船公司,也拼了六萬。"魯迅《且介亭雜文末編·我的第一個師父》:"百家衣,就是'衲衣',論理,是應該用各種破布拼成的。"按,唯"拼"有合並義,故有"拼合"之同義聯合式合成詞。又,凡"拼音""拼盤""拼湊"之"拼"皆合並義。二人相打鬥亦稱"拼",實即交手、交合義。

齭 並齒,相重叠、相並列之齒。《玉篇·齒部》:"齭,齭齒也。"北齊劉晝《新論·命相》:"文王四乳,武王齭齒。"清王士禎《説餅聯句》:"果然惜莽蒼,決去惜戱齭。"

〔推源〕 諸詞俱有並義,爲並聲所載之公共義。聲符字"並"之甲骨文象二人相並列形。《説文·從部》:"並,相從也。"有合並義。《廣雅·釋言》:"並,兼也。"《廣韻·清韻》:"並,合也。"銀雀山漢墓竹簡《孫臏兵法·威王問》:"營而離之,我並卒而擊之,毋令敵知之。"《漢書·董仲舒傳》:"科別其條,勿猥勿並。"唐顔師古注:"並,合也。"然則本條諸詞之並義爲其聲符"並"所載之顯性語義。至並聲可載並義,則"編"可證之。

並:幫紐耕部;

編:幫紐真部。

雙聲,耕真通轉。"編",合並其竹簡,所合者即"篇",其字从扁得聲,與"編"同。《説文·糸部》:"編,次簡也。从糸,扁聲。"清朱駿聲《通訓定聲》:"'册'字二横畫象編之形。《聲類》:'以繩次物曰編。'《漢書·儒林傳》:'讀之韋編三絶。'《張良傳》:'出一編書。'"按,編排義爲其引申義。編排即有序地合並。《韓詩外傳》卷九:"目如擗杏,齒如編貝。"唐許敬宗《奉和春日望海》:"連雲飛巨艦,編石架浮梁。"

(768) 艵姘鮩（白色義）

艵 青白色。《説文·色部》:"艵,縹色也。从色,并聲。"《糸部》:"縹,帛青白色也。"按,"艵"有變臉色義,即謂由白而微微發青。《玉篇·色部》引《楚辭·遠游》:"玉色艵以脫顔兮。"今本《楚辭》作"頩",宋洪興祖《補注》:"斂容。"漢劉熙《釋名·釋采帛》云"縹"爲淺青色。清朱駿聲《説文通訓定聲·鼎部》:"艵,字亦作'頩'……《淮南·齊俗》:'而仁發姘以見容。'按,面色發青也,字作'姘'。"按,"姘"乃聲符相同之假借字,所謂發青,即白變青。

姘 淺白色。清朱駿聲《説文通訓定聲·鼎部·附〈説文〉不録之字》:"姘,《廣雅·釋器》:'姘,白也。'《素問·風論》:'色姘然白。'注:'謂薄白色也。'"按,"姘"字既从白,復以并聲載白義。形聲字有形符、聲符同表一義之通例。所異者,形符所載爲顯性語義,聲符所載則多爲隱性語義。如"夽"有大義,同从瓜聲之字所記語詞"呱""觚""軱""孤"亦俱有大義。"夠"有多義,句聲字所記語詞"飾""劬"亦俱有多義,可證"夠"亦以句聲載多義。

鮩 白魚。《玉篇·魚部》:"鮩,白魚。"《廣韻·梗韻》:"鮩,鮊魚别名。"《廣雅·釋魚》:"鮊,鱎也。"清王念孫《疏證》:"今白魚,生江湖中,鱗細而白,首尾俱昂,大者長六七尺。"清朱駿聲《説文通訓定聲·豫部》:"鮊,即《説苑》之'陽橋',今之白魚也,一名鱎。《古今注》:'白魚赤尾者曰魟,一曰魧。'古《太誓》:'白魚入於王舟。'"明胡世安《異魚圖讚補》:"白魚,《本草》亦作鮊。一名鱎魚。白者,色也。喬者,頭尾向上也。"

〔推源〕 諸詞俱有白色義,爲并聲所載之公共義。聲符字"并"所記録語詞之本義、引申義系列與白色義不相涉,其白色義乃并聲所載之語源義。并聲可載白色義,"白"可證之。

并:幫紐耕部;

白:並紐鐸部。

幫並旁紐,耕鐸旁對轉。"白",白色,爲其基本義。《説文·白部》:"白,西方色也。"按,古者以五方、五行、五色相對應,西方屬金,其色白。《論語·陽貨》:"不曰白乎,涅而不緇。"三國魏何晏《集解》:"孔曰:至白者染之於涅而不黑。"《管子·揆度》:"其在色者,青、黄、白、黑、赤也。"

(769) 屏庰綪絣（蔽義）

屏 照壁,即當門小牆,遮蔽之物。《説文·尸部》:"屏,蔽也。从尸,并聲。"清朱駿聲《通訓定聲》:"屏,蔽也……按,从尸者,从屋省,非坐人之尸也……《爾雅·釋宫》:'屏謂之樹。'注：'小墻當門中。'按，亦謂之塞門，亦謂之蕭墻，如今之照墻也。〔轉注〕《詩·桑扈》：'萬邦之屏。'傳：'蔽也。'《晉語》：'以皉季屏其宗。'注：'藩也。'"按，所稱"轉注"即引申。《廣韻·静韻》："屏，蔽也。"《吕氏春秋·慎行》："屏王之耳目。"漢高誘注："屏，蔽也。"

屛 隱蔽處。《説文·广部》："屛，蔽也。从广，並聲。"清朱駿聲《通訓定聲》："謂隱蔽無人之所也。《思玄賦》：'坐太陰之屛室兮。'《廣雅·釋詁四》：'屛，藏也。'《釋室》：'厠也。'《燕策》：'宋王鑄諸侯之象，使侍屛匽。'以'屛'爲之。"按，厠所亦屋中隱蔽之處。《廣韻·勁韻》："屛，同偋。""偋，隱僻也，無人處。"《文選·王褒〈洞簫賦〉》："處幽隱而奥屛兮，密漠泊以猭猭。"

帡 帷幕，遮蔽之物。《古今韻會舉要·庚韻》："帡，幪也。"《廣韻·覺韻》："幪，大帷。"漢揚雄《法言·吾子》："震雨凌風，然後知夏屋之爲帡幪也。"引申爲遮蔽、覆蓋義。《廣雅·釋詁二》："帡，覆也。"清王念孫《疏證》："帡之言屏蔽也。"明袁宗道《乞進講〈大學衍義〉疏》："綱羅先躅，捃摭舊聞，其廣則帡天極地，其細則繭絲蝟毛。"

〔推源〕 諸詞俱有蔽義，爲並聲所載之公共義。聲符字"並"所記録語詞之本義、引申義系列與蔽義無涉，其蔽義乃並聲所載之語源義。並聲可載蔽義，"庇"可證之。

並：幫紐耕部；

庇：幫紐脂部。

雙聲，耕脂通轉。"庇"，遮蔽，遮護。《説文·广部》："庇，蔭也。"《艸部》："蔭，草陰也。"按，草木遮蔽則有陰而無光處。《廣韻·至韻》："庇，庇廕。"《國語·晉語九》："木有枝葉，猶庇廕人，而况君子之學乎？"唐杜甫《茅屋爲秋風所破歌》："安得廣廈千萬間，大庇天下寒士俱歡顔。"

277 米聲

(770) 鮇絉眯（細小義）

鮇 魚子，細小如米之物。晉崔豹《古今注·魚蟲》："魚子曰鱦，亦曰鯤，亦曰鮇，言如散稻米也。"《廣韻·齊韻》："鮇，魚子。"明李時珍《本草綱目·鱗部·魚魷》："魚子曰鮇、曰鱦。"按，螞蟻字作"蟻"，从義得聲，與"鱦"同，"鱦"亦有小義，故"鮇鱦"可成連文，用指初出卵之小魚。清李元《蠕範·物生》："魚子鮇鱦，蠶子妙。"

絉 如細米之繡文。《説文·糸部》："絉，繡文如聚細米也。从糸，从米，米亦聲。"清朱駿聲《通訓定聲》："字亦作'黺'。《虞書》：'黺絉。'今作'粉米'。按，黺絉字皆後出，因書絺繡而加黹旁、糸旁耳。粉米，白米也。當從鄭説爲正。"《集韻·齊韻》："絉，《説文》：'繡文如聚細米也。'古作黺。"《書·益稷》："藻、火、粉、米、黼、黻、絺、繡，以五采彰施於五色，作服。"

僞孔傳:"米若聚米。"唐陸德明《經曲釋文》:"粉米,《説文》作'黺黺',徐本作'絑'。"

眯 眼睛合成細縫。字亦作"瞇"。《正字通·目部》:"眯,俗作瞇。"金董解元《西廂記諸宮調》卷一:"道着保也不保,焦也不焦,眼瞇暞地伴呆着。"按,"眯"之本義爲物入目中(見後條),凡物入目中則必閉合,故"眯"之目微合義爲其直接引申義。

〔推源〕 諸詞俱有細小義,爲米聲所載之公共義。聲符字"米"所記錄語詞謂穀物之子實。《説文·米部》:"米,粟實也。象形。"清朱駿聲《通訓定聲》:"按,四注象米,十,其介者。九穀之分也,《春秋説題辭》:'米出甲謂磑之爲糲米也,舂之則粺米也,䏁之則鑿米也,𦥯之則毇米也。又𣂪擇之,暘𣂪之,則爲晶米。'"《周禮·地官·舍人》:"掌米粟之出入,辨其物。"唐賈公彦疏:"九穀之中,黍、稷、稻、粱、苽、大豆六者皆有米,麻與小豆、小麥三者無米,故云'九穀六米。'"按,穀實之爲物小,故本條諸詞之細小義爲聲符"米"所載之顯性語義。

(771) 迷寐眯(迷惑義)

迷 字从辵,本義爲迷路,誤入他途。清朱駿聲《説文通訓定聲·履部》:"《廣雅·釋詁三》:'迷,誤也。'《韓非子·解老》:'凡失其所欲之路,而妄行之,則爲迷。'……《涉江》:'迷不知吾之所如。'《哀命》:'志瞀迷而不知路。'"引申爲迷惑義。《説文·辵部》:"迷,或也。从辵,米聲。"南唐徐鍇《繫傳》、朱氏《通訓定聲》皆作"迷,惑也"。《廣韻·紙韻》:"迷,惑也。"《易·坤》:"先迷後得,主利。"唐孔穎達疏:"凡有所爲,若在物之先即迷惑,若在物之後即得。"晉陶潛《飲酒》詩十二首之九:"紆轡誠可學,違己詎非迷?"

寐 做惡夢,心志迷惑不明。《説文·寢部》:"寐,寐而未厭。从寢省,米聲。"清朱駿聲《通訓定聲》:"字亦作'寐'。按,寐之爲言迷也。《倉頡篇》:'伏合人心曰厭。'今俗字作'魘'。寐,即魘也。《西山經》:'䳌鵂服之,使人不眯。'《淮南·精神》:'楚人謂厭爲眯。'皆以'眯'爲之。"按,"寐"爲本字。《廣韻·薺韻》:"寐,寐不覺。"沈兼士《聲系》:"《説文》作'寐'。"

眯 物入目中。按,凡物入目中則必閉目而不明,不明事理稱"迷惑",爲其抽象性語義;"眯",目不明,實亦迷惑義。《説文·目部》:"眯,艸入目中也。从目,米聲。"清朱駿聲《通訓定聲》:"眯,蔑入目中也。从目,米聲。《字林》:'物入眼爲病也。'《莊子》:'簸穅眯目。'"《廣韻·薺韻》:"眯,物入目中。"《淮南子·説林訓》:"蒙塵而眯,固其理也。"唐杜甫《寄狄明府博濟》:"早歸來,黃土污衣眼易眯。"

〔推源〕 諸詞俱有迷惑義,爲米聲所載之公共義。聲符字"米"所記錄語詞之本義、引申義系列與迷惑義無涉,其迷惑義爲米聲所載之語源義。米聲可載迷惑義,"誖"可證之。

米:明紐脂部;

誖:並紐物部。

明並旁紐,脂物旁對轉。"誖",惑亂,即被迷惑而心亂義。《説文·言部》:"誖,亂也。

从言,孛聲。誖,詩或从心。"《廣韻·隊部》:"誖,心亂。"《史記·太史公自序》:"太史公仕於建元、元封之間,愍學者之不達其意而師誖。"唐張守節《正義》:"誖,惑也。各習師書,惑於所見也。"又《白起王翦列傳》:"老臣罷病誖亂,唯大王更擇賢將。"

(772) 敉/撫(安撫義)

敉 安撫。《爾雅·釋言》:"敉,撫也。"《說文·支部》:"敉,撫也。从支,米聲。《周書》曰:'亦未克敉公功。'"按所引《書·洛誥》文偽孔傳:"是亦未能撫順公之大功。"清孫星衍《今古文注疏》:"敉,安也。"《廣韻·紙韻》:"敉,撫也,安也。"《書·大誥》:"民獻有十夫,予翼以于,敉寧武圖功。"宋蔡沈《集傳》:"輔我以往,撫定商邦。"

撫 安撫。《說文·手部》:"撫,安也。"《左傳·定公四年》:"若以君靈,撫之,世以事君。"晉杜預注:"撫,存恤也。"《三國志·魏志·賈詡傳》:"若乘舊楚之饒,以饗吏士,撫安百姓,使安土樂業,則可不勞衆而江東稽服矣。"

〔推源〕 此二詞義同,其音亦相近且相通,語源同。

敉:明紐支部;

撫:滂紐侯部。

明滂旁紐,支侯旁轉。"敉"字乃以米聲載安撫義。

278 屰聲

(773) 逆朔臿踖席(逆反義)

逆 迎接。《說文·辵部》:"逆,迎也。从辵,屰聲。關東曰逆,關西曰迎。"清朱駿聲《通訓定聲》:"按,迎逆一聲之轉。《書·禹貢》:'同為逆河。'鄭注:'謂相迎受。'《呂刑》:'爾尚敬逆天命。'"按,迎即反向相逢、相接,故引申為反義。《孟子·滕文公下》:"當堯之時,水逆行,氾濫於中國。"《西京雜記》卷二:"瓠子河決,有蛟龍從九子自決中逆上入河,噴沫流波數十里。""逆"又有退卻義,退卻即反向行走。《廣韻·陌韻》:"逆,卻也。"《晉書·載記·乞伏乾歸》:"秦州雖敗,二軍猶全,奈何不思赴救,便逆奔敗,何面目以見王乎?"

朔 農曆每月初一日。以晦日觀之,朔正相反。溯流、追溯字作"溯",正從朔聲。溯流即逆流,追溯則即逆向追尋本源。此皆可證"朔"之構詞理據。《說文·月部》:"朔,月一日始蘇也。从月,屰聲。"清朱駿聲《通訓定聲》:"月行二十九日有奇,屰退就日而與日會。从月,从屰,會意,屰亦聲。凡月與日同經度不同緯度則為合朔。"《漢書·天文志》:"至月行,則以朔晦決之。"按,朔處晦之後,月之明暗相反。

臿 舂。《說文·臼部》:"臿,齊謂舂曰臿。从臼,屰聲。"《廣韻·鐸韻》:"臿,舂也。"按,舂即以杵逆向擣之,故稱"臿"。

哷　嘔吐。《玉篇·口部》："哷,歐哷也。"《廣韻·陌韻》："哷,嘔哷。"按,嘔吐即食逆。"哷"所記録之詞客觀存在,唯典籍多以"逆"爲之。《金史·方伎傳·張元素》："頭痛脉緊,嘔逆不食。"按嘔逆義當以"哷"爲正字。

庎　字亦作"斥",有退却義。《説文·广部》："庎,卻屋也。从广,屰聲。"清朱駿聲《通訓定聲》："今字作'斥',謂卻退其屋不居。按《一切經音義》廿二引《説文》作'卸屋'是也。……《江都易王非傳》：'擊吉斥之。'注：'謂退棄之。'……《思玄賦》：'斥西施而弗御兮。'注：'卻也。'……《漢書·東方朔傳》注：'斥,卻也。'"按,退却即逆行,"逆"亦有退義,正可相證。又,《廣韻·昔韻》引《説文》："庎,卻行也。斥,上同。"

〔推源〕　諸詞俱有逆反義,爲屰聲所載之公共義。聲符字"屰"《説文·干部》云："不順也。从干,下屮,屰之也。"然則本條諸詞之逆反義爲其聲符"屰"所載之顯性語義。屰聲可載逆反義,則"迎"可相證。

屰：疑紐鐸部；

迎：疑紐陽部。

雙聲,鐸陽對轉。"迎",迎接,相逢。漢揚雄《方言》卷一："逢,逆,迎也。"《説文·辵部》："迎,逢也。"清朱駿聲《通訓定聲》："《淮南·時則》：'以迎日於東郊。'注：'逆春也。'《史記·五帝紀》：'迎日推策。'《正義》：'逆也。'《禮記·昏義》：'冕而親迎。'"按,凡迎接則與來者相向,即相逆反,故引申爲逆反義。《墨子·魯問》："昔者,楚人與越人舟戰於江,楚人順流而進,迎流而退,見利而進,見不利則其退難；越人迎流而進,順流而退,見不利則其退速。"按,"迎流"即逆水而上。又,"迎"與"逆"古者多互訓,實以同源詞相訓。

(774) 鷔蝁（凶猛義）

鷔　雕類猛禽。字亦作"鶚"。《説文·鳥部》："鷔,鷙鳥也。从鳥,屰聲。"清朱駿聲《通訓定聲》："字亦作'鶚'。《玉篇》謂即'鳶'字,非。《廣雅·釋鳥》：'鶚,鵰也。'《西山經》：'欽䲹化爲大鶚。'《蒼頡解詁》：'鶚,金啄鳥也,見則天下兵能殺麋鹿。'《漢書·鄒陽傳》：'不如一鶚。'注：'大雕也。'《鵩鷞賦》：'鷙鶚鵰鴻。'"清段玉裁注："此今之'鶚'字也。"《集韻·鐸韻》："鶚,鵰屬。或从屰。"按,《説文》以"鷙鳥"訓"鷔",同部"鷙"篆訓"擊殺鳥也"。《玉篇·鳥部》："鷙,猛鳥也。"又,"鷔"爲雕屬,"雕"即大型猛禽。

蝁　鱷魚,極凶猛之物。字亦作"鰐""鱷"。《説文·虫部》："蝁,似蜥易,長一丈,水潛,吞人即浮,出日南。从虫,屰聲。"清朱駿聲《通訓定聲》："字亦作'鰐'、作'鍔'、作'鱷',大魚也。《吳都賦》：'黿鼉鯖鰐。'注：'長二丈餘,喙長三尺,齒利甚。虎、鹿渡水,鰐擊之,皆中斷。其卵如鴨子,亦有黃白,可食。'"徐珂《清稗類鈔·動物·鰐》："鱷亦作'鰐',爬蟲中之體大而猛惡者,長者至丈餘,背有鱗甲,甚堅硬,四肢短,後肢有蹼,口大,齒爲圓錐狀,有齒槽,尾長。性凶暴貪食。"

〔推源〕 此二詞俱有凶猛義,爲屰聲所載之公共義。聲符字"屰"謂不順從,即逆反義,或相通。屰聲可載凶猛義,則"惡"可相證。

屰：疑紐鐸部；

惡：影紐鐸部。

疊韻,疑影鄰紐。"惡",凶惡,凶猛。《廣韻·鐸韻》："惡,不善也。"《史記·秦始皇本紀》："臨浙江,水波惡,乃西百二十里從狹中渡。"唐杜甫《魏將軍歌》："君門羽林萬猛士,惡若哮虎子所監。"

279　宅聲

(775) 蚝/拓(開義)

蚝　水母,浮於水,張開之物,故稱"蚝"。字亦作"鮀"。《玉篇·虫部》："蚝,形如覆笠,常浮於水。"《廣韻·禡韻》："蚝,水母也。一名蠟。形如羊胃,無目,以蝦爲目。"元戴侗《六書故·動物四》："鮀,海物,水母也。"明李時珍《本草綱目·鱗四·海蚝》："蚝生東海,狀如血䐃,大者如牀,小者如斗。無眼目腹胃,以蝦爲目,蝦動蚝沉,故曰水母目蝦。"按,俗名海蜇,狀如張開之傘。

拓　開拓。《小爾雅·廣詁》："拓,開也。"《吳子·圖國》："闢土四面,拓地千里,皆起之功也。"晉左思《吳都賦》："拓土畫疆,卓犖兼併。"

〔推源〕 此二詞俱有開義,其音亦相近且相通,語源當同。

蚝：定紐鐸部；

拓：透紐鐸部。

疊韻,定透旁紐。"蚝"字乃以宅聲載張開義。宅聲字"秺"亦可表開張義,庶可相證。《廣韻·麻韻》："秺,開張屋也。"沈兼士《聲系》："案'秺',内府本《王韻》作'秺'。"按,"乇"爲"宅"之古文,構件"广""宀"所表義類同。"秺"字从禾,或體作"秅",謂禾束,表屋開張義,爲宅聲所承載之假借義。

(776) 詫/拓(大義)

詫　誑騙,誇大。《廣韻·禡韻》："詫,誑也。"《集韻·禡韻》："詫,誇也。"《廣韻·麻韻》："誇,大言也。"《史記·司馬相如列傳》："田罷,子虚過詫烏有先生,而無是公在焉。"南朝宋裴駰《集解》："詫,誇也。"元揭傒斯《長風沙夜泊》："青裙老嫗詫鮮魚,白髮殘兵賣私酒。"

拓　開拓(見前條),引申爲擴大、宏大義。清朱駿聲《説文通訓定聲·豫部》："《漢書·

揚雄傳》應劭注：'拓,廣也。'《廣雅·釋詁一》：'拓,大也。'……《魏都賦》：'或趑朗而拓落兮。'注：'廣大之皃。'"宋徐元杰《黄自然授直秘閣廣西運判制》："爾自然器姿宏拓,志節娉修。"

〔推源〕 此二詞俱有大義,其音相同,透紐雙聲,鐸部疊韻,語源當同。其"詫"字,乃以宅聲載大義。宅聲字所記録語詞"蛇"有張開義(見前條),張開義、大義亦同條共貫。

280　字聲

(777) 牸羍芓(孳乳義)

牸　母牛,即孳生小牛之牛,其名寓孳乳義。《廣雅·釋獸》："牸,雌也。"《廣韻·志韻》："牸,牝牛。"《説文·牛部》："牝,畜母也。"漢焦贛《易林·訟之井》："大牡肥牸,惠我諸舅,内外和穆,不憂飢渴。"清李塨《真定黄氏家譜序》："牸之舐犢,鳥之餔雛,以我之所生,故不自知不自解而惟恐傷之。"

羍　母羊,即孳生小羊之羊。"羍""牸"當爲分别文。《改併四聲篇海·羊部》引《搜真玉鏡》："羍,牝羊也。"《太平御覽》卷九〇二引晉張華《博物志》："又有作淫羊脯法：取羖、羍各一,别繫令裁相近而不使相接。"按,"羖"謂公羊,"羖羍"當爲對待字,猶"男女、夫婦"。《説文·羊部》："羖,夏羊牡曰羖。"明李時珍《本草綱目·獸一·羊》："牡羊曰羖,曰羝。牝羊曰牸,曰羒。"清朱駿聲《説文通訓定聲·頤部》："《廣雅·釋獸》：'吳羊其牝一歲曰牸羝,三歲曰羒。'"

芓　字亦作"芧",謂麻母,即多子之大蔴雌株,可孳乳者。《廣韻·志韻》："芓,《爾雅》曰：'芓,麻母。'郭璞云：'苴麻成(盛)子者。'芧,上同。"《集韻·志韻》："芓,或作芧。"《説文·艸部》："芓,麻母也。从艸,子聲。一曰芓即枲也。"清朱駿聲《通訓定聲》："字亦作'芧'……俗謂之子麻,有實者曰'芓',無實者曰'枲'。"按,"芓"字之結構當爲从艸、从子,子亦聲。

〔推源〕 諸詞俱有孳乳義,爲字聲所載之公共義。聲符字"字"所記録語詞之本義謂生育。《説文·子部》："字,乳也。从子在宀下,子亦聲。"清朱駿聲《通訓定聲》："人生子曰字,鳥曰孚,獸曰𩦡……《廣雅·釋詁一》：'字,生也。'《易·屯》：'女子貞不字。'虞注：'妊娠也。'《中山經》：'服之不字。'注：'生也。'〔轉注〕《説文叙》：'倉頡之初作書,蓋依類象形,故謂之文。其後形聲相益,即謂之字。字者言孳乳而浸多也。'按,指事、象形者曰文,會意、諧聲者曰字。"按,合體字稱"字",爲其引申義,"字"乃由獨體文所衍生。然則本條諸詞之孳乳義爲其聲符"字"所承載之顯性語義。至字聲可載孳乳義,則"孳"可相證。

字：從紐之部；
孳：精紐之部。

叠韻,從精旁紐。"孳",孳乳。《説文·子部》:"孳,汲汲生也。从子,兹聲。"清朱駿聲《通訓定聲》:"《聲類》:'孳,蕃也。'《書·堯典》:'鳥獸孳尾。'傳:'乳化曰孳。'《列子·湯問》:'其民孳阜無數。'《釋文》:'息也。'《漢書·律曆志》:'孳萌萬物。'《蕪城賦》:'孳貨鹽田。'經傳多以'滋'爲之。"按,孳乳、滋長,義本相通。《廣韻·之韻》:"孳,孳息。"即孳生、生息。

281 安聲

(778) 鞌晏(安義)

鞌 或作"鞍",謂馬鞍。其名寓安穩義。《説文·革部》:"鞌,馬鞁具也。从革,从安。"清朱駿聲《通訓定聲》:"从革,安聲……《漢書·李廣傳》:'令皆下馬解鞍。'《韓安國傳》:'投鞌高如城者數所。'"《廣韻·寒韻》:"鞌,鞌韉。"《玉篇·革部》:"鞌,亦作鞍。"漢史游《急就篇》卷三:"鞇靯鞈韉鞍鑣鍚。"唐顔師古注:"鞍,所以被馬,取其安也。"

晏 晴朗,引申爲温和、平静義,又引申爲安逸義。《説文·日部》:"晏,天清也。从日,安聲。"清朱駿聲《通訓定聲》:"揚雄《羽獵賦》:'於是天清日晏。'注:'無雲之處也。'〔假借〕爲安。《禮記·月令》:'以定晏陰之所成。'注:'安也,陰稱晏。'《漢書·諸侯王表》:'而海内晏和。'注:'安然也。'《三都賦序》:'玄晏先生。'注:'安也。'"按,"晏"表安義,非假借,乃引申。《莊子·知北遊》:"孔子問於老聃曰:'今日晏閒,敢問至道。'"

〔推源〕 此二詞俱有安義,爲安聲所載之公共義。聲符字"安"所記録語詞本義爲安静,引申之則有安逸、安適等義。《説文·宀部》:"安,静也。从女在宀下。"清朱駿聲《通訓定聲》:"《莊子·天地》:'共給之之爲安。'《周書·謚法》:'好和不争曰安。'《易·繫辭下》:'利用安身。'九家注:'㘴處也。'"然則本條二詞之安義爲其聲符"安"所載之顯性語義。

282 聿聲

(779) 筆律緯銉狉硉崒(長、高義)

筆 書寫工具,細而長之物。《説文·竹部》:"筆,秦謂之筆。从聿,从竹。"清朱駿聲《通訓定聲》:"《爾雅·釋器》:'不律謂之筆。'《禮記·曲禮》:'史載筆。'"《廣韻·質韻》:"筆,秦蒙恬所造……《韓詩外傳》:'周舍爲趙簡子臣,簪筆操牘,從君之後,伺君過而書之。'"沈兼士《聲系》:"案'筆',從慧琳《一切經音義》卷八十九'操筆'條引《説文》:'聿聲'。"《莊子·田子方》:"宋元君將畫圖,衆史皆至,受,揖而立,舐筆和墨,在外者半。"

律 校正樂音的管狀物,細而長者。《廣韻·術韻》:"律,律吕。"清朱駿聲《説文通訓定聲·履部》:"律,《周禮·典同》:'掌六律六同之和。'《禮記·禮運》:'五聲六律十二管。'注:

'陽曰律。'"《禮記·月令》："律中大蔟。"唐孔穎達疏："陽律以竹爲管，陰律以銅爲管。"《史記·律書》："壹禀於六律。"唐司馬貞《索隱》："古律用竹，又用玉，漢末以銅爲之。"

綷 長。《玉篇·糸部》："綷，長貌。"《廣韻·術韻》："綷，綷長。"明宋應星《天工開物·漕舫》："凡船制……簹綷爲履鞋，綷索爲鷹雕筋骨。"

鉥 針，細長之物。《玉篇·金部》："鉥，針。"《廣韻·術韻》："鉥，針鉥。"

豩 動物毛長。《改併四聲篇海·豕部》引《餘文》："豩，音聿。義同。"《爾雅·釋獸》："豩，脩豪。"晉郭璞注："毫毛長。"清郝懿行《義疏》："豩，本亦作𧱔。"明劉基《郁離子·九難》："狼虎熊羆，青貂白狐，文狌青狸，赤豹之皮，獮猢蛭豩，修毛髦氂，媕娿蒙茸，洵美且温。"

硉 石崖高。《廣韻·没韻》："硉，硉矹。"唐皮日休《桃花塢》："閒禽啼叫篠，險狖眠硉矹。"宋陸游《燕堂獨坐意象殊憒憒起登子城作此詩》："夢中涉黄河，太行高硉矹。"

峍 山高。字亦作"崒"。漢司馬相如《子虚賦》："其山則盤紆岪鬱，隆崇崒崒。"《梁書·沈約傳》："岑崟峍屼，或坳或平。"

〔推源〕 上述諸詞或有長義，或有高義，縱向之長則即高，二義相通。俱以聿聲載之，語源當同。聲符字"聿"本爲"筆"之初文。《説文·聿部》："聿，所以書也。楚謂之聿，吴謂之不律，燕謂之弗。"清朱駿聲《通訓定聲》："秦以後皆作'筆'字。"又"筆，此秦制字，秦以竹爲之，加'竹'"。漢揚雄《太玄·餘》："舌聿之利，利見知人也。"宋司馬光《集注》："聿，筆也。"按，"筆"爲細長之物。本條諸詞之長義當爲聲符"聿"所載之顯性語義。長義、高義相通，故又以聿聲載高義。聿聲可載長、高義，隹聲字所記録語詞"堆""脽""崔""顀"及允聲字所記録語詞"阮""鈗"皆可相證。"堆"，土堆，高出地平面者；"脽"，臀，高起者；"崔"，山高；"顀"，額頭高而前突（見本典"隹聲"）。"阮"，有高義；"鈗"，矛類兵器，形長之物。聿聲、隹聲、允聲皆相近而相通。

　　聿：余紐物部；
　　隹：章紐微部；
　　允：余紐文部。

余（喻四）章（照）旁紐，物微對轉，物文對轉，微文對轉。

（780）肆殣律（陳列義）

肆 陳列。《玉篇·長部》："肆，陳也，列也。"《廣韻·至韻》："肆，陳也。"《詩·大雅·行葦》："或肆之筵，或授之几。"漢毛亨傳："肆，陳也。"宋蘇軾《戚氏》："瑶池近、畫樓隱隱，翠鳥翩翩。肆華筵。"又，店鋪亦稱"肆"，即謂陳列、鋪陳其物之場所。《玉篇》以"肆"字隸《長部》，其音則當从聿得聲。"肆"之上古音心紐質部；"聿"，余紐物部。心余（喻四）鄰紐，質物旁轉。

殔　陳尸於坎。字亦作"殔"。《説文·歺部》："殔，瘞也。从歺，隶聲。"清朱駿聲《通訓定聲》："字亦作'垏'。……《儀禮·士喪禮》：'掘垏見衽。'注：'垏，在西階上。'《周書·作雒》：'垏于岐周。'注：'欑塗也。'《吕覽·先識》：'威公薨垏，九月不得葬，周乃分爲二。'按，《禮記·檀弓》：'主人既祖填池。'填所殔之坎也。〔聲訓〕《釋名》：'假葬於道側曰垏。'"按，朱氏所引《儀禮》文唐賈公彥疏："垏訓爲陳，謂陳尸於坎。"又《周書》注之"欑塗"即暫陳棺於道側義。章炳麟《新方言·釋宫》："江淮、吴越皆謂槀葬爲欑。"按，徽歙方言亦謂墳地未定暫陳棺於外爲"欑"。

律　校正樂音標準的管狀物（見前條），十二吕律相排列、陳列，"律"當寓陳列義。《説文·彳部》："律，均布也。从彳，聿聲。"所訓之義亦與陳列義通。

〔推源〕　諸詞俱有陳列義，爲聿聲所載之公共義。聲符字"聿"爲"筆"之初文，所記録語詞與陳列義不相涉，其陳列義乃聿聲所載之語源義。聿聲可載陳列義，"敶""列"可相證。

聿：余紐物部；

敶：定紐真部；

列：來紐月部。

余（喻四）定準旁紐，余（喻四）來準雙聲，定來旁紐。物真旁對轉，物月旁轉，真月旁對轉。"敶"，陳列。《説文·攴部》："敶，列也。从攴，陳聲。"清朱駿聲《通訓定聲》："《廣雅·釋詁三》：'敶，布也。'經傳皆以'陳'爲之。"按，分布、陳列，義本相通。《楚辭·招魂》："敶鐘按鼓，造新歌些。"《晋略·國傳四·燕慕容氏》："虜兵雖多，無行敶法制。""列"，字从刀，謂分裂，引申之則有行列、陳列義。《説文·刀部》："列，分解也。"清朱駿聲《通訓定聲》："《荀子·哀公》：'兩驂列，兩服入厩。'〔轉注〕《小爾雅·廣詁》：'列，次也。'《廣言》：'陳也。'《廣雅·釋詁三》：'列，布也。'《荀子·天論》：'列星隨旋。'注：'星有列位，二十八宿也。'"《禮記·樂記》："鋪筵席，陳尊俎，列籩豆。"《墨子·非儒下》："其親死，則列尸弗（歛）。"

283　艮聲

(781) 佷詪狠恨（狠戾義）

佷　狠戾。《玉篇·人部》："佷，戾也。本作很。"《説文·彳部》："很，不聽从也。一曰行難也。一曰盭也。从彳，艮聲。"《弦部》："盭，弼戾也。"按，"很"字从彳，當以行難義爲其本義，"艱"謂艱難，其字亦艮聲，可相爲證。謂人狠戾當以"佷"爲本字。《國語·晋語九》："宣子曰：'宵也佷。'對曰：'宵之佷在面，瑤之佷在心。'"三國吴韋昭注："佷，佷戾不从人也。"《後漢書·朱浮傳》："浮性矜急自多，頗有不平，因以峻文詆之，寵亦佷强，兼負其功，嫌怨轉積。"

詪　相争，言語狠戾。《説文·言部》：“詪，眼戾也。从言，艮聲。”清朱駿聲《通訓定聲》：“詪，很戾也。……《廣雅·釋訓》：‘詪詪，語也。’”按，所引《廣雅》文清王念孫《疏證》：“謂語言相很戾也。重言之則曰‘詪詪’。”《廣韻·銑韻》：“詪，争語。”梁啓超《再駁某報之土地國有論》：“彼之所以詪詪然主張土地國有論者，豈非以惡豪强之兼併耶？”

狠　狼戾。《説文·犬部》：“狠，吠鬥聲。从犬，艮聲。”清段玉裁注：“犬鬥聲。”按，犬鬥則吠，許説或無誤。清朱駿聲《通訓定聲》：“狠，〔假借〕今爲很戾字。”按，犬相鬥則狠，表狠戾義，爲引申，無煩假借。《南史·宋宗室及諸王傳下·晉平刺王休祐》：“休祐狠戾，前後忤上非一。”《北史·蘇威傳》：“其性狠戾，不切世要。”

恨　雠恨，怨恨。按，即狠戾之情。《説文·心部》：“恨，怨也。从心，艮聲。”《廣韻·恨韻》：“恨，怨也。”張舜徽《説文解字約注·言部》：“‘很戾’之見於行止者爲很，見於言語者爲詪，見於目者爲䁂，見於心者爲恨。”《荀子·堯問》：“處官久者士妒之，禄厚者民怨之，位尊者君恨之。”漢王充《論衡·書虛》：“夫言吴王殺子胥投之於江，實也。言其恨恚驅水爲濤者，虛也。”

〔推源〕　諸詞俱有狠戾義，爲艮聲所載之公共義。聲符字“艮”《説文》訓“很”，漢揚雄《方言》卷十二：“艮，堅也。”堅義、狠戾義亦當相通。艮聲可載狠戾義，皆聲字所記録語詞“飆”“偕”“鍇”可相證。“飆”，疾風，即迅速、猛烈之風，此與狠戾義極相近；“偕”，强壯；“鍇”，鐵，性堅硬。義皆相通(見本典“皆聲”)。皆聲、艮聲本相近且相通。

　　艮：見紐文部；

　　皆：見紐脂部。

雙聲，文脂旁對轉。

(782) 珢齦痕頤銀(隆起義)

珢　玉有隆起痕迹。《字彙·玉部》：“珢，玉有起迹曰珢。”

齦　齒起兒。《集韻·混韻》：“齫，齒起兒。或作齦。”按，“齦齶”謂凹凸不平，“齦”即凸起之謂，亦與齒起義相通。宋韓駒《入鳴水洞循源至山上》：“我欲蹋驚湍，下窮齦齶石。”按，“齦”亦謂牙齦，牙齦本亦微微隆起者。《廣韻·欣韻》：“齗，齒根肉也。齦，同齗。”漢揚雄《太玄·密》：“琢齒依齦，君自拔也。”按，後世“齦”爲牙齦字。

痕　腫，隆起。《類篇·疒部》：“痕，腫病。”清朱駿聲《説文通訓定聲·屯部》：“痕，字亦作‘胿’。《廣雅·釋詁二》：‘痕，腫也。’《通俗文》：‘創瘢曰痕。’”按，所謂“創瘢”即創傷之痕，或亦腫起。《玉篇·肉部》：“胿，肉胿也。”

頤　頰骨隆起。《集韻·混韻》：“頤，頰高也。”

銀　鋒稜，隆起者。清朱駿聲《説文通訓定聲·屯部》：“銀，〔假借〕爲珢。《大戴·衛將軍文子》：‘銀乎如斷。’注：‘廉鍔也。’”按，“廉鍔”即鋒稜。《廣韻·鐸韻》：“鍔，劍端。”《莊子·説劍》：“天子之劍，以燕谿石城爲鋒，齊岱爲鍔。”唐陸德明《經典釋文》：“鍔，一云劍稜也。”按，“銀”表鋒稜義，非“垠”之假借。“銀”本謂白金，指鋒稜，則爲套用字。

〔推源〕 諸詞俱有隆起義，爲艮聲所載之公共義。聲符字“艮”單用無此義，乃艮聲所載之語源義。艮聲可載隆起義，“崛”可證之。

艮：見紐文部；
崛：群紐物部。

見群旁紐，文物對轉。“崛”，突起。《説文·山部》：“崛，山短高也。”清段玉裁注：“不長而高也。”漢王符《潛夫論·慎微》：“凡山陵之高，非削成而崛起也，必步增而稍上焉。”唐李白《崇明寺佛頂尊勝陀羅尼幢頌》：“常六合之振動，崛九霄之峥嶸。”

(783) 根跟頤（根基義）

根 根柢，木之根基。《説文·木部》：“根，木株也。从木，艮聲。”清朱駿聲《通訓定聲》：“《韓非子·解老》：‘根者，書之所謂柢也。’……《史記·魯仲連鄒陽傳》：‘蟠木根柢。’《集解》：‘下本也。’”《廣韻·痕韻》：“根，根柢也。”唐李白《爲吳王謝責赴行在遲滯表》：“流波思其舊浦，落葉墜於本根。”按，漢許慎以“木株”訓“根”，同部“株”篆則訓“木根也”，南唐徐鍇《繫傳》：“入土曰根，在土上者曰株。”

跟 脚後跟，足之根基部。漢史游《急就篇》卷三“蹴踝跟踵相近聚”唐顏師古注：“跟猶根也，下著於地如木根也。”《説文·足部》：“跟，足踵也。从足，艮聲。”清朱駿聲《通訓定聲》：“《思玄賦》：‘陟焦原而跟趾。’……〔聲訓〕《釋名》：‘足後曰跟，在下方著地，一體任之，象木根也。’”《廣韻·痕韻》：“跟，足後踵也。”漢焦贛《易林·蹇之革》：“頭瘍搔跟，無益於疾。”

頤 下頜骨的根基部。《説文·頁部》：“頤，頰後也。从頁，艮聲。”《廣韻·很韻》：“頤，頰後。”清許槤《洗冤録詳義·釋骨坿》：“頤即頰車之尾，其形如鈎，控於耳前，名曰曲頰。”

〔推源〕 諸詞俱有根基義，爲艮聲所載之公共義。聲符字“艮”所記録語詞之顯性語義系列與根基義無涉，其根基義乃艮聲所載之語源義。艮聲可載根基義，“基”可相證。

艮：見紐文部；
基：見紐之部。

雙聲，文之通轉。“基”，牆脚，屋之基址，如木之根，亦如人之足跟。《説文·土部》：“基，牆始也。”清朱駿聲《通訓定聲》：“《詩·絲衣》：‘自堂徂基。’傳：‘門塾之基。’《儀禮·士喪禮》：‘度兹幽宅兆基。’……〔轉注〕《南山有臺》：‘邦家之基。’傳：‘本也。’”按，“本”“根”同義。朱氏所稱“轉注”實即引申。

(784) 垠痕（痕迹義）

垠 痕迹。字亦作“塾”。《集韻·諄韻》：“垠，或作塾。”《淮南子·覽冥訓》：“日行月動,星燿而玄運,電奔而鬼騰,進退屈伸,不見朕垠。"漢高誘注:"朕,兆朕也;垠,形狀也。"按"形狀"即形迹、痕迹義。又《兵略訓》:"神出而鬼行,星燿而玄逐,進退詘伸,不見朕埊。"今按,"垠"字從土,本謂界限、邊際(見後條),表痕迹義,當爲套用式本字。蓋人之行迹及鳥獸蹄迒之迹皆可留之於地。

痕 痕迹字。《說文・疒部》:"痕,胝瘢也。從疒,艮聲。"清朱駿聲《通訓定聲》:"《通俗文》:'創瘢曰痕。'〔轉注〕今用爲凡物痕迹字。"《廣韻・痕韻》:"痕,瘢也。"漢蔡琰《胡笳十八拍》之十七:"塞上黃蒿兮枝枯葉乾,沙場白骨兮刀痕箭瘢。"五代王定保《唐摭言・海叙不遇》:"趙牧不知何許人,大中、咸通中,學李長吉爲短歌,可謂蹙結繡而無痕迹。"

〔推源〕 此二詞俱有痕迹義,爲艮聲所載之公共義。聲符字"艮"所記錄語詞之顯性語義系列與痕迹義不相涉,其痕迹義乃艮聲所載之語源義。艮聲可載痕迹義,"印"可證之。

艮:見紐文部;

印:影紐真部。

見影鄰紐,文真旁轉。"印",甲骨文從爪、從人(跽形),爲"抑"之初文,羅振玉說,見《增訂殷虛書契考釋》。"抑"謂按抑,印章之施亦按抑之,故引申爲印章義。《說文・印部》:"印,執政所持信也。"《漢書・百官公卿表》上:"相國、丞相,皆秦官,金印紫綬,掌丞天子助理萬機。"按印則有痕,故引申爲痕迹義。唐段成式《酉陽雜俎・諾皋記上》:"手染鬱金柘於綵上,千萬重手印悉透。丈夫衣之,手印當背;婦人衣之,手印當乳。"清陳維崧《簌水・見古寺放生馬而嘆之》:"俯首沉吟烙印,驀聽僧鐘打,餘生也託象王臺下。"

(785)限垠(界限義)

限 字從阜,所記錄語詞謂阻隔。《說文・阜部》:"限,阻也。一曰門榍也。從阜,艮聲。"《韓非子・初見秦》:"齊之清濟濁河,足以爲限;長城巨防,足以爲塞。"阻隔之,則有界限,故引申爲界限義。《廣韻・產韻》:"限,界也。"清朱駿聲《說文通訓定聲・屯部》:"《小爾雅・廣詁》:'限,界也。'"《史記・梁孝王世家》:"十九年,漢廣關,以常山爲限,而徙代王王清河。"唐劉禹錫《喜徑松成陰》:"江長天作限,山固壤無朽。"按,漢許慎所訓"一曰門榍"謂門檻,其物亦屋內、屋外之界限。

垠 邊界,界限。《說文・土部》:"垠,地垠。一曰岸也。從土,艮聲。圻,垠或從斤。"清朱駿聲《通訓定聲》:"《鵩鳥賦》:'或託絕垠之外。'注:'天邊之地也。'……《西京賦》注:'垠堮,端崖也。'又《淮南・俶真》:'通於無圻。'《文選・〈辯亡論〉》:'風衍遐圻。'《魏大饗碑》:'復九圻之彊寓。'"按,漢許慎所訓"一曰岸也",謂水之邊界,亦水與陸地之界限。

〔推源〕 此二詞俱有界限義,爲艮聲所載之公共義。聲符字"艮"單用本可表界限義。《廣韻・恨韻》:"艮,《說文》:'限也。'"宋葉適《朝議大夫蔣公墓誌銘》:"所得在艮,艮者,限也。限立而内外不越。"按,"艮"又有止義,界限即應止之處,其義亦相通。《廣韻·恨韻》:"艮,止也。"《易·艮》:"象曰:艮,止也。"清惲敬《艮泉圖詠記》:"山可浮,九天九地何所不浮?泉可艮,九天之上、九地之下何所不艮?"艮聲可載界限義,則"界"可相證。

艮:見紐文部;

界:見紐月部。

雙聲,文月旁對轉。"界",邊界,地界。《爾雅·釋詁下》:"界,垂也。"宋邢昺疏:"謂四垂也。"按,即四邊際、四邊陲。地之邊際,天如垂,故有"天圓地方"之說,"陲"為後起本字。《說文·田部》:"界,境也。"按,樂章終謂之"竟",故地之盡頭謂之"境"。《詩·周頌·思文》:"無此疆爾界,陳常於時夏。"引申之,則有界限義。《荀子·禮論》:"求而無度量分界,則不能不爭。"唐韓愈《喜雪獻裴尚書》:"地空迷界限,砌滿接高卑。"

284　如聲

(786) 絮筎恕狣伽(柔義)

絮　粗絲綿,柔軟之物。漢史游《急就篇》卷二:"緯緹絓紬絲絮緜。"唐顔師古注:"清者爲緜,麤者爲絮。"《説文·糸部》:"絮,敝緜也。从糸,如聲。"清朱駿聲《通訓定聲》:"好者爲緜,惡者爲絮。《漢書·文帝紀》:'絮三斤。'古無木緜,以絮納袷衣中,謂之裝褚,曰袍。"按"絮"又有優柔寡斷義,則謂性軟如綿。清翟灝《通俗編·言笑》引宋史浩《兩鈔摘腴》:"方言以濡滯不決絶爲絮,猶絮之柔韌牽連無邊幅也。富、韓並相時,偶有一事,富公疑之久不決,韓謂富曰:'公又絮。'"

筎　竹絮,刮取竹皮而成。《集韻·魚韻》:"筎,刮取竹皮爲筎。"宋蘇軾《杜處士傳》:"船破須筎,酒成於麴。"按,《玉篇》云:"竹筎,以塞舟。"其性柔軟,徽歙人亦用以洗器皿,如今之金屬絲球。其字亦作"竹茹"。《辭海·竹部》:"竹茹,淡竹或青杆竹的莖,經除去綠色表層後,用刀刮成的薄帶狀物。性微寒,味甘,功能清熱除煩、和胃止嘔。"其説蓋本於明李時珍《本草綱目》。

恕　仁愛,即懷柔義。《説文·心部》:"恕,仁也。从心,如聲。"清朱駿聲《通訓定聲》:"《孟子》:'彊恕而行,求仁莫近焉。'……《賈子·道術》:'以己量人曰恕。'"《廣韻·御韻》:"恕,仁恕。"《後漢書·郭躬傳·論》:"夫不喜於得情則恕心用,恕心用則可寄枉直矣。"按,"恕"亦爲寬恕字,寬恕亦即仁慈、心軟。《戰國策·趙策四》:"老臣病足,曾不能疾走,不得見久矣,竊自恕。"

狣　犬多毛貌。《廣韻·魚韻》:"狣,犬多毛也。"《太平御覽》卷九〇四引南朝宋何承天《纂文》:"隴西以犬爲猶、獳、狣、氃,皆多毛犬也。"今按,犬多毛則觀之毛茸茸顯柔軟,"狣"

即毛柔軟之意。

伽 人溫柔、溫順。清朱駿聲《説文通訓定聲·豫部》："伽，《詩·民勞》'柔遠能邇'箋：'能猶伽也。'按，順施之意。"按，朱氏所引《詩》文唐孔穎達疏："此云'伽'者與'恣'同，謂順適其意也。"

〔推源〕 諸詞俱有柔義，爲如聲所載之公共義。如聲字"茹"从草，本謂餵牛馬，然可以如聲載柔義。《廣雅·釋詁四》："茹，柔也。"《詩·小雅·六月》："玁狁匪茹，整居焦獲。"清馬瑞辰《毛詩傳箋通釋》："匪茹，言非柔弱。"《楚辭·離騷》："攬茹蕙以掩涕兮，霑餘襟之浪浪。"漢王逸注："茹，柔耎也。"聲符字"如"所記錄語詞本義爲"從隨"，實即溫柔、順從義。《説文·女部》："如，從隨也。从女，从口。"《公羊傳·桓公元年》："繼弑君不言即位，此其言即位何，如其意也。"《左傳·宣公十二年》："有律以如己也。"晉杜預注："如，從也。"按，如聲可載柔義，蓋"如""柔"音本相近且相通。

如：日紐魚部；
柔：日紐幽部。

雙聲，魚幽旁轉。"柔"，木質柔軟，可曲可直。《説文·木部》："柔，木曲直也。"清段玉裁注："凡木曲者可直、直者可曲曰柔。"《詩·大雅·抑》："荏染柔木，言緡之絲。"明高濂《玉簪記·詞媾》："奴本是柔枝嫩條，休比做墻花路草。"引申之，則有柔弱、溫柔、懷柔等義。

(787) 袽袽（破敗義）

袽 破舊的巾。《説文·巾部》："袽，一曰幣巾。"清朱駿聲《通訓定聲》："一曰敝巾也。內景《黃庭經》：'人間紛紛臭袽如。'按，猶袈爲敝衣、絮爲敝絮也。"唐白居易《喜照密閑實四上人見過》："臭袽世界終須出，香火因緣久願同。"

袽 破敗的衣物。《玉篇·衣部》："袽，所以塞舟漏也。"《廣韻·魚韻》："袽，《易》曰：'繻有衣袽。'"按，《廣韻》所引《易·既濟》文唐李鼎祚《集解》："袽，敗衣也。"《新唐書·百官志三·諸津》："凡舟渠之備，皆先儀其半，袽塞、竹篙，所在供焉。"

〔推源〕 此二詞俱有破敗義，爲如聲所載之公共義。如聲字"茹"亦可以假借字形式表此義。清朱駿聲《説文通訓定聲·豫部》："茹，〔假借〕爲袽。《吕覽·功名》：'以茹魚去蠅。'注：'臭也。'讀茹船漏之茹。《魏都賦》：'神恧形茹。'注：'臭敗之義也。'"聲符字"如"所記錄語詞之本義、引申義系列與破敗義不相涉，其破敗義爲如聲所載之語源義。如聲可載破敗義，"乳"可證之。"乳"爲日紐侯部字，"如"字日紐魚部。雙聲，魚侯旁轉。"乳"，本指生子，又引申而指乳汁，乳汁有腥臭氣味，故有"乳臭"一詞。豆腐乳實由豆腐發酵變質而成，稱"乳"亦寓臭義，發酵變質則實即破敗義。

285　劦聲

(788) 恊勰協（同義）

恊　同心。《説文·心部》:"恊,同心之和。从劦,从心。"清朱駿聲《通訓定聲》:"从劦,从心,會意,劦亦聲。"宋袁褧《楓窗小牘》卷上:"李文靖,賢相也,與張齊賢稍不恊,齊賢竟以被酒失儀罷相。"

勰　同思之和。字亦作"勰"。《説文·劦部》:"勰,同思之和。从劦,从思。"清朱駿聲《通訓定聲》:"从劦,从思,會意,劦亦聲。《爾雅·釋詁》:'勰,和也。'"南朝梁陸璉《皇太子釋奠》:"昭圖勰軌,道清萬國。"況周頤《蕙風詞話》卷四:"詞即音也。亦有自度腔者,先隨意爲長短句,後勰以律。"

協　協同。《説文·劦部》:"協,衆之同和也。从劦,从十。旪,古文協从曰、十。叶,或从口。"清朱駿聲《通訓定聲》:"蓋同言之,和也。《書·堯典》:'協和萬邦。'傳:'合也。'《洪範》:'協用五紀。'傳:'和也。'《漢書·五行志》作'旪'。……《後漢·律曆志》:'叶時月。'又《周語》:'紀農協功。'注:'同也。'"

〔推源〕　諸詞俱有同義,爲劦聲所載之公共義。聲符字"劦"爲同體會意字,謂同力。《説文·劦部》:"劦,同力也。从三力。"然則本條諸詞之同義爲其聲符"劦"所載之顯性語義。

286　牟聲

(789) 恈/溺（貪愛義）

恈　貪愛。《玉篇·心部》:"恈,貪愛也。"《廣韻·尤韻》:"恈,愛也。"《荀子·榮辱》:"恈恈然唯利飲食之見,是狗彘之勇也。"唐楊倞注:"恈恈,愛欲之貌。"

溺　沉溺於水。《廣雅·釋詁一》:"溺,没也。"《孟子·離婁上》:"嫂溺不援,是豺狼也。"引申爲沉溺於某種事物即貪愛義。《正字通·水部》:"溺,凡人情沉湎不反亦曰溺。"《禮記·樂記》:"今夫新樂,進俯退俯,姦聲以濫,溺而不止。"明李贄《初潭集·夫婦三》:"夫而不賢,則雖不溺志於聲色,有國必亡國,有家必敗家。"

〔推源〕　此二詞俱有貪愛義,其音亦相近且相通,語源當同。

恈:明紐幽部；

溺:泥紐藥部。

明[m]泥[n]二紐,王力先生《同源字論》云:"鼻音與鼻音,鼻音與邊音,也算鄰紐。"幽藥(沃)旁對轉。

287　厽聲

(790) 絫垒（累增義）

絫　累增，聚積。字亦作"累"。《説文·糸部》："絫，增也。从厽，从糸。絫，十黍之重也。"清段玉裁注："从厽、糸，厽亦聲。"清朱駿聲《通訓定聲》："厽亦聲。字俗作'累'。《穀梁隱十一傳》：'累數皆至也。'注：'累數，總言之也。'《僖十八傳》：'善累而後進之。'注：'積也。'"《廣韻·紙韻》："絫，累，上同。"《文選·司馬相如〈上林賦〉》："雜襲絫輯，被山緣谷。"唐李善注："絫，古累字。"按，漢許慎所云"十黍之重"爲其別義。

垒，堆垒土塊或磚頭等物砌墻或築工事。《説文·厽部》："垒，絫墼也。从厽，从土。"南唐徐鍇《繫傳》："今但作壘。壘，壁壘也。"清徐灝《注箋》："壘並與垒同。"按，清段玉裁注及清朱駿聲《通訓定聲》皆云"厽亦聲"，得之。《説文》同部"壘"訓"軍壁"，清段玉裁注："行軍所駐爲垣曰軍壁。"然亦堆物而成者。《墨子·備穴》："斬艾與柴長尺，乃置窯竈中，先壘窯壁，迎穴爲連。"其"壘"亦堆砌義。

〔推源〕　此二詞俱有累增義，爲厽聲所載之公共義。聲符字"厽"象土塊堆垒形。《説文·厽部》："厽，絫坺土爲墻壁。象形。"然則本條二詞之累增義爲其聲符"厽"所載之顯性語義。至厽聲可載累增義，則"增"可證之。

厽：來紐微部；
增：精紐蒸部。

來精鄰紐，微蒸通轉。"增"，累增，重叠。《廣雅·釋詁四》："增，累也。"《楚辭·天問》："增城九重，其高幾里？"漢劉向《説苑·反質》："宮室臺閣，連屬增累。"

288　丝聲

(791) 幽/杳（幽暗義）

幽　隱蔽，引申爲幽暗義。《説文·丝部》："幽，隱也。从山，中丝，丝亦聲。"清朱駿聲《通訓定聲》："《易·困》：'入於幽谷。'注：'不明之辭也。'……《太玄·中·初一》：'崑崙旁薄幽。'注：'隱也。'〔轉注〕《小爾雅·廣詁》：'幽，冥也。'《荀子·正論》：'上幽險則下漸詐。'注：'隱也。'《解蔽》：'上幽而下險。'注：'暗也。'《禮記·禮運》：'是謂幽國。'注：'闇也。'……《楚辭·靈懷》：'皇輿覆以幽辟。'注：'暗昧也。'《惜誓》：'方世俗之幽昏兮。'注：'不明也。'"按，所云"轉注"即引申。

杳 幽暗。《説文·木部》:"杳,冥也。从日在木下。"清朱駿聲《通訓定聲》:"《甘泉賦》:'杳旭卉兮。'注:'深遠也。'《舞賦》:'獨馳思乎杳冥。'〔假借〕叠韻連語。《史記·司馬相如傳》:'紅杳渺以眩湣。'又'頩杳眇而不見。'又重言形況字。《楚辭·懷沙》:'眴兮杳杳。'"按,"杳"表悠遠、渺茫義無煩假借,乃引申。《廣韻·篠韻》:"杳,冥也,深也。"《楚辭·涉江》:"深林杳以冥冥兮,猨狖之所居。"《文選·張衡〈西京賦〉》:"奇幻儵忽,易貌分形,吞刀吐火,雲霧杳冥。"唐吕延濟注:"杳冥,陰闇貌。"

〔推源〕 此二詞義同,其音亦相近且相通,語源當同。

幽:影紐幽部;
杳:影紐宵部。

雙聲,幽宵旁轉。

289 𢦏聲

(792) 載戴(負荷義)

載 乘坐。《説文·車部》:"載,乘也。从車,𢦏聲。"清朱駿聲《通訓定聲》:"《易·睽》:'載鬼一車。'《詩·緜蠻》:'命彼後車,謂之載之。'"按,人乘車、物載於車,則即車有所負荷,故引申爲承受、負荷義。《正字通·車部》:"載,承也。"漢王充《論衡·效力》:"身載重任,至於終死,不倦不衰,力獨多矣。"《晉書·天文志上》:"軫四星,主冢宰,輔臣也;主車騎,主載任。"

戴 頭戴物,即頭有負荷。《釋名·釋姿容》:"戴,載也,載之於頭也。"《廣韻·代韻》:"戴,荷戴。"《孟子·梁惠王上》:"頒白者不負戴於道路矣。"漢司馬遷《報任安書》:"僕以爲戴盆何以望天,故絶賓客之知,亡家室之業,日夜思竭其不肖之才力,務一心營職,以求親媚於主上。"宋王安石《舒州被召試不赴偶書》:"戴盆難與望天兼。"

〔推源〕 此二詞俱有負荷義,爲𢦏聲所載之公共義。聲符字"𢦏"所記錄語詞謂受傷,其義或相通。《説文·戈部》:"𢦏,傷也。从戈,才聲。"清段玉裁注:"謂受刃也。"𢦏聲可載負荷義,則"承"可證之。

𢦏:精紐之部;
承:禪紐蒸部。

精禪鄰紐,之蒸對轉。"承",承受,即有負擔、負荷義。《説文·手部》:"承,受也。"《韓非子·難三》:"中期善承其任,未慊昭王也,而爲所不知,豈不妄哉!"宋陳亮《上孝宗皇帝第一書》:"苟國家不能起而承之,必將有承之者矣。"

290 戒聲

(793) 誡恘械（警戒、限制義）

誡 告誡，警示。《説文·言部》："誡，敕也。从言，戒聲。"《廣韻·怪韻》："誡，言警也。"《史記·魏公子列傳》："公子恐其怒之，乃誡門下：'有敢爲魏王使通者，死。'"《後漢書·馬援傳》："初，兄子嚴、敦並喜譏議，援前在交趾，還書誡之。"按，告誡即限制其言行，本與限制義通。"誡"又有教令之衍義，教令則亦限制言行者，清朱駿聲《説文通訓定聲·頤部》："誡，《荀子·彊國》：'發誡布令而敵退。'注：'教也。'"

恘 警戒。《説文·心部》："恘，飭也。从心，戒聲。《司馬法》曰：'有虞氏恘於中國。'"清朱駿聲《通訓定聲》："恘，飭也。"清王筠《句讀》："當依《增韻》作'飭'……'中國'當作'國中'。"朱執信《論社會革命當與政治革命並行》："至謂中國有社會革命原因，則往往有恘而不信者。"

械 刑具，限制行動自由之物，亦警示其有罪之物。《説文·木部》："械，桎梏也。从木，戒聲。"清朱駿聲《通訓定聲》："《通俗文》：'拘罪人曰桁械。'謂穿木加足曰械，大械曰桁。《後漢·吴祐傳》注：'在手曰械。'《左襄六傳》注：'若械之在手。'《漢書·婁敬傳》：'械繫敬廣武。'《公孫賀傳》：'不足爲我械。'《報任少卿書》：'受械於陳。'注皆訓'桎梏'。"按，所謂"受械"即遭拘係，其"械"爲動詞，實亦限制義。

〔推源〕 諸詞俱有警戒、限制義，爲戒聲所載之公共義。聲符字"戒"所記録語詞之本義即警戒，警惕而戒備。《説文·廾部》："戒，警也。从廾持戈，以戒不虞。"清朱駿聲《通訓定聲》："《方言》十三：'戒，備也。'《詩·采薇》：'豈不日戒？'箋：'警勑軍事也。'《禮記·曾子問》：'以三年之戒。'注：'猶備也。'"《廣韻·怪韻》："戒，備也，警也。《易》注云：'洗心曰齋，防患曰戒。'"《新唐書·康承訓傳》："可師恃勝不戒，弘立以兵襲之，可師不克陣而潰。"按，"戒"又有界限義，界限則爲起限制作用之分界。《字彙補·戈部》："戒，又與'界'義同。"《新唐書·天文志一》："而一行以爲天下山河之象，存於兩戒……故《星傳》謂北戒爲胡門，南戒爲越門。"然則本條諸詞之警戒、限制義爲其聲符"戒"所載之顯性語義。至戒聲可載警戒、限制義，則"警"可證之。

戒：見紐職部；
警：見紐耕部。

雙聲，職耕旁對轉。"警"，告誡。《説文·言部》："警，戒也。从言，从敬，敬亦聲。"《左傳·莊公三十一年》："凡諸侯有四夷之功，則獻於王，王以警於夷。"晉杜預注："以警懼夷狄。"唐陸德明《釋文》："警，戒懼也。"南朝梁劉勰《文心雕龍·銘箴》："夫箴誦於官，銘題於器,名目雖異,而警戒實用。"按,告誡、警告,則示言行有所不爲意,實即限制義。《説文》以"警"與"戒"相互爲訓,實乃以同源詞相訓。

291 赤聲

(794) 赦拸(捨棄義)

赦 捨棄,引申爲赦免、寬恕義。《説文·攴部》:"赦,置也。从攴,赤聲。㪅,赦或从亦。"清朱駿聲《通訓定聲》:"《周禮·司刺》:'掌三刺三宥三赦之法。'《公羊昭十八傳》:'赦止者,免止之罪辭也。'《書·僞允征》:'先時者殺無赦。'……《易·象傳》:'君子以赦過宥罪。'疏:'謂放免。'〔聲訓〕《爾雅·釋詁》:'赦,舍也。'按,謂捨也。"按,所引《爾雅》文晉郭璞注:"舍,放置。"《左傳·宣公十二年》:"左右曰:'不可許也,得國無赦。'"

拸 拔除,捨棄之。清朱駿聲《説文通訓定聲·豫部》:"拸,《周禮》:'赤犮氏。'以'赤'爲之,拔除去之也。"清段玉裁《説文解字注·手部》:"拸,拸拔,蓋漢時有此語。"按,朱氏所引《周禮·秋官·序官》文漢鄭玄注:"赤犮,猶言拸拔也。主除蟲豸自埋者。"唐賈公彦疏:"故在此言'赤犮'猶言'拸拔'者,拔除去之也。"《集韻·昔韻》:"赤,《周禮》:'赤犮氏'。或从手。"按,"拸"爲本字、正字。

〔推源〕 此二詞俱有舍棄義,爲赤聲所載之公共義。聲符字"赤"所記録語詞謂紅色。《説文·赤部》:"赤,南方色也。从大,从火。"按,大火之色即紅色。古者以東、南、西、北、中五方與金、木、水、火、土五行相對應,南方屬火,火色紅,故"赤"訓"南方色"。《素問·風論》:"其色赤。"唐王冰注:"赤者,心色也。"按,心色紅,中國醫學以五行與心、肝、脾、肺、腎五臟相對應,心屬火,爲火臟。然則"赤"與舍棄義不相涉,其捨棄義乃赤聲所載之語源義。赤聲可載捨棄義,"捨"可證之。

赤:昌紐鐸部;
捨:書紐魚部。

昌(三等即穿)書(審三)旁紐,鐸魚對轉。"捨",捨棄。《説文·手部》:"捨,釋也。"《洪武正韻·者韻》:"捨,棄也。"晉陶潛《桃花源記》:"山有小口,髣髴若有光,便捨船,從口入。"《隋書·律曆志下》:"焯作於前,玄獻於後,捨己從人,異同暗會。"

292 折聲

(795) 哲嚞(明義)

哲 明智。字亦作"嚞""喆""悊"。《説文·口部》:"哲,知也。从口,折聲。悊,哲或从心。嚞,古文哲从三吉。"清朱駿聲《通訓定聲》:"《爾雅·釋言》:'哲,智也。'《書·皋謨》:'知人則哲。'《詩·下武》:'世有哲王。'又《瞻卬》:'哲夫成城,哲婦傾城。'箋:'謂多謀慮也。'《書·伊訓》:'敷求哲人。'《釋文》:'本作喆。'《郭旻碑》:'既明且嚞。'又,《漢書·五行志》:'悊,知也。'《漢書·叙傳》:'或悊或謀。'《谷永傳》:'懿厥悊婦。'《王莽傳》:'熒惑司悊。'皆以'悊'爲之。"《廣韻·薛韻》:"哲,智也。喆,上同。嚞,古文。悊,上同。"按,"悊"當爲正形,用"哲"者,約定俗成而已。

晢 明亮。字亦作"晣"。《説文·日部》:"晢,昭晣,明也。从日,折聲。"清朱駿聲《通訓定聲》:"與晳白字聲義皆別。字亦作'晣',左形右聲。又作'㫼'。《易·大有》:'明辨,晢也。'《儀禮·士冠禮》:'晣明行事。'《大戴·文王官人》:'喜怒之如度晣日守也。'《高唐賦》:'晣兮若姣姬揚袂。'《思玄賦》:'雖司命其不㫼。'《詩》:'庭燎晣晣。'《東門之楊》:'明星晢晢。'"引申之,則有明智義。《後漢書·馮衍傳上》:"蓋聞明者見於無形,智者慮於未萌,況其昭晢者乎?"

〔推源〕 此二詞俱有明義,爲折聲所載之公共義。折聲字"晣""晢"亦有"明"訓,蓋亦折聲、明義相關聯之一證。《廣韻·薛韻》:"晣,目明。"《龍龕手鑒·目部》:"晢,目明也。""哲""晢"之聲符"折"所記録語詞謂折斷。《説文·艸部》:"折,斷也。"《易·豐》:"折其右肱。"然則與明義不相涉,其明義乃折聲所載之語源義。折聲可載明義,"亮"可證之。

折:章紐月部;

亮:來紐陽部。

章(照)來準旁紐,月陽通轉。"亮",明亮。《玉篇·儿部》:"亮,朗也。"《説文·月部》:"朗,明也。"三國魏嵇康《雜詩》:"皎皎亮月,麗於高隅。"明王衡《鬱輪袍》第六折:"明當當功作罪,亮堂堂冰化水。"

(796) 逝/失(消失義)

逝 字从辵,謂前往,引申爲以往義,以往即已消失者,故又引申爲死亡義,死亡則即生命消失。《説文·辵部》:"逝,往也。从辵,折聲。讀若誓。"清朱駿聲《通訓定聲》:"《詩·東門之枌》:'穀旦於逝。'《論語》:'君子可逝也。'又'逝者如斯夫。'皇疏:'往去之辭也。'〔轉注〕謝宣遠詩:'逝者如可作。'注:'謂死也。'"按,所稱"轉注"即引申。漢司馬遷《報任安書》:"是僕終已不得舒憤懣以曉左右,則長逝者魂魄私恨無窮。"

失 遺失,消失。《説文·手部》:"失,縱也。"清朱駿聲《通訓定聲》:"謂在手而奪去也……《禮記·禮運》:'故人情不失。'注:'猶去也。'"北周庾信《彭城公夫人爾朱氏墓誌銘》:"野曠風急,天寒日昏,煙霾杳嶂,霧失遥村。"唐杜甫《將適吳楚留別章使君留後兼幕府諸公》:"常恐性坦率,失身爲杯酒。"

〔推源〕 此二詞俱有消失義,其音亦相近且相通。

逝：禪紐月部；

失：書紐質部。

禪書(審三)旁紐,月質旁轉。然則語源當同。

(797) 浙/轉(轉折義)

浙 江名,今有浙江省,本亦稱"之江",以其江水多轉折、不直而得名。《說文·水部》:"浙,江水東至會稽山陰爲浙江。从水,折聲。"張舜徽《約注》:"錢坫曰:'《山海經》同,《莊子》謂之制河。'舜徽按:浙、制雙聲,故相通假。後人因制字而加水旁爲'淛',目爲'浙'之別體,始見《集韻》,非古也。此水所以名浙者,浙之言折也,謂其水之流行屈折也。以其屈折如'之'字,故又名之江,亦曰曲江。浙與漸聲近,故古人亦稱爲漸江。"

轉 運行。《說文·車部》:"轉,運也。"《史記·平準書》:"轉漕甚遼遠。"唐司馬貞《索隱》:"車運曰轉,水運曰漕也。"按,凡車運物前行,時或轉折,改變其方向,故有"轉折"之衍義。《楚辭·離騷》:"路不周以左轉兮,指西海以爲期。"宋洪興祖《補注》:"不周在西北海之外,自右而之左,故曰指西海以爲期也。"唯"轉"有折義,故有"轉折"之同義聯合式合成詞。明張養重《七里灘》:"直下已復難,況乃路轉折。"

〔推源〕 此二詞俱有轉折義,其音亦相近且相通。

浙：章紐月部；

轉：端紐元部。

章(照)端準雙聲,月元對轉。其語源當同。又,"浙"字乃以折聲載轉折義,聲符字"折"所記録語詞之本義爲折斷(見前第795條"推源"欄)。按,凡物之折斷必先轉折其方向,此與轉折義本相通。又,折之則物先曲而後斷之,故有"曲折"之衍義,曲折義、轉折義極相近且相通。清朱駿聲《説文通訓定聲·泰部》:"折,〔轉注〕《廣雅·釋詁一》:'折,曲也。'……《西周策》:'則周必折而入於韓。'注:'屈也。'《禮記·玉藻》:'折還中矩。'注:'曲行也宜方。'《孟子》:'爲長者折枝。'注:'按摩折手節罷枝也。'《淮南·覽冥》:'河九折注於海。'"所謂"轉注"實爲引申。然則"浙"之轉折義爲其聲符"折"所載之顯性語義。

(798) 蜇/螫(叮咬義)

蜇 蛇蟲叮咬。《廣韻·薛韻》:"蜇,螫也。"唐柳宗元《讀韓愈所著毛穎傳後題》:"而又設以奇異小蟲水草樝梨橘柚,苦鹹酸辛,雖蜇吻裂鼻,縮舌澀齒,而咸有篤好之者。"舊注:"蜇,蟲螫也。"《百喻經·得金鼠狼喻》:"傍邊愚人見其毒蛇變成真寶,謂爲恒爾。復取毒蛇内諸懷裏,即爲毒蛇之所蜇螫,喪身殞命。"

螫 義同"蜇"。《説文·虫部》:"螫,蟲行毒也。"清朱駿聲《通訓定聲》:"《詩·小毖》:'自求辛螫。'《韓詩》以'赦'爲之。《淮南·說山》:'貞蟲之動以毒螫。'《俶真》:'蜂蠆螫指,而神不能憺。'"《三國志·魏志·陳泰傳》:"古人有言:'蝮蛇螫手,壯志解其腕。'"

〔推源〕 此二詞義同,其音亦相近且相通。

蜇:端紐月部;
螫:書紐鐸部。

端書(審三)準旁紐,月鐸通轉。其語源當同。

293　孝聲

(799) 哮猇髇(鳴叫義)

哮 叫喊,亦指獸類咆哮、怒吼。《廣韻·效韻》:"哮,喚也。"又《肴韻》:"哮,哮䶦。"清朱駿聲《説文通訓定聲·孚部》:"哮,〔假借〕爲'虓'。《通俗文》:'虎聲謂之哮唬。'《埤蒼》:'哮嚇,大怒聲也。'《七啓》:'哮䶦之獸。'"按《説文·口部》:"哮,豕驚聲也。从口,孝聲。"故朱氏以爲"哮"指虎吼爲假借,實非。唐慧琳《一切經音義》云"哮"爲"虓"之或體。"哮"可泛指獸類咆哮。晉張華《博物志》卷三:"師子哮吼奮起,左右咸驚。"亦指人大聲哭叫。元無名氏《替殺妻》第三折:"我這里苦痛哮咷,搥胸高叫。"

猇 犬驚。《玉篇·犬部》:"猇,犬驚。"按,犬驚則必吠。《集韻·爻韻》:"獫,《説文》:'犬獿獿咳吠也。'或作'哮'。"按,大徐本《説文·犬部》"獫"篆之訓解如《集韻》所引,清桂馥《義證》云:"'咳'當爲'駭'。"得之。《玉篇·犬部》:"獫,犬擾駭也。"《廣韻·肴韻》"猇"乃訓"豕驚",當爲引申義,犬、豕本同類,豕受驚則亦必叫。

髇 鳴鏑,響箭,字亦作"髐"。《集韻·爻韻》:"髐,鳴鏑也。或作'髇'。"《廣韻·肴韻》:"髇,髇箭。"按,字亦作"骹"。《集韻·爻韻》:"髐,鳴鏑也。通作'骹'。"《後漢書·文苑傳上·杜篤》"椎鳴鏑"唐李賢注:"《前書》:'冒頓作鳴鏑。'今之骹箭也。"清吳偉業《茸城行》:"拔劍公收伍伯妻,鳴髇射殺良家子。"《清朝野史大觀·清宮遺聞·宮闈歲時紀六》:"宣宗御制《觀冰嬉》應製詩云:'鳥翔旗色初分隊,魚貫髇聲每應弦。'蓋所射骲箭也。"按,"骲箭"即響箭。宋馬端臨《文獻通考·兵考》:"施於教閱者曰骲箭。以寸木空中鏤竅,發則受風而鳴,又謂之響箭。"

〔推源〕 諸詞俱有鳴叫義,爲孝聲所載之公共義。聲符字"孝"所記錄語詞謂善事父母者,許慎説。然則與鳴叫義不相涉,其鳴叫義乃孝聲所載之語源義。孝聲可載鳴叫義,"叫"可證之。

孝:曉紐幽部;
叫:見紐幽部。

疊韻,曉見旁紐。"叫",人呼喊,引申之,亦指動物鳴叫、樂器發聲。《説文·口部》:

"叫,嘑也。"清朱駿聲《通訓定聲》:"《詩·北山》:'或不知叫號。'傳:'叫號,呼召也。'……《楚辭·疾世》:'叫我友兮配耦。'注:'急呼也。'《思玄賦》:'叫帝閽使闢扉兮。'注:'呼也。'〔假借〕爲'虓'。《射雉賦》:'候扇舉而清叫。'注:'鳴也。'"按,非假借,乃引申。

(800) 庨嶕硞窙(高義)

庨 宮室高深貌。《廣韻·肴韻》:"庨,庨豁,宮殿形狀。"《集韻·爻韻》:"庨,宮室高邃貌。"唐柳宗元《遊朝陽巖遂宿西亭》:"西亭構其巔,反宇臨呀庨。"宋蘇舜欽《處州照水堂記》:"遂構廣廈,且以照水題之,庨豁虛明,坐視千里,雖甚盛暑,灑然如秋。"

嶕 山高聳貌。唐杜甫《朝享太廟賦》:"鳥不敢飛,而玄甲嶕嶢以嶽峙。"按,"嶕嶢"當爲同義連文,本可分訓。《字彙·山部》:"嶢,山聳皃。"唐柳宗元《行路難》:"群材未成質已夭,突兀嶕豁空巁巒。"

硞 硞磝,山高險峻貌。《集韻·爻韻》:"硞,硞磝,山勢。"按,"山勢"即高而不平義。南朝梁何遜《渡連圻》二首之一:"硞磝上爭險,岧崿下相崩。"

窙 氣上蒸,升高。《廣韻·肴韻》:"窙,高氣。"清黃景仁《塗山禹廟》:"臺桑莽莽雲氣窙,斷山出脉水納脬。"按,複音詞"窙豁"謂深,深義、高義相通,宮室高稱"庨豁",山溝深稱"窙豁"。清陸燿《保德風土記》:"山溝窙豁,深者數丈。"

〔**推源**〕 諸詞俱有高義,爲孝聲所載之公共義。聲符字"孝"所記錄語詞之本義、引申義系列與高義不相涉,其高義乃孝聲所載之語源義。孝聲可載高義,"高"可證之。

孝:曉紐幽部;

高:見紐宵部。

曉見旁紐,幽宵旁轉。"高",本義即高,與"低"相對待。《說文·高部》:"高,崇也。象臺觀高之形。"清朱駿聲《通訓定聲》:"《廣雅·釋詁一》:'高,上也。'……《禮記·樂記》:'窮高極遠,而測深厚。'"《荀子·勸學》:"故不登高山,不知天之高也。"唐許渾《金陵懷古》:"松楸遠近千官塚,禾黍高低六代宮。"

294 志聲

(801) 誌痣葥(記義)

誌 記錄,記載。《說文新附·言部》:"誌,記誌也。从言,志聲。"《廣韻·志韻》:"誌,記誌。"《列子·楊朱》:"太古之事滅矣,孰誌之哉?"清王慧《禹陵》:"鑄金九土貢,誌怪八方經。"

痣 皮膚黑子,亦有紅色者。"痣"寓記號之義。《廣韻·志韻》:"痣,黑子。"《梁書·皇后傳·高祖丁貴妃》:"初,貴嬪生而有赤痣在左臂,治之不滅。"隋巢元方《諸病源候論·癭瘤等病·黑痣候》："面及體生黑點爲黑痣,亦云黑子。"唐段成式《酉陽雜俎·黥》："及差,痕不滅,左頰有赤點如痣。"

荵 遠荵,藥名。人食之可增加記憶力,故稱"遠荵",亦作"遠志"。《廣韻·志韻》:"荵,遠荵。"《集韻·志韻》:"荵,遠荵,藥艸。"明李時珍《本草綱目·草部·遠志》:"〔釋名〕苗名小草、細草、棘菀、葽繞。此草服之能益智強志,故有遠志之稱……利九竅,益智慧,耳目聰明,不忘,強志倍力……治健忘,安魂魄,令人不迷。"《藥性賦·平性藥賦》:"小草、遠志,俱有寧心之妙。"南朝宋劉義慶《世說新語·排調》:"於時人有餉桓公藥草,中有遠志,公取以問謝:'此藥又名小草,何一物而有二稱?'"

〔推源〕 諸詞俱有記義,爲志聲所載之公共義。聲符字"志"所記錄語詞之本義爲意志,引申之,則有記憶、記錄、記載等義。《說文·心部》:"志,意也。"清朱駿聲《通訓定聲》:"《毛詩序》:'在心爲志。'〔轉注〕《周禮·保章氏》:'掌天星,以志星辰日月之變動。'注:'志,古文識記也。'《禮記·哀公問》:'子志之心也。'注:'讀爲識。'……《荀子·哀公》:'志古之道。'注:'志,記識也。'……《周禮·小史》:'掌邦國之志。'司農注:'志,謂記也。'"然則本條諸詞之記義,爲其聲符"志"所載之顯性語義。

295 劫聲

(802) 鈨蚚(硬義)

鈨 組帶鐵,硬物。《說文·金部》:"鈨,組帶鐵也。从金,劫省聲。讀若劫。"清朱駿聲《通訓定聲》:"馬組帶飾也。"張舜徽《約注》:"王筠曰:'《衣部》:袲,以組帶馬也。'蓋即今之肚帶,鈨則肚帶有舌之環也。今謂之鐵子。'舜徽按:組帶必有此鐵者,所以止之使不得動移也,因謂之鈨,猶以力止去謂之劫耳。許既云'劫省聲',又云'讀若劫',明其聲義通也。"《廣韻·業韻》:"鈨,帶鐵。"其音則爲居怯切,與"劫"同,然則"鈨"字从金,劫聲而省者。

蚚 石蚚,體有硬殼,故稱"蚚"。其字亦省作"蛣"。《玉篇·虫部》:"蚚,石蚚,似龜脚。"《廣韻·業韻》:"蚚,《南越志》云:'石蚚生石上,形如龜脚,得春雨則生也。'"清李調元《然犀志·石蛣》:"石蛣,形如龜脚,得春雨則花生。郭璞《江賦》:'石蛣應節而揚葩。'"唐王維《送元中丞轉運江淮》:"去問珠官俗,來經石蛣春。"明屠本畯《閩中海錯疏》:"龜脚,一名蚚,生石上,如人指甲,連枝帶肉。"按,字亦作"砝",省作"砝"。《集韻·業韻》:"砝,石砝,蟲名,足如龜。或省。"按,"砝"有"硬"訓,當爲本義之引申。《廣韻·業韻》:"砝,硬也。"

〔推源〕 此二詞俱有硬義,爲劫聲所載之公共義。聲符字"劫"所記錄語詞謂威脅。《說文·力部》:"劫,人欲去以力脅止曰劫。"《左傳·莊公八年》:"遇賊於門,劫而束之。"按,"劫"即強硬行爲,乃抽象性強硬義,本條二詞之硬義或與之相通。劫聲可載硬義,則"剛"可相證。

劫：見紐葉部；

剛：見紐陽部。

雙聲，葉(盍)陽通轉。"剛"，堅硬，堅利。《説文·刀部》："剛，彊，斷也。"《字彙·刀部》："剛，堅也。"漢揚雄《法言·先知》："甄陶天下者，其在和乎？剛則甈，柔則壞。"《齊民要術》卷十引《異物志》："梓棪大十圍，材貞勁，非利剛截不能剋。"

296 耴聲

(803) 挕鑈輒跲(夾義)

挕 以手指夾取物。《説文·手部》："挕，拈也。从手，耴聲。"清朱駿聲《通訓定聲》："謂以指取物。"許書同部："拈，挕也。"清朱駿聲《通訓定聲》："《列子·湯問》：'女何蠢而三招予？'注：'拈，指取物也。'"〔聲訓〕《釋名·釋姿容》："拈，黏也，兩手翕之，黏著不放也。'"按，朱氏所引《列子》文唐陸德明《釋文》："招，一本作'拈'。"

鑈 鉗子，夾物之物。《説文·金部》："鑈，鑽也。从金，耴聲。"清朱駿聲《通訓定聲》："凡鐵鉗、火夾之類皆是。"許書同部："鑽，鐵鑈也。"清朱駿聲《通訓定聲》："與'鑈'略同……《周禮·典同》注：'飛鑽涅闇。'按，《鬼谷子》作'飛箝'。"按，"鑈"亦指拔毛髮之小鉗。《玉篇·金部》："鑈，拔髮也。鑷，同鑈。"《釋名·釋首飾》："鑷，攝也，攝取髮也。"《南史·齊紀下》："'豈有爲人作曾祖而拔白髮者乎！'即擲鏡、鑷。"

輒 車廂的左右兩板，相夾者。《説文·車部》："輒，車兩輢也。从車，耴聲。"清朱駿聲《通訓定聲》："謂車兩旁可倚處。"許書同部："輢，車旁也。"清段玉裁注："輢者，言人所倚也……旁者倚之，故曰輢。"

跲 絆脚病，兩股夾合，不能開步。《廣韻·葉韻》："跲，足不相過。"《字彙·足部》："跲，聚合不解。"《穀梁傳·昭公二十年》："兩足不能相過，齊謂之綦，楚謂之跲，衛謂之輒。"按，稱"輒"，則爲其本義之引申。唐劉禹錫《鑒藥》："乃今我里有方士淪跡於醫，厲者造焉而美肥，跲者造焉而善馳。"

〔推源〕 諸詞俱有夾義，爲耴聲所載之公共義。聲符字"耴"所記錄語詞謂耳朵下垂。《説文·耳部》："耴，耳垂也。从耳下垂，象形。《春秋傳》曰：'秦公子輒者，其耳下垂，故以爲名。'"然則與夾義不相涉，其夾義乃耴聲所載之語源義。耴聲可載夾義，"疊"可相證。

耴：端紐葉部；

疊：定紐葉部。

疊韻，端定旁紐。"疊"，重疊。《玉篇·畾部》："疊，重也。"《文選·張衡〈西京賦〉》："神明崛其特起，井幹疊而百增。"唐吕向注："疊，謂樓形重疊。"按，重疊義當與夾義通，"挕"謂以指取物,即二指重疊鉗取其物義。故二掌相夾合稱"疊掌"。唐陸龜蒙《紀夢遊甘露寺》:"捫虛陟孤峭,不翅千餘尺。疊韻望罘罳,分明祖肩釋。"

297　求聲

(804) 莍梂裘(包裹義)

莍　包裹着果實的表層疣狀物。《説文·艸部》:"莍,茮、椒實,裏如表者。从艸,求聲。"清段玉裁注改解釋文爲"椒、茮實裹如裘也"。並注:"依《爾雅音義》正誤。"清朱駿聲《通訓定聲》:"《爾雅·釋木》:'椒、榝醜莍。'李注:'莍,實也。'按,其子皆聚生成房。《三蒼》:'莍,茱萸。'按,茱萸即椒,一名藙。"沈濤《古本考》:"今本'裏''表'二字乃傳寫之誤。"按,朱氏所引《爾雅》文清郝懿行《義疏》:"莍之言裘也,芒刺鋒攢如裘自裹,故謂之莍也。"

梂　櫟木之實,有毛包裹者,故稱"梂"。《説文·木部》:"梂,櫟實。一曰鑿首。从木,求聲。"清朱駿聲《通訓定聲》:"此字當以鑿首爲本訓。〔假借〕爲'莍'。《詩·椒聊》箋:'一梂之實。'又《爾雅·釋木》:'櫟,其實梂。'注:'有梂彙(猬)自裹。'……按,梂即樣也,草斗也,其實聚生,故亦謂之莍。外有裹橐,故謂之苞櫟矣。今山東人或曰槲櫨,或曰樸羅,皆苞櫟之聲轉。"今按,"梂"字从木,特指櫟木之實,"莍"則指草木植物椒、椒之果實,二者當爲分別文。又,"梂"一指鑿首,指櫟木之實則爲套用字,所記爲二詞,語源不一。"梂"非"莍"之假借。朱氏所引《爾雅》文清郝懿行《義疏》:"櫟實外有裹橐,形如彙(猬)毛,狀類毯子。"

裘　皮衣,有毛包裹者。《説文·裘部》:"裘,皮衣也。从衣,求聲。"《廣韻·尤韻》:"裘,皮衣。《詩》云:'取彼狐狸,爲公子裘。'裘,上同。"《禮記·玉藻》:"君之右虎裘,厥左狼裘。"《論語·雍也》:"赤之適齊也,乘肥馬,衣輕裘。"

〔推源〕　諸詞俱有包裹義,爲求聲所載之公共義。聲符字"求"本爲"裘"之初文。《説文·裘部》:"求,古文省衣。"按,凡皮衣毛在外包裹之,故本條諸詞之包裹義爲其聲符"求"所載之顯性語義。

(805) 球毬觓(圓、曲義)

球　美玉,用以作磬。《説文·玉部》:"球,玉聲也。从玉,求聲。"南唐徐鍇《繫傳》:"玉也。"清朱駿聲《通訓定聲》:"玉磬也……按,美玉也,古以爲磬……《虞書》:'戛擊鳴球。'鄭注:'鳴球,即玉磬也。'"按,古磬之形,頗似曲尺,然佛家之磬則爲圓形物。宋陸游《冬朝》:"聖賢雖遠詩書在,殊勝鄰翁擊磬聲。"自注:"釋氏謂銅鉢爲磬。"以故爲圓形物多稱"球"。

毬　皮丸。皮製者,中實以毛,供足踢或杖擊爲戲,爲圓形物。《説文新附·毛部》:"毬,鞠丸也。从毛,求聲。"《廣韻·尤韻》:"毬,毛毬,打者。"南朝梁宗懔《荆楚歲時記》:"打毬、鞦韆、施鉤之戲。"《宋史·李庭芝傳》:"文虎日携美妾,走馬擊毬軍中爲樂。"

觓　角曲貌。字亦作"觩""觓"。《玉篇·角部》:"觓,同'觩'。"《説文·角部》:"觓,角兒。《詩》曰：'兕觵其觓。'"清朱駿聲《通訓定聲》："《毛詩·桑扈》字作'觩'。"《廣韻·幽韻》："觓，上曲兒。"按，許慎所引《詩》文宋朱熹《集傳》："觩，角上曲貌。"《穀梁傳·成公七年》："郊牛日，展觓角而知傷。"

〔推源〕 諸詞俱有圓、曲義，爲求聲所載之公共義。求聲字"捄"亦可以假借字形式表曲義，庶可爲求聲與圓、曲義相關聯之一證。《詩·周頌·良耜》："殺時犉牡，有捄其角。"宋朱熹《集傳》："捄，曲貌。"又《小雅·大東》："有饛簋飧，有捄棘匕。"朱氏《集傳》："捄，曲貌。"按，"捄"字从手，其所記錄語詞之本義《説文》訓"盛土於梩中"，所載曲義，爲其假借義。按，"球""毬""觓"之聲符"求"所記錄語詞謂皮衣，與圓、曲義不相涉，其圓、曲義乃求聲所載之語源義。求聲可載圓、曲義，"糾"可證之。

求：群紐幽部；
糾：見紐幽部。

疊韻，群見旁紐。"糾"，纏繞，沿圓周方向繫附。《玉篇·丩部》："糾，絞也，繚也。"清朱駿聲《説文通訓定聲·孚部》："糾，《江賦》：'青綸競糾。'注：'繚也。'……《後漢·張衡傳》：'螣虵蜿而自糾。'注：'纏結也。'"按"自糾"即自行蜷曲義。

298 孛聲

(806) 勃馞俘（盛義）

勃 旺盛。字亦作"敦"。清朱駿聲《説文通訓定聲·泰部》："勃，《長笛賦》：'氣噴勃以布覆兮。'注：'盛兒。'又重言形況字。《廣雅·釋訓》：'勃勃，盛也。'"《左傳·莊公十一年》："禹、湯罪己，其興也勃焉。"晉杜預注："勃，盛兒。"沈兼士《〈廣韻〉聲系·並類》："勃，《唐韻》作'敦'。"《後漢書·黨錮傳·序》："及漢祖杖劍，武夫敦興。"《梁書·文學傳·鍾嶸》："太康中，三張、二陸、兩潘、一左，敦爾復興，踵武前王，風流未沫，亦文章之中興也。"

馞 香氣盛。《玉篇·香部》："馞，香大盛。"《廣韻·没韻》："馞，大香。"唐李邕《秦望山法華寺碑》："異香祕馞，神鍾髣髴。"清黃景仁《平定兩金川大功告成恭紀》："聿謁陵廟驂玉衡，五雲松柏飄馞馦。"

俘 性格強。《方言》卷十二："俘，強也。"《集韻·没韻》："俘，強也，佷也。"按，強、盛實爲一義，故有"強盛"之同義聯合式合成詞。

〔推源〕 諸詞俱有盛義，爲孛聲所載之公共義。聲符字"孛"所記錄語詞謂草木茂盛。《説文·宋部》："孛，𢎚也，从宋。人色也，从子。《論語》曰：'色孛如也。'"南唐徐鍇《繫傳》："言人色勃然壯盛，似草木之茂也。子，人也。"清朱駿聲《通訓定聲》："𢎚、孛，草木盛出之兒。"三國魏曹丕《柳賦》："上扶疏而孛散兮，下交錯而龍鱗。"按，"孛"字从宋，"宋"之義類即茂盛;解釋詞"霈"之義亦同。許書同部:"朱,草木盛朱朱然。象形。""霈,艸木霈孛之皃。从朱,界聲。"然則本條諸詞之盛義爲其聲符"孛"所載之顯性語義。孛聲可載盛義,則"菩"可證之。

孛:並紐物部;
菩:幫紐元部。

並幫旁紐,物元旁對轉。"菩",草木茂盛,引申爲昌盛義。《說文·艸部》:"菩,艸茂也。"《易·坤·文言》:"天地變化,草木菩。"《左傳·僖公二十三年》:"男女同姓,其生不菩。"楊伯峻注:"菩,子孫昌盛之意。"

(807) 悖哱(昏義)

悖 昏惑,惑亂。字亦作"誖"。《說文·言部》:"誖,亂也。从言,孛聲。悖,誖或從心。"清朱駿聲《通訓定聲》:"《廣雅·釋詁三》:'誖,癡也。'《漢書·五行志》注:'誖,惑也。'……《地理志》注:'誖,亂也。'……《荀子·正名》:'足以喻治之所悖。'注:'惑也。'"《廣韻·隊韻》:"悖,心亂。"《管子·度地》:"桓公曰:'寡人悖,不知四海之服奈何?'"《漢書·疏廣傳》:"吾豈老誖不念子孫哉?"唐顏師古注:"誖,惑也。"

哱 昏暗。《集韻·隊韻》:"哱,暗也。"晉左思《吳都賦》:"宵露霢霂,旭日晻哱。"按《說文·日部》"晻"訓"不明",則"晻哱"爲同義聯合複音詞,本可分訓者。清鄭世元《觀音巖》:"晻哱山精藏,靈秀真滓洩。"

〔推源〕 此二詞俱有昏義,爲孛聲所載之公共義。聲符字"孛"所記錄語詞與昏義不相涉,其昏義乃孛聲所載之語源義。孛聲可載昏義,"昧"可證之。

孛:並紐物部;
昧:明紐物部。

疊韻,並明旁紐。"昧",昏暗。《說文·日部》:"昧,昧爽,旦明也。从日,未聲。一曰闇也。"按,二義當相通,旦明之時,將明未明,天尚昏暗。《廣韻·隊韻》:"昧,暗昧。"《楚辭·九章·懷沙》:"進路北次兮,日昧昧其將暮。"《漢書·嚴助傳》:"地深昧而多水險。"唐顏師古注:"昧,暗也。"

(808) 鬻埻烞挬脖踍浡(上引義)

鬻 釜中水沸騰往上溢出。《說文·鬻部》:"鬻,吹聲沸也。从鬻,孛聲。"清段玉裁注改解釋文爲"炊釜鬻溢也"。清朱駿聲《通訓定聲》:"炊釜溢也……今蘇人俗語曰'鋪',音之轉也。"按,今徽歙、杭州方言皆稱水沸騰溢出爲"鋪",其本字當即"鬻"。又,沸騰字本作"鬻",觀其形、音、義,當與"鬻"出諸同一語源。

埻 塵飛揚。《廣韻·沒韻》:"埻,塵起。"唐元稹《酬樂天東南行》:"破窓塵埻埻,幽院鳥鳴鳴。"金董解元《西廂記諸宫調》卷三:"垺騰騰地,塵頭俏如枕簸。"

烰 煙起貌。《廣韻·没韻》:"烰,煙起皃。"唐蘇鶚《杜陽雜編》卷上:"燒燕肉薰之,則烰烰焉若生雲霧。"宋賈似道《悦生隨抄》:"其香燧烰,滿室如霧。"

捊 拔。《廣韻·没韻》:"捊,拔也。"《淮南子·覽冥訓》:"捊拔其根,蕪棄其本。"按,"捊"與"拔"同義連文,二者出諸同一語源。"捊"字之音《廣韻》云"蒲没切",推其上古音爲並紐物部;"拔"字"蒲八切",並紐月部。雙聲,月物旁轉。

脖 頸項。字亦作"頬"。按,頸項如人身軀抽引延伸者,稱"脖",當寓上引義。元關漢卿《單刀會》第三折:"青龍偃月刀,九九八十斤,脖子裏着一下,那里尋黄文?"《水滸傳》第十五回:"阮小五和阮小七把手拍着頸項道:'這腔熱血,只要賣與識貨的!'"

踍 往上蹦跳。宋吴規父《蛙》:"斂藏鼓吹寂無言,踍跳何曾離草根。"明田汝成《西湖遊覽志餘·方外玄蹤》:"跛鱉盲龜,徒勞踍跳。"

浡 水往上涌出。《淮南子·原道訓》:"原流泉浡,沖而徐盈。"漢高誘注:"浡,湧也。"唐蕭昕《洛出書》:"海内昔凋瘵,天網斯浡潏。"按,其"浡"字異文作"渤"。渤從勃聲,而"勃"從孛聲,與"浡"同。《廣韻·没韻》:"渤,水皃。"按,即水涌貌。

〔推源〕 諸詞俱有上引義,爲孛聲所載之公共義。聲符字"孛"所記録語詞謂草木茂盛,即草木生長上升蓬勃義,此與上引義或相通。孛聲可載上引義,則"波"可證之。

孛:並紐物部;
波:幫紐歌部。

並幫旁紐,物歌旁對轉。"波",水往上涌起。《説文·水部》:"波,水涌流也。"《管子·君臣下》:"夫水波而上,盡其摇而復下,其勢固然者也。"《淮南子·人間訓》:"起波濤。"漢高誘注:"波者,涌起。"

(809) 勃浡(興起義)

勃 興起。清朱駿聲《説文通訓定聲·泰部》:"勃,《荀子·非十二子》:'勃然平世之俗起焉。'注:'興起皃。'"南朝陳徐陵《皇太子臨辟雍頌》:"皇運勃起,膺圖受命。"唐元稹《處分幽州德音》:"由是網漏吞舟,視盗不謹,寇羯乘釁,勃爲妖氛,天下持兵,垂七十載。"

浡 興起。《爾雅·釋詁下》:"浡,作也。"《説文·人部》:"作,起也。"《廣韻·没韻》:"浡,浡然興作。"《孟子·梁惠王上》:"天油然作雲,沛然下雨,則苗浡然興之矣。"魯迅《墳·文化偏至論》:"風發浡起,皇皇焉欲進歐西之物而代之。"按,"浡"字從水,有水涌起義,引申之則可指其他事物興起。

〔推源〕 此二詞俱有興起義,爲孛聲所載之公共義。孛聲字"郭""誖"亦可以假借字形式表此義,亦爲孛聲、興起義相關聯之一證。《説文·邑部》:"郭,一曰地之起者曰郭。"按,字從邑,本爲漢郡名,此義爲其假借義。《廣雅·釋詁四》:"誖,長也。"清王念孫《疏證》:"誖者,《孟子·告子篇》云:'浡然而生。'是浡爲生長之貌也。浡與餑通。"按,"餑"字从食,本指饅頭、麵餅類食物,所表生長、興起義,爲其假借義。按,本條諸詞記錄文字之聲符"孛"本謂草木茂盛;又,前條諸詞俱有上引義,此與興起義皆同條共貫。

(810) 麳埻（細碎義）

麳 字从麥,《集韻·没韻》訓"屑麥",則所指爲細碎之物。未見其典籍實用例,蓋《集韻》所記多方言、俗語。"麳"有粉末義,粉末則爲細碎之物,與屑麥義相通,亦藉知《集韻》所訓非無據。明徐光啓《農政全書》卷五十九《救荒本草十四》:"灰菜。生田野中,處處有之,苗高二三尺,莖有紫紅綫楞,葉有灰麳,結青子,成穗者甘,散穗者微苦。"按,葉有灰,故稱"灰菜"。一名"灰藋"。明李時珍《本草綱目·菜部·灰藋》:"〔釋名〕此菜莖葉上有細灰如沙,而枝葉翹趫,故名。"

埻 塵土,細碎之物。《集韻·没韻》:"埻,《博雅》:'塵也。'"按,《廣韻·没韻》"埻"訓"塵起"（見前第808條）,義亦相通。前蜀貫休《野田黄雀行》:"深花中睡,埻土裏浴。"按,"埻"亦指植物表面之霜苔,則其義與"麳"同。元郝經《詠橄欖》:"翠粉苔埻新,清烈凝松脂。"

〔推源〕 此二詞俱有細碎義,爲孛聲所載之公共義。孛聲字"餑""郭""勃"亦可以假借字形式表此義,足可證孛聲、細碎義之相關聯。"餑",可指茶上浮沫,浮沫則如粉沫,細碎之物。《切韻·没韻》:"餑,茗餑。"唐陸羽《茶經·五之煮》:"沫餑,湯之華也。華之薄者曰沫,厚者曰餑。""郭",可指粉末。清朱駿聲《説文通訓定聲·泰部》:"勃,〔假借〕又爲'郭'。《周禮·草人》:'勃壤用狐。'注:'粉解者。'"按,所引《周禮》文之"勃"異文作"郭",然"勃""郭"指粉末,皆假借字。《齊民要術·種蒜》:"蒜生數日中,常驅雀。布葉而鋤,勃如灰便收。"繆啓愉《校釋》:"粉末叫做'勃'。"按,本條二詞記錄文字之聲符"孛"謂草木茂盛,與細碎義不相涉,其細碎義乃孛聲所載之語源義。孛聲可載細碎義,"末"可證之。

孛：並紐物部；

末：明紐月部。

並明旁紐,物月旁轉。"末",樹梢。《説文·木部》:"末,木上曰末。"《易·繫辭下》:"其初易知,其上難知,本末也。"高亨注:"蓋初爻如樹本,上爻如樹之末,僅見其本,難知全樹,既見其末,易知全樹也。"按,樹梢爲樹之細小部分,故引申爲粉末、細碎義。《世説新語·汰侈》:"豆至難煮,唯豫作熟末,客至,作白粥以投之。"《宋史·食貨志下》:"元豐中,宋用臣都提舉汴河隄岸,創奏修置水磨,凡在京茶户擅磨末茶者有禁。"

(811) 勃悖浡（猝然義）

勃 猝然。《玉篇·力部》:"勃,卒也。"《廣韻·没韻》:"勃,卒也。""卒,遽也。"按,"卒"即"猝"之初文。清朱駿聲《説文通訓定聲·泰部》:"勃,單辭形況字。《論語·鄉黨》:'色勃如也。'"按,謂猝然變臉色。《莊子·天地》:"蕩蕩乎忽然出,勃然動。"唐韓愈《送高閑上人序》:"情炎於中,利欲鬥進,有得有喪,勃然不釋。"

悖 猝然發怒。《韓非子·内儲説下》:"王悖然怒曰:'劓之!'"《淮南子·道應訓》:"桓公悖然作色而怒曰:'寡人讀書,工人焉得而譏之哉!'"按,或以爲"悖"借作"勃"方表猝然發怒義,實非。"悖"字从心,本謂昏亂,表猝然發怒義,義類同,同爲聲符所載者,然則爲其套用字。唯以孛聲表猝然義,與昏亂義語源不一。

浡 猝然興起。《廣韻·没韻》:"浡,浡然興作。"《尚書大傳》卷一:"乃浡然招樂興於大麓之野,報事還歸,二年,談然乃作《大唐》之歌。"魯迅《墳·文化偏至論》:"於是浡焉興作,會爲大潮。"

〔推源〕 諸詞俱有猝然義,爲孛聲所載之公共義。聲符字"孛"所記錄語詞與猝然義不相涉,其猝然義乃孛聲所載之語源義。孛聲可載猝然義,"茀"可證之。"孛""茀"同音,並紐雙聲,物部疊韻。"茀",猝然發怒。《集韻·未韻》:"茀,忿皃。"《莊子·天地》:"謂己道人,則勃然作色;謂己諛人,則茀然作色。"按,"勃然"與"茀然"對文同義。又《德充符》:"人以其全足笑吾不全者多矣,我茀然而怒,而適先生之所,則廢然而反。"按,"茀"字从弗得聲,與"拂"同,《説文·手部》"拂"訓"過擊",即猝然掠擊之義,然則亦寓猝然義。今徽歙方言猶稱猝然中擊爲"拂著一下。"

(812) 悖勃(違背義)

悖 字从心,本謂昏惑(見前第807條),實即違背情理義,故引申爲違背。其字亦以"誖"爲之。《説文·言部》:"誖,或从心。"《玉篇·心部》及《言部》"悖""誖"俱訓"逆"。《廣韻·没韻》:"悖,逆也。"清朱駿聲《説文通訓定聲·泰部》:"誖,《(漢書)律曆志》注:'誖,乖也。'……《外戚傳》注:'誖,違也。'……《禮記·月令》:'毋悖於時。'注:'猶逆也。'……《(荀子)正名》:'悖其所辭。'注:'違也。'……《漢書·高五王傳》注:'悖,乖也。'"《國語·周語》:"是以事行而不悖。"三國吳韋昭注:"悖,逆也。"《漢書·元后傳》:"此誖德之臣也,罪當誅。"唐顔師古注:"誖,乖也。"

勃 違背。清朱駿聲《説文通訓定聲·泰部》:"勃,〔假借〕又爲'悖'。《莊子·外物》:'婦姑勃豀。'司馬注:'反戾也。'《釋文》:'争也。'"按,"勃"表違背義無煩假借。字从力,所記錄語詞之本義《説文》訓"排",即排擠義,此與違背義相通。又,朱氏所引《莊子》文之"勃"義爲相争,亦與違背義相通。《淮南子·氾論訓》:"爲論如此,豈不勃哉!"《新唐書·張士衡傳》:"秦漢母后稱制,未有戾古越禮者。惊損國廟數,勃大義,不可以訓。"

〔推源〕 此二詞俱有違背義,爲孛聲所載之公共義。聲符字"孛"所記錄語詞與違背義不相涉,其違背義乃孛聲所載之語源義。孛聲可載違背義,"背"可證之。

孛:並紐物部;

背:幫紐職部。

並幫旁紐,物職通轉。"背",初文作"北",象二人相背形,"敗北"一詞,正謂背道而馳。添加構件"肉"作"背",指脊背,脊背與前胸相反,故引申爲違背義。《廣韻·隊韻》:"背,棄背。"按,有所違背則有所拋棄,"背信棄義"可爲力證。清朱駿聲《説文通訓定聲·頤部》:"背,〔假借〕爲'北'。《楚辭·惜誦》:'忘儇媚以背衆兮。'注:'違也。'《吕覽·尊師》:'聽從不盡力,命之曰背。'注:'戾也。'"按,"北"爲違背義本字不誤,然"背"表違背義非假借,乃引申。

299　甫聲

(813) 哺餔俌補輔(輔助義)

哺　咀嚼。《説文·口部》:"哺,哺咀也。从口,甫聲。"清朱駿聲《通訓定聲》:"醫書有'哎咀'……《匈奴傳·贊》:'稚子咽咀。'"《廣韻·暮韻》:"哺,食在口也。"引申爲餵食義,餵食即輔助其進食,後世遂以爲哺育字。清段玉裁《説文解字注·口部》:"哺,凡含物以飼曰哺。"《漢書·賈誼傳》:"抱哺其子。"唐顏師古注:"哺,飯也。"唐玄應《一切經音義》卷十四引《蒼頡訓詁》:"以食與人曰飯。"《三國志·魏志·袁紹傳》:"袁紹孤客窮軍,仰我鼻息,譬如嬰兒在股掌之上,絶其哺乳,立可餓殺。"

餔　夕食。《説文·食部》:"餔,日加申時食也。从食,甫聲。"亦指餵食,則爲套用字,乃以甫聲載輔助義,"餔"即輔助進食。《集韻·莫韻》:"餔,與食也。"《漢書·高帝紀》:"有一老父過請飲,吕后因餔之。"唐顏師古注:"以食食人亦謂之餔。"宋朱彧《萍洲可談》卷三:"張晚年病發,宛轉哀鳴,求諸婢餔飼扶掖。"

俌　輔助。《説文·人部》:"俌,輔也。从人,甫聲。"清朱駿聲《通訓定聲》:"按,助也。與'傅'略同。《爾雅·釋詁》:'弼、棐、輔、比,俌也。'經傳皆以'輔'爲之。"《廣韻·麌韻》:"俌,輔也。出《埤蒼》。"《古今逸史·三墳·歸藏易》:"相君俌位惟忠。"

補　補衣。《説文·衣部》:"補,完衣也。从衣,甫聲。"清朱駿聲《通訓定聲》:"《詩》:'袞職有闕,維仲山甫補之。'《吕覽·順説》:'田贊衣補衣。'"按,衣敝補之則完善,故訓"完衣"。"補"即以布輔助於衣之意,故引申爲輔助義。《正字通·衣部》:"補,助也。"《孟子·告子下》:"春省耕而補不足,秋省斂而助不給。"《史記·白起王翦列傳》"秦人憐之,鄉邑皆祭祀焉"南朝宋裴駰《集解》:"其所以終不敢復加兵於邯鄲者,非但憂平原君之補袒,患諸侯之捄至也,徒諱之而不言耳。"

輔　綁在車輪外用來夾轂的兩條直木,引申爲輔助義。《説文·車部》:"輔,人頰車也。从車,甫聲。"清朱駿聲《通訓定聲》:"按,當作'木夾車也'。《説文》'棐'篆訓'輔',蓋箸車兩傍,以防助者,可係可解之木……《吕覽·權勳》:'若車之有輔。'〔假借〕爲'俌'。《爾雅》:'輔,俌也。'《廣雅·釋詁二》:'助也。'《易·象傳》:'輔相天地之宜。'《書·湯誓》:'爾尚輔予一人。'又《尚書大傳》:'左曰輔,右曰弼。'"按,"輔"表輔助義,無煩假借,乃本義之引申。

〔推源〕 諸詞俱有輔助義,爲甫聲所載之公共義。聲符字"甫"所記録語詞之本義爲男子美稱。《説文·用部》:"甫,男子美稱也。从用、父,父亦聲。"《禮記·曲禮下》:"有天王某甫。"唐孔穎達疏:"甫是男子美稱也。"然則與輔助義不相涉,其輔助義乃甫聲所載之語源義。甫聲可載輔助義,"副"可證之。

甫:幫紐魚部;

副:滂紐職部。

幫滂旁紐,魚職旁對轉。"副",字从刀,謂剖判。《説文·刀部》:"副,判也。"《廣韻·屋韻》:"副,剖也。"又《職韻》:"副,析也。《禮》云:'爲天子削瓜者副之。'"《吕氏春秋·行論》:"召之不來,仿佯於野以患帝。舜於是殛之於羽山。副之以吳刀。"按,凡物剖判,則分爲二,故"副"又有二、居於次之義。《玉篇·刀部》:"副,貳也。"《廣韻·宥韻》:"副,貳也。"《漢書·陳湯傳》:"康居副王抱闐將數千騎,寇赤谷城東。"又,主官之協助者亦稱"副",今語猶然。凡副職皆主官之輔助者,故"副"又引申爲輔助義。《廣韻·宥韻》:"副,佐也。"《廣雅·釋詁二》:"佐,助也。"《書·周官》"貳公弘化"僞孔傳:"副貳三公,弘大道化。"宋徐夢莘《三朝北盟會編》卷二〇七:"當時若得戮力齊心,上下相副,併兵一舉,大事可成。"

(814) 尃鋪蹗酺(鋪陳散布義)

尃 散布。《説文·寸部》:"尃,布也。从寸,甫聲。"清朱駿聲《通訓定聲》:"〔假借〕爲'敷'。《史記·司馬相如傳》:'雲尃霧散。'"按,"尃"非借作"敷"而表散布義,"尃"字从寸,"寸"即手,施事以手,以甫聲表散布義。"敷"乃"尃"之後起字。《正字通·寸部》:"尃,'敷'本字……楷訛作'敷'。"《廣韻·虞韻》:"尃,布也。"秦李斯《嶧山刻石》:"既獻泰成,乃降尃惠。"《史記·司馬相如列傳》:"非唯雨之,又潤澤之;非唯濡之,氾尃濩之。"

鋪 鋪首,其名本寓鋪陳義,故引申爲鋪陳散布。《説文·金部》:"鋪,箸門鋪首也。从金,甫聲。"清朱駿聲《通訓定聲》:"《文選·〈舞賦〉》注引《説文》:'箸門抪首。'……古者箸門爲螺形,謂之椒圖,是曰鋪首。以金爲之則曰金鋪;以青畫璅文鏤中,則曰青瑣。《長門賦》:'擠玉户以撼金鋪兮。'〔假借〕爲'敷'。《小爾雅·廣詁》:'鋪,布也。'《廣雅·釋詁二》:'陳也。'《詩·常武》:'鋪敦淮濆。'《左宣十二傳》:'鋪時繹思。'"按,"鋪"之鋪陳散布義乃本義之引申,非假借。《廣韻·模韻》:"鋪,鋪設也,陳也,布也。"《詩·大雅·江漢》:"匪安匪舒,淮夷來鋪。"宋朱熹《集傳》:"鋪,陳也。"唐韓愈《送區弘南歸》:"況今天子鋪德威,蔽能者誅薦受機。"

蹗 馬蹄痕迹。按,馬蹄痕多成串,"蹗"之名寓鋪陳散布之義。《玉篇·足部》:"蹗,馬躁跡也。"《廣韻·模韻》:"蹗,馬躁跡也。"沈兼士《聲系》:"北宋本作'馬躁蹗也'。"南朝陳徐陵《驄馬驅》:"空憶長楸下,連踩復連蹗。"

酺 大聚飲,寓鋪張、鋪陳義。《説文·酉部》:"酺,王德布,大歓酒也。从酉,甫聲。"清朱駿聲《通訓定聲》:"王居明堂《禮》'仲秋命國醵'是也。漢律:三人以上,無故飲酒,罰金四兩,有詔令乃得會聚。《漢書·文帝紀》:'酺五日。'"《廣韻·模韻》:"酺,大酺,飲酒作樂。"《史記·孝文本紀》:"朕初即位,其赦天下,賜民爵一級,女子百戶牛酒,酺五日。"

〔推源〕 諸詞俱有鋪陳散布義,爲甫聲所載之公共義。聲符字"甫"所記錄語詞之本義、引申義系列與此義不相涉,此義當爲甫聲所載之語源義。甫聲可載鋪陳散布義,"布"可證之。"甫""布"同音,幫紐雙聲,魚部疊韻。"布",苧、麻、葛、棉等織物之總稱,引申爲鋪陳散布義。《説文·巾部》:"布,枲織也。从巾,父聲。"清朱駿聲《通訓定聲》:"《小爾雅》:'服,麻紵葛曰布。布,通名也。'《詩·氓》:'抱布貿絲。'〔假借〕爲'敷'。《周書·謚法》:'布,施也。'《小爾雅·廣言》:'布,展也。'《廣雅·釋詁一》:'布,列也。'《三》:'散也。'《左昭十六傳》:'敢私布之。'《鄭語》:'乃布幣焉。'注:'陳也。'《周語》:'布戎於牧之野。'注:'陳兵也。'……又爲'溥'。《漢書·司馬相如傳》:'氾溥護之。'注:'遍佈也。'《史記》以'專'爲之。《東京賦》:'聲教布濩。'注:'猶散被也。'《長笛賦》:'氣噴勃以布覆兮。'注:'周布四覆也。'"今按,"布"表鋪陳散布義非假借。布之爲物有張力,故有分布、散布、鋪陳之衍義。

(815) 脯痛匍浦晡(盡義)

脯 乾肉,脱水之物,即水盡之肉。《説文·肉部》:"脯,乾肉也。从肉,甫聲。"清朱駿聲《通訓定聲》:"亦曰'脩'。《周禮·臘人》:'凡田獸之脯臘膴胖之事。'……《膳夫》疏:'不加薑桂以鹽乾之者,謂之脯。'《禮記·内則》:'牛脩鹿脯。'又'麥食脯羹。'《曲禮》:'脯脩棗栗。'"《廣韻·麌韻》:"脯,乾脯。東方朔云:'乾肉爲脯。'"

痛 疲乏,精力耗盡。《説文·疒部》:"痛,病也。从疒,甫聲。《詩》曰:'我僕痛矣。'"清朱駿聲《通訓定聲》:"《爾雅·釋詁》孫注:'痛,人疲不能行之病。'"宋洪邁《夷堅丙志·黄花怅鬼》:"馬瘏僕痛,正暑困倦,入道旁僧舍少憩。"虛化引申爲竭盡義。宋晁補之《賈碩秀才得兩圭有邸》:"混沌既鑿元氣痛,鴻源滔天堯曰吁。"

匍 竭盡全力行其事。《玉篇·勹部》:"匍匐,盡力也。"《廣韻·模韻》:"匍,匍匐。"《詩·邶風·谷風》:"凡民有喪,匍匐救之。"漢鄭玄箋:"匍匐,言盡力也。"唐劉知幾《史通·暗惑》:"居里巷者猶停舂相之音,在鄰伍者尚申匍匐之救。"

浦 水邊,即水域盡頭及陸地處。《説文·水部》:"浦,瀕也。从水,甫聲。"清朱駿聲《通訓定聲》:"《廣雅·釋丘》:'厓也。'《詩》:'率彼淮浦。'傳:'涯也。'《秦策》:'還爲越王禽於三江之浦。'《吕覽·召類》:'堯戰於丹水之浦。'《本味》:'江浦之橘。'"

晡 申時,即日將盡時分。《廣韻·模韻》:"晡,申時。"清朱駿聲《説文通訓定聲·豫部》:"《左昭五傳》:'晡時謂僕。'《神女賦·序》:'晡夕之後。'注:'日昳時也。'《素問·標本病傳論》:'夏下晡。'注:'謂日下於申時之後刻也。'"《西遊記》第一回:"申時晡而日落西,戌黄昏而人定亥。"

〔推源〕 諸詞俱有盡義，爲甫聲所載之公共義。聲符字"甫"所記録語詞之本義、引申義系列與盡義不相涉，其盡義乃甫聲所載之語源義。甫聲可載盡義，"莫"可證之。

甫：幫紐魚部；
莫：明紐鐸部。

幫明旁紐，魚鐸對轉。"莫"，其字爲"暮"之初文，謂傍晚，日將盡之時。《説文·茻部》："莫，日且冥也。从日在茻中。"《禮記·間傳》："故父母之喪，既殯食粥，朝一溢米，莫一溢米。"《詩·齊風·東方未明》："不能辰夜，不夙則莫。"引申之，則有"無"義，"盡""無"義同。《荀子·天論》："在天者，莫明於日月。"《三國志·蜀志·諸葛亮傳》："非劉豫州莫可以當曹操者。"

(816) 輔酺賻（相稱義）

輔 綁在車輪外用來夾轂的兩條直木（見前第813條），相對稱者。

酺 臉面之雙頰，相對稱者。《説文·面部》："酺，頰也。从面，甫聲。"清朱駿聲《通訓定聲》："其內上下持牙之骨曰酺車，亦曰頰車。經傳皆以'輔'爲之。"《廣韻·麌韻》："酺，頰骨。䩉，上同。"按，"䩉"爲"酺"之或體。《玉篇·頁部》："䩉，頰骨也。"以"輔"指頰，則爲比喻引申義。《淮南子·脩務訓》："口曾撓，奇牙出，齞酺搖。"清俞樾《右臺仙館筆記·張氏女》："其兄憤怒，至廟中批神頰無算，又以抓碎其酺。"

賻 以財相酬謝。《集韻·莫韻》："賻，以財相酬。"明焦竑《俗書刊誤·俗用雜字》："以財相酬曰賻。"按，此即抽象性的相稱義。

〔推源〕 諸詞俱有相稱義，爲甫聲所載之公共義。聲符字"甫"所記録語詞之本義、引申義系列與相稱義不相涉，其相稱義乃甫聲所載之語源義。甫聲可載相稱義，"符"可證之。

甫：幫紐魚部；
符：並紐侯部。

幫並旁紐，魚侯旁轉。"符"，符節類信物。《説文·竹部》："符，信也。漢制以竹，長六寸，分而相合。"《管子·輕重乙》："令富商蓄百符而一馬，無有者取於公家。"按，符分兩半，可相合，故有"符合"之雙音詞。相符合即相當、相稱，故又有相當、相稱之衍義。唐許敬宗《唐并州都督鄂國公尉遲恭碑》："價符趙璧，愈擅入秦之美。"唐劉知幾《史通·古今正史》："其篇所載年月，不與序相符會。"

300 更聲

(817) 哽骾梗鯁峺（阻義）

哽 哽咽，因哀痛而語言受阻。引申之，亦指食物受阻不能下咽，亦虛化爲阻塞義。

《說文·口部》:"哽,語爲舌所介也。从口,更聲。"清朱駿聲《通訓定聲》:"《莊子·外物》:'甕則哽。'《釋文》:'塞也。'《漢書·禮樂志》:'祝哽在前,祝噎在後。'"《廣韻·梗韻》:"哽,哽咽。"晉陸機《挽歌》:"含言言哽咽,揮涕涕流離。"唐段成式《酉陽雜俎·諾皋記下》:"(劉錄事)初食鱠數臠,忽似哽,咯出一骨珠子,大如黑豆。"

骾 骨阻於喉。《說文·骨部》:"骾,食骨留咽中也。从骨,更聲。"《廣韻·梗韻》:"骾,骨骾。"明沈鯨《雙珠記·遇淫持正》:"煙凝山紫時將暝,無奈情如骾。"巴金《豬與雞》:"偷了老子的雞兒,吃了就脹死你,鬧死你,骾死你。"按,"骾"有耿直之義,當爲其衍義。清朱駿聲《說文通訓定聲·壯部》:"骾,《漢書·杜欽傳》:'朝無骨骾之臣。'"清段玉裁《說文解字注·骨部》:"《晉語》卜繇曰:'狹以銜骨。'韋曰:'骨所以骾刺人也。'忠言逆耳,如食骨在喉,故云骨骾之臣。"

梗 木名,亦指草木刺人,則爲引申義,蓋"梗"本爲多刺之木。又引申爲耿直義、阻塞義,一如"骾"。《說文·木部》:"梗,山枌榆,有朿,莢可爲蕪荑者。从木,更聲。"清朱駿聲《通訓定聲》:"按,葉小於常榆,束如柘刺,其木堅韌中犢車材。〔轉注〕《方言》三:'凡草木刺人,自關而東或謂之梗。'《西京賦》:'梗木爲之靡拉。'《廣雅·釋詁二》:'梗,箴也。'〔假借〕又爲'骾'。《管子·四時》:'謹禱幣梗。'注:'塞也。'……又爲'浚'。《爾雅·釋詁》:'梗,直也。'"按,非假借,乃引申。《北史·令狐整傳附令狐熙》:"先是州縣生梗,長吏多不得之官,寄政於總管府。"唐杜甫《春歸》:"世路雖多梗,吾生亦有涯。"按,唯"梗"有阻義,故有"梗阻"之同義聯合式合成詞。

鯁 魚刺。《說文·魚部》:"鯁,魚骨也。从魚,更聲。"清朱駿聲《通訓定聲》:"〔假借〕爲'骾'。《禮記·內則》:'魚去乙。'注:'食之鯁。'"按,魚刺最易梗阻於喉,其梗阻義乃其本義之引申,非假借。"骾""鯁"當爲別文,在詞彙則爲同源詞。《廣韻·梗韻》:"鯁,刺在喉。"按,"鯁"又虛化引申爲阻塞義。南朝梁庾肩吾《亂後行經吳御亭》:"獯戎鯁伊洛,雜種亂轘轅。"《文選·劉孝標〈辨命論〉》:"楚師屠漢卒,睢河鯁其流。"

埂 山嶺險阻之處。《集韻·梗韻》:"埂,礙也。"《說文·石部》:"礙,止也。"按,"礙""止"皆阻義,故有"阻礙""阻止"之複音詞。明徐弘祖《徐霞客遊記·粵西遊日記三》:"東南自樓沓埂,西北出此,中爲埂者凡四重,兩崖重互,水俱穴壑底墜,並無通流隙,真阨塞絕隘也。"又《粵西遊日記四》:"其前削崖斷埂,無可前矣。"按,《紅樓夢》有"青埂峰",其"埂"蓋亦高而險阻之義。

〔推源〕 諸詞俱有阻義,爲更聲所載之公共義。更聲字"鞕"亦可以假借字形式表阻義,則亦爲更聲、阻義相關聯之一證。《黃帝內經·靈樞·寒熱病》:"暴瘖氣鞕,取扶突與舌本出血。"按"鞕"爲"硬"之或體,謂堅硬,所表阻義爲其假借義。本條諸詞之記錄文字俱从更聲,聲符字"更"所記錄之語詞謂更改。《說文·攴部》:"更,改也。"《論語·子張》:"君子之過也,如日月之食焉:過也,人皆見之;更也,人皆仰之。"三國魏何晏《集解》:"更,改也。"

然則與阻義不相涉,本條諸詞之阻義乃更聲所載之語源義。更聲可載阻義,"隔"可相證。

更:見紐陽部;

隔:見紐錫部。

雙聲,陽錫旁對轉。"隔",阻隔。《說文·阜部》:"隔,障也。"《廣韻·麥韻》:"隔,塞也。"《戰國策·趙策二》:"秦無韓魏之隔,禍中於趙矣。"《三國志·魏志·鮮卑傳》:"遂隔斷東夷,不得通於諸夏。"

(818) 梗粳硬(堅義)

梗 山枌榆,有刺而堅韌之木,其名本寓堅義。"梗"有耿直之衍義,耿直則即性格堅强、正直之謂(見前條)。"梗"又有堅剛、勇猛之義。清朱駿聲《說文通訓定聲·壯部》:"梗,〔假借〕又爲'剛'。《廣雅·釋詁四》:'梗强也。'《楚辭·橘頌》:'梗其有理兮。'又爲'犺'。《方言》二:'梗,猛也。'《淮南·原道》:'鋤其强梗。'"按,非假借,乃引申。朱氏語上文已言"梗"爲"堅韌中犢車材"。《孔叢子·執節》:"馬回之爲人,雖少才文,梗梗亮直,有大丈夫之節。"按"梗梗"即剛强、堅强。《隋書·西域傳·吐谷渾》:"高祖以弘州地曠人梗,因而廢之。"

粳 堅硬不黏之米。字亦作"秔""稉。"《廣韻·庚韻》:"粳,俗秔字。""稉,同秔。"《說文·禾部》:"秔,稻屬。从禾,亢聲。稉,秔或从更聲。"清朱駿聲《通訓定聲》:"《聲類》:'秔,不黏稻也。'按,次於糯而黏於穤者曰粳,今北方所謂南米、大米也。《漢書·溝洫志》:'更爲秔稻。'《魏都賦》:'水澍秔稌。'《廣雅·釋草》:'秈,秔也。'今吾蘇客米謂之秈,即穤也。主米謂之秔,其性和柔,其粘者謂之糯,即穤也。"明李時珍《本草綱目·穀部·粳》:"秔,與粳同……粘者爲糯,不粘者爲粳。糯者懦也,粳者硬也。"按,米性堅硬則不粘。稱"秔",實亦寓堅硬義。其字从亢得聲,亢聲字所記録語詞"伉""犺""忼""抗""劶"俱有堅剛、堅强之義,見本典第一卷"亢聲"第304條。

硬 堅硬。其字或作"鞕"。《廣韻·諍韻》:"鞕,堅牢。硬,上同。"清朱駿聲《説文通訓定聲·壯部·附〈説文〉不録之字》:"硬,《一切經音義》引《字略》:'物堅曰硬。'又引《字書》:'鞕,牢也。'《廣雅·釋詁一》:'鞕,堅也。'"北魏賈思勰《齊民要術·養鵝鴨》:"供廚者,子鵝百日以外,子鴨六七十日佳。過此肉硬。"《南海寄歸内法傳》卷一:"(芥子)其菜食之,味與神州蔓青無別。其根堅鞕,復與蔓青不同。"

〔推源〕 諸詞俱有堅義,爲更聲所載之公共義。聲符字"更"所記録語詞之本義、引申義系列與堅義不相涉,其堅義乃更聲所載之語源義。更聲可載堅義,"剛"可證之。"更""剛"上古音同,見紐雙聲,陽部疊韻。"剛",堅利。《説文·刀部》:"剛,彊,斷也。"清朱駿聲《通訓定聲》:"《左昭六傳》:'斷之以剛。'《荀子·臣道》:'撟然剛折。'按,本訓爲芒刃之堅利。"按,朱説可從。北魏賈思勰《齊民要術》卷十引《異物志》:"梓棪大十圍,材貞勁,非利剛截不能剋。"引申之,則有堅强義。《晉書·赫連勃勃載記》:"庶朕宗族子孫剛鋭如鐵,皆堪伐人。"

(819) 速/痂(痕迹義)

速 獸迹。字亦作"踉""跾""远"。《玉篇·辵部》:"远,迹也。速,同远。"《說文·辵部》:"远,獸迹也。从辵,亢聲。踉,远或从足,从更。"清朱駿聲《通訓定聲》:"或从更聲。《爾雅·釋獸》:'兔,其迹远。'《方言》十三:'远,迹也。'《太原·居》:'狗繫之远。'《東京賦》:'軌塵掩远。'"按,所謂《太原》即漢揚雄之《太玄》。清聖祖名玄燁,避其諱,故稱"太原";朱書又稱"太元"。北齊顔之推《顔氏家訓·名實》:"夫神滅形消,遺聲餘價,亦猶蟬殼蜕皮、獸远鳥迹耳。"

痂 瘡所結痂,即瘡之遺痕。《急就篇》第四章:"痂疕疥癘癡聾盲。"唐顔師古注:"痂,瘡上甲也。"《說文·疒部》:"痂,疥也。"南唐徐鍇《繫傳》:"今謂瘡生肉所蜕乾爲痂。"清朱駿聲《通訓定聲》:"今謂瘡所脱之鱗爲痂。《南史》:'劉邕嗜食痂,謂有鰒魚味。'"唐劉知幾《史通·書事》:"畢卓沈湎,左持螯而右杯;劉邕榜吏以膳痂。"按,"痂"亦指創傷之痕。《廣雅·釋詁一》:"痂,創也。"《聊齋志異·畫皮》:"視破處,痂結如錢,尋愈。"又許慎以"疥"訓"痂",其書之同部"疥"篆訓"搔",即疥瘡發癢而抓搔義,疥瘡經久不愈,常有痕迹,"疥"之名亦寓痕迹義,其音則與"痂"相近且相通。

〔推源〕 此二詞俱有痕迹義,其音亦相近且相通。

速:匣紐陽部;

痂:見紐歌部。

匣見旁紐,陽歌通轉。然則語源當同。其"速"字乃以更聲載痕迹。或體作"远","速"實爲"远"之轉注字。"远"从亢聲,聲符字"亢"之上古音爲溪紐陽部;"速"从更聲,聲符字"更"之上古音爲見紐陽部。二者疊韻,溪見旁紐。

(820) 岘埂(高義)

岘 山嶺險峻阻塞處(見前第817條),本有高峻義。

埂 堤防,高出地面者。《廣韻·梗韻》:"埂,堤封,吴人云也。"清朱駿聲《説文通訓定聲·壯部》:"埂,今用爲'防'字,'隄埂''田埂'皆是。"元方回《歲除夜過白土市田家地卧》:"埂塍或斷缺,下有不測淤。"按,"埂塍"同義連文,古者稱田埂爲"塍"。《説文·土部》:"塍,稻中畦也。"唐劉禹錫《插田歌》:"田塍望如綫,白水光參差。"引申之,則亦指堤防;"埂",本指堤防,引申之,則亦指田埂。《中國農村的社會主義高潮·閩侯縣建民農業合作社采取了耕牛私有私養租用的政策》:"犁第二遍田以前先車水灌田,並且做好田埂基。"

〔推源〕 此二詞俱有高義,爲更聲所載之公共義。聲符字"更"所記録語詞之本義、引申義系列與高義不相涉,其高義乃更聲所載之語源義。更聲可載高義,"高"可證之。

更：見紐陽部；

高：見紐宵部。

雙聲，陽宵旁對轉。"高"，本義即高，不低。《說文·高部》："高，崇也，象臺觀高之形。"清朱駿聲《通訓定聲》："《廣雅·釋詁一》：'高，上也。'……《禮記·樂記》：'窮高極遠，而測深厚。'"《書·太甲》："若升高必自下。"